环境资源审判
与行政执法
实务手册

· 最高人民法院环境资源审判庭 ·
编

人民法院出版社

图书在版编目（CIP）数据

环境资源审判与行政执法实务手册 / 最高人民法院环境资源审判庭编. -- 北京 : 人民法院出版社, 2025.3. -- ISBN 978-7-5109-4463-5

Ⅰ. D922.68-62

中国国家版本馆CIP数据核字第2025D8V766号

环境资源审判与行政执法实务手册

最高人民法院环境资源审判庭　编

责任编辑	马　倩	
出版发行	人民法院出版社	
地　　址	北京市东城区东交民巷27号（100745）	
电　　话	（010）67550526（责任编辑）　67550558（发行部查询）	
	65223677（读者服务部）	
客服QQ	2092078039	
网　　址	http：//www.courtbook.com.cn	
E－mail	courtpress@sohu.com	
印　　刷	三河市国英印务有限公司	
经　　销	新华书店	
开　　本	787毫米×1092毫米　1/16	
字　　数	1908千字	
印　　张	67.75	
版　　次	2025年3月第1版　2025年3月第1次印刷	
书　　号	ISBN 978-7-5109-4463-5	
定　　价	188.00元	

版权所有　侵权必究

前　言

　　党的十八大以来，以习近平同志为核心的党中央高度重视社会主义生态文明建设，把生态文明建设融入经济建设、政治建设、文化建设、社会建设各方面和全过程，坚持生态优先、绿色发展，加大生态环境保护力度，持续推动国家环境治理体系和治理能力现代化，生态环境质量大幅改善，人民群众生态环境获得感、幸福感和安全感不断增强，为实现经济高质量发展、建设美丽中国奠定了坚实基础。

　　习近平总书记强调："只有实行最严格的制度、最严密的法治，才能为生态文明建设提供可靠保障。"① 人民法院作为国家审判机关，在推进法律实施，保护环境资源，促进生态文明建设，实现环境治理现代化进程中具有重要作用。2020年5月28日，第十三届全国人大第三次会议通过了《中华人民共和国民法典》，将"节约资源、保护生态环境"作为民事活动基本原则，并在分编规定了相关条款，形成了《中华人民共和国民法典》"绿色条款"规范体系。目前，环资领域已有30多部法律，100多件行政法规，构建了较为完备的环境资源保护法律体系，夯实了现代环境治理体系的制度基础。

　　为方便各级人民法院系统学习掌握环境资源法律法规，深入研究审判规律、规范审判程序、统一裁判尺度，依法审理各类环境资源类案件的目的，2020年11月我们编辑出版了《环境资源审判实务手册》

---

① 中共中央宣传部：《习近平总书记系列重要讲话读本》，学习出版社、人民出版社2016年版，第240页。

一书。4年来，国家出台了新的环境资源法律法规及规章，原有环境资源法律法规及规章也进行了较大修改，最高人民法院也出台了新的环境资源司法解释以及司法政策和指导性文件。为了方便使用，我们根据最新法律规范修订了《环境资源审判与行政执法实务手册》一书。从内容上看，本书不仅收录了司法实务中常用的专门环境资源法律、行政法规、司法解释等规范性文件，有关环境标准、鉴定规范、国际环境资源公约和环境资源司法政策性、指导性文件，还收录了与环境资源相关的刑事、民事、行政实体和程序法律法规。本书分为四个部分：第一部分为最高人民法院近年来发布的司法政策与指导性意见；第二部分为法律法规与司法解释，按照被污染要素和自然资源种类进行编排，收录与环境资源审判工作相关的法律法规条文；第三部分为环境资源国际公约，收录我国已经缔约或签署的主要国际公约以及其他相关国际公约名录；第四部分为环境资源指导性案例。

　　作为环境资源审判工作的工具书，本书以"针对实务、面向实践、简明实用"为编撰初衷，希望能够为人民法院环境资源审判工作提供便利，同时为有志于环境资源保护事业的法律工作者提供帮助。由于时间紧迫，书中难免存在疏漏与不足，敬请读者批评指正。

编　者
二〇二五年三月

目　　录

第一部分　司法政策与指导性意见

最高人民法院
　关于新时代加强和创新环境资源审判工作　为建设人与自然和谐
　　共生的现代化提供司法服务和保障的意见
　　（2021年10月8日　法发〔2021〕28号）……………………………（3）

最高人民法院
　关于深入学习贯彻习近平生态文明思想　为新时代生态环境保护
　　提供司法服务和保障的意见
　　（2018年5月30日　法发〔2018〕7号）………………………………（6）

最高人民法院
　关于充分发挥审判职能作用　为推进生态文明建设与绿色发展
　　提供司法服务和保障的意见
　　（2016年5月26日　法发〔2016〕12号）……………………………（10）

最高人民法院
　关于全面加强环境资源审判工作　为推进生态文明建设提供有力司法保障的意见
　　（2014年6月23日　法发〔2014〕11号）……………………………（15）

最高人民法院
　关于充分发挥环境资源审判职能作用　依法惩处盗采矿产资源犯罪的意见
　　（2022年7月1日　法发〔2022〕19号）………………………………（19）

最高人民法院
　关于完整准确全面贯彻新发展理念、为积极稳妥推进碳达峰碳中和提供司法服务的意见
　　（2023年2月16日　法发〔2023〕5号）………………………………（21）

最高人民法院
　印发《关于贯彻〈中华人民共和国长江保护法〉的实施意见》的通知
　　（2021年2月24日　法发〔2021〕8号）………………………………（25）

最高人民法院
　关于印发《贯彻实施〈长江保护法〉工作推进会会议纪要》的通知
　　（2021年11月24日　法〔2021〕304号）……………………………（28）

最高人民法院
　关于全面加强长江流域生态文明建设与绿色发展司法保障的意见
　　（2017年12月1日　法发〔2017〕30号）……………………………（31）

最高人民法院
关于为长江经济带发展提供司法服务和保障的意见
（2016年2月24日　法发〔2016〕8号）………………………………（35）
最高人民法院
关于贯彻实施《中华人民共和国黄河保护法》的意见
（2023年6月27日　法发〔2023〕8号）………………………………（38）
最高人民法院
关于印发《服务保障黄河流域生态保护和高质量发展工作推进会会议纪要》的通知
（2021年11月24日　法〔2021〕305号）……………………………（41）
最高人民法院
关于为黄河流域生态保护和高质量发展提供司法服务与保障的意见
（2020年6月1日　法发〔2020〕19号）………………………………（43）

第二部分　法律法规与司法解释

第一节　综合类

中华人民共和国宪法（节录）
　　（2018年3月11日第五次修正）………………………………………（49）
中华人民共和国民法典（节录）
　　（2020年5月28日）………………………………………………………（50）
中华人民共和国刑法（节录）
　　（2023年12月29日修正）……………………………………………（53）
中华人民共和国民事诉讼法（节录）
　　（2023年9月1日修正）………………………………………………（55）
最高人民法院
关于适用《中华人民共和国民事诉讼法》的解释（节录）
　　（2022年3月22日第二次修正　法释〔2022〕11号）……………（56）
中华人民共和国行政诉讼法（节录）
　　（2017年6月27日第二次修正）………………………………………（57）

第二节　环境保护类

一、综合 …………………………………………………………………………（58）
中华人民共和国环境保护法
　　（2014年4月24日修订）………………………………………………（58）
中华人民共和国环境保护税法
　　（2018年10月26日修正）………………………………………………（65）
生态环境部行政复议办法
　　（2024年4月11日　生态环境部令第33号）………………………（68）
国务院办公厅
关于印发国家突发环境事件应急预案的通知
　　（2014年12月29日　国办函〔2014〕119号）………………………（73）

排污许可管理办法
　　（2024年4月1日　生态环境部令第32号）………………………（82）
生态环境行政处罚办法
　　（2023年5月8日　生态环境部令第30号）………………………（87）
尾矿污染环境防治管理办法
　　（2022年4月6日　生态环境部令第26号）………………………（99）
碳排放权交易管理办法（试行）
　　（2020年12月31日　生态环境部令第19号）……………………（103）
环境保护主管部门实施按日连续处罚办法
　　（2014年12月19日　环境保护部令第28号）……………………（107）
环境保护主管部门实施查封、扣押办法
　　（2014年12月19日　环境保护部令第29号）……………………（109）
环境保护主管部门实施限制生产、停产整治办法
　　（2014年12月19日　环境保护部令第30号）……………………（112）
环境保护行政许可听证暂行办法
　　（2004年6月23日　国家环境保护总局令第22号）………………（114）
最高人民法院
　　关于审理生态环境侵权责任纠纷案件适用法律若干问题的解释
　　（2023年8月14日　法释〔2023〕5号）……………………………（119）
最高人民法院
　　关于生态环境侵权民事诉讼证据的若干规定
　　（2023年8月14日　法释〔2023〕6号）……………………………（122）
最高人民法院
　　关于审理生态环境侵权纠纷案件适用惩罚性赔偿的解释
　　（2022年1月12日　法释〔2022〕1号）……………………………（126）
最高人民法院
　　关于生态环境侵权案件适用禁止令保全措施的若干规定
　　（2021年12月27日　法释〔2021〕22号）…………………………（128）
最高人民法院　最高人民检察院
　　关于人民检察院提起刑事附带民事公益诉讼应否履行诉前公告程序问题的批复
　　（2019年11月25日　法释〔2019〕18号）…………………………（133）
最高人民法院
　　关于审理生态环境损害赔偿案件的若干规定（试行）
　　（2020年12月29日修正）……………………………………………（134）
最高人民法院　最高人民检察院　公安部　司法部　生态环境部
　　关于办理环境污染刑事案件有关问题座谈会纪要
　　（2019年2月20日）……………………………………………………（136）
最高人民法院　最高人民检察院
　　关于检察公益诉讼案件适用法律若干问题的解释
　　（2020年12月29日修正　法释〔2018〕6号）………………………（142）

最高人民法院　最高人民检察院
　　关于办理环境污染刑事案件适用法律若干问题的解释
　　　　（2023年8月8日　法释〔2023〕7号） ……………………………………（145）
最高人民法院　最高人民检察院
　　关于办理危害生产安全刑事案件适用法律若干问题的解释
　　　　（2015年12月14日　法释〔2015〕22号） ……………………………（149）
最高人民法院　最高人民检察院
　　关于办理危害生产安全刑事案件适用法律若干问题的解释（二）
　　　　（2022年12月15日　法释〔2022〕19号） ……………………………（152）
最高人民法院
　　关于审理环境民事公益诉讼案件适用法律若干问题的解释
　　　　（2020年12月29日修正　法释〔2015〕1号） …………………………（154）
最高人民法院　民政部　环境保护部
　　关于贯彻实施环境民事公益诉讼制度的通知
　　　　（2014年12月26日　法〔2014〕352号） ………………………………（157）
最高人民法院
　　关于进一步加强危害生产安全刑事案件审判工作的意见
　　　　（2011年12月30日　法发〔2011〕20号） ………………………………（158）

二、水污染防治 ……………………………………………………………………（162）

中华人民共和国水污染防治法
　　　　（2017年6月27日第二次修正） ……………………………………………（162）
水污染防治行动计划
　　　　（2015年4月2日　国发〔2015〕17号） ………………………………（173）

三、海洋污染防治 …………………………………………………………………（184）

中华人民共和国海洋环境保护法
　　　　（2023年10月24日第二次修订） ……………………………………………（184）
中华人民共和国海商法（节录）
　　　　（1992年11月7日） ……………………………………………………………（199）
防治船舶污染海洋环境管理条例
　　　　（2018年3月19日第六次修正　国务院令第698号） …………………（200）
中华人民共和国海洋倾废管理条例实施办法
　　　　（2017年12月27日第二次修正　国土资源部令第78号） ……………（208）
中华人民共和国海洋石油勘探开发环境保护管理条例实施办法
　　　　（2016年1月5日修正　国土资源部令第64号） ………………………（212）
中华人民共和国防治陆源污染物污染损害海洋环境管理条例
　　　　（1990年6月22日　国务院令第61号） …………………………………（215）
最高人民法院
　　关于审理海洋自然资源与生态环境损害赔偿纠纷案件若干问题的规定
　　　　（2017年12月29日　法释〔2017〕23号） ……………………………（219）
最高人民法院
　　关于审理船舶油污损害赔偿纠纷案件若干问题的规定
　　　　（2020年12月29日修正　法释〔2011〕14号） …………………………（221）

最高人民法院　最高人民检察院
关于办理海洋自然资源与生态环境公益诉讼案件若干问题的规定
（2022年5月10日　法释〔2022〕15号） ……………………………（224）

四、土壤污染防治 ……………………………………………………………（226）

中华人民共和国土壤污染防治法
（2018年8月31日） ………………………………………………（226）

国务院
关于印发土壤污染防治行动计划的通知
（2016年5月28日　国发〔2016〕31号） ………………………（237）

五、大气污染防治 ……………………………………………………………（246）

中华人民共和国大气污染防治法
（2018年10月26日第二次修正） …………………………………（246）

大气污染防治行动计划
（2013年9月10日　国发〔2013〕37号） ………………………（259）

六、固体废弃物污染防治 ……………………………………………………（267）

中华人民共和国固体废物污染环境防治法
（2020年4月29日第二次修订） …………………………………（267）

农药包装废弃物回收处理管理办法
（2020年8月27日　农业农村部、生态环境部令2020年第7号） …（276）

危险废物经营许可证管理办法
（2016年2月6日第二次修订　国务院令第666号） ……………（278）

城市生活垃圾管理办法
（2015年5月4日修正　住房和城乡建设部令第24号） …………（282）

医疗废物管理条例
（2011年1月8日修订　国务院令第588号） ……………………（287）

电子废物污染环境防治管理办法
（2007年9月27日　国家环境保护总局令第40号） ……………（293）

最高人民法院　最高人民检察院
关于办理走私刑事案件适用法律若干问题的解释（节录）
（2014年8月12日　法释〔2014〕10号） ………………………（298）

最高人民法院　最高人民检察院
关于办理妨害预防、控制突发传染病疫情等灾害的刑事案件
具体应用法律若干问题的解释
（2003年5月14日　法释〔2003〕8号） …………………………（300）

七、噪声污染防治 ……………………………………………………………（303）

中华人民共和国噪声污染防治法
（2021年12月24日） ………………………………………………（303）

八、放射性物质污染防治 ……………………………………………………（313）

中华人民共和国核安全法
（2017年9月1日） …………………………………………………（313）

中华人民共和国放射性污染防治法
（2003年6月28日） …………………………………………………（324）

放射性同位素与射线装置安全和防护条例
　　（2019年3月2日第二次修订　国务院令第709号）……………（330）
放射性废物安全管理条例
　　（2011年12月20日　国务院令第612号）………………………（338）
放射性物品运输安全管理条例
　　（2009年9月14日　国务院令第562号）…………………………（344）

九、化学物质污染防治 …………………………………………………（353）

新化学物质环境管理登记办法
　　（2020年4月29日　生态环境部令第12号）……………………（353）
危险化学品安全管理条例
　　（2013年12月7日第二次修订　国务院令第645号）……………（362）
最高人民法院　最高人民检察院
关于办理非法制造、买卖、运输、储存毒鼠强等禁用剧毒化学品刑事案件
　　具体应用法律若干问题的解释
　　（2003年9月4日　法释〔2003〕14号）…………………………（378）

十、外来物种污染防治 …………………………………………………（380）

中华人民共和国进出境动植物检疫法
　　（2009年8月27日修正）……………………………………………（380）

十一、臭氧层保护 ………………………………………………………（385）

消耗臭氧层物质管理条例
　　（2023年12月29日第二次修订　国务院令第770号）……………（385）

十二、环境影响评价与建设项目管理 …………………………………（391）

中华人民共和国环境影响评价法
　　（2018年12月29日第二次修正）……………………………………（391）
环境影响评价公众参与办法
　　（2018年7月16日　生态环境部令第4号）………………………（396）
建设项目环境保护管理条例
　　（2017年7月16日修订　国务院令第682号）……………………（400）
规划环境影响评价条例
　　（2009年8月17日　国务院令第559号）…………………………（403）

十三、清洁生产与循环经济 ……………………………………………（408）

中华人民共和国循环经济促进法
　　（2018年10月26日修正）……………………………………………（408）
中华人民共和国清洁生产促进法
　　（2012年2月29日修正）……………………………………………（414）

十四、常用环境标准与鉴定规范 ………………………………………（419）

地表水环境质量标准（GB 3838—2002）
　　（2002年4月26日）…………………………………………………（419）
污水综合排放标准（GB 8978—1996 代替GB 8978—88）
　　（1996年10月4日）…………………………………………………（429）
大气污染物综合排放标准（GB 16297—1996）
　　（1996年4月12日）…………………………………………………（449）

土壤环境质量农用地土壤污染风险管控标准(试行)(GB 15618—2018)
  (2018年6月22日) ·· (467)
声环境质量标准(GB 3096—2008)
  (2008年8月19日) ·· (473)
工业企业厂界环境噪声排放标准(GB 12348—2008)
  (2008年8月19日) ·· (480)
社会生活环境噪声排放标准(GB 22337—2008)
  (2008年8月19日) ·· (485)
建筑施工场界环境噪声排放标准(GB 12523—2011)
  (2011年12月5日) ·· (490)
农业环境污染事故司法鉴定经济损失估算实施规范(SF/Z JD0601001—2014)
  (2014年3月17日) ·· (493)
环境损害鉴定评估推荐方法(第Ⅱ版)
  (2014年10月24日 环办〔2014〕90号) ·· (502)
环境保护部办公厅
  关于生态环境损害鉴定评估虚拟治理成本法运用有关问题的复函
    (2017年9月15日 环办政法函〔2017〕1488号) ······························· (519)
生态环境损害鉴定评估技术指南 总纲和关键环节 第1部分:总纲(GB/T 39791.1—2020)
  (2020年12月29日) ·· (522)
生态环境损害鉴定评估技术指南 总纲和关键环节 第2部分:损害调查(GB/T 39791.2—2020)
  (2020年12月29日) ·· (537)
生态环境损害鉴定评估技术指南 环境要素 第1部分:土壤和地下水(GB/T 39792.1—2020)
  (2020年12月29日) ·· (565)
生态环境损害鉴定评估技术指南 环境要素 第2部分:地表水和沉积物
  (GB/T 39792.2—2020)
  (2020年12月29日) ·· (591)
生态环境损害鉴定评估技术指南 基础方法 第1部分:大气污染虚拟治理成本法
  (GB/T 39793.1—2020)
  (2020年12月29日) ·· (622)
生态环境损害鉴定评估技术指南 基础方法 第2部分:水污染虚拟治理成本法
  (GB/T 39793.2—2020)
  (2020年12月29日) ·· (628)
生态环境损害鉴定评估技术指南 森林(试行)
  (2022年7月25日 环法规〔2022〕48号) ·· (635)
生态环境损害鉴定评估技术指南 总纲和关键环节 第3部分:恢复效果评估
  (GB/T 39791.3—2024)
  (2024年1月15日) ·· (666)
生态环境损害鉴定评估技术指南 总纲和关键环节 第4部分:土壤生态环境基线
  调查与确定(GB/T 39791.4—2024)
  (2024年1月15日) ·· (686)
自然资源资产价格整体评估技术指引(试行)
  (2024年10月8日) ·· (697)

非法采矿采出矿产品价值、非法采矿或破坏性采矿造成矿产资源破坏价值认定办法

(2024年12月9日) ………………………………………………… (702)

十五、环境应急、监测、污染源管理 …………………………………… (705)

中华人民共和国突发事件应对法

(2024年6月28日修订) ………………………………………… (705)

全国污染源普查条例

(2019年3月2日修订　国务院令第709号) …………………… (716)

环境监测管理办法

(2007年7月25日　国家环境保护总局令第39号) …………… (720)

第三节　资源能源类

一、综合 …………………………………………………………………… (723)

中华人民共和国节约能源法

(2018年10月26日第二次修正) ………………………………… (723)

中华人民共和国可再生能源法

(2009年12月26日修正) ………………………………………… (730)

最高人民法院

关于适用《行政复议法》第三十条第一款有关问题的批复

(2003年2月25日　法释〔2003〕5号) ………………………… (734)

二、土地资源 ……………………………………………………………… (736)

中华人民共和国土地管理法

(2019年8月26日第三次修正) ………………………………… (736)

中华人民共和国黑土地保护法

(2022年6月24日) ………………………………………………… (746)

中华人民共和国防沙治沙法

(2018年10月26日修正) ………………………………………… (750)

中华人民共和国水土保持法

(2010年12月25日) ……………………………………………… (756)

湿地保护管理规定

(2017年12月5日　国家林业局令第48号) …………………… (761)

国土资源部办公厅

关于确认海涂、滩涂土地权属问题的复函

(2004年6月25日　国土资厅函〔2004〕281号) ……………… (764)

国土资源部办公厅

关于无人居住的岛屿土地所有权确定问题的复函

(2003年5月27日　国土资厅函〔2003〕146号) ……………… (765)

最高人民法院

关于审理破坏土地资源刑事案件具体应用法律若干问题的解释

(2000年6月19日　法释〔2000〕14号) ………………………… (765)

三、矿产资源 ……………………………………………………………… (767)

中华人民共和国矿产资源法

(2024年11月8日修订) ………………………………………… (767)

中华人民共和国煤炭法
　　（2016年11月7日第四次修正） ……………………………………（776）
最高人民法院
　关于审理矿业权纠纷案件适用法律若干问题的解释
　　（2020年12月29日修正　法释〔2017〕12号） ……………………（781）
最高人民法院　最高人民检察院
　关于办理非法采矿、破坏性采矿刑事案件适用法律若干问题的解释
　　（2016年11月28日　法释〔2016〕25号） …………………………（783）
最高人民法院　最高人民检察院
　关于办理盗窃油气、破坏油气设备等刑事案件具体应用法律若干问题的解释
　　（2007年1月15日　法释〔2007〕3号） ……………………………（785）
最高人民法院行政审判庭
　关于在已取得土地使用权的范围内开采砂石是否需办理矿产开采许可证问题的答复
　　（2006年10月31日　〔2006〕行他字第15号） ……………………（786）
最高人民法院行政审判庭
　关于地质矿产主管部门作出的非法采矿及破坏性采矿鉴定结论
　　是否属于人民法院受案范围问题的答复
　　（2005年2月22日　〔2004〕行他字第16号） ………………………（788）

四、森林资源 …………………………………………………………………（790）

中华人民共和国森林法
　　（2019年12月28日修订） ……………………………………………（790）
最高人民法院
　关于审理森林资源民事纠纷案件适用法律若干问题的解释
　　（2022年6月13日　法释〔2022〕16号） ……………………………（798）
最高人民法院
　关于审理破坏森林资源刑事案件适用法律若干问题的解释
　　（2023年8月13日　法释〔2023〕8号） ………………………………（801）
最高人民法院　最高人民检察院
　关于适用《中华人民共和国刑法》第三百四十四条有关问题的批复
　　（2020年3月19日　法释〔2020〕2号） ………………………………（805）

五、水资源 ……………………………………………………………………（806）

中华人民共和国水法
　　（2016年7月2日第二次修正） ………………………………………（806）
中华人民共和国海域使用管理法
　　（2001年10月27日） …………………………………………………（814）

六、生物资源 …………………………………………………………………（820）

中华人民共和国野生动物保护法
　　（2022年12月30日第二次修订） ……………………………………（820）
中华人民共和国动物防疫法
　　（2021年1月22日第二次修订） ………………………………………（829）
中华人民共和国濒危野生动植物进出口管理条例
　　（2019年3月2日第二次修订　国务院令第709号） …………………（842）

中华人民共和国野生植物保护条例
　　（2017年10月7日修正　国务院令第687号）……………………（845）
中华人民共和国自然保护区条例
　　（2017年10月7日第二次修订　国务院令第687号）……………（848）
中华人民共和国陆生野生动物保护实施条例
　　（2016年2月6日第二次修订　国务院令第666号）………………（852）
中华人民共和国水生野生动物保护实施条例
　　（2013年12月7日修订　国务院令第645号）……………………（857）
风景名胜区条例
　　（2016年2月6日修订　国务院令第666号）………………………（861）
最高人民法院　最高人民检察院
关于办理破坏野生动物资源刑事案件适用法律若干问题的解释
　　（2022年4月6日　法释〔2022〕12号）……………………………（867）
最高人民法院研究室
关于收购、运输、出售部分人工驯养繁殖技术成熟的野生动物适用法律问题的复函
　　（2016年3月2日　法研〔2016〕23号）……………………………（871）

七、草原资源……………………………………………………………（872）

中华人民共和国草原法
　　（2021年4月29日第三次修正）………………………………………（872）
最高人民法院
关于审理破坏草原资源刑事案件应用法律若干问题的解释
　　（2012年11月2日　法释〔2012〕15号）…………………………（879）

八、渔业资源……………………………………………………………（881）

中华人民共和国渔业法
　　（2013年12月28日第四次修正）……………………………………（881）

九、农业资源……………………………………………………………（886）

中华人民共和国农业法
　　（2012年12月28日第二次修正）……………………………………（886）

十、电力资源……………………………………………………………（897）

中华人民共和国电力法
　　（2018年12月29日第三次修正）……………………………………（897）
最高人民法院
关于从事高空高压对周围环境有高度危险作业造成他人损害的应适用
　　民法通则还是电力法的复函
　　（2000年2月21日　〔2000〕法民字第5号）………………………（903）
最高人民法院
关于审理破坏电力设备刑事案件具体应用法律若干问题的解释
　　（2007年8月15日　法释〔2007〕15号）…………………………（903）

第三部分 环境资源国际公约

第一节 中国已经缔约或签署的主要国际环境与资源保护公约

一、海洋环境保护 ………………………………………………………………（907）
　　国际油污损害民事责任公约
　　　　（1975年6月19日）…………………………………………………（907）
　　防止倾倒废物及其他物质污染海洋的公约
　　　　（1985年12月15日）…………………………………………………（913）
二、危险废物的控制 ……………………………………………………………（923）
　　控制危险废物越境转移及其处置巴塞尔公约
　　　　（1992年8月20日）…………………………………………………（923）

第二节 中国已经缔约或签署的其他国际环境与资源保护公约

一、环境污染 ……………………………………………………………………（935）
　　保护臭氧层维也纳公约
　　　　（1989年12月10日）…………………………………………………（935）
二、气候变化 ……………………………………………………………………（944）
　　联合国气候变化框架公约
　　　　（1993年1月5日）……………………………………………………（944）
　　巴黎协定
　　　　（2016年4月22日）…………………………………………………（954）
三、生物多样性保护 ……………………………………………………………（965）
　　生物多样性公约
　　　　（1993年12月29日）…………………………………………………（965）
　　国际植物新品种保护公约
　　　　（1991年3月19日修订）……………………………………………（977）
四、湿地保护、荒漠化防治 ……………………………………………………（987）
　　联合国防治荒漠化公约
　　　　（1994年10月14日）…………………………………………………（987）

附：中国已经缔约或签署的其他国际环境与资源保护公约（名录）…………（1001）

第四部分 环境资源指导性案例

1. 王某成等非法买卖、储存危险物质案 ………………………………………（1005）
2. 中国生物多样性保护与绿色发展基金会诉宁夏瑞某科技股份有限公司环境污染
　　公益诉讼案 …………………………………………………………………（1006）
3. 李某、何某民、张某勃等人破坏计算机信息系统案 ………………………（1009）
4. 于某岩与锡林郭勒盟隆某矿业有限责任公司执行监督案 …………………（1011）

5. 吕某奎等79人诉山海关某船舶重工有限责任公司海上污染损害责任纠纷案 ……… （1013）
6. 李某诉华某（重庆）有限公司环境污染责任纠纷案 ……………………………… （1016）
7. 江苏省人民政府诉安徽海某化工科技有限公司生态环境损害赔偿案 …………… （1018）
8. 重庆市人民政府、重庆两江志愿服务发展中心诉重庆藏某阁物业管理有限公司、
   重庆首某环保科技有限公司生态环境损害赔偿、环境民事公益诉讼案 ………… （1020）
9. 中华环保联合会诉德州晶某集团振华有限公司大气污染责任民事公益诉讼案 … （1024）
10. 中国生物多样性保护与绿色发展基金会诉秦皇岛某包装玻璃有限公司大气污染
    责任民事公益诉讼案 …………………………………………………………… （1026）
11. 山东省烟台市人民检察院诉王某殿、马某凯环境民事公益诉讼案 ……………… （1028）
12. 重庆市绿色志愿者联合会诉恩施自治州某矿业有限责任公司水污染责任
    民事公益诉讼案 ………………………………………………………………… （1031）
13. 江苏省徐州市人民检察院诉苏州某工艺品有限公司等环境民事公益诉讼案 …… （1034）
14. 吉林省白山市人民检察院诉白山市江源区卫生和计划生育局、白山市江源区
    中医院环境公益诉讼案 ………………………………………………………… （1036）
15. 云南省剑川县人民检察院诉剑川县森林公安局怠于履行法定职责环境行政
    公益诉讼案 ……………………………………………………………………… （1038）
16. 陈某龙诉成都市成华区环境保护局环境行政处罚案 …………………………… （1039）
17. 上海鑫某山建材开发有限公司诉上海市金山区环境保护局环境行政处罚案 …… （1040）
18. 张某明、毛某明、张某故意损毁名胜古迹案 …………………………………… （1042）
19. 秦某学滥伐林木刑事附带民事公益诉讼案 ……………………………………… （1044）
20. 北京市朝阳区自然之友环境研究所诉中国水电顾问集团新某开发有限公司、
    中国电建集团昆明某勘测设计研究院有限公司生态环境保护民事公益诉讼案 … （1046）
21. 中国生物多样性保护与绿色发展基金会诉雅砻江流域某水电开发有限公司生态
    环境保护民事公益诉讼案 ……………………………………………………… （1048）
22. 江苏省泰州市人民检察院诉王某朋等59人生态破坏民事公益诉讼案 ………… （1050）
23. 湖南省益阳市人民检察院诉夏某安等15人生态破坏民事公益诉讼案 ………… （1052）
24. 海南临高某海船务有限公司诉三沙市渔政支队行政处罚案 …………………… （1054）
25. 北海市某海洋科技有限公司诉北海市海洋与渔业局行政处罚案 ……………… （1056）
26. 刘某桂非法采矿刑事附带民事公益诉讼案 ……………………………………… （1058）
27. 黄某辉、陈某等8人非法捕捞水产品刑事附带民事公益诉讼案 ……………… （1060）
28. 上海某某港实业有限公司破产清算转破产重整案 ……………………………… （1062）
29. 昆明闽某纸业有限责任公司等污染环境刑事附带民事公益诉讼案 …………… （1064）
30. 睢宁县人民检察院诉睢宁县环境保护局不履行环境保护监管职责案 ………… （1066）

第一部分
司法政策与指导性意见

最高人民法院
关于新时代加强和创新环境资源审判工作为建设人与自然和谐共生的现代化提供司法服务和保障的意见

2021 年 10 月 8 日　　　　　　　　　　　　法发〔2021〕28 号

为深入贯彻落实习近平生态文明思想和习近平法治思想，学习贯彻习近平总书记在庆祝中国共产党成立 100 周年大会上的重要讲话精神，党的十九大和十九届二中、三中、四中、五中全会精神，促进"十四五"规划纲要的全面实施，充分发挥人民法院审判职能作用，为构建新时代生态文明制度体系、建设人与自然和谐共生的现代化提供公正、高效的司法服务和保障，制定如下意见。

一、强化政治引领，把握新时代环境资源审判工作的前进方向

1. 坚持以习近平生态文明思想和习近平法治思想为指引。习近平生态文明思想和习近平法治思想是推进国家环境治理体系和治理能力现代化的根本遵循和科学指南。各级人民法院要始终坚持党对环境资源审判工作的绝对领导，增强"四个意识"，坚定"四个自信"，做到"两个维护"，胸怀"国之大者"。要牢固树立以人民为中心的发展思想，努力满足人民群众日益增长的优美生态环境需要。要大力弘扬牢记使命、艰苦创业、绿色发展的塞罕坝精神，深入践行绿水青山就是金山银山的理念，严守尊重自然、顺应自然、保护自然的价值准则，遵循山水林田湖草沙冰一体保护的系统观念，用最严格制度最严密法治保护生态环境。要以共谋全球生态环境治理的国际视野，统筹国内法治与涉外法治，推动构建人类命运共同体和清洁美丽的世界。

2. 把握新时代环境资源审判工作的发展目标。各级人民法院要准确把握新发展阶段、深入贯彻新发展理念、加快构建新发展格局，推动环境资源审判工作在新时代谋新篇、开新局。要围绕建设有中国特色和国际影响力的生态环境司法保护体系的总目标，以更大的决心、更明确的思路、更精准的举措全面加强和创新环境资源审判各项工作，努力推动新时代环境司法理念得到新开拓，审判质效获得新提升，改革创新迈出新步伐，专门化建设取得新成效，服务保障能力实现新进步，国际影响力达到新高度。

3. 找准新时代加强和创新环境资源审判工作的切入点和着力点。各级人民法院要以加强环境司法能力建设为中心，完善案件审判规则，提升审判质效。要以体制机制建设为重点，构建环境资源案件刑事、民事、行政以及立案、执行协同审判大格局，完善预防性、恢复性司法措施，健全公益诉讼制度，丰富多元化纠纷解决方式。要全面落实民法典绿原则和绿色条款，推动在具体案件审判中的规则转化。要以培育和推广精品案例为抓手，充分发挥案例的规则引领与价值导向功能。要以人工智能、大数据、区块链等信息技术为依托，促进信息技术与环境司法深度融合。要不断深化国际环境司法交流，努力提升环境司法国际话语权和规则引领权。

二、坚持以人民为中心，切实解决人民群众身边突出生态环境问题

4. 助力深入打好污染防治攻坚战。加大对环境污染违法犯罪的惩治力度，严厉打击暗管

偷排、跨域倾倒、走私废物以及排污监测数据造假、环境监管失职渎职等突出违法犯罪活动。依法审理涉大气、水、土壤、固体废物以及涉新污染物环境污染民事案件，切实维护人民群众的人身财产权益和环境权益。依法审理涉危险废物、医疗废物处置案件，着力化解涉重点地区危险化学品生产企业"关停转"引发的矛盾纠纷。依法审理涉环境影响评价相关案件，促进环评在防范环境风险中的功能和作用得到有效发挥。

5. 推动城市人居环境持续改善。依法审理涉城市黑臭水体整治案件，严惩向城市河道、湖泊、海湾排污等违法犯罪活动。依法审理涉建设用地土壤污染案件，推动建设用地污染风险管控、污染场地修复，强化责任追究。依法妥善处理污水及垃圾处理场站等设施选址、建设引发的纠纷，防范环保设施二次污染，实现污染物处理客观需要和周边居民对生活环境高品质要求的有机平衡。依法审理涉城中村、棚户区、老旧小区改造，城市垃圾分类，生态景观建设相关案件，推动绿色城市、森林城市、"无废城市"建设。

6. 服务建设生态宜居的美丽乡村。依法惩治非法占用、污染耕地和渔业水域的违法犯罪行为，保障粮食和重要农产品供给安全。依法审理涉农业面源污染防治案件，提升畜禽粪污、农作物秸秆、农膜、水产附物等农业废弃物无害化处置和资源化利用水平，助力开展村庄清洁和绿化行动。依法审理涉传统民居、古村落、古建筑保护案件，提升乡村自然景观、人文景观的司法保护水平，助力建设"望得见山、看得见水、记得住乡愁"的美丽乡村。

三、贯彻系统观念，推动构建人与自然生命共同体

7. 强化生态系统综合保护。依法惩治非法采矿采砂、非法侵占河湖、乱砍滥伐、毁林挖草、非法开垦等破坏生态的违法犯罪活动。依法审理涉耕地休耕轮作、封育保护、生态移民、舍饲圈养等生态保护措施相关案件，推动草原森林休养生息。加大山脉、湖泊、湿地保护力度，依法审理涉退耕还林还湿、湿地保护修复工程建设、湿地用途管控相关案件，促进湿地保护水源、调蓄洪水、控制污染、调节气候等功能有效发挥。依法审理涉海岸、海洋工程建设项目以及海岛资源开发利用、海水养殖、围海造田等相关案件，推动建立陆海统筹的海洋生态环境保护修复制度，维护海洋自然再生产能力。

8. 切实维护生物多样性。严厉打击各类破坏野生动植物资源犯罪活动。依法惩治利用网络或以其他方式实施野生动植物及制品非法贸易，非法引进、释放或丢弃外来物种等违法犯罪行为。依法审理涉遗传多样性、物种多样性和生态系统多样性司法保护案件，坚持保护和可持续利用原则，遏制生物多样性丧失和生态系统退化。依法保护珍贵濒危野生动植物栖息地生态环境，护航候鸟安全迁徙。依法审理涉野生动物肇事责任保险案件，保障生物多样性重大工程有序实施。统筹疫情防控与生物多样性司法保护，助推国家生物安全治理能力水平不断提升。

9. 助力打赢长江十年禁渔持久战。严格落实《中华人民共和国长江保护法》，严厉打击"电毒炸""绝户网"等各类涉渔违法犯罪活动，依法惩治扎巢采卵、挖沙采石，切实保护长江珍贵濒危野生动物。加大对收购、加工、销售、利用非法渔获物的惩治力度，从源头和终端斩断非法捕捞地下产业链。支持和监督行政机关依法开展"清船""清网"行政执法活动，妥善处理因收缴、处置"三无"船舶和非法捕捞工具以及涉水产品市场、涉渔餐馆、渔获物市场整治引发的纠纷。依法审理涉渔民转移安置、转产专业相关案件，推动禁渔长效机制不断完善健全，保障长江流域重点水域十年禁渔落到实处。

10. 推动黄河流域生态环境不断改善。坚持共同抓好大保护、协同推进大治理原则，切实保护黄河流域生态环境。依法审理涉黄河源头冰川、高原冻土、高寒草甸、草原、河湖等重要生态系统保护案件，提升黄河上游水源涵养能力。依法审理涉黄河干流和重要支流环境污染案件，支持和监督行政机关依法开展黄土高原退耕还林还草工程建设，助力黄河污染治理和水土保持水平同步提升。依法审理涉黄河中下游三角洲湿地保护、涉水沙关系协调等案件，维护河道管理秩序，促进生态环境持续改善。

11. 保障自然保护地体系建设。加大对国家公园、自然保护区以及地质公园、森林公园、海洋公园、湿地公园等各类自然公园的司法保护力度，依法惩治在自然保护地违法开垦、开发或修筑建筑物以及排污倾废等违法犯罪活动。严格区分核心保护区、一般控制区以及其他区域的功能定位，妥善处理与区域定位不符的开发利用、退出、转型引发的矛盾纠纷，切实维护自然保护地原住民及相关权利人合法权益。依法保障长城、大运河、长征、黄河国家文化公园建设，统筹自然遗迹与人文遗迹、民俗文化一体化保护。

12. 筑牢生态安全司法屏障。依法惩治偷采盗挖泥炭黑土等违法犯罪活动，服务构建黑土地保护系统工程。保障三北防护林等防护林体系建设和国家储备林建设，助推大规模国土绿化行动顺利开展。深入贯彻冰天雪地也是金山银山的理念，依法审理涉青藏高原生态环境保护案件，切实保护好地球第三极生态。依法审理涉京津风沙源治理、三江源生态保护和建设、祁连山生态保护与综合治理、岩溶地区石漠化综合治理等国家重点生态功能区修复保护相关案件，加大对水土流失、土地沙化、石漠化、海岸侵蚀及沙源流失等生态极度脆弱区生态环境的司法保护力度，维护国家生态安全格局。

四、助推能源革命，促进经济社会绿色低碳转型

13. 提高自然资源产权司法保护水平。依法审理涉土地、草原、矿藏、森林、海域等自然资源权属案件，科学划定自然资源所有权、使用权行使边界，维护全民所有自然资源资产所有者权益。完善自然资源权属争议行政调处与司法审判的衔接，服务构建市场化、多元化的生态保护补偿机制。依法监督自然保护地内自然资源特许经营权审批，统筹协调生态环境保护与资源集约节约开发利用。关注自然资源交易平台化、金融化、信息化趋势，依法审理相关案件，服务构建统一自然资源交易市场。

14. 加大对水资源的司法保护力度。依法审理江河流域水资源保护案件，严惩破坏水环境、水生态，擅自取水、超量取水、破坏性取水等违法犯罪行为。强化对水权确权、取水许可审批、取水计量监管等行政行为的司法监督，依法审理涉水权交易相关案件。妥善处理南水北调工程建设、征地移民引发的矛盾纠纷，确保南水北调工程安全、供水安全、水质安全。将水资源司法保护主动融入长江经济带发展、粤港澳大湾区建设、长三角一体化发展、黄河流域生态保护和高质量发展等区域重大战略，为形成全国统一大市场和畅通的国内大循环提供有力的水资源支撑。

15. 助力实现碳达峰、碳中和目标。准确把握碳排放权、碳汇、碳衍生品等涉碳权利的经济属性、公共属性和生态属性，依法妥当处理涉及确权、交易、担保以及执行的相关民事纠纷。支持和监督行政机关依法查处碳排放单位虚报、瞒报温室气体排放报告、拒绝履行温室气体排放报告义务等违法行为。依法审理国家规定的机关或者法律规定的组织提起的涉碳公益诉讼和生态环境损害赔偿案件，助力形成以风能、太阳能、水能、核能、气能、生物质能等可再生能源为主体的清洁低碳安全高效能源系统。加大对京津冀及周边地区、汾渭平原、长三角地区等重点区域涉能源结构调整案件的审理力度，严格落实减污降碳协同治理。依法审理各类涉受控消耗臭氧层物质违法生产、使用和环境污染案件，助力减少非二氧化碳温室气体排放，有效应对全球气候变化危机。

16. 服务产业结构绿色优化升级。依法妥当处理涉高耗能、高排放企业规划、建设、生产引发的行政纠纷，支持和监督行政机关依法查处未批先建、批建不符等违法行为。加大对高耗能、高排放企业改制、破产和重整案件审判力度，完善市场退出机制。支持和监督行政机关依法履行排污许可监管职责，推动企业按证排污。加大绿色创新知识产权司法保护力度，鼓励清洁生产，推动重点行业和重要领域绿色化改造。支持运用金融工具助力绿色发展，服务构建绿色信贷政策法律体系，推动完善绿色债券发行制度规则，支持保险机构创新绿色保险产品和服务，促进绿色金融市场健康发展。

五、持续深化改革创新，健全环境资源审判制度体系

17. 统一环境资源审判法律适用。坚持最严格制度最严密法治，遵循罪刑法定和罪责刑相适应原则，准确把握各类环境资源刑事犯罪构成要件，正确认定单位犯罪，审慎适用从轻、减轻处罚。贯彻宽严相济的刑事政策，妥当处理发展与保护的关系，努力实现政治效果、法律效果、社会效果、生态效果的有机统一。加强自然资源使用权体系化研究，完善统一涉自然资源相关案件审判的法律适用。准确把握生态环境侵权民事诉讼、公益诉讼、生态环境损害赔偿诉讼属性和功能，构建类型化的生态环境损害责任构成要件体系，完善不同诉讼程序和责任方式的衔接机制。明确惩罚性赔偿制度适用范围，丰富生态环境修复责任方式，规范禁止令适用程序和条件，探索建立环境资源案件专门证据制度，不断健全审判程序和实体规则。

18. 加强专门化制度建设。坚持以前瞻性、全局性、战略性、整体性思维系统推进环境资源审判专门化改革。切实聚焦主责主业，加强环境资源法庭建设，充分发挥机构在专门化制度建设中的基础性作用。完善环境资源刑事、民事、行政案件"三合一"审判模式，确保环境司法理念在不同类型环境资源案件中得到统一贯彻落实。加强与公安机关、检察机关以及环境资源行政主管部门的工作协调，完善异地执行委托衔接、生态环境修复效果评估、环境修复资金管理制度等配套措施，建立全国环境资源审判信息平台。构建具有专门知识的人民陪审员参加环境资源案件审理制度，充分保障人民群众知情权、参与权和监督权。

19. 锻造素质过硬审判队伍。始终把党的政治建设摆在首位，着力提升队伍的政治领悟力、政治判断力、政治执行力，强化纪律作风建设，坚守清正廉洁底线，用真抓实干担当责任、诠释忠诚。全面加强队伍专业能力建设，加大培训力度，培养既精通环境法又熟悉相关经济、社会以及环境科学知识的专家型法官，努力建设一支党和人民信得过、靠得住、能放心的专业化环境资源审判队伍。

20. 深化国际环境司法交流。秉持公平、共同但有区别的责任原则及各自能力原则，公平公正惠益分享原则，损害担责原则，保护和可持续利用自然资源原则，携手各国加强气候变化及其影响、保护生物多样性、防治环境污染等全球环境危机的司法应对。协力构建环境司法案例、司法经验的多元化共享平台，建立常态化国际环境司法交流互访机制，促进相互借鉴和共享。加大与世界各国、国际组织的合作力度，传播中国环境司法声音，讲好中国环境司法故事，为全球环境司法事业提供中国方案。

最高人民法院
关于深入学习贯彻习近平生态文明思想为新时代生态环境保护提供司法服务和保障的意见

2018年5月30日　　　　　　　　　　　　　　法发〔2018〕7号

为深入学习贯彻习近平新时代中国特色社会主义思想特别是习近平生态文明思想和党的十九大精神，充分发挥人民法院审判职能作用，为新时代生态环境保护提供更加有力的司法服务和保障，制定如下意见。

一、坚持以习近平生态文明思想指导环境资源审判工作

1. 切实提高政治站位，把习近平生态文明思想贯彻到环境资源审判工作全过程。习近平

生态文明思想是习近平新时代中国特色社会主义思想的重要组成部分，指明了新时代推进生态文明建设的方向。加强生态环境保护是建成富强民主文明和谐美丽的社会主义现代化强国的必然要求。各级人民法院要深入学习贯彻习近平生态文明思想，准确把握服务保障新时代生态环境保护的目标任务，切实提高政治站位，增强责任感使命感。要把习近平生态文明思想体现和贯彻到环境资源审判工作全过程，围绕大局、完善思路、谋划发展，全面加强新时代生态环境保护司法服务和保障。

2. 以习近平生态文明思想为指引，树立新时代环境资源司法理念。坚持以人民为中心，不断满足人民群众日益增长的对优美生态环境和公正环境资源司法保障的需求，切实保障人民群众在健康、舒适、优美生态环境中生存发展的权利。坚持人与自然和谐共生，落实节约优先、保护优先、自然恢复为主的方针，通过有效法律手段把生产生活规制在资源环境承载能力范围内，推动实现经济全面发展、社会全面进步、生态全面优化。坚持绿水青山就是金山银山，统筹协调经济社会可持续发展与生态环境保护的关系，找准环境保护、经济发展与人民群众环境权益之间的平衡点，推动经济高质量发展和生态环境高水平保护。坚持山水林田湖草系统保护，统筹考虑自然生态各要素保护需要，探索创新审判执行方式，推动生态环境整体保护、系统修复、区域统筹、综合治理。

3. 用最严格的制度、最严密的法治保护生态环境。用最严格的制度、最严密的法治保护生态环境是习近平生态文明思想的重要内容。各级人民法院要深入学习贯彻习近平生态文明思想对于加强生态环境保护制度建设和法治保障的要求，紧紧围绕"努力让人民群众在每一个司法案件中感受到公平正义"的工作目标，切实贯彻节约资源和保护环境的基本国策，创新体制机制，完善裁判规则，通过专业化的环境资源审判落实最严格的源头保护、损害赔偿和责任追究制度，不断提升新时代生态环境保护的司法服务和保障水平。

二、服务保障污染防治和生态安全保护

4. 助力打好污染防治攻坚战。依法审理大气污染纠纷案件，严惩超标排污造成大气严重污染的违法行为，加大京津冀及周边、长三角、汾渭平原等重点区域的大气污染纠纷案件审理力度，为打赢蓝天保卫战提供坚强司法后盾。依法审理水污染纠纷案件，加大长江、黄河、鄱阳湖、洞庭湖、太湖等重点水域的水污染纠纷案件审理力度，严惩污染饮用水水源地违法行为，推动城市黑臭水体治理，维护水环境和水生态安全。依法审理土壤污染纠纷案件，准确界定土壤污染责任主体，探索多样化责任承担方式，妥善确定污染地治理、修复和再利用方案，维护食品安全和生活环境安全。严厉打击非法转移、倾倒、利用和处置固体废物和垃圾等违法犯罪行为，妥善处理因垃圾焚烧、填埋引发的群体性纠纷，维护优美生活环境。依法审理噪声、振动等引发的环境污染案件，合理认定侵权责任构成要件，保障人民群众宁静生活的权益。

5. 依法保护海洋自然资源与生态环境。依法惩处非法向海洋排放污染物及破坏红树林、珊瑚礁等海洋生态环境的犯罪行为，依法审理涉及海岸工程建设项目、海洋工程建设项目、船舶及有关作业活动污染环境等案件，保护海洋生态环境安全。妥善审理涉及海洋动植物物种引进、海岛资源开发、海水养殖场建设各类案件，以及行政主管部门针对破坏海洋生态、海洋水产资源、海洋保护区等行为提起的海洋生态环境损害赔偿案件，保护海洋生态环境和自然资源。

6. 全面服务美丽乡村建设。贯彻乡村振兴战略，加大涉及农村人居环境整治案件审理力度。依法严惩污染乡村环境、河道非法采砂、盗伐滥伐林木、非法采矿及破坏性采矿、非法捕捞水产品等违法犯罪行为，探索将环境资源生态价值损失纳入定罪量刑情节。依法审理农业面源污染防治案件，推动生活垃圾、生活污水、畜禽养殖、农业种植等多种污染源集中处置和无害化治理，注重源头预防，改善农村生产、生活、生态环境。妥善审理因退耕还林还

草还湿、退牧还草、禁牧轮休、草畜平衡、江河湖海限捕、禁捕等引发的权属、合同、侵权等纠纷案件，推动构建多元化生态补偿机制。依法审理发展乡村生态旅游过程中的合同及侵权纠纷案件，促进优质农业生态产品和服务供给，助力生态宜居的美丽乡村建设。

7. 不断提升生物多样性保护水平。依法惩治非法猎捕、杀害珍贵、濒危野生动物，非法狩猎及非法交易野生动植物制品等违法犯罪行为，维护物种多样性。严厉打击走私国家禁止进口动植物及其制品的违法犯罪行为，防控外来生物入侵。妥善审理环境污染及过度开发利用破坏生物多样性及种群关键栖息地案件，维护生态系统多样性。妥善审理生物多样性保护与生物遗传资源案件，推进濒危野生植物资源原生境保护，有效保护我国生物基因资源库。积极研究生物资源产权保护、有偿使用、综合利用以及生物技术等相关法律问题，推动完善生物多样性保护法律体系。

8. 从严保障生态安全战略布局。配合"两屏三带"国家生态安全战略布局，严守生态保护红线、环境质量底线、资源利用上线，依法审理涉及水源涵养、水土保持、防风固沙、生物多样性维护等重点生态功能区域以及水土流失敏感区、沙漠化敏感区、石漠化敏感区、冻融侵蚀敏感区等生态环境敏感脆弱区域各类案件，坚持源头严防、过程严控、后果严惩，注重生态保护修复，构筑生态安全屏障。

三、服务保障经济高质量发展

9. 推动构建绿色产业结构。妥善审理经济结构和能源政策调整、产能过剩引发的企业改制、整合、破产等案件，依法支持和保障节能环保产业、清洁生产产业、清洁能源产业发展。妥善审理节能、节水、节材和资源综合利用等领域的专利、技术合同、不正当竞争、反垄断等知识产权纠纷，推动市场主体创新发展，促进传统企业向绿色产业转型升级。加强对涉及绿色信贷、绿色债券、绿色保险等金融工具的法律风险和规制研究，为绿色发展领域新类型案件的审理做好知识储备。通过具体案件的审理推动市场主体创新发展，保障重大生态修复工程的实施，增强优质生态产品生产能力，保障经济效益、社会效益、生态效益同步提升。

10. 推动形成绿色生产方式。妥善审理涉及土地、矿产、林业等自然资源开发利用案件，促进生产领域资源物耗减量化及清洁生产，形成全面节约、循环利用的绿色生产方式。依法审理合同能源管理、合同节水管理等节能服务相关案件，推进农业、工业、城镇节水改造，以及矿山企业技术和工艺改造等重点领域的能源节约，提高能源资源利用效率。深入研究用能权、用水权、排污权、碳排放权交易的法律属性、初始分配和交易规则，推动环境资源交易市场制度完善。

11. 推动形成绿色生活方式。妥善审理涉及共享经济、绿色建筑、新能源、新业态等领域环境资源相关案件，推动生产、流通、回收等环节绿色化。加大环境司法宣传力度，发挥典型案件的示范引领作用，培育社会公众的生态环境保护意识，推动全社会形成简约适度、绿色低碳的生活方式。

12. 推动企业积极承担生态环境保护社会责任。妥善处理列入重点生态功能区产业准入负面清单的企业关停并转过程中引发的破产、整合、职工安置等纠纷。鼓励企业开展技术创新和改造，督促上市公司、发债企业、重点排污企业等依法公开环境信息，将环境保护、环境管理要求纳入经营决策机制，自觉履行生态环境保护的主体责任。推动绿色公平营商环境建设，激发企业家诚信经营、节约资源、保护环境的积极性，引导企业积极承担生态环境保护社会责任及生产者延伸责任。

四、服务保障生态文明体制改革

13. 依法审理自然资源资产产权纠纷案件。贯彻生态环境监管体制改革要求，遵循资源公有、物权法定和统一确权登记原则，妥善审理涉及水流、森林、山岭、草原、荒地、滩涂等自然生态空间确权登记案件，依法保障国有资产统一监管机构加强国有自然资源产权保护。妥善审理矿业权审批及颁证、房地征收等行政案件，依法促进落实主体功能区规划，合理控制国土开发空间和强度，促进资源集约利用和有序开发。依法审理涉及海域使用权、矿业权、取水权、养殖权、捕捞权、林业权等自然资源用益物权纠纷，妥善处理司法裁判与行政监管的关系，维护资源开发利用秩序。妥善审理涉及自然资源开发利用的股权转让、承包、合作、出租、抵押等案件，促进自然资源有序利用和流转。

14. 加强环境公益诉讼审判工作。贯彻落实民事诉讼法、行政诉讼法、环境保护法要求，充分发挥环境公益诉讼制度维护国家利益、社会公共利益和公众环境权益功能，督促依法行政，推动完善环境治理体系。依法审理社会组织提起的环境公益诉讼案件，畅通诉讼渠道，保障社会组织公益诉权，完善审判程序和配套机制，引导社会公众有序参与生态环境保护。全面加强检察公益诉讼审判工作，在遵循民事诉讼、行政诉讼基本制度基础上不断完善审理程序和裁判规则，促进依法行政、严格执法，提升国家利益和社会公共利益司法保障水平。推动建立公益诉讼资金的管理、使用、审计监督等制度，确保资金用于受损生态环境修复治理。

15. 推进生态环境损害赔偿制度改革。贯彻落实中共中央办公厅、国务院办公厅《生态环境损害赔偿制度改革方案》要求，全面加强生态环境损害赔偿案件审判工作。完善赔偿协议司法确认程序，探索赔偿协议审查与公告制度，保障公众知情权。制定生态环境损害赔偿诉讼与环境公益诉讼衔接规则，推动健全生态环境损害司法鉴定和评估机制。根据赔偿义务人主观过错、经营状况等因素试行分期赔付，探索多样化责任承担方式，研究符合生态环境损害赔偿需要的诉前证据保全、先予执行、执行监督、生态环境修复效果评估等制度，确保生态环境得到及时有效修复。

16. 突出重点区域生态环境治理。加强长江经济带生态环境司法保障，坚持共抓大保护、不搞大开发，把修复长江生态环境摆在压倒性位置，充分运用司法手段修复受损生态环境，推动长江流域生态环境质量不断改善，助力长江经济带高质量发展。加强雄安新区规划建设和京津冀协同发展司法保障，妥善审理雄安新区建设中出现的环境资源纠纷案件。加强国家生态文明试验区建设司法保障，精准服务经济绿色发展，探索积累可复制可推广的有益经验。加强国家公园试点司法保障，妥善处理在统一环境准入和退出过程中引发的纠纷，推动构建以国家公园为主体的自然保护地体系，强化大面积自然生态系统原真性、整体性保护。加强国土空间主体功能区规划执行司法保障，立足优化开发、重点开发、限制开发、禁止开发的不同功能定位，确定相应的案件处理思路，推动实现人口与经济合理分布并与环境承载能力相适应。

五、健全完善环境资源审判体制机制

17. 完善环境资源专门化审判机制。坚持专业化发展道路，具备条件的高、中级人民法院可以在规定的内设机构总数内，通过单独设置的方式设立环境资源审判机构；尚不具备条件的，可以通过加挂牌子或者在相关审判庭内设立专业化合议庭或专门审判团队负责环境资源审判工作。继续深化法院组织体系改革，探索设立环境资源专业性法院。持续推进环境资源管辖制度改革，探索将跨省级行政区划等重大环境资源案件纳入跨行政区划集中管辖范围，推进跨区域司法协作、全流域协同治理。

18. 推动环境资源刑事、民事、行政案件由专门审判机构或者专业审判团队审理。充分发挥环境资源刑事、民事、行政审判合力，探索将环境污染和生态破坏相关刑事案件、环境资源民事案件、以生态环境和自然资源行政主管部门为被告的部分行政案件、环境公益诉讼案件以及生态环境损害赔偿案件等由环境资源专门审判机构或者专业审判团队审理的"二合一"或者"三合一"工作模式，妥善协调当事人应承担的刑事、民事、行政法律责任，促进生态环境的一体保护和修复。

19. 完善环境资源纠纷多元共治体系。保障人民群众对生态环境保护案件的知情权与参与权,贯彻落实人民陪审员法,对于重大环境资源案件和公益诉讼案件依法组成七人合议庭审理,尊重人民陪审员就事实认定问题的表决权。推动完善环境资源纠纷多元化解决机制,发挥行政调解、人民调解、行业调解、仲裁等非诉讼纠纷解决机制的作用。加强与公安机关、检察机关以及环境资源保护行政主管部门之间的证据提取、信息共享和工作协调,推动构建党委领导、政府负责、社会协同、公众参与、法治保障的现代化环境治理体系,协同打好污染防治攻坚战和生态文明建设持久战。

20. 加强环境资源审判国际司法交流合作。树立人类命运共同体理念,推动和引导应对气候变化、节能减排、生物多样性保护等领域国际司法交流合作。拓展环境资源法官国际交流、培训及互访渠道,定期举办环境司法国际论坛,加强环境资源法律比较研究和司法案例信息共享,展示中国生态环境保护和环境司法的发展成就,广泛传播中国环境资源司法理念。积极参与全球环境治理,促进形成公平合理、合作共赢的世界环境保护和可持续发展的司法解决方案,为全球生态文明建设作出积极贡献。

21. 建设专业化环境资源审判队伍。深入学习贯彻习近平新时代中国特色社会主义思想特别是习近平生态文明思想,牢固树立"四个意识",坚定"四个自信",着力强化环境资源审判队伍思想政治建设。坚持反腐败无禁区,根据环境资源案件涉及利益重大、主体多元、矛盾尖锐的特点,督促教育干警时刻保持高度警惕、警钟长鸣,严守廉政底线。适应新时代要求,加强环境资源审判专业培训和业务交流,努力打造一支政治强、本领高、作风硬、敢担当的专业化环境资源审判队伍。

最高人民法院
关于充分发挥审判职能作用 为推进生态文明建设与绿色发展提供司法服务和保障的意见

2016 年 5 月 26 日　　　　　　　　　　　　　　法发〔2016〕12 号

为深入贯彻落实党的十八大和十八届三中、四中、五中全会精神,促进"十三五"规划纲要的全面实施,充分发挥人民法院审判职能作用,为加快推进生态文明建设与绿色发展提供公正、高效的司法服务和保障,制定如下意见。

一、准确把握人民法院服务、保障生态文明建设与绿色发展的基本理念和总体要求

1. 充分认识新形势下服务和保障生态文明建设与绿色发展的重要意义。党的十八大以来,党中央把生态文明建设摆上更加重要的战略地位。《关于加快推进生态文明建设的意见》《生态文明体制改革总体方案》两份纲领性文件相继出台后,十八届五中全会以及"十三五"规划纲要确立创新、协调、绿色、开放、共享的新发展理念,提出生态环境质量总体改善的奋斗目标,并作出一系列重大决策部署,为生态文明的法治建设指明了方向、目标和路径。环境资源审判是国家环境治理体系的重要环节,在生态文明建设与绿色发展中发挥着重要作用。各级人民法院要深入学习贯彻习近平总书记关于加强生态文明建设与绿色发展的新理念、新思路、新论断,准确把握服务和保障生态文明建设与绿色发展的目标任务,充分发挥环境资

源审判在救济环境权益、制约公共权力、终结矛盾纠纷和形成公共政策等方面的功能作用，推动生态环境质量不断改善，促进经济社会可持续发展，维护环境正义和代际公平。

2. 以新发展理念统筹推进环境资源审判工作。各级人民法院要深入贯彻落实新发展理念，将绿色发展理念作为环境资源审判的行动指南。严格执行环境资源法律制度，结合主体功能区制度分类施策，处理好保护环境与发展经济的关系。依法保护人民群众环境权益，协调环境公共利益和个体利益，保障人民群众在健康、舒适、优美环境中生存和发展的权利。加大预防原则的适用力度，依法及时采取行为保全、先予执行措施，预防环境损害的发生和扩大。落实以生态环境修复为中心的损害救济制度，统筹适用刑事、民事、行政责任，最大限度修复生态环境。坚持专业审判与公众参与相结合，全面推行人民陪审员参与案件审理，加大司法公开和宣传力度，引导公众有序参与环境治理。

3. 着力提升环境资源审判服务和保障的能力水平。各级人民法院要紧紧围绕"努力让人民群众在每一个司法案件中感受到公平正义"的工作目标，牢牢坚持司法为民、公正司法工作主线，切实贯彻节约资源和保护环境的基本国策，以现代环境司法理念为引领，创新体制机制，探索裁判规则，加强理论研究，建设专业队伍，进一步推进环境资源审判专门化，不断提升服务和保障生态文明建设与绿色发展的能力水平。要通过司法裁判，大力弘扬社会主义核心价值观，落实最严格的源头保护、损害赔偿和责任追究制度，增强自然人、法人和其他组织的环保意识，促进绿色发展，建设美丽中国。

二、依法审理涉环境污染防治和生态保护案件，切实维护人民群众的环境权益

4. 依法审理大气污染防治相关案件。依法惩处违反污染物排放标准排污造成大气严重污染的犯罪行为。妥善审理大气污染防治相关行政案件，督促、保障政府部门充分履行源头治理和全程治理职责，有效防治工业污染、机动车船污染、扬尘污染、农业污染及其他污染。妥善审理大气污染防治相关民商事案件，充分发挥市场机制调节作用，保障大气环境服务业的健康发展，促进污染治理设施投资、建设、运行一体化经营。

5. 依法审理水污染防治相关案件。依法惩处向水体排放油类、酸碱液体、剧毒废液、放射性固体废物等禁止排放的污染物以及超标排放废水造成水体严重污染的犯罪行为。妥善审理因造纸、印染、化工等严重污染水体企业的关闭或搬迁改造，以及因污水处理费、排污费、水资源费等费用征收引发的行政案件，推动污染企业的达标治理或者依法退出，依法落实环境税费政策。妥善审理环保设备融资租赁纠纷，以及股权、项目收益权、特许经营权、排污权等权利质押融资担保纠纷，鼓励社会资本对水环境保护的投入，促进水污染防治的多元融资。

6. 依法审理土壤污染防治相关案件。依法惩处非法排放有毒有害污染物、违法违规存放危险化学品、非法处置危险废物等造成土壤严重污染的犯罪行为。妥善审理因拆除有色金属冶炼、石油加工、焦化、制革等污染设施，以及因处置工业废物、回收储运废弃农膜引发的行政案件，保障土壤污染的源头预防。妥善审理土壤污染防治相关民商事案件，充分关注土壤污染历史成因复杂和修复周期长、成本高的特点，探索土壤污染民事责任主体范围、因果关系以及修复标准等方面的认定规则，加大对污染土壤行为的追责力度，维护食品安全、生活环境安全和农业可持续发展。

7. 依法审理海洋生态环境保护案件。依法惩处非法向海洋排放各类污染物及破坏红树林、滩涂、珊瑚礁等造成海洋生态环境严重破坏的犯罪行为。妥善审理涉及海洋动植物物种引进、海岛资源开发、海水养殖场建设、海洋海岸工程建设审批引发的行政案件，以及因海洋污染和生态破坏引发的侵权纠纷案件。妥善审理海洋环境监督管理部门代表国家对破坏海洋生态、海洋水产资源、海洋保护区等造成重大损失行为提起的诉讼，防治海洋环境污染，保护海洋

生物多样性。

8. 依法审理重点区域生态环境保护案件。依法惩处严重破坏京津冀、长江经济带、三江源等重点区域生态环境的犯罪行为。妥善审理因建设国家公园和森林公园，推行统一环境准入和退出机制引发的行政案件，保障重点区域实现扩大环境容量和生态空间的重要目标。妥善审理因长江防护林体系建设、水土流失及岩溶地区石漠化治理、河湖湿地生态保护修复等引发的行政案件，保障长江流域重大生态修复工程的顺利实施。注重强化排污者主体责任，保障污染联防联控机制建设，促进重点区域环境质量持续改善。

9. 依法审理其他污染防治和生态保护案件。依法惩处制污排污，走私废物，以及非法捕猎、杀害珍稀、濒危野生动物等严重污染环境和破坏生态的犯罪行为，惩处环境监管失职、渎职犯罪行为。妥善审理涉及环境影响评价、污染物排放许可、禁牧轮休和封禁保护沙化土地的行政案件，推动排污许可"一证式"管理改革，落实环境保护目标责任制。妥善审理各类污染环境、破坏生态导致的损害赔偿民事案件，协调环境公共利益和个体利益的冲突，实现当事人权利救济和生态环境保护的有机统一。

三、依法审理涉自然资源开发利用案件，保障自然资源和生态环境安全

10. 依法审理涉土地资源案件。依法惩处非法占用基本农田、农用地、林地等犯罪行为，严守生态红线。妥善审理推进工业化、城镇化过程中产生的土地确权、房地征收等行政案件，依法落实主体功能区规划，合理控制国土开发空间和强度，推动以人为本、绿色低碳的新型城镇建设。妥善审理涉土地流转民商事案件，依法鼓励创新农村土地流转形式，保障农村土地经营权抵押等各项改革试点顺利进行，推动建立城乡统一的建设用地市场。

11. 依法审理涉矿产资源案件。依法惩处非法采矿、破坏性采矿等犯罪行为，保障国家矿产资源安全。妥善审理涉及矿业权审批、颁证等行政案件，保障矿产资源集约利用和有序开发。妥善审理涉矿业权民商事案件，准确区分民商事审判和行政监管界限，依法认定矿业权出让、转让、出租、承包、抵押合同的效力，正确处理越界勘查、开采引发的纠纷。

12. 依法审理涉林业资源案件。依法惩处盗伐、滥伐林木等犯罪行为，保障国家林业资源安全。妥善审理因林权登记颁证、林地开垦、林地用途改变等引发的行政案件，保障林权改革顺利进行。关注林地所有权、林地使用权、林木所有权、林木使用权经常发生分离的特点，区分因历史、政策、乡规民约或者其他原因导致的权利冲突，坚持尊重林权人意思自治和尊重行政机关认定的统一，妥善处理林权确权和林权流转中发生的各类纠纷。

13. 依法审理其他资源相关案件。妥善审理涉及草原、河流、湖泊、滩涂、海洋等资源开发利用的权属、合同和侵权纠纷案件，依法惩处相关刑事犯罪行为。注重保障资源合理开发利用与促进资源节约、环境保护相协调，特别是审理重点生态功能区、生态环境敏感区和脆弱区，以及自然保护区、风景名胜区等区域内开发利用自然资源引发的相关案件时，将保护生态环境和自然资源作为裁判的重要因素综合考量。

四、积极探索气候变化司法应对举措，推动构建国家气候变化应对治理体系

14. 依法审理碳排放相关案件。深入研究碳排放交易中的法律问题，妥善审理碳排放交易纠纷，推动建设全国统一的碳排放交易市场。依法审理涉及电力、钢铁、建材、化工等重点碳排放行业，以及涉及工业、能源、建筑、交通等碳排放重点领域的相关案件，妥当适用国家节能减排相关法律、行政法规、规章及环境标准，促进低碳发展。在审理相关案件时区分合规排放与超出排污标准、污染物总量控制指标和排污许可证要求排放等不同情形，依法确定责任主体及责任范围。

15. 依法审理节约能源相关案件。加强对合同能源管理、合同节水管理等节能服务产业的司法保障，培育成熟、规范的合同能源管理市场，推进农业、工业、城镇节水改造，以及矿

山企业技术和工艺改造等重点领域的能源节约。妥善审理节能、节水、节地、节材、节矿、污泥无害化处理和资源化利用等领域的专利、技术转让等知识产权纠纷，鼓励企业科技创新，促进清洁能源和能源节约新技术的开发利用。

16. 依法审理绿色金融、生物多样性保护相关案件。深入研究绿色税收以及绿色信贷、绿色债券、绿色保险、绿色发展基金等涉及绿色金融发展的特殊法律问题，研究排污权、用能权、用水权等市场交易机制和规则，妥善审理相关案件，充分发挥金融手段及市场机制在实现绿色发展、减缓和适应气候变化中的重要作用。妥善审理涉及植物新品种、生物遗传资源和基因等知识产权纠纷，有效保护生物多样性。

五、依法审理各类生态环境损害赔偿诉讼案件，有效维护环境公共利益和国家所有者权益

17. 依法审理社会组织提起的环境民事公益诉讼案件。依法及时受理符合法定条件的环境民事公益诉讼案件，积极构建有利于社会组织提起诉讼的程序和配套机制。妥善处理司法保护和其他路径保护的关系，尊重行政机关的首次判断权和自由裁量权，为行政机关发挥职能作用创造有利条件。在尊重审判规律的前提下，依法适度强化能动司法，创新审理方法和裁判方式，探索符合需要的证据保全、先予执行、执行监督等特殊规则，发挥公益诉讼的评价指引和政策形成功能。

18. 依法审理检察机关提起的环境公益诉讼案件。遵循职权法定原则，依法及时受理检察机关根据全国人大常委会授权决定试点提起的环境民事、行政公益诉讼案件。主动适应改革需要，坚持以民事诉讼法和行政诉讼法作为基本依据，结合检察机关提起公益诉讼特点，在法律框架范围内创新、完善具体的审判工作方式方法。坚持正当程序的基本规则，依法保障举证、辩论等诉讼权利的充分行使，平等保护各方当事人的合法权益。

19. 积极探索省级政府提起生态环境损害赔偿诉讼案件的审理规则。按照《生态环境损害赔偿制度改革试点方案》，试点地方省级政府经国务院授权后，作为本行政区域内生态环境损害赔偿权利人，可以对违反法律法规造成生态环境损害的单位或者个人提起民事诉讼。认真研究此类基于国家自然资源所有权提起的生态环境损害赔偿诉讼案件的特点和规律，根据赔偿义务人主观过错、经营状况等因素试行分期赔付，探索多样化责任承担方式。试点地方省级政府提起生态环境损害赔偿诉讼，不影响社会组织依法提起环境民事公益诉讼，也不影响人身和财产权利受到损害的自然人、法人和其他组织提起私益诉讼。准确界定基于同一侵权行为发生的三类诉讼之间的关系，做好诉讼请求、事实认定、责任承担以及判决执行等方面的协调、对接。

六、构建协同审判机制，充分发挥环境资源审判整体合力

20. 探索构建环境资源案件的协同审判机制。环境资源审判面对环境和资源两类案件，跨越刑事、民事、行政三大诉讼门类，点多面广，类型多元，数量众多。各级人民法院要根据环境资源保护利用的现实需要和当地的案件特点，积极探索构建刑事、民事、行政审判和立案、执行等业务部门既分工负责又紧密配合的协同审判工作机制。科学界定各审判业务部门审理环境资源案件的职责分工，妥当确定环境资源专门审判机构的职责范围，充分发挥其专门化研究、协调和指导作用，大力强化环境资源立案、审判和执行机构之间，刑事、民事和行政三大审判之间的相互配合，形成环境资源审判的整体合力。

21. 发挥环境资源行政审判监督和预防功能。充分认识行政审判对于合理开发利用自然资源、预防环境污染和生态破坏方面的重要作用。注重通过审理建设项目环境影响评价审批等相关行政案件，督促行政机关依法及时履行行政监管职责，支持行政机关依法查处建设项目未评先批、未批先建等违法行为，防止存在重大生态环境风险的项目开工建设。通过审理信息公开相关行政案件,保障人民群众的知情权和监督权,提高人民群众参与环境保护的积极性,使公众参与原则落到实处。

22. 发挥环境资源刑事审判惩治和教育功能。坚持罪刑法定原则,注重惩治和预防相结合,全面贯彻宽严相济的刑事政策。依法从严惩处破坏环境资源造成严重后果以及主观恶性大的犯罪行为,有效威慑潜在的污染行为人,教育广大人民群众自觉保护生态环境,防范和减少环境污染、生态破坏犯罪的发生。依法追究国家机关工作人员在环境保护监管活动中玩忽职守、滥用职权等犯罪行为,督促环境监管人员积极履行监管职责。

23. 发挥环境资源民事审判救济和修复功能。充分发挥行为保全和先予执行的预防、减损功能。坚持损害担责、全面赔偿原则,依法追究污染环境、破坏生态的法律责任。妥善审理各类环境资源纠纷案件,依法救济自然人、法人和其他组织的人身权、财产权及各项环境权益。落实生态环境修复制度,探索适用惩罚性赔偿责任,确保责任人依法承担生态环境修复费用和生态环境服务功能的损失,维护环境公共利益,让人民群众有更多的获得感。

24. 发挥环境资源立案执行服务和保障功能。全面落实立案登记制改革要求,畅通立案渠道,切实保障诉权。做好与行政机关的协调配合,确保被执行人应承担的行政责任和民事责任落实到位。遵循恢复性司法要求,积极探索限期履行、劳务代偿、第三方治理等生态环境修复责任承担方式。依法审查环境资源行政非诉案件,对于符合法定条件的,及时作出强制执行裁定。切实发挥执行联动机制的威慑作用,健全完善环境资源案件失信被执行人惩戒机制。

七、强化组织保障措施,不断提升人民法院司法公信力

25. 加强组织领导和监督指导。各级人民法院要切实加强对环境资源审判工作的组织领导和监督指导,认真谋划,周密部署。对社会关注度高、法律适用难度大的公益诉讼案件、群体性案件和新类型案件,加强信息沟通,确保依法妥善审理。加快推进全国法院环境资源案件信息采集和分析系统的开发建设,充分利用大数据、云计算等信息技术,深度挖掘、释放海量案例资源和数据优势,为加强监督指导、统一裁判标准、提升司法公信提供有力技术支持。

26. 加强审判体制和机制建设。按照审判专业化和内设机构改革的要求,立足本地经济社会发展、生态环境保护需要和案件数量、类型特点等实际情况,探索建立专门机构,明晰职责分工,打造既精通法律又熟悉环境知识的专业化审判团队。对于环境公益诉讼以及跨行政区划的环境污染、生态破坏等案件,探索实行跨行政区划集中管辖。探索将环境资源民事、行政乃至刑事案件统一由一个审判机构审理的"二合一"或者"三合一"归口审理模式。积极创新审判执行方式,探索建立符合生态环境保护需要的特别诉讼规则。充分发挥环境资源审判智库作用,坚持问题导向,重视理论与实践相结合,不断创新、发展环境资源审判理论。

27. 加强司法公开和国际交流合作。完善司法便民和司法救助措施,开展巡回审判工作,满足人民群众对环境资源司法的多元需求。邀请人大代表、政协委员、社会公众、新闻媒体旁听重大案件庭审,加大裁判文书上网公开力度。充分运用新媒体、自媒体及时发布重大司法信息,定期发布环境资源审判白皮书。围绕国家"一带一路"战略、自贸区建设以及气候变化应对等工作,深入研究司法措施和裁判规则,保障国际环境公约的实施,维护国家环境利益和生态环境安全。不断拓展国际交流方式和合作渠道,依托信息技术推进信息共享,加强国际环境法、比较环境法研究和环境资源司法案例的交流,展示中国环境保护和环境司法的发展成就。

最高人民法院
关于全面加强环境资源审判工作
为推进生态文明建设提供有力司法保障的意见

2014 年 6 月 23 日　　　　　　　　　　法发〔2014〕11 号

为深入贯彻党的十八大、十八届三中全会和习近平总书记系列重要讲话精神,充分发挥人民法院审判职能作用,为推进生态文明建设提供有力司法保障,现就全面加强人民法院环境资源审判工作,提出如下意见。

一、新形势下全面加强环境资源审判工作的重大意义

1. 全面加强环境资源审判工作是贯彻中央决定、推进生态文明建设的必然要求。当前,我国面临资源约束趋紧、环境污染严重、生态系统退化的严峻形势,已经影响到人民群众的生命健康和经济社会的可持续发展。为从源头上扭转生态环境恶化趋势,建设美丽中国,实现中华民族的永续发展,党的十八大把生态文明建设纳入中国特色社会主义事业五位一体总体布局。党的十八届三中全会作出的《中共中央关于全面深化改革若干重大问题的决定》进一步指出,要建设生态文明,必须建立系统完整的生态文明制度体系,用制度保护生态环境。习近平总书记强调,走向生态文明新时代,建设美丽中国,是实现中华民族伟大复兴的中国梦的重要内容。面对新的形势和任务,各级人民法院要认真学习中央关于加强生态文明建设的新思想、新论断,统一思想认识,全面加强环境资源审判工作,以法律的手段制裁污染环境、破坏生态等违法行为,切实保障自然资源和环境保护制度的落实,维护人民群众生命健康,促进社会和谐安定,推动经济社会可持续发展。

2. 全面加强环境资源审判工作是回应人民群众环境资源司法新期待,维护人民群众环境资源权益的必然要求。习近平总书记提出了"山水林田湖是一个生命共同体""绿水青山就是金山银山""人民对美好生活的向往,就是我们的奋斗目标"等一系列新思想新要求。随着经济的快速发展和物质生活水平的日益提高,广大人民群众的环境资源意识正在逐步增强,对于洁净的水源、清新的空气、安全的食品等良好生态环境和优质生态产品的需求越来越迫切,要求参与环境资源保护的呼声也越来越高。各级人民法院要积极回应人民群众对环境资源司法的新期待新要求,通过依法审理环境资源类案件,切实维护公众环境资源权益,为中华民族子孙后代永享优美宜居的生活空间、山清水秀的生态空间提供坚实的司法保障。

3. 全面加强环境资源审判工作是统一裁判尺度、保障环境资源法律正确实施的必然要求。民事诉讼法规定了环境公益诉讼制度,修订后的环境保护法大大强化了对生态环境的保护力度,进一步明确了环境公益诉讼主体范围,与其他环境资源保护法律一起形成了较为完善的环境资源保护法律体系,成为预防和惩治污染环境、破坏生态行为的有力法律武器。各级人民法院要认真学习、贯彻环境资源法律,深入研究环境资源审判规律,更新环境资源司法理念,规范环境资源审判程序,统一裁判尺度,通过优质高效的案件审理和执行工作,促进和保障环境资源法律的全面正确施行。

二、环境资源审判工作的指导思想、基本原则和目标任务

4. 指导思想。以党的十八大和十八届二中、三中全会精神为指导,认真学习贯彻习近平

总书记系列重要讲话精神,深入贯彻中央关于全面深化改革的重大部署,紧紧围绕"让人民群众在每一个司法案件中都感受到公平正义"的目标,牢牢坚持司法为民、公正司法工作主线,切实贯彻节约资源和保护环境的基本国策,更加重视和全面加强环境资源审判工作,依法审理环境资源保护类案件,积极推进环境资源司法理论和制度研究,促进完善最严格的源头保护制度、损害赔偿制度、责任追究制度,为推进生态文明建设,增进人民福祉,建设美丽中国提供有力司法保障。

5. 基本原则。一要坚持依法保护。依照法律和行政法规的规定履行环境资源司法保护职责,切实维护人民群众环境资源权益。注意加强与检察机关、公安机关和环境资源保护行政执法机关的工作沟通,分工负责、各司其职、协调联动,共同扭转生态环境恶化趋势。二要坚持保护优先。积极创新审判机制和执行措施,按照环境资源保护优先的要求,加大对污染环境和破坏资源行为的惩处力度。三要坚持注重预防。在案件审理过程中积极采取司法措施预防、减少环境损害和资源破坏,通过事前预防措施降低环境风险发生的可能性及损害程度。四要坚持损害担责。落实全面赔偿规定,探索建立环境修复、惩罚性赔偿等制度,依法严肃追究违法者的法律责任。

6. 目标任务。环境资源纠纷司法救济渠道畅通;环境资源源头保护、损害赔偿、责任追究制度得到落实;环境公益诉讼、环境资源案件管辖等制度不断完善;环境资源刑事、民事、行政、执行等司法保护体系更加健全;环境资源法官队伍专业化水平和司法能力显著提高;环境资源审判工作全面加强,职能作用充分发挥。

三、充分发挥环境资源审判职能作用

7. 依法严惩污染环境、破坏资源犯罪。加大对涉及环境资源保护刑事案件的审判力度,依法严惩污染环境、乱砍滥伐、滥捕野生动物、乱采滥挖矿产资源、非法占用农用地、制污排污、非法处置进口固体废物、擅自进口固体废物等污染环境和破坏资源违法犯罪行为。严厉惩治环境监管失职犯罪。对造成环境污染严重后果的投放危险物质犯罪、重大安全责任事故犯罪,以及受害群众较多的涉众型案件,积极配合有关部门做好善后处置工作,最大限度地维护人民群众的合法权益。

8. 依法审理环境资源民事案件。畅通司法救济渠道,完善司法便民措施,依法及时受理环境资源保护民事案件。妥善审理与土地、矿产、草场、林场、渔业、水、电、气、热力以及海洋等环境资源保护相关的物权、合同和侵权案件,特别要加强对污染土壤、污染水源等环境侵权案件的审理。对于涉及到矿业权、林权及其他自然资源权属的股权转让、承包、联营、出租、抵押等案件,要将保护生态环境和自然资源作为裁判的重要因素予以综合考量。充分发挥保全和先予执行措施的预防和减损作用,对于保全和先予执行申请,要及时受理、迅速审查、依法裁定、立即执行。依法确定当事人举证责任,对于因污染环境、破坏生态发生的纠纷,原告应当就存在污染行为和损害事实承担举证责任,并提交污染行为和损害之间可能存在因果关系的初步证据,被告应当就法律规定的不承担责任或者减轻责任的情形及其行为与损害之间不存在因果关系承担举证责任。

9. 依法审理环境资源行政案件。依法受理环境资源行政案件,充分保障当事人诉权。案件审理既要从程序上审查行政机关的执法程序是否合法,也要从实体上审查行政许可、行政处罚等行为是否符合法定标准,特别要加强对行政机关不履行查处违反环境资源保护法律法规行为职责案件的审理,督促行政机关依法履职。谨慎适用协调手段结案,最大限度保护行政相对人的合法权益以及社会公众的环境健康与安全。妥善审理山林权属纠纷及确权行政案件,促进健全自然资源资产产权制度,加强对土地、矿产、水源、森林等自然资源的保护。妥当处理因同一环境资源纠纷引发的民事诉讼与行政诉讼的关系,避免不同审判组织对同一行政行为作出矛盾认定。积极探索环境行政诉讼与民事诉讼的合并审理,不断完善环境行政

诉讼证据规则和法律适用规则。

10. 加大环境资源案件执行力度。执行过程中积极争取环境资源保护行政执法机关的支持和配合，确保被执行人应承担的行政责任及民事责任落实到位。适当采取限期履行、代为履行等方式实现恢复生态环境的目的。创新执行方式，探索建立环境资源保护案件执行回访制度，密切监督判决后责任人对污染的治理、整改措施以及生态恢复是否落实到位。依法审查环境行政非诉案件，对环境资源保护行政执法机关依法申请人民法院强制执行生效行政处罚决定，人民法院经审查裁定准予强制执行的，应当及时组织实施强制执行。

四、大力推进环境民事公益诉讼

11. 充分保障法律规定的机关和有关组织的环境民事公益诉权。依照民事诉讼法、环境保护法和海洋环境保护法等有关法律规定，充分保障环境公益诉讼原告诉权，及时受理符合条件的公益诉讼。对于负有监督、管理、保护环境公共利益职责的海洋环境监督管理部门等机关依法提起的公益诉讼，以及符合环境保护法第五十八条规定的社会组织提起的公益诉讼，应当依法受理。同一污染环境、破坏生态行为既损害社会公共利益，又损害公民、法人和其他组织民事权益的，有关机关和组织提起公益诉讼，不影响受害人另行提起民事诉讼。

12. 依法确定环境民事公益诉讼的管辖法院。环境公益诉讼一般由侵权行为地或者被告住所地的中级人民法院管辖。同一原告或者不同原告对同一行为分别向两个或者两个以上有管辖权的人民法院提起环境公益诉讼的，由最先受理的人民法院管辖。共同上级人民法院也可以在有管辖权的法院中指定一个法院集中管辖。

13. 探索完善环境民事公益诉讼的审判程序。探索立案沟通协调机制，及时将环境公益诉讼起诉情况通报环境资源保护行政执法机关。探索建立受理公告制度，及时公告环境公益诉讼受理情况。对于审理案件需要的涉及社会公共利益的证据原告因客观原因无法取得的，可以依职权调取。对于原告承担举证责任的涉及社会公共利益的事实需要鉴定的，可以依职权委托鉴定。对于当事人达成的调解协议或者和解撤诉申请，应当特别注重审查是否损害国家利益、社会公共利益或者他人合法权益。对于需要采取强制执行措施的生效判决，可以依法移送执行。

14. 依法确定环境民事公益诉讼的责任方式和赔偿范围。人民法院审理环境公益诉讼案件，可以根据原告请求判令被告停止侵害、排除妨碍、消除危险、返还财产、恢复原状、赔偿损失。探索研究环境公益诉讼的赔偿范围及其与私益诉讼赔偿范围的关系。环境公益诉讼的原告请求被告赔偿预防损害发生或恢复环境费用、破坏自然资源等生态环境造成的损失以及合理的律师费、调查取证费、鉴定评估费等诉讼支出的，可以根据案件审理情况予以支持。探索设立环境公益诉讼专项基金，将环境赔偿金专款用于恢复环境、修复生态、维护环境公共利益；尚未设立基金的地方，可以与环境资源保护行政执法机关、政府财政部门等协商确定环境赔偿金的交付使用方式。

15. 探索构建合理的诉讼成本负担机制。加大对环境公益诉讼原告的司法救助力度，法律规定的机关和有关组织向人民法院依法申请缓交、减交或者免交案件受理费、保全申请费的，可以予以准许。合理确定诉讼费用的负担主体，在原告胜诉时，原告支出的合理的律师费、调查取证费、鉴定评估费等费用可以判令由被告承担。鼓励从环境公益诉讼基金中支付原告环境公益诉讼费用的做法，充分发挥环境公益诉讼主体维护环境公共利益的积极作用。

五、有序推进环境资源司法体制改革

16. 合理设立环境资源专门审判机构。本着确有需要、因地制宜、分步推进的原则，建立环境资源专门审判机构，为加强环境资源审判工作提供组织保障。高级人民法院要按照审判专业化的思路，理顺机构职能，合理分配审判资源，设立环境资源专门审判机构。中级人民

法院应当在高级人民法院的统筹指导下，根据环境资源审判业务量，合理设立环境资源审判机构，案件数量不足的地方，可以设立环境资源合议庭。个别案件较多的基层人民法院经高级人民法院批准，也可以考虑设立环境资源审判机构。

17. 积极探索环境资源刑事、民事、行政案件归口审理。结合各地实际，积极探索环境资源刑事、民事、行政案件由环境资源专门审判机构归口审理，优化审判资源，实现环境资源案件的专业化审判。未实行环境资源案件归口审理的地方，要注重加强刑事、民事、行政审判机构之间的业务协调与沟通。

18. 探索建立与行政区划适当分离的环境资源案件管辖制度。逐步改变目前以行政区划分割自然形成的流域等生态系统的管辖模式，着眼于从水、空气等环境因素的自然属性出发，结合各地的环境资源案件量，探索设立以流域等生态系统或以生态功能区为单位的跨行政区划环境资源专门审判机构，实行对环境资源案件的集中管辖，有效审理跨行政区划污染等案件。

六、建立健全环境资源司法工作机制

19. 加强环境资源司法解释和调研工作。紧密结合我国环境资源司法保护需求，加强对环境资源司法保护新问题的法律适用和诉讼制度研究，借鉴国际环境资源司法保护的有益经验，适时就环境资源损害民事责任、环境民事公益诉讼、矿业权等环境资源纠纷适用法律问题制定司法解释。加强对碳排放交易、排污权交易、水权交易、新能源开发利用及环境服务相关纠纷等新课题的研究，待条件成熟时出台司法解释或者指导意见。积极参与环境资源立法，深入调研及时提出立法建议，推动环境资源法律体系的不断完善。

20. 充分发挥专家在环境资源审判工作中的作用。建立环境资源审判专家库，在审理重大疑难案件、研讨疑难专业问题、制定规范性文件时，充分听取专家意见。可以聘请环境资源领域的专家担任特邀调解员，运用专业技术知识促使当事人自觉认识错误，修复环境，赔偿损失。保障当事人要求专家出庭发表意见的权利，对于符合条件的申请及时通知专家出庭就鉴定意见和专业问题提出意见。

21. 加强环境资源保护职能部门之间的协调联动。加强环境资源审判机构与立案、执行和审判监督机构之间的工作衔接，加强上下级法院之间的信息通报和业务交流。充分运用司法建议促进环境执法。积极推动建立审判机关、检察机关、公安机关和环境资源保护行政执法机关之间的环境资源执法协调机制。加强与环境资源保护行政执法机关和司法鉴定主管部门的沟通，推动完善环境资源司法鉴定和损害结果评估机制。

七、加大环境资源司法公开和宣传力度

22. 加大环境资源审判公众参与和司法公开力度。积极回应人民群众参与环境资源保护意愿，在环境资源审判领域全面推行人民陪审员参与案件审理。自觉接受社会公众监督，推动建立中国环境资源裁判文书网，及时上网公开生效裁判文书。对于有重大影响的案件，邀请人大代表、政协委员、社会公众等旁听庭审，增强环境资源审判的公开性和公信力。

23. 加大环境资源司法保护宣传力度。充分运用传统媒体和微信、微博、新闻客户端等新媒体，通过公开审判、以案说法、发布环境资源司法重要新闻和典型案例等形式，宣传环境资源保护法律法规，提高公众环境资源保护意识。定期发布《中国环境资源审判白皮书》，增进社会公众对环境资源司法保护制度及保护状况的客观全面了解。

八、大力加强环境资源审判队伍建设

24. 加强环境资源审判队伍的思想政治建设。按照习近平总书记提出的"五个过硬"的标准，结合环境资源审判工作的政策性与专业性要求，强化队伍的政治意识、大局意识、群

众意识、国情意识、稳定意识，确保环境资源审判工作为党和国家工作大局服务。

25. 加强环境资源审判队伍专业化建设。按照环境资源专业审判要求，适时引进人才，注重培养人才。加大环境资源审判队伍的培训力度，学习环境资源专业知识，研究审判疑难问题，更新司法理念，提升司法能力，努力打造一支政治强、业务精、素质高的专业化环境资源审判队伍。

26. 加强环境资源审判机构领导班子建设。选优配强环境资源审判机构领导班子，增强领导班子把握环境资源审判工作全局和破解环境资源保护实践难题的能力，提高领导班子集体决策能力和整体合力，形成讲政治、顾大局、有凝聚力、有战斗力的领导核心，为全面加强人民法院环境资源审判工作提供坚强的组织领导。

最高人民法院
关于充分发挥环境资源审判职能作用依法惩处盗采矿产资源犯罪的意见

2022 年 7 月 1 日　　　　　　　　　　　法发〔2022〕19 号

党的十八大以来，以习近平同志为核心的党中央把生态文明建设作为关系中华民族永续发展的根本大计，高度重视和持续推进环境资源保护工作。矿产资源是国家的宝贵财富，是人民群众生产、生活的物质基础，是山水林田湖草沙生命共同体的重要组成部分。盗采矿产资源犯罪不仅破坏国家矿产资源及其管理秩序，妨害矿业健康发展，也极易造成生态环境损害，引发安全事故。为充分发挥人民法院环境资源审判职能作用，依法惩处盗采矿产资源犯罪，切实维护矿产资源和生态环境安全，根据有关法律规定，制定本意见。

一、提高政治站位，准确把握依法惩处盗采矿产资源犯罪的根本要求

1. 坚持以习近平新时代中国特色社会主义思想为指导，深入贯彻习近平生态文明思想和习近平法治思想，紧紧围绕党和国家工作大局，用最严格制度、最严密法治筑牢维护矿产资源和生态环境安全的司法屏障。坚持以人民为中心，完整、准确、全面贯彻新发展理念，正确认识和把握惩罚犯罪、保护生态与发展经济、保障民生之间的辩证关系，充分发挥司法的规则引领与价值导向功能，服务经济社会高质量发展。

2. 深刻认识盗采矿产资源犯罪的严重社会危害性，准确把握依法打击盗采矿产资源犯罪的形势任务，增强工作责任感和使命感。严格依法审理各类盗采矿产资源案件，紧盯盗采、运输、销赃等各环节，坚持"全要素、全环节、全链条"标准，确保裁判政治效果、法律效果、社会效果、生态效果相统一。

3. 坚持刑法和刑事诉讼法的基本原则，落实宽严相济刑事政策，依法追究盗采行为人的刑事责任。落实民法典绿色原则及损害担责、全面赔偿原则，注重探索、运用预防性恢复性司法规则，依法认定盗采行为人的民事责任。支持和保障行政主管机关依法行政、严格执法，切实追究盗采行为人的行政责任。贯彻落实全面追责原则，依法妥善协调盗采行为人的刑事、民事、行政责任。

4. 突出打击重点，保持依法严惩态势。落实常态化开展扫黑除恶斗争部署要求，持续依法严惩"沙霸""矿霸"及其"保护伞"，彻底斩断其利益链条、铲除其滋生土壤。结合环境保护法、长江保护法、黑土地保护法等法律实施，依法严惩在划定生态保护红线区域、大江大河流域、黑土地保护区域以及在禁采区、禁采期实施的盗采矿产资源犯罪。立足维护矿产资源安全与科学开发利用，依法严惩针对战略性稀缺性矿产资源实施的盗采犯罪。

二、正确适用法律，充分发挥依法惩处盗采矿产资源犯罪的职能作用

5. 严格依照刑法第三百四十三条及《最高人民法院、最高人民检察院关于办理非法采矿、破坏性采矿刑事案件适用法律若干问题的解释》（以下简称《解释》）的规定，对盗采矿产资源行为定罪量刑。对犯罪分子主观恶性深、人身危险性大、犯罪情节恶劣、后果严重的，坚决依法从严惩处。

6. 正确理解和适用《解释》第二条、第四条第一款、第五条第一款规定，准确把握盗采矿产资源行为入罪的前提条件。对是否构成"未取得采矿许可证"情形，要在综合考量案件具体事实、情节的基础上依法认定。

7. 正确理解和适用《解释》第三条、第四条第二款、第五条第二款规定，对实施盗采矿产资源行为同时构成两种以上"情节严重"或者"情节特别严重"情形的，要综合考虑各情节，精准量刑。对在河道管理范围、海域实施盗采砂石行为的，要充分关注和考虑其危害堤防安全、航道畅通、通航安全或者造成岸线破坏等因素。

8. 充分关注和考虑实施盗采矿产资源行为对生态环境的影响，加强生态环境保护力度。对具有破坏生态环境情节但非依据生态环境损害严重程度确定法定刑幅度的，要酌情从重处罚。盗采行为人积极修复生态环境、赔偿损失的，可以依法从轻或者减轻处罚；符合《解释》第十条规定的，可以免予刑事处罚。

9. 正确理解和适用《解释》第十三条规定，准确把握矿产品价值认定规则。为获取非法利益而对矿产品进行加工、保管、运输的，其成本支出一般不从销赃数额中扣除。销赃数额与评估、鉴定的矿产品价值不一致的，要结合案件的具体事实、情节作出合理认定。

10. 依法用足用好罚金刑，提高盗采矿产资源犯罪成本，要综合考虑矿产品价值或者造成矿产资源破坏的价值、生态环境损害程度、社会影响等情节决定罚金数额。法律、行政法规对同类盗采矿产资源行为行政罚款标准有规定的，决定罚金数额时可以参照行政罚款标准。盗采行为人就同一事实已经支付了生态环境损害赔偿金、修复费用的，决定罚金数额时可予酌情考虑，但不能直接抵扣。

11. 准确理解和把握刑法第七十二条规定，依法正确适用缓刑。对盗采矿产资源犯罪分子具有"涉黑""涉恶"或者属于"沙霸""矿霸"，曾因非法采矿或者破坏性采矿受过刑事处罚，与国家工作人员相互勾结实施犯罪或者以行贿等非法手段逃避监管，毁灭、伪造、隐藏证据或者转移财产逃避责任，或者数罪并罚等情形的，要从严把握缓刑适用。依法宣告缓刑的，可以根据犯罪情况，同时禁止犯罪分子在缓刑考验期限内从事与开采矿产资源有关的特定活动。

12. 准确理解和把握法律关于共同犯罪的规定，对明知他人盗采矿产资源，而为其提供重要资金、工具、技术、单据、证明、手续等便利条件或者居间联络，结合全案证据可以认定为形成通谋的，以共同犯罪论处。

13. 正确理解和适用《解释》第十二条规定，加强涉案财物处置力度。对盗采矿产资源犯罪的违法所得及其收益，用于盗采矿产资源犯罪的专门工具和供犯罪所用的本人财物，坚决依法追缴、责令退赔或者没收。对在盗采、运输、销赃等环节使用的机械设备、车辆、船舶等大型工具，要综合考虑案件的具体事实、情节及工具的属性、权属等因素，依法妥善认定是否用于盗采矿产资源犯罪的专门工具。

14. 依法妥善审理国家规定的机关或者法律规定的组织提起的生态环境保护附带民事公益诉讼，综合考虑盗采行为人的刑事责任与民事责任。既要依法全面追责，又要关注盗采行为人的担责能力，保证裁判的有效执行。鼓励根据不同环境要素的修复需求，依法适用劳务代偿、补种复绿、替代修复等多种修复责任承担方式，以及代履行、公益信托等执行方式。支持各方依法达成调解协议，鼓励盗采行为人主动、及时承担民事责任。

三、坚持多措并举，健全完善有效惩治盗采矿产资源犯罪的制度机制

15. 完善环境资源审判刑事、民事、行政审判职能"三合一"体制，综合运用刑事、民事、行政法律手段惩治盗采矿产资源犯罪，形成组合拳。推进以湿地、森林、海洋等生态系统，或者以国家公园、自然保护区等生态功能区为单位的环境资源案件跨行政区划集中管辖，推广人民法院之间协商联动合作模式，努力实现一体化司法保护和法律统一适用。全面加强队伍专业能力建设，努力培养既精通法律法规又熟悉相关领域知识的专家型法官，不断提升环境资源审判能力水平。

16. 加强与纪检监察机关、检察机关、公安机关、行政主管机关的协作配合，推动构建专业咨询和信息互通渠道，建立健全打击盗采矿产资源行政执法与刑事司法衔接长效工作机制，有效解决专业性问题评估、鉴定，涉案物品保管、移送和处理，案件信息共享等问题。依法延伸审判职能，积极参与综合治理工作，对审判中发现的违法犯罪线索、监管疏漏等问题，及时向有关单位移送、通报，必要时发送司法建议，形成有效惩治合力。

17. 因应信息化发展趋势，以人工智能、大数据、区块链为依托，促进信息技术与执法办案、调查研究深度融合，提升环境资源审判的便捷性、高效性和透明度。加速建设全国环境资源审判信息平台，构建上下贯通、横向联通的全国环境资源审判"一张网"，为实现及时、精准惩处和预防盗采矿产资源犯罪提供科技支持。

18. 落实人民陪审员参加盗采矿产资源社会影响重大的案件和公益诉讼案件审理的制度要求，积极发挥专业人员在专业事实查明中的作用，充分保障人民群众知情权、参与权和监督权。着力提升巡回审判、典型案例发布等制度机制的普法功能，深入开展法治宣传和以案释法工作，积极营造依法严惩盗采矿产资源犯罪的社会氛围，引导人民群众增强环境资源保护法治意识，共建天蓝、地绿、水清的美丽家园。

最高人民法院
关于完整准确全面贯彻新发展理念、为积极稳妥推进碳达峰碳中和提供司法服务的意见

2023年2月16日　　　　　　　　　　　　　　　法发〔2023〕5号

实现碳达峰碳中和，是以习近平同志为核心的党中央统筹国内国际两个大局作出的重大战略决策，是立足新发展阶段、贯彻新发展理念、构建新发展格局、推动高质量发展的内在要求。为深入学习贯彻习近平生态文明思想和习近平法治思想，贯彻落实党的二十大精神，完整准确全面贯彻新发展理念，推动绿色发展，促进人与自然和谐共生，进一步发挥人民法院审判职能作用，为积极稳妥推进碳达峰碳中和提供司法服务，提出如下意见。

一、指导思想和总体要求

1. 坚持以习近平生态文明思想和习近平法治思想为指导。坚持以人民为中心，服务国家发展大局，推进美丽中国建设。坚持绿水青山就是金山银山，生态优先、节约集约、绿色低碳发展。坚持系统保护，推进山水林田湖草沙一体化保护和系统治理，为实现碳达峰碳中和

各项决策部署落地见效提供司法服务，推动实现人与自然和谐共生的中国式现代化。

2. 完整准确全面贯彻新发展理念。积极稳妥推进碳达峰碳中和，统筹产业结构调整、减污降碳、生态保护、应对气候变化。依法助力协调和平衡发展和减排、整体和局部、短期和中长期、政府和市场的关系。以促进能源绿色低碳发展为关键，推动形成节约资源和保护环境的产业结构、生产方式、生活方式、空间格局，走符合中国国情和实际的司法服务道路。

3. 贯彻最严格制度最严密法治。准确把握刑事、民事、行政法律涉及生态环境保护的立法精神，让制度成为刚性约束和不可触碰的高压线。正确适用民法典绿色原则和绿色条款，强化以环境保护法为基础，以生态保护、污染防治、资源利用以及能源开发等法律为主干，以行政法规规章为补充的碳达峰碳中和法律制度供给和执行，加快形成系统完备的裁判规则体系，确保法律适用统一。

4. 统筹国内法治与涉外法治。落实《世界环境司法大会昆明宣言》，秉持公平、共同但有区别的责任及各自能力原则，依法审理节能减排、低碳技术、碳交易、绿色金融等相关案件，促进气候变化减缓和适应。秉持人类命运共同体理念，坚定维护经济全球化和可持续发展，持续深化环境司法领域国际合作交流，积极参与应对气候变化全球治理。

二、服务经济社会发展全面绿色转型

5. 依法审理新业态新模式生产服务消费纠纷案件。把握好能源和生态环境市场被纳入全国统一要素和资源市场体系的重要契机，加大新类型生态资源权益司法保护力度，推进数字化赋能绿色低碳发展，强化对新类型环境权益交易模式、资源要素市场创新的规则指引，降低绿色项目开发和交易成本，形成节约集约、循环高效、普惠共享的生产服务新格局。妥善审理涉标的物包装方式争议的消费纠纷案件，对包装方式是否符合通用方式，是否足以保护标的物并且有利于碳减排、保护生态环境等因素作出合理判断，积极倡导电子商务平台绿色消费和可持续经营发展。

6. 依法审理温室气体排放侵权纠纷案件。审理温室气体排放生态环境侵权纠纷案件，依法认定企业排放行为与损害后果之间因果关系是否成立，明确侵权人承担停止侵害、排除妨碍、消除危险、生态环境修复、赔偿损失等民事责任。侵权人自愿购买核证自愿减排量并在碳排放权交易市场核销或购买其他碳汇产品折抵赔偿碳汇损失、生态环境受到损害至修复完成期间服务功能丧失导致损失的，坚持生态修复优先，处理好固碳和增汇的关系。

7. 依法审理大气污染防治案件。依法监督、支持行政机关依照法定权限和程序，对无证排放、通过逃避监管方式排放、超标排放大气污染物，机动车、非道路移动机械生产企业对发动机、污染控制装置弄虚作假，以及违法焚烧废弃物等行为进行行政处罚，对造成污染的排放设施设备实施查封、扣押等行政强制措施。推动行政机关充分利用生态环境制度体系促进低碳发展，采取多污染物与温室气体协同控制措施，全面提升减污降碳综合效能。对违法使用受控消耗臭氧层物质，走私木炭、硅砂等构成犯罪的，依法追究刑事责任。

8. 依法审理适应气候变化行政补偿案件。加大司法对行政机关采取措施积极适应气候变化的支持力度，推动行政争议实质性化解。审理企业退出重点生态功能区、生态环境敏感区和脆弱区、自然保护地等行政补偿纠纷案件，企业主张因行政机关变更或撤销行政许可而遭受实际损失的，依法对行政行为进行合法性审查，保障企业有序退出。审理收回国有土地使用权、规划变更、移民安置等行政补偿纠纷案件，依法保障行政相对人的合法权益，推动完善陆地生态系统保护和海洋生态系统保护，促进资源开发利用与生态环境保护相协调。

9. 依法审理企业环境信息披露纠纷案件。引导企业主动适应绿色低碳发展要求，强化环境责任意识，依法及时、真实、准确、完整披露环境信息。投资者以上市公司和发债企业等未按照企业环境信息披露管理要求，公布企业碳排放量、排放设施等碳排放信息，年度融资形式、金额、投向等信息，以及融资所投项目的应对气候变化、生态环境保护等相关信息，致其遭受损失为由提起侵权损害赔偿诉讼、符合法律规定情形的，依法确定上市公司和发债企业等承担相应侵权责任，确保资金投向气候友好型绿色低碳项目，切实保护投资者合法权益，维护公平、公正的气候投融资市场秩序。

三、保障产业结构深度调整

10. 依法审理产能置换纠纷案件。审理钢铁、水泥等产能置换纠纷案件，依法确认合同效力，结合产业政策，能源消耗、碳排放强度和总量控制要求，认定合同履行和违约责任，推动产能指标从高耗能、高碳排放企业向低耗能、低碳排放企业转移。审理债务人在建项目被纳入国家相关领域产业规划或产能置换范围的破产重整、破产和解或者破产清算等纠纷案件，积极引导债务人与债权人协商，协调解决企业兼并问题，完善市场主体救治和退出机制，推动实现产业结构调整目标。

11. 依法审理高耗能、高碳排放企业生态环境侵权纠纷案件。侵权人提出延长生态环境修复赔偿金交纳期限、分批赔偿申请，同时提供有效担保的，依法予以准许，引导企业有序开展节能降碳技术改造。侵权人按照生效裁判要求，在合理期限内履行生态环境修复义务，申请支付清洁生产改造费用折抵生态环境受到损害至修复完成期间服务功能丧失导致损失的，依法予以准许，加强绿色低碳技改扣赔偿损失方式的推广适用。

12. 依法审理绿色金融纠纷案件。审理清洁能源、节能环保、绿色交通、绿色建筑和碳减排技术等领域具有发展前景，但经营、资金周转暂遇困难的企业所涉金融借款合同纠纷案件，要充分考虑中国人民银行发布的碳减排支持工具、绿色专项再贷款、碳减排项目质押贷款等政策性开发性金融工具，促进金融机构为企业绿色低碳转型提供长期稳定融资支持，降低融资成本。审理绿色股权投资、绿色保险、绿色股票指数、绿色基金等纠纷案件，投资者以相关责任主体违反绿色金融管理规定或擅自改变资金绿色用途、致其遭受损失为由主张损害赔偿责任的，依法予以支持，有效保护投资者合法权益，鼓励更多资本和机构参与气候投融资。

四、助推构建清洁低碳安全高效能源体系

13. 依法审理煤炭资源利用和电源结构调整纠纷案件。审理涉煤炭资源整合案件，被兼并中小煤矿主张兼并煤炭企业与其新设目标公司共同承担矿业权转让债务清偿责任等的，要结合煤炭资源整合政策，合同签订主体、具体内容以及履行情况，依法保护中小煤矿合法权益，推动高碳排放企业低碳公正转型。审理煤炭中长期合同纠纷案件，坚守契约精神，依法推动完善煤炭生产企业与发电供热企业长协机制，并严格落实。审理电源结构调整纠纷案件，要促进有计划分步骤实施碳达峰行动，依法服务国家能源结构清洁高效转型，维护企业和员工的合法权益，防范社会风险。

14. 依法审理油气资源开发纠纷案件。审理油气资源矿业权转让合同纠纷案件，依法确认合同中履行报批义务等条款的效力。负有报批义务的一方当事人未按照合同约定或者法律、行政法规规定办理申请批准等手续，合同相对方请求其履行报批义务的，依法予以支持，推动油气企业尽快释放产能。预约合同生效后，一方当事人不履行预约合同约定的订立委托、合作勘探开发油气资源本约合同义务，对方请求其承担违约损害赔偿责任的，依法予以支持。依法惩处涉能源资源非法采矿、破坏性采矿等犯罪行为，保障国家能源供应安全。

15. 依法审理可再生能源发展纠纷案件。审理清洁能源建设项目环境影响评价案件，要按照能源项目建设用地分类指导政策和国土空间规划要求，依法妥善处理好沙漠、戈壁、荒漠生态环境保护和大型风电、光伏发电基地等建设用地需求之间的关系，助力形成清洁低碳安全高效能源供应体系。依法推动行政机关主动公开涉及公众生态环境利益调整、需要公众广泛知晓或公众参与决策的重大建设项目批准和实施情况、环境保护监督检查情况等政府信息。依法引导和推动电力企业重视促进碳减排和保护生态环境的社会责任，加大设备资金投

入，提升电力系统对可再生能源电力的消纳能力。审理电网企业涉可再生能源发电并网、运行服务和涉分布式光伏发电并网运行纠纷案件，依法推动能源高效、清洁利用。

16. 依法审理合同能源管理节能服务合同纠纷案件。节能服务企业与用能单位以合同形式约定节能项目的节能目标，节能服务企业向用能单位提供节能服务，用能单位以节能效益支付节能服务企业投入及其合理利润，用能单位未依约支付节能效益分享款的，依法认定构成违约。节能服务企业作为出质人，以节能服务项目收益权作为质押财产出质并在法定登记机构办理登记，质权人主张就质押节能服务项目收益优先受偿的，依法予以支持。

五、推进完善碳市场交易机制

17. 依法审理碳排放配额、核证自愿减排量交易纠纷案件。重点排放单位、其他符合国家有关交易规则规定的机构或个人等碳排放权交易主体主张通过协议转让、单向竞价等方式订立的交易合同有效的，依法予以支持。审理碳排放配额、核证自愿减排量交易合同案件，依照法律法规，参照行政规章，结合碳市场业务规则、交易合同约定，全面、客观审核碳排放权注册登记系统、碳排放权交易系统以及核证自愿减排注册登记系统、核证自愿减排交易系统记载的分配、持有、交易、变更、注销等信息、数据，依法确定碳交易产品的归属。交易主体主张碳排放权、核证自愿减排注册登记机构、交易机构承担相关民事责任的，应当依照法律法规，参照行政规章关于注册登记机构与交易机构之间的职能划分和风险防范制度、结算风险准备金制度等规定，结合碳市场业务规则、交易合同约定等，依法予以认定，保障碳市场健康有序发展。

18. 依法审理碳排放配额、核证自愿减排量担保纠纷案件。担保合同当事人或者利害关系人以碳排放配额、核证自愿减排量不是可以设立担保的财产为由，主张担保合同无效的，从严认定合同无效情形，依法最大限度维护合同效力。当事人在碳排放权或者核证自愿减排注册登记系统等办理质押登记，债务人不履行到期债务或者发生当事人约定实现质权的情形，质权人主张就登记账户内的碳排放配额或者核证自愿减排优先受偿的，依法予以支持，助力碳交易产品发挥融资功能，稳定市场预期。

19. 依法审理碳排放配额清缴行政处罚案件。温室气体重点排放单位实际排放量超过所持有的上一年度碳排放配额，未按时履行足额清缴义务，行政机关责令限期改正，重点排放单位逾期未改正、未补缴碳排放配额或未提交核证自愿减排量抵销，行政机关依法作出等量核减重点排放单位下一年度碳排放配额、罚款等行政处罚决定的，依法支持行政机关履行温室气体减排行政监管职责。

20. 依法办理涉碳排放配额、核证自愿减排量金钱债权执行案件。对被执行人的存款、现金、有价证券、机动车等可以执行的动产和其他方便执行的财产执行完毕后，债务仍未能得到清偿的，可依法查封、扣押、冻结被执行人的碳排放配额、核证自愿减排量。查封、扣押、冻结的财产不得超出被执行人应当履行义务部分的范围。应当向碳排放权、核证自愿减排注册登记机构、交易机构送达执行裁定书和协助执行通知书。

21. 依法审理涉温室气体排放报告纠纷案件。温室气体重点排放单位因拒绝履行温室气体排放报告义务，或者虚构、捏造、瞒报、漏报温室气体排放数据的，支持行政机关依法作出行政处罚决定。技术服务机构与温室气体重点排放单位恶意串通，虚构、捏造、瞒报、漏报温室气体排放数据，对他人造成损害，受害人主张侵权损害赔偿的，依法予以支持；构成犯罪的，依法追究刑事责任。

六、持续深化环境司法改革创新

22. 建立完善涉碳案件审判机制。构建有利于积极稳妥推进碳达峰碳中和的案件归口审理制度。完善由环境资源审判机构牵头，与立案、刑事、民事、行政、执行等相关部门分工配合的审判协调机制。对新类型、具有普遍法律适用指导意义、存在重大法律适用分歧的案件提级管辖。统筹有序推进碳达峰碳中和与应对气候变化，确保法律适用统一。

23. 着力提升专业化审判能力。加强对民法典绿色原则，新类型生态资源权益保护、担保融资等重大、前沿性基础理论研究，准确把握产业结构调整、能源体系建设、减污降碳协同、应对气候变化等相关纠纷案件特点和审理思路。加快具有跨部门法学理论，能够综合运用财政、金融和环境工程等基础知识，具有全球视野，通晓国际规则的碳达峰碳中和复合型审判人才储备。探索建立与域外涉碳案例交换分享机制、法律适用交流机制，加快涉碳案件审判经验积累。

24. 推动开展绿色低碳社会行动示范。加强与行政主管部门沟通协作。依法支持仲裁机构发挥更大作用，实现调解、仲裁和诉讼有机衔接。深度应用司法大数据技术，探索建立与全国碳排放权注册登记系统、交易系统，国家温室气体自愿减排注册登记系统、交易系统之间安全、高效的信息共享。持续开展世界地球日、世界环境日、全国节能宣传周、全国低碳日等主题宣传活动，提升公众对自身节能降碳行为的感知，鼓励企业、机构、个人建立碳账户、优先使用碳普惠减排量进行碳中和，加快形成全民参与的良好格局，共建天更蓝、山更绿、水更清的美好家园。

最高人民法院
印发《关于贯彻〈中华人民共和国长江保护法〉的实施意见》的通知

2021 年 2 月 24 日　　　　　　　　　　　法发〔2021〕8 号

各省、自治区、直辖市高级人民法院，解放军军事法院，新疆维吾尔自治区高级人民法院生产建设兵团分院：

现将《最高人民法院关于贯彻〈中华人民共和国长江保护法〉的实施意见》印发给你们，请认真贯彻执行。

最高人民法院
关于贯彻《中华人民共和国长江保护法》的实施意见

为深入学习贯彻习近平新时代中国特色社会主义思想，全面贯彻党的十九大及十九届二中、三中、四中、五中全会精神，正确适用《中华人民共和国长江保护法》，充分发挥人民法院审判职能作用，依法加强长江流域生态环境保护和修复，促进资源合理高效利用，推动长江流域绿色发展，结合人民法院工作实际，制定如下实施意见。

一、深刻认识实施长江保护法重大意义，增强司法服务保障长江流域生态环境保护和绿色发展的责任感和使命感

1. 长江保护法的贯彻实施是落实习近平总书记关于长江保护重要指示精神的重大举措。长江保护法是习近平总书记亲自确定的重大立法任务，是一部关系到党和国家工作大局、中华民族伟大复兴战略全局的重要法律。各级人民法院要切实提高政治站位，深入贯彻落实习近平总书记重要指示精神,增强"四个意识"、坚定"四个自信"、做到"两个维护",切实做好长江保护法实施工作,把保护和修复生态环境摆在压倒性位置,为实现人与自然和谐共生、中华民族永续发展提供坚实司法保障。

2. 长江保护法的贯彻实施是推进长江流域绿色发展的有力支撑。长江保护法既是生态环境的保护法,也是绿色发展的促进法,不仅突出强调长江流域生态环境保护和修复,同时在促进长江经济带产业结构绿色改造、提升流域人居环境质量、保障长江黄金水道功能等方面均作出重要规定。各级人民法院要将贯彻落实长江保护法作为保障长江流域绿色发展的发力点,助力长江经济带成为我国生态优先绿色发展主战场、畅通国内国际双循环主动脉、引领经济高质量发展主力军。

3. 长江保护法的贯彻实施是人民法院依法履职尽责的使命担当。长江保护法是我国首部流域专门法律,对于推动长江流域生态环境治理具有重大基础性、保障性作用。各级人民法院要坚持以习近平生态文明思想、习近平法治思想武装头脑、指导实践、推动工作,自觉主动担负起保护长江母亲河的使命责任。要充分发挥审判职能作用,妥善审理各类环境资源案件,保护长江流域生态系统、维护长江流域生物多样性,筑牢国家生态安全屏障,为长江流域生态环境保护和高质量发展提供有力司法服务和保障。

二、正确树立长江司法保护理念,准确把握长江流域生态环境保护和绿色发展的深刻内涵

4. 坚持生态优先、绿色发展。准确理解生态环境保护与经济社会发展的辩证关系,牢固树立和践行绿水青山就是金山银山的发展理念,坚持共抓大保护、不搞大开发,把长江流域生态环境保护和修复摆在压倒性位置。立足审判职能,保护长江流域生态环境,保障资源合理开发利用,推进长江流域绿色发展。

5. 坚持统筹协调、系统治理。保障国家长江流域协调机制关于长江保护的重大政策、重大规划有效落实。坚持在国家长江流域协调机制统一指导、统筹协调下,开展长江保护工作。坚持自然恢复为主、自然恢复与人工修复相结合的系统治理。妥善协调长江流域江河湖泊、上中下游、干支流、左右岸、水中岸上的关系,推进山水林田湖草一体化保护和修复。

6. 坚持依法严惩、全面担责。准确理解长江保护法适用的地域范围,严格把握特别法优于一般法等法律适用基本原则,确保长江保护法准确实施。坚持最严法治观,加大对流域生态环境破坏违法犯罪行为惩治力度,将"严"的基调贯彻到法律实施全过程、各方面,切实增强法律的刚性和权威性。在审理长江保护相关案件中,依法准确适用刑事、民事、行政法律,加大责任追究力度,全面保护各类民事主体合法权益,维护国家利益和社会公共利益。

三、充分发挥人民法院审判职能作用,为长江流域生态环境保护和绿色发展提供有力司法服务和保障

7. 依法加强水污染防治类案件审理。支持、监督有关部门对流域水污染防治、监管采取的行政执法措施。加大对超标排放含磷水污染物等有害物质造成的水污染、农业面源污染、固体废物污染、流域跨界水污染以及危险货物运输船舶污染等行为惩治力度。坚持最严格的水污染损害赔偿和生态补偿、修复标准,使受污染水体得到有效治理。

8. 依法加强生态保护类案件审理。重点审理长江十年禁渔相关案件,严厉惩处在水生生物保护区内从事生产性捕捞以及实施电鱼、毒鱼、炸鱼等生态违法犯罪行为,促进流域水生生物恢复。严厉打击危害珍贵、濒危野生动物犯罪,加强对其栖息地生态系统保护,维护流域生态功能和生物多样性。探索生态保护补偿制度的司法运用,依法保障国家对生态功能重要区域的生态保护补偿,支持流域地方政府之间开展的横向生态保护补偿和市场化补偿基金、相关主体自愿协商等生态保护补偿方式。

9. 依法加强资源开发利用类案件审理。按照有关部门依法划定的禁止采砂区和禁止采砂期有关规定，支持行政机关依法打击长江流域非法采砂行为，严厉惩处相关刑事犯罪，保障长江水域生态系统和航运安全。妥善审理流域内河流、湖泊、矿产、渔业等自然资源开发利用相关的资源权属争议和合同纠纷案件，将保护生态环境和自然资源合理利用作为裁判的重要因素予以综合考量，结合主体功能区制度分类施策，处理好保护环境与发展经济的关系，促进健全自然资源资产产权制度。

10. 依法加强气候变化应对类案件审理。依法适用国家节能减排相关法律法规、行政规章及有关环境标准，妥善运用破产重整、破产和解等司法手段，推动钢铁、石化、造纸、农药等重点行业技术设备升级、实施清洁化改造，减少资源消耗和污染物排放。妥善审理涉及气候变化的建设项目和规划环境影响评价等案件，确保长江流域规划体系对生态环境保护和绿色发展的引领、指导和约束作用有效发挥。

11. 依法加强生态环境治理与服务类案件审理。依法审理流域港口、航道等水运基础设施纠纷案件，保障长江黄金水道功能有效发挥。妥善审理因长江防护林体系建设、水土流失及土地石漠化治理、河湖湿地生态保护修复等引发的案件，保障长江流域重大生态修复工程顺利实施。依法审理环境容量利用权、流域生态用水分配纠纷，保障流域水资源合理分配，确保流域用水安全。妥善审理因绿色信贷、绿色债券、绿色保险等金融服务引发的绿色金融案件，依法保障节能环保、清洁能源、绿色交通等绿色产业领域的投融资需求。

12. 充分发挥环境公益诉讼和生态环境损害赔偿诉讼作用。依法审理国家规定的机关或者法律规定的组织提起的环境公益诉讼，维护流域生态环境社会公共利益。充分发挥生态环境损害赔偿诉讼功能，完善司法确认规则，维护生态环境国家利益。做好环境公益诉讼与生态环境损害赔偿诉讼的衔接，加强诉讼请求、事实认定、责任承担、判决执行等方面协调对接，促进生态环境及时有效修复。

四、切实加强长江司法保护体制机制建设，提升服务保障生态环境民生福祉的能力水平

13. 健全环境资源审判组织体系，强化全流域系统保护。加大对环境资源审判工作支持力度，优化中级、基层人民法院环境资源审判组织体系，拓宽生态环境司法保护覆盖面。加强对雅砻江、岷江等长江重要支流以及太湖、鄱阳湖等长江流域重点湖泊的司法保护，更好满足保护和修复流域重要生态系统、服务和保障国家重大区域发展战略的需要。

14. 加大流域审判机制建设，提供优质高效司法服务。完善环境资源刑事、民事、行政案件"三合一"归口审理，统筹适用多种责任承担方式，全面保障人民群众环境权益。深化流域法院集中管辖、司法协作等机制建设，充分利用信息化手段，加强流域法院之间在立案、审判、执行等诉讼流程的衔接，提升跨域环境诉讼服务能力。加强环境资源巡回审判，就地开庭、调解和宣判，增强环境司法便民利民成效。

15. 锻造过硬审判队伍，提升环境司法能力和国际影响力。将党的政治建设摆在首位，善于从政治上认识问题、推动司法工作，不断提高审判队伍政治判断力、政治领悟力、政治执行力。锻造高素质专业化审判队伍，践行习近平生态文明思想，牢固树立现代环境司法理念，增强服务保障人民群众优美生态环境需求的司法能力。深化环境司法国际交流合作，拓宽流域治理国际视野，为全球环境治理提供中国经验。

16. 深化司法公众参与，提升人民群众长江保护法治意识。充分发挥专家辅助人、人民陪审员在环境资源案件事实查明、评估鉴定等诉讼活动中的作用，实现专业审判与公众参与深度融合。通过公开审判重大环境资源案件、发布环境司法白皮书和典型案例、设立司法保护基地和生态环境修复基地等形式，发挥司法示范引领作用，让生态文明观念深入人心，增强人民群众保护长江流域生态环境法治意识和行动自觉。

最高人民法院
关于印发《贯彻实施〈长江保护法〉工作推进会会议纪要》的通知

2021 年 11 月 24 日　　　　　　　　　　法〔2021〕304 号

各省、自治区、直辖市高级人民法院，解放军军事法院，新疆维吾尔自治区高级人民法院生产建设兵团分院：

为深入贯彻落实习近平生态文明思想、习近平法治思想，全面正确实施《中华人民共和国长江保护法》，正确审理涉长江流域环境资源案件，统一法律适用，为长江流域生态文明建设和绿色发展提供更加有力的司法服务和保障，最高人民法院结合工作实际，研究制定了《贯彻实施〈长江保护法〉工作推进会会议纪要》，现将会议纪要印发。

各级人民法院要认真组织学习会议纪要，在案件审理中正确理解适用。对于适用中存在的问题，请及时层报最高人民法院。

最高人民法院
贯彻实施《长江保护法》工作推进会会议纪要

引言

为深入贯彻落实习近平生态文明思想、习近平法治思想，全面正确实施《中华人民共和国长江保护法》（以下简称《长江保护法》），为长江流域生态文明建设和绿色发展提供更加有力的司法服务和保障，最高人民法院于 2021 年 7 月在湖北省武汉市召开贯彻实施《长江保护法》工作推进会。长江流域十九省（市、自治区）高级人民法院，上海、武汉、南京海事法院派员参加了会议。生态环境部、自然资源部、国家林业和草原局、水利部长江水利委员会等行政主管部门负责同志及部分全国人大代表、全国政协委员应邀参加会议。

会议认为，长江流域环境资源审判工作要坚持正确政治方向，立足新发展阶段、贯彻新发展理念、构建新发展格局要求，深入贯彻落实习近平总书记致世界环境司法大会贺信重要指示精神，持续深化环境司法改革创新，积累生态环境司法保护的有益经验，站在人与自然和谐共生的高度，谋划长江流域生态环境保护、资源合理高效利用、生物多样性保护、气候变化应对等。要按照"十四五"规划和 2035 年远景目标纲要要求，坚持生态优先、共抓大保护、绿色发展的战略定位。要准确理解《长江保护法》作为我国第一部流域专门法律的重大意义，推动流域生态环境治理制度创新，不断增强人民群众生态环境获得感、幸福感和安全感。

会议要求，长江流域环境资源审判工作要树立正确的审判理念。严格贯彻最严格制度、最严密法治，落实损害担责、全面赔偿原则，依法适用环境侵权惩罚性赔偿制度，通过刑事、民事、行政三大审判有机衔接，强化对环境污染者、生态破坏者的相应责任追究。全面贯彻"两山"理念，正确适用《中华人民共和国民法典》（以下简称《民法典》）绿色原则、绿色条款，准确把握物尽其用与绿色使用的关系、意思自治与绿色干预的关系、经济发展与生态保护的关系。正确适用《长江保护法》，坚持生态环境系统保护和治理，从生态系统整体性和流域系统性出发，统筹山水林田湖草沙冰一体化保护和修复，推进长江上中下游、江河湖库、左右岸、干支流协同治理，有效提升流域生态系统质量和稳定性。坚持保护优先、预防为主原则，充分发挥预防性公益诉讼的功能作用，将生态环境保护的阶段提前至事中事前，避免生态环境损害的发生和扩大。

会议对当前长江流域环境资源审判工作中的一些突出、疑难法律适用问题取得了基本一致的看法，形成纪要如下：

一、关于非法采砂、非法捕捞案件的审理

1. 严格贯彻实施《长江保护法》第二十八条规定，审理非法采砂案件既要考虑采砂行为造成的涉案砂石资源破坏的数量、种类、品质和被破坏程度，也要考量采砂行为对水底生物栖息地生态环境危害程度、堤防安全、航道畅通和通航安全的危害程度等因素，依法认定相应的刑事责任和民事责任。

2. 严格贯彻实施《长江保护法》第五十三条规定，依法审理长江流域重点水域非法捕捞案件，准确把握入罪条件；构成犯罪的，应按照《最高人民法院、最高人民检察院、公安部、农业农村部关于依法惩治长江流域非法捕捞等违法犯罪的意见》的要求，将长江流域重点水域涉案水生生物的濒危程度、数量价值，以及行为人的认罪悔罪态度作为量刑情节，对积极主动修复生态环境的行为人可以依法从轻或减轻处罚。

二、关于资源开发利用类案件的审理

3. 严格贯彻实施《长江保护法》第三十九条、第四十二条和第五十九条规定，审理涉濒危物种、生态破坏和生物遗传资源流失等案件，坚持保护和可持续利用自然资源原则，既要保护珍贵、濒危野生动物、珍贵树木或者国家重点保护的其他植物，又要保护其赖以生存的生态环境，既要打击非法猎杀、捕捞、采伐、毁坏行为，又要打击非法收购、运输、加工、出售行为，切实保护珍贵、濒危野生动植物及其栖息地、分布区生态环境。

4. 坚持山水林田湖草沙冰一体化保护和系统治理，依法审理涉长江源头尤其是重点生态功能区、生态环境敏感区和脆弱区及国家公园、自然保护区等重点区域的环境污染、生态破坏及自然资源开发利用案件，依托三江源生态法庭等专门审判机构，加强雪山冰川、江源流域、高原湖泊湿地等生态治理修复，全力推动青藏高原生物多样性保护，切实保护好地球第三极生态安全。

5. 严格贯彻实施《长江保护法》第三十一条和第五十四条规定，审理上游地区水资源开发利用案件，对于未办理水行政许可或环境影响评价、擅自修建拦截坝取水，未保障必要生态下泄流量，导致下游水量减少，损害下游地区河道内生态用水、供水、通航、灌溉、养殖等生态流量受益方合法权益，被侵权人主张侵权人承担惩罚性赔偿责任的，人民法院应当依照《民法典》第一千二百三十二条规定，为被侵权人提供充分救济，惩罚恶意侵权人。

6. 严格贯彻实施《长江保护法》第二十三条规定，审理长江流域上游水电工程开发建设案件，要综合考虑工程开发建设对周边生态环境的不利影响，将生态优先、绿色发展的原则贯穿到工程规划、勘察、设计、施工、运营等全过程，结合法律、行政法规的强制性规定，准确把握涉案合同效力认定等问题。

7. 严格贯彻实施《长江保护法》第七十条规定，正确区分河道附近的村民在枯水期对滩涂的"习惯使用"行为与污染、危害水域环境安全的非法土地利用行为，维护国有自然资源的有序使用和河道水域岸线生态功能、河道通航功能。

8. 因自然保护地依法设立或调整引发的行政诉讼，企业主张补偿因政府行为变化而产生实际损失的，人民法院对其合理损失部分依法予以支持，实现公共利益保护与企业合法权益

保护的平衡,确保企业有序退出自然保护地。

9. 严格贯彻实施《长江保护法》第七十六条规定,审理涉自然资源案件,落实中共中央办公厅、国务院办公厅《关于建立健全生态产品价值实现机制的意见》《关于深化生态保护补偿制度改革的意见》要求,完善司法与生态补偿有机衔接的环境修复责任制度,推动生态产品"难度量""难交易""难变现""难抵押"问题有效解决。

三、关于环境污染防治类案件的审理

10. 严格贯彻实施《长江保护法》第四章关于水污染防治规定,审理水污染责任纠纷案件,侵权人以没有超过国家或地方水污染物排放标准,或者不属于相关污染物标准明确列举的污染物种类,或者被污染水域有自净功能、水质得到恢复为由,主张水污染责任不成立或免除、减轻生态环境修复责任的,人民法院应当依照《民法典》第一千二百二十九条等规定予以确定。

11. 严格贯彻实施《长江保护法》第四十九条规定,对在河湖管理范围内实施违法倾倒、填埋、堆放、弃置、处理等行为以及为其提供帮助的侵权人,依法追究相应责任。

12. 企业事业单位和其他生产经营者堆放、处理固体废物产生的有毒、有害气体浓度超过大气污染物排放标准,生态环境主管部门适用《中华人民共和国大气污染防治法》对其进行处罚后,企业事业单位和其他生产经营者以处罚较重为由提起诉讼,主张较轻处罚的,人民法院依法不予支持。

四、关于绿色低碳发展案件的审理

13. 严格贯彻实施《长江保护法》第六章关于绿色发展的规定,推动长江流域深入开展以经济社会全面绿色转型为引领,以能源绿色低碳发展为关键的绿色发展示范。审理涉产业结构优化升级,遏制高耗能高排放项目盲目发展,构建清洁低碳安全高效能源体系、低碳交通运输体系,提升城乡建设节能低碳发展等案件,要注重完整、准确、全面贯彻新发展理念,助力做好碳达峰、碳中和工作。

14. 严格贯彻实施《长江保护法》第六十六条规定,审理环境污染责任纠纷案件,侵权人根据经生态环境主管部门或者其委托机构认可的生态环境修复方案以及其按照该方案支付的技术改造费用等,主张折抵案涉生态环境损害赔偿费用的,可以依法予以支持,鼓励、引导企业转型升级,促进形成绿色生产方式。

15. 立足不同环境要素的修复要求,在案件执行中坚持恢复性司法理念,引导责任人采用"补种复绿"林木修复、"削填引种"矿山修复、"增殖放流"江河修复、"海砂回填"海域修复等多种方式承担责任,探索通过认购碳汇等方式对被破坏生态环境进行替代性修复,有效恢复自然生态系统,提升土壤、植被、海洋等生态系统碳汇能力,促进长江流域生态环境及时有效修复。

最高人民法院
关于全面加强长江流域生态文明建设与绿色发展司法保障的意见

2017 年 12 月 1 日　　　　　　　　　　　　　法发〔2017〕30 号

为深入贯彻落实党的十九大精神，在习近平新时代中国特色社会主义思想引领下，促进"十三五"规划和《长江经济带发展规划纲要》的全面实施，充分发挥环境资源审判职能作用，为长江流域生态文明建设与绿色发展提供有力司法服务和保障，现就全面加强长江流域环境资源审判工作，提出如下意见。

一、充分认识全面加强长江流域生态文明建设与绿色发展司法保障的重要意义

1. 全面加强长江流域环境资源审判工作是落实《长江经济带发展规划纲要》、实现长江经济带发展国家战略的重要司法保障。长江经济带发展战略是党中央主动适应把握引领经济发展新常态、科学谋划中国经济新棋局，作出的既利当代又惠长远的重要决策部署，对统筹推进"五位一体"总体布局、协调推进"四个全面"战略布局和实现中华民族伟大复兴的中国梦，具有重大的现实意义和深远的历史意义。各级人民法院要充分认识长江流域生态文明建设与绿色发展提供司法保障的重要意义，按照"生态优先、流域互动、集约发展"的思路，大力发挥环境资源审判职能作用，推动构建环境更优美、交通更顺畅、经济更协调、市场更统一、机制更科学的黄金经济带。

2. 全面加强长江流域环境资源审判工作是贯彻习近平总书记关于推动长江经济带发展重要讲话精神的内在要求。长江是中华民族的生命河，也是中华民族发展的重要支撑。习近平总书记指出，长江流域经济是我国经济重心、活力所在，推动长江经济带发展必须坚持生态优先、绿色发展，把修复长江生态环境摆在压倒性位置，共抓大保护、不搞大开发。各级人民法院要深入学习领会习近平总书记重要讲话精神，准确把握长江经济带发展的战略定位和基本内涵，将加强环境资源审判工作作为服务和保障长江经济带发展的重要抓手，推动长江流域生态环境质量不断改善，助力长江经济带绿色发展。

3. 全面加强长江流域环境资源审判工作是积极回应长江经济带发展需求、保障流域生态环境安全的客观需要。长江流域以水为纽带形成的环境要素丰富，是我国重要的生态安全屏障，也是长江经济带发展的重要依托和支撑。长江经济带发展离不开可持续的生态环境和可承载的自然资源作为保障。各级人民法院要始终坚持人与自然和谐共生的基本理念，坚持节约资源和保护环境的基本国策，充分认识长江流域生态环境安全对长江经济带发展的重要意义，依法维护长江流域的生态环境安全，为建设天蓝地绿水清的长江经济带生态走廊提供有力司法保障。

二、准确把握全面加强长江流域生态文明建设与绿色发展司法保障的基本理念

4. 遵循自然规律。人与自然是生命共同体，人类必须尊重自然、顺应自然、保护自然。要正确认识和把握长江流域以水为核心的生态特征，遵循自然生态规律和河流演变规律。要遵循流域的自然统一性，协调好江河湖泊、上中下游、干支流、左右岸、水中岸上的关系，

保护和改善流域生态服务功能。要遵循流域的要素复合性，根据环境资源承载能力、现有开发密度和发展潜力，在流域整体范围内统筹协调多元环境要素。要遵循流域的功能整体性，维护好流域的生活、生产和生态功能，尤其是要维护流域生态系统的相对稳定和完整。

5. 坚持保护优先。长江拥有独特的生态系统，是国家重要的生态宝库。要从经济社会发展全局出发，准确理解生态环境保护与经济社会发展的辩证关系，牢固树立和践行绿水青山就是金山银山的发展理念，坚持节约优先、保护优先、自然恢复为主的方针，把保护和修复长江生态环境摆在首要位置。充分发挥环境资源审判职能作用，保护和改善水环境，保护和修复水生态，保护和合理使用水资源，有序利用长江岸线资源。

6. 促进绿色发展。要准确把握长江经济带发展的战略定位和基本内涵，牢固树立和贯彻落实生态优先、绿色发展的理念。要充分发挥审判职能作用，落实将重大生态修复工程作为推动长江经济带发展项目优先选项的要求，保障重大生态修复工程的顺利实施。要围绕改善流域生态环境、建设立体交通走廊、优化产业布局和构建对外开放新格局的总体要求，为把长江经济带建设成为生态文明建设的先行示范带、创新驱动带和协调发展带提供司法服务和保障。

7. 注重区域协同。长江流域江河湖泊、干支流、上中下游、左右岸区域之间联动性及互补性强，流域的自然生态系统特征明显。要把长江流域生态环境保护作为一项系统工程，树立生态环境协同保护的理念，统筹推进山水林田湖草系统治理。要打破行政区划的界限和壁垒，推动全流域联动，构建区域互动合作的司法保障新机制，统筹考虑污染产生地、污染防治地、生态受益地、生态保护地的利益平衡。

三、立足流域水生态核心，依法审理水环境与水资源案件

8. 依法审理水污染防治案件，推动水污染防控和治理。依法审理工业污染、船舶污染等点源污染案件，农业污染、城市径流污染等面源污染案件以及流域跨界水污染案件，坚持最严格的水污染损害赔偿和生态补偿、修复标准，将生态环境损害及修复情况作为刑事处罚的重要量刑情节，支持和监督行政机关依法履行水污染防治的监管职责。加强对航电枢纽、船闸、港口、码头、出海口建设和使用过程中引发的水污染案件的审理，保障长江干支流水体生态环境安全。加强对扬州江都水利枢纽和丹江口水库等饮用水水源地的司法保护，及时受理和审理水源地的水污染案件，坚决支持行政机关依法取缔饮用水水源保护区的排污口，保障饮用水水源地的水质安全。

9. 依法审理水资源开发利用案件，促进长江水资源可持续利用。依法审理调水纠纷案件，妥善处理好水源区、调水工程途经地以及受水区之间的利益平衡，促进水资源调度和配置的安全顺畅。依法审理水电基地和输送通道建设中的环境污染和损害赔偿案件，统筹保护上游地区水电开发利用和下游地区的供水、通航、灌溉、养殖等权益。依法审理能源纠纷案件，支持水能等清洁能源的开发利用。加强对长江流域节能服务产业的司法保障，支持培育全流域合同能源管理市场。

10. 依法审理水权交易纠纷案件，促进水资源高效利用与节约保护。积极稳妥审理区域水权交易、取水权交易和灌溉用水户水权交易纠纷案件，合理界定水资源使用权，引导通过水权交易平台进行水权交易，充分尊重交易各方的协商定价或者竞价结果，保护水资源使用权有序流转。

11. 依法审理涉航道、河道案件，保障长江水域水运安全。依法打击侵占河道、乱占滥用河道等非法行为，恢复河道水域岸线生态功能和河道通航功能。依法打击河道非法采砂，充分考虑生态环境的破坏程度，以非法采矿罪进行处罚。依法审理违反长江航运秩序、破坏航道及航道设施案件，全面保护长江航道安全。依法审理因航道河道监管引发的行政案件，支持和监督监管机关依法维护航道、河道秩序。

12. 依法审理涉河湖水域岸线保护案件，强化河湖水域岸线生态功能。依法打击非法围湖造地和围垦河道等侵占水域空间的行为，保护河湖水域和岸线资源等水生态系统。妥善审理涉及岸线取水、排污、工程建设等案件，促进岸线资源有偿使用，强化岸线保护和节约集约利用。加强沿江风景名胜和自然人文景观资源司法保护，促进岸线资源合理开发，维护岸线原始风貌。

13. 依法审理涉蓄洪区、洲滩开发利用案件，维护蓄洪区及洲滩的安全。妥善审理流域蓄洪区的开发利用与建设保护案件，保障蓄洪区的堤防安全和蓄洪区内的人民群众生命财产安全。妥善审理流域洲滩开发、利用与保护案件，促进洲滩开发利用，维护洲滩生态环境及人民群众生命财产安全。

14. 依法审理涉江河湖泊治理案件，推进全流域水资源保护和水污染治理。依法审理涉江河湖泊治理刑事案件，依法打击侵害自然河湖、湿地等水源涵养空间的行为；依法审理涉江河湖泊治理民事案件，促进水环境保护和水生态修复，保障人民群众涉水产权益；依法审理涉江河湖泊治理的行政及非诉行政执行案件，推动、规范和保障河长制的执行，促进水环境治理。

15. 依法审理涉长江防护林和天然林草资源案件，促进长江岸线水土保持和水源涵养。依法打击盗伐、滥伐长江防护林的犯罪行为，维护长江岸线的生态安全。妥善审理林业资源确权、承包和流转案件，依法维护林农的合法权益，保障长江防护林、生态林和公益林的生态功能。妥善审理因长江防护林体系建设引发的行政案件，保障长江防护林体系建设的顺利实施。

16. 依法审理涉湿地生态系统保护案件，促进湿地生态保护与修复。依法打击侵占、破坏湿地的行为，强化高原湿地生态系统的司法保护，提高自然湿地面积和保护率。充分发挥保全和先予执行措施，加大破坏湿地环境及自然资源的生态修复责任。充分利用长江湿地保护基金，及时督促、跟踪、评估恢复原状责任的执行。妥善审理湿地资源确权、开发许可过程中引发的行政案件，推进鄱阳湖、洞庭湖、太湖、巢湖等全流域湿地生态保护与修复。

17. 依法审理其他涉水刑事、行政案件，维护水环境和水生态安全。依法审理其他危害水环境和水资源的刑事案件以及各类涉水资源和水环境的行政许可、规划和项目审批、政府信息公开等行政案件，支持和监督行政机关依法履职，促进水资源的合理开发、利用和保护，维护流域水环境和水生态安全。

四、立足上中下游生态环境特点，依法审理各区段重点案件

18. 长江上游各级人民法院要重点把握上游地区水源涵养和水土保持的功能定位。依法审理重点生态功能区、生态环境脆弱区及自然保护区等重点区域的环境污染、生态破坏及自然资源开发利用案件，将构建生态功能保障基线、环境质量安全底线、自然资源利用上线三大红线作为重要因素加以考量。

依法审理三江源国家公园的环境污染和自然资源破坏案件，坚决打击在三江源国家公园内的采矿、砍伐、狩猎、捕捞、取土、取水以及擅自采集国家和省级重点保护野生动植物等违法行为，促进三江源地区自然资源的持久保育和永续利用。妥善处理江河源头和生态核心区内工矿企业和居民搬迁引发的纠纷，引导工矿企业和居民有序迁出。妥善审理因建设国家公园、自然保护区，推行统一环境准入和退出机制引发的行政案件，保障重点区域实现扩大环境容量和生态空间的重要目标。

加大对三峡库区环境资源案件的审理力度，积极探索三峡库区环境资源案件的跨行政区划集中管辖，保障三峡生态经济合作区的建设。依法审理金沙江、乌江、嘉陵江、三峡库区等重点区域水土流失治理和地质灾害防治案件，维护人民群众生命财产安全。

19. 长江中下游各级人民法院要依法审理工业污染、城镇和农村污染案件，保障江河湖泊

生态环境安全。依法审理长江中下游城市群重化工、重金属、工业固体废弃物等工业污染案件,做到及时立案、审理和执行,充分利用保全措施,避免无法修复的损害发生。妥善审理因造纸、印染、化工、有色金属等严重污染水体企业的关闭或者搬迁改造,以及因污水处理费、水资源费等税费征收引发的行政案件,推动污染企业的达标治理或者依法退出。

依法审理涉城镇污水、垃圾处理案件,推动长江干支流沿线城镇污水、垃圾全收集全处理。依法审理农村农业禽畜、水产养殖污染物排放和农村生活垃圾排放案件,防治农业面源污染,推进农村人居环境综合整治,防止农村水源污染。依法审理工业和农业生产引发的土壤污染案件,防止有毒有害污染物、危险化学品、危险废物等通过地下水循环系统进入长江水体。

加强对洞庭湖、鄱阳湖、太湖、巢湖等淡水湖水污染防控的司法保护,依法打击破坏淡水湖生态环境的行为;加强对鄱阳湖、洞庭湖生态经济区的司法保护,保障鄱阳湖、洞庭湖生态经济区的建设。加强对流域渔业资源的保护,依法打击在禁渔区、禁渔期或者使用禁用的工具、方法捕捞水产品的行为,妥善审理涉及渔业承包、养殖、销售案件,促进渔业资源的可持续利用。

20. 沿江海事法院要充分利用跨行政区划管辖的优势,妥善审理长江流域环境污染、生态破坏案件。依法审理长江水域的船舶碰撞、触碰案件,加强对船舶排放、泄漏、倾倒油类、污水或者其他有害物质造成水域污染案件的审理,保护长江水域生态环境安全。

五、立足绿色发展要求,依法审理其他环境资源案件

21. 依法审理大气污染防治案件。以二氧化硫、氮氧化物、pm2.5等主要大气污染物综合防治为重点,依法惩处污染环境的犯罪行为,妥善审理相关行政案件,支持和监督行政机关履行源头治理和全程治理职责,推动四川盆地、中下游地区的区域性雾霾、酸雨态势扭转,促进沿江城市和重点区域空气质量改善,打赢蓝天保卫战。

22. 依法审理生物多样性保护案件。依法打击非法猎捕、杀害珍贵、濒危野生动物,非法狩猎及野生动植物制品非法交易行为,加大对大熊猫、红豆杉、扬子鳄等长江流域特有濒危野生动植物的保护力度。妥善审理涉及植物新品种、生物遗传资源和基因案件,有效保护长江流域生物基因资源库。加强长江物种及其栖息繁衍场所保护,妥善审理工业污染对水生和河岸生物多样性及物种栖息地破坏案件。依法打击走私国家禁止进口的动植物的行为,严防外来物种入侵。

23. 依法审理环境公益诉讼和省级政府提起的生态环境损害赔偿诉讼案件。依法受理和审理社会组织提起的环境民事公益诉讼案件以及检察机关提起的环境行政、民事公益诉讼案件,强化公众参与长江流域生态环境保护,充分落实修复理念和补偿机制,形成公益诉讼对于长江流域生态环境保护的评价指引和政策形成功能,切实维护长江流域生态环境安全。推动建立长江流域环境公益诉讼专项资金管理使用制度,保障长江流域环境公益诉讼健康发展。总结长江流域试点地区审判经验,依法审理省级政府提起的生态环境损害赔偿诉讼案件,依法追究责任主体的生态环境损害赔偿责任。

24. 积极稳妥审理生态补偿案件。科学界定生态保护者与受益者权利义务,推动形成生态损害赔偿、受益者付费、保护者得到合理补偿的工作机制。妥善处理流域内因补偿主体、补偿数额、资金监管等产生的纠纷,激发全流域各区段生态环境保护的内在动力。推动建立独立公正的生态环境损害评估制度。

25. 积极稳妥审理绿色金融等新类型案件。深入研究绿色金融发展中的特殊法律问题,妥善审理涉绿色信贷、绿色债券、绿色发展基金、绿色保险、碳金融等新类型案件,支持绿色产业发展,保障绿色金融体系构建。依法保护有偿取得的排污权及其使用、转让和抵押等权利。充分运用碳排放权交易注册登记系统,准确判断排放配额的权利主体,合理确定交易各方的权利义务。依法保护用能权交易主体在合法交易场所买卖用能权指标的行为，参照试点地区制定的交易管理办法、交易规则及争议解决机制，妥善审理用能权纠纷案件。

26. 依法办理环境行政非诉执行案件。积极探索符合长江流域生态文明建设与绿色发展需要的行政非诉案件执行的新方法新思路，依法审查环境行政非诉执行案件，按照"裁执分离"的模式，加大对环境行政非诉案件的执行力度，支持行政机关依法处罚环境违法行为。

六、健全体制机制，适应长江流域生态文明建设与绿色发展司法保障的新要求

27. 优化审判机制。推进流域内环境公益诉讼、跨行政区划环境污染、生态破坏案件的集中管辖机制。推进流域内环境资源刑事、民事、行政案件的"三合一"或者"二合一"归口审理模式。推进构建重大环境资源行政案件在跨行政区划法院审理的专门管辖机制。

28. 构建协同机制。构建刑事、民事、行政审判和立案、执行等部门的协同审判机制。构建长江流域环境资源审判协作平台，形成全流域法院之间委托送达、委托取证、委托执行和信息共享机制。构建区域内上下级法院之间的信息报送机制。

29. 完善联动机制。加强与流域内政府法制部门、行政执法机关、流域管理机构之间的协调联动，积极搭建长江流域环境资源信息共享平台。通过建立和完善信息共享、联席会议以及突发环境事件的应急响应等联动机制，形成合力，共同维护长江经济带的生态安全。

最高人民法院
关于为长江经济带发展提供司法服务和保障的意见

2016年2月24日　　　　　　　　　　　　　法发〔2016〕8号

为深入贯彻落实党的十八届三中、四中、五中全会精神，协调推进"四个全面"战略布局，主动适应经济社会发展新形势新常态，充分发挥人民法院审判职能作用，公正高效服务和保障长江经济带发展国家战略，依据中共中央《关于制定国民经济和社会发展第十三个五年规划的建议》和国务院《关于依托黄金水道推动长江经济带发展的指导意见》，制定如下意见。

一、切实提高思想认识，增强为长江经济带发展国家战略提供司法服务和保障的责任感与使命感

1. 深刻认识长江经济带发展国家战略的重大意义和人民法院的历史使命。长江经济带发展是党中央、国务院在新的历史时期审时度势，谋划中国经济发展新格局作出的既有利于当前又惠及长远的一项重大国家区域发展战略，对于今后一个时期拓展区域发展空间、引领沿江沿线经济社会的发展，推进"十三五"规划战略布局，实现全面建成小康社会"第一个百年目标"具有重大的现实意义和深远的历史影响。各级人民法院要充分认识肩负的神圣职责和重要使命，切实增强为长江经济带发展提供司法服务和保障的自觉性、主动性。

2. 准确把握长江经济带发展的战略定位和基本内涵。牢固树立和贯彻落实五大发展理念，坚持生态优先、绿色发展，围绕中共中央《关于制定国民经济和社会发展第十三个五年规划的建议》提出的改善长江流域生态环境、高起点建设综合立体交通走廊、引导产业优化布局和分工协作的总体要求，充分发挥审判职能，公正高效审理相关案件，为把长江经济带发展

成为生态文明建设的先行示范带、创新驱动带、协调发展带提供有力的司法保障。

3. 充分满足长江经济带发展的司法需求，结合审判实践和地方实际，找准为长江经济带发展提供司法服务和保障的切入点和契合面。从需求导向出发，在绿色发展、创新发展、协调发展大局中谋划法院工作。按照中共中央《关于制定国民经济和社会发展第十三个五年规划的建议》和国务院《关于依托黄金水道推动长江经济带发展的指导意见》确定的思路、方向和重点，坚持能动司法，创新司法理念，积极探索区域内司法体制机制创新，优化区域内司法资源配置，对新情况、新问题加强预判，及早研究，统筹应对，全方位提升服务和保障长江经济带发展的能力和水平。

二、充分发挥审判职能作用，为长江经济带发展提供公正高效的司法服务和保障

4. 依法惩处相关刑事犯罪，为长江经济带发展提供稳定的社会环境。大力加强涉及环境资源保护刑事案件的审判。依法惩治污染环境、河道非法采砂、滥伐盗伐林木、非法采矿及破坏性采矿、非法捕捞水产品、滥捕野生动物等违法犯罪行为。严厉惩治环境监管失职犯罪、造成环境污染严重后果的重大安全责任事故犯罪，为长江经济带绿色生态廊道筑牢司法保护屏障。依法惩治各类侵犯知识产权犯罪，保护创新发展。严惩各类干扰产业项目转移建设施工、毁坏财产等暴力犯罪案件，有效服务区域内产业优化布局和产业分工协作，促进区域经济的协调发展。

5. 保障长江经济带的生态安全和绿色发展，依法审理环境资源保护民事案件。充分利用海事法院跨行政区划管辖的优势，妥善审理长江流域环境污染、生态破坏案件。加强对陆源及船舶排放、泄漏、倾倒油类、污水或者其他有害物质造成水域污染的损害责任纠纷案件的审理。大力推进水资源环境公益诉讼，探索建立长江流域水资源环境公益诉讼集中管辖制度。依法保障法定机关和有关组织的水资源环境公益诉权。

6. 推进平安黄金水道建设，依法审理各类海事侵权案件。妥善审理发生在长江水域的船舶碰撞、触碰案件，船舶运输特别是危险品运输作业中侵害他人人身权益和财产权益案件，船舶产品质量责任纠纷案件，港口作业事故责任纠纷案件等，规范裁判标准，引导各类市场主体展开有序良性竞争，指引港口、航运、造船企业切实增强安全意识、质量意识，为平安黄金水道建设提供有力司法支撑。

7. 打造涉外商事海事审判精品，提升涉外商事海事审判国际公信力和制度性话语权，增强为区域内企业全面参与全球经济合作和竞争保驾护航的能力和水平。妥善审理涉外商事海事纠纷，特别是国际经济合作和长江经济带投资领域发生的各种纠纷案件。准确适用国际条约，尊重国际惯例，加强外国法的查明和适用，严格适用国际公约承认与执行国际商事海事仲裁裁决，平等保护中外当事人的合法权益，营造长江经济带法治化、国际化、便利化的营商环境，为促进区域内更高层次的全面开放新格局提供有力的司法支持。

8. 依法审理相关水路货物运输、港口码头建设、船舶建造、仓储物流、货运代理、船员劳务等海商案件，维护区域内诚实守信、开放统一的市场。加强涉长江口造船基地建设相关案件的审理，促进现代化船舶产业链的健康有序发展。对于铁水、公水、空铁、水陆空等多式联运合同纠纷案件，通过准确查明案件事实，正确适用相关法律，促进安全便捷、绿色低碳、高起点综合立体交通走廊建设。推动长江经济带和"一带一路"建设的有机衔接。

9. 切实维护区域内金融安全与稳定，加强对船舶融资、港航金融保险等类型案件的审理。密切关注国内经济下行压力持续加大、产能过剩行业关停并转、"僵尸企业"清理整顿过程中对造船、港口、航运等行业的影响，注意及早发现区域性、系统性金融风险。适时提出相关司法建议。稳妥处理包括外商投资企业在内的相关企业的解散和清算案件。依法支持银行保险等金融机构为长江经济带发展推出的创新性金融产品，助推区域内航运金融中心的建设和

发展，有效缓解区域内港航企业融资难问题。

10. 加强知识产权司法保护力度，激发创新动力、创造潜力、创业活力。加大对有利于节约能源资源、有利于保护生态环境和有利于长江经济带协调发展的高新技术、新产业和新商业模式相关知识产权的保护力度，激励创新、鼓励创业、保护创造。促进品牌培育创新并形成品牌竞争新优势，营造公平诚信的市场竞争环境，为把长江经济带建设成为我国创新驱动带提供有力司法保障。

11. 加强行政案件审判，监督支持行政机关依法行政。特别要加强对行政机关不履行环境违法违规行为查处职责案件的审理，督促行政机关尽责履职。依法审理区域内与重大生态工程修复、产业优化布局、分工协作有关的不动产征收、拆迁、改建、港口岸线行政确权等行政案件，为相关工程建设创建良好的法治环境。充分发挥海事法院跨行政区划管辖海事行政案件的职能，依法审查长江沿线海事行政机关作出的许可、确权、处罚、征收、检查等海事行政行为以及海事行政机关的不作为，对主要证据不足，适用法律、法规错误，违反法定程序，超越、滥用职权或明显不当的海事行政行为要依法予以撤销或者确认违法，维护行政相对人合法权益。

三、创新司法体制机制，最大限度实现长江经济带区域内司法资源的优化配置

12. 创新审判体制机制，以更科学的审判体制机制服务和保障长江经济带发展。认真总结海事审判跨行政区划管辖的实践经验，坚持改革创新，探索建立契合长江经济带区域发展大局的审判体制机制。加强区域内各地方法院之间、海事法院之间、地方法院和海事法院之间的工作协调机制，对于区域内重大共性司法政策和司法事项，以及重大疑难复杂法律适用问题，由最高人民法院召集，相关法院参加，共同协商研究解决。

13. 多渠道深层次推进司法公开，构建开放、动态、透明、便民的阳光司法机制，提升人民群众对司法的获得感。深入推进审判流程公开，充分发挥诉讼电子档案促进审判管理公开、便利当事人诉讼查询的功能。加强裁判文书说理。确保裁判文书上网常态化，方便全民检阅，实现看得见的公正司法。继续坚持海事审判白皮书年度发布制度，方便社会公众全面系统了解海事审判工作。

14. 大力推进区域内信息化建设。加强上下游、左右岸、干支流各法院之间的互联互通，推动区域内法院在云计算和大数据应用方面的合作，实现区域内法院信息资源共享。探索打造区域内法院"一站式"网上诉讼服务平台，便利沿江沿线当事人诉讼。注重审判管理方式的信息化创新，通过便利的信息管理系统、人性化的管理手段，最大限度提高审判质效，为公正高效服务长江经济带发展提供科技支撑。

15. 推动建立区域内法院执行协作机制。构建长江经济带执行指挥系统协作机制，逐步实现一体化执行指挥体系。执行法院可以委托异地法院协助查询、冻结、查封、调查或者送达法律文书等有关事项。船舶扣押、拍卖统一由海事法院办理。推动海事法院与长江经济带区域内有关海事行政机关、金融监管机构、有关财产登记机关之间的协作配合。

16. 多元化解，繁简分流，破解难题，高效服务和保障长江经济带发展。加强和各类调解组织、社团行业组织、行政执法机关、信访部门的工作联系，做好诉讼与非诉讼机制之间的有机衔接。对于因生态环境治理与经济社会发展之间的暂时矛盾引发的群体性纠纷，要积极依靠当地党委、政府，统筹社会各方力量，通过多方合力实现矛盾化解。探索推动群体性船员劳务纠纷案件、群体性水上人身伤亡案件的诉调对接，防范社会矛盾激化。依法支持仲裁机构在解决纠纷方面发挥更大作用。大力推进海事海商小额诉讼案件的审理，依法实行一审终审，快捷有效维护当事人合法权益。

最高人民法院
关于贯彻实施《中华人民共和国黄河保护法》的意见

2023 年 6 月 27 日　　　　　　　　　　　　法发〔2023〕8 号

为深入贯彻习近平新时代中国特色社会主义思想，深学笃行习近平法治思想和习近平生态文明思想，全面落实党的二十大精神，准确实施《中华人民共和国黄河保护法》，充分发挥人民法院审判职能作用，以高质量司法服务黄河流域生态保护和高质量发展，结合人民法院工作实际，制定如下实施意见。

一、切实提高政治站位，不断增强司法服务黄河流域生态保护和高质量发展的责任感使命感

1. 贯彻实施黄河保护法是落实习近平总书记重要指示批示精神和党中央决策部署的重要举措。黄河流域生态保护和高质量发展是习近平总书记亲自谋划、亲自部署、亲自推动的重大国家战略。黄河保护法的出台，为人民法院在法治轨道上扎实服务推进黄河流域生态保护和高质量发展提供了制度支撑。各级人民法院要进一步提高政治站位，把贯彻实施黄河保护法作为落实"两个维护"的具体行动，贯穿于黄河流域司法保护工作的全过程各方面，为实现人与自然和谐共生、中华民族永续发展提供坚实司法保障。

2. 贯彻实施黄河保护法是回应人民群众对黄河长久安澜美好向往的重要实践。黄河保护法坚持以人民为中心，始终为人民谋福祉，积极回应人民群众对黄河优美生态环境和高质量发展的新追求新期盼。各级人民法院要始终牢记初心使命，充分认识生态环境保护是重要的民生问题，立足审判职能，依法公正高效审理各类环境资源案件，着力解决好人民群众急难愁盼问题，服务好黄河流域生态保护和高质量发展，守护好黄河流域的青山碧水蓝天净土，努力让黄河成为造福人民的幸福河。

3. 贯彻实施黄河保护法是推进黄河流域生态保护和高质量发展的重要保障。黄河保护法坚持问题导向，旨在系统治理黄河流域生态环境突出问题。各级人民法院要落实最严格制度最严密法治，全面学习领会黄河保护法立法精神，准确把握立法特殊性和侧重点，结合山水相济大保护的流域司法特色，持续加强黄河流域生态保护与修复，推进水资源节约集约利用，保障水沙调控与防洪安全，深入打好污染防治攻坚战，服务绿色高质量发展，保护传承弘扬黄河文化，真正把黄河保护法的立法目的、基本原则和各项制度落到实处。

二、准确把握立法原则，紧紧围绕推动黄河流域生态保护和高质量发展持续用力

4. 坚持生态优先、绿色发展。牢固树立和践行绿水青山就是金山银山的理念，正确处理保护和发展、发展和安全、全局和局部、当前和长远等重大关系问题，找准统筹生态环境司法保护、经济社会发展和民生保障的平衡点。准确把握重在保护、要在治理的战略要求，助推环境问题整治，促进生态保护修复，服务绿色低碳发展，协同推进黄河流域生态环境高水平保护和经济社会高质量发展。

5. 坚持量水而行、节水为重。根据以水定城、以水定地、以水定人、以水定产的治水思

路,全面落实水资源刚性约束制度,依法保障城乡居民生活用水、基本生态用水、生产用水,服务构建与水资源承载能力相适应的现代产业体系。聚焦保水、固土、治沙、防洪等黄河流域审判工作重点,促进水资源合理分配,提高水资源利用效率,抑制不合理用水需求,加强违规取用水规制,推动用水方式由粗放向节约集约转变。

6. 坚持因地制宜、分类施策。对标《黄河流域生态保护和高质量发展规划纲要》要求,瞄准各地在黄河流域生态保护和高质量发展战略布局中的不同定位,结合区域特点和地方实际,找准人民法院环境资源审判工作的结合点着力点。充分考虑黄河上下游、干支流、左右岸差异,加强生态环境分区管控,抓好江河源头和饮用水水源地、重要湖泊水库、河道堤坝岸线的保护治理,坚守生态保护红线、环境质量底线、资源利用上线。

7. 坚持统筹谋划、协同推进。深化对流域司法保护的规律性认识,坚持山水林田湖草沙一体化保护和系统治理,从生态系统的完整性、地理单元的连续性和经济社会发展的可持续性角度出发,强化黄河流域系统治理、整体治理、协同治理。全领域全过程贯彻生态环境保护理念,统筹适用刑事、民事、行政法律责任,打造畅通高效的内外协调联动机制,健全完善源头严防、过程严管、损害严惩和充分修复的现代环境司法保障体系。

三、充分发挥审判职能,着力提高贯彻实施黄河保护法各项工作的针对性靶向性实效性

8. 丰富修复举措,持续加强生态保护与修复。加大对黄河源头和水源涵养区、重要生态功能区、生态敏感脆弱区的司法保护力度,依法惩治非法采矿、采砂、渔猎、养殖、采伐、开垦、建设等违法犯罪活动,加强外来入侵物种治理。着力提升流域生态系统质量和稳定性,系统保护修复雪山冰川、高原冻土、高寒草甸、草原、湿地、森林、荒漠、泉域及其他流域特有生态环境要素,助力国家公园等自然保护地体系建设。探索创新预防性、惩罚性、恢复性司法措施,科学合理运用补植复绿、增殖放流、劳务代偿、技改抵扣、碳汇认购等多元化生态修复方式,健全完善生态环境修复资金管理使用及修复效果评估机制,努力实现"预防—保护—惩罚—修复"的完整闭环。

9. 促进绿色用水,推动水资源节约集约利用。依法审理取水许可、权属确认等行政争议案件和水资源使用权民事纠纷案件,推动高耗水项目技术改造或有序退出,规范用水权交易市场,促进水资源配置优化。配合行政执法机关整治挖湖造景、地下水超采、盲目上马"公园热"等不合理用水行为,确保流域用水安全。妥善审理涉节水产业、节水技术、节水设施案件,鼓励能源、化工、建材等高耗水产业节水增效,支持城乡老旧供水设施和管网改造,服务推进节水型社会建设。

10. 注重综合防治,保障水沙调控与防洪安全。依法惩治违法利用占用河道、湖泊水域岸线、水库库区的行为,保障黄河行洪安全,促进黄河流域各类生产建设活动规范有序。依法审理涉水沙调控和防洪防凌调度、水功能区管理、山洪泥石流灾害防治案件,服务重点区域水土流失治理,筑牢黄河流域生态屏障。妥善审理黄河滩区居民迁建、退耕还湿、违章建筑拆除、小水电整改退出相关案件,监督支持行政机关依法行使职权,保护行政相对人合法权益。

11. 严格落实责任,深入打好污染防治攻坚战。加强黄河流域水、土壤、大气污染惩治力度,注重农业面源污染、工业污染、城乡生活污染综合治理,坚持精准科学依法治污,扎实推进城乡人居环境整治。依法审理水污染防治、水环境治理、水资源监管、环境影响评价和排污许可管理相关案件,从严惩处污染黄河干流、重要支流、重要湖库等重点水域及环境监管失职、环境监测数据造假等违法犯罪行为。准确适用生态环境侵权责任和禁止令、惩罚性赔偿,及时制止侵害行为,充分救济受损权益,严厉制裁恶意侵权人,切实提高环境违法成本。

12. 支持创新驱动，服务流域绿色高质量发展。完整准确全面贯彻新发展理念，准确适用《中华人民共和国民法典》绿色原则和绿色条款，依法审理涉产业结构、能源结构、交通运输结构等优化调整案件及碳排放权、排污权、用能权、用水权等新型权益案件，探索碳汇等生态产品价值实现司法方案，依法保护产权，支持科技创新，服务乡村振兴。妥善审理涉高耗水、高污染、高耗能项目案件及相关企业破产重整、清算案件，监督支持行政机关依法查处未批先建、批建不符等违法行为，促进企业绿色转型。

13. 加强文化保护，助力传承和弘扬黄河文化。严厉惩处破坏文物、名胜古迹违法犯罪行为，依法追究盗掘（盗窃）、销赃、倒卖等全链条各环节参与人的法律责任。妥善审理涉历史文化名城名镇名村、水文化遗产、农耕文化遗产、文化旅游等案件，依法保护传统技艺、医药、曲艺、民俗等非物质文化遗产，助力黄河国家文化公园建设，促进黄河文化创造性发展。加强革命文物遗迹保护力度，妥善审理违法占用、毁损具有革命纪念意义的文物和遗迹案件，传承弘扬黄河红色文化，筑牢中华民族的根和魂。

四、持续深化改革创新，为保障黄河安澜服务民族复兴再立新功

14. 着力推进环境资源审判专门化。坚持守正创新，增强系统观念，不断完善环境资源审判体制机制。各级人民法院要以黄河保护法施行为契机，立足流域保护特点和治理需要，因地制宜推进以生态系统或生态功能区为单位的跨行政区划环境资源审判集中管辖机制，扎实推进环境资源刑事、民事、行政案件统一由专门审判机构审理，完善环境公益诉讼、生态环境损害赔偿诉讼制度，丰富流域区域生态环境保护裁判规则，实现对生态环境的整体系统保护。

15. 着力推进审判机构运行实质化。按照司法体制改革、四级法院审级职能定位改革以及诉讼制度改革要求，找准涉及各类生态环境要素的刑事、民事、行政案件中的小切口，细化环境资源审判庭归口审理案件的范围和职责，促进审判职能、人员、理念的实质融合，确保聚焦主业主责。完善环境资源案件提级管辖机制，对新类型、具有普遍法律适用指导意义、存在重大法律适用分歧的案件依法提级管辖，强化指导性案例和典型案例培树机制。用足用好环境资源审判信息平台，丰富环境资源审判分案识别要素，以信息化助推专业化建设。

16. 着力推进审判能力水平现代化。始终把党的政治建设摆在首位，坚持为大局服务、为人民司法，全面提高流域司法保护能力水平。狠抓审判质效，健全完善契合环境资源审判实际的绩效考核和培训交流机制，打造纪律作风过硬、适应审判职能"三合一"需要、具有国际视野的专业队伍。突出问题导向，大兴调查研究，针对流域司法保护的特点、重点、难点问题，积极探索创新，统一法律适用，以高质量司法服务高质量发展。

17. 着力推进环境司法功能多元化。坚持能动司法，做实"抓前端、治未病"，通过诉源治理、多元解纷、司法建议等方式主动融入社会综合治理。加强以案释法普法，充分发挥典型案例的教育引导作用，多途径开展法治宣传，推动美丽中国建设全民行动。深化环境司法国际合作，推进经验交流互鉴、成果惠益分享，讲好中国环境法治故事，传播中国软实力。

18. 着力推进流域司法协作常效化。加强流域区域尤其是跨省级行政区划人民法院之间在立案、审判、执行方面的工作协调对接，健全远程立案、在线庭审、电子送达、修复资金移送等配套机制，促进各类协作机制落实落地。积极开展行政与司法协同合作，优化与检察机关、公安机关、行政执法机关之间在信息通报、形势会商、证据调取、线索移交、纠纷化解、生态修复等方面的衔接配合，不断完善生态环境保护多元共治格局。

最高人民法院
关于印发《服务保障黄河流域生态保护和高质量发展工作推进会会议纪要》的通知

2021 年 11 月 24 日　　　　　　　　　　　　法〔2021〕305 号

各省、自治区、直辖市高级人民法院，解放军军事法院，新疆维吾尔自治区高级人民法院生产建设兵团分院：

　　为深入学习贯彻习近平生态文明思想、习近平法治思想，贯彻落实习近平总书记关于推动黄河流域生态保护和高质量发展的重要讲话和指示批示精神，做好当前和今后一个时期服务保障黄河流域生态保护和高质量发展工作，最高人民法院结合工作实际，研究制定了《服务保障黄河流域生态保护和高质量发展工作推进会会议纪要》，现将会议纪要印发。

　　各级人民法院要认真组织学习会议纪要，在案件审理中正确理解适用。对于适用中存在的问题，请及时层报最高人民法院。

最高人民法院
服务保障黄河流域生态保护和高质量发展工作推进会会议纪要

引言

　　为深入学习贯彻习近平总书记关于推动黄河流域生态保护和高质量发展的重要讲话和指示批示精神，落实推动黄河流域生态保护和高质量发展领导小组第二次全体会议部署，最高人民法院于 2021 年 9 月在河北省沧州市召开服务保障黄河流域生态保护和高质量发展工作推进会。黄河流域九省（自治区）高级人民法院有关负责同志参加会议。

　　会议指出，黄河流域环境资源审判工作要深入贯彻落实习近平生态文明思想、习近平法治思想，努力践行绿水青山就是金山银山理念，始终牢记"国之大者"，从中华民族永续发展的高度看待黄河流域生态环境突出问题，把保护黄河流域生态环境放在压倒性位置，把水资源节约集约利用放在更加突出位置，全面贯彻以水定城、以水定地、以水定人、以水定产原则，坚持节约优先、保护优先、自然恢复为主方针，坚守生态保护红线，严守资源特别是水资源开发利用上限，充分发挥审判职能作用，为黄河流域生态保护和高质量发展提供更加有力的司法服务和保障。

　　会议强调，做好当前和今后一个时期服务保障黄河流域生态保护和高质量发展工作，必须坚持问题导向、靶向意识，把大保护作为关键任务，聚焦黄河水"跑冒滴漏"、盲目上马高耗能高耗水项目、生态破坏和环境污染、文物古迹破坏、违法成本低等突出问题，进一步增强司法工作的针对性、实效性，助力打好环境问题整治、深度节水控水、生态保护修复攻坚战。坚持综合治理、系统治理、源头治理，统筹谋划山水林田湖草沙冰一体化保护和修复，统筹推进上中下游、干流支流、左右两岸的保护和治理，统筹适用刑事、民事、行政法律责任，确保黄河长久安澜。加强与有关部门的协调联动，持续拓展在信息资源共享、纠纷调处化解、证据收集固定、判决监督执行等方面的协调配合，做好诉讼与调解、仲裁、行政裁决、行政复议等非诉讼纠纷解决机制的有机衔接，有效融入黄河流域环境治理体系，形成共同抓好大保护、协同推进大治理的强大合力。

会议对当前黄河流域环境资源审判工作中的一些突出、疑难法律适用问题取得基本一致的看法，形成纪要如下：

一、加强水资源司法保护

1. 依法惩治违规取水用水行为。侵权人违反法律规定擅自取水、超量取水、筑坝截（蓄）水、破坏性取水，造成地面沉降、地下水污染、水资源衰减、河湖生态破坏等损害后果的，应当依法承担相应责任。

2. 保障生活用水和生态环境用水。对于侵权人违法实施占用城乡居民生活用水、农业用水、生态环境用水进行生产经营，地方政府违规挖湖造景等行为，人民法院应当依照《中华人民共和国水法》（以下简称《水法》）第二十一条等规定，考虑首先满足城乡居民生活用水需求，并兼顾生态环境用水等需要，依法确定其承担相应责任。

3. 依法审理取水权纠纷案件。当事人通过民事合同约定取水权转让，或者变更取水许可证确定的取水期限、取水量、取水用途、水源类型等内容，人民法院应当审查合同内容是否违反《水法》《取水许可和水资源费征收管理条例》等法律、行政法规的强制性规定，依法认定合同是否有效。

4. 依法审理涉水沙关系调节案件，助力三江源等国家公园建设，推动提升黄河上游水源涵养、中游水土流失综合治理、下游湿地保护和生态治理的能力和水平。审理黄河流域水沙调控行政许可、水功能区管理等行政诉讼案件，应当依照《水法》《中华人民共和国水土保持法》等有关规定，支持、监督行政机关依法履行监管职责。

二、助力深入打好污染防治攻坚战

5. 依法严惩水污染犯罪。对于发生在黄河流域九省（自治区）的环境污染犯罪行为，存在直接向黄河干流、重要支流及骨干水库库区排放、倾倒、处置有放射性的废物、含传染病病原体的废物、有毒物质或者其他有害物质等情形的，应当作为从重处罚的考虑因素。

6. 依法加大罚金刑适用力度。罚金数额的确定，应当充分考虑污染环境犯罪行为造成的实际损失、环境危害后果、被污染环境修复的可能性和难度、污染情节恶劣程度、污染环境造成的社会影响等因素。对于未发生实际危害后果的，应当考虑行为人的主观恶性、污染行为的恶劣程度、潜在危害等因素。

7. 准确适用环境侵权惩罚性赔偿。被侵权人请求惩罚性赔偿的，人民法院应当根据污染环境、破坏生态行为的持续时间、地域范围、造成环境污染、生态破坏的程度，造成人身、财产损害的情况以及社会影响等因素，综合判断是否构成《中华人民共和国民法典》（以下简称《民法典》）第一千二百三十二条规定的"造成严重后果"。

8. 贯彻损害担责、全面赔偿救济原则。对于违反国家规定、造成黄河流域生态环境损害，国家规定的机关或者法律规定的组织请求侵权人停止侵害、采取预防措施、修复生态环境、赔偿损失的，人民法院应当依法予以支持。

三、推动黄河文化保护与传承弘扬

9. 依照《中华人民共和国文物保护法》《文物保护法实施条例》等规定，妥善审理涉及历史文化名城名镇名村、历史文化街区、历史建筑、传统村落、少数民族特色村寨和古河道、古堤防、古灌区、古渡口、重大决口堵口遗迹等水文化遗产和农耕文化遗产、地名文化遗产相关案件，助力黄河国家文化公园建设，促进黄河文化的历史传承与创新发展。

10. 依法保护围绕黄河流域历史文化、风土民情、发展成就、时代风貌等创作的文艺作品，加大对反映黄河流域地方特色、体现黄河文化精神的传统技艺、医药、戏剧、曲艺、民俗等非物质文化遗产的司法保护力度，保护好黄河流域丰富灿烂的红色资源，推动黄河文化价值弘扬延续，筑牢中华民族的根和魂。

11. 依法严惩妨害文物管理犯罪。加大对损毁文物，损毁名胜古迹，盗掘古文化遗址、古墓葬，盗掘古人类化石、古脊椎动物化石等刑事案件的审判力度，严厉惩治破坏黄河流域人文遗迹、自然遗迹的犯罪。对于情节恶劣、社会反映强烈的犯罪行为，依法不得适用缓刑、免予刑事处罚。

四、服务保障高质量发展

12. 贯彻落实《民法典》绿色原则。人民法院在审理相关案件时，应当把握好生态保护和经济发展的关系，准确适用《民法典》绿色条款，引导民事主体遵循有利于节约资源、保护生态环境的原则从事民事活动，助力经济社会绿色低碳发展。

13. 贯彻落实黄河流域严格限制高耗能高耗水项目布局建设的国家政策。人民法院审理涉"两高"企业破产重整、和解或者清算案件，严格依照《中华人民共和国企业破产法》的相关规定，促进市场主体救治和出清，推动产业结构优化升级。当事人约定在黄河流域生态敏感区、脆弱区新建对生态系统有严重影响的"两高"项目，违反法律、行政法规的强制性规定或者损害社会公共利益的，人民法院应当依照《民法典》第一百五十三条等规定认定合同无效。

14. 贯彻落实建立健全生态产品价值实现机制的国家政策。人民法院审理碳排放权、排污权、用能权、用水权等交易合同纠纷案件，应当遵循诚信原则，依法促成合同生效和全面履行，同时避免当事人从其不诚信行为中获益，推动完善环境权益市场交易机制。

15. 贯彻落实《中共中央、国务院关于全面推进乡村振兴加快农业农村现代化的意见》。人民法院应当依法公正高效审理农村地区污水、黑臭水体、垃圾污染等群众反映强烈的案件，积极参与农业面源污染综合治理，支持农业节水改造，助力农业生产方式由过度消耗资源型向节能减排绿色发展型转变。

最高人民法院
关于为黄河流域生态保护和高质量发展提供司法服务与保障的意见

2020年6月1日　　　　　　　　　　　　法发〔2020〕19号

为深入贯彻习近平新时代中国特色社会主义思想和党的十九大及十九届二中、三中、四中全会精神，充分发挥人民法院审判职能作用，为黄河流域生态保护和高质量发展国家战略提供公正高效的司法服务与保障，制定如下意见。

一、切实提高思想认识，增强为黄河流域生态保护和高质量发展提供司法服务与保障的责任担当

1. 深刻认识黄河流域生态保护和高质量发展国家战略的重大意义。黄河是中华民族的母亲河。黄河流域是连接青藏高原、黄土高原和华北平原的生态廊道，是我国重要的经济地

带和核心文化保护传承区，也是多民族聚居地和打赢脱贫攻坚战的重要区域。黄河流域生态保护和高质量发展，对于促进沿黄地区经济社会发展和生态安全，实现中华民族伟大复兴和永续发展具有重大现实意义和深远历史影响。各级人民法院要充分认识肩负的神圣职责和重要使命，切实增强为黄河流域生态保护和高质量发展提供司法服务与保障的自觉性、主动性。

2. 准确把握黄河流域生态保护和高质量发展的战略定位与基本原则。各级人民法院要牢固树立绿水青山就是金山银山理念，坚定不移走生态优先、绿色发展之路，统筹推进黄河流域生态环境高水平保护和经济高质量发展。深入贯彻因地制宜、分类施策理念，立足全流域，统筹谋划上下游、干支流、左右岸，以水而定、量水而行，共同抓好大保护，协同推进大治理。全面落实预防优先、注重修复理念，遵循山水林田湖草沙综合治理，统筹适用刑事、民事、行政法律责任，促进流域生态环境保护修复和自然资源合理开发利用，努力让黄河成为造福人民的幸福河。

3. 不断提升黄河流域生态保护和高质量发展的司法服务与保障水平。各级人民法院要依法公正高效审理各类案件，充分发挥刑事审判震慑和教育功能、行政审判预防和监督功能、民事审判救济和赔偿功能、公益诉讼裁判评价和指引功能，着力加强生态保护治理、保障黄河长治久安、推进水资源节约集约利用、推动全流域高质量发展、保护传承弘扬黄河文化。要积极探索构建流域司法机制，优化审判资源配置，强化工作协调联动，促进纠纷多元化解，推进流域审判体系和审判能力现代化，全方位提升服务保障黄河流域生态保护和高质量发展的质效。

二、充分发挥审判职能，为黄河流域生态保护和高质量发展提供公正高效的司法服务与保障

4. 落实严格责任，加强黄河生态系统整体保护。坚持最严法治观，依法惩处污染环境、非法采矿及破坏性开采、盗伐滥伐林木、非法捕捞水产品、非法猎捕杀害珍贵濒危野生动物等犯罪行为，严厉惩治环境监管失职犯罪、造成环境污染严重后果的重大安全责任事故犯罪，筑牢黄河流域生态屏障。加强对行政机关不履行环境违法违规行为查处职责案件的审理，监督支持行政机关依法落实流域监管责任。坚持损害担责、全面赔偿原则，依法追究环境污染、生态破坏者的民事责任，鼓励支持生产要素向防沙治沙等生态环境保护方向聚集，促进地质灾害综合防治体系建设。妥善审理环境公益诉讼、生态环境损害赔偿案件，提升黄河上游水源涵养能力，促进中游水土保持和污染防治，加强下游湿地生态系统保护，提高生物多样性。

5. 助推水沙调节，维护黄河长治久安。将依法审理涉水沙关系调节案件作为流域审判工作重点，切实保障黄河长久安澜。依法支持有关部门对黄河上游水源地及涵养湿地管理，落实生态移民搬迁、退耕还林还草、鼠虫害防治等草原生态环境治理，恢复河道及湿地功能。规范河道行政许可事项，维护河道管理秩序。保障水沙调控机制运行，严格落实河长、湖长责任制，控制地下水过度利用，减缓黄河下游淤积。严厉打击非法取水、非法采砂等违法犯罪行为，做好防洪工程设施保护等防洪减灾、水土流失综合防治工作，确保黄河沿岸人民群众生命财产安全。

6. 促进绿色用水，推进水资源节约集约利用。依法保障黄河流域分水方案的严格落实，控制取水总量，坚决抑制不合理用水需求。全面加强对黄河流域取水、用水、水功能区管理和水沙调控行政许可、权属确认等行政行为的监督，支持行政机关依法监管，维护行政相对人的合法权益。妥善审理涉节水产业、节水技术、节水设施案件，推动用水方式由粗放型向节约集约转变，保障合理规划人口、城市和产业发展，确保农业生产稳定。落实水功能区管理制度，保障水资源状况持续改善。依法支持牧区水利、小水电代燃料、黄土高原淤地坝等工程建设，巩固退耕还林成果。

7. 支持创新驱动，促进黄河流域高质量发展。全面贯彻新发展理念，妥善审理涉新技术、新业态、新模式案件，有效服务沿黄地区产业结构转型升级。依法平等保护产权，激励和保护创新，引导各类市场主体展开有序良性竞争，营造流域内法治化营商环境。强化破产重整案件审判，完善市场主体退出制度机制。助力美丽乡村建设，支持流域省区打赢脱贫攻坚战，保障乡村振兴战略顺利实施。发挥涉外民商事审判职能作用，促进黄河流域高质量发展和"一带一路"建设的有机衔接，服务更高水平的对外开放新格局。

8. 保护人文资源，传承弘扬黄河文化。严厉打击损毁文物，损毁名胜古迹，盗掘古文化遗址、古墓葬，盗掘古人类化石、古脊椎动物化石等犯罪行为，严厉惩治破坏黄河流域人文遗迹、自然遗迹的犯罪分子，保护黄河历史文化遗产。加大对黄河流域相关文学艺术作品、非物质文化遗产的司法保护力度，促进黄河文化的历史传承与创新发展。发挥公益诉讼的特殊作用，有效释放社会组织保护黄河文化的潜力活力，支持检察机关提起民事和行政公益诉讼，统筹文化传承利用和生态保护治理，实现黄河文化价值弘扬延续，筑牢中华民族的根和魂。

9. 强化修复措施，保障黄河生态环境治理。坚持保护优先、注重修复司法理念，守住生态保护红线，促进生态环境修复和自然资源合理开发利用。创新审判执行方式，充分发挥环境保护禁止令的作用，立足不同环境要素的修复要求，探索多元化生态修复方式，完善刑事制裁、民事赔偿与生态补偿有机衔接的环境修复责任体系。建立健全公益诉讼、生态环境损害赔偿诉讼专项资金的管理使用、审计监督及责任追究制度，确保生态环境及时有效修复。推动修复主体多元化，在环境损害鉴定、修复方式选择和判决执行监督等方面加强与行政机关对接，拓宽第三方替代履行和公众参与生态环境保护和修复渠道，形成共建共治共享的流域生态环境治理格局。

10. 注重分类施策，因地制宜发挥司法功能。充分考虑黄河上中下游差异，结合各地实际和区域特点，针对不同司法需求妥善审理相关案件，统筹黄河流域经济高质量发展和生态高质量保护。注重加强对三江源、祁连山、甘南黄河上游水源涵养区、黄土高原、河口三角洲湿地等区域生态环境治理的司法保障，创造良好生态产品。注重加强对黄淮海平原、河套灌区、汾渭平原等区域能源资源合理开发利用的司法保障，确保国家粮食安全，提高经济承载能力。注重加强对上中游地区和下游滩区防洪安全、饮水安全、生态安全的司法保障，提高基础设施和公共服务水平，持续改善民生。

三、构建流域司法机制，形成推进黄河流域生态保护和高质量发展的合力

11. 健全专门审判机构。落实中央办公厅、国务院办公厅《关于构建现代环境治理体系的指导意见》，推进黄河流域环境资源专门审判机构建设，统一涉环境资源案件的受案范围和审理程序。加强知识产权法庭建设，保障黄河文化传承，服务创新驱动发展。充分发挥国际商事法庭作用，服务共建"一带一路"，助力更高水平开放型经济新体制建设。统筹黄河流域生态环境和文化资源整体保护需要，深入推进知识产权和环境资源刑事、民事、行政案件"三合一"归口审判机制改革。

12. 完善案件集中管辖。总结知识产权、涉外、行政、环境资源审判跨区划集中管辖的实践经验，坚持改革创新，构建契合黄河流域生态保护和高质量发展需要的案件集中管辖机制。加强流域内集中管辖法院内部以及集中管辖和非集中管辖法院之间的协同审判机制。探索构建流域、湿地等生态功能区和国家公园等自然保护地涉生态保护案件的跨省域集中管辖机制。

13. 拓展流域司法协作。构建黄河流域常态化司法协作机制，加强流域内各地方法院之间在立案、审判、执行方面的工作协调对接。推进跨域立案诉讼服务改革，推动流域内各地方

法院之间诉讼事项跨区域远程办理、跨层级联动办理。对于流域内重大疑难复杂法律适用问题，由相关法院共同协商研究解决。健全流域一体化执行指挥体系，推动流域内异地法院之间在查询、冻结、查封、调查或者法律文书送达等有关事项的司法协作。立足流域内生态环境治理需要，构建沿黄河九省区人民法院环境资源司法协作机制。

14. 推进部门协调联动。主动融入党委领导、政府负责、民主协商、社会协同、公众参与、法治保障、科技支撑的黄河流域社会治理体系。依法加强与检察机关、公安机关、行政执法机关的协同配合，在证据的采集与固定、案件的协调与化解、判决的监督与执行等方面有序衔接。围绕审判执行中发现的问题，及时与有关部门沟通，提出司法建议，推动形成黄河流域生态保护和高质量发展合力。

15. 促进纠纷多元化解。坚持和发展新时代"枫桥经验"，加强诉源治理，深化"分调裁审"机制改革，加快建设"一站式"多元解纷机制，高效服务黄河流域生态保护和高质量发展。推动健全人民调解、行政调解、司法调解联动工作机制，做好诉讼与和解、调解、仲裁、公证、行政裁决、行政复议等非诉讼纠纷解决机制之间的有机衔接，对调解协议、经磋商达成的生态环境损害赔偿协议依法予以司法确认。积极依靠当地党委、政府，统筹社会各方力量，依法及时化解各类群体性纠纷。

16. 畅通信息共享渠道。全面加强智慧法院建设，加强黄河流域上下游、左右岸、干支流各地方法院之间的互联互通，推动建立云计算和大数据应用平台，运用区块链技术，实现流域内各地方法院信息资源共享，最大限度提升审判质效。全面应用中国移动微法院，坚持线上线下结合，畅通黄河流域立体化诉讼服务渠道。深化执行管理、网络查控、联合惩戒、司法拍卖等环节信息化建设，提升智慧执行水平。提高数据汇聚、管理、分析和服务能力，充分发挥司法大数据在黄河治理和保护中的重要作用。

17. 深化社会公众参与。坚持专业审判与公众参与相结合，组建专家库、专家咨询委员会，在评估、鉴定、修复方案确定、专业事实查明等事项中充分发挥专家辅助人、专家陪审员、技术调查官的作用。拓宽公众参与司法的途径，畅通诉讼渠道，依法维护人民群众的人身、财产权益和生态环境公共利益。全面落实审判流程信息公开、庭审公开直播、裁判文书公开上网、执行信息公开等各项工作机制，进一步拓展司法公开的广度和深度。定期发布黄河流域司法保护状况白皮书和典型案例，增进社会公众对黄河流域司法保护状况的了解。构建适应大数据时代要求的全媒体、立体化宣传机制，拓展宣传载体，增强宣传实效，营造司法服务保障黄河流域生态保护和高质量发展的良好舆论氛围。

18. 加强审判队伍建设。坚持把党的政治建设摆在首位，不断提高政治站位和政治能力，增强"四个意识"、坚定"四个自信"、做到"两个维护"。加大力度培养知识产权、涉外、环境资源、互联网、金融、破产等领域司法人才，加强业务培训，提升审判能力和水平。深入推进纪律作风建设，求真务实、清正廉洁、担当作为，打造一支革命化、正规化、职业化、专业化的法院队伍，为实现黄河流域生态保护和高质量发展国家战略提供有力组织保障。

 第二部分
法律法规与司法解释

第一节 综合类

中华人民共和国宪法（节录）

（1982年12月4日第五届全国人民代表大会第五次会议通过 1982年12月4日全国人民代表大会公告公布施行 根据1988年4月12日第七届全国人民代表大会第一次会议通过的《中华人民共和国宪法修正案》第一次修正 1993年3月29日第八届全国人民代表大会第一次会议通过的《中华人民共和国宪法修正案》第二次修正 1999年3月15日第九届全国人民代表大会第二次会议通过的《中华人民共和国宪法修正案》第三次修正 2004年3月14日第十届全国人民代表大会第二次会议通过的《中华人民共和国宪法修正案》第四次修正 2018年3月11日第十三届全国人民代表大会第一次会议通过的《中华人民共和国宪法修正案》第五次修正）

序言第七自然段 中国各族人民将继续在中国共产党领导下，在马克思列宁主义、毛泽东思想、邓小平理论、"三个代表"重要思想、科学发展观、习近平新时代中国特色社会主义思想指引下，坚持人民民主专政，坚持社会主义道路，坚持改革开放，不断完善社会主义的各项制度，发展社会主义市场经济，发展社会主义民主，健全社会主义法治，贯彻新发展理念，自力更生，艰苦奋斗，逐步实现工业、农业、国防和科学技术的现代化，推动物质文明、政治文明、精神文明、社会文明、生态文明协调发展，把我国建设成为富强民主文明和谐美丽的社会主义现代化强国，实现中华民族伟大复兴。

第九条 矿藏、水流、森林、山岭、草原、荒地、滩涂等自然资源，都属于国家所有，即全民所有；由法律规定属于集体所有的森林和山岭、草原、荒地、滩涂除外。

国家保障自然资源的合理利用，保护珍贵的动物和植物。禁止任何组织或者个人用任何手段侵占或者破坏自然资源。

第十条 城市的土地属于国家所有。

农村和城市郊区的土地，除由法律规定属于国家所有的以外，属于集体所有；宅基地和自留地、自留山，也属于集体所有。

国家为了公共利益的需要，可以依照法律规定对土地实行征收或者征用并给予补偿。

任何组织或者个人不得侵占、买卖或者以其他形式非法转让土地。土地的使用权可以依照法律的规定转让。

一切使用土地的组织和个人必须合理地利用土地。

第十三条 公民的合法的私有财产不受侵犯。

国家依照法律规定保护公民的私有财产权和继承权。

国家为了公共利益的需要，可以依照法律规定对公民的私有财产实行征收或者征用并给予补偿。

第二十六条 国家保护和改善生活环境和生态环境，防治污染和其他公害。

国家组织和鼓励植树造林，保护林木。

第八十九条 国务院行使下列职权：

（一）根据宪法和法律，规定行政措施，制定行政法规，发布决定和命令；

（二）向全国人民代表大会或者全国人民代表大会常务委员会提出议案；

（三）规定各部和各委员会的任务和职责，统一领导各部和各委员会的工作，并且领导不属于各部和各委员会的全国性的行政工作；

（四）统一领导全国地方各级国家行政机关的工作，规定中央和省、自治区、直辖市的国家行政机关的职权的具体划分；

（五）编制和执行国民经济和社会发展计划和国家预算；

（六）领导和管理经济工作和城乡建设、生态文明建设；

（七）领导和管理教育、科学、文化、卫生、体育和计划生育工作；

（八）领导和管理民政、公安、司法行政等工作；

（九）管理对外事务，同外国缔结条约和协定；

（十）领导和管理国防建设事业；

（十一）领导和管理民族事务，保障少数民族的平等权利和民族自治地方的自治权利；

（十二）保护华侨的正当的权利和利益，保护归侨和侨眷的合法的权利和利益；

（十三）改变或者撤销各部、各委员会发布的不适当的命令、指示和规章；

（十四）改变或者撤销地方各级国家行政机关的不适当的决定和命令；

（十五）批准省、自治区、直辖市的区域划分，批准自治州、县、自治县、市的建置和区域划分；

（十六）依照法律规定决定省、自治区、直辖市的范围内部分地区进入紧急状态；

（十七）审定行政机构的编制，依照法律规定任免、培训、考核和奖惩行政人员；

（十八）全国人民代表大会和全国人民代表大会常务委员会授予的其他职权。

中华人民共和国民法典（节录）

（2020年5月28日中华人民共和国第十三届全国人民代表大会第三次会议通过　2020年5月28日中华人民共和国主席令第45号公布　自2021年1月1日起施行）

第一编　总　　则

第一章　基本规定

第九条 民事主体从事民事活动，应当有利于节约资源、保护生态环境。

第二编 物 权

第二分编 所有权

第六章 业主的建筑物区分所有权

第二百七十四条 建筑区划内的道路，属于业主共有，但是属于城镇公共道路的除外。建筑区划内的绿地，属于业主共有，但是属于城镇公共绿地或者明示属于个人的除外。建筑区划内的其他公共场所、公用设施和物业服务用房，属于业主共有。

第二百八十六条 业主应当遵守法律、法规以及管理规约，相关行为应当符合节约资源、保护生态环境的要求。对于物业服务企业或者其他管理人执行政府依法实施的应急处置措施和其他管理措施，业主应当依法予以配合。

业主大会或者业主委员会，对任意弃置垃圾、排放污染物或者噪声、违反规定饲养动物、违章搭建、侵占通道、拒付物业费等损害他人合法权益的行为，有权依照法律、法规以及管理规约，请求行为人停止侵害、排除妨碍、消除危险、恢复原状、赔偿损失。

业主或者其他行为人拒不履行相关义务的，有关当事人可以向有关行政主管部门报告或者投诉，有关行政主管部门应当依法处理。

第七章 相邻关系

第二百九十条 不动产权利人应当为相邻权利人用水、排水提供必要的便利。

对自然流水的利用，应当在不动产的相邻权利人之间合理分配。对自然流水的排放，应当尊重自然流向。

第二百九十三条 建造建筑物，不得违反国家有关工程建设标准，不得妨碍相邻建筑物的通风、采光和日照。

第二百九十四条 不动产权利人不得违反国家规定弃置固体废物，排放大气污染物、水污染物、土壤污染物、噪声、光辐射、电磁辐射等有害物质。

第三分编 用益物权

第十章 一般规定

第三百二十五条 国家实行自然资源有偿使用制度，但是法律另有规定的除外。

第三百二十六条 用益物权人行使权利，应当遵守法律有关保护和合理开发利用资源、保护生态环境的规定。所有权人不得干涉用益物权人行使权利。

第十二章 建设用地使用权

第三百四十六条 设立建设用地使用权，应当符合节约资源、保护生态环境的要求，遵守法律、行政法规关于土地用途的规定，不得损害已经设立的用益物权。

第三编 合 同

第一分编 通 则

第四章 合同的履行

第五百零九条 当事人应当按照约定全面履行自己的义务。

当事人应当遵循诚信原则，根据合同的性质、目的和交易习惯履行通知、协助、保密等义务。

当事人在履行合同过程中,应当避免浪费资源、污染环境和破坏生态。

第五百三十四条 对当事人利用合同实施危害国家利益、社会公共利益行为的,市场监督管理和其他有关行政主管部门依照法律、行政法规的规定负责监督处理。

第二分编　典型合同

第九章　买卖合同

第六百一十九条 出卖人应当按照约定的包装方式交付标的物。对包装方式没有约定或者约定不明确,依据本法第五百一十条的规定仍不能确定的,应当按照通用的方式包装;没有通用方式的,应当采取足以保护标的物且有利于节约资源、保护生态环境的包装方式。

第六百二十五条 依照法律、行政法规的规定或者按照当事人的约定,标的物在有效使用年限届满后应予回收的,出卖人负有自行或者委托第三人对标的物予以回收的义务。

第二十四章　物业服务合同

第九百四十二条 物业服务人应当按照约定和物业的使用性质,妥善维修、养护、清洁、绿化和经营管理物业服务区域内的业主共有部分,维护物业服务区域内的基本秩序,采取合理措施保护业主的人身、财产安全。

对物业服务区域内违反有关治安、环保、消防等法律法规的行为,物业服务人应当及时采取合理措施制止、向有关行政主管部门报告并协助处理。

第七编　侵权责任

第七章　环境污染和生态破坏责任

第一千二百二十九条 因污染环境、破坏生态造成他人损害的,侵权人应当承担侵权责任。

第一千二百三十条 因污染环境、破坏生态发生纠纷,行为人应当就法律规定的不承担责任或者减轻责任的情形及其行为与损害之间不存在因果关系承担举证责任。

第一千二百三十一条 两个以上侵权人污染环境、破坏生态的,承担责任的大小,根据污染物的种类、浓度、排放量,破坏生态的方式、范围、程度,以及行为对损害后果所起的作用等因素确定。

第一千二百三十二条 侵权人违反法律规定故意污染环境、破坏生态造成严重后果的,被侵权人有权请求相应的惩罚性赔偿。

第一千二百三十三条 因第三人的过错污染环境、破坏生态的,被侵权人可以向侵权人请求赔偿,也可以向第三人请求赔偿。侵权人赔偿后,有权向第三人追偿。

第一千二百三十四条 违反国家规定造成生态环境损害,生态环境能够修复的,国家规定的机关或者法律规定的组织有权请求侵权人在合理期限内承担修复责任。侵权人在期限内未修复的,国家规定的机关或者法律规定的组织可以自行或者委托他人进行修复,所需费用由侵权人负担。

第一千二百三十五条 违反国家规定造成生态环境损害的,国家规定的机关或者法律规定的组织有权请求侵权人赔偿下列损失和费用:

(一)生态环境受到损害至修复完成期间服务功能丧失导致的损失;

(二)生态环境功能永久性损害造成的损失;

(三)生态环境损害调查、鉴定评估等费用;

(四)清除污染、修复生态环境费用;

(五)防止损害的发生和扩大所支出的合理费用。

第八章　高度危险责任

第一千二百三十九条　占有或者使用易燃、易爆、剧毒、高放射性、强腐蚀性、高致病性等高度危险物造成他人损害的，占有人或者使用人应当承担侵权责任；但是，能够证明损害是因受害人故意或者不可抗力造成的，不承担责任。被侵权人对损害的发生有重大过失的，可以减轻占有人或者使用人的责任。

中华人民共和国刑法（节录）

[1979年7月1日第五届全国人民代表大会第二次会议通过　1997年3月14日第八届全国人民代表大会第五次会议修订　根据1999年12月25日《中华人民共和国刑法修正案》、2001年8月31日《中华人民共和国刑法修正案（二）》、2001年12月29日《中华人民共和国刑法修正案（三）》、2002年12月28日《中华人民共和国刑法修正案（四）》、2005年2月28日《中华人民共和国刑法修正案（五）》、2006年6月29日《中华人民共和国刑法修正案（六）》、2009年2月28日《中华人民共和国刑法修正案（七）》、2011年2月25日《中华人民共和国刑法修正案（八）》修正、2015年8月29日《中华人民共和国刑法修正案（九）》修正、2017年11月4日《中华人民共和国刑法修正案（十）》修正、2020年12月26日《中华人民共和国刑法修正案（十一）》修正、2023年12月29日《中华人民共和国刑法修正案（十二）》修正）]

第六章　妨害社会管理秩序罪

第六节　破坏环境资源保护罪

第三百三十八条　违反国家规定，排放、倾倒或者处置有放射性的废物、含传染病病原体的废物、有毒物质或者其他有害物质，严重污染环境的，处三年以下有期徒刑或者拘役，并处或者单处罚金；情节严重的，处三年以上七年以下有期徒刑，并处罚金；有下列情形之一的，处七年以上有期徒刑，并处罚金：

（一）在饮用水水源保护区、自然保护地核心保护区等依法确定的重点保护区域排放、倾倒、处置有放射性的废物、含传染病病原体的废物、有毒物质，情节特别严重的；

（二）向国家确定的重要江河、湖泊水域排放、倾倒、处置有放射性的废物、含传染病病原体的废物、有毒物质，情节特别严重的；

（三）致使大量永久基本农田基本功能丧失或者遭受永久性破坏的；

（四）致使多人重伤、严重疾病，或者致人严重残疾、死亡的。

有前款行为，同时构成其他犯罪的，依照处罚较重的规定定罪处罚。

第三百三十九条　违反国家规定，将境外的固体废物进境倾倒、堆放、处置的，处五年以下有期徒刑或者拘役，并处罚金；造成重大环境污染事故，致使公私财产遭受重大损失或者严重危害人体健康的,处五年以上十年以下有期徒刑,并处罚金;后果特别严重的,处十年以上有期徒刑,并处罚金。

未经国务院有关主管部门许可,擅自进口固体废物用作原料,造成重大环境污染事故,致使公私财产遭受重大损失或者严重危害人体健康的,处五年以下有期徒刑或者拘役,并处罚金;后果特别严重的,处五年以上十年以下有期徒刑,并处罚金。

以原料利用为名,进口不能用作原料的固体废物、液态废物和气态废物的,依照本法第一百五十二条第二款、第三款的规定定罪处罚。

第三百四十条 违反保护水产资源法规,在禁渔区、禁渔期或者使用禁用的工具、方法捕捞水产品,情节严重的,处三年以下有期徒刑、拘役、管制或者罚金。

第三百四十一条 非法猎捕、杀害国家重点保护的珍贵、濒危野生动物的,或者非法收购、运输、出售国家重点保护的珍贵、濒危野生动物及其制品的,处五年以下有期徒刑或者拘役,并处罚金;情节严重的,处五年以上十年以下有期徒刑,并处罚金;情节特别严重的,处十年以上有期徒刑,并处罚金或者没收财产。

违反狩猎法规,在禁猎区、禁猎期或者使用禁用的工具、方法进行狩猎,破坏野生动物资源,情节严重的,处三年以下有期徒刑、拘役、管制或者罚金。

违反野生动物保护管理法规,以食用为目的非法猎捕、收购、运输、出售第一款规定以外的在野外环境自然生长繁殖的陆生野生动物,情节严重的,依照前款的规定处罚。

第三百四十二条 违反土地管理法规,非法占用耕地、林地等农用地,改变被占用土地用途,数量较大,造成耕地、林地等农用地大量毁坏的,处五年以下有期徒刑或者拘役,并处或者单处罚金。

第三百四十二条之一 违反自然保护地管理法规,在国家公园、国家级自然保护区进行开垦、开发活动或者修建建筑物,造成严重后果或者有其他恶劣情节的,处五年以下有期徒刑或者拘役,并处或者单处罚金。

有前款行为,同时构成其他犯罪的,依照处罚较重的规定定罪处罚。

第三百四十三条 违反矿产资源法的规定,未取得采矿许可证擅自采矿,擅自进入国家规划矿区、对国民经济具有重要价值的矿区和他人矿区范围采矿,或者擅自开采国家规定实行保护性开采的特定矿种,情节严重的,处三年以下有期徒刑、拘役或者管制,并处或者单处罚金;情节特别严重的,处三年以上七年以下有期徒刑,并处罚金。

违反矿产资源法的规定,采取破坏性的开采方法开采矿产资源,造成矿产资源严重破坏的,处五年以下有期徒刑或者拘役,并处罚金。

第三百四十四条 违反国家规定,非法采伐、毁坏珍贵树木或者国家重点保护的其他植物的,或者非法收购、运输、加工、出售珍贵树木或者国家重点保护的其他植物及其制品的,处三年以下有期徒刑、拘役或者管制,并处罚金;情节严重的,处三年以上七年以下有期徒刑,并处罚金。

第三百四十四条之一 违反国家规定,非法引进、释放或者丢弃外来入侵物种,情节严重的,处三年以下有期徒刑或者拘役,并处或者单处罚金。

第三百四十五条 盗伐森林或者其他林木,数量较大的,处三年以下有期徒刑、拘役或者管制,并处或者单处罚金;数量巨大的,处三年以上七年以下有期徒刑,并处罚金;数量特别巨大的,处七年以上有期徒刑,并处罚金。

违反森林法的规定,滥伐森林或者其他林木,数量较大的,处三年以下有期徒刑、拘役或者管制,并处或者单处罚金;数量巨大的,处三年以上七年以下有期徒刑,并处罚金。

非法收购、运输明知是盗伐、滥伐的林木,情节严重的,处三年以下有期徒刑、拘役或者管制,并处或者单处罚金;情节特别严重的,处三年以上七年以下有期徒刑,并处罚金。

盗伐、滥伐国家级自然保护区内的森林或者其他林木的,从重处罚。

第三百四十六条　单位犯本节第三百三十八条至第三百四十五条规定之罪的，对单位判处罚金，并对其直接负责的主管人员和其他直接责任人员，依照本节各该条的规定处罚。

第九章　渎职罪

第四百零七条　林业主管部门的工作人员违反森林法的规定，超过批准的年采伐限额发放林木采伐许可证或者违反规定滥发林木采伐许可证，情节严重，致使森林遭受严重破坏的，处三年以下有期徒刑或者拘役。

第四百零八条　负有环境保护监督管理职责的国家机关工作人员严重不负责任，导致发生重大环境污染事故，致使公私财产遭受重大损失或者造成人身伤亡的严重后果的，处三年以下有期徒刑或者拘役。

第四百一十条　国家机关工作人员徇私舞弊，违反土地管理法规，滥用职权，非法批准征收、征用、占用土地，或者非法低价出让国有土地使用权，情节严重的，处三年以下有期徒刑或者拘役；致使国家或者集体利益遭受特别重大损失的，处三年以上七年以下有期徒刑。

中华人民共和国民事诉讼法（节录）

（1991年4月9日第七届全国人民代表大会第四次会议通过　根据2007年10月28日第十届全国人民代表大会常务委员会第三十次会议《关于修改〈中华人民共和国民事诉讼法〉的决定》第一次修正　根据2012年8月31日第十一届全国人民代表大会常务委员会第二十八次会议《关于修改〈中华人民共和国民事诉讼法〉的决定》第二次修正　根据2017年6月27日第十二届全国人民代表大会常务委员会第二十八次会议《关于修改〈中华人民共和国民事诉讼法〉和〈中华人民共和国行政诉讼法〉的决定》第三次修正　根据2021年12月24日第十三届全国人民代表大会常务委员会第三十二次会议《关于修改〈中华人民共和国民事诉讼法〉的决定》第四次修正　根据2023年9月1日第十四届全国人民代表大会常务委员会第五次会议《关于修改〈中华人民共和国民事诉讼法〉的决定》第五次修正）

第五十八条　对污染环境、侵害众多消费者合法权益等损害社会公共利益的行为，法律规定的机关和有关组织可以向人民法院提起诉讼。

人民检察院在履行职责中发现破坏生态环境和资源保护、食品药品安全领域侵害众多消费者合法权益等损害社会公共利益的行为，在没有前款规定的机关和组织或者前款规定的机关和组织不提起诉讼的情况下，可以向人民法院提起诉讼。前款规定的机关或者组织提起诉讼的，人民检察院可以支持起诉。

最高人民法院
关于适用《中华人民共和国民事诉讼法》的解释（节录）

法释〔2022〕11号

（2014年12月18日最高人民法院审判委员会第1636次会议通过 根据2020年12月23日最高人民法院审判委员会第1823次会议通过的《最高人民法院关于修改〈最高人民法院关于人民法院民事调解工作若干问题的规定〉等十九件民事诉讼类司法解释的决定》第一次修正 根据2022年3月22日最高人民法院审判委员会第1866次会议通过的《最高人民法院关于修改〈最高人民法院关于适用《中华人民共和国民事诉讼法》的解释〉的决定》第二次修正）

十三、公益诉讼

第二百八十二条 环境保护法、消费者权益保护法等法律规定的机关和有关组织对污染环境、侵害众多消费者合法权益等损害社会公共利益的行为，根据民事诉讼法第五十八条规定提起公益诉讼，符合下列条件的，人民法院应当受理：

（一）有明确的被告；

（二）有具体的诉讼请求；

（三）有社会公共利益受到损害的初步证据；

（四）属于人民法院受理民事诉讼的范围和受诉人民法院管辖。

第二百八十三条 公益诉讼案件由侵权行为地或者被告住所地中级人民法院管辖，但法律、司法解释另有规定的除外。

因污染海洋环境提起的公益诉讼，由污染发生地、损害结果地或者采取预防污染措施地海事法院管辖。

对同一侵权行为分别向两个以上人民法院提起公益诉讼的，由最先立案的人民法院管辖，必要时由它们的共同上级人民法院指定管辖。

第二百八十四条 人民法院受理公益诉讼案件后，应当在十日内书面告知相关行政主管部门。

第二百八十五条 人民法院受理公益诉讼案件后，依法可以提起诉讼的其他机关和有关组织，可以在开庭前向人民法院申请参加诉讼。人民法院准许参加诉讼的，列为共同原告。

第二百八十六条 人民法院受理公益诉讼案件，不影响同一侵权行为的受害人根据民事诉讼法第一百二十二条规定提起诉讼。

第二百八十七条 对公益诉讼案件，当事人可以和解，人民法院可以调解。

当事人达成和解或者调解协议后，人民法院应当将和解或者调解协议进行公告。公告期间不得少于三十日。

公告期满后，人民法院经审查，和解或者调解协议不违反社会公共利益的，应当出具调解书；和解或者调解协议违反社会公共利益的，不予出具调解书，继续对案件进行审理并依法作出裁判。

第二百八十八条 公益诉讼案件的原告在法庭辩论终结后申请撤诉的，人民法院不予准许。

第二百八十九条 公益诉讼案件的裁判发生法律效力后，其他依法具有原告资格的机关和有关组织就同一侵权行为另行提起公益诉讼的，人民法院裁定不予受理，但法律、司法解释另有规定的除外。

中华人民共和国行政诉讼法（节录）

（1989年4月4日第七届全国人民代表大会第二次会议通过　根据2014年11月1日第十二届全国人民代表大会常务委员会第十一次会议《关于修改〈中华人民共和国行政诉讼法〉的决定》第一次修正　根据2017年6月27日第十二届全国人民代表大会常务委员会第二十八次会议《关于修改〈中华人民共和国民事诉讼法〉和〈中华人民共和国行政诉讼法〉的决定》第二次修正）

第二十五条 行政行为的相对人以及其他与行政行为有利害关系的公民、法人或者其他组织，有权提起诉讼。

有权提起诉讼的公民死亡，其近亲属可以提起诉讼。

有权提起诉讼的法人或者其他组织终止，承受其权利的法人或者其他组织可以提起诉讼。

人民检察院在履行职责中发现生态环境和资源保护、食品药品安全、国有财产保护、国有土地使用权出让等领域负有监督管理职责的行政机关违法行使职权或者不作为，致使国家利益或者社会公共利益受到侵害的，应当向行政机关提出检察建议，督促其依法履行职责。行政机关不依法履行职责的，人民检察院依法向人民法院提起诉讼。

第二节 环境保护类

一、综合

中华人民共和国环境保护法

(1989年12月26日第七届全国人民代表大会常务委员会第十一次会议通过 2014年4月24日第十二届全国人民代表大会常务委员会第八次会议修订 自2015年1月1日起施行)

第一章 总 则

第一条 为保护和改善环境,防治污染和其他公害,保障公众健康,推进生态文明建设,促进经济社会可持续发展,制定本法。

第二条 本法所称环境,是指影响人类生存和发展的各种天然的和经过人工改造的自然因素的总体,包括大气、水、海洋、土地、矿藏、森林、草原、湿地、野生生物、自然遗迹、人文遗迹、自然保护区、风景名胜区、城市和乡村等。

第三条 本法适用于中华人民共和国领域和中华人民共和国管辖的其他海域。

第四条 保护环境是国家的基本国策。

国家采取有利于节约和循环利用资源、保护和改善环境、促进人与自然和谐的经济、技术政策和措施,使经济社会发展与环境保护相协调。

第五条 环境保护坚持保护优先、预防为主、综合治理、公众参与、损害担责的原则。

第六条 一切单位和个人都有保护环境的义务。

地方各级人民政府应当对本行政区域的环境质量负责。

企业事业单位和其他生产经营者应当防止、减少环境污染和生态破坏,对所造成的损害依法承担责任。

公民应当增强环境保护意识,采取低碳、节俭的生活方式,自觉履行环境保护义务。

第七条 国家支持环境保护科学技术研究、开发和应用,鼓励环境保护产业发展,促进环境保护信息化建设,提高环境保护科学技术水平。

第八条 各级人民政府应当加大保护和改善环境、防治污染和其他公害的财政投入,提高财政资金的使用效益。

第九条 各级人民政府应当加强环境保护宣传和普及工作,鼓励基层群众性自治组织、社会组织、环境保护志愿者开展环境保护法律法规和环境保护知识的宣传,营造保护环境的良好风气。

教育行政部门、学校应当将环境保护知识纳入学校教育内容,培养学生的环境保护意识。

新闻媒体应当开展环境保护法律法规和环境保护知识的宣传,对环境违法行为进行舆论监督。

第十条 国务院环境保护主管部门，对全国环境保护工作实施统一监督管理；县级以上地方人民政府环境保护主管部门，对本行政区域环境保护工作实施统一监督管理。

县级以上人民政府有关部门和军队环境保护部门，依照有关法律的规定对资源保护和污染防治等环境保护工作实施监督管理。

第十一条 对保护和改善环境有显著成绩的单位和个人，由人民政府给予奖励。

第十二条 每年6月5日为环境日。

第二章 监督管理

第十三条 县级以上人民政府应当将环境保护工作纳入国民经济和社会发展规划。

国务院环境保护主管部门会同有关部门，根据国民经济和社会发展规划编制国家环境保护规划，报国务院批准并公布实施。

县级以上地方人民政府环境保护主管部门会同有关部门，根据国家环境保护规划的要求，编制本行政区域的环境保护规划，报同级人民政府批准并公布实施。

环境保护规划的内容应当包括生态保护和污染防治的目标、任务、保障措施等，并与主体功能区规划、土地利用总体规划和城乡规划等相衔接。

第十四条 国务院有关部门和省、自治区、直辖市人民政府组织制定经济、技术政策，应当充分考虑对环境的影响，听取有关方面和专家的意见。

第十五条 国务院环境保护主管部门制定国家环境质量标准。

省、自治区、直辖市人民政府对国家环境质量标准中未作规定的项目，可以制定地方环境质量标准；对国家环境质量标准中已作规定的项目，可以制定严于国家环境质量标准的地方环境质量标准。地方环境质量标准应当报国务院环境保护主管部门备案。

国家鼓励开展环境基准研究。

第十六条 国务院环境保护主管部门根据国家环境质量标准和国家经济、技术条件，制定国家污染物排放标准。

省、自治区、直辖市人民政府对国家污染物排放标准中未作规定的项目，可以制定地方污染物排放标准；对国家污染物排放标准中已作规定的项目，可以制定严于国家污染物排放标准的地方污染物排放标准。地方污染物排放标准应当报国务院环境保护主管部门备案。

第十七条 国家建立、健全环境监测制度。国务院环境保护主管部门制定监测规范，会同有关部门组织监测网络，统一规划国家环境质量监测站（点）的设置，建立监测数据共享机制，加强对环境监测的管理。

有关行业、专业等各类环境质量监测站（点）的设置应当符合法律法规规定和监测规范的要求。

监测机构应当使用符合国家标准的监测设备，遵守监测规范。监测机构及其负责人对监测数据的真实性和准确性负责。

第十八条 省级以上人民政府应当组织有关部门或者委托专业机构，对环境状况进行调查、评价，建立环境资源承载能力监测预警机制。

第十九条 编制有关开发利用规划，建设对环境有影响的项目，应当依法进行环境影响评价。

未依法进行环境影响评价的开发利用规划，不得组织实施；未依法进行环境影响评价的建设项目，不得开工建设。

第二十条 国家建立跨行政区域的重点区域、流域环境污染和生态破坏联合防治协调机制，实行统一规划、统一标准、统一监测、统一的防治措施。

前款规定以外的跨行政区域的环境污染和生态破坏的防治，由上级人民政府协调解决，或者由有关地方人民政府协商解决。

第二十一条 国家采取财政、税收、价格、政府采购等方面的政策和措施，鼓励和支持环境保护技术装备、资源综合利用和环境服务等环境保护产业的发展。

第二十二条 企业事业单位和其他生产经营者，在污染物排放符合法定要求的基础上，进一步减少污染物排放的，人民政府应当依法采取财政、税收、价格、政府采购等方面的政策和措施予以鼓励和支持。

第二十三条 企业事业单位和其他生产经营者，为改善环境，依照有关规定转产、搬迁、关闭的，人民政府应当予以支持。

第二十四条 县级以上人民政府环境保护主管部门及其委托的环境监察机构和其他负有环境保护监督管理职责的部门，有权对排放污染物的企业事业单位和其他生产经营者进行现场检查。被检查者应当如实反映情况，提供必要的资料。实施现场检查的部门、机构及其工作人员应当为被检查者保守商业秘密。

第二十五条 企业事业单位和其他生产经营者违反法律法规规定排放污染物，造成或者可能造成严重污染的，县级以上人民政府环境保护主管部门和其他负有环境保护监督管理职责的部门，可以查封、扣押造成污染物排放的设施、设备。

第二十六条 国家实行环境保护目标责任制和考核评价制度。县级以上人民政府应当将环境保护目标完成情况纳入对本级人民政府负有环境保护监督管理职责的部门及其负责人和下级人民政府及其负责人的考核内容，作为对其考核评价的重要依据。考核结果应当向社会公开。

第二十七条 县级以上人民政府应当每年向本级人民代表大会或者人民代表大会常务委员会报告环境状况和环境保护目标完成情况，对发生的重大环境事件应当及时向本级人民代表大会常务委员会报告，依法接受监督。

第三章 保护和改善环境

第二十八条 地方各级人民政府应当根据环境保护目标和治理任务，采取有效措施，改善环境质量。

未达到国家环境质量标准的重点区域、流域的有关地方人民政府，应当制定限期达标规划，并采取措施按期达标。

第二十九条 国家在重点生态功能区、生态环境敏感区和脆弱区等区域划定生态保护红线，实行严格保护。

各级人民政府对具有代表性的各种类型的自然生态系统区域，珍稀、濒危的野生动植物自然分布区域，重要的水源涵养区域，具有重大科学文化价值的地质构造、著名溶洞和化石分布区、冰川、火山、温泉等自然遗迹，以及人文遗迹、古树名木，应当采取措施予以保护，严禁破坏。

第三十条 开发利用自然资源，应当合理开发，保护生物多样性，保障生态安全，依法制定有关生态保护和恢复治理方案并予以实施。

引进外来物种以及研究、开发和利用生物技术，应当采取措施，防止对生物多样性的破坏。

第三十一条 国家建立、健全生态保护补偿制度。

国家加大对生态保护地区的财政转移支付力度。有关地方人民政府应当落实生态保护补偿资金，确保其用于生态保护补偿。

国家指导受益地区和生态保护地区人民政府通过协商或者按照市场规则进行生态保护补偿。

第三十二条 国家加强对大气、水、土壤等的保护，建立和完善相应的调查、监测、评估和修复制度。

第三十三条 各级人民政府应当加强对农业环境的保护，促进农业环境保护新技术的使用，加强对农业污染源的监测预警，统筹有关部门采取措施，防治土壤污染和土地沙化、盐渍化、贫瘠化、石漠化、地面沉降以及防治植被破坏、水土流失、水体富营养化、水源枯竭、种源灭绝等生态失调现象，推广植物病虫害的综合防治。

县级、乡级人民政府应当提高农村环境保护公共服务水平，推动农村环境综合整治。

第三十四条 国务院和沿海地方各级人民政府应当加强对海洋环境的保护。向海洋排放污染物、倾倒废弃物，进行海岸工程和海洋工程建设，应当符合法律法规规定和有关标准，防止和减少对海洋环境的污染损害。

第三十五条 城乡建设应当结合当地自然环境的特点，保护植被、水域和自然景观，加强城市园林、绿地和风景名胜区的建设与管理。

第三十六条 国家鼓励和引导公民、法人和其他组织使用有利于保护环境的产品和再生产品，减少废弃物的产生。

国家机关和使用财政资金的其他组织应当优先采购和使用节能、节水、节材等有利于保护环境的产品、设备和设施。

第三十七条 地方各级人民政府应当采取措施，组织对生活废弃物的分类处置、回收利用。

第三十八条 公民应当遵守环境保护法律法规，配合实施环境保护措施，按照规定对生活废弃物进行分类放置，减少日常生活对环境造成的损害。

第三十九条 国家建立、健全环境与健康监测、调查和风险评估制度；鼓励和组织开展环境质量对公众健康影响的研究，采取措施预防和控制与环境污染有关的疾病。

第四章 防治污染和其他公害

第四十条 国家促进清洁生产和资源循环利用。

国务院有关部门和地方各级人民政府应当采取措施，推广清洁能源的生产和使用。

企业应当优先使用清洁能源，采用资源利用率高、污染物排放量少的工艺、设备以及废弃物综合利用技术和污染物无害化处理技术，减少污染物的产生。

第四十一条 建设项目中防治污染的设施，应当与主体工程同时设计、同时施工、同时投产使用。防治污染的设施应当符合经批准的环境影响评价文件的要求，不得擅自拆除或者闲置。

第四十二条 排放污染物的企业事业单位和其他生产经营者，应当采取措施，防治在生产建设或者其他活动中产生的废气、废水、废渣、医疗废物、粉尘、恶臭气体、放射性物质以及噪声、振动、光辐射、电磁辐射等对环境的污染和危害。

排放污染物的企业事业单位，应当建立环境保护责任制度，明确单位负责人和相关人员的责任。

重点排污单位应当按照国家有关规定和监测规范安装使用监测设备，保证监测设备正常运行，保存原始监测记录。

严禁通过暗管、渗井、渗坑、灌注或者篡改、伪造监测数据，或者不正常运行防治污染设施等逃避监管的方式违法排放污染物。

第四十三条 排放污染物的企业事业单位和其他生产经营者，应当按照国家有关规定缴纳排污费。排污费应当全部专项用于环境污染防治，任何单位和个人不得截留、挤占或者挪作他用。

依照法律规定征收环境保护税的，不再征收排污费。

第四十四条 国家实行重点污染物排放总量控制制度。重点污染物排放总量控制指标由国务院下达，省、自治区、直辖市人民政府分解落实。企业事业单位在执行国家和地方污染物排放标准的同时，应当遵守分解落实到本单位的重点污染物排放总量控制指标。

对超过国家重点污染物排放总量控制指标或者未完成国家确定的环境质量目标的地区，省级以上人民政府环境保护主管部门应当暂停审批其新增重点污染物排放总量的建设项目环境影响评价文件。

第四十五条 国家依照法律规定实行排污许可管理制度。

实行排污许可管理的企业事业单位和其他生产经营者应当按照排污许可证的要求排放污染物；未取得排污许可证的，不得排放污染物。

第四十六条 国家对严重污染环境的工艺、设备和产品实行淘汰制度。任何单位和个人不得生产、销售或者转移、使用严重污染环境的工艺、设备和产品。

禁止引进不符合我国环境保护规定的技术、设备、材料和产品。

第四十七条 各级人民政府及其有关部门和企业事业单位，应当依照《中华人民共和国突发事件应对法》的规定，做好突发环境事件的风险控制、应急准备、应急处置和事后恢复等工作。

县级以上人民政府应当建立环境污染公共监测预警机制，组织制定预警方案；环境受到污染，可能影响公众健康和环境安全时，依法及时公布预警信息，启动应急措施。

企业事业单位应当按照国家有关规定制定突发环境事件应急预案，报环境保护主管部门和有关部门备案。在发生或者可能发生突发环境事件时，企业事业单位应当立即采取措施处理，及时通报可能受到危害的单位和居民，并向环境保护主管部门和有关部门报告。

突发环境事件应急处置工作结束后，有关人民政府应当立即组织评估事件造成的环境影响和损失，并及时将评估结果向社会公布。

第四十八条 生产、储存、运输、销售、使用、处置化学物品和含有放射性物质的物品，应当遵守国家有关规定，防止污染环境。

第四十九条 各级人民政府及其农业等有关部门和机构应当指导农业生产经营者科学种植和养殖，科学合理施用农药、化肥等农业投入品，科学处置农用薄膜、农作物秸秆等农业废弃物，防止农业面源污染。

禁止将不符合农用标准和环境保护标准的固体废物、废水施入农田。施用农药、化肥等农业投入品及进行灌溉，应当采取措施，防止重金属和其他有毒有害物质污染环境。

畜禽养殖场、养殖小区、定点屠宰企业等的选址、建设和管理应当符合有关法律法规规定。从事畜禽养殖和屠宰的单位和个人应当采取措施，对畜禽粪便、尸体和污水等废弃物进行科学处置，防止污染环境。

县级人民政府负责组织农村生活废弃物的处置工作。

第五十条 各级人民政府应当在财政预算中安排资金，支持农村饮用水水源地保护、生活污水和其他废弃物处理、畜禽养殖和屠宰污染防治、土壤污染防治和农村工矿污染治理等环境保护工作。

第五十一条 各级人民政府应当统筹城乡建设污水处理设施及配套管网，固体废物的收集、运输和处置等环境卫生设施，危险废物集中处置设施、场所以及其他环境保护公共设施，并保障其正常运行。

第五十二条 国家鼓励投保环境污染责任保险。

第五章　信息公开和公众参与

第五十三条 公民、法人和其他组织依法享有获取环境信息、参与和监督环境保护的权利。

各级人民政府环境保护主管部门和其他负有环境保护监督管理职责的部门，应当依法公开环境信息、完善公众参与程序,为公民、法人和其他组织参与和监督环境保护提供便利。

第五十四条 国务院环境保护主管部门统一发布国家环境质量、重点污染源监测信息及其他重大环境信息。省级以上人民政府环境保护主管部门定期发布环境状况公报。

县级以上人民政府环境保护主管部门和其他负有环境保护监督管理职责的部门,应当依法公开环境质量、环境监测、突发环境事件以及环境行政许可、行政处罚、排污费的征收和使用情况等信息。

县级以上地方人民政府环境保护主管部门和其他负有环境保护监督管理职责的部门,应当将企业事业单位和其他生产经营者的环境违法信息记入社会诚信档案,及时向社会公布违法者名单。

第五十五条 重点排污单位应当如实向社会公开其主要污染物的名称、排放方式、排放浓度和总量、超标排放情况,以及防治污染设施的建设和运行情况,接受社会监督。

第五十六条 对依法应当编制环境影响报告书的建设项目,建设单位应当在编制时向可能受影响的公众说明情况,充分征求意见。

负责审批建设项目环境影响评价文件的部门在收到建设项目环境影响报告书后,除涉及国家秘密和商业秘密的事项外,应当全文公开;发现建设项目未充分征求公众意见的,应当责成建设单位征求公众意见。

第五十七条 公民、法人和其他组织发现任何单位和个人有污染环境和破坏生态行为的,有权向环境保护主管部门或者其他负有环境保护监督管理职责的部门举报。

公民、法人和其他组织发现地方各级人民政府、县级以上人民政府环境保护主管部门和其他负有环境保护监督管理职责的部门不依法履行职责的,有权向其上级机关或者监察机关举报。

接受举报的机关应当对举报人的相关信息予以保密,保护举报人的合法权益。

第五十八条 对污染环境、破坏生态,损害社会公共利益的行为,符合下列条件的社会组织可以向人民法院提起诉讼:

(一)依法在设区的市级以上人民政府民政部门登记;

(二)专门从事环境保护公益活动连续五年以上且无违法记录。

符合前款规定的社会组织向人民法院提起诉讼,人民法院应当依法受理。

提起诉讼的社会组织不得通过诉讼牟取经济利益。

第六章 法律责任

第五十九条 企业事业单位和其他生产经营者违法排放污染物,受到罚款处罚,被责令改正,拒不改正的,依法作出处罚决定的行政机关可以自责令改正之日的次日起,按照原处罚数额按日连续处罚。

前款规定的罚款处罚,依照有关法律法规按照防治污染设施的运行成本、违法行为造成的直接损失或者违法所得等因素确定的规定执行。

地方性法规可以根据环境保护的实际需要,增加第一款规定的按日连续处罚的违法行为的种类。

第六十条 企业事业单位和其他生产经营者超过污染物排放标准或者超过重点污染物排放总量控制指标排放污染物的,县级以上人民政府环境保护主管部门可以责令其采取限制生产、停产整治等措施;情节严重的,报经有批准权的人民政府批准,责令停业、关闭。

第六十一条 建设单位未依法提交建设项目环境影响评价文件或者环境影响评价文件未经批准,擅自开工建设的,由负有环境保护监督管理职责的部门责令停止建设,处以罚款,并可以责令恢复原状。

第六十二条 违反本法规定,重点排污单位不公开或者不如实公开环境信息的,由县级以上地方人民政府环境保护主管部门责令公开，处以罚款，并予以公告。

第六十三条 企业事业单位和其他生产经营者有下列行为之一，尚不构成犯罪的，除依照有关法律法规规定予以处罚外，由县级以上人民政府环境保护主管部门或者其他有关部门将案件移送公安机关，对其直接负责的主管人员和其他直接责任人员，处十日以上十五日以下拘留；情节较轻的，处五日以上十日以下拘留：

（一）建设项目未依法进行环境影响评价，被责令停止建设，拒不执行的；

（二）违反法律规定，未取得排污许可证排放污染物，被责令停止排污，拒不执行的；

（三）通过暗管、渗井、渗坑、灌注或者篡改、伪造监测数据，或者不正常运行防治污染设施等逃避监管的方式违法排放污染物的；

（四）生产、使用国家明令禁止生产、使用的农药，被责令改正，拒不改正的。

第六十四条 因污染环境和破坏生态造成损害的，应当依照《中华人民共和国侵权责任法》的有关规定承担侵权责任。

第六十五条 环境影响评价机构、环境监测机构以及从事环境监测设备和防治污染设施维护、运营的机构，在有关环境服务活动中弄虚作假，对造成的环境污染和生态破坏负有责任的，除依照有关法律法规规定予以处罚外，还应当与造成环境污染和生态破坏的其他责任者承担连带责任。

第六十六条 提起环境损害赔偿诉讼的时效期间为三年，从当事人知道或者应当知道其受到损害时起计算。

第六十七条 上级人民政府及其环境保护主管部门应当加强对下级人民政府及其有关部门环境保护工作的监督。发现有关工作人员有违法行为，依法应当给予处分的，应当向其任免机关或者监察机关提出处分建议。

依法应当给予行政处罚，而有关环境保护主管部门不给予行政处罚的，上级人民政府环境保护主管部门可以直接作出行政处罚的决定。

第六十八条 地方各级人民政府、县级以上人民政府环境保护主管部门和其他负有环境保护监督管理职责的部门有下列行为之一的，对直接负责的主管人员和其他直接责任人员给予记过、记大过或者降级处分；造成严重后果的，给予撤职或者开除处分，其主要负责人应当引咎辞职：

（一）不符合行政许可条件准予行政许可的；

（二）对环境违法行为进行包庇的；

（三）依法应当作出责令停业、关闭的决定而未作出的；

（四）对超标排放污染物、采用逃避监管的方式排放污染物、造成环境事故以及不落实生态保护措施造成生态破坏等行为，发现或者接到举报未及时查处的；

（五）违反本法规定，查封、扣押企业事业单位和其他生产经营者的设施、设备的；

（六）篡改、伪造或者指使篡改、伪造监测数据的；

（七）应当依法公开环境信息而未公开的；

（八）将征收的排污费截留、挤占或者挪作他用的；

（九）法律法规规定的其他违法行为。

第六十九条 违反本法规定，构成犯罪的，依法追究刑事责任。

第七章 附 则

第七十条 本法自 2015 年 1 月 1 日起施行。

中华人民共和国环境保护税法

(2016年12月25日第十二届全国人民代表大会常务委员会第二十五次会议通过 根据2018年10月26日第十三届全国人民代表大会常务委员会第六次会议《关于修改〈中华人民共和国野生动物保护法〉等十五部法律的决定》修正)

第一章 总 则

第一条 为了保护和改善环境，减少污染物排放，推进生态文明建设，制定本法。

第二条 在中华人民共和国领域和中华人民共和国管辖的其他海域，直接向环境排放应税污染物的企业事业单位和其他生产经营者为环境保护税的纳税人，应当依照本法规定缴纳环境保护税。

第三条 本法所称应税污染物，是指本法所附《环境保护税税目税额表》、《应税污染物和当量值表》规定的大气污染物、水污染物、固体废物和噪声。

第四条 有下列情形之一的，不属于直接向环境排放污染物，不缴纳相应污染物的环境保护税：

（一）企业事业单位和其他生产经营者向依法设立的污水集中处理、生活垃圾集中处理场所排放应税污染物的；

（二）企业事业单位和其他生产经营者在符合国家和地方环境保护标准的设施、场所贮存或者处置固体废物的。

第五条 依法设立的城乡污水集中处理、生活垃圾集中处理场所超过国家和地方规定的排放标准向环境排放应税污染物的，应当缴纳环境保护税。

企业事业单位和其他生产经营者贮存或者处置固体废物不符合国家和地方环境保护标准的，应当缴纳环境保护税。

第六条 环境保护税的税目、税额，依照本法所附《环境保护税税目税额表》执行。

应税大气污染物和水污染物的具体适用税额的确定和调整，由省、自治区、直辖市人民政府统筹考虑本地区环境承载能力、污染物排放现状和经济社会生态发展目标要求，在本法所附《环境保护税税目税额表》规定的税额幅度内提出，报同级人民代表大会常务委员会决定，并报全国人民代表大会常务委员会和国务院备案。

第二章 计税依据和应纳税额

第七条 应税污染物的计税依据，按照下列方法确定：

（一）应税大气污染物按照污染物排放量折合的污染当量数确定；

（二）应税水污染物按照污染物排放量折合的污染当量数确定；

（三）应税固体废物按照固体废物的排放量确定；

（四）应税噪声按照超过国家规定标准的分贝数确定。

第八条 应税大气污染物、水污染物的污染当量数，以该污染物的排放量除以该污染物的污染当量值计算。每种应税大气污染物、水污染物的具体污染当量值，依照本法所附《应税污染物和当量值表》执行。

第九条 每一排放口或者没有排放口的应税大气污染物，按照污染当量数从大到小排序，对前三项污染物征收环境保护税。

每一排放口的应税水污染物，按照本法所附《应税污染物和当量值表》，区分第一类水污染物和其他类水污染物，按照污染当量数从大到小排序，对第一类水污染物按照前五项征收环境保护税，对其他类水污染物按照前三项征收环境保护税。

省、自治区、直辖市人民政府根据本地区污染物减排的特殊需要，可以增加同一排放口征收环境保护税的应税污染物项目数，报同级人民代表大会常务委员会决定，并报全国人民代表大会常务委员会和国务院备案。

第十条 应税大气污染物、水污染物、固体废物的排放量和噪声的分贝数，按照下列方法和顺序计算：

（一）纳税人安装使用符合国家规定和监测规范的污染物自动监测设备的，按照污染物自动监测数据计算；

（二）纳税人未安装使用污染物自动监测设备的，按照监测机构出具的符合国家有关规定和监测规范的监测数据计算；

（三）因排放污染物种类多等原因不具备监测条件的，按照国务院生态环境主管部门规定的排污系数、物料衡算方法计算；

（四）不能按照本条第一项至第三项规定的方法计算的，按照省、自治区、直辖市人民政府生态环境主管部门规定的抽样测算的方法核定计算。

第十一条 环境保护税应纳税额按照下列方法计算：

（一）应税大气污染物的应纳税额为污染当量数乘以具体适用税额；

（二）应税水污染物的应纳税额为污染当量数乘以具体适用税额；

（三）应税固体废物的应纳税额为固体废物排放量乘以具体适用税额；

（四）应税噪声的应纳税额为超过国家规定标准的分贝数对应的具体适用税额。

第三章 税收减免

第十二条 下列情形，暂予免征环境保护税：

（一）农业生产（不包括规模化养殖）排放应税污染物的；

（二）机动车、铁路机车、非道路移动机械、船舶和航空器等流动污染源排放应税污染物的；

（三）依法设立的城乡污水集中处理、生活垃圾集中处理场所排放相应应税污染物，不超过国家和地方规定的排放标准的；

（四）纳税人综合利用的固体废物，符合国家和地方环境保护标准的；

（五）国务院批准免税的其他情形。

前款第五项免税规定，由国务院报全国人民代表大会常务委员会备案。

第十三条 纳税人排放应税大气污染物或者水污染物的浓度值低于国家和地方规定的污染物排放标准百分之三十的，减按百分之七十五征收环境保护税。纳税人排放应税大气污染物或者水污染物的浓度值低于国家和地方规定的污染物排放标准百分之五十的，减按百分之五十征收环境保护税。

第四章 征收管理

第十四条 环境保护税由税务机关依照《中华人民共和国税收征收管理法》和本法的有关规定征收管理。

生态环境主管部门依照本法和有关环境保护法律法规的规定负责对污染物的监测管理。

县级以上地方人民政府应当建立税务机关、生态环境主管部门和其他相关单位分工协作工作机制，加强环境保护税征收管理，保障税款及时足额入库。

第十五条 生态环境主管部门和税务机关应当建立涉税信息共享平台和工作配合机制。

生态环境主管部门应当将排污单位的排污许可、污染物排放数据、环境违法和受行政处罚情况等环境保护相关信息，定期交送税务机关。

税务机关应当将纳税人的纳税申报、税款入库、减免税额、欠缴税款以及风险疑点等环境保护税涉税信息，定期交送生态环境主管部门。

第十六条 纳税义务发生时间为纳税人排放应税污染物的当日。

第十七条 纳税人应当向应税污染物排放地的税务机关申报缴纳环境保护税。

第十八条 环境保护税按月计算，按季申报缴纳。不能按固定期限计算缴纳的，可以按次申报缴纳。

纳税人申报缴纳时，应当向税务机关报送所排放应税污染物的种类、数量，大气污染物、水污染物的浓度值，以及税务机关根据实际需要要求纳税人报送的其他纳税资料。

第十九条 纳税人按季申报缴纳的，应当自季度终了之日起十五日内，向税务机关办理纳税申报并缴纳税款。纳税人按次申报缴纳的，应当自纳税义务发生之日起十五日内，向税务机关办理纳税申报并缴纳税款。

纳税人应当依法如实办理纳税申报，对申报的真实性和完整性承担责任。

第二十条 税务机关应当将纳税人的纳税申报数据资料与生态环境主管部门交送的相关数据资料进行比对。

税务机关发现纳税人的纳税申报数据资料异常或者纳税人未按照规定期限办理纳税申报的，可以提请生态环境主管部门进行复核，生态环境主管部门应当自收到税务机关的数据资料之日起十五日内向税务机关出具复核意见。税务机关应当按照生态环境主管部门复核的数据资料调整纳税人的应纳税额。

第二十一条 依照本法第十条第四项的规定核定计算污染物排放量的，由税务机关会同生态环境主管部门核定污染物排放种类、数量和应纳税额。

第二十二条 纳税人从事海洋工程向中华人民共和国管辖海域排放应税大气污染物、水污染物或者固体废物，申报缴纳环境保护税的具体办法，由国务院税务主管部门会同国务院生态环境主管部门规定。

第二十三条 纳税人和税务机关、生态环境主管部门及其工作人员违反本法规定的，依照《中华人民共和国税收征收管理法》《中华人民共和国环境保护法》和有关法律法规的规定追究法律责任。

第二十四条 各级人民政府应当鼓励纳税人加大环境保护建设投入，对纳税人用于污染物自动监测设备的投资予以资金和政策支持。

第五章 附 则

第二十五条 本法下列用语的含义：

（一）污染当量，是指根据污染物或者污染排放活动对环境的有害程度以及处理的技术经济性，衡量不同污染物对环境污染的综合性指标或者计量单位。同一介质相同污染当量的不同污染物，其污染程度基本相当。

（二）排污系数，是指在正常技术经济和管理条件下，生产单位产品所应排放的污染物量的统计平均值。

（三）物料衡算，是指根据物质质量守恒原理对生产过程中使用的原料、生产的产品和产生的废物等进行测算的一种方法。

第二十六条 直接向环境排放应税污染物的企业事业单位和其他生产经营者，除依照本法规定缴纳环境保护税外，应当对所造成的损害依法承担责任。

第二十七条 自本法施行之日起，依照本法规定征收环境保护税，不再征收排污费。

第二十八条 本法自 2018 年 1 月 1 日起施行。

生态环境部行政复议办法

（2024 年 4 月 11 日生态环境部令第 33 号公布　自 2024 年 6 月 1 日起施行）

第一章　总　　则

第一条　为防止和纠正违法的或者不当的行政行为，保护公民、法人和其他组织的合法权益，监督和保障生态环境部依法行使职权，发挥行政复议化解行政争议的主渠道作用，依据《中华人民共和国行政复议法》等法律、行政法规，制定本办法。

第二条　生态环境部受理行政复议申请、办理行政复议案件，适用本办法。

第三条　行政复议工作坚持中国共产党的领导。

生态环境部履行行政复议职责，应当遵循合法、公正、公开、高效、便民、为民的原则，坚持有错必纠，保障法律、法规的正确实施。

第四条　生态环境部办理行政复议案件，可以进行调解。

调解应当遵循合法、自愿的原则，不得损害国家利益、社会公共利益和他人合法权益，不得违反法律、法规的强制性规定。

第五条　生态环境部法制工作部门是生态环境部行政复议机构，具体办理行政复议案件。生态环境部行政复议机构同时组织办理生态环境部的行政应诉事项。

第六条　生态环境部行政复议机构中初次从事行政复议工作的人员，应当通过国家统一法律职业资格考试取得法律职业资格，并参加统一职前培训。

第七条　对在生态环境部行政复议工作中做出显著成绩的单位和个人，按照国家有关规定给予表彰和奖励。

第八条　生态环境部应当确保行政复议机构的人员配备与所承担的工作任务相适应，提高行政复议人员专业素质，根据工作需要保障办案场所、装备等设施。行政复议工作经费列入本级预算。

第二章　行政复议申请

第九条　生态环境部管辖下列行政复议案件：

（一）对生态环境部作出的行政行为不服的；

（二）对生态环境部依法设立的派出机构依照法律、行政法规、部门规章规定，以派出机构的名义作出的行政行为不服的；

（三）对生态环境部管理的法律、行政法规、部门规章授权的组织作出的行政行为不服的。

前款规定的生态环境部、生态环境部依法设立的派出机构和生态环境部管理的法律、行政法规、部门规章授权的组织，以下简称为生态环境部及其派出机构、管理的组织。

公民、法人或者其他组织对生态环境部和其他国务院部门以共同名义作出的同一行政行为不服的，可以向生态环境部或者其他共同作出行政行为的国务院部门提出行政复议申请，由生态环境部和其他作出行政行为的国务院部门共同作出行政复议决定。

第十条 公民、法人或者其他组织可以依照行政复议法第十一条规定的行政复议范围，向生态环境部申请行政复议。

下列事项不属于行政复议范围：

（一）国防、外交等国家行为；

（二）行政法规、规章或者行政机关制定、发布的具有普遍约束力的决定、命令等规范性文件；

（三）生态环境部及其派出机构、管理的组织对本机关工作人员的奖惩、任免等决定；

（四）生态环境部及其派出机构、管理的组织对民事纠纷作出的调解。

信访事项按照《信访工作条例》有关规定办理。

第十一条 公民、法人或者其他组织认为被复议的行政行为所依据的规范性文件不合法，在对行政行为申请行政复议时，可以依据行政复议法第十三条的规定，一并向生态环境部提出对该规范性文件的附带审查申请。

第十二条 依照行政复议法规定申请行政复议的公民、法人或者其他组织是申请人。

同一行政复议案件申请人人数众多的，可以由申请人推选代表人参加行政复议。

代表人参加行政复议的行为对其所代表的申请人发生效力，但是代表人变更行政复议请求、撤回行政复议申请、承认第三人请求的，应当经被代表的申请人同意。

第十三条 申请人以外的同被申请行政复议的行政行为或者行政复议案件处理结果有利害关系的公民、法人或者其他组织，可以作为第三人申请参加行政复议，或者由生态环境部行政复议机构通知其作为第三人参加行政复议。

第三人不参加行政复议，不影响行政复议案件的审理。

第十四条 申请人、第三人可以委托一至二名律师、基层法律服务工作者或者其他代理人代为参加行政复议。

申请人、第三人委托代理人的，应当向生态环境部行政复议机构提交授权委托书、委托人及被委托人的身份证明文件。授权委托书应当载明委托事项、权限和期限。申请人、第三人变更或者解除代理人权限的，应当书面告知生态环境部行政复议机构。

第十五条 公民、法人或者其他组织认为生态环境部及其派出机构、管理的组织的行政行为侵犯其合法权益的，可以自知道或者应当知道该行政行为之日起六十日内提出行政复议申请；但是法律规定的申请期限超过六十日的除外。

因不可抗力或者其他正当理由耽误法定申请期限的，申请期限自障碍消除之日起继续计算。

生态环境部及其派出机构、管理的组织作出行政行为时，未告知公民、法人或者其他组织申请行政复议的权利、行政复议机关和申请期限的，申请期限自公民、法人或者其他组织知道或者应当知道申请行政复议的权利、行政复议机关和申请期限之日起计算，但是自知道或者应当知道行政行为内容之日起最长不得超过一年。

因不动产提出的行政复议申请自行政行为作出之日起超过二十年，其他行政复议申请自行政行为作出之日起超过五年的，生态环境部不予受理。

第十六条 申请人申请行政复议，可以书面申请；书面申请有困难的，也可以口头申请。

书面申请的，可以通过邮寄或者生态环境部指定的互联网渠道等方式提交行政复议申请书，也可以当面提交行政复议申请书。生态环境部及其派出机构、管理的组织通过互联网渠道送达行政行为决定书的，应当同时提供提交行政复议申请书的互联网渠道。

口头申请的，生态环境部应当当场记录申请人的基本情况、行政复议请求、申请行政复议的主要事实、理由和时间。

申请人对两个以上行政行为不服的，应当分别申请行政复议。

第十七条 有下列情形之一的，申请人应当先向生态环境部申请行政复议，对行政复议决定不服的，可以再依法向人民法院提起行政诉讼：

（一）对生态环境部及其派出机构、管理的组织当场作出的行政处罚决定不服的；

（二）认为生态环境部及其派出机构、管理的组织存在行政复议法第十一条规定的未履行法定职责情形的；

（三）申请政府信息公开，生态环境部及其派出机构、管理的组织不予公开的；

（四）法律、行政法规规定应当先申请行政复议的其他情形。

对前款规定的情形，生态环境部及其派出机构、管理的组织在作出行政行为时应当告知公民、法人或者其他组织先向生态环境部申请行政复议。

第三章 行政复议受理

第十八条 生态环境部收到行政复议申请后，应当在五日内进行审查。对符合下列规定的，生态环境部应当予以受理：

（一）有明确的申请人和符合行政复议法规定的被申请人；

（二）申请人与被申请行政复议的行政行为有利害关系；

（三）有具体的行政复议请求和理由；

（四）在法定申请期限内提出；

（五）属于行政复议法规定的行政复议范围；

（六）属于生态环境部的管辖范围；

（七）行政复议机关未受理过该申请人就同一行政行为提出的行政复议申请，并且人民法院未受理过该申请人就同一行政行为提起的行政诉讼。

对不符合前款规定的行政复议申请，生态环境部应当在审查期限内决定不予受理并说明理由；不属于生态环境部管辖的，还应当在不予受理决定中告知申请人有管辖权的行政复议机关。

行政复议申请的审查期限届满，生态环境部未作出不予受理决定的，审查期限届满之日起视为受理。

第十九条 行政复议申请材料不齐全或者表述不清楚，无法判断行政复议申请是否符合本办法第十八条第一款规定的，生态环境部应当自收到申请之日起五日内书面通知申请人补正。补正通知应当一次性载明需要补正的事项。

申请人应当自收到补正通知之日起十日内提交补正材料。有正当理由不能按期补正的，生态环境部可以延长合理的补正期限。无正当理由逾期不补正的，视为申请人放弃行政复议申请，并记录在案。

生态环境部收到补正材料后，依照本办法第十八条的规定处理。

第二十条 生态环境部受理行政复议申请后，发现该行政复议申请不符合本办法第十八条第一款规定的，应当决定驳回申请并说明理由。

第四章 行政复议审理

第二十一条 生态环境部行政复议机构应当指定行政复议人员负责办理行政复议案件。

行政复议人员对办理行政复议案件过程中知悉的国家秘密、商业秘密和个人隐私，应当予以保密。

第二十二条 被申请人对其作出的行政行为的合法性、适当性负有举证责任。

有下列情形之一的，申请人应当提供证据：

（一）认为被申请人不履行法定职责的，提供曾经要求被申请人履行法定职责的证据，但是被申请人应当依职权主动履行法定职责或者申请人因正当理由不能提供的除外；

（二）提出行政赔偿请求的，提供受行政行为侵害而造成损害的证据，但是因被申请人原

因导致申请人无法举证的,由被申请人承担举证责任;

(三)法律、法规规定需要申请人提供证据的其他情形。

第二十三条 生态环境部有权向有关单位和个人调查取证,查阅、复制、调取有关文件和资料,向有关人员进行询问。

调查取证时,行政复议人员不得少于两人,并应当出示行政复议工作证件。

被调查取证的单位和个人应当积极配合行政复议人员的工作,不得拒绝或者阻挠。

第二十四条 行政复议期间涉及专门事项需要鉴定的,当事人可以自行委托鉴定机构进行鉴定,也可以申请生态环境部行政复议机构委托鉴定机构进行鉴定。

案件复杂、涉及专业问题以及其他需要现场勘验情形的,可以委托专业机构进行现场勘验。

鉴定、现场勘验所用时间不计入行政复议审理期限。鉴定、现场勘验的启动和终止,应当告知申请人。

第二十五条 行政复议期间有行政复议法第三十九条规定的中止情形的,行政复议中止。

行政复议中止的原因消除后,应当及时恢复行政复议案件的审理。

生态环境部中止、恢复行政复议案件的审理,应当书面告知当事人。

第二十六条 行政复议期间有行政复议法第四十一条规定的终止情形的,生态环境部决定终止行政复议。

第二十七条 行政复议期间行政行为不停止执行;但是有行政复议法第四十二条规定情形的,应当停止执行。

第二十八条 适用普通程序审理的行政复议案件,生态环境部行政复议机构应当自行政复议申请受理之日起七日内,将行政复议申请书副本或者行政复议申请笔录复印件发送被申请人。被申请人应当自收到行政复议申请书副本或者行政复议申请笔录复印件之日起十日内,提出书面答复,并提交作出行政行为的证据、依据和其他有关材料。

第二十九条 适用普通程序审理的行政复议案件,生态环境部行政复议机构应当当面或者通过互联网、电话等方式听取当事人的意见,并将听取的意见记录在案。因当事人原因不能听取意见的,可以书面审理。

第三十条 审理重大、疑难、复杂的行政复议案件,生态环境部行政复议机构应当组织听证。

生态环境部行政复议机构认为有必要听证,或者申请人请求听证的,生态环境部行政复议机构可以组织听证。

听证由一名行政复议人员任主持人,两名以上行政复议人员任听证员,一名记录员制作听证笔录。

第三十一条 生态环境部审理下列复议案件,认为事实清楚、权利义务关系明确、争议不大的,可以适用简易程序:

(一)被申请行政复议的行政行为是当场作出;

(二)被申请行政复议的行政行为是警告或者通报批评;

(三)案件涉及款额三千元以下;

(四)属于政府信息公开案件。

除前款规定以外的行政复议案件,当事人各方同意适用简易程序的,可以适用简易程序。

第三十二条 适用简易程序审理的行政复议案件,生态环境部行政复议机构应当自受理行政复议申请之日起三日内,将行政复议申请书副本或者行政复议申请笔录复印件发送被申请人。被申请人应当自收到行政复议申请书副本或者行政复议申请笔录复印件之日起五日内,提出书面答复,并提交作出行政行为的证据、依据和其他有关材料。

适用简易程序审理的行政复议案件,可以书面审理。

适用简易程序审理的行政复议案件，生态环境部行政复议机构认为不宜适用简易程序的，经生态环境部行政复议机构的负责人批准，可以转为普通程序审理。

第三十三条 申请人依照行政复议法第十三条的规定提出对有关规范性文件的附带审查申请的，或者生态环境部对被申请人作出的行政行为进行审查时，认为其依据不合法的，生态环境部依据行政复议法第五十六条、第五十七条、第五十八条、第五十九条、第六十条的规定进行处理。

第三十四条 行政复议期间，申请人、第三人及其委托代理人可以按照规定查阅、复制被申请人提出的书面答复、作出行政行为的证据、依据和其他有关材料，除涉及国家秘密、商业秘密、个人隐私或者可能危及国家安全、公共安全、社会稳定的情形外，生态环境部行政复议机构应当同意。

第五章 行政复议决定

第三十五条 当事人在行政复议决定作出前可以自愿达成和解，和解内容不得损害国家利益、社会公共利益和他人合法权益，不得违反法律、法规的强制性规定。

当事人达成和解后，由申请人向生态环境部行政复议机构撤回行政复议申请。生态环境部行政复议机构准予撤回行政复议申请、生态环境部决定终止行政复议的，申请人不得再以同一事实和理由提出行政复议申请。但是，申请人能够证明撤回行政复议申请违背其真实意愿的除外。

第三十六条 当事人经调解达成协议的，生态环境部应当制作行政复议调解书，经各方当事人签字或者签章，并加盖生态环境部印章，即具有法律效力。

调解未达成协议或者调解书生效前一方反悔的，生态环境部应当依法审查或者及时作出行政复议决定。

第三十七条 生态环境部依照行政复议法审理行政复议案件，由生态环境部行政复议机构对行政行为进行审查，提出意见，经生态环境部的负责人同意或者集体讨论通过后，以生态环境部的名义作出行政复议决定。

生态环境部作出行政复议决定，应当制作行政复议决定书，并加盖生态环境部印章。

行政复议决定书一经送达，即发生法律效力。

第三十八条 被申请人不按照本办法第二十八条、第三十二条的规定提出书面答复、提交作出行政行为的证据、依据和其他有关材料的，视为该行政行为没有证据、依据，生态环境部决定撤销、部分撤销该行政行为，确认该行政行为违法、无效或者决定被申请人在一定期限内履行，但是行政行为涉及第三人合法权益，第三人提供证据的除外。

第三十九条 适用普通程序审理的行政复议案件，生态环境部应当自受理申请之日起六十日内作出行政复议决定；但是法律规定的行政复议期限少于六十日的除外。情况复杂，不能在规定期限内作出行政复议决定的，经生态环境部行政复议机构的负责人批准，可以适当延长，并书面告知当事人；但是延长期限最多不得超过三十日。

适用简易程序审理的行政复议案件，生态环境部应当自受理申请之日起三十日内作出行政复议决定。

第四十条 生态环境部在办理行政复议案件过程中，发现被申请人或者其他下级行政机关的有关行政行为违法或者不当的，可以向其制发行政复议意见书。有关机关应当自收到行政复议意见书之日起六十日内，将纠正相关违法或者不当行政行为的情况报送生态环境部。

第四十一条 被申请人不履行或者无正当理由拖延履行行政复议决定书、调解书、意见书的，生态环境部应当责令其限期履行，并可以约谈被申请人的有关负责人或者予以通报批评。

第四十二条 申请人、第三人逾期不起诉又不履行行政复议决定书、调解书的，按照下列规定分别处理：

（一）维持行政行为的行政复议决定书，由作出行政行为的生态环境部及其派出机构、管理的组织依法强制执行，或者申请人民法院强制执行；

（二）变更行政行为的行政复议决定书，由生态环境部依法强制执行，或者申请人民法院强制执行；

（三）行政复议调解书，由生态环境部依法强制执行，或者申请人民法院强制执行。

第四十三条 生态环境部依照行政复议法等法律、行政法规和国务院有关规定，加强对下级生态环境主管部门依法行政、行政复议答复与行政应诉有关工作的指导。

第六章　附　则

第四十四条 办结的行政复议案件应当一案一档，由承办人员按时间顺序将案件材料进行整理，立卷归档。

第四十五条 生态环境部应当按照国务院行政复议机构有关行政复议案件和行政应诉案件统计的要求，向国务院行政复议机构报送行政复议和行政应诉情况。

第四十六条 本办法关于行政复议期间有关"三日""五日""七日""十日"的规定是指工作日，不含法定休假日。

期间开始之日，不计算在内。期间届满的最后一日是节假日的，以节假日后的第一日为期间届满的日期。期间不包括在途时间，行政复议文书在期满前交邮的，不算过期。

第四十七条 本办法自 2024 年 6 月 1 日起施行。2008 年 12 月 30 日原环境保护部发布的《环境行政复议办法》同时废止。

国务院办公厅
关于印发国家突发环境事件应急预案的通知

2014 年 12 月 29 日　　　　　　　　　　　　　　国办函〔2014〕119 号

各省、自治区、直辖市人民政府，国务院各部委，各直属机构：

经国务院同意，现将修订后的《国家突发环境事件应急预案》印发给你们，请认真组织实施。2005 年 5 月 24 日经国务院批准、由国务院办公厅印发的《国家突发环境事件应急预案》同时废止。

国家突发环境事件应急预案

1　总则
1.1　编制目的
1.2　编制依据
1.3　适用范围
1.4　工作原则
1.5　事件分级
2　组织指挥体系
2.1　国家层面组织指挥机构

2.2 地方层面组织指挥机构
2.3 现场指挥机构
3 监测预警和信息报告
3.1 监测和风险分析
3.2 预警
3.3 信息报告与通报
4 应急响应
4.1 响应分级
4.2 响应措施
4.3 国家层面应对工作
4.4 响应终止
5 后期工作
5.1 损害评估
5.2 事件调查
5.3 善后处置
6 应急保障
6.1 队伍保障
6.2 物资与资金保障
6.3 通信、交通与运输保障
6.4 技术保障
7 附则
7.1 预案管理
7.2 预案解释
7.3 预案实施时间

1 总则

1.1 编制目的

健全突发环境事件应对工作机制，科学有序高效应对突发环境事件，保障人民群众生命财产安全和环境安全，促进社会全面、协调、可持续发展。

1.2 编制依据

依据《中华人民共和国环境保护法》、《中华人民共和国突发事件应对法》、《中华人民共和国放射性污染防治法》、《国家突发公共事件总体应急预案》及相关法律法规等，制定本预案。

1.3 适用范围

本预案适用于我国境内突发环境事件应对工作。

突发环境事件是指由于污染物排放或自然灾害、生产安全事故等因素，导致污染物或放射性物质等有毒有害物质进入大气、水体、土壤等环境介质，突然造成或可能造成环境质量下降，危及公众身体健康和财产安全，或造成生态环境破坏，或造成重大社会影响，需要采取紧急措施予以应对的事件，主要包括大气污染、水体污染、土壤污染等突发性环境污染事件和辐射污染事件。

核设施及有关核活动发生的核事故所造成的辐射污染事件、海上溢油事件、船舶污染事件的应对工作按照其他相关应急预案规定执行。重污染天气应对工作按照国务院《大气污染防治行动计划》等有关规定执行。

1.4 工作原则

突发环境事件应对工作坚持统一领导、分级负责,属地为主、协调联动,快速反应、科学处置,资源共享、保障有力的原则。突发环境事件发生后,地方人民政府和有关部门立即自动按照职责分工和相关预案开展应急处置工作。

1.5 事件分级

按照事件严重程度,突发环境事件分为特别重大、重大、较大和一般四级。突发环境事件分级标准见附件1。

2 组织指挥体系

2.1 国家层面组织指挥机构

环境保护部负责重特大突发环境事件应对的指导协调和环境应急的日常监督管理工作。根据突发环境事件的发展态势及影响,环境保护部或省级人民政府可报请国务院批准,或根据国务院领导同志指示,成立国务院工作组,负责指导、协调、督促有关地区和部门开展突发环境事件应对工作。必要时,成立国家环境应急指挥部,由国务院领导同志担任总指挥,统一领导、组织和指挥应急处置工作;国务院办公厅履行信息汇总和综合协调职责,发挥运转枢纽作用。国家环境应急指挥部组成及工作组职责见附件2。

2.2 地方层面组织指挥机构

县级以上地方人民政府负责本行政区域内的突发环境事件应对工作,明确相应组织指挥机构。跨行政区域的突发环境事件应对工作,由各有关行政区域人民政府共同负责,或由有关行政区域共同的上一级地方人民政府负责。对需要国家层面协调处置的跨省级行政区域突发环境事件,由有关省级人民政府向国务院提出请求,或由有关省级环境保护主管部门向环境保护部提出请求。

地方有关部门按照职责分工,密切配合,共同做好突发环境事件应对工作。

2.3 现场指挥机构

负责突发环境事件应急处置的人民政府根据需要成立现场指挥部,负责现场组织指挥工作。参与现场处置的有关单位和人员要服从现场指挥部的统一指挥。

3 监测预警和信息报告

3.1 监测和风险分析

各级环境保护主管部门及其他有关部门要加强日常环境监测,并对可能导致突发环境事件的风险信息加强收集、分析和研判。安全监管、交通运输、公安、住房城乡建设、水利、农业、卫生计生、气象等有关部门按照职责分工,应当及时将可能导致突发环境事件的信息通报同级环境保护主管部门。

企业事业单位和其他生产经营者应当落实环境安全主体责任,定期排查环境安全隐患,开展环境风险评估,健全风险防控措施。当出现可能导致突发环境事件的情况时,要立即报告当地环境保护主管部门。

3.2 预警

3.2.1 预警分级

对可以预警的突发环境事件,按照事件发生的可能性大小、紧急程度和可能造成的危害程度,将预警分为四级,由低到高依次用蓝色、黄色、橙色和红色表示。

预警级别的具体划分标准,由环境保护部制定。

3.2.2 预警信息发布

地方环境保护主管部门研判可能发生突发环境事件时,应当及时向本级人民政府提出预警信息发布建议,同时通报同级相关部门和单位。地方人民政府或其授权的相关部门,及时通过电视、广播、报纸、互联网、手机短信、当面告知等渠道或方式向本行政区域公众发布预警信息，并通报可能影响到的相关地区。

上级环境保护主管部门要将监测到的可能导致突发环境事件的有关信息，及时通报可能受影响地区的下一级环境保护主管部门。

3.2.3 预警行动

预警信息发布后，当地人民政府及其有关部门视情采取以下措施：

（1）分析研判。组织有关部门和机构、专业技术人员及专家，及时对预警信息进行分析研判，预估可能的影响范围和危害程度。

（2）防范处置。迅速采取有效处置措施，控制事件苗头。在涉险区域设置注意事项提示或事件危害警告标志，利用各种渠道增加宣传频次，告知公众避险和减轻危害的常识、需采取的必要的健康防护措施。

（3）应急准备。提前疏散、转移可能受到危害的人员，并进行妥善安置。责令应急救援队伍、负有特定职责的人员进入待命状态，动员后备人员做好参加应急救援和处置工作的准备，并调集应急所需物资和设备，做好应急保障工作。对可能导致突发环境事件发生的相关企业事业单位和其他生产经营者加强环境监管。

（4）舆论引导。及时准确发布事态最新情况，公布咨询电话，组织专家解读。加强相关舆情监测，做好舆论引导工作。

3.2.4 预警级别调整和解除

发布突发环境事件预警信息的地方人民政府或有关部门，应当根据事态发展情况和采取措施的效果适时调整预警级别；当判断不可能发生突发环境事件或者危险已经消除时，宣布解除预警，适时终止相关措施。

3.3 信息报告与通报

突发环境事件发生后，涉事企业事业单位或其他生产经营者必须采取应对措施，并立即向当地环境保护主管部门和相关部门报告，同时通报可能受到污染危害的单位和居民。因生产安全事故导致突发环境事件的，安全监管等有关部门应当及时通报同级环境保护主管部门。环境保护主管部门通过互联网信息监测、环境污染举报热线等多种渠道，加强对突发环境事件的信息收集，及时掌握突发环境事件发生情况。

事发地环境保护主管部门接到突发环境事件信息报告或监测到相关信息后，应当立即进行核实，对突发环境事件的性质和类别作出初步认定，按照国家规定的时限、程序和要求向上级环境保护主管部门和同级人民政府报告，并通报同级其他相关部门。突发环境事件已经或者可能涉及相邻行政区域的，事发地人民政府或环境保护主管部门应当及时通报相邻行政区域同级人民政府或环境保护主管部门。地方各级人民政府及其环境保护主管部门应当按照有关规定逐级上报，必要时可越级上报。

接到已经发生或者可能发生跨省级行政区域突发环境事件信息时，环境保护部要及时通报相关省级环境保护主管部门。

对以下突发环境事件信息，省级人民政府和环境保护部应当立即向国务院报告：

（1）初判为特别重大或重大突发环境事件；

（2）可能或已引发大规模群体性事件的突发环境事件；

（3）可能造成国际影响的境内突发环境事件；

（4）境外因素导致或可能导致我境内突发环境事件；

（5）省级人民政府和环境保护部认为有必要报告的其他突发环境事件。

4 应急响应

4.1 响应分级

根据突发环境事件的严重程度和发展态势,将应急响应设定为Ⅰ级、Ⅱ级、Ⅲ级和Ⅳ级四个等级。初判发生特别重大、重大突发环境事件,分别启动Ⅰ级、Ⅱ级应急响应,由事发地省级人民政府负责应对工作;初判发生较大突发环境事件,启动Ⅲ级应急响应,由事发地设区的市级人民政府负责应对工作;初判发生一般突发环境事件,启动Ⅳ级应急响应,由事发地县级人民政府负责应对工作。

突发环境事件发生在易造成重大影响的地区或重要时段时,可适当提高响应级别。应急响应启动后,可视事件损失情况及其发展趋势调整响应级别,避免响应不足或响应过度。

4.2 响应措施

突发环境事件发生后,各有关地方、部门和单位根据工作需要,组织采取以下措施。

4.2.1 现场污染处置

涉事企业事业单位或其他生产经营者要立即采取关闭、停产、封堵、围挡、喷淋、转移等措施,切断和控制污染源,防止污染蔓延扩散。做好有毒有害物质和消防废水、废液等的收集、清理和安全处置工作。当涉事企业事业单位或其他生产经营者不明时,由当地环境保护主管部门组织对污染来源开展调查,查明涉事单位,确定污染物种类和污染范围,切断污染源。

事发地人民政府应组织制订综合治污方案,采用监测和模拟等手段追踪污染气体扩散途径和范围;采取拦截、导流、疏浚等形式防止水体污染扩大;采取隔离、吸附、打捞、氧化还原、中和、沉淀、消毒、去污洗消、临时收贮、微生物消解、调水稀释、转移异地处置、临时改造污染处置工艺或临时建设污染处置工程等方法处置污染物。必要时,要求其他排污单位停产、限产、限排,减轻环境污染负荷。

4.2.2 转移安置人员

根据突发环境事件影响及事发当地的气象、地理环境、人员密集度等,建立现场警戒区、交通管制区域和重点防护区域,确定受威胁人员疏散的方式和途径,有组织、有秩序地及时疏散转移受威胁人员和可能受影响地区居民,确保生命安全。妥善做好转移人员安置工作,确保有饭吃、有水喝、有衣穿、有住处和必要医疗条件。

4.2.3 医学救援

迅速组织当地医疗资源和力量,对伤病员进行诊断治疗,根据需要及时、安全地将重症伤病员转运到有条件的医疗机构加强救治。指导和协助开展受污染人员的去污洗消工作,提出保护公众健康的措施建议。视情增派医疗卫生专家和卫生应急队伍、调配急需医药物资,支持事发地医学救援工作。做好受影响人员的心理援助。

4.2.4 应急监测

加强大气、水体、土壤等应急监测工作,根据突发环境事件的污染物种类、性质以及当地自然、社会环境状况等,明确相应的应急监测方案及监测方法,确定监测的布点和频次,调配应急监测设备、车辆,及时准确监测,为突发环境事件应急决策提供依据。

4.2.5 市场监管和调控

密切关注受事件影响地区市场供应情况及公众反应,加强对重要生活必需品等商品的市场监管和调控。禁止或限制受污染食品和饮用水的生产、加工、流通和食用,防范因突发环境事件造成的集体中毒等。

4.2.6 信息发布和舆论引导

通过政府授权发布、发新闻稿、接受记者采访、举行新闻发布会、组织专家解读等方式,借助电视、广播、报纸、互联网等多种途径,主动、及时、准确、客观向社会发布突发环事件和应对工作信息，回应社会关切，澄清不实信息，正确引导社会舆论。信息发布内容包括事件原因、污染程度、影响范围、应对措施、需要公众配合采取的措施、公众防范常识和事件调查处理进展情况等。

4.2.7 维护社会稳定

加强受影响地区社会治安管理，严厉打击借机传播谣言制造社会恐慌、哄抢救灾物资等违法犯罪行为；加强转移人员安置点、救灾物资存放点等重点地区治安管控；做好受影响人员与涉事单位、地方人民政府及有关部门矛盾纠纷化解和法律服务工作，防止出现群体性事件，维护社会稳定。

4.2.8 国际通报和援助

如需向国际社会通报或请求国际援助时，环境保护部商外交部、商务部提出需要通报或请求援助的国家（地区）和国际组织、事项内容、时机等，按照有关规定由指定机构向国际社会发出通报或呼吁信息。

4.3 国家层面应对工作

4.3.1 部门工作组应对

初判发生重大以上突发环境事件或事件情况特殊时，环境保护部立即派出工作组赴现场指导督促当地开展应急处置、应急监测、原因调查等工作，并根据需要协调有关方面提供队伍、物资、技术等支持。

4.3.2 国务院工作组应对

当需要国务院协调处置时，成立国务院工作组。主要开展以下工作：

(1) 了解事件情况、影响、应急处置进展及当地需求等；

(2) 指导地方制订应急处置方案；

(3) 根据地方请求，组织协调相关应急队伍、物资、装备等，为应急处置提供支援和技术支持；

(4) 对跨省级行政区域突发环境事件应对工作进行协调；

(5) 指导开展事件原因调查及损害评估工作。

4.3.3 国家环境应急指挥部应对

根据事件应对工作需要和国务院决策部署，成立国家环境应急指挥部。主要开展以下工作：

(1) 组织指挥部成员单位、专家组进行会商，研究分析事态，部署应急处置工作；

(2) 根据需要赴事发现场或派出前方工作组赴事发现场协调开展应对工作；

(3) 研究决定地方人民政府和有关部门提出的请求事项；

(4) 统一组织信息发布和舆论引导；

(5) 视情向国际通报，必要时与相关国家和地区、国际组织领导人通电话；

(6) 组织开展事件调查。

4.4 响应终止

当事件条件已经排除、污染物质已降至规定限值以内、所造成的危害基本消除时，由启动响应的人民政府终止应急响应。

5 后期工作

5.1 损害评估

突发环境事件应急响应终止后，要及时组织开展污染损害评估，并将评估结果向社会公布。评估结论作为事件调查处理、损害赔偿、环境修复和生态恢复重建的依据。

突发环境事件损害评估办法由环境保护部制定。

5.2 事件调查

突发环境事件发生后,根据有关规定,由环境保护主管部门牵头,可会同监察机关及相关部门,组织开展事件调查,查明事件原因和性质,提出整改防范措施和处理建议。

5.3 善后处置

事发地人民政府要及时组织制订补助、补偿、抚慰、抚恤、安置和环境恢复等善后工作方案并组织实施。保险机构要及时开展相关理赔工作。

6 应急保障

6.1 队伍保障

国家环境应急监测队伍、公安消防部队、大型国有骨干企业应急救援队伍及其他相关方面应急救援队伍等力量,要积极参加突发环境事件应急监测、应急处置与救援、调查处理等工作任务。发挥国家环境应急专家组作用,为重特大突发环境事件应急处置方案制订、污染损害评估和调查处理工作提供决策建议。县级以上地方人民政府要强化环境应急救援队伍能力建设,加强环境应急专家队伍管理,提高突发环境事件快速响应及应急处置能力。

6.2 物资与资金保障

国务院有关部门按照职责分工,组织做好环境应急救援物资紧急生产、储备调拨和紧急配送工作,保障支援突发环境事件应急处置和环境恢复治理工作的需要。县级以上地方人民政府及其有关部门要加强应急物资储备,鼓励支持社会化应急物资储备,保障应急物资、生活必需品的生产和供给。环境保护主管部门要加强对当地环境应急物资储备信息的动态管理。

突发环境事件应急处置所需经费首先由事件责任单位承担。县级以上地方人民政府对突发环境事件应急处置工作提供资金保障。

6.3 通信、交通与运输保障

地方各级人民政府及其通信主管部门要建立健全突发环境事件应急通信保障体系,确保应急期间通信联络和信息传递需要。交通运输部门要健全公路、铁路、航空、水运紧急运输保障体系,保障应急响应所需人员、物资、装备、器材等的运输。公安部门要加强应急交通管理,保障运送伤病员、应急救援人员、物资、装备、器材车辆的优先通行。

6.4 技术保障

支持突发环境事件应急处置和监测先进技术、装备的研发。依托环境应急指挥技术平台,实现信息综合集成、分析处理、污染损害评估的智能化和数字化。

7 附则

7.1 预案管理

预案实施后,环境保护部要会同有关部门组织预案宣传、培训和演练,并根据实际情况,适时组织评估和修订。地方各级人民政府要结合当地实际制定或修订突发环境事件应急预案。

7.2 预案解释

本预案由环境保护部负责解释。

7.3 预案实施时间

本预案自印发之日起实施。

附件:1. 突发环境事件分级标准
　　　2. 国家环境应急指挥部组成及工作组职责

附件 1

突发环境事件分级标准

一、特别重大突发环境事件

凡符合下列情形之一的，为特别重大突发环境事件：

1. 因环境污染直接导致 30 人以上死亡或 100 人以上中毒或重伤的；
2. 因环境污染疏散、转移人员 5 万人以上的；
3. 因环境污染造成直接经济损失 1 亿元以上的；
4. 因环境污染造成区域生态功能丧失或该区域国家重点保护物种灭绝的；
5. 因环境污染造成设区的市级以上城市集中式饮用水水源地取水中断的；
6. Ⅰ、Ⅱ类放射源丢失、被盗、失控并造成大范围严重辐射污染后果的；放射性同位素和射线装置失控导致 3 人以上急性死亡的；放射性物质泄漏，造成大范围辐射污染后果的；
7. 造成重大跨国境影响的境内突发环境事件。

二、重大突发环境事件

凡符合下列情形之一的，为重大突发环境事件：

1. 因环境污染直接导致 10 人以上 30 人以下死亡或 50 人以上 100 人以下中毒或重伤的；
2. 因环境污染疏散、转移人员 1 万人以上 5 万人以下的；
3. 因环境污染造成直接经济损失 2000 万元以上 1 亿元以下的；
4. 因环境污染造成区域生态功能部分丧失或该区域国家重点保护野生动植物种群大批死亡的；
5. 因环境污染造成县级城市集中式饮用水水源地取水中断的；
6. Ⅰ、Ⅱ类放射源丢失、被盗的；放射性同位素和射线装置失控导致 3 人以下急性死亡或者 10 人以上急性重度放射病、局部器官残疾；放射性物质泄漏，造成较大范围辐射污染后果的；
7. 造成跨省级行政区域影响的突发环境事件。

三、较大突发环境事件

凡符合下列情形之一的，为较大突发环境事件：

1. 因环境污染直接导致 3 人以上 10 人以下死亡或 10 人以上 50 人以下中毒或重伤的；
2. 因环境污染疏散、转移人员 5000 人以上 1 万人以下的；
3. 因环境污染造成直接经济损失 500 万元以上 2000 万元以下的；
4. 因环境污染造成国家重点保护的动植物物种受到破坏的；
5. 因环境污染造成乡镇集中式饮用水水源地取水中断的；
6. Ⅲ类放射源丢失、被盗的；放射性同位素和射线装置失控导致 10 人以下急性重度放射病、局部器官残疾的；放射性物质泄漏，造成小范围辐射污染后果的；
7. 造成跨设区的市级行政区域影响的突发环境事件。

四、一般突发环境事件

凡符合下列情形之一的，为一般突发环境事件：

1. 因环境污染直接导致 3 人以下死亡或 10 人以下中毒或重伤的；
2. 因环境污染疏散、转移人员 5000 人以下的；
3. 因环境污染造成直接经济损失 500 万元以下的；
4. 因环境污染造成跨县级行政区域纠纷，引起一般性群体影响的；
5. Ⅳ、Ⅴ类放射源丢失、被盗的；放射性同位素和射线装置失控导致人员受到超过年剂量限值的照射的；放射性物质泄漏，造成厂区内或设施内局部辐射污染后果的；铀矿冶、伴生矿超标排放，造成环境辐射污染后果的；

6. 对环境造成一定影响，尚未达到较大突发环境事件级别的。

上述分级标准有关数量的表述中，"以上"含本数，"以下"不含本数。

附件2

国家环境应急指挥部组成及工作组职责

国家环境应急指挥部主要由环境保护部、中央宣传部（国务院新闻办）、中央网信办、外交部、发展改革委、工业和信息化部、公安部、民政部、财政部、住房城乡建设部、交通运输部、水利部、农业部、商务部、卫生计生委、新闻出版广电总局、安全监管总局、食品药品监管总局、林业局、气象局、海洋局、测绘地信局、铁路局、民航局、总参作战部、总后基建营房部、武警总部、中国铁路总公司等部门和单位组成，根据应对工作需要，增加有关地方人民政府和其他有关部门。

国家环境应急指挥部设立相应工作组，各工作组组成及职责分工如下：

一、污染处置组。由环境保护部牵头，公安部、交通运输部、水利部、农业部、安全监管总局、林业局、海洋局、总参作战部、武警总部等参加。

主要职责：收集汇总相关数据，组织进行技术研判，开展事态分析；迅速组织切断污染源，分析污染途径，明确防止污染物扩散的程序；组织采取有效措施，消除或减轻已经造成的污染；明确不同情况下的现场处置人员须采取的个人防护措施；组织建立现场警戒区和交通管制区域，确定重点防护区域，确定受威胁人员疏散的方式和途径，疏散转移受威胁人员至安全紧急避险场所；协调军队、武警有关力量参与应急处置。

二、应急监测组。由环境保护部牵头，住房城乡建设部、水利部、农业部、气象局、海洋局、总参作战部、总后基建营房部等参加。

主要职责：根据突发环境事件的污染物种类、性质以及当地气象、自然、社会环境状况等，明确相应的应急监测方案及监测方法；确定污染物扩散范围，明确监测的布点和频次，做好大气、水体、土壤等应急监测，为突发环境事件应急决策提供依据；协调军队力量参与应急监测。

三、医学救援组。由卫生计生委牵头，环境保护部、食品药品监管总局等参加。

主要职责：组织开展伤病员医疗救治、应急心理援助；指导和协助开展受污染人员的去污洗消工作；提出保护公众健康的措施建议；禁止或限制受污染食品和饮用水的生产、加工、流通和食用，防范因突发环境事件造成集体中毒等。

四、应急保障组。由发展改革委牵头，工业和信息化部、公安部、民政部、财政部、环境保护部、住房城乡建设部、交通运输部、水利部、商务部、测绘地信局、铁路局、民航局、中国铁路总公司等参加。

主要职责：指导做好事件影响区域有关人员的紧急转移和临时安置工作；组织做好环境应急救援物资及临时安置重要物资的紧急生产、储备调拨和紧急配送工作；及时组织调运重要生活必需品，保障群众基本生活和市场供应；开展应急测绘。

五、新闻宣传组。由中央宣传部（国务院新闻办）牵头，中央网信办、工业和信息化部、环境保护部、新闻出版广电总局等参加。

主要职责：组织开展事件进展、应急工作情况等权威信息发布，加强新闻宣传报道；收集分析国内外舆情和社会公众动态，加强媒体、电信和互联网管理，正确引导舆论；通过多种方式，通俗、权威、全面、前瞻地做好相关知识普及；及时澄清不实信息，回应社会关切。

六、社会稳定组。由公安部牵头，中央网信办、工业和信息化部、环境保护部、商务部等参加。

主要职责：加强受影响地区社会治安管理，严厉打击借机传播谣言制造社会恐慌、哄抢物资等违法犯罪行为；加强转移人员安置点、救灾物资存放点等重点地区治安管控；做好受影响人员与涉事单位、地方人民政府及有关部门矛盾纠纷化解和法律服务工作，防止出现群体性事件，维护社会稳定；加强对重要生活必需品等商品的市场监管和调控，打击囤积居奇行为。

七、涉外事务组。由外交部牵头，环境保护部、商务部、海洋局等参加。

主要职责：根据需要向有关国家和地区、国际组织通报突发环境事件信息，协调处理对外交涉、污染检测、危害防控、索赔等事宜，必要时申请、接受国际援助。

工作组设置、组成和职责可根据工作需要作适当调整。

排污许可管理办法

(2023年12月25日生态环境部2023年第4次部务会议审议通过
2024年4月1日生态环境部令第32号公布
自2024年7月1日起施行)

第一章 总 则

第一条 为了规范排污许可管理，根据《中华人民共和国环境保护法》《中华人民共和国海洋环境保护法》和大气、水、固体废物、土壤、噪声等专项污染防治法律，以及《排污许可管理条例》（以下简称《条例》），制定本办法。

第二条 排污许可证的申请、审批、执行以及与排污许可相关的监督管理等行为，适用本办法。

第三条 依照法律规定实行排污许可管理的企业事业单位和其他生产经营者（以下简称排污单位），应当依法申请取得排污许可证，并按照排污许可证的规定排放污染物；未取得排污许可证的，不得排放污染物。

依法需要填报排污登记表的企业事业单位和其他生产经营者（以下简称排污登记单位），应当在全国排污许可证管理信息平台进行排污登记。

第四条 根据污染物产生量、排放量、对环境的影响程度等因素，对企业事业单位和其他生产经营者实行排污许可重点管理、简化管理和排污登记管理。

实行排污许可重点管理、简化管理的排污单位具体范围，依照固定污染源排污许可分类管理名录规定执行。实行排污登记管理的排污登记单位具体范围由国务院生态环境主管部门制定并公布。

第五条 国务院生态环境主管部门负责全国排污许可的统一监督管理。

省级生态环境主管部门和设区的市级生态环境主管部门负责本行政区域排污许可的监督管理。

第六条 生态环境主管部门对排污单位的大气污染物、水污染物、工业固体废物、工业噪声等污染物排放行为实行综合许可管理。

第七条 国务院生态环境主管部门对排污单位及其生产设施、污染防治设施和排放口实行统一编码管理。

第八条 国务院生态环境主管部门负责建设、运行、维护、管理全国排污许可证管理信息平台。

排污许可证的申请、受理、审查、审批决定、变更、延续、注销、撤销、信息公开等应当通过全国排污许可证管理信息平台办理。排污单位申请取得排污许可证的，也可以通过信函等方式提交书面申请。

全国排污许可证管理信息平台中记录的排污许可证相关电子信息与排污许可证正本、副本记载的信息依法具有同等效力。

第九条 排污许可证执行报告中报告的污染物实际排放量，可以作为开展年度生态环境统计、重点污染物排放总量考核、污染源排放清单编制等工作的依据。

排污许可证应当作为排污权的确认凭证和排污权交易的管理载体。

第二章 排污许可证和排污登记表内容

第十条 排污许可证由正本和副本构成。

设区的市级以上地方人民政府生态环境主管部门可以依据地方性法规，增加需要在排污许可证中记载的内容。

第十一条 排污许可证正本应当记载《条例》第十三条第一、二项规定的基本信息，排污许可证副本应当记载《条例》第十三条规定的所有信息。

法律法规规定的排污单位应当遵守的大气污染物、水污染物、工业固体废物、工业噪声等控制污染物排放的要求，重污染天气等特殊时段禁止或者限制污染物排放的要求，以及土壤污染重点监管单位的控制有毒有害物质排放、土壤污染隐患排查、自行监测等要求，应当在排污许可证副本中记载。

第十二条 排污单位承诺执行更加严格的排放限值的，应当在排污许可证副本中记载。

第十三条 排污登记表应当记载下列信息：

（一）排污登记单位名称、统一社会信用代码、生产经营场所所在地、行业类别、法定代表人或者实际负责人等基本信息；

（二）污染物排放去向、执行的污染物排放标准及采取的污染防治措施等。

第三章 申请与审批

第十四条 排污单位应当在实际排污行为发生之前，向其生产经营场所所在地设区的市级以上地方人民政府生态环境主管部门（以下简称审批部门）申请取得排污许可证。

海洋工程排污单位申请取得排污许可证的，依照有关法律、行政法规的规定执行。

第十五条 排污单位有两个以上生产经营场所排放污染物的，应当分别向生产经营场所所在地的审批部门申请取得排污许可证。

第十六条 实行排污许可重点管理的排污单位在提交排污许可证首次申请或者重新申请材料前，应当通过全国排污许可证管理信息平台向社会公开基本信息和拟申请许可事项，并提交说明材料。公开时间不得少于五个工作日。

第十七条 排污单位在填报排污许可证申请表时，应当承诺排污许可证申请材料的完整性、真实性和合法性，承诺按照排污许可证的规定排放污染物，落实排污许可证规定的环境管理要求，并由法定代表人或者主要负责人签字或者盖章。

第十八条 排污单位应当依照《条例》第七条、第八条规定提交相应材料，并可以对申请材料进行补充说明，一并提交审批部门。

排污单位申请许可排放量的，应当一并提交排放量限值计算过程。重点污染物排放总量控制指标通过排污权交易获取的，还应当提交排污权交易指标的证明材料。

污染物排放口已经建成的排污单位，应当提交有关排放口规范化的情况说明。

第十九条 排污单位在申请排污许可证时,应当按照自行监测技术指南,编制自行监测方案。

自行监测方案应当包括以下内容:

(一)监测点位及示意图、监测指标、监测频次;

(二)使用的监测分析方法;

(三)监测质量保证与质量控制要求;

(四)监测数据记录、整理、存档要求;

(五)监测数据信息公开要求。

第二十条 审批部门收到排污单位提交的申请材料后,依照《条例》第九条、第十条要求作出处理。

审批部门可以组织技术机构对排污许可证申请材料进行技术评估,并承担相应费用。技术机构应当遵循科学、客观、公正的原则,提出技术评估意见,并对技术评估意见负责,不得向排污单位收取任何费用。

技术机构开展技术评估应当遵守国家相关法律法规、标准规范,保守排污单位商业秘密。

第二十一条 排污单位采用相应污染防治可行技术的,或者新建、改建、扩建建设项目排污单位采用环境影响报告书(表)批准文件要求的污染防治技术的,审批部门可以认为排污单位采用的污染防治设施或者措施能够达到许可排放浓度要求。

不符合前款规定情形的,排污单位可以通过提供监测数据证明其采用的污染防治设施可以达到许可排放浓度要求。监测数据应当通过使用符合国家有关环境监测、计量认证规定和技术规范的监测设备取得;对于国内首次采用的污染防治技术,应当提供工程试验数据予以证明。

第二十二条 对具备下列条件的排污单位,颁发排污许可证:

(一)依法取得建设项目环境影响报告书(表)批准文件,或者已经办理环境影响登记表备案手续;

(二)污染物排放符合污染物排放标准要求,重点污染物排放符合排污许可证申请与核发技术规范、环境影响报告书(表)批准文件、重点污染物排放总量控制要求;其中,排污单位生产经营场所位于未达到国家环境质量标准的重点区域、流域的,还应当符合有关地方人民政府关于改善生态环境质量的特别要求;

(三)采用污染防治设施可以达到许可排放浓度要求或者符合污染防治可行技术;

(四)自行监测方案的监测点位、指标、频次等符合国家自行监测规范。

第二十三条 审批部门应当在法定审批期限内作出审批决定,对符合条件的颁发排污许可证;对不符合条件的应当出具不予许可决定书,书面告知排污单位不予许可的理由,以及依法申请行政复议或者提起行政诉讼的权利。

依法需要听证、检验、检测、专家评审的,所需时间不计算在审批期限内,审批部门应当将所需时间书面告知排污单位。

第二十四条 排污单位依照《条例》第十四条第二款规定提出延续排污许可证时,应当按照规定提交延续申请表。审批部门作出延续排污许可证决定的,延续后的排污许可证有效期自原排污许可证有效期届满的次日起计算。

排污单位未依照《条例》第十四条第二款规定提前六十日提交延续申请表,审批部门依法在原排污许可证有效期届满之后作出延续排污许可证决定的,延续后的排污许可证有效期自作出延续决定之日起计算;审批部门依法在原排污许可证有效期届满之前作出延续排污许可证决定的,延续后的排污许可证有效期自原排污许可证有效期届满的次日起计算。

第二十五条 对符合《条例》第十五条规定的应当重新申请排污许可证情形的,排污单位应当在实际排污行为变化之前重新申请取得排污许可证。排污单位应当提交排污许可证申请表、由排污单位法定代表人或者主要负责人签字或者盖章的承诺书以及与重新申请排污许可证有关的其他材料，并说明重新申请原因。

重新申请的排污许可证有效期自审批部门作出重新申请审批决定之日起计算。

第二十六条 排污单位名称、住所、法定代表人或者主要负责人等排污许可证正本中记载的基本信息发生变更的，排污单位应当自变更之日起三十日内，向审批部门提交变更排污许可证申请表以及与变更排污许可证有关的其他材料。

审批部门应当自受理之日起十个工作日内作出变更决定，按规定换发排污许可证正本，相关变更内容载入排污许可证副本中的变更、延续记录。

排污许可证记载信息的变更，不影响排污许可证的有效期。

第二十七条 排污单位适用的污染物排放标准、重点污染物排放总量控制要求发生变化，需要对排污许可证进行变更的，审批部门应当在标准生效之前和总量控制指标变化后依法对排污许可证相应事项进行变更。

第二十八条 除本办法第二十五条、第二十六条、第二十七条规定情形外，排污许可证记载内容发生变化的，排污单位可以主动向审批部门提出调整排污许可证内容的申请，审批部门应当及时对排污许可证记载内容进行调整。

第二十九条 有下列情形之一的，审批部门应当依法办理排污许可证的注销手续，并在全国排污许可证管理信息平台上公告：

（一）排污许可证有效期届满未延续的；

（二）排污单位依法终止的；

（三）排污许可证依法被撤销、吊销的；

（四）应当注销的其他情形。

第三十条 有下列情形之一的，可以依法撤销排污许可证，并在全国排污许可证管理信息平台上公告：

（一）超越法定职权审批排污许可证的；

（二）违反法定程序审批排污许可证的；

（三）审批部门工作人员滥用职权、玩忽职守审批排污许可证的；

（四）对不具备申请资格或者不符合法定条件的排污单位审批排污许可证的；

（五）依法可以撤销排污许可证的其他情形。

排污单位以欺骗、贿赂等不正当手段取得排污许可证的，应当依法予以撤销。

第三十一条 上级生态环境主管部门可以对具有审批权限的下级生态环境主管部门的排污许可证审批和执行情况进行监督检查和指导，发现属于《条例》第三十二条规定违法情形的，上级生态环境主管部门应当责令改正。

第三十二条 排污许可证发生遗失、损毁的，排污单位可以向审批部门申请补领。已经办理排污许可证电子证照的排污单位可以根据需要自行打印排污许可证。

第四章 排污管理

第三十三条 排污单位应当依照《条例》规定，严格落实环境保护主体责任，建立健全环境管理制度，按照排污许可证规定严格控制污染物排放。

排污登记单位应当依照国家生态环境保护法律法规规章等管理规定运行和维护污染防治设施，建设规范化排放口，落实排污主体责任，控制污染物排放。

第三十四条 排污单位应当按照排污许可证规定和有关标准规范，依法开展自行监测，保存原始监测记录。原始监测记录保存期限不得少于五年。

排污单位对自行监测数据的真实性、准确性负责，不得篡改、伪造。

第三十五条 实行排污许可重点管理的排污单位，应当依法安装、使用、维护污染物排放自动监测设备,并与生态环境主管部门的监控设备联网。

排污单位发现污染物排放自动监测设备传输数据异常的,应当及时报告生态环境主管部门,并进行检查、修复。

第三十六条 排污单位应当按照排污许可证规定的格式、内容和频次要求记录环境管理台账,主要包括以下内容:

(一)与污染物排放相关的主要生产设施运行情况;发生异常情况的,应当记录原因和采取的措施。

(二)污染防治设施运行情况及管理信息;发生异常情况的,应当记录原因和采取的措施。

(三)污染物实际排放浓度和排放量;发生超标排放情况的,应当记录超标原因和采取的措施。

(四)其他按照相关技术规范应当记录的信息。

环境管理台账记录保存期限不得少于五年。

第三十七条 排污单位应当按照排污许可证规定的执行报告内容、频次和时间要求,在全国排污许可证管理信息平台上填报、提交排污许可证执行报告。

排污许可证执行报告包括年度执行报告、季度执行报告和月执行报告。

季度执行报告和月执行报告应当包括以下内容:

(一)根据自行监测结果说明污染物实际排放浓度和排放量及达标判定分析;

(二)排污单位超标排放或者污染防治设施异常情况的说明。

年度执行报告可以替代当季度或者当月的执行报告,并增加以下内容:

(一)排污单位基本生产信息;

(二)污染防治设施运行情况;

(三)自行监测执行情况;

(四)环境管理台账记录执行情况;

(五)信息公开情况;

(六)排污单位内部环境管理体系建设与运行情况;

(七)其他排污许可证规定的内容执行情况。

建设项目竣工环境保护设施验收报告中污染源监测数据等与污染物排放相关的主要内容,应当由排污单位记载在该项目竣工环境保护设施验收完成当年的排污许可证年度执行报告中。

排污许可证执行情况应当作为环境影响后评价的重要依据。

排污单位发生污染事故排放时,应当依照相关法律法规规章的规定及时报告。

第三十八条 排污单位应当按照排污许可证规定,如实在全国排污许可证管理信息平台上公开污染物排放信息。

污染物排放信息应当包括污染物排放种类、排放浓度和排放量,以及污染防治设施的建设运行情况、排污许可证执行报告、自行监测数据等;水污染物排入市政排水管网的,还应当包括污水接入市政排水管网位置、排放方式等信息。

第三十九条 排污登记单位应当在实际排污行为发生之前,通过全国排污许可证管理信息平台填报排污登记表,提交后即时生成登记编号和回执,由排污登记单位自行留存。排污登记单位应当对填报信息的真实性、准确性、完整性负责。

排污登记表自获得登记编号之日起生效,有效期限按照相关法律法规规定执行。

排污登记信息发生变动的,排污登记单位应当自发生变动之日起二十日内进行变更登记。

排污登记单位因关闭等原因不再排污的,应当及时在全国排污许可证管理信息平台注销排污登记表。

排污登记单位因生产和排污情况发生变化等原因,依法需要申领排污许可证的,应当依照相关法律法规和本办法的规定及时申请取得排污许可证并注销排污登记表。

第五章 监督检查

第四十条 生态环境主管部门应当将排污许可证和排污登记信息纳入执法监管数据库，将排污许可执法检查纳入生态环境执法年度计划，加强对排污许可证记载事项的清单式执法检查。

对未取得排污许可证排放污染物、不按照排污许可证要求排放污染物、未按规定填报排污登记表等违反排污许可管理的行为，依照相关法律法规和《条例》有关规定进行处理。

第四十一条 生态环境主管部门应当定期组织开展排污许可证执行报告落实情况的检查，重点检查排污单位提交执行报告的及时性、报告内容的完整性、排污行为的合规性、污染物排放量数据的准确性以及各项管理要求的落实情况等内容。

排污许可证执行报告检查依托全国排污许可证管理信息平台开展。生态环境主管部门可以要求排污单位补充提供环境管理台账记录、自行监测数据等相关材料，必要时可以组织开展现场核查。

第四十二条 生态环境主管部门应当加强排污许可证质量管理，建立质量审核机制，定期开展排污许可证质量核查。

第四十三条 排污单位应当树立持证排污、按证排污意识，及时公开排污信息，自觉接受公众监督。

鼓励社会公众依法参与监督排污单位和排污登记单位排污行为。任何单位和个人对违反本办法规定的行为，均有权向生态环境主管部门举报。接到举报的生态环境主管部门应当依法处理，按照有关规定向举报人反馈处理结果，并为举报人保密。

第六章 附 则

第四十四条 排污许可证正本、副本、承诺书样本和申请、延续、变更排污许可证申请表格式，由国务院生态环境主管部门制定。

第四十五条 排污单位涉及国家秘密的，其排污许可、排污登记及相关的监督管理等应当遵守国家有关保密法律法规的规定。

第四十六条 本办法自 2024 年 7 月 1 日起施行。原环境保护部发布的《排污许可管理办法（试行）》（环境保护部令第 48 号）同时废止。

生态环境行政处罚办法

（2023 年 4 月 13 日生态环境部 2023 年第 1 次部务会议审议通过
2023 年 5 月 8 日生态环境部令第 30 号公布
自 2023 年 7 月 1 日起施行）

第一章 总 则

第一条 为了规范生态环境行政处罚的实施，监督和保障生态环境主管部门依法实施行政处罚，维护公共利益和社会秩序，保护公民、法人或者其他组织的合法权益，根据《中华人民共和国行政处罚法》《中华人民共和国行政强制法》《中华人民共和国环境保护法》等法律、行政法规，制定本办法。

第二条 公民、法人或者其他组织违反生态环境保护法律、法规或者规章规定，应当给予行政处罚的，依照《中华人民共和国行政处罚法》和本办法规定的程序实施。

第三条 实施生态环境行政处罚，纠正违法行为，应当坚持教育与处罚相结合，服务与管理相结合，引导和教育公民、法人或者其他组织自觉守法。

第四条 实施生态环境行政处罚，应当依法维护公民、法人及其他组织的合法权益。对实施行政处罚过程中知悉的国家秘密、商业秘密或者个人隐私，应当依法予以保密。

第五条 生态环境行政处罚遵循公正、公开原则。

第六条 有下列情形之一的，执法人员应当自行申请回避，当事人也有权申请其回避：

（一）是本案当事人或者当事人近亲属的；

（二）本人或者近亲属与本案有直接利害关系的；

（三）与本案有其他关系可能影响公正执法的；

（四）法律、法规或者规章规定的其他回避情形。

申请回避，应当说明理由。生态环境主管部门应当对回避申请及时作出决定并通知申请人。

生态环境主管部门主要负责人的回避，由该部门负责人集体讨论决定；生态环境主管部门其他负责人的回避，由该部门主要负责人决定；其他执法人员的回避，由该部门负责人决定。

第七条 对当事人的同一个违法行为，不得给予两次以上罚款的行政处罚。同一个违法行为违反多个法律规范应当给予罚款处罚的，按照罚款数额高的规定处罚。

实施行政处罚，适用违法行为发生时的法律、法规、规章的规定。但是，作出行政处罚决定时，法律、法规、规章已经被修改或者废止，且新的规定处罚较轻或者不认为是违法的，适用新的规定。

第八条 根据法律、行政法规，生态环境行政处罚的种类包括：

（一）警告、通报批评；

（二）罚款、没收违法所得、没收非法财物；

（三）暂扣许可证件、降低资质等级、吊销许可证件、一定时期内不得申请行政许可；

（四）限制开展生产经营活动、责令停产整治、责令停产停业、责令关闭、限制从业、禁止从业；

（五）责令限期拆除；

（六）行政拘留；

（七）法律、行政法规规定的其他行政处罚种类。

第九条 生态环境主管部门实施行政处罚时，应当责令当事人改正或者限期改正违法行为。

责令改正违法行为决定可以单独下达，也可以与行政处罚决定一并下达。

责令改正或者限期改正不适用行政处罚程序的规定。

第十条 生态环境行政处罚应当由具有行政执法资格的执法人员实施。执法人员不得少于两人，法律另有规定的除外。

第二章 实施主体与管辖

第十一条 生态环境主管部门在法定职权范围内实施生态环境行政处罚。

法律、法规授权的生态环境保护综合行政执法机构等组织在法定授权范围内实施生态环境行政处罚。

第十二条 生态环境主管部门可以在其法定权限内书面委托符合《中华人民共和国行政

处罚法》第二十一条规定条件的组织实施行政处罚。

受委托组织应当依照《中华人民共和国行政处罚法》和本办法的有关规定实施行政处罚。

第十三条 生态环境行政处罚由违法行为发生地的具有行政处罚权的生态环境主管部门管辖。法律、行政法规另有规定的，从其规定。

第十四条 两个以上生态环境主管部门都有管辖权的，由最先立案的生态环境主管部门管辖。

对管辖发生争议的，应当协商解决，协商不成的，报请共同的上一级生态环境主管部门指定管辖；也可以直接由共同的上一级生态环境主管部门指定管辖。

第十五条 下级生态环境主管部门认为其管辖的案件重大、疑难或者实施处罚有困难的，可以报请上一级生态环境主管部门指定管辖。

上一级生态环境主管部门认为确有必要的，经通知下级生态环境主管部门和当事人，可以对下级生态环境主管部门管辖的案件直接管辖，或者指定其他有管辖权的生态环境主管部门管辖。

上级生态环境主管部门可以将其管辖的案件交由有管辖权的下级生态环境主管部门实施行政处罚。

第十六条 对不属于本机关管辖的案件，生态环境主管部门应当移送有管辖权的生态环境主管部门处理。

受移送的生态环境主管部门对管辖权有异议的，应当报请共同的上一级生态环境主管部门指定管辖，不得再自行移送。

第十七条 生态环境主管部门发现不属于本部门管辖的案件，应当按照有关要求和时限移送有管辖权的机关处理。

对涉嫌违法依法应当实施行政拘留的案件，生态环境主管部门应当移送公安机关或者海警机构。

违法行为涉嫌犯罪的，生态环境主管部门应当及时将案件移送司法机关。不得以行政处罚代替刑事处罚。

对涉嫌违法依法应当由人民政府责令停业、关闭的案件，生态环境主管部门应当报有批准权的人民政府。

第三章　普通程序

第一节　立　案

第十八条 除依法可以当场作出的行政处罚外，生态环境主管部门对涉嫌违反生态环境保护法律、法规和规章的违法行为，应当进行初步审查，并在十五日内决定是否立案。特殊情况下，经本机关负责人批准，可以延长十五日。法律、法规另有规定的除外。

第十九条 经审查，符合下列四项条件的，予以立案：

（一）有初步证据材料证明有涉嫌违反生态环境保护法律、法规和规章的违法行为；

（二）依法应当或者可以给予行政处罚；

（三）属于本机关管辖；

（四）违法行为未超过《中华人民共和国行政处罚法》规定的追责期限。

第二十条 对已经立案的案件，根据新情况发现不符合本办法第十九条立案条件的，应当撤销立案。

第二节　调查取证

第二十一条 生态环境主管部门对登记立案的生态环境违法行为，应当指定专人负责，全面、客观、公正地调查，收集有关证据。

第二十二条 生态环境主管部门在办理行政处罚案件时，需要其他行政机关协助调查取证的，可以向有关机关发送协助调查函，提出协助请求。

生态环境主管部门在办理行政处罚案件时，需要其他生态环境主管部门协助调查取证的，可以发送协助调查函。收到协助调查函的生态环境主管部门对属于本机关职权范围的协助事项应当依法予以协助。无法协助的，应当及时函告请求协助调查的生态环境主管部门。

第二十三条 执法人员在调查或者进行检查时，应当主动向当事人或者有关人员出示执法证件。当事人或者有关人员有权要求执法人员出示执法证件。执法人员不出示执法证件的，当事人或者有关人员有权拒绝接受调查或者检查。

当事人或者有关人员应当如实回答询问，并协助调查或者检查，不得拒绝、阻挠或者在接受检查时弄虚作假。询问或者检查应当制作笔录。

第二十四条 执法人员有权采取下列措施：

（一）进入有关场所进行检查、勘察、监测、录音、拍照、录像；

（二）询问当事人及有关人员，要求其说明相关事项和提供有关材料；

（三）查阅、复制生产记录、排污记录和其他有关材料。

必要时，生态环境主管部门可以采取暗查或者其他方式调查。在调查或者检查时，可以组织监测等技术人员提供技术支持。

第二十五条 执法人员负有下列责任：

（一）对当事人的基本情况、违法事实、危害后果、违法情节等情况进行全面、客观、及时、公正的调查；

（二）依法收集与案件有关的证据，不得以暴力、威胁、引诱、欺骗以及其他违法手段获取证据；

（三）询问当事人，应当告知其依法享有的权利；

（四）听取当事人、证人或者其他有关人员的陈述、申辩，并如实记录。

第二十六条 生态环境行政处罚证据包括：

（一）书证；

（二）物证；

（三）视听资料；

（四）电子数据；

（五）证人证言；

（六）当事人的陈述；

（七）鉴定意见；

（八）勘验笔录、现场笔录。

证据必须经查证属实，方可作为认定案件事实的根据。

以非法手段取得的证据，不得作为认定案件事实的根据。

第二十七条 生态环境主管部门立案前依法取得的证据材料，可以作为案件的证据。

其他机关依法依职权调查收集的证据材料，可以作为案件的证据。

第二十八条 对有关物品或者场所进行检查（勘察）时，应当制作现场检查（勘察）笔录，并可以根据实际情况进行音像记录。

现场检查（勘察）笔录应当载明现场检查起止时间、地点，执法人员基本信息，当事人或者有关人员基本信息，执法人员出示执法证件、告知当事人或者有关人员申请回避权利和配合调查义务情况，现场检查情况等信息，并由执法人员、当事人或者有关人员签名或者盖章。

当事人不在场、拒绝签字或者盖章的，执法人员应当在现场检查（勘察）笔录中注明。

第二十九条 生态环境主管部门现场检查时,可以按照相关技术规范要求现场采样,获取的监测(检测)数据可以作为认定案件事实的证据。

执法人员应当将采样情况记入现场检查(勘察)笔录,可以采取拍照、录像记录采样情况。

生态环境主管部门取得监测(检测)报告或者鉴定意见后,应当将监测(检测)、鉴定结果告知当事人。

第三十条 排污单位应当依法对自动监测数据的真实性和准确性负责,不得篡改、伪造。

实行自动监测数据标记规则行业的排污单位,应当按照国务院生态环境主管部门的规定对数据进行标记。经过标记的自动监测数据,可以作为认定案件事实的证据。

同一时段的现场监测(检测)数据与自动监测数据不一致,现场监测(检测)符合法定的监测标准和监测方法的,以该现场监测(检测)数据作为认定案件事实的证据。

第三十一条 生态环境主管部门依照法律、行政法规规定利用电子技术监控设备收集、固定违法事实的,依照《中华人民共和国行政处罚法》有关规定执行。

第三十二条 在证据可能灭失或者以后难以取得的情况下,经生态环境主管部门负责人批准,执法人员可以对与涉嫌违法行为有关的证据采取先行登记保存措施。

情况紧急,执法人员需要当场采取先行登记保存措施的,可以采用即时通讯方式报请生态环境主管部门负责人同意,并在实施后二十四小时内补办批准手续。

先行登记保存有关证据,应当当场清点,开具清单,由当事人和执法人员签名或者盖章。

先行登记保存期间,当事人或者有关人员不得损毁、销毁或者转移证据。

第三十三条 对于先行登记保存的证据,应当在七日内采取以下措施:

(一)根据情况及时采取记录、复制、拍照、录像等证据保全措施;

(二)需要鉴定的,送交鉴定;

(三)根据有关法律、法规规定可以查封、扣押的,决定查封、扣押;

(四)违法事实不成立,或者违法事实成立但依法不应当查封、扣押或者没收的,决定解除先行登记保存措施。

超过七日未作出处理决定的,先行登记保存措施自动解除。

第三十四条 生态环境主管部门实施查封、扣押等行政强制措施,应当有法律、法规的明确规定,按照《中华人民共和国行政强制法》及相关规定执行。

第三十五条 有下列情形之一的,经生态环境主管部门负责人批准,中止案件调查:

(一)行政处罚决定须以相关案件的裁判结果或者其他行政决定为依据,而相关案件尚未审结或者其他行政决定尚未作出的;

(二)涉及法律适用等问题,需要送请有权机关作出解释或者确认的;

(三)因不可抗力致使案件暂时无法调查的;

(四)因当事人下落不明致使案件暂时无法调查的;

(五)其他应当中止调查的情形。

中止调查的原因消除后,应当立即恢复案件调查。

第三十六条 有下列情形之一致使案件调查无法继续进行的,经生态环境主管部门负责人批准,调查终止:

(一)涉嫌违法的公民死亡的;

(二)涉嫌违法的法人、其他组织终止,无法人或者其他组织承受其权利义务的;

(三)其他依法应当终止调查的情形。

第三十七条 有下列情形之一的,终结调查:

(一)违法事实清楚、法律手续完备、证据充分的;

(二)违法事实不成立的;

（三）其他依法应当终结调查的情形。

第三十八条 调查终结的，案件调查人员应当制作调查报告，提出已查明违法行为的事实和证据、初步处理意见，移送进行案件审查。

本案的调查人员不得作为本案的审查人员。

第三节 案件审查

第三十九条 案件审查的主要内容包括：
（一）本机关是否有管辖权；
（二）违法事实是否清楚；
（三）证据是否合法充分；
（四）调查取证是否符合法定程序；
（五）是否超过行政处罚追责期限；
（六）适用法律、法规、规章是否准确，裁量基准运用是否适当。

第四十条 违法事实不清、证据不充分或者调查程序违法的，审查人员应当退回调查人员补充调查取证或者重新调查取证。

第四十一条 行使生态环境行政处罚裁量权应当符合立法目的，并综合考虑以下情节：
（一）违法行为造成的环境污染、生态破坏以及社会影响；
（二）当事人的主观过错程度；
（三）违法行为的具体方式或者手段；
（四）违法行为持续的时间；
（五）违法行为危害的具体对象；
（六）当事人是初次违法还是再次违法；
（七）当事人改正违法行为的态度和所采取的改正措施及效果。

同类违法行为的情节相同或者相似、社会危害程度相当的，行政处罚种类和幅度应当相当。

第四十二条 违法行为轻微并及时改正，没有造成生态环境危害后果的，不予行政处罚。初次违法且生态环境危害后果轻微并及时改正的，可以不予行政处罚。

当事人有证据足以证明没有主观过错的，不予行政处罚。法律、行政法规另有规定的，从其规定。

对当事人的违法行为依法不予行政处罚的，生态环境主管部门应当对当事人进行教育。

第四十三条 当事人有下列情形之一的，应当从轻或者减轻行政处罚：
（一）主动消除或者减轻生态环境违法行为危害后果的；
（二）受他人胁迫或者诱骗实施生态环境违法行为的；
（三）主动供述生态环境主管部门尚未掌握的生态环境违法行为的；
（四）配合生态环境主管部门查处生态环境违法行为有立功表现的；
（五）法律、法规、规章规定其他应当从轻或者减轻行政处罚的。

第四节 告知和听证

第四十四条 生态环境主管部门在作出行政处罚决定之前，应当告知当事人拟作出的行政处罚内容及事实、理由、依据和当事人依法享有的陈述、申辩、要求听证等权利，当事人在收到告知书后五日内进行陈述、申辩；未依法告知当事人，或者拒绝听取当事人的陈述、申辩的，不得作出行政处罚决定，当事人明确放弃陈述或者申辩权利的除外。

第四十五条 当事人进行陈述、申辩的，生态环境主管部门应当充分听取当事人意见，将当事人的陈述、申辩材料归入案卷。对当事人提出的事实、理由和证据，应当进行复核。

当事人提出的事实、理由或者证据成立的，应当予以采纳；不予采纳的，应当说明理由。

不得因当事人的陈述、申辩而给予更重的处罚。

第四十六条 拟作出以下行政处罚决定，当事人要求听证的，生态环境主管部门应当组织听证：

（一）较大数额罚款；

（二）没收较大数额违法所得、没收较大价值非法财物；

（三）暂扣许可证件、降低资质等级、吊销许可证件、一定时期内不得申请行政许可；

（四）限制开展生产经营活动、责令停产整治、责令停产停业、责令关闭、限制从业、禁止从业；

（五）其他较重的行政处罚；

（六）法律、法规、规章规定的其他情形。

当事人不承担组织听证的费用。

第四十七条 听证应当依照以下程序组织：

（一）当事人要求听证的，应当在生态环境主管部门告知后五日内提出；

（二）生态环境主管部门应当在举行听证的七日前，通知当事人及有关人员听证的时间、地点；

（三）除涉及国家秘密、商业秘密或者个人隐私依法予以保密外，听证公开举行；

（四）听证由生态环境主管部门指定的非本案调查人员主持；当事人认为主持人与本案有直接利害关系的，有权申请回避；

（五）当事人可以亲自参加听证，也可以委托一至二人代理；

（六）当事人及其代理人无正当理由拒不出席听证或者未经许可中途退出听证的，视为放弃听证权利，生态环境主管部门终止听证；

（七）举行听证时，调查人员提出当事人违法的事实、证据和行政处罚建议，当事人进行申辩和质证；

（八）听证应当制作笔录。笔录应当交当事人或者其代理人核对无误后签字或者盖章。当事人或者其代理人拒绝签字或者盖章的，由听证主持人在笔录中注明。

第四十八条 听证结束后，生态环境主管部门应当根据听证笔录，依照本办法第五十三条的规定，作出决定。

第五节 法制审核和集体讨论

第四十九条 有下列情形之一，生态环境主管部门负责人作出行政处罚决定之前，应当由生态环境主管部门负责重大执法决定法制审核的机构或者法制审核人员进行法制审核；未经法制审核或者审核未通过的，不得作出决定：

（一）涉及重大公共利益的；

（二）直接关系当事人或者第三人重大权益，经过听证程序的；

（三）案件情况疑难复杂、涉及多个法律关系的；

（四）法律、法规规定应当进行法制审核的其他情形。

设区的市级以上生态环境主管部门可以根据实际情况，依法对应当进行法制审核的案件范围作出具体规定。

初次从事行政处罚决定法制审核的人员，应当通过国家统一法律职业资格考试取得法律职业资格。

第五十条 法制审核的内容包括：

（一）行政执法主体是否合法，是否超越执法机关法定权限；

（二）行政执法人员是否具备执法资格；

（三）行政执法程序是否合法；
（四）案件事实是否清楚，证据是否合法充分；
（五）适用法律、法规、规章是否准确，裁量基准运用是否适当；
（六）行政执法文书是否完备、规范；
（七）违法行为是否涉嫌犯罪、需要移送司法机关。

第五十一条 法制审核以书面审核为主。对案情复杂、法律争议较大的案件，生态环境主管部门可以组织召开座谈会、专家论证会开展审核工作。

生态环境主管部门进行法制审核时，可以请相关领域专家、法律顾问提出书面意见。

对拟作出的处罚决定进行法制审核后，应当区别不同情况以书面形式提出如下意见：

（一）主要事实清楚，证据充分，程序合法，内容适当，未发现明显法律风险的，提出同意的意见；

（二）主要事实不清，证据不充分，程序不当或者适用依据不充分，存在明显法律风险，但是可以改进或者完善的，指出存在的问题，并提出改进或者完善的建议；

（三）存在明显法律风险，且难以改进或者完善的，指出存在的问题，提出不同意的审核意见。

第五十二条 对情节复杂或者重大违法行为给予行政处罚的，作出处罚决定的生态环境主管部门负责人应当集体讨论决定。

有下列情形之一的，属于情节复杂或者重大违法行为给予行政处罚的案件：

（一）情况疑难复杂、涉及多个法律关系的；
（二）拟罚款、没收违法所得、没收非法财物数额五十万元以上的；
（三）拟吊销许可证件、一定时期内不得申请行政许可的；
（四）拟责令停产整治、责令停产停业、责令关闭、限制从业、禁止从业的；
（五）生态环境主管部门负责人认为应当提交集体讨论的其他案件。

集体讨论情况应当予以记录。

地方性法规、地方政府规章另有规定的，从其规定。

第六节 决 定

第五十三条 生态环境主管部门负责人经过审查，根据不同情况，分别作出如下决定：

（一）确有应受行政处罚的违法行为的，根据情节轻重及具体情况，作出行政处罚决定；
（二）违法行为轻微，依法可以不予行政处罚的，不予行政处罚；
（三）违法事实不能成立的，不予行政处罚；
（四）违法行为涉嫌犯罪的，移送司法机关。

第五十四条 生态环境主管部门向司法机关移送涉嫌生态环境犯罪案件之前已经依法作出的警告、责令停产停业、暂扣或者吊销许可证件等行政处罚决定，不停止执行。

涉嫌犯罪案件的移送办理期间，不计入行政处罚期限。

第五十五条 决定给予行政处罚的，应当制作行政处罚决定书。

对同一当事人的两个或者两个以上环境违法行为，可以分别制作行政处罚决定书，也可以列入同一行政处罚决定书。

符合本办法第五十三条第二项规定的情况，决定不予行政处罚的，应当制作不予行政处罚决定书。

第五十六条 行政处罚决定书应当载明以下内容：

（一）当事人的基本情况，包括当事人姓名或者名称、居民身份证号码或者统一社会信用代码、住址或者住所地、法定代表人（负责人）姓名等；
（二）违反法律、法规或者规章的事实和证据；

（三）当事人陈述、申辩的采纳情况及理由；符合听证条件的，还应当载明听证的情况；

（四）行政处罚的种类、依据，以及行政处罚裁量基准运用的理由和依据；

（五）行政处罚的履行方式和期限；

（六）不服行政处罚决定，申请行政复议、提起行政诉讼的途径和期限；

（七）作出行政处罚决定的生态环境主管部门名称和作出决定的日期，并加盖印章。

第五十七条 生态环境主管部门应当自立案之日起九十日内作出处理决定。因案情复杂或者其他原因，不能在规定期限内作出处理决定的，经生态环境主管部门负责人批准，可以延长三十日。案情特别复杂或者有其他特殊情况，经延期仍不能作出处理决定的，应当由生态环境主管部门负责人集体讨论决定是否继续延期，决定继续延期的，继续延长期限不得超过三十日。

案件办理过程中，中止、听证、公告、监测（检测）、评估、鉴定、认定、送达等时间不计入前款所指的案件办理期限。

第五十八条 行政处罚决定书应当在宣告后当场交付当事人；当事人不在场的，应当在七日内将行政处罚决定书送达当事人。

生态环境主管部门可以根据需要将行政处罚决定书抄送与案件有关的单位和个人。

第五十九条 生态环境主管部门送达执法文书，可以采取直接送达、留置送达、委托送达、邮寄送达、电子送达、转交送达、公告送达等法律规定的方式。

送达行政处罚文书应当使用送达回证并存档。

第六十条 当事人同意并签订确认书的，生态环境主管部门可以采用传真、电子邮件、移动通信等能够确认其收悉的电子方式送达执法文书，并通过拍照、截屏、录音、录像等方式予以记录。传真、电子邮件、移动通信等到达当事人特定系统的日期为送达日期。

第七节 信息公开

第六十一条 生态环境主管部门应当依法公开其作出的生态环境行政处罚决定。

第六十二条 生态环境主管部门依法公开生态环境行政处罚决定的下列信息：

（一）行政处罚决定书文号；

（二）被处罚的公民姓名，被处罚的法人或者其他组织名称和统一社会信用代码、法定代表人（负责人）姓名；

（三）主要违法事实；

（四）行政处罚结果和依据；

（五）作出行政处罚决定的生态环境主管部门名称和作出决定的日期。

第六十三条 涉及国家秘密或者法律、行政法规禁止公开的信息的，以及公开后可能危及国家安全、公共安全、经济安全、社会稳定的行政处罚决定信息，不予公开。

第六十四条 公开行政处罚决定时，应当隐去以下信息：

（一）公民的肖像、居民身份证号码、家庭住址、通信方式、出生日期、银行账号、健康状况、财产状况等个人隐私信息；

（二）本办法第六十二条第（二）项规定以外的公民姓名，法人或者其他组织的名称和统一社会信用代码、法定代表人（负责人）姓名；

（三）法人或者其他组织的银行账号；

（四）未成年人的姓名及其他可能识别出其身份的信息；

（五）当事人的生产配方、工艺流程、购销价格及客户名称等涉及商业秘密的信息；

（六）法律、法规规定的其他应当隐去的信息。

第六十五条 生态环境行政处罚决定应当自作出之日起七日内公开。法律、行政法规另有规定的，从其规定。

第六十六条　公开的行政处罚决定被依法变更、撤销、确认违法或者确认无效的，生态环境主管部门应当在三日内撤回行政处罚决定信息并公开说明理由。

第四章　简易程序

第六十七条　违法事实确凿并有法定依据，对公民处以二百元以下、对法人或者其他组织处以三千元以下罚款或者警告的行政处罚的，可以适用简易程序，当场作出行政处罚决定。法律另有规定的，从其规定。

第六十八条　当场作出行政处罚决定时，应当遵守下列简易程序：

（一）执法人员应当向当事人出示有效执法证件；

（二）现场查清当事人的违法事实，并依法取证；

（三）向当事人说明违法的事实、拟给予行政处罚的种类和依据、罚款数额、时间、地点，告知当事人享有的陈述、申辩权利；

（四）听取当事人的陈述和申辩。当事人提出的事实、理由或者证据成立的，应当采纳；

（五）填写预定格式、编有号码、盖有生态环境主管部门印章的行政处罚决定书，由执法人员签名或者盖章，并将行政处罚决定书当场交付当事人；当事人拒绝签收的，应当在行政处罚决定书上注明；

（六）告知当事人如对当场作出的行政处罚决定不服，可以依法申请行政复议或者提起行政诉讼，并告知申请行政复议、提起行政诉讼的途径和期限。

以上过程应当制作笔录。

执法人员当场作出的行政处罚决定，应当在决定之日起三日内报所属生态环境主管部门备案。

第五章　执　行

第六十九条　当事人应当在行政处罚决定书载明的期限内，履行处罚决定。

申请行政复议或者提起行政诉讼的，行政处罚决定不停止执行，法律另有规定的除外。

第七十条　当事人到期不缴纳罚款的，作出行政处罚决定的生态环境主管部门可以每日按罚款数额的百分之三加处罚款，加处罚款的数额不得超出罚款的数额。

第七十一条　当事人在法定期限内不申请行政复议或者提起行政诉讼，又不履行行政处罚决定的，作出处罚决定的生态环境主管部门可以自期限届满之日起三个月内依法申请人民法院强制执行。

第七十二条　作出加处罚款的强制执行决定前或者申请人民法院强制执行前，生态环境主管部门应当依法催告当事人履行义务。

第七十三条　当事人实施违法行为，受到处以罚款、没收违法所得或者没收非法财物等处罚后，发生企业分立、合并或者其他资产重组等情形，由承受当事人权利义务的法人、其他组织作为被执行人。

第七十四条　确有经济困难，需要延期或者分期缴纳罚款的，当事人应当在行政处罚决定书确定的缴纳期限届满前，向作出行政处罚决定的生态环境主管部门提出延期或者分期缴纳的书面申请。

批准当事人延期或者分期缴纳罚款的，应当制作同意延期（分期）缴纳罚款通知书，并送达当事人和收缴罚款的机构。

生态环境主管部门批准延期、分期缴纳罚款的，申请人民法院强制执行的期限，自暂缓或者分期缴纳罚款期限结束之日起计算。

第七十五条　依法没收的非法财物，应当按照国家规定处理。

销毁物品，应当按照国家有关规定处理；没有规定的，经生态环境主管部门负责人批准，由两名以上执法人员监督销毁，并制作销毁记录。

处理物品应当制作清单。

第七十六条 罚款、没收的违法所得或者没收非法财物拍卖的款项，应当全部上缴国库，任何单位或者个人不得以任何形式截留、私分或者变相私分。

罚款、没收的违法所得或者没收非法财物拍卖的款项，不得同作出行政处罚决定的生态环境主管部门及其工作人员的考核、考评直接或者变相挂钩。

第六章 结案和归档

第七十七条 有下列情形之一的，执法人员应当制作结案审批表，经生态环境主管部门负责人批准后予以结案：

（一）责令改正和行政处罚决定由当事人履行完毕的；

（二）生态环境主管部门依法申请人民法院强制执行行政处罚决定，人民法院依法受理的；

（三）不予行政处罚等无须执行的；

（四）按照本办法第三十六条规定终止案件调查的；

（五）按照本办法第十七条规定完成案件移送，且依法无须由生态环境主管部门再作出行政处罚决定的；

（六）行政处罚决定被依法撤销的；

（七）生态环境主管部门认为可以结案的其他情形。

第七十八条 结案的行政处罚案件，应当按照下列要求将案件材料立卷归档：

（一）一案一卷，案卷可以分正卷、副卷；

（二）各类文书齐全，手续完备；

（三）书写文书用签字笔、钢笔或者打印；

（四）案卷装订应当规范有序，符合文档要求。

第七十九条 正卷按下列顺序装订：

（一）行政处罚决定书及送达回证；

（二）立案审批材料；

（三）调查取证及证据材料；

（四）行政处罚事先告知书、听证告知书、听证通知书等法律文书及送达回证；

（五）听证笔录；

（六）财物处理材料；

（七）执行材料；

（八）结案材料；

（九）其他有关材料。

副卷按下列顺序装订：

（一）投诉、申诉、举报等案源材料；

（二）涉及当事人有关商业秘密的材料；

（三）听证报告；

（四）审查意见；

（五）法制审核材料、集体讨论记录；

（六）其他有关材料。

第八十条 案卷归档后，任何单位、个人不得修改、增加、抽取案卷材料。案卷保管及查阅，按档案管理有关规定执行。

第八十一条 生态环境主管部门应当建立行政处罚案件统计制度，并按照生态环境部有关环境统计的规定向上级生态环境主管部门报送本行政区域的行政处罚情况。

第七章 监 督

第八十二条 上级生态环境主管部门负责对下级生态环境主管部门的行政处罚工作情况进行监督检查。

第八十三条 生态环境主管部门应当建立行政处罚备案制度。

下级生态环境主管部门对上级生态环境主管部门督办的处罚案件，应当在结案后二十日内向上一级生态环境主管部门备案。

第八十四条 生态环境主管部门实施行政处罚应当接受社会监督。公民、法人或者其他组织对生态环境主管部门实施行政处罚的行为，有权申诉或者检举；生态环境主管部门应当认真审查，发现有错误的，应当主动改正。

第八十五条 生态环境主管部门发现行政处罚决定有文字表述错误、笔误或者计算错误，以及行政处罚决定书部分内容缺失等情形，但未损害公民、法人或者其他组织的合法权益的，应当予以补正或者更正。

补正或者更正应当以书面决定的方式及时作出。

第八十六条 生态环境主管部门通过接受申诉和检举，或者通过备案审查等途径，发现下级生态环境主管部门的行政处罚决定违法或者显失公正的，应当督促其纠正。

依法应当给予行政处罚，而有关生态环境主管部门不给予行政处罚的，有处罚权的上级生态环境主管部门可以直接作出行政处罚决定。

第八十七条 生态环境主管部门可以通过案件评查或者其他方式评议、考核行政处罚工作，加强对行政处罚的监督检查，规范和保障行政处罚的实施。对在行政处罚工作中做出显著成绩的单位和个人，可以依照国家或者地方的有关规定给予表彰和奖励。

第八章 附 则

第八十八条 当事人有违法所得，除依法应当退赔的外，应当予以没收。违法所得是指实施违法行为所取得的款项。

法律、行政法规对违法所得的计算另有规定的，从其规定。

第八十九条 本办法第四十六条所称"较大数额""较大价值"，对公民是指人民币（或者等值物品价值）五千元以上、对法人或者其他组织是指人民币（或者等值物品价值）二十万元以上。

地方性法规、地方政府规章对"较大数额""较大价值"另有规定的，从其规定。

第九十条 本办法中"三日""五日""七日"的规定是指工作日，不含法定节假日。

期间开始之日，不计算在内。期间届满的最后一日是节假日的，以节假日后的第一日为期间届满的日期。期间不包括在途时间，行政处罚文书在期满前交邮的，视为在有效期内。

第九十一条 本办法未作规定的其他事项，适用《中华人民共和国行政处罚法》《中华人民共和国行政强制法》等有关法律、法规和规章的规定。

第九十二条 本办法自 2023 年 7 月 1 日起施行。原环境保护部发布的《环境行政处罚办法》（环境保护部令第 8 号）同时废止。

尾矿污染环境防治管理办法

(2022年3月15日生态环境部2022年第二次部务会议审议通过
2022年4月6日生态环境部令第26号公布
自2022年7月1日起施行)

第一章 总 则

第一条 为了防治尾矿污染环境，保护和改善生态环境，根据《中华人民共和国环境保护法》《中华人民共和国固体废物污染环境防治法》《中华人民共和国土壤污染防治法》等有关法律法规，制定本办法。

第二条 本办法适用于中华人民共和国境内尾矿的污染环境防治（以下简称污染防治）及其监督管理。

伴生放射性矿开发利用活动中产生的铀（钍）系单个核素活度浓度超过1Bq/g的尾矿，以及铀（钍）矿尾矿的污染防治及其监督管理，适用放射性污染防治有关法律法规的规定，不适用本办法。

第三条 尾矿污染防治坚持预防为主、污染担责的原则。

产生、贮存、运输、综合利用尾矿的单位，以及尾矿库运营、管理单位，应当采取措施，防止或者减少尾矿对环境的污染，对所造成的环境污染依法承担责任。

对产生尾矿的单位和尾矿库运营、管理单位实施控股管理的企业集团，应当加强对其下属企业的监督管理，督促、指导其履行尾矿污染防治主体责任。

第四条 国务院生态环境主管部门对全国尾矿污染防治工作实施监督管理。

地方各级生态环境主管部门负责本行政区域尾矿污染防治工作的监督管理。

国务院生态环境主管部门所属的流域生态环境监督管理机构依法律法规规定的职责或者国务院生态环境主管部门的委托，对管辖范围内的尾矿污染防治工作进行指导、协调和监督。

第五条 尾矿库污染防治实行分类分级环境监督管理。

国务院生态环境主管部门负责制定尾矿库分类分级环境监督管理技术规程，根据尾矿所属矿种类型、尾矿库周边环境敏感程度、尾矿库环境保护水平等因素，将尾矿库分为一级、二级和三级环境监督管理尾矿库，并明确不同等级的尾矿库环境监督管理要求。

省级生态环境主管部门负责确定本行政区域尾矿库分类分级环境监督管理清单，并加强监督管理。

设区的市级生态环境主管部门根据省级生态环境主管部门确定的尾矿库分类分级环境监督管理清单，对尾矿库进行分类分级管理。

第二章 污染防治

第六条 产生尾矿的单位应当建立健全尾矿产生、贮存、运输、综合利用等全过程的污染防治责任制度，确定承担污染防治工作的部门和专职技术人员，明确单位负责人和相关人员的责任。

第七条 产生尾矿的单位和尾矿库运营、管理单位应当建立尾矿环境管理台账。

产生尾矿的单位应当在尾矿环境管理台账中如实记录生产运营中产生尾矿的种类、数量、流向、贮存、综合利用等信息；尾矿库运营、管理单位应当在尾矿环境管理台账中如实记录尾矿库的污染防治设施建设和运行情况、环境监测情况、污染隐患排查治理情况、突发环境事件应急预案及其落实情况等信息。

尾矿环境管理台账保存期限不得少于五年，其中尾矿库运营、管理单位的环境管理台账信息应当永久保存。

产生尾矿的单位和尾矿库运营、管理单位应当于每年1月31日之前通过全国固体废物污染环境防治信息平台填报上一年度产生的相关信息。

第八条 产生尾矿的单位委托他人贮存、运输、综合利用尾矿，或者尾矿库运营、管理单位委托他人运输、综合利用尾矿的，应当对受托方的主体资格和技术能力进行核实，依法签订书面合同，在合同中约定污染防治要求。

第九条 新建、改建、扩建尾矿库的，应当依法进行环境影响评价，并遵守国家有关建设项目环境保护管理的规定，落实尾矿污染防治的措施。

尾矿库选址，应当符合生态环境保护有关法律法规和强制性标准要求。禁止在生态保护红线区域、永久基本农田集中区域、河道湖泊行洪区和其他需要特别保护的区域内建设尾矿库以及其他贮存尾矿的场所。

第十条 新建、改建、扩建尾矿库的，应当根据国家有关规定和尾矿库实际情况，配套建设防渗、渗滤液收集、废水处理、环境监测、环境应急等污染防治设施。

第十一条 尾矿库防渗设施的设计和建设，应当充分考虑地质、水文等条件，并符合相应尾矿属性类别管理要求。

尾矿库配套的渗滤液收集池、回水池、环境应急事故池等设施的防渗要求应当不低于该尾矿库的防渗要求，并设置防漫流设施。

第十二条 新建尾矿库的排尾管道、回水管道应当避免穿越农田、河流、湖泊；确需穿越的，应当建设管沟、套管等设施，防止渗漏造成环境污染。

第十三条 采用传送带方式输送尾矿的，应当采取封闭等措施，防止尾矿流失和扬散。

通过车辆运输尾矿的，应当采取遮盖等措施，防止尾矿遗撒和扬散。

第十四条 依法实行排污许可管理的产生尾矿的单位，应当申请取得排污许可证或者填报排污登记表，按照排污许可管理的规定排放尾矿及污染物，并落实相关环境管理要求。

第十五条 尾矿库运营、管理单位应当采取防扬散、防流失、防渗漏或者其他防止污染环境的措施，加强对尾矿库污染防治设施的管理和维护，保证其正常运行和使用，防止尾矿污染环境。

第十六条 尾矿库运营、管理单位应当采取库面抑尘、边坡绿化等措施防止扬尘污染，美化环境。

第十七条 尾矿水应当优先返回选矿工艺使用；向环境排放的，应当符合国家和地方污染物排放标准，不得与尾矿库外的雨水混合排放，并按照有关规定设置污染物排放口，设立标志，依法安装流量计和视频监控。

污染物排放口的流量计监测记录保存期限不得少于五年，视频监控记录保存期限不得少于三个月。

第十八条 尾矿库运营、管理单位应当按照国家有关标准和规范，建设地下水水质监测井。

尾矿库上游、下游和可能出现污染扩散的尾矿库周边区域，应当设置地下水水质监测井。

第十九条 尾矿库运营、管理单位应当按照国家有关规定开展地下水环境监测以及土壤污染状况监测和评估。

排放尾矿水的，尾矿库运营、管理单位应当在排放期间，每月至少开展一次水污染物排放监测；排放有毒有害水污染物的，还应当每季度对受纳水体等周边环境至少开展一次监测。

尾矿库运营、管理单位应当依法公开污染物排放监测结果等相关信息。

第二十条 尾矿库运营、管理单位应当建立健全尾矿库污染隐患排查治理制度，组织开展尾矿库污染隐患排查治理；发现污染隐患的，应当制定整改方案，及时采取措施消除隐患。

尾矿库运营、管理单位应当于每年汛期前至少开展一次全面的污染隐患排查。

第二十一条 尾矿库运营、管理单位在环境监测等活动中发现尾矿库周边土壤和地下水存在污染物渗漏或者含量升高等污染迹象的，应当及时查明原因，采取措施及时阻止污染物泄漏，并按照国家有关规定开展环境调查与风险评估，根据调查与风险评估结果采取风险管控或者治理修复等措施。

生态环境主管部门在监督检查中发现尾矿库周边土壤和地下水存在污染物渗漏或者含量升高等污染迹象的，应当及时督促尾矿库运营、管理单位采取相应措施。

第二十二条 尾矿库运营、管理单位应当按照国务院生态环境主管部门有关规定，开展尾矿库突发环境事件风险评估，编制、修订、备案尾矿库突发环境事件应急预案，建设并完善环境风险防控与应急设施，储备环境应急物资，定期组织开展尾矿库突发环境事件应急演练。

第二十三条 发生突发环境事件时，尾矿库运营、管理单位应当立即启动尾矿库突发环境事件应急预案，采取应急措施，消除或者减轻事故影响，及时通报可能受到危害的单位和居民，并向本行政区域县级生态环境主管部门报告。

县级以上生态环境主管部门在发现或者得知尾矿库突发环境事件信息后，应当按照有关规定做好应急处置、环境影响和损失调查、评估等工作。

第二十四条 尾矿库运营、管理单位应当在尾矿库封场期间及封场后，采取措施保证渗滤液收集设施、尾矿水排放监测设施继续正常运行，并定期开展水污染物排放监测，确保污染物排放符合国家和地方排放标准。

尾矿库的渗滤液收集设施、尾矿水排放监测设施应当正常运行至尾矿库封场后连续两年内没有渗滤液产生或者产生的渗滤液不经处理即可稳定达标排放。

尾矿库运营、管理单位应当在尾矿库封场后，采取措施保证地下水水质监测井继续正常运行，并按照国家有关规定持续进行地下水水质监测，直到下游地下水水质连续两年不超出上游地下水水质或者所在区域地下水水质本底水平。

第二十五条 开展尾矿充填、回填以及利用尾矿提取有价组分和生产建筑材料等尾矿综合利用单位，应当按照国家有关规定采取相应措施，防止造成二次环境污染。

第三章 监督管理

第二十六条 国务院生态环境主管部门应当加强尾矿污染防治工作信息化建设，强化环境管理信息系统对接与数据共享。

第二十七条 省级生态环境主管部门应当加强对新建、改建、扩建尾矿库建设项目环境影响评价审批程序、审批结果的监督与评估；发现设区的市、县级生态环境主管部门不具备尾矿库建设项目环境影响评价审批能力，或者在审批过程中存在突出问题的，应当依法调整上收环境影响评价审批权限。

第二十八条 设区的市级生态环境主管部门应当将一级和二级环境监督管理尾矿库的运营、管理单位列入重点排污单位名录，实施重点管控。

第二十九条 鼓励地方各级生态环境主管部门综合利用远程视频监控、无人机、遥感、地理信息系统等手段进行尾矿污染防治监督管理。

第四章 罚 则

第三十条 产生尾矿的单位或者尾矿库运营、管理单位违反本办法规定,有下列行为之一的,依照《中华人民共和国固体废物污染环境防治法》《中华人民共和国水污染防治法》《中华人民共和国土壤污染防治法》等法律法规的规定予以处罚:

(一)未建立尾矿环境管理台账并如实记录的;
(二)超过水污染物排放标准排放水污染物的;
(三)未依法报批建设项目环境影响评价文件,擅自开工建设的;
(四)未按规定开展土壤和地下水环境监测的;
(五)未依法开展尾矿库突发环境事件应急处置的;
(六)擅自倾倒、堆放、丢弃、遗撒尾矿,或者未采取相应防范措施,造成尾矿扬散、流失、渗漏或者其他环境污染的;
(七)其他违反法律法规规定的行为。

第三十一条 产生尾矿的单位或者尾矿库运营、管理单位违反本办法规定,未按时通过全国固体废物污染环境防治信息平台填报上一年度产生的相关信息的,由设区的市级以上地方生态环境主管部门责令改正,给予警告;拒不改正的,处三万元以下的罚款。

第三十二条 违反本办法规定,向环境排放尾矿水,未按照国家有关规定设置污染物排放口标志的,由设区的市级以上地方生态环境主管部门责令改正,给予警告;拒不改正的,处五万元以下的罚款。

第三十三条 尾矿库运营、管理单位违反本办法规定,未按要求组织开展污染隐患排查治理的,由设区的市级以上生态环境主管部门责令改正,给予警告;拒不改正的,处十万元以下的罚款。

第五章 附 则

第三十四条 本办法中下列用语的含义:

(一)尾矿,是指金属非金属矿山开采出的矿石,经选矿厂选出有价值的精矿后产生的固体废物。
(二)尾矿库,是指用以贮存尾矿的场所。
(三)封场,是指尾矿库停止使用后,对尾矿库采取关闭的措施,也称闭库。
(四)尾矿库运营、管理单位,包括尾矿库所属企业和地方人民政府指定的尾矿库管理维护单位。

第三十五条 本办法自 2022 年 7 月 1 日起施行。《防治尾矿污染环境管理规定》(国家环境保护局令第 11 号)同时废止。

碳排放权交易管理办法（试行）

（2020年12月25日生态环境部部务会议审议通过
2020年12月31日生态环境部令第19号公布
自2021年2月1日起施行）

第一章 总 则

第一条 为落实党中央、国务院关于建设全国碳排放权交易市场的决策部署，在应对气候变化和促进绿色低碳发展中充分发挥市场机制作用，推动温室气体减排，规范全国碳排放权交易及相关活动，根据国家有关温室气体排放控制的要求，制定本办法。

第二条 本办法适用于全国碳排放权交易及相关活动，包括碳排放配额分配和清缴，碳排放权登记、交易、结算，温室气体排放报告与核查等活动，以及对前述活动的监督管理。

第三条 全国碳排放权交易及相关活动应当坚持市场导向、循序渐进、公平公开和诚实守信的原则。

第四条 生态环境部按照国家有关规定建设全国碳排放权交易市场。

全国碳排放权交易市场覆盖的温室气体种类和行业范围，由生态环境部拟订，按程序报批后实施，并向社会公开。

第五条 生态环境部按照国家有关规定，组织建立全国碳排放权注册登记机构和全国碳排放权交易机构，组织建设全国碳排放权注册登记系统和全国碳排放权交易系统。

全国碳排放权注册登记机构通过全国碳排放权注册登记系统，记录碳排放配额的持有、变更、清缴、注销等信息，并提供结算服务。全国碳排放权注册登记系统记录的信息是判断碳排放配额归属的最终依据。

全国碳排放权交易机构负责组织开展全国碳排放权集中统一交易。

全国碳排放权注册登记机构和全国碳排放权交易机构应当定期向生态环境部报告全国碳排放权登记、交易、结算等活动和机构运行有关情况，以及应当报告的其他重大事项，并保证全国碳排放权注册登记系统和全国碳排放权交易系统安全稳定可靠运行。

第六条 生态环境部负责制定全国碳排放权交易及相关活动的技术规范，加强对地方碳排放配额分配、温室气体排放报告与核查的监督管理，并会同国务院其他有关部门对全国碳排放权交易及相关活动进行监督管理和指导。

省级生态环境主管部门负责在本行政区域内组织开展碳排放配额分配和清缴、温室气体排放报告的核查等相关活动，并进行监督管理。

设区的市级生态环境主管部门负责配合省级生态环境主管部门落实相关具体工作，并根据本办法有关规定实施监督管理。

第七条 全国碳排放权注册登记机构和全国碳排放权交易机构及其工作人员，应当遵守全国碳排放权交易及相关活动的技术规范，并遵守国家其他有关主管部门关于交易监管的规定。

第二章 温室气体重点排放单位

第八条 温室气体排放单位符合下列条件的，应当列入温室气体重点排放单位（以下简称重点排放单位）名录：

（一）属于全国碳排放权交易市场覆盖行业；

（二）年度温室气体排放量达到2.6万吨二氧化碳当量。

第九条 省级生态环境主管部门应当按照生态环境部的有关规定，确定本行政区域重点排放单位名录，向生态环境部报告，并向社会公开。

第十条 重点排放单位应当控制温室气体排放，报告碳排放数据，清缴碳排放配额，公开交易及相关活动信息，并接受生态环境主管部门的监督管理。

第十一条 存在下列情形之一的，确定名录的省级生态环境主管部门应当将相关温室气体排放单位从重点排放单位名录中移出：

（一）连续二年温室气体排放未达到2.6万吨二氧化碳当量的；

（二）因停业、关闭或者其他原因不再从事生产经营活动，因而不再排放温室气体的。

第十二条 温室气体排放单位申请纳入重点排放单位名录的，确定名录的省级生态环境主管部门应当进行核实；经核实符合本办法第八条规定条件的，应当将其纳入重点排放单位名录。

第十三条 纳入全国碳排放权交易市场的重点排放单位，不再参与地方碳排放权交易试点市场。

第三章 分配与登记

第十四条 生态环境部根据国家温室气体排放控制要求，综合考虑经济增长、产业结构调整、能源结构优化、大气污染物排放协同控制等因素，制定碳排放配额总量确定与分配方案。

省级生态环境主管部门应当根据生态环境部制定的碳排放配额总量确定与分配方案，向本行政区域内的重点排放单位分配规定年度的碳排放配额。

第十五条 碳排放配额分配以免费分配为主，可以根据国家有关要求适时引入有偿分配。

第十六条 省级生态环境主管部门确定碳排放配额后，应当书面通知重点排放单位。

重点排放单位对分配的碳排放配额有异议的，可以自接到通知之日起七个工作日内，向分配配额的省级生态环境主管部门申请复核；省级生态环境主管部门应当自接到复核申请之日起十个工作日内，作出复核决定。

第十七条 重点排放单位应当在全国碳排放权注册登记系统开立账户，进行相关业务操作。

第十八条 重点排放单位发生合并、分立等情形需要变更单位名称、碳排放配额等事项的，应当报经所在地省级生态环境主管部门审核后，向全国碳排放权注册登记机构申请变更登记。全国碳排放权注册登记机构应当通过全国碳排放权注册登记系统进行变更登记，并向社会公开。

第十九条 国家鼓励重点排放单位、机构和个人，出于减少温室气体排放等公益目的自愿注销其所持有的碳排放配额。

自愿注销的碳排放配额，在国家碳排放配额总量中予以等量核减，不再进行分配、登记或者交易。相关注销情况应当向社会公开。

第四章 排放交易

第二十条 全国碳排放权交易市场的交易产品为碳排放配额，生态环境部可以根据国家有关规定适时增加其他交易产品。

第二十一条 重点排放单位以及符合国家有关交易规则的机构和个人，是全国碳排放权交易市场的交易主体。

第二十二条　碳排放权交易应当通过全国碳排放权交易系统进行，可以采取协议转让、单向竞价或者其他符合规定的方式。

全国碳排放权交易机构应当按照生态环境部有关规定，采取有效措施，发挥全国碳排放权交易市场引导温室气体减排的作用，防止过度投机的交易行为，维护市场健康发展。

第二十三条　全国碳排放权注册登记机构应当根据全国碳排放权交易机构提供的成交结果，通过全国碳排放权注册登记系统为交易主体及时更新相关信息。

第二十四条　全国碳排放权注册登记机构和全国碳排放权交易机构应当按照国家有关规定，实现数据及时、准确、安全交换。

第五章　排放核查与配额清缴

第二十五条　重点排放单位应当根据生态环境部制定的温室气体排放核算与报告技术规范，编制该单位上一年度的温室气体排放报告，载明排放量，并于每年3月31日前报生产经营场所所在地的省级生态环境主管部门。排放报告所涉数据的原始记录和管理台账应当至少保存五年。

重点排放单位对温室气体排放报告的真实性、完整性、准确性负责。

重点排放单位编制的年度温室气体排放报告应当定期公开，接受社会监督，涉及国家秘密和商业秘密的除外。

第二十六条　省级生态环境主管部门应当组织开展对重点排放单位温室气体排放报告的核查，并将核查结果告知重点排放单位。核查结果应当作为重点排放单位碳排放配额清缴依据。

省级生态环境主管部门可以通过政府购买服务的方式委托技术服务机构提供核查服务。技术服务机构应当对提交的核查结果的真实性、完整性和准确性负责。

第二十七条　重点排放单位对核查结果有异议的，可以自被告知核查结果之日起七个工作日内，向组织核查的省级生态环境主管部门申请复核；省级生态环境主管部门应当自接到复核申请之日起十个工作日内，作出复核决定。

第二十八条　重点排放单位应当在生态环境部规定的时限内，向分配配额的省级生态环境主管部门清缴上年度的碳排放配额。清缴量应当大于等于省级生态环境主管部门核查结果确认的该单位上年度温室气体实际排放量。

第二十九条　重点排放单位每年可以使用国家核证自愿减排量抵销碳排放配额的清缴，抵销比例不得超过应清缴碳排放配额的5%。相关规定由生态环境部另行制定。

用于抵销的国家核证自愿减排量，不得来自纳入全国碳排放权交易市场配额管理的减排项目。

第六章　监督管理

第三十条　上级生态环境主管部门应当加强对下级生态环境主管部门的重点排放单位名录确定、全国碳排放权交易及相关活动情况的监督检查和指导。

第三十一条　设区的市级以上地方生态环境主管部门根据对重点排放单位温室气体排放报告的核查结果，确定监督检查重点和频次。

设区的市级以上地方生态环境主管部门应当采取"双随机、一公开"的方式，监督检查重点排放单位温室气体排放和碳排放配额清缴情况，相关情况按程序报生态环境部。

第三十二条　生态环境部和省级生态环境主管部门，应当按照职责分工，定期公开重点排放单位年度碳排放配额清缴情况等信息。

第三十三条　全国碳排放权注册登记机构和全国碳排放权交易机构应当遵守国家交易监管等相关规定，建立风险管理机制和信息披露制度，制定风险管理预案，及时公布碳排放权登记、交易、结算等信息。

全国碳排放权注册登记机构和全国碳排放权交易机构的工作人员不得利用职务便利谋取不正当利益，不得泄露商业秘密。

第三十四条 交易主体违反本办法关于碳排放权注册登记、结算或者交易相关规定的，全国碳排放权注册登记机构和全国碳排放权交易机构可以按照国家有关规定，对其采取限制交易措施。

第三十五条 鼓励公众、新闻媒体等对重点排放单位和其他交易主体的碳排放权交易及相关活动进行监督。

重点排放单位和其他交易主体应当按照生态环境部有关规定，及时公开有关全国碳排放权交易及相关活动信息，自觉接受公众监督。

第三十六条 公民、法人和其他组织发现重点排放单位和其他交易主体有违反本办法规定行为的，有权向设区的市级以上地方生态环境主管部门举报。

接受举报的生态环境主管部门应当依法予以处理，并按照有关规定反馈处理结果，同时为举报人保密。

第七章 罚 则

第三十七条 生态环境部、省级生态环境主管部门、设区的市级生态环境主管部门的有关工作人员，在全国碳排放权交易及相关活动的监督管理中滥用职权、玩忽职守、徇私舞弊的，由其上级行政机关或者监察机关责令改正，并依法给予处分。

第三十八条 全国碳排放权注册登记机构和全国碳排放权交易机构及其工作人员违反本办法规定，有下列行为之一的，由生态环境部依法给予处分，并向社会公开处理结果：

（一）利用职务便利谋取不正当利益的；

（二）有其他滥用职权、玩忽职守、徇私舞弊行为的。

全国碳排放权注册登记机构和全国碳排放权交易机构及其工作人员违反本办法规定，泄露有关商业秘密或者有构成其他违反国家交易监管规定行为的，依照其他有关规定处理。

第三十九条 重点排放单位虚报、瞒报温室气体排放报告，或者拒绝履行温室气体排放报告义务的，由其生产经营场所所在地设区的市级以上地方生态环境主管部门责令限期改正，处一万元以上三万元以下的罚款。逾期未改正的，由重点排放单位生产经营场所所在地的省级生态环境主管部门测算其温室气体实际排放量，并将该排放量作为碳排放配额清缴的依据；对虚报、瞒报部分，等量核减其下一年度碳排放配额。

第四十条 重点排放单位未按时足额清缴碳排放配额的，由其生产经营场所所在地设区的市级以上地方生态环境主管部门责令限期改正，处二万元以上三万元以下的罚款；逾期未改正的，对欠缴部分，由重点排放单位生产经营场所所在地的省级生态环境主管部门等量核减其下一年度碳排放配额。

第四十一条 违反本办法规定，涉嫌构成犯罪的，有关生态环境主管部门应当依法移送司法机关。

第八章 附 则

第四十二条 本办法中下列用语的含义：

（一）温室气体：是指大气中吸收和重新放出红外辐射的自然和人为的气态成分，包括二氧化碳（CO_2）、甲烷（CH_4）、氧化亚氮（N_2O）、氢氟碳化物（HFCs）、全氟化碳（PFCs）、六氟化硫（SF_6）和三氟化氮（NF_3）。

（二）碳排放：是指煤炭、石油、天然气等化石能源燃烧活动和工业生产过程以及土地利用变化与林业等活动产生的温室气体排放，也包括因使用外购的电力和热力等所导致的温室气体排放。

（三）碳排放权：是指分配给重点排放单位的规定时期内的碳排放额度。

（四）国家核证自愿减排量：是指对我国境内可再生能源、林业碳汇、甲烷利用等项目的温室气体减排效果进行量化核证，并在国家温室气体自愿减排交易注册登记系统中登记的温室气体减排量。

第四十三条 本办法自2021年2月1日起施行。

环境保护主管部门实施按日连续处罚办法

（2014年12月15日环境保护部部务会议审议通过
2014年12月19日环境保护部令第28号公布
自2015年1月1日起施行）

第一章 总 则

第一条 为规范实施按日连续处罚，依据《中华人民共和国环境保护法》、《中华人民共和国行政处罚法》等法律，制定本办法。

第二条 县级以上环境保护主管部门对企业事业单位和其他生产经营者（以下称排污者）实施按日连续处罚的，适用本办法。

第三条 实施按日连续处罚，应当坚持教育与处罚相结合的原则，引导和督促排污者及时改正环境违法行为。

第四条 环境保护主管部门实施按日连续处罚，应当依法向社会公开行政处罚决定和责令改正违法行为决定等相关信息。

第二章 适用范围

第五条 排污者有下列行为之一，受到罚款处罚，被责令改正，拒不改正的，依法作出罚款处罚决定的环境保护主管部门可以实施按日连续处罚：

（一）超过国家或者地方规定的污染物排放标准，或者超过重点污染物排放总量控制指标排放污染物的；

（二）通过暗管、渗井、渗坑、灌注或者篡改、伪造监测数据，或者不正常运行防治污染设施等逃避监管的方式排放污染物的；

（三）排放法律、法规规定禁止排放的污染物的；

（四）违法倾倒危险废物的；

（五）其他违法排放污染物行为。

第六条 地方性法规可以根据环境保护的实际需要，增加按日连续处罚的违法行为的种类。

第三章 实施程序

第七条 环境保护主管部门检查发现排污者违法排放污染物的，应当进行调查取证，并依法作出行政处罚决定。

按日连续处罚决定应当在前款规定的行政处罚决定之后作出。

第八条　环境保护主管部门可以当场认定违法排放污染物的，应当在现场调查时向排污者送达责令改正违法行为决定书，责令立即停止违法排放污染物行为。

需要通过环境监测认定违法排放污染物的，环境监测机构应当按照监测技术规范要求进行监测。环境保护主管部门应当在取得环境监测报告后三个工作日内向排污者送达责令改正违法行为决定书，责令立即停止违法排放污染物行为。

第九条　责令改正违法行为决定书应当载明下列事项：
（一）排污者的基本情况，包括名称或者姓名、营业执照号码或者居民身份证号码、组织机构代码、地址以及法定代表人或者主要负责人姓名等；
（二）环境违法事实和证据；
（三）违反法律、法规或者规章的具体条款和处理依据；
（四）责令立即改正的具体内容；
（五）拒不改正可能承担按日连续处罚的法律后果；
（六）申请行政复议或者提起行政诉讼的途径和期限；
（七）环境保护主管部门的名称、印章和决定日期。

第十条　环境保护主管部门应当在送达责令改正违法行为决定书之日起三十日内，以暗查方式组织对排污者违法排放污染物行为的改正情况实施复查。

第十一条　排污者在环境保护主管部门实施复查前，可以向作出责令改正违法行为决定书的环境保护主管部门报告改正情况，并附具相关证明材料。

第十二条　环境保护主管部门复查时发现排污者拒不改正违法排放污染物行为的，可以对其实施按日连续处罚。

环境保护主管部门复查时发现排污者已经改正违法排放污染物行为或者已经停产、停业、关闭的，不启动按日连续处罚。

第十三条　排污者具有下列情形之一的，认定为拒不改正：
（一）责令改正违法行为决定书送达后，环境保护主管部门复查发现仍在继续违法排放污染物的；
（二）拒绝、阻挠环境保护主管部门实施复查的。

第十四条　复查时排污者被认定为拒不改正违法排放污染物行为的，环境保护主管部门应当按照本办法第八条的规定再次作出责令改正违法行为决定书并送达排污者，责令立即停止违法排放污染物行为，并应当依照本办法第十条、第十二条的规定对排污者再次进行复查。

第十五条　环境保护主管部门实施按日连续处罚应当符合法律规定的行政处罚程序。

第十六条　环境保护主管部门决定实施按日连续处罚的，应当依法作出处罚决定书。

处罚决定书应当载明下列事项：
（一）排污者的基本情况，包括名称或者姓名、营业执照号码或者居民身份证号码、组织机构代码、地址以及法定代表人或者主要负责人姓名等；
（二）初次检查发现的环境违法行为及该行为的原处罚决定、拒不改正的违法事实和证据；
（三）按日连续处罚的起止时间和依据；
（四）按照按日连续处罚规则决定的罚款数额；
（五）按日连续处罚的履行方式和期限；
（六）申请行政复议或者提起行政诉讼的途径和期限；
（七）环境保护主管部门名称、印章和决定日期。

第四章　计罚方式

第十七条　按日连续处罚的计罚日数为责令改正违法行为决定书送达排污者之日的次日

起，至环境保护主管部门复查发现违法排放污染物行为之日止。再次复查仍拒不改正的，计罚日数累计执行。

第十八条 再次复查时违法排放污染物行为已经改正，环境保护主管部门在之后的检查中又发现排污者有本办法第五条规定的情形的，应当重新作出处罚决定，按日连续处罚的计罚周期重新起算。按日连续处罚次数不受限制。

第十九条 按日连续处罚每日的罚款数额，为原处罚决定书确定的罚款数额。

按照按日连续处罚规则决定的罚款数额，为原处罚决定书确定的罚款数额乘以计罚日数。

第五章 附 则

第二十条 环境保护主管部门针对违法排放污染物行为实施按日连续处罚的，可以同时适用责令排污者限制生产、停产整治或者查封、扣押等措施；因采取上述措施使排污者停止违法排污行为的，不再实施按日连续处罚。

第二十一条 本办法由国务院环境保护主管部门负责解释。

第二十二条 本办法自 2015 年 1 月 1 日起施行。

环境保护主管部门实施查封、扣押办法

（2014 年 12 月 15 日环境保护部部务会议审议通过 2014 年 12 月 19 日环境保护部令第 29 号公布 自 2015 年 1 月 1 日起施行）

第一章 总 则

第一条 为规范实施查封、扣押，依据《中华人民共和国环境保护法》、《中华人民共和国行政强制法》等法律，制定本办法。

第二条 对企业事业单位和其他生产经营者（以下称排污者）违反法律法规规定排放污染物，造成或者可能造成严重污染，县级以上环境保护主管部门对造成污染物排放的设施、设备实施查封、扣押的，适用本办法。

第三条 环境保护主管部门实施查封、扣押所需经费，应当列入本机关的行政经费预算，由同级财政予以保障。

第二章 适用范围

第四条 排污者有下列情形之一的，环境保护主管部门依法实施查封、扣押：

（一）违法排放、倾倒或者处置含传染病病原体的废物、危险废物、含重金属污染物或者持久性有机污染物等有毒物质或者其他有害物质的；

（二）在饮用水水源一级保护区、自然保护区核心区违反法律法规规定排放、倾倒、处置污染物的；

（三）违反法律法规规定排放、倾倒化工、制药、石化、印染、电镀、造纸、制革等工业污泥的；

（四）通过暗管、渗井、渗坑、灌注或者篡改、伪造监测数据，或者不正常运行防治污染设施等逃避监管的方式违反法律法规规定排放污染物的；

（五）较大、重大和特别重大突发环境事件发生后，未按照要求执行停产、停排措施，继续违反法律法规规定排放污染物的；

（六）法律、法规规定的其他造成或者可能造成严重污染的违法排污行为。

有前款第一项、第二项、第三项、第六项情形之一的，环境保护主管部门可以实施查封、扣押；已造成严重污染或者有前款第四项、第五项情形之一的，环境保护主管部门应当实施查封、扣押。

第五条 环境保护主管部门查封、扣押排污者造成污染物排放的设施、设备，应当符合有关法律的规定。不得重复查封、扣押排污者已被依法查封的设施、设备。

对不易移动的或者有特殊存放要求的设施、设备，应当就地查封。查封时，可以在该设施、设备的控制装置等关键部件或者造成污染物排放所需供水、供电、供气等开关阀门张贴封条。

第六条 具备下列情形之一的排污者，造成或者可能造成严重污染的，环境保护主管部门应当按照有关环境保护法律法规予以处罚，可以不予实施查封、扣押：

（一）城镇污水处理、垃圾处理、危险废物处置等公共设施的运营单位；

（二）生产经营业务涉及基本民生、公共利益的；

（三）实施查封、扣押可能影响生产安全的。

第七条 环境保护主管部门实施查封、扣押的，应当依法向社会公开查封、扣押决定、查封、扣押延期情况和解除查封、扣押决定等相关信息。

第三章 实施程序

第八条 实施查封、扣押的程序包括调查取证、审批、决定、执行、送达、解除。

第九条 环境保护主管部门实施查封、扣押前，应当做好调查取证工作。

查封、扣押的证据包括现场检查笔录、调查询问笔录、环境监测报告、视听资料、证人证言和其他证明材料。

第十条 需要实施查封、扣押的，应当书面报经环境保护主管部门负责人批准；案情重大或者社会影响较大的，应当经环境保护主管部门案件审查委员会集体审议决定。

第十一条 环境保护主管部门决定实施查封、扣押的，应当制作查封、扣押决定书和清单。

查封、扣押决定书应当载明下列事项：

（一）排污者的基本情况，包括名称或者姓名、营业执照号码或者居民身份证号码、组织机构代码、地址以及法定代表人或者主要负责人姓名等；

（二）查封、扣押的依据和期限；

（三）查封、扣押设施、设备的名称、数量和存放地点等；

（四）排污者应当履行的相关义务及申请行政复议或者提起行政诉讼的途径和期限；

（五）环境保护主管部门的名称、印章和决定日期。

第十二条 实施查封、扣押应当符合下列要求：

（一）由两名以上具有行政执法资格的环境行政执法人员实施，并出示执法身份证件；

（二）通知排污者的负责人或者受委托人到场，当场告知实施查封、扣押的依据以及依法享有的权利、救济途径，并听取其陈述和申辩；

（三）制作现场笔录，必要时可以进行现场拍摄。现场笔录的内容应当包括查封、扣押实施的起止时间和地点等；

（四）当场清点并制作查封、扣押设施、设备清单，由排污者和环境保护主管部门分别收执。委托第三人保管的，应同时交第三人收执。执法人员可以对上述过程进行现场拍摄；

（五）现场笔录和查封、扣押设施、设备清单由排污者和执法人员签名或者盖章；

（六）张贴封条或者采取其他方式，明示环境保护主管部门已实施查封、扣押。

第十三条 情况紧急，需要当场实施查封、扣押的，应当在实施后二十四小时内补办批准手续。环境保护主管部门负责人认为不需要实施查封、扣押的，应当立即解除。

第十四条 查封、扣押决定书应当当场交付排污者负责人或者受委托人签收。排污者负责人或者受委托人应当签名或者盖章，注明日期。

实施查封、扣押过程中，排污者负责人或者受委托人拒不到场或者拒绝签名、盖章的，环境行政执法人员应当予以注明，并可以邀请见证人到场，由见证人和环境行政执法人员签名或者盖章。

第十五条 查封、扣押的期限不得超过三十日；情况复杂的，经本级环境保护主管部门负责人批准可以延长，但延长期限不得超过三十日。法律、法规另有规定的除外。

延长查封、扣押的决定应当及时书面告知排污者，并说明理由。

第十六条 对就地查封的设施、设备，排污者应当妥善保管，不得擅自损毁封条、变更查封状态或者启用已查封的设施、设备。

对扣押的设施、设备，环境保护主管部门应当妥善保管，也可以委托第三人保管。扣押期间设施、设备的保管费用由环境保护主管部门承担。

第十七条 查封的设施、设备造成损失的，由排污者承担。扣押的设施、设备造成损失的，由环境保护主管部门承担；因受委托第三人原因造成损失的，委托的环境保护主管部门先行赔付后，可以向受委托第三人追偿。

第十八条 排污者在查封、扣押期限届满前，可以向决定实施查封、扣押的环境保护主管部门提出解除申请，并附具相关证明材料。

第十九条 环境保护主管部门应当自收到解除查封、扣押申请之日起五个工作日内，组织核查，并根据核查结果分别作出如下决定：

（一）确已改正违反法律法规规定排放污染物行为的，解除查封、扣押；

（二）未改正违反法律法规规定排放污染物行为的，维持查封、扣押。

第二十条 环境保护主管部门实施查封、扣押后，应当及时查清事实，有下列情形之一的，应当立即作出解除查封、扣押决定：

（一）对违反法律法规规定排放污染物行为已经作出行政处罚或者处理决定，不再需要实施查封、扣押的；

（二）查封、扣押期限已经届满的；

（三）其他不再需要实施查封、扣押的情形。

第二十一条 查封、扣押措施被解除的，环境保护主管部门应当立即通知排污者，并自解除查封、扣押决定作出之日起三个工作日内送达解除决定。

扣押措施被解除的，还应当通知排污者领回扣押物；无法通知的，应当进行公告，排污者应当自招领公告发布之日起六十日内领回；逾期未领回的，所造成的损失由排污者自行承担。

扣押物无法返还的，环境保护主管部门可以委托拍卖机构依法拍卖或者变卖，所得款项上缴国库。

第二十二条 排污者涉嫌环境污染犯罪已由公安机关立案侦查的，环境保护主管部门应当依法移送查封、扣押的设施、设备及有关法律文书、清单。

第二十三条 环境保护主管部门对查封后的设施、设备应当定期检视其封存情况。

排污者阻碍执法、擅自损毁封条、变更查封状态或者隐藏、转移、变卖、启用已查封的设施、设备的，环境保护主管部门应当依据《中华人民共和国治安管理处罚法》等法律法规及时提请公安机关依法处理。

第四章 附 则

第二十四条 本办法由国务院环境保护主管部门负责解释。

第二十五条 本办法自 2015 年 1 月 1 日起施行。

环境保护主管部门实施限制生产、停产整治办法

（2014年12月15日环境保护部部务会议审议通过 2014年12月19日环境保护部令第30号公布 自2015年1月1日起施行）

第一章 总　则

第一条 为规范实施限制生产、停产整治措施，依据《中华人民共和国环境保护法》，制定本办法。

第二条 县级以上环境保护主管部门对超过污染物排放标准或者超过重点污染物排放总量控制指标排放污染物的企业事业单位和其他生产经营者（以下称排污者），责令采取限制生产、停产整治措施的，适用本办法。

第三条 环境保护主管部门作出限制生产、停产整治决定时，应当责令排污者改正或者限期改正违法行为，并依法实施行政处罚。

第四条 环境保护主管部门实施限制生产、停产整治的，应当依法向社会公开限制生产、停产整治决定，限制生产延期情况和解除限制生产、停产整治的日期等相关信息。

第二章 适用范围

第五条 排污者超过污染物排放标准或者超过重点污染物日最高允许排放总量控制指标的，环境保护主管部门可以责令其采取限制生产措施。

第六条 排污者有下列情形之一的，环境保护主管部门可以责令其采取停产整治措施：

（一）通过暗管、渗井、渗坑、灌注或者篡改、伪造监测数据，或者不正常运行防治污染设施等逃避监管的方式排放污染物，超过污染物排放标准的；

（二）非法排放含重金属、持久性有机污染物等严重危害环境、损害人体健康的污染物超过污染物排放标准三倍以上的；

（三）超过重点污染物排放总量年度控制指标排放污染物的；

（四）被责令限制生产后仍然超过污染物排放标准排放污染物的；

（五）因突发事件造成污染物排放超过排放标准或者重点污染物排放总量控制指标的；

（六）法律、法规规定的其他情形。

第七条 具备下列情形之一的排污者，超过污染物排放标准或者超过重点污染物排放总量控制指标排放污染物的，环境保护主管部门应当按照有关环境保护法律法规予以处罚，可以不予实施停产整治：

（一）城镇污水处理、垃圾处理、危险废物处置等公共设施的运营单位；

（二）生产经营业务涉及基本民生、公共利益的；

（三）实施停产整治可能影响生产安全的。

第八条 排污者有下列情形之一的，由环境保护主管部门报经有批准权的人民政府责令停业、关闭：

（一）两年内因排放含重金属、持久性有机污染物等有毒物质超过污染物排放标准受过两次以上行政处罚，又实施前列行为的；

（二）被责令停产整治后拒不停产或者擅自恢复生产的；

（三）停产整治决定解除后，跟踪检查发现又实施同一违法行为的；
（四）法律法规规定的其他严重环境违法情节的。

第三章 实施程序

第九条 环境保护主管部门在作出限制生产、停产整治决定前，应当做好调查取证工作。

责令限制生产、停产整治的证据包括现场检查笔录、调查询问笔录、环境监测报告、视听资料、证人证言和其他证明材料。

第十条 作出限制生产、停产整治决定前，应当书面报经环境保护主管部门负责人批准；案情重大或者社会影响较大的，应当经环境保护主管部门案件审查委员会集体审议决定。

第十一条 环境保护主管部门作出限制生产、停产整治决定前，应当告知排污者有关事实、依据及其依法享有的陈述、申辩或者要求举行听证的权利；就同一违法行为进行行政处罚的，可以在行政处罚事先告知书或者行政处罚听证告知书中一并告知。

第十二条 环境保护主管部门作出限制生产、停产整治决定的，应当制作责令限制生产决定书或者责令停产整治决定书，也可以在行政处罚决定书中载明。

第十三条 责令限制生产决定书和责令停产整治决定书应当载明下列事项：

（一）排污者的基本情况，包括名称或者姓名、营业执照号码或者居民身份证号码、组织机构代码、地址以及法定代表人或者主要负责人姓名等；

（二）违法事实、证据，以及作出限制生产、停产整治决定的依据；

（三）责令限制生产、停产整治的改正方式、期限；

（四）排污者应当履行的相关义务及申请行政复议或者提起行政诉讼的途径和期限；

（五）环境保护主管部门的名称、印章和决定日期。

第十四条 环境保护主管部门应当自作出限制生产、停产整治决定之日起七个工作日内将决定书送达排污者。

第十五条 限制生产一般不超过三个月；情况复杂的，经本级环境保护主管部门负责人批准，可以延长，但延长期限不得超过三个月。

停产整治的期限，自责令停产整治决定书送达排污者之日起，至停产整治决定解除之日止。

第十六条 排污者应当在收到责令限制生产决定书或者责令停产整治决定书后立即整改，并在十五个工作日内将整改方案报作出决定的环境保护主管部门备案并向社会公开。整改方案应当确定改正措施、工程进度、资金保障和责任人员等事项。

被限制生产的排污者在整改期间，不得超过污染物排放标准或者重点污染物日最高允许排放总量控制指标排放污染物，并按照环境监测技术规范进行监测或者委托有条件的环境监测机构开展监测，保存监测记录。

第十七条 排污者完成整改任务的，应当在十五个工作日内将整改任务完成情况和整改信息社会公开情况，报作出限制生产、停产整治决定的环境保护主管部门备案，并提交监测报告以及整改期间生产用电量、用水量、主要产品产量与整改前的对比情况等材料。限制生产、停产整治决定自排污者报环境保护主管部门备案之日起解除。

第十八条 排污者有下列情形之一的，限制生产、停产整治决定自行终止：

（一）依法被撤销、解散、宣告破产或者因其他原因终止营业的；

（二）被有批准权的人民政府依法责令停业、关闭的。

第十九条 排污者被责令限制生产、停产整治后，环境保护主管部门应当按照相关规定对排污者履行限制生产、停产整治措施的情况实施后督察，并依法进行处理或者处罚。

第二十条 排污者解除限制生产、停产整治后，环境保护主管部门应当在解除之日起三十日内对排污者进行跟踪检查。

第四章 附 则

第二十一条 本办法由国务院环境保护主管部门负责解释。

第二十二条 本办法自2015年1月1日起施行。

环境保护行政许可听证暂行办法

(2004年6月17日经国家环境保护总局局务会议通过 2004年6月23日国家环境保护总局令第22号发布 自2004年7月1日起施行)

第一章 总 则

第一条 为了规范环境保护行政许可活动，保障和监督环境保护行政主管部门依法行政，提高环境保护行政许可的科学性、公正性、合理性和民主性，保护公民、法人和其他组织的合法权益，根据《中华人民共和国行政许可法》、《中华人民共和国环境影响评价法》等有关法律法规的规定，制定本办法。

第二条 县级以上人民政府环境保护行政主管部门实施环境保护行政许可时，适用本办法进行听证。

第三条 听证由拟作出环境保护行政许可决定的环境保护行政主管部门组织。

第四条 环境保护行政主管部门组织听证，应当遵循公开、公平、公正和便民的原则，充分听取公民、法人和其他组织的意见，保证其陈述意见、质证和申辩的权利。除涉及国家秘密、商业秘密或者个人隐私外，听证应当公开举行。公开举行的听证，公民、法人或者其他组织可以申请参加旁听。

第二章 听证的适用范围

第五条 实施环境保护行政许可，有下列情形之一的，适用本办法：

（一）按照法律、法规、规章的规定，实施环境保护行政许可应当组织听证的；

（二）实施涉及公共利益的重大环境保护行政许可，环境保护行政主管部门认为需要听证的；

（三）环境保护行政许可直接涉及申请人与他人之间重大利益关系，申请人、利害关系人依法要求听证的。

第六条 除国家规定需要保密的建设项目外，建设本条所列项目的单位，在报批环境影响报告书前，未依法征求有关单位、专家和公众的意见，或者虽然依法征求了有关单位、专家和公众的意见，但存在重大意见分歧的，环境保护行政主管部门在审查或者重新审核建设项目环境影响评价文件之前，可以举行听证会，征求项目所在地有关单位和居民的意见：

（一）对环境可能造成重大影响、应当编制环境影响报告书的建设项目；

（二）可能产生油烟、恶臭、噪声或者其他污染，严重影响项目所在地居民生活环境质量的建设项目。

第七条 对可能造成不良环境影响并直接涉及公众环境权益的工业、农业、畜牧业、林业、能源、水利、交通、城市建设、旅游、自然资源开发的有关专项规划，设区的市级以上人民政府在审批该专项规划草案和作出决策之前，指定环境保护行政主管部门对环境影响报告书进行审查的，环境保护行政主管部门可以举行听证会，征求有关单位、专家和公众对环境影响报告书草案的意见。国家规定需要保密的规划除外。

第三章 听证主持人和听证参加人

第八条 环境保护行政许可的听证活动，由承担许可职能的环境保护行政主管部门组织，并由其指定听证主持人具体实施。

听证主持人应当由环境保护行政主管部门许可审查机构内审查该行政许可申请的工作人员以外的人员担任。

环境行政许可事项重大复杂，环境保护行政主管部门决定举行听证，由许可审查机构的人员担任听证主持人可能影响公正处理的，由法制机构工作人员担任听证主持人。

记录员由听证主持人指定。

第九条 听证主持人在听证活动中行使下列职权：

（一）决定举行听证的时间、地点和方式；

（二）决定听证的延期、中止或者终结；

（三）决定证人是否出席作证；

（四）就听证事项进行询问；

（五）接收并审核有关证据，必要时可要求听证参加人提供或者补充证据；

（六）指挥听证活动，维护听证秩序，对违反听证纪律的行为予以警告直至责令其退场；

（七）对听证笔录进行审阅；

（八）法律、法规和规章赋予的其他职权。

记录员具体承担听证准备和听证记录工作。

第十条 听证主持人在听证活动中承担下列义务：

（一）决定将有关听证的通知及时送达行政许可申请人、利害关系人、行政许可审查人员、鉴定人、翻译人员等听证参加人；

（二）公正地主持听证，保证当事人行使陈述权、申辩权和质证权；

（三）符合回避情形的，应当自行回避；

（四）保守听证案件涉及的国家秘密、商业秘密和个人隐私。

记录员应当如实制作听证笔录，并承担本条第（四）项所规定的义务。

第十一条 听证主持人有下列情形之一的，应当自行回避。环境保护行政许可申请人或者利害关系人有权以口头或者书面方式申请其回避：

（一）是被听证的行政许可的审查人员，或者是行政许可审查人员的近亲属；

（二）是被听证的行政许可的当事人，或者是被听证的行政许可当事人、代理人的近亲属；

（三）与行政许可结果有直接利害关系的；

（四）与被听证的行政许可当事人有其他关系，可能影响公正听证的。

前款规定，适用于环境鉴定、监测人员。

行政许可申请人或者利害关系人申请听证主持人回避的，应说明理由，由组织听证的环境保护行政主管部门负责人决定是否回避。在是否回避的决定作出之前，被申请回避的听证主持人应当暂停参与听证工作。

第十二条 环境保护行政许可申请人、利害关系人享有下列权利：

（一）要求或者放弃听证；

（二）依法申请听证主持人回避；

（三）可以亲自参加听证，也可以委托一至二人代理参加听证；

（四）就听证事项进行陈述、申辩和举证；

（五）对证据进行质证；

(六) 听证结束前进行最后陈述；
(七) 审阅并核对听证笔录；
(八) 查阅案卷。

第十三条 环境保护行政许可申请人、利害关系人承担下列义务：
(一) 按照组织听证的环境保护行政主管部门指定的时间、地点出席听证会；
(二) 依法举证；
(三) 如实回答听证主持人的询问；
(四) 遵守听证纪律。

听证申请人无正当理由不出席听证会的，视同放弃听证权利。

听证申请人违反听证纪律，情节严重被听证主持人责令退场的，视同放弃听证权利。

环境鉴定人、监测人、证人、翻译人员等听证参加人，应当承担第（三）项和第（四）项义务。

第十四条 行政许可申请人、利害关系人或者其法定代理人，委托他人代理参加听证的，应当向组织听证的环境保护行政主管部门提交由委托人签名或者盖章的授权委托书。

授权委托书应当载明委托事项及权限。

第十五条 组织听证的环境保护行政主管部门可以通知了解被听证的行政许可事项的单位和个人出席听证会。

有关单位应当支持了解被听证的行政许可事项的单位和个人出席听证会。

证人确有困难不能出席听证会的，可以提交有本人签名或者盖章的书面证言。

第十六条 环境保护行政许可事项需要进行鉴定或者监测的，应当委托符合条件的鉴定或者监测机构。接受委托的机构有权了解有关材料，必要时可以询问行政许可申请人、利害关系人或者证人。

鉴定或者监测机构应当提交签名或者盖章的书面鉴定或者监测结论。

第四章 听证程序

第十七条 环境保护行政主管部门对本办法第五条第（一）项和第（二）项规定的环境保护行政许可事项，决定举行听证的，应在听证举行的10日前，通过报纸、网络或者布告等适当方式，向社会公告。

公告内容应当包括被听证的许可事项和听证会的时间、地点，以及参加听证会的方法。

第十八条 组织听证的环境保护行政主管部门可以根据场地等条件，确定参加听证会的人数。

第十九条 参加环境保护行政许可听证的公民、法人或者其他组织人数众多的，可以推举代表人参加听证。

第二十条 环境保护行政主管部门对本办法第五条第（三）项规定的环境保护行政许可事项，在作出行政许可决定之前，应当告知行政许可申请人、利害关系人享有要求听证的权利，并送达《环境保护行政许可听证告知书》。

《环境保护行政许可听证告知书》应当载明下列事项：
(一) 行政许可申请人、利害关系人的姓名或者名称；
(二) 被听证的行政许可事项；
(三) 对被听证的行政许可的初步审查意见、证据和理由；
(四) 告知行政许可申请人、利害关系人有申请听证的权利；
(五) 告知申请听证的期限和听证的组织机关。

送达《环境保护行政许可听证告知书》可以采取直接送达、委托送达、邮寄送达等形式，并由行政许可申请人、利害关系人在送达回执上签字。

行政许可申请人、利害关系人人数众多或者其他必要情形时，可以通过报纸、网络或者布告等适当方式，将《环境保护行政许可听证告知书》向社会公告。

第二十一条　行政许可申请人、利害关系人要求听证的，应当在收到听证告知书之日起5日内以书面形式提出听证申请。

第二十二条　《环境保护行政许可听证申请书》包括以下内容：

（一）听证申请人的姓名、地址；

（二）申请听证的具体要求；

（三）申请听证的依据、理由；

（四）其他相关材料。

第二十三条　组织行政许可听证的环境保护行政主管部门收到听证申请书后，应当对申请材料进行审查。申请材料不齐备的，应当一次性告知听证申请人补正。

第二十四条　听证申请有下列情形之一的，组织听证的环境保护行政主管部门不予受理，并书面说明理由：

（一）听证申请人不是该环境保护行政许可的申请人、利害关系人的；

（二）听证申请未在收到《环境保护行政许可听证告知书》后5个工作日内提出的；

（三）其他不符合申请听证条件的。

第二十五条　组织听证的环境保护行政主管部门经过审核，对符合听证条件的听证申请，应当受理，并在20日内组织听证。

第二十六条　组织听证的环境保护行政主管部门应当在听证举行的7日前，将《环境保护行政许可听证通知书》分别送达行政许可申请人、利害关系人，并由其在送达回执上签字。

《环境保护行政许可听证通知书》应当载明下列事项：

（一）行政许可申请人、利害关系人的姓名或者名称；

（二）听证的事由与依据；

（三）听证举行的时间、地点和方式；

（四）听证主持人、行政许可审查人员的姓名、职务；

（五）告知行政许可申请人、利害关系人预先准备证据、通知证人等事项；

（六）告知行政许可申请人、利害关系人参加听证的权利和义务；

（七）其他注意事项。

申请人、利害关系人人数众多或者其他必要情形时，可以通过报纸、网络或者布告等适当方式，向社会公告。

第二十七条　环境保护行政许可申请人、利害关系人接到听证通知后，应当按时到场；无正当理由不到场的，或者未经听证主持人允许中途退场的，视为放弃听证权利，并记入听证笔录。

第二十八条　环境保护行政许可听证会按以下程序进行：

（一）听证主持人宣布听证会纪律，告知听证申请人、利害关系人的权利和义务，询问并核实听证参加人的身份，宣布听证开始；

（二）记录员宣布听证所涉许可事项、听证主持人和听证员的姓名、工作单位和职务；

（三）行政许可审查人员提出初步审查意见、理由和证据；

（四）行政许可申请人、利害关系人就该行政许可事项进行陈述和申辩，提出有关证据，对行政许可审查人员提出的证据进行质证；

（五）行政许可审查人员和行政许可申请人、利害关系人进行辩论；

（六）行政许可申请人、利害关系人做最后陈述；

（七）主持人宣布听证结束。

在听证过程中，主持人可以向行政许可审查人员、行政许可申请人、利害关系人和证人发问，有关人员应当如实回答。

第二十九条 组织听证的环境保护行政主管部门，对听证会必须制作笔录。

听证笔录应当载明下列事项，并由听证员和记录员签名：

（一）听证所涉许可事项；

（二）听证主持人和记录员的姓名、职务；

（三）听证参加人的基本情况；

（四）听证的时间、地点；

（五）听证公开情况；

（六）行政许可审查人员提出的初步审查意见、理由和证据；

（七）行政许可申请人、利害关系人和其他听证参加人的主要观点、理由和依据；

（八）延期、中止或者终止的说明；

（九）听证主持人对听证活动中有关事项的处理情况；

（十）听证主持人认为应当笔录的其他事项。

听证结束后，听证笔录应交陈述意见的行政许可申请人、利害关系人审核无误后签字或者盖章。无正当理由拒绝签字或者盖章的，应当记入听证笔录。

第三十条 听证终结后，听证主持人应当及时将听证笔录报告本部门负责人。

环境保护行政主管部门应当根据听证笔录，作出环境保护行政许可决定，并应当在许可决定中附具对听证会反映的主要观点采纳或者不采纳的说明。

第三十一条 有下列情形之一的，可以延期举行听证：

（一）因不可抗力事由致使听证无法按期举行的；

（二）行政许可申请人、利害关系人临时申请听证主持人回避的；

（三）行政许可申请人、利害关系人申请延期，并有正当理由的；

（四）可以延期的其他情形。

延期听证的，组织听证的环境保护行政主管部门应当书面通知听证参加人。

第三十二条 有下列情形之一的，中止听证：

（一）听证主持人认为听证过程中提出的新的事实、理由、依据有待进一步调查核实或者鉴定的；

（二）申请听证的公民死亡、法人或者其他组织终止，尚未确定权利、义务承受人的；

（三）其他需要中止听证的情形。

中止听证的，组织听证的环境保护行政主管部门应当书面通知听证参加人。

第三十三条 延期、中止听证的情形消失后，由组织听证的环境保护行政主管部门决定是否恢复听证，并书面通知听证参加人。

第三十四条 有下列情形之一的，应当终止听证：

（一）行政许可申请人、利害关系人在告知后明确放弃听证权利的；

（二）听证申请人撤回听证要求的；

（三）听证申请人无正当理由不参加听证的；

（四）听证申请人在听证过程中声明退出的；

（五）听证申请人未经听证主持人允许中途退场的；

（六）听证申请人为法人或者其他组织的，该法人或者其他组织终止后，承受其权利的法人或者组织放弃听证权利的；

（七）听证申请人违反听证纪律，情节严重，被听证主持人责令退场的；

（八）需要终止听证的其他情形。

第五章 罚　则

第三十五条 环境保护行政主管部门及其工作人员违反《中华人民共和国行政许可法》的规定，有下列情形之一的，由有关机关依法责令改正；情节严重的，对直接负责的主管人员和其他直接责任人员依法给予行政处分：

（一）对法律、法规、规章规定应当组织听证的环境保护行政许可事项，不组织听证的；

（二）对符合法定条件的环境保护行政许可听证申请，不予受理的；

（三）在受理、审查、决定环境保护行政许可过程中，未向申请人、利害关系人履行法定告知义务的；

（四）未依法说明不受理环境保护行政许可听证申请或者不予听证的理由的。

第三十六条 环境保护行政主管部门的听证主持人、记录员，在听证时玩忽职守、滥用职权、徇私舞弊的，依法给予行政处分；构成犯罪的，依法追究刑事责任。

第六章 附　则

第三十七条 《环境保护行政许可听证公告》、《环境保护行政许可听证告知书》、《环境保护行政许可听证申请书》、《环境保护行政许可听证通知书》和《送达回执》的格式，由国家环境保护总局统一规范。

第三十八条 环境保护行政主管部门组织听证所需经费，应当根据《中华人民共和国行政许可法》第五十八条的规定，列入本行政机关的预算，由本级财政予以保障。

第三十九条 环境保护行政主管部门受权起草的环境保护法律、法规，或者依职权起草的环境保护规章，直接涉及公民、法人或者其他组织切身利益，有关机关、组织或者公民对草案有重大意见分歧的，环境保护行政主管部门可以采取听证会形式，听取社会意见。

环境立法听证会，除适用《规章制定程序条例》等法律法规规定的程序外，可以参照本办法关于听证组织和听证程序的规定执行。

第四十条 本办法自2004年7月1日起施行。

最高人民法院
关于审理生态环境侵权责任纠纷案件适用法律若干问题的解释

法释〔2023〕5号

（2023年6月5日最高人民法院审判委员会第1890次会议通过
2023年8月14日最高人民法院公告公布
自2023年9月1日起施行）

为正确审理生态环境侵权责任纠纷案件，依法保护当事人合法权益，根据《中华人民共和国民法典》《中华人民共和国民事诉讼法》《中华人民共和国环境保护法》等法律的规定，结合审判实践，制定本解释。

第一条 侵权人因实施下列污染环境、破坏生态行为造成他人人身、财产损害，被侵权人请求侵权人承担生态环境侵权责任的，人民法院应予支持：

（一）排放废气、废水、废渣、医疗废物、粉尘、恶臭气体、放射性物质等污染环境的；
（二）排放噪声、振动、光辐射、电磁辐射等污染环境的；
（三）不合理开发利用自然资源的；
（四）违反国家规定，未经批准，擅自引进、释放、丢弃外来物种的；
（五）其他污染环境、破坏生态的行为。

第二条 因下列污染环境、破坏生态引发的民事纠纷，不作为生态环境侵权案件处理：
（一）未经由大气、水、土壤等生态环境介质，直接造成损害的；
（二）在室内、车内等封闭空间内造成损害的；
（三）不动产权利人在日常生活中造成相邻不动产权利人损害的；
（四）劳动者在职业活动中受到损害的。
前款规定的情形，依照相关法律规定确定民事责任。

第三条 不动产权利人因经营活动污染环境、破坏生态造成相邻不动产权利人损害，被侵权人请求其承担生态环境侵权责任的，人民法院应予支持。

第四条 污染环境、破坏生态造成他人损害，行为人不论有无过错，都应当承担侵权责任。
行为人以外的其他责任人对损害发生有过错的，应当承担侵权责任。

第五条 两个以上侵权人分别污染环境、破坏生态造成同一损害，每一个侵权人的行为都足以造成全部损害，被侵权人根据民法典第一千一百七十一条的规定请求侵权人承担连带责任的，人民法院应予支持。

第六条 两个以上侵权人分别污染环境、破坏生态，每一个侵权人的行为都不足以造成全部损害，被侵权人根据民法典第一千一百七十二条的规定请求侵权人承担责任的，人民法院应予支持。
侵权人主张其污染环境、破坏生态行为不足以造成全部损害的，应当承担相应举证责任。

第七条 两个以上侵权人分别污染环境、破坏生态，部分侵权人的行为足以造成全部损害，部分侵权人的行为只造成部分损害，被侵权人请求足以造成全部损害的侵权人对全部损害承担责任，并与其他侵权人就共同造成的损害部分承担连带责任的，人民法院应予支持。
被侵权人依照前款规定请求足以造成全部损害的侵权人与其他侵权人承担责任的，受偿范围应以侵权行为造成的全部损害为限。

第八条 两个以上侵权人分别污染环境、破坏生态，部分侵权人能够证明其他侵权人的侵权行为已先行造成全部或者部分损害，并请求在相应范围内不承担责任或者减轻责任的，人民法院应予支持。

第九条 两个以上侵权人分别排放的物质相互作用产生污染物造成他人损害，被侵权人请求侵权人承担连带责任的，人民法院应予支持。

第十条 为侵权人污染环境、破坏生态提供场地或者储存、运输等帮助，被侵权人根据民法典第一千一百六十九条的规定请求行为人与侵权人承担连带责任的，人民法院应予支持。

第十一条 过失为侵权人污染环境、破坏生态提供场地或者储存、运输等便利条件，被侵权人请求行为人承担与过错相适应责任的，人民法院应予支持。
前款规定的行为人存在重大过失的，依照本解释第十条的规定处理。

第十二条 排污单位将所属的环保设施委托第三方治理机构运营，第三方治理机构在合同履行过程中污染环境造成他人损害，被侵权人请求排污单位承担侵权责任的，人民法院应予支持。
排污单位依照前款规定承担责任后向有过错的第三方治理机构追偿的，人民法院应予支持。

第十三条 排污单位将污染物交由第三方治理机构集中处置，第三方治理机构在合同履行过程中污染环境造成他人损害，被侵权人请求第三方治理机构承担侵权责任的，人民法院应予支持。

排污单位在选任、指示第三方治理机构中有过错，被侵权人请求排污单位承担相应责任的，人民法院应予支持。

第十四条 存在下列情形之一的，排污单位与第三方治理机构应当根据民法典第一千一百六十八条的规定承担连带责任：

（一）第三方治理机构按照排污单位的指示，违反污染防治相关规定排放污染物的；

（二）排污单位将明显存在缺陷的环保设施交由第三方治理机构运营，第三方治理机构利用该设施违反污染防治相关规定排放污染物的；

（三）排污单位以明显不合理的价格将污染物交由第三方治理机构处置，第三方治理机构违反污染防治相关规定排放污染物的；（四）其他应当承担连带责任的情形。

第十五条 公司污染环境、破坏生态，被侵权人请求股东承担责任，符合公司法第二十条规定情形的，人民法院应予支持。

第十六条 侵权人污染环境、破坏生态造成他人损害，被侵权人请求未尽到安全保障义务的经营场所、公共场所的经营者、管理者或者群众性活动的组织者承担相应补充责任的，人民法院应予支持。

第十七条 依照法律规定应当履行生态环境风险管控和修复义务的民事主体，未履行法定义务造成他人损害，被侵权人请求其承担相应责任的，人民法院应予支持。

第十八条 因第三人的过错污染环境、破坏生态造成他人损害，被侵权人请求侵权人或者第三人承担责任的，人民法院应予支持。

侵权人以损害是由第三人过错造成的为由，主张不承担责任或者减轻责任的，人民法院不予支持。

第十九条 因第三人的过错污染环境、破坏生态造成他人损害，被侵权人同时起诉侵权人和第三人承担责任，侵权人对损害的发生没有过错的，人民法院应当判令侵权人、第三人就全部损害承担责任。侵权人承担责任后有权向第三人追偿。

侵权人对损害的发生有过错的，人民法院应当判令侵权人就全部损害承担责任，第三人承担与其过错相适应的责任。侵权人承担责任后有权就第三人应当承担的责任份额向其追偿。

第二十条 被侵权人起诉第三人承担责任的，人民法院应当向被侵权人释明是否同时起诉侵权人。被侵权人不起诉侵权人的，人民法院应当根据民事诉讼法第五十九条的规定通知侵权人参加诉讼。

被侵权人仅请求第三人承担责任，侵权人对损害的发生也有过错的，人民法院应当判令第三人承担与其过错相适应的责任。

第二十一条 环境影响评价机构、环境监测机构以及从事环境监测设备和防治污染设施维护、运营的机构存在下列情形之一，被侵权人请求其与造成环境污染、生态破坏的其他责任人根据环境保护法第六十五条的规定承担连带责任的，人民法院应予支持：

（一）故意出具失实评价文件的；

（二）隐瞒委托人超过污染物排放标准或者超过重点污染物排放总量控制指标的事实的；

（三）故意不运行或者不正常运行环境监测设备或者防治污染设施的；

（四）其他根据法律规定应当承担连带责任的情形。

第二十二条 被侵权人请求侵权人赔偿因污染环境、破坏生态造成的人身、财产损害，以及为防止损害发生和扩大而采取必要措施所支出的合理费用的，人民法院应予支持。

被侵权人同时请求侵权人根据民法典第一千二百三十五条的规定承担生态环境损害赔偿责任的，人民法院不予支持。

第二十三条 因污染环境、破坏生态影响他人取水、捕捞、狩猎、采集等日常生活并造成经济损失，同时符合下列情形，请求人主张行为人承担责任的，人民法院应予支持：

（一）请求人的活动位于或者接近生态环境受损区域；

（二）请求人的活动依赖受损害生态环境；

（三）请求人的活动不具有可替代性或者替代成本过高；

（四）请求人的活动具有稳定性和公开性。

根据国家规定须经相关行政主管部门许可的活动，请求人在污染环境、破坏生态发生时未取得许可的，人民法院对其请求不予支持。

第二十四条 两个以上侵权人就污染环境、破坏生态造成的损害承担连带责任，实际承担责任超过自己责任份额的侵权人根据民法典第一百七十八条的规定向其他侵权人追偿的，人民法院应予支持。侵权人就惩罚性赔偿责任向其他侵权人追偿的，人民法院不予支持。

第二十五条 两个以上侵权人污染环境、破坏生态造成他人损害，人民法院应当根据行为有无许可，污染物的种类、浓度、排放量、危害性，破坏生态的方式、范围、程度，以及行为对损害后果所起的作用等因素确定各侵权人的责任份额。

两个以上侵权人污染环境、破坏生态承担连带责任，实际承担责任的侵权人向其他侵权人追偿的，依照前款规定处理。

第二十六条 被侵权人对同一污染环境、破坏生态行为造成损害的发生或者扩大有重大过失，侵权人请求减轻责任的，人民法院可以予以支持。

第二十七条 被侵权人请求侵权人承担生态环境侵权责任的诉讼时效期间，以被侵权人知道或者应当知道权利受到损害以及侵权人、其他责任人之日起计算。

被侵权人知道或者应当知道权利受到损害以及侵权人、其他责任人之日，侵权行为仍持续的，诉讼时效期间自行为结束之日起计算。

第二十八条 被侵权人以向负有环境资源监管职能的行政机关请求处理因污染环境、破坏生态造成的损害为由，主张诉讼时效中断的，人民法院应予支持。

第二十九条 本解释自2023年9月1日起施行。

本解释公布施行后，《最高人民法院关于审理环境侵权责任纠纷案件适用法律若干问题的解释》（法释〔2015〕12号）同时废止。

最高人民法院
关于生态环境侵权民事诉讼证据的若干规定

法释〔2023〕6号

(2023年4月17日最高人民法院审判委员会第1885次会议通过
2023年8月14日最高人民法院公告公布
自2023年9月1日起施行)

为保证人民法院正确认定案件事实，公正、及时审理生态环境侵权责任纠纷案件，保障和便利当事人依法行使诉讼权利，保护生态环境，根据《中华人民共和国民法典》《中华人民共和国民事诉讼法》《中华人民共和国环境保护法》等有关法律规定，结合生态环境侵权民事案件审判经验和实际情况，制定本规定。

第一条 人民法院审理环境污染责任纠纷案件、生态破坏责任纠纷案件和生态环境保护民事公益诉讼案件，适用本规定。

生态环境保护民事公益诉讼案件，包括环境污染民事公益诉讼案件、生态破坏民事公益诉讼案件和生态环境损害赔偿诉讼案件。

第二条 环境污染责任纠纷案件、生态破坏责任纠纷案件的原告应当就以下事实承担举证责任：

（一）被告实施了污染环境或者破坏生态的行为；

（二）原告人身、财产受到损害或者有遭受损害的危险。

第三条 生态环境保护民事公益诉讼案件的原告应当就以下事实承担举证责任：

（一）被告实施了污染环境或者破坏生态的行为，且该行为违反国家规定；

（二）生态环境受到损害或者有遭受损害的重大风险。

第四条 原告请求被告就其污染环境、破坏生态行为支付人身、财产损害赔偿费用，或者支付民法典第一千二百三十五条规定的损失、费用的，应当就其主张的损失、费用的数额承担举证责任。

第五条 原告起诉请求被告承担环境污染、生态破坏责任的，应当提供被告行为与损害之间具有关联性的证据。

人民法院应当根据当事人提交的证据，结合污染环境、破坏生态的行为方式、污染物的性质、环境介质的类型、生态因素的特征、时间顺序、空间距离等因素，综合判断被告行为与损害之间的关联性是否成立。

第六条 被告应当就其行为与损害之间不存在因果关系承担举证责任。

被告主张不承担责任或者减轻责任的，应当就法律规定的不承担责任或者减轻责任的情形承担举证责任。

第七条 被告证明其排放的污染物、释放的生态因素、产生的生态影响未到达损害发生地，或者其行为在损害发生后才实施且未加重损害后果，或者存在其行为不可能导致损害发生的其他情形的，人民法院应当认定被告行为与损害之间不存在因果关系。

第八条 对于发生法律效力的刑事裁判、行政裁判因未达到证明标准未予认定的事实，在因同一污染环境、破坏生态行为提起的生态环境侵权民事诉讼中，人民法院根据有关事实和证据确信待证事实的存在具有高度可能性的，应当认定该事实存在。

第九条 对于人民法院在生态环境保护民事公益诉讼生效裁判中确认的基本事实，当事人在因同一污染环境、破坏生态行为提起的人身、财产损害赔偿诉讼中无需举证证明，但有相反证据足以推翻的除外。

第十条 对于可能损害国家利益、社会公共利益的事实，双方当事人未主张或者无争议，人民法院认为可能影响裁判结果的，可以责令当事人提供有关证据。

前款规定的证据，当事人申请人民法院调查收集，符合《最高人民法院关于适用〈中华人民共和国民事诉讼法〉的解释》第九十四条规定情形的，人民法院应当准许；人民法院认为有必要的，可以依职权调查收集。

第十一条 实行环境资源案件集中管辖的法院，可以委托侵权行为实施地、侵权结果发生地、被告住所地等人民法院调查收集证据。受委托法院应当在收到委托函次日起三十日内完成委托事项，并将调查收集的证据及有关笔录移送委托法院。

受委托法院未能完成委托事项的，应当向委托法院书面告知有关情况及未能完成的原因。

第十二条 当事人或者利害关系人申请保全环境污染、生态破坏相关证据的，人民法院应当结合下列因素进行审查，确定是否采取保全措施：

（一）证据灭失或者以后难以取得的可能性；

（二）证据对证明待证事实有无必要；

（三）申请人自行收集证据是否存在困难；

（四）有必要采取证据保全措施的其他因素。

第十三条　在符合证据保全目的的情况下，人民法院应当选择对证据持有人利益影响最小的保全措施，尽量减少对保全标的物价值的损害和对证据持有人生产、生活的影响。

确需采取查封、扣押等限制保全标的物使用的保全措施的，人民法院应当及时组织当事人对保全的证据进行质证。

第十四条　人民法院调查收集、保全或者勘验涉及环境污染、生态破坏专门性问题的证据，应当遵守相关技术规范。必要时，可以通知鉴定人到场，或者邀请负有环境资源保护监督管理职责的部门派员协助。

第十五条　当事人向人民法院提交证据后申请撤回该证据，或者声明不以该证据证明案件事实的，不影响其他当事人援引该证据证明案件事实以及人民法院对该证据进行审查认定。

当事人放弃使用人民法院依其申请调查收集或者保全的证据的，按照前款规定处理。

第十六条　对于查明环境污染、生态破坏案件事实的专门性问题，人民法院经审查认为有必要的，应当根据当事人的申请或者依职权委托具有相应资格的机构、人员出具鉴定意见。

第十七条　对于法律适用、当事人责任划分等非专门性问题，或者虽然属于专门性问题，但可以通过法庭调查、勘验等其他方式查明的，人民法院不予委托鉴定。

第十八条　鉴定人需要邀请其他机构、人员完成部分鉴定事项的，应当向人民法院提出申请。

人民法院经审查认为确有必要的，在听取双方当事人意见后，可以准许，并告知鉴定人对最终鉴定意见承担法律责任；主要鉴定事项由其他机构、人员实施的，人民法院不予准许。

第十九条　未经人民法院准许，鉴定人邀请其他机构、人员完成部分鉴定事项的，鉴定意见不得作为认定案件事实的根据。

前款情形，当事人申请退还鉴定费用的，人民法院应当在三日内作出裁定，责令鉴定人退还；拒不退还的，由人民法院依法执行。

第二十条　鉴定人提供虚假鉴定意见的，该鉴定意见不得作为认定案件事实的根据。人民法院可以依照民事诉讼法第一百一十四条的规定进行处理。

鉴定事项由其他机构、人员完成，其他机构、人员提供虚假鉴定意见的，按照前款规定处理。

第二十一条　因没有鉴定标准、成熟的鉴定方法、相应资格的鉴定人等原因无法进行鉴定，或者鉴定周期过长、费用过高的，人民法院可以结合案件有关事实、当事人申请的有专门知识的人的意见和其他证据，对涉及专门性问题的事实作出认定。

第二十二条　当事人申请有专门知识的人出庭，就鉴定意见或者污染物认定、损害结果、因果关系、生态环境修复方案、生态环境修复费用、生态环境受到损害至修复完成期间服务功能丧失导致的损失、生态环境功能永久性损害造成的损失等专业问题提出意见的，人民法院可以准许。

对方当事人以有专门知识的人不具备相应资格为由提出异议的，人民法院对该异议不予支持。

第二十三条　当事人就环境污染、生态破坏的专门性问题自行委托有关机构、人员出具的意见，人民法院应当结合本案的其他证据，审查确定能否作为认定案件事实的根据。

对方当事人对该意见有异议的，人民法院应当告知提供意见的当事人可以申请出具意见的机构或者人员出庭陈述意见；未出庭的，该意见不得作为认定案件事实的根据。

第二十四条　负有环境资源保护监督管理职责的部门在其职权范围内制作的处罚决定等文书所记载的事项推定为真实，但有相反证据足以推翻的除外。

人民法院认为有必要的，可以依职权对上述文书的真实性进行调查核实。

第二十五条　负有环境资源保护监督管理职责的部门及其所属或者委托的监测机构在行政执法过程中收集的监测数据、形成的事件调查报告、检验检测报告、评估报告等材料，以及公安机关单独或者会同负有环境资源保护监督管理职责的部门提取样品进行检测获取的数据，经当事人质证，可以作为认定案件事实的根据。

第二十六条 对于证明环境污染、生态破坏案件事实有重要意义的书面文件、数据信息或者录音、录像等证据在对方当事人控制之下的，承担举证责任的当事人可以根据《最高人民法院关于适用〈中华人民共和国民事诉讼法〉的解释》第一百一十二条的规定，书面申请人民法院责令对方当事人提交。

第二十七条 承担举证责任的当事人申请人民法院责令对方当事人提交证据的，应当提供有关证据的名称、主要内容、制作人、制作时间或者其他可以将有关证据特定化的信息。根据申请人提供的信息不能使证据特定化的，人民法院不予准许。

人民法院应当结合申请人是否参与证据形成过程、是否接触过该证据等因素，综合判断其提供的信息是否达到证据特定化的要求。

第二十八条 承担举证责任的当事人申请人民法院责令对方当事人提交证据的，应当提出证据由对方当事人控制的依据。对方当事人否认控制有关证据的，人民法院应当根据法律规定、当事人约定、交易习惯等因素，结合案件的事实、证据作出判断。

有关证据虽未由对方当事人直接持有，但在其控制范围之内，其获取不存在客观障碍的，人民法院应当认定有关证据由其控制。

第二十九条 法律、法规、规章规定当事人应当披露或者持有的关于其排放的主要污染物名称、排放方式、排放浓度和总量、超标排放情况、防治污染设施的建设和运行情况、生态环境开发利用情况、生态环境违法信息等环境信息，属于《最高人民法院关于民事诉讼证据的若干规定》第四十七条第一款第三项规定的"对方当事人依照法律规定有权查阅、获取的书证"。

第三十条 在环境污染责任纠纷、生态破坏责任纠纷案件中，损害事实成立，但人身、财产损害赔偿数额难以确定的，人民法院可以结合侵权行为对原告造成损害的程度、被告因侵权行为获得的利益以及过错程度等因素，并可以参考负有环境资源保护监督管理职责的部门的意见等，合理确定。

第三十一条 在生态环境保护民事公益诉讼案件中，损害事实成立，但生态环境修复费用、生态环境受到损害至修复完成期间服务功能丧失导致的损失、生态环境功能永久性损害造成的损失等数额难以确定的，人民法院可以根据污染环境、破坏生态的范围和程度等已查明的案件事实，结合生态环境及其要素的稀缺性、生态环境恢复的难易程度、防治污染设备的运行成本、被告因侵权行为获得的利益以及过错程度等因素，并可以参考负有环境资源保护监督管理职责的部门的意见等，合理确定。

第三十二条 本规定未作规定的，适用《最高人民法院关于民事诉讼证据的若干规定》。

第三十三条 人民法院审理人民检察院提起的环境污染民事公益诉讼案件、生态破坏民事公益诉讼案件，参照适用本规定。

第三十四条 本规定自2023年9月1日起施行。

本规定公布施行后，最高人民法院以前发布的司法解释与本规定不一致的，不再适用。

最高人民法院
关于审理生态环境侵权纠纷案件适用惩罚性赔偿的解释

法释〔2022〕1号

(2021年12月27日最高人民法院审判委员会第1858次会议通过
2022年1月12日最高人民法院公告公布
自2022年1月20日起施行)

为妥善审理生态环境侵权纠纷案件，全面加强生态环境保护，正确适用惩罚性赔偿，根据《中华人民共和国民法典》《中华人民共和国环境保护法》《中华人民共和国民事诉讼法》等相关法律规定，结合审判实践，制定本解释。

第一条 人民法院审理生态环境侵权纠纷案件适用惩罚性赔偿，应当严格审慎，注重公平公正，依法保护民事主体合法权益，统筹生态环境保护和经济社会发展。

第二条 因环境污染、生态破坏受到损害的自然人、法人或者非法人组织，依据民法典第一千二百三十二条的规定，请求判令侵权人承担惩罚性赔偿责任的，适用本解释。

第三条 被侵权人在生态环境侵权纠纷案件中请求惩罚性赔偿的，应当在起诉时明确赔偿数额以及所依据的事实和理由。

被侵权人在生态环境侵权纠纷案件中没有提出惩罚性赔偿的诉讼请求，诉讼终结后又基于同一污染环境、破坏生态事实另行起诉请求惩罚性赔偿的，人民法院不予受理。

第四条 被侵权人主张侵权人承担惩罚性赔偿责任的，应当提供证据证明以下事实：

（一）侵权人污染环境、破坏生态的行为违反法律规定；

（二）侵权人具有污染环境、破坏生态的故意；

（三）侵权人污染环境、破坏生态的行为造成严重后果。

第五条 人民法院认定侵权人污染环境、破坏生态的行为是否违反法律规定，应当以法律、法规为依据，可以参照规章的规定。

第六条 人民法院认定侵权人是否具有污染环境、破坏生态的故意，应当根据侵权人的职业经历、专业背景或者经营范围，因同一或者同类行为受到行政处罚或者刑事追究的情况，以及污染物的种类，污染环境、破坏生态行为的方式等因素综合判断。

第七条 具有下列情形之一的，人民法院应当认定侵权人具有污染环境、破坏生态的故意：

（一）因同一污染环境、破坏生态行为，已被人民法院认定构成破坏环境资源保护犯罪的；

（二）建设项目未依法进行环境影响评价，或者提供虚假材料导致环境影响评价文件严重失实，被行政主管部门责令停止建设后拒不执行的；

（三）未取得排污许可证排放污染物，被行政主管部门责令停止排污后拒不执行，或者超过污染物排放标准或者重点污染物排放总量控制指标排放污染物，经行政主管机关责令限制生产、停产整治或者给予其他行政处罚后仍不改正的；

（四）生产、使用国家明令禁止生产、使用的农药，被行政主管部门责令改正后拒不改正的；

（五）无危险废物经营许可证而从事收集、贮存、利用、处置危险废物经营活动，或者知道或者应当知道他人无许可证而将危险废物提供或者委托给其从事收集、贮存、利用、处置等活动的；

（六）将未经处理的废水、废气、废渣直接排放或者倾倒的；

（七）通过暗管、渗井、渗坑、灌注，篡改、伪造监测数据，或者以不正常运行防治污染设施等逃避监管的方式，违法排放污染物的；

（八）在相关自然保护区域、禁猎（渔）区、禁猎（渔）期使用禁止使用的猎捕工具、方法猎捕、杀害国家重点保护野生动物、破坏野生动物栖息地的；

（九）未取得勘查许可证、采矿许可证，或者采取破坏性方法勘查开采矿产资源的；

（十）其他故意情形。

第八条 人民法院认定侵权人污染环境、破坏生态行为是否造成严重后果，应当根据污染环境、破坏生态行为的持续时间、地域范围，造成环境污染、生态破坏的范围和程度，以及造成的社会影响等因素综合判断。

侵权人污染环境、破坏生态行为造成他人死亡、健康严重损害，重大财产损失，生态环境严重损害或者重大不良社会影响的，人民法院应当认定为造成严重后果。

第九条 人民法院确定惩罚性赔偿金数额，应当以环境污染、生态破坏造成的人身损害赔偿金、财产损失数额作为计算基数。

前款所称人身损害赔偿金、财产损失数额，依照民法典第一千一百七十九条、第一千一百八十四条规定予以确定。法律另有规定的，依照其规定。

第十条 人民法院确定惩罚性赔偿金数额，应当综合考虑侵权人的恶意程度、侵权后果的严重程度、侵权人因污染环境、破坏生态行为所获得的利益或者侵权人所采取的修复措施及其效果等因素，但一般不超过人身损害赔偿金、财产损失数额的二倍。

因同一污染环境、破坏生态行为已经被行政机关给予罚款或者被人民法院判处罚金，侵权人主张免除惩罚性赔偿责任的，人民法院不予支持，但在确定惩罚性赔偿金数额时可以综合考虑。

第十一条 侵权人因同一污染环境、破坏生态行为，应当承担包括惩罚性赔偿在内的民事责任、行政责任和刑事责任，其财产不足以支付的，应当优先用于承担民事责任。

侵权人因同一污染环境、破坏生态行为，应当承担包括惩罚性赔偿在内的民事责任，其财产不足以支付的，应当优先用于承担惩罚性赔偿以外的其他责任。

第十二条 国家规定的机关或者法律规定的组织作为被侵权人代表，请求判令侵权人承担惩罚性赔偿责任的，人民法院可以参照前述规定予以处理。但惩罚性赔偿金数额的确定，应当以生态环境受到损害至修复完成期间服务功能丧失导致的损失、生态环境功能永久性损害造成的损失数额作为计算基数。

第十三条 侵权行为实施地、损害结果发生地在中华人民共和国管辖海域内的海洋生态环境侵权纠纷案件惩罚性赔偿问题，另行规定。

第十四条 本规定自 2022 年 1 月 20 日起施行。

最高人民法院
关于生态环境侵权案件适用禁止令保全措施的若干规定

法释〔2021〕22 号

(2021 年 11 月 29 日最高人民法院审判委员会第 1854 次会议通过
2021 年 12 月 27 日最高人民法院公告公布
自 2022 年 1 月 1 日起施行)

为妥善审理生态环境侵权案件,及时有效保护生态环境,维护民事主体合法权益,落实保护优先、预防为主原则,根据《中华人民共和国民法典》《中华人民共和国环境保护法》《中华人民共和国民事诉讼法》等有关法律规定,结合审判实践,制定本规定。

第一条 申请人以被申请人正在实施或者即将实施污染环境、破坏生态行为,不及时制止将使申请人合法权益或者生态环境受到难以弥补的损害为由,依照民事诉讼法第一百条、第一百零一条规定,向人民法院申请采取禁止令保全措施,责令被申请人立即停止一定行为的,人民法院应予受理。

第二条 因污染环境、破坏生态行为受到损害的自然人、法人或者非法人组织,以及民法典第一千二百三十四条、第一千二百三十五条规定的"国家规定的机关或者法律规定的组织",可以向人民法院申请作出禁止令。

第三条 申请人提起生态环境侵权诉讼时或者诉讼过程中,向人民法院申请作出禁止令的,人民法院应当在接受申请后五日内裁定是否准予。情况紧急的,人民法院应当在接受申请后四十八小时内作出。

因情况紧急,申请人可在提起诉讼前向污染环境、破坏生态行为实施地、损害结果发生地或者被申请人住所地等对案件有管辖权的人民法院申请作出禁止令,人民法院应当在接受申请后四十八小时内裁定是否准予。

第四条 申请人向人民法院申请作出禁止令的,应当提交申请书和相应的证明材料。

申请书应当载明下列事项:

(一)申请人与被申请人的身份、送达地址、联系方式等基本情况;

(二)申请禁止的内容、范围;

(三)被申请人正在实施或者即将实施污染环境、破坏生态行为,以及如不及时制止将使申请人合法权益或者生态环境受到难以弥补损害的情形;

(四)提供担保的财产信息,或者不需要提供担保的理由。

第五条 被申请人污染环境、破坏生态行为具有现实而紧迫的重大风险,如不及时制止将对申请人合法权益或者生态环境造成难以弥补损害的,人民法院应当综合考量以下因素决定是否作出禁止令:

(一)被申请人污染环境、破坏生态行为被行政主管机关依法处理后仍继续实施的;

(二)被申请人污染环境、破坏生态行为对申请人合法权益或者生态环境造成的损害超过禁止被申请人一定行为对其合法权益造成的损害;

(三)禁止被申请人一定行为对国家利益、社会公共利益或者他人合法权益产生的不利影响;

（四）其他应当考量的因素。

第六条 人民法院审查申请人禁止令申请，应当听取被申请人的意见。必要时，可进行现场勘查。

情况紧急无法询问或者现场勘查的，人民法院应当在裁定准予申请人禁止令申请后四十八小时内听取被申请人的意见。被申请人意见成立的，人民法院应当裁定解除禁止令。

第七条 申请人在提起诉讼时或者诉讼过程中申请禁止令的，人民法院可以责令申请人提供担保，不提供担保的，裁定驳回申请。

申请人提起诉讼前申请禁止令的，人民法院应当责令申请人提供担保，不提供担保的，裁定驳回申请。

第八条 人民法院裁定准予申请人禁止令申请的，应当根据申请人的请求和案件具体情况确定禁止令的效力期间。

第九条 人民法院准予或者不准予申请人禁止令申请的，应当制作民事裁定书，并送达当事人，裁定书自送达之日起生效。

人民法院裁定准予申请人禁止令申请的，可以根据裁定内容制作禁止令张贴在被申请人住所地、污染环境、破坏生态行为实施地、损害结果发生地等相关场所，并可通过新闻媒体等方式向社会公开。

第十条 当事人、利害关系人对人民法院裁定准予或者不准予申请人禁止令申请不服的，可在收到裁定书之日起五日内向作出裁定的人民法院申请复议一次。人民法院应当在收到复议申请后十日内审查并作出裁定。复议期间不停止裁定的执行。

第十一条 申请人在人民法院作出诉前禁止令后三十日内不依法提起诉讼的，人民法院应当在三十日届满后五日内裁定解除禁止令。

禁止令效力期间内，申请人、被申请人或者利害关系人以据以作出裁定的事由发生变化为由，申请解除禁止令的，人民法院应当在收到申请后五日内裁定是否解除。

第十二条 被申请人不履行禁止令的，人民法院可依照民事诉讼法第一百一十一条的规定追究其相应法律责任。

第十三条 侵权行为实施地、损害结果发生地在中华人民共和国管辖海域内的海洋生态环境侵权案件中，申请人向人民法院申请责令被申请人立即停止一定行为的，适用海洋环境保护法、海事诉讼特别程序法等法律和司法解释的相关规定。

第十四条 本规定自2022年1月1日起施行。

附件：1. 民事裁定书（诉中禁止令用）样式
　　　2. 民事裁定书（诉前禁止令用）样式
　　　3. 民事裁定书（解除禁止令用）样式
　　　4. 禁止令（张贴公示用）样式

附件 1：民事裁定书（诉中禁止令用）样式

××××人民法院
民事裁定书

（××××）……民初……号

申请人：×××，……（写明姓名或名称、住所地等基本情况）。

被申请人：×××，……（写明姓名或名称、住所地等基本情况）。

申请人×××因与被申请人×××…（写明案由）纠纷一案，向本院申请作出禁止令，责令被申请人×××……（写明申请作出禁止令的具体请求事项）。

本院认为：……（写明是否符合作出禁止令的条件，以及相应的事实理由）。依照《中华人民共和国民事诉讼法》第一百条、《最高人民法院关于生态环境侵权案件适用禁止令保全措施的若干规定》第三条第一款、第八条、第九条第一款的规定，裁定如下：

一、……被申请人×××自本裁定生效之日……（写明效力期间及要求被申请人立即停止实施的具体行为的内容）。

二、……（若禁止实施的具体行为不止一项，依次写明）。

（不准予申请人禁止令申请的，写明"驳回申请人×××的禁止令申请。"）

如不服本裁定，可在裁定书送达之日起五日内，向本院申请复议一次。复议期间，不停止裁定的执行。

本裁定送达后即发生法律效力。

审　判　长　×××
审　判　员　×××
审　判　员　×××
××××年××月××日
（院印）
法官助理　×××
书　记　员　×××

【说明】

1. 本样式根据《中华人民共和国民事诉讼法》第一百条、《最高人民法院关于生态环境侵权案件适用禁止令保全措施的若干规定》第三条第一款、第八条、第九条第一款制定，供人民法院在受理、审理案件过程中，依当事人申请作出禁止令时用。

2. 当事人申请诉中禁止令的，案号与正在进行的民事诉讼案号相同，为（××××）……民初……号；若特殊情况下当事人在二审中申请诉中禁止令的，案号则为二审案号。

3. 禁止令的效力期间原则上自裁定生效之日起至案件终审裁判文书生效或者人民法院裁定解除之日止；人民法院若根据个案实际情况确定了具体的效力期间，亦应在裁定书中予以明确。期间届满，禁止令自动终止。

附件2：民事裁定书（诉前禁止令用）样式

××××人民法院
民事裁定书

（××××）……行保……号

申请人：×××，……（写明姓名或名称、住所地等基本情况）。

被申请人：×××，……（写明姓名或名称、住所地等基本情况）。

因被申请人×××……（写明具体的生态环境侵权行为），申请人×××向本院申请禁止令，责令被申请人×××……（写明申请作出禁止令的具体请求事项）。

本院认为：……（写明是否符合作出禁止令的条件，以及相应的事实理由）。依照《中华人民共和国民事诉讼法》第一百零一条，《最高人民法院关于生态环境侵权案件适用禁止令保全措施的若干规定》第三条第二款、第八条、第九条第一款的规定，裁定如下：

一、……被申请人×××自本裁定生效之日……（写明效力期间及要求被申请人立即停止实施的具体行为的内容）。

二、……（若禁止实施的具体行为不止一项，依次写明）。

（不准予申请人禁止令申请的，写明"驳回申请人×××的禁止令申请。"）

如不服本裁定，可在裁定书送达之日起五日内，向本院申请复议一次。复议期间，不停止裁定的执行。

本裁定送达后即发生法律效力。

审　判　长　×××

审　判　员　×××

审　判　员　×××

××××年××月××日

（院印）

法官助理　×××

书　记　员　×××

【说明】

1. 本样式根据《中华人民共和国民事诉讼法》第一百零一条、《最高人民法院关于生态环境侵权案件适用禁止令保全措施的若干规定》第三条第二款、第八条、第九条第一款制定，供人民法院在受理案件前，依当事人申请作出禁止令时用。

2. 当事人申请诉前禁止令时，尚未进入诉讼程序，故编立案号（××××）……行保……号。

3. 禁止令的效力期间原则上自裁定生效之日起至案件终审裁判文书生效或者人民法院裁定解除之日止；人民法院若根据个案实际情况确定了具体的效力期间，亦应在裁定书中予以明确。期间届满，禁止令自动终止。

附件3：民事裁定书（解除禁止令用）样式

××××人民法院
民事裁定书

(××××) ……民初……号

申请人：×××，……（写明姓名或名称、住所地等基本情况）。

被申请人：×××，……（写明姓名或名称、住所地等基本情况）。

本院于××××年××月××日作出××（写明案号）民事裁定，准予×××的禁止令申请。××××年××月××日，申请人/被申请人/利害关系人×××基于据以作出禁止令的事由发生变化为由，请求解除禁止令。

本院经审查认为，……（写明是否符合解除禁止令的条件，以及相应的事实理由）。依照《最高人民法院关于生态环境侵权案件适用禁止令保全措施的若干规定》第十一条第二款的规定，裁定如下：

一、解除××××（被申请人的姓名或者名称）……（写明需要解除的禁止实施的具体行为）。

二、……（若需解除的禁止实施的具体行为不止一项，依次写明）。

（如不符合解除禁止令条件的，写明："驳回申请人/被申请人/利害关系人×××的解除禁止令申请。"）

如不服本裁定，可在裁定书送达之日起五日内，向本院申请复议一次。复议期间，不停止裁定的执行。

本裁定送达后即发生法律效力。

审 判 长 ×××
审 判 员 ×××
审 判 员 ×××

××××年××月××日
（院印）

法官助理 ×××
书 记 员 ×××

【说明】

1. 本样式根据《最高人民法院关于生态环境侵权案件适用禁止令保全措施的若干规定》第十一条第二款制定，供人民法院在禁止令效力期间内，因据以作出禁止令的事由发生变化，依申请人、被申请人或者利害关系人申请提前解除禁止令用。

2. 根据《最高人民法院关于生态环境侵权案件适用禁止令保全措施的若干规定》第六条第二款因被申请人抗辩理由成立而解除已作出的禁止令、第十一条第一款因申请人未在法定三十日内提起诉讼而解除禁止令的，可参照本样式调整相应表述后使用。

3. 若一审中裁定解除禁止令的，则采用一审案号（或之……）；若二审中裁定解除禁止令的，则采用二审案号；若系针对申请人在诉前禁止令作出后三十日内未起诉而解除或者提前解除的，则采用原禁止令案号之一。

4. 解除裁定生效后，依据原裁定制作的禁止令自动终止。

附件4：禁止令（张贴公示用）样式

××××人民法院
禁止令

（××××）…民初…号/（××××）…行保…号

×××（写明被申请人姓名或名称）：

申请人×××以你（你单位）……（申请理由）为由，于××××年××月××日向本院申请作出禁止令。本院经审查，于××××年××月××日作出××号民事裁定，准予申请人×××的禁止令申请。现责令：

……（裁定书主文内容）。

此令。

×××人民法院
××××年××月××日
（院印）

【说明】

1. 本样式根据《最高人民法院关于生态环境侵权案件适用禁止令保全措施的若干规定》第九条第二款制定，供人民法院在被申请人住所地、污染环境、破坏生态行为实施地、损害结果发生地等相关场所张贴以及通过新闻媒体等方式向社会公开时用。

2. 如系诉中禁止令，案号与正在审理案件案号相同，如系诉前禁止令则案号为（××××）……行保……号。

最高人民法院　最高人民检察院
关于人民检察院提起刑事附带民事公益诉讼应否履行诉前公告程序问题的批复

法释〔2019〕18号

（2019年9月9日最高人民法院审判委员会第1776次会议、2019年9月12日最高人民检察院第十三届检察委员会第二十四次会议通过　2019年11月25日最高人民法院、最高人民检察院公告公布　自2019年12月6日起施行）

各省、自治区、直辖市高级人民法院、人民检察院，解放军军事法院、军事检察院，新疆维吾尔自治区高级人民法院生产建设兵团分院、新疆生产建设兵团人民检察院：

近来，部分高级人民法院、省级人民检察院就人民检察院提起刑事附带民事公益诉讼应否履行诉前公告程序的问题提出请示。经研究，批复如下：

人民检察院提起刑事附带民事公益诉讼，应履行诉前公告程序。对于未履行诉前公告程序的,人民法院应当进行释明,告知人民检察院公告后再行提起诉讼。

因人民检察院履行诉前公告程序,可能影响相关刑事案件审理期限的,人民检察院可以另行提起民事公益诉讼。

此复。

最高人民法院
关于审理生态环境损害赔偿案件的若干规定(试行)

(2019年5月20日最高人民法院审判委员会第1769次会议通过,根据2020年12月23日最高人民法院审判委员会第1823次会议通过的《最高人民法院关于修改〈最高人民法院关于在民事审判工作中适用《中华人民共和国工会法》若干问题的解释〉等二十七件民事类司法解释的决定》修正)

为正确审理生态环境损害赔偿案件,严格保护生态环境,依法追究损害生态环境责任者的赔偿责任,依据《中华人民共和国民法典》《中华人民共和国环境保护法》《中华人民共和国民事诉讼法》等法律的规定,结合审判工作实际,制定本规定。

第一条 具有下列情形之一,省级、市地级人民政府及其指定的相关部门、机构,或者受国务院委托行使全民所有自然资源资产所有权的部门,因与造成生态环境损害的自然人、法人或者其他组织经磋商未达成一致或者无法进行磋商的,可以作为原告提起生态环境损害赔偿诉讼:

(一)发生较大、重大、特别重大突发环境事件的;

(二)在国家和省级主体功能区规划中划定的重点生态功能区、禁止开发区发生环境污染、生态破坏事件的;

(三)发生其他严重影响生态环境后果的。

前款规定的市地级人民政府包括设区的市、自治州、盟、地区,不设区的地级市,直辖市的区、县人民政府。

第二条 下列情形不适用本规定:

(一)因污染环境、破坏生态造成人身损害、个人和集体财产损失要求赔偿的;

(二)因海洋生态环境损害要求赔偿的。

第三条 第一审生态环境损害赔偿诉讼案件由生态环境损害行为实施地、损害结果发生地或者被告住所地的中级以上人民法院管辖。

经最高人民法院批准,高级人民法院可以在辖区内确定部分中级人民法院集中管辖第一审生态环境损害赔偿诉讼案件。

中级人民法院认为确有必要的,可以在报请高级人民法院批准后,裁定将本院管辖的第一审生态环境损害赔偿诉讼案件交由具备审理条件的基层人民法院审理。

生态环境损害赔偿诉讼案件由人民法院环境资源审判庭或者指定的专门法庭审理。

第四条 人民法院审理第一审生态环境损害赔偿诉讼案件,应当由法官和人民陪审员组成合议庭进行。

第五条 原告提起生态环境损害赔偿诉讼,符合民事诉讼法和本规定并提交下列材料的,人民法院应当登记立案:

（一）证明具备提起生态环境损害赔偿诉讼原告资格的材料；
（二）符合本规定第一条规定情形之一的证明材料；
（三）与被告进行磋商但未达成一致或者因客观原因无法与被告进行磋商的说明；
（四）符合法律规定的起诉状，并按照被告人数提出副本。

第六条 原告主张被告承担生态环境损害赔偿责任的，应当就以下事实承担举证责任：
（一）被告实施了污染环境、破坏生态的行为或者具有其他应当依法承担责任的情形；
（二）生态环境受到损害，以及所需修复费用、损害赔偿等具体数额；
（三）被告污染环境、破坏生态的行为与生态环境损害之间具有关联性。

第七条 被告反驳原告主张的，应当提供证据加以证明。被告主张具有法律规定的不承担责任或者减轻责任情形的，应当承担举证责任。

第八条 已为发生法律效力的刑事裁判所确认的事实，当事人在生态环境损害赔偿诉讼案件中无须举证证明，但有相反证据足以推翻的除外。

对刑事裁判未予确认的事实，当事人提供的证据达到民事诉讼证明标准的，人民法院应当予以认定。

第九条 负有相关环境资源保护监督管理职责的部门或者其委托的机构在行政执法过程中形成的事件调查报告、检验报告、检测报告、评估报告、监测数据等，经当事人质证并符合证据标准的，可以作为认定案件事实的根据。

第十条 当事人在诉前委托具备环境司法鉴定资质的鉴定机构出具的鉴定意见，以及委托国务院环境资源保护监督管理相关主管部门推荐的机构出具的检验报告、检测报告、评估报告、监测数据等，经当事人质证并符合证据标准的，可以作为认定案件事实的根据。

第十一条 被告违反国家规定造成生态环境损害的，人民法院应当根据原告的诉讼请求以及具体案情，合理判决被告承担修复生态环境、赔偿损失、停止侵害、排除妨碍、消除危险、赔礼道歉等民事责任。

第十二条 受损生态环境能够修复的，人民法院应当依法判决被告承担修复责任，并同时确定被告不履行修复义务时应承担的生态环境修复费用。

生态环境修复费用包括制定、实施修复方案的费用，修复期间的监测、监管费用，以及修复完成后的验收费用、修复效果后评估费用等。

原告请求被告赔偿生态环境受到损害至修复完成期间服务功能损失的，人民法院根据具体案情予以判决。

第十三条 受损生态环境无法修复或者无法完全修复，原告请求被告赔偿生态环境功能永久性损害造成的损失的，人民法院根据具体案情予以判决。

第十四条 原告请求被告承担下列费用的，人民法院根据具体案情予以判决：
（一）实施应急方案、清除污染以及为防止损害的发生和扩大所支出的合理费用；
（二）为生态环境损害赔偿磋商和诉讼支出的调查、检验、鉴定、评估等费用；
（三）合理的律师费以及其他为诉讼支出的合理费用。

第十五条 人民法院判决被告承担的生态环境服务功能损失赔偿资金、生态环境功能永久性损害造成的损失赔偿资金，以及被告不履行生态环境修复义务时所应承担的修复费用，应当依照法律、法规、规章予以缴纳、管理和使用。

第十六条 在生态环境损害赔偿诉讼案件审理过程中，同一损害生态环境行为又被提起民事公益诉讼，符合起诉条件的，应当由受理生态环境损害赔偿诉讼案件的人民法院受理并由同一审判组织审理。

第十七条 人民法院受理因同一损害生态环境行为提起的生态环境损害赔偿诉讼案件和民事公益诉讼案件，应先中止民事公益诉讼案件的审理，待生态环境损害赔偿诉讼案件审理完毕后，就民事公益诉讼案件未被涵盖的诉讼请求依法作出裁判。

第十八条 生态环境损害赔偿诉讼案件的裁判生效后,有权提起民事公益诉讼的国家规定的机关或者法律规定的组织就同一损害生态环境行为有证据证明存在前案审理时未发现的损害,并提起民事公益诉讼的,人民法院应予受理。

民事公益诉讼案件的裁判生效后,有权提起生态环境损害赔偿诉讼的主体就同一损害生态环境行为有证据证明存在前案审理时未发现的损害,并提起生态环境损害赔偿诉讼的,人民法院应予受理。

第十九条 实际支出应急处置费用的机关提起诉讼主张该费用的,人民法院应予受理,但人民法院已经受理就同一损害生态环境行为提起的生态环境损害赔偿诉讼案件且该案原告已经主张应急处置费用的除外。

生态环境损害赔偿诉讼案件原告未主张应急处置费用,因同一损害生态环境行为实际支出应急处置费用的机关提起诉讼主张该费用的,由受理生态环境损害赔偿诉讼案件的人民法院受理并由同一审判组织审理。

第二十条 经磋商达成生态环境损害赔偿协议的,当事人可以向人民法院申请司法确认。

人民法院受理申请后,应当公告协议内容,公告期间不少于三十日。公告期满后,人民法院经审查认为协议的内容不违反法律法规强制性规定且不损害国家利益、社会公共利益的,裁定确认协议有效。裁定书应当写明案件的基本事实和协议内容,并向社会公开。

第二十一条 一方当事人在期限内未履行或者未全部履行发生法律效力的生态环境损害赔偿诉讼案件裁判或者经司法确认的生态环境损害赔偿协议的,对方当事人可以向人民法院申请强制执行。需要修复生态环境的,依法由省级、市地级人民政府及其指定的相关部门、机构组织实施。

第二十二条 人民法院审理生态环境损害赔偿案件,本规定没有规定的,参照适用《最高人民法院关于审理环境民事公益诉讼案件适用法律若干问题的解释》《最高人民法院关于审理环境侵权责任纠纷案件适用法律若干问题的解释》等相关司法解释的规定。

第二十三条 本规定自 2019 年 6 月 5 日起施行。

最高人民法院　最高人民检察院　公安部
司法部　生态环境部
关于办理环境污染刑事案件有关问题座谈会纪要

(2019 年 2 月 20 日)

2018 年 6 月 16 日,中共中央、国务院发布《关于全面加强生态环境保护坚决打好污染防治攻坚战的意见》。7 月 10 日,全国人民代表大会常务委员会通过了《关于全面加强生态环境保护依法推动打好污染防治攻坚战的决议》。为深入学习贯彻习近平生态文明思想,认真落实党中央重大决策部署和全国人大常委会决议要求,全力参与和服务保障打好污染防治攻坚战,推进生态文明建设,形成各部门依法惩治环境污染犯罪的合力,2018 年 12 月,最高人民法院、最高人民检察院、公安部、司法部、生态环境部在北京联合召开座谈会。会议交流了当前办理环境污染刑事案件的工作情况,分析了遇到的突出困难和问题,研究了解决措施。会议对办理环境污染刑事案件中的有关问题形成了统一认识。纪要如下:

一

会议指出,2018 年 5 月 18 日至 19 日,全国生态环境保护大会在北京胜利召开,习近平总书记出席会议并发表重要讲话,着眼人民福祉和民族未来,从党和国家事业发展全局出发,全面总结党的十八大以来我国生态文明建设和生态环境保护工作取得的历史性成就、发生的历史性变革,深刻阐述加强生态文明建设的重大意义,明确提出加强生态文明建设必须坚持的重要原则,对加强生态环境保护、打好污染防治攻坚战作出了全面部署。这次大会最大的亮点,就是确立了习近平生态文明思想。习近平生态文明思想站在坚持和发展中国特色社会主义、实现中华民族伟大复兴中国梦的战略高度,把生态文明建设摆在治国理政的突出位置,作为统筹推进"五位一体"总体布局和协调推进"四个全面"战略布局的重要内容,深刻回答了为什么建设生态文明、建设什么样的生态文明、怎样建设生态文明的重大理论和实践问题,是习近平新时代中国特色社会主义思想的重要组成部分。各部门要认真学习、深刻领会、全面贯彻习近平生态文明思想,将其作为生态环境行政执法和司法办案的行动指南和根本遵循,为守护绿水青山蓝天、建设美丽中国提供有力保障。

会议强调,打好防范化解重大风险、精准脱贫、污染防治的攻坚战,是以习近平同志为核心的党中央深刻分析国际国内形势,着眼党和国家事业发展全局作出的重大战略部署,对于夺取全面建成小康社会伟大胜利、开启全面建设社会主义现代化强国新征程具有重大的现实意义和深远的历史意义。服从服务党和国家工作大局,充分发挥职能作用,努力为打好打赢三大攻坚战提供优质法治环境和司法保障,是当前和今后一个时期人民法院、人民检察院、公安机关、司法行政机关、生态环境部门的重点任务。

会议指出,2018年12月19日至21日召开的中央经济工作会议要求,打好污染防治攻坚战,要坚守阵地、巩固成果,聚焦做好打赢蓝天保卫战等工作,加大工作和投入力度,同时要统筹兼顾,避免处置措施简单粗暴。各部门要认真领会会议精神,紧密结合实际,强化政治意识、大局意识和责任担当,以加大办理环境污染刑事案件工作力度作为切入点和着力点,主动调整工作思路,积极谋划工作举措,既要全面履职、积极作为,又要综合施策、精准发力,保障污染防治攻坚战顺利推进。

二

会议要求,各部门要正确理解和准确适用刑法和《最高人民法院、最高人民检察院关于办理环境污染刑事案件适用法律若干问题的解释》(法释〔2016〕29号,以下称《环境解释》)的规定,坚持最严格的环保司法制度、最严密的环保法治理念,统一执法司法尺度,加大对环境污染犯罪的惩治力度。

1. 关于单位犯罪的认定

会议针对一些地方存在追究自然人犯罪多,追究单位犯罪少,单位犯罪认定难的情况和问题进行了讨论。会议认为,办理环境污染犯罪案件,认定单位犯罪时,应当依法合理把握追究刑事责任的范围,贯彻宽严相济刑事政策,重点打击出资者、经营者和主要获利者,既要防止不当缩小追究刑事责任的人员范围,又要防止打击面过大。

为了单位利益,实施环境污染行为,并具有下列情形之一的,应当认定为单位犯罪:(1)经单位决策机构按照决策程序决定的;(2)经单位实际控制人、主要负责人或者授权的分管负责人决定、同意的;(3)单位实际控制人、主要负责人或者授权的分管负责人得知单位成员个人实施环境污染犯罪行为,并未加以制止或者及时采取措施,而是予以追认、纵容或者默许的;(4)使用单位营业执照、合同书、公章、印鉴等对外开展活动,并调用单位车辆、船舶、生产设备、原辅材料等实施环境污染犯罪行为的。

单位犯罪中的"直接负责的主管人员",一般是指对单位犯罪起决定、批准、组织、策划、指挥、授意、纵容等作用的主管人员,包括单位实际控制人、主要负责人或者授权的分管负责人、高级管理人员等;"其他直接责任人员",一般是指在直接负责的主管人员的指挥、授意下积极参与实施单位犯罪或者对具体实施单位犯罪起较大作用的人员。

对于应当认定为单位犯罪的环境污染犯罪案件，公安机关未作为单位犯罪移送审查起诉的，人民检察院应当退回公安机关补充侦查。对于应当认定为单位犯罪的环境污染犯罪案件，人民检察院只作为自然人犯罪起诉的，人民法院应当建议人民检察院对犯罪单位补充起诉。

2. 关于犯罪未遂的认定

会议针对当前办理环境污染犯罪案件中，能否认定污染环境罪（未遂）的问题进行了讨论。会议认为，当前环境执法工作形势比较严峻，一些行为人拒不配合执法检查、接受检查时弄虚作假、故意逃避法律追究的情形时有发生，因此对于行为人已经着手实施非法排放、倾倒、处置有毒有害污染物的行为，由于有关部门查处或者其他意志以外的原因未得逞的情形，可以污染环境罪（未遂）追究刑事责任。

3. 关于主观过错的认定

会议针对当前办理环境污染犯罪案件中，如何准确认定犯罪嫌疑人、被告人主观过错的问题进行了讨论。会议认为，判断犯罪嫌疑人、被告人是否具有环境污染犯罪的故意，应当依据犯罪嫌疑人、被告人的任职情况、职业经历、专业背景、培训经历、本人因同类行为受到行政处罚或者刑事追究情况以及污染物种类、污染方式、资金流向等证据，结合其供述，进行综合分析判断。

实践中，具有下列情形之一，犯罪嫌疑人、被告人不能作出合理解释的，可以认定其故意实施环境污染犯罪，但有证据证明确系不知情的除外：（1）企业没有依法通过环境影响评价，或者未依法取得排污许可证，排放污染物，或者已经通过环境影响评价并且防治污染设施验收合格后，擅自更改工艺流程、原辅材料，导致产生新的污染物质的；（2）不使用验收合格的防治污染设施或者不按规范要求使用的；（3）防治污染设施发生故障，发现后不及时排除，继续生产放任污染物排放的；（4）生态环境部门责令限制生产、停产整治或者予以行政处罚后，继续生产放任污染物排放的；（5）将危险废物委托第三方处置，没有尽到查验经营许可的义务，或者委托处置费用明显低于市场价格或者处置成本的；（6）通过暗管、渗井、渗坑、裂隙、溶洞、灌注等逃避监管的方式排放污染物的；（7）通过篡改、伪造监测数据的方式排放污染物的；（8）其他足以认定的情形。

4. 关于生态环境损害标准的认定

会议针对如何适用《环境解释》第一条、第三条规定的"造成生态环境严重损害的""造成生态环境特别严重损害的"定罪量刑标准进行了讨论。会议指出，生态环境损害赔偿制度是生态文明制度体系的重要组成部分。党中央、国务院高度重视生态环境损害赔偿工作，党的十八届三中全会明确提出对造成生态环境损害的责任者严格实行赔偿制度。2015年，中央办公厅、国务院办公厅印发《生态环境损害赔偿制度改革试点方案》（中办发〔2015〕57号），在吉林等7个省市部署开展改革试点，取得明显成效。2017年，中央办公厅、国务院办公厅印发《生态环境损害赔偿制度改革方案》（中办发〔2017〕68号），在全国范围内试行生态环境损害赔偿制度。

会议指出，《环境解释》将造成生态环境损害规定为污染环境罪的定罪量刑标准之一，是为了与生态环境损害赔偿制度实现衔接配套，考虑到该制度尚在试行过程中，《环境解释》作了较原则的规定。司法实践中，一些省市结合本地区工作实际制定了具体标准。会议认为，在生态环境损害赔偿制度试行阶段，全国各省（自治区、直辖市）可以结合本地实际情况，因地制宜，因时制宜，根据案件具体情况准确认定"造成生态环境严重损害"和"造成生态环境特别严重损害"。

5. 关于非法经营罪的适用

会议针对如何把握非法经营罪与污染环境罪的关系以及如何具体适用非法经营罪的问题进行了讨论。会议强调，要高度重视非法经营危险废物案件的办理，坚持全链条、全环节、全流程对非法排放、倾倒、处置、经营危险废物的产业链进行刑事打击，查清犯罪网络，深挖犯罪源头，斩断利益链条，不断挤压和铲除此类犯罪滋生蔓延的空间。

会议认为，准确理解和适用《环境解释》第六条的规定应当注意把握两个原则：一要坚持实质判断原则，对行为人非法经营危险废物行为的社会危害性作实质性判断。比如，一些单位或者个人虽未依法取得危险废物经营许可证，但其收集、贮存、利用、处置危险废物经营活动，没有超标排放污染物、非法倾倒污染物或者其他违法造成环境污染情形的，则不宜以非法经营罪论处。二要坚持综合判断原则，对行为人非法经营危险废物行为根据其在犯罪链条中的地位、作用综合判断其社会危害性。比如，有证据证明单位或者个人的无证经营危险废物行为属于危险废物非法经营产业链的一部分，并且已经形成了分工负责、利益均沾、相对固定的犯罪链条，如果行为人或者与其联系紧密的上游或者下游环节具有排放、倾倒、处置危险废物违法造成环境污染的情形，且交易价格明显异常的，对行为人可以根据案件具体情况在污染环境罪和非法经营罪中，择一重罪处断。

6. 关于投放危险物质罪的适用

会议强调，目前我国一些地方环境违法犯罪活动高发多发，刑事处罚威慑力不强的问题仍然突出，现阶段在办理环境污染犯罪案件时必须坚决贯彻落实中央领导同志关于重典治理污染的指示精神，把刑法和《环境解释》的规定用足用好，形成对环境污染违法犯罪的强大震慑。

会议认为，司法实践中对环境污染行为适用投放危险物质罪追究刑事责任时，应当重点审查判断行为人的主观恶性、污染行为恶劣程度、污染物的毒害性危险性、污染持续时间、污染结果是否可逆、是否对公共安全造成现实、具体、明确的危险或者危害等各方面因素。对于行为人明知其排放、倾倒、处置的污染物含有毒害性、放射性、传染病病原体等危险物质，仍实施环境污染行为放任其危害公共安全，造成重大人员伤亡、重大公私财产损失等严重后果，以污染环境罪论处明显不足以罚当其罪的，可以按投放危险物质罪定罪量刑。实践中，此类情形主要是向饮用水水源保护区，饮用水供水单位取水口和出水口、南水北调水库、干渠、涵洞等配套工程，重要渔业水体以及自然保护区核心区等特殊保护区域，排放、倾倒、处置毒害性极强的污染物，危害公共安全并造成严重后果的情形。

7. 关于涉大气污染环境犯罪的处理

会议针对涉大气污染环境犯罪的打击处理问题进行了讨论。会议强调，打赢蓝天保卫战是打好污染防治攻坚战的重中之重。各级人民法院、人民检察院、公安机关、生态环境部门要认真分析研究全国人大常委会大气污染防治法执法检查发现的问题和提出的建议，不断加大对涉大气污染环境犯罪的打击力度，毫不动摇地以法律武器治理污染，用法治力量保卫蓝天，推动解决人民群众关注的突出大气环境问题。

会议认为，司法实践中打击涉大气污染环境犯罪，要抓住关键问题，紧盯薄弱环节，突出打击重点。对重污染天气预警期间，违反国家规定，超标排放二氧化硫、氮氧化物，受过行政处罚后又实施上述行为或者具有其他严重情节的，可以适用《环境解释》第一条第十八项规定的"其他严重污染环境的情形"追究刑事责任。

8. 关于非法排放、倾倒、处置行为的认定

会议针对如何准确认定环境污染犯罪中非法排放、倾倒、处置行为进行了讨论。会议认为，司法实践中认定非法排放、倾倒、处置行为时，应当根据《固体废物污染环境防治法》和《环境解释》的有关规定精神，从其行为方式是否违反国家规定或者行业操作规范、污染物是否与外环境接触、是否造成环境污染的危险或者危害等方面进行综合分析判断。对名为运输、贮存、利用，实为排放、倾倒、处置的行为应当认定为非法排放、倾倒、处置行为，可以依法追究刑事责任。比如，未采取相应防范措施将没有利用价值的危险废物长期贮存、搁置，放任危险废物或者其有毒有害成分大量扬散、流失、泄漏、挥发，污染环境的。

9. 关于有害物质的认定

会议针对如何准确认定刑法第三百三十八条规定的"其他有害物质"的问题进行了讨论。会议认为,办理非法排放、倾倒、处置其他有害物质的案件,应当坚持主客观相一致原则,从行为人的主观恶性、污染行为恶劣程度、有害物质危险性毒害性等方面进行综合分析判断,准确认定其行为的社会危害性。实践中,常见的有害物质主要有:工业危险废物以外的其他工业固体废物;未经处理的生活垃圾;有害大气污染物、受控消耗臭氧层物质和有害水污染物;在利用和处置过程中必然产生有毒有害物质的其他物质;国务院生态环境保护主管部门会同国务院卫生主管部门公布的有毒有害污染物名录中的有关物质等。

10. 关于从重处罚情形的认定

会议强调,要坚决贯彻党中央推动长江经济带发展的重大决策,为长江经济带共抓大保护、不搞大开发提供有力的司法保障。实践中,对于发生在长江经济带十一省(直辖市)的下列环境污染犯罪行为,可以从重处罚:(1)跨省(直辖市)排放、倾倒、处置有放射性的废物、含传染病病原体的废物、有毒物质或者其他有害物质的;(2)向国家确定的重要江河、湖泊或者其他跨省(直辖市)江河、湖泊排放、倾倒、处置有放射性的废物、含传染病病原体的废物、有毒物质或者其他有害物质的。

11. 关于严格适用不起诉、缓刑、免予刑事处罚

会议针对当前办理环境污染犯罪案件中如何严格适用不起诉、缓刑、免予刑事处罚的问题进行了讨论。会议强调,环境污染犯罪案件的刑罚适用直接关系加强生态环境保护打好污染防治攻坚战的实际效果。各级人民法院、人民检察院要深刻认识环境污染犯罪的严重社会危害性,正确贯彻宽严相济刑事政策,充分发挥刑罚的惩治和预防功能。要在全面把握犯罪事实和量刑情节的基础上严格依照刑法和刑事诉讼法规定的条件适用不起诉、缓刑、免予刑事处罚,既要考虑从宽情节,又要考虑从严情节;既要做到刑罚与犯罪相当,又要做到刑罚执行方式与犯罪相当,切实避免不起诉、缓刑、免予刑事处罚不当适用造成的消极影响。

会议认为,具有下列情形之一的,一般不适用不起诉、缓刑或者免予刑事处罚:(1)不如实供述罪行的;(2)属于共同犯罪中情节严重的主犯的;(3)犯有数个环境污染犯罪依法实行并罚或者以一罪处理的;(4)曾因环境污染违法犯罪行为受过行政处罚或者刑事处罚的;(5)其他不宜适用不起诉、缓刑、免予刑事处罚的情形。

会议要求,人民法院审理环境污染犯罪案件拟适用缓刑或者免予刑事处罚的,应当分析案发前后的社会影响和反映,注意听取控辩双方提出的意见。对于情节恶劣、社会反映强烈的环境污染犯罪,不得适用缓刑、免予刑事处罚。人民法院对判处缓刑的被告人,一般应当同时宣告禁止令,禁止其在缓刑考验期内从事与排污或者处置危险废物有关的经营活动。生态环境部门根据禁止令,对上述人员担任实际控制人、主要负责人或者高级管理人员的单位,依法不得发放排污许可证或者危险废物经营许可证。

三

会议要求,各部门要认真执行《环境解释》和原环境保护部、公安部、最高人民检察院《环境保护行政执法与刑事司法衔接工作办法》(环政监〔2017〕17号)的有关规定,进一步理顺部门职责,畅通衔接渠道,建立健全环境行政执法与刑事司法衔接的长效工作机制。

12. 关于管辖的问题

会议针对环境污染犯罪案件的管辖问题进行了讨论。会议认为,实践中一些环境污染犯罪案件属于典型的跨区域刑事案件,容易存在管辖不明或者有争议的情况,各级人民法院、人民检察院、公安机关要加强沟通协调,共同研究解决。

会议提出,跨区域环境污染犯罪案件由犯罪地的公安机关管辖。如果由犯罪嫌疑人居住地的公安机关管辖更为适宜的,可以由犯罪嫌疑人居住地的公安机关管辖。犯罪地包括环境污染行为发生地和结果发生地。"环境污染行为发生地"包括环境污染行为的实施地以及预备

地、开始地、途经地、结束地以及排放、倾倒污染物的车船停靠地、始发地、途经地、到达地等地点;环境污染行为有连续、持续或者继续状态的,相关地方都属于环境污染行为发生地。"环境污染结果发生地"包括污染物排放地、倾倒地、堆放地、污染发生地等。

多个公安机关都有权立案侦查的,由最初受理的或者主要犯罪地的公安机关立案侦查,管辖有争议的,按照有利于查清犯罪事实、有利于诉讼的原则,由共同的上级公安机关协调确定的公安机关立案侦查,需要提请批准逮捕、移送审查起诉、提起公诉的,由该公安机关所在地的人民检察院、人民法院受理。

13. 关于危险废物的认定

会议针对危险废物如何认定以及是否需要鉴定的问题进行了讨论。会议认为,根据《环境解释》的规定精神,对于列入《国家危险废物名录》的,如果来源和相应特征明确,司法人员根据自身专业技术知识和工作经验认定难度不大,司法机关可以依据名录直接认定。对于来源和相应特征不明确的,由生态环境部门、公安机关等出具书面意见,司法机关可以依据涉案物质的来源、产生过程、被告人供述、证人证言以及经批准或者备案的环境影响评价文件等证据,结合上述书面意见作出是否属于危险废物的认定。对于需要生态环境部门、公安机关等出具书面认定意见的,区分下列情况分别处理:(1)对已确认固体废物产生单位,且产废单位环评文件中明确为危险废物的,根据产废单位建设项目环评文件和审批、验收意见、案件笔录等材料,可对照《国家危险废物名录》等出具认定意见。(2)对已确认固体废物产生单位,但产废单位环评文件中未明确为危险废物的,应进一步分析废物产生工艺,对照判断其是否列入《国家危险废物名录》。列入名录的可以直接出具认定意见;未列入名录的,应根据原辅材料、产生工艺等进一步分析其是否具有危险特性,不可能具有危险特性的,不属于危险废物;可能具有危险特性的,抽取典型样品进行检测,并根据典型样品检测指标浓度,对照《危险废物鉴别标准》(GB 5085.1-7)出具认定意见。(3)对固体废物产生单位无法确定的,应抽取典型样品进行检测,根据典型样品检测指标浓度,对照《危险废物鉴别标准》(GB 5085.1-7)出具认定意见。对确需进一步委托有相关资质的检测鉴定机构进行检测鉴定的,生态环境部门或者公安机关按照有关规定开展检测鉴定工作。

14. 关于鉴定的问题

会议指出,针对当前办理环境污染犯罪案件中存在的司法鉴定有关问题,司法部将会同生态环境部,加快准入一批诉讼急需、社会关注的环境损害司法鉴定机构,加快对环境损害司法鉴定相关技术规范和标准的制定、修改和认定工作,规范鉴定程序,指导各地司法行政机关会同价格主管部门制定出台环境损害司法鉴定收费标准,加强与办案机关的沟通衔接,更好地满足办案机关需求。

会议要求,司法部应当根据《关于严格准入严格监管提高司法鉴定质量和公信力的意见》(司发〔2017〕11号)的要求,会同生态环境部加强对环境损害司法鉴定机构的事中事后监管,加强司法鉴定社会信用体系建设,建立黑名单制度,完善退出机制,及时向社会公开违法违规的环境损害司法鉴定机构和鉴定人行政处罚、行业惩戒等监管信息,对弄虚作假造成环境损害鉴定评估结论严重失实或者违规收取高额费用、情节严重的,依法撤销登记。鼓励有关单位或者个人向司法部、生态环境部举报环境损害司法鉴定机构的违法违规行为。

会议认为,根据《环境解释》的规定精神,对涉及案件定罪量刑的核心或者关键专门性问题难以确定的,由司法鉴定机构出具鉴定意见。实践中,这类核心或者关键专门性问题主要是案件具体适用的定罪量刑标准涉及的专门性问题,比如公私财产损失数额、超过排放标准倍数、污染物性质判断等。对案件的其他非核心或者关键专门性问题,或者可鉴定也可不鉴定的专门性问题,一般不委托鉴定。比如,适用《环境解释》第一条第二项"非法排放、倾倒、处置危险废物三吨以上"的规定对当事人追究刑事责任的,除可能适用公私财产损失第二档定罪量刑标准的以外,则不应再对公私财产损失数额或者超过排放标准倍数进行鉴定。

涉及案件定罪量刑的核心或者关键专门性问题难以鉴定或者鉴定费用明显过高的，司法机关可以结合案件其他证据，并参考生态环境部门意见、专家意见等作出认定。

15. 关于监测数据的证据资格问题

会议针对实践中地方生态环境部门及其所属监测机构委托第三方监测机构出具报告的证据资格问题进行了讨论。会议认为，地方生态环境部门及其所属监测机构委托第三方监测机构出具的监测报告，地方生态环境部门及其所属监测机构在行政执法过程中予以采用的，其实质属于《环境解释》第十二条规定的"环境保护主管部门及其所属监测机构在行政执法过程中收集的监测数据"，在刑事诉讼中可以作为证据使用。

最高人民法院　最高人民检察院
关于检察公益诉讼案件适用法律若干问题的解释

法释〔2018〕6号

（2018年2月23日最高人民法院审判委员会第1734次会议、2018年2月11日最高人民检察院第十二届检察委员会第73次会议通过，根据2020年12月23日最高人民法院审判委员会第1823次会议、2020年12月28日最高人民检察院第十三届检察委员会第58次会议修正）

一、一般规定

第一条　为正确适用《中华人民共和国民法典》《中华人民共和国民事诉讼法》《中华人民共和国行政诉讼法》关于人民检察院提起公益诉讼制度的规定，结合审判、检察工作实际，制定本解释。

第二条　人民法院、人民检察院办理公益诉讼案件主要任务是充分发挥司法审判、法律监督职能作用，维护宪法法律权威，维护社会公平正义，维护国家利益和社会公共利益，督促适格主体依法行使公益诉权，促进依法行政、严格执法。

第三条　人民法院、人民检察院办理公益诉讼案件，应当遵守宪法法律规定，遵循诉讼制度的原则，遵循审判权、检察权运行规律。

第四条　人民检察院以公益诉讼起诉人身份提起公益诉讼，依照民事诉讼法、行政诉讼法享有相应的诉讼权利，履行相应的诉讼义务，但法律、司法解释另有规定的除外。

第五条　市（分、州）人民检察院提起的第一审民事公益诉讼案件，由侵权行为地或者被告住所地中级人民法院管辖。

基层人民检察院提起的第一审行政公益诉讼案件，由被诉行政机关所在地基层人民法院管辖。

第六条　人民检察院办理公益诉讼案件，可以向有关行政机关以及其他组织、公民调查收集证据材料；有关行政机关以及其他组织、公民应当配合；需要采取证据保全措施的，依照民事诉讼法、行政诉讼法相关规定办理。

第七条　人民法院审理人民检察院提起的第一审公益诉讼案件，适用人民陪审制。

第八条　人民法院开庭审理人民检察院提起的公益诉讼案件，应当在开庭三日前向人民检察院送达出庭通知书。

人民检察院应当派员出庭，并应当自收到人民法院出庭通知书之日起三日内向人民法院提交派员出庭通知书。派员出庭通知书应当写明出庭人员的姓名、法律职务以及出庭履行的具体职责。

第九条 出庭检察人员履行以下职责：
（一）宣读公益诉讼起诉书；
（二）对人民检察院调查收集的证据予以出示和说明，对相关证据进行质证；
（三）参加法庭调查，进行辩论并发表意见；
（四）依法从事其他诉讼活动。

第十条 人民检察院不服人民法院第一审判决、裁定的，可以向上一级人民法院提起上诉。

第十一条 人民法院审理第二审案件，由提起公益诉讼的人民检察院派员出庭，上一级人民检察院也可以派员参加。

第十二条 人民检察院提起公益诉讼案件判决、裁定发生法律效力，被告不履行的，人民法院应当移送执行。

二、民事公益诉讼

第十三条 人民检察院在履行职责中发现破坏生态环境和资源保护，食品药品安全领域侵害众多消费者合法权益，侵害英雄烈士等的姓名、肖像、名誉、荣誉等损害社会公共利益的行为，拟提起公益诉讼的，应当依法公告，公告期间为三十日。

公告期满，法律规定的机关和有关组织、英雄烈士等的近亲属不提起诉讼的，人民检察院可以向人民法院提起诉讼。

人民检察院办理侵害英雄烈士等的姓名、肖像、名誉、荣誉的民事公益诉讼案件，也可以直接征询英雄烈士等的近亲属的意见。

第十四条 人民检察院提起民事公益诉讼应当提交下列材料：
（一）民事公益诉讼起诉书，并按照被告人数提出副本；
（二）被告的行为已经损害社会公共利益的初步证明材料；
（三）已经履行公告程序、征询英雄烈士等的近亲属意见的证明材料。

第十五条 人民检察院依据民事诉讼法第五十五条第二款的规定提起民事公益诉讼，符合民事诉讼法第一百一十九条第二项、第三项、第四项及本解释规定的起诉条件的，人民法院应当登记立案。

第十六条 人民检察院提起的民事公益诉讼案件中，被告以反诉方式提出诉讼请求的，人民法院不予受理。

第十七条 人民法院受理人民检察院提起的民事公益诉讼案件后，应当在立案之日起五日内将起诉书副本送达被告。

人民检察院已履行诉前公告程序的，人民法院立案后不再进行公告。

第十八条 人民法院认为人民检察院提出的诉讼请求不足以保护社会公共利益的，可以向其释明变更或者增加停止侵害、恢复原状等诉讼请求。

第十九条 民事公益诉讼案件审理过程中，人民检察院诉讼请求全部实现而撤回起诉的，人民法院应予准许。

第二十条 人民检察院对破坏生态环境和资源保护，食品药品安全领域侵害众多消费者合法权益，侵害英雄烈士等的姓名、肖像、名誉、荣誉等损害社会公共利益的犯罪行为提起刑事公诉时，可以向人民法院一并提起附带民事公益诉讼，由人民法院同一审判组织审理。

人民检察院提起的刑事附带民事公益诉讼案件由审理刑事案件的人民法院管辖。

三、行政公益诉讼

第二十一条 人民检察院在履行职责中发现生态环境和资源保护、食品药品安全、国有财产保护、国有土地使用权出让等领域负有监督管理职责的行政机关违法行使职权或者不作为，致使国家利益或者社会公共利益受到侵害的，应当向行政机关提出检察建议，督促其依法履行职责。

行政机关应当在收到检察建议书之日起两个月内依法履行职责，并书面回复人民检察院。出现国家利益或者社会公共利益损害继续扩大等紧急情形的，行政机关应当在十五日内书面回复。

行政机关不依法履行职责的，人民检察院依法向人民法院提起诉讼。

第二十二条 人民检察院提起行政公益诉讼应当提交下列材料：

（一）行政公益诉讼起诉书，并按照被告人数提出副本；

（二）被告违法行使职权或者不作为，致使国家利益或者社会公共利益受到侵害的证明材料；

（三）已经履行诉前程序，行政机关仍不依法履行职责或者纠正违法行为的证明材料。

第二十三条 人民检察院依据行政诉讼法第二十五条第四款的规定提起行政公益诉讼，符合行政诉讼法第四十九条第二项、第三项、第四项及本解释规定的起诉条件的，人民法院应当登记立案。

第二十四条 在行政公益诉讼案件审理过程中，被告纠正违法行为或者依法履行职责而使人民检察院的诉讼请求全部实现，人民检察院撤回起诉的，人民法院应当裁定准许；人民检察院变更诉讼请求，请求确认原行政行为违法的，人民法院应当判决确认违法。

第二十五条 人民法院区分下列情形作出行政公益诉讼判决：

（一）被诉行政行为具有行政诉讼法第七十四条、第七十五条规定情形之一的，判决确认违法或者确认无效，并可以同时判决责令行政机关采取补救措施；

（二）被诉行政行为具有行政诉讼法第七十条规定情形之一的，判决撤销或者部分撤销，并可以判决被诉行政机关重新作出行政行为；

（三）被诉行政机关不履行法定职责的，判决在一定期限内履行；

（四）被诉行政机关作出的行政处罚明显不当，或者其他行政行为涉及对款额的确定、认定确有错误的，可以判决予以变更；

（五）被诉行政行为证据确凿，适用法律、法规正确，符合法定程序，未超越职权，未滥用职权，无明显不当，或者人民检察院诉请被诉行政机关履行法定职责理由不成立的，判决驳回诉讼请求。

人民法院可以将判决结果告知被诉行政机关所属的人民政府或者其他相关的职能部门。

四、附则

第二十六条 本解释未规定的其他事项，适用民事诉讼法、行政诉讼法以及相关司法解释的规定。

第二十七条 本解释自 2018 年 3 月 2 日起施行。

最高人民法院、最高人民检察院之前发布的司法解释和规范性文件与本解释不一致的，以本解释为准。

最高人民法院 最高人民检察院
关于办理环境污染刑事案件适用法律若干问题的解释

法释〔2023〕7号

(2023年3月27日最高人民法院审判委员会第1882次会议、2023年7月27日最高人民检察院第十四届检察委员会第十次会议通过 2023年8月8日最高人民法院、最高人民检察院公告 自2023年8月15日起施行)

为依法惩治环境污染犯罪,根据《中华人民共和国刑法》、《中华人民共和国刑事诉讼法》、《中华人民共和国环境保护法》等法律的有关规定,现就办理此类刑事案件适用法律的若干问题解释如下:

第一条 实施刑法第三百三十八条规定的行为,具有下列情形之一的,应当认定为"严重污染环境":

(一)在饮用水水源保护区、自然保护地核心保护区等依法确定的重点保护区域排放、倾倒、处置有放射性的废物、含传染病病原体的废物、有毒物质的;

(二)非法排放、倾倒、处置危险废物三吨以上的;

(三)排放、倾倒、处置含铅、汞、镉、砷、铊、锑的污染物,超过国家或者地方污染物排放标准三倍以上的;

(四)排放、倾倒、处置含镍、铜、锌、银、钒、锰、钴的污染物,超过国家或者地方污染物排放标准十倍以上的;

(五)通过暗管、渗井、渗坑、裂隙、溶洞、灌注、非紧急情况下开启大气应急排放通道等逃避监管的方式排放、倾倒、处置有放射性的废物、含传染病病原体的废物、有毒物质的;

(六)二年内曾因在重污染天气预警期间,违反国家规定,超标排放二氧化硫、氮氧化物等实行排放总量控制的大气污染物受过二次以上行政处罚,又实施此类行为的;

(七)重点排污单位、实行排污许可重点管理的单位篡改、伪造自动监测数据或者干扰自动监测设施,排放化学需氧量、氨氮、二氧化硫、氮氧化物等污染物的;

(八)二年内曾因违反国家规定,排放、倾倒、处置有放射性的废物、含传染病病原体的废物、有毒物质受过二次以上行政处罚,又实施此类行为的;

(九)违法所得或者致使公私财产损失三十万元以上的;

(十)致使乡镇集中式饮用水水源取水中断十二小时以上的;

(十一)其他严重污染环境的情形。

第二条 实施刑法第三百三十八条规定的行为,具有下列情形之一的,应当认定为"情节严重":

(一)在饮用水水源保护区、自然保护地核心保护区等依法确定的重点保护区域排放、倾倒、处置有放射性的废物、含传染病病原体的废物、有毒物质,造成相关区域的生态功能退化或者野生生物资源严重破坏的;

(二)向国家确定的重要江河、湖泊水域排放、倾倒、处置有放射性的废物、含传染病病原体的废物、有毒物质,造成相关水域的生态功能退化或者水生生物资源严重破坏的;

（三）非法排放、倾倒、处置危险废物一百吨以上的；
（四）违法所得或者致使公私财产损失一百万元以上的；
（五）致使县级城区集中式饮用水水源取水中断十二小时以上的；
（六）致使永久基本农田、公益林地十亩以上，其他农用地二十亩以上，其他土地五十亩以上基本功能丧失或者遭受永久性破坏的；
（七）致使森林或者其他林木死亡五十立方米以上，或者幼树死亡二千五百株以上的；
（八）致使疏散、转移群众五千人以上的；
（九）致使三十人以上中毒的；
（十）致使一人以上重伤、严重疾病或者三人以上轻伤的；
（十一）其他情节严重的情形。

第三条 实施刑法第三百三十八条规定的行为，具有下列情形之一的，应当处七年以上有期徒刑，并处罚金：

（一）在饮用水水源保护区、自然保护地核心保护区等依法确定的重点保护区域排放、倾倒、处置有放射性的废物、含传染病病原体的废物、有毒物质，具有下列情形之一的：

1. 致使设区的市级城区集中式饮用水水源取水中断十二小时以上的；
2. 造成自然保护地主要保护的生态系统严重退化，或者主要保护的自然景观损毁的；
3. 造成国家重点保护的野生动植物资源或者国家重点保护物种栖息地、生长环境严重破坏的；
4. 其他情节特别严重的情形。

（二）向国家确定的重要江河、湖泊水域排放、倾倒、处置有放射性的废物、含传染病病原体的废物、有毒物质，具有下列情形之一的：

1. 造成国家确定的重要江河、湖泊水域生态系统严重退化的；
2. 造成国家重点保护的野生动植物资源严重破坏的；
3. 其他情节特别严重的情形。

（三）致使永久基本农田五十亩以上基本功能丧失或者遭受永久性破坏的；
（四）致使三人以上重伤、严重疾病，或者一人以上严重残疾、死亡的。

第四条 实施刑法第三百三十九条第一款规定的行为，具有下列情形之一的，应当认定为"致使公私财产遭受重大损失或者严重危害人体健康"：

（一）致使公私财产损失一百万元以上的；
（二）具有本解释第二条第五项至第十项规定情形之一的；
（三）其他致使公私财产遭受重大损失或者严重危害人体健康的情形。

第五条 实施刑法第三百三十八条、第三百三十九条规定的犯罪行为，具有下列情形之一的，应当从重处罚：

（一）阻挠环境监督检查或者突发环境事件调查，尚不构成妨害公务等犯罪的；
（二）在医院、学校、居民区等人口集中地区及其附近，违反国家规定排放、倾倒、处置有放射性的废物、含传染病病原体的废物、有毒物质或者其他有害物质的；
（三）在突发环境事件处置期间或者被责令限期整改期间，违反国家规定排放、倾倒、处置有放射性的废物、含传染病病原体的废物、有毒物质或者其他有害物质的；
（四）具有危险废物经营许可证的企业违反国家规定排放、倾倒、处置有放射性的废物、含传染病病原体的废物、有毒物质或者其他有害物质的；
（五）实行排污许可重点管理的企业事业单位和其他生产经营者未依法取得排污许可证，排放、倾倒、处置有放射性的废物、含传染病病原体的废物、有毒物质或者其他有害物质的。

第六条 实施刑法第三百三十八条规定的行为，行为人认罪认罚，积极修复生态环境的，可以从宽处罚；犯罪情节轻微的，可以不起诉或者免予刑事处罚；情节显著轻微危害不大的，不作为犯罪处理。

第七条 无危险废物经营许可证从事收集、贮存、利用、处置危险废物经营活动，严重污染环境的，按照污染环境罪定罪处罚；同时构成非法经营罪的，依照处罚较重的规定定罪处罚。

实施前款规定的行为，不具有超标排放污染物、非法倾倒污染物或者其他违法造成环境污染的情形的，可以认定为非法经营情节显著轻微危害不大，不认为是犯罪；构成生产、销售伪劣产品等其他犯罪的，以其他犯罪论处。

第八条 明知他人无危险废物经营许可证，向其提供或者委托其收集、贮存、利用、处置危险废物，严重污染环境的，以共同犯罪论处。

第九条 违反国家规定，排放、倾倒、处置含有毒害性、放射性、传染病病原体等物质的污染物，同时构成污染环境罪、非法处置进口的固体废物罪、投放危险物质罪等犯罪的，依照处罚较重的规定定罪处罚。

第十条 承担环境影响评价、环境监测、温室气体排放检验检测、排放报告编制或者核查等职责的中介组织的人员故意提供虚假证明文件，具有下列情形之一的，应当认定为刑法第二百二十九条第一款规定的"情节严重"：

（一）违法所得三十万元以上的；
（二）二年内曾因提供虚假证明文件受过二次以上行政处罚，又提供虚假证明文件的；
（三）其他情节严重的情形。

实施前款规定的行为，在涉及公共安全的重大工程、项目中提供虚假的环境影响评价等证明文件，致使公共财产、国家和人民利益遭受特别重大损失的，应当依照刑法第二百二十九条第一款的规定，处五年以上十年以下有期徒刑，并处罚金。

实施前两款规定的行为，同时索取他人财物或者非法收受他人财物构成犯罪的，依照处罚较重的规定定罪处罚。

第十一条 违反国家规定，针对环境质量监测系统实施下列行为，或者强令、指使、授意他人实施下列行为，后果严重的，应当依照刑法第二百八十六条的规定，以破坏计算机信息系统罪定罪处罚：

（一）修改系统参数或者系统中存储、处理、传输的监测数据的；
（二）干扰系统采样，致使监测数据因系统不能正常运行而严重失真的；
（三）其他破坏环境质量监测系统的行为。

重点排污单位、实行排污许可重点管理的单位篡改、伪造自动监测数据或者干扰自动监测设施，排放化学需氧量、氨氮、二氧化硫、氮氧化物等污染物，同时构成污染环境罪和破坏计算机信息系统罪的，依照处罚较重的规定定罪处罚。

从事环境监测设施维护、运营的人员实施或者参与实施篡改、伪造自动监测数据、干扰自动监测设施、破坏环境质量监测系统等行为的，依法从重处罚。

第十二条 对于实施本解释规定的相关行为被不起诉或者免予刑事处罚的行为人，需要给予行政处罚、政务处分或者其他处分的，依法移送有关主管机关处理。有关主管机关应当将处理结果及时通知人民检察院、人民法院。

第十三条 单位实施本解释规定的犯罪的，依照本解释规定的定罪量刑标准，对直接负责的主管人员和其他直接责任人员定罪处罚，并对单位判处罚金。

第十四条 环境保护主管部门及其所属监测机构在行政执法过程中收集的监测数据，在刑事诉讼中可以作为证据使用。

公安机关单独或者会同环境保护主管部门，提取污染物样品进行检测获取的数据，在刑事诉讼中可以作为证据使用。

第十五条 对国家危险废物名录所列的废物，可以依据涉案物质的来源、产生过程、被告人供述、证人证言以及经批准或者备案的环境影响评价文件、排污许可证、排污登记表等证据，结合环境保护主管部门、公安机关等出具的书面意见作出认定。

对于危险废物的数量，依据案件事实，综合被告人供述、涉案企业的生产工艺、物耗、能耗情况，以及经批准或者备案的环境影响评价文件等证据作出认定。

第十六条 对案件所涉的环境污染专门性问题难以确定的，依据鉴定机构出具的鉴定意见，或者国务院环境保护主管部门、公安部门指定的机构出具的报告，结合其他证据作出认定。

第十七条 下列物质应当认定为刑法第三百三十八条规定的"有毒物质"：

（一）危险废物，是指列入国家危险废物名录，或者根据国家规定的危险废物鉴别标准和鉴别方法认定的，具有危险特性的固体废物；

（二）《关于持久性有机污染物的斯德哥尔摩公约》附件所列物质；

（三）重金属含量超过国家或者地方污染物排放标准的污染物；

（四）其他具有毒性，可能污染环境的物质。

第十八条 无危险废物经营许可证，以营利为目的，从危险废物中提取物质作为原材料或者燃料，并具有超标排放污染物、非法倾倒污染物或者其他违法造成环境污染的情形的行为，应当认定为"非法处置危险废物"。

第十九条 本解释所称"二年内"，以第一次违法行为受到行政处罚的生效之日与又实施相应行为之日的时间间隔计算确定。

本解释所称"重点排污单位"，是指设区的市级以上人民政府环境保护主管部门依法确定的应当安装、使用污染物排放自动监测设备的重点监控企业及其他单位。

本解释所称"违法所得"，是指实施刑法第二百二十九条、第三百三十八条、第三百三十九条规定的行为所得和可得的全部违法收入。

本解释所称"公私财产损失"，包括实施刑法第三百三十八条、第三百三十九条规定的行为直接造成财产损毁、减少的实际价值，为防止污染扩大、消除污染而采取必要合理措施所产生的费用，以及处置突发环境事件的应急监测费用。

本解释所称"无危险废物经营许可证"，是指未取得危险废物经营许可证，或者超出危险废物经营许可证的经营范围。

第二十条 本解释自2023年8月15日起施行。本解释施行后，《最高人民法院、最高人民检察院关于办理环境污染刑事案件适用法律若干问题的解释》（法释〔2016〕29号）同时废止；之前发布的司法解释与本解释不一致的，以本解释为准。

最高人民法院　最高人民检察院
关于办理危害生产安全刑事案件适用法律若干问题的解释

法释〔2015〕22号

（2015年11月9日最高人民法院审判委员会第1665次会议、2015年12月9日最高人民检察院第十二届检察委员会第44次会议通过　2015年12月14日最高人民法院、最高人民检察院公告公布　自2015年12月16日起施行）

为依法惩治危害生产安全犯罪，根据刑法有关规定，现就办理此类刑事案件适用法律的若干问题解释如下：

第一条　刑法第一百三十四条第一款规定的犯罪主体，包括对生产、作业负有组织、指挥或者管理职责的负责人、管理人员、实际控制人、投资人等人员，以及直接从事生产、作业的人员。

第二条　刑法第一百三十四条第二款规定的犯罪主体，包括对生产、作业负有组织、指挥或者管理职责的负责人、管理人员、实际控制人、投资人等人员。

第三条　刑法第一百三十五条规定的"直接负责的主管人员和其他直接责任人员"，是指对安全生产设施或者安全生产条件不符合国家规定负有直接责任的生产经营单位负责人、管理人员、实际控制人、投资人，以及其他对安全生产设施或者安全生产条件负有管理、维护职责的人员。

第四条　刑法第一百三十九条之一规定的"负有报告职责的人员"，是指负有组织、指挥或者管理职责的负责人、管理人员、实际控制人、投资人，以及其他负有报告职责的人员。

第五条　明知存在事故隐患、继续作业存在危险，仍然违反有关安全管理的规定，实施下列行为之一的，应当认定为刑法第一百三十四条第二款规定的"强令他人违章冒险作业"：

（一）利用组织、指挥、管理职权，强制他人违章作业的；

（二）采取威逼、胁迫、恐吓等手段，强制他人违章作业的；

（三）故意掩盖事故隐患，组织他人违章作业的；

（四）其他强令他人违章作业的行为。

第六条　实施刑法第一百三十二条、第一百三十四条第一款、第一百三十五条、第一百三十五条之一、第一百三十六条、第一百三十九条规定的行为，因而发生安全事故，具有下列情形之一的，应当认定为"造成严重后果"或者"发生重大伤亡事故或者造成其他严重后果"，对相关责任人员，处三年以下有期徒刑或者拘役：

（一）造成死亡一人以上，或者重伤三人以上的；

（二）造成直接经济损失一百万元以上的；

（三）其他造成严重后果或者重大安全事故的情形。

实施刑法第一百三十四条第二款规定的行为，因而发生安全事故，具有本条第一款规定情形的，应当认定为"发生重大伤亡事故或者造成其他严重后果"，对相关责任人员，处五年以下有期徒刑或者拘役。

实施刑法第一百三十七条规定的行为，因而发生安全事故，具有本条第一款规定情形的，应当认定为"造成重大安全事故"，对直接责任人员，处五年以下有期徒刑或者拘役，并处罚金。

实施刑法第一百三十八条规定的行为，因而发生安全事故，具有本条第一款第一项规定情形的，应当认定为"发生重大伤亡事故"，对直接责任人员，处三年以下有期徒刑或者拘役。

第七条 实施刑法第一百三十二条、第一百三十四条第一款、第一百三十五条、第一百三十五条之一、第一百三十六条、第一百三十九条规定的行为，因而发生安全事故，具有下列情形之一的，对相关责任人员，处三年以上七年以下有期徒刑：

（一）造成死亡三人以上或者重伤十人以上，负事故主要责任的；

（二）造成直接经济损失五百万元以上，负事故主要责任的；

（三）其他造成特别严重后果、情节特别恶劣或者后果特别严重的情形。

实施刑法第一百三十四条第二款规定的行为，因而发生安全事故，具有本条第一款规定情形的，对相关责任人员，处五年以上有期徒刑。

实施刑法第一百三十七条规定的行为，因而发生安全事故，具有本条第一款规定情形的，对直接责任人员，处五年以上十年以下有期徒刑，并处罚金。

实施刑法第一百三十八条规定的行为，因而发生安全事故，具有下列情形之一的，对直接责任人员，处三年以上七年以下有期徒刑：

（一）造成死亡三人以上或者重伤十人以上，负事故主要责任的；

（二）具有本解释第六条第一款第一项规定情形，同时造成直接经济损失五百万元以上并负事故主要责任的，或者同时造成恶劣社会影响的。

第八条 在安全事故发生后，负有报告职责的人员不报或者谎报事故情况，贻误事故抢救，具有下列情形之一的，应当认定为刑法第一百三十九条之一规定的"情节严重"：

（一）导致事故后果扩大，增加死亡一人以上，或者增加重伤三人以上，或者增加直接经济损失一百万元以上的；

（二）实施下列行为之一，致使不能及时有效开展事故抢救的：

1. 决定不报、迟报、谎报事故情况或者指使、串通有关人员不报、迟报、谎报事故情况的；

2. 在事故抢救期间擅离职守或者逃匿的；

3. 伪造、破坏事故现场，或者转移、藏匿、毁灭遇难人员尸体，或者转移、藏匿受伤人员的；

4. 毁灭、伪造、隐匿与事故有关的图纸、记录、计算机数据等资料以及其他证据的；

（三）其他情节严重的情形。

具有下列情形之一的，应当认定为刑法第一百三十九条之一规定的"情节特别严重"：

（一）导致事故后果扩大，增加死亡三人以上，或者增加重伤十人以上，或者增加直接经济损失五百万元以上的；

（二）采用暴力、胁迫、命令等方式阻止他人报告事故情况，导致事故后果扩大的；

（三）其他情节特别严重的情形。

第九条 在安全事故发生后，与负有报告职责的人员串通，不报或者谎报事故情况，贻误事故抢救，情节严重的，依照刑法第一百三十九条之一的规定，以共犯论处。

第十条 在安全事故发生后，直接负责的主管人员和其他直接责任人员故意阻挠开展抢救，导致人员死亡或者重伤，或者为了逃避法律追究，对被害人进行隐藏、遗弃，致使被害人因无法得到救助而死亡或者重度残疾的，分别依照刑法第二百三十二条、第二百三十四条的规定，以故意杀人罪或者故意伤害罪定罪处罚。

第十一条 生产不符合保障人身、财产安全的国家标准、行业标准的安全设备,或者明知安全设备不符合保障人身、财产安全的国家标准、行业标准而进行销售,致使发生安全事故,造成严重后果的,依照刑法第一百四十六条的规定,以生产、销售不符合安全标准的产品罪定罪处罚。

第十二条 实施刑法第一百三十二条、第一百三十四条至第一百三十九条之一规定的犯罪行为,具有下列情形之一的,从重处罚:

(一)未依法取得安全许可证件或者安全许可证件过期、被暂扣、吊销、注销后从事生产经营活动的;

(二)关闭、破坏必要的安全监控和报警设备的;

(三)已经发现事故隐患,经有关部门或者个人提出后,仍不采取措施的;

(四)一年内曾因危害生产安全违法犯罪活动受过行政处罚或者刑事处罚的;

(五)采取弄虚作假、行贿等手段,故意逃避、阻挠负有安全监督管理职责的部门实施监督检查的;

(六)安全事故发生后转移财产意图逃避承担责任的;

(七)其他从重处罚的情形。

实施前款第五项规定的行为,同时构成刑法第三百八十九条规定的犯罪的,依照数罪并罚的规定处罚。

第十三条 实施刑法第一百三十二条、第一百三十四条至第一百三十九条之一规定的犯罪行为,在安全事故发生后积极组织、参与事故抢救,或者积极配合调查、主动赔偿损失的,可以酌情从轻处罚。

第十四条 国家工作人员违反规定投资入股生产经营,构成本解释规定的有关犯罪的,或者国家工作人员的贪污、受贿犯罪行为与安全事故发生存在关联性的,从重处罚;同时构成贪污、受贿犯罪和危害生产安全犯罪的,依照数罪并罚的规定处罚。

第十五条 国家机关工作人员在履行安全监督管理职责时滥用职权、玩忽职守,致使公共财产、国家和人民利益遭受重大损失的,或者徇私舞弊,对发现的刑事案件依法应当移交司法机关追究刑事责任而不移交,情节严重的,分别依照刑法第三百九十七条、第四百零二条的规定,以滥用职权罪、玩忽职守罪或者徇私舞弊不移交刑事案件罪定罪处罚。

公司、企业、事业单位的工作人员在依法或者受委托行使安全监督管理职责时滥用职权或者玩忽职守,构成犯罪的,应当依照《全国人民代表大会常务委员会关于〈中华人民共和国刑法〉第九章渎职罪主体适用问题的解释》的规定,适用渎职罪的规定追究刑事责任。

第十六条 对于实施危害生产安全犯罪适用缓刑的犯罪分子,可以根据犯罪情况,禁止其在缓刑考验期限内从事与安全生产相关联的特定活动;对于被判处刑罚的犯罪分子,可以根据犯罪情况和预防再犯罪的需要,禁止其自刑罚执行完毕之日或者假释之日起三年至五年内从事与安全生产相关的职业。

第十七条 本解释自2015年12月16日起施行。本解释施行后,《最高人民法院、最高人民检察院关于办理危害矿山生产安全刑事案件具体应用法律若干问题的解释》(法释〔2007〕5号)同时废止。最高人民法院、最高人民检察院此前发布的司法解释和规范性文件与本解释不一致的,以本解释为准。

最高人民法院　最高人民检察院
关于办理危害生产安全刑事案件适用法律若干问题的解释（二）

法释〔2022〕19号

（2022年9月19日最高人民法院审判委员会第1875次会议、2022年10月25日最高人民检察院第十三届检察委员会第一百零六次会议通过　2022年12月15日最高人民法院、最高人民检察院公告公布　自2022年12月19日起施行）

为依法惩治危害生产安全犯罪，维护公共安全，保护人民群众生命安全和公私财产安全，根据《中华人民共和国刑法》《中华人民共和国刑事诉讼法》和《中华人民共和国安全生产法》等规定，现就办理危害生产安全刑事案件适用法律的若干问题解释如下：

第一条　明知存在事故隐患，继续作业存在危险，仍然违反有关安全管理的规定，有下列情形之一的，属于刑法第一百三十四条第二款规定的"强令他人违章冒险作业"：

（一）以威逼、胁迫、恐吓等手段，强制他人违章作业的；

（二）利用组织、指挥、管理职权，强制他人违章作业的；

（三）其他强令他人违章冒险作业的情形。

明知存在重大事故隐患，仍然违反有关安全管理的规定，不排除或者故意掩盖重大事故隐患，组织他人作业的，属于刑法第一百三十四条第二款规定的"冒险组织作业"。

第二条　刑法第一百三十四条之一规定的犯罪主体，包括对生产、作业负有组织、指挥或者管理职责的负责人、管理人员、实际控制人、投资人等人员，以及直接从事生产、作业的人员。

第三条　因存在重大事故隐患被依法责令停产停业、停止施工、停止使用有关设备、设施、场所或者立即采取排除危险的整改措施，有下列情形之一的，属于刑法第一百三十四条之一第二项规定的"拒不执行"：

（一）无正当理由故意不执行各级人民政府或者负有安全生产监督管理职责的部门依法作出的上述行政决定、命令的；

（二）虚构重大事故隐患已经排除的事实，规避、干扰执行各级人民政府或者负有安全生产监督管理职责的部门依法作出的上述行政决定、命令的；

（三）以行贿等不正当手段，规避、干扰执行各级人民政府或者负有安全生产监督管理职责的部门依法作出的上述行政决定、命令的。

有前款第三项行为，同时构成刑法第三百八十九条行贿罪、第三百九十三条单位行贿罪等犯罪的，依照数罪并罚的规定处罚。

认定是否属于"拒不执行"，应当综合考虑行政决定、命令是否具有法律、行政法规等依据，行政决定、命令的内容和期限要求是否明确、合理，行为人是否具有按照要求执行的能力等因素进行判断。

第四条　刑法第一百三十四条第二款和第一百三十四条之一第二项规定的"重大事故隐患"，依照法律、行政法规、部门规章、强制性标准以及有关行政规范性文件进行认定。

刑法第一百三十四条之一第三项规定的"危险物品",依照安全生产法第一百一十七条的规定确定。

对于是否属于"重大事故隐患"或者"危险物品"难以确定的,可以依据司法鉴定机构出具的鉴定意见、地市级以上负有安全生产监督管理职责的部门或者其指定的机构出具的意见,结合其他证据综合审查,依法作出认定。

第五条 在生产、作业中违反有关安全管理的规定,有刑法第一百三十四条之一规定情形之一,因而发生重大伤亡事故或者造成其他严重后果,构成刑法第一百三十四条、第一百三十五条至第一百三十九条等规定的重大责任事故罪、重大劳动安全事故罪、危险物品肇事罪、工程重大安全事故罪等犯罪的,依照该规定定罪处罚。

第六条 承担安全评价职责的中介组织的人员提供的证明文件有下列情形之一的,属于刑法第二百二十九条第一款规定的"虚假证明文件":

(一)故意伪造的;

(二)在周边环境、主要建(构)筑物、工艺、装置、设备设施等重要内容上弄虚作假,导致与评价期间实际情况不符,影响评价结论的;

(三)隐瞒生产经营单位重大事故隐患及整改落实情况、主要灾害等级等情况,影响评价结论的;

(四)伪造、篡改生产经营单位相关信息、数据、技术报告或者结论等内容,影响评价结论的;

(五)故意采用存疑的第三方证明材料、监测检验报告,影响评价结论的;

(六)有其他弄虚作假行为,影响评价结论的情形。

生产经营单位提供虚假材料、影响评价结论,承担安全评价职责的中介组织的人员对评价结论与实际情况不符无主观故意的,不属于刑法第二百二十九条第一款规定的"故意提供虚假证明文件"。

有本条第二款情形,承担安全评价职责的中介组织的人员严重不负责任,导致出具的证明文件有重大失实,造成严重后果的,依照刑法第二百二十九条第三款的规定追究刑事责任。

第七条 承担安全评价职责的中介组织的人员故意提供虚假证明文件,有下列情形之一的,属于刑法第二百二十九条第一款规定的"情节严重":

(一)造成死亡一人以上或者重伤三人以上安全事故的;

(二)造成直接经济损失五十万元以上安全事故的;

(三)违法所得数额十万元以上的;

(四)两年内因故意提供虚假证明文件受过两次以上行政处罚,又故意提供虚假证明文件的;

(五)其他情节严重的情形。

在涉及公共安全的重大工程、项目中提供虚假的安全评价文件,有下列情形之一的,属于刑法第二百二十九条第一款第三项规定的"致使公共财产、国家和人民利益遭受特别重大损失":

(一)造成死亡三人以上或者重伤十人以上安全事故的;

(二)造成直接经济损失五百万元以上安全事故的;

(三)其他致使公共财产、国家和人民利益遭受特别重大损失的情形。

承担安全评价职责的中介组织的人员有刑法第二百二十九条第一款行为,在裁量刑罚时,应当考虑其行为手段、主观过错程度、对安全事故的发生所起作用大小及其获利情况、一贯表现等因素,综合评估社会危害性,依法裁量刑罚,确保罪责刑相适应。

第八条 承担安全评价职责的中介组织的人员,严重不负责任,出具的证明文件有重大失实,有下列情形之一的,属于刑法第二百二十九条第三款规定的"造成严重后果":

（一）造成死亡一人以上或者重伤三人以上安全事故的；
（二）造成直接经济损失一百万元以上安全事故的；
（三）其他造成严重后果的情形。

第九条 承担安全评价职责的中介组织犯刑法第二百二十九条规定之罪的，对该中介组织判处罚金，并对其直接负责的主管人员和其他直接责任人员，依照本解释第七条、第八条的规定处罚。

第十条 有刑法第一百三十四条之一行为，积极配合公安机关或者负有安全生产监督管理职责的部门采取措施排除事故隐患，确有悔改表现，认罪认罚的，可以依法从宽处罚；犯罪情节轻微不需要判处刑罚的，可以不起诉或者免予刑事处罚；情节显著轻微危害不大的，不作为犯罪处理。

第十一条 有本解释规定的行为，被不起诉或者免予刑事处罚，需要给予行政处罚、政务处分或者其他处分的，依法移送有关主管机关处理。

第十二条 本解释自2022年12月19日起施行。最高人民法院、最高人民检察院此前发布的司法解释与本解释不一致的，以本解释为准。

最高人民法院
关于审理环境民事公益诉讼案件适用法律若干问题的解释

法释〔2015〕1号

（2014年12月8日最高人民法院审判委员会第1631次会议通过　根据2020年12月23日最高人民法院审判委员会第1823次会议通过的《最高人民法院关于修改〈最高人民法院关于人民法院民事调解工作若干问题的规定〉等十九件民事诉讼类司法解释的决定》修正）

为正确审理环境民事公益诉讼案件，根据《中华人民共和国民法典》《中华人民共和国环境保护法》《中华人民共和国民事诉讼法》等法律的规定，结合审判实践，制定本解释。

第一条 法律规定的机关和有关组织依据民事诉讼法第五十五条、环境保护法第五十八条等法律的规定，对已经损害社会公共利益或者具有损害社会公共利益重大风险的污染环境、破坏生态的行为提起诉讼，符合民事诉讼法第一百一十九条第二项、第三项、第四项规定的，人民法院应予受理。

第二条 依照法律、法规的规定，在设区的市级以上人民政府民政部门登记的社会团体、基金会以及社会服务机构等，可以认定为环境保护法第五十八条规定的社会组织。

第三条 设区的市、自治州、盟、地区，不设区的地级市，直辖市的区以上人民政府民政部门，可以认定为环境保护法第五十八条规定的"设区的市级以上人民政府民政部门"。

第四条 社会组织章程确定的宗旨和主要业务范围是维护社会公共利益，且从事环境保护公益活动的，可以认定为环境保护法第五十八条规定的"专门从事环境保护公益活动"。

社会组织提起的诉讼所涉及的社会公共利益，应与其宗旨和业务范围具有关联性。

第五条 社会组织在提起诉讼前五年内未因从事业务活动违反法律、法规的规定受过行政、刑事处罚的，可以认定为环境保护法第五十八条规定的"无违法记录"。

第六条 第一审环境民事公益诉讼案件由污染环境、破坏生态行为发生地、损害结果地或者被告住所地的中级以上人民法院管辖。

中级人民法院认为确有必要的，可以在报请高级人民法院批准后，裁定将本院管辖的第一审环境民事公益诉讼案件交由基层人民法院审理。

同一原告或者不同原告对同一污染环境、破坏生态行为分别向两个以上有管辖权的人民法院提起环境民事公益诉讼的，由最先立案的人民法院管辖，必要时由共同上级人民法院指定管辖。

第七条 经最高人民法院批准，高级人民法院可以根据本辖区环境和生态保护的实际情况，在辖区内确定部分中级人民法院受理第一审环境民事公益诉讼案件。

中级人民法院管辖环境民事公益诉讼案件的区域由高级人民法院确定。

第八条 提起环境民事公益诉讼应当提交下列材料：

（一）符合民事诉讼法第一百二十一条规定的起诉状，并按照被告人数提出副本；

（二）被告的行为已经损害社会公共利益或者具有损害社会公共利益重大风险的初步证明材料；

（三）社会组织提起诉讼的，应当提交社会组织登记证书、章程、起诉前连续五年的年度工作报告书或者年检报告书，以及由其法定代表人或者负责人签字并加盖公章的无违法记录的声明。

第九条 人民法院认为原告提出的诉讼请求不足以保护社会公共利益的，可以向其释明变更或者增加停止侵害、修复生态环境等诉讼请求。

第十条 人民法院受理环境民事公益诉讼后，应当在立案之日起五日内将起诉状副本发送被告，并公告案件受理情况。

有权提起诉讼的其他机关和社会组织在公告之日起三十日内申请参加诉讼，经审查符合法定条件的，人民法院应当将其列为共同原告；逾期申请的，不予准许。

公民、法人和其他组织以人身、财产受到损害为由申请参加诉讼的，告知其另行起诉。

第十一条 检察机关、负有环境资源保护监督管理职责的部门及其他机关、社会组织、企业事业单位依据民事诉讼法第十五条的规定，可以通过提供法律咨询、提交书面意见、协助调查取证等方式支持社会组织依法提起环境民事公益诉讼。

第十二条 人民法院受理环境民事公益诉讼后，应当在十日内告知对被告行为负有环境资源保护监督管理职责的部门。

第十三条 原告请求被告提供其排放的主要污染物名称、排放方式、排放浓度和总量、超标排放情况以及防治污染设施的建设和运行情况等环境信息，法律、法规、规章规定被告应当持有或者有证据证明被告持有而拒不提供，如果原告主张相关事实不利于被告的，人民法院可以推定该主张成立。

第十四条 对于审理环境民事公益诉讼案件需要的证据，人民法院认为必要的，应当调查收集。

对于应当由原告承担举证责任且为维护社会公共利益所必要的专门性问题，人民法院可以委托具备资格的鉴定人进行鉴定。

第十五条 当事人申请通知有专门知识的人出庭，就鉴定人作出的鉴定意见或者就因果关系、生态环境修复方式、生态环境修复费用以及生态环境受到损害至修复完成期间服务功能丧失导致的损失等专门性问题提出意见的，人民法院可以准许。

前款规定的专家意见经质证，可以作为认定事实的根据。

第十六条 原告在诉讼过程中承认的对己方不利的事实和认可的证据，人民法院认为损害社会公共利益的，应当不予确认。

第十七条 环境民事公益诉讼案件审理过程中，被告以反诉方式提出诉讼请求的，人民法院不予受理。

第十八条 对污染环境、破坏生态，已经损害社会公共利益或者具有损害社会公共利益重大风险的行为，原告可以请求被告承担停止侵害、排除妨碍、消除危险、修复生态环境、赔偿损失、赔礼道歉等民事责任。

第十九条 原告为防止生态环境损害的发生和扩大，请求被告停止侵害、排除妨碍、消除危险的，人民法院可以依法予以支持。

原告为停止侵害、排除妨碍、消除危险采取合理预防、处置措施而发生的费用，请求被告承担的，人民法院可以依法予以支持。

第二十条 原告请求修复生态环境的，人民法院可以依法判决被告将生态环境修复到损害发生之前的状态和功能。无法完全修复的，可以准许采用替代性修复方式。

人民法院可以在判决被告修复生态环境的同时，确定被告不履行修复义务时应承担的生态环境修复费用；也可以直接判决被告承担生态环境修复费用。

生态环境修复费用包括制定、实施修复方案的费用，修复期间的监测、监管费用，以及修复完成后的验收费用、修复效果后评估费用等。

第二十一条 原告请求被告赔偿生态环境受到损害至修复完成期间服务功能丧失导致的损失、生态环境功能永久性损害造成的损失的，人民法院可以依法予以支持。

第二十二条 原告请求被告承担以下费用的，人民法院可以依法予以支持：

（一）生态环境损害调查、鉴定评估等费用；

（二）清除污染以及防止损害的发生和扩大所支出的合理费用；

（三）合理的律师费以及为诉讼支出的其他合理费用。

第二十三条 生态环境修复费用难以确定或者确定具体数额所需鉴定费用明显过高的，人民法院可以结合污染环境、破坏生态的范围和程度，生态环境的稀缺性，生态环境恢复的难易程度，防治污染设备的运行成本，被告因侵害行为所获得的利益以及过错程度等因素，并可以参考负有环境资源保护监督管理职责的部门的意见、专家意见等，予以合理确定。

第二十四条 人民法院判决被告承担的生态环境修复费用、生态环境受到损害至修复完成期间服务功能丧失导致的损失、生态环境功能永久性损害造成的损失等款项，应当用于修复被损害的生态环境。

其他环境民事公益诉讼中败诉原告所需承担的调查取证、专家咨询、检验、鉴定等必要费用，可以酌情从上述款项中支付。

第二十五条 环境民事公益诉讼当事人达成调解协议或者自行达成和解协议后，人民法院应当将协议内容公告，公告期间不少于三十日。

公告期满后，人民法院审查认为调解协议或者和解协议的内容不损害社会公共利益的，应当出具调解书。当事人以达成和解协议为由申请撤诉的，不予准许。

调解书应当写明诉讼请求、案件的基本事实和协议内容，并应当公开。

第二十六条 负有环境资源保护监督管理职责的部门依法履行监管职责而使原告诉讼请求全部实现，原告申请撤诉的，人民法院应予准许。

第二十七条 法庭辩论终结后，原告申请撤诉的，人民法院不予准许，但本解释第二十六条规定的情形除外。

第二十八条 环境民事公益诉讼案件的裁判生效后，有权提起诉讼的其他机关和社会组织就同一污染环境、破坏生态行为另行起诉，有下列情形之一的，人民法院应予受理：

（一）前案原告的起诉被裁定驳回的；

（二）前案原告申请撤诉被裁定准许的，但本解释第二十六条规定的情形除外。

环境民事公益诉讼案件的裁判生效后，有证据证明存在前案审理时未发现的损害，有权提起诉讼的机关和社会组织另行起诉，人民法院应予受理。

第二十九条 法律规定的机关和社会组织提起环境民事公益诉讼的，不影响因同一污染环境、破坏生态行为受到人身、财产损害的公民、法人和其他组织依据民事诉讼法第一百一十九条的规定提起诉讼。

第三十条 已为环境民事公益诉讼生效裁判认定的事实，因同一污染环境、破坏生态行为依据民事诉讼法第一百一十九条规定提起诉讼的原告、被告均无需举证证明，但原告对该事实有异议并有相反证据足以推翻的除外。

对于环境民事公益诉讼生效裁判就被告是否存在法律规定的不承担责任或者减轻责任的情形、行为与损害之间是否存在因果关系、被告承担责任的大小等所作的认定，因同一污染环境、破坏生态行为依据民事诉讼法第一百一十九条规定提起诉讼的原告主张适用的，人民法院应予支持，但被告有相反证据足以推翻的除外。被告主张直接适用对其有利的认定的，人民法院不予支持，被告仍应举证证明。

第三十一条 被告因污染环境、破坏生态在环境民事公益诉讼和其他民事诉讼中均承担责任，其财产不足以履行全部义务的，应当先履行其他民事诉讼生效裁判所确定的义务，但法律另有规定的除外。

第三十二条 发生法律效力的环境民事公益诉讼案件的裁判，需要采取强制执行措施的，应当移送执行。

第三十三条 原告交纳诉讼费用确有困难，依法申请缓交的，人民法院应予准许。

败诉或者部分败诉的原告申请减交或者免交诉讼费用的，人民法院应当依照《诉讼费用交纳办法》的规定，视原告的经济状况和案件的审理情况决定是否准许。

第三十四条 社会组织有通过诉讼违法收受财物等牟取经济利益行为的，人民法院可以根据情节轻重依法收缴其非法所得、予以罚款；涉嫌犯罪的，依法移送有关机关处理。

社会组织通过诉讼牟取经济利益的，人民法院应当向登记管理机关或者有关机关发送司法建议，由其依法处理。

第三十五条 本解释施行前最高人民法院发布的司法解释和规范性文件，与本解释不一致的，以本解释为准。

最高人民法院 民政部 环境保护部
关于贯彻实施环境民事公益诉讼制度的通知

2014 年 12 月 26 日　　　　　　　　　　法〔2014〕352 号

各省、自治区、直辖市高级人民法院、民政厅（局）、环境保护厅（局）、新疆维吾尔自治区高级人民法院生产建设兵团分院、民政局、环境保护局：

为正确实施《中华人民共和国民事诉讼法》、《中华人民共和国环境保护法》、《最高人民法院关于审理环境民事公益诉讼案件适用法律若干问题的解释》，现就贯彻实施环境民事公益诉讼制度有关事项通知如下：

一、人民法院受理和审理社会组织提起的环境民事公益诉讼，可根据案件需要向社会组织的登记管理机关查询或者核实社会组织的基本信息，包括名称、住所、成立时间、宗旨、业务范围、法定代表人或者负责人、存续状态、年检信息、从事业务活动的情况以及登记管理机关掌握的违法记录等，有关登记管理机关应及时将相关信息向人民法院反馈。

二、社会组织存在通过诉讼牟取经济利益情形的，人民法院应向其登记管理机关发送司法建议，由登记管理机关依法对其进行查处，查处结果应向社会公布并通报人民法院。

三、人民法院受理环境民事公益诉讼后，应当在十日内通报对被告行为负有监督管理职责的环境保护主管部门。环境保护主管部门收到人民法院受理环境民事公益诉讼案件线索后，可以根据案件线索开展核查；发现被告行为构成环境行政违法的，应当依法予以处理，并将处理结果通报人民法院。

四、人民法院因审理案件需要，向负有监督管理职责的环境保护主管部门调取涉及被告的环境影响评价文件及其批复、环境许可和监管、污染物排放情况、行政处罚及处罚依据等证据材料的，相关部门应及时向人民法院提交，法律法规规定不得对外提供的材料除外。

五、环境民事公益诉讼当事人达成调解协议或者自行达成和解协议的，人民法院应当将协议内容告知负有监督管理职责的环境保护主管部门。相关部门对协议约定的修复费用、修复方式等内容有意见和建议的，应及时向人民法院提出。

六、人民法院可以判决被告自行组织修复生态环境，可以委托第三方修复生态环境，必要时也可以商请负有监督管理职责的环境保护主管部门共同组织修复生态环境。对生态环境损害修复结果，人民法院可以委托具有环境损害评估等相关资质的鉴定机构进行鉴定，必要时可以商请负有监督管理职责的环境保护主管部门协助审查。

七、人民法院判决被告承担的生态环境修复费用、生态环境受到损害至恢复原状期间服务功能损失等款项，应当用于修复被损害的生态环境。提起环境民事公益诉讼的原告在诉讼中所需的调查取证、专家咨询、检验、鉴定等必要费用，可以酌情从上述款项中支付。

八、人民法院应将判决执行情况及时告知提起环境民事公益诉讼的社会组织。

各级人民法院、民政部门、环境保护部门应认真遵照执行。对于实施工作中存在的问题和建议，请分别及时报告最高人民法院、民政部、环境保护部。

最高人民法院
关于进一步加强危害生产安全刑事案件审判工作的意见

2011年12月30日　　　　　　　　　　　　法发〔2011〕20号

为依法惩治危害生产安全犯罪，促进全国安全生产形势持续稳定好转，保护人民群众生命财产安全，现就进一步加强危害生产安全刑事案件审判工作，制定如下意见。

一、高度重视危害生产安全刑事案件审判工作

1. 充分发挥刑事审判职能作用，依法惩治危害生产安全犯罪，是人民法院为大局服务、为人民司法的必然要求。安全生产关系到人民群众生命财产安全，事关改革、发展和稳定的大局。当前，全国安全生产状况呈现总体稳定、持续好转的发展态势，但形势依然严峻，企业安全生产基础依然薄弱；非法、违法生产，忽视生产安全的现象仍然十分突出；重特大生产安全责任事故时有发生，个别地方和行业重特大责任事故上升。一些重特大生产安全责任事故举国关注，相关案件处理不好，不仅起不到应有的警示作用，不利于生产安全责任事故的防范，也损害党和国家形象，影响社会和谐稳定。各级人民法院要从政治和全局的高度，充分认识审理好危害生产安全刑事案件的重要意义，切实增强工作责任感，严格依法、积极稳妥地审理相关案件，进一步发挥刑事审判工作在创造良好安全生产环境、促进经济平稳较快发展方面的积极作用。

2. 采取有力措施解决存在的问题，切实加强危害生产安全刑事案件审判工作。近年来，各级人民法院依法审理危害生产安全刑事案件，一批严重危害生产安全的犯罪分子及相关职务犯罪分子受到法律制裁,对全国安全生产形势持续稳定好转发挥了积极促进作用。2010年,监察部、国家安全生产监督管理总局会同最高人民法院等部门对部分省市重特大生产安全事故责任追究落实情况开展了专项检查。从检查的情况来看,审判工作总体情况是好的,但仍有个别案件在法律适用或者宽严相济刑事政策具体把握上存在问题,需要切实加强指导。各级人民法院要高度重视,确保相关案件审判工作取得良好的法律效果和社会效果。

二、危害生产安全刑事案件审判工作的原则

3. 严格依法,从严惩处。对严重危害生产安全犯罪,尤其是相关职务犯罪,必须始终坚持严格依法、从严惩处。对于人民群众广泛关注、社会反映强烈的案件要及时审结,回应人民群众关切,维护社会和谐稳定。

4. 区分责任,均衡量刑。危害生产安全犯罪,往往涉案人员较多,犯罪主体复杂,既包括直接从事生产、作业的人员,也包括对生产、作业负有组织、指挥或者管理职责的负责人、管理人员、实际控制人、投资人等,有的还涉及国家机关工作人员渎职犯罪。对相关责任人的处理,要根据事故原因、危害后果、主体职责、过错大小等因素,综合考虑全案,正确划分责任,做到罪责刑相适应。

5. 主体平等,确保公正。审理危害生产安全刑事案件,对于所有责任主体,都必须严格落实法律面前人人平等的刑法原则,确保刑罚适用公正,确保裁判效果良好。

三、正确确定责任

6. 审理危害生产安全刑事案件,政府或相关职能部门依法对事故原因、损失大小、责任划分作出的调查认定,经庭审质证后,结合其他证据,可作为责任认定的依据。

7. 认定相关人员是否违反有关安全管理规定,应当根据相关法律、行政法规,参照地方性法规、规章及国家标准、行业标准,必要时可参考公认的惯例和生产经营单位制定的安全生产规章制度、操作规程。

8. 多个原因行为导致生产安全事故发生的,在区分直接原因与间接原因的同时,应当根据原因行为在引发事故中所具作用的大小,分清主要原因与次要原因,确认主要责任和次要责任,合理确定罪责。

一般情况下,对生产、作业负有组织、指挥或者管理职责的负责人、管理人员、实际控制人、投资人,违反有关安全生产管理规定,对重大生产安全事故的发生起决定性、关键性作用的,应当承担主要责任。

对于直接从事生产、作业的人员违反安全管理规定,发生重大生产安全事故的,要综合考虑行为人的从业资格、从业时间、接受安全生产教育培训情况、现场条件、是否受到他人强令作业、生产经营单位执行安全生产规章制度的情况等因素认定责任,不能将直接责任简单等同于主要责任。

对于负有安全生产管理、监督职责的工作人员,应根据其岗位职责、履职依据、履职时间等,综合考察工作职责、监管条件、履职能力、履职情况等,合理确定罪责。

四、准确适用法律

9. 严格把握危害生产安全犯罪与以其他危险方法危害公共安全罪的界限,不应将生产经营中违章违规的故意不加区别地视为对危害后果发生的故意。

10. 以行贿方式逃避安全生产监督管理,或者非法、违法生产、作业,导致发生重大生产安全事故,构成数罪的,依照数罪并罚的规定处罚。

违反安全生产管理规定,非法采矿、破坏性采矿或排放、倾倒、处置有害物质严重污染环境,造成重大伤亡事故或者其他严重后果,同时构成危害生产安全犯罪和破坏环境资源保

护犯罪的，依照数罪并罚的规定处罚。

11. 安全事故发生后，负有报告职责的国家工作人员不报或者谎报事故情况，贻误事故抢救，情节严重，构成不报、谎报安全事故罪，同时构成职务犯罪或其他危害生产安全犯罪的，依照数罪并罚的规定处罚。

12. 非矿山生产安全事故中，认定"直接负责的主管人员和其他直接责任人员"、"负有报告职责的人员"的主体资格，认定构成"重大伤亡事故或者其他严重后果"、"情节特别恶劣"，不报、谎报事故情况，贻误事故抢救，"情节严重"、"情节特别严重"等，可参照最高人民法院、最高人民检察院《关于办理危害矿山生产安全刑事案件具体应用法律若干问题的解释》的相关规定。

五、准确把握宽严相济刑事政策

13. 审理危害生产安全刑事案件，应综合考虑生产安全事故所造成的伤亡人数、经济损失、环境污染、社会影响、事故原因与被告人职责的关联程度、被告人主观过错大小、事故发生后被告人的施救表现、履行赔偿责任情况等，正确适用刑罚，确保裁判法律效果和社会效果相统一。

14. 造成《关于办理危害矿山生产安全刑事案件具体应用法律若干问题的解释》第四条规定的"重大伤亡事故或者其他严重后果"，同时具有下列情形之一的，也可以认定为刑法第一百三十四条、第一百三十五条规定的"情节特别恶劣"：

（一）非法、违法生产的；

（二）无基本劳动安全设施或未向生产、作业人员提供必要的劳动防护用品，生产、作业人员劳动安全无保障的；

（三）曾因安全生产设施或者安全生产条件不符合国家规定，被监督管理部门处罚或责令改正，一年内再次违规生产致使发生重大生产安全事故的；

（四）关闭、故意破坏必要安全警示设备的；

（五）已发现事故隐患，未采取有效措施，导致发生重大事故的；

（六）事故发生后不积极抢救人员，或者毁灭、伪造、隐藏影响事故调查的证据，或者转移财产逃避责任的；

（七）其他特别恶劣的情节。

15. 相关犯罪中，具有以下情形之一的，依法从重处罚：

（一）国家工作人员违反规定投资入股生产经营企业，构成危害生产安全犯罪的；

（二）贪污贿赂行为与事故发生存在关联性的；

（三）国家工作人员的职务犯罪与事故存在直接因果关系的；

（四）以行贿方式逃避安全生产监督管理，或者非法、违法生产、作业的；

（五）生产安全事故发生后，负有报告职责的国家工作人员不报或者谎报事故情况，贻误事故抢救，尚未构成不报、谎报安全事故罪的；

（六）事故发生后，采取转移、藏匿、毁灭遇难人员尸体，或者毁灭、伪造、隐藏影响事故调查的证据，或者转移财产，逃避责任的；

（七）曾因安全生产设施或者安全生产条件不符合国家规定，被监督管理部门处罚或责令改正，一年内再次违规生产致使发生重大生产安全事故的。

16. 对于事故发生后，积极施救，努力挽回事故损失，有效避免损失扩大；积极配合调查，赔偿受害人损失的，可依法从宽处罚。

六、依法正确适用缓刑和减刑、假释

17. 对于危害后果较轻，在责任事故中不负主要责任，符合法律有关缓刑适用条件的，可

以依法适用缓刑,但应注意根据案件具体情况,区别对待,严格控制,避免适用不当造成的负面影响。

18. 对于具有下列情形的被告人,原则上不适用缓刑:
(一)具有本意见第 14 条、第 15 条所规定的情形的;
(二)数罪并罚的。

19. 宣告缓刑,可以根据犯罪情况,同时禁止犯罪分子在缓刑考验期限内从事与安全生产有关的特定活动。

20. 办理与危害生产安全犯罪相关的减刑、假释案件,要严格执行刑法、刑事诉讼法和有关司法解释规定。是否决定减刑、假释,既要看罪犯服刑期间的悔改表现,还要充分考虑原判认定的犯罪事实、性质、情节、社会危害程度等情况。

七、加强组织领导,注意协调配合

21. 对于重大、敏感案件,合议庭成员要充分做好庭审前期准备工作,全面、客观掌握案情,确保案件开庭审理稳妥顺利、依法公正。

22. 审理危害生产安全刑事案件,涉及专业技术问题的,应有相关权威部门出具的咨询意见或者司法鉴定意见;可以依法邀请具有相关专业知识的人民陪审员参加合议庭。

23. 对于审判工作中发现的安全生产事故背后的渎职、贪污贿赂等违法犯罪线索,应当依法移送有关部门处理。对于情节轻微,免予刑事处罚的被告人,人民法院可建议有关部门依法给予行政处罚或纪律处分。

24. 被告人具有国家工作人员身份的,案件审结后,人民法院应当及时将生效的裁判文书送达行政监察机关和其他相关部门。

25. 对于造成重大伤亡后果的案件,要充分运用财产保全等法定措施,切实维护被害人依法获得赔偿的权利。对于被告人没有赔偿能力的案件,应当依靠地方党委和政府做好善后安抚工作。

26. 积极参与安全生产综合治理工作。对于审判中发现的安全生产管理方面的突出问题,应当发出司法建议,促使有关部门强化安全生产意识和制度建设,完善事故预防机制,杜绝同类事故发生。

27. 重视做好宣传工作。对于社会关注的典型案件,要重视做好审判情况的宣传报道,规范裁判信息发布,及时回应社会的关切,充分发挥重大、典型案件的教育警示作用。

28. 各级人民法院要在依法履行审判职责的同时,及时总结审判经验,深入开展调查研究,推动审判工作水平不断提高。上级法院要以辖区内发生的重大生产安全责任事故案件为重点,加强对下级法院危害生产安全刑事案件审判工作的监督和指导,适时检查此类案件的审判情况,提出有针对性的指导意见。

二、水污染防治

中华人民共和国水污染防治法

（1984年5月11日第六届全国人民代表大会常务委员会第五次会议通过 根据1996年5月15日第八届全国人民代表大会常务委员会第十九次会议《关于修改〈中华人民共和国水污染防治法〉的决定》第一次修正 2008年2月28日第十届全国人民代表大会常务委员会第三十二次会议修订 根据2017年6月27日第十二届全国人民代表大会常务委员会第二十八次会议《关于修改〈中华人民共和国水污染防治法〉的决定》第二次修正）

第一章 总 则

第一条 为了保护和改善环境，防治水污染，保护水生态，保障饮用水安全，维护公众健康，推进生态文明建设，促进经济社会可持续发展，制定本法。

第二条 本法适用于中华人民共和国领域内的江河、湖泊、运河、渠道、水库等地表水体以及地下水体的污染防治。

海洋污染防治适用《中华人民共和国海洋环境保护法》。

第三条 水污染防治应当坚持预防为主、防治结合、综合治理的原则，优先保护饮用水水源，严格控制工业污染、城镇生活污染，防治农业面源污染，积极推进生态治理工程建设，预防、控制和减少水环境污染和生态破坏。

第四条 县级以上人民政府应当将水环境保护工作纳入国民经济和社会发展规划。

地方各级人民政府对本行政区域的水环境质量负责，应当及时采取措施防治水污染。

第五条 省、市、县、乡建立河长制，分级分段组织领导本行政区域内江河、湖泊的水资源保护、水域岸线管理、水污染防治、水环境治理等工作。

第六条 国家实行水环境保护目标责任制和考核评价制度，将水环境保护目标完成情况作为对地方人民政府及其负责人考核评价的内容。

第七条 国家鼓励、支持水污染防治的科学技术研究和先进适用技术的推广应用，加强水环境保护的宣传教育。

第八条 国家通过财政转移支付等方式，建立健全对位于饮用水水源保护区区域和江河、湖泊、水库上游地区的水环境生态保护补偿机制。

第九条 县级以上人民政府环境保护主管部门对水污染防治实施统一监督管理。

交通主管部门的海事管理机构对船舶污染水域的防治实施监督管理。

县级以上人民政府水行政、国土资源、卫生、建设、农业、渔业等部门以及重要江河、湖泊的流域水资源保护机构，在各自的职责范围内，对有关水污染防治实施监督管理。

第十条 排放水污染物，不得超过国家或者地方规定的水污染物排放标准和重点水污染物排放总量控制指标。

第十一条 任何单位和个人都有义务保护水环境，并有权对污染损害水环境的行为进行检举。

县级以上人民政府及其有关主管部门对在水污染防治工作中做出显著成绩的单位和个人给予表彰和奖励。

第二章 水污染防治的标准和规划

第十二条 国务院环境保护主管部门制定国家水环境质量标准。

省、自治区、直辖市人民政府可以对国家水环境质量标准中未作规定的项目，制定地方标准，并报国务院环境保护主管部门备案。

第十三条 国务院环境保护主管部门会同国务院水行政主管部门和有关省、自治区、直辖市人民政府，可以根据国家确定的重要江河、湖泊流域水体的使用功能以及有关地区的经济、技术条件，确定该重要江河、湖泊流域的省界水体适用的水环境质量标准，报国务院批准后施行。

第十四条 国务院环境保护主管部门根据国家水环境质量标准和国家经济、技术条件，制定国家水污染物排放标准。

省、自治区、直辖市人民政府对国家水污染物排放标准中未作规定的项目，可以制定地方水污染物排放标准；对国家水污染物排放标准中已作规定的项目，可以制定严于国家水污染物排放标准的地方水污染物排放标准。地方水污染物排放标准须报国务院环境保护主管部门备案。

向已有地方水污染物排放标准的水体排放污染物的，应当执行地方水污染物排放标准。

第十五条 国务院环境保护主管部门和省、自治区、直辖市人民政府，应当根据水污染防治的要求和国家或者地方的经济、技术条件，适时修订水环境质量标准和水污染物排放标准。

第十六条 防治水污染应当按流域或者按区域进行统一规划。国家确定的重要江河、湖泊的流域水污染防治规划，由国务院环境保护主管部门会同国务院经济综合宏观调控、水行政等部门和有关省、自治区、直辖市人民政府编制，报国务院批准。

前款规定外的其他跨省、自治区、直辖市江河、湖泊的流域水污染防治规划，根据国家确定的重要江河、湖泊的流域水污染防治规划和本地实际情况，由有关省、自治区、直辖市人民政府环境保护主管部门会同同级水行政等部门和有关市、县人民政府编制，经有关省、自治区、直辖市人民政府审核，报国务院批准。

省、自治区、直辖市内跨县江河、湖泊的流域水污染防治规划，根据国家确定的重要江河、湖泊的流域水污染防治规划和本地实际情况，由省、自治区、直辖市人民政府环境保护主管部门会同同级水行政等部门编制，报省、自治区、直辖市人民政府批准，并报国务院备案。

经批准的水污染防治规划是防治水污染的基本依据，规划的修订须经原批准机关批准。

县级以上地方人民政府应当根据依法批准的江河、湖泊的流域水污染防治规划，组织制定本行政区域的水污染防治规划。

第十七条 有关市、县级人民政府应当按照水污染防治规划确定的水环境质量改善目标的要求，制定限期达标规划，采取措施按期达标。

有关市、县级人民政府应当将限期达标规划报上一级人民政府备案，并向社会公开。

第十八条 市、县级人民政府每年在向本级人民代表大会或者其常务委员会报告环境状况和环境保护目标完成情况时，应当报告水环境质量限期达标规划执行情况，并向社会公开。

第三章 水污染防治的监督管理

第十九条 新建、改建、扩建直接或者间接向水体排放污染物的建设项目和其他水上设施，应当依法进行环境影响评价。

建设单位在江河、湖泊新建、改建、扩建排污口的，应当取得水行政主管部门或者流域管理机构同意；涉及通航、渔业水域的，环境保护主管部门在审批环境影响评价文件时，应当征求交通、渔业主管部门的意见。

建设项目的水污染防治设施，应当与主体工程同时设计、同时施工、同时投入使用。水污染防治设施应当符合经批准或者备案的环境影响评价文件的要求。

第二十条 国家对重点水污染物排放实施总量控制制度。

重点水污染物排放总量控制指标，由国务院环境保护主管部门在征求国务院有关部门和各省、自治区、直辖市人民政府意见后，会同国务院经济综合宏观调控部门报国务院批准并下达实施。

省、自治区、直辖市人民政府应当按照国务院的规定削减和控制本行政区域的重点水污染物排放总量。具体办法由国务院环境保护主管部门会同国务院有关部门规定。

省、自治区、直辖市人民政府可以根据本行政区域水环境质量状况和水污染防治工作的需要，对国家重点水污染物之外的其他水污染物排放实行总量控制。

对超过重点水污染物排放总量控制指标或者未完成水环境质量改善目标的地区，省级以上人民政府环境保护主管部门应当会同有关部门约谈该地区人民政府的主要负责人，并暂停审批新增重点水污染物排放总量的建设项目的环境影响评价文件。约谈情况应当向社会公开。

第二十一条 直接或者间接向水体排放工业废水和医疗污水以及其他按照规定应当取得排污许可证方可排放的废水、污水的企业事业单位和其他生产经营者，应当取得排污许可证；城镇污水集中处理设施的运营单位，也应当取得排污许可证。排污许可证应当明确排放水污染物的种类、浓度、总量和排放去向等要求。排污许可的具体办法由国务院规定。

禁止企业事业单位和其他生产经营者无排污许可证或者违反排污许可证的规定向水体排放前款规定的废水、污水。

第二十二条 向水体排放污染物的企业事业单位和其他生产经营者，应当按照法律、行政法规和国务院环境保护主管部门的规定设置排污口；在江河、湖泊设置排污口的，还应当遵守国务院水行政主管部门的规定。

第二十三条 实行排污许可管理的企业事业单位和其他生产经营者应当按照国家有关规定和监测规范，对所排放的水污染物自行监测，并保存原始监测记录。重点排污单位还应当安装水污染物排放自动监测设备，与环境保护主管部门的监控设备联网，并保证监测设备正常运行。具体办法由国务院环境保护主管部门规定。

应当安装水污染物排放自动监测设备的重点排污单位名录，由设区的市级以上地方人民政府环境保护主管部门根据本行政区域的环境容量、重点水污染物排放总量控制指标的要求以及排污单位排放水污染物的种类、数量和浓度等因素，商同级有关部门确定。

第二十四条 实行排污许可管理的企业事业单位和其他生产经营者应当对监测数据的真实性和准确性负责。

环境保护主管部门发现重点排污单位的水污染物排放自动监测设备传输数据异常，应当及时进行调查。

第二十五条 国家建立水环境质量监测和水污染物排放监测制度。国务院环境保护主管部门负责制定水环境监测规范，统一发布国家水环境状况信息，会同国务院水行政等部门组织监测网络，统一规划国家水环境质量监测站（点）的设置，建立监测数据共享机制，加强对水环境监测的管理。

第二十六条 国家确定的重要江河、湖泊流域的水资源保护工作机构负责监测其所在流域的省界水体的水环境质量状况，并将监测结果及时报国务院环境保护主管部门和国务院水行政主管部门；有经国务院批准成立的流域水资源保护领导机构的，应当将监测结果及时报告流域水资源保护领导机构。

第二十七条 国务院有关部门和县级以上地方人民政府开发、利用和调节、调度水资源时，应当统筹兼顾，维持江河的合理流量和湖泊、水库以及地下水体的合理水位，保障基本生态用水，维护水体的生态功能。

第二十八条 国务院环境保护主管部门应当会同国务院水行政等部门和有关省、自治区、直辖市人民政府，建立重要江河、湖泊的流域水环境保护联合协调机制，实行统一规划、统一标准、统一监测、统一的防治措施。

第二十九条 国务院环境保护主管部门和省、自治区、直辖市人民政府环境保护主管部门应当会同同级有关部门根据流域生态环境功能需要，明确流域生态环境保护要求，组织开展流域环境资源承载能力监测、评价，实施流域环境资源承载能力预警。

县级以上地方人民政府应当根据流域生态环境功能需要，组织开展江河、湖泊、湿地保护与修复，因地制宜建设人工湿地、水源涵养林、沿河沿湖植被缓冲带和隔离带等生态环境治理与保护工程，整治黑臭水体，提高流域环境资源承载能力。

从事开发建设活动，应当采取有效措施，维护流域生态环境功能，严守生态保护红线。

第三十条 环境保护主管部门和其他依照本法规定行使监督管理权的部门，有权对管辖范围内的排污单位进行现场检查，被检查的单位应当如实反映情况，提供必要的资料。检查机关有义务为被检查的单位保守在检查中获取的商业秘密。

第三十一条 跨行政区域的水污染纠纷，由有关地方人民政府协商解决，或者由其共同的上级人民政府协调解决。

第四章 水污染防治措施

第一节 一般规定

第三十二条 国务院环境保护主管部门应当会同国务院卫生主管部门，根据对公众健康和生态环境的危害和影响程度，公布有毒有害水污染物名录，实行风险管理。

排放前款规定名录中所列有毒有害水污染物的企业事业单位和其他生产经营者，应当对排污口和周边环境进行监测，评估环境风险，排查环境安全隐患，并公开有毒有害水污染物信息，采取有效措施防范环境风险。

第三十三条 禁止向水体排放油类、酸液、碱液或者剧毒废液。

禁止在水体清洗装贮过油类或者有毒污染物的车辆和容器。

第三十四条 禁止向水体排放、倾倒放射性固体废物或者含有高放射性和中放射性物质的废水。

向水体排放含低放射性物质的废水，应当符合国家有关放射性污染防治的规定和标准。

第三十五条 向水体排放含热废水，应当采取措施，保证水体的水温符合水环境质量标准。

第三十六条 含病原体的污水应当经过消毒处理；符合国家有关标准后，方可排放。

第三十七条 禁止向水体排放、倾倒工业废渣、城镇垃圾和其他废弃物。

禁止将含有汞、镉、砷、铬、铅、氰化物、黄磷等的可溶性剧毒废渣向水体排放、倾倒或者直接埋入地下。

存放可溶性剧毒废渣的场所，应当采取防水、防渗漏、防流失的措施。

第三十八条 禁止在江河、湖泊、运河、渠道、水库最高水位线以下的滩地和岸坡堆放、存贮固体废弃物和其他污染物。

第三十九条 禁止利用渗井、渗坑、裂隙、溶洞，私设暗管，篡改、伪造监测数据，或者不正常运行水污染防治设施等逃避监管的方式排放水污染物。

第四十条 化学品生产企业以及工业集聚区、矿山开采区、尾矿库、危险废物处置场、垃圾填埋场等的运营、管理单位,应当采取防渗漏等措施,并建设地下水水质监测井进行监测,防止地下水污染。

加油站等的地下油罐应当使用双层罐或者采取建造防渗池等其他有效措施,并进行防渗漏监测,防止地下水污染。

禁止利用无防渗漏措施的沟渠、坑塘等输送或者贮存含有毒污染物的废水、含病原体的污水和其他废弃物。

第四十一条 多层地下水的含水层水质差异大的,应当分层开采;对已受污染的潜水和承压水,不得混合开采。

第四十二条 兴建地下工程设施或者进行地下勘探、采矿等活动,应当采取防护性措施,防止地下水污染。

报废矿井、钻井或者取水井等,应当实施封井或者回填。

第四十三条 人工回灌补给地下水,不得恶化地下水质。

第二节 工业水污染防治

第四十四条 国务院有关部门和县级以上地方人民政府应当合理规划工业布局,要求造成水污染的企业进行技术改造,采取综合防治措施,提高水的重复利用率,减少废水和污染物排放量。

第四十五条 排放工业废水的企业应当采取有效措施,收集和处理产生的全部废水,防止污染环境。含有毒有害水污染物的工业废水应当分类收集和处理,不得稀释排放。

工业集聚区应当配套建设相应的污水集中处理设施,安装自动监测设备,与环境保护主管部门的监控设备联网,并保证监测设备正常运行。

向污水集中处理设施排放工业废水的,应当按照国家有关规定进行预处理,达到集中处理设施处理工艺要求后方可排放。

第四十六条 国家对严重污染水环境的落后工艺和设备实行淘汰制度。

国务院经济综合宏观调控部门会同国务院有关部门,公布限期禁止采用的严重污染水环境的工艺名录和限期禁止生产、销售、进口、使用的严重污染水环境的设备名录。

生产者、销售者、进口者或者使用者应当在规定的期限内停止生产、销售、进口或者使用列入前款规定的设备名录中的设备。工艺的采用者应当在规定的期限内停止采用列入前款规定的工艺名录中的工艺。

依照本条第二款、第三款规定被淘汰的设备,不得转让给他人使用。

第四十七条 国家禁止新建不符合国家产业政策的小型造纸、制革、印染、染料、炼焦、炼硫、炼砷、炼汞、炼油、电镀、农药、石棉、水泥、玻璃、钢铁、火电以及其他严重污染水环境的生产项目。

第四十八条 企业应当采用原材料利用效率高、污染物排放量少的清洁工艺,并加强管理,减少水污染物的产生。

第三节 城镇水污染防治

第四十九条 城镇污水应当集中处理。

县级以上地方人民政府应当通过财政预算和其他渠道筹集资金,统筹安排建设城镇污水集中处理设施及配套管网,提高本行政区域城镇污水的收集率和处理率。

国务院建设主管部门应当会同国务院经济综合宏观调控、环境保护主管部门,根据城乡规划和水污染防治规划,组织编制全国城镇污水处理设施建设规划。县级以上地方人民政府组织建设、经济综合宏观调控、环境保护、水行政等部门编制本行政区域的城镇污水处理设施建设规划。县级以上地方人民政府建设主管部门应当按照城镇污水处理设施建设规划,组织建设城镇污水集中处理设施及配套管网，并加强对城镇污水集中处理设施运营的监督管理。

城镇污水集中处理设施的运营单位按照国家规定向排污者提供污水处理的有偿服务，收取污水处理费用，保证污水集中处理设施的正常运行。收取的污水处理费用应当用于城镇污水集中处理设施的建设运行和污泥处理处置，不得挪作他用。

城镇污水集中处理设施的污水处理收费、管理以及使用的具体办法，由国务院规定。

第五十条 向城镇污水集中处理设施排放水污染物，应当符合国家或者地方规定的水污染物排放标准。

城镇污水集中处理设施的运营单位，应当对城镇污水集中处理设施的出水水质负责。

环境保护主管部门应当对城镇污水集中处理设施的出水水质和水量进行监督检查。

第五十一条 城镇污水集中处理设施的运营单位或者污泥处理处置单位应当安全处理处置污泥，保证处理处置后的污泥符合国家标准，并对污泥的去向等进行记录。

第四节 农业和农村水污染防治

第五十二条 国家支持农村污水、垃圾处理设施的建设，推进农村污水、垃圾集中处理。

地方各级人民政府应当统筹规划建设农村污水、垃圾处理设施，并保障其正常运行。

第五十三条 制定化肥、农药等产品的质量标准和使用标准，应当适应水环境保护要求。

第五十四条 使用农药，应当符合国家有关农药安全使用的规定和标准。

运输、存贮农药和处置过期失效农药，应当加强管理，防止造成水污染。

第五十五条 县级以上地方人民政府农业主管部门和其他有关部门，应当采取措施，指导农业生产者科学、合理地施用化肥和农药，推广测土配方施肥技术和高效低毒低残留农药，控制化肥和农药的过量使用，防止造成水污染。

第五十六条 国家支持畜禽养殖场、养殖小区建设畜禽粪便、废水的综合利用或者无害化处理设施。

畜禽养殖场、养殖小区应当保证其畜禽粪便、废水的综合利用或者无害化处理设施正常运转，保证污水达标排放，防止污染水环境。

畜禽散养密集区所在地县、乡级人民政府应当组织对畜禽粪便污水进行分户收集、集中处理利用。

第五十七条 从事水产养殖应当保护水域生态环境，科学确定养殖密度，合理投饵和使用药物，防止污染水环境。

第五十八条 农田灌溉用水应当符合相应的水质标准，防止污染土壤、地下水和农产品。

禁止向农田灌溉渠道排放工业废水或者医疗污水。向农田灌溉渠道排放城镇污水以及未综合利用的畜禽养殖废水、农产品加工废水的，应当保证其下游最近的灌溉取水点的水质符合农田灌溉水质标准。

第五节 船舶水污染防治

第五十九条 船舶排放含油污水、生活污水，应当符合船舶污染物排放标准。从事海洋航运的船舶进入内河和港口的，应当遵守内河的船舶污染物排放标准。

船舶的残油、废油应当回收，禁止排入水体。

禁止向水体倾倒船舶垃圾。

船舶装载运输油类或者有毒货物，应当采取防止溢流和渗漏的措施，防止货物落水造成水污染。

进入中华人民共和国内河的国际航线船舶排放压载水的，应当采用压载水处理装置或者采取其他等效措施，对压载水进行灭活等处理。禁止排放不符合规定的船舶压载水。

第六十条 船舶应当按照国家有关规定配置相应的防污设备和器材，并持有合法有效的防止水域环境污染的证书与文书。

船舶进行涉及污染物排放的作业,应当严格遵守操作规程,并在相应的记录簿上如实记载。

第六十一条 港口、码头、装卸站和船舶修造厂所在地市、县级人民政府应当统筹规划建设船舶污染物、废弃物的接收、转运及处理处置设施。

港口、码头、装卸站和船舶修造厂应当备有足够的船舶污染物、废弃物的接收设施。从事船舶污染物、废弃物接收作业,或者从事装载油类、污染危害性货物船舱清洗作业的单位,应当具备与其运营规模相适应的接收处理能力。

第六十二条 船舶及有关作业单位从事有污染风险的作业活动,应当按照有关法律法规和标准,采取有效措施,防止造成水污染。海事管理机构、渔业主管部门应当加强对船舶及有关作业活动的监督管理。

船舶进行散装液体污染危害性货物的过驳作业,应当编制作业方案,采取有效的安全和污染防治措施,并报作业地海事管理机构批准。

禁止采取冲滩方式进行船舶拆解作业。

第五章 饮用水水源和其他特殊水体保护

第六十三条 国家建立饮用水水源保护区制度。饮用水水源保护区分为一级保护区和二级保护区;必要时,可以在饮用水水源保护区外围划定一定的区域作为准保护区。

饮用水水源保护区的划定,由有关市、县人民政府提出划定方案,报省、自治区、直辖市人民政府批准;跨市、县饮用水水源保护区的划定,由有关市、县人民政府协商提出划定方案,报省、自治区、直辖市人民政府批准;协商不成的,由省、自治区、直辖市人民政府环境保护主管部门会同同级水行政、国土资源、卫生、建设等部门提出划定方案,征求同级有关部门的意见后,报省、自治区、直辖市人民政府批准。

跨省、自治区、直辖市的饮用水水源保护区,由有关省、自治区、直辖市人民政府商有关流域管理机构划定;协商不成的,由国务院环境保护主管部门会同同级水行政、国土资源、卫生、建设等部门提出划定方案,征求国务院有关部门的意见后,报国务院批准。

国务院和省、自治区、直辖市人民政府可以根据保护饮用水水源的实际需要,调整饮用水水源保护区的范围,确保饮用水安全。有关地方人民政府应当在饮用水水源保护区的边界设立明确的地理界标和明显的警示标志。

第六十四条 在饮用水水源保护区内,禁止设置排污口。

第六十五条 禁止在饮用水水源一级保护区内新建、改建、扩建与供水设施和保护水源无关的建设项目;已建成的与供水设施和保护水源无关的建设项目,由县级以上人民政府责令拆除或者关闭。

禁止在饮用水水源一级保护区内从事网箱养殖、旅游、游泳、垂钓或者其他可能污染饮用水水体的活动。

第六十六条 禁止在饮用水水源二级保护区内新建、改建、扩建排放污染物的建设项目;已建成的排放污染物的建设项目,由县级以上人民政府责令拆除或者关闭。

在饮用水水源二级保护区内从事网箱养殖、旅游等活动的,应当按照规定采取措施,防止污染饮用水水体。

第六十七条 禁止在饮用水水源准保护区内新建、扩建对水体污染严重的建设项目;改建设项目,不得增加排污量。

第六十八条 县级以上地方人民政府应当根据保护饮用水水源的实际需要,在准保护区内采取工程措施或者建造湿地、水源涵养林等生态保护措施,防止水污染物直接排入饮用水水体,确保饮用水安全。

第六十九条 县级以上地方人民政府应当组织环境保护等部门,对饮用水水源保护区、地下水型饮用水源的补给区及供水单位周边区域的环境状况和污染风险进行调查评估,筛查可能存在的污染风险因素,并采取相应的风险防范措施。

饮用水水源受到污染可能威胁供水安全的,环境保护主管部门应当责令有关企业事业单位和其他生产经营者采取停止排放水污染物等措施,并通报饮用水供水单位和供水、卫生、水行政等部门;跨行政区域的,还应当通报相关地方人民政府。

第七十条 单一水源供水城市的人民政府应当建设应急水源或者备用水源,有条件的地区可以开展区域联网供水。

县级以上地方人民政府应当合理安排、布局农村饮用水水源,有条件的地区可以采取城镇供水管网延伸或者建设跨村、跨乡镇联片集中供水工程等方式,发展规模集中供水。

第七十一条 饮用水供水单位应当做好取水口和出水口的水质检测工作。发现取水口水质不符合饮用水水源水质标准或者出水口水质不符合饮用水卫生标准的,应当及时采取相应措施,并向所在地市、县级人民政府供水主管部门报告。供水主管部门接到报告后,应当通报环境保护、卫生、水行政等部门。

饮用水供水单位应当对供水水质负责,确保供水设施安全可靠运行,保证供水水质符合国家有关标准。

第七十二条 县级以上地方人民政府应当组织有关部门监测、评估本行政区域内饮用水水源、供水单位供水和用户水龙头出水的水质等饮用水安全状况。

县级以上地方人民政府有关部门应当至少每季度向社会公开一次饮用水安全状况信息。

第七十三条 国务院和省、自治区、直辖市人民政府根据水环境保护的需要,可以规定在饮用水水源保护区内,采取禁止或者限制使用含磷洗涤剂、化肥、农药以及限制种植养殖等措施。

第七十四条 县级以上人民政府可以对风景名胜区水体、重要渔业水体和其他具有特殊经济文化价值的水体划定保护区,并采取措施,保证保护区的水质符合规定用途的水环境质量标准。

第七十五条 在风景名胜区水体、重要渔业水体和其他具有特殊经济文化价值的水体的保护区内,不得新建排污口。在保护区附近新建排污口,应当保证保护区水体不受污染。

第六章 水污染事故处置

第七十六条 各级人民政府及其有关部门,可能发生水污染事故的企业事业单位,应当依照《中华人民共和国突发事件应对法》的规定,做好突发水污染事故的应急准备、应急处置和事后恢复等工作。

第七十七条 可能发生水污染事故的企业事业单位,应当制定有关水污染事故的应急方案,做好应急准备,并定期进行演练。

生产、储存危险化学品的企业事业单位,应当采取措施,防止在处理安全生产事故过程中产生的可能严重污染水体的消防废水、废液直接排入水体。

第七十八条 企业事业单位发生事故或者其他突发性事件,造成或者可能造成水污染事故的,应当立即启动本单位的应急方案,采取隔离等应急措施,防止水污染物进入水体,并向事故发生地的县级以上地方人民政府或者环境保护主管部门报告。环境保护主管部门接到报告后,应当及时向本级人民政府报告,并抄送有关部门。

造成渔业污染事故或者渔业船舶造成水污染事故的,应当向事故发生地的渔业主管部门报告,接受调查处理。其他船舶造成水污染事故的,应当向事故发生地的海事管理机构报告,接受调查处理;给渔业造成损害的,海事管理机构应当通知渔业主管部门参与调查处理。

第七十九条 市、县级人民政府应当组织编制饮用水安全突发事件应急预案。

饮用水供水单位应当根据所在地饮用水安全突发事件应急预案，制定相应的突发事件应急方案，报所在地市、县级人民政府备案，并定期进行演练。

饮用水水源发生水污染事故，或者发生其他可能影响饮用水安全的突发性事件，饮用水供水单位应当采取应急处理措施，向所在地市、县级人民政府报告，并向社会公开。有关人民政府应当根据情况及时启动应急预案，采取有效措施，保障供水安全。

第七章　法律责任

第八十条　环境保护主管部门或者其他依照本法规定行使监督管理权的部门，不依法作出行政许可或者办理批准文件的，发现违法行为或者接到对违法行为的举报后不予查处的，或者有其他未依照本法规定履行职责的行为的，对直接负责的主管人员和其他直接责任人员依法给予处分。

第八十一条　以拖延、围堵、滞留执法人员等方式拒绝、阻挠环境保护主管部门或者其他依照本法规定行使监督管理权的部门的监督检查，或者在接受监督检查时弄虚作假的，由县级以上人民政府环境保护主管部门或者其他依照本法规定行使监督管理权的部门责令改正，处二万元以上二十万元以下的罚款。

第八十二条　违反本法规定，有下列行为之一的，由县级以上人民政府环境保护主管部门责令限期改正，处二万元以上二十万元以下的罚款；逾期不改正的，责令停产整治：

（一）未按照规定对所排放的水污染物自行监测，或者未保存原始监测记录的；

（二）未按照规定安装水污染物排放自动监测设备，未按照规定与环境保护主管部门的监控设备联网，或者未保证监测设备正常运行的；

（三）未按照规定对有毒有害水污染物的排污口和周边环境进行监测，或者未公开有毒有害水污染物信息的。

第八十三条　违反本法规定，有下列行为之一的，由县级以上人民政府环境保护主管部门责令改正或者责令限制生产、停产整治，并处十万元以上一百万元以下的罚款；情节严重的，报经有批准权的人民政府批准，责令停业、关闭：

（一）未依法取得排污许可证排放水污染物的；

（二）超过水污染物排放标准或者超过重点水污染物排放总量控制指标排放水污染物的；

（三）利用渗井、渗坑、裂隙、溶洞，私设暗管，篡改、伪造监测数据，或者不正常运行水污染防治设施等逃避监管的方式排放水污染物的；

（四）未按照规定进行预处理，向污水集中处理设施排放不符合处理工艺要求的工业废水的。

第八十四条　在饮用水水源保护区内设置排污口的，由县级以上地方人民政府责令限期拆除，处十万元以上五十万元以下的罚款；逾期不拆除的，强制拆除，所需费用由违法者承担，处五十万元以上一百万元以下的罚款，并可以责令停产整治。

除前款规定外，违反法律、行政法规和国务院环境保护主管部门的规定设置排污口的，由县级以上地方人民政府环境保护主管部门责令限期拆除，处二万元以上十万元以下的罚款；逾期不拆除的，强制拆除，所需费用由违法者承担，处十万元以上五十万元以下的罚款；情节严重的，可以责令停产整治。

未经水行政主管部门或者流域管理机构同意，在江河、湖泊新建、改建、扩建排污口的，由县级以上人民政府水行政主管部门或者流域管理机构依据职权，依照前款规定采取措施、给予处罚。

第八十五条　有下列行为之一的，由县级以上地方人民政府环境保护主管部门责令停止违法行为，限期采取治理措施，消除污染，处以罚款；逾期不采取治理措施的，环境保护主管部门可以指定有治理能力的单位代为治理，所需费用由违法者承担：

（一）向水体排放油类、酸液、碱液的；

（二）向水体排放剧毒废液，或者将含有汞、镉、砷、铬、铅、氰化物、黄磷等的可溶性剧毒废渣向水体排放、倾倒或者直接埋入地下的；

（三）在水体清洗装贮过油类、有毒污染物的车辆或者容器的；

（四）向水体排放、倾倒工业废渣、城镇垃圾或者其他废弃物，或者在江河、湖泊、运河、渠道、水库最高水位线以下的滩地、岸坡堆放、存贮固体废弃物或者其他污染物的；

（五）向水体排放、倾倒放射性固体废物或者含有高放射性、中放射性物质的废水的；

（六）违反国家有关规定或者标准，向水体排放含低放射性物质的废水、热废水或者含病原体的污水的；

（七）未采取防渗漏等措施，或者未建设地下水水质监测井进行监测的；

（八）加油站等的地下油罐未使用双层罐或者采取建造防渗池等其他有效措施，或者未进行防渗漏监测的；

（九）未按照规定采取防护性措施，或者利用无防渗漏措施的沟渠、坑塘等输送或者存贮含有毒污染物的废水、含病原体的污水或者其他废弃物的。

有前款第三项、第四项、第六项、第七项、第八项行为之一的，处二万元以上二十万元以下的罚款。有前款第一项、第二项、第五项、第九项行为之一的，处十万元以上一百万元以下的罚款；情节严重的，报经有批准权的人民政府批准，责令停业、关闭。

第八十六条 违反本法规定，生产、销售、进口或者使用列入禁止生产、销售、进口、使用的严重污染水环境的设备名录中的设备，或者采用列入禁止采用的严重污染水环境的工艺名录中的工艺的，由县级以上人民政府经济综合宏观调控部门责令改正，处五万元以上二十万元以下的罚款；情节严重的，由县级以上人民政府经济综合宏观调控部门提出意见，报请本级人民政府责令停业、关闭。

第八十七条 违反本法规定，建设不符合国家产业政策的小型造纸、制革、印染、染料、炼焦、炼硫、炼砷、炼汞、炼油、电镀、农药、石棉、水泥、玻璃、钢铁、火电以及其他严重污染水环境的生产项目的，由所在地的市、县人民政府责令关闭。

第八十八条 城镇污水集中处理设施的运营单位或者污泥处理处置单位，处理处置后的污泥不符合国家标准，或者对污泥去向等未进行记录的，由城镇排水主管部门责令限期采取治理措施，给予警告；造成严重后果的，处十万元以上二十万元以下的罚款；逾期不采取治理措施的，城镇排水主管部门可以指定有治理能力的单位代为治理，所需费用由违法者承担。

第八十九条 船舶未配置相应的防污染设备和器材，或者未持有合法有效的防止水域环境污染的证书与文书的，由海事管理机构、渔业主管部门按照职责分工责令限期改正，处二千元以上二万元以下的罚款；逾期不改正的，责令船舶临时停航。

船舶进行涉及污染物排放的作业，未遵守操作规程或者未在相应的记录簿上如实记载的，由海事管理机构、渔业主管部门按照职责分工责令改正，处二千元以上二万元以下的罚款。

第九十条 违反本法规定，有下列行为之一的，由海事管理机构、渔业主管部门按照职责分工责令停止违法行为，处一万元以上十万元以下的罚款；造成水污染的，责令限期采取治理措施，消除污染，处二万元以上二十万元以下的罚款；逾期不采取治理措施的，海事管理机构、渔业主管部门按照职责分工可以指定有治理能力的单位代为治理，所需费用由船舶承担：

（一）向水体倾倒船舶垃圾或者排放船舶的残油、废油的；

（二）未经作业地海事管理机构批准，船舶进行散装液体污染危害性货物的过驳作业的；

（三）船舶及有关作业单位从事有污染风险的作业活动，未按照规定采取污染防治措施的；

（四）以冲滩方式进行船舶拆解的；

(五) 进入中华人民共和国内河的国际航线船舶，排放不符合规定的船舶压载水的。

第九十一条 有下列行为之一的，由县级以上地方人民政府环境保护主管部门责令停止违法行为，处十万元以上五十万元以下的罚款；并报经有批准权的人民政府批准，责令拆除或者关闭：

(一) 在饮用水水源一级保护区内新建、改建、扩建与供水设施和保护水源无关的建设项目的；

(二) 在饮用水水源二级保护区内新建、改建、扩建排放污染物的建设项目的；

(三) 在饮用水水源准保护区内新建、扩建对水体污染严重的建设项目，或者改建建设项目增加排污量的。

在饮用水水源一级保护区内从事网箱养殖或者组织进行旅游、垂钓或者其他可能污染饮用水水体的活动的，由县级以上地方人民政府环境保护主管部门责令停止违法行为，处二万元以上十万元以下的罚款。个人在饮用水水源一级保护区内游泳、垂钓或者从事其他可能污染饮用水水体的活动的，由县级以上地方人民政府环境保护主管部门责令停止违法行为，可以处五百元以下的罚款。

第九十二条 饮用水供水单位供水水质不符合国家规定标准的，由所在地市、县级人民政府供水主管部门责令改正，处二万元以上二十万元以下的罚款；情节严重的，报经有批准权的人民政府批准，可以责令停业整顿；对直接负责的主管人员和其他直接责任人员依法给予处分。

第九十三条 企业事业单位有下列行为之一的，由县级以上人民政府环境保护主管部门责令改正；情节严重的，处二万元以上十万元以下的罚款：

(一) 不按照规定制定水污染事故的应急方案的；

(二) 水污染事故发生后，未及时启动水污染事故的应急方案，采取有关应急措施的。

第九十四条 企业事业单位违反本法规定，造成水污染事故的，除依法承担赔偿责任外，由县级以上人民政府环境保护主管部门依照本条第二款的规定处以罚款，责令限期采取治理措施，消除污染；未按照要求采取治理措施或者不具备治理能力的，由环境保护主管部门指定有治理能力的单位代为治理，所需费用由违法者承担；对造成重大或者特大水污染事故的，还可以报经有批准权的人民政府批准，责令关闭；对直接负责的主管人员和其他直接责任人员可以处上一年度从本单位取得的收入百分之五十以下的罚款；有《中华人民共和国环境保护法》第六十三条规定的违法排放水污染物等行为之一，尚不构成犯罪的，由公安机关对直接负责的主管人员和其他直接责任人员处十日以上十五日以下的拘留；情节较轻的，处五日以上十日以下的拘留。

对造成一般或者较大水污染事故的，按照水污染事故造成的直接损失的百分之二十计算罚款；对造成重大或者特大水污染事故的，按照水污染事故造成的直接损失的百分之三十计算罚款。

造成渔业污染事故或者渔业船舶造成水污染事故的，由渔业主管部门进行处罚；其他船舶造成水污染事故的，由海事管理机构进行处罚。

第九十五条 企业事业单位和其他生产经营者违法排放水污染物，受到罚款处罚，被责令改正的，依法作出处罚决定的行政机关应当组织复查，发现其继续违法排放水污染物或者拒绝、阻挠复查的，依照《中华人民共和国环境保护法》的规定按日连续处罚。

第九十六条 因水污染受到损害的当事人，有权要求排污方排除危害和赔偿损失。

由于不可抗力造成水污染损害的，排污方不承担赔偿责任；法律另有规定的除外。

水污染损害是由受害人故意造成的，排污方不承担赔偿责任。水污染损害是由受害人重大过失造成的，可以减轻排污方的赔偿责任。

水污染损害是由第三人造成的，排污方承担赔偿责任后，有权向第三人追偿。

第九十七条 因水污染引起的损害赔偿责任和赔偿金额的纠纷,可以根据当事人的请求,由环境保护主管部门或者海事管理机构、渔业主管部门按照职责分工调解处理;调解不成的,当事人可以向人民法院提起诉讼。当事人也可以直接向人民法院提起诉讼。

第九十八条 因水污染引起的损害赔偿诉讼,由排污方就法律规定的免责事由及其行为与损害结果之间不存在因果关系承担举证责任。

第九十九条 因水污染受到损害的当事人人数众多的,可以依法由当事人推选代表人进行共同诉讼。

环境保护主管部门和有关社会团体可以依法支持因水污染受到损害的当事人向人民法院提起诉讼。

国家鼓励法律服务机构和律师为水污染损害诉讼中的受害人提供法律援助。

第一百条 因水污染引起的损害赔偿责任和赔偿金额的纠纷,当事人可以委托环境监测机构提供监测数据。环境监测机构应当接受委托,如实提供有关监测数据。

第一百零一条 违反本法规定,构成犯罪的,依法追究刑事责任。

第八章 附 则

第一百零二条 本法中下列用语的含义:

(一)水污染,是指水体因某种物质的介入,而导致其化学、物理、生物或者放射性等方面特性的改变,从而影响水的有效利用,危害人体健康或者破坏生态环境,造成水质恶化的现象。

(二)水污染物,是指直接或者间接向水体排放的,能导致水体污染的物质。

(三)有毒污染物,是指那些直接或者间接被生物摄入体内后,可能导致该生物或者其后代发病、行为反常、遗传异变、生理机能失常、机体变形或者死亡的污染物。

(四)污泥,是指污水处理过程中产生的半固态或者固态物质。

(五)渔业水体,是指划定的鱼虾类的产卵场、索饵场、越冬场、洄游通道和鱼虾贝藻类的养殖场的水体。

第一百零三条 本法自 2008 年 6 月 1 日起施行。

水污染防治行动计划

2015 年 4 月 2 日　　　　　　　　　　　　　　　国发〔2015〕17 号

水环境保护事关人民群众切身利益,事关全面建成小康社会,事关实现中华民族伟大复兴中国梦。当前,我国一些地区水环境质量差、水生态受损重、环境隐患多等问题十分突出,影响和损害群众健康,不利于经济社会持续发展。为切实加大水污染防治力度,保障国家水安全,制定本行动计划。

总体要求:全面贯彻党的十八大和十八届二中、三中、四中全会精神,大力推进生态文明建设,以改善水环境质量为核心,按照"节水优先、空间均衡、系统治理、两手发力"原则,贯彻"安全、清洁、健康"方针,强化源头控制,水陆统筹、河海兼顾,对江河湖海实施分流域、分区域、分阶段科学治理,系统推进水污染防治、水生态保护和水资源管理。坚持政府市场协同,注重改革创新;坚持全面依法推进,实行最严格环保制度;坚持落实各方责任,严格考核问责;坚持全民参与,推动节水洁水人人有责,形成"政府统领、企业施治、市场驱动、公众参与"的水污染防治新机制,实现环境效益、经济效益与社会效益多赢,为建设"蓝天常在、青山常在、绿水常在"的美丽中国而奋斗。

工作目标：到2020年，全国水环境质量得到阶段性改善，污染严重水体较大幅度减少，饮用水安全保障水平持续提升，地下水超采得到严格控制，地下水污染加剧趋势得到初步遏制，近岸海域环境质量稳中趋好，京津冀、长三角、珠三角等区域水生态环境状况有所好转。到2030年，力争全国水环境质量总体改善，水生态系统功能初步恢复。到本世纪中叶，生态环境质量全面改善，生态系统实现良性循环。

主要指标：到2020年，长江、黄河、珠江、松花江、淮河、海河、辽河等七大重点流域水质优良（达到或优于Ⅲ类）比例总体达到70%以上，地级及以上城市建成区黑臭水体均控制在10%以内，地级及以上城市集中式饮用水水源水质达到或优于Ⅲ类比例总体高于93%，全国地下水质量极差的比例控制在15%左右，近岸海域水质优良（一、二类）比例达到70%左右。京津冀区域丧失使用功能（劣于Ⅴ类）的水体断面比例下降15个百分点左右，长三角、珠三角区域力争消除丧失使用功能的水体。

到2030年，全国七大重点流域水质优良比例总体达到75%以上，城市建成区黑臭水体总体得到消除，城市集中式饮用水水源水质达到或优于Ⅲ类比例总体为95%左右。

一、全面控制污染物排放

（一）狠抓工业污染防治。取缔"十小"企业。全面排查装备水平低、环保设施差的小型工业企业。2016年底前，按照水污染防治法律法规要求，全部取缔不符合国家产业政策的小型造纸、制革、印染、染料、炼焦、炼硫、炼砷、炼油、电镀、农药等严重污染水环境的生产项目。（环境保护部牵头，工业和信息化部、国土资源部、能源局等参与，地方各级人民政府负责落实。以下均需地方各级人民政府落实，不再列出）

专项整治十大重点行业。制定造纸、焦化、氮肥、有色金属、印染、农副食品加工、原料药制造、制革、农药、电镀等行业专项治理方案，实施清洁化改造。新建、改建、扩建上述行业建设项目实行主要污染物排放等量或减量置换。2017年底前，造纸行业力争完成纸浆无元素氯漂白改造或采取其他低污染制浆技术，钢铁企业焦炉完成干熄焦技术改造，氮肥行业尿素生产完成工艺冷凝液水解解析技术改造，印染行业实施低排水染整工艺改造，制药（抗生素、维生素）行业实施绿色酶法生产技术改造，制革行业实施铬减量化和封闭循环利用技术改造。（环境保护部牵头，工业和信息化部等参与）

集中治理工业集聚区水污染。强化经济技术开发区、高新技术产业开发区、出口加工区等工业集聚区污染治理。集聚区内工业废水必须经预处理达到集中处理要求，方可进入污水集中处理设施。新建、升级工业集聚区应同步规划、建设污水、垃圾集中处理等污染治理设施。2017年底前，工业集聚区应按规定建成污水集中处理设施，并安装自动在线监控装置，京津冀、长三角、珠三角等区域提前一年完成；逾期未完成的，一律暂停审批和核准其增加水污染物排放的建设项目，并依照有关规定撤销其园区资格。（环境保护部牵头，科技部、工业和信息化部、商务部等参与）

（二）强化城镇生活污染治理。加快城镇污水处理设施建设与改造。现有城镇污水处理设施，要因地制宜进行改造，2020年底前达到相应排放标准或再生利用要求。敏感区域（重点湖泊、重点水库、近岸海域汇水区域）城镇污水处理设施应于2017年底前全面达到一级A排放标准。建成区水体水质达不到地表水Ⅳ类标准的城市，新建城镇污水处理设施要执行一级A排放标准。按照国家新型城镇化规划要求，到2020年，全国所有县城和重点镇具备污水收集处理能力，县城、城市污水处理率分别达到85%、95%左右。京津冀、长三角、珠三角等区域提前一年完成。（住房城乡建设部牵头，发展改革委、环境保护部等参与）

全面加强配套管网建设。强化城中村、老旧城区和城乡结合部污水截流、收集。现有合流制排水系统应加快实施雨污分流改造，难以改造的，应采取截流、调蓄和治理等措施。新建污水处理设施的配套管网应同步设计、同步建设、同步投运。除干旱地区外，城镇新区建设均实行雨污分流，有条件的地区要推进初期雨水收集、处理和资源化利用。到2017年，直辖市、省会城市、计划单列市建成区污水基本实现全收集、全处理，其他地级城市建成区于2020年底前基本实现。（住房城乡建设部牵头，发展改革委、环境保护部等参与）

推进污泥处理处置。污水处理设施产生的污泥应进行稳定化、无害化和资源化处理处置，禁止处理处置不达标的污泥进入耕地。非法污泥堆放点一律予以取缔。现有污泥处理处置设施应于2017年底前基本完成达标改造，地级及以上城市污泥无害化处理处置率应于2020年底前达到90%以上。（住房城乡建设部牵头，发展改革委、工业和信息化部、环境保护部、农业部等参与）

（三）推进农业农村污染防治。防治畜禽养殖污染。科学划定畜禽养殖禁养区，2017年底前，依法关闭或搬迁禁养区内的畜禽养殖场（小区）和养殖专业户，京津冀、长三角、珠三角等区域提前一年完成。现有规模化畜禽养殖场（小区）要根据污染防治需要，配套建设粪便污水贮存、处理、利用设施。散养密集区要实行畜禽粪便污水分户收集、集中处理利用。自2016年起，新建、改建、扩建规模化畜禽养殖场（小区）要实施雨污分流、粪便污水资源化利用。（农业部牵头，环境保护部参与）

控制农业面源污染。制定实施全国农业面源污染综合防治方案。推广低毒、低残留农药使用补助试点经验，开展农作物病虫害绿色防控和统防统治。实行测土配方施肥，推广精准施肥技术和机具。完善高标准农田建设、土地开发整理等标准规范，明确环保要求，新建高标准农田要达到相关环保要求。敏感区域和大中型灌区，要利用现有沟、塘、窖等，配置水生植物群落、格栅和透水坝，建设生态沟渠、污水净化塘、地表径流集蓄池等设施，净化农田排水及地表径流。到2020年，测土配方施肥技术推广覆盖率达到90%以上，化肥利用率提高到40%以上，农作物病虫害统防统治覆盖率达到40%以上；京津冀、长三角、珠三角等区域提前一年完成。（农业部牵头，发展改革委、工业和信息化部、国土资源部、环境保护部、水利部、质检总局等参与）

调整种植业结构与布局。在缺水地区试行退地减水。地下水易受污染地区要优先种植需肥需药量低、环境效益突出的农作物。地表水过度开发和地下水超采问题较严重，且农业用水比重较大的甘肃、新疆（含新疆生产建设兵团）、河北、山东、河南等五省（区），要适当减少用水量较大的农作物种植面积，改种耐旱作物和经济林；2018年底前，对3300万亩灌溉面积实施综合治理，退减水量37亿立方米以上。（农业部、水利部牵头，发展改革委、国土资源部等参与）

加快农村环境综合整治。以县级行政区域为单元，实行农村污水处理统一规划、统一建设、统一管理，有条件的地区积极推进城镇污水处理设施和服务向农村延伸。深化"以奖促治"政策，实施农村清洁工程，开展河道清淤疏浚，推进农村环境连片整治。到2020年，新增完成环境综合整治的建制村13万个。（环境保护部牵头，住房城乡建设部、水利部、农业部等参与）

（四）加强船舶港口污染控制。积极治理船舶污染。依法强制报废超过使用年限的船舶。分类分级修订船舶及其设施、设备的相关环保标准。2018年起投入使用的沿海船舶、2021年起投入使用的内河船舶执行新的标准；其他船舶于2020年底前完成改造，经改造仍不能达到要求的，限期予以淘汰。航行于我国水域的国际航线船舶，要实施压载水交换或安装压载水灭活处理系统。规范拆船行为，禁止冲滩拆解。（交通运输部牵头，工业和信息化部、环境保护部、农业部、质检总局等参与）

增强港口码头污染防治能力。编制实施全国港口、码头、装卸站污染防治方案。加快垃圾接收、转运及处理处置设施建设，提高含油污水、化学品洗舱水等接收处置能力及污染事故应急能力。位于沿海和内河的港口、码头、装卸站及船舶修造厂，分别于2017年底前和

2020年底前达到建设要求。港口、码头、装卸站的经营人应制定防治船舶及其有关活动污染水环境的应急计划。（交通运输部牵头，工业和信息化部、住房城乡建设部、农业部等参与）

二、推动经济结构转型升级

（五）调整产业结构。依法淘汰落后产能。自2015年起，各地要依据部分工业行业淘汰落后生产工艺装备和产品指导目录、产业结构调整指导目录及相关行业污染物排放标准，结合水质改善要求及产业发展情况，制定并实施分年度的落后产能淘汰方案，报工业和信息化部、环境保护部备案。未完成淘汰任务的地区，暂停审批和核准其相关行业新建项目。（工业和信息化部牵头，发展改革委、环境保护部等参与）

严格环境准入。根据流域水质目标和主体功能区规划要求，明确区域环境准入条件，细化功能分区，实施差别化环境准入政策。建立水资源、水环境承载能力监测评价体系，实行承载能力监测预警，已超过承载能力的地区要实施水污染物削减方案，加快调整发展规划和产业结构。到2020年，组织完成市、县域水资源、水环境承载能力现状评价。（环境保护部牵头，住房城乡建设部、水利部、海洋局等参与）

（六）优化空间布局。合理确定发展布局、结构和规模。充分考虑水资源、水环境承载能力，以水定城、以水定地、以水定人、以水定产。重大项目原则上布局在优化开发区和重点开发区，并符合城乡规划和土地利用总体规划。鼓励发展节水高效现代农业、低耗水高新技术产业以及生态保护型旅游业，严格控制缺水地区、水污染严重地区和敏感区域高耗水、高污染行业发展，新建、改建、扩建重点行业建设项目实行主要污染物排放减量置换。七大重点流域干流沿岸，要严格控制石油加工、化学原料和化学制品制造、医药制造、化学纤维制造、有色金属冶炼、纺织印染等项目环境风险，合理布局生产装置及危险化学品仓储等设施。（发展改革委、工业和信息化部牵头，国土资源部、环境保护部、住房城乡建设部、水利部等参与）

推动污染企业退出。城市建成区内现有钢铁、有色金属、造纸、印染、原料药制造、化工等污染较重的企业应有序搬迁改造或依法关闭。（工业和信息化部牵头，环境保护部等参与）

积极保护生态空间。严格城市规划蓝线管理，城市规划区范围内应保留一定比例的水域面积。新建项目一律不得违规占用水域。严格水域岸线用途管制，土地开发利用应按照有关法律法规和技术标准要求，留足河道、湖泊和滨海地带的管理和保护范围，非法挤占的应限期退出。（国土资源部、住房城乡建设部牵头，环境保护部、水利部、海洋局等参与）

（七）推进循环发展。加强工业水循环利用。推进矿井水综合利用，煤炭矿区的补充用水、周边地区生产和生态用水应优先使用矿井水，加强洗煤废水循环利用。鼓励钢铁、纺织印染、造纸、石油石化、化工、制革等高耗水企业废水深度处理回用。（发展改革委、工业和信息化部牵头，水利部、能源局等参与）

促进再生水利用。以缺水及水污染严重地区城市为重点，完善再生水利用设施，工业生产、城市绿化、道路清扫、车辆冲洗、建筑施工以及生态景观等用水，要优先使用再生水。推进高速公路服务区污水处理和利用。具备使用再生水条件但未充分利用的钢铁、火电、化工、制浆造纸、印染等项目，不得批准其新增取水许可。自2018年起，单体建筑面积超过2万平方米的新建公共建筑，北京市2万平方米、天津市5万平方米、河北省10万平方米以上集中新建的保障性住房，应安装建筑中水设施。积极推动其他新建住房安装建筑中水设施。到2020年，缺水城市再生水利用率达到20%以上，京津冀区域达到30%以上。（住房城乡建设部牵头，发展改革委、工业和信息化部、环境保护部、交通运输部、水利部等参与）

推动海水利用。在沿海地区电力、化工、石化等行业，推行直接利用海水作为循环冷却等工业用水。在有条件的城市，加快推进淡化海水作为生活用水补充水源。（发展改革委牵

头、工业和信息化部、住房城乡建设部、水利部、海洋局等参与)

三、着力节约保护水资源

(八)控制用水总量。实施最严格水资源管理。健全取用水总量控制指标体系。加强相关规划和项目建设布局水资源论证工作,国民经济和社会发展规划以及城市总体规划的编制、重大建设项目的布局,应充分考虑当地水资源条件和防洪要求。对取用水总量已达到或超过控制指标的地区,暂停审批其建设项目新增取水许可。对纳入取水许可管理的单位和其他用水大户实行计划用水管理。新建、改建、扩建项目用水要达到行业先进水平,节水设施应与主体工程同时设计、同时施工、同时投运。建立重点监控用水单位名录。到2020年,全国用水总量控制在6700亿立方米以内。(水利部牵头,发展改革委、工业和信息化部、住房城乡建设部、农业部等参与)

严控地下水超采。在地面沉降、地裂缝、岩溶塌陷等地质灾害易发区开发利用地下水,应进行地质灾害危险性评估。严格控制开采深层承压水,地热水、矿泉水开发应严格实行取水许可和采矿许可。依法规范机井建设管理,排查登记已建机井,未经批准的和公共供水管网覆盖范围内的自备水井,一律予以关闭。编制地面沉降区、海水入侵区等区域地下水压采方案。开展华北地下水超采区综合治理,超采区内禁止工农业生产及服务业新增取用地下水。京津冀区域实施土地整治、农业开发、扶贫等农业基础设施项目,不得以配套打井为条件。2017年底前,完成地下水禁采区、限采区和地面沉降控制区范围划定工作,京津冀、长三角、珠三角等区域提前一年完成。(水利部、国土资源部牵头,发展改革委、工业和信息化部、财政部、住房城乡建设部、农业部等参与)

(九)提高用水效率。建立万元国内生产总值水耗指标等用水效率评估体系,把节水目标任务完成情况纳入地方政府政绩考核。将再生水、雨水和微咸水等非常规水源纳入水资源统一配置。到2020年,全国万元国内生产总值用水量、万元工业增加值用水量比2013年分别下降35%、30%以上。(水利部牵头,发展改革委、工业和信息化部、住房城乡建设部等参与)

抓好工业节水。制定国家鼓励和淘汰的用水技术、工艺、产品和设备目录,完善高耗水行业取用水定额标准。开展节水诊断、水平衡测试、用水效率评估,严格用水定额管理。到2020年,电力、钢铁、纺织、造纸、石油石化、化工、食品发酵等高耗水行业达到先进定额标准。(工业和信息化部、水利部牵头,发展改革委、住房城乡建设部、质检总局等参与)

加强城镇节水。禁止生产、销售不符合节水标准的产品、设备。公共建筑必须采用节水器具,限期淘汰公共建筑中不符合节水标准的水嘴、便器水箱等生活用水器具。鼓励居民家庭选用节水器具。对使用超过50年和材质落后的供水管网进行更新改造,到2017年,全国公共供水管网漏损率控制在12%以内;到2020年,控制在10%以内。积极推行低影响开发建设模式,建设滞、渗、蓄、用、排相结合的雨水收集利用设施。新建城区硬化地面,可渗透面积要达到40%以上。到2020年,地级及以上缺水城市全部达到国家节水型城市标准要求,京津冀、长三角、珠三角等区域提前一年完成。(住房城乡建设部牵头,发展改革委、工业和信息化部、水利部、质检总局等参与)

发展农业节水。推广渠道防渗、管道输水、喷灌、微灌等节水灌溉技术,完善灌溉用水计量设施。在东北、西北、黄淮海等区域,推进规模化高效节水灌溉,推广农作物节水抗旱技术。到2020年,大型灌区、重点中型灌区续建配套和节水改造任务基本完成,全国节水灌溉工程面积达到7亿亩左右,农田灌溉水有效利用系数达到0.55以上。(水利部、农业部牵头,发展改革委、财政部等参与)

(十)科学保护水资源。完善水资源保护考核评价体系。加强水功能区监督管理,从严核定水域纳污能力。(水利部牵头,发展改革委、环境保护部等参与)

加强江河湖库水量调度管理。完善水量调度方案。采取闸坝联合调度、生态补水等措施,合理安排闸坝下泄水量和泄流时段,维持河湖基本生态用水需求,重点保障枯水期生态基流。加大水利工程建设力度,发挥好控制性水利工程在改善水质中的作用。(水利部牵头,环境保护部参与)

科学确定生态流量。在黄河、淮河等流域进行试点,分期分批确定生态流量(水位),作为流域水量调度的重要参考。(水利部牵头,环境保护部参与)

四、强化科技支撑

(十一)推广示范适用技术。加快技术成果推广应用,重点推广饮用水净化、节水、水污染治理及循环利用、城市雨水收集利用、再生水安全回用、水生态修复、畜禽养殖污染防治等适用技术。完善环保技术评价体系,加强国家环保科技成果共享平台建设,推动技术成果共享与转化。发挥企业的技术创新主体作用,推动水处理重点企业与科研院所、高等学校组建产学研技术创新战略联盟,示范推广控源减排和清洁生产先进技术。(科技部牵头,发展改革委、工业和信息化部、环境保护部、住房城乡建设部、水利部、农业部、海洋局等参与)

(十二)攻关研发前瞻技术。整合科技资源,通过相关国家科技计划(专项、基金)等,加快研发重点行业废水深度处理、生活污水低成本高标准处理、海水淡化和工业高盐废水脱盐、饮用水微量有毒污染物处理、地下水污染修复、危险化学品事故和水上溢油应急处置等技术。开展有机物和重金属等水环境基准、水污染对人体健康影响、新型污染物风险评价、水环境损害评估、高品质再生水补充饮用水水源等研究。加强水生态保护、农业面源污染防治、水环境监控预警、水处理工艺技术装备等领域的国际交流合作。(科技部牵头,发展改革委、工业和信息化部、国土资源部、环境保护部、住房城乡建设部、水利部、农业部、卫生计生委等参与)

(十三)大力发展环保产业。规范环保产业市场。对涉及环保市场准入、经营行为规范的法规、规章和规定进行全面梳理,废止妨碍形成全国统一环保市场和公平竞争的规定和做法。健全环保工程设计、建设、运营等领域招投标管理办法和技术标准。推进先进适用的节水、治污、修复技术和装备产业化发展。(发展改革委牵头,科技部、工业和信息化部、财政部、环境保护部、住房城乡建设部、水利部、海洋局等参与)

加快发展环保服务业。明确监管部门、排污企业和环保服务公司的责任和义务,完善风险分担、履约保障等机制。鼓励发展包括系统设计、设备成套、工程施工、调试运行、维护管理的环保服务总承包模式、政府和社会资本合作模式等。以污水、垃圾处理和工业园区为重点,推行环境污染第三方治理。(发展改革委、财政部牵头,科技部、工业和信息化部、环境保护部、住房城乡建设部等参与)

五、充分发挥市场机制作用

(十四)理顺价格税费。加快水价改革。县级及以上城市应于2015年底前全面实行居民阶梯水价制度,具备条件的建制镇也要积极推进。2020年底前,全面实行非居民用水超定额、超计划累进加价制度。深入推进农业水价综合改革。(发展改革委牵头,财政部、住房城乡建设部、水利部、农业部等参与)

完善收费政策。修订城镇污水处理费、排污费、水资源费征收管理办法,合理提高征收标准,做到应收尽收。城镇污水处理收费标准不应低于污水处理和污泥处理处置成本。地下水水资源费征收标准应高于地表水,超采地区地下水水资源费征收标准应高于非超采地区。(发展改革委、财政部牵头,环境保护部、住房城乡建设部、水利部等参与)

健全税收政策。依法落实环境保护、节能节水、资源综合利用等方面税收优惠政策。对国内企业为生产国家支持发展的大型环保设备,必需进口的关键零部件及原材料,免征关税。加快推进环境保护税立法、资源税税费改革等工作。研究将部分高耗能、高污染产品纳入消

费税征收范围。（财政部、税务总局牵头，发展改革委、工业和信息化部、商务部、海关总署、质检总局等参与）

（十五）促进多元融资。引导社会资本投入。积极推动设立融资担保基金，推进环保设备融资租赁业务发展。推广股权、项目收益权、特许经营权、排污权等质押融资担保。采取环境绩效合同服务、授予开发经营权益等方式，鼓励社会资本加大水环境保护投入。（人民银行、发展改革委、财政部牵头，环境保护部、住房城乡建设部、银监会、证监会、保监会等参与）

增加政府资金投入。中央财政加大对属于中央事权的水环境保护项目支持力度，合理承担部分属于中央和地方共同事权的水环境保护项目，向欠发达地区和重点地区倾斜；研究采取专项转移支付等方式，实施"以奖代补"。地方各级人民政府要重点支持污水处理、污泥处理处置、河道整治、饮用水水源保护、畜禽养殖污染防治、水生态修复、应急清污等项目和工作。对环境监管能力建设及运行费用分级予以必要保障。（财政部牵头，发展改革委、环境保护部等参与）

（十六）建立激励机制。健全节水环保"领跑者"制度。鼓励节能减排先进企业、工业集聚区用水效率、排污强度等达到更高标准，支持开展清洁生产、节约用水和污染治理等示范。（发展改革委牵头，工业和信息化部、财政部、环境保护部、住房城乡建设部、水利部等参与）

推行绿色信贷。积极发挥政策性银行等金融机构在水环境保护中的作用，重点支持循环经济、污水处理、水资源节约、水生态环境保护、清洁及可再生能源利用等领域。严格限制环境违法企业贷款。加强环境信用体系建设，构建守信激励与失信惩戒机制，环保、银行、证券、保险等方面要加强协作联动，于2017年底前分级建立企业环境信用评价体系。鼓励涉重金属、石油化工、危险化学品运输等高环境风险行业投保环境污染责任保险。（人民银行牵头，工业和信息化部、环境保护部、水利部、银监会、证监会、保监会等参与）

实施跨界水环境补偿。探索采取横向资金补助、对口援助、产业转移等方式，建立跨界水环境补偿机制，开展补偿试点。深化排污权有偿使用和交易试点。（财政部牵头，发展改革委、环境保护部、水利部等参与）

六、严格环境执法监管

（十七）完善法规标准。健全法律法规。加快水污染防治、海洋环境保护、排污许可、化学品环境管理等法律法规制修订步伐，研究制定环境质量目标管理、环境功能区划、节水及循环利用、饮用水水源保护、污染责任保险、水功能区监督管理、地下水管理、环境监测、生态流量保障、船舶和陆源污染防治等法律法规。各地可结合实际，研究起草地方性水污染防治法规。（法制办牵头，发展改革委、工业和信息化部、国土资源部、环境保护部、住房城乡建设部、交通运输部、水利部、农业部、卫生计生委、保监会、海洋局等参与）

完善标准体系。制修订地下水、地表水和海洋等环境质量标准，城镇污水处理、污泥处理处置、农田退水等污染物排放标准。健全重点行业水污染物特别排放限值、污染防治技术政策和清洁生产评价指标体系。各地可制定严于国家标准的地方水污染物排放标准。（环境保护部牵头，发展改革委、工业和信息化部、国土资源部、住房城乡建设部、水利部、农业部、质检总局等参与）

（十八）加大执法力度。所有排污单位必须依法实现全面达标排放。逐一排查工业企业排污情况，达标企业应采取措施确保稳定达标；对超标和超总量的企业予以"黄牌"警示，一律限制生产或停产整治；对整治仍不能达到要求且情节严重的企业予以"红牌"处罚，一律停业、关闭。自2016年起，定期公布环保"黄牌"、"红牌"企业名单。定期抽查排污单位达标排放情况，结果向社会公布。（环境保护部负责）

完善国家督查、省级巡查、地市检查的环境监督执法机制，强化环保、公安、监察等部门和单位协作，健全行政执法与刑事司法衔接配合机制，完善案件移送、受理、立案、通报等规定。加强对地方人民政府和有关部门环保工作的监督，研究建立国家环境监察专员制度。（环境保护部牵头，工业和信息化部、公安部、中央编办等参与）

严厉打击环境违法行为。重点打击私设暗管或利用渗井、渗坑、溶洞排放、倾倒含有毒有害污染物废水、含病原体污水，监测数据弄虚作假，不正常使用水污染物处理设施，或者未经批准拆除、闲置水污染物处理设施等环境违法行为。对造成生态损害的责任者严格落实赔偿制度。严肃查处建设项目环境影响评价领域越权审批、未批先建、边批边建、久试不验等违法违规行为。对构成犯罪的，要依法追究刑事责任。（环境保护部牵头，公安部、住房城乡建设部等参与）

（十九）提升监管水平。完善流域协作机制。健全跨部门、区域、流域、海域水环境保护议事协调机制，发挥环境保护区域督查派出机构和流域水资源保护机构作用，探索建立陆海统筹的生态系统保护修复机制。流域上下游各级政府、各部门之间要加强协调配合、定期会商，实施联合监测、联合执法、应急联动、信息共享。京津冀、长三角、珠三角等区域要于2015年底前建立水污染防治联动协作机制。建立严格监管所有污染物排放的水环境保护管理制度。（环境保护部牵头，交通运输部、水利部、农业部、海洋局等参与）

完善水环境监测网络。统一规划设置监测断面（点位）。提升饮用水水源水质全指标监测、水生生物监测、地下水环境监测、化学物质监测及环境风险防控技术支撑能力。2017年底前，京津冀、长三角、珠三角等区域、海域建成统一的水环境监测网。（环境保护部牵头，发展改革委、国土资源部、住房城乡建设部、交通运输部、水利部、农业部、海洋局等参与）

提高环境监管能力。加强环境监测、环境监察、环境应急等专业技术培训，严格落实执法、监测人员持证上岗制度，加强基层环保执法力量，具备条件的乡镇（街道）及工业园区要配备必要的环境监管力量。各市、县应自2016年起实行环境监管网格化管理。（环境保护部负责）

七、切实加强水环境管理

（二十）强化环境质量目标管理。明确各类水体水质保护目标，逐一排查达标状况。未达到水质目标要求的地区要制定达标方案，将治污任务逐一落实到汇水范围内的排污单位，明确防治措施及达标时限，方案报上一级人民政府备案，自2016年起，定期向社会公布。对水质不达标的区域实施挂牌督办，必要时采取区域限批等措施。（环境保护部牵头，水利部参与）

（二十一）深化污染物排放总量控制。完善污染物统计监测体系，将工业、城镇生活、农业、移动源等各类污染源纳入调查范围。选择对水环境质量有突出影响的总氮、总磷、重金属等污染物，研究纳入流域、区域污染物排放总量控制约束性指标体系。（环境保护部牵头，发展改革委、工业和信息化部、住房城乡建设部、水利部、农业部等参与）

（二十二）严格环境风险控制。防范环境风险。定期评估沿江河湖库工业企业、工业集聚区环境和健康风险，落实防控措施。评估现有化学物质环境和健康风险，2017年底前公布优先控制化学品名录，对高风险化学品生产、使用进行严格限制，并逐步淘汰替代。（环境保护部牵头，工业和信息化部、卫生计生委、安全监管总局等参与）

稳妥处置突发水环境污染事件。地方各级人民政府要制定和完善水污染事故处置应急预案，落实责任主体，明确预警预报与响应程序、应急处置及保障措施等内容，依法及时公布预警信息。（环境保护部牵头，住房城乡建设部、水利部、农业部、卫生计生委等参与）

（二十三）全面推行排污许可。依法核发排污许可证。2015年底前，完成国控重点污染源及排污权有偿使用和交易试点地区污染源排污许可证的核发工作，其他污染源于2017年底前完成。（环境保护部负责）

加强许可证管理。以改善水质、防范环境风险为目标，将污染物排放种类、浓度、总量、排放去向等纳入许可证管理范围。禁止无证排污或不按许可证规定排污。强化海上排污监管，研究建立海上污染排放许可证制度。2017年底前，完成全国排污许可证管理信息平台建设。（环境保护部牵头，海洋局参与）

八、全力保障水生态环境安全

（二十四）保障饮用水水源安全。从水源到水龙头全过程监管饮用水安全。地方各级人民政府及供水单位应定期监测、检测和评估本行政区域内饮用水水源、供水厂出水和用户水龙头水质等饮水安全状况，地级及以上城市自2016年起每季度向社会公开。自2018年起，所有县级及以上城市饮水安全状况信息都要向社会公开。（环境保护部牵头，发展改革委、财政部、住房城乡建设部、水利部、卫生计生委等参与）

强化饮用水水源环境保护。开展饮用水水源规范化建设，依法清理饮用水水源保护区内违法建筑和排污口。单一水源供水的地级及以上城市应于2020年底前基本完成备用水源或应急水源建设，有条件的地方可以适当提前。加强农村饮用水水源保护和水质检测。（环境保护部牵头，发展改革委、财政部、住房城乡建设部、水利部、卫生计生委等参与）

防治地下水污染。定期调查评估集中式地下水型饮用水水源补给区等区域环境状况。石化生产存贮销售企业和工业园区、矿山开采区、垃圾填埋场等区域应进行必要的防渗处理。加油站地下油罐应于2017年底前全部更新为双层罐或完成防渗池设置。报废矿井、钻井、取水井应实施封井回填。公布京津冀等区域内环境风险大、严重影响公众健康的地下水污染场地清单，开展修复试点。（环境保护部牵头，财政部、国土资源部、住房城乡建设部、水利部、商务部等参与）

（二十五）深化重点流域污染防治。编制实施七大重点流域水污染防治规划。研究建立流域水生态环境功能分区管理体系。对化学需氧量、氨氮、总磷、重金属及其他影响人体健康的污染物采取针对性措施，加大整治力度。汇入富营养化湖库的河流应实施总氮排放控制。到2020年，长江、珠江总体水质达到优良，松花江、黄河、淮河、辽河在轻度污染基础上进一步改善，海河污染程度得到缓解。三峡库区水质保持良好，南水北调、引滦入津等调水工程确保水质安全。太湖、巢湖、滇池富营养化水平有所好转。白洋淀、乌梁素海、呼伦湖、艾比湖等湖泊污染程度减轻。环境容量较小、生态环境脆弱、环境风险高的地区，应执行水污染物特别排放限值。各地可根据水环境质量改善需要，扩大特别排放限值实施范围。（环境保护部牵头，发展改革委、工业和信息化部、财政部、住房城乡建设部、水利部等参与）

加强良好水体保护。对江河源头及现状水质达到或优于Ⅲ类的江河湖库开展生态环境安全评估，制定实施生态环境保护方案。东江、滦河、千岛湖、南四湖等流域于2017年底前完成。浙闽片河流、西南诸河、西北诸河及跨界水体水质保持稳定。（环境保护部牵头，外交部、发展改革委、财政部、水利部、林业局等参与）

（二十六）加强近岸海域环境保护。实施近岸海域污染防治方案。重点整治黄河口、长江口、闽江口、珠江口、辽东湾、渤海湾、胶州湾、杭州湾、北部湾等河口海湾污染。沿海地级及以上城市实施总氮排放总量控制。研究建立重点海域排污总量控制制度。规范入海排污口设置，2017年底前全面清理非法或设置不合理的入海排污口。到2020年，沿海省（区、市）入海河流基本消除劣于Ⅴ类的水体。提高涉海项目准入门槛。（环境保护部、海洋局牵头，发展改革委、工业和信息化部、财政部、住房城乡建设部、交通运输部、农业部等参与）

推进生态健康养殖。在重点河湖及近岸海域划定限制养殖区。实施水产养殖池塘、近海养殖网箱标准化改造，鼓励有条件的渔业企业开展海洋离岸养殖和集约化养殖。积极推广人工配合饲料，逐步减少冰鲜杂鱼饲料使用。加强养殖投入品管理，依法规范、限制使用抗生素等化学药品，开展专项整治。到2015年，海水养殖面积控制在220万公顷左右。（农业部负责）

严格控制环境激素类化学品污染。2017年底前完成环境激素类化学品生产使用情况调查，监控评估水源地、农产品种植区及水产品集中养殖区风险，实施环境激素类化学品淘汰、限制、替代等措施。（环境保护部牵头，工业和信息化部、农业部等参与）

（二十七）整治城市黑臭水体。采取控源截污、垃圾清理、清淤疏浚、生态修复等措施，加大黑臭水体治理力度，每半年向社会公布治理情况。地级及以上城市建成区应于2015年底前完成水体排查，公布黑臭水体名称、责任人及达标期限；于2017年底前实现河面无大面积漂浮物，河岸无垃圾，无违法排污口；于2020年底前完成黑臭水体治理目标。直辖市、省会城市、计划单列市建成区要于2017年底前基本消除黑臭水体。（住房城乡建设部牵头，环境保护部、水利部、农业部等参与）

（二十八）保护水和湿地生态系统。加强河湖水生态保护，科学划定生态保护红线。禁止侵占自然湿地等水源涵养空间，已侵占的要限期予以恢复。强化水源涵养林建设与保护，开展湿地保护与修复，加大退耕还林、还草、还湿力度。加强滨河（湖）带生态建设，在河道两侧建设植被缓冲带和隔离带。加大水生野生动植物类自然保护区和水产种质资源保护区保护力度，开展珍稀濒危水生生物和重要水产种质资源的就地和迁地保护，提高水生生物多样性。2017年底前，制定实施七大重点流域水生生物多样性保护方案。（环境保护部、林业局牵头，财政部、国土资源部、住房城乡建设部、水利部、农业部等参与）

保护海洋生态。加大红树林、珊瑚礁、海草床等滨海湿地、河口和海湾典型生态系统，以及产卵场、索饵场、越冬场、洄游通道等重要渔业水域的保护力度，实施增殖放流，建设人工鱼礁。开展海洋生态补偿及赔偿等研究，实施海洋生态修复。认真执行围填海管制计划，严格围填海管理和监督，重点海湾、海洋自然保护区的核心区及缓冲区、海洋特别保护区的重点保护区及预留区、重点河口区域、重要滨海湿地区域、重要砂质岸线及沙源保护海域、特殊保护海岛及重要渔业海域禁止实施围填海，生态脆弱敏感区、自净能力差的海域严格限制围填海。严肃查处违法围填海行为，追究相关人员责任。将自然海岸线保护纳入沿海地方政府政绩考核。到2020年，全国自然岸线保有率不低于35%（不包括海岛岸线）。（环境保护部、海洋局牵头，发展改革委、财政部、农业部、林业局等参与）

九、明确和落实各方责任

（二十九）强化地方政府水环境保护责任。各级地方人民政府是实施本行动计划的主体，要于2015年底前分别制定并公布水污染防治工作方案，逐年确定分流域、分区域、分行业的重点任务和年度目标。要不断完善政策措施，加大资金投入，统筹城乡水污染治理，强化监管，确保各项任务全面完成。各省（区、市）工作方案报国务院备案。（环境保护部牵头，发展改革委、财政部、住房城乡建设部、水利部等参与）

（三十）加强部门协调联动。建立全国水污染防治工作协作机制，定期研究解决重大问题。各有关部门要认真按照职责分工，切实做好水污染防治相关工作。环境保护部要加强统一指导、协调和监督，工作进展及时向国务院报告。（环境保护部牵头，发展改革委、科技部、工业和信息化部、财政部、住房城乡建设部、水利部、农业部、海洋局等参与）

（三十一）落实排污单位主体责任。各类排污单位要严格执行环保法律法规和制度，加强污染治理设施建设和运行管理，开展自行监测，落实治污减排、环境风险防范等责任。中央企业和国有企业要带头落实，工业集聚区内的企业要探索建立环保自律机制。（环境保护部牵头，国资委参与）

（三十二）严格目标任务考核。国务院与各省（区、市）人民政府签订水污染防治目标责任书，分解落实目标任务，切实落实"一岗双责"。每年分流域、分区域、分海域对行动计划实施情况进行考核，考核结果向社会公布，并作为对领导班子和领导干部综合考核评价的重要依据。（环境保护部牵头，中央组织部参与）

将考核结果作为水污染防治相关资金分配的参考依据。（财政部、发展改革委牵头，环境保护部参与）

对未通过年度考核的，要约谈省级人民政府及其相关部门有关负责人，提出整改意见，予以督促；对有关地区和企业实施建设项目环评限批。对因工作不力、履职缺位等导致未能有效应对水环境污染事件的，以及干预、伪造数据和没有完成年度目标任务的，要依法依纪追究有关单位和人员责任。对不顾生态环境盲目决策，导致水环境质量恶化，造成严重后果的领导干部，要记录在案，视情节轻重，给予组织处理或党纪政纪处分，已经离任的也要终身追究责任。（环境保护部牵头，监察部参与）

十、强化公众参与和社会监督

（三十三）依法公开环境信息。综合考虑水环境质量及达标情况等因素，国家每年公布最差、最好的10个城市名单和各省（区、市）水环境状况。对水环境状况差的城市，经整改后仍达不到要求的，取消其环境保护模范城市、生态文明建设示范区、节水型城市、园林城市、卫生城市等荣誉称号，并向社会公告。（环境保护部牵头，发展改革委、住房城乡建设部、水利部、卫生计生委、海洋局等参与）

各省（区、市）人民政府要定期公布本行政区域内各地级市（州、盟）水环境质量状况。国家确定的重点排污单位应依法向社会公开其产生的主要污染物名称、排放方式、排放浓度和总量、超标排放情况，以及污染防治设施的建设和运行情况，主动接受监督。研究发布工业集聚区环境友好指数、重点行业污染物排放强度、城市环境友好指数等信息。（环境保护部牵头，发展改革委、工业和信息化部等参与）

（三十四）加强社会监督。为公众、社会组织提供水污染防治法规培训和咨询，邀请其全程参与重要环保执法行动和重大水污染事件调查。公开曝光环境违法典型案件。健全举报制度，充分发挥"12369"环保举报热线和网络平台作用。限期办理群众举报投诉的环境问题，一经查实，可给予举报人奖励。通过公开听证、网络征集等形式，充分听取公众对重大决策和建设项目的意见。积极推行环境公益诉讼。（环境保护部负责）

（三十五）构建全民行动格局。树立"节水洁水，人人有责"的行为准则。加强宣传教育，把水资源、水环境保护和水情知识纳入国民教育体系，提高公众对经济社会发展和环境保护客观规律的认识。依托全国中小学节水教育、水土保持教育、环境教育等社会实践基地，开展环保社会实践活动。支持民间环保机构、志愿者开展工作。倡导绿色消费新风尚，开展环保社区、学校、家庭等群众性创建活动，推动节约用水，鼓励购买使用节水产品和环境标志产品。（环境保护部牵头，教育部、住房城乡建设部、水利部等参与）

我国正处于新型工业化、信息化、城镇化和农业现代化快速发展阶段，水污染防治任务繁重艰巨。各地区、各有关部门要切实处理好经济社会发展和生态文明建设的关系，按照"地方履行属地责任、部门强化行业管理"的要求，明确执法主体和责任主体，做到各司其职，恪尽职守，突出重点，综合整治，务求实效，以抓铁有痕、踏石留印的精神，依法依规狠抓贯彻落实，确保全国水环境治理与保护目标如期实现，为实现"两个一百年"奋斗目标和中华民族伟大复兴中国梦作出贡献。

三、海洋污染防治

中华人民共和国海洋环境保护法

（1982年8月23日第五届全国人民代表大会常务委员会第二十四次会议通过 1999年12月25日第九届全国人民代表大会常务委员会第十三次会议第一次修订 根据2013年12月28日第十二届全国人民代表大会常务委员会第六次会议《关于修改〈中华人民共和国海洋环境保护法〉等七部法律的决定》第一次修正 根据2016年11月7日第十二届全国人民代表大会常务委员会第二十四次会议《关于修改〈中华人民共和国海洋环境保护法〉的决定》第二次修正 根据2017年11月4日第十二届全国人民代表大会常务委员会第三十次会议《关于修改〈中华人民共和国会计法〉等十一部法律的决定》第三次修正 2023年10月24日第十四届全国人民代表大会常务委员会第六次会议第二次修订）

第一章 总 则

第一条 为了保护和改善海洋环境，保护海洋资源，防治污染损害，保障生态安全和公众健康，维护国家海洋权益，建设海洋强国，推进生态文明建设，促进经济社会可持续发展，实现人与自然和谐共生，根据宪法，制定本法。

第二条 本法适用于中华人民共和国管辖海域。

在中华人民共和国管辖海域内从事航行、勘探、开发、生产、旅游、科学研究及其他活动，或者在沿海陆域内从事影响海洋环境活动的任何单位和个人，应当遵守本法。

在中华人民共和国管辖海域以外，造成中华人民共和国管辖海域环境污染、生态破坏的，适用本法相关规定。

第三条 海洋环境保护应当坚持保护优先、预防为主、源头防控、陆海统筹、综合治理、公众参与、损害担责的原则。

第四条 国务院生态环境主管部门负责全国海洋环境的监督管理，负责全国防治陆源污染物、海岸工程和海洋工程建设项目（以下称工程建设项目）、海洋倾倒废弃物对海洋环境污染损害的环境保护工作，指导、协调和监督全国海洋生态保护修复工作。

国务院自然资源主管部门负责海洋保护和开发利用的监督管理，负责全国海洋生态、海域海岸线和海岛的修复工作。

国务院交通运输主管部门负责所辖港区水域内非军事船舶和港区水域外非渔业、非军事船舶污染海洋环境的监督管理，组织、协调、指挥重大海上溢油应急处置。海事管理机构具体负责上述水域内相关船舶污染海洋环境的监督管理，并负责污染事故的调查处理；对在中华人民共和国管辖海域航行、停泊和作业的外国籍船舶造成的污染事故登轮检查处理。船舶污染事故给渔业造成损害的，应当吸收渔业主管部门参与调查处理。

国务院渔业主管部门负责渔港水域内非军事船舶和渔港水域外渔业船舶污染海洋环境的

监督管理,负责保护渔业水域生态环境工作,并调查处理前款规定的污染事故以外的渔业污染事故。

国务院发展改革、水行政、住房和城乡建设、林业和草原等部门在各自职责范围内负责有关行业、领域涉及的海洋环境保护工作。

海警机构在职责范围内对海洋工程建设项目、海洋倾倒废弃物对海洋环境污染损害、自然保护地海岸线向海一侧保护利用等活动进行监督检查,查处违法行为,按照规定权限参与海洋环境污染事故的应急处置和调查处理。

军队生态环境保护部门负责军事船舶污染海洋环境的监督管理及污染事故的调查处理。

第五条　沿海县级以上地方人民政府对其管理海域的海洋环境质量负责。

国家实行海洋环境保护目标责任制和考核评价制度,将海洋环境保护目标完成情况纳入考核评价的内容。

第六条　沿海县级以上地方人民政府可以建立海洋环境保护区域协作机制,组织协调其管理海域的环境保护工作。

跨区域的海洋环境保护工作,由有关沿海地方人民政府协商解决,或者由上级人民政府协调解决。

跨部门的重大海洋环境保护工作,由国务院生态环境主管部门协调;协调未能解决的,由国务院作出决定。

第七条　国务院和沿海县级以上地方人民政府应当将海洋环境保护工作纳入国民经济和社会发展规划,按照事权和支出责任划分原则,将海洋环境保护工作所需经费纳入本级政府预算。

第八条　各级人民政府及其有关部门应当加强海洋环境保护的宣传教育和知识普及工作,增强公众海洋环境保护意识,引导公众依法参与海洋环境保护工作;鼓励基层群众性自治组织、社会组织、志愿者等开展海洋环境保护法律法规和知识的宣传活动;按照职责分工依法公开海洋环境相关信息。

新闻媒体应当采取多种形式开展海洋环境保护的宣传报道,并对违法行为进行舆论监督。

第九条　任何单位和个人都有保护海洋环境的义务,并有权对污染海洋环境、破坏海洋生态的单位和个人,以及海洋环境监督管理人员的违法行为进行监督和检举。

从事影响海洋环境活动的任何单位和个人,都应当采取有效措施,防止、减轻海洋环境污染、生态破坏。排污者应当依法公开排污信息。

第十条　国家鼓励、支持海洋环境保护科学技术研究、开发和应用,促进海洋环境保护信息化建设,加强海洋环境保护专业技术人才培养,提高海洋环境保护科学技术水平。

国家鼓励、支持海洋环境保护国际交流与合作。

第十一条　对在海洋环境保护工作中做出显著成绩的单位和个人,按照国家有关规定给予表彰和奖励。

第二章　海洋环境监督管理

第十二条　国家实施陆海统筹、区域联动的海洋环境监督管理制度,加强规划、标准、监测等监督管理制度的衔接协调。

各级人民政府及其有关部门应当加强海洋环境监督管理能力建设,提高海洋环境监督管理科技化、信息化水平。

第十三条　国家优先将生态功能极重要、生态极敏感脆弱的海域划入生态保护红线,实行严格保护。

开发利用海洋资源或者从事影响海洋环境的建设活动,应当根据国土空间规划科学合理布局,严格遵守国土空间用途管制要求,严守生态保护红线,不得造成海洋生态环境的损害。

沿海地方各级人民政府应当根据国土空间规划，保护和科学合理地使用海域。沿海省、自治区、直辖市人民政府应当加强对生态保护红线内人为活动的监督管理，定期评估保护成效。

国务院有关部门、沿海设区的市级以上地方人民政府及其有关部门，对其组织编制的国土空间规划和相关规划，应当依法进行包括海洋环境保护内容在内的环境影响评价。

第十四条 国务院生态环境主管部门会同有关部门、机构和沿海省、自治区、直辖市人民政府制定全国海洋生态环境保护规划，报国务院批准后实施。全国海洋生态环境保护规划应当与全国国土空间规划相衔接。

沿海地方各级人民政府应当根据全国海洋生态环境保护规划，组织实施其管理海域的海洋环境保护工作。

第十五条 沿海省、自治区、直辖市人民政府应当根据其管理海域的生态环境和资源利用状况，将其管理海域纳入生态环境分区管控方案和生态环境准入清单，报国务院生态环境主管部门备案后实施。生态环境分区管控方案和生态环境准入清单应当与国土空间规划相衔接。

第十六条 国务院生态环境主管部门根据海洋环境质量状况和国家经济、技术条件，制定国家海洋环境质量标准。

沿海省、自治区、直辖市人民政府对国家海洋环境质量标准中未作规定的项目，可以制定地方海洋环境质量标准；对国家海洋环境质量标准中已作规定的项目，可以制定严于国家海洋环境质量标准的地方海洋环境质量标准。地方海洋环境质量标准应当报国务院生态环境主管部门备案。

国家鼓励开展海洋环境基准研究。

第十七条 制定海洋环境质量标准，应当征求有关部门、行业协会、企业事业单位、专家和公众等的意见，提高海洋环境质量标准的科学性。

海洋环境质量标准应当定期评估，并根据评估结果适时修订。

第十八条 国家和有关地方水污染物排放标准的制定，应当将海洋环境质量标准作为重要依据之一。

对未完成海洋环境保护目标的海域，省级以上人民政府生态环境主管部门暂停审批新增相应种类污染物排放总量的建设项目环境影响报告书（表），会同有关部门约谈该地区人民政府及其有关部门的主要负责人，要求其采取有效措施及时整改，约谈和整改情况应当向社会公开。

第十九条 国家加强海洋环境质量管控，推进海域综合治理，严格海域排污许可管理，提升重点海域海洋环境质量。

需要直接向海洋排放工业废水、医疗污水的海岸工程和海洋工程单位，城镇污水集中处理设施的运营单位及其他企业事业单位和生产经营者，应当依法取得排污许可证。排污许可的管理按照国务院有关规定执行。

实行排污许可管理的企业事业单位和其他生产经营者应当执行排污许可证关于排放污染物的种类、浓度、排放量、排放方式、排放去向和自行监测等要求。

禁止通过私设暗管或者篡改、伪造监测数据，以及不正常运行污染防治设施等逃避监管的方式向海洋排放污染物。

第二十条 国务院生态环境主管部门根据海洋环境状况和质量改善要求，会同国务院发展改革、自然资源、住房和城乡建设、交通运输、水行政、渔业等部门和海警机构，划定国家环境治理重点海域及其控制区域，制定综合治理行动方案，报国务院批准后实施。

沿海设区的市级以上地方人民政府应当根据综合治理行动方案，制定其管理海域的实施方案，因地制宜采取特别管控措施，开展综合治理，协同推进重点海域治理与美丽海湾建设。

第二十一条 直接向海洋排放应税污染物的企业事业单位和其他生产经营者，应当依照法律规定缴纳环境保护税。

向海洋倾倒废弃物，应当按照国家有关规定缴纳倾倒费。具体办法由国务院发展改革部门、国务院财政主管部门会同国务院生态环境主管部门制定。

第二十二条 国家加强防治海洋环境污染损害的科学技术的研究和开发，对严重污染海洋环境的落后生产工艺和落后设备，实行淘汰制度。

企业事业单位和其他生产经营者应当优先使用清洁低碳能源，采用资源利用率高、污染物排放量少的清洁生产工艺，防止对海洋环境的污染。

第二十三条 国务院生态环境主管部门负责海洋生态环境监测工作，制定海洋生态环境监测规范和标准并监督实施，组织实施海洋生态环境质量监测，统一发布国家海洋生态环境状况公报，定期组织对海洋生态环境质量状况进行调查评价。

国务院自然资源主管部门组织开展海洋资源调查和海洋生态预警监测，发布海洋生态预警监测警报和公报。

其他依照本法规定行使海洋环境监督管理权的部门和机构应当按照职责分工开展监测、监视。

第二十四条 国务院有关部门和海警机构应当向国务院生态环境主管部门提供编制国家海洋生态环境状况公报所必需的入海河口和海洋环境监测、调查、监视等方面的资料。

生态环境主管部门应当向有关部门和海警机构提供与海洋环境监督管理有关的资料。

第二十五条 国务院生态环境主管部门会同有关部门和机构通过智能化的综合信息系统，为海洋环境保护监督管理、信息共享提供服务。

国务院有关部门、海警机构和沿海县级以上地方人民政府及其有关部门应当按照规定，推进综合监测、协同监测和常态化监测，加强监测数据、执法信息等海洋环境管理信息共享，提高海洋环境保护综合管理水平。

第二十六条 国家加强海洋辐射环境监测，国务院生态环境主管部门负责制定海洋辐射环境应急监测方案并组织实施。

第二十七条 因发生事故或者其他突发性事件，造成或者可能造成海洋环境污染、生态破坏事件的单位和个人，应当立即采取有效措施解除或者减轻危害，及时向可能受到危害者通报，并向依照本法规定行使海洋环境监督管理权的部门和机构报告，接受调查处理。

沿海县级以上地方人民政府在本行政区域近岸海域的生态环境受到严重损害时，应当采取有效措施，解除或者减轻危害。

第二十八条 国家根据防止海洋环境污染的需要，制定国家重大海上污染事件应急预案，建立健全海上溢油污染等应急机制，保障应对工作的必要经费。

国家建立重大海上溢油应急处置部际联席会议制度。国务院交通运输主管部门牵头组织编制国家重大海上溢油应急处置预案并组织实施。

国务院生态环境主管部门负责制定全国海洋石油勘探开发海上溢油污染事件应急预案并组织实施。

国家海事管理机构负责制定全国船舶重大海上溢油污染事件应急预案，报国务院生态环境主管部门、国务院应急管理部门备案。

沿海县级以上地方人民政府及其有关部门应当制定有关应急预案，在发生海洋突发环境事件时，及时启动应急预案，采取有效措施，解除或者减轻危害。

可能发生海洋突发环境事件的单位，应当按照有关规定，制定本单位的应急预案，配备应急设备和器材，定期组织开展应急演练；应急预案应当向依照本法规定行使海洋环境监督管理权的部门和机构备案。

第二十九条 依照本法规定行使海洋环境监督管理权的部门和机构，有权对从事影响海洋环境活动的单位和个人进行现场检查；在巡航监视中发现违反本法规定的行为时，应当予以制止并调查取证，必要时有权采取有效措施，防止事态扩大，并报告有关部门或者机构处理。

被检查者应当如实反映情况，提供必要的资料。检查者应当依法为被检查者保守商业秘密、个人隐私和个人信息。

依照本法规定行使海洋环境监督管理权的部门和机构可以在海上实行联合执法。

第三十条 造成或者可能造成严重海洋环境污染、生态破坏的，或者有关证据可能灭失或者被隐匿的，依照本法规定行使海洋环境监督管理权的部门和机构可以查封、扣押有关船舶、设施、设备、物品。

第三十一条 在中华人民共和国管辖海域以外，造成或者可能造成中华人民共和国管辖海域环境污染、生态破坏的，有关部门和机构有权采取必要的措施。

第三十二条 国务院生态环境主管部门会同有关部门和机构建立向海洋排放污染物、从事废弃物海洋倾倒、从事海洋生态环境治理和服务的企业事业单位和其他生产经营者信用记录与评价应用制度，将相关信用记录纳入全国公共信用信息共享平台。

第三章 海洋生态保护

第三十三条 国家加强海洋生态保护，提升海洋生态系统质量和多样性、稳定性、持续性。

国务院和沿海地方各级人民政府应当采取有效措施，重点保护红树林、珊瑚礁、海藻场、海草床、滨海湿地、海岛、海湾、入海河口、重要渔业水域等具有典型性、代表性的海洋生态系统，珍稀濒危海洋生物的天然集中分布区，具有重要经济价值的海洋生物生存区域及有重大科学文化价值的海洋自然遗迹和自然景观。

第三十四条 国务院和沿海省、自治区、直辖市人民政府及其有关部门根据保护海洋的需要，依法将重要的海洋生态系统、珍稀濒危海洋生物的天然集中分布区、海洋自然遗迹和自然景观集中分布区等区域纳入国家公园、自然保护区或者自然公园等自然保护地。

第三十五条 国家建立健全海洋生态保护补偿制度。

国务院和沿海省、自治区、直辖市人民政府应当通过转移支付、产业扶持等方式支持开展海洋生态保护补偿。

沿海地方各级人民政府应当落实海洋生态保护补偿资金，确保其用于海洋生态保护补偿。

第三十六条 国家加强海洋生物多样性保护，健全海洋生物多样性调查、监测、评估和保护体系，维护和修复重要海洋生态廊道，防止对海洋生物多样性的破坏。

开发利用海洋和海岸带资源，应当对重要海洋生态系统、生物物种、生物遗传资源实施有效保护，维护海洋生物多样性。

引进海洋动植物物种，应当进行科学论证，避免对海洋生态系统造成危害。

第三十七条 国家鼓励科学开展水生生物增殖放流，支持科学规划，因地制宜采取投放人工鱼礁和种植海藻场、海草床、珊瑚等措施，恢复海洋生物多样性，修复改善海洋生态。

第三十八条 开发海岛及周围海域的资源，应当采取严格的生态保护措施，不得造成海岛地形、岸滩、植被和海岛周围海域生态环境的损害。

第三十九条 国家严格保护自然岸线，建立健全自然岸线控制制度。沿海省、自治区、直辖市人民政府负责划定严格保护岸线的范围并发布。

沿海地方各级人民政府应当加强海岸线分类保护与利用，保护修复自然岸线，促进人工岸线生态化，维护岸线岸滩稳定平衡，因地制宜、科学合理划定海岸建筑退缩线。

禁止违法占用、损害自然岸线。

第四十条 国务院水行政主管部门确定重要入海河流的生态流量管控指标，应当征求并研究国务院生态环境、自然资源等部门的意见。确定生态流量管控指标，应当进行科学论证，综合考虑水资源条件、气候状况、生态环境保护要求、生活生产用水状况等因素。

入海河口所在地县级以上地方人民政府及其有关部门按照河海联动的要求，制定实施河口生态修复和其他保护措施方案，加强对水、沙、盐、潮滩、生物种群、河口形态的综合监测，采取有效措施防止海水入侵和倒灌，维护河口良好生态功能。

第四十一条 沿海地方各级人民政府应当结合当地自然环境的特点，建设海岸防护设施、沿海防护林、沿海城镇园林和绿地，对海岸侵蚀和海水入侵地区进行综合治理。

禁止毁坏海岸防护设施、沿海防护林、沿海城镇园林和绿地。

第四十二条 对遭到破坏的具有重要生态、经济、社会价值的海洋生态系统，应当进行修复。海洋生态修复应当以改善生境、恢复生物多样性和生态系统基本功能为重点，以自然恢复为主、人工修复为辅，并优先修复具有典型性、代表性的海洋生态系统。

国务院自然资源主管部门负责统筹海洋生态修复，牵头组织编制海洋生态修复规划并实施有关海洋生态修复重大工程。编制海洋生态修复规划，应当进行科学论证评估。

国务院自然资源、生态环境等部门应当按照职责分工开展修复成效监督评估。

第四十三条 国务院自然资源主管部门负责开展全国海洋生态灾害预防、风险评估和隐患排查治理。

沿海县级以上地方人民政府负责其管理海域的海洋生态灾害应对工作，采取必要的灾害预防、处置和灾后恢复措施，防止和减轻灾害影响。

企业事业单位和其他生产经营者应当采取必要应对措施，防止海洋生态灾害扩大。

第四十四条 国家鼓励发展生态渔业，推广多种生态渔业生产方式，改善海洋生态状况，保护海洋环境。

沿海县级以上地方人民政府应当因地制宜编制并组织实施养殖水域滩涂规划，确定可以用于养殖业的水域和滩涂，科学划定海水养殖禁养区、限养区和养殖区，建立禁养区内海水养殖的清理和退出机制。

第四十五条 从事海水养殖活动应当保护海域环境，科学确定养殖规模和养殖密度，合理投饵、投肥，正确使用药物，及时规范收集处理固体废物，防止造成海洋生态环境的损害。

禁止在氮磷浓度严重超标的近岸海域新增或者扩大投饵、投肥海水养殖规模。

向海洋排放养殖尾水污染物等应当符合污染物排放标准。沿海省、自治区、直辖市人民政府应当制定海水养殖污染物排放相关地方标准，加强养殖尾水污染防治的监督管理。

工厂化养殖和设置统一排污口的集中连片养殖的排污单位，应当按照有关规定对养殖尾水自行监测。

第四章 陆源污染物污染防治

第四十六条 向海域排放陆源污染物，应当严格执行国家或者地方规定的标准和有关规定。

第四十七条 入海排污口位置的选择，应当符合国土空间用途管制要求，根据海水动力条件和有关规定，经科学论证后，报设区的市级以上人民政府生态环境主管部门备案。排污口的责任主体应当加强排污口监测，按照规定开展监控和自动监测。

生态环境主管部门应当在完成备案后十五个工作日内将入海排污口设置情况通报自然资源、渔业等部门和海事管理机构、海警机构、军队生态环境保护部门。

沿海县级以上地方人民政府应当根据排污口类别、责任主体，组织有关部门对本行政区域内各类入海排污口进行排查整治和日常监督管理，建立健全近岸水体、入海排污口、排污管线、污染源全链条治理体系。

国务院生态环境主管部门负责制定入海排污口设置和管理的具体办法，制定入海排污口技术规范，组织建设统一的入海排污口信息平台，加强动态更新、信息共享和公开。

第四十八条　禁止在自然保护地、重要渔业水域、海水浴场、生态保护红线区域及其他需要特别保护的区域，新设工业排污口和城镇污水处理厂排污口；法律、行政法规另有规定的除外。

在有条件的地区，应当将排污口深水设置，实行离岸排放。

第四十九条　经开放式沟（渠）向海洋排放污染物的，对开放式沟（渠）按照国家和地方的有关规定、标准实施水环境质量管理。

第五十条　国务院有关部门和县级以上地方人民政府及其有关部门应当依照水污染防治有关法律、行政法规的规定，加强入海河流管理，协同推进入海河流污染防治，使入海河口的水质符合入海河口环境质量相关要求。

入海河流流域省、自治区、直辖市人民政府应当按照国家有关规定，加强入海总氮、总磷排放的管控，制定控制方案并组织实施。

第五十一条　禁止向海域排放油类、酸液、碱液、剧毒废液。

禁止向海域排放污染海洋环境、破坏海洋生态的放射性废水。

严格控制向海域排放含有不易降解的有机物和重金属的废水。

第五十二条　含病原体的医疗污水、生活污水和工业废水应当经过处理，符合国家和地方有关排放标准后，方可排入海域。

第五十三条　含有机物和营养物质的工业废水、生活污水，应当严格控制向海湾、半封闭海及其他自净能力较差的海域排放。

第五十四条　向海域排放含热废水，应当采取有效措施，保证邻近自然保护地、渔业水域的水温符合国家和地方海洋环境质量标准，避免热污染对珍稀濒危海洋生物、海洋水产资源造成危害。

第五十五条　沿海地方各级人民政府应当加强农业面源污染防治。沿海农田、林场施用化学农药，应当执行国家农药安全使用的规定和标准。沿海农田、林场应当合理使用化肥和植物生长调节剂。

第五十六条　在沿海陆域弃置、堆放和处理尾矿、矿渣、煤灰渣、垃圾和其他固体废物的，依照《中华人民共和国固体废物污染环境防治法》的有关规定执行，并采取有效措施防止固体废物进入海洋。

禁止在岸滩弃置、堆放和处理固体废物；法律、行政法规另有规定的除外。

第五十七条　沿海县级以上地方人民政府负责其管理海域的海洋垃圾污染防治，建立海洋垃圾监测、清理制度，统筹规划建设陆域接收、转运、处理海洋垃圾的设施，明确有关部门、乡镇、街道、企业事业单位等的海洋垃圾管控区域，建立海洋垃圾监测、拦截、收集、打捞、运输、处理体系并组织实施，采取有效措施鼓励、支持公众参与上述活动。国务院生态环境、住房和城乡建设、发展改革等部门应当按照职责分工加强海洋垃圾污染防治的监督指导和保障。

第五十八条　禁止经中华人民共和国内水、领海过境转移危险废物。

经中华人民共和国管辖的其他海域转移危险废物的，应当事先取得国务院生态环境主管部门的书面同意。

第五十九条　沿海县级以上地方人民政府应当建设和完善排水管网，根据改善海洋环境质量的需要建设城镇污水处理厂及其他污水处理设施，加强城乡污水处理。

建设污水海洋处置工程，应当符合国家有关规定。

第六十条　国家采取必要措施，防止、减少和控制来自大气层或者通过大气层造成的海洋环境污染损害。

第五章 工程建设项目污染防治

第六十一条 新建、改建、扩建工程建设项目，应当遵守国家有关建设项目环境保护管理的规定，并把污染防治和生态保护所需资金纳入建设项目投资计划。

禁止在依法划定的自然保护地、重要渔业水域及其他需要特别保护的区域，违法建设污染环境、破坏生态的工程建设项目或者从事其他活动。

第六十二条 工程建设项目应当按照国家有关建设项目环境影响评价的规定进行环境影响评价。未依法进行并通过环境影响评价的建设项目，不得开工建设。

环境保护设施应当与主体工程同时设计、同时施工、同时投产使用。环境保护设施应当符合经批准的环境影响评价报告书（表）的要求。建设单位应当依照有关法律法规的规定，对环境保护设施进行验收，编制验收报告，并向社会公开。环境保护设施未经验收或者经验收不合格的，建设项目不得投入生产或者使用。

第六十三条 禁止在沿海陆域新建不符合国家产业政策的化学制浆造纸、化工、印染、制革、电镀、酿造、炼油、岸边冲滩拆船及其他严重污染海洋环境的生产项目。

第六十四条 新建、改建、扩建工程建设项目，应当采取有效措施，保护国家和地方重点保护的野生动植物及其生存环境，保护海洋水产资源，避免或者减轻对海洋生物的影响。

禁止在严格保护岸线范围内开采海砂。依法在其他区域开发利用海砂资源，应当采取严格措施，保护海洋环境。载运海砂资源应当持有合法来源证明；海砂开采者应当为载运海砂的船舶提供合法来源证明。

从岸上打井开采海底矿产资源，应当采取有效措施，防止污染海洋环境。

第六十五条 工程建设项目不得使用含超标准放射性物质或者易溶出有毒有害物质的材料；不得造成领海基点及其周围环境的侵蚀、淤积和损害，不得危及领海基点的稳定。

第六十六条 工程建设项目需要爆破作业时，应当采取有效措施，保护海洋环境。

海洋石油勘探开发及输油过程中，应当采取有效措施，避免溢油事故的发生。

第六十七条 工程建设项目不得违法向海洋排放污染物、废弃物及其他有害物质。

海洋油气钻井平台（船）、生产生活平台、生产储卸装置等海洋油气装备的含油污水和油性混合物，应当经过处理达标后排放；残油、废油应当予以回收，不得排放入海。

钻井所使用的油基泥浆和其他有毒复合泥浆不得排放入海。水基泥浆和无毒复合泥浆及钻屑的排放，应当符合国家有关规定。

第六十八条 海洋油气钻井平台（船）、生产生活平台、生产储卸装置等海洋油气装备及其有关海上设施，不得向海域处置含油的工业固体废物。处置其他固体废物，不得造成海洋环境污染。

第六十九条 海上试油时，应当确保油气充分燃烧，油和油性混合物不得排放入海。

第七十条 勘探开发海洋油气资源，应当按照有关规定编制油气污染应急预案，报国务院生态环境主管部门海域派出机构备案。

第六章 废弃物倾倒污染防治

第七十一条 任何个人和未经批准的单位，不得向中华人民共和国管辖海域倾倒任何废弃物。

需要倾倒废弃物的，产生废弃物的单位应当向国务院生态环境主管部门海域派出机构提出书面申请，并出具废弃物特性和成分检验报告，取得倾倒许可证后，方可倾倒。

国家鼓励疏浚物等废弃物的综合利用，避免或者减少海洋倾倒。

禁止中华人民共和国境外的废弃物在中华人民共和国管辖海域倾倒。

第七十二条 国务院生态环境主管部门根据废弃物的毒性、有毒物质含量和对海洋环境影响程度，制定海洋倾倒废弃物评价程序和标准。

可以向海洋倾倒的废弃物名录，由国务院生态环境主管部门制定。

第七十三条 国务院生态环境主管部门会同国务院自然资源主管部门编制全国海洋倾倒区规划，并征求国务院交通运输、渔业等部门和海警机构的意见，报国务院批准。

国务院生态环境主管部门根据全国海洋倾倒区规划，按照科学、合理、经济、安全的原则及时选划海洋倾倒区，征求国务院交通运输、渔业等部门和海警机构的意见，并向社会公告。

第七十四条 国务院生态环境主管部门组织开展海洋倾倒区使用状况评估，根据评估结果予以调整、暂停使用或者封闭海洋倾倒区。

海洋倾倒区的调整、暂停使用和封闭情况，应当通报国务院有关部门、海警机构并向社会公布。

第七十五条 获准和实施倾倒废弃物的单位，应当按照许可证注明的期限及条件，到指定的区域进行倾倒。倾倒作业船舶等载运工具应当安装使用符合要求的海洋倾倒在线监控设备，并与国务院生态环境主管部门监管系统联网。

第七十六条 获准和实施倾倒废弃物的单位，应当按照规定向颁发许可证的国务院生态环境主管部门海域派出机构报告倾倒情况。倾倒废弃物的船舶应当向驶出港的海事管理机构、海警机构作出报告。

第七十七条 禁止在海上焚烧废弃物。

禁止在海上处置污染海洋环境、破坏海洋生态的放射性废物或者其他放射性物质。

第七十八条 获准倾倒废弃物的单位委托实施废弃物海洋倾倒作业的，应当对受托单位的主体资格、技术能力和信用状况进行核实，依法签订书面合同，在合同中约定污染防治与生态保护要求，并监督实施。

受托单位实施废弃物海洋倾倒作业，应当依照有关法律法规的规定和合同约定，履行污染防治和生态保护要求。

获准倾倒废弃物的单位违反本条第一款规定的，除依照有关法律法规的规定予以处罚外，还应当与造成环境污染、生态破坏的受托单位承担连带责任。

第七章 船舶及有关作业活动污染防治

第七十九条 在中华人民共和国管辖海域，任何船舶及相关作业不得违法向海洋排放船舶垃圾、生活污水、含油污水、含有毒有害物质污水、废气等污染物，废弃物，压载水和沉积物及其他有害物质。

船舶应当按照国家有关规定采取有效措施，对压载水和沉积物进行处理处置，严格防控引入外来有害生物。

从事船舶污染物、废弃物接收和船舶清舱、洗舱作业活动的，应当具备相应的接收处理能力。

第八十条 船舶应当配备相应的防污设备和器材。

船舶的结构、配备的防污设备和器材应当符合国家防治船舶污染海洋环境的有关规定，并经检验合格。

船舶应当取得并持有防治海洋环境污染的证书与文书，在进行涉及船舶污染物、压载水和沉积物排放及操作时，应当按照有关规定监测、监控，如实记录并保存。

第八十一条 船舶应当遵守海上交通安全法律、法规的规定，防止因碰撞、触礁、搁浅、火灾或者爆炸等引起的海难事故，造成海洋环境的污染。

第八十二条 国家完善并实施船舶油污损害民事赔偿责任制度；按照船舶油污损害赔偿责任由船东和货主共同承担风险的原则，完善并实施船舶油污保险、油污损害赔偿基金制度，具体办法由国务院规定。

第八十三条 载运具有污染危害性货物进出港口的船舶，其承运人、货物所有人或者代理人，应当事先向海事管理机构申报。经批准后，方可进出港口或者装卸作业。

第八十四条 交付船舶载运污染危害性货物的，托运人应当将货物的正式名称、污染危害性以及应当采取的防护措施如实告知承运人。污染危害性货物的单证、包装、标志、数量限制等，应当符合对所交付货物的有关规定。

需要船舶载运污染危害性不明的货物，应当按照有关规定事先进行评估。

装卸油类及有毒有害货物的作业，船岸双方应当遵守安全防污操作规程。

第八十五条 港口、码头、装卸站和船舶修造拆解单位所在地县级以上地方人民政府应当统筹规划建设船舶污染物等的接收、转运、处理处置设施，建立相应的接收、转运、处理处置多部门联合监管制度。

沿海县级以上地方人民政府负责对其管理海域的渔港和渔业船舶停泊点及周边区域污染防治的监督管理，规范生产生活污水和渔业垃圾回收处置，推进污染防治设备建设和环境清理整治。

港口、码头、装卸站和船舶修造拆解单位应当按照有关规定配备足够的用于处理船舶污染物、废弃物的接收设施，使该设施处于良好状态并有效运行。

装卸油类等污染危害性货物的港口、码头、装卸站和船舶应当编制污染应急预案，并配备相应的污染应急设备和器材。

第八十六条 国家海事管理机构组织制定中国籍船舶禁止或者限制安装和使用的有害材料名录。

船舶修造单位或者船舶所有人、经营人或者管理人应当在船上备有有害材料清单，在船舶建造、营运和维修过程中持续更新，并在船舶拆解前提供给从事船舶拆解的单位。

第八十七条 从事船舶拆解的单位，应当采取有效的污染防治措施，在船舶拆解前将船舶污染物减至最小量，对拆解产生的船舶污染物、废弃物和其他有害物质进行安全与环境无害化处置。拆解的船舶部件不得进入水体。

禁止采取冲滩方式进行船舶拆解作业。

第八十八条 国家倡导绿色低碳智能航运，鼓励船舶使用新能源或者清洁能源，淘汰高耗能高排放老旧船舶，减少温室气体和大气污染物的排放。沿海县级以上地方人民政府应当制定港口岸电、船舶受电等设施建设和改造计划，并组织实施。港口岸电设施的供电能力应当与靠港船舶的用电需求相适应。

船舶应当按照国家有关规定采取有效措施提高能效水平。具备岸电使用条件的船舶靠港应当按照国家有关规定使用岸电，但是使用清洁能源的除外。具备岸电供应能力的港口经营人、岸电供电企业应当按照国家有关规定为具备岸电使用条件的船舶提供岸电。

国务院和沿海县级以上地方人民政府对港口岸电设施、船舶受电设施的改造和使用，清洁能源或者新能源动力船舶建造等按照规定给予支持。

第八十九条 船舶及有关作业活动应当遵守有关法律法规和标准，采取有效措施，防止造成海洋环境污染。海事管理机构等应当加强对船舶及有关作业活动的监督管理。

船舶进行散装液体污染危害性货物的过驳作业，应当编制作业方案，采取有效的安全和污染防治措施，并事先按照有关规定报经批准。

第九十条 船舶发生海难事故，造成或者可能造成海洋环境重大污染损害的，国家海事管理机构有权强制采取避免或者减少污染损害的措施。

对在公海上因发生海难事故，造成中华人民共和国管辖海域重大污染损害后果或者具有污染威胁的船舶、海上设施，国家海事管理机构有权采取与实际的或者可能发生的损害相称的必要措施。

第九十一条 所有船舶均有监视海上污染的义务，在发现海上污染事件或者违反本法规定的行为时，应当立即向就近的依照本法规定行使海洋环境监督管理权的部门或者机构报告。

民用航空器发现海上排污或者污染事件，应当及时向就近的民用航空空中交通管制单位报告。接到报告的单位，应当立即向依照本法规定行使海洋环境监督管理权的部门或者机构通报。

第九十二条 国务院交通运输主管部门可以划定船舶污染物排放控制区。进入控制区的船舶应当符合船舶污染物排放相关控制要求。

第八章 法律责任

第九十三条 违反本法规定，有下列行为之一，由依照本法规定行使海洋环境监督管理权的部门或者机构责令改正或者责令采取限制生产、停产整治等措施，并处以罚款；情节严重的，报经有批准权的人民政府批准，责令停业、关闭：

（一）向海域排放本法禁止排放的污染物或者其他物质的；

（二）未依法取得排污许可证排放污染物的；

（三）超过标准、总量控制指标排放污染物的；

（四）通过私设暗管或者篡改、伪造监测数据，或者不正常运行污染防治设施等逃避监管的方式违法向海洋排放污染物的；

（五）违反本法有关船舶压载水和沉积物排放和管理规定的；

（六）其他未依照本法规定向海洋排放污染物、废弃物的。

有前款第一项、第二项行为之一的，处二十万元以上一百万元以下的罚款；有前款第三项行为的，处十万元以上一百万元以下的罚款；有前款第四项行为的，处十万元以上一百万元以下的罚款，情节严重的，吊销排污许可证；有前款第五项、第六项行为之一的，处一万元以上二十万元以下的罚款。个人擅自在岸滩弃置、堆放和处理生活垃圾的，按次处一百元以上一千元以下的罚款。

第九十四条 违反本法规定，有下列行为之一，由依照本法规定行使海洋环境监督管理权的部门或者机构责令改正，处以罚款：

（一）未依法公开排污信息或者弄虚作假的；

（二）因发生事故或者其他突发性事件，造成或者可能造成海洋环境污染、生态破坏事件，未按照规定通报或者报告的；

（三）未按照有关规定制定应急预案并备案，或者未按照有关规定配备应急设备、器材的；

（四）因发生事故或者其他突发性事件，造成或者可能造成海洋环境污染、生态破坏事件，未立即采取有效措施或者逃逸的；

（五）未采取必要应对措施，造成海洋生态灾害危害扩大的。

有前款第一项行为的，处二万元以上二十万元以下的罚款，拒不改正的，责令限制生产、停产整治；有前款第二项行为的，处五万元以上五十万元以下的罚款，对直接负责的主管人员和其他直接责任人员处一万元以上十万元以下的罚款，并可以暂扣或者吊销相关任职资格许可；有前款第三项行为的，处二万元以上二十万元以下的罚款；有前款第四项、第五项行为之一的，处二十万元以上二百万元以下的罚款。

第九十五条 违反本法规定，拒绝、阻挠调查和现场检查，或者在被检查时弄虚作假的，由依照本法规定行使海洋环境监督管理权的部门或者机构责令改正，处五万元以上二十万元以下的罚款；对直接负责的主管人员和其他直接责任人员处二万元以上十万元以下的罚款。

第九十六条 违反本法规定，造成珊瑚礁等海洋生态系统或者自然保护地破坏的，由依照本法规定行使海洋环境监督管理权的部门或者机构责令改正、采取补救措施，处每平方米一千元以上一万元以下的罚款。

第九十七条 违反本法规定，有下列行为之一，由依照本法规定行使海洋环境监督管理权的部门或者机构责令改正，处以罚款：

（一）占用、损害自然岸线的；

（二）在严格保护岸线范围内开采海砂的；

（三）违反本法其他关于海砂、矿产资源规定的。

有前款第一项行为的，处每米五百元以上一万元以下的罚款；有前款第二项行为的，处货值金额二倍以上二十倍以下的罚款，货值金额不足十万元的，处二十万元以上二百万元以下的罚款；有前款第三项行为的，处五万元以上五十万元以下的罚款。

第九十八条 违反本法规定，从事海水养殖活动有下列行为之一，由依照本法规定行使海洋环境监督管理权的部门或者机构责令改正，处二万元以上二十万元以下的罚款；情节严重的，报经有批准权的人民政府批准，责令停业、关闭：

（一）违反禁养区、限养区规定的；

（二）违反养殖规模、养殖密度规定的；

（三）违反投饵、投肥、药物使用规定的；

（四）未按照有关规定对养殖尾水自行监测的。

第九十九条 违反本法规定设置入海排污口的，由生态环境主管部门责令关闭或者拆除，处二万元以上十万元以下的罚款；拒不关闭或者拆除的，强制关闭、拆除，所需费用由违法者承担，处十万元以上五十万元以下的罚款；情节严重的，可以责令停产整治。

违反本法规定，设置入海排污口未备案的，由生态环境主管部门责令改正，处二万元以上十万元以下的罚款。

违反本法规定，入海排污口的责任主体未按照规定开展监控、自动监测的，由生态环境主管部门责令改正，处二万元以上十万元以下的罚款；拒不改正的，可以责令停产整治。

自然资源、渔业等部门和海事管理机构、海警机构、军队生态环境保护部门发现前三款违法行为之一的，应当通报生态环境主管部门。

第一百条 违反本法规定，经中华人民共和国管辖海域，转移危险废物的，由国家海事管理机构责令非法运输该危险废物的船舶退出中华人民共和国管辖海域，处五十万元以上五百万元以下的罚款。

第一百零一条 违反本法规定，建设单位未落实建设项目投资计划有关要求的，由生态环境主管部门责令改正，处五万元以上二十万元以下的罚款；拒不改正的，处二十万元以上一百万元以下的罚款。

违反本法规定，建设单位未依法报批或者报请重新审核环境影响报告书（表），擅自开工建设的，由生态环境主管部门或者海警机构责令其停止建设，根据违法情节和危害后果，处建设项目总投资额百分之一以上百分之五以下的罚款，并可以责令恢复原状；对建设单位直接负责的主管人员和其他直接责任人员，依法给予处分。建设单位未依法备案环境影响登记表的，由生态环境主管部门责令备案，处五万元以下的罚款。

第一百零二条 违反本法规定，在依法划定的自然保护地、重要渔业水域及其他需要特别保护的区域建设污染环境、破坏生态的工程建设项目或者从事其他活动，或者在沿海陆域新建不符合国家产业政策的生产项目的，由县级以上人民政府按照管理权限责令关闭。

违反生态环境准入清单进行生产建设活动的，由依照本法规定行使海洋环境监督管理权的部门或者机构责令停止违法行为，限期拆除并恢复原状，所需费用由违法者承担，处五十万元以上五百万元以下的罚款，对直接负责的主管人员和其他直接责任人员处五万元以上十万元以下的罚款；情节严重的，报经有批准权的人民政府批准，责令关闭。

第一百零三条 违反本法规定，环境保护设施未与主体工程同时设计、同时施工、同时投产使用的，或者环境保护设施未建成、未达到规定要求、未经验收或者经验收不合格即投入生产、使用的，由生态环境主管部门或者海警机构责令改正，处二十万元以上一百万元以下的罚款；拒不改正的，处一百万元以上二百万元以下的罚款；对直接负责的主管人员和其他责任人员处五万元以上二十万元以下的罚款；造成重大环境污染、生态破坏的，责令其停止生产、使用，或者报经有批准权的人民政府批准，责令关闭。

第一百零四条 违反本法规定，工程建设项目有下列行为之一，由依照本法规定行使海洋环境监督管理权的部门或者机构责令其停止违法行为、消除危害，处二十万元以上一百万元以下的罚款；情节严重的，报经有批准权的人民政府批准，责令停业、关闭：

（一）使用含超标准放射性物质或者易溶出有毒有害物质的材料的；

（二）造成领海基点及其周围环境的侵蚀、淤积、损害，或者危及领海基点稳定的。

第一百零五条 违反本法规定进行海洋油气勘探开发活动，造成海洋环境污染的，由海警机构责令改正，给予警告，并处二十万元以上一百万元以下的罚款。

第一百零六条 违反本法规定，有下列行为之一，由国务院生态环境主管部门及其海域派出机构、海事管理机构或者海警机构责令改正，处以罚款，必要时可以扣押船舶；情节严重的，报经有批准权的人民政府批准，责令停业、关闭：

（一）倾倒废弃物的船舶驶出港口未报告的；

（二）未取得倾倒许可证，向海洋倾倒废弃物的；

（三）在海上焚烧废弃物或者处置放射性废物及其他放射性物质的。

有前款第一项行为的，对违法船舶的所有人、经营人或者管理人处三千元以上三万元以下的罚款，对船长、责任船员或者其他责任人员处五百元以上五千元以下的罚款；有前款第二项行为的，处二十万元以上二百万元以下的罚款；有前款第三项行为的，处五十万元以上五百万元以下的罚款。有前款第二项、第三项行为之一，两年内受到行政处罚三次以上的，三年内不得从事废弃物海洋倾倒活动。

第一百零七条 违反本法规定，有下列行为之一，由国务院生态环境主管部门及其海域派出机构、海事管理机构或者海警机构责令改正，处以罚款，暂扣或者吊销倾倒许可证，必要时可以扣押船舶；情节严重的，报经有批准权的人民政府批准，责令停业、关闭：

（一）未按照国家规定报告倾倒情况的；

（二）未按照国家规定安装使用海洋倾废在线监控设备的；

（三）获准倾倒废弃物的单位未依照本法规定委托实施废弃物海洋倾倒作业或者未依照本法规定监督实施的；

（四）未按照倾倒许可证的规定倾倒废弃物的。

有前款第一项行为的，按次处五千元以上二万元以下的罚款；有前款第二项行为的，处二万元以上二十万元以下的罚款；有前款第三项行为的，处三万元以上三十万元以下的罚款；有前款第四项行为的，处二十万元以上一百万元以下的罚款，被吊销倾倒许可证的，三年内不得从事废弃物海洋倾倒活动。

以提供虚假申请材料、欺骗、贿赂等不正当手段申请取得倾倒许可证的，由国务院生态环境主管部门及其海域派出机构依法撤销倾倒许可证，并处二十万元以上五十万元以下的罚款；三年内不得再次申请倾倒许可证。

第一百零八条 违反本法规定，将中华人民共和国境外废弃物运进中华人民共和国管辖海域倾倒的，由海警机构责令改正，根据造成或者可能造成的危害后果，处五十万元以上五百万元以下的罚款。

第一百零九条 违反本法规定，有下列行为之一，由依照本法规定行使海洋环境监督管理权的部门或者机构责令改正，处以罚款：

（一）港口、码头、装卸站、船舶修造拆解单位未按照规定配备或者有效运行船舶污染物、废弃物接收设施，或者船舶的结构、配备的防污设备和器材不符合国家防污规定或者未经检验合格的；

（二）从事船舶污染物、废弃物接收和船舶清舱、洗舱作业活动，不具备相应接收处理能力的；

（三）从事船舶拆解、旧船改装、打捞和其他水上、水下施工作业，造成海洋环境污染损害的；

（四）采取冲滩方式进行船舶拆解作业的。

有前款第一项、第二项行为之一的，处二万元以上三十万元以下的罚款；有前款第三项行为的，处五万元以上二十万元以下的罚款；有前款第四项行为的，处十万元以上一百万元以下的罚款。

第一百一十条　违反本法规定，有下列行为之一，由依照本法规定行使海洋环境监督管理权的部门或者机构责令改正，处以罚款：

（一）未在船上备有有害材料清单，未在船舶建造、营运和维修过程中持续更新有害材料清单，或者未在船舶拆解前将有害材料清单提供给从事船舶拆解单位的；

（二）船舶未持有防污证书、防污文书，或者不按照规定监测、监控，如实记载和保存船舶污染物、压载水和沉积物的排放及操作记录的；

（三）船舶采取措施提高能效水平未达到有关规定的；

（四）进入控制区的船舶不符合船舶污染物排放相关控制要求的；

（五）具备岸电供应能力的港口经营人、岸电供电企业未按照国家规定为具备岸电使用条件的船舶提供岸电的；

（六）具备岸电使用条件的船舶靠港，不按照国家规定使用岸电的。

有前款第一项行为的，处二万元以下的罚款；有前款第二项行为的，处十万元以下的罚款；有前款第三项行为的，处一万元以上十万元以下的罚款；有前款第四项行为的，处三万元以上三十万元以下的罚款；有前款第五项、第六项行为之一的，处一万元以上十万元以下的罚款，情节严重的，处十万元以上五十万元以下的罚款。

第一百一十一条　违反本法规定，有下列行为之一，由依照本法规定行使海洋环境监督管理权的部门或者机构责令改正，处以罚款：

（一）拒报或者谎报船舶载运污染危害性货物申报事项的；

（二）托运人未将托运的污染危害性货物的正式名称、污染危害性以及应当采取的防护措施如实告知承运人的；

（三）托运人交付承运人的污染危害性货物的单证、包装、标志、数量限制不符合对所交付货物的有关规定的；

（四）托运人在托运的普通货物中夹带污染危害性货物或者将污染危害性货物谎报为普通货物的；

（五）需要船舶载运污染危害性不明的货物，未按照有关规定事先进行评估的。

有前款第一项行为的，处五万元以下的罚款；有前款第二项行为的，处五万元以上十万元以下的罚款；有前款第三项、第五项行为之一的，处二万元以上十万元以下的罚款；有前款第四项行为的，处十万元以上二十万元以下的罚款。

第一百一十二条　违反本法规定，有下列行为之一，由依照本法规定行使海洋环境监督管理权的部门或者机构责令改正，处一万元以上五万元以下的罚款：

（一）载运具有污染危害性货物的船舶未经许可进入港口或者装卸作业的；

（二）装卸油类及有毒有害货物的作业，船岸双方未遵守安全防污操作规程的；

（三）船舶进行散装液体污染危害性货物的过驳作业，未编制作业方案或者未按照有关规定报经批准的。

第一百一十三条 企业事业单位和其他生产经营者违反本法规定向海域排放、倾倒、处置污染物、废弃物或者其他物质，受到罚款处罚，被责令改正的，依法作出处罚决定的部门或者机构应当组织复查，发现其继续实施该违法行为或者拒绝、阻挠复查的，依照《中华人民共和国环境保护法》的规定按日连续处罚。

第一百一十四条 对污染海洋环境、破坏海洋生态，造成他人损害的，依照《中华人民共和国民法典》等法律的规定承担民事责任。

对污染海洋环境、破坏海洋生态，给国家造成重大损失的，由依照本法规定行使海洋环境监督管理权的部门代表国家对责任者提出损害赔偿要求。

前款规定的部门不提起诉讼的，人民检察院可以向人民法院提起诉讼。前款规定的部门提起诉讼的，人民检察院可以支持起诉。

第一百一十五条 对违反本法规定，造成海洋环境污染、生态破坏事故的单位，除依法承担赔偿责任外，由依照本法规定行使海洋环境监督管理权的部门或者机构处以罚款；对直接负责的主管人员和其他直接责任人员可以处上一年度从本单位取得收入百分之五十以下的罚款；直接负责的主管人员和其他直接责任人员属于公职人员的，依法给予处分。

对造成一般或者较大海洋环境污染、生态破坏事故的，按照直接损失的百分之二十计算罚款；对造成重大或者特大海洋环境污染、生态破坏事故的，按照直接损失的百分之三十计算罚款。

第一百一十六条 完全属于下列情形之一，经过及时采取合理措施，仍然不能避免对海洋环境造成污染损害的，造成污染损害的有关责任者免予承担责任：

（一）战争；

（二）不可抗拒的自然灾害；

（三）负责灯塔或者其他助航设备的主管部门，在执行职责时的疏忽，或者其他过失行为。

第一百一十七条 未依照本法规定缴纳倾倒费的，由国务院生态环境主管部门及其海域派出机构责令限期缴纳；逾期拒不缴纳的，处应缴纳倾倒费数额一倍以上三倍以下的罚款，并可以报经有批准权的人民政府批准，责令停业、关闭。

第一百一十八条 海洋环境监督管理人员滥用职权、玩忽职守、徇私舞弊，造成海洋环境污染损害、生态破坏的，依法给予处分。

第一百一十九条 违反本法规定，构成违反治安管理行为的，依法给予治安管理处罚；构成犯罪的，依法追究刑事责任。

第九章 附 则

第一百二十条 本法中下列用语的含义是：

（一）海洋环境污染损害，是指直接或者间接地把物质或者能量引入海洋环境，产生损害海洋生物资源、危害人体健康、妨害渔业和海上其他合法活动、损害海水使用素质和减损环境质量等有害影响。

（二）内水，是指我国领海基线向内陆一侧的所有海域。

（三）沿海陆域，是指与海岸相连，或者通过管道、沟渠、设施，直接或者间接向海洋排放污染物及其相关活动的一带区域。

（四）滨海湿地，是指低潮时水深不超过六米的水域及其沿岸浸湿地带，包括水深不超过六米的永久性水域、潮间带（或者洪泛地带）和沿海低地等，但是用于养殖的人工的水域和滩涂除外。

（五）陆地污染源（简称陆源），是指从陆地向海域排放污染物，造成或者可能造成海洋环境污染的场所、设施等。

（六）陆源污染物，是指由陆地污染源排放的污染物。

（七）倾倒，是指通过船舶、航空器、平台或者其他载运工具，向海洋处置废弃物和其他有害物质的行为，包括弃置船舶、航空器、平台及其辅助设施和其他浮动工具的行为。

（八）海岸线，是指多年大潮平均高潮位时海陆分界痕迹线，以国家组织开展的海岸线修测结果为准。

（九）入海河口，是指河流终端与受水体（海）相结合的地段。

（十）海洋生态灾害，是指受自然环境变化或者人为因素影响，导致一种或者多种海洋生物暴发性增殖或者高度聚集，对海洋生态系统结构和功能造成损害。

（十一）渔业水域，是指鱼虾蟹贝类的产卵场、索饵场、越冬场、洄游通道和鱼虾蟹贝藻类及其他水生动植物的养殖场。

（十二）排放，是指把污染物排入海洋的行为，包括泵出、溢出、泄出、喷出和倒出。

（十三）油类，是指任何类型的油及其炼制品。

（十四）入海排污口，是指直接或者通过管道、沟、渠等排污通道向海洋环境水体排放污水的口门，包括工业排污口、城镇污水处理厂排污口、农业排口及其他排口等类型。

（十五）油性混合物，是指任何含有油份的混合物。

（十六）海上焚烧，是指以热摧毁为目的，在海上焚烧设施上，故意焚烧废弃物或者其他物质的行为，但是船舶、平台或者其他人工构造物正常操作中所附带发生的行为除外。

第一百二十一条 涉及海洋环境监督管理的有关部门的具体职权划分，本法未作规定的，由国务院规定。

沿海县级以上地方人民政府行使海洋环境监督管理权的部门的职责，由省、自治区、直辖市人民政府根据本法及国务院有关规定确定。

第一百二十二条 军事船舶和军事用海环境保护管理办法，由国务院、中央军事委员会依照本法制定。

第一百二十三条 中华人民共和国缔结或者参加的与海洋环境保护有关的国际条约与本法有不同规定的，适用国际条约的规定；但是，中华人民共和国声明保留的条款除外。

第一百二十四条 本法自2024年1月1日起施行。

中华人民共和国海商法（节录）

(1992年11月7日第七届全国人民代表大会常务委员会第二十八次会议通过 1992年11月7日中华人民共和国主席令第64号公布 自1993年7月1日起施行)

第九章 海难救助

第一百七十三条 本章规定，不适用于海上已经就位的从事海底矿物资源的勘探、开发或者生产的固定式、浮动式平台和移动式近海钻井装置。

第一百八十二条 对构成环境污染损害危险的船舶或者船上货物进行的救助，救助方依照本法第一百八十条规定获得的救助报酬，少于依照本条规定可以得到的特别补偿的，救助方有权依照本条规定，从船舶所有人处获得相当于救助费用的特别补偿。

救助人进行前款规定的救助作业，取得防止或者减少环境污染损害效果的，船舶所有人依照前款规定应当向救助方支付的特别补偿可以另行增加,增加的数额可以达到救助费用的百分之三十。受理争议的法院或者仲裁机构认为适当,并且考虑到本法第一百八十条第一款的规定,可以判决或者裁决进一步增加特别补偿数额;但是,在任何情况下,增加部分不得超过救助费用的百分之一百。

本条所称救助费用,是指救助方在救助作业中直接支付的合理费用以及实际使用救助设备、投入救助人员的合理费用。确定救助费用应当考虑本法第一百八十条第一款第(八)、(九)、(十)项的规定。

在任何情况下,本条规定的全部特别补偿,只有在超过救助方依照本法第一百八十条规定能够获得的救助报酬时,方可支付,支付金额为特别补偿超过救助报酬的差额部分。

由于救助方的过失未能防止或者减少环境污染损害的,可以全部或者部分地剥夺救助方获得特别补偿的权利。

本条规定不影响船舶所有人对其他被救助方的追偿权。

第十三章 时 效

第二百六十五条 有关船舶发生油污损害的请求权,时效期间为三年,自损害发生之日起计算;但是,在任何情况下时效期间不得超过从造成损害的事故发生之日起六年。

防治船舶污染海洋环境管理条例

(2009年9月2日国务院第79次常务会议通过 2009年9月9日中华人民共和国国务院令第561号公布 根据2013年7月18日国务院令第638号《国务院关于废止和修改部分行政法规的决定》第一次修订 根据2013年12月7日国务院令第645号发布的《国务院关于修改部分行政法规的决定》第二次修订 根据2014年7月29日《国务院关于修改部分行政法规的决定》第三次修订 根据2016年2月6日《国务院关于修改部分行政法规的决定》第四次修订 根据2017年3月1日《国务院关于修改和废止部分行政法规的决定》第五次修订 根据2018年3月19日《国务院关于修改和废止部分行政法规的决定》第六次修订)

第一章 总 则

第一条 为了防治船舶及其有关作业活动污染海洋环境,根据《中华人民共和国海洋环境保护法》,制定本条例。

第二条 防治船舶及其有关作业活动污染中华人民共和国管辖海域适用本条例。

第三条 防治船舶及其有关作业活动污染海洋环境,实行预防为主、防治结合的原则。

第四条 国务院交通运输主管部门主管所辖港区水域内非军事船舶和港区水域外非渔业、非军事船舶污染海洋环境的防治工作。

海事管理机构依照本条例规定具体负责防治船舶及其有关作业活动污染海洋环境的监督管理。

第五条 国务院交通运输主管部门应当根据防治船舶及其有关作业活动污染海洋环境的

需要，组织编制防治船舶及其有关作业活动污染海洋环境应急能力建设规划，报国务院批准后公布实施。

沿海设区的市级以上地方人民政府应当按照国务院批准的防治船舶及其有关作业活动污染海洋环境应急能力建设规划，并根据本地区的实际情况，组织编制相应的防治船舶及其有关作业活动污染海洋环境应急能力建设规划。

第六条 国务院交通运输主管部门、沿海设区的市级以上地方人民政府应当建立健全防治船舶及其有关作业活动污染海洋环境应急反应机制，并制定防治船舶及其有关作业活动污染海洋环境应急预案。

第七条 海事管理机构应当根据防治船舶及其有关作业活动污染海洋环境的需要，会同海洋主管部门建立健全船舶及其有关作业活动污染海洋环境的监测、监视机制，加强对船舶及其有关作业活动污染海洋环境的监测、监视。

第八条 国务院交通运输主管部门、沿海设区的市级以上地方人民政府应当按照防治船舶及其有关作业活动污染海洋环境应急能力建设规划，建立专业应急队伍和应急设备库，配备专用的设施、设备和器材。

第九条 任何单位和个人发现船舶及其有关作业活动造成或者可能造成海洋环境污染的，应当立即就近向海事管理机构报告。

第二章 防治船舶及其有关作业活动
污染海洋环境的一般规定

第十条 船舶的结构、设备、器材应当符合国家有关防治船舶污染海洋环境的技术规范以及中华人民共和国缔结或者参加的国际条约的要求。

船舶应当依照法律、行政法规、国务院交通运输主管部门的规定以及中华人民共和国缔结或者参加的国际条约的要求，取得并随船携带相应的防治船舶污染海洋环境的证书、文书。

第十一条 中国籍船舶的所有人、经营人或者管理人应当按照国务院交通运输主管部门的规定，建立健全安全营运和防治船舶污染管理体系。

海事管理机构应当对安全营运和防治船舶污染管理体系进行审核，审核合格的，发给符合证明和相应的船舶安全管理证书。

第十二条 港口、码头、装卸站以及从事船舶修造的单位应当配备与其装卸货物种类和吞吐能力或者修造船舶能力相适应的污染监视设施和污染物接收设施，并使其处于良好状态。

第十三条 港口、码头、装卸站以及从事船舶修造、打捞、拆解等作业活动的单位应当制定有关安全营运和防治污染的管理制度，按照国家有关防治船舶及其有关作业活动污染海洋环境的规范和标准，配备相应的防治污染设备和器材。

港口、码头、装卸站以及从事船舶修造、打捞、拆解等作业活动的单位，应当定期检查、维护配备的防治污染设备和器材，确保防治污染设备和器材符合防治船舶及其有关作业活动污染海洋环境的要求。

第十四条 船舶所有人、经营人或者管理人应当制定防治船舶及其有关作业活动污染海洋环境的应急预案，并报海事管理机构备案。

港口、码头、装卸站的经营人以及有关作业单位应当制定防治船舶及其有关作业活动污染海洋环境的应急预案，并报海事管理机构和环境保护主管部门备案。

船舶、港口、码头、装卸站以及其他有关作业单位应当按照应急预案，定期组织演练，并做好相应记录。

第三章 船舶污染物的排放和接收

第十五条 船舶在中华人民共和国管辖海域向海洋排放的船舶垃圾、生活污水、含油污水、含有毒有害物质污水、废气等污染物以及压载水，应当符合法律、行政法规、中华人民共和国缔结或者参加的国际条约以及相关标准的要求。

船舶应当将不符合前款规定的排放要求的污染物排入港口接收设施或者由船舶污染物接收单位接收。

船舶不得向依法划定的海洋自然保护区、海滨风景名胜区、重要渔业水域以及其他需要特别保护的海域排放船舶污染物。

第十六条 船舶处置污染物，应当在相应的记录簿内如实记录。

船舶应当将使用完毕的船舶垃圾记录簿在船舶上保留 2 年；将使用完毕的含油污水、含有毒有害物质污水记录簿在船舶上保留 3 年。

第十七条 船舶污染物接收单位从事船舶垃圾、残油、含油污水、含有毒有害物质污水接收作业，应当编制作业方案，遵守相关操作规程，并采取必要的防污染措施。船舶污染物接收单位应当将船舶污染物接收情况按照规定向海事管理机构报告。

第十八条 船舶污染物接收单位接收船舶污染物，应当向船舶出具污染物接收单证，经双方签字确认并留存至少 2 年。污染物接收单证应当注明作业双方名称，作业开始和结束的时间、地点，以及污染物种类、数量等内容。船舶应当将污染物接收单证保存在相应的记录簿中。

第十九条 船舶污染物接收单位应当按照国家有关污染物处理的规定处理接收的船舶污染物，并每月将船舶污染物的接收和处理情况报海事管理机构备案。

第四章　船舶有关作业活动的污染防治

第二十条 从事船舶清舱、洗舱、油料供受、装卸、过驳、修造、打捞、拆解，污染危害性货物装箱、充罐，污染清除作业以及利用船舶进行水上水下施工等作业活动的，应当遵守相关操作规程，并采取必要的安全和防治污染的措施。

从事前款规定的作业活动的人员，应当具备相关安全和防治污染的专业知识和技能。

第二十一条 船舶不符合污染危害性货物适载要求的，不得载运污染危害性货物，码头、装卸站不得为其进行装载作业。

污染危害性货物的名录由国家海事管理机构公布。

第二十二条 载运污染危害性货物进出港口的船舶，其承运人、货物所有人或者代理人，应当向海事管理机构提出申请，经批准方可进出港口或者过境停留。

第二十三条 载运污染危害性货物的船舶，应当在海事管理机构公布的具有相应安全装卸和污染物处理能力的码头、装卸站进行装卸作业。

第二十四条 货物所有人或者代理人交付船舶载运污染危害性货物，应当确保货物的包装与标志等符合有关安全和防治污染的规定，并在运输单证上准确注明货物的技术名称、编号、类别（性质）、数量、注意事项和应急措施等内容。

货物所有人或者代理人交付船舶载运污染危害性不明的货物，应当委托有关技术机构进行危害性评估，明确货物的危害性质以及有关安全和防治污染要求，方可交付船舶载运。

第二十五条 海事管理机构认为交付船舶载运的污染危害性货物应当申报而未申报，或者申报的内容不符合实际情况的，可以按照国务院交通运输主管部门的规定采取开箱等方式查验。

海事管理机构查验污染危害性货物，货物所有人或者代理人应当到场，并负责搬移货物、开拆和重封货物的包装。海事管理机构认为必要的，可以径行查验、复验或者提取货样，有关单位和个人应当配合。

第二十六条 进行散装液体污染危害性货物过驳作业的船舶，其承运人、货物所有人或者代理人应当向海事管理机构提出申请，告知作业地点，并附送过驳作业方案、作业程序、防治污染措施等材料。

海事管理机构应当自受理申请之日起 2 个工作日内作出许可或者不予许可的决定。2 个工作日内无法作出决定的，经海事管理机构负责人批准，可以延长 5 个工作日。

第二十七条 依法获得船舶油料供受作业资质的单位，应当向海事管理机构备案。海事管理机构应当对船舶油料供受作业进行监督检查，发现不符合安全和防治污染要求的，应当予以制止。

第二十八条 船舶燃油供给单位应当如实填写燃油供受单证，并向船舶提供船舶燃油供受单证和燃油样品。

船舶和船舶燃油供给单位应当将燃油供受单证保存 3 年，并将燃油样品妥善保存 1 年。

第二十九条 船舶修造、水上拆解的地点应当符合环境功能区划和海洋功能区划。

第三十条 从事船舶拆解的单位在船舶拆解作业前，应当对船舶上的残余物和废弃物进行处置，将油舱（柜）中的存油驳出，进行船舶清舱、洗舱、测爆等工作。

从事船舶拆解的单位应当及时清理船舶拆解现场，并按照国家有关规定处理船舶拆解产生的污染物。

禁止采取冲滩方式进行船舶拆解作业。

第三十一条 禁止船舶经过中华人民共和国内水、领海转移危险废物。

经过中华人民共和国管辖的其他海域转移危险废物的，应当事先取得国务院环境保护主管部门的书面同意，并按照海事管理机构指定的航线航行，定时报告船舶所处的位置。

第三十二条 船舶向海洋倾倒废弃物，应当如实记录倾倒情况。返港后，应当向驶出港所在地的海事管理机构提交书面报告。

第三十三条 载运散装液体污染危害性货物的船舶和 1 万总吨以上的其他船舶，其经营人应当在作业前或者进出港口前与符合国家有关技术规范的污染清除作业单位签订污染清除作业协议，明确双方在发生船舶污染事故后污染清除的权利和义务。

与船舶经营人签订污染清除作业协议的污染清除作业单位应当在发生船舶污染事故后，按照污染清除作业协议及时进行污染清除作业。

第五章 船舶污染事故应急处置

第三十四条 本条例所称船舶污染事故，是指船舶及其有关作业活动发生油类、油性混合物和其他有毒有害物质泄漏造成的海洋环境污染事故。

第三十五条 船舶污染事故分为以下等级：

（一）特别重大船舶污染事故，是指船舶溢油 1000 吨以上，或者造成直接经济损失 2 亿元以上的船舶污染事故；

（二）重大船舶污染事故，是指船舶溢油 500 吨以上不足 1000 吨，或者造成直接经济损失 1 亿元以上不足 2 亿元的船舶污染事故；

（三）较大船舶污染事故，是指船舶溢油 100 吨以上不足 500 吨，或者造成直接经济损失 5000 万元以上不足 1 亿元的船舶污染事故；

（四）一般船舶污染事故，是指船舶溢油不足 100 吨，或者造成直接经济损失不足 5000 万元的船舶污染事故。

第三十六条 船舶在中华人民共和国管辖海域发生污染事故，或者在中华人民共和国管辖海域外发生污染事故造成或者可能造成中华人民共和国管辖海域污染的，应当立即启动相应的应急预案，采取措施控制和消除污染，并就近向有关海事管理机构报告。

发现船舶及其有关作业活动可能对海洋环境造成污染的，船舶、码头、装卸站应当立即采取相应的应急处置措施，并就近向有关海事管理机构报告。

接到报告的海事管理机构应当立即核实有关情况，并向上级海事管理机构或者国务院交通运输主管部门报告，同时报告有关沿海设区的市级以上地方人民政府。

第三十七条 船舶污染事故报告应当包括下列内容：

（一）船舶的名称、国籍、呼号或者编号；

（二）船舶所有人、经营人或者管理人的名称、地址；

（三）发生事故的时间、地点以及相关气象和水文情况；

（四）事故原因或者事故原因的初步判断；

（五）船舶上污染物的种类、数量、装载位置等概况；

（六）污染程度；

（七）已经采取或者准备采取的污染控制、清除措施和污染控制情况以及救助要求；

（八）国务院交通运输主管部门规定应当报告的其他事项。

作出船舶污染事故报告后出现新情况的，船舶、有关单位应当及时补报。

第三十八条 发生特别重大船舶污染事故，国务院或者国务院授权国务院交通运输主管部门成立事故应急指挥机构。

发生重大船舶污染事故，有关省、自治区、直辖市人民政府应当会同海事管理机构成立事故应急指挥机构。

发生较大船舶污染事故和一般船舶污染事故，有关设区的市级人民政府应当会同海事管理机构成立事故应急指挥机构。

有关部门、单位应当在事故应急指挥机构统一组织和指挥下，按照应急预案的分工，开展相应的应急处置工作。

第三十九条 船舶发生事故有沉没危险，船员离船前，应当尽可能关闭所有货舱（柜）、油舱（柜）管系的阀门，堵塞货舱（柜）、油舱（柜）通气孔。

船舶沉没的，船舶所有人、经营人或者管理人应当及时向海事管理机构报告船舶燃油、污染危害性货物以及其他污染物的性质、数量、种类、装载位置等情况，并及时采取措施予以清除。

第四十条 发生船舶污染事故或者船舶沉没，可能造成中华人民共和国管辖海域污染的，有关沿海设区的市级以上地方人民政府、海事管理机构根据应急处置的需要，可以征用有关单位或者个人的船舶和防治污染设施、设备、器材以及其他物资，有关单位和个人应当予以配合。

被征用的船舶和防治污染设施、设备、器材以及其他物资使用完毕或者应急处置工作结束，应当及时返还。船舶和防治污染设施、设备、器材以及其他物资被征用或者征用后毁损、灭失的，应当给予补偿。

第四十一条 发生船舶污染事故，海事管理机构可以采取清除、打捞、拖航、引航、过驳等必要措施，减轻污染损害。相关费用由造成海洋环境污染的船舶、有关作业单位承担。

需要承担前款规定费用的船舶，应当在开航前缴清相关费用或者提供相应的财务担保。

第四十二条 处置船舶污染事故使用的消油剂，应当符合国家有关标准。

第六章 船舶污染事故调查处理

第四十三条 船舶污染事故的调查处理依照下列规定进行：

（一）特别重大船舶污染事故由国务院或者国务院授权国务院交通运输主管部门等部门组织事故调查处理；

（二）重大船舶污染事故由国家海事管理机构组织事故调查处理；

（三）较大船舶污染事故和一般船舶污染事故由事故发生地的海事管理机构组织事故调查处理。

船舶污染事故给渔业造成损害的，应当吸收渔业主管部门参与调查处理；给军事港口水域造成损害的,应当吸收军队有关主管部门参与调查处理。

第四十四条 发生船舶污染事故,组织事故调查处理的机关或者海事管理机构应当及时、客观、公正地开展事故调查,勘验事故现场,检查相关船舶,询问相关人员,收集证据,查明事故原因。

第四十五条 组织事故调查处理的机关或者海事管理机构根据事故调查处理的需要,可以暂扣相应的证书、文书、资料;必要时,可以禁止船舶驶离港口或者责令停航、改航、停止作业直至暂扣船舶。

第四十六条 组织事故调查处理的机关或者海事管理机构开展事故调查时,船舶污染事故的当事人和其他有关人员应当如实反映情况和提供资料,不得伪造、隐匿、毁灭证据或者以其他方式妨碍调查取证。

第四十七条 组织事故调查处理的机关或者海事管理机构应当自事故调查结束之日起20个工作日内制作事故认定书,并送达当事人。

事故认定书应当载明事故基本情况、事故原因和事故责任。

第七章 船舶污染事故损害赔偿

第四十八条 造成海洋环境污染损害的责任者,应当排除危害,并赔偿损失;完全由于第三者的故意或者过失,造成海洋环境污染损害的,由第三者排除危害,并承担赔偿责任。

第四十九条 完全属于下列情形之一,经过及时采取合理措施,仍然不能避免对海洋环境造成污染损害的,免予承担责任:

(一)战争;

(二)不可抗拒的自然灾害;

(三)负责灯塔或者其他助航设备的主管部门,在执行职责时的疏忽,或者其他过失行为。

第五十条 船舶污染事故的赔偿限额依照《中华人民共和国海商法》关于海事赔偿责任限制的规定执行。但是,船舶载运的散装持久性油类物质造成中华人民共和国管辖海域污染的,赔偿限额依照中华人民共和国缔结或者参加的有关国际条约的规定执行。

前款所称持久性油类物质,是指任何持久性烃类矿物油。

第五十一条 在中华人民共和国管辖海域内航行的船舶,其所有人应当按照国务院交通运输主管部门的规定,投保船舶油污损害民事责任保险或者取得相应的财务担保。但是,1000总吨以下载运非油类物质的船舶除外。

船舶所有人投保船舶油污损害民事责任保险或者取得的财务担保的额度应当不低于《中华人民共和国海商法》、中华人民共和国缔结或者参加的有关国际条约规定的油污赔偿限额。

第五十二条 已依照本条例第五十一条的规定投保船舶油污损害民事责任保险或者取得财务担保的中国籍船舶,其所有人应当持船舶国籍证书、船舶油污损害民事责任保险合同或者财务担保证明,向船籍港的海事管理机构申请办理船舶油污损害民事责任保险证书或者财务保证证书。

第五十三条 发生船舶油污事故,国家组织有关单位进行应急处置、清除污染所发生的必要费用,应当在船舶油污损害赔偿中优先受偿。

第五十四条 在中华人民共和国管辖水域接收海上运输的持久性油类物质货物的货物所有人或者代理人应当缴纳船舶油污损害赔偿基金。

船舶油污损害赔偿基金征收、使用和管理的具体办法由国务院财政部门会同国务院交通运输主管部门制定。

国家设立船舶油污损害赔偿基金管理委员会,负责处理船舶油污损害赔偿基金的赔偿等事务。船舶油污损害赔偿基金管理委员会由有关行政机关和缴纳船舶油污损害赔偿基金的主要货主组成。

第五十五条 对船舶污染事故损害赔偿的争议，当事人可以请求海事管理机构调解，也可以向仲裁机构申请仲裁或者向人民法院提起民事诉讼。

第八章 法律责任

第五十六条 船舶、有关作业单位违反本条例规定的，海事管理机构应当责令改正；拒不改正的，海事管理机构可以责令停止作业、强制卸载，禁止船舶进出港口、靠泊、过境停留，或者责令停航、改航、离境、驶向指定地点。

第五十七条 违反本条例的规定，船舶的结构不符合国家有关防治船舶污染海洋环境的技术规范或者有关国际条约要求的，由海事管理机构处10万元以上30万元以下的罚款。

第五十八条 违反本条例的规定，有下列情形之一的，由海事管理机构依照《中华人民共和国海洋环境保护法》有关规定予以处罚：

（一）船舶未取得并随船携带防治船舶污染海洋环境的证书、文书的；
（二）船舶、港口、码头、装卸站未配备防治污染设备、器材的；
（三）船舶向海域排放本条例禁止排放的污染物的；
（四）船舶未如实记录污染物处置情况的；
（五）船舶超过标准向海域排放污染物的；
（六）从事船舶水上拆解作业，造成海洋环境污染损害的。

第五十九条 违反本条例的规定，船舶未按照规定在船舶上留存船舶污染物处置记录，或者船舶污染物处置记录与船舶运行过程中产生的污染物数量不符合的，由海事管理机构处2万元以上10万元以下的罚款。

第六十条 违反本条例的规定，船舶污染物接收单位从事船舶垃圾、残油、含油污水、含有毒有害物质污水接收作业，未编制作业方案、遵守相关操作规程、采取必要的防污染措施的，由海事管理机构处1万元以上5万元以下的罚款；造成海洋环境污染的，处5万元以上25万元以下的罚款。

第六十一条 违反本条例的规定，船舶污染物接收单位未按照规定向海事管理机构报告船舶污染物接收情况，或者未按照规定向船舶出具污染物接收单证，或者未按照规定将船舶污染物的接收和处理情况报海事管理机构备案的，由海事管理机构处2万元以下的罚款。

第六十二条 违反本条例的规定，有下列情形之一的，由海事管理机构处2000元以上1万元以下的罚款：

（一）船舶未按照规定保存污染物接收单证的；
（二）船舶燃油供给单位未如实填写燃油供受单证的；
（三）船舶燃油供给单位未按照规定向船舶提供燃油供受单证和燃油样品的；
（四）船舶和船舶燃油供给单位未按照规定保存燃油供受单证和燃油样品的。

第六十三条 违反本条例的规定，有下列情形之一的，由海事管理机构处2万元以上10万元以下的罚款：

（一）载运污染危害性货物的船舶不符合污染危害性货物适载要求的；
（二）载运污染危害性货物的船舶未在具有相应安全装卸和污染物处理能力的码头、装卸站进行装卸作业的；
（三）货物所有人或者代理人未按照规定对污染危害性不明的货物进行危害性评估的。

第六十四条 违反本条例的规定，未经海事管理机构批准，船舶载运污染危害性货物进出港口、过境停留或者过驳作业的，由海事管理机构处1万元以上5万元以下的罚款。

第六十五条 违反本条例的规定，有下列情形之一的，由海事管理机构处2万元以上10万元以下的罚款：

（一）船舶发生事故沉没，船舶所有人或者经营人未及时向海事管理机构报告船舶燃油、污染危害性货物以及其他污染物的性质、数量、种类、装载位置等情况的；

（二）船舶发生事故沉没，船舶所有人或者经营人未及时采取措施清除船舶燃油、污染危害性货物以及其他污染物的。

第六十六条 违反本条例的规定，有下列情形之一的，由海事管理机构处1万元以上5万元以下的罚款：

（一）载运散装液体污染危害性货物的船舶和1万总吨以上的其他船舶，其经营人未按照规定签订污染清除作业协议的；

（二）污染清除作业单位不符合国家有关技术规范从事污染清除作业的。

第六十七条 违反本条例的规定，发生船舶污染事故，船舶、有关作业单位未立即启动应急预案的，对船舶、有关作业单位，由海事管理机构处2万元以上10万元以下的罚款；对直接负责的主管人员和其他直接责任人员，由海事管理机构处1万元以上2万元以下的罚款。直接负责的主管人员和其他直接责任人员属于船员的，并处给予暂扣适任证书或者其他有关证件1个月至3个月的处罚。

第六十八条 违反本条例的规定，发生船舶污染事故，船舶、有关作业单位迟报、漏报事故的，对船舶、有关作业单位，由海事管理机构处5万元以上25万元以下的罚款；对直接负责的主管人员和其他直接责任人员，由海事管理机构处1万元以上5万元以下的罚款。直接负责的主管人员和其他直接责任人员属于船员的，并处给予暂扣适任证书或者其他有关证件3个月至6个月的处罚。瞒报、谎报事故的，对船舶、有关作业单位，由海事管理机构处25万元以上50万元以下的罚款；对直接负责的主管人员和其他直接责任人员，由海事管理机构处5万元以上10万元以下的罚款。直接负责的主管人员和其他直接责任人员属于船员的，并处给予吊销适任证书或者其他有关证件的处罚。

第六十九条 违反本条例的规定，未按照国家规定的标准使用消油剂的，由海事管理机构对船舶或者使用单位处1万元以上5万元以下的罚款。

第七十条 违反本条例的规定，船舶污染事故的当事人和其他有关人员，未如实向组织事故调查处理的机关或者海事管理机构反映情况和提供资料，伪造、隐匿、毁灭证据或者以其他方式妨碍调查取证的，由海事管理机构处1万元以上5万元以下的罚款。

第七十一条 违反本条例的规定，船舶所有人有下列情形之一的，由海事管理机构责令改正，可以处5万元以下的罚款；拒不改正的，处5万元以上25万元以下的罚款：

（一）在中华人民共和国管辖海域内航行的船舶，其所有人未按照规定投保船舶油污损害民事责任保险或者取得相应的财务担保的；

（二）船舶所有人投保船舶油污损害民事责任保险或者取得的财务担保的额度低于《中华人民共和国海商法》、中华人民共和国缔结或者参加的有关国际条约规定的油污赔偿限额的。

第七十二条 违反本条例的规定，在中华人民共和国管辖水域接收海上运输的持久性油类物质货物的货物所有人或者代理人，未按照规定缴纳船舶油污损害赔偿基金的，由海事管理机构责令改正；拒不改正的，可以停止其接收的持久性油类物质货物在中华人民共和国管辖水域进行装卸、过驳作业。

货物所有人或者代理人逾期未缴纳船舶油污损害赔偿基金的，应当自应缴之日起按日加缴未缴额的万分之五的滞纳金。

第九章 附 则

第七十三条 中华人民共和国缔结或者参加的国际条约对防治船舶及其有关作业活动污染海洋环境有规定的，适用国际条约的规定。但是，中华人民共和国声明保留的条款除外。

第七十四条 县级以上人民政府渔业主管部门负责渔港水域内非军事船舶和渔港水域外

渔业船舶污染海洋环境的监督管理，负责保护渔业水域生态环境工作，负责调查处理《中华人民共和国海洋环境保护法》第五条第四款规定的渔业污染事故。

第七十五条 军队环境保护部门负责军事船舶污染海洋环境的监督管理及污染事故的调查处理。

第七十六条 本条例自 2010 年 3 月 1 日起施行。1983 年 12 月 29 日国务院发布的《中华人民共和国防止船舶污染海域管理条例》同时废止。

中华人民共和国海洋倾废管理条例实施办法

（1990 年 9 月 25 日国家海洋局令第 2 号公布　根据 2016 年 1 月 5 日国土资源部第 1 次部务会议《国土资源部关于修改和废止部分规章的决定》第一次修正　根据 2017 年 12 月 27 日国土资源部第 4 次部务会议《国土资源部关于修改和废止部分规章的决定》第二次修正）

第一条 根据《中华人民共和国海洋环境保护法》第四十七条的规定，为实施《中华人民共和国海洋倾废管理条例》（以下简称《条例》），加强海洋倾废管理，制定本办法。

第二条 本办法适用于任何法人、自然人和其他经济实体向中华人民共和国的内海、领海、大陆架和其他一切管辖海域倾倒废弃物和其他物质的活动。

本办法还适用于《条例》第三条二、三、四款所规定的行为和因不可抗拒的原因而弃置船舶、航空器、平台和其他载运工具的行为。

第三条 国家海洋局及其派出机构（以下简称海区主管部门）是实施本办法的主管部门。

第四条 为防止或减轻海洋倾废对海洋环境的污染损害，向海洋倾倒的废弃物及其他物质应视其毒性进行必要的预处理。

第五条 废弃物依据其性质可分为一、二、三类废弃物。

一类废弃物是指列入《条例》附件一的物质，该类废弃物禁止向海洋倾倒。除非在陆地处置会严重危及人类健康，而海洋倾倒是防止威胁的唯一办法时可以例外。

二类废弃物是指列入《条例》附件二的物质和附件一第一、三款属"痕量沾污"或能够"迅速无害化"的物质。

三类废弃物是指未列入《条例》附件一、附件二的低毒、无害的物质和附件二第一款，其含量小于"显著量"的物质。

第六条 未列入《条例》附件一、附件二的物质，在不能肯定其海上倾倒是无害时，须事先进行评价，确定该物质类别。

第七条 海洋倾倒区分为一、二、三类倾倒区，试验倾倒区和临时倾倒区。

一、二、三类倾倒区是为处置一、二、三类废弃物而相应确定的，其中一类倾倒区是为紧急处置一类废弃物而确定的。

试验倾倒区是为倾倒试验而确定的（使用期不超过两年）。

临时倾倒区是因工程需要等特殊原因而划定的一次性专用倾倒区。

第八条 一类、二类倾倒区由国家海洋局组织选划。

三类倾倒区、试验倾倒区、临时倾倒区由海区主管部门组织选划。

第九条 一、二、三类倾倒区经商有关部门后，由国家海洋局报国务院批准，国家海洋局公布。

试验倾倒区由海区主管部门（分局级）商海区有关单位后，报国家海洋局审查确定，并报国务院备案。

试验倾倒区经试验可行，商有关部门后，再报国务院批准为正式倾倒区。

临时倾倒区由海区主管部门（分局级）审查批准，报国家海洋局备案。使用期满，立即封闭。

第十条 海洋倾废实行许可证制度。

倾倒许可证应载明倾倒单位，有效期限和废弃物的数量、种类、倾倒方法等。

倾倒许可证分为紧急许可证、特别许可证、普通许可证。

第十一条 凡向海洋倾倒废弃物的废弃物所有者及疏浚工程单位，应事先向主管部门提出倾倒申请，办理倾倒许可证。

废弃物所有者或疏浚工程单位与实施倾倒作业单位有合同约定，依合同规定实施倾倒作业单位也可向主管部门申请办理倾倒许可证。

第十二条 申请倾倒许可证应填报倾倒废弃物申请书。

第十三条 主管部门在收到申请书后两个月内应予以答复。经审查批准的应签发倾倒许可证。

紧急许可证由国家海洋局签发或者经国家海洋局批准，由海区主管部门签发。

特别许可证、普通许可证由海区主管部门签发。

第十四条 紧急许可证为一次性使用许可证。

特别许可证有效期不超过六个月。

普通许可证有效期不超过一年。

许可证有效期满仍需继续倾倒的，应在有效期满前二个月到发证主管部门办理换证手续。

倾倒许可证不得转让；倾倒许可证使用期满后十五日内交回发证机关。

第十五条 申请倾倒许可证和更换倾倒许可证应缴纳费用。具体收费项目和收费标准由国家物价局、国家海洋局另行规定。

第十六条 检验工作由海区主管部门委托检验机构依照有关评价规范开展。

第十七条 一类废弃物禁止向海上倾倒。但在符合本办法第五条第二款规定的条件下，可以申请获得紧急许可证，到指定的一类倾倒区倾倒。

第十八条 二类废弃物须申请获得特别许可证，到指定的二类倾倒区倾倒。

第十九条 三类废弃物须申请获得普通许可证，到指定的三类倾倒区倾倒。

第二十条 含有《条例》附件一、二所列物质的疏浚物的倾倒，按"疏浚物分类标准和评价程序"实施管理。

第二十一条 向海洋处置船舶、航空器、平台和其他海上人工构造物，须获得海区主管部门签发的特别许可证，按许可证的规定处置。

第二十二条 油污水和垃圾回收船对所回收的油污水、废弃物经处理后，需要向海洋倾倒的，应向海区主管部门提出申请，取得倾倒许可证后，到指定区域倾倒。

第二十三条 向海洋倾倒军事废弃物的，应由军队有关部门按本办法的规定向海区主管部门申请，按许可证的要求倾倒。

第二十四条 为开展科学研究，需向海洋投放物质的单位，应按本办法的规定程序向海区主管部门申请，并附报投放试验计划和海洋环境影响评估报告，海区主管部门核准签发相应类别许可证。

第二十五条 所有进行倾倒作业的船舶、飞机和其他载运工具应持有倾倒许可证（或许可证副本），未取得许可证的船舶、飞机和其他载运工具不得进行倾倒。

第二十六条 进行倾倒作业的船舶、飞机和其他载运工具在装载废弃物时，应通知发证主管部门核实。

利用船舶运载出港的,应在离港前通知就近港务监督核实。

凡在军港装运的,应通知军队有关部门核实。

如发现实际装载与倾倒许可证注明内容不符,则不予放行,并及时通知发证主管部门处理。

第二十七条 进行倾倒作业的船舶、飞机和其他载运工具应将作业情况如实详细填写在倾倒情况记录表和航行日志上,并在返港后十五日内将记录表报发证机关。

第二十八条 "中国海监"船舶、飞机、车辆负责海上倾倒活动的监视检查和监督管理。必要时海洋监察人员也可登船或随倾废船舶或其他载运工具进行监督检查。实施倾倒作业的船舶(或其他载运工具)应为监察人员履行公务提供方便。

第二十九条 主管部门对海洋倾倒区进行监测,如认定倾倒区不宜继续使用时,应予以封闭,并报国务院备案。

主管部门在封闭倾倒区之前两个月向倾倒单位发出通告,倾倒单位须从倾倒区封闭之日起终止在该倾倒区的倾倒。

第三十条 为紧急避险、救助人命而未能按本办法规定的程序申请倾倒的或未能按倾倒许可证要求倾倒的,倾倒单位应在倾倒后十日内向海区主管部门提交书面报告。报告内容应包括:倾倒时间和地点,倾倒物质特性和数量,倾倒时的海况和气象情况,倾倒的详细过程,倾倒后采取的措施及其他事项等。

航空器应在紧急放油后十日内向海区主管部门提交书面报告,报告内容应包括航空器国籍、所有人、机号、放油时间、地点、数量、高度及具体放油原因等。

第三十一条 因不可抗拒的原因而弃置的船舶、航空器、平台和其他载运工具,应尽可能地关闭所有油舱(柜)的阀门和通气孔,防止溢油。弃置后其所有人应在十日内向海区主管部门和就近的港务监督报告,并根据要求进行处置。

第三十二条 向海洋弃置船舶、航空器、平台和其他海上人工构造物前,应排出所有的油类和其他有害物质。

第三十三条 需要设置海上焚烧设施,应事先向海区主管部门申请,申请时附报该设施详细技术资料,经海区主管部门批准后,方可建立。设施建成后,须经海区主管部门检验核准。

实施焚烧作业的单位,应按本办法的规定程序向海区主管部门申请海上焚烧许可证。

第三十四条 违反《条例》和本实施办法,造成或可能造成海洋环境污染损害的,海区主管部门可依照《条例》第十七条、第二十条和第二十一条的规定,予以处罚。

未获得主管部门签发的倾倒许可证,擅自倾倒和未按批准的条件或区域进行倾倒的,按《条例》第二十条有关规定处罚。

第三十五条 对处罚不服者,可在收到行政处罚决定之日起十五日内向作出处罚决定机关的上一级机关申请复议。对复议结果不服的,从收到复议决定之日起十五日内,向人民法院起诉;当事人也可在收到处罚决定之日起十五日内直接向人民法院起诉。

当事人逾期不申请复议,也不向人民法院起诉,又不履行处罚决定的,由作出处罚决定的机关申请人民法院强制执行。

第三十六条 违反《条例》和本实施办法,造成海洋环境污染损害和公私财产损失的,肇事者应承担赔偿责任。

第三十七条 赔偿责任包括:

1. 受害方为清除、治理污染所支付的费用及对污染损害所采取的预防措施所支付的费用。

2. 污染对公私财产造成的经济损失,对海水水质、生物资源等的损害。

3. 为处理海洋倾废引起的污染损害事件所进行的调查费用。

第三十八条 赔偿责任和赔偿金额的纠纷,当事人可依照民事诉讼程序向人民法院提起诉讼；也可请求海区主管部门进行调解处理。对调解不服的，也可以向人民法院起诉；涉外案件还可以按仲裁程序解决。

第三十九条 因环境污染损害赔偿提起诉讼的时效期间为三年，从当事人知道或应当知道受到污染损害时计算。

赔偿纠纷处理结束后，受害方不得就同一污染事件再次提出索赔要求。

第四十条 由于战争行为、不可抗拒的自然灾害或由于第三者的过失，虽经及时采取合理措施，但仍不能避免造成海洋环境污染损害的，可免除倾倒单位的赔偿责任。

由于第三者的责任造成污染损害的，由第三者承担赔偿责任。

因不可抗拒的原因而弃置的船舶、航空器、平台和其他载运工具，不按本办法第三十一条规定要求进行处置而造成污染损害的应承担赔偿责任。

海区主管部门对免除责任的条件调查属实后，可做出免除赔偿责任的决定。

第四十一条 本办法下列用语的含义是：

1. "内海"系指领海基线内侧的全部海域（包括海湾、海峡、海港、河口湾）；领海基线与海岸之间的海域；被陆地包围或通过狭窄水道连接海洋的海域。

2. "疏浚物倾倒"系指任何通过或利用船舶或其他载运工具，有意地在海上以各种方式抛弃和处置疏浚物。"疏浚物"系指任何疏通、挖深港池、航道工程和建设、挖掘港口、码头、海底与岸边工程所产生的泥土、沙砾和其他物质。

3. "海上焚烧"系指以热摧毁方式在海上用焚烧设施有目地焚烧有害废弃物的行为，但不包括船舶或其他海上人工构造物在正常操作中所附带发生的此类行为。

4. "海上焚烧设施"系指为在海上焚烧目的作业的船舶、平台或人工构造物。

5. "废弃物和其他物质"系指为弃置的目的，向海上倾倒或拟向海上倾倒的任何形式和种类的物质与材料。

6. "迅速无害化"系指列入《条例》附件一的某些物质能通过海上物理、化学和生物过程转化为无害，并不会使可食用的海洋生物变味或危及人类健康和家畜家禽的正常生长。

7. "痕量沾污"即《条例》附件一中的"微含量"，系指列入《条例》附件一的某些物质在海上倾倒不会产生有害影响，特别是不会对海洋生物或人类健康产生急性或慢性效应，不论这类毒性效应是否是由于这类物质在海洋生物尤其是可食用的海洋生物富集而引起的。

8. "显著量"即《条例》附件二中的"大量"。系指列入《条例》附件二的某些物质的海上倾倒，经生物测定证明对海洋生物有慢性毒性效应，则认为该物质的含量为显著量。

9. "特别管理措施"系指倾倒非"痕量沾污"，又不能"迅速无害化"的疏浚物时，须采取的一些行政或技术管理措施。通过这些措施降低疏浚物中所含附件一或附件二物质对环境的影响，使其不对人类健康和生物资源产生危害。

第四十二条 本办法由国家海洋局负责解释。

第四十三条 本办法自发布之日起开始施行。

中华人民共和国海洋石油勘探开发环境保护管理条例实施办法

(1990年9月20日国家海洋局令第1号公布 根据2016年1月5日国土资源部第1次部务会议《国土资源部关于修改和废止部分规章的决定》修正)

第一条 根据《中华人民共和国海洋环境保护法》第四十七条规定，为实施《中华人民共和国海洋石油勘探开发环境保护管理条例》（以下简称《条例》），制定本实施办法。

第二条 本办法适用于在中华人民共和国的内海、领海、及其他管辖海域从事石油勘探开发的任何法人、自然人和其他经济实体。

第三条 国家海洋局及其派出机构是实施本办法的主管部门。派出机构包括：分局及其所属的海洋管区（以下简称海区主管部门）。海洋监察站根据海洋管区的授权实施管理。

沿海省、自治区、直辖市海洋管理机构是主管部门授权实施本办法的地方管理机构。

第四条 凡在中国管辖海域从事海洋石油勘探开发者，应在实施作业前将海洋石油勘探开发位置、范围报海区主管部门。并按照"海洋石油勘探开发环境保护报告表"的内容和要求，向海区主管部门报告有关情况。

第五条 需使用炸药震源和其他对渔业资源有损害的方法进行海洋石油地震勘探作业时，应在开始作业之前半个月将计划和作业海区报告海区主管部门，并采用有效的技术措施，最大限度地减少对资源的损害或影响。

第六条 从事海洋石油开发者应在编制油（气）田总体开发方案的同时，按《条例》第五条规定的内容编报海洋环境影响报告书，并将经批准的环境影响报告书送交所处海区主管部门。

生产中（含试生产）的油（气）田，根据开采规模的变化及环境质量状况，作业者应对环境影响报告书适时进行补充完善，并报主管部门审查。

第七条 承担环境影响评价的单位必须具有从事海洋环境影响评价的能力，并持有甲级环境影响评价证书。

第八条 凡在中国管辖海域作业的固定式和移动式平台的防污设备必须符合《条例》第七条规定的要求，并经主管部门查验证书后，方可作业。

第九条 为防止和控制溢油污染，减少污染损害，从事海洋石油勘探开发的作业者，应根据油田开发规模、作业海域的自然环境和资源状况，制定溢油应急计划，报海区主管部门备案。

第十条 溢油应急计划包括以下内容：

一、平台作业情况及海域环境、资源状况；

二、溢油风险分析；

三、溢油应急能力。

第十一条 作业者应根据油田开发规模、风险分析情况等，配置相应的各种应急设备，使其具有处置与油田开发规模相适应的溢油事故的能力。

第十二条 固定式和移动平台及其他海上设施含油污水的排放，必须符合中华人民共和国颁布的有关国家标准。

一、机舱、机房和甲板含油污水的排放，应符合国家《船舶污染物排放标准（GB 3552—83）》。

二、采油工业污水排放，应符合国家《海洋石油开发工业含油污水排放标准（GB 4914—85）》。

三、含油污水在排放前不得稀释和加入消油剂进行预处理。

四、采油工业污水排放时，应按《海洋石油开发工业含油污水分析方法》的要求取样检测，并将测得结果记录于"防污记录簿"中。

检测分析仪器须是经检验合格的正式产品。

第十三条 钻井作业试油前，作业者应通知海区主管部门。试油期间，作业者应采取有效措施，防止油类造成污染。

第十四条 使用水基泥浆时，应尽可能避免或减少向水基泥浆中加入油类，如必须加入油类时，应在"防污记录簿"上记录油的种类、数量；含油水基泥浆排放前，应通知海区主管部门，并提交含油水基泥浆样品；含油量超过10%（重量）的水基泥浆，禁止向海中排放。含油量低于10%（重量）的水基泥浆，回收确有困难、经海区主管部门批准，可以向海中排放，但应交纳排污费。

含油水基泥浆排放前不得加入消油剂进行处理。

需使用油基泥浆时，应使用低毒油基泥浆；采取有效的技术措施，使钻屑与泥浆得到充分的分离；油基泥浆必须回收，不得排入海中；钻屑中的油含量超过15%（重量）时，禁止排放入海。含油量低于15%（重量）的钻屑，回收确有困难、经海区主管部门批准，可以向海中排放，但应交纳排污费。

海区主管部门可要求作业者提供钻井泥浆、钻屑样品。

作业者应将钻井泥浆、钻屑的含油量、排放时间、排放量等情况记录在"防污记录簿"中。

第十五条 一切塑料制品（包括但不限于合成缆绳、合成渔网和塑料袋等）和其他废弃物（包括残油、废油、含油垃圾及其残液残渣等），禁止排放或弃置入海，应集中储存在专门容器中，运回陆地处理。

不得在平台及其他海上设施上焚烧有毒化学制品。在平台上烧毁其纸制品、棉麻织物、木质包装材料时，不得造成海洋环境污染。

在距最近陆地12海里以内投弃食品废弃物，应使粒径小于25毫米；在此海域内排放粪便，须经消毒和粉碎等处理。

第十六条 作业者应在重要生产、输油环节采取有效措施，严格遵守操作规程，避免发生溢油事故。各类储油设施、输油管线应符合防渗、防漏、防腐要求。

第十七条 发生溢油事故时，作业者应尽快采取措施，切断溢源，防止或控制溢油扩大。

第十八条 发生任何溢油事故，作业者都必须向海区主管部门报告。报告的主要内容包括：事故发生时间、位置、原因；溢油的性质、状态、数量；责任人；当时海况；采取的措施；处理结果。同时应记录在"防污记录簿"中，并使用季度报表C"海洋石油污染事故情况报告表"，按季度报发海区主管部门。

第十九条 以下两种溢油事故发生时，作业者应在24小时内报告海区主管部门。

一、平台距海岸20海里以内，溢油量超过1吨的；

二、平台距海岸20海里以外，溢油量超过10吨的。

以下两种溢油事故发生时，作业者应在48小时内报告海区主管部门。

一、平台距海岸20海里以内，溢油量不超过1吨的；

二、平台距海岸20海里以外，溢油量不超过10吨的。

第二十条 海面溢油应首先使用机械回收。消油剂应严格控制使用，并遵守《海洋石油勘探开发化学消油剂使用规定》。

第二十一条 勘探和采油生产作业完成之后，平台钻具、井架、井桩及其他设施不得任意弃置；对需在海上弃置的平台、井架、井桩及平台的有关设施，按海洋倾废管理的规定执行。

第二十二条 凡进行海洋石油勘探开发和生产作业的平台及设施，都必须备有"防污记录簿"和"季度防污报表"，并按要求填写，按时报海区主管部门。

平台作业时间不足一个季度的，并且在本季度内不再作业的，作业者应于平台作业结束后十五日内报海区主管部门。

第二十三条 对超过标准排放污染物的作业者，海区主管部门可以责令其缴纳排污费。由于设备和技术原因，长期达不到标准的，应限期治理，在治理期间收取超标排污费。

第二十四条 凡违反《中华人民共和国海洋环境保护法》、《条例》和本办法，按《条例》第二十七、二十八条规定，海区主管部门有权依情节轻重和造成海洋环境有害影响的程度，对肇事者给予警告或罚款。

一、不按《条例》第四条规定编报海洋环境影响报告书和造成海洋环境污染损害的，罚款金额为人民币一万元至十万元。

二、对作业者的下列违法行为，罚款金额为人民币五千元至一万元：

1. 不按规定备案溢油应急计划；
2. 不按《条例》第七条规定配备防污染设施或设施不合格的；
3. 不按本办法第十二、十四、十五条规定处理废弃物和含油污水。

三、对作业者的下列违法行为，罚款金额为人民币一千元至五千元：

1. 不按本办法第十八、十九条规定向海区主管部门报告溢油事故；
2. 不按规定使用化学消油剂。

四、对作业者的下列违法行为，罚款金额为人民币一千元以下：

1. 不按规定配备"防污记录簿"；
2. 涂改、伪造"防污记录簿"或记载非正规化；
3. 不按规定报告或通知有关情况；
4. 不按规定上报季度防污报表或伪造季度防污报表；
5. 不按本办法第十四条规定向海区主管部门提交样品；
6. 拒绝向执行检查任务的公务人员提供"防污记录簿"或如实陈述有关情况；
7. 阻挠或妨碍公务人员执行公务。

第二十五条 当事人对处罚决定不服的，可以在接到处罚通知之日起15日内，向作出处罚决定机关的上一级机关申请复议；对复议决定不服的，可以在接到复议决定之日起15日内，向人民法院起诉。当事人也可以在接到处罚通知之日起15日内，直接向人民法院起诉。当事人逾期不申请复议、也不向人民法院起诉、又不履行处罚决定的，由作出处罚决定的机关申请人民法院强制执行。

第二十六条 凡违反《条例》及本办法，造成公、私财产重大损失或致人员伤亡的，对直接责任人员由司法机关依法追究刑事责任。

第二十七条 赔偿责任包括：

一、由于作业者的行为造成海洋环境污染损害而引起海水水质、生物资源等损害，致使受害方为清除、治理污染所支付的费用；

二、由于作业者的行为造成海洋环境污染损害而引起受害方经济收入的损失金额，被破坏的生产工具修复更新费用，受害方因防止污染损害所采取的相应的预防措施所支出的费用；

三、为处理海洋石油勘探开发引起的污染损害事件所进行的调查费用。

第二十八条 受到海洋石油勘探开发污染损害，要求赔偿的单位、个人可以根据《条例》

第二十二条的规定,向海区主管部门提出污染损害索赔报告书;参与清除污染作业的单位和个人,可以根据《条例》第二十三条的规定,向海区主管部门提交索取清除费用报告书。

海区主管部门对赔偿责任和赔偿金额纠纷,可以根据当事人的请求作出调解处理。当事人对调解处理不服的,可以向人民法院起诉。当事人也可以直接向人民法院起诉。涉外案件还可以按仲裁程序解决。

第二十九条 请求赔偿的诉讼时效期间为三年,从受害方知道或应当知道受油污损害之日算起。

赔偿纠纷处理结束后,受害方不得就同一污染事故再次提出索赔要求。

第三十条 由于战争行为、不可抗拒的自然灾害或完全由于第三者的故意或过失,虽然及时采取合理措施,但仍不能避免对海洋环境造成污染损害的,可免除发生事故的作业者的责任。

由于第三者的责任造成污染损害的,由第三者承担赔偿责任。

要求免于承担赔偿责任的作业者,应按《条例》第二十四条的规定,向主管部门提交报告。海区主管部门对免除责任的条件调查属实后,可作出免除赔偿责任的决定。

第三十一条 凡在海洋石油勘探开发中防止海洋污染,保护海洋环境有成绩的单位和个人,海区主管部门应给予表扬和奖励。

第三十二条 在本办法中,下列用语含义是:

一、"油类"系指任何类型的油及其炼制品。

二、"内海"系指领海基线内侧的全部海域,包括:(1)海湾、海峡、海港、河口湾;(2)领海基线与海岸之间的海域;(3)被陆地包围或通过狭窄水道连接海洋的海域。

三、"应急能力"系指溢油应急的技术设备、通信能力、应急组织及职责、实施预案、海面溢油清除办法、人员的培训等。

四、"溢油事故"系指非正常作业情况下原油及其炼制品的泄漏。溢油事故按其溢油量分为大、中、小三类,溢油量小于10吨的为小型溢油事故;溢油量在10~100吨的为中型溢油事故;溢油量大于100吨的为大型溢油事故。

第三十三条 本办法由国家海洋局负责解释。

第三十四条 本办法自颁布之日起生效。

注:在本办法第十二条规定的《海洋石油开发工业含油污水分析方法》未颁布前,暂按《石油工业废水水质监测分析方法》执行。

《海洋石油勘探开发化学消油剂使用规定》由主管部门另行制定。

中华人民共和国防治陆源污染物污染损害海洋环境管理条例

(1990年5月25日国务院第61次常委会议通过 1990年6月22日中华人民共和国国务院令第61号发布 自1990年8月1日起施行)

第一条 为加强对陆地污染源的监督管理,防治陆源污染物污染损害海洋环境,根据《中华人民共和国海洋环境保护法》,制定本条例。

第二条 本条例所称陆法污染源(简称陆源),是指从陆地向海域排放污染物,造成或者可能造成海洋环境污染损害的场所、设施等。

本条例所称陆源污染物是指由前款陆源排放的污染物。

第三条 本条例适用于在中华人民共和国境内向海域排放陆源污染物的一切单位和个人。

防止拆船污染损害海洋环境,依照《防止拆船污染环境管理条例》执行。

第四条 国务院环境保护行政主管部门,主管全国防治陆源污染物污染损害海洋环境工作。

沿海县级以上地方人民政府环境保护行政主管部门,主管本行政区域内防治陆源污染物污染损害海洋环境工作。

第五条 任何单位和个人向海域排放陆源污染物,必须执行国家和地方发布的污染物排放标准和有关规定。

第六条 任何单位和个人向海域排放陆源污染物,必须向其所在地环境保护行政主管部门申报登记拥有的污染物排放设施、处理设施和在正常作业条件下排放污染物的种类、数量和浓度,提供防治陆源污染物污染损害海洋环境的资料,并将上述事项和资料抄送海洋行政主管部门。

排放污染物的种类、数量和浓度有重大改变或者拆除、闲置污染物处理设施的,应当征得所在地环境保护行政主管部门同意并经原审批部门批准。

第七条 任何单位和个人向海域排放陆源污染物,超过国家和地方污染物排放标准的,必须缴纳超标准排污费,并负责治理。

第八条 任何单位和个人,不得在海洋特别保护区、海上自然保护区、海滨风景游览区、盐场保护区、海水浴场、重要渔业水域和其他需要特殊保护的区域内兴建排污口。

对在前款区域内已建的排污口,排放污染物超过国家和地方排放标准的,限期治理。

第九条 对向海域排放陆源污染物造成海洋环境严重污染损害的企业事业单位,限期治理。

第十条 国务院各部门或者省、自治区、直辖市人民政府直接管辖的企业事业单位的限期治理,由省、自治区、直辖市人民政府的环境保护行政主管部门提出意见,报同级人民政府决定。市、县或者市、县以下人民政府管辖的企业事业单位的限期治理,由市、县人民政府环境保护行政主管部门提出意见,报同级人民政府决定。被限期治理的企业事业单位必须如期完成治理任务。

第十一条 禁止在岸滩擅自堆放、弃置和处理固体废弃物。确需临时堆放、处理固体废弃物的,必须按照沿海省、自治区、直辖市人民政府环境保护行政主管部门规定的审批程序,提出书面申请。其主要内容包括:

(一)申请单位的名称、地址;

(二)堆放、处理的地点和占地面积;

(三)固体废弃物的种类、成分,年堆放量、处理量,积存堆放、处理的总量和堆放高度;

(四)固体废弃物堆放、处理的期限,最终处置方式;

(五)堆放、处理固体废弃物可能对海洋环境造成的污染损害;

(六)防止堆放、处理固体废弃物污染损害海洋环境的技术和措施;

(七)审批机关认为需要说明的其他事项。

现有的固体废弃物临时堆放、处理场地,未经县级以上地方人民政府环境保护行政主管部门批准的,由县级以上地方人民政府环境保护行政主管部门责令限期补办审批手续。

第十二条 被批准设置废弃物堆放场、处理场的单位和个人,必须建造防护堤和防渗漏、防扬尘等设施,经批准设置废弃物堆放场、处理场的环境保护行政主管部门验收合格后方可使用。

在批准使用的废弃物堆放场、处理场内,不得擅自堆放、弃置未经批准的其他种类的废弃物。不得露天堆放含剧毒、放射性、易溶解和易挥发性物质的废弃物;非露天堆放上述废弃物,不得作为最终处置方式。

第十三条 禁止在岸滩采用不正当的稀释、渗透方式排放有毒、有害废水。

第十四条 禁止向海域排放含高、中放射性物质的废水。

向海域排放含低放射性物质的废水，必须执行国家有关放射防护的规定和标准。

第十五条 禁止向海域排放油类、酸液、碱液和毒液。

向海域排放含油废水、含有害重金属废水和其他工业废水，必须经过处理，符合国家和地方规定的排放标准和有关规定。处理后的残渣不得弃置入海。

第十六条 向海域排放含病原体的废水，必须经过处理，符合国家和地方规定的排放标准和有关规定。

第十七条 向海域排放含热废水的水温应当符合国家有关规定。

第十八条 向自净能力较差的海域排放含有机物和营养物质的工业废水和生活废水，应当控制排放量；排污口应当设置在海水交换良好处，并采用合理的排放方式，防止海水富营养化。

第十九条 禁止将失效或者禁用的药物及药具弃置岸滩。

第二十条 入海河口处发生陆源污染物污染损害海洋环境事故，确有证据证明是由河流携带污染物造成的，由入海河口处所在地的省、自治区、直辖市人民政府环境保护行政主管部门调查处理；河流跨越省、自治区、直辖市的，由入海河口处所在省、自治区、直辖市人民政府环境保护行政主管部门和水利部门会同有关省、自治区、直辖市人民政府环境保护行政主管部门、水利部门和流域管理机构调查处理。

第二十一条 沿海相邻或者相向地区向同一海域排放陆源污染物的，由有关地方人民政府协商制定共同防治陆源污染物污染损害海洋环境的措施。

第二十二条 一切单位和个人造成陆源污染物污染损害海洋环境事故时，必须立即采取措施处理，并在事故发生后四十八小时内，向当地人民政府环境保护行政主管部门作出事故发生的时间、地点、类型和排放污染物的数量、经济损失、人员受害等情况的初步报告，并抄送有关部门。事故查清后，应当向当地人民政府环境保护行政主管部门作出书面报告，并附有关证明文件。

各级人民政府环境保护行政主管部门接到陆源污染物污染损害海洋环境事故的初步报告后，应当立即会同有关部门采用措施，消除或者减轻污染，并由县级以上人民政府环境保护行政主管部门会同有关部门或者由县级以上人民政府环境保护行政主管部门授权的部门对事故进行调查处理。

第二十三条 县级以上人民政府环境保护行政主管部门，按照项目管理权限，可以会同项目主管部门对排放陆源污染物的单位和个人进行现场检查，被检查者必须如实反映情况、提供资料。检查者有责任为被检查者保守技术秘密和业务秘密。法律法规另有规定的除外。

第二十四条 违反本条例规定，具有下列情形之一的，由县级以上人民政府环境保护行政主管部门责令改正，并可处以三百元以上三千元以下的罚款：

（一）拒报或者谎报排污申报登记事项的；

（二）拒绝、阻挠环境保护行政主管部门现场检查，或者在被检查中弄虚作假的。

第二十五条 废弃物堆放场、处理场的防污染设施未经环境保护行政主管部门验收或者验收不合格而强行使用的，由环境保护行政主管部门责令改正，并可处以五千元以上二万元以下的罚款。

第二十六条 违反本条例规定，具有下列情形之一的，由县级以上人民政府环境保护行政主管部门责令改正，并可处以五千元以上十万元以下的罚款：

（一）未经所在地环境保护行政主管部门同意和原批准部门批准，擅自改变污染物排放的种类、增加污染物排放的数量、浓度或者拆除、闲置污染物处理设施的；

（二）在本条例第八条　第一款规定的区域内兴建排污口的。

第二十七条 违反本条例规定，具有下列情形之一的，由县级以上人民政府环境保护行政主管部门责令改正，并可处以一千元以上二万元以下的罚款；情节严重的，可处以二万元以上十万元以下的罚款：

（一）在岸滩采用不正当的稀释、渗透方式排放有毒、有害废水的；

（二）向海域排放含高、中放射性物质的废水的；

（三）向海域排放油类、酸液、碱液和毒液的；

（四）向岸滩弃置失效或者禁用的药物和药具的；

（五）向海域排放含油废水、含病原体废水、含热废水、含低放射性物质废水、含有害重金属废水和其他工业废水超过国家和地方规定的排放标准和有关规定或者将处理后的残渣弃置入海的；

（六）未经县级以上地方人民政府环境保护行政主管部门批准，擅自在岸滩堆放、弃置和处理废弃物或者在废弃物堆放场、处理场内，擅自堆放、处理未经批准的其他种类的废弃物或者露天堆放含剧毒、放射性、易溶解和易挥发性物质的废弃物的。

第二十八条 对逾期未完成限期治理任务的企业事业单位，征收两倍的超标准排污费，并可根据危害和损害后果，处以一万元以上十万元以下的罚款，或者责令停业、关闭。

罚款由环境保护行政主管部门决定。责令停业、关闭，由作出限期治理决定的人民政府决定；责令国务院各部门直接管辖的企业事业单位停业、关闭，须报国务院批准。

第二十九条 不按规定缴纳超标准排污费的，除追缴超标准排污费及滞纳金外，并可由县级以上人民政府环境保护行政主管部门处以一千元以上一万元以下的罚款。

第三十条 对造成陆源污染物污染损害海洋环境事故，导致重大经济损失的，由县级以上人民政府环境保护行政主管部门按照直接损失百分之三十计算罚款，但最高不得超过二十万元。

第三十一条 县级人民政府环境保护行政主管部门可处以一万元以下的罚款，超过一万元的罚款，报上级环境保护行政主管部门批准。

省辖市级人民政府环境保护行政主管部门可处以五万元以下的罚款，超过五万元的罚款，报上级环境保护行政主管部门批准。

省、自治区、直辖市人民政府环境保护行政主管部门可处以二十万元以下的罚款。

罚款全部上交国库，任何单位和个人不得截留、分成。

第三十二条 缴纳超标准排污费或者被处以罚款的单位、个人，并不免除消除污染、排除危害和赔偿损失的责任。

第三十三条 当事人对行政处罚决定不服的，可以在接到处罚通知之日起十五日内，依法申请复议；对复议决定不服的，可以在接到复议决定之日起十五日内，向人民法院起诉。当事人也可以在接到处罚通知之日起十五日内，直接向人民法院起诉。当事人逾期不申请复议、也不向人民法院起诉、又不履行处罚决定的，由作出处罚决定的机关申请人民法院强制执行。

第三十四条 环境保护行政主管部门工作人员滥用职权、玩忽职守、徇私舞弊的，由其所在单位或者上级主管机关给予行政处分；构成犯罪的，依法追究刑事责任。

第三十五条 沿海省、自治区、直辖市人民政府，可以根据本条例制定实施办法。

第三十六条 本条例由国务院环境保护行政主管部门负责解释。

第三十七条 本条例自1990年8月1日起施行。

最高人民法院
关于审理海洋自然资源与生态环境损害赔偿纠纷案件若干问题的规定

法释〔2017〕23号

(2017年11月20日最高人民法院审判委员会第1727次会议通过 2017年12月29日最高人民法院公告公布 自2018年1月15日起施行)

为正确审理海洋自然资源与生态环境损害赔偿纠纷案件,根据《中华人民共和国海洋环境保护法》《中华人民共和国民事诉讼法》《中华人民共和国海事诉讼特别程序法》等法律的规定,结合审判实践,制定本规定。

第一条 人民法院审理为请求赔偿海洋环境保护法第八十九条第二款规定的海洋自然资源与生态环境损害而提起的诉讼,适用本规定。

第二条 在海上或者沿海陆域内从事活动,对中华人民共和国管辖海域内海洋自然资源与生态环境造成损害,由此提起的海洋自然资源与生态环境损害赔偿诉讼,由损害行为发生地、损害结果地或者采取预防措施地海事法院管辖。

第三条 海洋环境保护法第五条规定的行使海洋环境监督管理权的机关,根据其职能分工提起海洋自然资源与生态环境损害赔偿诉讼,人民法院应予受理。

第四条 人民法院受理海洋自然资源与生态环境损害赔偿诉讼,应当在立案之日起五日内公告案件受理情况。

人民法院在审理中发现可能存在下列情形之一的,可以书面告知其他依法行使海洋环境监督管理权的机关:

(一)同一损害涉及不同区域或者不同部门;

(二)不同损害应由其他依法行使海洋环境监督管理权的机关索赔。

本规定所称不同损害,包括海洋自然资源与生态环境损害中不同种类和同种类但可以明确区分属不同机关索赔范围的损害。

第五条 在人民法院依照本规定第四条的规定发布公告之日起三十日内,或者书面告知之日起七日内,对同一损害有权提起诉讼的其他机关申请参加诉讼,经审查符合法定条件的,人民法院应当将其列为共同原告;逾期申请的,人民法院不予准许。裁判生效后另行起诉的,人民法院参照《最高人民法院关于审理环境民事公益诉讼案件适用法律若干问题的解释》第二十八条的规定处理。

对于不同损害,可以由各依法行使海洋环境监督管理权的机关分别提起诉讼;索赔人共同起诉或者在规定期限内申请参加诉讼的,人民法院依照民事诉讼法第五十二条第一款的规定决定是否按共同诉讼进行审理。

第六条 依法行使海洋环境监督管理权的机关请求造成海洋自然资源与生态环境损害的责任者承担停止侵害、排除妨碍、消除危险、恢复原状、赔礼道歉、赔偿损失等民事责任的,人民法院应当根据诉讼请求以及具体案情,合理判定责任者承担民事责任。

第七条 海洋自然资源与生态环境损失赔偿范围包括:

（一）预防措施费用，即为减轻或者防止海洋环境污染、生态恶化、自然资源减少所采取合理应急处置措施而发生的费用；

（二）恢复费用，即采取或者将要采取措施恢复或者部分恢复受损害海洋自然资源与生态环境功能所需费用；

（三）恢复期间损失，即受损害的海洋自然资源与生态环境功能部分或者完全恢复前的海洋自然资源损失、生态环境服务功能损失；

（四）调查评估费用，即调查、勘查、监测污染区域和评估污染等损害风险与实际损害所发生的费用。

第八条 恢复费用，限于现实修复实际发生和未来修复必然发生的合理费用，包括制定和实施修复方案和监测、监管产生的费用。

未来修复必然发生的合理费用和恢复期间损失，可以根据有资格的鉴定评估机构依据法律法规、国家主管部门颁布的鉴定评估技术规范作出的鉴定意见予以确定，但当事人有相反证据足以反驳的除外。

预防措施费用和调查评估费用，以实际发生和未来必然发生的合理费用计算。

责任者已经采取合理预防、恢复措施，其主张相应减少损失赔偿数额的，人民法院应予支持。

第九条 依照本规定第八条的规定难以确定恢复费用和恢复期间损失的，人民法院可以根据责任者因损害行为所获得的收益或者所减少支付的污染防治费用，合理确定损失赔偿数额。

前款规定的收益或者费用无法认定的，可以参照政府部门相关统计资料或者其他证据所证明的同区域同类生产经营者同期平均收入、同期平均污染防治费用，合理酌定。

第十条 人民法院判决责任者赔偿海洋自然资源与生态环境损失的，可以一并写明依法行使海洋环境监督管理权的机关受领赔款后向国库账户交纳。

发生法律效力的裁判需要采取强制执行措施的，应当移送执行。

第十一条 海洋自然资源与生态环境损害赔偿诉讼当事人达成调解协议或者自行达成和解协议的，人民法院依照《最高人民法院关于审理环境民事公益诉讼案件适用法律若干问题的解释》第二十五条的规定处理。

第十二条 人民法院审理海洋自然资源与生态环境损害赔偿纠纷案件，本规定没有规定的，适用《最高人民法院关于审理环境侵权责任纠纷案件适用法律若干问题的解释》《最高人民法院关于审理环境民事公益诉讼案件适用法律若干问题的解释》等相关司法解释的规定。

在海上或者沿海陆域内从事活动，对中华人民共和国管辖海域内海洋自然资源与生态环境形成损害威胁，人民法院审理由此引起的赔偿纠纷案件，参照适用本规定。

人民法院审理因船舶引起的海洋自然资源与生态环境损害赔偿纠纷案件，法律、行政法规、司法解释另有特别规定的，依照其规定。

第十三条 本规定自2018年1月15日起施行，人民法院尚未审结的一审、二审案件适用本规定；本规定施行前已经作出生效裁判的案件，本规定施行后依法再审的，不适用本规定。

本规定施行后，最高人民法院以前颁布的司法解释与本规定不一致的，以本规定为准。

最高人民法院
关于审理船舶油污损害赔偿纠纷案件若干问题的规定

法释〔2011〕14号

(2011年1月10日最高人民法院审判委员会第1509次会议通过,根据2020年12月23日最高人民法院审判委员会第1823次会议通过的《最高人民法院关于修改〈最高人民法院关于破产企业国有划拨土地使用权应否列入破产财产等问题的批复〉等二十九件商事类司法解释的决定》修正)

为正确审理船舶油污损害赔偿纠纷案件,依照《中华人民共和国民法典》《中华人民共和国海洋环境保护法》《中华人民共和国海商法》《中华人民共和国民事诉讼法》《中华人民共和国海事诉讼特别程序法》等法律法规以及中华人民共和国缔结或者参加的有关国际条约,结合审判实践,制定本规定。

第一条 船舶发生油污事故,对中华人民共和国领域和管辖的其他海域造成油污损害或者形成油污损害威胁,人民法院审理相关船舶油污损害赔偿纠纷案件,适用本规定。

第二条 当事人就油轮装载持久性油类造成的油污损害提起诉讼、申请设立油污损害赔偿责任限制基金,由船舶油污事故发生地海事法院管辖。

油轮装载持久性油类引起的船舶油污事故,发生在中华人民共和国领域和管辖的其他海域外,对中华人民共和国领域和管辖的其他海域造成油污损害或者形成油污损害威胁,当事人就船舶油污事故造成的损害提起诉讼、申请设立油污损害赔偿责任限制基金,由油污损害结果地或者采取预防油污措施地海事法院管辖。

第三条 两艘或者两艘以上船舶泄漏油类造成油污损害,受损害人请求各泄漏油船舶所有人承担赔偿责任,按照泄漏油数量及泄漏油类对环境的危害性等因素能够合理分开各自造成的损害,由各泄漏油船舶所有人分别承担责任;不能合理分开各自造成的损害,各泄漏油船舶所有人承担连带责任。但泄漏油船舶所有人依法免予承担责任的除外。

各泄漏油船舶所有人对受损害人承担连带责任的,相互之间根据各自责任大小确定相应的赔偿数额;难以确定责任大小的,平均承担赔偿责任。泄漏油船舶所有人支付超出自己应赔偿的数额,有权向其他泄漏油船舶所有人追偿。

第四条 船舶互有过失碰撞引起油类泄漏造成油污损害,受损害人可以请求泄漏油船舶所有人承担全部赔偿责任。

第五条 油轮装载的持久性油类造成油污损害的,应依照《防治船舶污染海洋环境管理条例》《1992年国际油污损害民事责任公约》的规定确定赔偿限额。

油轮装载的非持久性燃油或者非油轮装载的燃油造成油污损害的,应依照海商法关于海事赔偿责任限制的规定确定赔偿限额。

第六条 经证明油污损害是由于船舶所有人的故意或者明知可能造成此种损害而轻率地作为或者不作为造成的,船舶所有人主张限制赔偿责任,人民法院不予支持。

第七条 油污损害是由于船舶所有人故意造成的,受损害人请求船舶油污责任保险人或者财务保证人赔偿，人民法院不予支持。

第八条 受损害人直接向船舶油污损害责任保险人或者财务保证人提起诉讼，船舶油污损害责任保险人或者财务保证人可以对受损害人主张船舶所有人的抗辩。

除船舶所有人故意造成油污损害外，船舶油污损害责任保险人或者财务保证人向受损害人主张其对船舶所有人的抗辩，人民法院不予支持。

第九条 船舶油污损害赔偿范围包括：

（一）为防止或者减轻船舶油污损害采取预防措施所发生的费用，以及预防措施造成的进一步灭失或者损害；

（二）船舶油污事故造成该船舶之外的财产损害以及由此引起的收入损失；

（三）因油污造成环境损害所引起的收入损失；

（四）对受污染的环境已采取或将要采取合理恢复措施的费用。

第十条 对预防措施费用以及预防措施造成的进一步灭失或者损害，人民法院应当结合污染范围、污染程度、油类泄漏量、预防措施的合理性、参与清除油污人员及投入使用设备的费用等因素合理认定。

第十一条 对遇险船舶实施防污措施，作业开始时的主要目的仅是为防止、减轻油污损害的，所发生的费用应认定为预防措施费用。

作业具有救助遇险船舶、其他财产和防止、减轻油污损害的双重目的，应根据目的的主次比例合理划分预防措施费用与救助措施费用；无合理依据区分主次目的的，相关费用应平均分摊。但污染危险消除后发生的费用不应列为预防措施费用。

第十二条 船舶泄漏油类污染其他船舶、渔具、养殖设施等财产，受损害人请求油污责任人赔偿因清洗、修复受污染财产支付的合理费用，人民法院应予支持。

受污染财产无法清洗、修复，或者清洗、修复成本超过其价值的，受损害人请求油污责任人赔偿合理的更换费用，人民法院应予支持，但应参照受污染财产实际使用年限与预期使用年限的比例作合理扣除。

第十三条 受损害人因其财产遭受船舶油污，不能正常生产经营的，其收入损失应以财产清洗、修复或者更换所需合理期间为限进行计算。

第十四条 海洋渔业、滨海旅游业及其他用海、临海经营单位或者个人请求因环境污染所遭受的收入损失，具备下列全部条件，由此证明收入损失与环境污染之间具有直接因果关系的，人民法院应予支持：

（一）请求人的生产经营活动位于或者接近污染区域；

（二）请求人的生产经营活动主要依赖受污染资源或者海岸线；

（三）请求人难以找到其他替代资源或者商业机会；

（四）请求人的生产经营业务属于当地相对稳定的产业。

第十五条 未经相关行政主管部门许可，受损害人从事海上养殖、海洋捕捞，主张收入损失的，人民法院不予支持；但请求赔偿清洗、修复、更换养殖或者捕捞设施的合理费用，人民法院应予支持。

第十六条 受损害人主张因其财产受污染或者因环境污染造成的收入损失，应以其前三年同期平均净收入扣减受损期间的实际净收入计算，并适当考虑影响收入的其他相关因素予以合理确定。

按照前款规定无法认定收入损失的，可以参考政府部门的相关统计数据和信息，或者同区域同类生产经营者的同期平均收入合理认定。

受损害人采取合理措施避免收入损失，请求赔偿合理措施的费用，人民法院应予支持，但以其避免发生的收入损失数额为限。

第十七条 船舶油污事故造成环境损害的，对环境损害的赔偿应限于已实际采取或者将要采取的合理恢复措施的费用。恢复措施的费用包括合理的监测、评估、研究费用。

第十八条 船舶取得有效的油污损害民事责任保险或者具有相应财务保证的，油污受损害人主张船舶优先权的，人民法院不予支持。

第十九条 对油轮装载的非持久性燃油、非油轮装载的燃油造成油污损害的赔偿请求，适用海商法关于海事赔偿责任限制的规定。

同一海事事故造成前款规定的油污损害和海商法第二百零七条规定的可以限制赔偿责任的其他损害，船舶所有人依照海商法第十一章的规定主张在同一赔偿限额内限制赔偿责任的，人民法院应予支持。

第二十条 为避免油轮装载的非持久性燃油、非油轮装载的燃油造成油污损害，对沉没、搁浅、遇难船舶采取起浮、清除或者使之无害措施，船舶所有人对由此发生的费用主张依照海商法第十一章的规定限制赔偿责任的，人民法院不予支持。

第二十一条 对油轮装载持久性油类造成的油污损害，船舶所有人，或者船舶油污责任保险人、财务保证人主张责任限制的，应当设立油污损害赔偿责任限制基金。

油污损害赔偿责任限制基金以现金方式设立的，基金数额为《防治船舶污染海洋环境管理条例》《1992年国际油污损害民事责任公约》规定的赔偿限额。以担保方式设立基金的，担保数额为基金数额及其在基金设立期间的利息。

第二十二条 船舶所有人、船舶油污损害责任保险人或者财务保证人申请设立油污损害赔偿责任限制基金，利害关系人对船舶所有人主张限制赔偿责任有异议的，应当在海事诉讼特别程序法第一百零六条第一款规定的异议期内以书面形式提出，但提出该异议不影响基金的设立。

第二十三条 对油轮装载持久性油类造成的油污损害，利害关系人没有在异议期内对船舶所有人主张限制赔偿责任提出异议，油污损害赔偿责任限制基金设立后，海事法院应当解除对船舶所有人的财产采取的保全措施或者发还为解除保全措施而提供的担保。

第二十四条 对油轮装载持久性油类造成的油污损害，利害关系人在异议期内对船舶所有人主张限制赔偿责任提出异议的，人民法院在认定船舶所有人有权限制赔偿责任的裁决生效后，应当解除对船舶所有人的财产采取的保全措施或者发还为解除保全措施而提供的担保。

第二十五条 对油轮装载持久性油类造成的油污损害，受损害人提起诉讼时主张船舶所有人无权限制赔偿责任的，海事法院对船舶所有人是否有权限制赔偿责任的争议，可以先行审理并作出判决。

第二十六条 对油轮装载持久性油类造成的油污损害，受损害人没有在规定的债权登记期间申请债权登记的，视为放弃在油污损害赔偿责任限制基金中受偿的权利。

第二十七条 油污损害赔偿责任限制基金不足以清偿有关油污损害的，应根据确认的赔偿数额依法按比例分配。

第二十八条 对油轮装载持久性油类造成的油污损害，船舶所有人、船舶油污损害责任保险人或者财务保证人申请设立油污损害赔偿责任限制基金、受损害人申请债权登记与受偿，本规定没有规定的，适用海事诉讼特别程序法及相关司法解释的规定。

第二十九条 在油污损害赔偿责任限制基金分配以前，船舶所有人、船舶油污损害责任保险人或者财务保证人，已先行赔付油污损害的，可以书面申请从基金中代位受偿。代位受偿应限于赔付的范围，并不超过接受赔付的人依法可获得的赔偿数额。

海事法院受理代位受偿申请后，应书面通知所有对油污损害赔偿责任限制基金提出主张的利害关系人。利害关系人对申请人主张代位受偿的权利有异议的，应在收到通知之日起十五日内书面提出。

海事法院经审查认定申请人代位受偿权利成立，应裁定予以确认；申请人主张代位受偿的权利缺乏事实或者法律依据的，裁定驳回其申请。当事人对裁定不服的，可以在收到裁定

第三十条　船舶所有人为主动防止、减轻油污损害而支出的合理费用或者所作的合理牺牲，请求参与油污损害赔偿责任限制基金分配的，人民法院应予支持，比照本规定第二十九条第二款、第三款的规定处理。

第三十一条　本规定中下列用语的含义是：

（一）船舶，是指非用于军事或者政府公务的海船和其他海上移动式装置，包括航行于国际航线和国内航线的油轮和非油轮。其中，油轮是指为运输散装持久性货油而建造或者改建的船舶，以及实际装载散装持久性货油的其他船舶。

（二）油类，是指烃类矿物油及其残余物，限于装载于船上作为货物运输的持久性货油、装载用于本船运行的持久性和非持久性燃油，不包括装载于船上作为货物运输的非持久性货油。

（三）船舶油污事故，是指船舶泄漏油类造成油污损害，或者虽未泄漏油类但形成严重和紧迫油污损害威胁的一个或者一系列事件。一系列事件因同一原因而发生的，视为同一事故。

（四）船舶油污损害责任保险人或者财务保证人，是指海事事故中泄漏油类或者直接形成油污损害威胁的船舶一方的油污责任保险人或者财务保证人。

（五）油污损害赔偿责任限制基金，是指船舶所有人、船舶油污损害责任保险人或者财务保证人，对油轮装载持久性油类造成的油污损害申请设立的赔偿责任限制基金。

第三十二条　本规定实施前本院发布的司法解释与本规定不一致的，以本规定为准。本规定施行前已经终审的案件，人民法院进行再审时，不适用本规定。

最高人民法院　最高人民检察院
关于办理海洋自然资源与生态环境公益诉讼案件若干问题的规定

法释〔2022〕15号

（2021年12月27日最高人民法院审判委员会第1858次会议、2022年3月16日由最高人民检察院第十三届检察委员会第九十三次会议通过　2022年5月10日最高人民法院公告公布　自2022年5月15日起施行）

为依法办理海洋自然资源与生态环境公益诉讼案件，根据《中华人民共和国海洋环境保护法》《中华人民共和国民事诉讼法》《中华人民共和国刑事诉讼法》《中华人民共和国行政诉讼法》《中华人民共和国海事诉讼特别程序法》等法律规定，结合审判、检察工作实际，制定本规定。

第一条　本规定适用于损害行为发生地、损害结果地或者采取预防措施地在海洋环境保护法第二条第一款规定的海域内，因破坏海洋生态、海洋水产资源、海洋保护区而提起的民事公益诉讼、刑事附带民事公益诉讼和行政公益诉讼。

第二条　依据海洋环境保护法第八十九条第二款规定，对破坏海洋生态、海洋水产资源、海洋保护区，给国家造成重大损失的，应当由依照海洋环境保护法规定行使海洋环境监督管理权的部门，在有管辖权的海事法院对侵权人提起海洋自然资源与生态环境损害赔偿诉讼。

有关部门根据职能分工提起海洋自然资源与生态环境损害赔偿诉讼的,人民检察院可以支持起诉。

第三条 人民检察院在履行职责中发现破坏海洋生态、海洋水产资源、海洋保护区的行为,可以告知行使海洋环境监督管理权的部门依据本规定第二条提起诉讼。在有关部门仍不提起诉讼的情况下,人民检察院就海洋自然资源与生态环境损害,向有管辖权的海事法院提起民事公益诉讼的,海事法院应予受理。

第四条 破坏海洋生态、海洋水产资源、海洋保护区,涉嫌犯罪的,在行使海洋环境监督管理权的部门没有另行提起海洋自然资源与生态环境损害赔偿诉讼的情况下,人民检察院可以在提起刑事公诉时一并提起附带民事公益诉讼,也可以单独提起民事公益诉讼。

第五条 人民检察院在履行职责中发现对破坏海洋生态、海洋水产资源、海洋保护区的行为负有监督管理职责的部门违法行使职权或者不作为,致使国家利益或者社会公共利益受到侵害的,应当向有关部门提出检察建议,督促其依法履行职责。

有关部门不依法履行职责的,人民检察院依法向被诉行政机关所在地的海事法院提起行政公益诉讼。

第六条 本规定自 2022 年 5 月 15 日起施行。

四、土壤污染防治

中华人民共和国土壤污染防治法

(2018年8月31日第十三届全国人民代表大会常务委员会第五次会议通过 2018年8月31日中华人民共和国主席令第8号公布 自2019年1月1日起施行)

第一章 总 则

第一条 为了保护和改善生态环境，防治土壤污染，保障公众健康，推动土壤资源永续利用，推进生态文明建设，促进经济社会可持续发展，制定本法。

第二条 在中华人民共和国领域及管辖的其他海域从事土壤污染防治及相关活动，适用本法。

本法所称土壤污染，是指因人为因素导致某种物质进入陆地表层土壤，引起土壤化学、物理、生物等方面特性的改变，影响土壤功能和有效利用，危害公众健康或者破坏生态环境的现象。

第三条 土壤污染防治应当坚持预防为主、保护优先、分类管理、风险管控、污染担责、公众参与的原则。

第四条 任何组织和个人都有保护土壤、防止土壤污染的义务。

土地使用权人从事土地开发利用活动，企业事业单位和其他生产经营者从事生产经营活动，应当采取有效措施，防止、减少土壤污染，对所造成的土壤污染依法承担责任。

第五条 地方各级人民政府应当对本行政区域土壤污染防治和安全利用负责。

国家实行土壤污染防治目标责任制和考核评价制度，将土壤污染防治目标完成情况作为考核评价地方各级人民政府及其负责人、县级以上人民政府负有土壤污染防治监督管理职责的部门及其负责人的内容。

第六条 各级人民政府应当加强对土壤污染防治工作的领导，组织、协调、督促有关部门依法履行土壤污染防治监督管理职责。

第七条 国务院生态环境主管部门对全国土壤污染防治工作实施统一监督管理；国务院农业农村、自然资源、住房城乡建设、林业草原等主管部门在各自职责范围内对土壤污染防治工作实施监督管理。

地方人民政府生态环境主管部门对本行政区域土壤污染防治工作实施统一监督管理；地方人民政府农业农村、自然资源、住房城乡建设、林业草原等主管部门在各自职责范围内对土壤污染防治工作实施监督管理。

第八条 国家建立土壤环境信息共享机制。

国务院生态环境主管部门应当会同国务院农业农村、自然资源、住房城乡建设、水利、卫生健康、林业草原等主管部门建立土壤环境基础数据库，构建全国土壤环境信息平台，实行数据动态更新和信息共享。

第九条 国家支持土壤污染风险管控和修复、监测等污染防治科学技术研究开发、成果转化和推广应用，鼓励土壤污染防治产业发展，加强土壤污染防治专业技术人才培养，促进土壤污染防治科学技术进步。

国家支持土壤污染防治国际交流与合作。

第十条 各级人民政府及其有关部门、基层群众性自治组织和新闻媒体应当加强土壤污染防治宣传教育和科学普及，增强公众土壤污染防治意识，引导公众依法参与土壤污染防治工作。

第二章 规划、标准、普查和监测

第十一条 县级以上人民政府应当将土壤污染防治工作纳入国民经济和社会发展规划、环境保护规划。

设区的市级以上地方人民政府生态环境主管部门应当会同发展改革、农业农村、自然资源、住房城乡建设、林业草原等主管部门，根据环境保护规划要求、土地用途、土壤污染状况普查和监测结果等，编制土壤污染防治规划，报本级人民政府批准后公布实施。

第十二条 国务院生态环境主管部门根据土壤污染状况、公众健康风险、生态风险和科学技术水平，并按照土地用途，制定国家土壤污染风险管控标准，加强土壤污染防治标准体系建设。

省级人民政府对国家土壤污染风险管控标准中未作规定的项目，可以制定地方土壤污染风险管控标准；对国家土壤污染风险管控标准中已作规定的项目，可以制定严于国家土壤污染风险管控标准的地方土壤污染风险管控标准。地方土壤污染风险管控标准应当报国务院生态环境主管部门备案。

土壤污染风险管控标准是强制性标准。

国家支持对土壤环境背景值和环境基准的研究。

第十三条 制定土壤污染风险管控标准，应当组织专家进行审查和论证，并征求有关部门、行业协会、企业事业单位和公众等方面的意见。

土壤污染风险管控标准的执行情况应当定期评估，并根据评估结果对标准适时修订。

省级以上人民政府生态环境主管部门应当在其网站上公布土壤污染风险管控标准，供公众免费查阅、下载。

第十四条 国务院统一领导全国土壤污染状况普查。国务院生态环境主管部门会同国务院农业农村、自然资源、住房城乡建设、林业草原等主管部门，每十年至少组织开展一次全国土壤污染状况普查。

国务院有关部门、设区的市级以上地方人民政府可以根据本行业、本行政区域实际情况组织开展土壤污染状况详查。

第十五条 国家实行土壤环境监测制度。

国务院生态环境主管部门制定土壤环境监测规范，会同国务院农业农村、自然资源、住房城乡建设、水利、卫生健康、林业草原等主管部门组织监测网络，统一规划国家土壤环境监测站（点）的设置。

第十六条 地方人民政府农业农村、林业草原主管部门应当会同生态环境、自然资源主管部门对下列农用地地块进行重点监测：

（一）产出的农产品污染物含量超标的；

（二）作为或者曾作为污水灌溉区的；

（三）用于或者曾用于规模化养殖，固体废物堆放、填埋的；

（四）曾作为工矿用地或者发生过重大、特大污染事故的；

（五）有毒有害物质生产、贮存、利用、处置设施周边的；

（六）国务院农业农村、林业草原、生态环境、自然资源主管部门规定的其他情形。

第十七条 地方人民政府生态环境主管部门应当会同自然资源主管部门对下列建设用地地块进行重点监测：

（一）曾用于生产、使用、贮存、回收、处置有毒有害物质的；

（二）曾用于固体废物堆放、填埋的；
（三）曾发生过重大、特大污染事故的；
（四）国务院生态环境、自然资源主管部门规定的其他情形。

第三章 预防和保护

第十八条 各类涉及土地利用的规划和可能造成土壤污染的建设项目，应当依法进行环境影响评价。环境影响评价文件应当包括对土壤可能造成的不良影响及应当采取的相应预防措施等内容。

第十九条 生产、使用、贮存、运输、回收、处置、排放有毒有害物质的单位和个人，应当采取有效措施，防止有毒有害物质渗漏、流失、扬散，避免土壤受到污染。

第二十条 国务院生态环境主管部门应当会同国务院卫生健康等主管部门，根据对公众健康、生态环境的危害和影响程度，对土壤中有毒有害物质进行筛查评估，公布重点控制的土壤有毒有害物质名录，并适时更新。

第二十一条 设区的市级以上地方人民政府生态环境主管部门应当按照国务院生态环境主管部门的规定，根据有毒有害物质排放等情况，制定本行政区域土壤污染重点监管单位名录，向社会公开并适时更新。

土壤污染重点监管单位应当履行下列义务：

（一）严格控制有毒有害物质排放，并按年度向生态环境主管部门报告排放情况；

（二）建立土壤污染隐患排查制度，保证持续有效防止有毒有害物质渗漏、流失、扬散；

（三）制定、实施自行监测方案，并将监测数据报生态环境主管部门。

前款规定的义务应当在排污许可证中载明。

土壤污染重点监管单位应当对监测数据的真实性和准确性负责。生态环境主管部门发现土壤污染重点监管单位监测数据异常，应当及时进行调查。

设区的市级以上地方人民政府生态环境主管部门应当定期对土壤污染重点监管单位周边土壤进行监测。

第二十二条 企业事业单位拆除设施、设备或者建筑物、构筑物的，应当采取相应的土壤污染防治措施。

土壤污染重点监管单位拆除设施、设备或者建筑物、构筑物的，应当制定包括应急措施在内的土壤污染防治工作方案，报地方人民政府生态环境、工业和信息化主管部门备案并实施。

第二十三条 各级人民政府生态环境、自然资源主管部门应当依法加强对矿产资源开发区域土壤污染防治的监督管理，按照相关标准和总量控制的要求，严格控制可能造成土壤污染的重点污染物排放。

尾矿库运营、管理单位应当按照规定，加强尾矿库的安全管理，采取措施防止土壤污染。危库、险库、病库以及其他需要重点监管的尾矿库的运营、管理单位应当按照规定，进行土壤污染状况监测和定期评估。

第二十四条 国家鼓励在建筑、通信、电力、交通、水利等领域的信息、网络、防雷、接地等建设工程中采用新技术、新材料，防止土壤污染。

禁止在土壤中使用重金属含量超标的降阻产品。

第二十五条 建设和运行污水集中处理设施、固体废物处置设施，应当依照法律法规和相关标准的要求，采取措施防止土壤污染。

地方人民政府生态环境主管部门应当定期对污水集中处理设施、固体废物处置设施周边土壤进行监测；对不符合法律法规和相关标准要求的，应当根据监测结果，要求污水集中处理设施、固体废物处置设施运营单位采取相应改进措施。

地方各级人民政府应当统筹规划、建设城乡生活污水和生活垃圾处理、处置设施，并保障其正常运行，防止土壤污染。

第二十六条 国务院农业农村、林业草原主管部门应当制定规划，完善相关标准和措施，加强农用地农药、化肥使用指导和使用总量控制，加强农用薄膜使用控制。

国务院农业农村主管部门应当加强农药、肥料登记，组织开展农药、肥料对土壤环境影响的安全性评价。

制定农药、兽药、肥料、饲料、农用薄膜等农业投入品及其包装物标准和农田灌溉用水水质标准，应当适应土壤污染防治的要求。

第二十七条 地方人民政府农业农村、林业草原主管部门应当开展农用地土壤污染防治宣传和技术培训活动，扶持农业生产专业化服务，指导农业生产者合理使用农药、兽药、肥料、饲料、农用薄膜等农业投入品，控制农药、兽药、化肥等的使用量。

地方人民政府农业农村主管部门应当鼓励农业生产者采取有利于防止土壤污染的种养结合、轮作休耕等农业耕作措施；支持采取土壤改良、土壤肥力提升等有利于土壤养护和培育的措施；支持畜禽粪便处理、利用设施的建设。

第二十八条 禁止向农用地排放重金属或者其他有毒有害物质含量超标的污水、污泥，以及可能造成土壤污染的清淤底泥、尾矿、矿渣等。

县级以上人民政府有关部门应当加强对畜禽粪便、沼渣、沼液等收集、贮存、利用、处置的监督管理，防止土壤污染。

农田灌溉用水应当符合相应的水质标准，防止土壤、地下水和农产品污染。地方人民政府生态环境主管部门应当会同农业农村、水利主管部门加强对农田灌溉用水水质的管理，对农田灌溉用水水质进行监测和监督检查。

第二十九条 国家鼓励和支持农业生产者采取下列措施：

（一）使用低毒、低残留农药以及先进喷施技术；

（二）使用符合标准的有机肥、高效肥；

（三）采用测土配方施肥技术、生物防治等病虫害绿色防控技术；

（四）使用生物可降解农用薄膜；

（五）综合利用秸秆、移出富集污染物秸秆；

（六）按照规定对酸性土壤等进行改良。

第三十条 禁止生产、销售、使用国家明令禁止的农业投入品。

农业投入品生产者、销售者和使用者应当及时回收农药、肥料等农业投入品的包装废弃物和农用薄膜，并将农药包装废弃物交由专门的机构或者组织进行无害化处理。具体办法由国务院农业农村主管部门会同国务院生态环境等主管部门制定。

国家采取措施，鼓励、支持单位和个人回收农业投入品包装废弃物和农用薄膜。

第三十一条 国家加强对未污染土壤的保护。

地方各级人民政府应当重点保护未污染的耕地、林地、草地和饮用水水源地。

各级人民政府应当加强对国家公园等自然保护地的保护，维护其生态功能。

对未利用地应当予以保护，不得污染和破坏。

第三十二条 县级以上地方人民政府及其有关部门应当按照土地利用总体规划和城乡规划，严格执行相关行业企业布局选址要求，禁止在居民区和学校、医院、疗养院、养老院等单位周边新建、改建、扩建可能造成土壤污染的建设项目。

第三十三条 国家加强对土壤资源的保护和合理利用。对开发建设过程中剥离的表土，应当单独收集和存放，符合条件的应当优先用于土地复垦、土壤改良、造地和绿化等。

禁止将重金属或者其他有毒有害物质含量超标的工业固体废物、生活垃圾或者污染土壤用于土地复垦。

第三十四条 因科学研究等特殊原因,需要进口土壤的,应当遵守国家出入境检验检疫的有关规定。

第四章 风险管控和修复

第一节 一般规定

第三十五条 土壤污染风险管控和修复,包括土壤污染状况调查和土壤污染风险评估、风险管控、修复、风险管控效果评估、修复效果评估、后期管理等活动。

第三十六条 实施土壤污染状况调查活动,应当编制土壤污染状况调查报告。

土壤污染状况调查报告应当主要包括地块基本信息、污染物含量是否超过土壤污染风险管控标准等内容。污染物含量超过土壤污染风险管控标准的,土壤污染状况调查报告还应当包括污染类型、污染来源以及地下水是否受到污染等内容。

第三十七条 实施土壤污染风险评估活动,应当编制土壤污染风险评估报告。

土壤污染风险评估报告应当主要包括下列内容:

(一)主要污染物状况;

(二)土壤及地下水污染范围;

(三)农产品质量安全风险、公众健康风险或者生态风险;

(四)风险管控、修复的目标和基本要求等。

第三十八条 实施风险管控、修复活动,应当因地制宜、科学合理,提高针对性和有效性。

实施风险管控、修复活动,不得对土壤和周边环境造成新的污染。

第三十九条 实施风险管控、修复活动前,地方人民政府有关部门有权根据实际情况,要求土壤污染责任人、土地使用权人采取移除污染源、防止污染扩散等措施。

第四十条 实施风险管控、修复活动中产生的废水、废气和固体废物,应当按照规定进行处理、处置,并达到相关环境保护标准。

实施风险管控、修复活动中产生的固体废物以及拆除的设施、设备或者建筑物、构筑物属于危险废物的,应当依照法律法规和相关标准的要求进行处置。

修复施工期间,应当设立公告牌,公开相关情况和环境保护措施。

第四十一条 修复施工单位转运污染土壤的,应当制定转运计划,将运输时间、方式、线路和污染土壤数量、去向、最终处置措施等,提前报所在地和接收地生态环境主管部门。

转运的污染土壤属于危险废物的,修复施工单位应当依照法律法规和相关标准的要求进行处置。

第四十二条 实施风险管控效果评估、修复效果评估活动,应当编制效果评估报告。

效果评估报告应当主要包括是否达到土壤污染风险评估报告确定的风险管控、修复目标等内容。

风险管控、修复活动完成后,需要实施后期管理的,土壤污染责任人应当按照要求实施后期管理。

第四十三条 从事土壤污染状况调查和土壤污染风险评估、风险管控、修复、风险管控效果评估、修复效果评估、后期管理等活动的单位,应当具备相应的专业能力。

受委托从事前款活动的单位对其出具的调查报告、风险评估报告、风险管控效果评估报告、修复效果评估报告的真实性、准确性、完整性负责,并按照约定对风险管控、修复、后期管理等活动结果负责。

第四十四条 发生突发事件可能造成土壤污染的,地方人民政府及其有关部门和相关企业事业单位以及其他生产经营者应当立即采取应急措施,防止土壤污染,并依照本法规定做好土壤污染状况监测、调查和土壤污染风险评估、风险管控、修复等工作。

第四十五条 土壤污染责任人负有实施土壤污染风险管控和修复的义务。土壤污染责任人无法认定的，土地使用权人应当实施土壤污染风险管控和修复。

地方人民政府及其有关部门可以根据实际情况组织实施土壤污染风险管控和修复。

国家鼓励和支持有关当事人自愿实施土壤污染风险管控和修复。

第四十六条 因实施或者组织实施土壤污染状况调查和土壤污染风险评估、风险管控、修复、风险管控效果评估、修复效果评估、后期管理等活动所支出的费用，由土壤污染责任人承担。

第四十七条 土壤污染责任人变更的，由变更后承继其债权、债务的单位或者个人履行相关土壤污染风险管控和修复义务并承担相关费用。

第四十八条 土壤污染责任人不明确或者存在争议的，农用地由地方人民政府农业农村、林业草原主管部门会同生态环境、自然资源主管部门认定，建设用地由地方人民政府生态环境主管部门会同自然资源主管部门认定。认定办法由国务院生态环境主管部门会同有关部门制定。

第二节 农用地

第四十九条 国家建立农用地分类管理制度。按照土壤污染程度和相关标准，将农用地划分为优先保护类、安全利用类和严格管控类。

第五十条 县级以上地方人民政府应当依法将符合条件的优先保护类耕地划为永久基本农田，实行严格保护。

在永久基本农田集中区域，不得新建可能造成土壤污染的建设项目；已经建成的，应当限期关闭拆除。

第五十一条 未利用地、复垦土地等拟开垦为耕地的，地方人民政府农业农村主管部门应当会同生态环境、自然资源主管部门进行土壤污染状况调查，依法进行分类管理。

第五十二条 对土壤污染状况普查、详查和监测、现场检查表明有土壤污染风险的农用地地块，地方人民政府农业农村、林业草原主管部门应当会同生态环境、自然资源主管部门进行土壤污染状况调查。

对土壤污染状况调查表明污染物含量超过土壤污染风险管控标准的农用地地块，地方人民政府农业农村、林业草原主管部门应当会同生态环境、自然资源主管部门组织进行土壤污染风险评估，并按照农用地分类管理制度管理。

第五十三条 对安全利用类农用地地块，地方人民政府农业农村、林业草原主管部门，应当结合主要作物品种和种植习惯等情况，制定并实施安全利用方案。

安全利用方案应当包括下列内容：

（一）农艺调控、替代种植；

（二）定期开展土壤和农产品协同监测与评价；

（三）对农民、农民专业合作社及其他农业生产经营主体进行技术指导和培训；

（四）其他风险管控措施。

第五十四条 对严格管控类农用地地块，地方人民政府农业农村、林业草原主管部门应当采取下列风险管控措施：

（一）提出划定特定农产品禁止生产区域的建议，报本级人民政府批准后实施；

（二）按照规定开展土壤和农产品协同监测与评价；

（三）对农民、农民专业合作社及其他农业生产经营主体进行技术指导和培训；

（四）其他风险管控措施。

各级人民政府及其有关部门应当鼓励对严格管控类农用地采取调整种植结构、退耕还林还草、退耕还湿、轮作休耕、轮牧休牧等风险管控措施，并给予相应的政策支持。

第五十五条 安全利用类和严格管控类农用地地块的土壤污染影响或者可能影响地下水、饮用水水源安全的，地方人民政府生态环境主管部门应当会同农业农村、林业草原等主管部门制定防治污染的方案，并采取相应的措施。

第五十六条 对安全利用类和严格管控类农用地地块，土壤污染责任人应当按照国家有关规定以及土壤污染风险评估报告的要求，采取相应的风险管控措施，并定期向地方人民政府农业农村、林业草原主管部门报告。

第五十七条 对产出的农产品污染物含量超标，需要实施修复的农用地地块，土壤污染责任人应当编制修复方案，报地方人民政府农业农村、林业草原主管部门备案并实施。修复方案应当包括地下水污染防治的内容。

修复活动应当优先采取不影响农业生产、不降低土壤生产功能的生物修复措施，阻断或者减少污染物进入农作物食用部分，确保农产品质量安全。

风险管控、修复活动完成后，土壤污染责任人应当另行委托有关单位对风险管控效果、修复效果进行评估，并将效果评估报告报地方人民政府农业农村、林业草原主管部门备案。

农村集体经济组织及其成员、农民专业合作社及其他农业生产经营主体等负有协助实施土壤污染风险管控和修复的义务。

第三节 建设用地

第五十八条 国家实行建设用地土壤污染风险管控和修复名录制度。

建设用地土壤污染风险管控和修复名录由省级人民政府生态环境主管部门会同自然资源等主管部门制定，按照规定向社会公开，并根据风险管控、修复情况适时更新。

第五十九条 对土壤污染状况普查、详查和监测、现场检查表明有土壤污染风险的建设用地地块，地方人民政府生态环境主管部门应当要求土地使用权人按照规定进行土壤污染状况调查。

用途变更为住宅、公共管理与公共服务用地的，变更前应当按照规定进行土壤污染状况调查。

前两款规定的土壤污染状况调查报告应当报地方人民政府生态环境主管部门，由地方人民政府生态环境主管部门会同自然资源主管部门组织评审。

第六十条 对土壤污染状况调查报告评审表明污染物含量超过土壤污染风险管控标准的建设用地地块，土壤污染责任人、土地使用权人应当按照国务院生态环境主管部门的规定进行土壤污染风险评估，并将土壤污染风险评估报告报省级人民政府生态环境主管部门。

第六十一条 省级人民政府生态环境主管部门应当会同自然资源等主管部门按照国务院生态环境主管部门的规定，对土壤污染风险评估报告组织评审，及时将需要实施风险管控、修复的地块纳入建设用地土壤污染风险管控和修复名录，并定期向国务院生态环境主管部门报告。

列入建设用地土壤污染风险管控和修复名录的地块，不得作为住宅、公共管理与公共服务用地。

第六十二条 对建设用地土壤污染风险管控和修复名录中的地块，土壤污染责任人应当按照国家有关规定以及土壤污染风险评估报告的要求，采取相应的风险管控措施，并定期向地方人民政府生态环境主管部门报告。风险管控措施应当包括地下水污染防治的内容。

第六十三条 对建设用地土壤污染风险管控和修复名录中的地块，地方人民政府生态环境主管部门可以根据实际情况采取下列风险管控措施：

（一）提出划定隔离区域的建议，报本级人民政府批准后实施；

（二）进行土壤及地下水污染状况监测；

（三）其他风险管控措施。

第六十四条 对建设用地土壤污染风险管控和修复名录中需要实施修复的地块，土壤污染责任人应当结合土地利用总体规划和城乡规划编制修复方案，报地方人民政府生态环境主管部门备案并实施。修复方案应当包括地下水污染防治的内容。

第六十五条 风险管控、修复活动完成后，土壤污染责任人应当另行委托有关单位对风险管控效果、修复效果进行评估，并将效果评估报告报地方人民政府生态环境主管部门备案。

第六十六条 对达到土壤污染风险评估报告确定的风险管控、修复目标的建设用地地块，土壤污染责任人、土地使用权人可以申请省级人民政府生态环境主管部门移出建设用地土壤污染风险管控和修复名录。

省级人民政府生态环境主管部门应当会同自然资源等主管部门对风险管控效果评估报告、修复效果评估报告组织评审，及时将达到土壤污染风险评估报告确定的风险管控、修复目标且可以安全利用的地块移出建设用地土壤污染风险管控和修复名录，按照规定向社会公开，并定期向国务院生态环境主管部门报告。

未达到土壤污染风险评估报告确定的风险管控、修复目标的建设用地地块，禁止开工建设任何与风险管控、修复无关的项目。

第六十七条 土壤污染重点监管单位生产经营用地的用途变更或者在其土地使用权收回、转让前，应当由土地使用权人按照规定进行土壤污染状况调查。土壤污染状况调查报告应当作为不动产登记资料送交地方人民政府不动产登记机构，并报地方人民政府生态环境主管部门备案。

第六十八条 土地使用权已经被地方人民政府收回，土壤污染责任人为原土地使用权人的，由地方人民政府组织实施土壤污染风险管控和修复。

第五章 保障和监督

第六十九条 国家采取有利于土壤污染防治的财政、税收、价格、金融等经济政策和措施。

第七十条 各级人民政府应当加强对土壤污染的防治，安排必要的资金用于下列事项：

（一）土壤污染防治的科学技术研究开发、示范工程和项目；

（二）各级人民政府及其有关部门组织实施的土壤污染状况普查、监测、调查和土壤污染责任人认定、风险评估、风险管控、修复等活动；

（三）各级人民政府及其有关部门对涉及土壤污染的突发事件的应急处置；

（四）各级人民政府规定的涉及土壤污染防治的其他事项。

使用资金应当加强绩效管理和审计监督，确保资金使用效益。

第七十一条 国家加大土壤污染防治资金投入力度，建立土壤污染防治基金制度。设立中央土壤污染防治专项资金和省级土壤污染防治基金，主要用于农用地土壤污染防治和土壤污染责任人或者土地使用权人无法认定的土壤污染风险管控和修复以及政府规定的其他事项。

对本法实施之前产生的，并且土壤污染责任人无法认定的污染地块，土地使用权人实际承担土壤污染风险管控和修复的，可以申请土壤污染防治基金，集中用于土壤污染风险管控和修复。

土壤污染防治基金的具体管理办法，由国务院财政主管部门会同国务院生态环境、农业农村、自然资源、住房城乡建设、林业草原等主管部门制定。

第七十二条 国家鼓励金融机构加大对土壤污染风险管控和修复项目的信贷投放。

国家鼓励金融机构在办理土地权利抵押业务时开展土壤污染状况调查。

第七十三条 从事土壤污染风险管控和修复的单位依照法律、行政法规的规定，享受税收优惠。

第七十四条 国家鼓励并提倡社会各界为防治土壤污染捐赠财产，并依照法律、行政法规的规定，给予税收优惠。

第七十五条 县级以上人民政府应当将土壤污染防治情况纳入环境状况和环境保护目标完成情况年度报告，向本级人民代表大会或者人民代表大会常务委员会报告。

第七十六条 省级以上人民政府生态环境主管部门应当会同有关部门对土壤污染问题突出、防治工作不力、群众反映强烈的地区，约谈设区的市级以上地方人民政府及其有关部门主要负责人，要求其采取措施及时整改。约谈整改情况应当向社会公开。

第七十七条 生态环境主管部门及其环境执法机构和其他负有土壤污染防治监督管理职责的部门，有权对从事可能造成土壤污染活动的企业事业单位和其他生产经营者进行现场检查、取样，要求被检查者提供有关资料、就有关问题作出说明。

被检查者应当配合检查工作，如实反映情况，提供必要的资料。

实施现场检查的部门、机构及其工作人员应当为被检查者保守商业秘密。

第七十八条 企业事业单位和其他生产经营者违反法律法规规定排放有毒有害物质，造成或者可能造成严重土壤污染的，或者有关证据可能灭失或者被隐匿的，生态环境主管部门和其他负有土壤污染防治监督管理职责的部门，可以查封、扣押有关设施、设备、物品。

第七十九条 地方人民政府安全生产监督管理部门应当监督尾矿库运营、管理单位履行防治土壤污染的法定义务，防止其发生可能污染土壤的事故；地方人民政府生态环境主管部门应当加强对尾矿库土壤污染防治情况的监督检查和定期评估，发现风险隐患的，及时督促尾矿库运营、管理单位采取相应措施。

地方人民政府及其有关部门应当依法加强对向沙漠、滩涂、盐碱地、沼泽地等未利用地非法排放有毒有害物质等行为的监督检查。

第八十条 省级以上人民政府生态环境主管部门和其他负有土壤污染防治监督管理职责的部门应当将从事土壤污染状况调查和土壤污染风险评估、风险管控、修复、风险管控效果评估、修复效果评估、后期管理等活动的单位和个人的执业情况，纳入信用系统建立信用记录，将违法信息记入社会诚信档案，并纳入全国信用信息共享平台和国家企业信用信息公示系统向社会公布。

第八十一条 生态环境主管部门和其他负有土壤污染防治监督管理职责的部门应当依法公开土壤污染状况和防治信息。

国务院生态环境主管部门负责统一发布全国土壤环境信息；省级人民政府生态环境主管部门负责统一发布本行政区域土壤环境信息。生态环境主管部门应当将涉及主要食用农产品生产区域的重大土壤环境信息，及时通报同级农业农村、卫生健康和食品安全主管部门。

公民、法人和其他组织享有依法获取土壤污染状况和防治信息、参与和监督土壤污染防治的权利。

第八十二条 土壤污染状况普查报告、监测数据、调查报告和土壤污染风险评估报告、风险管控效果评估报告、修复效果评估报告等，应当及时上传全国土壤环境信息平台。

第八十三条 新闻媒体对违反土壤污染防治法律法规的行为享有舆论监督的权利，受监督的单位和个人不得打击报复。

第八十四条 任何组织和个人对污染土壤的行为，均有向生态环境主管部门和其他负有土壤污染防治监督管理职责的部门报告或者举报的权利。

生态环境主管部门和其他负有土壤污染防治监督管理职责的部门应当将土壤污染防治举报方式向社会公布，方便公众举报。

接到举报的部门应当及时处理并对举报人的相关信息予以保密；对实名举报并查证属实的，给予奖励。

举报人举报所在单位的，该单位不得以解除、变更劳动合同或者其他方式对举报人进行打击报复。

第六章　法律责任

第八十五条　地方各级人民政府、生态环境主管部门或者其他负有土壤污染防治监督管理职责的部门未依照本法规定履行职责的，对直接负责的主管人员和其他直接责任人员依法给予处分。

依照本法规定应当作出行政处罚决定而未作出的，上级主管部门可以直接作出行政处罚决定。

第八十六条　违反本法规定，有下列行为之一的，由地方人民政府生态环境主管部门或者其他负有土壤污染防治监督管理职责的部门责令改正，处以罚款；拒不改正的，责令停产整治：

（一）土壤污染重点监管单位未制定、实施自行监测方案，或者未将监测数据报生态环境主管部门的；

（二）土壤污染重点监管单位篡改、伪造监测数据的；

（三）土壤污染重点监管单位未按年度报告有毒有害物质排放情况，或者未建立土壤污染隐患排查制度的；

（四）拆除设施、设备或者建筑物、构筑物，企业事业单位未采取相应的土壤污染防治措施或者土壤污染重点监管单位未制定、实施土壤污染防治工作方案的；

（五）尾矿库运营、管理单位未按照规定采取措施防止土壤污染的；

（六）尾矿库运营、管理单位未按照规定进行土壤污染状况监测的；

（七）建设和运行污水集中处理设施、固体废物处置设施，未依照法律法规和相关标准的要求采取措施防止土壤污染的。

有前款规定行为之一的，处二万元以上二十万元以下的罚款；有前款第二项、第四项、第五项、第七项规定行为之一，造成严重后果的，处二十万元以上二百万元以下的罚款。

第八十七条　违反本法规定，向农用地排放重金属或者其他有毒有害物质含量超标的污水、污泥，以及可能造成土壤污染的清淤底泥、尾矿、矿渣等的，由地方人民政府生态环境主管部门责令改正，处十万元以上五十万元以下的罚款；情节严重的，处五十万元以上二百万元以下的罚款，并可以将案件移送公安机关，对直接负责的主管人员和其他直接责任人员处五日以上十五日以下的拘留；有违法所得的，没收违法所得。

第八十八条　违反本法规定，农业投入品生产者、销售者、使用者未按照规定及时回收肥料等农业投入品的包装废弃物或者农用薄膜，或者未按照规定及时回收农药包装废弃物交由专门的机构或者组织进行无害化处理的，由地方人民政府农业农村主管部门责令改正，处一万元以上十万元以下的罚款；农业投入品使用者为个人的，可以处二百元以上二千元以下的罚款。

第八十九条　违反本法规定，将重金属或者其他有毒有害物质含量超标的工业固体废物、生活垃圾或者污染土壤用于土地复垦的，由地方人民政府生态环境主管部门责令改正，处十万元以上一百万元以下的罚款；有违法所得的，没收违法所得。

第九十条　违反本法规定，受委托从事土壤污染状况调查和土壤污染风险评估、风险管控效果评估、修复效果评估活动的单位，出具虚假调查报告、风险评估报告、风险管控效果评估报告、修复效果评估报告的，由地方人民政府生态环境主管部门处十万元以上五十万元以下的罚款；情节严重的，禁止从事上述业务，并处五十万元以上一百万元以下的罚款；有违法所得的，没收违法所得。

前款规定的单位出具虚假报告的，由地方人民政府生态环境主管部门对直接负责的主管人员和其他直接责任人员处一万元以上五万元以下的罚款；情节严重的，十年内禁止从事前款规定的业务；构成犯罪的，终身禁止从事前款规定的业务。

本条第一款规定的单位和委托人恶意串通，出具虚假报告，造成他人人身或者财产损害的，还应当与委托人承担连带责任。

第九十一条 违反本法规定，有下列行为之一的，由地方人民政府生态环境主管部门责令改正，处十万元以上五十万元以下的罚款；情节严重的，处五十万元以上一百万元以下的罚款；有违法所得的，没收违法所得；对直接负责的主管人员和其他直接责任人员处五千元以上二万元以下的罚款：

（一）未单独收集、存放开发建设过程中剥离的表土的；

（二）实施风险管控、修复活动对土壤、周边环境造成新的污染的；

（三）转运污染土壤，未将运输时间、方式、线路和污染土壤数量、去向、最终处置措施等提前报所在地和接收地生态环境主管部门的；

（四）未达到土壤污染风险评估报告确定的风险管控、修复目标的建设用地地块，开工建设与风险管控、修复无关的项目的。

第九十二条 违反本法规定，土壤污染责任人或者土地使用权人未按照规定实施后期管理的，由地方人民政府生态环境主管部门或者其他负有土壤污染防治监督管理职责的部门责令改正，处一万元以上五万元以下的罚款；情节严重的，处五万元以上五十万元以下的罚款。

第九十三条 违反本法规定，被检查者拒不配合检查，或者在接受检查时弄虚作假的，由地方人民政府生态环境主管部门或者其他负有土壤污染防治监督管理职责的部门责令改正，处二万元以上二十万元以下的罚款；对直接负责的主管人员和其他直接责任人员处五千元以上二万元以下的罚款。

第九十四条 违反本法规定，土壤污染责任人或者土地使用权人有下列行为之一的，由地方人民政府生态环境主管部门或者其他负有土壤污染防治监督管理职责的部门责令改正，处二万元以上二十万元以下的罚款；拒不改正的，处二十万元以上一百万元以下的罚款，并委托他人代为履行，所需费用由土壤污染责任人或者土地使用权人承担；对直接负责的主管人员和其他直接责任人员处五千元以上二万元以下的罚款：

（一）未按照规定进行土壤污染状况调查的；

（二）未按照规定进行土壤污染风险评估的；

（三）未按照规定采取风险管控措施的；

（四）未按照规定实施修复的；

（五）风险管控、修复活动完成后，未另行委托有关单位对风险管控效果、修复效果进行评估的。

土壤污染责任人或者土地使用权人有前款第三项、第四项规定行为之一，情节严重的，地方人民政府生态环境主管部门或者其他负有土壤污染防治监督管理职责的部门可以将案件移送公安机关，对直接负责的主管人员和其他直接责任人员处五日以上十五日以下的拘留。

第九十五条 违反本法规定，有下列行为之一的，由地方人民政府有关部门责令改正；拒不改正的，处一万元以上五万元以下的罚款：

（一）土壤污染重点监管单位未按照规定将土壤污染防治工作方案报地方人民政府生态环境、工业和信息化主管部门备案的；

（二）土壤污染责任人或者土地使用权人未按照规定将修复方案、效果评估报告报地方人民政府生态环境、农业农村、林业草原主管部门备案的；

（三）土地使用权人未按照规定将土壤污染状况调查报告报地方人民政府生态环境主管部门备案的。

第九十六条 污染土壤造成他人人身或者财产损害的，应当依法承担侵权责任。

土壤污染责任人无法认定，土地使用权人未依照本法规定履行土壤污染风险管控和修复义务，造成他人人身或者财产损害的，应当依法承担侵权责任。

土壤污染引起的民事纠纷，当事人可以向地方人民政府生态环境等主管部门申请调解处理，也可以向人民法院提起诉讼。

第九十七条 污染土壤损害国家利益、社会公共利益的，有关机关和组织可以依照《中华人民共和国环境保护法》《中华人民共和国民事诉讼法》《中华人民共和国行政诉讼法》等法律的规定向人民法院提起诉讼。

第九十八条 违反本法规定，构成违反治安管理行为的，由公安机关依法给予治安管理处罚；构成犯罪的，依法追究刑事责任。

第七章 附 则

第九十九条 本法自 2019 年 1 月 1 日起施行。

国务院
关于印发土壤污染防治行动计划的通知

2016 年 5 月 28 日　　　　　　　　　　　　　国发〔2016〕31 号

各省、自治区、直辖市人民政府，国务院各部委、各直属机构：

现将《土壤污染防治行动计划》印发给你们，请认真贯彻执行。

土壤污染防治行动计划

土壤是经济社会可持续发展的物质基础，关系人民群众身体健康，关系美丽中国建设，保护好土壤环境是推进生态文明建设和维护国家生态安全的重要内容。当前，我国土壤环境总体状况堪忧，部分地区污染较为严重，已成为全面建成小康社会的突出短板之一。为切实加强土壤污染防治，逐步改善土壤环境质量，制定本行动计划。

总体要求：全面贯彻党的十八大和十八届三中、四中、五中全会精神，按照"五位一体"总体布局和"四个全面"战略布局，牢固树立创新、协调、绿色、开放、共享的新发展理念，认真落实党中央、国务院决策部署，立足我国国情和发展阶段，着眼经济社会发展全局，以改善土壤环境质量为核心，以保障农产品质量和人居环境安全为出发点，坚持预防为主、保护优先、风险管控，突出重点区域、行业和污染物，实施分类别、分用途、分阶段治理，严控新增污染、逐步减少存量，形成政府主导、企业担责、公众参与、社会监督的土壤污染防治体系，促进土壤资源永续利用，为建设"蓝天常在、青山常在、绿水常在"的美丽中国而奋斗。

工作目标：到 2020 年，全国土壤污染加重趋势得到初步遏制，土壤环境质量总体保持稳定，农用地和建设用地土壤环境安全得到基本保障，土壤环境风险得到基本管控。到 2030 年，全国土壤环境质量稳中向好，农用地和建设用地土壤环境安全得到有效保障，土壤环境风险得到全面管控。到本世纪中叶，土壤环境质量全面改善，生态系统实现良性循环。

主要指标：到 2020 年，受污染耕地安全利用率达到 90%左右，污染地块安全利用率达到 90%以上。到 2030 年，受污染耕地安全利用率达到 95%以上，污染地块安全利用率达到 95%以上。

一、开展土壤污染调查,掌握土壤环境质量状况

(一)深入开展土壤环境质量调查。在现有相关调查基础上,以农用地和重点行业企业用地为重点,开展土壤污染状况详查,2018年底前查明农用地土壤污染的面积、分布及其对农产品质量的影响;2020年底前掌握重点行业企业用地中的污染地块分布及其环境风险情况。制定详查总体方案和技术规定,开展技术指导、监督检查和成果审核。建立土壤环境质量状况定期调查制度,每10年开展1次。(环境保护部牵头,财政部、国土资源部、农业部、国家卫生计生委等参与,地方各级人民政府负责落实。以下均需地方各级人民政府落实,不再列出)

(二)建设土壤环境质量监测网络。统一规划、整合优化土壤环境质量监测点位,2017年底前,完成土壤环境质量国控监测点位设置,建成国家土壤环境质量监测网络,充分发挥行业监测网作用,基本形成土壤环境监测能力。各省(区、市)每年至少开展1次土壤环境监测技术人员培训。各地可根据工作需要,补充设置监测点位,增加特征污染物监测项目,提高监测频次。2020年底前,实现土壤环境质量监测点位所有县(市、区)全覆盖。(环境保护部牵头,国家发展改革委、工业和信息化部、国土资源部、农业部等参与)

(三)提升土壤环境信息化管理水平。利用环境保护、国土资源、农业等部门相关数据,建立土壤环境基础数据库,构建全国土壤环境信息化管理平台,力争2018年底前完成。借助移动互联网、物联网等技术,拓宽数据获取渠道,实现数据动态更新。加强数据共享,编制资源共享目录,明确共享权限和方式,发挥土壤环境大数据在污染防治、城乡规划、土地利用、农业生产中的作用。(环境保护部牵头,国家发展改革委、教育部、科技部、工业和信息化部、国土资源部、住房城乡建设部、农业部、国家卫生计生委、国家林业局等参与)

二、推进土壤污染防治立法,建立健全法规标准体系

(四)加快推进立法进程。配合完成土壤污染防治法起草工作。适时修订污染防治、城乡规划、土地管理、农产品质量安全相关法律法规,增加土壤污染防治有关内容。2016年底前,完成农药管理条例修订工作,发布污染地块土壤环境管理办法、农用地土壤环境管理办法。2017年底前,出台农药包装废弃物回收处理、工矿用地土壤环境管理、废弃农膜回收利用等部门规章。到2020年,土壤污染防治法律法规体系基本建立。各地可结合实际,研究制定土壤污染防治地方性法规。(国务院法制办、环境保护部牵头,工业和信息化部、国土资源部、住房城乡建设部、农业部、国家林业局等参与)

(五)系统构建标准体系。健全土壤污染防治相关标准和技术规范。2017年底前,发布农用地、建设用地土壤环境质量标准;完成土壤环境监测、调查评估、风险管控、治理与修复等技术规范以及环境影响评价技术导则制修订工作;修订肥料、饲料、灌溉用水中有毒有害物质限量和农用污泥中污染物控制等标准,进一步严格污染物控制要求;修订农膜标准,提高厚度要求,研究制定可降解农膜标准;修订农药包装标准,增加防止农药包装废弃物污染土壤的要求。适时修订污染物排放标准,进一步明确污染物特别排放限值要求。完善土壤中污染物分析测试方法,研制土壤环境标准样品。各地可制定严于国家标准的地方土壤环境质量标准。(环境保护部牵头,工业和信息化部、国土资源部、住房城乡建设部、水利部、农业部、质检总局、国家林业局等参与)

(六)全面强化监管执法。明确监管重点。重点监测土壤中镉、汞、砷、铅、铬等重金属和多环芳烃、石油烃等有机污染物,重点监管有色金属矿采选、有色金属冶炼、石油开采、石油加工、化工、焦化、电镀、制革等行业,以及产粮(油)大县、地级以上城市建成区等区域。(环境保护部牵头,工业和信息化部、国土资源部、住房城乡建设部、农业部等参与)

加大执法力度。将土壤污染防治作为环境执法的重要内容,充分利用环境监管网格,加

强土壤环境日常监管执法。严厉打击非法排放有毒有害污染物、违法违规存放危险化学品、非法处置危险废物、不正常使用污染治理设施、监测数据弄虚作假等环境违法行为。开展重点行业企业专项环境执法，对严重污染土壤环境、群众反映强烈的企业进行挂牌督办。改善基层环境执法条件，配备必要的土壤污染快速检测等执法装备。对全国环境执法人员每3年开展1轮土壤污染防治专业技术培训。提高突发环境事件应急能力，完善各级环境污染事件应急预案，加强环境应急管理、技术支撑、处置救援能力建设。（环境保护部牵头，工业和信息化部、公安部、国土资源部、住房城乡建设部、农业部、安全监管总局、国家林业局等参与）

三、实施农用地分类管理，保障农业生产环境安全

（七）划定农用地土壤环境质量类别。按污染程度将农用地划为三个类别，未污染和轻微污染的划为优先保护类，轻度和中度污染的划为安全利用类，重度污染的划为严格管控类，以耕地为重点，分别采取相应管理措施，保障农产品质量安全。2017年底前，发布农用地土壤环境质量类别划分技术指南。以土壤污染状况详查结果为依据，开展耕地土壤和农产品协同监测与评价，在试点基础上有序推进耕地土壤环境质量类别划定，逐步建立分类清单，2020年底前完成。划定结果由各省级人民政府审定，数据上传全国土壤环境信息化管理平台。根据土地利用变更和土壤环境质量变化情况，定期对各类别耕地面积、分布等信息进行更新。有条件的地区要逐步开展林地、草地、园地等其他农用地土壤环境质量类别划定等工作。（环境保护部、农业部牵头，国土资源部、国家林业局等参与）

（八）切实加大保护力度。各地要将符合条件的优先保护类耕地划为永久基本农田，实行严格保护，确保其面积不减少、土壤环境质量不下降，除法律规定的重点建设项目选址确实无法避让外，其他任何建设不得占用。产粮（油）大县要制定土壤环境保护方案。高标准农田建设项目向优先保护类耕地集中的地区倾斜。推行秸秆还田、增施有机肥、少耕免耕、粮豆轮作、农膜减量与回收利用等措施。继续开展黑土地保护利用试点。农村土地流转的受让方要履行土壤保护的责任，避免因过度施肥、滥用农药等掠夺式农业生产方式造成土壤环境质量下降。各省级人民政府要对本行政区域内优先保护类耕地面积减少或土壤环境质量下降的县（市、区），进行预警提醒并依法采取环评限批等限制性措施。（国土资源部、农业部牵头，国家发展改革委、环境保护部、水利部等参与）

防控企业污染。严格控制在优先保护类耕地集中区域新建有色金属冶炼、石油加工、化工、焦化、电镀、制革等行业企业，现有相关行业企业要采用新技术、新工艺，加快提标升级改造步伐。（环境保护部、国家发展改革委牵头，工业和信息化部参与）

（九）着力推进安全利用。根据土壤污染状况和农产品超标情况，安全利用类耕地集中的县（市、区）要结合当地主要作物品种和种植习惯，制定实施受污染耕地安全利用方案，采取农艺调控、替代种植等措施，降低农产品超标风险。强化农产品质量检测。加强对农民、农民合作社的技术指导和培训。2017年底前，出台受污染耕地安全利用技术指南。到2020年，轻度和中度污染耕地实现安全利用的面积达到4000万亩。（农业部牵头，国土资源部等参与）

（十）全面落实严格管控。加强对严格管控类耕地的用途管理，依法划定特定农产品禁止生产区域，严禁种植食用农产品；对威胁地下水、饮用水水源安全的，有关县（市、区）要制定环境风险管控方案，并落实有关措施。研究将严格管控类耕地纳入国家新一轮退耕还林还草实施范围，制定实施重度污染耕地种植结构调整或退耕还林还草计划。继续在湖南长株潭地区开展重金属污染耕地修复及农作物种植结构调整试点。实行耕地轮作休耕制度试点。到2020年，重度污染耕地种植结构调整或退耕还林还草面积力争达到2000万亩。（农业部牵头，国家发展改革委、财政部、国土资源部、环境保护部、水利部、国家林业局参与）

（十一）加强林地草地园地土壤环境管理。严格控制林地、草地、园地的农药使用量，禁止使用高毒、高残留农药。完善生物农药、引诱剂管理制度，加大使用推广力度。优先将重度污染的牧草地集中区域纳入禁牧休牧实施范围。加强对重度污染林地、园地产出食用农（林）产品质量检测，发现超标的，要采取种植结构调整等措施。（农业部、国家林业局负责）

四、实施建设用地准入管理，防范人居环境风险

（十二）明确管理要求。建立调查评估制度。2016年底前，发布建设用地土壤环境调查评估技术规定。自2017年起，对拟收回土地使用权的有色金属冶炼、石油加工、化工、焦化、电镀、制革等行业企业用地，以及用途拟变更为居住和商业、学校、医疗、养老机构等公共设施的上述企业用地，由土地使用权人负责开展土壤环境状况调查评估；已经收回的，由所在地市、县级人民政府负责开展调查评估。自2018年起，重度污染农用地转为城镇建设用地的，由所在地市、县级人民政府负责组织开展调查评估。调查评估结果向所在地环境保护、城乡规划、国土资源部门备案。（环境保护部牵头，国土资源部、住房城乡建设部参与）

分用途明确管理措施。自2017年起，各地要结合土壤污染状况详查情况，根据建设用地土壤环境调查评估结果，逐步建立污染地块名录及其开发利用的负面清单，合理确定土地用途。符合相应规划用地土壤环境质量要求的地块，可进入用地程序。暂不开发利用或现阶段不具备治理修复条件的污染地块，由所在地县级人民政府组织划定管控区域，设立标识，发布公告，开展土壤、地表水、地下水、空气环境监测；发现污染扩散的，有关责任主体要及时采取污染物隔离、阻断等环境风险管控措施。（国土资源部牵头，环境保护部、住房城乡建设部、水利部等参与）

（十三）落实监管责任。地方各级城乡规划部门要结合土壤环境质量状况，加强城乡规划论证和审批管理。地方各级国土资源部门要依据土地利用总体规划、城乡规划和地块土壤环境质量状况，加强土地征收、收回、收购以及转让、改变用途等环节的监管。地方各级环境保护部门要加强对建设用地土壤环境状况调查、风险评估和污染地块治理与修复活动的监管。建立城乡规划、国土资源、环境保护等部门间的信息沟通机制，实行联动监管。（国土资源部、环境保护部、住房城乡建设部负责）

（十四）严格用地准入。将建设用地土壤环境管理要求纳入城市规划和供地管理，土地开发利用必须符合土壤环境质量要求。地方各级国土资源、城乡规划等部门在编制土地利用总体规划、城市总体规划、控制性详细规划等相关规划时，应充分考虑污染地块的环境风险，合理确定土地用途。（国土资源部、住房城乡建设部牵头，环境保护部参与）

五、强化未污染土壤保护，严控新增土壤污染

（十五）加强未利用地环境管理。按照科学有序原则开发利用未利用地，防止造成土壤污染。拟开发为农用地的，有关县（市、区）人民政府要组织开展土壤环境质量状况评估；不符合相应标准的，不得种植食用农产品。各地要加强纳入耕地后备资源的未利用地保护，定期开展巡查。依法严查向沙漠、滩涂、盐碱地、沼泽地等非法排污、倾倒有毒有害物质的环境违法行为。加强对矿山、油田等矿产资源开采活动影响区域内未利用地的环境监管，发现土壤污染问题的，要及时督促有关企业采取防治措施。推动盐碱地土壤改良，自2017年起，在新疆生产建设兵团等地开展利用燃煤电厂脱硫石膏改良盐碱地试点。（环境保护部、国土资源部牵头，国家发展改革委、公安部、水利部、农业部、国家林业局等参与）

（十六）防范建设用地新增污染。排放重点污染物的建设项目，在开展环境影响评价时，要增加对土壤环境影响的评价内容，并提出防范土壤污染的具体措施；需要建设的土壤污染防治设施，要与主体工程同时设计、同时施工、同时投产使用；有关环境保护部门要做好有关措施落实情况的监督管理工作。自2017年起，有关地方人民政府要与重点行业企业签订土

壤污染防治责任书，明确相关措施和责任，责任书向社会公开。（环境保护部负责）

（十七）强化空间布局管控。加强规划区划和建设项目布局论证，根据土壤等环境承载能力，合理确定区域功能定位、空间布局。鼓励工业企业集聚发展，提高土地节约集约利用水平，减少土壤污染。严格执行相关行业企业布局选址要求，禁止在居民区、学校、医疗和养老机构等周边新建有色金属冶炼、焦化等行业企业；结合推进新型城镇化、产业结构调整和化解过剩产能等，有序搬迁或依法关闭对土壤造成严重污染的现有企业。结合区域功能定位和土壤污染防治需要，科学布局生活垃圾处理、危险废物处置、废旧资源再生利用等设施和场所，合理确定畜禽养殖布局和规模。（国家发展改革委牵头，工业和信息化部、国土资源部、环境保护部、住房城乡建设部、水利部、农业部、国家林业局等参与）

六、加强污染源监管，做好土壤污染预防工作

（十八）严控工矿污染。加强日常环境监管。各地要根据工矿企业分布和污染排放情况，确定土壤环境重点监管企业名单，实行动态更新，并向社会公布。列入名单的企业每年要自行对其用地进行土壤环境监测，结果向社会公开。有关环境保护部门要定期对重点监管企业和工业园区周边开展监测，数据及时上传全国土壤环境信息化管理平台，结果作为环境执法和风险预警的重要依据。适时修订国家鼓励的有毒有害原料（产品）替代品目录。加强电器电子、汽车等工业产品中有害物质控制。有色金属冶炼、石油加工、化工、焦化、电镀、制革等行业企业拆除生产设施设备、构筑物和污染治理设施，要事先制定残留污染物清理和安全处置方案，并报所在地县级环境保护、工业和信息化部门备案；要严格按照有关规定实施安全处理处置，防范拆除活动污染土壤。2017年底前，发布企业拆除活动污染防治技术规定。（环境保护部、工业和信息化部负责）

严防矿产资源开发污染土壤。自2017年起，内蒙古、江西、河南、湖北、湖南、广东、广西、四川、贵州、云南、陕西、甘肃、新疆等省（区）矿产资源开发活动集中的区域，执行重点污染物特别排放限值。全面整治历史遗留尾矿库，完善覆膜、压土、排洪、堤坝加固等隐患治理和闭库措施。有重点监管尾矿库的企业要开展环境风险评估，完善污染治理设施，储备应急物资。加强对矿产资源开发利用活动的辐射安全监管，有关企业每年要对本矿区土壤进行辐射环境监测。（环境保护部、安全监管总局牵头，工业和信息化部、国土资源部参与）

加强涉重金属行业污染防控。严格执行重金属污染物排放标准并落实相关总量控制指标，加大监督检查力度，对整改后仍不达标的企业，依法责令其停业、关闭，并将企业名单向社会公开。继续淘汰涉重金属重点行业落后产能，完善重金属相关行业准入条件，禁止新建落后产能或产能严重过剩行业的建设项目。按计划逐步淘汰普通照明白炽灯。提高铅酸蓄电池等行业落后产能淘汰标准，逐步退出落后产能。制定涉重金属重点工业行业清洁生产技术推行方案，鼓励企业采用先进适用生产工艺和技术。2020年重点行业的重点重金属排放量要比2013年下降10%。（环境保护部、工业和信息化部牵头，国家发展改革委参与）

加强工业废物处理处置。全面整治尾矿、煤矸石、工业副产石膏、粉煤灰、赤泥、冶炼渣、电石渣、铬渣、砷渣以及脱硫、脱硝、除尘产生固体废物的堆存场所，完善防扬散、防流失、防渗漏等设施，制定整治方案并有序实施。加强工业固体废物综合利用。对电子废物、废轮胎、废塑料等再生利用活动进行清理整顿，引导有关企业采用先进适用加工工艺、集聚发展，集中建设和运营污染治理设施，防止污染土壤和地下水。自2017年起，在京津冀、长三角、珠三角等地区的部分城市开展污水与污泥、废气与废渣协同治理试点。（环境保护部、国家发展改革委牵头，工业和信息化部、国土资源部参与）

（十九）控制农业污染。合理使用化肥农药。鼓励农民增施有机肥，减少化肥使用量。科学施用农药，推行农作物病虫害专业化统防统治和绿色防控，推广高效低毒低残留农药和现代植保机械。加强农药包装废弃物回收处理，自2017年起，在江苏、山东、河南、海南等省

份选择部分产粮（油）大县和蔬菜产业重点县开展试点；到 2020 年，推广到全国 30% 的产粮（油）大县和所有蔬菜产业重点县。推行农业清洁生产，开展农业废弃物资源化利用试点，形成一批可复制、可推广的农业面源污染防治技术模式。严禁将城镇生活垃圾、污泥、工业废物直接用作肥料。到 2020 年，全国主要农作物化肥、农药使用量实现零增长，利用率提高到 40% 以上，测土配方施肥技术推广覆盖率提高到 90% 以上。（农业部牵头，国家发展改革委、环境保护部、住房城乡建设部、供销合作总社等参与）

加强废弃农膜回收利用。严厉打击违法生产和销售不合格农膜的行为。建立健全废弃农膜回收贮运和综合利用网络，开展废弃农膜回收利用试点；到 2020 年，河北、辽宁、山东、河南、甘肃、新疆等农膜使用量较高省份力争实现废弃农膜全面回收利用。（农业部牵头，国家发展改革委、工业和信息化部、公安部、工商总局、供销合作总社等参与）

强化畜禽养殖污染防治。严格规范兽药、饲料添加剂的生产和使用，防止过量使用，促进源头减量。加强畜禽粪便综合利用，在部分生猪大县开展种养业有机结合、循环发展试点。鼓励支持畜禽粪便处理利用设施建设，到 2020 年，规模化养殖场、养殖小区配套建设废弃物处理设施比例达到 75% 以上。（农业部牵头，国家发展改革委、环境保护部参与）

加强灌溉水水质管理。开展灌溉水水质监测。灌溉用水应符合农田灌溉水水质标准。对因长期使用污水灌溉导致土壤污染严重、威胁农产品质量安全的，要及时调整种植结构。（水利部牵头，农业部参与）

（二十）减少生活污染。建立政府、社区、企业和居民协调机制，通过分类投放收集、综合循环利用，促进垃圾减量化、资源化、无害化。建立村庄保洁制度，推进农村生活垃圾治理，实施农村生活污水治理工程。整治非正规垃圾填埋场。深入实施"以奖促治"政策，扩大农村环境连片整治范围。推进水泥窑协同处置生活垃圾试点。鼓励将处理达标后的污泥用于园林绿化。开展利用建筑垃圾生产建材产品等资源化利用示范。强化废氧化汞电池、镍镉电池、铅酸蓄电池和含汞荧光灯管、温度计等含重金属废物的安全处置。减少过度包装，鼓励使用环境标志产品。（住房城乡建设部牵头，国家发展改革委、工业和信息化部、财政部、环境保护部参与）

七、开展污染治理与修复，改善区域土壤环境质量

（二十一）明确治理与修复主体。按照"谁污染，谁治理"原则，造成土壤污染的单位或个人要承担治理与修复的主体责任。责任主体发生变更的，由变更后继承其债权、债务的单位或个人承担相关责任；土地使用权依法转让的，由土地使用权受让人或双方约定的责任人承担相关责任。责任主体灭失或责任主体不明确的，由所在地县级人民政府依法承担相关责任。（环境保护部牵头，国土资源部、住房城乡建设部参与）

（二十二）制定治理与修复规划。各省（区、市）要以影响农产品质量和人居环境安全的突出土壤污染问题为重点，制定土壤污染治理与修复规划，明确重点任务、责任单位和分年度实施计划，建立项目库，2017 年底前完成。规划报环境保护部备案。京津冀、长三角、珠三角地区要率先完成。（环境保护部牵头，国土资源部、住房城乡建设部、农业部等参与）

（二十三）有序开展治理与修复。确定治理与修复重点。各地要结合城市环境质量提升和发展布局调整，以拟开发建设居住、商业、学校、医疗和养老机构等项目的污染地块为重点，开展治理与修复。在江西、湖北、湖南、广东、广西、四川、贵州、云南等省份污染耕地集中区域优先组织开展治理与修复；其他省份要根据耕地土壤污染程度、环境风险及其影响范围，确定治理与修复的重点区域。到 2020 年，受污染耕地治理与修复面积达到 1000 万亩。（国土资源部、农业部、环境保护部牵头，住房城乡建设部参与）

强化治理与修复工程监管。治理与修复工程原则上在原址进行，并采取必要措施防止污染土壤挖掘、堆存造成二次污染；需要转运污染土壤的，有关责任单位要将运输时间、方

式、线路和污染土壤数量、去向、最终处置措施等，提前向所在地和接收地环境保护部门报告。工程施工期间，责任单位要设立公告牌，公开工程基本情况、环境影响及其防范措施；所在地环境保护部门要对各项环境保护措施落实情况进行检查。工程完工后，责任单位要委托第三方机构对治理与修复效果进行评估，结果向社会公开。实行土壤污染治理与修复终身责任制，2017年底前，出台有关责任追究办法。（环境保护部牵头，国土资源部、住房城乡建设部、农业部参与）

（二十四）监督目标任务落实。各省级环境保护部门要定期向环境保护部报告土壤污染治理与修复工作进展；环境保护部要会同有关部门进行督导检查。各省（区、市）要委托第三方机构对本行政区域各县（市、区）土壤污染治理与修复成效进行综合评估，结果向社会公开。2017年底前，出台土壤污染治理与修复成效评估办法。（环境保护部牵头，国土资源部、住房城乡建设部、农业部参与）

八、加大科技研发力度，推动环境保护产业发展

（二十五）加强土壤污染防治研究。整合高等学校、研究机构、企业等科研资源，开展土壤环境基准、土壤环境容量与承载能力、污染物迁移转化规律、污染生态效应、重金属低积累作物和修复植物筛选，以及土壤污染与农产品质量、人体健康关系等方面基础研究。推进土壤污染诊断、风险管控、治理与修复等共性关键技术研究，研发先进适用装备和高效低成本功能材料（药剂），强化卫星遥感技术应用，建设一批土壤污染防治实验室、科研基地。优化整合科技计划（专项、基金等），支持土壤污染防治研究。（科技部牵头，国家发展改革委、教育部、工业和信息化部、国土资源部、环境保护部、住房城乡建设部、农业部、国家卫生计生委、国家林业局、中科院等参与）

（二十六）加大适用技术推广力度。建立健全技术体系。综合土壤污染类型、程度和区域代表性，针对典型受污染农用地、污染地块，分批实施200个土壤污染治理与修复技术应用试点项目，2020年底前完成。根据试点情况，比选形成一批易推广、成本低、效果好的适用技术。（环境保护部、财政部牵头，科技部、国土资源部、住房城乡建设部、农业部等参与）

加快成果转化应用。完善土壤污染防治科技成果转化机制，建成以环保为主导产业的高新技术产业开发区等一批成果转化平台。2017年底前，发布鼓励发展的土壤污染防治重大技术装备目录。开展国际合作研究与技术交流，引进消化土壤污染风险识别、土壤污染物快速检测、土壤及地下水污染阻隔等风险管控先进技术和管理经验。（科技部牵头，国家发展改革委、教育部、工业和信息化部、国土资源部、环境保护部、住房城乡建设部、农业部、中科院等参与）

（二十七）推动治理与修复产业发展。放开服务性监测市场，鼓励社会机构参与土壤环境监测评估等活动。通过政策推动，加快完善覆盖土壤环境调查、分析测试、风险评估、治理与修复工程设计和施工等环节的成熟产业链，形成若干综合实力雄厚的龙头企业，培育一批充满活力的中小企业。推动有条件的地区建设产业化示范基地。规范土壤污染治理与修复从业单位和人员管理，建立健全监督机制，将技术服务能力弱、运营管理水平低、综合信用差的从业单位名单通过企业信用信息公示系统向社会公开。发挥"互联网+"在土壤污染治理与修复全产业链中的作用，推进大众创业、万众创新。（国家发展改革委牵头，科技部、工业和信息化部、国土资源部、环境保护部、住房城乡建设部、农业部、商务部、工商总局等参与）

九、发挥政府主导作用，构建土壤环境治理体系

（二十八）强化政府主导。完善管理体制。按照"国家统筹、省负总责、市县落实"原则，完善土壤环境管理体制，全面落实土壤污染防治属地责任。探索建立跨行政区域土壤污染防治联动协作机制。（环境保护部牵头，国家发展改革委、科技部、工业和信息化部、财政

部、国土资源部、住房城乡建设部、农业部等参与）

加大财政投入。中央和地方各级财政加大对土壤污染防治工作的支持力度。中央财政整合重金属污染防治专项资金等，设立土壤污染防治专项资金，用于土壤环境调查与监测评估、监督管理、治理与修复等工作。各地应统筹相关财政资金，通过现有政策和资金渠道加大支持，将农业综合开发、高标准农田建设、农田水利建设、耕地保护与质量提升、测土配方施肥等涉农资金，更多用于优先保护类耕地集中的县（市、区）。有条件的省（区、市）可对优先保护类耕地面积增加的县（市、区）予以适当奖励。统筹安排专项建设基金，支持企业对涉重金属落后生产工艺和设备进行技术改造。（财政部牵头，国家发展改革委、工业和信息化部、国土资源部、环境保护部、水利部、农业部等参与）

完善激励政策。各地要采取有效措施，激励相关企业参与土壤污染治理与修复。研究制定扶持有机肥生产、废弃农膜综合利用、农药包装废弃物回收处理等企业的激励政策。在农药、化肥等行业，开展环保领跑者制度试点。（财政部牵头，国家发展改革委、工业和信息化部、国土资源部、环境保护部、住房城乡建设部、农业部、税务总局、供销合作总社等参与）

建设综合防治先行区。2016年底前，在浙江省台州市、湖北省黄石市、湖南省常德市、广东省韶关市、广西壮族自治区河池市和贵州省铜仁市启动土壤污染综合防治先行区建设，重点在土壤污染源头预防、风险管控、治理与修复、监管能力建设等方面进行探索，力争到2020年先行区土壤环境质量得到明显改善。有关地方人民政府要编制先行区建设方案，按程序报环境保护部、财政部备案。京津冀、长三角、珠三角等地区可因地制宜开展先行区建设。（环境保护部、财政部牵头，国家发展改革委、国土资源部、住房城乡建设部、农业部、国家林业局等参与）

（二十九）发挥市场作用。通过政府和社会资本合作（PPP）模式，发挥财政资金撬动功能，带动更多社会资本参与土壤污染防治。加大政府购买服务力度，推动受污染耕地和以政府为责任主体的污染地块治理与修复。积极发展绿色金融，发挥政策性和开发性金融机构引导作用，为重大土壤污染防治项目提供支持。鼓励符合条件的土壤污染治理与修复企业发行股票。探索通过发行债券推进土壤污染治理与修复，在土壤污染综合防治先行区开展试点。有序开展重点行业企业环境污染强制责任保险试点。（国家发展改革委、环境保护部牵头，财政部、人民银行、银监会、证监会、保监会等参与）

（三十）加强社会监督。推进信息公开。根据土壤环境质量监测和调查结果，适时发布全国土壤环境状况。各省（区、市）人民政府定期公布本行政区域各地级市（州、盟）土壤环境状况。重点行业企业要依据有关规定，向社会公开其产生的污染物名称、排放方式、排放浓度、排放总量，以及污染防治设施建设和运行情况。（环境保护部牵头，国土资源部、住房城乡建设部、农业部等参与）

引导公众参与。实行有奖举报，鼓励公众通过"12369"环保举报热线、信函、电子邮件、政府网站、微信平台等途径，对乱排废水、废气，乱倒废渣、污泥等污染土壤的环境违法行为进行监督。有条件的地方可根据需要聘请环境保护义务监督员，参与现场环境执法、土壤污染事件调查处理等。鼓励种粮大户、家庭农场、农民合作社以及民间环境保护机构参与土壤污染防治工作。（环境保护部牵头，国土资源部、住房城乡建设部、农业部等参与）

推动公益诉讼。鼓励依法对污染土壤等环境违法行为提起公益诉讼。开展检察机关提起公益诉讼改革试点的地区，检察机关可以以公益诉讼人的身份，对污染土壤等损害社会公共利益的行为提起民事公益诉讼；也可以对负有土壤污染防治职责的行政机关，因违法行使职权或者不作为造成国家和社会公共利益受到侵害的行为提起行政公益诉讼。地方各级人民政府和有关部门应当积极配合司法机关的相关案件办理工作和检察机关的监督工作。（最高人民检察院、最高人民法院牵头，国土资源部、环境保护部、住房城乡建设部、水利部、农业部、国家林业局等参与）

（三十一）开展宣传教育。制定土壤环境保护宣传教育工作方案。制作挂图、视频，出版科普读物，利用互联网、数字化放映平台等手段，结合世界地球日、世界环境日、世界土壤日、世界粮食日、全国土地日等主题宣传活动，普及土壤污染防治相关知识，加强法律法规政策宣传解读，营造保护土壤环境的良好社会氛围，推动形成绿色发展方式和生活方式。把土壤环境保护宣传教育融入党政机关、学校、工厂、社区、农村等的环境宣传和培训工作。鼓励支持有条件的高等学校开设土壤环境专门课程。（环境保护部牵头，中央宣传部、教育部、国土资源部、住房城乡建设部、农业部、新闻出版广电总局、国家网信办、国家粮食局、中国科协等参与）

十、加强目标考核，严格责任追究

（三十二）明确地方政府主体责任。地方各级人民政府是实施本行动计划的主体，要于2016年底前分别制定并公布土壤污染防治工作方案，确定重点任务和工作目标。要加强组织领导，完善政策措施，加大资金投入，创新投融资模式，强化监督管理，抓好工作落实。各省（区、市）工作方案报国务院备案。（环境保护部牵头，国家发展改革委、财政部、国土资源部、住房城乡建设部、农业部等参与）

（三十三）加强部门协调联动。建立全国土壤污染防治工作协调机制，定期研究解决重大问题。各有关部门要按照职责分工，协同做好土壤污染防治工作。环境保护部要抓好统筹协调，加强督促检查，每年2月底前将上年度工作进展情况向国务院报告。（环境保护部牵头，国家发展改革委、科技部、工业和信息化部、财政部、国土资源部、住房城乡建设部、水利部、农业部、国家林业局等参与）

（三十四）落实企业责任。有关企业要加强内部管理，将土壤污染防治纳入环境风险防控体系，严格依法依规建设和运营污染治理设施，确保重点污染物稳定达标排放。造成土壤污染的，应承担损害评估、治理与修复的法律责任。逐步建立土壤污染治理与修复企业行业自律机制。国有企业特别是中央企业要带头落实。（环境保护部牵头，工业和信息化部、国务院国资委等参与）

（三十五）严格评估考核。实行目标责任制。2016年底前，国务院与各省（区、市）人民政府签订土壤污染防治目标责任书，分解落实目标任务。分年度对各省（区、市）重点工作进展情况进行评估，2020年对本行动计划实施情况进行考核，评估和考核结果作为对领导班子和领导干部综合考核评价、自然资源资产离任审计的重要依据。（环境保护部牵头，中央组织部、审计署参与）

评估和考核结果作为土壤污染防治专项资金分配的重要参考依据。（财政部牵头，环境保护部参与）

对年度评估结果较差或未通过考核的省（区、市），要提出限期整改意见，整改完成前，对有关地区实施建设项目环评限批；整改不到位的，要约谈有关省级人民政府及其相关部门负责人。对土壤环境问题突出、区域土壤环境质量明显下降、防治工作不力、群众反映强烈的地区，要约谈有关地市级人民政府和省级人民政府相关部门主要负责人。对失职渎职、弄虚作假的，区分情节轻重，予以诫勉、责令公开道歉、组织处理或党纪政纪处分；对构成犯罪的，要依法追究刑事责任，已经调离、提拔或者退休的，也要终身追究责任。（环境保护部牵头，中央组织部、监察部参与）

我国正处于全面建成小康社会决胜阶段，提高环境质量是人民群众的热切期盼，土壤污染防治任务艰巨。各地区、各有关部门要认清形势，坚定信心，狠抓落实，切实加强污染治理和生态保护，如期实现全国土壤污染防治目标，确保生态环境质量得到改善、各类自然生态系统安全稳定，为建设美丽中国、实现"两个一百年"奋斗目标和中华民族伟大复兴的中国梦作出贡献。

五、大气污染防治

中华人民共和国大气污染防治法

（1987年9月5日第六届全国人民代表大会常务委员会第二十二次会议通过 根据1995年8月29日第八届全国人民代表大会常务委员会第十五次会议《关于修改〈中华人民共和国大气污染防治法〉的决定》第一次修正 2000年4月29日第九届全国人民代表大会常务委员会第十五次会议第一次修订 2015年8月29日第十二届全国人民代表大会常务委员会第十六次会议第二次修订 根据2018年10月26日第十三届全国人民代表大会常务委员会第六次会议《关于修改〈中华人民共和国野生动物保护法〉等十五部法律的决定》第二次修正）

第一章 总 则

第一条 为保护和改善环境，防治大气污染，保障公众健康，推进生态文明建设，促进经济社会可持续发展，制定本法。

第二条 防治大气污染，应当以改善大气环境质量为目标，坚持源头治理，规划先行，转变经济发展方式，优化产业结构和布局，调整能源结构。

防治大气污染，应当加强对燃煤、工业、机动车船、扬尘、农业等大气污染的综合防治，推行区域大气污染联合防治，对颗粒物、二氧化硫、氮氧化物、挥发性有机物、氨等大气污染物和温室气体实施协同控制。

第三条 县级以上人民政府应当将大气污染防治工作纳入国民经济和社会发展规划，加大对大气污染防治的财政投入。

地方各级人民政府应当对本行政区域的大气环境质量负责，制定规划，采取措施，控制或者逐步削减大气污染物的排放量，使大气环境质量达到规定标准并逐步改善。

第四条 国务院生态环境主管部门会同国务院有关部门，按照国务院的规定，对省、自治区、直辖市大气环境质量改善目标、大气污染防治重点任务完成情况进行考核。省、自治区、直辖市人民政府制定考核办法，对本行政区域内地方大气环境质量改善目标、大气污染防治重点任务完成情况实施考核。考核结果应当向社会公开。

第五条 县级以上人民政府生态环境主管部门对大气污染防治实施统一监督管理。

县级以上人民政府其他有关部门在各自职责范围内对大气污染防治实施监督管理。

第六条 国家鼓励和支持大气污染防治科学技术研究，开展对大气污染来源及其变化趋势的分析，推广先进适用的大气污染防治技术和装备，促进科技成果转化，发挥科学技术在大气污染防治中的支撑作用。

第七条 企业事业单位和其他生产经营者应当采取有效措施，防止、减少大气污染，对所造成的损害依法承担责任。

公民应当增强大气环境保护意识，采取低碳、节俭的生活方式，自觉履行大气环境保护义务。

第二章　大气污染防治标准和限期达标规划

第八条　国务院生态环境主管部门或者省、自治区、直辖市人民政府制定大气环境质量标准，应当以保障公众健康和保护生态环境为宗旨，与经济社会发展相适应，做到科学合理。

第九条　国务院生态环境主管部门或者省、自治区、直辖市人民政府制定大气污染物排放标准，应当以大气环境质量标准和国家经济、技术条件为依据。

第十条　制定大气环境质量标准、大气污染物排放标准，应当组织专家进行审查和论证，并征求有关部门、行业协会、企业事业单位和公众等方面的意见。

第十一条　省级以上人民政府生态环境主管部门应当在其网站上公布大气环境质量标准、大气污染物排放标准，供公众免费查阅、下载。

第十二条　大气环境质量标准、大气污染物排放标准的执行情况应当定期进行评估，根据评估结果对标准适时进行修订。

第十三条　制定燃煤、石油焦、生物质燃料、涂料等含挥发性有机物的产品、烟花爆竹以及锅炉等产品的质量标准，应当明确大气环境保护要求。

制定燃油质量标准，应当符合国家大气污染物控制要求，并与国家机动车船、非道路移动机械大气污染物排放标准相互衔接，同步实施。

前款所称非道路移动机械，是指装配有发动机的移动机械和可运输工业设备。

第十四条　未达到国家大气环境质量标准城市的人民政府应当及时编制大气环境质量限期达标规划，采取措施，按照国务院或者省级人民政府规定的期限达到大气环境质量标准。

编制城市大气环境质量限期达标规划，应当征求有关行业协会、企业事业单位、专家和公众等方面的意见。

第十五条　城市大气环境质量限期达标规划应当向社会公开。直辖市和设区的市的大气环境质量限期达标规划应当报国务院生态环境主管部门备案。

第十六条　城市人民政府每年在向本级人民代表大会或者其常务委员会报告环境状况和环境保护目标完成情况时，应当报告大气环境质量限期达标规划执行情况，并向社会公开。

第十七条　城市大气环境质量限期达标规划应当根据大气污染防治的要求和经济、技术条件适时进行评估、修订。

第三章　大气污染防治的监督管理

第十八条　企业事业单位和其他生产经营者建设对大气环境有影响的项目，应当依法进行环境影响评价、公开环境影响评价文件；向大气排放污染物的，应当符合大气污染物排放标准，遵守重点大气污染物排放总量控制要求。

第十九条　排放工业废气或者本法第七十八条规定名录中所列有毒有害大气污染物的企业事业单位、集中供热设施的燃煤热源生产运营单位以及其他依法实行排污许可管理的单位，应当取得排污许可证。排污许可的具体办法和实施步骤由国务院规定。

第二十条　企业事业单位和其他生产经营者向大气排放污染物的，应当依照法律法规和国务院生态环境主管部门的规定设置大气污染物排放口。

禁止通过偷排、篡改或者伪造监测数据、以逃避现场检查为目的的临时停产、非紧急情况下开启应急排放通道、不正常运行大气污染防治设施等逃避监管的方式排放大气污染物。

第二十一条　国家对重点大气污染物排放实行总量控制。

重点大气污染物排放总量控制目标，由国务院生态环境主管部门在征求国务院有关部门和各省、自治区、直辖市人民政府意见后，会同国务院经济综合主管部门报国务院批准并下达实施。

省、自治区、直辖市人民政府应当按照国务院下达的总量控制目标，控制或者削减本行政区域的重点大气污染物排放总量。

确定总量控制目标和分解总量控制指标的具体办法，由国务院生态环境主管部门会同国务院有关部门规定。省、自治区、直辖市人民政府可以根据本行政区域大气污染防治的需要，对国家重点大气污染物之外的其他大气污染物排放实行总量控制。

国家逐步推行重点大气污染物排污权交易。

第二十二条 对超过国家重点大气污染物排放总量控制指标或者未完成国家下达的大气环境质量改善目标的地区，省级以上人民政府生态环境主管部门应当会同有关部门约谈该地区人民政府的主要负责人，并暂停审批该地区新增重点大气污染物排放总量的建设项目环境影响评价文件。约谈情况应当向社会公开。

第二十三条 国务院生态环境主管部门负责制定大气环境质量和大气污染源的监测和评价规范，组织建设与管理全国大气环境质量和大气污染源监测网，组织开展大气环境质量和大气污染源监测，统一发布全国大气环境质量状况信息。

县级以上地方人民政府生态环境主管部门负责组织建设与管理本行政区域大气环境质量和大气污染源监测网，开展大气环境质量和大气污染源监测，统一发布本行政区域大气环境质量状况信息。

第二十四条 企业事业单位和其他生产经营者应当按照国家有关规定和监测规范，对其排放的工业废气和本法第七十八条规定名录中所列有毒有害大气污染物进行监测，并保存原始监测记录。其中，重点排污单位应当安装、使用大气污染物排放自动监测设备，与生态环境主管部门的监控设备联网，保证监测设备正常运行并依法公开排放信息。监测的具体办法和重点排污单位的条件由国务院生态环境主管部门规定。

重点排污单位名录由设区的市级以上地方人民政府生态环境主管部门按照国务院生态环境主管部门的规定，根据本行政区域的大气环境承载力、重点大气污染物排放总量控制指标的要求以及排污单位排放大气污染物的种类、数量和浓度等因素，商有关部门确定，并向社会公布。

第二十五条 重点排污单位应当对自动监测数据的真实性和准确性负责。生态环境主管部门发现重点排污单位的大气污染物排放自动监测设备传输数据异常，应当及时进行调查。

第二十六条 禁止侵占、损毁或者擅自移动、改变大气环境质量监测设施和大气污染物排放自动监测设备。

第二十七条 国家对严重污染大气环境的工艺、设备和产品实行淘汰制度。

国务院经济综合主管部门会同国务院有关部门确定严重污染大气环境的工艺、设备和产品淘汰期限，并纳入国家综合性产业政策目录。

生产者、进口者、销售者或者使用者应当在规定期限内停止生产、进口、销售或者使用列入前款规定目录中的设备和产品。工艺的采用者应当在规定期限内停止采用列入前款规定目录中的工艺。

被淘汰的设备和产品，不得转让给他人使用。

第二十八条 国务院生态环境主管部门会同有关部门，建立和完善大气污染损害评估制度。

第二十九条 生态环境主管部门及其环境执法机构和其他负有大气环境保护监督管理职责的部门，有权通过现场检查监测、自动监测、遥感监测、远红外摄像等方式，对排放大气污染物的企业事业单位和其他生产经营者进行监督检查。被检查者应当如实反映情况，提供必要的资料。实施检查的部门、机构及其工作人员应当为被检查者保守商业秘密。

第三十条 企业事业单位和其他生产经营者违反法律法规规定排放大气污染物，造成或者可能造成严重大气污染，或者有关证据可能灭失或者被隐匿的，县级以上人民政府生态环境主管部门和其他负有大气环境保护监督管理职责的部门，可以对有关设施、设备、物品采取查封、扣押等行政强制措施。

第三十一条 生态环境主管部门和其他负有大气环境保护监督管理职责的部门应当公布举报电话、电子邮箱等，方便公众举报。

生态环境主管部门和其他负有大气环境保护监督管理职责的部门接到举报的，应当及时处理并对举报人的相关信息予以保密；对实名举报的，应当反馈处理结果等情况，查证属实的，处理结果依法向社会公开，并对举报人给予奖励。

举报人举报所在单位的，该单位不得以解除、变更劳动合同或者其他方式对举报人进行打击报复。

第四章　大气污染防治措施

第一节　燃煤和其他能源污染防治

第三十二条 国务院有关部门和地方各级人民政府应当采取措施，调整能源结构，推广清洁能源的生产和使用；优化煤炭使用方式，推广煤炭清洁高效利用，逐步降低煤炭在一次能源消费中的比重，减少煤炭生产、使用、转化过程中的大气污染物排放。

第三十三条 国家推行煤炭洗选加工，降低煤炭的硫分和灰分，限制高硫分、高灰分煤炭的开采。新建煤矿应当同步建设配套的煤炭洗选设施，使煤炭的硫分、灰分含量达到规定标准；已建成的煤矿除所采煤炭属于低硫分、低灰分或者根据已达标排放的燃煤电厂要求不需要洗选的以外，应当限期建成配套的煤炭洗选设施。

禁止开采含放射性和砷等有毒有害物质超过规定标准的煤炭。

第三十四条 国家采取有利于煤炭清洁高效利用的经济、技术政策和措施，鼓励和支持洁净煤技术的开发和推广。

国家鼓励煤矿企业等采用合理、可行的技术措施，对煤层气进行开采利用，对煤矸石进行综合利用。从事煤层气开采利用的，煤层气排放应当符合有关标准规范。

第三十五条 国家禁止进口、销售和燃用不符合质量标准的煤炭，鼓励燃用优质煤炭。

单位存放煤炭、煤矸石、煤渣、煤灰等物料，应当采取防燃措施，防止大气污染。

第三十六条 地方各级人民政府应当采取措施，加强民用散煤的管理，禁止销售不符合民用散煤质量标准的煤炭，鼓励居民燃用优质煤炭和洁净型煤，推广节能环保型炉灶。

第三十七条 石油炼制企业应当按照燃油质量标准生产燃油。

禁止进口、销售和燃用不符合质量标准的石油焦。

第三十八条 城市人民政府可以划定并公布高污染燃料禁燃区，并根据大气环境质量改善要求，逐步扩大高污染燃料禁燃区范围。高污染燃料的目录由国务院生态环境主管部门确定。

在禁燃区内，禁止销售、燃用高污染燃料；禁止新建、扩建燃用高污染燃料的设施，已建成的，应当在城市人民政府规定的期限内改用天然气、页岩气、液化石油气、电或者其他清洁能源。

第三十九条 城市建设应当统筹规划，在燃煤供热地区，推进热电联产和集中供热。在集中供热管网覆盖地区，禁止新建、扩建分散燃煤供热锅炉；已建成的不能达标排放的燃煤供热锅炉，应当在城市人民政府规定的期限内拆除。

第四十条 县级以上人民政府市场监督管理部门应当会同生态环境主管部门对锅炉生产、进口、销售和使用环节执行环境保护标准或者要求的情况进行监督检查；不符合环境保护标准或者要求的，不得生产、进口、销售和使用。

第四十一条 燃煤电厂和其他燃煤单位应当采用清洁生产工艺，配套建设除尘、脱硫、脱硝等装置，或者采取技术改造等其他控制大气污染物排放的措施。

国家鼓励燃煤单位采用先进的除尘、脱硫、脱硝、脱汞等大气污染物协同控制的技术和装置，减少大气污染物的排放。

第四十二条 电力调度应当优先安排清洁能源发电上网。

第二节 工业污染防治

第四十三条 钢铁、建材、有色金属、石油、化工等企业生产过程中排放粉尘、硫化物和氮氧化物的，应当采用清洁生产工艺，配套建设除尘、脱硫、脱硝等装置，或者采取技术改造等其他控制大气污染物排放的措施。

第四十四条 生产、进口、销售和使用含挥发性有机物的原材料和产品的，其挥发性有机物含量应当符合质量标准或者要求。

国家鼓励生产、进口、销售和使用低毒、低挥发性有机溶剂。

第四十五条 产生含挥发性有机物废气的生产和服务活动，应当在密闭空间或者设备中进行，并按照规定安装、使用污染防治设施；无法密闭的，应当采取措施减少废气排放。

第四十六条 工业涂装企业应当使用低挥发性有机物含量的涂料，并建立台账，记录生产原料、辅料的使用量、废弃量、去向以及挥发性有机物含量。台账保存期限不得少于三年。

第四十七条 石油、化工以及其他生产和使用有机溶剂的企业，应当采取措施对管道、设备进行日常维护、维修，减少物料泄漏，对泄漏的物料应当及时收集处理。

储油储气库、加油加气站、原油成品油码头、原油成品油运输船舶和油罐车、气罐车等，应当按照国家有关规定安装油气回收装置并保持正常使用。

第四十八条 钢铁、建材、有色金属、石油、化工、制药、矿产开采等企业，应当加强精细化管理，采取集中收集处理等措施，严格控制粉尘和气态污染物的排放。

工业生产企业应当采取密闭、围挡、遮盖、清扫、洒水等措施，减少内部物料的堆存、传输、装卸等环节产生的粉尘和气态污染物的排放。

第四十九条 工业生产、垃圾填埋或者其他活动产生的可燃性气体应当回收利用，不具备回收利用条件的，应当进行污染防治处理。

可燃性气体回收利用装置不能正常作业的，应当及时修复或者更新。在回收利用装置不能正常作业期间确需排放可燃性气体的，应当将排放的可燃性气体充分燃烧或者采取其他控制大气污染物排放的措施，并向当地生态环境主管部门报告，按照要求限期修复或者更新。

第三节 机动车船等污染防治

第五十条 国家倡导低碳、环保出行，根据城市规划合理控制燃油机动车保有量，大力发展城市公共交通，提高公共交通出行比例。

国家采取财政、税收、政府采购等措施推广应用节能环保型和新能源机动车船、非道路移动机械，限制高油耗、高排放机动车船、非道路移动机械的发展，减少化石能源的消耗。

省、自治区、直辖市人民政府可以在条件具备的地区，提前执行国家机动车大气污染物排放标准中相应阶段排放限值，并报国务院生态环境主管部门备案。

城市人民政府应当加强并改善城市交通管理，优化道路设置，保障人行道和非机动车道的连续、畅通。

第五十一条 机动车船、非道路移动机械不得超过标准排放大气污染物。

禁止生产、进口或者销售大气污染物排放超过标准的机动车船、非道路移动机械。

第五十二条 机动车、非道路移动机械生产企业应当对新生产的机动车和非道路移动机械进行排放检验。经检验合格的，方可出厂销售。检验信息应当向社会公开。

省级以上人民政府生态环境主管部门可以通过现场检查、抽样检测等方式，加强对新生产、销售机动车和非道路移动机械大气污染物排放状况的监督检查。工业、市场监督管理等有关部门予以配合。

第五十三条 在用机动车应当按照国家或者地方的有关规定，由机动车排放检验机构定期对其进行排放检验。经检验合格的，方可上道路行驶。未经检验合格的，公安机关交通管理部门不得核发安全技术检验合格标志。

县级以上地方人民政府生态环境主管部门可以在机动车集中停放地、维修地对在用机动车的大气污染物排放状况进行监督抽测；在不影响正常通行的情况下，可以通过遥感监测等技术手段对在道路上行驶的机动车的大气污染物排放状况进行监督抽测，公安机关交通管理部门予以配合。

第五十四条 机动车排放检验机构应当依法通过计量认证，使用经依法检定合格的机动车排放检验设备，按照国务院生态环境主管部门制定的规范，对机动车进行排放检验，并与生态环境主管部门联网，实现检验数据实时共享。机动车排放检验机构及其负责人对检验数据的真实性和准确性负责。

生态环境主管部门和认证认可监督管理部门应当对机动车排放检验机构的排放检验情况进行监督检查。

第五十五条 机动车生产、进口企业应当向社会公布其生产、进口机动车车型的排放检验信息、污染控制技术信息和有关维修技术信息。

机动车维修单位应当按照防治大气污染的要求和国家有关技术规范对在用机动车进行维修，使其达到规定的排放标准。交通运输、生态环境主管部门应当依法加强监督管理。

禁止机动车所有人以临时更换机动车污染控制装置等弄虚作假的方式通过机动车排放检验。禁止机动车维修单位提供该类维修服务。禁止破坏机动车车载排放诊断系统。

第五十六条 生态环境主管部门应当会同交通运输、住房城乡建设、农业行政、水行政等有关部门对非道路移动机械的大气污染物排放状况进行监督检查，排放不合格的，不得使用。

第五十七条 国家倡导环保驾驶，鼓励燃油机动车驾驶人在不影响道路通行且需停车三分钟以上的情况下熄灭发动机，减少大气污染物的排放。

第五十八条 国家建立机动车和非道路移动机械环境保护召回制度。

生产、进口企业获知机动车、非道路移动机械排放大气污染物超过标准，属于设计、生产缺陷或者不符合规定的环境保护耐久性要求的，应当召回；未召回的，由国务院市场监督管理部门会同国务院生态环境主管部门责令其召回。

第五十九条 在用重型柴油车、非道路移动机械未安装污染控制装置或者污染控制装置不符合要求，不能达标排放的，应当加装或者更换符合要求的污染控制装置。

第六十条 在用机动车排放大气污染物超过标准的，应当进行维修；经维修或者采用污染控制技术后，大气污染物排放仍不符合国家在用机动车排放标准的，应当强制报废。其所有人应当将机动车交售给报废机动车回收拆解企业，由报废机动车回收拆解企业按照国家有关规定进行登记、拆解、销毁等处理。

国家鼓励和支持高排放机动车船、非道路移动机械提前报废。

第六十一条 城市人民政府可以根据大气环境质量状况，划定并公布禁止使用高排放非道路移动机械的区域。

第六十二条 船舶检验机构对船舶发动机及有关设备进行排放检验。经检验符合国家排放标准的，船舶方可运营。

第六十三条 内河和江海直达船舶应当使用符合标准的普通柴油。远洋船舶靠港后应当使用符合大气污染物控制要求的船舶用燃油。

新建码头应当规划、设计和建设岸基供电设施；已建成的码头应当逐步实施岸基供电设施改造。船舶靠港后应当优先使用岸电。

第六十四条 国务院交通运输主管部门可以在沿海海域划定船舶大气污染物排放控制区，进入排放控制区的船舶应当符合船舶相关排放要求。

第六十五条 禁止生产、进口、销售不符合标准的机动车船、非道路移动机械用燃料；禁止向汽车和摩托车销售普通柴油以及其他非机动车用燃料；禁止向非道路移动机械、内河和江海直达船舶销售渣油和重油。

第六十六条 发动机油、氮氧化物还原剂、燃料和润滑油添加剂以及其他添加剂的有害物质含量和其他大气环境保护指标，应当符合有关标准的要求，不得损害机动车船污染控制装置效果和耐久性，不得增加新的大气污染物排放。

第六十七条 国家积极推进民用航空器的大气污染防治，鼓励在设计、生产、使用过程中采取有效措施减少大气污染物排放。

民用航空器应当符合国家规定的适航标准中的有关发动机排出物要求。

第四节 扬尘污染防治

第六十八条 地方各级人民政府应当加强对建设施工和运输的管理，保持道路清洁，控制料堆和渣土堆放，扩大绿地、水面、湿地和地面铺装面积，防治扬尘污染。

住房城乡建设、市容环境卫生、交通运输、国土资源等有关部门，应当根据本级人民政府确定的职责，做好扬尘污染防治工作。

第六十九条 建设单位应当将防治扬尘污染的费用列入工程造价，并在施工承包合同中明确施工单位扬尘污染防治责任。施工单位应当制定具体的施工扬尘污染防治实施方案。

从事房屋建筑、市政基础设施建设、河道整治以及建筑物拆除等施工单位，应当向负责监督管理扬尘污染防治的主管部门备案。

施工单位应当在施工工地设置硬质围挡，并采取覆盖、分段作业、择时施工、洒水抑尘、冲洗地面和车辆等有效防尘降尘措施。建筑土方、工程渣土、建筑垃圾应当及时清运；在场地内堆存的，应当采用密闭式防尘网遮盖。工程渣土、建筑垃圾应当进行资源化处理。

施工单位应当在施工工地公示扬尘污染防治措施、负责人、扬尘监督管理主管部门等信息。

暂时不能开工的建设用地，建设单位应当对裸露地面进行覆盖；超过三个月的，应当进行绿化、铺装或者遮盖。

第七十条 运输煤炭、垃圾、渣土、砂石、土方、灰浆等散装、流体物料的车辆应当采取密闭或者其他措施防止物料遗撒造成扬尘污染，并按照规定路线行驶。

装卸物料应当采取密闭或者喷淋等方式防治扬尘污染。

城市人民政府应当加强道路、广场、停车场和其他公共场所的清扫保洁管理，推行清洁动力机械化清扫等低尘作业方式，防治扬尘污染。

第七十一条 市政河道以及河道沿线、公共用地的裸露地面以及其他城镇裸露地面，有关部门应当按照规划组织实施绿化或者透水铺装。

第七十二条 贮存煤炭、煤矸石、煤渣、煤灰、水泥、石灰、石膏、砂土等易产生扬尘的物料应当密闭；不能密闭的，应当设置不低于堆放物高度的严密围挡，并采取有效覆盖措施防治扬尘污染。

码头、矿山、填埋场和消纳场应当实施分区作业，并采取有效措施防治扬尘污染。

第五节 农业和其他污染防治

第七十三条 地方各级人民政府应当推动转变农业生产方式，发展农业循环经济，加大对废弃物综合处理的支持力度，加强对农业生产经营活动排放大气污染物的控制。

第七十四条 农业生产经营者应当改进施肥方式，科学合理施用化肥并按照国家有关规定使用农药，减少氨、挥发性有机物等大气污染物的排放。

禁止在人口集中地区对树木、花草喷洒剧毒、高毒农药。

第七十五条 畜禽养殖场、养殖小区应当及时对污水、畜禽粪便和尸体等进行收集、贮存、清运和无害化处理，防止排放恶臭气体。

第七十六条 各级人民政府及其农业行政等有关部门应当鼓励和支持采用先进适用技术，对秸秆、落叶等进行肥料化、饲料化、能源化、工业原料化、食用菌基料化等综合利用，加大对秸秆还田、收集一体化农业机械的财政补贴力度。

县级人民政府应当组织建立秸秆收集、贮存、运输和综合利用服务体系，采用财政补贴等措施支持农村集体经济组织、农民专业合作经济组织、企业等开展秸秆收集、贮存、运输和综合利用服务。

第七十七条 省、自治区、直辖市人民政府应当划定区域，禁止露天焚烧秸秆、落叶等产生烟尘污染的物质。

第七十八条 国务院生态环境主管部门应当会同国务院卫生行政部门，根据大气污染物对公众健康和生态环境的危害和影响程度，公布有毒有害大气污染物名录，实行风险管理。

排放前款规定名录中所列有毒有害大气污染物的企业事业单位，应当按照国家有关规定建设环境风险预警体系，对排放口和周边环境进行定期监测，评估环境风险，排查环境安全隐患，并采取有效措施防范环境风险。

第七十九条 向大气排放持久性有机污染物的企业事业单位和其他生产经营者以及废弃物焚烧设施的运营单位，应当按照国家有关规定，采取有利于减少持久性有机污染物排放的技术方法和工艺，配备有效的净化装置，实现达标排放。

第八十条 企业事业单位和其他生产经营者在生产经营活动中产生恶臭气体的，应当科学选址，设置合理的防护距离，并安装净化装置或者采取其他措施，防止排放恶臭气体。

第八十一条 排放油烟的餐饮服务业经营者应当安装油烟净化设施并保持正常使用，或者采取其他油烟净化措施，使油烟达标排放，并防止对附近居民的正常生活环境造成污染。

禁止在居民住宅楼、未配套设立专用烟道的商住综合楼以及商住综合楼内与居住层相邻的商业楼层内新建、改建、扩建产生油烟、异味、废气的餐饮服务项目。

任何单位和个人不得在当地人民政府禁止的区域内露天烧烤食品或者为露天烧烤食品提供场地。

第八十二条 禁止在人口集中地区和其他依法需要特殊保护的区域内焚烧沥青、油毡、橡胶、塑料、皮革、垃圾以及其他产生有毒有害烟尘和恶臭气体的物质。

禁止生产、销售和燃放不符合质量标准的烟花爆竹。任何单位和个人不得在城市人民政府禁止的时段和区域内燃放烟花爆竹。

第八十三条 国家鼓励和倡导文明、绿色祭祀。

火葬场应当设置除尘等污染防治设施并保持正常使用，防止影响周边环境。

第八十四条 从事服装干洗和机动车维修等服务活动的经营者，应当按照国家有关标准或者要求设置异味和废气处理装置等污染防治设施并保持正常使用，防止影响周边环境。

第八十五条 国家鼓励、支持消耗臭氧层物质替代品的生产和使用，逐步减少直至停止消耗臭氧层物质的生产和使用。

国家对消耗臭氧层物质的生产、使用、进出口实行总量控制和配额管理。具体办法由国务院规定。

第五章 重点区域大气污染联合防治

第八十六条 国家建立重点区域大气污染联防联控机制，统筹协调重点区域内大气污染防治工作。国务院生态环境主管部门根据主体功能区划、区域大气环境质量状况和大气污染传输扩散规律，划定国家大气污染防治重点区域，报国务院批准。

重点区域内有关省、自治区、直辖市人民政府应当确定牵头的地方人民政府，定期召开联席会议，按照统一规划、统一标准、统一监测、统一的防治措施的要求，开展大气污染联合防治，落实大气污染防治目标责任。国务院生态环境主管部门应当加强指导、督促。

省、自治区、直辖市可以参照第一款规定划定本行政区域的大气污染防治重点区域。

第八十七条 国务院生态环境主管部门会同国务院有关部门、国家大气污染防治重点区域内有关省、自治区、直辖市人民政府，根据重点区域经济社会发展和大气环境承载力，制定重点区域大气污染联合防治行动计划，明确控制目标，优化区域经济布局，统筹交通管理，发展清洁能源，提出重点防治任务和措施，促进重点区域大气环境质量改善。

第八十八条 国务院经济综合主管部门会同国务院生态环境主管部门，结合国家大气污染防治重点区域产业发展实际和大气环境质量状况，进一步提高环境保护、能耗、安全、质量等要求。

重点区域内有关省、自治区、直辖市人民政府应当实施更严格的机动车大气污染物排放标准，统一在用机动车检验方法和排放限值，并配套供应合格的车用燃油。

第八十九条 编制可能对国家大气污染防治重点区域的大气环境造成严重污染的有关工业园区、开发区、区域产业和发展等规划，应当依法进行环境影响评价。规划编制机关应当与重点区域内有关省、自治区、直辖市人民政府或者有关部门会商。

重点区域内有关省、自治区、直辖市建设可能对相邻省、自治区、直辖市大气环境质量产生重大影响的项目，应当及时通报有关信息，进行会商。

会商意见及其采纳情况作为环境影响评价文件审查或者审批的重要依据。

第九十条 国家大气污染防治重点区域内新建、改建、扩建用煤项目的，应当实行煤炭的等量或者减量替代。

第九十一条 国务院生态环境主管部门应当组织建立国家大气污染防治重点区域的大气环境质量监测、大气污染源监测等相关信息共享机制，利用监测、模拟以及卫星、航测、遥感等新技术分析重点区域内大气污染来源及其变化趋势，并向社会公开。

第九十二条 国务院生态环境主管部门和国家大气污染防治重点区域内有关省、自治区、直辖市人民政府可以组织有关部门开展联合执法、跨区域执法、交叉执法。

第六章 重污染天气应对

第九十三条 国家建立重污染天气监测预警体系。

国务院生态环境主管部门会同国务院气象主管机构等有关部门、国家大气污染防治重点区域内有关省、自治区、直辖市人民政府，建立重点区域重污染天气监测预警机制，统一预警分级标准。可能发生区域重污染天气的，应当及时向重点区域内有关省、自治区、直辖市人民政府通报。

省、自治区、直辖市、设区的市人民政府生态环境主管部门会同气象主管机构等有关部门建立本行政区域重污染天气监测预警机制。

第九十四条 县级以上地方人民政府应当将重污染天气应对纳入突发事件应急管理体系。

省、自治区、直辖市、设区的市人民政府以及可能发生重污染天气的县级人民政府，应当制定重污染天气应急预案，向上一级人民政府生态环境主管部门备案，并向社会公布。

第九十五条 省、自治区、直辖市、设区的市人民政府生态环境主管部门应当会同气象主管机构建立会商机制，进行大气环境质量预报。可能发生重污染天气的，应当及时向本级人民政府报告。省、自治区、直辖市、设区的市人民政府依据重污染天气预报信息，进行综合研判，确定预警等级并及时发出预警。预警等级根据情况变化及时调整。任何单位和个人不得擅自向社会发布重污染天气预报预警信息。

预警信息发布后，人民政府及其有关部门应当通过电视、广播、网络、短信等途径告知公众采取健康防护措施，指导公众出行和调整其他相关社会活动。

第九十六条 县级以上地方人民政府应当依据重污染天气的预警等级，及时启动应急预案，根据应急需要可以采取责令有关企业停产或者限产、限制部分机动车行驶、禁止燃放烟花爆竹、停止工地土石方作业和建筑物拆除施工、停止露天烧烤、停止幼儿园和学校组织的户外活动、组织开展人工影响天气作业等应急措施。

应急响应结束后，人民政府应当及时开展应急预案实施情况的评估，适时修改完善应急预案。

第九十七条 发生造成大气污染的突发环境事件，人民政府及其有关部门和相关企业事业单位，应当依照《中华人民共和国突发事件应对法》、《中华人民共和国环境保护法》的规定，做好应急处置工作。生态环境主管部门应当及时对突发环境事件产生的大气污染物进行监测，并向社会公布监测信息。

第七章 法律责任

第九十八条 违反本法规定，以拒绝进入现场等方式拒不接受生态环境主管部门及其环境执法机构或者其他负有大气环境保护监督管理职责的部门的监督检查，或者在接受监督检查时弄虚作假的，由县级以上人民政府生态环境主管部门或者其他负有大气环境保护监督管理职责的部门责令改正，处二万元以上二十万元以下的罚款；构成违反治安管理行为的，由公安机关依法予以处罚。

第九十九条 违反本法规定，有下列行为之一的，由县级以上人民政府生态环境主管部门责令改正或者限制生产、停产整治，并处十万元以上一百万元以下的罚款；情节严重的，报经有批准权的人民政府批准，责令停业、关闭：

（一）未依法取得排污许可证排放大气污染物的；

（二）超过大气污染物排放标准或者超过重点大气污染物排放总量控制指标排放大气污染物的；

（三）通过逃避监管的方式排放大气污染物的。

第一百条 违反本法规定，有下列行为之一的，由县级以上人民政府生态环境主管部门责令改正，处二万元以上二十万元以下的罚款；拒不改正的，责令停产整治：

（一）侵占、损毁或者擅自移动、改变大气环境质量监测设施或者大气污染物排放自动监测设备的；

（二）未按照规定对所排放的工业废气和有毒有害大气污染物进行监测并保存原始监测记录的；

（三）未按照规定安装、使用大气污染物排放自动监测设备或者未按照规定与生态环境主管部门的监控设备联网，并保证监测设备正常运行的；

（四）重点排污单位不公开或者不如实公开自动监测数据的；

（五）未按照规定设置大气污染物排放口的。

第一百零一条 违反本法规定，生产、进口、销售或者使用国家综合性产业政策目录中禁止的设备和产品，采用国家综合性产业政策目录中禁止的工艺，或者将淘汰的设备和产品转让给他人使用的，由县级以上人民政府经济综合主管部门、海关按照职责责令改正，没收违法所得，并处货值金额一倍以上三倍以下的罚款；拒不改正的，报经有批准权的人民政府批准，责令停业、关闭。进口行为构成走私的，由海关依法予以处罚。

第一百零二条 违反本法规定，煤矿未按照规定建设配套煤炭洗选设施的，由县级以上人民政府能源主管部门责令改正，处十万元以上一百万元以下的罚款；拒不改正的，报经有批准权的人民政府批准，责令停业、关闭。

违反本法规定，开采含放射性和砷等有毒有害物质超过规定标准的煤炭的，由县级以上人民政府按照国务院规定的权限责令停业、关闭。

第一百零三条 违反本法规定，有下列行为之一的，由县级以上地方人民政府市场监督管理部门责令改正，没收原材料、产品和违法所得，并处货值金额一倍以上三倍以下的罚款：

（一）销售不符合质量标准的煤炭、石油焦的；

（二）生产、销售挥发性有机物含量不符合质量标准或者要求的原材料和产品的；

（三）生产、销售不符合标准的机动车船和非道路移动机械用燃料、发动机油、氮氧化物还原剂、燃料和润滑油添加剂以及其他添加剂的；

（四）在禁燃区内销售高污染燃料的。

第一百零四条 违反本法规定，有下列行为之一的，由海关责令改正，没收原材料、产品和违法所得，并处货值金额一倍以上三倍以下的罚款；构成走私的，由海关依法予以处罚：

（一）进口不符合质量标准的煤炭、石油焦的；

（二）进口挥发性有机物含量不符合质量标准或者要求的原材料和产品的；

（三）进口不符合标准的机动车船和非道路移动机械用燃料、发动机油、氮氧化物还原剂、燃料和润滑油添加剂以及其他添加剂的。

第一百零五条 违反本法规定，单位燃用不符合质量标准的煤炭、石油焦的，由县级以上人民政府生态环境主管部门责令改正，处货值金额一倍以上三倍以下的罚款。

第一百零六条 违反本法规定，使用不符合标准或者要求的船舶用燃油的，由海事管理机构、渔业主管部门按照职责处一万元以上十万元以下的罚款。

第一百零七条 违反本法规定，在禁燃区内新建、扩建燃用高污染燃料的设施，或者未按照规定停止燃用高污染燃料，或者在城市集中供热管网覆盖地区新建、扩建分散燃煤供热锅炉，或者未按照规定拆除已建成的不能达标排放的燃煤供热锅炉的，由县级以上地方人民政府生态环境主管部门没收燃用高污染燃料的设施，组织拆除燃煤供热锅炉，并处二万元以上二十万元以下的罚款。

违反本法规定，生产、进口、销售或者使用不符合规定标准或者要求的锅炉，由县级以上人民政府市场监督管理、生态环境主管部门责令改正，没收违法所得，并处二万元以上二十万元以下的罚款。

第一百零八条 违反本法规定，有下列行为之一的，由县级以上人民政府生态环境主管部门责令改正，处二万元以上二十万元以下的罚款；拒不改正的，责令停产整治：

（一）产生含挥发性有机物废气的生产和服务活动，未在密闭空间或者设备中进行，未按照规定安装、使用污染防治设施，或者未采取减少废气排放措施的；

（二）工业涂装企业未使用低挥发性有机物含量涂料或者未建立、保存台账的；

（三）石油、化工以及其他生产和使用有机溶剂的企业，未采取措施对管道、设备进行日常维护、维修，减少物料泄漏或者对泄漏的物料未及时收集处理的；

（四）储油储气库、加油加气站和油罐车、气罐车等，未按照国家有关规定安装并正常使用油气回收装置的；

（五）钢铁、建材、有色金属、石油、化工、制药、矿产开采等企业，未采取集中收集处理、密闭、围挡、遮盖、清扫、洒水等措施，控制、减少粉尘和气态污染物排放的；

（六）工业生产、垃圾填埋或者其他活动中产生的可燃性气体未回收利用，不具备回收利用条件未进行防治污染处理，或者可燃性气体回收利用装置不能正常作业，未及时修复或者更新的。

第一百零九条 违反本法规定，生产超过污染物排放标准的机动车、非道路移动机械的，由省级以上人民政府生态环境主管部门责令改正，没收违法所得，并处货值金额一倍以上三倍以下的罚款，没收销毁无法达到污染物排放标准的机动车、非道路移动机械；拒不改正的，责令停产整治,并由国务院机动车生产主管部门责令停止生产该车型。

违反本法规定,机动车、非道路移动机械生产企业对发动机、污染控制装置弄虚作假、以次充好,冒充排放检验合格产品出厂销售的,由省级以上人民政府生态环境主管部门责令停产整治,没收违法所得,并处货值金额一倍以上三倍以下的罚款,没收销毁无法达到污染物排放标准的机动车、非道路移动机械,并由国务院机动车生产主管部门责令停止生产该车型。

第一百一十条 违反本法规定,进口、销售超过污染物排放标准的机动车、非道路移动机械的,由县级以上人民政府市场监督管理部门、海关按照职责没收违法所得,并处货值金额一倍以上三倍以下的罚款,没收销毁无法达到污染物排放标准的机动车、非道路移动机械;进口行为构成走私的,由海关依法予以处罚。

违反本法规定,销售的机动车、非道路移动机械不符合污染物排放标准的,销售者应当负责修理、更换、退货;给购买者造成损失的,销售者应当赔偿损失。

第一百一十一条 违反本法规定,机动车生产、进口企业未按照规定向社会公布其生产、进口机动车车型的排放检验信息或者污染控制技术信息的,由省级以上人民政府生态环境主管部门责令改正,处五万元以上五十万元以下的罚款。

违反本法规定,机动车生产、进口企业未按照规定向社会公布其生产、进口机动车车型的有关维修技术信息的,由省级以上人民政府交通运输主管部门责令改正,处五万元以上五十万元以下的罚款。

第一百一十二条 违反本法规定,伪造机动车、非道路移动机械排放检验结果或者出具虚假排放检验报告的,由县级以上人民政府生态环境主管部门没收违法所得,并处十万元以上五十万元以下的罚款;情节严重的,由负责资质认定的部门取消其检验资格。

违反本法规定,伪造船舶排放检验结果或者出具虚假排放检验报告的,由海事管理机构依法予以处罚。

违反本法规定,以临时更换机动车污染控制装置等弄虚作假的方式通过机动车排放检验或者破坏机动车车载排放诊断系统的,由县级以上人民政府生态环境主管部门责令改正,对机动车所有人处五千元的罚款;对机动车维修单位处每辆机动车五千元的罚款。

第一百一十三条 违反本法规定,机动车驾驶人驾驶排放检验不合格的机动车上道路行驶的,由公安机关交通管理部门依法予以处罚。

第一百一十四条 违反本法规定,使用排放不合格的非道路移动机械,或者在用重型柴油车、非道路移动机械未按照规定加装、更换污染控制装置的,由县级以上人民政府生态环境等主管部门按照职责责令改正,处五千元的罚款。

违反本法规定,在禁止使用高排放非道路移动机械的区域使用高排放非道路移动机械的,由城市人民政府生态环境等主管部门依法予以处罚。

第一百一十五条 违反本法规定,施工单位有下列行为之一的,由县级以上人民政府住房城乡建设等主管部门按照职责责令改正,处一万元以上十万元以下的罚款;拒不改正的,责令停工整治:

(一)施工工地未设置硬质围挡,或者未采取覆盖、分段作业、择时施工、洒水抑尘、冲洗地面和车辆等有效防尘降尘措施的;

(二)建筑土方、工程渣土、建筑垃圾未及时清运,或者未采用密闭式防尘网遮盖的。

违反本法规定,建设单位未对暂时不能开工的建设用地的裸露地面进行覆盖,或者未对超过三个月不能开工的建设用地的裸露地面进行绿化、铺装或者遮盖的,由县级以上人民政府住房城乡建设等主管部门依照前款规定予以处罚。

第一百一十六条 违反本法规定,运输煤炭、垃圾、渣土、砂石、土方、灰浆等散装、流体物料的车辆,未采取密闭或者其他措施防止物料遗撒的,由县级以上地方人民政府确定的监督管理部门责令改正，处二千元以上二万元以下的罚款；拒不改正的，车辆不得上道路行驶。

第一百一十七条 违反本法规定，有下列行为之一的，由县级以上人民政府生态环境等主管部门按照职责责令改正，处一万元以上十万元以下的罚款；拒不改正的，责令停工整治或者停业整治：

（一）未密闭煤炭、煤矸石、煤渣、煤灰、水泥、石灰、石膏、砂土等易产生扬尘的物料的；

（二）对不能密闭的易产生扬尘的物料，未设置不低于堆放物高度的严密围挡，或者未采取有效覆盖措施防治扬尘污染的；

（三）装卸物料未采取密闭或者喷淋等方式控制扬尘排放的；

（四）存放煤炭、煤矸石、煤渣、煤灰等物料，未采取防燃措施的；

（五）码头、矿山、填埋场和消纳场未采取有效措施防治扬尘污染的；

（六）排放有毒有害大气污染物名录中所列有毒有害大气污染物的企业事业单位，未按照规定建设环境风险预警体系或者对排放口和周边环境进行定期监测、排查环境安全隐患并采取有效措施防范环境风险的；

（七）向大气排放持久性有机污染物的企业事业单位和其他生产经营者以及废弃物焚烧设施的运营单位，未按照国家有关规定采取有利于减少持久性有机污染物排放的技术方法和工艺，配备净化装置的；

（八）未采取措施防止排放恶臭气体的。

第一百一十八条 违反本法规定，排放油烟的餐饮服务业经营者未安装油烟净化设施、不正常使用油烟净化设施或者未采取其他油烟净化措施，超过排放标准排放油烟的，由县级以上地方人民政府确定的监督管理部门责令改正，处五千元以上五万元以下的罚款；拒不改正的，责令停业整治。

违反本法规定，在居民住宅楼、未配套设立专用烟道的商住综合楼、商住综合楼内与居住层相邻的商业楼层内新建、改建、扩建产生油烟、异味、废气的餐饮服务项目的，由县级以上地方人民政府确定的监督管理部门责令改正；拒不改正的，予以关闭，并处一万元以上十万元以下的罚款。

违反本法规定，在当地人民政府禁止的时段和区域内露天烧烤食品或者为露天烧烤食品提供场地的，由县级以上地方人民政府确定的监督管理部门责令改正，没收烧烤工具和违法所得，并处五百元以上二万元以下的罚款。

第一百一十九条 违反本法规定，在人口集中地区对树木、花草喷洒剧毒、高毒农药，或者露天焚烧秸秆、落叶等产生烟尘污染的物质的，由县级以上地方人民政府确定的监督管理部门责令改正，并可以处五百元以上二千元以下的罚款。

违反本法规定，在人口集中地区和其他依法需要特殊保护的区域内，焚烧沥青、油毡、橡胶、塑料、皮革、垃圾以及其他产生有毒有害烟尘和恶臭气体的物质的，由县级人民政府确定的监督管理部门责令改正，对单位处一万元以上十万元以下的罚款，对个人处五百元以上二千元以下的罚款。

违反本法规定，在城市人民政府禁止的时段和区域内燃放烟花爆竹的，由县级以上地方人民政府确定的监督管理部门依法予以处罚。

第一百二十条 违反本法规定，从事服装干洗和机动车维修等服务活动，未设置异味和废气处理装置等污染防治设施并保持正常使用，影响周边环境的，由县级以上地方人民政府生态环境主管部门责令改正，处二千元以上二万元以下的罚款；拒不改正的，责令停业整治。

第一百二十一条 违反本法规定，擅自向社会发布重污染天气预报预警信息，构成违反治安管理行为的，由公安机关依法予以处罚。

违反本法规定，拒不执行停止工地土石方作业或者建筑物拆除施工等重污染天气应急措施的，由县级以上地方人民政府确定的监督管理部门处一万元以上十万元以下的罚款。

第一百二十二条 违反本法规定，造成大气污染事故的，由县级以上人民政府生态环境主管部门依照本条第二款的规定处以罚款；对直接负责的主管人员和其他直接责任人员可以处上一年度从本企业事业单位取得收入百分之五十以下的罚款。

对造成一般或者较大大气污染事故的，按照污染事故造成直接损失的一倍以上三倍以下计算罚款；对造成重大或者特大大气污染事故的，按照污染事故造成的直接损失的三倍以上五倍以下计算罚款。

第一百二十三条 违反本法规定，企业事业单位和其他生产经营者有下列行为之一，受到罚款处罚，被责令改正，拒不改正的，依法作出处罚决定的行政机关可以自责令改正之日的次日起，按照原处罚数额按日连续处罚：

（一）未依法取得排污许可证排放大气污染物的；
（二）超过大气污染物排放标准或者超过重点大气污染物排放总量控制指标排放大气污染物的；
（三）通过逃避监管的方式排放大气污染物的；
（四）建筑施工或者贮存易产生扬尘的物料未采取有效措施防治扬尘污染的。

第一百二十四条 违反本法规定，对举报人以解除、变更劳动合同或者其他方式打击报复，应当依照有关法律的规定承担责任。

第一百二十五条 排放大气污染物造成损害的，应当依法承担侵权责任。

第一百二十六条 地方各级人民政府、县级以上人民政府生态环境主管部门和其他负有大气环境保护监督管理职责的部门及其工作人员滥用职权、玩忽职守、徇私舞弊、弄虚作假的，依法给予处分。

第一百二十七条 违反本法规定，构成犯罪的，依法追究刑事责任。

第八章 附　　则

第一百二十八条 海洋工程的大气污染防治，依照《中华人民共和国海洋环境保护法》的有关规定执行。

第一百二十九条 本法自 2016 年 1 月 1 日起施行。

大气污染防治行动计划

2013 年 9 月 10 日　　　　　　　　　　　　　　国发〔2013〕37 号

大气环境保护事关人民群众根本利益，事关经济持续健康发展，事关全面建成小康社会，事关实现中华民族伟大复兴中国梦。当前，我国大气污染形势严峻，以可吸入颗粒物（PM10）、细颗粒物（PM2.5）为特征污染物的区域性大气环境问题日益突出，损害人民群众身体健康，影响社会和谐稳定。随着我国工业化、城镇化的深入推进，能源资源消耗持续增加，大气污染防治压力继续加大。为切实改善空气质量，制定本行动计划。

总体要求：以邓小平理论、"三个代表"重要思想、科学发展观为指导，以保障人民群众身体健康为出发点，大力推进生态文明建设，坚持政府调控与市场调节相结合、全面推进与重点突破相配合、区域协作与属地管理相协调、总量减排与质量改善相同步，形成政府统领、企业施治、市场驱动、公众参与的大气污染防治新机制，实施分区域、分阶段治理，推动产业结构优化、科技创新能力增强、经济增长质量提高,实现环境效益、经济效益与社会效益多赢,为建设美丽中国而奋斗。

奋斗目标:经过五年努力,全国空气质量总体改善,重污染天气较大幅度减少;京津冀、长三角、珠三角等区域空气质量明显好转。力争再用五年或更长时间,逐步消除重污染天气,全国空气质量明显改善。

具体指标:到 2017 年,全国地级及以上城市可吸入颗粒物浓度比 2012 年下降 10% 以上,优良天数逐年提高;京津冀、长三角、珠三角等区域细颗粒物浓度分别下降 25%、20%、15% 左右,其中北京市细颗粒物年均浓度控制在 60 微克/立方米左右。

一、加大综合治理力度,减少多污染物排放

(一)加强工业企业大气污染综合治理。全面整治燃煤小锅炉。加快推进集中供热、"煤改气"、"煤改电"工程建设,到 2017 年,除必要保留的以外,地级及以上城市建成区基本淘汰每小时 10 蒸吨及以下的燃煤锅炉,禁止新建每小时 20 蒸吨以下的燃煤锅炉;其他地区原则上不再新建每小时 10 蒸吨以下的燃煤锅炉。在供热供气管网不能覆盖的地区,改用电、新能源或洁净煤,推广应用高效节能环保型锅炉。在化工、造纸、印染、制革、制药等产业集聚区,通过集中建设热电联产机组逐步淘汰分散燃煤锅炉。

加快重点行业脱硫、脱硝、除尘改造工程建设。所有燃煤电厂、钢铁企业的烧结机和球团生产设备、石油炼制企业的催化裂化装置、有色金属冶炼企业都要安装脱硫设施,每小时 20 蒸吨及以上的燃煤锅炉要实施脱硫。除循环流化床锅炉以外的燃煤机组均应安装脱硝设施,新型干法水泥窑要实施低氮燃烧技术改造并安装脱硝设施。燃煤锅炉和工业窑炉现有除尘设施要实施升级改造。

推进挥发性有机物污染治理。在石化、有机化工、表面涂装、包装印刷等行业实施挥发性有机物综合整治,在石化行业开展"泄漏检测与修复"技术改造。限时完成加油站、储油库、油罐车的油气回收治理,在原油成品油码头积极开展油气回收治理。完善涂料、胶粘剂等产品挥发性有机物限值标准,推广使用水性涂料,鼓励生产、销售和使用低毒、低挥发性有机溶剂。

京津冀、长三角、珠三角等区域要于 2015 年底前基本完成燃煤电厂、燃煤锅炉和工业窑炉的污染治理设施建设与改造,完成石化企业有机废气综合治理。

(二)深化面源污染治理。综合整治城市扬尘。加强施工扬尘监管,积极推进绿色施工,建设工程施工现场应全封闭设置围挡墙,严禁敞开式作业,施工现场道路应进行地面硬化。渣土运输车辆应采取密闭措施,并逐步安装卫星定位系统。推行道路机械化清扫等低尘作业方式。大型煤堆、料堆要实现封闭储存或建设防风抑尘设施。推进城市及周边绿化和防风防沙林建设,扩大城市建成区绿地规模。

开展餐饮油烟污染治理。城区餐饮服务经营场所应安装高效油烟净化设施,推广使用高效净化型家用吸油烟机。

(三)强化移动源污染防治。加强城市交通管理。优化城市功能和布局规划,推广智能交通管理,缓解城市交通拥堵。实施公交优先战略,提高公共交通出行比例,加强步行、自行车交通系统建设。根据城市发展规划,合理控制机动车保有量,北京、上海、广州等特大城市要严格限制机动车保有量。通过鼓励绿色出行、增加使用成本等措施,降低机动车使用强度。

提升燃油品质。加快石油炼制企业升级改造,力争在 2013 年底前,全国供应符合国家第四阶段标准的车用汽油,在 2014 年底前,全国供应符合国家第四阶段标准的车用柴油,在 2015 年底前,京津冀、长三角、珠三角等区域内重点城市全面供应符合国家第五阶段标准的车用汽、柴油,在 2017 年底前,全国供应符合国家第五阶段标准的车用汽、柴油。加强油品

质量监督检查，严厉打击非法生产、销售不合格油品行为。

加快淘汰黄标车和老旧车辆。采取划定禁行区域、经济补偿等方式，逐步淘汰黄标车和老旧车辆。到2015年，淘汰2005年底前注册营运的黄标车，基本淘汰京津冀、长三角、珠三角等区域内的500万辆黄标车。到2017年，基本淘汰全国范围的黄标车。

加强机动车环保管理。环保、工业和信息化、质检、工商等部门联合加强新生产车辆环保监管，严厉打击生产、销售环保不达标车辆的违法行为；加强在用机动车年度检验，对不达标车辆不得发放环保合格标志，不得上路行驶。加快柴油车车用尿素供应体系建设。研究缩短公交车、出租车强制报废年限。鼓励出租车每年更换高效尾气净化装置。开展工程机械等非道路移动机械和船舶的污染控制。

加快推进低速汽车升级换代。不断提高低速汽车（三轮汽车、低速货车）节能环保要求，减少污染排放，促进相关产业和产品技术升级换代。自2017年起，新生产的低速货车执行与轻型载货车同等的节能与排放标准。

大力推广新能源汽车。公交、环卫等行业和政府机关要率先使用新能源汽车，采取直接上牌、财政补贴等措施鼓励个人购买。北京、上海、广州等城市每年新增或更新的公交车中新能源和清洁燃料车的比例达到60%以上。

二、调整优化产业结构，推动产业转型升级

（四）严控"两高"行业新增产能。修订高耗能、高污染和资源性行业准入条件，明确资源能源节约和污染物排放等指标。有条件的地区要制定符合当地功能定位、严于国家要求的产业准入目录。严格控制"两高"行业新增产能，新、改、扩建项目要实行产能等量或减量置换。

（五）加快淘汰落后产能。结合产业发展实际和环境质量状况，进一步提高环保、能耗、安全、质量等标准，分区域明确落后产能淘汰任务，倒逼产业转型升级。按照《部分工业行业淘汰落后生产工艺装备和产品指导目录（2010年本）》、《产业结构调整指导目录（2011年本）（修正）》的要求，采取经济、技术、法律和必要的行政手段，提前一年完成钢铁、水泥、电解铝、平板玻璃等21个重点行业的"十二五"落后产能淘汰任务。2015年再淘汰炼铁1500万吨、炼钢1500万吨、水泥（熟料及粉磨能力）1亿吨、平板玻璃2000万重量箱。对未按期完成淘汰任务的地区，严格控制国家安排的投资项目，暂停对该地区重点行业建设项目办理审批、核准和备案手续。2016年、2017年，各地区要制定范围更宽、标准更高的落后产能淘汰政策，再淘汰一批落后产能。

对布局分散、装备水平低、环保设施差的小型工业企业进行全面排查，制定综合整改方案，实施分类治理。

（六）压缩过剩产能。加大环保、能耗、安全执法处罚力度，建立以节能环保标准促进"两高"行业过剩产能退出的机制。制定财政、土地、金融等扶持政策，支持产能过剩"两高"行业企业退出、转型发展。发挥优强企业对行业发展的主导作用，通过跨地区、跨所有制企业兼并重组，推动过剩产能压缩。严禁核准产能严重过剩行业新增产能项目。

（七）坚决停建产能严重过剩行业违规在建项目。认真清理产能严重过剩行业违规在建项目，对未批先建、边批边建、越权核准的违规项目，尚未开工建设的，不准开工；正在建设的，要停止建设。地方人民政府要加强组织领导和监督检查，坚决遏制产能严重过剩行业盲目扩张。

三、加快企业技术改造，提高科技创新能力

（八）强化科技研发和推广。加强灰霾、臭氧的形成机理、来源解析、迁移规律和监测预警等研究，为污染治理提供科学支撑。加强大气污染与人群健康关系的研究。支持企业技术

中心、国家重点实验室、国家工程实验室建设，推进大型大气光化学模拟仓、大型气溶胶模拟仓等科技基础设施建设。

加强脱硫、脱硝、高效除尘、挥发性有机物控制、柴油机（车）排放净化、环境监测，以及新能源汽车、智能电网等方面的技术研发，推进技术成果转化应用。加强大气污染治理先进技术、管理经验等方面的国际交流与合作。

（九）全面推行清洁生产。对钢铁、水泥、化工、石化、有色金属冶炼等重点行业进行清洁生产审核，针对节能减排关键领域和薄弱环节，采用先进适用的技术、工艺和装备，实施清洁生产技术改造；到 2017 年，重点行业排污强度比 2012 年下降 30% 以上。推进非有机溶剂型涂料和农药等产品创新，减少生产和使用过程中挥发性有机物排放。积极开发缓释肥料新品种，减少化肥施用过程中氨的排放。

（十）大力发展循环经济。鼓励产业集聚发展，实施园区循环化改造，推进能源梯级利用、水资源循环利用、废物交换利用、土地节约集约利用，促进企业循环式生产、园区循环式发展、产业循环式组合，构建循环型工业体系。推动水泥、钢铁等工业窑炉、高炉实施废物协同处置。大力发展机电产品再制造，推进资源再生利用产业发展。到 2017 年，单位工业增加值能耗比 2012 年降低 20% 左右，在 50% 以上的各类国家级园区和 30% 以上的各类省级园区实施循环化改造，主要有色金属品种以及钢铁的循环再生比重达到 40% 左右。

（十一）大力培育节能环保产业。着力把大气污染治理的政策要求有效转化为节能环保产业发展的市场需求，促进重大环保技术装备、产品的创新开发与产业化应用。扩大国内消费市场，积极支持新业态、新模式，培育一批具有国际竞争力的大型节能环保企业，大幅增加大气污染治理装备、产品、服务产业产值，有效推动节能环保、新能源等战略性新兴产业发展。鼓励外商投资节能环保产业。

四、加快调整能源结构，增加清洁能源供应

（十二）控制煤炭消费总量。制定国家煤炭消费总量中长期控制目标，实行目标责任管理。到 2017 年，煤炭占能源消费总量比重降低到 65% 以下。京津冀、长三角、珠三角等区域力争实现煤炭消费总量负增长，通过逐步提高接受外输电比例、增加天然气供应、加大非化石能源利用强度等措施替代燃煤。

京津冀、长三角、珠三角等区域新建项目禁止配套建设自备燃煤电站。耗煤项目要实行煤炭减量替代。除热电联产外，禁止审批新建燃煤发电项目；现有多台燃煤机组装机容量合计达到 30 万千瓦以上的，可按照煤炭等量替代的原则建设为大容量燃煤机组。

（十三）加快清洁能源替代利用。加大天然气、煤制天然气、煤层气供应。到 2015 年，新增天然气干线管输能力 1500 亿立方米以上，覆盖京津冀、长三角、珠三角等区域。优化天然气使用方式，新增天然气应优先保障居民生活或用于替代燃煤；鼓励发展天然气分布式能源等高效利用项目，限制发展天然气化工项目；有序发展天然气调峰电站，原则上不再新建天然气发电项目。

制定煤制天然气发展规划，在满足最严格的环保要求和保障水资源供应的前提下，加快煤制天然气产业化和规模化步伐。

积极有序发展水电，开发利用地热能、风能、太阳能、生物质能，安全高效发展核电。到 2017 年，运行核电机组装机容量达到 5000 万千瓦，非化石能源消费比重提高到 13%。

京津冀区域城市建成区、长三角城市群、珠三角区域要加快现有工业企业燃煤设施天然气替代步伐；到 2017 年，基本完成燃煤锅炉、工业窑炉、自备燃煤电站的天然气替代改造任务。

（十四）推进煤炭清洁利用。提高煤炭洗选比例，新建煤矿应同步建设煤炭洗选设施，现有煤矿要加快建设与改造；到 2017 年，原煤入选率达到 70% 以上。禁止进口高灰份、高硫份

的劣质煤炭,研究出台煤炭质量管理办法。限制高硫石油焦的进口。

扩大城市高污染燃料禁燃区范围,逐步由城市建成区扩展到近郊。结合城中村、城乡结合部、棚户区改造,通过政策补偿和实施峰谷电价、季节性电价、阶梯电价、调峰电价等措施,逐步推行以天然气或电替代煤炭。鼓励北方农村地区建设洁净煤配送中心,推广使用洁净煤和型煤。

(十五)提高能源使用效率。严格落实节能评估审查制度。新建高耗能项目单位产品(产值)能耗要达到国内先进水平,用能设备达到一级能效标准。京津冀、长三角、珠三角等区域,新建高耗能项目单位产品(产值)能耗要达到国际先进水平。

积极发展绿色建筑,政府投资的公共建筑、保障性住房等要率先执行绿色建筑标准。新建建筑要严格执行强制性节能标准,推广使用太阳能热水系统、地源热泵、空气源热泵、光伏建筑一体化、"热-电-冷"三联供等技术和装备。

推进供热计量改革,加快北方采暖地区既有居住建筑供热计量和节能改造;新建建筑和完成供热计量改造的既有建筑逐步实行供热计量收费。加快热力管网建设与改造。

五、严格节能环保准入,优化产业空间布局

(十六)调整产业布局。按照主体功能区规划要求,合理确定重点产业发展布局、结构和规模,重大项目原则上布局在优化开发区和重点开发区。所有新、改、扩建项目,必须全部进行环境影响评价;未通过环境影响评价审批的,一律不准开工建设;违规建设的,要依法进行处罚。加强产业政策在产业转移过程中的引导与约束作用,严格限制在生态脆弱或环境敏感地区建设"两高"行业项目。加强对各类产业发展规划的环境影响评价。

在东部、中部和西部地区实施差别化的产业政策,对京津冀、长三角、珠三角等区域提出更高的节能环保要求。强化环境监管,严禁落后产能转移。

(十七)强化节能环保指标约束。提高节能环保准入门槛,健全重点行业准入条件,公布符合准入条件的企业名单并实施动态管理。严格实施污染物排放总量控制,将二氧化硫、氮氧化物、烟粉尘和挥发性有机物排放是否符合总量控制要求作为建设项目环境影响评价审批的前置条件。

京津冀、长三角、珠三角区域以及辽宁中部、山东、武汉及其周边、长株潭、成渝、海峡西岸、山西中北部、陕西关中、甘宁、乌鲁木齐城市群等"三区十群"中的47个城市,新建火电、钢铁、石化、水泥、有色、化工等企业以及燃煤锅炉项目要执行大气污染物特别排放限值。各地区可根据环境质量改善的需要,扩大特别排放限值实施的范围。

对未通过能评、环评审查的项目,有关部门不得审批、核准、备案,不得提供土地,不得批准开工建设,不得发放生产许可证、安全生产许可证、排污许可证,金融机构不得提供任何形式的新增授信支持,有关单位不得供电、供水。

(十八)优化空间格局。科学制定并严格实施城市规划,强化城市空间管制要求和绿地控制要求,规范各类产业园区和城市新城、新区设立和布局,禁止随意调整和修改城市规划,形成有利于大气污染物扩散的城市和区域空间格局。研究开展城市环境总体规划试点工作。

结合化解过剩产能、节能减排和企业兼并重组,有序推进位于城市主城区的钢铁、石化、化工、有色金属冶炼、水泥、平板玻璃等重污染企业环保搬迁、改造,到2017年基本完成。

六、发挥市场机制作用,完善环境经济政策

(十九)发挥市场机制调节作用。本着"谁污染、谁负责,多排放、多负担,节能减排得收益、获补偿"的原则,积极推行激励与约束并举的节能减排新机制。

分行业、分地区对水、电等资源类产品制定企业消耗定额。建立企业"领跑者"制度,对能效、排污强度达到更高标准的先进企业给予鼓励。

全面落实"合同能源管理"的财税优惠政策，完善促进环境服务业发展的扶持政策，推行污染治理设施投资、建设、运行一体化特许经营。完善绿色信贷和绿色证券政策，将企业环境信息纳入征信系统。严格限制环境违法企业贷款和上市融资。推进排污权有偿使用和交易试点。

（二十）完善价格税收政策。根据脱硝成本，结合调整销售电价，完善脱硝电价政策。现有火电机组采用新技术进行除尘设施改造的，要给予价格政策支持。实行阶梯式电价。

推进天然气价格形成机制改革，理顺天然气与可替代能源的比价关系。

按照合理补偿成本、优质优价和污染者付费的原则合理确定成品油价格，完善对部分困难群体和公益性行业成品油价格改革补贴政策。

加大排污费征收力度，做到应收尽收。适时提高排污收费标准，将挥发性有机物纳入排污费征收范围。

研究将部分"两高"行业产品纳入消费税征收范围。完善"两高"行业产品出口退税政策和资源综合利用税收政策。积极推进煤炭等资源税从价计征改革。符合税收法律法规规定，使用专用设备或建设环境保护项目的企业以及高新技术企业，可以享受企业所得税优惠。

（二十一）拓宽投融资渠道。深化节能环保投融资体制改革，鼓励民间资本和社会资本进入大气污染防治领域。引导银行业金融机构加大对大气污染防治项目的信贷支持。探索排污权抵押融资模式，拓展节能环保设施融资、租赁业务。

地方人民政府要对涉及民生的"煤改气"项目、黄标车和老旧车辆淘汰、轻型载货车替代低速货车等加大政策支持力度，对重点行业清洁生产示范工程给予引导性资金支持。要将空气质量监测站点建设及其运行和监管经费纳入各级财政预算予以保障。

在环境执法到位、价格机制理顺的基础上，中央财政统筹整合主要污染物减排等专项，设立大气污染防治专项资金，对重点区域按治理成效实施"以奖代补"；中央基本建设投资也要加大对重点区域大气污染防治的支持力度。

七、健全法律法规体系，严格依法监督管理

（二十二）完善法律法规标准。加快大气污染防治法修订步伐，重点健全总量控制、排污许可、应急预警、法律责任等方面的制度，研究增加对恶意排污、造成重大污染危害的企业及其相关负责人追究刑事责任的内容，加大对违法行为的处罚力度。建立健全环境公益诉讼制度。研究起草环境税法草案，加快修改环境保护法，尽快出台机动车污染防治条例和排污许可证管理条例。各地区可结合实际，出台地方性大气污染防治法规、规章。

加快制（修）订重点行业排放标准以及汽车燃料消耗量标准、油品标准、供热计量标准等，完善行业污染防治技术政策和清洁生产评价指标体系。

（二十三）提高环境监管能力。完善国家监察、地方监管、单位负责的环境监管体制，加强对地方人民政府执行环境法律法规和政策的监督。加大环境监测、信息、应急、监察等能力建设力度，达到标准化建设要求。

建设城市站、背景站、区域站统一布局的国家空气质量监测网络，加强监测数据质量管理，客观反映空气质量状况。加强重点污染源在线监控体系建设，推进环境卫星应用。建设国家、省、市三级机动车排污监管平台。到2015年，地级及以上城市全部建成细颗粒物监测点和国家直管的监测点。

（二十四）加大环保执法力度。推进联合执法、区域执法、交叉执法等执法机制创新，明确重点，加大力度，严厉打击环境违法行为。对偷排偷放、屡查屡犯的违法企业，要依法停产关闭。对涉嫌环境犯罪的，要依法追究刑事责任。落实执法责任，对监督缺位、执法不力、徇私枉法等行为，监察机关要依法追究有关部门和人员的责任。

（二十五）实行环境信息公开。国家每月公布空气质量最差的10个城市和最好的10个城

市的名单。各省（区、市）要公布本行政区域内地级及以上城市空气质量排名。地级及以上城市要在当地主要媒体及时发布空气质量监测信息。

各级环保部门和企业要主动公开新建项目环境影响评价、企业污染物排放、治污设施运行情况等环境信息，接受社会监督。涉及群众利益的建设项目，应充分听取公众意见。建立重污染行业企业环境信息强制公开制度。

八、建立区域协作机制，统筹区域环境治理

（二十六）建立区域协作机制。建立京津冀、长三角区域大气污染防治协作机制，由区域内省级人民政府和国务院有关部门参加，协调解决区域突出环境问题，组织实施环评会商、联合执法、信息共享、预警应急等大气污染防治措施，通报区域大气污染防治工作进展，研究确定阶段性工作要求、工作重点和主要任务。

（二十七）分解目标任务。国务院与各省（区、市）人民政府签订大气污染防治目标责任书，将目标任务分解落实到地方人民政府和企业。将重点区域的细颗粒物指标、非重点地区的可吸入颗粒物指标作为经济社会发展的约束性指标，构建以环境质量改善为核心的目标责任考核体系。

国务院制定考核办法，每年初对各省（区、市）上年度治理任务完成情况进行考核；2015年进行中期评估，并依据评估情况调整治理任务；2017年对行动计划实施情况进行终期考核。考核和评估结果经国务院同意后，向社会公布，并交由干部主管部门，按照《关于建立促进科学发展的党政领导班子和领导干部考核评价机制的意见》、《地方党政领导班子和领导干部综合考核评价办法（试行）》、《关于开展政府绩效管理试点工作的意见》等规定，作为对领导班子和领导干部综合考核评价的重要依据。

（二十八）实行严格责任追究。对未通过年度考核的，由环保部门会同组织部门、监察机关等部门约谈省级人民政府及其相关部门有关负责人，提出整改意见，予以督促。

对因工作不力、履职缺位等导致未能有效应对重污染天气的，以及干预、伪造监测数据和没有完成年度目标任务的，监察机关要依法依纪追究有关单位和人员的责任，环保部门要对有关地区和企业实施建设项目环评限批，取消国家授予的环境保护荣誉称号。

九、建立监测预警应急体系，妥善应对重污染天气

（二十九）建立监测预警体系。环保部门要加强与气象部门的合作，建立重污染天气监测预警体系。到2014年，京津冀、长三角、珠三角区域要完成区域、省、市级重污染天气监测预警系统建设；其他省（区、市）、副省级市、省会城市于2015年底前完成。要做好重污染天气过程的趋势分析，完善会商研判机制，提高监测预警的准确度，及时发布监测预警信息。

（三十）制定完善应急预案。空气质量未达到规定标准的城市应制定和完善重污染天气应急预案并向社会公布；要落实责任主体，明确应急组织机构及其职责、预警预报及响应程序、应急处置及保障措施等内容，按不同污染等级确定企业限产停产、机动车和扬尘管控、中小学校停课以及可行的气象干预等应对措施。开展重污染天气应急演练。

京津冀、长三角、珠三角等区域要建立健全区域、省、市联动的重污染天气应急响应体系。区域内各省（区、市）的应急预案，应于2013年底前报环境保护部备案。

（三十一）及时采取应急措施。将重污染天气应急响应纳入地方人民政府突发事件应急管理体系，实行政府主要负责人负责制。要依据重污染天气的预警等级，迅速启动应急预案，引导公众做好卫生防护。

十、明确政府企业和社会的责任，动员全民参与环境保护

（三十二）明确地方政府统领责任。地方各级人民政府对本行政区域内的大气环境质量负

总责,要根据国家的总体部署及控制目标,制定本地区的实施细则,确定工作重点任务和年度控制指标,完善政策措施,并向社会公开;要不断加大监管力度,确保任务明确、项目清晰、资金保障。

(三十三)加强部门协调联动。各有关部门要密切配合、协调力量、统一行动,形成大气污染防治的强大合力。环境保护部要加强指导、协调和监督,有关部门要制定有利于大气污染防治的投资、财政、税收、金融、价格、贸易、科技等政策,依法做好各自领域的相关工作。

(三十四)强化企业施治。企业是大气污染治理的责任主体,要按照环保规范要求,加强内部管理,增加资金投入,采用先进的生产工艺和治理技术,确保达标排放,甚至达到"零排放";要自觉履行环境保护的社会责任,接受社会监督。

(三十五)广泛动员社会参与。环境治理,人人有责。要积极开展多种形式的宣传教育,普及大气污染防治的科学知识。加强大气环境管理专业人才培养。倡导文明、节约、绿色的消费方式和生活习惯,引导公众从自身做起、从点滴做起、从身边的小事做起,在全社会树立起"同呼吸、共奋斗"的行为准则,共同改善空气质量。

我国仍然处于社会主义初级阶段,大气污染防治任务繁重艰巨,要坚定信心、综合治理、突出重点、逐步推进,重在落实、务求实效。各地区、各有关部门和企业要按照本行动计划的要求,紧密结合实际,狠抓贯彻落实,确保空气质量改善目标如期实现。

六、固体废弃物污染防治

中华人民共和国固体废物污染环境防治法

（1995年10月30日第八届全国人民代表大会常务委员会第十六次会议通过 2004年12月29日第十届全国人民代表大会常务委员会第十三次会议修订 根据2013年6月29日第十二届全国人民代表大会常务委员会第三次会议《关于修改〈中华人民共和国文物保护法〉等十二部法律的决定》第一次修正 根据2015年4月24日第十二届全国人民代表大会常务委员会第十四次会议《关于修改〈中华人民共和国港口法〉等七部法律的决定》第二次修正 根据2016年11月7日第十二届全国人民代表大会常务委员会第二十四次会议《关于修改〈中华人民共和国对外贸易法〉等十二部法律的决定》第三次修正 2020年4月29日第十三届全国人民代表大会常务委员会第十七次会议第二次修订）

第一章 总 则

第一条 为了防治固体废物污染环境，保障人体健康，维护生态安全，促进经济社会可持续发展，制定本法。

第二条 本法适用于中华人民共和国境内固体废物污染环境的防治。

固体废物污染海洋环境的防治和放射性固体废物污染环境的防治不适用本法。

第三条 国家对固体废物污染环境的防治，实行减少固体废物的产生量和危害性、充分合理利用固体废物和无害化处置固体废物的原则，促进清洁生产和循环经济发展。

国家采取有利于固体废物综合利用活动的经济、技术政策和措施，对固体废物实行充分回收和合理利用。

国家鼓励、支持采取有利于保护环境的集中处置固体废物的措施，促进固体废物污染环境防治产业发展。

第四条 县级以上人民政府应当将固体废物污染环境防治工作纳入国民经济和社会发展计划，并采取有利于固体废物污染环境防治的经济、技术政策和措施。

国务院有关部门、县级以上地方人民政府及其有关部门组织编制城乡建设、土地利用、区域开发、产业发展等规划，应当统筹考虑减少固体废物的产生量和危害性、促进固体废物的综合利用和无害化处置。

第五条 国家对固体废物污染环境防治实行污染者依法负责的原则。

产品的生产者、销售者、进口者、使用者对其产生的固体废物依法承担污染防治责任。

第六条 国家鼓励、支持固体废物污染环境防治的科学研究、技术开发、推广先进的防治技术和普及固体废物污染环境防治的科学知识。

各级人民政府应当加强防治固体废物污染环境的宣传教育，倡导有利于环境保护的生产方式和生活方式。

第七条 国家鼓励单位和个人购买、使用再生产品和可重复利用产品。

第八条 各级人民政府对在固体废物污染环境防治工作以及相关的综合利用活动中作出显著成绩的单位和个人给予奖励。

第九条 任何单位和个人都有保护环境的义务,并有权对造成固体废物污染环境的单位和个人进行检举和控告。

第十条 国务院环境保护行政主管部门对全国固体废物污染环境的防治工作实施统一监督管理。国务院有关部门在各自的职责范围内负责固体废物污染环境防治的监督管理工作。

县级以上地方人民政府环境保护行政主管部门对本行政区域内固体废物污染环境的防治工作实施统一监督管理。县级以上地方人民政府有关部门在各自的职责范围内负责固体废物污染环境防治的监督管理工作。

国务院建设行政主管部门和县级以上地方人民政府环境卫生行政主管部门负责生活垃圾清扫、收集、贮存、运输和处置的监督管理工作。

第二章 固体废物污染环境防治的监督管理

第十一条 国务院环境保护行政主管部门会同国务院有关行政主管部门根据国家环境质量标准和国家经济、技术条件,制定国家固体废物污染环境防治技术标准。

第十二条 国务院环境保护行政主管部门建立固体废物污染环境监测制度,制定统一的监测规范,并会同有关部门组织监测网络。

大、中城市人民政府环境保护行政主管部门应当定期发布固体废物的种类、产生量、处置状况等信息。

第十三条 建设产生固体废物的项目以及建设贮存、利用、处置固体废物的项目,必须依法进行环境影响评价,并遵守国家有关建设项目环境保护管理的规定。

第十四条 建设项目的环境影响评价文件确定需要配套建设的固体废物污染环境防治设施,必须与主体工程同时设计、同时施工、同时投入使用。固体废物污染环境防治设施必须经原审批环境影响评价文件的环境保护行政主管部门验收合格后,该建设项目方可投入生产或者使用。对固体废物污染环境防治设施的验收应当与对主体工程的验收同时进行。

第十五条 县级以上人民政府环境保护行政主管部门和其他固体废物污染环境防治工作的监督管理部门,有权依据各自的职责对管辖范围内与固体废物污染环境防治有关的单位进行现场检查。被检查的单位应当如实反映情况,提供必要的资料。检查机关应当为被检查的单位保守技术秘密和业务秘密。

检查机关进行现场检查时,可以采取现场监测、采集样品、查阅或者复制与固体废物污染环境防治相关的资料等措施。检查人员进行现场检查,应当出示证件。

第三章 固体废物污染环境的防治

第一节 一般规定

第十六条 产生固体废物的单位和个人,应当采取措施,防止或者减少固体废物对环境的污染。

第十七条 收集、贮存、运输、利用、处置固体废物的单位和个人,必须采取防扬散、防流失、防渗漏或者其他防止污染环境的措施;不得擅自倾倒、堆放、丢弃、遗撒固体废物。

禁止任何单位或者个人向江河、湖泊、运河、渠道、水库及其最高水位线以下的滩地和岸坡等法律、法规规定禁止倾倒、堆放废弃物的地点倾倒、堆放固体废物。

第十八条 产品和包装物的设计、制造,应当遵守国家有关清洁生产的规定。国务院标准化行政主管部门应当根据国家经济和技术条件、固体废物污染环境防治状况以及产品的技术要求,组织制定有关标准,防止过度包装造成环境污染。

生产、销售、进口依法被列入强制回收目录的产品和包装物的企业，必须按照国家有关规定对该产品和包装物进行回收。

第十九条 国家鼓励科研、生产单位研究、生产易回收利用、易处置或者在环境中可降解的薄膜覆盖物和商品包装物。

使用农用薄膜的单位和个人，应当采取回收利用等措施，防止或者减少农用薄膜对环境的污染。

第二十条 从事畜禽规模养殖应当按照国家有关规定收集、贮存、利用或者处置养殖过程中产生的畜禽粪便，防止污染环境。

禁止在人口集中地区、机场周围、交通干线附近以及当地人民政府划定的区域露天焚烧秸秆。

第二十一条 对收集、贮存、运输、处置固体废物的设施、设备和场所，应当加强管理和维护，保证其正常运行和使用。

第二十二条 在国务院和国务院有关主管部门及省、自治区、直辖市人民政府划定的自然保护区、风景名胜区、饮用水水源保护区、基本农田保护区和其他需要特别保护的区域内，禁止建设工业固体废物集中贮存、处置的设施、场所和生活垃圾填埋场。

第二十三条 转移固体废物出省、自治区、直辖市行政区域贮存、处置的，应当向固体废物移出地的省、自治区、直辖市人民政府环境保护行政主管部门提出申请。移出地的省、自治区、直辖市人民政府环境保护行政主管部门应当商经接受地的省、自治区、直辖市人民政府环境保护行政主管部门同意后，方可批准转移该固体废物出省、自治区、直辖市行政区域。未经批准的，不得转移。

第二十四条 禁止中华人民共和国境外的固体废物进境倾倒、堆放、处置。

第二十五条 禁止进口不能用作原料或者不能以无害化方式利用的固体废物；对可以用作原料的固体废物实行限制进口和非限制进口分类管理。

国务院环境保护行政主管部门会同国务院对外贸易主管部门、国务院经济综合宏观调控部门、海关总署、国务院质量监督检验检疫部门制定、调整并公布禁止进口、限制进口和非限制进口的固体废物目录。

禁止进口列入禁止进口目录的固体废物。进口列入限制进口目录的固体废物，应当经国务院环境保护行政主管部门会同国务院对外贸易主管部门审查许可。

进口的固体废物必须符合国家环境保护标准，并经质量监督检验检疫部门检验合格。

进口固体废物的具体管理办法，由国务院环境保护行政主管部门会同国务院对外贸易主管部门、国务院经济综合宏观调控部门、海关总署、国务院质量监督检验检疫部门制定。

第二十六条 进口者对海关将其所进口的货物纳入固体废物管理范围不服的，可以依法申请行政复议，也可以向人民法院提起行政诉讼。

第二节 工业固体废物污染环境的防治

第二十七条 国务院环境保护行政主管部门应当会同国务院经济综合宏观调控部门和其他有关部门对工业固体废物对环境的污染作出界定，制定防治工业固体废物污染环境的技术政策，组织推广先进的防治工业固体废物污染环境的生产工艺和设备。

第二十八条 国务院经济综合宏观调控部门应当会同国务院有关部门组织研究、开发和推广减少工业固体废物产生量和危害性的生产工艺和设备，公布限期淘汰产生严重污染环境的工业固体废物的落后生产工艺、落后设备的名录。

生产者、销售者、进口者、使用者必须在国务院经济综合宏观调控部门会同国务院有关部门规定的期限内分别停止生产、销售、进口或者使用列入前款规定的名录中的设备。生产工艺的采用者必须在国务院经济综合宏观调控部门会同国务院有关部门规定的期限内停止采用列入前款规定的名录中的工艺。

列入限期淘汰名录被淘汰的设备,不得转让给他人使用。

第二十九条 县级以上人民政府有关部门应当制定工业固体废物污染环境防治工作规划,推广能够减少工业固体废物产生量和危害性的先进生产工艺和设备,推动工业固体废物污染环境防治工作。

第三十条 产生工业固体废物的单位应当建立、健全污染环境防治责任制度,采取防治工业固体废物污染环境的措施。

第三十一条 企业事业单位应当合理选择和利用原材料、能源和其他资源,采用先进的生产工艺和设备,减少工业固体废物产生量,降低工业固体废物的危害性。

第三十二条 国家实行工业固体废物申报登记制度。

产生工业固体废物的单位必须按照国务院环境保护行政主管部门的规定,向所在地县级以上地方人民政府环境保护行政主管部门提供工业固体废物的种类、产生量、流向、贮存、处置等有关资料。

前款规定的申报事项有重大改变的,应当及时申报。

第三十三条 企业事业单位应当根据经济、技术条件对其产生的工业固体废物加以利用;对暂时不利用或者不能利用的,必须按照国务院环境保护行政主管部门的规定建设贮存设施、场所,安全分类存放,或者采取无害化处置措施。

建设工业固体废物贮存、处置的设施、场所,必须符合国家环境保护标准。

第三十四条 禁止擅自关闭、闲置或者拆除工业固体废物污染环境防治设施、场所;确有必要关闭、闲置或者拆除的,必须经所在地县级以上地方人民政府环境保护行政主管部门核准,并采取措施,防止污染环境。

第三十五条 产生工业固体废物的单位需要终止的,应当事先对工业固体废物的贮存、处置的设施、场所采取污染防治措施,并对未处置的工业固体废物作出妥善处置,防止污染环境。

产生工业固体废物的单位发生变更的,变更后的单位应当按照国家有关环境保护的规定对未处置的工业固体废物及其贮存、处置的设施、场所进行安全处置或者采取措施保证该设施、场所安全运行。变更前当事人对工业固体废物及其贮存、处置的设施、场所的污染防治责任另有约定的,从其约定;但是,不得免除当事人的污染防治义务。

对本法施行前已经终止的单位未处置的工业固体废物及其贮存、处置的设施、场所进行安全处置的费用,由有关人民政府承担;但是,该单位享有的土地使用权依法转让的,应当由土地使用权受让人承担处置费用。当事人另有约定的,从其约定;但是,不得免除当事人的污染防治义务。

第三十六条 矿山企业应当采取科学的开采方法和选矿工艺,减少尾矿、矸石、废石等矿业固体废物的产生量和贮存量。

尾矿、矸石、废石等矿业固体废物贮存设施停止使用后,矿山企业应当按照国家有关环境保护规定进行封场,防止造成环境污染和生态破坏。

第三十七条 拆解、利用、处置废弃电器产品和废弃机动车船,应当遵守有关法律、法规的规定,采取措施,防止污染环境。

第三节 生活垃圾污染环境的防治

第三十八条 县级以上人民政府应当统筹安排建设城乡生活垃圾收集、运输、处置设施,提高生活垃圾的利用率和无害化处置率,促进生活垃圾收集、处置的产业化发展,逐步建立和完善生活垃圾污染环境防治的社会服务体系。

第三十九条 县级以上地方人民政府环境卫生行政主管部门应当组织对城市生活垃圾进行清扫、收集、运输和处置,可以通过招标等方式选择具备条件的单位从事生活垃圾的清扫、收集、运输和处置。

第四十条 对城市生活垃圾应当按照环境卫生行政主管部门的规定，在指定的地点放置，不得随意倾倒、抛撒或者堆放。

第四十一条 清扫、收集、运输、处置城市生活垃圾，应当遵守国家有关环境保护和环境卫生管理的规定，防止污染环境。

第四十二条 对城市生活垃圾应当及时清运，逐步做到分类收集和运输，并积极开展合理利用和实施无害化处置。

第四十三条 城市人民政府应当有计划地改进燃料结构，发展城市煤气、天然气、液化气和其他清洁能源。

城市人民政府有关部门应当组织净菜进城，减少城市生活垃圾。

城市人民政府有关部门应当统筹规划，合理安排收购网点，促进生活垃圾的回收利用工作。

第四十四条 建设生活垃圾处置的设施、场所，必须符合国务院环境保护行政主管部门和国务院建设行政主管部门规定的环境保护和环境卫生标准。

禁止擅自关闭、闲置或者拆除生活垃圾处置的设施、场所；确有必要关闭、闲置或者拆除的，必须经所在地的市、县级人民政府环境卫生行政主管部门商所在地环境保护行政主管部门同意后核准，并采取措施，防止污染环境。

第四十五条 从生活垃圾中回收的物质必须按照国家规定的用途或者标准使用，不得用于生产可能危害人体健康的产品。

第四十六条 工程施工单位应当及时清运工程施工过程中产生的固体废物，并按照环境卫生行政主管部门的规定进行利用或者处置。

第四十七条 从事公共交通运输的经营单位，应当按照国家有关规定，清扫、收集运输过程中产生的生活垃圾。

第四十八条 从事城市新区开发、旧区改建和住宅小区开发建设的单位，以及机场、码头、车站、公园、商店等公共设施、场所的经营管理单位，应当按照国家有关环境卫生的规定，配套建设生活垃圾收集设施。

第四十九条 农村生活垃圾污染环境防治的具体办法，由地方性法规规定。

第四章　危险废物污染环境防治的特别规定

第五十条 危险废物污染环境的防治，适用本章规定；本章未作规定的，适用本法其他有关规定。

第五十一条 国务院环境保护行政主管部门应当会同国务院有关部门制定国家危险废物名录，规定统一的危险废物鉴别标准、鉴别方法和识别标志。

第五十二条 对危险废物的容器和包装物以及收集、贮存、运输、处置危险废物的设施、场所，必须设置危险废物识别标志。

第五十三条 产生危险废物的单位，必须按照国家有关规定制定危险废物管理计划，并向所在地县级以上地方人民政府环境保护行政主管部门申报危险废物的种类、产生量、流向、贮存、处置等有关资料。

前款所称危险废物管理计划应当包括减少危险废物产生量和危害性的措施以及危险废物贮存、利用、处置措施。危险废物管理计划应当报产生危险废物的单位所在地县级以上地方人民政府环境保护行政主管部门备案。

本条规定的申报事项或者危险废物管理计划内容有重大改变的，应当及时申报。

第五十四条 国务院环境保护行政主管部门会同国务院经济综合宏观调控部门组织编制危险废物集中处置设施、场所的建设规划，报国务院批准后实施。

县级以上地方人民政府应当依据危险废物集中处置设施、场所的建设规划组织建设危险废物集中处置设施、场所。

第五十五条　产生危险废物的单位，必须按照国家有关规定处置危险废物，不得擅自倾倒、堆放；不处置的，由所在地县级以上地方人民政府环境保护行政主管部门责令限期改正；逾期不处置或者处置不符合国家有关规定的，由所在地县级以上地方人民政府环境保护行政主管部门指定单位按照国家有关规定代为处置，处置费用由产生危险废物的单位承担。

第五十六条　以填埋方式处置危险废物不符合国务院环境保护行政主管部门规定的，应当缴纳危险废物排污费。危险废物排污费征收的具体办法由国务院规定。

危险废物排污费用于污染环境的防治，不得挪作他用。

第五十七条　从事收集、贮存、处置危险废物经营活动的单位，必须向县级以上人民政府环境保护行政主管部门申请领取经营许可证；从事利用危险废物经营活动的单位，必须向国务院环境保护行政主管部门或者省、自治区、直辖市人民政府环境保护行政主管部门申请领取经营许可证。具体管理办法由国务院规定。

禁止无经营许可证或者不按照经营许可证规定从事危险废物收集、贮存、利用、处置的经营活动。

禁止将危险废物提供或者委托给无经营许可证的单位从事收集、贮存、利用、处置的经营活动。

第五十八条　收集、贮存危险废物，必须按照危险废物特性分类进行。禁止混合收集、贮存、运输、处置性质不相容而未经安全性处置的危险废物。

贮存危险废物必须采取符合国家环境保护标准的防护措施，并不得超过一年；确需延长期限的，必须报经原批准经营许可证的环境保护行政主管部门批准；法律、行政法规另有规定的除外。

禁止将危险废物混入非危险废物中贮存。

第五十九条　转移危险废物的，必须按照国家有关规定填写危险废物转移联单。跨省、自治区、直辖市转移危险废物的，应当向危险废物移出地省、自治区、直辖市人民政府环境保护行政主管部门申请。移出地省、自治区、直辖市人民政府环境保护行政主管部门应当商经接受地省、自治区、直辖市人民政府环境保护行政主管部门同意后，方可批准转移该危险废物。未经批准的，不得转移。

转移危险废物途经移出地、接受地以外行政区域的，危险废物移出地设区的市级以上地方人民政府环境保护行政主管部门应当及时通知沿途经过的设区的市级以上地方人民政府环境保护行政主管部门。

第六十条　运输危险废物，必须采取防止污染环境的措施，并遵守国家有关危险货物运输管理的规定。

禁止将危险废物与旅客在同一运输工具上载运。

第六十一条　收集、贮存、运输、处置危险废物的场所、设施、设备和容器、包装物及其他物品转作他用时，必须经过消除污染的处理，方可使用。

第六十二条　产生、收集、贮存、运输、利用、处置危险废物的单位，应当制定意外事故的防范措施和应急预案，并向所在地县级以上地方人民政府环境保护行政主管部门备案；环境保护行政主管部门应当进行检查。

第六十三条　因发生事故或者其他突发性事件，造成危险废物严重污染环境的单位，必须立即采取措施消除或者减轻对环境的污染危害，及时通报可能受到污染危害的单位和居民，并向所在地县级以上地方人民政府环境保护行政主管部门和有关部门报告，接受调查处理。

第六十四条　在发生或者有证据证明可能发生危险废物严重污染环境、威胁居民生命财产安全时，县级以上地方人民政府环境保护行政主管部门或者其他固体废物污染环境防治工作的监督管理部门必须立即向本级人民政府和上一级人民政府有关行政主管部门报告，由人民政府采取防止或者减轻危害的有效措施。有关人民政府可以根据需要责令停止导致或者可能导致环境污染事故的作业。

第六十五条 重点危险废物集中处置设施、场所的退役费用应当预提，列入投资概算或者经营成本。具体提取和管理办法，由国务院财政部门、价格主管部门会同国务院环境保护行政主管部门规定。

第六十六条 禁止经中华人民共和国过境转移危险废物。

第五章　法律责任

第六十七条 县级以上人民政府环境保护行政主管部门或者其他固体废物污染环境防治工作的监督管理部门违反本法规定，有下列行为之一的，由本级人民政府或者上级人民政府有关行政主管部门责令改正，对负有责任的主管人员和其他直接责任人员依法给予行政处分；构成犯罪的，依法追究刑事责任：

（一）不依法作出行政许可或者办理批准文件的；

（二）发现违法行为或者接到对违法行为的举报后不予查处的；

（三）有不依法履行监督管理职责的其他行为的。

第六十八条 违反本法规定，有下列行为之一的，由县级以上人民政府环境保护行政主管部门责令停止违法行为，限期改正，处以罚款：

（一）不按照国家规定申报登记工业固体废物，或者在申报登记时弄虚作假的；

（二）对暂时不利用或者不能利用的工业固体废物未建设贮存的设施、场所安全分类存放，或者未采取无害化处置措施的；

（三）将列入限期淘汰名录被淘汰的设备转让给他人使用的；

（四）擅自关闭、闲置或者拆除工业固体废物污染环境防治设施、场所的；

（五）在自然保护区、风景名胜区、饮用水水源保护区、基本农田保护区和其他需要特别保护的区域内，建设工业固体废物集中贮存、处置的设施、场所和生活垃圾填埋场的；

（六）擅自转移固体废物出省、自治区、直辖市行政区域贮存、处置的；

（七）未采取相应防范措施，造成工业固体废物扬散、流失、渗漏或者造成其他环境污染的；

（八）在运输过程中沿途丢弃、遗撒工业固体废物的。

有前款第一项、第八项行为之一的，处五千元以上五万元以下的罚款；有前款第二项、第三项、第四项、第五项、第六项、第七项行为之一的，处一万元以上十万元以下的罚款。

第六十九条 违反本法规定，建设项目需要配套建设的固体废物污染环境防治设施未建成、未经验收或者验收不合格，主体工程即投入生产或者使用的，由审批该建设项目环境影响评价文件的环境保护行政主管部门责令停止生产或者使用，可以并处十万元以下的罚款。

第七十条 违反本法规定，拒绝县级以上人民政府环境保护行政主管部门或者其他固体废物污染环境防治工作的监督管理部门现场检查的，由执行现场检查的部门责令限期改正；拒不改正或者在检查时弄虚作假的，处二千元以上二万元以下的罚款。

第七十一条 从事畜禽规模养殖未按照国家有关规定收集、贮存、处置畜禽粪便，造成环境污染的，由县级以上地方人民政府环境保护行政主管部门责令限期改正，可以处五万元以下的罚款。

第七十二条 违反本法规定，生产、销售、进口或者使用淘汰的设备，或者采用淘汰的生产工艺的，由县级以上人民政府经济综合宏观调控部门责令改正；情节严重的，由县级以上人民政府经济综合宏观调控部门提出意见，报请同级人民政府按照国务院规定的权限决定停业或者关闭。

第七十三条 尾矿、矸石、废石等矿业固体废物贮存设施停止使用后，未按照国家有关环境保护规定进行封场的，由县级以上地方人民政府环境保护行政主管部门责令限期改正，可以处五万元以上二十万元以下的罚款。

第七十四条 违反本法有关城市生活垃圾污染环境防治的规定，有下列行为之一的，由县级以上地方人民政府环境卫生行政主管部门责令停止违法行为，限期改正，处以罚款：

（一）随意倾倒、抛撒或者堆放生活垃圾的；

（二）擅自关闭、闲置或者拆除生活垃圾处置设施、场所的；

（三）工程施工单位不及时清运施工过程中产生的固体废物，造成环境污染的；

（四）工程施工单位不按照环境卫生行政主管部门的规定对施工过程中产生的固体废物进行利用或者处置的；

（五）在运输过程中沿途丢弃、遗撒生活垃圾的。

单位有前款第一项、第三项、第五项行为之一的，处五千元以上五万元以下的罚款；有前款第二项、第四项行为之一的，处一万元以上十万元以下的罚款。个人有前款第一项、第五项行为之一的，处二百元以下的罚款。

第七十五条 违反本法有关危险废物污染环境防治的规定，有下列行为之一的，由县级以上人民政府环境保护行政主管部门责令停止违法行为，限期改正，处以罚款：

（一）不设置危险废物识别标志的；

（二）不按照国家规定申报登记危险废物，或者在申报登记时弄虚作假的；

（三）擅自关闭、闲置或者拆除危险废物集中处置设施、场所的；

（四）不按照国家规定缴纳危险废物排污费的；

（五）将危险废物提供或者委托给无经营许可证的单位从事经营活动的；

（六）不按照国家规定填写危险废物转移联单或者未经批准擅自转移危险废物的；

（七）将危险废物混入非危险废物中贮存的；

（八）未经安全性处置，混合收集、贮存、运输、处置具有不相容性质的危险废物的；

（九）将危险废物与旅客在同一运输工具上载运的；

（十）未经消除污染的处理将收集、贮存、运输、处置危险废物的场所、设施、设备和容器、包装物及其他物品转作他用的；

（十一）未采取相应防范措施，造成危险废物扬散、流失、渗漏或者造成其他环境污染的；

（十二）在运输过程中沿途丢弃、遗撒危险废物的；

（十三）未制定危险废物意外事故防范措施和应急预案的。

有前款第一项、第二项、第七项、第八项、第九项、第十项、第十一项、第十二项、第十三项行为之一的，处一万元以上十万元以下的罚款；有前款第三项、第五项、第六项行为之一的，处二万元以上二十万元以下的罚款；有前款第四项行为的，限期缴纳，逾期不缴纳的，处应缴纳危险废物排污费金额一倍以上三倍以下的罚款。

第七十六条 违反本法规定，危险废物产生者不处置其产生的危险废物又不承担依法应当承担的处置费用的，由县级以上地方人民政府环境保护行政主管部门责令限期改正，处代为处置费用一倍以上三倍以下的罚款。

第七十七条 无经营许可证或者不按照经营许可证规定从事收集、贮存、利用、处置危险废物经营活动的，由县级以上人民政府环境保护行政主管部门责令停止违法行为，没收违法所得，可以并处违法所得三倍以下的罚款。

不按照经营许可证规定从事前款活动的，还可以由发证机关吊销经营许可证。

第七十八条 违反本法规定，将中华人民共和国境外的固体废物进境倾倒、堆放、处置的，进口属于禁止进口的固体废物或者未经许可擅自进口属于限制进口的固体废物用作原料的，由海关责令退运该固体废物，可以并处十万元以上一百万元以下的罚款；构成犯罪的，依法追究刑事责任。进口者不明的，由承运人承担退运该固体废物的责任，或者承担该固体废物的处置费用。

逃避海关监管将中华人民共和国境外的固体废物运输进境，构成犯罪的，依法追究刑事责任。

第七十九条 违反本法规定，经中华人民共和国过境转移危险废物的，由海关责令退运该危险废物，可以并处五万元以上五十万元以下的罚款。

第八十条 对已经非法入境的固体废物，由省级以上人民政府环境保护行政主管部门依法向海关提出处理意见，海关应当依照本法第七十八条的规定作出处罚决定；已经造成环境污染的，由省级以上人民政府环境保护行政主管部门责令进口者消除污染。

第八十一条 违反本法规定，造成固体废物严重污染环境的，由县级以上人民政府环境保护行政主管部门按照国务院规定的权限决定限期治理；逾期未完成治理任务的，由本级人民政府决定停业或者关闭。

第八十二条 违反本法规定，造成固体废物污染环境事故的，由县级以上人民政府环境保护行政主管部门处二万元以上二十万元以下的罚款；造成重大损失的，按照直接损失的百分之三十计算罚款，但是最高不超过一百万元，对负有责任的主管人员和其他直接责任人员，依法给予行政处分；造成固体废物污染环境重大事故的，并由县级以上人民政府按照国务院规定的权限决定停业或者关闭。

第八十三条 违反本法规定，收集、贮存、利用、处置危险废物，造成重大环境污染事故，构成犯罪的，依法追究刑事责任。

第八十四条 受到固体废物污染损害的单位和个人，有权要求依法赔偿损失。

赔偿责任和赔偿金额的纠纷，可以根据当事人的请求，由环境保护行政主管部门或者其他固体废物污染环境防治工作的监督管理部门调解处理；调解不成的，当事人可以向人民法院提起诉讼。当事人也可以直接向人民法院提起诉讼。

国家鼓励法律服务机构对固体废物污染环境诉讼中的受害人提供法律援助。

第八十五条 造成固体废物污染环境的，应当排除危害，依法赔偿损失，并采取措施恢复环境原状。

第八十六条 因固体废物污染环境引起的损害赔偿诉讼，由加害人就法律规定的免责事由及其行为与损害结果之间不存在因果关系承担举证责任。

第八十七条 固体废物污染环境的损害赔偿责任和赔偿金额的纠纷，当事人可以委托环境监测机构提供监测数据。环境监测机构应当接受委托，如实提供有关监测数据。

第六章 附 则

第八十八条 本法下列用语的含义：

（一）固体废物，是指在生产、生活和其他活动中产生的丧失原有利用价值或者虽未丧失利用价值但被抛弃或者放弃的固态、半固态和置于容器中的气态的物品、物质以及法律、行政法规规定纳入固体废物管理的物品、物质。

（二）工业固体废物，是指在工业生产活动中产生的固体废物。

（三）生活垃圾，是指在日常生活中或者为日常生活提供服务的活动中产生的固体废物以及法律、行政法规规定视为生活垃圾的固体废物。

（四）危险废物，是指列入国家危险废物名录或者根据国家规定的危险废物鉴别标准和鉴别方法认定的具有危险特性的固体废物。

（五）贮存，是指将固体废物临时置于特定设施或者场所中的活动。

（六）处置，是指将固体废物焚烧和用其他改变固体废物的物理、化学、生物特性的方法，达到减少已产生的固体废物数量、缩小固体废物体积、减少或者消除其危险成份的活动，或者将固体废物最终置于符合环境保护规定要求的填埋场的活动。

（七）利用，是指从固体废物中提取物质作为原材料或者燃料的活动。

第八十九条 液态废物的污染防治，适用本法；但是，排入水体的废水的污染防治适用有关法律，不适用本法。

第九十条 中华人民共和国缔结或者参加的与固体废物污染环境防治有关的国际条约与本法有不同规定的，适用国际条约的规定；但是，中华人民共和国声明保留的条款除外。

第九十一条 本法自2005年4月1日起施行。

农药包装废弃物回收处理管理办法

（2020年7月31日经农业农村部第11次常务会议审议通过，并经生态环境部同意 2020年8月27日中华人民共和国农业农村部、生态环境部令2020年第7号公布 自2020年10月1日起施行）

第一章 总 则

第一条 为了防治农药包装废弃物污染，保障公众健康，保护生态环境，根据《中华人民共和国土壤污染防治法》《中华人民共和国固体废物污染环境防治法》《农药管理条例》等法律、行政法规，制定本办法。

第二条 本办法适用于农业生产过程中农药包装废弃物的回收处理活动及其监督管理。

第三条 本办法所称农药包装废弃物，是指农药使用后被废弃的与农药直接接触或含有农药残余物的包装物，包括瓶、罐、桶、袋等。

第四条 地方各级人民政府依照《中华人民共和国土壤污染防治法》的规定，组织、协调、督促相关部门依法履行农药包装废弃物回收处理监督管理职责，建立健全回收处理体系，统筹推进农药包装废弃物回收处理等设施建设。

第五条 县级以上地方人民政府农业农村主管部门负责本行政区域内农药生产者、经营者、使用者履行农药包装废弃物回收处理义务的监督管理。

县级以上地方人民政府生态环境主管部门负责本行政区域内农药包装废弃物回收处理活动环境污染防治的监督管理。

第六条 农药生产者（含向中国出口农药的企业）、经营者和使用者应当积极履行农药包装废弃物回收处理义务，及时回收农药包装废弃物并进行处理。

第七条 国家鼓励和支持行业协会在农药包装废弃物回收处理中发挥组织协调、技术指导、提供服务等作用，鼓励和扶持专业化服务机构开展农药包装废弃物回收处理。

第八条 县级以上地方人民政府农业农村和生态环境主管部门应当采取多种形式，开展农药包装废弃物回收处理的宣传和教育，指导农药生产者、经营者和专业化服务机构开展农药包装废弃物的回收处理。

鼓励农药生产者、经营者和社会组织开展农药包装废弃物回收处理的宣传和培训。

第二章 农药包装废弃物回收

第九条 县级以上地方人民政府农业农村主管部门应当调查监测本行政区域内农药包装

废弃物产生情况，指导建立农药包装废弃物回收体系，合理布设县、乡、村农药包装废弃物回收站（点），明确管理责任。

第十条 农药生产者、经营者应当按照"谁生产、经营，谁回收"的原则，履行相应的农药包装废弃物回收义务。农药生产者、经营者可以协商确定农药包装废弃物回收义务的具体履行方式。

农药经营者应当在其经营场所设立农药包装废弃物回收装置，不得拒收其销售农药的包装废弃物。

农药生产者、经营者应当采取有效措施，引导农药使用者及时交回农药包装废弃物。

第十一条 农药使用者应当及时收集农药包装废弃物并交回农药经营者或农药包装废弃物回收站（点），不得随意丢弃。

农药使用者在施用过程中，配药时应当通过清洗等方式充分利用包装物中的农药，减少残留农药。

鼓励有条件的地方，探索建立检查员等农药包装废弃物清洗审验机制。

第十二条 农药经营者和农药包装废弃物回收站（点）应当建立农药包装废弃物回收台账，记录农药包装废弃物的数量和去向信息。回收台账应当保存两年以上。

第十三条 农药生产者应当改进农药包装，便于清洗和回收。

国家鼓励农药生产者使用易资源化利用和易处置包装物、水溶性高分子包装物或者在环境中可降解的包装物，逐步淘汰铝箔包装物。鼓励使用便于回收的大容量包装物。

第三章　农药包装废弃物处理

第十四条 农药经营者和农药包装废弃物回收站（点）应当加强相关设施设备、场所的管理和维护，对收集的农药包装废弃物进行妥善贮存，不得擅自倾倒、堆放、遗撒农药包装废弃物。

第十五条 运输农药包装废弃物应当采取防止污染环境的措施，不得丢弃、遗撒农药包装废弃物，运输工具应当满足防雨、防渗漏、防遗撒要求。

第十六条 国家鼓励和支持对农药包装废弃物进行资源化利用；资源化利用以外的，应当依法依规进行填埋、焚烧等无害化处置。

资源化利用按照"风险可控、定点定向、全程追溯"的原则，由省级人民政府农业农村主管部门会同生态环境主管部门结合本地实际需要确定资源化利用单位，并向社会公布。资源化利用不得用于制造餐饮用具、儿童玩具等产品，防止危害人体健康。资源化利用单位不得倒卖农药包装废弃物。

县级以上地方人民政府农业农村主管部门、生态环境主管部门指导资源化利用单位利用处置回收的农药包装废弃物。

第十七条 农药包装废弃物处理费用由相应的农药生产者和经营者承担；农药生产者、经营者不明确的，处理费用由所在地的县级人民政府财政列支。

鼓励地方有关部门加大资金投入，给予补贴、优惠措施等，支持农药包装废弃物回收、贮存、运输、处置和资源化利用活动。

第四章　法律责任

第十八条 县级以上人民政府农业农村主管部门或生态环境主管部门未按规定履行职责的，对直接负责的主管人员和其他直接责任人依法给予处分；构成犯罪的，依法追究刑事责任。

第十九条 农药生产者、经营者、使用者未按规定履行农药包装废弃物回收处理义务的，由地方人民政府农业农村主管部门按照《中华人民共和国土壤污染防治法》第八十八条规定予以处罚。

第二十条 农药包装废弃物回收处理过程中,造成环境污染的,由地方人民政府生态环境主管部门按照《中华人民共和国固体废物污染环境防治法》等法律的有关规定予以处罚。

第二十一条 农药经营者和农药包装废弃物回收站(点)未按规定建立农药包装废弃物回收台账的,由地方人民政府农业农村主管部门责令改正;拒不改正或者情节严重的,可处二千元以上二万元以下罚款。

第五章 附 则

第二十二条 本办法所称的专业化服务机构,指从事农药包装废弃物回收处理等经营活动的机构。

第二十三条 本办法自2020年10月1日起施行。

危险废物经营许可证管理办法

(2004年5月19日国务院第50次常务会议通过 2004年5月30日中华人民共和国国务院令第408号公布 自2004年7月1日起施行 根据2013年12月7日《国务院关于修改部分行政法规的决定》第一次修订 根据2016年2月6日《国务院关于修改部分行政法规的决定》第二次修订)

第一章 总 则

第一条 为了加强对危险废物收集、贮存和处置经营活动的监督管理,防治危险废物污染环境,根据《中华人民共和国固体废物污染环境防治法》,制定本办法。

第二条 在中华人民共和国境内从事危险废物收集、贮存、处置经营活动的单位,应当依照本办法的规定,领取危险废物经营许可证。

第三条 危险废物经营许可证按照经营方式,分为危险废物收集、贮存、处置综合经营许可证和危险废物收集经营许可证。

领取危险废物综合经营许可证的单位,可以从事各类别危险废物的收集、贮存、处置经营活动;领取危险废物收集经营许可证的单位,只能从事机动车维修活动中产生的废矿物油和居民日常生活中产生的废镉镍电池的危险废物收集经营活动。

第四条 县级以上人民政府环境保护主管部门依照本办法的规定,负责危险废物经营许可证的审批颁发与监督管理工作。

第二章 申请领取危险废物经营许可证的条件

第五条 申请领取危险废物收集、贮存、处置综合经营许可证,应当具备下列条件:

(一)有3名以上环境工程专业或者相关专业中级以上职称,并有3年以上固体废物污染治理经历的技术人员;

(二)有符合国务院交通主管部门有关危险货物运输安全要求的运输工具;

(三)有符合国家或者地方环境保护标准和安全要求的包装工具,中转和临时存放设施、设备以及经验收合格的贮存设施、设备;

(四)有符合国家或者省、自治区、直辖市危险废物处置设施建设规划,符合国家或者地方环境保护标准和安全要求的处置设施、设备和配套的污染防治设施；其中，医疗废物集中处置设施，还应当符合国家有关医疗废物处置的卫生标准和要求；

（五）有与所经营的危险废物类别相适应的处置技术和工艺；

（六）有保证危险废物经营安全的规章制度、污染防治措施和事故应急救援措施；

（七）以填埋方式处置危险废物的，应当依法取得填埋场所的土地使用权。

第六条 申请领取危险废物收集经营许可证，应当具备下列条件：

（一）有防雨、防渗的运输工具；

（二）有符合国家或者地方环境保护标准和安全要求的包装工具，中转和临时存放设施、设备；

（三）有保证危险废物经营安全的规章制度、污染防治措施和事故应急救援措施。

第三章　申请领取危险废物经营许可证的程序

第七条 国家对危险废物经营许可证实行分级审批颁发。

医疗废物集中处置单位的危险废物经营许可证，由医疗废物集中处置设施所在地设区的市级人民政府环境保护主管部门审批颁发。

危险废物收集经营许可证，由县级人民政府环境保护主管部门审批颁发。

本条第二款、第三款规定之外的危险废物经营许可证，由省、自治区、直辖市人民政府环境保护主管部门审批颁发。

第八条 申请领取危险废物经营许可证的单位，应当在从事危险废物经营活动前向发证机关提出申请，并附具本办法第五条或者第六条规定条件的证明材料。

第九条 发证机关应当自受理申请之日起20个工作日内，对申请单位提交的证明材料进行审查，并对申请单位的经营设施进行现场核查。符合条件的，颁发危险废物经营许可证，并予以公告；不符合条件的，书面通知申请单位并说明理由。

发证机关在颁发危险废物经营许可证前，可以根据实际需要征求卫生、城乡规划等有关主管部门和专家的意见。

第十条 危险废物经营许可证包括下列主要内容：

（一）法人名称、法定代表人、住所；

（二）危险废物经营方式；

（三）危险废物类别；

（四）年经营规模；

（五）有效期限；

（六）发证日期和证书编号。

危险废物综合经营许可证的内容，还应当包括贮存、处置设施的地址。

第十一条 危险废物经营单位变更法人名称、法定代表人和住所的，应当自工商变更登记之日起15个工作日内，向原发证机关申请办理危险废物经营许可证变更手续。

第十二条 有下列情形之一的，危险废物经营单位应当按照原申请程序，重新申请领取危险废物经营许可证：

（一）改变危险废物经营方式的；

（二）增加危险废物类别的；

（三）新建或者改建、扩建原有危险废物经营设施的；

（四）经营危险废物超过原批准年经营规模20%以上的。

第十三条 危险废物综合经营许可证有效期为5年；危险废物收集经营许可证有效期为3年。

危险废物经营许可证有效期届满，危险废物经营单位继续从事危险废物经营活动的，应当于危险废物经营许可证有效期届满30个工作日前向原发证机关提出换证申请。原发证机关应当自受理换证申请之日起20个工作日内进行审查，符合条件的，予以换证；不符合条件的，书面通知申请单位并说明理由。

第十四条 危险废物经营单位终止从事收集、贮存、处置危险废物经营活动的，应当对经营设施、场所采取污染防治措施，并对未处置的危险废物作出妥善处理。

危险废物经营单位应当在采取前款规定措施之日起20个工作日内向原发证机关提出注销申请，由原发证机关进行现场核查合格后注销危险废物经营许可证。

第十五条 禁止无经营许可证或者不按照经营许可证规定从事危险废物收集、贮存、处置经营活动。

禁止从中华人民共和国境外进口或者经中华人民共和国过境转移电子类危险废物。

禁止将危险废物提供或者委托给无经营许可证的单位从事收集、贮存、处置经营活动。

禁止伪造、变造、转让危险废物经营许可证。

第四章 监督管理

第十六条 县级以上地方人民政府环境保护主管部门应当于每年3月31日前将上一年度危险废物经营许可证颁发情况报上一级人民政府环境保护主管部门备案。

上级环境保护主管部门应当加强对下级环境保护主管部门审批颁发危险废物经营许可证情况的监督检查，及时纠正下级环境保护主管部门审批颁发危险废物经营许可证过程中的违法行为。

第十七条 县级以上人民政府环境保护主管部门应当通过书面核查和实地检查等方式，加强对危险废物经营单位的监督检查，并将监督检查情况和处理结果予以记录，由监督检查人员签字后归档。

公众有权查阅县级以上人民政府环境保护主管部门的监督检查记录。

县级以上人民政府环境保护主管部门发现危险废物经营单位在经营活动中有不符合原发证条件的情形的，应当责令其限期整改。

第十八条 县级以上人民政府环境保护主管部门有权要求危险废物经营单位定期报告危险废物经营活动情况。危险废物经营单位应当建立危险废物经营情况记录簿，如实记载收集、贮存、处置危险废物的类别、来源、去向和有无事故等事项。

危险废物经营单位应当将危险废物经营情况记录簿保存10年以上，以填埋方式处置危险废物的经营情况记录簿应当永久保存。终止经营活动的，应当将危险废物经营情况记录簿移交所在地县级以上地方人民政府环境保护主管部门存档管理。

第十九条 县级以上人民政府环境保护主管部门应当建立、健全危险废物经营许可证的档案管理制度，并定期向社会公布审批颁发危险废物经营许可证的情况。

第二十条 领取危险废物收集经营许可证的单位，应当与处置单位签订接收合同，并将收集的废矿物油和废镉镍电池在90个工作日内提供或者委托给处置单位进行处置。

第二十一条 危险废物的经营设施在废弃或者改作其他用途前，应当进行无害化处理。

填埋危险废物的经营设施服役期届满后，危险废物经营单位应当按照有关规定对填埋过危险废物的土地采取封闭措施，并在划定的封闭区域设置永久性标记。

第五章 法律责任

第二十二条 违反本办法第十一条规定的，由县级以上地方人民政府环境保护主管部门责令限期改正，给予警告；逾期不改正的，由原发证机关暂扣危险废物经营许可证。

第二十三条 违反本办法第十二条、第十三条第二款规定的，由县级以上地方人民政府环境保护主管部门责令停止违法行为；有违法所得的，没收违法所得；违法所得超过10万元的,并处违法所得 1 倍以上 2 倍以下的罚款;没有违法所得或者违法所得不足 10 万元的,处 5 万元以上 10 万元以下的罚款。

第二十四条 违反本办法第十四条第一款、第二十一条规定的,由县级以上地方人民政府环境保护主管部门责令限期改正;逾期不改正的,处 5 万元以上 10 万元以下的罚款;造成污染事故,构成犯罪的,依法追究刑事责任。

第二十五条 违反本办法第十五条第一款、第二款、第三款规定的,依照《中华人民共和国固体废物污染环境防治法》的规定予以处罚。

违反本办法第十五条第四款规定的,由县级以上地方人民政府环境保护主管部门收缴危险废物经营许可证或者由原发证机关吊销危险废物经营许可证,并处 5 万元以上 10 万元以下的罚款;构成犯罪的,依法追究刑事责任。

第二十六条 违反本办法第十八条规定的,由县级以上地方人民政府环境保护主管部门责令限期改正,给予警告;逾期不改正的,由原发证机关暂扣或者吊销危险废物经营许可证。

第二十七条 违反本办法第二十条规定的,由县级以上地方人民政府环境保护主管部门责令限期改正,给予警告;逾期不改正的,处 1 万元以上 5 万元以下的罚款,并可以由原发证机关暂扣或者吊销危险废物经营许可证。

第二十八条 危险废物经营单位被责令限期整改,逾期不整改或者经整改仍不符合原发证条件的,由原发证机关暂扣或者吊销危险废物经营许可证。

第二十九条 被依法吊销或者收缴危险废物经营许可证的单位,5 年内不得再申请领取危险废物经营许可证。

第三十条 县级以上人民政府环境保护主管部门的工作人员,有下列行为之一的,依法给予行政处分;构成犯罪的,依法追究刑事责任:

(一)向不符合本办法规定条件的单位颁发危险废物经营许可证的;

(二)发现未依法取得危险废物经营许可证的单位和个人擅自从事危险废物经营活动不予查处或者接到举报后不依法处理的;

(三)对依法取得危险废物经营许可证的单位不履行监督管理职责或者发现违反本办法规定的行为不予查处的;

(四)在危险废物经营许可证管理工作中有其他渎职行为的。

第六章 附 则

第三十一条 本办法下列用语的含义:

(一)危险废物,是指列入国家危险废物名录或者根据国家规定的危险废物鉴别标准和鉴别方法认定的具有危险性的废物。

(二)收集,是指危险废物经营单位将分散的危险废物进行集中的活动。

(三)贮存,是指危险废物经营单位在危险废物处置前,将其放置在符合环境保护标准的场所或者设施中,以及为了将分散的危险废物进行集中,在自备的临时设施或者场所每批置放重量超过 5000 千克或者置放时间超过 90 个工作日的活动。

(四)处置,是指危险废物经营单位将危险废物焚烧、煅烧、熔融、烧结、裂解、中和、消毒、蒸馏、萃取、沉淀、过滤、拆解以及用其他改变危险废物物理、化学、生物特性的方法,达到减少危险废物数量、缩小危险废物体积、减少或者消除其危险成分的活动,或者将危险废物最终置于符合环境保护规定要求的场所或者设施并不再回取的活动。

第三十二条 本办法施行前,依照地方性法规、规章或者其他文件的规定已经取得危险废物经营许可证的单位,应当在原危险废物经营许可证有效期届满 30 个工作日前,依照本办法的规定重新申请领取危险废物经营许可证。逾期不办理的,不得继续从事危险废物经营活动。

第三十三条 本办法自 2004 年 7 月 1 日起施行。

城市生活垃圾管理办法

(2007年4月10日建设部第123次常务会议讨论通过 2007年4月28日建设部令第157号公布 自2007年7月1日起施行 根据2015年5月4日住房和城乡建设部令第24号《住房和城乡建设部关于修改〈房地产开发企业资质管理规定〉等部门规章的决定》修正)

第一章 总 则

第一条 为了加强城市生活垃圾管理，改善城市市容和环境卫生，根据《中华人民共和国固体废物污染环境防治法》、《城市市容和环境卫生管理条例》等法律、行政法规，制定本办法。

第二条 本办法适用于中华人民共和国境内城市生活垃圾的清扫、收集、运输、处置及相关管理活动。

第三条 城市生活垃圾的治理，实行减量化、资源化、无害化和谁产生、谁依法负责的原则。

国家采取有利于城市生活垃圾综合利用的经济、技术政策和措施，提高城市生活垃圾治理的科学技术水平，鼓励对城市生活垃圾实行充分回收和合理利用。

第四条 产生城市生活垃圾的单位和个人，应当按照城市人民政府确定的生活垃圾处理费收费标准和有关规定缴纳城市生活垃圾处理费。

城市生活垃圾处理费应当专项用于城市生活垃圾收集、运输和处置，严禁挪作他用。

第五条 国务院建设主管部门负责全国城市生活垃圾管理工作。

省、自治区人民政府建设主管部门负责本行政区域内城市生活垃圾管理工作。

直辖市、市、县人民政府建设（环境卫生）主管部门负责本行政区域内城市生活垃圾的管理工作。

第六条 任何单位和个人都应当遵守城市生活垃圾管理的有关规定，并有权对违反本办法的单位和个人进行检举和控告。

第二章 治理规划与设施建设

第七条 直辖市、市、县人民政府建设（环境卫生）主管部门应当会同城市规划等有关部门，依据城市总体规划和本地区国民经济和社会发展计划等，制定城市生活垃圾治理规划，统筹安排城市生活垃圾收集、处置设施的布局、用地和规模。

制定城市生活垃圾治理规划，应当广泛征求公众意见。

第八条 城市生活垃圾收集、处置设施用地应当纳入城市黄线保护范围，任何单位和个人不得擅自占用或者改变其用途。

第九条 城市生活垃圾收集、处置设施建设，应当符合城市生活垃圾治理规划和国家有关技术标准。

第十条 从事新区开发、旧区改建和住宅小区开发建设的单位，以及机场、码头、车站、公园、商店等公共设施、场所的经营管理单位，应当按照城市生活垃圾治理规划和环境卫生设施的设置标准，配套建设城市生活垃圾收集设施。

第十一条 城市生活垃圾收集、处置设施工程建设的勘察、设计、施工和监理，应当严格执行国家有关法律、法规和技术标准。

第十二条 城市生活垃圾收集、处置设施工程竣工后，建设单位应当依法组织竣工验收，并在竣工验收后三个月内，依法向当地人民政府建设主管部门和环境卫生主管部门报送建设工程项目档案。未经验收或者验收不合格的，不得交付使用。

第十三条 任何单位和个人不得擅自关闭、闲置或者拆除城市生活垃圾处置设施、场所；确有必要关闭、闲置或者拆除的，必须经所在地县级以上地方人民政府建设（环境卫生）主管部门和环境保护主管部门核准，并采取措施，防止污染环境。

第十四条 申请关闭、闲置或者拆除城市生活垃圾处置设施、场所的，应当提交以下材料：

（一）书面申请；

（二）权属关系证明材料；

（三）丧失使用功能或其使用功能被其他设施替代的证明；

（四）防止环境污染的方案；

（五）拟关闭、闲置或者拆除设施的现状图及拆除方案；

（六）拟新建设施设计图；

（七）因实施城市规划需要闲置、关闭或者拆除的，还应当提供规划、建设主管部门的批准文件。

第三章 清扫、收集、运输

第十五条 城市生活垃圾应当逐步实行分类投放、收集和运输。具体办法，由直辖市、市、县人民政府建设（环境卫生）主管部门根据国家标准和本地区实际制定。

第十六条 单位和个人应当按照规定的地点、时间等要求，将生活垃圾投放到指定的垃圾容器或者收集场所。废旧家具等大件垃圾应当按规定时间投放在指定的收集场所。

城市生活垃圾实行分类收集的地区，单位和个人应当按照规定的分类要求，将生活垃圾装入相应的垃圾袋内，投入指定的垃圾容器或者收集场所。

宾馆、饭店、餐馆以及机关、院校等单位应当按照规定单独收集、存放本单位产生的餐厨垃圾，并交符合本办法要求的城市生活垃圾收集、运输企业运至规定的城市生活垃圾处理场所。

禁止随意倾倒、抛洒或者堆放城市生活垃圾。

第十七条 从事城市生活垃圾经营性清扫、收集、运输的企业，应当取得城市生活垃圾经营性清扫、收集、运输服务许可证。

未取得城市生活垃圾经营性清扫、收集、运输服务许可证的企业，不得从事城市生活垃圾经营性清扫、收集、运输活动。

第十八条 直辖市、市、县建设（环境卫生）主管部门应当通过招投标等公平竞争方式作出城市生活垃圾经营性清扫、收集、运输许可的决定，向中标人颁发城市生活垃圾经营性清扫、收集、运输服务许可证。

直辖市、市、县建设（环境卫生）主管部门应当与中标人签订城市生活垃圾清扫、收集、运输经营协议。

城市生活垃圾清扫、收集、运输经营协议应当明确约定经营期限、服务标准等内容，作为城市生活垃圾清扫、收集、运输服务许可证的附件。

第十九条 从事城市生活垃圾经营性清扫、收集、运输服务的企业，应当具备以下条件：

（一）机械清扫能力达到总清扫能力的20%以上，机械清扫车辆包括洒水车和清扫保洁车辆。机械清扫车辆应当具有自动洒水、防尘、防遗撒、安全警示功能，安装车辆行驶及清扫过程记录仪；

（二）垃圾收集应当采用全密闭运输工具，并应当具有分类收集功能；

（三）垃圾运输应当采用全密闭自动卸载车辆或船只，具有防臭味扩散、防遗撒、防渗沥液滴漏功能，安装行驶及装卸记录仪；

（四）具有健全的技术、质量、安全和监测管理制度并得到有效执行；

（五）具有合法的道路运输经营许可证、车辆行驶证；

（六）具有固定的办公及机械、设备、车辆、船只停放场所。

第二十条 从事城市生活垃圾经营性清扫、收集、运输的企业应当履行以下义务：

（一）按照环境卫生作业标准和作业规范，在规定的时间内及时清扫、收运城市生活垃圾；

（二）将收集的城市生活垃圾运到直辖市、市、县人民政府建设（环境卫生）主管部门认可的处理场所；

（三）清扫、收运城市生活垃圾后，对生活垃圾收集设施及时保洁、复位，清理作业场地，保持生活垃圾收集设施和周边环境的干净整洁；

（四）用于收集、运输城市生活垃圾的车辆、船舶应当做到密闭、完好和整洁。

第二十一条 从事城市生活垃圾经营性清扫、收集、运输的企业，禁止实施下列行为：

（一）任意倾倒、抛洒或者堆放城市生活垃圾；

（二）擅自停业、歇业；

（三）在运输过程中沿途丢弃、遗撒生活垃圾。

第二十二条 工业固体废弃物、危险废物应当按照国家有关规定单独收集、运输，严禁混入城市生活垃圾。

第四章 处　　置

第二十三条 城市生活垃圾应当在城市生活垃圾转运站、处理厂（场）处置。

任何单位和个人不得任意处置城市生活垃圾。

第二十四条 城市生活垃圾处置所采用的技术、设备、材料，应当符合国家有关城市生活垃圾处理技术标准的要求，防止对环境造成污染。

第二十五条 从事城市生活垃圾经营性处置的企业，应当向所在地直辖市、市、县人民政府建设（环境卫生）主管部门取得城市生活垃圾经营性处置服务许可证。

未取得城市生活垃圾经营性处置服务许可证，不得从事城市生活垃圾经营性处置活动。

第二十六条 直辖市、市、县建设（环境卫生）主管部门应当通过招投标等公平竞争方式作出城市生活垃圾经营性处置许可的决定，向中标人颁发城市生活垃圾经营性处置服务许可证。

直辖市、市、县建设（环境卫生）主管部门应当与中标人签订城市生活垃圾处置经营协议，明确约定经营期限、服务标准等内容，并作为城市生活垃圾经营性处置服务许可证的附件。

第二十七条 从事城市生活垃圾经营性处置服务的企业，应当具备以下条件：

（一）卫生填埋场、堆肥厂和焚烧厂的选址符合城乡规划，并取得规划许可文件；

（二）采用的技术、工艺符合国家有关标准；

（三）有至少5名具有初级以上专业技术职称的人员，其中包括环境工程、机械、环境监测等专业的技术人员。技术负责人具有5年以上垃圾处理工作经历，并具有中级以上专业技术职称；

（四）具有完善的工艺运行、设备管理、环境监测与保护、财务管理、生产安全、计量统计等方面的管理制度并得到有效执行；

（五）生活垃圾处理设施配备沼气检测仪器，配备环境监测设施如渗沥液监测井、尾气取样孔，安装在线监测系统等监测设备并与建设（环境卫生）主管部门联网；

（六）具有完善的生活垃圾渗沥液、沼气的利用和处理技术方案，卫生填埋场对不同垃圾进行分区填埋方案、生活垃圾处理的渗沥液、沼气、焚烧烟气、残渣等处理残余物达标处理排放方案；

（七）有控制污染和突发事件的预案。

第二十八条 从事城市生活垃圾经营性处置的企业应当履行以下义务：

（一）严格按照国家有关规定和技术标准，处置城市生活垃圾；

（二）按照规定处理处置过程中产生的污水、废气、废渣、粉尘等，防止二次污染；

（三）按照所在地建设（环境卫生）主管部门规定的时间和要求接收生活垃圾；

（四）按照要求配备城市生活垃圾处置设备、设施，保证设施、设备运行良好；

（五）保证城市生活垃圾处置站、场（厂）环境整洁；

（六）按照要求配备合格的管理人员及操作人员；

（七）对每日收运、进出场站、处置的生活垃圾进行计量，按照要求将统计数据和报表报送所在地建设（环境卫生）主管部门；

（八）按照要求定期进行水、气、土壤等环境影响监测，对生活垃圾处理设施的性能和环保指标进行检测、评价，向所在地建设（环境卫生）主管部门报告检测、评价结果。

第五章 监督管理

第二十九条 国务院建设主管部门和省、自治区人民政府建设主管部门应当建立健全监督管理制度，对本办法的执行情况进行监督检查。

直辖市、市、县人民政府建设（环境卫生）主管部门应当对本行政区域内城市生活垃圾经营性清扫、收集、运输、处置企业执行本办法的情况进行监督检查；根据需要，可以向城市生活垃圾经营性处置企业派驻监督员。

第三十条 直辖市、市、县人民政府建设（环境卫生）主管部门实施监督检查时，有权采取下列措施：

（一）查阅复制有关文件和资料；

（二）要求被检查的单位和个人就有关问题做出说明；

（三）进入现场开展检查；

（四）责令有关单位和个人改正违法行为。

有关单位和个人应当支持配合监督检查并提供工作方便，不得妨碍与阻挠监督检查人员依法执行职务。

第三十一条 直辖市、市、县人民政府建设（环境卫生）主管部门应当委托具有计量认证资格的机构，定期对城市生活垃圾处理场站的垃圾处置数量、质量和环境影响进行监测。

第三十二条 城市生活垃圾经营性清扫、收集、运输、处置服务许可有效期届满需要继续从事城市生活垃圾经营性清扫、收集、运输、处置活动的，应当在有效期届满30日前向原发证机关申请办理延续手续。准予延续的，直辖市、市、县建设（环境卫生）主管部门应当与城市生活垃圾经营性清扫、收集、运输、处置企业重新订立经营协议。

第三十三条 有下列情形之一的，可以依法撤销许可证书：

（一）建设（环境卫生）主管部门工作人员滥用职权、玩忽职守作出准予城市生活垃圾清扫、收集、运输或者处置许可决定的；

（二）超越法定职权作出准予城市生活垃圾清扫、收集、运输或者处置许可决定的；

（三）违反法定程序作出准予城市生活垃圾清扫、收集、运输或者处置许可决定的；

（四）对不符合许可条件的申请人作出准予许可的；

（五）依法可以撤销许可的其他情形。

申请人以欺骗、贿赂等不正当手段取得许可的，应当予以撤销。

第三十四条 有下列情形之一的，从事城市生活垃圾经营性清扫、收集、运输或者处置的企业应当向原许可机关提出注销许可证的申请，交回原许可证书；原许可机关应当办理注销手续，公告其许可证书作废：

（一）许可事项有效期届满，未依法申请延期的；

（二）企业依法终止的；

（三）许可证依法被撤回、撤销或者吊销的；

（四）法律、法规规定的其他应当注销的情形。

第三十五条 从事城市生活垃圾经营性清扫、收集、运输、处置的企业需停业、歇业的，应当提前半年向所在地直辖市、市、县人民政府建设（环境卫生）主管部门报告，经同意后方可停业或者歇业。

直辖市、市、县人民政府建设（环境卫生）主管部门应当在城市生活垃圾经营性清扫、收集、运输、处置企业停业或者歇业前，落实保障及时清扫、收集、运输、处置城市生活垃圾的措施。

第三十六条 直辖市、市、县人民政府建设（环境卫生）主管部门应当会同有关部门制定城市生活垃圾清扫、收集、运输和处置应急预案，建立城市生活垃圾应急处理系统，确保紧急或者特殊情况下城市生活垃圾的正常清扫、收集、运输和处置。

从事城市生活垃圾经营性清扫、收集、运输和处置的企业，应当制定突发事件生活垃圾污染防范的应急方案，并报所在地直辖市、市、县人民政府建设（环境卫生）主管部门备案。

第三十七条 从事城市生活垃圾经营性清扫、收集、运输或者处置的企业应当按照国家劳动保护的要求和规定，改善职工的工作条件，采取有效措施，逐步提高职工的工资和福利待遇，做好职工的卫生保健和技术培训工作。

第六章 法律责任

第三十八条 单位和个人未按规定缴纳城市生活垃圾处理费的，由直辖市、市、县人民政府建设（环境卫生）主管部门责令限期改正，逾期不改正的，对单位可处以应交城市生活垃圾处理费三倍以下且不超过 3 万元的罚款，对个人可处以应交城市生活垃圾处理费三倍以下且不超过 1000 元的罚款。

第三十九条 违反本办法第十条规定，未按照城市生活垃圾治理规划和环境卫生设施标准配套建设城市生活垃圾收集设施的，由直辖市、市、县人民政府建设（环境卫生）主管部门责令限期改正，并可处以 1 万元以下的罚款。

第四十条 违反本办法第十二条规定，城市生活垃圾处置设施未经验收或者验收不合格投入使用的，由直辖市、市、县人民政府建设主管部门责令改正，处工程合同价款 2% 以上 4% 以下的罚款；造成损失的，应当承担赔偿责任。

第四十一条 违反本办法第十三条规定，未经批准擅自关闭、闲置或者拆除城市生活垃圾处置设施、场所的，由直辖市、市、县人民政府建设（环境卫生）主管部门责令停止违法行为，限期改正，处以 1 万元以上 10 万元以下的罚款。

第四十二条 违反本办法第十六条规定，随意倾倒、抛洒、堆放城市生活垃圾的，由直辖市、市、县人民政府建设（环境卫生）主管部门责令停止违法行为，限期改正，对单位处以 5000 元以上 5 万元以下的罚款。个人有以上行为的，处以 200 元以下的罚款。

第四十三条 违反本办法第十七条、第二十五条规定，未经批准从事城市生活垃圾经营性清扫、收集、运输或者处置活动的，由直辖市、市、县人民政府建设（环境卫生）主管部门责令停止违法行为，并处以 3 万元的罚款。

第四十四条 违反本办法规定，从事城市生活垃圾经营性清扫、收集、运输的企业在运输过程中沿途丢弃、遗撒生活垃圾的，由直辖市、市、县人民政府建设（环境卫生）卫生主管部门责令停止违法行为，限期改正，处以5000元以上5万元以下的罚款。

第四十五条 从事生活垃圾经营性清扫、收集、运输的企业不履行本办法第二十条规定义务的，由直辖市、市、县人民政府建设（环境卫生）主管部门责令限期改正，并可处以5000元以上3万元以下的罚款；城市生活垃圾经营性处置企业不履行本办法第二十八条规定义务的，由直辖市、市、县人民政府建设（环境卫生）主管部门责令限期改正，并可处以3万元以上10万元以下的罚款。造成损失的，依法承担赔偿责任。

第四十六条 违反本办法规定，从事城市生活垃圾经营性清扫、收集、运输的企业，未经批准擅自停业、歇业的，由直辖市、市、县人民政府建设（环境卫生）主管部门责令限期改正，并可处以1万元以上3万元以下罚款；从事城市生活垃圾经营性处置的企业，未经批准擅自停业、歇业的，由直辖市、市、县人民政府建设（环境卫生）主管部门责令限期改正，并可处以5万元以上10万元以下罚款。造成损失的，依法承担赔偿责任。

第四十七条 违反本办法规定的职权和程序，核发城市生活垃圾清扫、收集、运输、处理许可证的，由上级主管机关责令改正，并对其主管人员及其他直接责任人员给予行政处分；构成犯罪的，应当追究刑事责任。

国家机关工作人员在城市生活垃圾监督管理工作中，玩忽职守、滥用职权、徇私舞弊的，依法给予行政处分；构成犯罪的，依法追究刑事责任。

第七章 附 则

第四十八条 城市建筑垃圾的管理适用《城市建筑垃圾管理规定》（建设部令第139号）。

第四十九条 本办法的规定适用于从事城市生活垃圾非经营性清扫、收集、运输、处置的单位；但是，有关行政许可的规定以及第四十五条、第四十六条的规定除外。

第五十条 城市生活垃圾清扫、收集、运输服务许可证和城市生活垃圾处置服务许可证由国务院建设主管部门统一规定格式，省、自治区人民政府建设主管部门和直辖市人民政府建设（环境卫生）主管部门组织印制。

第五十一条 本办法自2007年7月1日起施行。1993年8月10日建设部颁布的《城市生活垃圾管理办法》（建设部令第27号）同时废止。

医疗废物管理条例

(2003年6月4日国务院第十次常务会议通过 2003年6月16日中华人民共和国国务院令第380号公布 自2003年6月16日起施行 根据2011年1月8日国务院令第588号《国务院关于废止和修改部分行政法规的决定》修订)

第一章 总 则

第一条 为了加强医疗废物的安全管理，防止疾病传播，保护环境，保障人体健康，根据《中华人民共和国传染病防治法》和《中华人民共和国固体废物污染环境防治法》，制定本条例。

第二条 本条例所称医疗废物，是指医疗卫生机构在医疗、预防、保健以及其他相关活动中产生的具有直接或者间接感染性、毒性以及其他危害性的废物。

医疗废物分类目录，由国务院卫生行政主管部门和环境保护行政主管部门共同制定、公布。

第三条 本条例适用于医疗废物的收集、运送、贮存、处置以及监督管理等活动。

医疗卫生机构收治的传染病病人或者疑似传染病病人产生的生活垃圾，按照医疗废物进行管理和处置。

医疗卫生机构废弃的麻醉、精神、放射性、毒性等药品及其相关的废物的管理，依照有关法律、行政法规和国家有关规定、标准执行。

第四条 国家推行医疗废物集中无害化处置，鼓励有关医疗废物安全处置技术的研究与开发。

县级以上地方人民政府负责组织建设医疗废物集中处置设施。

国家对边远贫困地区建设医疗废物集中处置设施给予适当的支持。

第五条 县级以上各级人民政府卫生行政主管部门，对医疗废物收集、运送、贮存、处置活动中的疾病防治工作实施统一监督管理；环境保护行政主管部门，对医疗废物收集、运送、贮存、处置活动中的环境污染防治工作实施统一监督管理。

县级以上各级人民政府其他有关部门在各自的职责范围内负责与医疗废物处置有关的监督管理工作。

第六条 任何单位和个人有权对医疗卫生机构、医疗废物集中处置单位和监督管理部门及其工作人员的违法行为进行举报、投诉、检举和控告。

第二章 医疗废物管理的一般规定

第七条 医疗卫生机构和医疗废物集中处置单位，应当建立、健全医疗废物管理责任制，其法定代表人为第一责任人，切实履行职责，防止因医疗废物导致传染病传播和环境污染事故。

第八条 医疗卫生机构和医疗废物集中处置单位，应当制定与医疗废物安全处置有关的规章制度和在发生意外事故时的应急方案；设置监控部门或者专（兼）职人员，负责检查、督促、落实本单位医疗废物的管理工作，防止违反本条例的行为发生。

第九条 医疗卫生机构和医疗废物集中处置单位，应当对本单位从事医疗废物收集、运送、贮存、处置等工作的人员和管理人员，进行相关法律和专业技术、安全防护以及紧急处理等知识的培训。

第十条 医疗卫生机构和医疗废物集中处置单位，应当采取有效的职业卫生防护措施，为从事医疗废物收集、运送、贮存、处置等工作的人员和管理人员，配备必要的防护用品，定期进行健康检查；必要时，对有关人员进行免疫接种，防止其受到健康损害。

第十一条 医疗卫生机构和医疗废物集中处置单位，应当依照《中华人民共和国固体废物污染环境防治法》的规定，执行危险废物转移联单管理制度。

第十二条 医疗卫生机构和医疗废物集中处置单位，应当对医疗废物进行登记，登记内容应当包括医疗废物的来源、种类、重量或者数量、交接时间、处置方法、最终去向以及经办人签名等项目。登记资料至少保存3年。

第十三条 医疗卫生机构和医疗废物集中处置单位，应当采取有效措施，防止医疗废物流失、泄漏、扩散。

发生医疗废物流失、泄漏、扩散时，医疗卫生机构和医疗废物集中处置单位应当采取减少危害的紧急处理措施，对致病人员提供医疗救护和现场救援；同时向所在地的县级人民政府卫生行政主管部门、环境保护行政主管部门报告，并向可能受到危害的单位和居民通报。

第十四条 禁止任何单位和个人转让、买卖医疗废物。

禁止在运送过程中丢弃医疗废物；禁止在非贮存地点倾倒、堆放医疗废物或者将医疗废物混入其他废物和生活垃圾。

第十五条 禁止邮寄医疗废物。

禁止通过铁路、航空运输医疗废物。

有陆路通道的，禁止通过水路运输医疗废物；没有陆路通道必需经水路运输医疗废物的，应当经设区的市级以上人民政府环境保护行政主管部门批准，并采取严格的环境保护措施后，方可通过水路运输。

禁止将医疗废物与旅客在同一运输工具上载运。

禁止在饮用水源保护区的水体上运输医疗废物。

第三章 医疗卫生机构对医疗废物的管理

第十六条 医疗卫生机构应当及时收集本单位产生的医疗废物，并按照类别分置于防渗漏、防锐器穿透的专用包装物或者密闭的容器内。

医疗废物专用包装物、容器，应当有明显的警示标识和警示说明。

医疗废物专用包装物、容器的标准和警示标识的规定，由国务院卫生行政主管部门和环境保护行政主管部门共同制定。

第十七条 医疗卫生机构应当建立医疗废物的暂时贮存设施、设备，不得露天存放医疗废物；医疗废物暂时贮存的时间不得超过2天。

医疗废物的暂时贮存设施、设备，应当远离医疗区、食品加工区和人员活动区以及生活垃圾存放场所，并设置明显的警示标识和防渗漏、防鼠、防蚊蝇、防蟑螂、防盗以及预防儿童接触等安全措施。

医疗废物的暂时贮存设施、设备应当定期消毒和清洁。

第十八条 医疗卫生机构应当使用防渗漏、防遗撒的专用运送工具，按照本单位确定的内部医疗废物运送时间、路线，将医疗废物收集、运送至暂时贮存地点。

运送工具使用后应当在医疗卫生机构内指定的地点及时消毒和清洁。

第十九条 医疗卫生机构应当根据就近集中处置的原则，及时将医疗废物交由医疗废物集中处置单位处置。

医疗废物中病原体的培养基、标本和菌种、毒种保存液等高危险废物，在交医疗废物集中处置单位处置前应当就地消毒。

第二十条 医疗卫生机构产生的污水、传染病病人或者疑似传染病病人的排泄物，应当按照国家规定严格消毒；达到国家规定的排放标准后，方可排入污水处理系统。

第二十一条 不具备集中处置医疗废物条件的农村，医疗卫生机构应当按照县级人民政府卫生行政主管部门、环境保护行政主管部门的要求，自行就地处置其产生的医疗废物。自行处置医疗废物的，应当符合下列基本要求：

（一）使用后的一次性医疗器具和容易致人损伤的医疗废物，应当消毒并作毁形处理；

（二）能够焚烧的，应当及时焚烧；

（三）不能焚烧的，消毒后集中填埋。

第四章 医疗废物的集中处置

第二十二条 从事医疗废物集中处置活动的单位，应当向县级以上人民政府环境保护行政主管部门申请领取经营许可证；未取得经营许可证的单位，不得从事有关医疗废物集中处置的活动。

第二十三条 医疗废物集中处置单位，应当符合下列条件：

（一）具有符合环境保护和卫生要求的医疗废物贮存、处置设施或者设备；
（二）具有经过培训的技术人员以及相应的技术工人；
（三）具有负责医疗废物处置效果检测、评价工作的机构和人员；
（四）具有保证医疗废物安全处置的规章制度。

第二十四条 医疗废物集中处置单位的贮存、处置设施，应当远离居（村）民居住区、水源保护区和交通干道，与工厂、企业等工作场所有适当的安全防护距离，并符合国务院环境保护行政主管部门的规定。

第二十五条 医疗废物集中处置单位应当至少每2天到医疗卫生机构收集、运送一次医疗废物，并负责医疗废物的贮存、处置。

第二十六条 医疗废物集中处置单位运送医疗废物，应当遵守国家有关危险货物运输管理的规定，使用有明显医疗废物标识的专用车辆。医疗废物专用车辆应当达到防渗漏、防遗撒以及其他环境保护和卫生要求。

运送医疗废物的专用车辆使用后，应当在医疗废物集中处置场所内及时进行消毒和清洁。

运送医疗废物的专用车辆不得运送其他物品。

第二十七条 医疗废物集中处置单位在运送医疗废物过程中应当确保安全，不得丢弃、遗撒医疗废物。

第二十八条 医疗废物集中处置单位应当安装污染物排放在线监控装置，并确保监控装置经常处于正常运行状态。

第二十九条 医疗废物集中处置单位处置医疗废物，应当符合国家规定的环境保护、卫生标准、规范。

第三十条 医疗废物集中处置单位应当按照环境保护行政主管部门和卫生行政主管部门的规定，定期对医疗废物处置设施的环境污染防治和卫生学效果进行检测、评价。检测、评价结果存入医疗废物集中处置单位档案，每半年向所在地环境保护行政主管部门和卫生行政主管部门报告一次。

第三十一条 医疗废物集中处置单位处置医疗废物，按照国家有关规定向医疗卫生机构收取医疗废物处置费用。

医疗卫生机构按照规定支付的医疗废物处置费用，可以纳入医疗成本。

第三十二条 各地区应当利用和改造现有固体废物处置设施和其他设施，对医疗废物集中处置，并达到基本的环境保护和卫生要求。

第三十三条 尚无集中处置设施或者处置能力不足的城市，自本条例施行之日起，设区的市级以上城市应当在1年内建成医疗废物集中处置设施；县级市应当在2年内建成医疗废物集中处置设施。县（旗）医疗废物集中处置设施的建设，由省、自治区、直辖市人民政府规定。

在尚未建成医疗废物集中处置设施期间，有关地方人民政府应当组织制定符合环境保护和卫生要求的医疗废物过渡性处置方案，确定医疗废物收集、运送、处置方式和处置单位。

第五章 监督管理

第三十四条 县级以上地方人民政府卫生行政主管部门、环境保护行政主管部门，应当依照本条例的规定，按照职责分工，对医疗卫生机构和医疗废物集中处置单位进行监督检查。

第三十五条 县级以上地方人民政府卫生行政主管部门，应当对医疗卫生机构和医疗废物集中处置单位从事医疗废物的收集、运送、贮存、处置中的疾病防治工作，以及工作人员的卫生防护等情况进行定期监督检查或者不定期的抽查。

第三十六条 县级以上地方人民政府环境保护行政主管部门，应当对医疗卫生机构和医疗废物集中处置单位从事医疗废物收集、运送、贮存、处置中的环境污染防治工作进行定期监督检查或者不定期的抽查。

第三十七条 卫生行政主管部门、环境保护行政主管部门应当定期交换监督检查和抽查结果。在监督检查或者抽查中发现医疗卫生机构和医疗废物集中处置单位存在隐患时,应当责令立即消除隐患。

第三十八条 卫生行政主管部门、环境保护行政主管部门接到对医疗卫生机构、医疗废物集中处置单位和监督管理部门及其工作人员违反本条例行为的举报、投诉、检举和控告后,应当及时核实,依法作出处理,并将处理结果予以公布。

第三十九条 卫生行政主管部门、环境保护行政主管部门履行监督检查职责时,有权采取下列措施:
（一）对有关单位进行实地检查,了解情况,现场监测,调查取证;
（二）查阅或者复制医疗废物管理的有关资料,采集样品;
（三）责令违反本条例规定的单位和个人停止违法行为;
（四）查封或者暂扣涉嫌违反本条例规定的场所、设备、运输工具和物品;
（五）对违反本条例规定的行为进行查处。

第四十条 发生因医疗废物管理不当导致传染病传播或者环境污染事故,或者有证据证明传染病传播或者环境污染的事故有可能发生时,卫生行政主管部门、环境保护行政主管部门应当采取临时控制措施,疏散人员,控制现场,并根据需要责令暂停导致或者可能导致传染病传播或者环境污染事故的作业。

第四十一条 医疗卫生机构和医疗废物集中处置单位,对有关部门的检查、监测、调查取证,应当予以配合,不得拒绝和阻碍,不得提供虚假材料。

第六章　法律责任

第四十二条 县级以上地方人民政府未依照本条例的规定,组织建设医疗废物集中处置设施或者组织制定医疗废物过渡性处置方案的,由上级人民政府通报批评,责令限期建成医疗废物集中处置设施或者组织制定医疗废物过渡性处置方案;并可以对政府主要领导人、负有责任的主管人员,依法给予行政处分。

第四十三条 县级以上各级人民政府卫生行政主管部门、环境保护行政主管部门或者其他有关部门,未按照本条例的规定履行监督检查职责,发现医疗卫生机构和医疗废物集中处置单位的违法行为不及时处理,发生或者可能发生传染病传播或者环境污染事故时未及时采取减少危害措施,以及有其他玩忽职守、失职、渎职行为的,由本级人民政府或者上级人民政府有关部门责令改正,通报批评;造成传染病传播或者环境污染事故的,对主要负责人、负有责任的主管人员和其他直接责任人员依法给予降级、撤职、开除的行政处分;构成犯罪的,依法追究刑事责任。

第四十四条 县级以上人民政府环境保护行政主管部门,违反本条例的规定发给医疗废物集中处置单位经营许可证的,由本级人民政府或者上级人民政府环境保护行政主管部门通报批评,责令收回违法发给的证书;并可以对主要负责人、负有责任的主管人员和其他直接责任人员依法给予行政处分。

第四十五条 医疗卫生机构、医疗废物集中处置单位违反本条例规定,有下列情形之一的,由县级以上地方人民政府卫生行政主管部门或者环境保护行政主管部门按照各自的职责责令限期改正,给予警告;逾期不改正的,处2000元以上5000元以下的罚款:
（一）未建立、健全医疗废物管理制度,或者未设置监控部门或者专（兼）职人员的;
（二）未对有关人员进行相关法律和专业技术、安全防护以及紧急处理等知识的培训的;
（三）未对从事医疗废物收集、运送、贮存、处置等工作的人员和管理人员采取职业卫生防护措施的;

（四）未对医疗废物进行登记或者未保存登记资料的；
（五）对使用后的医疗废物运送工具或者运送车辆未在指定地点及时进行消毒和清洁的；
（六）未及时收集、运送医疗废物的；
（七）未定期对医疗废物处置设施的环境污染防治和卫生学效果进行检测、评价，或者未将检测、评价效果存档、报告的。

第四十六条　医疗卫生机构、医疗废物集中处置单位违反本条例规定，有下列情形之一的，由县级以上地方人民政府卫生行政主管部门或者环境保护行政主管部门按照各自的职责责令限期改正，给予警告，可以并处 5000 元以下的罚款；逾期不改正的，处 5000 元以上 3 万元以下的罚款：
（一）贮存设施或者设备不符合环境保护、卫生要求的；
（二）未将医疗废物按照类别分置于专用包装物或者容器的；
（三）未使用符合标准的专用车辆运送医疗废物或者使用运送医疗废物的车辆运送其他物品的；
（四）未安装污染物排放在线监控装置或者监控装置未经常处于正常运行状态的。

第四十七条　医疗卫生机构、医疗废物集中处置单位有下列情形之一的，由县级以上地方人民政府卫生行政主管部门或者环境保护行政主管部门按照各自的职责责令限期改正，给予警告，并处 5000 元以上 1 万元以下的罚款；逾期不改正的，处 1 万元以上 3 万元以下的罚款；造成传染病传播或者环境污染事故的，由原发证部门暂扣或者吊销执业许可证件或者经营许可证件；构成犯罪的，依法追究刑事责任：
（一）在运送过程中丢弃医疗废物，在非贮存地点倾倒、堆放医疗废物或者将医疗废物混入其他废物和生活垃圾的；
（二）未执行危险废物转移联单管理制度的；
（三）将医疗废物交给未取得经营许可证的单位或者个人收集、运送、贮存、处置的；
（四）对医疗废物的处置不符合国家规定的环境保护、卫生标准、规范的；
（五）未按照本条例的规定对污水、传染病病人或者疑似传染病病人的排泄物，进行严格消毒，或者未达到国家规定的排放标准，排入污水处理系统的；
（六）对收治的传染病病人或者疑似传染病病人产生的生活垃圾，未按照医疗废物进行管理和处置的。

第四十八条　医疗卫生机构违反本条例规定，将未达到国家规定标准的污水、传染病病人或者疑似传染病病人的排泄物排入城市排水管网的，由县级以上地方人民政府建设行政主管部门责令限期改正，给予警告，并处 5000 元以上 1 万元以下的罚款；逾期不改正的，处 1 万元以上 3 万元以下的罚款；造成传染病传播或者环境污染事故的，由原发证部门暂扣或者吊销执业许可证件；构成犯罪的，依法追究刑事责任。

第四十九条　医疗卫生机构、医疗废物集中处置单位发生医疗废物流失、泄漏、扩散时，未采取紧急处理措施，或者未及时向卫生行政主管部门和环境保护行政主管部门报告的，由县级以上地方人民政府卫生行政主管部门或者环境保护行政主管部门按照各自的职责责令改正，给予警告，并处 1 万元以上 3 万元以下的罚款；造成传染病传播或者环境污染事故的，由原发证部门暂扣或者吊销执业许可证件或者经营许可证件；构成犯罪的，依法追究刑事责任。

第五十条　医疗卫生机构、医疗废物集中处置单位，无正当理由，阻碍卫生行政主管部门或者环境保护行政主管部门执法人员执行职务，拒绝执法人员进入现场，或者不配合执法部门的检查、监测、调查取证的，由县级以上地方人民政府卫生行政主管部门或者环境保护行政主管部门按照各自的职责责令改正，给予警告；拒不改正的，由原发证部门暂扣或者吊销执业许可证件或者经营许可证件；触犯《中华人民共和国治安管理处罚法》，构成违反治安管理行为的，由公安机关依法予以处罚；构成犯罪的，依法追究刑事责任。

第五十一条 不具备集中处置医疗废物条件的农村,医疗卫生机构未按照本条例的要求处置医疗废物的,由县级人民政府卫生行政主管部门或者环境保护行政主管部门按照各自的职责责令限期改正,给予警告;逾期不改正的,处1000元以上5000元以下的罚款;造成传染病传播或者环境污染事故的,由原发证部门暂扣或者吊销执业许可证件;构成犯罪的,依法追究刑事责任。

第五十二条 未取得经营许可证从事医疗废物的收集、运送、贮存、处置等活动的,由县级以上地方人民政府环境保护行政主管部门责令立即停止违法行为,没收违法所得,可以并处违法所得1倍以下的罚款。

第五十三条 转让、买卖医疗废物,邮寄或者通过铁路、航空运输医疗废物,或者违反本条例规定通过水路运输医疗废物的,由县级以上地方人民政府环境保护行政主管部门责令转让、买卖双方、邮寄人、托运人立即停止违法行为,给予警告,没收违法所得;违法所得5000元以上的,并处违法所得2倍以上5倍以下的罚款;没有违法所得或者违法所得不足5000元的,并处5000元以上2万元以下的罚款。

承运人明知托运人违反本条例的规定运输医疗废物,仍予以运输的,或者承运人将医疗废物与旅客在同一工具上载运的,按照前款的规定予以处罚。

第五十四条 医疗卫生机构、医疗废物集中处置单位违反本条例规定,导致传染病传播或者发生环境污染事故,给他人造成损害的,依法承担民事赔偿责任。

第七章 附 则

第五十五条 计划生育技术服务、医学科研、教学、尸体检查和其他相关活动中产生的具有直接或者间接感染性、毒性以及其他危害性废物的管理,依照本条例执行。

第五十六条 军队医疗卫生机构医疗废物的管理由中国人民解放军卫生主管部门参照本条例制定管理办法。

第五十七条 本条例自公布之日起施行。

电子废物污染环境防治管理办法

(2007年9月7日国家环境保护总局2007年第三次局务会议通过 2007年9月27日国家环境保护总局令第40号公布 自2008年2月1日起施行)

第一章 总 则

第一条 为了防治电子废物污染环境,加强对电子废物的环境管理,根据《固体废物污染环境防治法》,制定本办法。

第二条 本办法适用于中华人民共和国境内拆解、利用、处置电子废物污染环境的防治。

产生、贮存电子废物污染环境的防治,也适用本办法;有关法律、行政法规另有规定的,从其规定。

电子类危险废物相关活动污染环境的防治,适用《固体废物污染环境防治法》有关危险废物管理的规定。

第三条 国家环境保护总局对全国电子废物污染环境防治工作实施监督管理。

县级以上地方人民政府环境保护行政主管部门对本行政区域内电子废物污染环境防治工作实施监督管理。

第四条 任何单位和个人都有保护环境的义务,并有权对造成电子废物污染环境的单位和个人进行控告和检举。

第二章 拆解利用处置的监督管理

第五条 新建、改建、扩建拆解、利用、处置电子废物的项目,建设单位(包括个体工商户)应当依据国家有关规定,向所在地设区的市级以上地方人民政府环境保护行政主管部门报批环境影响报告书或者环境影响报告表(以下统称环境影响评价文件)。

前款规定的环境影响评价文件,应当包括下列内容:

(一)建设项目概况;

(二)建设项目是否纳入地方电子废物拆解利用处置设施建设规划;

(三)选择的技术和工艺路线是否符合国家产业政策和电子废物拆解利用处置环境保护技术规范和管理要求,是否与所拆解利用处置的电子废物类别相适应;

(四)建设项目对环境可能造成影响的分析和预测;

(五)环境保护措施及其经济、技术论证;

(六)对建设项目实施环境监测的方案;

(七)对本项目不能完全拆解、利用或者处置的电子废物以及其他固体废物或者液态废物的妥善利用或者处置方案;

(八)环境影响评价结论。

第六条 建设项目竣工后,建设单位(包括个体工商户)应当向审批该建设项目环境影响评价文件的环境保护行政主管部门申请该建设项目需要采取的环境保护措施验收。

前款规定的环境保护措施验收,应当包括下列内容:

(一)配套建设的环境保护设施是否竣工;

(二)是否配备具有相关专业资质的技术人员,建立管理人员和操作人员培训制度和计划;

(三)是否建立电子废物经营情况记录簿制度;

(四)是否建立日常环境监测制度;

(五)是否落实不能完全拆解、利用或者处置的电子废物以及其他固体废物或者液态废物的妥善利用或者处置方案;

(六)是否具有与所处理的电子废物相适应的分类、包装、车辆以及其他收集设备;

(七)是否建立防范因火灾、爆炸、化学品泄漏等引发的突发环境污染事件的应急机制。

第七条 负责审批环境影响评价文件的县级以上人民政府环境保护行政主管部门应当及时将具备下列条件的单位(包括个体工商户),列入电子废物拆解利用处置单位(包括个体工商户)临时名录,并予以公布:

(一)已依法办理工商登记手续,取得营业执照;

(二)建设项目的环境保护措施经环境保护行政主管部门验收合格。

负责审批环境影响评价文件的县级以上人民政府环境保护行政主管部门,对近三年内没有两次以上(含两次)违反环境保护法律、法规和没有本办法规定的下列违法行为的列入临时名录的单位(包括个体工商户),列入电子废物拆解利用处置单位(包括个体工商户)名录,予以公布并定期调整:

(一)超过国家或者地方规定的污染物排放标准排放污染物的;

(二)随意倾倒、堆放所产生的固体废物或液态废物的;

(三)将未完全拆解、利用或者处置的电子废物提供或者委托给列入名录且具有相应经营范围的拆解利用处置单位(包括个体工商户)以外的单位或者个人从事拆解、利用、处置活动的;

（四）环境监测数据、经营情况记录弄虚作假的。

近三年内有两次以上（含两次）违反环境保护法律、法规和本办法规定的本条第二款所列违法行为记录的，其单位法定代表人或者个体工商户经营者新设拆解、利用、处置电子废物的经营企业或者个体工商户的，不得列入名录。

名录（包括临时名录）应当载明单位（包括个体工商户）名称、单位法定代表人或者个体工商户经营者、住所、经营范围。

禁止任何个人和未列入名录（包括临时名录）的单位（包括个体工商户）从事拆解、利用、处置电子废物的活动。

第八条 建设电子废物集中拆解利用处置区的，应当严格规划，符合国家环境保护总局制定的有关技术规范的要求。

第九条 从事拆解、利用、处置电子废物活动的单位（包括个体工商户）应当按照环境保护措施验收的要求对污染物排放进行日常定期监测。

从事拆解、利用、处置电子废物活动的单位（包括个体工商户）应当按照电子废物经营情况记录簿制度的规定，如实记载每批电子废物的来源、类型、重量或者数量、收集（接收）、拆解、利用、贮存、处置的时间；运输者的名称和地址；未完全拆解、利用或者处置的电子废物以及固体废物或液态废物的种类、重量或者数量及去向等。

监测报告及经营情况记录簿应当保存三年。

第十条 从事拆解、利用、处置电子废物活动的单位（包括个体工商户），应当按照经验收合格的培训制度和计划进行培训。

第十一条 拆解、利用和处置电子废物，应当符合国家环境保护总局制定的有关电子废物污染防治的相关标准、技术规范和技术政策的要求。

禁止使用落后的技术、工艺和设备拆解、利用和处置电子废物。

禁止露天焚烧电子废物。

禁止使用冲天炉、简易反射炉等设备和简易酸浸工艺利用、处置电子废物。

禁止以直接填埋的方式处置电子废物。

拆解、利用、处置电子废物应当在专门作业场所进行。作业场所应当采取防雨、防地面渗漏的措施，并有收集泄漏液体的设施。拆解电子废物，应当首先将铅酸电池、镉镍电池、汞开关、阴极射线管、多氯联苯电容器、制冷剂等去除并分类收集、贮存、利用、处置。

贮存电子废物，应当采取防止因破碎或者其他原因导致电子废物中有毒有害物质泄漏的措施。破碎的阴极射线管应当贮存在有盖的容器内。电子废物贮存期限不得超过一年。

第十二条 县级以上人民政府环境保护行政主管部门有权要求拆解、利用、处置电子废物的单位定期报告电子废物经营活动情况。

县级以上人民政府环境保护行政主管部门应当通过书面核查和实地检查等方式进行监督检查，并将监督检查情况和处理结果予以记录，由监督检查人员签字后归档。监督抽查和监测一年不得少于一次。

县级以上人民政府环境保护行政主管部门发现有不符合环境保护措施验收合格时条件、情节轻微的，可以责令限期整改；经及时整改并未造成危害后果的，可以不予处罚。

第十三条 本办法施行前已经从事拆解、利用、处置电子废物活动的单位（包括个体工商户），具备下列条件的，可以自本办法施行之日起120日内，按照本办法的规定，向所在地设区的市级以上地方人民政府环境保护行政主管部门申请核准列入临时名录，并提供下列相关证明文件：

（一）已依法办理工商登记手续，取得营业执照；

（二）环境保护设施已经环境保护行政主管部门竣工验收合格；

（三）已经符合或者经过整改符合本办法规定的环境保护措施验收条件，能够达到电子废物拆解利用处置环境保护技术规范和管理要求；

（四）污染物排放及所产生固体废物或者液态废物的利用或者处置符合环境保护设施竣工验收时的要求。

设区的市级以上地方人民政府环境保护行政主管部门应当自受理申请之日起20个工作日内，对申请单位提交的证明材料进行审查，并对申请单位的经营设施进行现场核查，符合条件的，列入临时名录，并予以公告；不符合条件的，书面通知申请单位并说明理由。

列入临时名录经营期限满三年，并符合本办法第七条第二款所列条件的，列入名录。

第三章 相关方责任

第十四条 电子电器产品、电子电气设备的生产者应当依据国家有关法律、行政法规或者规章的规定，限制或者淘汰有毒有害物质在产品或者设备中的使用。

电子电器产品、电子电气设备的生产者、进口者和销售者，应当依据国家有关规定公开产品或者设备所含铅、汞、镉、六价铬、多溴联苯（PBB）、多溴二苯醚（PBDE）等有毒有害物质，以及不当利用或者处置可能对环境和人类健康影响的信息，产品或者设备废弃后以环境无害化方式利用或者处置的方法提示。

电子电器产品、电子电气设备的生产者、进口者和销售者，应当依据国家有关规定建立回收系统，回收废弃产品或者设备，并负责以环境无害化方式贮存、利用或者处置。

第十五条 有下列情形之一的，应当将电子废物提供或者委托给列入名录（包括临时名录）的具有相应经营范围的拆解利用处置单位（包括个体工商户）进行拆解、利用或者处置：

（一）产生工业电子废物的单位，未自行以环境无害化方式拆解、利用或者处置的；

（二）电子电器产品、电子电气设备生产者、销售者、进口者、使用者、翻新或者维修者、再制造者，废弃电子电器产品、电子电气设备的；

（三）拆解利用处置单位（包括个体工商户），不能完全拆解、利用或者处置电子废物的；

（四）有关行政主管部门在行政管理活动中，依法收缴的非法生产或者进口的电子电器产品、电子电气设备需要拆解、利用或者处置的。

第十六条 产生工业电子废物的单位，应当记录所产生工业电子废物的种类、重量或者数量、自行或者委托第三方贮存、拆解、利用、处置情况等；并依法向所在地县级以上地方人民政府环境保护行政主管部门提供电子废物的种类、产生量、流向、拆解、利用、贮存、处置等有关资料。

记录资料应当保存三年。

第十七条 以整机形式转移含铅酸电池、镉镍电池、汞开关、阴极射线管和多氯联苯电容器的废弃电子电器产品或者电子电气设备等电子类危险废物的，适用《固体废物污染环境防治法》第二十三条的规定。

转移过程中应当采取防止废弃电子电器产品或者电子电气设备破碎的措施。

第四章 罚 则

第十八条 县级以上人民政府环境保护行政主管部门违反本办法规定，不依法履行监督管理职责的，由本级人民政府或者上级环境保护行政主管部门依法责令改正；对负有责任的主管人员和其他直接责任人员，依据国家有关规定给予行政处分；构成犯罪的，依法追究刑事责任。

第十九条 违反本办法规定，拒绝现场检查的，由县级以上人民政府环境保护行政主管部门依据《固体废物污染环境防治法》责令限期改正；拒不改正或者在检查时弄虚作假的，处2000元以上2万元以下的罚款；情节严重，但尚构不成刑事处罚的，并由公安机关依据《治安管理处罚法》处5日以上10日以下拘留；构成犯罪的，依法追究刑事责任。

第二十条　违反本办法规定，任何个人或者未列入名录（包括临时名录）的单位（包括个体工商户）从事拆解、利用、处置电子废物活动的，按照下列规定予以处罚：

（一）未获得环境保护措施验收合格的，由审批该建设项目环境影响评价文件的人民政府环境保护行政主管部门依据《建设项目环境保护管理条例》责令停止拆解、利用、处置电子废物活动，可以处10万元以下罚款；

（二）未取得营业执照的，由工商行政管理部门依据《无照经营查处取缔办法》依法予以取缔，没收专门用于从事无照经营的工具、设备、原材料、产品等财物，并处5万元以上50万元以下的罚款。

第二十一条　违反本办法规定，有下列行为之一的，由所在地县级以上人民政府环境保护行政主管部门责令限期整改，并处3万元以下罚款：

（一）将未完全拆解、利用或者处置的电子废物提供或者委托给列入名录（包括临时名录）且具有相应经营范围的拆解利用处置单位（包括个体工商户）以外的单位或者个人从事拆解、利用、处置活动的；

（二）拆解、利用和处置电子废物不符合有关电子废物污染防治的相关标准、技术规范和技术政策的要求，或者违反本办法规定的禁止性技术、工艺、设备要求的；

（三）贮存、拆解、利用、处置电子废物的作业场所不符合要求的；

（四）未按规定记录经营情况、日常环境监测数据、所产生工业电子废物的有关情况等，或者环境监测数据、经营情况记录弄虚作假的；

（五）未按培训制度和计划进行培训的；

（六）贮存电子废物超过一年的。

第二十二条　列入名录（包括临时名录）的单位（包括个体工商户）违反《固体废物污染环境防治法》等有关法律、行政法规规定，有下列行为之一的，依据有关法律、行政法规予以处罚：

（一）擅自关闭、闲置或者拆除污染防治设施、场所的；

（二）未采取无害化处置措施，随意倾倒、堆放所产生的固体废物或液态废物的；

（三）造成固体废物或液态废物扬散、流失、渗漏或者其他环境污染等环境违法行为的；

（四）不正常使用污染防治设施的。

有前款第一项、第二项、第三项行为的，分别依据《固体废物污染环境防治法》第六十八条规定，处以1万元以上10万元以下罚款；有前款第四项行为的，依据《水污染防治法》、《大气污染防治法》有关规定予以处罚。

第二十三条　列入名录（包括临时名录）的单位（包括个体工商户）违反《固体废物污染环境防治法》等有关法律、行政法规规定，有造成固体废物或液态废物严重污染环境的下列情形之一的，由所在地县级以上人民政府环境保护行政主管部门依据《固体废物污染环境防治法》和《国务院关于落实科学发展观加强环境保护的决定》的规定，责令限其在三个月内进行治理，限产限排，并不得建设增加污染物排放总量的项目；逾期未完成治理任务的，责令其在三个月内停产整治；逾期仍未完成治理任务的，报经本级人民政府批准关闭：

（一）危害生活饮用水水源的；

（二）造成地下水或者土壤重金属环境污染的；

（三）因危险废物扬散、流失、渗漏造成环境污染的；

（四）造成环境功能丧失无法恢复环境原状的；

（五）其他造成固体废物或者液态废物严重污染环境的情形。

第二十四条　县级以上人民政府环境保护行政主管部门发现有违反本办法的行为，依据有关法律、法规和本办法的规定应当由工商行政管理部门或者公安机关行使行政处罚权的，应当及时移送有关主管部门依法予以处罚。

第五章 附 则

第二十五条 本办法中下列用语的含义：

（一）电子废物，是指废弃的电子电器产品、电子电气设备（以下简称产品或者设备）及其废弃零部件、元器件和国家环境保护总局会同有关部门规定纳入电子废物管理的物品、物质。包括工业生产活动中产生的报废产品或者设备、报废的半成品和下脚料，产品或者设备维修、翻新、再制造过程产生的报废品，日常生活或者为日常生活提供服务的活动中废弃的产品或者设备，以及法律法规禁止生产或者进口的产品或者设备。

（二）工业电子废物，是指在工业生产活动中产生的电子废物，包括维修、翻新和再制造工业单位以及拆解利用处置电子废物的单位（包括个体工商户），在生产活动及相关活动中产生的电子废物。

（三）电子类危险废物，是指列入国家危险废物名录或者根据国家规定的危险废物鉴别标准和鉴别方法认定的具有危险特性的电子废物。包括含铅酸电池、镉镍电池、汞开关、阴极射线管和多氯联苯电容器等的产品或者设备等。

（四）拆解，是指以利用、贮存或者处置为目的，通过人工或者机械的方式将电子废物进行拆卸、解体活动；不包括产品或者设备维修、翻新、再制造过程中的拆卸活动。

（五）利用，是指从电子废物中提取物质作为原材料或者燃料的活动，不包括对产品或者设备的维修、翻新和再制造。

第二十六条 本办法自2008年2月1日起施行。

最高人民法院 最高人民检察院
关于办理走私刑事案件适用法律若干问题的解释（节录）

法释〔2014〕10号

（2014年2月24日最高人民法院审判委员会第1608次会议、
2014年6月13日最高人民检察院第十二届检察委员会第23次会议通过
2014年8月12日最高人民法院、最高人民检察院公告公布
自2014年9月10日起施行）

第九条 走私国家一、二级保护动物未达到本解释附表中（一）规定的数量标准，或者走私珍贵动物制品数额不满二十万元的，可以认定为刑法第一百五十一条第二款规定的"情节较轻"。

具有下列情形之一的，依照刑法第一百五十一条第二款的规定处五年以上十年以下有期徒刑，并处罚金：

（一）走私国家一、二级保护动物达到本解释附表中（一）规定的数量标准的；

（二）走私珍贵动物制品数额在二十万元以上不满一百万元的；

（三）走私国家一、二级保护动物未达到本解释附表中（一）规定的数量标准，但具有造成该珍贵动物死亡或者无法追回等情节的。

具有下列情形之一的，应当认定为刑法第一百五十一条第二款规定的"情节特别严重"：

（一）走私国家一、二级保护动物达到本解释附表中（二）规定的数量标准的；

（二）走私珍贵动物制品数额在一百万元以上的；

（三）走私国家一、二级保护动物达到本解释附表中（一）规定的数量标准，且属于犯罪集团的首要分子，使用特种车辆从事走私活动，或者造成该珍贵动物死亡、无法追回等情形的。

不以牟利为目的，为留作纪念而走私珍贵动物制品进境，数额不满十万元的，可以免予刑事处罚；情节显著轻微的，不作为犯罪处理。

第十条 刑法第一百五十一条第二款规定的"珍贵动物"，包括列入《国家重点保护野生动物名录》中的国家一、二级保护野生动物，《濒危野生动植物种国际贸易公约》附录Ⅰ、附录Ⅱ中的野生动物，以及驯养繁殖的上述动物。

走私本解释附表中未规定的珍贵动物的，参照附表中规定的同属或者同科动物的数量标准执行。

走私本解释附表中未规定珍贵动物的制品的，按照《最高人民法院、最高人民检察院、国家林业局、公安部、海关总署关于破坏野生动物资源刑事案件中涉及的CITES附录Ⅰ和附录Ⅱ所列陆生野生动物制品价值核定问题的通知》（林濒发〔2012〕239号）的有关规定核定价值。

第十一条 走私国家禁止进出口的货物、物品，具有下列情形之一的，依照刑法第一百五十一条第三款的规定处五年以下有期徒刑或者拘役，并处或者单处罚金：

（一）走私国家一级保护野生植物五株以上不满二十五株，国家二级保护野生植物十株以上不满五十株，或者珍稀植物、珍稀植物制品数额在二十万元以上不满一百万元的；

（二）走私重点保护古生物化石或者未命名的古生物化石不满十件，或者一般保护古生物化石十件以上不满五十件的；

（三）走私禁止进出口的有毒物质一吨以上不满五吨，或者数额在二万元以上不满十万元的；

（四）走私来自境外疫区的动植物及其产品五吨以上不满二十五吨，或者数额在五万元以上不满二十五万元的；

（五）走私木炭、硅砂等妨害环境、资源保护的货物、物品十吨以上不满五十吨，或者数额在十万元以上不满五十万元的；

（六）走私旧机动车、切割车、旧机电产品或者其他禁止进出口的货物、物品二十吨以上不满一百吨，或者数额在二十万元以上不满一百万元的；

（七）数量或者数额未达到本款第一项至第六项规定的标准，但属于犯罪集团的首要分子，使用特种车辆从事走私活动，造成环境严重污染，或者引起甲类传染病传播、重大动植物疫情等情形的。

具有下列情形之一的，应当认定为刑法第一百五十一条第三款规定的"情节严重"：

（一）走私数量或者数额超过前款第一项至第六项规定的标准的；

（二）达到前款第一项至第六项规定的标准，且属于犯罪集团的首要分子，使用特种车辆从事走私活动，造成环境严重污染，或者引起甲类传染病传播、重大动植物疫情等情形的。

第十二条 刑法第一百五十一条第三款规定的"珍稀植物"，包括列入《国家重点保护野生植物名录》《国家重点保护野生药材物种名录》《国家珍贵树种名录》中的国家一、二级保护野生植物、国家重点保护的野生药材、珍贵树木，《濒危野生动植物种国际贸易公约》附录Ⅰ、附录Ⅱ中的野生植物，以及人工培育的上述植物。

本解释规定的"古生物化石"，按照《古生物化石保护条例》的规定予以认定。走私具有科学价值的古脊椎动物化石、古人类化石，构成犯罪的，依照刑法第一百五十一条第二款的规定，以走私文物罪定罪处罚。

第十四条 走私国家禁止进口的废物或者国家限制进口的可用作原料的废物，具有下列

情形之一的,应当认定为刑法第一百五十二条第二款规定的"情节严重":

(一)走私国家禁止进口的危险性固体废物、液态废物分别或者合计达到一吨以上不满五吨的;

(二)走私国家禁止进口的非危险性固体废物、液态废物分别或者合计达到五吨以上不满二十五吨的;

(三)走私国家限制进口的可用作原料的固体废物、液态废物分别或者合计达到二十吨以上不满一百吨的;

(四)未达到上述数量标准,但属于犯罪集团的首要分子,使用特种车辆从事走私活动,或者造成环境严重污染等情形的。

具有下列情形之一的,应当认定为刑法第一百五十二条第二款规定的"情节特别严重":

(一)走私数量超过前款规定的标准的;

(二)达到前款规定的标准,且属于犯罪集团的首要分子,使用特种车辆从事走私活动,或者造成环境严重污染等情形的;

(三)未达到前款规定的标准,但造成环境严重污染且后果特别严重的。

走私置于容器中的气态废物,构成犯罪的,参照前两款规定的标准处罚。

第十五条 国家限制进口的可用作原料的废物的具体种类,参照国家有关部门的规定确定。

最高人民法院 最高人民检察院
关于办理妨害预防、控制突发传染病疫情等灾害的刑事案件具体应用法律若干问题的解释

法释〔2003〕8号

(2003年5月13日最高人民法院审判委员会第1269次会议、2003年5月13日最高人民检察院第十届检察委员会第3次会议通过 2003年5月14日最高人民法院、最高人民检察院公告公布 自2003年5月15日起施行)

为依法惩治妨害预防、控制突发传染病疫情等灾害的犯罪活动,保障预防、控制突发传染病疫情等灾害工作的顺利进行,切实维护人民群众的身体健康和生命安全,根据《中华人民共和国刑法》等有关法律规定,现就办理相关刑事案件具体应用法律的若干问题解释如下:

第一条 故意传播突发传染病病原体,危害公共安全的,依照刑法第一百一十四条、第一百一十五条第一款的规定,按照以危险方法危害公共安全罪定罪处罚。

患有突发传染病或者疑似突发传染病而拒绝接受检疫、强制隔离或者治疗,过失造成传染病传播,情节严重,危害公共安全的,依照刑法第一百一十五条第二款的规定,按照过失以危险方法危害公共安全罪定罪处罚。

第二条 在预防、控制突发传染病疫情等灾害期间,生产、销售伪劣的防治、防护产品、物资,或者生产、销售用于防治传染病的假药、劣药,构成犯罪的,分别依照刑法第一百四十条、第一百四十一条、第一百四十二条的规定,以生产、销售伪劣产品罪,生产、销售假药罪或者生产、销售劣药罪定罪,依法从重处罚。

第三条 在预防、控制突发传染病疫情等灾害期间，生产用于防治传染病的不符合保障人体健康的国家标准、行业标准的医疗器械、医用卫生材料，或者销售明知是用于防治传染病的不符合保障人体健康的国家标准、行业标准的医疗器械、医用卫生材料，不具有防护、救治功能，足以严重危害人体健康的，依照刑法第一百四十五条的规定，以生产、销售不符合标准的医用器材罪定罪，依法从重处罚。

医疗机构或者个人，知道或者应当知道系前款规定的不符合保障人体健康的国家标准、行业标准的医疗器械、医用卫生材料而购买并有偿使用的，以销售不符合标准的医用器材罪定罪，依法从重处罚。

第四条 国有公司、企业、事业单位的工作人员，在预防、控制突发传染病疫情等灾害的工作中，由于严重不负责任或者滥用职权，造成国有公司、企业破产或者严重损失，致使国家利益遭受重大损失的，依照刑法第一百六十八条的规定，以国有公司、企业、事业单位人员失职罪或者国有公司、企业、事业单位人员滥用职权罪定罪处罚。

第五条 广告主、广告经营者、广告发布者违反国家规定，假借预防、控制突发传染病疫情等灾害的名义，利用广告对所推销的商品或者服务作虚假宣传，致使多人上当受骗，违法所得数额较大或者有其他严重情节的，依照刑法第二百二十二条的规定，以虚假广告罪定罪处罚。

第六条 违反国家在预防、控制突发传染病疫情等灾害期间有关市场经营、价格管理等规定，哄抬物价、牟取暴利，严重扰乱市场秩序，违法所得数额较大或者有其他严重情节的，依照刑法第二百二十五条第（四）项的规定，以非法经营罪定罪，依法从重处罚。

第七条 在预防、控制突发传染病疫情等灾害期间，假借研制、生产或者销售用于预防、控制突发传染病疫情等灾害用品的名义，诈骗公私财物数额较大的，依照刑法有关诈骗罪的规定定罪，依法从重处罚。

第八条 以暴力、威胁方法阻碍国家机关工作人员、红十字会工作人员依法履行为防治突发传染病疫情等灾害而采取的防疫、检疫、强制隔离、隔离治疗等预防、控制措施的，依照刑法第二百七十七条第一款、第三款的规定，以妨害公务罪定罪处罚。

第九条 在预防、控制突发传染病疫情等灾害期间，聚众"打砸抢"，致人伤残、死亡的，依照刑法第二百八十九条、第二百三十四条、第二百三十二条的规定，以故意伤害罪或者故意杀人罪定罪，依法从重处罚。对毁坏或者抢走公私财物的首要分子，依照刑法第二百八十九条、第二百六十三条的规定，以抢劫罪定罪，依法从重处罚。

第十条 编造与突发传染病疫情等灾害有关的恐怖信息，或者明知是编造的此类恐怖信息而故意传播，严重扰乱社会秩序的，依照刑法第二百九十一条之一的规定，以编造、故意传播虚假恐怖信息罪定罪处罚。

利用突发传染病疫情等灾害，制造、传播谣言，煽动分裂国家、破坏国家统一，或者煽动颠覆国家政权、推翻社会主义制度的，依照刑法第一百零三条第二款、第一百零五条第二款的规定，以煽动分裂国家罪或者煽动颠覆国家政权罪定罪处罚。

第十一条 在预防、控制突发传染病疫情等灾害期间，强拿硬要或者任意损毁、占用公私财物情节严重，或者在公共场所起哄闹事，造成公共场所秩序严重混乱的，依照刑法第二百九十三条的规定，以寻衅滋事罪定罪，依法从重处罚。

第十二条 未取得医师执业资格非法行医，具有造成突发传染病病人、病原携带者、疑似突发传染病病人贻误诊治或者造成交叉感染等严重情节的，依照刑法第三百三十六条第一款的规定，以非法行医罪定罪，依法从重处罚。

第十三条 违反传染病防治法等国家有关规定，向土地、水体、大气排放、倾倒或者处置含传染病病原体的废物、有毒物质或者其他危险废物，造成突发传染病传播等重大环境污染事故，致使公私财产遭受重大损失或者人身伤亡的严重后果的，依照刑法第三百三十八条的规定,以重大环境污染事故罪定罪处罚。

第十四条 贪污、侵占用于预防、控制突发传染病疫情等灾害的款物或者挪用归个人使用,构成犯罪的,分别依照刑法第三百八十二条、第三百八十三条、第二百七十一条、第三百八十四条、第二百七十二条的规定,以贪污罪、职务侵占罪、挪用公款罪、挪用资金罪定罪,依法从重处罚。

挪用用于预防、控制突发传染病疫情等灾害的救灾、优抚、救济等款物,构成犯罪的,对直接责任人员,依照刑法第二百七十三条的规定,以挪用特定款物罪定罪处罚。

第十五条 在预防、控制突发传染病疫情等灾害的工作中,负有组织、协调、指挥、灾害调查、控制、医疗救治、信息传递、交通运输、物资保障等职责的国家机关工作人员,滥用职权或者玩忽职守,致使公共财产、国家和人民利益遭受重大损失的,依照刑法第三百九十七条的规定,以滥用职权罪或者玩忽职守罪定罪处罚。

第十六条 在预防、控制突发传染病疫情等灾害期间,从事传染病防治的政府卫生行政部门的工作人员,或者在受政府卫生行政部门委托代表政府卫生行政部门行使职权的组织中从事公务的人员,或者虽未列入政府卫生行政部门人员编制但在政府卫生行政部门从事公务的人员,在代表政府卫生行政部门行使职权时,严重不负责任,导致传染病传播或者流行,情节严重的,依照刑法第四百零九条的规定,以传染病防治失职罪定罪处罚。

在国家对突发传染病疫情等灾害采取预防、控制措施后,具有下列情形之一的,属于刑法第四百零九条规定的"情节严重":

(一)对发生突发传染病疫情等灾害的地区或者突发传染病病人、病原携带者、疑似突发传染病病人,未按照预防、控制突发传染病疫情等灾害工作规范的要求做好防疫、检疫、隔离、防护、救治等工作,或者采取的预防、控制措施不当,造成传染范围扩大或者疫情、灾情加重的;

(二)隐瞒、缓报、谎报或者授意、指使、强令他人隐瞒、缓报、谎报疫情、灾情,造成传染范围扩大或者疫情、灾情加重的;

(三)拒不执行突发传染病疫情等灾害应急处理指挥机构的决定、命令,造成传染范围扩大或者疫情、灾情加重的;

(四)具有其他严重情节的。

第十七条 人民法院、人民检察院办理有关妨害预防、控制突发传染病疫情等灾害的刑事案件,对于有自首、立功等悔罪表现的,依法从轻、减轻、免除处罚或者依法作出不起诉决定。

第十八条 本解释所称"突发传染病疫情等灾害",是指突然发生,造成或者可能造成社会公众健康严重损害的重大传染病疫情、群体性不明原因疾病以及其他严重影响公众健康的灾害。

七、噪声污染防治

中华人民共和国噪声污染防治法

(2021年12月24日第十三届全国人民代表大会常务委员会第三十二次会议通过 2021年12月24日中华人民共和国主席令第104号公布 自2022年6月5日起施行)

第一章 总 则

第一条 为了防治噪声污染，保障公众健康，保护和改善生活环境，维护社会和谐，推进生态文明建设，促进经济社会可持续发展，制定本法。

第二条 本法所称噪声，是指在工业生产、建筑施工、交通运输和社会生活中产生的干扰周围生活环境的声音。

本法所称噪声污染，是指超过噪声排放标准或者未依法采取防控措施产生噪声，并干扰他人正常生活、工作和学习的现象。

第三条 噪声污染的防治，适用本法。

因从事本职生产经营工作受到噪声危害的防治，适用劳动保护等其他有关法律的规定。

第四条 噪声污染防治应当坚持统筹规划、源头防控、分类管理、社会共治、损害担责的原则。

第五条 县级以上人民政府应当将噪声污染防治工作纳入国民经济和社会发展规划、生态环境保护规划，将噪声污染防治工作经费纳入本级政府预算。

生态环境保护规划应当明确噪声污染防治目标、任务、保障措施等内容。

第六条 地方各级人民政府对本行政区域声环境质量负责，采取有效措施，改善声环境质量。

国家实行噪声污染防治目标责任制和考核评价制度，将噪声污染防治目标完成情况纳入考核评价内容。

第七条 县级以上地方人民政府应当依照本法和国务院的规定，明确有关部门的噪声污染防治监督管理职责，根据需要建立噪声污染防治工作协调联动机制，加强部门协同配合、信息共享，推进本行政区域噪声污染防治工作。

第八条 国务院生态环境主管部门对全国噪声污染防治实施统一监督管理。

地方人民政府生态环境主管部门对本行政区域噪声污染防治实施统一监督管理。

各级住房和城乡建设、公安、交通运输、铁路监督管理、民用航空、海事等部门，在各自职责范围内，对建筑施工、交通运输和社会生活噪声污染防治实施监督管理。

基层群众性自治组织应当协助地方人民政府及其有关部门做好噪声污染防治工作。

第九条 任何单位和个人都有保护声环境的义务，同时依法享有获取声环境信息、参与和监督噪声污染防治的权利。

排放噪声的单位和个人应当采取有效措施，防止、减轻噪声污染。

第十条 各级人民政府及其有关部门应当加强噪声污染防治法律法规和知识的宣传教育普及工作，增强公众噪声污染防治意识，引导公众依法参与噪声污染防治工作。

新闻媒体应当开展噪声污染防治法律法规和知识的公益宣传，对违反噪声污染防治法律法规的行为进行舆论监督。

国家鼓励基层群众性自治组织、社会组织、公共场所管理者、业主委员会、物业服务人、志愿者等开展噪声污染防治法律法规和知识的宣传。

第十一条 国家鼓励、支持噪声污染防治科学技术研究开发、成果转化和推广应用，加强噪声污染防治专业技术人才培养，促进噪声污染防治科学技术进步和产业发展。

第十二条 对在噪声污染防治工作中做出显著成绩的单位和个人，按照国家规定给予表彰、奖励。

第二章 噪声污染防治标准和规划

第十三条 国家推进噪声污染防治标准体系建设。

国务院生态环境主管部门和国务院其他有关部门，在各自职责范围内，制定和完善噪声污染防治相关标准，加强标准之间的衔接协调。

第十四条 国务院生态环境主管部门制定国家声环境质量标准。

县级以上地方人民政府根据国家声环境质量标准和国土空间规划以及用地现状，划定本行政区域各类声环境质量标准的适用区域；将以用于居住、科学研究、医疗卫生、文化教育、机关团体办公、社会福利等的建筑物为主的区域，划定为噪声敏感建筑物集中区域，加强噪声污染防治。

声环境质量标准适用区域范围和噪声敏感建筑物集中区域范围应当向社会公布。

第十五条 国务院生态环境主管部门根据国家声环境质量标准和国家经济、技术条件，制定国家噪声排放标准以及相关的环境振动控制标准。

省、自治区、直辖市人民政府对尚未制定国家噪声排放标准的，可以制定地方噪声排放标准；对已经制定国家噪声排放标准的，可以制定严于国家噪声排放标准的地方噪声排放标准。地方噪声排放标准应当报国务院生态环境主管部门备案。

第十六条 国务院标准化主管部门会同国务院发展改革、生态环境、工业和信息化、住房和城乡建设、交通运输、铁路监督管理、民用航空、海事等部门，对可能产生噪声污染的工业设备、施工机械、机动车、铁路机车车辆、城市轨道交通车辆、民用航空器、机动船舶、电气电子产品、建筑附属设备等产品，根据声环境保护的要求和国家经济、技术条件，在其技术规范或者产品质量标准中规定噪声限值。

前款规定的产品使用时产生噪声的限值，应当在有关技术文件中注明。禁止生产、进口或者销售不符合噪声限值的产品。

县级以上人民政府市场监督管理等部门对生产、销售的有噪声限值的产品进行监督抽查，对电梯等特种设备使用时发出的噪声进行监督抽测，生态环境主管部门予以配合。

第十七条 声环境质量标准、噪声排放标准和其他噪声污染防治相关标准应当定期评估，并根据评估结果适时修订。

第十八条 各级人民政府及其有关部门制定、修改国土空间规划和相关规划，应当依法进行环境影响评价，充分考虑城乡区域开发、改造和建设项目产生的噪声对周围生活环境的影响，统筹规划，合理安排土地用途和建设布局，防止、减轻噪声污染。有关环境影响篇章、说明或者报告书中应当包括噪声污染防治内容。

第十九条 确定建设布局，应当根据国家声环境质量标准和民用建筑隔声设计相关标准，合理划定建筑物与交通干线等的防噪声距离，并提出相应的规划设计要求。

第二十条 未达到国家声环境质量标准的区域所在的设区的市、县级人民政府，应当及时编制声环境质量改善规划及其实施方案，采取有效措施，改善声环境质量。

声环境质量改善规划及其实施方案应当向社会公开。

第二十一条 编制声环境质量改善规划及其实施方案，制定、修订噪声污染防治相关标准，应当征求有关行业协会、企业事业单位、专家和公众等的意见。

第三章 噪声污染防治的监督管理

第二十二条 排放噪声、产生振动，应当符合噪声排放标准以及相关的环境振动控制标准和有关法律、法规、规章的要求。

排放噪声的单位和公共场所管理者，应当建立噪声污染防治责任制度，明确负责人和相关人员的责任。

第二十三条 国务院生态环境主管部门负责制定噪声监测和评价规范，会同国务院有关部门组织声环境质量监测网络，规划国家声环境质量监测站（点）的设置，组织开展全国声环境质量监测，推进监测自动化，统一发布全国声环境质量状况信息。

地方人民政府生态环境主管部门会同有关部门按照规定设置本行政区域声环境质量监测站（点），组织开展本行政区域声环境质量监测，定期向社会公布声环境质量状况信息。

地方人民政府生态环境等部门应当加强对噪声敏感建筑物周边等重点区域噪声排放情况的调查、监测。

第二十四条 新建、改建、扩建可能产生噪声污染的建设项目，应当依法进行环境影响评价。

第二十五条 建设项目的噪声污染防治设施应当与主体工程同时设计、同时施工、同时投产使用。

建设项目在投入生产或者使用之前，建设单位应当依照有关法律法规的规定，对配套建设的噪声污染防治设施进行验收，编制验收报告，并向社会公开。未经验收或者验收不合格的，该建设项目不得投入生产或者使用。

第二十六条 建设噪声敏感建筑物，应当符合民用建筑隔声设计相关标准要求，不符合标准要求的，不得通过验收、交付使用；在交通干线两侧、工业企业周边等地方建设噪声敏感建筑物，还应当按照规定间隔一定距离，并采取减少振动、降低噪声的措施。

第二十七条 国家鼓励、支持低噪声工艺和设备的研究开发和推广应用，实行噪声污染严重的落后工艺和设备淘汰制度。

国务院发展改革部门会同国务院有关部门确定噪声污染严重的工艺和设备淘汰期限，并纳入国家综合性产业政策目录。

生产者、进口者、销售者或者使用者应当在规定期限内停止生产、进口、销售或者使用列入前款规定目录的设备。工艺的采用者应当在规定期限内停止采用列入前款规定目录的工艺。

第二十八条 对未完成声环境质量改善规划设定目标的地区以及噪声污染问题突出、群众反映强烈的地区，省级以上人民政府生态环境主管部门会同其他负有噪声污染防治监督管理职责的部门约谈该地区人民政府及其有关部门的主要负责人，要求其采取有效措施及时整改。约谈和整改情况应当向社会公开。

第二十九条 生态环境主管部门和其他负有噪声污染防治监督管理职责的部门，有权对排放噪声的单位或者场所进行现场检查。被检查者应当如实反映情况，提供必要的资料，不得拒绝或者阻挠。实施检查的部门、人员对现场检查中知悉的商业秘密应当保密。

检查人员进行现场检查，不得少于两人，并应当主动出示执法证件。

第三十条 排放噪声造成严重污染，被责令改正拒不改正的，生态环境主管部门或者其他负有噪声污染防治监督管理职责的部门，可以查封、扣押排放噪声的场所、设施、设备、工具和物品。

第三十一条 任何单位和个人都有权向生态环境主管部门或者其他负有噪声污染防治监督管理职责的部门举报造成噪声污染的行为。

生态环境主管部门和其他负有噪声污染防治监督管理职责的部门应当公布举报电话、电子邮箱等，方便公众举报。

接到举报的部门应当及时处理并对举报人的相关信息保密。举报事项属于其他部门职责的，接到举报的部门应当及时移送相关部门并告知举报人。举报人要求答复并提供有效联系方式的，处理举报事项的部门应当反馈处理结果等情况。

第三十二条 国家鼓励开展宁静小区、静音车厢等宁静区域创建活动，共同维护生活环境和谐安宁。

第三十三条 在举行中等学校招生考试、高等学校招生统一考试等特殊活动期间，地方人民政府或者其指定的部门可以对可能产生噪声影响的活动，作出时间和区域的限制性规定，并提前向社会公告。

第四章 工业噪声污染防治

第三十四条 本法所称工业噪声，是指在工业生产活动中产生的干扰周围生活环境的声音。

第三十五条 工业企业选址应当符合国土空间规划以及相关规划要求，县级以上地方人民政府应当按照规划要求优化工业企业布局，防止工业噪声污染。

在噪声敏感建筑物集中区域，禁止新建排放噪声的工业企业，改建、扩建工业企业的，应当采取有效措施防止工业噪声污染。

第三十六条 排放工业噪声的企业事业单位和其他生产经营者，应当采取有效措施，减少振动、降低噪声，依法取得排污许可证或者填报排污登记表。

实行排污许可管理的单位，不得无排污许可证排放工业噪声，并应当按照排污许可证的要求进行噪声污染防治。

第三十七条 设区的市级以上地方人民政府生态环境主管部门应当按照国务院生态环境主管部门的规定，根据噪声排放、声环境质量改善要求等情况，制定本行政区域噪声重点排污单位名录，向社会公开并适时更新。

第三十八条 实行排污许可管理的单位应当按照规定，对工业噪声开展自行监测，保存原始监测记录，向社会公开监测结果，对监测数据的真实性和准确性负责。

噪声重点排污单位应当按照国家规定，安装、使用、维护噪声自动监测设备，与生态环境主管部门的监控设备联网。

第五章 建筑施工噪声污染防治

第三十九条 本法所称建筑施工噪声，是指在建筑施工过程中产生的干扰周围生活环境的声音。

第四十条 建设单位应当按照规定将噪声污染防治费用列入工程造价，在施工合同中明确施工单位的噪声污染防治责任。

施工单位应当按照规定制定噪声污染防治实施方案，采取有效措施，减少振动、降低噪声。建设单位应当监督施工单位落实噪声污染防治实施方案。

第四十一条 在噪声敏感建筑物集中区域施工作业，应当优先使用低噪声施工工艺和设备。

国务院工业和信息化主管部门会同国务院生态环境、住房和城乡建设、市场监督管理等部门，公布低噪声施工设备指导名录并适时更新。

第四十二条 在噪声敏感建筑物集中区域施工作业，建设单位应当按照国家规定，设置噪声自动监测系统，与监督管理部门联网，保存原始监测记录，对监测数据的真实性和准确性负责。

第四十三条 在噪声敏感建筑物集中区域，禁止夜间进行产生噪声的建筑施工作业，但抢修、抢险施工作业，因生产工艺要求或者其他特殊需要必须连续施工作业的除外。

因特殊需要必须连续施工作业的，应当取得地方人民政府住房和城乡建设、生态环境主管部门或者地方人民政府指定的部门的证明，并在施工现场显著位置公示或者以其他方式公告附近居民。

第六章 交通运输噪声污染防治

第四十四条 本法所称交通运输噪声，是指机动车、铁路机车车辆、城市轨道交通车辆、机动船舶、航空器等交通运输工具在运行时产生的干扰周围生活环境的声音。

第四十五条 各级人民政府及其有关部门制定、修改国土空间规划和交通运输等相关规划，应当综合考虑公路、城市道路、铁路、城市轨道交通线路、水路、港口和民用机场及其起降航线对周围声环境的影响。

新建公路、铁路线路选线设计，应当尽量避开噪声敏感建筑物集中区域。

新建民用机场选址与噪声敏感建筑物集中区域的距离应当符合标准要求。

第四十六条 制定交通基础设施工程技术规范，应当明确噪声污染防治要求。

新建、改建、扩建经过噪声敏感建筑物集中区域的高速公路、城市高架、铁路和城市轨道交通线路等的，建设单位应当在可能造成噪声污染的重点路段设置声屏障或者采取其他减少振动、降低噪声的措施，符合有关交通基础设施工程技术规范以及标准要求。

建设单位违反前款规定的，由县级以上人民政府指定的部门责令制定、实施治理方案。

第四十七条 机动车的消声器和喇叭应当符合国家规定。禁止驾驶拆除或者损坏消声器、加装排气管等擅自改装的机动车以轰鸣、疾驶等方式造成噪声污染。

使用机动车音响器材，应当控制音量，防止噪声污染。

机动车应当加强维修和保养，保持性能良好，防止噪声污染。

第四十八条 机动车、铁路机车车辆、城市轨道交通车辆、机动船舶等交通运输工具运行时，应当按照规定使用喇叭等音响装置。

警车、消防救援车、工程救险车、救护车等机动车安装、使用警报器，应当符合国务院公安等部门的规定；非执行紧急任务，不得使用警报器。

第四十九条 地方人民政府生态环境主管部门会同公安机关根据声环境保护的需要，可以划定禁止机动车行驶和使用喇叭等声响装置的路段和时间，向社会公告，并由公安机关交通管理部门依法设置相关标志、标线。

第五十条 在车站、铁路站场、港口等地指挥作业时使用广播喇叭的，应当控制音量，减轻噪声污染。

第五十一条 公路养护管理单位、城市道路养护维修单位应当加强对公路、城市道路的维护和保养，保持减少振动、降低噪声设施正常运行。

城市轨道交通运营单位、铁路运输企业应当加强对城市轨道交通线路和城市轨道交通车辆、铁路线路和铁路机车车辆的维护和保养，保持减少振动、降低噪声设施正常运行，并按照国家规定进行监测，保存原始监测记录，对监测数据的真实性和准确性负责。

第五十二条 民用机场所在地人民政府，应当根据环境影响评价以及监测结果确定的民用航空器噪声对机场周围生活环境产生影响的范围和程度，划定噪声敏感建筑物禁止建设区域和限制建设区域，并实施控制。

在禁止建设区域禁止新建与航空无关的噪声敏感建筑物。

在限制建设区域确需建设噪声敏感建筑物的，建设单位应当对噪声敏感建筑物进行建筑隔声设计，符合民用建筑隔声设计相关标准要求。

第五十三条 民用航空器应当符合国务院民用航空主管部门规定的适航标准中的有关噪

声要求。

第五十四条 民用机场管理机构负责机场起降航空器噪声的管理,会同航空运输企业、通用航空企业、空中交通管理部门等单位,采取低噪声飞行程序、起降跑道优化、运行架次和时段控制、高噪声航空器运行限制或者周围噪声敏感建筑物隔声降噪等措施,防止、减轻民用航空器噪声污染。

民用机场管理机构应当按照国家规定,对机场周围民用航空器噪声进行监测,保存原始监测记录,对监测数据的真实性和准确性负责,监测结果定期向民用航空、生态环境主管部门报送。

第五十五条 因公路、城市道路和城市轨道交通运行排放噪声造成严重污染的,设区的市、县级人民政府应当组织有关部门和其他有关单位对噪声污染情况进行调查评估和责任认定,制定噪声污染综合治理方案。

噪声污染责任单位应当按照噪声污染综合治理方案的要求采取管理或者工程措施,减轻噪声污染。

第五十六条 因铁路运行排放噪声造成严重污染的,铁路运输企业和设区的市、县级人民政府应当对噪声污染情况进行调查,制定噪声污染综合治理方案。

铁路运输企业和设区的市、县级人民政府有关部门和其他有关单位应当按照噪声污染综合治理方案的要求采取有效措施,减轻噪声污染。

第五十七条 因民用航空器起降排放噪声造成严重污染的,民用机场所在地人民政府应当组织有关部门和其他有关单位对噪声污染情况进行调查,综合考虑经济、技术和管理措施,制定噪声污染综合治理方案。

民用机场管理机构、地方各级人民政府和其他有关单位应当按照噪声污染综合治理方案的要求采取有效措施,减轻噪声污染。

第五十八条 制定噪声污染综合治理方案,应当征求有关专家和公众等的意见。

第七章 社会生活噪声污染防治

第五十九条 本法所称社会生活噪声,是指人为活动产生的除工业噪声、建筑施工噪声和交通运输噪声之外的干扰周围生活环境的声音。

第六十条 全社会应当增强噪声污染防治意识,自觉减少社会生活噪声排放,积极开展噪声污染防治活动,形成人人有责、人人参与、人人受益的良好噪声污染防治氛围,共同维护生活环境和谐安宁。

第六十一条 文化娱乐、体育、餐饮等场所的经营管理者应当采取有效措施,防止、减轻噪声污染。

第六十二条 使用空调器、冷却塔、水泵、油烟净化器、风机、发电机、变压器、锅炉、装卸设备等可能产生社会生活噪声污染的设备、设施的企业事业单位和其他经营管理者等,应当采取优化布局、集中排放等措施,防止、减轻噪声污染。

第六十三条 禁止在商业经营活动中使用高音广播喇叭或者采用其他持续反复发出高噪声的方法进行广告宣传。

对商业经营活动中产生的其他噪声,经营者应当采取有效措施,防止噪声污染。

第六十四条 禁止在噪声敏感建筑物集中区域使用高音广播喇叭,但紧急情况以及地方人民政府规定的特殊情形除外。

在街道、广场、公园等公共场所组织或者开展娱乐、健身等活动,应当遵守公共场所管理者有关活动区域、时段、音量等规定,采取有效措施,防止噪声污染;不得违反规定使用音响器材产生过大音量。

公共场所管理者应当合理规定娱乐、健身等活动的区域、时段、音量,可以采取设置噪声自动监测和显示设施等措施加强管理。

第六十五条 家庭及其成员应当培养形成减少噪声产生的良好习惯，乘坐公共交通工具、饲养宠物和其他日常活动尽量避免产生噪声对周围人员造成干扰，互谅互让解决噪声纠纷，共同维护声环境质量。

使用家用电器、乐器或者进行其他家庭场所活动，应当控制音量或者采取其他有效措施，防止噪声污染。

第六十六条 对已竣工交付使用的住宅楼、商铺、办公楼等建筑物进行室内装修活动，应当按照规定限定作业时间，采取有效措施，防止、减轻噪声污染。

第六十七条 新建居民住房的房地产开发经营者应当在销售场所公示住房可能受到噪声影响的情况以及采取或者拟采取的防治措施，并纳入买卖合同。

新建居民住房的房地产开发经营者应当在买卖合同中明确住房的共用设施设备位置和建筑隔声情况。

第六十八条 居民住宅区安装电梯、水泵、变压器等共用设施设备的，建设单位应当合理设置，采取减少振动、降低噪声的措施，符合民用建筑隔声设计相关标准要求。

已建成使用的居民住宅区电梯、水泵、变压器等共用设施设备由专业运营单位负责维护管理，符合民用建筑隔声设计相关标准要求。

第六十九条 基层群众性自治组织指导业主委员会、物业服务人、业主通过制定管理规约或者其他形式，约定本物业管理区域噪声污染防治要求，由业主共同遵守。

第七十条 对噪声敏感建筑物集中区域的社会生活噪声扰民行为，基层群众性自治组织、业主委员会、物业服务人应当及时劝阻、调解；劝阻、调解无效的，可以向负有社会生活噪声污染防治监督管理职责的部门或者地方人民政府指定的部门报告或者投诉，接到报告或者投诉的部门应当依法处理。

第八章 法律责任

第七十一条 违反本法规定，拒绝、阻挠监督检查，或者在接受监督检查时弄虚作假的，由生态环境主管部门或者其他负有噪声污染防治监督管理职责的部门责令改正，处二万元以上二十万元以下的罚款。

第七十二条 违反本法规定，生产、进口、销售超过噪声限值的产品的，由县级以上人民政府市场监督管理部门、海关按照职责责令改正，没收违法所得，并处货值金额一倍以上三倍以下的罚款；情节严重的，报经有批准权的人民政府批准，责令停业、关闭。

违反本法规定，生产、进口、销售、使用淘汰的设备，或者采用淘汰的工艺的，由县级以上人民政府指定的部门责令改正，没收违法所得，并处货值金额一倍以上三倍以下的罚款；情节严重的，报经有批准权的人民政府批准，责令停业、关闭。

第七十三条 违反本法规定，建设单位建设噪声敏感建筑物不符合民用建筑隔声设计相关标准要求的，由县级以上地方人民政府住房和城乡建设主管部门责令改正，处建设工程合同价款百分之二以上百分之四以下的罚款。

违反本法规定，建设单位在噪声敏感建筑物禁止建设区域新建与航空无关的噪声敏感建筑物的，由地方人民政府指定的部门责令停止违法行为，处建设工程合同价款百分之二以上百分之十以下的罚款，并报经有批准权的人民政府批准，责令拆除。

第七十四条 违反本法规定，在噪声敏感建筑物集中区域新建排放噪声的工业企业的，由生态环境主管部门责令停止违法行为，处十万元以上五十万元以下的罚款，并报经有批准权的人民政府批准，责令关闭。

违反本法规定，在噪声敏感建筑物集中区域改建、扩建工业企业，未采取有效措施防止工业噪声污染的，由生态环境主管部门责令改正，处十万元以上五十万元以下的罚款；拒不改正的,报经有批准权的人民政府批准,责令关闭。

第七十五条 违反本法规定,无排污许可证或者超过噪声排放标准排放工业噪声的,由生态环境主管部门责令改正或者限制生产、停产整治,并处二万元以上二十万元以下的罚款;情节严重的,报经有批准权的人民政府批准,责令停业、关闭。

第七十六条 违反本法规定,有下列行为之一,由生态环境主管部门责令改正,处二万元以上二十万元以下的罚款;拒不改正的,责令限制生产、停产整治:

(一)实行排污许可管理的单位未按照规定对工业噪声开展自行监测,未保存原始监测记录,或者未向社会公开监测结果的;

(二)噪声重点排污单位未按照国家规定安装、使用、维护噪声自动监测设备,或者未与生态环境主管部门的监控设备联网的。

第七十七条 违反本法规定,建设单位、施工单位有下列行为之一,由工程所在地人民政府指定的部门责令改正,处一万元以上十万元以下的罚款;拒不改正的,可以责令暂停施工:

(一)超过噪声排放标准排放建筑施工噪声的;

(二)未按照规定取得证明,在噪声敏感建筑物集中区域夜间进行产生噪声的建筑施工作业的。

第七十八条 违反本法规定,有下列行为之一,由工程所在地人民政府指定的部门责令改正,处五千元以上五万元以下的罚款;拒不改正的,处五万元以上二十万元以下的罚款:

(一)建设单位未按照规定将噪声污染防治费用列入工程造价的;

(二)施工单位未按照规定制定噪声污染防治实施方案,或者未采取有效措施减少振动、降低噪声的;

(三)在噪声敏感建筑物集中区域施工作业的建设单位未按照国家规定设置噪声自动监测系统,未与监督管理部门联网,或者未保存原始监测记录的;

(四)因特殊需要必须连续施工作业,建设单位未按照规定公告附近居民的。

第七十九条 违反本法规定,驾驶拆除或者损坏消声器、加装排气管等擅自改装的机动车轰鸣、疾驶,机动车运行时未按照规定使用声响装置,或者违反禁止机动车行驶和使用声响装置的路段和时间规定的,由县级以上地方人民政府公安机关交通管理部门依照有关道路交通安全的法律法规处罚。

违反本法规定,铁路机车车辆、城市轨道交通车辆、机动船舶等交通运输工具运行时未按照规定使用声响装置的,由交通运输、铁路监督管理、海事等部门或者地方人民政府指定的城市轨道交通有关部门按照职责责令改正,处五千元以上一万元以下的罚款。

第八十条 违反本法规定,有下列行为之一,由交通运输、铁路监督管理、民用航空等部门或者地方人民政府指定的城市道路、城市轨道交通有关部门,按照职责责令改正,处五千元以上五万元以下的罚款;拒不改正的,处五万元以上二十万元以下的罚款:

(一)公路养护管理单位、城市道路养护维修单位、城市轨道交通运营单位、铁路运输企业未履行维护和保养义务,未保持减少振动、降低噪声设施正常运行的;

(二)城市轨道交通运营单位、铁路运输企业未按照国家规定进行监测,或者未保存原始监测记录的;

(三)民用机场管理机构、航空运输企业、通用航空企业未采取措施防止、减轻民用航空器噪声污染的;

(四)民用机场管理机构未按照国家规定对机场周围民用航空器噪声进行监测,未保存原始监测记录,或者监测结果未定期报送的。

第八十一条 违反本法规定,有下列行为之一,由地方人民政府指定的部门责令改正,处五千元以上五万元以下的罚款;拒不改正的,处五万元以上二十万元以下的罚款,并可以报经有批准权的人民政府批准，责令停业：

（一）超过噪声排放标准排放社会生活噪声的；

（二）在商业经营活动中使用高音广播喇叭或者采用其他持续反复发出高噪声的方法进行广告宣传的；

（三）未对商业经营活动中产生的其他噪声采取有效措施造成噪声污染的。

第八十二条 违反本法规定，有下列行为之一，由地方人民政府指定的部门说服教育，责令改正；拒不改正的，给予警告，对个人可以处二百元以上一千元以下的罚款，对单位可以处二千元以上二万元以下的罚款：

（一）在噪声敏感建筑物集中区域使用高音广播喇叭的；

（二）在公共场所组织或者开展娱乐、健身等活动，未遵守公共场所管理者有关活动区域、时段、音量等规定，未采取有效措施造成噪声污染，或者违反规定使用音响器材产生过大音量的；

（三）对已竣工交付使用的建筑物进行室内装修活动，未按照规定在限定的作业时间内进行，或者未采取有效措施造成噪声污染的；

（四）其他违反法律规定造成社会生活噪声污染的。

第八十三条 违反本法规定，有下列行为之一，由县级以上地方人民政府房产管理部门责令改正，处一万元以上五万元以下的罚款；拒不改正的，责令暂停销售：

（一）新建居民住房的房地产开发经营者未在销售场所公示住房可能受到噪声影响的情况以及采取或者拟采取的防治措施，或者未纳入买卖合同的；

（二）新建居民住房的房地产开发经营者未在买卖合同中明确住房的共用设施设备位置或者建筑隔声情况的。

第八十四条 违反本法规定，有下列行为之一，由地方人民政府指定的部门责令改正，处五千元以上五万元以下的罚款；拒不改正的，处五万元以上二十万元以下的罚款：

（一）居民住宅区安装共用设施设备，设置不合理或者未采取减少振动、降低噪声的措施，不符合民用建筑隔声设计相关标准要求的；

（二）对已建成使用的居民住宅区共用设施设备，专业运营单位未进行维护管理，不符合民用建筑隔声设计相关标准要求的。

第八十五条 噪声污染防治监督管理人员滥用职权、玩忽职守、徇私舞弊的，由监察机关或者任免机关、单位依法给予处分。

第八十六条 受到噪声侵害的单位和个人，有权要求侵权人依法承担民事责任。

对赔偿责任和赔偿金额纠纷，可以根据当事人的请求，由相应的负有噪声污染防治监督管理职责的部门、人民调解委员会调解处理。

国家鼓励排放噪声的单位、个人和公共场所管理者与受到噪声侵害的单位和个人友好协商，通过调整生产经营时间、施工作业时间，采取减少振动、降低噪声措施，支付补偿金、异地安置等方式，妥善解决噪声纠纷。

第八十七条 违反本法规定，产生社会生活噪声，经劝阻、调解和处理未能制止，持续干扰他人正常生活、工作和学习，或者有其他扰乱公共秩序、妨害社会管理等违反治安管理行为的，由公安机关依法给予治安管理处罚。

违反本法规定，构成犯罪的，依法追究刑事责任。

第九章 附 则

第八十八条 本法中下列用语的含义：

（一）噪声排放，是指噪声源向周围生活环境辐射噪声；

（二）夜间，是指晚上十点至次日早晨六点之间的期间，设区的市级以上人民政府可以另

行规定本行政区域夜间的起止时间,夜间时段长度为八小时;

(三)噪声敏感建筑物,是指用于居住、科学研究、医疗卫生、文化教育、机关团体办公、社会福利等需要保持安静的建筑物;

(四)交通干线,是指铁路、高速公路、一级公路、二级公路、城市快速路、城市主干路、城市次干路、城市轨道交通线路、内河高等级航道。

第八十九条 省、自治区、直辖市或者设区的市、自治州根据实际情况,制定本地方噪声污染防治具体办法。

第九十条 本法自 2022 年 6 月 5 日起施行。《中华人民共和国环境噪声污染防治法》同时废止。

八、放射性物质污染防治

中华人民共和国核安全法

（2017年9月1日第十二届全国人民代表大会常务委员会第二十九次会议通过 2017年9月1日中华人民共和国主席令第73号公布 自2018年1月1日起施行）

第一章 总 则

第一条 为了保障核安全，预防与应对核事故，安全利用核能，保护公众和从业人员的安全与健康，保护生态环境，促进经济社会可持续发展，制定本法。

第二条 在中华人民共和国领域及管辖的其他海域内，对核设施、核材料及相关放射性废物采取充分的预防、保护、缓解和监管等安全措施，防止由于技术原因、人为原因或者自然灾害造成核事故，最大限度减轻核事故情况下的放射性后果的活动，适用本法。

核设施，是指：

（一）核电厂、核热电厂、核供汽供热厂等核动力厂及装置；

（二）核动力厂以外的研究堆、实验堆、临界装置等其他反应堆；

（三）核燃料生产、加工、贮存和后处理设施等核燃料循环设施；

（四）放射性废物的处理、贮存、处置设施。

核材料，是指：

（一）铀-235材料及其制品；

（二）铀-233材料及其制品；

（三）钚-239材料及其制品；

（四）法律、行政法规规定的其他需要管制的核材料。

放射性废物，是指核设施运行、退役产生的，含有放射性核素或者被放射性核素污染，其浓度或者比活度大于国家确定的清洁解控水平，预期不再使用的废弃物。

第三条 国家坚持理性、协调、并进的核安全观，加强核安全能力建设，保障核事业健康发展。

第四条 从事核事业必须遵循确保安全的方针。

核安全工作必须坚持安全第一、预防为主、责任明确、严格管理、纵深防御、独立监管、全面保障的原则。

第五条 核设施营运单位对核安全负全面责任。

为核设施营运单位提供设备、工程以及服务等的单位，应当负相应责任。

第六条 国务院核安全监督管理部门负责核安全的监督管理。

国务院核工业主管部门、能源主管部门和其他有关部门在各自职责范围内负责有关的核安全管理工作。

国家建立核安全工作协调机制，统筹协调有关部门推进相关工作。

第七条 国务院核安全监督管理部门会同国务院有关部门编制国家核安全规划，报国务院批准后组织实施。

第八条 国家坚持从高从严建立核安全标准体系。

国务院有关部门按照职责分工制定核安全标准。核安全标准是强制执行的标准。

核安全标准应当根据经济社会发展和科技进步适时修改。

第九条 国家制定核安全政策，加强核安全文化建设。

国务院核安全监督管理部门、核工业主管部门和能源主管部门应当建立培育核安全文化的机制。

核设施营运单位和为其提供设备、工程以及服务等的单位应当积极培育和建设核安全文化，将核安全文化融入生产、经营、科研和管理的各个环节。

第十条 国家鼓励和支持核安全相关科学技术的研究、开发和利用，加强知识产权保护，注重核安全人才的培养。

国务院有关部门应当在相关科研规划中安排与核设施、核材料安全和辐射环境监测、评估相关的关键技术研究专项，推广先进、可靠的核安全技术。

核设施营运单位和为其提供设备、工程以及服务等的单位、与核安全有关的科研机构等单位，应当持续开发先进、可靠的核安全技术，充分利用先进的科学技术成果，提高核安全水平。

国务院和省、自治区、直辖市人民政府及其有关部门对在科技创新中做出重要贡献的单位和个人，按照有关规定予以表彰和奖励。

第十一条 任何单位和个人不得危害核设施、核材料安全。

公民、法人和其他组织依法享有获取核安全信息的权利，受到核损害的，有依法获得赔偿的权利。

第十二条 国家加强对核设施、核材料的安全保卫工作。

核设施营运单位应当建立和完善安全保卫制度，采取安全保卫措施，防范对核设施、核材料的破坏、损害和盗窃。

第十三条 国家组织开展与核安全有关的国际交流与合作，完善核安全国际合作机制，防范和应对核恐怖主义威胁，履行中华人民共和国缔结或者参加的国际公约所规定的义务。

第二章 核设施安全

第十四条 国家对核设施的选址、建设进行统筹规划，科学论证，合理布局。

国家根据核设施的性质和风险程度等因素，对核设施实行分类管理。

第十五条 核设施营运单位应当具备保障核设施安全运行的能力，并符合下列条件：

（一）有满足核安全要求的组织管理体系和质量保证、安全管理、岗位责任等制度；

（二）有规定数量、合格的专业技术人员和管理人员；

（三）具备与核设施安全相适应的安全评价、资源配置和财务能力；

（四）具备必要的核安全技术支撑和持续改进能力；

（五）具备应急响应能力和核损害赔偿财务保障能力；

（六）法律、行政法规规定的其他条件。

第十六条 核设施营运单位应当依照法律、行政法规和标准的要求，设置核设施纵深防御体系，有效防范技术原因、人为原因和自然灾害造成的威胁，确保核设施安全。

核设施营运单位应当对核设施进行定期安全评价，并接受国务院核安全监督管理部门的审查。

第十七条 核设施营运单位和为其提供设备、工程以及服务等的单位应当建立并实施质量保证体系，有效保证设备、工程和服务等的质量，确保设备的性能满足核安全标准的要求，工程和服务等满足核安全相关要求。

第十八条 核设施营运单位应当严格控制辐射照射，确保有关人员免受超过国家规定剂量限值的辐射照射，确保辐射照射保持在合理、可行和尽可能低的水平。

第十九条　核设施营运单位应当对核设施周围环境中所含的放射性核素的种类、浓度以及核设施流出物中的放射性核素总量实施监测，并定期向国务院环境保护主管部门和所在地省、自治区、直辖市人民政府环境保护主管部门报告监测结果。

第二十条　核设施营运单位应当按照国家有关规定，制定培训计划，对从业人员进行核安全教育和技能培训并进行考核。

核设施营运单位应当为从业人员提供相应的劳动防护和职业健康检查，保障从业人员的安全和健康。

第二十一条　省、自治区、直辖市人民政府应当对国家规划确定的核动力厂等重要核设施的厂址予以保护，在规划期内不得变更厂址用途。

省、自治区、直辖市人民政府应当在核动力厂等重要核设施周围划定规划限制区，经国务院核安全监督管理部门同意后实施。

禁止在规划限制区内建设可能威胁核设施安全的易燃、易爆、腐蚀性物品的生产、贮存设施以及人口密集场所。

第二十二条　国家建立核设施安全许可制度。

核设施营运单位进行核设施选址、建造、运行、退役等活动，应当向国务院核安全监督管理部门申请许可。

核设施营运单位要求变更许可文件规定条件的，应当报国务院核安全监督管理部门批准。

第二十三条　核设施营运单位应当对地质、地震、气象、水文、环境和人口分布等因素进行科学评估，在满足核安全技术评价要求的前提下，向国务院核安全监督管理部门提交核设施选址安全分析报告，经审查符合核安全要求后，取得核设施场址选择审查意见书。

第二十四条　核设施设计应当符合核安全标准，采用科学合理的构筑物、系统和设备参数与技术要求，提供多样保护和多重屏障，确保核设施运行可靠、稳定和便于操作，满足核安全要求。

第二十五条　核设施建造前，核设施营运单位应当向国务院核安全监督管理部门提出建造申请，并提交下列材料：

（一）核设施建造申请书；

（二）初步安全分析报告；

（三）环境影响评价文件；

（四）质量保证文件；

（五）法律、行政法规规定的其他材料。

第二十六条　核设施营运单位取得核设施建造许可证后，应当确保核设施整体性能满足核安全标准的要求。

核设施建造许可证的有效期不得超过十年。有效期届满，需要延期建造的，应当报国务院核安全监督管理部门审查批准。但是，有下列情形之一且经评估不存在安全风险的除外：

（一）国家政策或者行为导致核设施延期建造；

（二）用于科学研究的核设施；

（三）用于工程示范的核设施；

（四）用于乏燃料后处理的核设施。

核设施建造完成后应当进行调试，验证其是否满足设计的核安全要求。

第二十七条　核设施首次装投料前，核设施营运单位应当向国务院核安全监督管理部门提出运行申请，并提交下列材料：

（一）核设施运行申请书；

（二）最终安全分析报告；

（三）质量保证文件；

（四）应急预案；

（五）法律、行政法规规定的其他材料。

核设施营运单位取得核设施运行许可证后，应当按照许可证的规定运行。

核设施运行许可证的有效期为设计寿期。在有效期内，国务院核安全监督管理部门可以根据法律、行政法规和新的核安全标准的要求，对许可证规定的事项作出合理调整。

核设施营运单位调整下列事项的，应当报国务院核安全监督管理部门批准：

（一）作为颁发运行许可证依据的重要构筑物、系统和设备；

（二）运行限值和条件；

（三）国务院核安全监督管理部门批准的与核安全有关的程序和其他文件。

第二十八条 核设施运行许可证有效期届满需要继续运行的，核设施营运单位应当于有效期届满前五年，向国务院核安全监督管理部门提出延期申请，并对其是否符合核安全标准进行论证、验证，经审查批准后，方可继续运行。

第二十九条 核设施终止运行后，核设施营运单位应当采取安全的方式进行停闭管理，保证停闭期间的安全，确保退役所需的基本功能、技术人员和文件。

第三十条 核设施退役前，核设施营运单位应当向国务院核安全监督管理部门提出退役申请，并提交下列材料：

（一）核设施退役申请书；

（二）安全分析报告；

（三）环境影响评价文件；

（四）质量保证文件；

（五）法律、行政法规规定的其他材料。

核设施退役时，核设施营运单位应当按照合理、可行和尽可能低的原则处理、处置核设施场址的放射性物质，将构筑物、系统和设备的放射性水平降低至满足标准的要求。

核设施退役后，核设施所在地省、自治区、直辖市人民政府环境保护主管部门应当对核设施场址及其周围环境中所含的放射性核素的种类和浓度组织监测。

第三十一条 进口核设施，应当满足中华人民共和国有关核安全法律、行政法规和标准的要求，并报国务院核安全监督管理部门审查批准。

出口核设施，应当遵守中华人民共和国有关核设施出口管制的规定。

第三十二条 国务院核安全监督管理部门应当依照法定条件和程序，对核设施安全许可申请组织安全技术审查，满足核安全要求的，在技术审查完成之日起二十日内，依法作出准予许可的决定。

国务院核安全监督管理部门审批核设施建造、运行许可申请时，应当向国务院有关部门和核设施所在地省、自治区、直辖市人民政府征询意见，被征询意见的单位应当在三个月内给予答复。

第三十三条 国务院核安全监督管理部门组织安全技术审查时，应当委托与许可申请单位没有利益关系的技术支持单位进行技术审评。受委托的技术支持单位应当对其技术评价结论的真实性、准确性负责。

第三十四条 国务院核安全监督管理部门成立核安全专家委员会，为核安全决策提供咨询意见。

制定核安全规划和标准，进行核设施重大安全问题技术决策，应当咨询核安全专家委员会的意见。

第三十五条 国家建立核设施营运单位核安全报告制度，具体办法由国务院有关部门制定。

国务院有关部门应当建立核安全经验反馈制度，并及时处理核安全报告信息，实现信息共享。

核设施营运单位应当建立核安全经验反馈体系。

第三十六条 为核设施提供核安全设备设计、制造、安装和无损检验服务的单位，应当向国务院核安全监督管理部门申请许可。境外机构为境内核设施提供核安全设备设计、制造、安装和无损检验服务的，应当向国务院核安全监督管理部门申请注册。

国务院核安全监督管理部门依法对进口的核安全设备进行安全检验。

第三十七条 核设施操纵人员以及核安全设备焊接人员、无损检验人员等特种工艺人员应当按照国家规定取得相应资格证书。

核设施营运单位以及核安全设备制造、安装和无损检验单位应当聘用取得相应资格证书的人员从事与核设施安全专业技术有关的工作。

第三章 核材料和放射性废物安全

第三十八条 核设施营运单位和其他有关单位持有核材料，应当按照规定的条件依法取得许可，并采取下列措施，防止核材料被盗、破坏、丢失、非法转让和使用，保障核材料的安全与合法利用：

（一）建立专职机构或者指定专人保管核材料；
（二）建立核材料衡算制度，保持核材料收支平衡；
（三）建立与核材料保护等级相适应的实物保护系统；
（四）建立信息保密制度，采取保密措施；
（五）法律、行政法规规定的其他措施。

第三十九条 产生、贮存、运输、后处理乏燃料的单位应当采取措施确保乏燃料的安全，并对持有的乏燃料承担核安全责任。

第四十条 放射性废物应当实行分类处置。

低、中水平放射性废物在国家规定的符合核安全要求的场所实行近地表或者中等深度处置。

高水平放射性废物实行集中深地质处置，由国务院指定的单位专营。

第四十一条 核设施营运单位、放射性废物处理处置单位应当对放射性废物进行减量化、无害化处理、处置，确保永久安全。

第四十二条 国务院核工业主管部门会同国务院有关部门和省、自治区、直辖市人民政府编制低、中水平放射性废物处置场所的选址规划，报国务院批准后组织实施。

国务院核工业主管部门会同国务院有关部门编制高水平放射性废物处置场所的选址规划，报国务院批准后组织实施。

放射性废物处置场所的建设应当与核能发展的要求相适应。

第四十三条 国家建立放射性废物管理许可制度。

专门从事放射性废物处理、贮存、处置的单位，应当向国务院核安全监督管理部门申请许可。

核设施营运单位利用与核设施配套建设的处理、贮存设施，处理、贮存本单位产生的放射性废物的，无需申请许可。

第四十四条 核设施营运单位应当对其产生的放射性固体废物和不能经净化排放的放射性废液进行处理，使其转变为稳定的、标准化的固体废物后，及时送交放射性废物处置单位处置。

核设施营运单位应当对其产生的放射性废气进行处理，达到国家放射性污染防治标准后，方可排放。

第四十五条 放射性废物处置单位应当按照国家放射性污染防治标准的要求，对其接收的放射性废物进行处置。

放射性废物处置单位应当建立放射性废物处置情况记录档案，如实记录处置的放射性废物的来源、数量、特征、存放位置等与处置活动有关的事项。记录档案应当永久保存。

第四十六条 国家建立放射性废物处置设施关闭制度。

放射性废物处置设施有下列情形之一的，应当依法办理关闭手续，并在划定的区域设置永久性标记：

（一）设计服役期届满；

（二）处置的放射性废物已经达到设计容量；

（三）所在地区的地质构造或者水文地质等条件发生重大变化，不适宜继续处置放射性废物；

（四）法律、行政法规规定的其他需要关闭的情形。

第四十七条 放射性废物处置设施关闭前，放射性废物处置单位应当编制放射性废物处置设施关闭安全监护计划，报国务院核安全监督管理部门批准。

安全监护计划应当包括下列主要内容：

（一）安全监护责任人及其责任；

（二）安全监护费用；

（三）安全监护措施；

（四）安全监护期限。

放射性废物处置设施关闭后，放射性废物处置单位应当按照经批准的安全监护计划进行安全监护；经国务院核安全监督管理部门会同国务院有关部门批准后，将其交由省、自治区、直辖市人民政府进行监护管理。

第四十八条 核设施营运单位应当按照国家规定缴纳乏燃料处理处置费用，列入生产成本。

核设施营运单位应当预提核设施退役费用、放射性废物处置费用，列入投资概算、生产成本，专门用于核设施退役、放射性废物处置。具体办法由国务院财政部门、价格主管部门会同国务院核安全监督管理部门、核工业主管部门和能源主管部门制定。

第四十九条 国家对核材料、放射性废物的运输实行分类管理，采取有效措施，保障运输安全。

第五十条 国家保障核材料、放射性废物的公路、铁路、水路等运输，国务院有关部门应当加强对公路、铁路、水路等运输的管理，制定具体的保障措施。

第五十一条 国务院核工业主管部门负责协调乏燃料运输管理活动，监督有关保密措施。

公安机关对核材料、放射性废物道路运输的实物保护实施监督，依法处理可能危及核材料、放射性废物安全运输的事故。通过道路运输核材料、放射性废物的，应当报启运地县级以上人民政府公安机关按照规定权限批准；其中，运输乏燃料或者高水平放射性废物的，应当报国务院公安部门批准。

国务院核安全监督管理部门负责批准核材料、放射性废物运输包装容器的许可申请。

第五十二条 核材料、放射性废物的托运人应当在运输中采取有效的辐射防护和安全保卫措施，对运输中的核安全负责。

乏燃料、高水平放射性废物的托运人应当向国务院核安全监督管理部门提交有关核安全分析报告，经审查批准后方可开展运输活动。

核材料、放射性废物的承运人应当依法取得国家规定的运输资质。

第五十三条 通过公路、铁路、水路等运输核材料、放射性废物，本法没有规定的，适用相关法律、行政法规和规章关于放射性物品运输、危险货物运输的规定。

第四章 核事故应急

第五十四条 国家设立核事故应急协调委员会，组织、协调全国的核事故应急管理工作。

省、自治区、直辖市人民政府根据实际需要设立核事故应急协调委员会，组织、协调本行政区域内的核事故应急管理工作。

第五十五条 国务院核工业主管部门承担国家核事故应急协调委员会日常工作，牵头制定国家核事故应急预案，经国务院批准后组织实施。国家核事故应急协调委员会成员单位根据国家核事故应急预案部署，制定本单位核事故应急预案，报国务院核工业主管部门备案。

省、自治区、直辖市人民政府指定的部门承担核事故应急协调委员会的日常工作，负责制定本行政区域内场外核事故应急预案，报国家核事故应急协调委员会审批后组织实施。

核设施营运单位负责制定本单位场内核事故应急预案，报国务院核工业主管部门、能源主管部门和省、自治区、直辖市人民政府指定的部门备案。

中国人民解放军和中国人民武装警察部队按照国务院、中央军事委员会的规定，制定本系统支援地方的核事故应急工作预案，报国务院核工业主管部门备案。

应急预案制定单位应当根据实际需要和情势变化，适时修订应急预案。

第五十六条 核设施营运单位应当按照应急预案，配备应急设备，开展应急工作人员培训和演练，做好应急准备。

核设施所在地省、自治区、直辖市人民政府指定的部门，应当开展核事故应急知识普及活动，按照应急预案组织有关企业、事业单位和社区开展核事故应急演练。

第五十七条 国家建立核事故应急准备金制度，保障核事故应急准备与响应工作所需经费。核事故应急准备金管理办法，由国务院制定。

第五十八条 国家对核事故应急实行分级管理。

发生核事故时，核设施营运单位应当按照应急预案的要求开展应急响应，减轻事故后果，并立即向国务院核工业主管部门、核安全监督管理部门和省、自治区、直辖市人民政府指定的部门报告核设施状况，根据需要提出场外应急响应行动建议。

第五十九条 国家核事故应急协调委员会按照国家核事故应急预案部署，组织协调国务院有关部门、地方人民政府、核设施营运单位实施核事故应急救援工作。

中国人民解放军和中国人民武装警察部队按照国务院、中央军事委员会的规定，实施核事故应急救援工作。

核设施营运单位应当按照核事故应急救援工作的要求，实施应急响应支援。

第六十条 国务院核工业主管部门或者省、自治区、直辖市人民政府指定的部门负责发布核事故应急信息。

国家核事故应急协调委员会统筹协调核事故应急国际通报和国际救援工作。

第六十一条 各级人民政府及其有关部门、核设施营运单位等应当按照国务院有关规定和授权，组织开展核事故后的恢复行动、损失评估等工作。

核事故的调查处理，由国务院或者其授权的部门负责实施。

核事故场外应急行动的调查处理，由国务院或者其指定的机构负责实施。

第六十二条 核材料、放射性废物运输的应急应当纳入所经省、自治区、直辖市场外核事故应急预案或者辐射应急预案。发生核事故时，由事故发生地省、自治区、直辖市人民政府负责应急响应。

第五章 信息公开和公众参与

第六十三条 国务院有关部门及核设施所在地省、自治区、直辖市人民政府指定的部门应当在各自职责范围内依法公开核安全相关信息。

国务院核安全监督管理部门应当依法公开与核安全有关的行政许可，以及核安全有关活动的安全监督检查报告、总体安全状况、辐射环境质量和核事故等信息。

国务院应当定期向全国人民代表大会常务委员会报告核安全情况。

第六十四条 核设施营运单位应当公开本单位核安全管理制度和相关文件、核设施安全状况、流出物和周围环境辐射监测数据、年度核安全报告等信息。具体办法由国务院核安全监督管理部门制定。

第六十五条 对依法公开的核安全信息，应当通过政府公告、网站以及其他便于公众知晓的方式，及时向社会公开。

公民、法人和其他组织，可以依法向国务院核安全监督管理部门和核设施所在地省、自治区、直辖市人民政府指定的部门申请获取核安全相关信息。

第六十六条 核设施营运单位应当就涉及公众利益的重大核安全事项通过问卷调查、听证会、论证会、座谈会，或者采取其他形式征求利益相关方的意见，并以适当形式反馈。

核设施所在地省、自治区、直辖市人民政府应当就影响公众利益的重大核安全事项举行听证会、论证会、座谈会，或者采取其他形式征求利益相关方的意见，并以适当形式反馈。

第六十七条 核设施营运单位应当采取下列措施，开展核安全宣传活动：

（一）在保证核设施安全的前提下，对公众有序开放核设施；

（二）与学校合作，开展对学生的核安全知识教育活动；

（三）建设核安全宣传场所，印制和发放核安全宣传材料；

（四）法律、行政法规规定的其他措施。

第六十八条 公民、法人和其他组织有权对存在核安全隐患或者违反核安全法律、行政法规的行为，向国务院核安全监督管理部门或者其他有关部门举报。

公民、法人和其他组织不得编造、散布核安全虚假信息。

第六十九条 涉及国家秘密、商业秘密和个人信息的政府信息公开，按照国家有关规定执行。

第六章 监督检查

第七十条 国家建立核安全监督检查制度。

国务院核安全监督管理部门和其他有关部门应当对从事核安全活动的单位遵守核安全法律、行政法规、规章和标准的情况进行监督检查。

国务院核安全监督管理部门可以在核设施集中的地区设立派出机构。国务院核安全监督管理部门或者其派出机构应当向核设施建造、运行、退役等现场派遣监督检查人员，进行核安全监督检查。

第七十一条 国务院核安全监督管理部门和其他有关部门应当加强核安全监管能力建设，提高核安全监管水平。

国务院核安全监督管理部门应当组织开展核安全监管技术研究开发，保持与核安全监督管理相适应的技术评价能力。

第七十二条 国务院核安全监督管理部门和其他有关部门进行核安全监督检查时，有权采取下列措施：

（一）进入现场进行监测、检查或者核查；

（二）调阅相关文件、资料和记录；

（三）向有关人员调查、了解情况；

（四）发现问题的，现场要求整改。

国务院核安全监督管理部门和其他有关部门应当将监督检查情况形成报告，建立档案。

第七十三条 对国务院核安全监督管理部门和其他有关部门依法进行的监督检查，从事核安全活动的单位应当予以配合，如实说明情况，提供必要资料，不得拒绝、阻挠。

第七十四条 核安全监督检查人员应当忠于职守，勤勉尽责，秉公执法。

核安全监督检查人员应当具备与监督检查活动相应的专业知识和业务能力，并定期接受培训。

核安全监督检查人员执行监督检查任务，应当出示有效证件，对获知的国家秘密、商业秘密和个人信息，应当依法予以保密。

第七章 法律责任

第七十五条 违反本法规定，有下列情形之一的，对直接负责的主管人员和其他直接责任人员依法给予处分：

（一）国务院核安全监督管理部门或者其他有关部门未依法对许可申请进行审批的；

（二）国务院有关部门或者核设施所在地省、自治区、直辖市人民政府指定的部门未依法公开核安全相关信息的；

（三）核设施所在地省、自治区、直辖市人民政府未就影响公众利益的重大核安全事项征求利益相关方意见的；

（四）国务院核安全监督管理部门或者其他有关部门未将监督检查情况形成报告，或者未建立档案的；

（五）核安全监督检查人员执行监督检查任务，未出示有效证件，或者对获知的国家秘密、商业秘密、个人信息未依法予以保密的；

（六）国务院核安全监督管理部门或者其他有关部门，省、自治区、直辖市人民政府有关部门有其他滥用职权、玩忽职守、徇私舞弊行为的。

第七十六条 违反本法规定，危害核设施、核材料安全，或者编造、散布核安全虚假信息，构成违反治安管理行为的，由公安机关依法给予治安管理处罚。

第七十七条 违反本法规定，有下列情形之一的，由国务院核安全监督管理部门或者其他有关部门责令改正，给予警告；情节严重的，处二十万元以上一百万元以下的罚款；拒不改正的，责令停止建设或者停产整顿：

（一）核设施营运单位未设置核设施纵深防御体系的；

（二）核设施营运单位或者为其提供设备、工程以及服务等的单位未建立或者未实施质量保证体系的；

（三）核设施营运单位未按照要求控制辐射照射剂量的；

（四）核设施营运单位未建立核安全经验反馈体系的；

（五）核设施营运单位未就涉及公众利益的重大核安全事项征求利益相关方意见的。

第七十八条 违反本法规定，在规划限制区内建设可能威胁核设施安全的易燃、易爆、腐蚀性物品的生产、贮存设施或者人口密集场所的，由国务院核安全监督管理部门责令限期拆除，恢复原状，处十万元以上五十万元以下的罚款。

第七十九条 违反本法规定，核设施营运单位有下列情形之一的，由国务院核安全监督管理部门责令改正，处一百万元以上五百万元以下的罚款；拒不改正的，责令停止建设或者停产整顿；有违法所得的，没收违法所得；造成环境污染，责令限期采取治理措施消除污染，逾期不采取措施的，指定有能力的单位代为履行，所需费用由污染者承担；对直接负责的主管人员和其他直接责任人员，处五万元以上二十万元以下的罚款：

（一）未经许可，从事核设施建造、运行或者退役等活动的；

（二）未经许可，变更许可文件规定条件的；

（三）核设施运行许可证有效期届满，未经审查批准，继续运行核设施的；

（四）未经审查批准，进口核设施的。

第八十条　违反本法规定，核设施营运单位有下列情形之一的，由国务院核安全监督管理部门责令改正，给予警告；情节严重的，处五十万元以上二百万元以下的罚款；造成环境污染的，责令限期采取治理措施消除污染，逾期不采取措施的，指定有能力的单位代为履行，所需费用由污染者承担：

（一）未对核设施进行定期安全评价，或者不接受国务院核安全监督管理部门审查的；

（二）核设施终止运行后，未采取安全方式进行停闭管理，或者未确保退役所需的基本功能、技术人员和文件的；

（三）核设施退役时，未将构筑物、系统或者设备的放射性水平降低至满足标准的要求的；

（四）未将产生的放射性固体废物或者不能经净化排放的放射性废液转变为稳定的、标准化的固体废物，及时送交放射性废物处置单位处置的；

（五）未对产生的放射性废气进行处理，或者未达到国家放射性污染防治标准排放的。

第八十一条　违反本法规定，核设施营运单位未对核设施周围环境中所含的放射性核素的种类、浓度或者核设施流出物中的放射性核素总量实施监测，或者未按照规定报告监测结果的，由国务院环境保护主管部门或者所在地省、自治区、直辖市人民政府环境保护主管部门责令改正，处十万元以上五十万元以下的罚款。

第八十二条　违反本法规定，受委托的技术支持单位出具虚假技术评价结论的，由国务院核安全监督管理部门处二十万元以上一百万元以下的罚款；有违法所得的，没收违法所得；对直接负责的主管人员和其他直接责任人员处十万元以上二十万元以下的罚款。

第八十三条　违反本法规定，有下列情形之一的，由国务院核安全监督管理部门责令改正，处五十万元以上一百万元以下的罚款；有违法所得的，没收违法所得；对直接负责的主管人员和其他直接责任人员处二万元以上十万元以下的罚款：

（一）未经许可，为核设施提供核安全设备设计、制造、安装或者无损检验服务的；

（二）未经注册，境外机构为境内核设施提供核安全设备设计、制造、安装或者无损检验服务的。

第八十四条　违反本法规定，核设施营运单位或者核安全设备制造、安装、无损检验单位聘用未取得相应资格证书的人员从事与核设施安全专业技术有关的工作的，由国务院核安全监督管理部门责令改正，处十万元以上五十万元以下的罚款；拒不改正的，暂扣或者吊销许可证，对直接负责的主管人员和其他直接责任人员处二万元以上十万元以下的罚款。

第八十五条　违反本法规定，未经许可持有核材料的，由国务院核工业主管部门没收非法持有的核材料，并处十万元以上五十万元以下的罚款；有违法所得的，没收违法所得。

第八十六条　违反本法规定，有下列情形之一的，由国务院核安全监督管理部门责令改正，处十万元以上五十万元以下的罚款；情节严重的，处五十万元以上二百万元以下的罚款；造成环境污染的，责令限期采取治理措施消除污染，逾期不采取措施的，指定有能力的单位代为履行，所需费用由污染者承担：

（一）未经许可，从事放射性废物处理、贮存、处置活动的；

（二）未建立放射性废物处置情况记录档案，未如实记录与处置活动有关的事项，或者未永久保存记录档案的；

（三）对应当关闭的放射性废物处置设施，未依法办理关闭手续的；

（四）关闭放射性废物处置设施，未在划定的区域设置永久性标记的；

（五）未编制放射性废物处置设施关闭安全监护计划的；

（六）放射性废物处置设施关闭后，未按照经批准的安全监护计划进行安全监护的。

第八十七条　违反本法规定，核设施营运单位有下列情形之一的，由国务院核安全监督管理部门责令改正，处十万元以上五十万元以下的罚款；对直接负责的主管人员和其他直接

责任人员,处二万元以上五万元以下的罚款:
（一）未按照规定制定场内核事故应急预案的;
（二）未按照应急预案配备应急设备,未开展应急工作人员培训或者演练的;
（三）未按照核事故应急救援工作的要求,实施应急响应支援的。

第八十八条 违反本法规定,核设施营运单位未按照规定公开相关信息的,由国务院核安全监督管理部门责令改正;拒不改正的,处十万元以上五十万元以下的罚款。

第八十九条 违反本法规定,对国务院核安全监督管理部门或者其他有关部门依法进行的监督检查,从事核安全活动的单位拒绝、阻挠的,由国务院核安全监督管理部门或者其他有关部门责令改正,可以处十万元以上五十万元以下的罚款;拒不改正的,暂扣或者吊销其许可证;构成违反治安管理行为的,由公安机关依法给予治安管理处罚。

第九十条 因核事故造成他人人身伤亡、财产损失或者环境损害的,核设施营运单位应当按照国家核损害责任制度承担赔偿责任,但能够证明损害是因战争、武装冲突、暴乱等情形造成的除外。

为核设施营运单位提供设备、工程以及服务等的单位不承担核损害赔偿责任。核设施营运单位与其有约定的,在承担赔偿责任后,可以按照约定追偿。

核设施营运单位应当通过投保责任保险、参加互助机制等方式,作出适当的财务保证安排,确保能够及时、有效履行核损害赔偿责任。

第九十一条 违反本法规定,构成犯罪的,依法追究刑事责任。

第八章 附 则

第九十二条 军工、军事核安全,由国务院、中央军事委员会依照本法规定的原则另行规定。

第九十三条 本法中下列用语的含义:

核事故,是指核设施内的核燃料、放射性产物、放射性废物或者运入运出核设施的核材料所发生的放射性、毒害性、爆炸性或者其他危害性事故,或者一系列事故。

纵深防御,是指通过设定一系列递进并且独立的防护、缓解措施或者实物屏障,防止核事故发生,减轻核事故后果。

核设施营运单位,是指在中华人民共和国境内,申请或者持有核设施安全许可证,可以经营和运行核设施的单位。

核安全设备,是指在核设施中使用的执行核安全功能的设备,包括核安全机械设备和核安全电气设备。

乏燃料,是指在反应堆堆芯内受过辐照并从堆芯永久卸出的核燃料。

停闭,是指核设施已经停止运行,并且不再启动。

退役,是指采取去污、拆除和清除等措施,使核设施不再使用的场所或者设备的辐射剂量满足国家相关标准的要求。

经验反馈,是指对核设施的事件、质量问题和良好实践等信息进行收集、筛选、评价、分析、处理和分发,总结推广良好实践经验,防止类似事件和问题重复发生。

托运人,是指在中华人民共和国境内,申请将托运货物提交运输并获得批准的单位。

第九十四条 本法自2018年1月1日起施行。

中华人民共和国放射性污染防治法

(2003年6月28日第十届全国人民代表大会常务委员会第三次会议通过 2003年6月28日中华人民共和国主席令第6号公布 自2003年10月1日起施行)

第一章 总 则

第一条 为了防治放射性污染，保护环境，保障人体健康，促进核能、核技术的开发与和平利用，制定本法。

第二条 本法适用于中华人民共和国领域和管辖的其他海域在核设施选址、建造、运行、退役和核技术、铀（钍）矿、伴生放射性矿开发利用过程中发生的放射性污染的防治活动。

第三条 国家对放射性污染的防治，实行预防为主、防治结合、严格管理、安全第一的方针。

第四条 国家鼓励、支持放射性污染防治的科学研究和技术开发利用，推广先进的放射性污染防治技术。

国家支持开展放射性污染防治的国际交流与合作。

第五条 县级以上人民政府应当将放射性污染防治工作纳入环境保护规划。

县级以上人民政府应当组织开展有针对性的放射性污染防治宣传教育，使公众了解放射性污染防治的有关情况和科学知识。

第六条 任何单位和个人有权对造成放射性污染的行为提出检举和控告。

第七条 在放射性污染防治工作中作出显著成绩的单位和个人，由县级以上人民政府给予奖励。

第八条 国务院环境保护行政主管部门对全国放射性污染防治工作依法实施统一监督管理。

国务院卫生行政部门和其他有关部门依据国务院规定的职责，对有关的放射性污染防治工作依法实施监督管理。

第二章 放射性污染防治的监督管理

第九条 国家放射性污染防治标准由国务院环境保护行政主管部门根据环境安全要求、国家经济技术条件制定。国家放射性污染防治标准由国务院环境保护行政主管部门和国务院标准化行政主管部门联合发布。

第十条 国家建立放射性污染监测制度。国务院环境保护行政主管部门会同国务院其他有关部门组织环境监测网络，对放射性污染实施监测管理。

第十一条 国务院环境保护行政主管部门和国务院其他有关部门，按照职责分工，各负其责，互通信息，密切配合，对核设施、铀（钍）矿开发利用中的放射性污染防治进行监督检查。

县级以上地方人民政府环境保护行政主管部门和同级其他有关部门，按照职责分工，各负其责，互通信息，密切配合，对本行政区域内核技术利用、伴生放射性矿开发利用中的放射性污染防治进行监督检查。

监督检查人员进行现场检查时，应当出示证件。被检查的单位必须如实反映情况，提供必要的资料。监督检查人员应当为被检查单位保守技术秘密和业务秘密。对涉及国家秘密的单位和部位进行检查时，应当遵守国家有关保守国家秘密的规定，依法办理有关审批手续。

第十二条 核设施营运单位、核技术利用单位、铀（钍）矿和伴生放射性矿开发利用单位，负责本单位放射性污染的防治，接受环境保护行政主管部门和其他有关部门的监督管理，并依法对其造成的放射性污染承担责任。

第十三条 核设施营运单位、核技术利用单位、铀（钍）矿和伴生放射性矿开发利用单位，必须采取安全与防护措施，预防发生可能导致放射性污染的各类事故，避免放射性污染危害。

核设施营运单位、核技术利用单位、铀（钍）矿和伴生放射性矿开发利用单位，应当对其工作人员进行放射性安全教育、培训，采取有效的防护安全措施。

第十四条 国家对从事放射性污染防治的专业人员实行资格管理制度；对从事放射性污染监测工作的机构实行资质管理制度。

第十五条 运输放射性物质和含放射源的射线装置，应当采取有效措施，防止放射性污染。具体办法由国务院规定。

第十六条 放射性物质和射线装置应当设置明显的放射性标识和中文警示说明。生产、销售、使用、贮存、处置放射性物质和射线装置的场所，以及运输放射性物质和含放射源的射线装置的工具，应当设置明显的放射性标志。

第十七条 含有放射性物质的产品，应当符合国家放射性污染防治标准；不符合国家放射性污染防治标准的，不得出厂和销售。

使用伴生放射性矿渣和含有天然放射性物质的石材做建筑和装修材料，应当符合国家建筑材料放射性核素控制标准。

第三章 核设施的放射性污染防治

第十八条 核设施选址，应当进行科学论证，并按照国家有关规定办理审批手续。在办理核设施选址审批手续前，应当编制环境影响报告书，报国务院环境保护行政主管部门审查批准；未经批准，有关部门不得办理核设施选址批准文件。

第十九条 核设施营运单位在进行核设施建造、装料、运行、退役等活动前，必须按照国务院有关核设施安全监督管理的规定，申请领取核设施建造、运行许可证和办理装料、退役等审批手续。

核设施营运单位领取有关许可证或者批准文件后，方可进行相应的建造、装料、运行、退役等活动。

第二十条 核设施营运单位应当在申请领取核设施建造、运行许可证和办理退役审批手续前编制环境影响报告书，报国务院环境保护行政主管部门审查批准；未经批准，有关部门不得颁发许可证和办理批准文件。

第二十一条 与核设施相配套的放射性污染防治设施，应当与主体工程同时设计、同时施工、同时投入使用。

放射性污染防治设施应当与主体工程同时验收；验收合格的，主体工程方可投入生产或者使用。

第二十二条 进口核设施，应当符合国家放射性污染防治标准；没有相应的国家放射性污染防治标准的，采用国务院环境保护行政主管部门指定的国外有关标准。

第二十三条 核动力厂等重要核设施外围地区应当划定规划限制区。规划限制区的划定和管理办法，由国务院规定。

第二十四条 核设施营运单位应当对核设施周围环境中所含的放射性核素的种类、浓度以及核设施流出物中的放射性核素总量实施监测,并定期向国务院环境保护行政主管部门和所在地省、自治区、直辖市人民政府环境保护行政主管部门报告监测结果。

国务院环境保护行政主管部门负责对核动力厂等重要核设施实施监督性监测,并根据需要对其他核设施的流出物实施监测。监督性监测系统的建设、运行和维护费用由财政预算安排。

第二十五条 核设施营运单位应当建立健全安全保卫制度,加强安全保卫工作,并接受公安部门的监督指导。

核设施营运单位应当按照核设施的规模和性质制定核事故场内应急计划,做好应急准备。

出现核事故应急状态时,核设施营运单位必须立即采取有效的应急措施控制事故,并向核设施主管部门和环境保护行政主管部门、卫生行政部门、公安部门以及其他有关部门报告。

第二十六条 国家建立健全核事故应急制度。

核设施主管部门、环境保护行政主管部门、卫生行政部门、公安部门以及其他有关部门,在本级人民政府的组织领导下,按照各自的职责依法做好核事故应急工作。

中国人民解放军和中国人民武装警察部队按照国务院、中央军事委员会的有关规定在核事故应急中实施有效的支援。

第二十七条 核设施营运单位应当制定核设施退役计划。

核设施的退役费用和放射性废物处置费用应当预提,列入投资概算或者生产成本。核设施的退役费用和放射性废物处置费用的提取和管理办法,由国务院财政部门、价格主管部门会同国务院环境保护行政主管部门、核设施主管部门规定。

第四章 核技术利用的放射性污染防治

第二十八条 生产、销售、使用放射性同位素和射线装置的单位,应当按照国务院有关放射性同位素与射线装置放射防护的规定申请领取许可证,办理登记手续。

转让、进口放射性同位素和射线装置的单位以及装备有放射性同位素的仪表的单位,应当按照国务院有关放射性同位素与射线装置放射防护的规定办理有关手续。

第二十九条 生产、销售、使用放射性同位素和加速器、中子发生器以及含放射源的射线装置的单位,应当在申请领取许可证前编制环境影响评价文件,报省、自治区、直辖市人民政府环境保护行政主管部门审查批准;未经批准,有关部门不得颁发许可证。

国家建立放射性同位素备案制度。具体办法由国务院规定。

第三十条 新建、改建、扩建放射工作场所的放射防护设施,应当与主体工程同时设计、同时施工、同时投入使用。

放射防护设施应当与主体工程同时验收;验收合格的,主体工程方可投入生产或者使用。

第三十一条 放射性同位素应当单独存放,不得与易燃、易爆、腐蚀性物品等一起存放,其贮存场所应当采取有效的防火、防盗、防射线泄漏的安全防护措施,并指定专人负责保管。贮存、领取、使用、归还放射性同位素时,应当进行登记、检查,做到账物相符。

第三十二条 生产、使用放射性同位素和射线装置的单位,应当按照国务院环境保护行政主管部门的规定对其产生的放射性废物进行收集、包装、贮存。

生产放射源的单位,应当按照国务院环境保护行政主管部门的规定回收和利用废旧放射源;使用放射源的单位,应当按照国务院环境保护行政主管部门的规定将废旧放射源交回生产放射源的单位或者送交专门从事放射性固体废物贮存、处置的单位。

第三十三条 生产、销售、使用、贮存放射源的单位,应当建立健全安全保卫制度,指定专人负责,落实安全责任制,制定必要的事故应急措施。发生放射源丢失、被盗和放射性污染事故时,有关单位和个人必须立即采取应急措施,并向公安部门、卫生行政部门和环境保护行政主管部门报告。

公安部门、卫生行政部门和环境保护行政主管部门接到放射源丢失、被盗和放射性污染事故报告后，应当报告本级人民政府，并按照各自的职责立即组织采取有效措施，防止放射性污染蔓延，减少事故损失。当地人民政府应当及时将有关情况告知公众，并做好事故的调查、处理工作。

第五章　铀（钍）矿和伴生放射性矿开发利用的放射性污染防治

第三十四条　开发利用或者关闭铀（钍）矿的单位，应当在申请领取采矿许可证或者办理退役审批手续前编制环境影响报告书，报国务院环境保护行政主管部门审查批准。

开发利用伴生放射性矿的单位，应当在申请领取采矿许可证前编制环境影响报告书，报省级以上人民政府环境保护行政主管部门审查批准。

第三十五条　与铀（钍）矿和伴生放射性矿开发利用建设项目相配套的放射性污染防治设施，应当与主体工程同时设计、同时施工、同时投入使用。

放射性污染防治设施应当与主体工程同时验收；验收合格的，主体工程方可投入生产或者使用。

第三十六条　铀（钍）矿开发利用单位应当对铀（钍）矿的流出物和周围的环境实施监测，并定期向国务院环境保护行政主管部门和所在地省、自治区、直辖市人民政府环境保护行政主管部门报告监测结果。

第三十七条　对铀（钍）矿和伴生放射性矿开发利用过程中产生的尾矿，应当建造尾矿库进行贮存、处置；建造的尾矿库应当符合放射性污染防治的要求。

第三十八条　铀（钍）矿开发利用单位应当制定铀（钍）矿退役计划。铀矿退役费用由国家财政预算安排。

第六章　放射性废物管理

第三十九条　核设施营运单位、核技术利用单位、铀（钍）矿和伴生放射性矿开发利用单位，应当合理选择和利用原材料，采用先进的生产工艺和设备，尽量减少放射性废物的产生量。

第四十条　向环境排放放射性废气、废液，必须符合国家放射性污染防治标准。

第四十一条　产生放射性废气、废液的单位向环境排放符合国家放射性污染防治标准的放射性废气、废液，应当向审批环境影响评价文件的环境保护行政主管部门申请放射性核素排放量，并定期报告排放计量结果。

第四十二条　产生放射性废液的单位，必须按照国家放射性污染防治标准的要求，对不得向环境排放的放射性废液进行处理或者贮存。

产生放射性废液的单位，向环境排放符合国家放射性污染防治标准的放射性废液，必须采用符合国务院环境保护行政主管部门规定的排放方式。

禁止利用渗井、渗坑、天然裂隙、溶洞或者国家禁止的其他方式排放放射性废液。

第四十三条　低、中水平放射性固体废物在符合国家规定的区域实行近地表处置。

高水平放射性固体废物实行集中的深地质处置。

α放射性固体废物依照前款规定处置。

禁止在内河水域和海洋上处置放射性固体废物。

第四十四条　国务院核设施主管部门会同国务院环境保护行政主管部门根据地质条件和放射性固体废物处置的需要，在环境影响评价的基础上编制放射性固体废物处置场所选址规划，报国务院批准后实施。

有关地方人民政府应当根据放射性固体废物处置场所选址规划，提供放射性固体废物处置场所的建设用地，并采取有效措施支持放射性固体废物的处置。

第四十五条　产生放射性固体废物的单位，应当按照国务院环境保护行政主管部门的规定，对其产生的放射性固体废物进行处理后，送交放射性固体废物处置单位处置，并承担处置费用。

放射性固体废物处置费用收取和使用管理办法，由国务院财政部门、价格主管部门会同国务院环境保护行政主管部门规定。

第四十六条　设立专门从事放射性固体废物贮存、处置的单位，必须经国务院环境保护行政主管部门审查批准，取得许可证。具体办法由国务院规定。

禁止未经许可或者不按照许可的有关规定从事贮存和处置放射性固体废物的活动。

禁止将放射性固体废物提供或者委托给无许可证的单位贮存和处置。

第四十七条　禁止将放射性废物和被放射性污染的物品输入中华人民共和国境内或者经中华人民共和国境内转移。

第七章　法律责任

第四十八条　放射性污染防治监督管理人员违反法律规定，利用职务上的便利收受他人财物、谋取其他利益，或者玩忽职守，有下列行为之一的，依法给予行政处分；构成犯罪的，依法追究刑事责任：

（一）对不符合法定条件的单位颁发许可证和办理批准文件的；

（二）不依法履行监督管理职责的；

（三）发现违法行为不予查处的。

第四十九条　违反本法规定，有下列行为之一的，由县级以上人民政府环境保护行政主管部门或者其他有关部门依据职权责令限期改正，可以处二万元以下罚款：

（一）不按照规定报告有关环境监测结果的；

（二）拒绝环境保护行政主管部门和其他有关部门进行现场检查，或者被检查时不如实反映情况和提供必要资料的。

第五十条　违反本法规定，未编制环境影响评价文件，或者环境影响评价文件未经环境保护行政主管部门批准，擅自进行建造、运行、生产和使用等活动的，由审批环境影响评价文件的环境保护行政主管部门责令停止违法行为，限期补办手续或者恢复原状，并处一万元以上二十万元以下罚款。

第五十一条　违反本法规定，未建造放射性污染防治设施、放射防护设施，或者防治防护设施未经验收合格，主体工程即投入生产或者使用的，由审批环境影响评价文件的环境保护行政主管部门责令停止违法行为，限期改正，并处五万元以上二十万元以下罚款。

第五十二条　违反本法规定，未经许可或者批准，核设施营运单位擅自进行核设施的建造、装料、运行、退役等活动的，由国务院环境保护行政主管部门责令停止违法行为，限期改正，并处二十万元以上五十万元以下罚款；构成犯罪的，依法追究刑事责任。

第五十三条　违反本法规定，生产、销售、使用、转让、进口、贮存放射性同位素和射线装置以及装备有放射性同位素的仪表的，由县级以上人民政府环境保护行政主管部门或者其他有关部门依据职权责令停止违法行为，限期改正；逾期不改正的，责令停产停业或者吊销许可证；有违法所得的，没收违法所得；违法所得十万元以上的，并处违法所得一倍以上五倍以下罚款；没有违法所得或者违法所得不足十万元的，并处一万元以上十万元以下罚款；构成犯罪的，依法追究刑事责任。

第五十四条　违反本法规定，有下列行为之一的，由县级以上人民政府环境保护行政主管部门责令停止违法行为，限期改正，处以罚款；构成犯罪的，依法追究刑事责任：

（一）未建造尾矿库或者不按照放射性污染防治的要求建造尾矿库，贮存、处置铀（钍矿和伴生放射性矿的尾矿的；

（二）向环境排放不得排放的放射性废气、废液的；

（三）不按照规定的方式排放放射性废液，利用渗井、渗坑、天然裂隙、溶洞或者国家禁止的其他方式排放放射性废液的；

（四）不按照规定处理或者贮存不得向环境排放的放射性废液的；

（五）将放射性固体废物提供或者委托给无许可证的单位贮存和处置的。

有前款第（一）项、第（二）项、第（三）项、第（五）项行为之一的，处十万元以上二十万元以下罚款；有前款第（四）项行为的，处一万元以上十万元以下罚款。

第五十五条　违反本法规定，有下列行为之一的，由县级以上人民政府环境保护行政主管部门或者其他有关部门依据职权责令限期改正；逾期不改正的，责令停产停业，并处二万元以上十万元以下罚款；构成犯罪的，依法追究刑事责任：

（一）不按照规定设置放射性标识、标志、中文警示说明的；

（二）不按照规定建立健全安全保卫制度和制定事故应急计划或者应急措施的；

（三）不按照规定报告放射源丢失、被盗情况或者放射性污染事故的。

第五十六条　产生放射性固体废物的单位，不按照本法第四十五条的规定对其产生的放射性固体废物进行处置的，由审批该单位立项环境影响评价文件的环境保护行政主管部门责令停止违法行为，限期改正；逾期不改正的，指定有处置能力的单位代为处置，所需费用由产生放射性固体废物的单位承担，可以并处二十万元以下罚款；构成犯罪的，依法追究刑事责任。

第五十七条　违反本法规定，有下列行为之一的，由省级以上人民政府环境保护行政主管部门责令停产停业或者吊销许可证；有违法所得的，没收违法所得；违法所得十万元以上的，并处违法所得一倍以上五倍以下罚款；没有违法所得或者违法所得不足十万元的，并处五万元以上十万元以下罚款；构成犯罪的，依法追究刑事责任：

（一）未经许可，擅自从事贮存和处置放射性固体废物活动的；

（二）不按照许可的有关规定从事贮存和处置放射性固体废物活动的。

第五十八条　向中华人民共和国境内输入放射性废物和被放射性污染的物品，或者经中华人民共和国境内转移放射性废物和被放射性污染的物品的，由海关责令退运该放射性废物和被放射性污染的物品，并处五十万元以上一百万元以下罚款；构成犯罪的，依法追究刑事责任。

第五十九条　因放射性污染造成他人损害的，应当依法承担民事责任。

第八章　附　　则

第六十条　军用设施、装备的放射性污染防治，由国务院和军队的有关主管部门依照本法规定的原则和国务院、中央军事委员会规定的职责实施监督管理。

第六十一条　劳动者在职业活动中接触放射性物质造成的职业病的防治，依照《中华人民共和国职业病防治法》的规定执行。

第六十二条　本法中下列用语的含义：

（一）放射性污染，是指由于人类活动造成物料、人体、场所、环境介质表面或者内部出现超过国家标准的放射性物质或者射线。

（二）核设施，是指核动力厂（核电厂、核热电厂、核供汽供热厂等）和其他反应堆（研究堆、实验堆、临界装置等）；核燃料生产、加工、贮存和后处理设施；放射性废物的处理和处置设施等。

（三）核技术利用，是指密封放射源、非密封放射源和射线装置在医疗、工业、农业、地质调查、科学研究和教学等领域中的使用。

（四）放射性同位素，是指某种发生放射性衰变的元素中具有相同原子序数但质量不同的核素。

（五）放射源，是指除研究堆和动力堆核燃料循环范畴的材料以外，永久密封在容器中或者有严密包层并呈固态的放射性材料。

（六）射线装置，是指 X 线机、加速器、中子发生器以及含放射源的装置。

（七）伴生放射性矿，是指含有较高水平天然放射性核素浓度的非铀矿（如稀土矿和磷酸盐矿等）。

（八）放射性废物，是指含有放射性核素或者被放射性核素污染，其浓度或者比活度大于国家确定的清洁解控水平，预期不再使用的废弃物。

第六十三条 本法自 2003 年 10 月 1 日起施行。

放射性同位素与射线装置安全和防护条例

（2005 年 9 月 14 日中华人民共和国国务院令第 449 号公布
根据 2014 年 7 月 29 日《国务院关于修改部分行政法规的决定》第一次修订
根据 2019 年 3 月 2 日《国务院关于修改部分行政法规的决定》第二次修订）

第一章 总 则

第一条 为了加强对放射性同位素、射线装置安全和防护的监督管理，促进放射性同位素、射线装置的安全应用，保障人体健康，保护环境，制定本条例。

第二条 在中华人民共和国境内生产、销售、使用放射性同位素和射线装置，以及转让、进出口放射性同位素的，应当遵守本条例。

本条例所称放射性同位素包括放射源和非密封放射性物质。

第三条 国务院生态环境主管部门对全国放射性同位素、射线装置的安全和防护工作实施统一监督管理。

国务院公安、卫生等部门按照职责分工和本条例的规定，对有关放射性同位素、射线装置的安全和防护工作实施监督管理。

县级以上地方人民政府生态环境主管部门和其他有关部门，按照职责分工和本条例的规定，对本行政区域内放射性同位素、射线装置的安全和防护工作实施监督管理。

第四条 国家对放射源和射线装置实行分类管理。根据放射源、射线装置对人体健康和环境的潜在危害程度，从高到低将放射源分为Ⅰ类、Ⅱ类、Ⅲ类、Ⅳ类、Ⅴ类，具体分类办法由国务院生态环境主管部门制定；将射线装置分为Ⅰ类、Ⅱ类、Ⅲ类，具体分类办法由国务院生态环境主管部门商国务院卫生主管部门制定。

第二章 许可和备案

第五条 生产、销售、使用放射性同位素和射线装置的单位，应当依照本章规定取得许可证。

第六条 除医疗使用Ⅰ类放射源、制备正电子发射计算机断层扫描用放射性药物自用的单位外，生产放射性同位素、销售和使用Ⅰ类放射源、销售和使用Ⅰ类射线装置的单位的许可证，由国务院生态环境主管部门审批颁发。

除国务院生态环境主管部门审批颁发的许可证外，其他单位的许可证，由省、自治区、直辖市人民政府生态环境主管部门审批颁发。

国务院生态环境主管部门向生产放射性同位素的单位颁发许可证前，应当将申请材料印送其行业主管部门征求意见。

生态环境主管部门应当将审批颁发许可证的情况通报同级公安部门、卫生主管部门。

第七条 生产、销售、使用放射性同位素和射线装置的单位申请领取许可证，应当具备下列条件：

（一）有与所从事的生产、销售、使用活动规模相适应的，具备相应专业知识和防护知识及健康条件的专业技术人员；

（二）有符合国家环境保护标准、职业卫生标准和安全防护要求的场所、设施和设备；

（三）有专门的安全和防护管理机构或者专职、兼职安全和防护管理人员，并配备必要的防护用品和监测仪器；

（四）有健全的安全和防护管理规章制度、辐射事故应急措施；

（五）产生放射性废气、废液、固体废物的，具有确保放射性废气、废液、固体废物达标排放的处理能力或者可行的处理方案。

第八条 生产、销售、使用放射性同位素和射线装置的单位，应当事先向有审批权的生态环境主管部门提出许可申请，并提交符合本条例第七条规定条件的证明材料。

使用放射性同位素和射线装置进行放射诊疗的医疗卫生机构，还应当获得放射源诊疗技术和医用辐射机构许可。

第九条 生态环境主管部门应当自受理申请之日起20个工作日内完成审查，符合条件的，颁发许可证，并予以公告；不符合条件的，书面通知申请单位并说明理由。

第十条 许可证包括下列主要内容：

（一）单位的名称、地址、法定代表人；

（二）所从事活动的种类和范围；

（三）有效期限；

（四）发证日期和证书编号。

第十一条 持证单位变更单位名称、地址、法定代表人的，应当自变更登记之日起20日内，向原发证机关申请办理许可证变更手续。

第十二条 有下列情形之一的，持证单位应当按照原申请程序，重新申请领取许可证：

（一）改变所从事活动的种类或者范围的；

（二）新建或者改建、扩建生产、销售、使用设施或者场所的。

第十三条 许可证有效期为5年。有效期届满，需要延续的，持证单位应当于许可证有效期届满30日前，向原发证机关提出延续申请。原发证机关应当自受理延续申请之日起，在许可证有效期届满前完成审查，符合条件的，予以延续；不符合条件的，书面通知申请单位并说明理由。

第十四条 持证单位部分终止或者全部终止生产、销售、使用放射性同位素和射线装置活动的，应当向原发证机关提出部分变更或者注销许可证申请，由原发证机关核查合格后，予以变更或者注销许可证。

第十五条 禁止无许可证或者不按照许可证规定的种类和范围从事放射性同位素和射线装置的生产、销售、使用活动。

禁止伪造、变造、转让许可证。

第十六条 国务院对外贸易主管部门会同国务院生态环境主管部门、海关总署和生产放射性同位素的单位的行业主管部门制定并公布限制进出口放射性同位素目录和禁止进出口放射性同位素目录。

进口列入限制进出口目录的放射性同位素，应当在国务院生态环境主管部门审查批准后，由国务院对外贸易主管部门依据国家对外贸易的有关规定签发进口许可证。进口限制进出口目录和禁止进出口目录之外的放射性同位素，依据国家对外贸易的有关规定办理进口手续。

第十七条 申请进口列入限制进出口目录的放射性同位素，应当符合下列要求：

（一）进口单位已经取得与所从事活动相符的许可证；

（二）进口单位具有进口放射性同位素使用期满后的处理方案，其中，进口Ⅰ类、Ⅱ类、Ⅲ类放射源的，应当具有原出口方负责回收的承诺文件；

（三）进口的放射源应当有明确标号和必要说明文件，其中，Ⅰ类、Ⅱ类、Ⅲ类放射源的标号应当刻制在放射源本体或者密封包壳体上，Ⅳ类、Ⅴ类放射源的标号应当记录在相应说明文件中；

（四）将进口的放射性同位素销售给其他单位使用的，还应当具有与使用单位签订的书面协议以及使用单位取得的许可证复印件。

第十八条 进口列入限制进出口目录的放射性同位素的单位，应当向国务院生态环境主管部门提出进口申请，并提交符合本条例第十七条规定要求的证明材料。

国务院生态环境主管部门应当自受理申请之日起10个工作日内完成审查，符合条件的，予以批准；不符合条件的，书面通知申请单位并说明理由。

海关凭放射性同位素进口许可证办理有关进口手续。进口放射性同位素的包装材料依法需要实施检疫的，依照国家有关检疫法律、法规的规定执行。

对进口的放射源，国务院生态环境主管部门还应当同时确定与其标号相对应的放射源编码。

第十九条 申请转让放射性同位素，应当符合下列要求：

（一）转出、转入单位持有与所从事活动相符的许可证；

（二）转入单位具有放射性同位素使用期满后的处理方案；

（三）转让双方已经签订书面转让协议。

第二十条 转让放射性同位素，由转入单位向其所在地省、自治区、直辖市人民政府生态环境主管部门提出申请，并提交符合本条例第十九条规定要求的证明材料。

省、自治区、直辖市人民政府生态环境主管部门应当自受理申请之日起15个工作日内完成审查，符合条件的，予以批准；不符合条件的，书面通知申请单位并说明理由。

第二十一条 放射性同位素的转出、转入单位应当在转让活动完成之日起20日内，分别向其所在地省、自治区、直辖市人民政府生态环境主管部门备案。

第二十二条 生产放射性同位素的单位，应当建立放射性同位素产品台账，并按照国务院生态环境主管部门制定的编码规则，对生产的放射源统一编码。放射性同位素产品台账和放射源编码清单应当报国务院生态环境主管部门备案。

生产的放射源应当有明确标号和必要说明文件。其中，Ⅰ类、Ⅱ类、Ⅲ类放射源的标号应当刻制在放射源本体或者密封包壳体上，Ⅳ类、Ⅴ类放射源的标号应当记录在相应说明文件中。

国务院生态环境主管部门负责建立放射性同位素备案信息管理系统，与有关部门实行信息共享。

未列入产品台账的放射性同位素和未编码的放射源，不得出厂和销售。

第二十三条 持有放射源的单位将废旧放射源交回生产单位、返回原出口方或者送交放射性废物集中贮存单位贮存的，应当在该活动完成之日起20日内向其所在地省、自治区、直辖市人民政府生态环境主管部门备案。

第二十四条 本条例施行前生产和进口的放射性同位素，由放射性同位素持有单位在本条例施行之日起6个月内，到其所在地省、自治区、直辖市人民政府生态环境主管部门办理备案手续，省、自治区、直辖市人民政府生态环境主管部门应当对放射源进行统一编码。

第二十五条 使用放射性同位素的单位需要将放射性同位素转移到外省、自治区、直辖市使用的，应当持许可证复印件向使用地省、自治区、直辖市人民政府生态环境主管部门备案，并接受当地生态环境主管部门的监督管理。

第二十六条 出口列入限制进出口目录的放射性同位素，应当提供进口方可以合法持有放射性同位素的证明材料，并由国务院生态环境主管部门依照有关法律和我国缔结或者参加的国际条约、协定的规定，办理有关手续。

出口放射性同位素应当遵守国家对外贸易的有关规定。

第三章 安全和防护

第二十七条 生产、销售、使用放射性同位素和射线装置的单位，应当对本单位的放射性同位素、射线装置的安全和防护工作负责，并依法对其造成的放射性危害承担责任。

生产放射性同位素的单位的行业主管部门，应当加强对生产单位安全和防护工作的管理，并定期对其执行法律、法规和国家标准的情况进行监督检查。

第二十八条 生产、销售、使用放射性同位素和射线装置的单位，应当对直接从事生产、销售、使用活动的工作人员进行安全和防护知识教育培训，并进行考核；考核不合格的，不得上岗。

辐射安全关键岗位应当由注册核安全工程师担任。辐射安全关键岗位名录由国务院生态环境主管部门商国务院有关部门制定并公布。

第二十九条 生产、销售、使用放射性同位素和射线装置的单位，应当严格按照国家关于个人剂量监测和健康管理的规定，对直接从事生产、销售、使用活动的工作人员进行个人剂量监测和职业健康检查，建立个人剂量档案和职业健康监护档案。

第三十条 生产、销售、使用放射性同位素和射线装置的单位，应当对本单位的放射性同位素、射线装置的安全和防护状况进行年度评估。发现安全隐患的，应当立即进行整改。

第三十一条 生产、销售、使用放射性同位素和射线装置的单位需要终止的，应当事先对本单位的放射性同位素和放射性废物进行清理登记，作出妥善处理，不得留有安全隐患。生产、销售、使用放射性同位素和射线装置的单位发生变更的，由变更后的单位承担处理责任。变更前当事人对此另有约定的，从其约定；但是，约定中不得免除当事人的处理义务。

在本条例施行前已经终止的生产、销售、使用放射性同位素和射线装置的单位，其未安全处理的废旧放射源和放射性废物，由所在地省、自治区、直辖市人民政府生态环境主管部门提出处理方案，及时进行处理。所需经费由省级以上人民政府承担。

第三十二条 生产、进口放射源的单位销售Ⅰ类、Ⅱ类、Ⅲ类放射源给其他单位使用的，应当与使用放射源的单位签订废旧放射源返回协议；使用放射源的单位应当按照废旧放射源返回协议规定将废旧放射源交回生产单位或者返回原出口方。确实无法交回生产单位或者返回原出口方的，送交有相应资质的放射性废物集中贮存单位贮存。

使用放射源的单位应当按照国务院生态环境主管部门的规定，将Ⅳ类、Ⅴ类废旧放射源进行包装整备后送交有相应资质的放射性废物集中贮存单位贮存。

第三十三条 使用Ⅰ类、Ⅱ类、Ⅲ类放射源的场所和生产放射性同位素的场所，以及终结运行后产生放射性污染的射线装置，应当依法实施退役。

第三十四条 生产、销售、使用、贮存放射性同位素和射线装置的场所，应当按照国家有关规定设置明显的放射性标志，其入口处应当按照国家有关安全和防护标准的要求，设置安全和防护设施以及必要的防护安全联锁、报警装置或者工作信号。射线装置的生产调试和使用场所，应当具有防止误操作、防止工作人员和公众受到意外照射的安全措施。

放射性同位素的包装容器、含放射性同位素的设备和射线装置，应当设置明显的放射性标识和中文警示说明；放射源上能够设置放射性标识的，应当一并设置。运输放射性同位素和含放射源的射线装置的工具，应当按照国家有关规定设置明显的放射性标志或者显示危险信号。

第三十五条　放射性同位素应当单独存放，不得与易燃、易爆、腐蚀性物品等一起存放，并指定专人负责保管。贮存、领取、使用、归还放射性同位素时，应当进行登记、检查，做到账物相符。对放射性同位素贮存场所应当采取防火、防水、防盗、防丢失、防破坏、防射线泄漏的安全措施。

对放射源还应当根据其潜在危害的大小，建立相应的多层防护和安全措施，并对可移动的放射源定期进行盘存，确保其处于指定位置，具有可靠的安全保障。

第三十六条　在室外、野外使用放射性同位素和射线装置的，应当按照国家安全和防护标准的要求划出安全防护区域，设置明显的放射性标志，必要时设专人警戒。

在野外进行放射性同位素示踪试验的，应当经省级以上人民政府生态环境主管部门商同级有关部门批准方可进行。

第三十七条　辐射防护器材、含放射性同位素的设备和射线装置，以及含有放射性物质的产品和伴有产生 X 射线的电器产品，应当符合辐射防护要求。不合格的产品不得出厂和销售。

第三十八条　使用放射性同位素和射线装置进行放射诊疗的医疗卫生机构，应当依据国务院卫生主管部门有关规定和国家标准，制定与本单位从事的诊疗项目相适应的质量保证方案，遵守质量保证监测规范，按照医疗照射正当化和辐射防护最优化的原则，避免一切不必要的照射，并事先告知患者和受检者辐射对健康的潜在影响。

第三十九条　金属冶炼厂回收冶炼废旧金属时，应当采取必要的监测措施，防止放射性物质熔入产品中。监测中发现问题的，应当及时通知所在地设区的市级以上人民政府生态环境主管部门。

第四章　辐射事故应急处理

第四十条　根据辐射事故的性质、严重程度、可控性和影响范围等因素，从重到轻将辐射事故分为特别重大辐射事故、重大辐射事故、较大辐射事故和一般辐射事故四个等级。

特别重大辐射事故，是指Ⅰ类、Ⅱ类放射源丢失、被盗、失控造成大范围严重辐射污染后果，或者放射性同位素和射线装置失控导致 3 人以上（含 3 人）急性死亡。

重大辐射事故，是指Ⅰ类、Ⅱ类放射源丢失、被盗、失控，或者放射性同位素和射线装置失控导致 2 人以下（含 2 人）急性死亡或者 10 人以上（含 10 人）急性重度放射病、局部器官残疾。

较大辐射事故，是指Ⅲ类放射源丢失、被盗、失控，或者放射性同位素和射线装置失控导致 9 人以下（含 9 人）急性重度放射病、局部器官残疾。

一般辐射事故，是指Ⅳ类、Ⅴ类放射源丢失、被盗、失控，或者放射性同位素和射线装置失控导致人员受到超过年剂量限值的照射。

第四十一条　县级以上人民政府生态环境主管部门应当会同级公安、卫生、财政等部门编制辐射事故应急预案，报本级人民政府批准。辐射事故应急预案应当包括下列内容：

（一）应急机构和职责分工；
（二）应急人员的组织、培训以及应急和救助的装备、资金、物资准备；
（三）辐射事故分级与应急响应措施；
（四）辐射事故调查、报告和处理程序。

生产、销售、使用放射性同位素和射线装置的单位，应当根据可能发生的辐射事故的风险，制定本单位的应急方案，做好应急准备。

第四十二条 发生辐射事故时，生产、销售、使用放射性同位素和射线装置的单位应当立即启动本单位的应急方案，采取应急措施，并立即向当地生态环境主管部门、公安部门、卫生主管部门报告。

生态环境主管部门、公安部门、卫生主管部门接到辐射事故报告后，应当立即派人赶赴现场，进行现场调查，采取有效措施，控制并消除事故影响，同时将辐射事故信息报告本级人民政府和上级人民政府生态环境主管部门、公安部门、卫生主管部门。

县级以上地方人民政府及其有关部门接到辐射事故报告后，应当按照事故分级报告的规定及时将辐射事故信息报告上级人民政府及其有关部门。发生特别重大辐射事故和重大辐射事故后，事故发生地省、自治区、直辖市人民政府和国务院有关部门应当在4小时内报告国务院；特殊情况下，事故发生地人民政府及其有关部门可以直接向国务院报告，并同时报告上级人民政府及其有关部门。

禁止缓报、瞒报、谎报或者漏报辐射事故。

第四十三条 在发生辐射事故或者有证据证明辐射事故可能发生时，县级以上人民政府生态环境主管部门有权采取下列临时控制措施：

（一）责令停止导致或者可能导致辐射事故的作业；

（二）组织控制事故现场。

第四十四条 辐射事故发生后，有关县级以上人民政府应当按照辐射事故的等级，启动并组织实施相应的应急预案。

县级以上人民政府生态环境主管部门、公安部门、卫生主管部门，按照职责分工做好相应的辐射事故应急工作：

（一）生态环境主管部门负责辐射事故的应急响应、调查处理和定性定级工作，协助公安部门监控追缴丢失、被盗的放射源；

（二）公安部门负责丢失、被盗放射源的立案侦查和追缴；

（三）卫生主管部门负责辐射事故的医疗应急。

生态环境主管部门、公安部门、卫生主管部门应当及时相互通报辐射事故应急响应、调查处理、定性定级、立案侦查和医疗应急情况。国务院指定的部门根据生态环境主管部门确定的辐射事故的性质和级别，负责有关国际信息通报工作。

第四十五条 发生辐射事故的单位应当立即将可能受到辐射伤害的人员送至当地卫生主管部门指定的医院或者有条件救治辐射损伤病人的医院，进行检查和治疗，或者请求医院立即派人赶赴事故现场，采取救治措施。

第五章 监督检查

第四十六条 县级以上人民政府生态环境主管部门和其他有关部门应当按照各自职责对生产、销售、使用放射性同位素和射线装置的单位进行监督检查。

被检查单位应当予以配合，如实反映情况，提供必要的资料，不得拒绝和阻碍。

第四十七条 县级以上人民政府生态环境主管部门应当配备辐射防护安全监督员。辐射防护安全监督员由从事辐射防护工作，具有辐射防护安全知识并经省级以上人民政府生态环境主管部门认可的专业人员担任。辐射防护安全监督员应当定期接受专业知识培训和考核。

第四十八条 县级以上人民政府生态环境主管部门在监督检查中发现生产、销售、使用放射性同位素和射线装置的单位有不符合原发证条件的情形，应当责令其限期整改。

监督检查人员依法进行监督检查时，应当出示证件，并为被检查单位保守技术秘密和业务秘密。

第四十九条 任何单位和个人对违反本条例的行为，有权向生态环境主管部门和其他有关部门检举；对生态环境主管部门和其他有关部门未依法履行监督管理职责的行为，有权向本级人民政府、上级人民政府有关部门检举。接到举报的有关人民政府、生态环境主管部门和其他有关部门对有关举报应当及时核实、处理。

第六章 法律责任

第五十条 违反本条例规定，县级以上人民政府生态环境主管部门有下列行为之一的，对直接负责的主管人员和其他直接责任人员，依法给予行政处分；构成犯罪的，依法追究刑事责任：

（一）向不符合本条例规定条件的单位颁发许可证或者批准不符合本条例规定条件的单位进口、转让放射性同位素的；

（二）发现未依法取得许可证的单位擅自生产、销售、使用放射性同位素和射线装置，不予查处或者接到举报后不依法处理的；

（三）发现未经依法批准擅自进口、转让放射性同位素，不予查处或者接到举报后不依法处理的；

（四）对依法取得许可证的单位不履行监督管理职责或者发现违反本条例规定的行为不予查处的；

（五）在放射性同位素、射线装置安全和防护监督管理工作中有其他渎职行为的。

第五十一条 违反本条例规定，县级以上人民政府生态环境主管部门和其他有关部门有下列行为之一的，对直接负责的主管人员和其他直接责任人员，依法给予行政处分；构成犯罪的，依法追究刑事责任：

（一）缓报、瞒报、谎报或者漏报辐射事故的；

（二）未按照规定编制辐射事故应急预案或者不依法履行辐射事故应急职责的。

第五十二条 违反本条例规定，生产、销售、使用放射性同位素和射线装置的单位有下列行为之一的，由县级以上人民政府生态环境主管部门责令停止违法行为，限期改正；逾期不改正的，责令停产停业或者由原发证机关吊销许可证；有违法所得的，没收违法所得；违法所得10万元以上的，并处违法所得1倍以上5倍以下的罚款；没有违法所得或者违法所得不足10万元的，并处1万元以上10万元以下的罚款：

（一）无许可证从事放射性同位素和射线装置生产、销售、使用活动的；

（二）未按照许可证的规定从事放射性同位素和射线装置生产、销售、使用活动的；

（三）改变所从事活动的种类或者范围以及新建、改建或者扩建生产、销售、使用设施或者场所，未按照规定重新申请领取许可证的；

（四）许可证有效期届满，需要延续而未按照规定办理延续手续的；

（五）未经批准，擅自进口或者转让放射性同位素的。

第五十三条 违反本条例规定，生产、销售、使用放射性同位素和射线装置的单位变更单位名称、地址、法定代表人，未依法办理许可证变更手续的，由县级以上人民政府生态环境主管部门责令限期改正，给予警告；逾期不改正的，由原发证机关暂扣或者吊销许可证。

第五十四条 违反本条例规定，生产、销售、使用放射性同位素和射线装置的单位部分终止或者全部终止生产、销售、使用活动，未按照规定办理许可证变更或者注销手续的，由县级以上人民政府生态环境主管部门责令停止违法行为，限期改正；逾期不改正的，处1万元以上10万元以下的罚款；造成辐射事故，构成犯罪的，依法追究刑事责任。

第五十五条 违反本条例规定，伪造、变造、转让许可证的，由县级以上人民政府生态环境主管部门收缴伪造、变造的许可证或者由原发证机关吊销许可证，并处5万元以上10万元以下的罚款；构成犯罪的，依法追究刑事责任。

违反本条例规定，伪造、变造、转让放射性同位素进口和转让批准文件的，由县级以上人民政府生态环境主管部门收缴伪造、变造的批准文件或者由原批准机关撤销批准文件，并处 5 万元以上 10 万元以下的罚款；情节严重的，可以由原发证机关吊销许可证；构成犯罪的，依法追究刑事责任。

第五十六条　违反本条例规定，生产、销售、使用放射性同位素的单位有下列行为之一的，由县级以上人民政府生态环境主管部门责令限期改正，给予警告；逾期不改正的，由原发证机关暂扣或者吊销许可证：

（一）转入、转出放射性同位素未按照规定备案的；

（二）将放射性同位素转移到外省、自治区、直辖市使用，未按照规定备案的；

（三）将废旧放射源交回生产单位、返回原出口方或者送交放射性废物集中贮存单位贮存，未按照规定备案的。

第五十七条　违反本条例规定，生产、销售、使用放射性同位素和射线装置的单位有下列行为之一的，由县级以上人民政府生态环境主管部门责令停止违法行为，限期改正；逾期不改正的，处 1 万元以上 10 万元以下的罚款：

（一）在室外、野外使用放射性同位素和射线装置，未按照国家有关安全和防护标准的要求划出安全防护区域和设置明显的放射性标志的；

（二）未经批准擅自在野外进行放射性同位素示踪试验的。

第五十八条　违反本条例规定，生产放射性同位素的单位有下列行为之一的，由县级以上人民政府生态环境主管部门责令限期改正，给予警告；逾期不改正的，依法收缴其未备案的放射性同位素和未编码的放射源，处 5 万元以上 10 万元以下的罚款，并可以由原发证机关暂扣或者吊销许可证：

（一）未建立放射性同位素产品台账的；

（二）未按照国务院生态环境主管部门制定的编码规则，对生产的放射源进行统一编码的；

（三）未将放射性同位素产品台账和放射源编码清单报国务院生态环境主管部门备案的；

（四）出厂或者销售未列入产品台账的放射性同位素和未编码的放射源的。

第五十九条　违反本条例规定，生产、销售、使用放射性同位素和射线装置的单位有下列行为之一的，由县级以上人民政府生态环境主管部门责令停止违法行为，限期改正；逾期不改正的，由原发证机关指定有处理能力的单位代为处理或者实施退役，费用由生产、销售、使用放射性同位素和射线装置的单位承担，并处 1 万元以上 10 万元以下的罚款：

（一）未按照规定对废旧放射源进行处理的；

（二）未按照规定对使用Ⅰ类、Ⅱ类、Ⅲ类放射源的场所和生产放射性同位素的场所，以及终结运行后产生放射性污染的射线装置实施退役的。

第六十条　违反本条例规定，生产、销售、使用放射性同位素和射线装置的单位有下列行为之一的，由县级以上人民政府生态环境主管部门责令停止违法行为，限期改正；逾期不改正的，责令停产停业，并处 2 万元以上 20 万元以下的罚款；构成犯罪的，依法追究刑事责任：

（一）未按照规定对本单位的放射性同位素、射线装置安全和防护状况进行评估或者发现安全隐患不及时整改的；

（二）生产、销售、使用、贮存放射性同位素和射线装置的场所未按照规定设置安全和防护设施以及放射性标志的。

第六十一条　违反本条例规定，造成辐射事故的，由原发证机关责令限期改正，并处 5 万元以上 20 万元以下的罚款；情节严重的，由原发证机关吊销许可证；构成违反治安管理行为的，由公安机关依法予以治安处罚；构成犯罪的，依法追究刑事责任。

因辐射事故造成他人损害的，依法承担民事责任。

第六十二条　生产、销售、使用放射性同位素和射线装置的单位被责令限期整改，逾期不整改或者经整改仍不符合原发证条件的,由原发证机关暂扣或者吊销许可证。

第六十三条 违反本条例规定,被依法吊销许可证的单位或者伪造、变造许可证的单位,5年内不得申请领取许可证。

第六十四条 县级以上地方人民政府生态环境主管部门的行政处罚权限的划分,由省、自治区、直辖市人民政府确定。

第七章 附 则

第六十五条 军用放射性同位素、射线装置安全和防护的监督管理,依照《中华人民共和国放射性污染防治法》第六十条的规定执行。

第六十六条 劳动者在职业活动中接触放射性同位素和射线装置造成的职业病的防治,依照《中华人民共和国职业病防治法》和国务院有关规定执行。

第六十七条 放射性同位素的运输,放射性同位素和射线装置生产、销售、使用过程中产生的放射性废物的处置,依照国务院有关规定执行。

第六十八条 本条例中下列用语的含义:

放射性同位素,是指某种发生放射性衰变的元素中具有相同原子序数但质量不同的核素。

放射源,是指除研究堆和动力堆核燃料循环范畴的材料以外,永久密封在容器中或者有严密包层并呈固态的放射性材料。

射线装置,是指X线机、加速器、中子发生器以及含放射源的装置。

非密封放射性物质,是指非永久密封在包壳里或者紧密地固结在覆盖层里的放射性物质。

转让,是指除进出口、回收活动之外,放射性同位素所有权或者使用权在不同持有者之间的转移。

伴有产生X射线的电器产品,是指不以产生X射线为目的,但在生产或者使用过程中产生X射线的电器产品。

辐射事故,是指放射源丢失、被盗、失控,或者放射性同位素和射线装置失控导致人员受到意外的异常照射。

第六十九条 本条例自2005年12月1日起施行。1989年10月24日国务院发布的《放射性同位素与射线装置放射防护条例》同时废止。

放射性废物安全管理条例

(2011年11月30日国务院第183次常务会议通过 2011年12月20日中华人民共和国国务院令第612号公布 自2012年3月1日起施行)

第一章 总 则

第一条 为了加强对放射性废物的安全管理,保护环境,保障人体健康,根据《中华人民共和国放射性污染防治法》,制定本条例。

第二条 本条例所称放射性废物,是指含有放射性核素或者被放射性核素污染,其放射性核素浓度或者比活度大于国家确定的清洁解控水平,预期不再使用的废弃物。

第三条 放射性废物的处理、贮存和处置及其监督管理等活动,适用本条例。

本条例所称处理,是指为了能够安全和经济地运输、贮存、处置放射性废物,通过净化、浓缩、固化、压缩和包装等手段,改变放射性废物的属性、形态和体积的活动。

本条例所称贮存，是指将废旧放射源和其他放射性固体废物临时放置于专门建造的设施内进行保管的活动。

本条例所称处置，是指将废旧放射源和其他放射性固体废物最终放置于专门建造的设施内并不再回取的活动。

第四条 放射性废物的安全管理，应当坚持减量化、无害化和妥善处置、永久安全的原则。

第五条 国务院环境保护主管部门统一负责全国放射性废物的安全监督管理工作。

国务院核工业行业主管部门和其他有关部门，依照本条例的规定和各自的职责负责放射性废物的有关管理工作。

县级以上地方人民政府环境保护主管部门和其他有关部门依照本条例的规定和各自的职责负责本行政区域放射性废物的有关管理工作。

第六条 国家对放射性废物实行分类管理。

根据放射性废物的特性及其对人体健康和环境的潜在危害程度，将放射性废物分为高水平放射性废物、中水平放射性废物和低水平放射性废物。

第七条 放射性废物的处理、贮存和处置活动，应当遵守国家有关放射性污染防治标准和国务院环境保护主管部门的规定。

第八条 国务院环境保护主管部门会同国务院核工业行业主管部门和其他有关部门建立全国放射性废物管理信息系统，实现信息共享。

国家鼓励、支持放射性废物安全管理的科学研究和技术开发利用，推广先进的放射性废物安全管理技术。

第九条 任何单位和个人对违反本条例规定的行为，有权向县级以上人民政府环境保护主管部门或者其他有关部门举报。接到举报的部门应当及时调查处理，并为举报人保密；经调查情况属实的，对举报人给予奖励。

第二章 放射性废物的处理和贮存

第十条 核设施营运单位应当将其产生的不能回收利用并不能返回原生产单位或者出口方的废旧放射源（以下简称废旧放射源），送交取得相应许可证的放射性固体废物贮存单位集中贮存，或者直接送交取得相应许可证的放射性固体废物处置单位处置。

核设施营运单位应当对其产生的除废旧放射源以外的放射性固体废物和不能经净化排放的放射性废液进行处理，使其转变为稳定的、标准化的固体废物后自行贮存，并及时送交取得相应许可证的放射性固体废物处置单位处置。

第十一条 核技术利用单位应当对其产生的不能经净化排放的放射性废液进行处理，转变为放射性固体废物。

核技术利用单位应当及时将其产生的废旧放射源和其他放射性固体废物，送交取得相应许可证的放射性固体废物贮存单位集中贮存，或者直接送交取得相应许可证的放射性固体废物处置单位处置。

第十二条 专门从事放射性固体废物贮存活动的单位，应当符合下列条件，并依照本条例的规定申请领取放射性固体废物贮存许可证：

（一）有法人资格；

（二）有能保证贮存设施安全运行的组织机构和3名以上放射性废物管理、辐射防护、环境监测方面的专业技术人员，其中至少有1名注册核安全工程师；

（三）有符合国家有关放射性污染防治标准和国务院环境保护主管部门规定的放射性固体废物接收、贮存设施和场所，以及放射性检测、辐射防护与环境监测设备；

（四）有健全的管理制度以及符合核安全监督管理要求的质量保证体系，包括质量保证大纲、贮存设施运行监测计划、辐射环境监测计划和应急方案等。

核设施营运单位利用与核设施配套建设的贮存设施，贮存本单位产生的放射性固体废物的，不需要申请领取贮存许可证；贮存其他单位产生的放射性固体废物的，应当依照本条例的规定申请领取贮存许可证。

第十三条 申请领取放射性固体废物贮存许可证的单位，应当向国务院环境保护主管部门提出书面申请，并提交其符合本条例第十二条规定条件的证明材料。

国务院环境保护主管部门应当自受理申请之日起20个工作日内完成审查，对符合条件的颁发许可证，予以公告；对不符合条件的，书面通知申请单位并说明理由。

国务院环境保护主管部门在审查过程中，应当组织专家进行技术评审，并征求国务院其他有关部门的意见。技术评审所需时间应当书面告知申请单位。

第十四条 放射性固体废物贮存许可证应当载明下列内容：

（一）单位的名称、地址和法定代表人；

（二）准予从事的活动种类、范围和规模；

（三）有效期限；

（四）发证机关、发证日期和证书编号。

第十五条 放射性固体废物贮存单位变更单位名称、地址、法定代表人的，应当自变更登记之日起20日内，向国务院环境保护主管部门申请办理许可证变更手续。

放射性固体废物贮存单位需要变更许可证规定的活动种类、范围和规模的，应当按照原申请程序向国务院环境保护主管部门重新申请领取许可证。

第十六条 放射性固体废物贮存许可证的有效期为10年。

许可证有效期届满，放射性固体废物贮存单位需要继续从事贮存活动的，应当于许可证有效期届满90日前，向国务院环境保护主管部门提出延续申请。

国务院环境保护主管部门应当在许可证有效期届满前完成审查，对符合条件的准予延续；对不符合条件的，书面通知申请单位并说明理由。

第十七条 放射性固体废物贮存单位应当按照国家有关放射性污染防治标准和国务院环境保护主管部门的规定，对其接收的废旧放射源和其他放射性固体废物进行分类存放和清理，及时予以清洁解控或者送交取得相应许可证的放射性固体废物处置单位处置。

放射性固体废物贮存单位应当建立放射性固体废物贮存情况记录档案，如实完整地记录贮存的放射性固体废物的来源、数量、特征、贮存位置、清洁解控、送交处置等与贮存活动有关的事项。

放射性固体废物贮存单位应当根据贮存设施的自然环境和放射性固体废物特性采取必要的防护措施，保证在规定的贮存期限内贮存设施、容器的完好和放射性固体废物的安全，并确保放射性固体废物能够安全回取。

第十八条 放射性固体废物贮存单位应当根据贮存设施运行监测计划和辐射环境监测计划，对贮存设施进行安全性检查，并对贮存设施周围的地下水、地表水、土壤和空气进行放射性监测。

放射性固体废物贮存单位应当如实记录监测数据，发现安全隐患或者周围环境中放射性核素超过国家规定的标准的，应当立即查找原因，采取相应的防范措施，并向所在地省、自治区、直辖市人民政府环境保护主管部门报告。构成辐射事故的，应当立即启动本单位的应急方案，并依照《中华人民共和国放射性污染防治法》、《放射性同位素与射线装置安全和防护条例》的规定进行报告，开展有关事故应急工作。

第十九条 将废旧放射源和其他放射性固体废物送交放射性固体废物贮存、处置单位贮存、处置时，送交方应当一并提供放射性固体废物的种类、数量、活度等资料和废旧放射源的原始档案，并按照规定承担贮存、处置的费用。

第三章　放射性废物的处置

第二十条　国务院核工业行业主管部门会同国务院环境保护主管部门根据地质、环境、社会经济条件和放射性固体废物处置的需要，在征求国务院有关部门意见并进行环境影响评价的基础上编制放射性固体废物处置场所选址规划，报国务院批准后实施。

有关地方人民政府应当根据放射性固体废物处置场所选址规划，提供放射性固体废物处置场所的建设用地，并采取有效措施支持放射性固体废物的处置。

第二十一条　建造放射性固体废物处置设施，应当按照放射性固体废物处置场所选址技术导则和标准的要求，与居住区、水源保护区、交通干道、工厂和企业等场所保持严格的安全防护距离，并对场址的地质构造、水文地质等自然条件以及社会经济条件进行充分研究论证。

第二十二条　建造放射性固体废物处置设施，应当符合放射性固体废物处置场所选址规划，并依法办理选址批准手续和建造许可证。不符合选址规划或者选址技术导则、标准的，不得批准选址或者建造。

高水平放射性固体废物和 α 放射性固体废物深地质处置设施的工程和安全技术研究、地下实验、选址和建造，由国务院核工业行业主管部门组织实施。

第二十三条　专门从事放射性固体废物处置活动的单位，应当符合下列条件，并依照本条例的规定申请领取放射性固体废物处置许可证：

（一）有国有或者国有控股的企业法人资格。

（二）有能保证处置设施安全运行的组织机构和专业技术人员。低、中水平放射性固体废物处置单位应当具有 10 名以上放射性废物管理、辐射防护、环境监测方面的专业技术人员，其中至少有 3 名注册核安全工程师；高水平放射性固体废物和 α 放射性固体废物处置单位应当具有 20 名以上放射性废物管理、辐射防护、环境监测方面的专业技术人员，其中至少有 5 名注册核安全工程师。

（三）有符合国家有关放射性污染防治标准和国务院环境保护主管部门规定的放射性固体废物接收、处置设施和场所，以及放射性检测、辐射防护与环境监测设备。低、中水平放射性固体废物处置设施关闭后应满足 300 年以上的安全隔离要求；高水平放射性固体废物和 α 放射性固体废物深地质处置设施关闭后应满足 1 万年以上的安全隔离要求。

（四）有相应数额的注册资金。低、中水平放射性固体废物处置单位的注册资金应不少于 3000 万元；高水平放射性固体废物和 α 放射性固体废物处置单位的注册资金应不少于 1 亿元。

（五）有能保证其处置活动持续进行直至安全监护期满的财务担保。

（六）有健全的管理制度以及符合核安全监督管理要求的质量保证体系，包括质量保证大纲、处置设施运行监测计划、辐射环境监测计划和应急方案等。

第二十四条　放射性固体废物处置许可证的申请、变更、延续的审批权限和程序，以及许可证的内容、有效期限，依照本条例第十三条至第十六条的规定执行。

第二十五条　放射性固体废物处置单位应当按照国家有关放射性污染防治标准和国务院环境保护主管部门的规定，对其接收的放射性固体废物进行处置。

放射性固体废物处置单位应当建立放射性固体废物处置情况记录档案，如实记录处置的放射性固体废物的来源、数量、特征、存放位置等与处置活动有关的事项。放射性固体废物处置情况记录档案应当永久保存。

第二十六条　放射性固体废物处置单位应当根据处置设施运行监测计划和辐射环境监测计划，对处置设施进行安全性检查，并对处置设施周围的地下水、地表水、土壤和空气进行放射性监测。

放射性固体废物处置单位应当如实记录监测数据，发现安全隐患或者周围环境中放射性核素超过国家规定的标准的,应当立即查找原因,采取相应的防范措施,并向国务院环境保护主管部门和核工业行业主管部门报告。构成辐射事故的,应当立即启动本单位的应急方案,并依照《中华人民共和国放射性污染防治法》、《放射性同位素与射线装置安全和防护条例》的规定进行报告,开展有关事故应急工作。

第二十七条 放射性固体废物处置设施设计服役期届满,或者处置的放射性固体废物已达到该设施的设计容量,或者所在地区的地质构造或者水文地质等条件发生重大变化导致处置设施不适宜继续处置放射性固体废物的,应当依法办理关闭手续,并在划定的区域设置永久性标记。

关闭放射性固体废物处置设施的,处置单位应当编制处置设施安全监护计划,报国务院环境保护主管部门批准。

放射性固体废物处置设施依法关闭后,处置单位应当按照经批准的安全监护计划,对关闭后的处置设施进行安全监护。放射性固体废物处置单位因破产、吊销许可证等原因终止的,处置设施关闭和安全监护所需费用由提供财务担保的单位承担。

第四章 监督管理

第二十八条 县级以上人民政府环境保护主管部门和其他有关部门,依照《中华人民共和国放射性污染防治法》和本条例的规定,对放射性废物处理、贮存和处置等活动的安全性进行监督检查。

第二十九条 县级以上人民政府环境保护主管部门和其他有关部门进行监督检查时,有权采取下列措施:

(一)向被检查单位的法定代表人和其他有关人员调查、了解情况;

(二)进入被检查单位进行现场监测、检查或者核查;

(三)查阅、复制相关文件、记录以及其他有关资料;

(四)要求被检查单位提交有关情况说明或者后续处理报告。

被检查单位应当予以配合,如实反映情况,提供必要的资料,不得拒绝和阻碍。

县级以上人民政府环境保护主管部门和其他有关部门的监督检查人员依法进行监督检查时,应当出示证件,并为被检查单位保守技术秘密和业务秘密。

第三十条 核设施营运单位、核技术利用单位和放射性固体废物贮存、处置单位,应当按照放射性废物危害的大小,建立健全相应级别的安全保卫制度,采取相应的技术防范措施和人员防范措施,并适时开展放射性废物污染事故应急演练。

第三十一条 核设施营运单位、核技术利用单位和放射性固体废物贮存、处置单位,应当对其直接从事放射性废物处理、贮存和处置活动的工作人员进行核与辐射安全知识以及专业操作技术的培训,并进行考核;考核合格的,方可从事该项工作。

第三十二条 核设施营运单位、核技术利用单位和放射性固体废物贮存单位应当按照国务院环境保护主管部门的规定定期如实报告放射性废物产生、排放、处理、贮存、清洁解控和送交处置等情况。

放射性固体废物处置单位应当于每年3月31日前,向国务院环境保护主管部门和核工业行业主管部门如实报告上一年度放射性固体废物接收、处置和设施运行等情况。

第三十三条 禁止将废旧放射源和其他放射性固体废物送交无相应许可证的单位贮存、处置或者擅自处置。

禁止无许可证或者不按许可证规定的活动种类、范围、规模和期限从事放射性固体废物贮存、处置活动。

第三十四条 禁止将放射性废物和被放射性污染的物品输入中华人民共和国境内或者经中华人民共和国境内转移。具体办法由国务院环境保护主管部门会同国务院商务主管部门、海关总署、国家出入境检验检疫主管部门制定。

第五章 法律责任

第三十五条 负有放射性废物安全监督管理职责的部门及其工作人员违反本条例规定，有下列行为之一的，对直接负责的主管人员和其他直接责任人员，依法给予处分；直接负责的主管人员和其他直接责任人员构成犯罪的，依法追究刑事责任：

（一）违反本条例规定核发放射性固体废物贮存、处置许可证的；

（二）违反本条例规定批准不符合选址规划或者选址技术导则、标准的处置设施选址或者建造的；

（三）对发现的违反本条例的行为不依法查处的；

（四）在办理放射性固体废物贮存、处置许可证以及实施监督检查过程中，索取、收受他人财物或者谋取其他利益的；

（五）其他徇私舞弊、滥用职权、玩忽职守行为。

第三十六条 违反本条例规定，核设施营运单位、核技术利用单位有下列行为之一的，由审批该单位立项环境影响评价文件的环境保护主管部门责令停止违法行为，限期改正；逾期不改正的，指定有相应许可证的单位代为贮存或者处置，所需费用由核设施营运单位、核技术利用单位承担，可以处 20 万元以下的罚款；构成犯罪的，依法追究刑事责任：

（一）核设施营运单位未按照规定，将其产生的废旧放射源送交贮存、处置，或者将其产生的其他放射性固体废物送交处置的；

（二）核技术利用单位未按照规定，将其产生的废旧放射源或者其他放射性固体废物送交贮存、处置的。

第三十七条 违反本条例规定，有下列行为之一的，由县级以上人民政府环境保护主管部门责令停止违法行为，限期改正，处 10 万元以上 20 万元以下的罚款；造成环境污染的，责令限期采取治理措施消除污染，逾期不采取治理措施，经催告仍不治理的，可以指定有治理能力的单位代为治理，所需费用由违法者承担；构成犯罪的，依法追究刑事责任：

（一）核设施营运单位将废旧放射源送交无相应许可证的单位贮存、处置，或者将其他放射性固体废物送交无相应许可证的单位处置，或者擅自处置的；

（二）核技术利用单位将废旧放射源或者其他放射性固体废物送交无相应许可证的单位贮存、处置，或者擅自处置的；

（三）放射性固体废物贮存单位将废旧放射源或者其他放射性固体废物送交无相应许可证的单位处置，或者擅自处置的。

第三十八条 违反本条例规定，有下列行为之一的，由省级以上人民政府环境保护主管部门责令停产停业或者吊销许可证；有违法所得的，没收违法所得；违法所得 10 万元以上的，并处违法所得 1 倍以上 5 倍以下的罚款；没有违法所得或者违法所得不足 10 万元的，并处 5 万元以上 10 万元以下的罚款；造成环境污染的，责令限期采取治理措施消除污染，逾期不采取治理措施，经催告仍不治理的，可以指定有治理能力的单位代为治理，所需费用由违法者承担；构成犯罪的，依法追究刑事责任：

（一）未经许可，擅自从事废旧放射源或者其他放射性固体废物的贮存、处置活动的；

（二）放射性固体废物贮存、处置单位未按照许可证规定的活动种类、范围、规模、期限从事废旧放射源或者其他放射性固体废物的贮存、处置活动的；

（三）放射性固体废物贮存、处置单位未按照国家有关放射性污染防治标准和国务院环境保护主管部门的规定贮存、处置废旧放射源或者其他放射性固体废物的。

第三十九条 放射性固体废物贮存、处置单位未按照规定建立情况记录档案，或者未按照规定进行如实记录的，由省级以上人民政府环境保护主管部门责令限期改正，处 1 万元以上5万元以下的罚款；逾期不改正的，处5万元以上10万元以下的罚款。

第四十条 核设施营运单位、核技术利用单位或者放射性固体废物贮存、处置单位未按照本条例第三十二条的规定如实报告有关情况的，由县级以上人民政府环境保护主管部门责令限期改正，处1万元以上5万元以下的罚款；逾期不改正的，处5万元以上10万元以下的罚款。

第四十一条 违反本条例规定，拒绝、阻碍环境保护主管部门或者其他有关部门的监督检查，或者在接受监督检查时弄虚作假的，由监督检查部门责令改正，处2万元以下的罚款；构成违反治安管理行为的，由公安机关依法给予治安管理处罚；构成犯罪的，依法追究刑事责任。

第四十二条 核设施营运单位、核技术利用单位或者放射性固体废物贮存、处置单位未按照规定对有关工作人员进行技术培训和考核的，由县级以上人民政府环境保护主管部门责令限期改正，处1万元以上5万元以下的罚款；逾期不改正的，处5万元以上10万元以下的罚款。

第四十三条 违反本条例规定，向中华人民共和国境内输入放射性废物或者被放射性污染的物品，或者经中华人民共和国境内转移放射性废物或者被放射性污染的物品的，由海关责令退运该放射性废物或者被放射性污染的物品，并处50万元以上100万元以下的罚款；构成犯罪的，依法追究刑事责任。

第六章 附 则

第四十四条 军用设施、装备所产生的放射性废物的安全管理，依照《中华人民共和国放射性污染防治法》第六十条的规定执行。

第四十五条 放射性废物运输的安全管理、放射性废物造成污染事故的应急处理，以及劳动者在职业活动中接触放射性废物造成的职业病防治，依照有关法律、行政法规的规定执行。

第四十六条 本条例自2012年3月1日起施行。

放射性物品运输安全管理条例

(2009年9月7日国务院第80次常务会议通过 2009年9月14日中华人民共和国国务院令第562号公布 自2010年1月1日起施行)

第一章 总 则

第一条 为了加强对放射性物品运输的安全管理，保障人体健康，保护环境，促进核能、核技术的开发与和平利用，根据《中华人民共和国放射性污染防治法》，制定本条例。

第二条 放射性物品的运输和放射性物品运输容器的设计、制造等活动，适用本条例。

本条例所称放射性物品，是指含有放射性核素，并且其活度和比活度均高于国家规定的豁免值的物品。

第三条 根据放射性物品的特性及其对人体健康和环境的潜在危害程度，将放射性物品分为一类、二类和三类。

一类放射性物品，是指Ⅰ类放射源、高水平放射性废物、乏燃料等释放到环境后对人体健康和环境产生重大辐射影响的放射性物品。

二类放射性物品，是指Ⅱ类和Ⅲ类放射源、中等水平放射性废物等释放到环境后对人体健康和环境产生一般辐射影响的放射性物品。

三类放射性物品，是指Ⅳ类和Ⅴ类放射源、低水平放射性废物、放射性药品等释放到环境后对人体健康和环境产生较小辐射影响的放射性物品。

放射性物品的具体分类和名录，由国务院核安全监管部门会同国务院公安、卫生、海关、交通运输、铁路、民航、核工业行业主管部门制定。

第四条 国务院核安全监管部门对放射性物品运输的核与辐射安全实施监督管理。

国务院公安、交通运输、铁路、民航等有关主管部门依照本条例规定和各自的职责，负责放射性物品运输安全的有关监督管理工作。

县级以上地方人民政府环境保护主管部门和公安、交通运输等有关主管部门，依照本条例规定和各自的职责，负责本行政区域放射性物品运输安全的有关监督管理工作。

第五条 运输放射性物品，应当使用专用的放射性物品运输包装容器（以下简称运输容器）。

放射性物品的运输和放射性物品运输容器的设计、制造，应当符合国家放射性物品运输安全标准。

国家放射性物品运输安全标准，由国务院核安全监管部门制定，由国务院核安全监管部门和国务院标准化主管部门联合发布。国务院核安全监管部门制定国家放射性物品运输安全标准，应当征求国务院公安、卫生、交通运输、铁路、民航、核工业行业主管部门的意见。

第六条 放射性物品运输容器的设计、制造单位应当建立健全责任制度，加强质量管理，并对所从事的放射性物品运输容器的设计、制造活动负责。

放射性物品的托运人（以下简称托运人）应当制定核与辐射事故应急方案，在放射性物品运输中采取有效的辐射防护和安全保卫措施，并对放射性物品运输中的核与辐射安全负责。

第七条 任何单位和个人对违反本条例规定的行为，有权向国务院核安全监管部门或者其他依法履行放射性物品运输安全监督管理职责的部门举报。

接到举报的部门应当依法调查处理，并为举报人保密。

第二章 放射性物品运输容器的设计

第八条 放射性物品运输容器设计单位应当建立健全和有效实施质量保证体系，按照国家放射性物品运输安全标准进行设计，并通过试验验证或者分析论证等方式，对设计的放射性物品运输容器的安全性能进行评价。

第九条 放射性物品运输容器设计单位应当建立健全档案制度，按照质量保证体系的要求，如实记录放射性物品运输容器的设计和安全性能评价过程。

进行一类放射性物品运输容器设计，应当编制设计安全评价报告书；进行二类放射性物品运输容器设计，应当编制设计安全评价报告表。

第十条 一类放射性物品运输容器的设计，应当在首次用于制造前报国务院核安全监管部门审查批准。

申请批准一类放射性物品运输容器的设计，设计单位应当向国务院核安全监管部门提出书面申请，并提交下列材料：

（一）设计总图及其设计说明书；

（二）设计安全评价报告书；

（三）质量保证大纲。

第十一条 国务院核安全监管部门应当自受理申请之日起45个工作日内完成审查，对符合国家放射性物品运输安全标准的，颁发一类放射性物品运输容器设计批准书，并公告批准文号；对不符合国家放射性物品运输安全标准的，书面通知申请单位并说明理由。

第十二条 设计单位修改已批准的一类放射性物品运输容器设计中有关安全内容的,应当按照原申请程序向国务院核安全监管部门重新申请领取一类放射性物品运输容器设计批准书。

第十三条 二类放射性物品运输容器的设计,设计单位应当在首次用于制造前,将设计总图及其设计说明书、设计安全评价报告表报国务院核安全监管部门备案。

第十四条 三类放射性物品运输容器的设计,设计单位应当编制设计符合国家放射性物品运输安全标准的证明文件并存档备查。

第三章 放射性物品运输容器的制造与使用

第十五条 放射性物品运输容器制造单位,应当按照设计要求和国家放射性物品运输安全标准,对制造的放射性物品运输容器进行质量检验,编制质量检验报告。

未经质量检验或者经检验不合格的放射性物品运输容器,不得交付使用。

第十六条 从事一类放射性物品运输容器制造活动的单位,应当具备下列条件:

(一)有与所从事的制造活动相适应的专业技术人员;

(二)有与所从事的制造活动相适应的生产条件和检测手段;

(三)有健全的管理制度和完善的质量保证体系。

第十七条 从事一类放射性物品运输容器制造活动的单位,应当申请领取一类放射性物品运输容器制造许可证(以下简称制造许可证)。

申请领取制造许可证的单位,应当向国务院核安全监管部门提出书面申请,并提交其符合本条例第十六条规定条件的证明材料和申请制造的运输容器型号。

禁止无制造许可证或者超出制造许可证规定的范围从事一类放射性物品运输容器的制造活动。

第十八条 国务院核安全监管部门应当自受理申请之日起45个工作日内完成审查,对符合条件的,颁发制造许可证,并予以公告;对不符合条件的,书面通知申请单位并说明理由。

第十九条 制造许可证应当载明下列内容:

(一)制造单位名称、住所和法定代表人;

(二)许可制造的运输容器的型号;

(三)有效期限;

(四)发证机关、发证日期和证书编号。

第二十条 一类放射性物品运输容器制造单位变更单位名称、住所或者法定代表人的,应当自工商变更登记之日起20日内,向国务院核安全监管部门办理制造许可证变更手续。

一类放射性物品运输容器制造单位变更制造的运输容器型号的,应当按照原申请程序向国务院核安全监管部门重新申请领取制造许可证。

第二十一条 制造许可证有效期为5年。

制造许可证有效期届满,需要延续的,一类放射性物品运输容器制造单位应当于制造许可证有效期届满6个月前,向国务院核安全监管部门提出延续申请。

国务院核安全监管部门应当在制造许可证有效期届满前作出是否准予延续的决定。

第二十二条 从事二类放射性物品运输容器制造活动的单位,应当在首次制造活动开始30日前,将其具备与所从事的制造活动相适应的专业技术人员、生产条件、检测手段,以及具有健全的管理制度和完善的质量保证体系的证明材料,报国务院核安全监管部门备案。

第二十三条 一类、二类放射性物品运输容器制造单位,应当按照国务院核安全监管部门制定的编码规则,对其制造的一类、二类放射性物品运输容器统一编码,并于每年1月31日前将上一年度的运输容器编码清单报国务院核安全监管部门备案。

第二十四条 从事三类放射性物品运输容器制造活动的单位,应当于每年1月31日前将上一年度制造的运输容器的型号和数量报国务院核安全监管部门备案。

第二十五条 放射性物品运输容器使用单位应当对其使用的放射性物品运输容器定期进行保养和维护,并建立保养和维护档案;放射性物品运输容器达到设计使用年限,或者发现放射性物品运输容器存在安全隐患的,应当停止使用,进行处理。

一类放射性物品运输容器使用单位还应当对其使用的一类放射性物品运输容器每两年进行一次安全性能评价,并将评价结果报国务院核安全监管部门备案。

第二十六条 使用境外单位制造的一类放射性物品运输容器的,应当在首次使用前报国务院核安全监管部门审查批准。

申请使用境外单位制造的一类放射性物品运输容器的单位,应当向国务院核安全监管部门提出书面申请,并提交下列材料:

(一)设计单位所在国核安全监管部门颁发的设计批准文件的复印件;
(二)设计安全评价报告书;
(三)制造单位相关业绩的证明材料;
(四)质量合格证明;
(五)符合中华人民共和国法律、行政法规规定,以及国家放射性物品运输安全标准或者经国务院核安全监管部门认可的标准的说明材料。

国务院核安全监管部门应当自受理申请之日起45个工作日内完成审查,对符合国家放射性物品运输安全标准的,颁发使用批准书;对不符合国家放射性物品运输安全标准的,书面通知申请单位并说明理由。

第二十七条 使用境外单位制造的二类放射性物品运输容器的,应当在首次使用前将运输容器质量合格证明和符合中华人民共和国法律、行政法规规定,以及国家放射性物品运输安全标准或者经国务院核安全监管部门认可的标准的说明材料,报国务院核安全监管部门备案。

第二十八条 国务院核安全监管部门办理使用境外单位制造的一类、二类放射性物品运输容器审查批准和备案手续,应当同时为运输容器确定编码。

第四章 放射性物品的运输

第二十九条 托运放射性物品的,托运人应当持有生产、销售、使用或者处置放射性物品的有效证明,使用与所托运的放射性物品类别相适应的运输容器进行包装,配备必要的辐射监测设备、防护用品和防盗、防破坏设备,并编制运输说明书、核与辐射事故应急响应指南、装卸作业方法、安全防护指南。

运输说明书应当包括放射性物品的品名、数量、物理化学形态、危害风险等内容。

第三十条 托运一类放射性物品的,托运人应当委托有资质的辐射监测机构对其表面污染和辐射水平实施监测,辐射监测机构应当出具辐射监测报告。

托运二类、三类放射性物品的,托运人应当对其表面污染和辐射水平实施监测,并编制辐射监测报告。

监测结果不符合国家放射性物品运输安全标准的,不得托运。

第三十一条 承运放射性物品应当取得国家规定的运输资质。承运人的资质管理,依照有关法律、行政法规和国务院交通运输、铁路、民航、邮政主管部门的规定执行。

第三十二条 托运人和承运人应当对直接从事放射性物品运输的工作人员进行运输安全和应急响应知识的培训,并进行考核;考核不合格的,不得从事相关工作。

托运人和承运人应当按照国家放射性物品运输安全标准和国家有关规定,在放射性物品运输容器和运输工具上设置警示标志。

国家利用卫星定位系统对一类、二类放射性物品运输工具的运输过程实行在线监控。具体办法由国务院核安全监管部门会同国务院有关部门制定。

第三十三条 托运人和承运人应当按照国家职业病防治的有关规定,对直接从事放射性物品运输的工作人员进行个人剂量监测,建立个人剂量档案和职业健康监护档案。

第三十四条 托运人应当向承运人提交运输说明书、辐射监测报告、核与辐射事故应急响应指南、装卸作业方法、安全防护指南,承运人应当查验、收存。托运人提交文件不齐全的,承运人不得承运。

第三十五条 托运一类放射性物品的,托运人应当编制放射性物品运输的核与辐射安全分析报告书,报国务院核安全监管部门审查批准。

放射性物品运输的核与辐射安全分析报告书应当包括放射性物品的品名、数量、运输容器型号、运输方式、辐射防护措施、应急措施等内容。

国务院核安全监管部门应当自受理申请之日起45个工作日内完成审查,对符合国家放射性物品运输安全标准的,颁发核与辐射安全分析报告批准书;对不符合国家放射性物品运输安全标准的,书面通知申请单位并说明理由。

第三十六条 放射性物品运输的核与辐射安全分析报告批准书应当载明下列主要内容:

(一)托运人的名称、地址、法定代表人;

(二)运输放射性物品的品名、数量;

(三)运输放射性物品的运输容器型号和运输方式;

(四)批准日期和有效期限。

第三十七条 一类放射性物品启运前,托运人应当将放射性物品运输的核与辐射安全分析报告批准书、辐射监测报告,报启运地的省、自治区、直辖市人民政府环境保护主管部门备案。

收到备案材料的环境保护主管部门应当及时将有关情况通报放射性物品运输的途经地和抵达地的省、自治区、直辖市人民政府环境保护主管部门。

第三十八条 通过道路运输放射性物品的,应当经公安机关批准,按照指定的时间、路线、速度行驶,并悬挂警示标志,配备押运人员,使放射性物品处于押运人员的监管之下。

通过道路运输核反应堆乏燃料的,托运人应当报国务院公安部门批准。通过道路运输其他放射性物品的,托运人应当报启运地县级以上人民政府公安机关批准。具体办法由国务院公安部门商国务院核安全监管部门制定。

第三十九条 通过水路运输放射性物品的,按照水路危险货物运输的法律、行政法规和规章的有关规定执行。

通过铁路、航空运输放射性物品的,按照国务院铁路、民航主管部门的有关规定执行。

禁止邮寄一类、二类放射性物品。邮寄三类放射性物品的,按照国务院邮政管理部门的有关规定执行。

第四十条 生产、销售、使用或者处置放射性物品的单位,可以依照《中华人民共和国道路运输条例》的规定,向设区的市级人民政府道路运输管理机构申请非营业性道路危险货物运输资质,运输本单位的放射性物品,并承担本条例规定的托运人和承运人的义务。

申请放射性物品非营业性道路危险货物运输资质的单位,应当具备下列条件:

(一)持有生产、销售、使用或者处置放射性物品的有效证明;

(二)有符合本条例规定要求的放射性物品运输容器;

(三)有具备辐射防护与安全防护知识的专业技术人员和经考试合格的驾驶人员;

(四)有符合放射性物品运输安全防护要求,并经检测合格的运输工具、设施和设备;

(五)配备必要的防护用品和依法经定期检定合格的监测仪器;

(六)有运输安全和辐射防护管理规章制度以及核与辐射事故应急措施。

放射性物品非营业性道路危险货物运输资质的具体条件,由国务院交通运输主管部门会同国务院核安全监管部门制定。

第四十一条 一类放射性物品从境外运抵中华人民共和国境内,或者途经中华人民共和国境内运输的,托运人应当编制放射性物品运输的核与辐射安全分析报告书,报国务院核安全监管部门审查批准。审查批准程序依照本条例第三十五条第三款的规定执行。

二类、三类放射性物品从境外运抵中华人民共和国境内,或者途经中华人民共和国境内运输的,托运人应当编制放射性物品运输的辐射监测报告,报国务院核安全监管部门备案。

托运人、承运人或者其代理人向海关办理有关手续,应当提交国务院核安全监管部门颁发的放射性物品运输的核与辐射安全分析报告批准书或者放射性物品运输的辐射监测报告备案证明。

第四十二条 县级以上人民政府组织编制的突发环境事件应急预案,应当包括放射性物品运输中可能发生的核与辐射事故应急响应的内容。

第四十三条 放射性物品运输中发生核与辐射事故的,承运人、托运人应当按照核与辐射事故应急响应指南的要求,做好事故应急工作,并立即报告事故发生地的县级以上人民政府环境保护主管部门。接到报告的环境保护主管部门应当立即派人赶赴现场,进行现场调查,采取有效措施控制事故影响,并及时向本级人民政府报告,通报同级公安、卫生、交通运输等有关主管部门。

接到报告的县级以上人民政府及其有关主管部门应当按照应急预案做好应急工作,并按照国家突发事件分级报告的规定及时上报核与辐射事故信息。

核反应堆乏燃料运输的核事故应急准备与响应,还应当遵守国家核应急的有关规定。

第五章 监督检查

第四十四条 国务院核安全监管部门和其他依法履行放射性物品运输安全监督管理职责的部门,应当依据各自职责对放射性物品运输安全实施监督检查。

国务院核安全监管部门应当将其已批准或者备案的一类、二类、三类放射性物品运输容器的设计、制造情况和放射性物品运输情况通报设计、制造单位所在地和运输途经地的省、自治区、直辖市人民政府环境保护主管部门。省、自治区、直辖市人民政府环境保护主管部门应当加强对本行政区域放射性物品运输安全的监督检查和监督性监测。

被检查单位应当予以配合,如实反映情况,提供必要的资料,不得拒绝和阻碍。

第四十五条 国务院核安全监管部门和省、自治区、直辖市人民政府环境保护主管部门以及其他依法履行放射性物品运输安全监督管理职责的部门进行监督检查,监督检查人员不得少于2人,并应当出示有效的行政执法证件。

国务院核安全监管部门和省、自治区、直辖市人民政府环境保护主管部门以及其他依法履行放射性物品运输安全监督管理职责的部门的工作人员,对监督检查中知悉的商业秘密负有保密义务。

第四十六条 监督检查中发现经批准的一类放射性物品运输容器设计确有重大设计安全缺陷的,由国务院核安全监管部门责令停止该型号运输容器的制造或者使用,撤销一类放射性物品运输容器设计批准书。

第四十七条 监督检查中发现放射性物品运输活动有不符合国家放射性物品运输安全标准情形的,或者一类放射性物品运输容器制造单位有不符合制造许可证规定条件情形的,应当责令限期整改;发现放射性物品运输活动可能对人体健康和环境造成核与辐射危害的,应当责令停止运输。

第四十八条 国务院核安全监管部门和省、自治区、直辖市人民政府环境保护主管部门以及其他依法履行放射性物品运输安全监督管理职责的部门,对放射性物品运输活动实施监测,不得收取监测费用。

国务院核安全监管部门和省、自治区、直辖市人民政府环境保护主管部门以及其他依法履行放射性物品运输安全监督管理职责的部门，应当加强对监督管理人员辐射防护与安全防护知识的培训。

第六章　法律责任

第四十九条　国务院核安全监管部门和省、自治区、直辖市人民政府环境保护主管部门或者其他依法履行放射性物品运输安全监督管理职责的部门有下列行为之一的，对直接负责的主管人员和其他直接责任人员依法给予处分；直接负责的主管人员和其他直接责任人员构成犯罪的，依法追究刑事责任：

（一）未依照本条例规定作出行政许可或者办理批准文件的；

（二）发现违反本条例规定的行为不予查处，或者接到举报不依法处理的；

（三）未依法履行放射性物品运输核与辐射事故应急职责的；

（四）对放射性物品运输活动实施监测收取监测费用的；

（五）其他不依法履行监督管理职责的行为。

第五十条　放射性物品运输容器设计、制造单位有下列行为之一的，由国务院核安全监管部门责令停止违法行为，处50万元以上100万元以下的罚款；有违法所得的，没收违法所得：

（一）将未取得设计批准书的一类放射性物品运输容器设计用于制造的；

（二）修改已批准的一类放射性物品运输容器设计中有关安全内容，未重新取得设计批准书即用于制造的。

第五十一条　放射性物品运输容器设计、制造单位有下列行为之一的，由国务院核安全监管部门责令停止违法行为，处5万元以上10万元以下的罚款；有违法所得的，没收违法所得：

（一）将不符合国家放射性物品运输安全标准的二类、三类放射性物品运输容器设计用于制造的；

（二）将未备案的二类放射性物品运输容器设计用于制造的。

第五十二条　放射性物品运输容器设计单位有下列行为之一的，由国务院核安全监管部门责令限期改正；逾期不改正的，处1万元以上5万元以下的罚款：

（一）未对二类、三类放射性物品运输容器的设计进行安全性能评价的；

（二）未如实记录二类、三类放射性物品运输容器设计和安全性能评价过程的；

（三）未编制三类放射性物品运输容器设计符合国家放射性物品运输安全标准的证明文件并存档备查的。

第五十三条　放射性物品运输容器制造单位有下列行为之一的，由国务院核安全监管部门责令停止违法行为，处50万元以上100万元以下的罚款；有违法所得的，没收违法所得：

（一）未取得制造许可证从事一类放射性物品运输容器制造活动的；

（二）制造许可证有效期届满，未按照规定办理延续手续，继续从事一类放射性物品运输容器制造活动的；

（三）超出制造许可证规定的范围从事一类放射性物品运输容器制造活动的；

（四）变更制造的一类放射性物品运输容器型号，未按照规定重新领取制造许可证的；

（五）将未经质量检验或者经检验不合格的一类放射性物品运输容器交付使用的。

有前款第（三）项、第（四）项和第（五）项行为之一，情节严重的，吊销制造许可证。

第五十四条　一类放射性物品运输容器制造单位变更单位名称、住所或者法定代表人，未依法办理制造许可证变更手续的，由国务院核安全监管部门责令限期改正；逾期不改正的，处 2 万元的罚款。

第五十五条 放射性物品运输容器制造单位有下列行为之一的，由国务院核安全监管部门责令停止违法行为，处 5 万元以上 10 万元以下的罚款；有违法所得的，没收违法所得：

（一）在二类放射性物品运输容器首次制造活动开始前，未按照规定将有关证明材料报国务院核安全监管部门备案的；

（二）将未经质量检验或者经检验不合格的二类、三类放射性物品运输容器交付使用的。

第五十六条 放射性物品运输容器制造单位有下列行为之一的，由国务院核安全监管部门责令限期改正；逾期不改正的，处 1 万元以上 5 万元以下的罚款：

（一）未按照规定对制造的一类、二类放射性物品运输容器统一编码的；

（二）未按照规定将制造的一类、二类放射性物品运输容器编码清单报国务院核安全监管部门备案的；

（三）未按照规定将制造的三类放射性物品运输容器的型号和数量报国务院核安全监管部门备案的。

第五十七条 放射性物品运输容器使用单位未按照规定对使用的一类放射性物品运输容器进行安全性能评价，或者未将评价结果报国务院核安全监管部门备案的，由国务院核安全监管部门责令限期改正；逾期不改正的，处 1 万元以上 5 万元以下的罚款。

第五十八条 未按照规定取得使用批准书使用境外单位制造的一类放射性物品运输容器的，由国务院核安全监管部门责令停止违法行为，处 50 万元以上 100 万元以下的罚款。

未按照规定办理备案手续使用境外单位制造的二类放射性物品运输容器的，由国务院核安全监管部门责令停止违法行为，处 5 万元以上 10 万元以下的罚款。

第五十九条 托运人未按照规定编制放射性物品运输说明书、核与辐射事故应急响应指南、装卸作业方法、安全防护指南的，由国务院核安全监管部门责令限期改正；逾期不改正的，处 1 万元以上 5 万元以下的罚款。

托运人未按照规定将放射性物品运输的核与辐射安全分析报告批准书、辐射监测报告备案的，由启运地的省、自治区、直辖市人民政府环境保护主管部门责令限期改正；逾期不改正的，处 1 万元以上 5 万元以下的罚款。

第六十条 托运人或者承运人在放射性物品运输活动中，有违反有关法律、行政法规关于危险货物运输管理规定行为的，由交通运输、铁路、民航等有关主管部门依法予以处罚。

违反有关法律、行政法规规定邮寄放射性物品的，由公安机关和邮政管理部门依法予以处罚。在邮寄进境物品中发现放射性物品的，由海关依照有关法律、行政法规的规定处理。

第六十一条 托运人未取得放射性物品运输的核与辐射安全分析报告批准书托运一类放射性物品的，由国务院核安全监管部门责令停止违法行为，处 50 万元以上 100 万元以下的罚款。

第六十二条 通过道路运输放射性物品，有下列行为之一的，由公安机关责令限期改正，处 2 万元以上 10 万元以下的罚款；构成犯罪的，依法追究刑事责任：

（一）未经公安机关批准通过道路运输放射性物品的；

（二）运输车辆未按照指定的时间、路线、速度行驶或者未悬挂警示标志的；

（三）未配备押运人员或者放射性物品脱离押运人员监管的。

第六十三条 托运人有下列行为之一的，由启运地的省、自治区、直辖市人民政府环境保护主管部门责令停止违法行为，处 5 万元以上 20 万元以下的罚款：

（一）未按照规定对托运的放射性物品表面污染和辐射水平实施监测的；

（二）将经监测不符合国家放射性物品运输安全标准的放射性物品交付托运的；

（三）出具虚假辐射监测报告的。

第六十四条 未取得放射性物品运输的核与辐射安全分析报告批准书或者放射性物品运

输的辐射监测报告备案证明，将境外的放射性物品运抵中华人民共和国境内，或者途经中华人民共和国境内运输的，由海关责令托运人退运该放射性物品，并依照海关法律、行政法规给予处罚；构成犯罪的，依法追究刑事责任。托运人不明的，由承运人承担退运该放射性物品的责任，或者承担该放射性物品的处置费用。

第六十五条　违反本条例规定，在放射性物品运输中造成核与辐射事故的，由县级以上地方人民政府环境保护主管部门处以罚款，罚款数额按照核与辐射事故造成的直接损失的20%计算；构成犯罪的，依法追究刑事责任。

托运人、承运人未按照核与辐射事故应急响应指南的要求，做好事故应急工作并报告事故的，由县级以上地方人民政府环境保护主管部门处5万元以上20万元以下的罚款。

因核与辐射事故造成他人损害的，依法承担民事责任。

第六十六条　拒绝、阻碍国务院核安全监管部门或者其他依法履行放射性物品运输安全监督管理职责的部门进行监督检查，或者在接受监督检查时弄虚作假的，由监督检查部门责令改正，处1万元以上2万元以下的罚款；构成违反治安管理行为的，由公安机关依法给予治安管理处罚；构成犯罪的，依法追究刑事责任。

第七章　附　　则

第六十七条　军用放射性物品运输安全的监督管理，依照《中华人民共和国放射性污染防治法》第六十条的规定执行。

第六十八条　本条例自2010年1月1日起施行。

九、化学物质污染防治

新化学物质环境管理登记办法

(2020年2月17日生态环境部部务会议审议通过 2020年4月29日生态环境部令第12号公布 自2021年1月1日起施行)

第一章 总 则

第一条 为规范新化学物质环境管理登记行为，科学、有效评估和管控新化学物质环境风险，聚焦对环境和健康可能造成较大风险的新化学物质，保护生态环境，保障公众健康，根据有关法律法规以及《国务院对确需保留的行政审批项目设定行政许可的决定》，制定本办法。

第二条 本办法适用于在中华人民共和国境内从事新化学物质研究、生产、进口和加工使用活动的环境管理登记，但进口后在海关特殊监管区内存放且未经任何加工即全部出口的新化学物质除外。

下列产品或者物质不适用本办法：

（一）医药、农药、兽药、化妆品、食品、食品添加剂、饲料、饲料添加剂、肥料等产品，但改变为其他工业用途的，以及作为上述产品的原料和中间体的新化学物质除外；

（二）放射性物质。

设计为常规使用时有意释放出所含新化学物质的物品，所含的新化学物质适用本办法。

第三条 本办法所称新化学物质，是指未列入《中国现有化学物质名录》的化学物质。

已列入《中国现有化学物质名录》的化学物质，按照现有化学物质进行环境管理；但在《中国现有化学物质名录》中规定实施新用途环境管理的化学物质，用于允许用途以外的其他工业用途的，按照新化学物质进行环境管理。

《中国现有化学物质名录》由国务院生态环境主管部门组织制定、调整并公布，包括2003年10月15日前已在中华人民共和国境内生产、销售、加工使用或者进口的化学物质，以及2003年10月15日以后根据新化学物质环境管理有关规定列入的化学物质。

第四条 国家对新化学物质实行环境管理登记制度。

新化学物质环境管理登记分为常规登记、简易登记和备案。新化学物质的生产者或者进口者，应当在生产前或者进口前取得新化学物质环境管理常规登记证或者简易登记证（以下统称登记证）或者办理新化学物质环境管理备案。

第五条 新化学物质环境管理登记，遵循科学、高效、公开、公平、公正和便民的原则，坚持源头准入、风险防范、分类管理，重点管控具有持久性、生物累积性、对环境或者健康危害性大，或者在环境中可能长期存在并可能对环境和健康造成较大风险的新化学物质。

第六条 国务院生态环境主管部门负责组织开展全国新化学物质环境管理登记工作，制定新化学物质环境管理登记相关政策、技术规范和指南等配套文件以及登记评审规则，加强新化学物质环境管理登记信息化建设。

国务院生态环境主管部门组织成立化学物质环境风险评估专家委员会（以下简称专家委员会）。专家委员会由化学、化工、健康、环境、经济等方面的专家组成，为新化学物质环境管理登记评审提供技术支持。

设区的市级以上地方生态环境主管部门负责对本行政区域内研究、生产、进口和加工使用新化学物质的相关企业事业单位落实本办法的情况进行环境监督管理。

国务院生态环境主管部门所属的化学物质环境管理技术机构参与新化学物质环境管理登记评审，承担新化学物质环境管理登记具体工作。

第七条 从事新化学物质研究、生产、进口和加工使用的企业事业单位，应当遵守本办法的规定，采取有效措施，防范和控制新化学物质的环境风险，并对所造成的损害依法承担责任。

第八条 国家鼓励和支持新化学物质环境风险评估及控制技术的科学研究与推广应用，鼓励环境友好型化学物质及相关技术的研究与应用。

第九条 一切单位和个人对违反本办法规定的行为，有权向生态环境主管部门举报。

第二章 基本要求

第十条 新化学物质年生产量或者进口量10吨以上的，应当办理新化学物质环境管理常规登记（以下简称常规登记）。

新化学物质年生产量或者进口量1吨以上不足10吨的，应当办理新化学物质环境管理简易登记（以下简称简易登记）。

符合下列条件之一的，应当办理新化学物质环境管理备案（以下简称备案）：

（一）新化学物质年生产量或者进口量不足1吨的；

（二）新化学物质单体或者反应体含量不超过2%的聚合物或者属于低关注聚合物的。

第十一条 办理新化学物质环境管理登记的申请人，应当为中华人民共和国境内依法登记能够独立承担法律责任的，从事新化学物质生产或者进口的企业事业单位。

拟向中华人民共和国境内出口新化学物质的生产者或者贸易企业，也可以作为申请人，但应当指定在中华人民共和国境内依法登记能够独立承担法律责任的企业事业单位作为代理人，共同履行新化学物质环境管理登记及登记后环境管理义务，并依法承担责任。

本办法第二条规定的医药、农药、兽药、化妆品、食品、食品添加剂、饲料、饲料添加剂、肥料等产品属于新化学物质，且拟改变为其他工业用途的，相关产品的生产者、进口者或者加工使用者均可以作为申请人。

已列入《中国现有化学物质名录》且实施新用途环境管理的化学物质，拟用于允许用途以外的其他工业用途的，相关化学物质的生产者、进口者或者加工使用者均可以作为申请人。

第十二条 申请办理新化学物质环境管理登记的，申请人应当向国务院生态环境主管部门提交登记申请或者备案材料，并对登记申请或者备案材料的真实性、完整性、准确性和合法性负责。

国家鼓励申请人共享新化学物质环境管理登记数据。

第十三条 申请人认为其提交的登记申请或者备案材料涉及商业秘密且要求信息保护的，应当在申请登记或者办理备案时提出，并提交申请商业秘密保护的必要性说明材料。对可能对环境、健康公共利益造成重大影响的信息，国务院生态环境主管部门可以依法不予商业秘密保护。对已提出的信息保护要求，申请人可以以书面方式撤回。

新化学物质名称等标识信息的保护期限自首次登记或者备案之日起不超过五年。

从事新化学物质环境管理登记的工作人员和相关专家，不得披露依法应当予以保护的商业秘密。

第十四条 为新化学物质环境管理登记提供测试数据的中华人民共和国境内测试机构，应当依法取得检验检测机构资质认定，严格按照化学物质测试相关标准开展测试工作；健康毒理学、生态毒理学测试机构还应当符合良好实验室管理规范。测试机构应当对其出具的测试结果的真实性和可靠性负责，并依法承担责任。

国务院生态环境主管部门组织对化学物质生态毒理学测试机构的测试情况及条件进行监督抽查。

出具健康毒理学或者生态毒理学测试数据的中华人民共和国境外测试机构应当符合国际通行的良好实验室管理要求。

第三章 常规登记、简易登记和备案

第一节 常规登记和简易登记申请与受理

第十五条 申请办理常规登记的，申请人应当提交以下材料：

（一）常规登记申请表；

（二）新化学物质物理化学性质、健康毒理学和生态毒理学特性测试报告或者资料；

（三）新化学物质环境风险评估报告，包括对拟申请登记的新化学物质可能造成的环境风险的评估，拟采取的环境风险控制措施及其适当性分析，以及是否存在不合理环境风险的评估结论；

（四）落实或者传递环境风险控制措施和环境管理要求的承诺书，承诺书应当由企业事业单位的法定代表人或者其授权人签字，并加盖公章。

前款第二项规定的相关测试报告和资料，应当满足新化学物质环境风险评估的需要；生态毒理学测试报告应当包括使用中华人民共和国的供试生物按照相关标准的规定完成的测试数据。

对属于高危害化学物质的，申请人还应当提交新化学物质活动的社会经济效益分析材料，包括新化学物质在性能、环境友好性等方面是否较相同用途的在用化学物质具有相当或者明显优势的说明，充分论证申请活动的必要性。

除本条前三款规定的申请材料外，申请人还应当一并提交其已经掌握的新化学物质环境与健康危害特性和环境风险的其他信息。

第十六条 申请办理简易登记的，申请人应当提交以下材料：

（一）简易登记申请表；

（二）新化学物质物理化学性质，以及持久性、生物累积性和水生环境毒性等生态毒理学测试报告或者资料；

（三）落实或者传递环境风险控制措施的承诺书，承诺书应当由企业事业单位的法定代表人或者其授权人签字，并加盖公章。

前款第二项规定的生态毒理学测试报告应当包括使用中华人民共和国的供试生物按照相关标准的规定完成的测试数据。

除前款规定的申请材料外，申请人还应当一并提交其已经掌握的新化学物质环境与健康危害特性和环境风险的其他信息。

第十七条 同一申请人对分子结构相似、用途相同或者相近、测试数据相近的多个新化学物质，可以一并申请新化学物质环境管理登记。申请登记量根据每种物质申请登记量的总和确定。

两个以上申请人同时申请相同新化学物质环境管理登记的，可以共同提交申请材料，办理新化学物质环境管理联合登记。申请登记量根据每个申请人申请登记量的总和确定。

第十八条 国务院生态环境主管部门收到新化学物质环境管理登记申请材料后，根据下列情况分别作出处理：

（一）申请材料齐全、符合法定形式，或者申请人按照要求提交全部补正申请材料的，予以受理；

（二）申请材料存在可以当场更正的错误的，允许申请人当场更正；

（三）所申请物质不需要开展新化学物质环境管理登记的，或者申请材料存在法律法规规定不予受理的其他情形的，应当当场或者在五个工作日内作出不予受理的决定；

（四）存在申请人及其代理人不符合本办法规定、申请材料不齐全以及其他不符合法定形式情形的，应当当场或者在五个工作日内一次性告知申请人需要补正的全部内容。逾期不告知的，自收到申请材料之日起即为受理。

第二节　常规登记和简易登记技术评审与决定

第十九条　国务院生态环境主管部门受理常规登记申请后，应当组织专家委员会和所属的化学物质环境管理技术机构进行技术评审。技术评审应当主要围绕以下内容进行：

（一）新化学物质名称和标识；

（二）新化学物质测试报告或者资料的质量；

（三）新化学物质环境和健康危害特性；

（四）新化学物质环境暴露情况和环境风险；

（五）列入《中国现有化学物质名录》时是否实施新用途环境管理；

（六）环境风险控制措施是否适当；

（七）高危害化学物质申请活动的必要性；

（八）商业秘密保护的必要性。

技术评审意见应当包括对前款规定内容的评审结论，以及是否准予登记的建议和有关环境管理要求的建议。

经技术评审认为申请人提交的申请材料不符合要求的，或者不足以对新化学物质的环境风险作出全面评估的，国务院生态环境主管部门可以要求申请人补充提供相关测试报告或者资料。

第二十条　国务院生态环境主管部门受理简易登记申请后，应当组织其所属的化学物质环境管理技术机构进行技术评审。技术评审应当主要围绕以下内容进行：

（一）新化学物质名称和标识；

（二）新化学物质测试报告或者资料的质量；

（三）新化学物质的持久性、生物累积性和毒性；

（四）新化学物质的累积环境风险；

（五）商业秘密保护的必要性。

技术评审意见应当包括对前款规定内容的评审结论，以及是否准予登记的建议。

经技术评审认为申请人提交的申请材料不符合要求的，国务院生态环境主管部门可以要求申请人补充提供相关测试报告或者资料。

第二十一条　国务院生态环境主管部门对常规登记技术评审意见进行审查，根据下列情况分别作出决定：

（一）未发现不合理环境风险的，予以登记，向申请人核发新化学物质环境管理常规登记证（以下简称常规登记证）。对高危害化学物质核发常规登记证，还应当符合申请活动必要性的要求；

（二）发现有不合理环境风险的，或者不符合高危害化学物质申请活动必要性要求的，不予登记，书面通知申请人并说明理由。

第二十二条　国务院生态环境主管部门对简易登记技术评审意见进行审查，根据下列情况分别作出决定：

（一）对未发现同时具有持久性、生物累积性和毒性，且未发现累积环境风险的，予以登记，向申请人核发新化学物质环境管理简易登记证（以下简称简易登记证）；

（二）不符合前项规定登记条件的，不予登记，书面通知申请人并说明理由。

第二十三条 有下列情形之一的，国务院生态环境主管部门不予登记，书面通知申请人并说明理由：

（一）在登记申请过程中使用隐瞒情况或者提供虚假材料等欺骗手段的；

（二）未按照本办法第十九条第三款或者第二十条第三款的要求，拒绝或者未在六个月内补充提供相关测试报告或者资料的；

（三）法律法规规定不予登记的其他情形。

第二十四条 国务院生态环境主管部门作出登记决定前，应当对拟登记的新化学物质名称或者类名、申请人及其代理人、活动类型、新用途环境管理要求等信息进行公示。公示期限不得少于三个工作日。

第二十五条 国务院生态环境主管部门受理新化学物质环境管理登记申请后，应当及时启动技术评审工作。常规登记的技术评审时间不得超过六十日，简易登记的技术评审时间不得超过三十日。国务院生态环境主管部门通知补充提供相关测试报告或者资料的，申请人补充相关材料所需时间不计入技术评审时限。

国务院生态环境主管部门应当自受理申请之日起二十个工作日内，作出是否予以登记的决定。二十个工作日内不能作出决定的，经国务院生态环境主管部门负责人批准，可以延长十个工作日，并将延长期限的理由告知申请人。

技术评审时间不计入本条第二款规定的审批时限。

第二十六条 登记证应当载明下列事项：

（一）登记证类型；

（二）申请人及其代理人名称；

（三）新化学物质中英文名称或者类名等标识信息；

（四）申请用途；

（五）申请登记量；

（六）活动类型；

（七）环境风险控制措施。

对于高危害化学物质以及具有持久性和生物累积性，或者具有持久性和毒性，或者具有生物累积性和毒性的新化学物质，常规登记证还应当载明下列一项或者多项环境管理要求：

（一）限定新化学物质排放量或者排放浓度；

（二）列入《中国现有化学物质名录》时实施新用途环境管理的要求；

（三）提交年度报告；

（四）其他环境管理要求。

第二十七条 新化学物质环境管理登记申请受理后，国务院生态环境主管部门作出决定前，申请人可以依法撤回登记申请。

第二十八条 国务院生态环境主管部门作出新化学物质环境管理登记决定后，应当在二十个工作日内公开新化学物质环境管理登记情况，包括登记的新化学物质名称或者类名、申请人及其代理人、活动类型、新用途环境管理要求等信息。

第三节 常规登记和简易登记变更、撤回与撤销

第二十九条 对已取得常规登记证的新化学物质，在根据本办法第四十四条规定列入《中国现有化学物质名录》前，有下列情形之一的，登记证持有人应当重新申请办理登记：

（一）生产或者进口数量拟超过申请登记量的；

（二）活动类型拟由进口转为生产的；

（三）拟变更新化学物质申请用途的；

(四)拟变更环境风险控制措施的;

(五)导致环境风险增大的其他情形。

重新申请办理登记的,申请人应当提交重新登记申请材料,说明相关事项变更的理由,重新编制并提交环境风险评估报告,重点说明变更后拟采取的环境风险控制措施及其适当性,以及是否存在不合理环境风险。

第三十条 对已取得常规登记证的新化学物质,在根据本办法第四十四条规定列入《中国现有化学物质名录》前,除本办法第二十九条规定的情形外,登记证载明的其他信息发生变化的,登记证持有人应当申请办理登记证变更。

对已取得简易登记证的新化学物质,登记证载明的信息发生变化的,登记证持有人应当申请办理登记证变更。

申请办理登记证变更的,申请人应当提交变更理由及相关证明材料。其中,拟变更新化学物质中英文名称或者化学文摘社编号(CAS)等标识信息的,证明材料中应当充分论证变更前后的化学物质属于同一种化学物质。

国务院生态环境主管部门参照简易登记程序和时限受理并组织技术评审,作出登记证变更决定。其中,对于拟变更新化学物质中英文名称或者化学文摘社编号(CAS)等标识信息的,国务院生态环境主管部门可以组织专家委员会进行技术评审;对于无法判断变更前后化学物质属于同一种化学物质的,不予批准变更。

第三十一条 对根据本办法第四十四条规定列入《中国现有化学物质名录》的下列化学物质,应当实施新用途环境管理:

(一)高危害化学物质;

(二)具有持久性和生物累积性,或者具有持久性和毒性,或者具有生物累积性和毒性的化学物质。

对高危害化学物质,登记证持有人变更用途的,或者登记证持有人之外的其他人将其用于工业用途的,应当在生产、进口或者加工使用前,向国务院生态环境主管部门申请办理新用途环境管理登记。

对本条第一款第二项所列化学物质,拟用于本办法第四十四条规定的允许用途外其他工业用途的,应当在生产、进口或者加工使用前,向国务院生态环境主管部门申请办理新用途环境管理登记。

第三十二条 申请办理新用途环境管理登记的,申请人应当提交新用途环境管理登记申请表以及该化学物质用于新用途的环境暴露评估报告和环境风险控制措施等材料。对高危害化学物质,还应当提交社会经济效益分析材料,充分论证该物质用于所申请登记用途的必要性。

国务院生态环境主管部门收到申请材料后,按照常规登记程序受理和组织技术评审,根据下列情况分别作出处理,并书面通知申请人:

(一)未发现不合理环境风险的,予以登记。对高危害化学物质,还应当符合申请用途必要性的要求;

(二)发现有不合理环境风险,或者不符合高危害化学物质申请用途必要性要求的,不予登记。

国务院生态环境主管部门作出新用途环境管理登记决定后,应当在二十个工作日内公开予以登记的申请人及其代理人名称、涉及的化学物质名称或者类名、登记的新用途,以及相应的环境风险控制措施和环境管理要求。其中,不属于高危害化学物质的,在《中国现有化学物质名录》中增列该化学物质已登记的允许新用途;属于高危害化学物质的,该化学物质在《中国现有化学物质名录》中的新用途环境管理范围不变。

第三十三条 申请人取得登记证后,可以向国务院生态环境主管部门申请撤销登记证。

第三十四条 有下列情形之一的,为了公共利益的需要,国务院生态环境主管部门可以依照《中华人民共和国行政许可法》的有关规定,变更或者撤回登记证:
(一)根据本办法第四十二条的规定需要变更或者撤回的;
(二)新化学物质环境管理登记内容不符合国家产业政策的;
(三)相关法律、行政法规或者强制性标准发生变动的;
(四)新化学物质环境管理登记内容与中华人民共和国缔结或者参加的国际条约要求相抵触的;
(五)法律法规规定的应当变更或者撤回的其他情形。

第三十五条 有下列情形之一的,国务院生态环境主管部门可以依照《中华人民共和国行政许可法》的有关规定,撤销登记证:
(一)申请人或者其代理人以欺骗、贿赂等不正当手段取得登记证的;
(二)国务院生态环境主管部门工作人员滥用职权、玩忽职守或者违反法定程序核发登记证的;
(三)法律法规规定的应当撤销的其他情形。

第四节 备 案

第三十六条 办理新化学物质环境管理备案的,应当提交备案表和符合本办法第十条第三款规定的相应情形的证明材料,并一并提交其已经掌握的新化学物质环境与健康危害特性和环境风险的其他信息。

第三十七条 国务院生态环境主管部门收到新化学物质环境管理备案材料后,对完整齐全的备案材料存档备查,并发送备案回执。申请人提交备案材料后,即可按照备案内容开展新化学物质相关活动。

新化学物质环境管理备案事项或者相关信息发生变化时,申请人应当及时对备案信息进行变更。

国务院生态环境主管部门应当定期公布新化学物质环境管理备案情况。

第四章 跟踪管理

第三十八条 新化学物质的生产者、进口者、加工使用者应当向下游用户传递下列信息:
(一)登记证号或者备案回执号;
(二)新化学物质申请用途;
(三)新化学物质环境和健康危害特性及环境风险控制措施;
(四)新化学物质环境管理要求。
新化学物质的加工使用者可以要求供应商提供前款规定的新化学物质的相关信息。

第三十九条 新化学物质的研究者、生产者、进口者和加工使用者应当建立新化学物质活动情况记录制度,如实记录新化学物质活动时间、数量、用途,以及落实环境风险控制措施和环境管理要求等情况。

常规登记和简易登记材料以及新化学物质活动情况记录等相关资料应当至少保存十年。备案材料以及新化学物质活动情况记录等相关资料应当至少保存三年。

第四十条 常规登记新化学物质的生产者和加工使用者,应当落实环境风险控制措施和环境管理要求,并通过其官方网站或者其他便于公众知晓的方式公开环境风险控制措施和环境管理要求落实情况。

第四十一条 登记证持有人应当在首次生产之日起六十日内,或者在首次进口并向加工使用者转移之日起六十日内,向国务院生态环境主管部门报告新化学物质首次活动情况。

常规登记证上载明的环境管理要求规定了提交年度报告要求的,登记证持有人应当自登记的次年起，每年 4 月 30 日前向国务院生态环境主管部门报告上一年度获准登记新化学物质的实际生产或者进口情况、向环境排放情况，以及环境风险控制措施和环境管理要求的落实情况。

第四十二条　新化学物质的研究者、生产者、进口者和加工使用者发现新化学物质有新的环境或者健康危害特性或者环境风险的，应当及时向国务院生态环境主管部门报告；可能导致环境风险增加的，应当及时采取措施消除或者降低环境风险。

国务院生态环境主管部门根据全国新化学物质环境管理登记情况、实际生产或者进口情况、向环境排放情况，以及新发现的环境或者健康危害特性等，对环境风险可能持续增加的新化学物质，可以要求相关研究者、生产者、进口者和加工使用者，进一步提交相关环境或者健康危害、环境暴露数据信息。

国务院生态环境主管部门收到相关信息后，应当组织所属的化学物质环境管理技术机构和专家委员会进行技术评审；必要时，可以根据评审结果依法变更或者撤回相应的登记证。

第四十三条　国务院生态环境主管部门应当将新化学物质环境管理登记情况、环境风险控制措施和环境管理要求、首次活动情况、年度报告等信息通报省级生态环境主管部门；省级生态环境主管部门应当将上述信息通报设区的市级生态环境主管部门。

设区的市级以上生态环境主管部门，应当对新化学物质生产者、进口者和加工使用者是否按要求办理新化学物质环境管理登记、登记事项的真实性、登记证载明事项以及本办法其他相关规定的落实情况进行监督抽查。

新化学物质的研究者、生产者、进口者和加工使用者应当如实提供相关资料，接受生态环境主管部门的监督抽查。

第四十四条　取得常规登记证的新化学物质，自首次登记之日起满五年的，国务院生态环境主管部门应当将其列入《中国现有化学物质名录》，并予以公告。

对具有持久性和生物累积性，或者持久性和毒性，或者生物累积性和毒性的新化学物质，列入《中国现有化学物质名录》时应当注明其允许用途。

对高危害化学物质以及具有持久性和生物累积性，或者持久性和毒性，或者生物累积性和毒性的新化学物质，列入《中国现有化学物质名录》时，应当规定除年度报告之外的环境管理要求。

本条前三款规定适用于依照本办法第三十三条规定申请撤销的常规登记新化学物质。

简易登记和备案的新化学物质，以及依照本办法第三十四条、第三十五条规定被撤回或者撤销的常规登记新化学物质，不列入《中国现有化学物质名录》。

第四十五条　根据《新化学物质环境管理办法》（环境保护部令第 7 号）的规定取得常规申报登记证的新化学物质，尚未列入《中国现有化学物质名录》的，应当自首次生产或者进口活动之日起满五年或者本办法施行之日起满五年，列入《中国现有化学物质名录》。

根据《新化学物质环境管理办法》（国家环境保护总局令第 17 号）的规定，取得正常申报环境管理登记的新化学物质，尚未列入《中国现有化学物质名录》的，应当自本办法施行之日起六个月内，列入《中国现有化学物质名录》。

本办法生效前已列入《中国现有化学物质名录》并实施物质名称等标识信息保护的，标识信息的保护期限最长至 2025 年 12 月 31 日止。

第五章　法律责任

第四十六条　违反本办法规定，以欺骗、贿赂等不正当手段取得新化学物质环境管理登记的，由国务院生态环境主管部门责令改正，处一万元以上三万元以下的罚款，并依法依规开展失信联合惩戒，三年内不再受理其新化学物质环境管理登记申请。

第四十七条　违反本办法规定，有下列行为之一的，由国务院生态环境主管部门责令改正，处一万元以下的罚款；情节严重的，依法依规开展失信联合惩戒，一年内不再受理其新化学物质环境管理登记申请：

（一）未按要求报送新化学物质首次活动情况或者上一年度获准登记新化学物质的实际生产或者进口情况，以及环境风险控制措施和环境管理要求的落实情况的；

（二）未按要求报告新化学物质新的环境或者健康危害特性或者环境风险信息，或者未采取措施消除或者降低环境风险的，或者未提交环境或者健康危害、环境暴露数据信息的。

第四十八条 违反本办法规定，有下列行为之一的，由设区的市级以上地方生态环境主管部门责令改正，处一万元以上三万元以下的罚款；情节严重的，依法依规开展失信联合惩戒，一年内不再受理其新化学物质环境管理登记申请：

（一）未取得登记证生产或者进口新化学物质，或者加工使用未取得登记证的新化学物质的；

（二）未按规定办理重新登记生产或者进口新化学物质的；

（三）将未经国务院生态环境主管部门新用途环境管理登记审查或者审查后未予批准的化学物质，用于允许用途以外的其他工业用途的。

第四十九条 违反本办法规定，有下列行为之一的，由设区的市级以上地方生态环境主管部门责令限期改正，处一万元以上三万元以下的罚款；情节严重的，依法依规开展失信联合惩戒，一年内不再受理其新化学物质环境管理登记申请：

（一）未办理备案，或者未按照备案信息生产或者进口新化学物质，或者加工使用未办理备案的新化学物质的；

（二）未按照登记证的规定生产、进口或者加工使用新化学物质的；

（三）未办理变更登记，或者不按照变更内容生产或者进口新化学物质的；

（四）未落实相关环境风险控制措施或者环境管理要求的，或者未按照规定公开相关信息的；

（五）未向下游用户传递规定信息的，或者拒绝提供新化学物质的相关信息的；

（六）未建立新化学物质活动等情况记录制度的，或者未记录新化学物质活动等情况或者保存相关资料的；

（七）未落实《中国现有化学物质名录》列明的环境管理要求的。

第五十条 专家委员会成员在新化学物质环境管理登记评审中弄虚作假，或者有其他失职行为，造成评审结果严重失实的，由国务院生态环境主管部门取消其专家委员会成员资格，并向社会公开。

第五十一条 为新化学物质申请提供测试数据的测试机构出具虚假报告的，由国务院生态环境主管部门对测试机构处一万元以上三万元以下的罚款，对测试机构直接负责的主管人员和其他直接责任人员处一万元以上三万元以下的罚款，并依法依规开展失信联合惩戒，三年内不接受该测试机构出具的测试报告或者相关责任人员参与出具的测试报告。

第六章 附 则

第五十二条 本办法中下列用语的含义：

（一）环境风险，是指具有环境或者健康危害属性的化学物质在生产、加工使用、废弃及废弃处置过程中进入或者可能进入环境后，对环境和健康造成危害效应的程度和概率，不包括因生产安全事故、交通运输事故等突发事件造成的风险。

（二）高危害化学物质，是指同时具有持久性、生物累积性和毒性的化学物质，同时具有高持久性和高生物累积性的化学物质，或者其他具有同等环境或者健康危害性的化学物质。

（三）新化学物质加工使用，是指利用新化学物质进行分装、配制或者制造等生产经营活动，不包括贸易、仓储、运输等经营活动和使用含有新化学物质的物品的活动。

第五十三条 根据《新化学物质环境管理办法》（环境保护部令第 7 号）和《新化学物质环境管理办法》（国家环境保护总局令第 17 号）的规定已办理新化学物质环境管理登记的，相关登记在本办法施行后继续有效。

第五十四条 本办法由国务院生态环境主管部门负责解释。

第五十五条 本办法自 2021 年 1 月 1 日起施行，原环境保护部发布的《新化学物质环境管理办法》（环境保护部令第 7 号）同时废止。

危险化学品安全管理条例

（2002 年 1 月 26 日中华人民共和国国务院令第 344 号公布　2011 年 2 月 16 日国务院第 144 次常务会议第一次修订通过　根据 2013 年 12 月 7 日国务院令第 645 号发布的《国务院关于修改部分行政法规的决定》第二次修订）

第一章　总　则

第一条 为了加强危险化学品的安全管理，预防和减少危险化学品事故，保障人民群众生命财产安全，保护环境，制定本条例。

第二条 危险化学品生产、储存、使用、经营和运输的安全管理，适用本条例。

废弃危险化学品的处置，依照有关环境保护的法律、行政法规和国家有关规定执行。

第三条 本条例所称危险化学品，是指具有毒害、腐蚀、爆炸、燃烧、助燃等性质，对人体、设施、环境具有危害的剧毒化学品和其他化学品。

危险化学品目录，由国务院安全生产监督管理部门会同国务院工业和信息化、公安、环境保护、卫生、质量监督检验检疫、交通运输、铁路、民用航空、农业主管部门，根据化学品危险特性的鉴别和分类标准确定、公布，并适时调整。

第四条 危险化学品安全管理，应当坚持安全第一、预防为主、综合治理的方针，强化和落实企业的主体责任。

生产、储存、使用、经营、运输危险化学品的单位（以下统称危险化学品单位）的主要负责人对本单位的危险化学品安全管理工作全面负责。

危险化学品单位应当具备法律、行政法规规定和国家标准、行业标准要求的安全条件，建立、健全安全管理规章制度和岗位安全责任制度，对从业人员进行安全教育、法制教育和岗位技术培训。从业人员应当接受教育和培训，考核合格后上岗作业；对有资格要求的岗位，应当配备依法取得相应资格的人员。

第五条 任何单位和个人不得生产、经营、使用国家禁止生产、经营、使用的危险化学品。

国家对危险化学品的使用有限制性规定的，任何单位和个人不得违反限制性规定使用危险化学品。

第六条 对危险化学品的生产、储存、使用、经营、运输实施安全监督管理的有关部门（以下统称负有危险化学品安全监督管理职责的部门），依照下列规定履行职责：

（一）安全生产监督管理部门负责危险化学品安全监督管理综合工作，组织确定、公布、调整危险化学品目录，对新建、改建、扩建生产、储存危险化学品（包括使用长输管道输送危险化学品，下同）的建设项目进行安全条件审查，核发危险化学品安全生产许可证、危险化学品安全使用许可证和危险化学品经营许可证，并负责危险化学品登记工作。

（二）公安机关负责危险化学品的公共安全管理，核发剧毒化学品购买许可证、剧毒化学品道路运输通行证，并负责危险化学品运输车辆的道路交通安全管理。

（三）质量监督检验检疫部门负责核发危险化学品及其包装物、容器（不包括储存危险化学品的固定式大型储罐，下同）生产企业的工业产品生产许可证，并依法对其产品质量实施监督，负责对进出口危险化学品及其包装实施检验。

（四）环境保护主管部门负责废弃危险化学品处置的监督管理，组织危险化学品的环境危害性鉴定和环境风险程度评估，确定实施重点环境管理的危险化学品，负责危险化学品环境管理登记和新化学物质环境管理登记；依照职责分工调查相关危险化学品环境污染事故和生态破坏事件，负责危险化学品事故现场的应急环境监测。

（五）交通运输主管部门负责危险化学品道路运输、水路运输的许可以及运输工具的安全管理，对危险化学品水路运输安全实施监督，负责危险化学品道路运输企业、水路运输企业驾驶人员、船员、装卸管理人员、押运人员、申报人员、集装箱装箱现场检查员的资格认定。铁路监管部门负责危险化学品铁路运输及其运输工具的安全管理。民用航空主管部门负责危险化学品航空运输以及航空运输企业及其运输工具的安全管理。

（六）卫生主管部门负责危险化学品毒性鉴定的管理，负责组织、协调危险化学品事故受伤人员的医疗卫生救援工作。

（七）工商行政管理部门依据有关部门的许可证件，核发危险化学品生产、储存、经营、运输企业营业执照，查处危险化学品经营企业违法采购危险化学品的行为。

（八）邮政管理部门负责依法查处寄递危险化学品的行为。

第七条 负有危险化学品安全监督管理职责的部门依法进行监督检查，可以采取下列措施：

（一）进入危险化学品作业场所实施现场检查，向有关单位和人员了解情况，查阅、复制有关文件、资料；

（二）发现危险化学品事故隐患，责令立即消除或者限期消除；

（三）对不符合法律、行政法规、规章规定或者国家标准、行业标准要求的设施、设备、装置、器材、运输工具，责令立即停止使用；

（四）经本部门主要负责人批准，查封违法生产、储存、使用、经营危险化学品的场所，扣押违法生产、储存、使用、经营、运输的危险化学品以及用于违法生产、使用、运输危险化学品的原材料、设备、运输工具；

（五）发现影响危险化学品安全的违法行为，当场予以纠正或者责令限期改正。

负有危险化学品安全监督管理职责的部门依法进行监督检查，监督检查人员不得少于2人，并应当出示执法证件；有关单位和个人对依法进行的监督检查应当予以配合，不得拒绝、阻碍。

第八条 县级以上人民政府应当建立危险化学品安全监督管理工作协调机制，支持、督促负有危险化学品安全监督管理职责的部门依法履行职责，协调、解决危险化学品安全监督管理工作中的重大问题。

负有危险化学品安全监督管理职责的部门应当相互配合、密切协作，依法加强对危险化学品的安全监督管理。

第九条 任何单位和个人对违反本条例规定的行为，有权向负有危险化学品安全监督管理职责的部门举报。负有危险化学品安全监督管理职责的部门接到举报，应当及时依法处理；对不属于本部门职责的，应当及时移送有关部门处理。

第十条 国家鼓励危险化学品生产企业和使用危险化学品从事生产的企业采用有利于提

高安全保障水平的先进技术、工艺、设备以及自动控制系统，鼓励对危险化学品实行专门储存、统一配送、集中销售。

<h2 style="text-align:center">第二章 生产、储存安全</h2>

第十一条 国家对危险化学品的生产、储存实行统筹规划、合理布局。

国务院工业和信息化主管部门以及国务院其他有关部门依据各自职责，负责危险化学品生产、储存的行业规划和布局。

地方人民政府组织编制城乡规划，应当根据本地区的实际情况，按照确保安全的原则，规划适当区域专门用于危险化学品的生产、储存。

第十二条 新建、改建、扩建生产、储存危险化学品的建设项目（以下简称建设项目），应当由安全生产监督管理部门进行安全条件审查。

建设单位应当对建设项目进行安全条件论证，委托具备国家规定的资质条件的机构对建设项目进行安全评价，并将安全条件论证和安全评价的情况报告报建设项目所在地设区的市级以上人民政府安全生产监督管理部门；安全生产监督管理部门应当自收到报告之日起45日内作出审查决定，并书面通知建设单位。具体办法由国务院安全生产监督管理部门制定。

新建、改建、扩建储存、装卸危险化学品的港口建设项目，由港口行政管理部门按照国务院交通运输主管部门的规定进行安全条件审查。

第十三条 生产、储存危险化学品的单位，应当对其铺设的危险化学品管道设置明显标志，并对危险化学品管道定期检查、检测。

进行可能危及危险化学品管道安全的施工作业，施工单位应当在开工的7日前书面通知管道所属单位，并与管道所属单位共同制定应急预案，采取相应的安全防护措施。管道所属单位应当指派专门人员到现场进行管道安全保护指导。

第十四条 危险化学品生产企业进行生产前，应当依照《安全生产许可证条例》的规定，取得危险化学品安全生产许可证。

生产列入国家实行生产许可证制度的工业产品目录的危险化学品的企业，应当依照《中华人民共和国工业产品生产许可证管理条例》的规定，取得工业产品生产许可证。

负责颁发危险化学品安全生产许可证、工业产品生产许可证的部门，应当将其颁发许可证的情况及时向同级工业和信息化主管部门、环境保护主管部门和公安机关通报。

第十五条 危险化学品生产企业应当提供与其生产的危险化学品相符的化学品安全技术说明书，并在危险化学品包装（包括外包装件）上粘贴或者拴挂与包装内危险化学品相符的化学品安全标签。化学品安全技术说明书和化学品安全标签所载明的内容应当符合国家标准的要求。

危险化学品生产企业发现其生产的危险化学品有新的危险特性的，应当立即公告，并及时修订其化学品安全技术说明书和化学品安全标签。

第十六条 生产实施重点环境管理的危险化学品的企业，应当按照国务院环境保护主管部门的规定，将该危险化学品向环境中释放等相关信息向环境保护主管部门报告。环境保护主管部门可以根据情况采取相应的环境风险控制措施。

第十七条 危险化学品的包装应当符合法律、行政法规、规章的规定以及国家标准、行业标准的要求。

危险化学品包装物、容器的材质以及危险化学品包装的型式、规格、方法和单件质量（重量），应当与所包装的危险化学品的性质和用途相适应。

第十八条 生产列入国家实行生产许可证制度的工业产品目录的危险化学品包装物、容器的企业，应当依照《中华人民共和国工业产品生产许可证管理条例》的规定，取得工业产品生产许可证；其生产的危险化学品包装物、容器经国务院质量监督检验检疫部门认定的检验机构检验合格，方可出厂销售。

运输危险化学品的船舶及其配载的容器，应当按照国家船舶检验规范进行生产，并经海事管理机构认定的船舶检验机构检验合格，方可投入使用。

对重复使用的危险化学品包装物、容器，使用单位在重复使用前应当进行检查；发现存在安全隐患的，应当维修或者更换。使用单位应当对检查情况作出记录，记录的保存期限不得少于2年。

第十九条 危险化学品生产装置或者储存数量构成重大危险源的危险化学品储存设施（运输工具加油站、加气站除外），与下列场所、设施、区域的距离应当符合国家有关规定：

（一）居住区以及商业中心、公园等人员密集场所；

（二）学校、医院、影剧院、体育场（馆）等公共设施；

（三）饮用水源、水厂以及水源保护区；

（四）车站、码头（依法经许可从事危险化学品装卸作业的除外）、机场以及通信干线、通信枢纽、铁路线路、道路交通干线、水路交通干线、地铁风亭以及地铁站出入口；

（五）基本农田保护区、基本草原、畜禽遗传资源保护区、畜禽规模化养殖场（养殖小区）、渔业水域以及种子、种畜禽、水产苗种生产基地；

（六）河流、湖泊、风景名胜区、自然保护区；

（七）军事禁区、军事管理区；

（八）法律、行政法规规定的其他场所、设施、区域。

已建的危险化学品生产装置或者储存数量构成重大危险源的危险化学品储存设施不符合前款规定的，由所在地设区的市级人民政府安全生产监督管理部门会同有关部门监督其所属单位在规定期限内进行整改；需要转产、停产、搬迁、关闭的，由本级人民政府决定并组织实施。

储存数量构成重大危险源的危险化学品储存设施的选址，应当避开地震活动断层和容易发生洪灾、地质灾害的区域。

本条例所称重大危险源，是指生产、储存、使用或者搬运危险化学品，且危险化学品的数量等于或者超过临界量的单元（包括场所和设施）。

第二十条 生产、储存危险化学品的单位，应当根据其生产、储存的危险化学品的种类和危险特性，在作业场所设置相应的监测、监控、通风、防晒、调温、防火、灭火、防爆、泄压、防毒、中和、防潮、防雷、防静电、防腐、防泄漏以及防护围堤或者隔离操作等安全设施、设备，并按照国家标准、行业标准或者国家有关规定对安全设施、设备进行经常性维护、保养，保证安全设施、设备的正常使用。

生产、储存危险化学品的单位，应当在其作业场所和安全设施、设备上设置明显的安全警示标志。

第二十一条 生产、储存危险化学品的单位，应当在其作业场所设置通信、报警装置，并保证处于适用状态。

第二十二条 生产、储存危险化学品的企业，应当委托具备国家规定的资质条件的机构，对本企业的安全生产条件每3年进行一次安全评价，提出安全评价报告。安全评价报告的内容应当包括对安全生产条件存在的问题进行整改的方案。

生产、储存危险化学品的企业，应当将安全评价报告以及整改方案的落实情况报所在地县级人民政府安全生产监督管理部门备案。在港区内储存危险化学品的企业，应当将安全评价报告以及整改方案的落实情况报港口行政管理部门备案。

第二十三条 生产、储存剧毒化学品或者国务院公安部门规定的可用于制造爆炸物品的危险化学品（以下简称易制爆危险化学品）的单位，应当如实记录其生产、储存的剧毒化学品、易制爆危险化学品的数量、流向，并采取必要的安全防范措施，防止剧毒化学品、易制爆危险化学品丢失或者被盗；发现剧毒化学品、易制爆危险化学品丢失或者被盗的，应当立即向当地公安机关报告。

生产、储存剧毒化学品、易制爆危险化学品的单位，应当设置治安保卫机构，配备专职治安保卫人员。

第二十四条 危险化学品应当储存在专用仓库、专用场地或者专用储存室（以下统称专用仓库）内，并由专人负责管理；剧毒化学品以及储存数量构成重大危险源的其他危险化学品，应当在专用仓库内单独存放，并实行双人收发、双人保管制度。

危险化学品的储存方式、方法以及储存数量应当符合国家标准或者国家有关规定。

第二十五条 储存危险化学品的单位应当建立危险化学品出入库核查、登记制度。

对剧毒化学品以及储存数量构成重大危险源的其他危险化学品，储存单位应当将其储存数量、储存地点以及管理人员的情况，报所在地县级人民政府安全生产监督管理部门（在港区内储存的，报港口行政管理部门）和公安机关备案。

第二十六条 危险化学品专用仓库应当符合国家标准、行业标准的要求，并设置明显的标志。储存剧毒化学品、易制爆危险化学品的专用仓库，应当按照国家有关规定设置相应的技术防范设施。

储存危险化学品的单位应当对其危险化学品专用仓库的安全设施、设备定期进行检测、检验。

第二十七条 生产、储存危险化学品的单位转产、停产、停业或者解散的，应当采取有效措施，及时、妥善处置其危险化学品生产装置、储存设施以及库存的危险化学品，不得丢弃危险化学品；处置方案应当报所在地县级人民政府安全生产监督管理部门、工业和信息化主管部门、环境保护主管部门和公安机关备案。安全生产监督管理部门应当会同环境保护主管部门和公安机关对处置情况进行监督检查，发现未依照规定处置的，应当责令其立即处置。

第三章 使用安全

第二十八条 使用危险化学品的单位，其使用条件（包括工艺）应当符合法律、行政法规的规定和国家标准、行业标准的要求，并根据所使用的危险化学品的种类、危险特性以及使用量和使用方式，建立、健全使用危险化学品的安全管理规章制度和安全操作规程，保证危险化学品的安全使用。

第二十九条 使用危险化学品从事生产并且使用量达到规定数量的化工企业（属于危险化学品生产企业的除外，下同），应当依照本条例的规定取得危险化学品安全使用许可证。

前款规定的危险化学品使用量的数量标准，由国务院安全生产监督管理部门会同国务院公安部门、农业主管部门确定并公布。

第三十条 申请危险化学品安全使用许可证的化工企业，除应当符合本条例第二十八条的规定外，还应当具备下列条件：

（一）有与所使用的危险化学品相适应的专业技术人员；

（二）有安全管理机构和专职安全管理人员；

（三）有符合国家规定的危险化学品事故应急预案和必要的应急救援器材、设备；

（四）依法进行了安全评价。

第三十一条 申请危险化学品安全使用许可证的化工企业，应当向所在地设区的市级人民政府安全生产监督管理部门提出申请，并提交其符合本条例第三十条规定条件的证明材料。设区的市级人民政府安全生产监督管理部门应当依法进行审查，自收到证明材料之日起45日内作出批准或者不予批准的决定。予以批准的，颁发危险化学品安全使用许可证；不予批准的，书面通知申请人并说明理由。

安全生产监督管理部门应当将其颁发危险化学品安全使用许可证的情况及时向同级环境

保护主管部门和公安机关通报。

第三十二条 本条例第十六条关于生产实施重点环境管理的危险化学品的企业的规定，适用于使用实施重点环境管理的危险化学品从事生产的企业；第二十条、第二十一条、第二十三条第一款、第二十七条关于生产、储存危险化学品的单位的规定，适用于使用危险化学品的单位；第二十二条关于生产、储存危险化学品的企业的规定，适用于使用危险化学品从事生产的企业。

第四章 经营安全

第三十三条 国家对危险化学品经营（包括仓储经营，下同）实行许可制度。未经许可，任何单位和个人不得经营危险化学品。

依法设立的危险化学品生产企业在其厂区范围内销售本企业生产的危险化学品，不需要取得危险化学品经营许可。

依照《中华人民共和国港口法》的规定取得港口经营许可证的港口经营人，在港区内从事危险化学品仓储经营，不需要取得危险化学品经营许可。

第三十四条 从事危险化学品经营的企业应当具备下列条件：

（一）有符合国家标准、行业标准的经营场所，储存危险化学品的，还应当有符合国家标准、行业标准的储存设施；

（二）从业人员经过专业技术培训并经考核合格；

（三）有健全的安全管理规章制度；

（四）有专职安全管理人员；

（五）有符合国家规定的危险化学品事故应急预案和必要的应急救援器材、设备；

（六）法律、法规规定的其他条件。

第三十五条 从事剧毒化学品、易制爆危险化学品经营的企业，应当向所在地设区的市级人民政府安全生产监督管理部门提出申请，从事其他危险化学品经营的企业，应当向所在地县级人民政府安全生产监督管理部门提出申请（有储存设施的，应当向所在地设区的市级人民政府安全生产监督管理部门提出申请）。申请人应当提交其符合本条例第三十四条规定条件的证明材料。设区的市级人民政府安全生产监督管理部门或者县级人民政府安全生产监督管理部门应当依法进行审查，并对申请人的经营场所、储存设施进行现场核查，自收到证明材料之日起30日内作出批准或者不予批准的决定。予以批准的，颁发危险化学品经营许可证；不予批准的，书面通知申请人并说明理由。

设区的市级人民政府安全生产监督管理部门和县级人民政府安全生产监督管理部门应当将其颁发危险化学品经营许可证的情况及时向同级环境保护主管部门和公安机关通报。

申请人持危险化学品经营许可证向工商行政管理部门办理登记手续后，方可从事危险化学品经营活动。法律、行政法规或者国务院规定经营危险化学品还需要经其他有关部门许可的，申请人向工商行政管理部门办理登记手续时还应当持相应的许可证件。

第三十六条 危险化学品经营企业储存危险化学品的，应当遵守本条例第二章关于储存危险化学品的规定。危险化学品商店内只能存放民用小包装的危险化学品。

第三十七条 危险化学品经营企业不得向未经许可从事危险化学品生产、经营活动的企业采购危险化学品，不得经营没有化学品安全技术说明书或者化学品安全标签的危险化学品。

第三十八条 依法取得危险化学品安全生产许可证、危险化学品安全使用许可证、危险化学品经营许可证的企业，凭相应的许可证件购买剧毒化学品、易制爆危险化学品。民用爆炸物品生产企业凭民用爆炸物品生产许可证购买易制爆危险化学品。

前款规定以外的单位购买剧毒化学品的，应当向所在地县级人民政府公安机关申请取得剧毒化学品购买许可证；购买易制爆危险化学品的，应当持本单位出具的合法用途说明。

个人不得购买剧毒化学品（属于剧毒化学品的农药除外）和易制爆危险化学品。

第三十九条 申请取得剧毒化学品购买许可证，申请人应当向所在地县级人民政府公安机关提交下列材料：

（一）营业执照或者法人证书（登记证书）的复印件；

（二）拟购买的剧毒化学品品种、数量的说明；

（三）购买剧毒化学品用途的说明；

（四）经办人的身份证明。

县级人民政府公安机关应当自收到前款规定的材料之日起3日内，作出批准或者不予批准的决定。予以批准的，颁发剧毒化学品购买许可证；不予批准的，书面通知申请人并说明理由。

剧毒化学品购买许可证管理办法由国务院公安部门制定。

第四十条 危险化学品生产企业、经营企业销售剧毒化学品、易制爆危险化学品，应当查验本条例第三十八条第一款、第二款规定的相关许可证件或者证明文件，不得向不具有相关许可证件或者证明文件的单位销售剧毒化学品、易制爆危险化学品。对持剧毒化学品购买许可证购买剧毒化学品的，应当按照许可证载明的品种、数量销售。

禁止向个人销售剧毒化学品（属于剧毒化学品的农药除外）和易制爆危险化学品。

第四十一条 危险化学品生产企业、经营企业销售剧毒化学品、易制爆危险化学品，应当如实记录购买单位的名称、地址、经办人的姓名、身份证号码以及所购买的剧毒化学品、易制爆危险化学品的品种、数量、用途。销售记录以及经办人的身份证明复印件、相关许可证件复印件或者证明文件的保存期限不得少于1年。

剧毒化学品、易制爆危险化学品的销售企业、购买单位应当在销售、购买后5日内，将所销售、购买的剧毒化学品、易制爆危险化学品的品种、数量以及流向信息报所在地县级人民政府公安机关备案，并输入计算机系统。

第四十二条 使用剧毒化学品、易制爆危险化学品的单位不得出借、转让其购买的剧毒化学品、易制爆危险化学品；因转产、停产、搬迁、关闭等确需转让的，应当向具有本条例第三十八条第一款、第二款规定的相关许可证件或者证明文件的单位转让，并在转让后将有关情况及时向所在地县级人民政府公安机关报告。

第五章 运输安全

第四十三条 从事危险化学品道路运输、水路运输的，应当分别依照有关道路运输、水路运输的法律、行政法规的规定，取得危险货物道路运输许可、危险货物水路运输许可，并向工商行政管理部门办理登记手续。

危险化学品道路运输企业、水路运输企业应当配备专职安全管理人员。

第四十四条 危险化学品道路运输企业、水路运输企业的驾驶人员、船员、装卸管理人员、押运人员、申报人员、集装箱装箱现场检查员应当经交通运输主管部门考核合格，取得从业资格。具体办法由国务院交通运输主管部门制定。

危险化学品的装卸作业应当遵守安全作业标准、规程和制度，并在装卸管理人员的现场指挥或者监控下进行。水路运输危险化学品的集装箱装箱作业应当在集装箱装箱现场检查员的指挥或者监控下进行，并符合积载、隔离的规范和要求；装箱作业完毕后，集装箱装箱现场检查员应当签署装箱证明书。

第四十五条 运输危险化学品，应当根据危险化学品的危险特性采取相应的安全防护措施，并配备必要的防护用品和应急救援器材。

用于运输危险化学品的槽罐以及其他容器应当封口严密，能够防止危险化学品在运输过程中因温度、湿度或者压力的变化发生渗漏、洒漏；槽罐以及其他容器的溢流和泄压装置应当设置准确、起闭灵活。

运输危险化学品的驾驶人员、船员、装卸管理人员、押运人员、申报人员、集装箱装箱现场检查员，应当了解所运输的危险化学品的危险特性及其包装物、容器的使用要求和出现危险情况时的应急处置方法。

第四十六条 通过道路运输危险化学品的，托运人应当委托依法取得危险货物道路运输许可的企业承运。

第四十七条 通过道路运输危险化学品的，应当按照运输车辆的核定载质量装载危险化学品，不得超载。

危险化学品运输车辆应当符合国家标准要求的安全技术条件，并按照国家有关规定定期进行安全技术检验。

危险化学品运输车辆应当悬挂或者喷涂符合国家标准要求的警示标志。

第四十八条 通过道路运输危险化学品的，应当配备押运人员，并保证所运输的危险化学品处于押运人员的监控之下。

运输危险化学品途中因住宿或者发生影响正常运输的情况，需要较长时间停车的，驾驶人员、押运人员应当采取相应的安全防范措施；运输剧毒化学品或者易制爆危险化学品的，还应当向当地公安机关报告。

第四十九条 未经公安机关批准，运输危险化学品的车辆不得进入危险化学品运输车辆限制通行的区域。危险化学品运输车辆限制通行的区域由县级人民政府公安机关划定，并设置明显的标志。

第五十条 通过道路运输剧毒化学品的，托运人应当向运输始发地或者目的地县级人民政府公安机关申请剧毒化学品道路运输通行证。

申请剧毒化学品道路运输通行证，托运人应当向县级人民政府公安机关提交下列材料：

（一）拟运输的剧毒化学品品种、数量的说明；

（二）运输始发地、目的地、运输时间和运输路线的说明；

（三）承运人取得危险货物道路运输许可、运输车辆取得营运证以及驾驶人员、押运人员取得上岗资格的证明文件；

（四）本条例第三十八条第一款、第二款规定的购买剧毒化学品的相关许可证件，或者海关出具的进出口证明文件。

县级人民政府公安机关应当自收到前款规定的材料之日起7日内，作出批准或者不予批准的决定。予以批准的，颁发剧毒化学品道路运输通行证；不予批准的，书面通知申请人并说明理由。

剧毒化学品道路运输通行证管理办法由国务院公安部门制定。

第五十一条 剧毒化学品、易制爆危险化学品在道路运输途中丢失、被盗、被抢或者出现流散、泄漏等情况的，驾驶人员、押运人员应当立即采取相应的警示措施和安全措施，并向当地公安机关报告。公安机关接到报告后，应当根据实际情况立即向安全生产监督管理部门、环境保护主管部门、卫生主管部门通报。有关部门应当采取必要的应急处置措施。

第五十二条 通过水路运输危险化学品的，应当遵守法律、行政法规以及国务院交通运输主管部门关于危险货物水路运输安全的规定。

第五十三条 海事管理机构应当根据危险化学品的种类和危险特性，确定船舶运输危险化学品的相关安全运输条件。

拟交付船舶运输的化学品的相关安全运输条件不明确的，货物所有人或者代理人应当委托相关技术机构进行评估，明确相关安全运输条件并经海事管理机构确认后，方可交付船舶运输。

第五十四条 禁止通过内河封闭水域运输剧毒化学品以及国家规定禁止通过内河运输的

其他危险化学品。

前款规定以外的内河水域，禁止运输国家规定禁止通过内河运输的剧毒化学品以及其他危险化学品。

禁止通过内河运输的剧毒化学品以及其他危险化学品的范围，由国务院交通运输主管部门会同国务院环境保护主管部门、工业和信息化主管部门、安全生产监督管理部门，根据危险化学品的危险特性、危险化学品对人体和水环境的危害程度以及消除危害后果的难易程度等因素规定并公布。

第五十五条 国务院交通运输主管部门应当根据危险化学品的危险特性，对通过内河运输本条例第五十四条规定以外的危险化学品（以下简称通过内河运输危险化学品）实行分类管理，对各类危险化学品的运输方式、包装规范和安全防护措施等分别作出规定并监督实施。

第五十六条 通过内河运输危险化学品，应当由依法取得危险货物水路运输许可的水路运输企业承运，其他单位和个人不得承运。托运人应当委托依法取得危险货物水路运输许可的水路运输企业承运，不得委托其他单位和个人承运。

第五十七条 通过内河运输危险化学品，应当使用依法取得危险货物适装证书的运输船舶。水路运输企业应当针对所运输的危险化学品的危险特性，制定运输船舶危险化学品事故应急救援预案，并为运输船舶配备充足、有效的应急救援器材和设备。

通过内河运输危险化学品的船舶，其所有人或者经营人应当取得船舶污染损害责任保险证书或者财务担保证明。船舶污染损害责任保险证书或者财务担保证明的副本应当随船携带。

第五十八条 通过内河运输危险化学品，危险化学品包装物的材质、型式、强度以及包装方法应当符合水路运输危险化学品包装规范的要求。国务院交通运输主管部门对单船运输的危险化学品数量有限制性规定的，承运人应当按照规定安排运输数量。

第五十九条 用于危险化学品运输作业的内河码头、泊位应当符合国家有关安全规范，与饮用水取水口保持国家规定的距离。有关管理单位应当制定码头、泊位危险化学品事故应急预案，并为码头、泊位配备充足、有效的应急救援器材和设备。

用于危险化学品运输作业的内河码头、泊位，经交通运输主管部门按照国家有关规定验收合格后方可投入使用。

第六十条 船舶载运危险化学品进出内河港口，应当将危险化学品的名称、危险特性、包装以及进出港时间等事项，事先报告海事管理机构。海事管理机构接到报告后，应当在国务院交通运输主管部门规定的时间内作出是否同意的决定，通知报告人，同时通报港口行政管理部门。定船舶、定航线、定货种的船舶可以定期报告。

在内河港口内进行危险化学品的装卸、过驳作业，应当将危险化学品的名称、危险特性、包装和作业的时间、地点等事项报告港口行政管理部门。港口行政管理部门接到报告后，应当在国务院交通运输主管部门规定的时间内作出是否同意的决定，通知报告人，同时通报海事管理机构。

载运危险化学品的船舶在内河航行，通过过船建筑物的，应当提前向交通运输主管部门申报，并接受交通运输主管部门的管理。

第六十一条 载运危险化学品的船舶在内河航行、装卸或者停泊，应当悬挂专用的警示标志，按照规定显示专用信号。

载运危险化学品的船舶在内河航行，按照国务院交通运输主管部门的规定需要引航的，应当申请引航。

第六十二条 载运危险化学品的船舶在内河航行，应当遵守法律、行政法规和国家其他有关饮用水水源保护的规定。内河航道发展规划应当与依法经批准的饮用水水源保护区划定方案相协调。

第六十三条 托运危险化学品的，托运人应当向承运人说明所托运的危险化学品的种类、数量、危险特性以及发生危险情况的应急处置措施，并按照国家有关规定对所托运的危险化学品妥善包装，在外包装上设置相应的标志。

运输危险化学品需要添加抑制剂或者稳定剂的，托运人应当添加，并将有关情况告知承运人。

第六十四条 托运人不得在托运的普通货物中夹带危险化学品，不得将危险化学品匿报或者谎报为普通货物托运。

任何单位和个人不得交寄危险化学品或者在邮件、快件内夹带危险化学品，不得将危险化学品匿报或者谎报为普通物品交寄。邮政企业、快递企业不得收寄危险化学品。

对涉嫌违反本条第一款、第二款规定的，交通运输主管部门、邮政管理部门可以依法开拆查验。

第六十五条 通过铁路、航空运输危险化学品的安全管理，依照有关铁路、航空运输的法律、行政法规、规章的规定执行。

第六章 危险化学品登记与事故应急救援

第六十六条 国家实行危险化学品登记制度，为危险化学品安全管理以及危险化学品事故预防和应急救援提供技术、信息支持。

第六十七条 危险化学品生产企业、进口企业，应当向国务院安全生产监督管理部门负责危险化学品登记的机构（以下简称危险化学品登记机构）办理危险化学品登记。

危险化学品登记包括下列内容：

（一）分类和标签信息；
（二）物理、化学性质；
（三）主要用途；
（四）危险特性；
（五）储存、使用、运输的安全要求；
（六）出现危险情况的应急处置措施。

对同一企业生产、进口的同一品种的危险化学品，不进行重复登记。危险化学品生产企业、进口企业发现其生产、进口的危险化学品有新的危险特性的，应当及时向危险化学品登记机构办理登记内容变更手续。

危险化学品登记的具体办法由国务院安全生产监督管理部门制定。

第六十八条 危险化学品登记机构应当定期向工业和信息化、环境保护、公安、卫生、交通运输、铁路、质量监督检验检疫等部门提供危险化学品登记的有关信息和资料。

第六十九条 县级以上地方人民政府安全生产监督管理部门应当会同工业和信息化、环境保护、公安、卫生、交通运输、铁路、质量监督检验检疫等部门，根据本地区实际情况，制定危险化学品事故应急预案，报本级人民政府批准。

第七十条 危险化学品单位应当制定本单位危险化学品事故应急预案，配备应急救援人员和必要的应急救援器材、设备，并定期组织应急救援演练。

危险化学品单位应当将其危险化学品事故应急预案报所在地设区的市级人民政府安全生产监督管理部门备案。

第七十一条 发生危险化学品事故，事故单位主要负责人应当立即按照本单位危险化学品应急预案组织救援，并向当地安全生产监督管理部门和环境保护、公安、卫生主管部门报告；道路运输、水路运输过程中发生危险化学品事故的，驾驶人员、船员或者押运人员还应当向事故发生地交通运输主管部门报告。

第七十二条 发生危险化学品事故，有关地方人民政府应当立即组织安全生产监督管理、环境保护、公安、卫生、交通运输等有关部门，按照本地区危险化学品事故应急预案组织实施救援，不得拖延、推诿。

有关地方人民政府及其有关部门应当按照下列规定，采取必要的应急处置措施，减少事故损失，防止事故蔓延、扩大：

（一）立即组织营救和救治受害人员，疏散、撤离或者采取其他措施保护危害区域内的其他人员；

（二）迅速控制危害源，测定危险化学品的性质、事故的危害区域及危害程度；

（三）针对事故对人体、动植物、土壤、水源、大气造成的现实危害和可能产生的危害，迅速采取封闭、隔离、洗消等措施；

（四）对危险化学品事故造成的环境污染和生态破坏状况进行监测、评估，并采取相应的环境污染治理和生态修复措施。

第七十三条 有关危险化学品单位应当为危险化学品事故应急救援提供技术指导和必要的协助。

第七十四条 危险化学品事故造成环境污染的，由设区的市级以上人民政府环境保护主管部门统一发布有关信息。

第七章 法律责任

第七十五条 生产、经营、使用国家禁止生产、经营、使用的危险化学品的，由安全生产监督管理部门责令停止生产、经营、使用活动，处20万元以上50万元以下的罚款，有违法所得的，没收违法所得；构成犯罪的，依法追究刑事责任。

有前款规定行为的，安全生产监督管理部门还应当责令其对所生产、经营、使用的危险化学品进行无害化处理。

违反国家关于危险化学品使用的限制性规定使用危险化学品的，依照本条第一款的规定处理。

第七十六条 未经安全条件审查，新建、改建、扩建生产、储存危险化学品的建设项目的，由安全生产监督管理部门责令停止建设，限期改正；逾期不改正的，处50万元以上100万元以下的罚款；构成犯罪的，依法追究刑事责任。

未经安全条件审查，新建、改建、扩建储存、装卸危险化学品的港口建设项目的，由港口行政管理部门依照前款规定予以处罚。

第七十七条 未依法取得危险化学品安全生产许可证从事危险化学品生产，或者未依法取得工业产品生产许可证从事危险化学品及其包装物、容器生产的，分别依照《安全生产许可证条例》、《中华人民共和国工业产品生产许可证管理条例》的规定处罚。

违反本条例规定，化工企业未取得危险化学品安全使用许可证，使用危险化学品从事生产的，由安全生产监督管理部门责令限期改正，处10万元以上20万元以下的罚款；逾期不改正的，责令停产整顿。

违反本条例规定，未取得危险化学品经营许可证从事危险化学品经营的，由安全生产监督管理部门责令停止经营活动，没收违法经营的危险化学品以及违法所得，并处10万元以上20万元以下的罚款；构成犯罪的，依法追究刑事责任。

第七十八条 有下列情形之一的，由安全生产监督管理部门责令改正，可以处5万元以下的罚款；拒不改正的，处5万元以上10万元以下的罚款；情节严重的，责令停产停业整顿。

（一）生产、储存危险化学品的单位未对其铺设的危险化学品管道设置明显的标志，或者未对危险化学品管道定期检查、检测的；

（二）进行可能危及危险化学品管道安全的施工作业，施工单位未按照规定书面通知管道所属单位，或者未与管道所属单位共同制定应急预案、采取相应的安全防护措施，或者管道所属单位未指派专门人员到现场进行管道安全保护指导的；

（三）危险化学品生产企业未提供化学品安全技术说明书，或者未在包装（包括外包装件）上粘贴、拴挂化学品安全标签的；

（四）危险化学品生产企业提供的化学品安全技术说明书与其生产的危险化学品不相符，或者在包装（包括外包装件）粘贴、拴挂的化学品安全标签与包装内危险化学品不相符，或者化学品安全技术说明书、化学安全标签所载明的内容不符合国家标准要求的；

（五）危险化学品生产企业发现其生产的危险化学品有新的危险特性不立即公告，或者不及时修订其化学品安全技术说明书和化学品安全标签的；

（六）危险化学品经营企业经营没有化学品安全技术说明书和化学品安全标签的危险化学品的；

（七）危险化学品包装物、容器的材质以及包装的型式、规格、方法和单件质量（重量）与所包装的危险化学品的性质和用途不相适应的；

（八）生产、储存危险化学品的单位未在作业场所和安全设施、设备上设置明显的安全警示标志，或者未在作业场所设置通信、报警装置的；

（九）危险化学品专用仓库未设专人负责管理，或者对储存的剧毒化学品以及储存数量构成重大危险源的其他危险化学品未实行双人收发、双人保管制度的；

（十）储存危险化学品的单位未建立危险化学品出入库核查、登记制度的；

（十一）危险化学品专用仓库未设置明显标志的；

（十二）危险化学品生产企业、进口企业不办理危险化学品登记，或者发现其生产、进口的危险化学品有新的危险特性不办理危险化学品登记内容变更手续的。

从事危险化学品仓储经营的港口经营人有前款规定情形的，由港口行政管理部门依照前款规定予以处罚。储存剧毒化学品、易制爆危险化学品的专用仓库未按照国家有关规定设置相应的技术防范设施的，由公安机关依照前款规定予以处罚。

生产、储存剧毒化学品、易制爆危险化学品的单位未设置治安保卫机构、配备专职治安保卫人员的，依照《企业事业单位内部治安保卫条例》的规定处罚。

第七十九条 危险化学品包装物、容器生产企业销售未经检验或者经检验不合格的危险化学品包装物、容器的，由质量监督检验检疫部门责令改正，处10万元以上20万元以下的罚款，有违法所得的，没收违法所得；拒不改正的，责令停产停业整顿；构成犯罪的，依法追究刑事责任。

将未经检验合格的运输危险化学品的船舶及其配载的容器投入使用的，由海事管理机构依照前款规定予以处罚。

第八十条 生产、储存、使用危险化学品的单位有下列情形之一的，由安全生产监督管理部门责令改正，处5万元以上10万元以下的罚款；拒不改正的，责令停产停业整顿直至由原发证机关吊销其相关许可证件，并由工商行政管理部门责令其办理经营范围变更登记或者吊销其营业执照；有关责任人员构成犯罪的，依法追究刑事责任：

（一）对重复使用的危险化学品包装物、容器，在重复使用前不进行检查的；

（二）未根据其生产、储存的危险化学品的种类和危险特性，在作业场所设置相关安全设施、设备，或者未按照国家标准、行业标准或者国家有关规定对安全设施、设备进行经常性维护、保养的；

（三）未依照本条例规定对其安全生产条件定期进行安全评价的；

（四）未将危险化学品储存在专用仓库内，或者未将剧毒化学品以及储存数量构成重大危险源的其他危险化学品在专用仓库内单独存放的；

（五）危险化学品的储存方式、方法或者储存数量不符合国家标准或者国家有关规定的；

（六）危险化学品专用仓库不符合国家标准、行业标准的要求的；

（七）未对危险化学品专用仓库的安全设施、设备定期进行检测、检验的。

从事危险化学品仓储经营的港口经营人有前款规定情形的,由港口行政管理部门依照前款规定予以处罚。

第八十一条 有下列情形之一的,由公安机关责令改正,可以处 1 万元以下的罚款;拒不改正的,处 1 万元以上 5 万元以下的罚款:

(一)生产、储存、使用剧毒化学品、易制爆危险化学品的单位不如实记录生产、储存、使用的剧毒化学品、易制爆危险化学品的数量、流向的;

(二)生产、储存、使用剧毒化学品、易制爆危险化学品的单位发现剧毒化学品、易制爆危险化学品丢失或者被盗,不立即向公安机关报告的;

(三)储存剧毒化学品的单位未将剧毒化学品的储存数量、储存地点以及管理人员的情况报所在地县级人民政府公安机关备案的;

(四)危险化学品生产企业、经营企业不如实记录剧毒化学品、易制爆危险化学品购买单位的名称、地址、经办人的姓名、身份证号码以及所购买的剧毒化学品、易制爆危险化学品的品种、数量、用途,或者保存销售记录和相关材料的时间少于 1 年的;

(五)剧毒化学品、易制爆危险化学品的销售企业、购买单位未在规定的时限内将所销售、购买的剧毒化学品、易制爆危险化学品的品种、数量以及流向信息报所在地县级人民政府公安机关备案的;

(六)使用剧毒化学品、易制爆危险化学品的单位依照本条例规定转让其购买的剧毒化学品、易制爆危险化学品,未将有关情况向所在地县级人民政府公安机关报告的。

生产、储存危险化学品的企业或者使用危险化学品从事生产的企业未按照本条例规定将安全评价报告以及整改方案的落实情况报安全生产监督管理部门或者港口行政管理部门备案,或者储存危险化学品的单位未将其剧毒化学品以及储存数量构成重大危险源的其他危险化学品的储存数量、储存地点以及管理人员的情况报安全生产监督管理部门或者港口行政管理部门备案的,分别由安全生产监督管理部门或者港口行政管理部门依照前款规定予以处罚。

生产实施重点环境管理的危险化学品的企业或者使用实施重点环境管理的危险化学品从事生产的企业未按照规定将相关信息向环境保护主管部门报告的,由环境保护主管部门依照本条第一款的规定予以处罚。

第八十二条 生产、储存、使用危险化学品的单位转产、停产、停业或者解散,未采取有效措施及时、妥善处置其危险化学品生产装置、储存设施以及库存的危险化学品,或者丢弃危险化学品的,由安全生产监督管理部门责令改正,处 5 万元以上 10 万元以下的罚款;构成犯罪的,依法追究刑事责任。

生产、储存、使用危险化学品的单位转产、停产、停业或者解散,未依照本条例规定将其危险化学品生产装置、储存设施以及库存危险化学品的处置方案报有关部门备案的,分别由有关部门责令改正,可以处 1 万元以下的罚款;拒不改正的,处 1 万元以上 5 万元以下的罚款。

第八十三条 危险化学品经营企业向未经许可违法从事危险化学品生产、经营活动的企业采购危险化学品的,由工商行政管理部门责令改正,处 10 万元以上 20 万元以下的罚款;拒不改正的,责令停业整顿直至由原发证机关吊销其危险化学品经营许可证,并由工商行政管理部门责令其办理经营范围变更登记或者吊销其营业执照。

第八十四条 危险化学品生产企业、经营企业有下列情形之一的,由安全生产监督管理部门责令改正,没收违法所得,并处 10 万元以上 20 万元以下的罚款;拒不改正的,责令停产停业整顿直至吊销其危险化学品安全生产许可证、危险化学品经营许可证,并由工商行政管理部门责令其办理经营范围变更登记或者吊销其营业执照:

(一)向不具有本条例第三十八条第一款、第二款规定的相关许可证件或者证明文件的单位销售剧毒化学品、易制爆危险化学品的;

（二）不按照剧毒化学品购买许可证载明的品种、数量销售剧毒化学品的；

（三）向个人销售剧毒化学品（属于剧毒化学品的农药除外）、易制爆危险化学品的。

不具有本条例第三十八条第一款、第二款规定的相关许可证件或者证明文件的单位购买剧毒化学品、易制爆危险化学品，或者个人购买剧毒化学品（属于剧毒化学品的农药除外）、易制爆危险化学品的，由公安机关没收所购买的剧毒化学品、易制爆危险化学品，可以并处5000元以下的罚款。

使用剧毒化学品、易制爆危险化学品的单位出借或者向不具有本条例第三十八条第一款、第二款规定的相关许可证件的单位转让其购买的剧毒化学品、易制爆危险化学品，或者向个人转让其购买的剧毒化学品（属于剧毒化学品的农药除外）、易制爆危险化学品的，由公安机关责令改正，处10万元以上20万元以下的罚款；拒不改正的，责令停产停业整顿。

第八十五条 未依法取得危险货物道路运输许可、危险货物水路运输许可，从事危险化学品道路运输、水路运输的，分别依照有关道路运输、水路运输的法律、行政法规的规定处罚。

第八十六条 有下列情形之一的，由交通运输主管部门责令改正，处5万元以上10万元以下的罚款；拒不改正的，责令停产停业整顿；构成犯罪的，依法追究刑事责任：

（一）危险化学品道路运输企业、水路运输企业的驾驶人员、船员、装卸管理人员、押运人员、申报人员、集装箱装箱现场检查员未取得从业资格上岗作业的；

（二）运输危险化学品，未根据危险化学品的危险特性采取相应的安全防护措施，或者未配备必要的防护用品和应急救援器材的；

（三）使用未依法取得危险货物适装证书的船舶，通过内河运输危险化学品的；

（四）通过内河运输危险化学品的承运人违反国务院交通运输主管部门对单船运输的危险化学品数量的限制性规定运输危险化学品的；

（五）用于危险化学品运输作业的内河码头、泊位不符合国家有关安全规范，或者未与饮用水取水口保持国家规定的安全距离，或者未经交通运输主管部门验收合格投入使用的；

（六）托运人不向承运人说明所托运的危险化学品的种类、数量、危险特性以及发生危险情况的应急处置措施，或者未按照国家有关规定对所托运的危险化学品妥善包装并在外包装上设置相应标志的；

（七）运输危险化学品需要添加抑制剂或者稳定剂，托运人未添加或者未将有关情况告知承运人的。

第八十七条 有下列情形之一的，由交通运输主管部门责令改正，处10万元以上20万元以下的罚款，有违法所得的，没收违法所得；拒不改正的，责令停产停业整顿；构成犯罪的，依法追究刑事责任：

（一）委托未依法取得危险货物道路运输许可、危险货物水路运输许可的企业承运危险化学品的；

（二）通过内河封闭水域运输剧毒化学品以及国家规定禁止通过内河运输的其他危险化学品的；

（三）通过内河运输国家规定禁止通过内河运输的剧毒化学品以及其他危险化学品的；

（四）在托运的普通货物中夹带危险化学品，或者将危险化学品谎报或者匿报为普通货物托运的。

在邮件、快件内夹带危险化学品，或者将危险化学品谎报为普通物品交寄的，依法给予治安管理处罚；构成犯罪的，依法追究刑事责任。

邮政企业、快递企业收寄危险化学品的，依照《中华人民共和国邮政法》的规定处罚。

第八十八条 有下列情形之一的，由公安机关责令改正，处5万元以上10万元以下的罚款；构成违反治安管理行为的，依法给予治安管理处罚；构成犯罪的，依法追究刑事责任：

（一）超过运输车辆的核定载质量装载危险化学品的；
（二）使用安全技术条件不符合国家标准要求的车辆运输危险化学品的；
（三）运输危险化学品的车辆未经公安机关批准进入危险化学品运输车辆限制通行的区域的；
（四）未取得剧毒化学品道路运输通行证，通过道路运输剧毒化学品的。

第八十九条 有下列情形之一的，由公安机关责令改正，处1万元以上5万元以下的罚款；构成违反治安管理行为的，依法给予治安管理处罚：
（一）危险化学品运输车辆未悬挂或者喷涂警示标志，或者悬挂或者喷涂的警示标志不符合国家标准要求的；
（二）通过道路运输危险化学品，不配备押运人员的；
（三）运输剧毒化学品或者易制爆危险化学品途中需要较长时间停车，驾驶人员、押运人员不向当地公安机关报告的；
（四）剧毒化学品、易制爆危险化学品在道路运输途中丢失、被盗、被抢或者发生流散、泄露等情况，驾驶人员、押运人员不采取必要的警示措施和安全措施，或者不向当地公安机关报告的。

第九十条 对发生交通事故负有全部责任或者主要责任的危险化学品道路运输企业，由公安机关责令消除安全隐患，未消除安全隐患的危险化学品运输车辆，禁止上道路行驶。

第九十一条 有下列情形之一的，由交通运输主管部门责令改正，可以处1万元以下的罚款；拒不改正的，处1万元以上5万元以下的罚款：
（一）危险化学品道路运输企业、水路运输企业未配备专职安全管理人员的；
（二）用于危险化学品运输作业的内河码头、泊位的管理单位未制定码头、泊位危险化学品事故应急救援预案，或者未为码头、泊位配备充足、有效的应急救援器材和设备的。

第九十二条 有下列情形之一的，依照《中华人民共和国内河交通安全管理条例》的规定处罚：
（一）通过内河运输危险化学品的水路运输企业未制定运输船舶危险化学品事故应急救援预案，或者未为运输船舶配备充足、有效的应急救援器材和设备的；
（二）通过内河运输危险化学品的船舶的所有人或者经营人未取得船舶污染损害责任保险证书或者财务担保证明的；
（三）船舶载运危险化学品进出内河港口，未将有关事项事先报告海事管理机构并经其同意的；
（四）载运危险化学品的船舶在内河航行、装卸或者停泊，未悬挂专用的警示标志，或者未按照规定显示专用信号，或者未按照规定申请引航的。

未向港口行政管理部门报告并经其同意，在港口内进行危险化学品的装卸、过驳作业的，依照《中华人民共和国港口法》的规定处罚。

第九十三条 伪造、变造或者出租、出借、转让危险化学品安全生产许可证、工业产品生产许可证，或者使用伪造、变造的危险化学品安全生产许可证、工业产品生产许可证的，分别依照《安全生产许可证条例》、《中华人民共和国工业产品生产许可证管理条例》的规定处罚。

伪造、变造或者出租、出借、转让本条例规定的其他许可证，或者使用伪造、变造的本条例规定的其他许可证的，分别由相关许可证的颁发管理机关处10万元以上20万元以下的罚款，有违法所得的，没收违法所得；构成违反治安管理行为的，依法给予治安管理处罚；构成犯罪的，依法追究刑事责任。

第九十四条 危险化学品单位发生危险化学品事故，其主要负责人不立即组织救援或者不立即向有关部门报告的，依照《生产安全事故报告和调查处理条例》的规定处罚。

危险化学品单位发生危险化学品事故，造成他人人身伤害或者财产损失的，依法承担赔偿责任。

第九十五条 发生危险化学品事故，有关地方人民政府及其有关部门不立即组织实施救援，或者不采取必要的应急处置措施减少事故损失，防止事故蔓延、扩大的，对直接负责的主管人员和其他直接责任人员依法给予处分；构成犯罪的，依法追究刑事责任。

第九十六条 负有危险化学品安全监督管理职责的部门的工作人员，在危险化学品安全监督管理工作中滥用职权、玩忽职守、徇私舞弊，构成犯罪的，依法追究刑事责任；尚不构成犯罪的，依法给予处分。

第八章 附 则

第九十七条 监控化学品、属于危险化学品的药品和农药的安全管理，依照本条例的规定执行；法律、行政法规另有规定的，依照其规定。

民用爆炸物品、烟花爆竹、放射性物品、核能物质以及用于国防科研生产的危险化学品的安全管理，不适用本条例。

法律、行政法规对燃气的安全管理另有规定的，依照其规定。

危险化学品容器属于特种设备的，其安全管理依照有关特种设备安全的法律、行政法规的规定执行。

第九十八条 危险化学品的进出口管理，依照有关对外贸易的法律、行政法规、规章的规定执行；进口的危险化学品的储存、使用、经营、运输的安全管理，依照本条例的规定执行。

危险化学品环境管理登记和新化学物质环境管理登记，依照有关环境保护的法律、行政法规、规章的规定执行。危险化学品环境管理登记，按照国家有关规定收取费用。

第九十九条 公众发现、捡拾的无主危险化学品，由公安机关接收。公安机关接收或者有关部门依法没收的危险化学品，需要进行无害化处理的，交由环境保护主管部门组织其认定的专业单位进行处理，或者交由有关危险化学品生产企业进行处理。处理所需费用由国家财政负担。

第一百条 化学品的危险特性尚未确定的，由国务院安全生产监督管理部门、国务院环境保护主管部门、国务院卫生主管部门分别负责组织对该化学品的物理危险性、环境危害性、毒理特性进行鉴定。根据鉴定结果，需要调整危险化学品目录的，依照本条例第三条第二款的规定办理。

第一百零一条 本条例施行前已经使用危险化学品从事生产的化工企业，依照本条例规定需要取得危险化学品安全使用许可证的，应当在国务院安全生产监督管理部门规定的期限内，申请取得危险化学品安全使用许可证。

第一百零二条 本条例自 2011 年 12 月 1 日起施行。

最高人民法院　最高人民检察院
关于办理非法制造、买卖、运输、储存毒鼠强等禁用剧毒化学品刑事案件具体应用法律若干问题的解释

法释〔2003〕14号

(2003年8月29日最高人民法院审判委员会第1287次会议、2003年2月13日最高人民检察院第九届检察委员会第119次会议通过　2003年9月4日最高人民法院、最高人民检察院公告公布　自2003年10月1日起施行)

为依法惩治非法制造、买卖、运输、储存毒鼠强等禁用剧毒化学品的犯罪活动，维护公共安全，根据刑法有关规定，现就办理这类刑事案件具体应用法律的若干问题解释如下：

第一条　非法制造、买卖、运输、储存毒鼠强等禁用剧毒化学品，危害公共安全，具有下列情形之一的，依照刑法第一百二十五条的规定，以非法制造、买卖、运输、储存危险物质罪，处三年以上十年以下有期徒刑：

（一）非法制造、买卖、运输、储存原粉、原液、制剂50克以上，或者饵料2千克以上的；

（二）在非法制造、买卖、运输、储存过程中致人重伤、死亡或者造成公私财产损失10万元以上的。

第二条　非法制造、买卖、运输、储存毒鼠强等禁用剧毒化学品，具有下列情形之一的，属于刑法第一百二十五条规定的"情节严重"，处十年以上有期徒刑、无期徒刑或者死刑：

（一）非法制造、买卖、运输、储存原粉、原液、制剂500克以上，或者饵料20千克以上的；

（二）在非法制造、买卖、运输、储存过程中致3人以上重伤、死亡，或者造成公私财产损失20万元以上的；

（三）非法制造、买卖、运输、储存原粉、原液、制剂50克以上不满500克，或者饵料2千克以上不满20千克，并具有其他严重情节的。

第三条　单位非法制造、买卖、运输、储存毒鼠强等禁用剧毒化学品的，依照本解释第一条、第二条规定的定罪量刑标准执行。

第四条　对非法制造、买卖、运输、储存毒鼠强等禁用剧毒化学品行为负有查处职责的国家机关工作人员，滥用职权或者玩忽职守，致使公共财产、国家和人民利益遭受重大损失的，依照刑法第三百九十七条的规定，以滥用职权罪或者玩忽职守罪追究刑事责任。

第五条　本解释施行以前，确因生产、生活需要而非法制造、买卖、运输、储存毒鼠强等禁用剧毒化学品饵料自用，没有造成严重社会危害的，可以依照刑法第十三条的规定，不作为犯罪处理。

本解释施行以后，确因生产、生活需要而非法制造、买卖、运输、储存毒鼠强等禁用剧毒化学品饵料自用，构成犯罪，但没有造成严重社会危害，经教育确有悔改表现的，可以依法从轻、减轻或者免除处罚。

第六条 本解释所称"毒鼠强等禁用剧毒化学品",是指国家明令禁止的毒鼠强、氟乙酰胺、氟乙酸钠、毒鼠硅、甘氟(见附表)。

序号	通用名称	中文名称		英文名称		分子式	CAS 号
		化学名	别名	化学名(英文)	别名(英文)		
1	毒鼠强	2,6-二硫-1,3,5,7-四氮三环[3,3,1,1,3,7]癸烷-2,2,6,6-四氧化物	四亚甲基二砜四胺	2,6-dithia-1,3,5,7-tetrazatricyclo[3,3,1,1,3,7]decane-2,2,6,6-tetraoxide	tetramine	$C_4H_9N_4O_4S_2$	80-12-6
2	氟乙酰胺	氟乙酰胺	敌蚜胺	Fluoroacetamide	Fluorakil 100	C_2H_4FNO	640-19-7
3	氟乙酸钠	氟乙酸钠	一氟乙酸钠	Sodium monofluo fluoroacetate	Compound 1080	$C_2H_2FNaO_2$	62-74-8
4	毒鼠硅	1-(对氯苯基)-2,8,9-三氧-5-氮-1-硅双环(3,3,3)十二烷	氯硅宁、硅灭鼠	1-(p-chloropenyl)-2,8,9-trioxo-5-nitrigen-1-silicon-dicyclo(3,3,3)undencane	RS-150, silatrane	$C_{12}H_6ClNO_3Si$	29025-67-0
5	甘氟	1,3-二氟内醇-2和1-氯-3氟丙醇-2混合物	伏鼠酸、鼠甘伏	1,3-difluoirhydrine of glycerin and 2-chloroflurohydrine of glycerin	Glyfuor Gliftor	$C_3H_6F_2O$, C_3H_6ClFO	

十、外来物种污染防治

中华人民共和国进出境动植物检疫法

(1991年10月30日第七届全国人民代表大会常务委员会第二十二次会议通过　1991年10月30日中华人民共和国主席令第53号公布　根据2009年8月27日第十一届全国人民代表大会常务委员会第十次会议《关于修改部分法律的决定》修正)

第一章　总　则

第一条　为防止动物传染病、寄生虫病和植物危险性病、虫、杂草以及其他有害生物(以下简称病虫害)传入、传出国境，保护农、林、牧、渔业生产和人体健康，促进对外经济贸易的发展，制定本法。

第二条　进出境的动植物、动植物产品和其他检疫物，装载动植物、动植物产品和其他检疫物的装载容器、包装物，以及来自动植物疫区的运输工具，依照本法规定实施检疫。

第三条　国务院设立动植物检疫机关(以下简称国家动植物检疫机关)，统一管理全国进出境动植物检疫工作。国家动植物检疫机关在对外开放的口岸和进出境动植物检疫业务集中的地点设立的口岸动植物检疫机关，依照本法规定实施进出境动植物检疫。

贸易性动物产品出境的检疫机关，由国务院根据情况规定。

国务院农业行政主管部门主管全国进出境动植物检疫工作。

第四条　口岸动植物检疫机关在实施检疫时可以行使下列职权：

(一)依照本法规定登船、登车、登机实施检疫；

(二)进入港口、机场、车站、邮局以及检疫物的存放、加工、养殖、种植场所实施检疫，并依照规定采样；

(三)根据检疫需要，进入有关生产、仓库等场所，进行疫情监测、调查和检疫监督管理；

(四)查阅、复制、摘录与检疫物有关的运行日志、货运单、合同、发票及其他单证。

第五条　国家禁止下列各物进境：

(一)动植物病原体(包括菌种、毒种等)、害虫及其他有害生物；

(二)动植物疫情流行的国家和地区的有关动植物、动植物产品和其他检疫物；

(三)动物尸体；

(四)土壤。

口岸动植物检疫机关发现有前款规定的禁止进境物的，作退回或者销毁处理。

因科学研究等特殊需要引进本条第一款规定的禁止进境物的，必须事先提出申请，经国家动植物检疫机关批准。

本条第一款第二项规定的禁止进境物的名录，由国务院农业行政主管部门制定并公布。

第六条　国外发生重大动植物疫情并可能传入中国时，国务院应当采取紧急预防措施，必要时可以下令禁止来自动植物疫区的运输工具进境或者封锁有关口岸；受动植物疫情威胁地区的地方人民政府和有关口岸动植物检疫机关，应当立即采取紧急措施，同时向上级人民政府和国家动植物检疫机关报告。

邮电、运输部门对重大动植物疫情报告和送检材料应当优先传送。

第七条 国家动植物检疫机关和口岸动植物检疫机关对进出境动植物、动植物产品的生产、加工、存放过程,实行检疫监督制度。

第八条 口岸动植物检疫机关在港口、机场、车站、邮局执行检疫任务时,海关、交通、民航、铁路、邮电等有关部门应当配合。

第九条 动植物检疫机关检疫人员必须忠于职守,秉公执法。

动植物检疫机关检疫人员依法执行公务,任何单位和个人不得阻挠。

第二章 进境检疫

第十条 输入动物、动物产品、植物种子、种苗及其他繁殖材料的,必须事先提出申请,办理检疫审批手续。

第十一条 通过贸易、科技合作、交换、赠送、援助等方式输入动植物、动植物产品和其他检疫物的,应当在合同或者协议中订明中国法定的检疫要求,并订明必须附有输出国家或者地区政府动植物检疫机关出具的检疫证书。

第十二条 货主或者其代理人应当在动植物、动植物产品和其他检疫物进境前或者进境时持输出国家或者地区的检疫证书、贸易合同等单证,向进境口岸动植物检疫机关报检。

第十三条 装载动物的运输工具抵达口岸时,口岸动植物检疫机关应当采取现场预防措施,对上下运输工具或者接近动物的人员、装载动物的运输工具和被污染的场地作防疫消毒处理。

第十四条 输入动植物、动植物产品和其他检疫物,应当在进境口岸实施检疫。未经口岸动植物检疫机关同意,不得卸离运输工具。

输入动植物,需隔离检疫的,在口岸动植物检疫机关指定的隔离场所检疫。

因口岸条件限制等原因,可以由国家动植物检疫机关决定将动植物、动植物产品和其他检疫物运往指定地点检疫。在运输、装卸过程中,货主或者其代理人应当采取防疫措施。指定的存放、加工和隔离饲养或者隔离种植的场所,应当符合动植物检疫和防疫的规定。

第十五条 输入动植物、动植物产品和其他检疫物,经检疫合格的,准予进境;海关凭口岸动植物检疫机关签发的检疫单证或者在报关单上加盖的印章验放。

输入动植物、动植物产品和其他检疫物,需调离海关监管区检疫的,海关凭口岸动植物检疫机关签发的《检疫调离通知单》验放。

第十六条 输入动物,经检疫不合格的,由口岸动植物检疫机关签发《检疫处理通知单》,通知货主或者其代理人作如下处理:

(一)检出一类传染病、寄生虫病的动物,连同其同群动物全群退回或者全群扑杀并销毁尸体;

(二)检出二类传染病、寄生虫病的动物,退回或者扑杀,同群其他动物在隔离场或者其他指定地点隔离观察。

输入动物产品和其他检疫物经检疫不合格的,由口岸动植物检疫机关签发《检疫处理通知单》,通知货主或者其代理人作除害、退回或者销毁处理。经除害处理合格的,准予进境。

第十七条 输入植物、植物产品和其他检疫物,经检疫发现有植物危险性病、虫、杂草的,由口岸动植物检疫机关签发《检疫处理通知单》,通知货主或者其代理人作除害、退回或者销毁处理。经除害处理合格的,准予进境。

第十八条 本法第十六条第一款第一项、第二项所称一类、二类动物传染病、寄生虫病的名录和本法第十七条所称植物危险性病、虫、杂草的名录,由国务院农业行政主管部门制定并公布。

第十九条 输入动植物、动植物产品和其他检疫物,经检疫发现有本法第十八条规定的名录之外,对农、林、牧、渔业有严重危害的其他病虫害的,由口岸动植物检疫机关依照国务院农业行政主管部门的规定,通知货主或者其代理人作除害、退回或者销毁处理。经除害处理合格的,准予进境。

第三章 出境检疫

第二十条 货主或者其代理人在动植物、动植物产品和其他检疫物出境前,向口岸动植物检疫机关报检。

出境前需经隔离检疫的动物,在口岸动植物检疫机关指定的隔离场所检疫。

第二十一条 输出动植物、动植物产品和其他检疫物,由口岸动植物检疫机关实施检疫,经检疫合格或者经除害处理合格的,准予出境;海关凭口岸动植物检疫机关签发的检疫证书或者在报关单上加盖的印章验放。检疫不合格又无有效方法作除害处理的,不准出境。

第二十二条 经检疫合格的动植物、动植物产品和其他检疫物,有下列情形之一的,货主或者其代理人应当重新报检:

(一)更改输入国家或者地区,更改后的的输入国家或者地区又有不同检疫要求的;

(二)改换包装或者原未拼装后来拼装的;

(三)超过检疫规定有效期限的。

第四章 过境检疫

第二十三条 要求运输动物过境的,必须事先商得中国国家动植物检疫机关同意,并按照指定的口岸和路线过境。

装载过境动物的运输工具、装载容器、饲料和铺垫材料,必须符合中国动植物检疫的规定。

第二十四条 运输动植物、动植物产品和其他检疫物过境的,由承运人或者押运人持货运单和输出国家或者地区政府动植物检疫机关出具的检疫证书,在进境时向口岸动植物检疫机关报检,出境口岸不再检疫。

第二十五条 过境的动物经检疫合格的,准予过境;发现有本法第十八条规定的名录所列的动物传染病、寄生虫病的,全群动物不准过境。

过境动物的饲料受病虫害污染的,作除害、不准过境或者销毁处理。

过境的动物的尸体、排泄物、铺垫材料及其他废弃物,必须按照动植物检疫机关的规定处理,不得擅自抛弃。

第二十六条 对过境植物、动植物产品和其他检疫物,口岸动植物检疫机关检查运输工具或者包装,经检疫合格的,准予过境;发现有本法第十八条规定的名录所列的病虫害的,作除害处理或者不准过境。

第二十七条 动植物、动植物产品和其他检疫物过境期间,未经动植物检疫机关批准,不得开拆包装或者卸离运输工具。

第五章 携带、邮寄物检疫

第二十八条 携带、邮寄植物种子、种苗及其他繁殖材料进境的,必须事先提出申请,办理检疫审批手续。

第二十九条 禁止携带、邮寄进境的动植物、动植物产品和其他检疫物的名录,由国务院农业行政主管部门制定并公布。

携带、邮寄前款规定的名录所列的动植物、动植物产品和其他检疫物进境的,作退回或者销毁处理。

第三十条 携带本法第二十九条规定的名录以外的动植物、动植物产品和其他检疫物进境的,在进境时向海关申报并接受口岸动植物检疫机关检疫。

携带动物进境的,必须持有输出国家或者地区的检疫证书等证件。

第三十一条 邮寄本法第二十九条规定的名录以外的动植物、动植物产品和其他检疫物进境的,由口岸动植物检疫机关在国际邮件互换局实施检疫,必要时可以取回口岸动植物检疫机关检疫;未经检疫不得运递。

第三十二条 邮寄进境的动植物、动植物产品和其他检疫物,经检疫或者除害处理合格后放行;经检疫不合格又无有效方法作除害处理的,作退回或者销毁处理,并签发《检疫处理通知单》。

第三十三条 携带、邮寄出境的动植物、动植物产品和其他检疫物,物主有检疫要求的,由口岸动植物检疫机关实施检疫。

第六章 运输工具检疫

第三十四条 来自动植物疫区的船舶、飞机、火车抵达口岸时,由口岸动植物检疫机关实施检疫。发现有本法第十八条规定的名录所列的病虫害的,作不准带离运输工具、除害、封存或者销毁处理。

第三十五条 进境的车辆,由口岸动植物检疫机关作防疫消毒处理。

第三十六条 进出境运输工具上的泔水、动植物性废弃物,依照口岸动植物检疫机关的规定处理,不得擅自抛弃。

第三十七条 装载出境的动植物、动植物产品和其他检疫物的运输工具,应当符合动植物检疫和防疫的规定。

第三十八条 进境供拆船用的废旧船舶,由口岸动植物检疫机关实施检疫,发现有本法第十八条规定的名录所列的病虫害的,作除害处理。

第七章 法律责任

第三十九条 违反本法规定,有下列行为之一的,由口岸动植物检疫机关处以罚款:

(一) 未报检或者未依法办理检疫审批手续的;

(二) 未经口岸动植物检疫机关许可擅自将进境动植物、动植物产品或者其他检疫物卸离运输工具或者运递的;

(三) 擅自调离或者处理在口岸动植物检疫机关指定的隔离场所中隔离检疫的动植物的。

第四十条 报检的动植物、动植物产品或者其他检疫物与实际不符的,由口岸动植物检疫机关处以罚款;已取得检疫单证的,予以吊销。

第四十一条 违反本法规定,擅自开拆过境动植物、动植物产品或者其他检疫物的包装的,擅自将过境动植物、动植物产品或者其他检疫物卸离运输工具的,擅自抛弃过境动物的尸体、排泄物、铺垫材料或者其他废弃物的,由动植物检疫机关处以罚款。

第四十二条 违反本法规定,引起重大动植物疫情的,依照刑法有关规定追究刑事责任。

第四十三条 伪造、变造检疫单证、印章、标志、封识,依照刑法有关规定追究刑事责任。

第四十四条 当事人对动植物检疫机关的处罚决定不服的,可以在接到处罚通知之日起十五日内向作出处罚决定的机关的上一级机关申请复议;当事人也可以在接到处罚通知之日起十五日内直接向人民法院起诉。

复议机关应当在接到复议申请之日起六十日内作出复议决定。当事人对复议决定不服的,可以在接到复议决定之日起十五日内向人民法院起诉。复议机关逾期不作出复议决定的,当事人可以在复议期满之日起十五日内向人民法院起诉。

当事人逾期不申请复议也不向人民法院起诉、又不履行处罚决定的,作出处罚决定的机关可以申请人民法院强制执行。

第四十五条 动植物检疫机关检疫人员滥用职权、徇私舞弊、伪造检疫结果,或者玩忽职守、延误检疫出证,构成犯罪的,依法追究刑事责任;不构成犯罪的,给予行政处分。

第八章 附 则

第四十六条 本法下列用语的含义是:

(一)"动物"是指饲养、野生的活动物,如畜、禽、兽、蛇、龟、鱼、虾、蟹、贝、蚕、蜂等;

(二)"动物产品"是指来源于动物未经加工或者虽经加工但仍有可能传播疫病的产品,如生皮张、毛类、肉类、脏器、油脂、动物水产品、奶制品、蛋类、血液、精液、胚胎、骨、蹄、角等;

(三)"植物"是指栽培植物、野生植物及其种子、种苗及其他繁殖材料等;

(四)"植物产品"是指来源于植物未经加工或者虽经加工但仍有可能传播病虫害的产品,如粮食、豆、棉花、油、麻、烟草、籽仁、干果、鲜果、蔬菜、生药材、木材、饲料等;

(五)"其他检疫物"是指动物疫苗、血清、诊断液、动植物性废弃物等。

第四十七条 中华人民共和国缔结或者参加的有关动植物检疫的国际条约与本法有不同规定的,适用该国际条约的规定。但是,中华人民共和国声明保留的条款除外。

第四十八条 口岸动植物检疫机关实施检疫依照规定收费。收费办法由国务院农业行政主管部门会同国务院物价等有关主管部门制定。

第四十九条 国务院根据本法制定实施条例。

第五十条 本法自1992年4月1日起施行。1982年6月4日国务院发布的《中华人民共和国进出口动植物检疫条例》同时废止。

十一、臭氧层保护

消耗臭氧层物质管理条例

（2010年4月8日中华人民共和国国务院令第573号公布 根据2018年3月19日《国务院关于修改和废止部分行政法规的决定》第一次修订 根据2023年12月29日《国务院关于修改〈消耗臭氧层物质管理条例〉的决定》第二次修订）

第一章 总 则

第一条 为了加强对消耗臭氧层物质的管理，履行《保护臭氧层维也纳公约》和《关于消耗臭氧层物质的蒙特利尔议定书》规定的义务，保护臭氧层和生态环境，保障人体健康，根据《中华人民共和国大气污染防治法》，制定本条例。

第二条 本条例所称消耗臭氧层物质，是指列入《中国受控消耗臭氧层物质清单》的化学品。

《中国受控消耗臭氧层物质清单》由国务院生态环境主管部门会同国务院有关部门制定、调整和公布。

第三条 在中华人民共和国境内从事消耗臭氧层物质的生产、销售、使用和进出口等活动，适用本条例。

前款所称生产，是指制造消耗臭氧层物质的活动。前款所称使用，是指利用消耗臭氧层物质进行的生产经营等活动，不包括使用含消耗臭氧层物质的产品的活动。

第四条 消耗臭氧层物质的管理工作应当坚持中国共产党的领导，贯彻党和国家路线方针政策和决策部署。

国务院生态环境主管部门统一负责全国消耗臭氧层物质的监督管理工作。

国务院商务主管部门、海关总署等有关部门依照本条例的规定和各自的职责负责消耗臭氧层物质的有关监督管理工作。

地方人民政府生态环境主管部门和商务等有关部门依照本条例的规定和各自的职责负责本行政区域消耗臭氧层物质的有关监督管理工作。

第五条 国家逐步削减并最终淘汰作为制冷剂、发泡剂、灭火剂、溶剂、清洗剂、加工助剂、杀虫剂、气雾剂、膨胀剂等用途的消耗臭氧层物质。

禁止将国家已经淘汰的消耗臭氧层物质用于前款规定的用途。

国务院生态环境主管部门会同国务院有关部门拟订《中国履行〈关于消耗臭氧层物质的蒙特利尔议定书〉国家方案》（以下简称国家方案），报国务院批准后实施。

第六条 国务院生态环境主管部门根据国家方案和消耗臭氧层物质淘汰进展情况，会同国务院有关部门确定并公布限制或者禁止新建、改建、扩建生产、使用消耗臭氧层物质建设项目的类别，制定并公布限制或者禁止生产、使用、进出口消耗臭氧层物质的名录。

因特殊用途确需生产、使用前款规定禁止生产、使用的消耗臭氧层物质的，按照《关于消耗臭氧层物质的蒙特利尔议定书》有关允许用于特殊用途的规定，由国务院生态环境主管部门会同国务院有关部门批准。

第七条 国家对消耗臭氧层物质的生产、使用、进出口实行总量控制和配额管理。国务院生态环境主管部门根据国家方案和消耗臭氧层物质淘汰进展情况，商国务院有关部门确定国家消耗臭氧层物质的年度生产、使用和进出口配额总量，并予以公告。

第八条 国家鼓励、支持消耗臭氧层物质替代品和替代技术的科学研究、技术开发和推广应用。

国务院生态环境主管部门会同国务院有关部门制定、调整和公布《中国消耗臭氧层物质替代品推荐名录》。

开发、生产、使用消耗臭氧层物质替代品，应当符合国家产业政策，并按照国家有关规定享受优惠政策。对在消耗臭氧层物质淘汰工作中做出突出成绩的单位和个人，按照国家有关规定给予奖励。

第九条 任何单位和个人对违反本条例规定的行为，有权向生态环境主管部门或者其他有关部门举报。接到举报的部门应当及时调查处理，并为举报人保密；经调查情况属实的，对举报人给予奖励。

第二章 生产、销售和使用

第十条 消耗臭氧层物质的生产、使用单位，应当依照本条例的规定申请领取生产或者使用配额许可证。但是，使用单位有下列情形之一的，不需要申请领取使用配额许可证：

（一）维修单位为了维修制冷设备、制冷系统或者灭火系统使用消耗臭氧层物质的；

（二）实验室为了实验分析少量使用消耗臭氧层物质的；

（三）海关为了防止有害生物传入传出使用消耗臭氧层物质实施检疫的；

（四）国务院生态环境主管部门规定的不需要申请领取使用配额许可证的其他情形。

第十一条 消耗臭氧层物质的生产、使用单位除具备法律、行政法规规定的条件外，还应当具备下列条件：

（一）有合法生产或者使用相应消耗臭氧层物质的业绩；

（二）有生产或者使用相应消耗臭氧层物质的场所、设施、设备和专业技术人员；

（三）有经验收合格的环境保护设施；

（四）有健全完善的生产经营管理制度。

将消耗臭氧层物质用于本条例第六条规定的特殊用途的单位，不适用前款第（一）项的规定。

第十二条 消耗臭氧层物质的生产、使用单位应当于每年10月31日前向国务院生态环境主管部门书面申请下一年度的生产配额或者使用配额，并提交其符合本条例第十一条规定条件的证明材料。

国务院生态环境主管部门根据国家消耗臭氧层物质的年度生产、使用配额总量和申请单位生产、使用相应消耗臭氧层物质的业绩情况，核定申请单位下一年度的生产配额或者使用配额，并于每年12月20日前完成审查，符合条件的，核发下一年度的生产或者使用配额许可证，予以公告，并抄送国务院有关部门和申请单位所在地省、自治区、直辖市人民政府生态环境主管部门；不符合条件的，书面通知申请单位并说明理由。

第十三条 消耗臭氧层物质的生产或者使用配额许可证应当载明下列内容：

（一）生产或者使用单位的名称、地址、法定代表人或者负责人；

（二）准予生产或者使用的消耗臭氧层物质的品种、用途及其数量；

（三）有效期限；

（四）发证机关、发证日期和证书编号。

第十四条 消耗臭氧层物质的生产、使用单位需要调整其配额的，应当向国务院生态环境主管部门申请办理配额变更手续。

国务院生态环境主管部门应当依照本条例第十一条、第十二条规定的条件和依据进行审查,并在受理申请之日起 20 个工作日内完成审查,符合条件的,对申请单位的配额进行调整,并予以公告;不符合条件的,书面通知申请单位并说明理由。

第十五条 消耗臭氧层物质的生产单位不得超出生产配额许可证规定的品种、数量、期限生产消耗臭氧层物质,不得超出生产配额许可证规定的用途生产、销售消耗臭氧层物质。

禁止无生产配额许可证生产消耗臭氧层物质。

第十六条 依照本条例规定领取使用配额许可证的单位,不得超出使用配额许可证规定的品种、用途、数量、期限使用消耗臭氧层物质。

除本条例第十条规定的不需要申请领取使用配额许可证的情形外,禁止无使用配额许可证使用消耗臭氧层物质。

第十七条 下列单位应当按照国务院生态环境主管部门的规定办理备案手续:

(一)消耗臭氧层物质的销售单位;

(二)从事含消耗臭氧层物质的制冷设备、制冷系统或者灭火系统的维修、报废处理等经营活动的单位;

(三)从事消耗臭氧层物质回收、再生利用或者销毁等经营活动的单位;

(四)国务院生态环境主管部门规定的不需要申请领取使用配额许可证的消耗臭氧层物质的使用单位。

前款第(一)项、第(二)项、第(四)项规定的单位向所在地设区的市级人民政府生态环境主管部门备案,第(三)项规定的单位向所在地省、自治区、直辖市人民政府生态环境主管部门备案。

第十八条 除依照本条例规定进出口外,消耗臭氧层物质的购买和销售行为只能在符合本条例规定的消耗臭氧层物质的生产、销售和使用单位之间进行。

第十九条 消耗臭氧层物质的生产、使用单位,应当按照国务院生态环境主管部门的规定采取必要的措施,防止或者减少消耗臭氧层物质的泄漏和排放。

从事含消耗臭氧层物质的制冷设备、制冷系统或灭火系统的维修、报废处理等经营活动的单位,应当按照国务院生态环境主管部门的规定对消耗臭氧层物质进行回收、循环利用或者交由从事消耗臭氧层物质回收、再生利用、销毁等经营活动的单位进行无害化处置。

从事消耗臭氧层物质回收、再生利用、销毁等经营活动的单位,以及生产过程中附带产生消耗臭氧层物质的单位,应当按照国务院生态环境主管部门的规定对消耗臭氧层物质进行无害化处置,不得直接排放。

第二十条 从事消耗臭氧层物质的生产、销售、使用、回收、再生利用、销毁等经营活动的单位,以及从事含消耗臭氧层物质的制冷设备、制冷系统或者灭火系统的维修、报废处理等经营活动的单位,应当完整保存有关生产经营活动的原始资料至少 3 年,并按照国务院生态环境主管部门的规定报送相关数据。

生产、使用消耗臭氧层物质数量较大,以及生产过程中附带产生消耗臭氧层物质数量较大的单位,应当安装自动监测设备,与生态环境主管部门的监控设备联网,并保证监测设备正常运行,确保监测数据的真实性和准确性。具体办法由国务院生态环境主管部门规定。

第三章 进出口

第二十一条 国家对进出口消耗臭氧层物质予以控制,并实行名录管理。国务院生态环境主管部门会同国务院商务主管部门、海关总署制定、调整和公布《中国进出口受控消耗臭氧层物质名录》。

进出口列入《中国进出口受控消耗臭氧层物质名录》的消耗臭氧层物质的单位,应当依照本条例的规定向国家消耗臭氧层物质进出口管理机构申请进出口配额,领取进出口审批单,并提交拟进出口的消耗臭氧层物质的品种、数量、来源、用途等情况的材料。

第二十二条 国家消耗臭氧层物质进出口管理机构应当自受理申请之日起20个工作日内完成审查，作出是否批准的决定。予以批准的，向申请单位核发进出口审批单；未予批准的，书面通知申请单位并说明理由。

进出口审批单的有效期最长为90日，不得超期或者跨年度使用。

第二十三条 取得消耗臭氧层物质进出口审批单的单位，应当按照国务院商务主管部门的规定申请领取进出口许可证，持进出口许可证向海关办理通关手续。列入必须实施检验的进出口商品目录的消耗臭氧层物质，由海关依法实施检验。

消耗臭氧层物质在中华人民共和国境内的海关特殊监管区域、保税监管场所与境外之间进出的，进出口单位应当依照本条例的规定申请领取进出口审批单、进出口许可证；消耗臭氧层物质在中华人民共和国境内的海关特殊监管区域、保税监管场所与境内其他区域之间进出的，或者在上述海关特殊监管区域、保税监管场所之间进出的，不需要申请领取进出口审批单、进出口许可证。

第四章 监督检查

第二十四条 生态环境主管部门和其他有关部门，依照本条例的规定和各自的职责对消耗臭氧层物质的生产、销售、使用和进出口等活动进行监督检查。

第二十五条 生态环境主管部门和其他有关部门进行监督检查，有权采取下列措施：

（一）要求被检查单位提供有关资料；

（二）要求被检查单位就执行本条例规定的有关情况作出说明；

（三）进入被检查单位的生产、经营、储存场所进行调查和取证；

（四）责令被检查单位停止违反本条例规定的行为，履行法定义务；

（五）扣押、查封违法生产、销售、使用、进出口的消耗臭氧层物质及其生产设备、设施、原料及产品。

被检查单位应当予以配合，如实反映情况，提供必要资料，不得拒绝和阻碍。

第二十六条 生态环境主管部门和其他有关部门进行监督检查，监督检查人员不得少于2人，并应当出示有效的行政执法证件。

生态环境主管部门和其他有关部门的工作人员，对监督检查中知悉的商业秘密负有保密义务。

第二十七条 国务院生态环境主管部门应当建立健全消耗臭氧层物质的数据信息管理系统，收集、汇总和发布消耗臭氧层物质的生产、使用、进出口等数据信息。

地方人民政府生态环境主管部门应当将监督检查中发现的违反本条例规定的行为及处理情况逐级上报至国务院生态环境主管部门。

县级以上地方人民政府其他有关部门应当将监督检查中发现的违反本条例规定的行为及处理情况逐级上报至国务院有关部门，国务院有关部门应当及时抄送国务院生态环境主管部门。

第二十八条 地方人民政府生态环境主管部门或者其他有关部门对违反本条例规定的行为不查处的，其上级主管部门有权责令其依法查处或者直接进行查处。

第五章 法律责任

第二十九条 负有消耗臭氧层物质监督管理职责的部门及其工作人员有下列行为之一的，对直接负责的主管人员和其他直接责任人员，依法给予处分；直接负责的主管人员和其他直接责任人员构成犯罪的，依法追究刑事责任：

（一）违反本条例规定核发消耗臭氧层物质生产、使用配额许可证的；

（二）违反本条例规定核发消耗臭氧层物质进出口审批单或者进出口许可证的；

(三) 对发现的违反本条例的行为不依法查处的；

(四) 在办理消耗臭氧层物质生产、使用、进出口等行政许可以及实施监督检查的过程中，索取、收受他人财物或者谋取其他利益的；

(五) 有其他徇私舞弊、滥用职权、玩忽职守行为的。

第三十条 无生产配额许可证生产消耗臭氧层物质的，由所在地生态环境主管部门责令停止违法行为，没收用于违法生产消耗臭氧层物质的原料、违法生产的消耗臭氧层物质和违法所得，拆除、销毁用于违法生产消耗臭氧层物质的设备、设施，并处 100 万元以上 500 万元以下的罚款。

第三十一条 依照本条例规定应当申请领取使用配额许可证的单位无使用配额许可证使用消耗臭氧层物质，或者违反本条例规定将已淘汰的消耗臭氧层物质用于制冷剂、发泡剂、灭火剂、溶剂、清洗剂、加工助剂、杀虫剂、气雾剂、膨胀剂等用途的，由所在地生态环境主管部门责令停止违法行为，没收违法使用的消耗臭氧层物质、违法使用消耗臭氧层物质生产的产品和违法所得，并处 20 万元以上 50 万元以下的罚款；情节严重的，并处 50 万元以上 100 万元以下的罚款，拆除、销毁用于违法使用消耗臭氧层物质的设备、设施。

第三十二条 消耗臭氧层物质的生产、使用单位有下列行为之一的，由所在地省、自治区、直辖市人民政府生态环境主管部门责令停止违法行为，没收违法生产、使用的消耗臭氧层物质、违法使用消耗臭氧层物质生产的产品和违法所得，并处 10 万元以上 50 万元以下的罚款，报国务院生态环境主管部门核减其生产、使用配额数量；情节严重的，并处 50 万元以上 100 万元以下的罚款，报国务院生态环境主管部门吊销其生产、使用配额许可证：

(一) 超出生产配额许可证规定的品种、数量、期限生产消耗臭氧层物质的；

(二) 超出生产配额许可证规定的用途生产或者销售消耗臭氧层物质的；

(三) 超出使用配额许可证规定的品种、数量、用途、期限使用消耗臭氧层物质的。

第三十三条 消耗臭氧层物质的生产、销售、使用单位向不符合本条例规定的单位销售或者购买消耗臭氧层物质的，由所在地生态环境主管部门责令改正，没收违法销售或者购买的消耗臭氧层物质和违法所得，处以所销售或者购买的消耗臭氧层物质市场总价 3 倍的罚款；对取得生产、使用配额许可证的单位，报国务院生态环境主管部门核减其生产、使用配额数量。

第三十四条 消耗臭氧层物质的生产、使用单位未按照规定采取必要的措施防止或者减少消耗臭氧层物质的泄漏和排放的，由所在地生态环境主管部门责令改正，处 5 万元以上 10 万元以下的罚款；拒不改正的，处 10 万元以上 50 万元以下的罚款，报国务院生态环境主管部门核减其生产、使用配额数量。

第三十五条 从事含消耗臭氧层物质的制冷设备、制冷系统或者灭火系统的维修、报废处理等经营活动的单位，未按照规定对消耗臭氧层物质进行回收、循环利用或者交由从事消耗臭氧层物质回收、再生利用、销毁等经营活动的单位进行无害化处置的，由所在地生态环境主管部门责令改正，处 5 万元以上 20 万元以下的罚款；拒不改正的，责令停产整治或者停业整治。

第三十六条 从事消耗臭氧层物质回收、再生利用、销毁等经营活动的单位，以及生产过程中附带产生消耗臭氧层物质的单位，未按照规定对消耗臭氧层物质进行无害化处置而直接排放的，由所在地生态环境主管部门责令改正，处 10 万元以上 50 万元以下的罚款；拒不改正的，责令停产整治或者停业整治。

第三十七条 从事消耗臭氧层物质生产、销售、使用、进出口、回收、再生利用、销毁等经营活动的单位，以及从事含消耗臭氧层物质的制冷设备、制冷系统或者灭火系统的维修、报废处理等经营活动的单位有下列行为之一的，由所在地生态环境主管部门责令改正，处 5000 元以上 2 万元以下的罚款：

（一）依照本条例规定应当向生态环境主管部门备案而未备案的；

（二）未按照规定完整保存有关生产经营活动的原始资料的；

（三）未按时申报或者谎报、瞒报有关经营活动的数据资料的；

（四）未按照监督检查人员的要求提供必要的资料的。

第三十八条 生产、使用消耗臭氧层物质数量较大，以及生产过程中附带产生消耗臭氧层物质数量较大的单位，未按照规定安装自动监测设备并与生态环境主管部门的监控设备联网，或者未保证监测设备正常运行导致监测数据不真实、不准确的，由所在地生态环境主管部门责令改正，处2万元以上20万元以下的罚款；拒不改正的，责令停产整治或者停业整治。

第三十九条 进出口单位无进出口许可证或者超出进出口许可证的规定进出口消耗臭氧层物质的，由海关依照有关法律、行政法规的规定予以处罚；构成犯罪的，依法追究刑事责任。

以欺骗、贿赂等不正当手段取得消耗臭氧层物质进出口配额、进出口审批单、进出口许可证的，由国家消耗臭氧层物质进出口管理机构、国务院商务主管部门依据职责撤销其进出口配额、进出口审批单、进出口许可证，3年内不得再次申请，并由所在地生态环境主管部门处10万元以上50万元以下的罚款。

第四十条 拒绝、阻碍生态环境主管部门或者其他有关部门的监督检查，或者在接受监督检查时弄虚作假的，由监督检查部门责令改正，处2万元以上20万元以下的罚款；构成违反治安管理行为的，由公安机关依法给予治安管理处罚；构成犯罪的，依法追究刑事责任。

第四十一条 因违反本条例规定受到行政处罚的，按照国家有关规定记入信用记录，并向社会公布。

第六章 附　　则

第四十二条 本条例自2010年6月1日起施行。

十二、环境影响评价与建设项目管理

中华人民共和国环境影响评价法

（2002年10月28日第九届全国人民代表大会常务委员会第三十次会议通过 根据2016年7月2日第十二届全国人民代表大会常务委员会第二十一次会议《关于修改〈中华人民共和国节约能源法〉等六部法律的决定》第一次修正 根据2018年12月29日第十三届全国人民代表大会常务委员会第七次会议《关于修改〈中华人民共和国劳动法〉等七部法律的决定》第二次修正）

第一章 总 则

第一条 为了实施可持续发展战略，预防因规划和建设项目实施后对环境造成不良影响，促进经济、社会和环境的协调发展，制定本法。

第二条 本法所称环境影响评价，是指对规划和建设项目实施后可能造成的环境影响进行分析、预测和评估，提出预防或者减轻不良环境影响的对策和措施，进行跟踪监测的方法与制度。

第三条 编制本法第九条所规定的范围内的规划，在中华人民共和国领域和中华人民共和国管辖的其他海域内建设对环境有影响的项目，应当依照本法进行环境影响评价。

第四条 环境影响评价必须客观、公开、公正，综合考虑规划或者建设项目实施后对各种环境因素及其所构成的生态系统可能造成的影响，为决策提供科学依据。

第五条 国家鼓励有关单位、专家和公众以适当方式参与环境影响评价。

第六条 国家加强环境影响评价的基础数据库和评价指标体系建设，鼓励和支持对环境影响评价的方法、技术规范进行科学研究，建立必要的环境影响评价信息共享制度，提高环境影响评价的科学性。

国务院生态环境主管部门应当会同国务院有关部门，组织建立和完善环境影响评价的基础数据库和评价指标体系。

第二章 规划的环境影响评价

第七条 国务院有关部门、设区的市级以上地方人民政府及其有关部门，对其组织编制的土地利用的有关规划，区域、流域、海域的建设、开发利用规划，应当在规划编制过程中组织进行环境影响评价，编写该规划有关环境影响的篇章或者说明。

规划有关环境影响的篇章或者说明，应当对规划实施后可能造成的环境影响作出分析、预测和评估，提出预防或者减轻不良环境影响的对策和措施，作为规划草案的组成部分一并报送规划审批机关。

未编写有关环境影响的篇章或者说明的规划草案，审批机关不予审批。

第八条 国务院有关部门、设区的市级以上地方人民政府及其有关部门，对其组织编制的工业、农业、畜牧业、林业、能源、水利、交通、城市建设、旅游、自然资源开发的有关专项规划（以下简称专项规划），应当在该专项规划草案上报审批前，组织进行环境影响评价，并向审批该专项规划的机关提出环境影响报告书。

前款所列专项规划中的指导性规划，按照本法第七条的规定进行环境影响评价。

第九条 依照本法第七条、第八条的规定进行环境影响评价的规划的具体范围，由国务院生态环境主管部门会同国务院有关部门规定，报国务院批准。

第十条 专项规划的环境影响报告书应当包括下列内容：

（一）实施该规划对环境可能造成影响的分析、预测和评估；

（二）预防或者减轻不良环境影响的对策和措施；

（三）环境影响评价的结论。

第十一条 专项规划的编制机关对可能造成不良环境影响并直接涉及公众环境权益的规划，应当在该规划草案报送审批前，举行论证会、听证会，或者采取其他形式，征求有关单位、专家和公众对环境影响报告书草案的意见。但是，国家规定需要保密的情形除外。

编制机关应当认真考虑有关单位、专家和公众对环境影响报告书草案的意见，并应当在报送审查的环境影响报告书中附具对意见采纳或者不采纳的说明。

第十二条 专项规划的编制机关在报批规划草案时，应当将环境影响报告书一并附送审批机关审查；未附送环境影响报告书的，审批机关不予审批。

第十三条 设区的市级以上人民政府在审批专项规划草案，作出决策前，应当先由人民政府指定的生态环境主管部门或者其他部门召集有关部门代表和专家组成审查小组，对环境影响报告书进行审查。审查小组应当提出书面审查意见。

参加前款规定的审查小组的专家，应当从按照国务院生态环境主管部门的规定设立的专家库内的相关专业的专家名单中，以随机抽取的方式确定。

由省级以上人民政府有关部门负责审批的专项规划，其环境影响报告书的审查办法，由国务院生态环境主管部门会同国务院有关部门制定。

第十四条 审查小组提出修改意见的，专项规划的编制机关应当根据环境影响报告书结论和审查意见对规划草案进行修改完善，并对环境影响报告书结论和审查意见的采纳情况作出说明；不采纳的，应当说明理由。

设区的市级以上人民政府或者省级以上人民政府有关部门在审批专项规划草案时，应当将环境影响报告书结论以及审查意见作为决策的重要依据。

在审批中未采纳环境影响报告书结论以及审查意见的，应当作出说明，并存档备查。

第十五条 对环境有重大影响的规划实施后，编制机关应当及时组织环境影响的跟踪评价，并将评价结果报告审批机关；发现有明显不良环境影响的，应当及时提出改进措施。

第三章 建设项目的环境影响评价

第十六条 国家根据建设项目对环境的影响程度，对建设项目的环境影响评价实行分类管理。

建设单位应当按照下列规定组织编制环境影响报告书、环境影响报告表或者填报环境影响登记表（以下统称环境影响评价文件）：

（一）可能造成重大环境影响的，应当编制环境影响报告书，对产生的环境影响进行全面评价；

（二）可能造成轻度环境影响的，应当编制环境影响报告表，对产生的环境影响进行分析或者专项评价；

（三）对环境影响很小、不需要进行环境影响评价的，应当填报环境影响登记表。

建设项目的环境影响评价分类管理名录，由国务院生态环境主管部门制定并公布。

第十七条 建设项目的环境影响报告书应当包括下列内容：

（一）建设项目概况；

（二）建设项目周围环境现状；
（三）建设项目对环境可能造成影响的分析、预测和评估；
（四）建设项目环境保护措施及其技术、经济论证；
（五）建设项目对环境影响的经济损益分析；
（六）对建设项目实施环境监测的建议；
（七）环境影响评价的结论。
环境影响报告表和环境影响登记表的内容和格式，由国务院生态环境主管部门制定。

第十八条 建设项目的环境影响评价，应当避免与规划的环境影响评价相重复。

作为一项整体建设项目的规划，按照建设项目进行环境影响评价，不进行规划的环境影响评价。

已经进行了环境影响评价的规划包含具体建设项目的，规划的环境影响评价结论应当作为建设项目环境影响评价的重要依据，建设项目环境影响评价的内容应当根据规划的环境影响评价审查意见予以简化。

第十九条 建设单位可以委托技术单位对其建设项目开展环境影响评价，编制建设项目环境影响报告书、环境影响报告表；建设单位具备环境影响评价技术能力的，可以自行对其建设项目开展环境影响评价，编制建设项目环境影响报告书、环境影响报告表。

编制建设项目环境影响报告书、环境影响报告表应当遵守国家有关环境影响评价标准、技术规范等规定。

国务院生态环境主管部门应当制定建设项目环境影响报告书、环境影响报告表编制的能力建设指南和监管办法。

接受委托为建设单位编制建设项目环境影响报告书、环境影响报告表的技术单位，不得与负责审批建设项目环境影响报告书、环境影响报告表的生态环境主管部门或者其他有关审批部门存在任何利益关系。

第二十条 建设单位应当对建设项目环境影响报告书、环境影响报告表的内容和结论负责，接受委托编制建设项目环境影响报告书、环境影响报告表的技术单位对其编制的建设项目环境影响报告书、环境影响报告表承担相应责任。

设区的市级以上人民政府生态环境主管部门应当加强对建设项目环境影响报告书、环境影响报告表编制单位的监督管理和质量考核。

负责审批建设项目环境影响报告书、环境影响报告表的生态环境主管部门应当将编制单位、编制主持人和主要编制人员的相关违法信息记入社会诚信档案，并纳入全国信用信息共享平台和国家企业信用信息公示系统向社会公布。

任何单位和个人不得为建设单位指定编制建设项目环境影响报告书、环境影响报告表的技术单位。

第二十一条 除国家规定需要保密的情形外，对环境可能造成重大影响、应当编制环境影响报告书的建设项目，建设单位应当在报批建设项目环境影响报告书前，举行论证会、听证会，或者采取其他形式，征求有关单位、专家和公众的意见。

建设单位报批的环境影响报告书应当附具对有关单位、专家和公众的意见采纳或者不采纳的说明。

第二十二条 建设项目的环境影响报告书、报告表，由建设单位按照国务院的规定报有审批权的生态环境主管部门审批。

海洋工程建设项目的海洋环境影响报告书的审批，依照《中华人民共和国海洋环境保护法》的规定办理。

审批部门应当自收到环境影响报告书之日起六十日内，收到环境影响报告表之日起三十日内，分别作出审批决定并书面通知建设单位。

国家对环境影响登记表实行备案管理。

审核、审批建设项目环境影响报告书、报告表以及备案环境影响登记表，不得收取任何费用。

第二十三条 国务院生态环境主管部门负责审批下列建设项目的环境影响评价文件：

（一）核设施、绝密工程等特殊性质的建设项目；

（二）跨省、自治区、直辖市行政区域的建设项目；

（三）由国务院审批的或者由国务院授权有关部门审批的建设项目。

前款规定以外的建设项目的环境影响评价文件的审批权限，由省、自治区、直辖市人民政府规定。

建设项目可能造成跨行政区域的不良环境影响，有关生态环境主管部门对该项目的环境影响评价结论有争议的，其环境影响评价文件由共同的上一级生态环境主管部门审批。

第二十四条 建设项目的环境影响评价文件经批准后，建设项目的性质、规模、地点、采用的生产工艺或者防治污染、防止生态破坏的措施发生重大变动的，建设单位应当重新报批建设项目的环境影响评价文件。

建设项目的环境影响评价文件自批准之日起超过五年，方决定该项目开工建设的，其环境影响评价文件应当报原审批部门重新审核；原审批部门应当自收到建设项目环境影响评价文件之日起十日内，将审核意见书面通知建设单位。

第二十五条 建设项目的环境影响评价文件未依法经审批部门审查或者审查后未予批准的，建设单位不得开工建设。

第二十六条 建设项目建设过程中，建设单位应当同时实施环境影响报告书、环境影响报告表以及环境影响评价文件审批部门审批意见中提出的环境保护对策措施。

第二十七条 在项目建设、运行过程中产生不符合经审批的环境影响评价文件的情形的，建设单位应当组织环境影响的后评价，采取改进措施，并报原环境影响评价文件审批部门和建设项目审批部门备案；原环境影响评价文件审批部门也可以责成建设单位进行环境影响的后评价，采取改进措施。

第二十八条 生态环境主管部门应当对建设项目投入生产或者使用后所产生的环境影响进行跟踪检查，对造成严重环境污染或者生态破坏的，应当查清原因、查明责任。对属于建设项目环境影响报告书、环境影响报告表存在基础资料明显不实，内容存在重大缺陷、遗漏或者虚假，环境影响评价结论不正确或者不合理等严重质量问题的，依照本法第三十二条的规定追究建设单位及其相关责任人员和接受委托编制建设项目环境影响报告书、环境影响报告表的技术单位及其相关人员的法律责任；属于审批部门工作人员失职、渎职，对依法不应批准的建设项目环境影响报告书、环境影响报告表予以批准的，依照本法第三十四条的规定追究其法律责任。

第四章 法律责任

第二十九条 规划编制机关违反本法规定，未组织环境影响评价，或者组织环境影响评价时弄虚作假或者有失职行为，造成环境影响评价严重失实的，对直接负责的主管人员和其他直接责任人员，由上级机关或者监察机关依法给予行政处分。

第三十条 规划审批机关对依法应当编写有关环境影响的篇章或者说明而未编写的规划草案，依法应当附送环境影响报告书而未附送的专项规划草案，违法予以批准的，对直接负责的主管人员和其他直接责任人员，由上级机关或者监察机关依法给予行政处分。

第三十一条 建设单位未依法报批建设项目环境影响报告书、报告表，或者未依照本法第二十四条的规定重新报批或者报请重新审核环境影响报告书、报告表，擅自开工建设的，由县级以上生态环境主管部门责令停止建设，根据违法情节和危害后果，处建设项目总投资额百分之一以上百分之五以下的罚款,并可以责令恢复原状;对建设单位直接负责的主管人员和其他直接责任人员,依法给予行政处分。

建设项目环境影响报告书、报告表未经批准或者未经原审批部门重新审核同意,建设单位擅自开工建设的,依照前款的规定处罚、处分。

建设单位未依法备案建设项目环境影响登记表的,由县级以上生态环境主管部门责令备案,处五万元以下的罚款。

海洋工程建设项目的建设单位有本条所列违法行为的,依照《中华人民共和国海洋环境保护法》的规定处罚。

第三十二条 建设项目环境影响报告书、环境影响报告表存在基础资料明显不实,内容存在重大缺陷、遗漏或者虚假,环境影响评价结论不正确或者不合理等严重质量问题的,由设区的市级以上人民政府生态环境主管部门对建设单位处五十万元以上二百万元以下的罚款,并对建设单位的法定代表人、主要负责人、直接负责的主管人员和其他直接责任人员,处五万元以上二十万元以下的罚款。

接受委托编制建设项目环境影响报告书、环境影响报告表的技术单位违反国家有关环境影响评价标准和技术规范等规定,致使其编制的建设项目环境影响报告书、环境影响报告表存在基础资料明显不实,内容存在重大缺陷、遗漏或者虚假,环境影响评价结论不正确或者不合理等严重质量问题的,由设区的市级以上人民政府生态环境主管部门对技术单位处所收费用三倍以上五倍以下的罚款;情节严重的,禁止从事环境影响报告书、环境影响报告表编制工作;有违法所得的,没收违法所得。

编制单位有本条第一款、第二款规定的违法行为的,编制主持人和主要编制人员五年内禁止从事环境影响报告书、环境影响报告表编制工作;构成犯罪的,依法追究刑事责任,并终身禁止从事环境影响报告书、环境影响报告表编制工作。

第三十三条 负责审核、审批、备案建设项目环境影响评价文件的部门在审批、备案中收取费用的,由其上级机关或者监察机关责令退还;情节严重的,对直接负责的主管人员和其他直接责任人员依法给予行政处分。

第三十四条 生态环境主管部门或者其他部门的工作人员徇私舞弊,滥用职权,玩忽职守,违法批准建设项目环境影响评价文件的,依法给予行政处分;构成犯罪的,依法追究刑事责任。

第五章 附 则

第三十五条 省、自治区、直辖市人民政府可以根据本地的实际情况,要求对本辖区的县级人民政府编制的规划进行环境影响评价。具体办法由省、自治区、直辖市参照本法第二章的规定制定。

第三十六条 军事设施建设项目的环境影响评价办法,由中央军事委员会依照本法的原则制定。

第三十七条 本法自2003年9月1日起施行。

环境影响评价公众参与办法

（2018年4月16日生态环境部部务会议审议通过　2018年7月16日生态环境部令第4号公布　自2019年1月1日起施行）

第一条　为规范环境影响评价公众参与，保障公众环境保护知情权、参与权、表达权和监督权，依据《中华人民共和国环境保护法》《中华人民共和国环境影响评价法》《规划环境影响评价条例》《建设项目环境保护管理条例》等法律法规，制定本办法。

第二条　本办法适用于可能造成不良环境影响并直接涉及公众环境权益的工业、农业、畜牧业、林业、能源、水利、交通、城市建设、旅游、自然资源开发的有关专项规划的环境影响评价公众参与，和依法应当编制环境影响报告书的建设项目的环境影响评价公众参与。

国家规定需要保密的情形除外。

第三条　国家鼓励公众参与环境影响评价。

环境影响评价公众参与遵循依法、有序、公开、便利的原则。

第四条　专项规划编制机关应当在规划草案报送审批前，举行论证会、听证会，或者采取其他形式，征求有关单位、专家和公众对环境影响报告书草案的意见。

第五条　建设单位应当依法听取环境影响评价范围内的公民、法人和其他组织的意见，鼓励建设单位听取环境影响评价范围之外的公民、法人和其他组织的意见。

第六条　专项规划编制机关和建设单位负责组织环境影响报告书编制过程的公众参与，对公众参与的真实性和结果负责。

专项规划编制机关和建设单位可以委托环境影响报告书编制单位或者其他单位承担环境影响评价公众参与的具体工作。

第七条　专项规划环境影响评价的公众参与，本办法未作规定的，依照《中华人民共和国环境影响评价法》《规划环境影响评价条例》的相关规定执行。

第八条　建设项目环境影响评价公众参与相关信息应当依法公开，涉及国家秘密、商业秘密、个人隐私的，依法不得公开。法律法规另有规定的，从其规定。

生态环境主管部门公开建设项目环境影响评价公众参与相关信息，不得危及国家安全、公共安全、经济安全和社会稳定。

第九条　建设单位应当在确定环境影响报告书编制单位后7个工作日内，通过其网站、建设项目所在地公共媒体网站或者建设项目所在地相关政府网站（以下统称网络平台），公开下列信息：

（一）建设项目名称、选址选线、建设内容等基本情况，改建、扩建、迁建项目应当说明现有工程及其环境保护情况；

（二）建设单位名称和联系方式；

（三）环境影响报告书编制单位的名称；

（四）公众意见表的网络链接；

（五）提交公众意见表的方式和途径。

在环境影响报告书征求意见稿编制过程中，公众均可向建设单位提出与环境影响评价相关的意见。

公众意见表的内容和格式，由生态环境部制定。

第十条 建设项目环境影响报告书征求意见稿形成后，建设单位应当公开下列信息，征求与该建设项目环境影响有关的意见：
（一）环境影响报告书征求意见稿全文的网络链接及查阅纸质报告书的方式和途径；
（二）征求意见的公众范围；
（三）公众意见表的网络链接；
（四）公众提出意见的方式和途径；
（五）公众提出意见的起止时间。
建设单位征求公众意见的期限不得少于10个工作日。

第十一条 依照本办法第十条规定应当公开的信息，建设单位应当通过下列三种方式同步公开：
（一）通过网络平台公开，且持续公开期限不得少于10个工作日；
（二）通过建设项目所在地公众易于接触的报纸公开，且在征求意见的10个工作日内公开信息不得少于2次；
（三）通过在建设项目所在地公众易于知悉的场所张贴公告的方式公开，且持续公开期限不得少于10个工作日。
鼓励建设单位通过广播、电视、微信、微博及其他新媒体等多种形式发布本办法第十条规定的信息。

第十二条 建设单位可以通过发放科普资料、张贴科普海报、举办科普讲座或者通过学校、社区、大众传播媒介等途径，向公众宣传与建设项目环境影响有关的科学知识，加强与公众互动。

第十三条 公众可以通过信函、传真、电子邮件或者建设单位提供的其他方式，在规定时间内将填写的公众意见表等提交建设单位，反映与建设项目环境影响有关的意见和建议。
公众提交意见时，应当提供有效的联系方式。鼓励公众采用实名方式提交意见并提供常住地址。
对公众提交的相关个人信息，建设单位不得用于环境影响评价公众参与之外的用途，未经个人信息相关权利人允许不得公开。法律法规另有规定的除外。

第十四条 对环境影响方面公众质疑性意见多的建设项目，建设单位应当按照下列方式组织开展深度公众参与：
（一）公众质疑性意见主要集中在环境影响预测结论、环境保护措施或者环境风险防范措施等方面，建设单位应当组织召开公众座谈会或者听证会。座谈会或者听证会应当邀请在环境方面可能受建设项目影响的公众代表参加。
（二）公众质疑性意见主要集中在环境影响评价相关专业技术方法、导则、理论等方面的，建设单位应当组织召开专家论证会。专家论证会应当邀请相关领域专家参加，并邀请在环境方面可能受建设项目影响的公众代表列席。
建设单位可以根据实际需要，向建设项目所在地县级以上地方人民政府报告，并请求县级以上地方人民政府加强对公众参与的协调指导。县级以上生态环境主管部门应当在同级人民政府指导下配合做好相关工作。

第十五条 建设单位决定组织召开公众座谈会、专家论证会的，应当在会议召开的10个工作日前，将会议的时间、地点、主题和可以报名的公众范围、报名办法，通过网络平台和在建设项目所在地公众易于知悉的场所张贴公告等方式向社会公告。
建设单位应当综合考虑地域、职业、受教育水平、受建设项目环境影响程度等因素，从报名的公众中选择参加会议或者列席会议的公众代表，并在会议召开的5个工作日前通知拟邀请的相关专家，并书面通知被选定的代表。

第十六条 建设单位应当在公众座谈会、专家论证会结束后5个工作日内，根据现场记录,整理座谈会纪要或者专家论证结论,并通过网络平台向社会公开座谈会纪要或者专家论证结论。座谈会纪要和专家论证结论应当如实记载各种意见。

第十七条 建设单位组织召开听证会的,可以参考环境保护行政许可听证的有关规定执行。

第十八条 建设单位应当对收到的公众意见进行整理,组织环境影响报告书编制单位或者其他有能力的单位进行专业分析后提出采纳或者不采纳的建议。

建设单位应当综合考虑建设项目情况、环境影响报告书编制单位或者其他有能力的单位的建议、技术经济可行性等因素,采纳与建设项目环境影响有关的合理意见,并组织环境影响报告书编制单位根据采纳的意见修改完善环境影响报告书。

对未采纳的意见,建设单位应当说明理由。未采纳的意见由提供有效联系方式的公众提出的,建设单位应当通过该联系方式,向其说明未采纳的理由。

第十九条 建设单位向生态环境主管部门报批环境影响报告书前,应当组织编写建设项目环境影响评价公众参与说明。公众参与说明应当包括下列主要内容:

(一)公众参与的过程、范围和内容;

(二)公众意见收集整理和归纳分析情况;

(三)公众意见采纳情况,或者未采纳情况、理由及向公众反馈的情况等。

公众参与说明的内容和格式,由生态环境部制定。

第二十条 建设单位向生态环境主管部门报批环境影响报告书前,应当通过网络平台,公开拟报批的环境影响报告书全文和公众参与说明。

第二十一条 建设单位向生态环境主管部门报批环境影响报告书时,应当附具公众参与说明。

第二十二条 生态环境主管部门受理建设项目环境影响报告书后,应当通过其网站或者其他方式向社会公开下列信息:

(一)环境影响报告书全文;

(二)公众参与说明;

(三)公众提出意见的方式和途径。

公开期限不得少于 10 个工作日。

第二十三条 生态环境主管部门对环境影响报告书作出审批决定前,应当通过其网站或者其他方式向社会公开下列信息:

(一)建设项目名称、建设地点;

(二)建设单位名称;

(三)环境影响报告书编制单位名称;

(四)建设项目概况、主要环境影响和环境保护对策与措施;

(五)建设单位开展的公众参与情况;

(六)公众提出意见的方式和途径。

公开期限不得少于 5 个工作日。

生态环境主管部门依照第一款规定公开信息时,应当通过其网站或者其他方式同步告知建设单位和利害关系人享有要求听证的权利。

生态环境主管部门召开听证会的,依照环境保护行政许可听证的有关规定执行。

第二十四条 在生态环境主管部门受理环境影响报告书后和作出审批决定前的信息公开期间,公民、法人和其他组织可以依照规定的方式、途径和期限,提出对建设项目环境影响报告书审批的意见和建议,举报相关违法行为。

生态环境主管部门对收到的举报,应当依照国家有关规定处理。必要时,生态环境主管部门可以通过适当方式向公众反馈意见采纳情况。

第二十五条 生态环境主管部门应当对公众参与说明内容和格式是否符合要求、公众参与程序是否符合本办法的规定进行审查。

经综合考虑收到的公众意见、相关举报及处理情况、公众参与审查结论等，生态环境主管部门发现建设项目未充分征求公众意见的，应当责成建设单位重新征求公众意见，退回环境影响报告书。

第二十六条 生态环境主管部门参考收到的公众意见，依照相关法律法规、标准和技术规范等审批建设项目环境影响报告书。

第二十七条 生态环境主管部门应当自作出建设项目环境影响报告书审批决定之日起7个工作日内，通过其网站或者其他方式向社会公告审批决定全文，并依法告知提起行政复议和行政诉讼的权利及期限。

第二十八条 建设单位应当将环境影响报告书编制过程中公众参与的相关原始资料，存档备查。

第二十九条 建设单位违反本办法规定，在组织环境影响报告书编制过程的公众参与时弄虚作假，致使公众参与说明内容严重失实的，由负责审批环境影响报告书的生态环境主管部门将该建设单位及其法定代表人或主要负责人失信信息记入环境信用记录，向社会公开。

第三十条 公众提出的涉及征地拆迁、财产、就业等与建设项目环境影响评价无关的意见或者诉求，不属于建设项目环境影响评价公众参与的内容。公众可以依法另行向其他有关主管部门反映。

第三十一条 对依法批准设立的产业园区内的建设项目，若该产业园区已依法开展了规划环境影响评价公众参与且该建设项目性质、规模等符合经生态环境主管部门组织审查通过的规划环境影响报告书和审查意见，建设单位开展建设项目环境影响评价公众参与时，可以按照以下方式予以简化：

（一）免予开展本办法第九条规定的公开程序，相关应当公开的内容纳入本办法第十条规定的公开内容一并公开；

（二）本办法第十条第二款和第十一条第一款规定的10个工作日的期限减为5个工作日；

（三）免予采用本办法第十一条第一款第三项规定的张贴公告的方式。

第三十二条 核设施建设项目建造前的环境影响评价公众参与依照本办法有关规定执行。

堆芯热功率300兆瓦以上的反应堆设施和商用乏燃料后处理厂的建设单位应当听取该设施或者后处理厂半径15公里范围内公民、法人和其他组织的意见；其他核设施和铀矿冶设施的建设单位应当根据环境影响评价的具体情况，在一定范围内听取公民、法人和其他组织的意见。

大型核动力厂建设项目的建设单位应当协调相关省级人民政府制定项目建设公众沟通方案，以指导与公众的沟通工作。

第三十三条 土地利用的有关规划和区域、流域、海域的建设、开发利用规划的编制机关，在组织进行规划环境影响评价的过程中，可以参照本办法的有关规定征求公众意见。

第三十四条 本办法自2019年1月1日起施行。《环境影响评价公众参与暂行办法》自本办法施行之日起废止。其他文件中有关环境影响评价公众参与的规定与本办法规定不一致的，适用本办法。

建设项目环境保护管理条例

(1998年11月29日中华人民共和国国务院令第253号发布　根据2017年7月16日《国务院关于修改〈建设项目环境保护管理条例〉的决定》修订)

第一章　总　　则

第一条　为了防止建设项目产生新的污染、破坏生态环境,制定本条例。

第二条　在中华人民共和国领域和中华人民共和国管辖的其他海域内建设对环境有影响的建设项目,适用本条例。

第三条　建设产生污染的建设项目,必须遵守污染物排放的国家标准和地方标准;在实施重点污染物排放总量控制的区域内,还必须符合重点污染物排放总量控制的要求。

第四条　工业建设项目应当采用能耗物耗小、污染物产生量少的清洁生产工艺,合理利用自然资源,防止环境污染和生态破坏。

第五条　改建、扩建项目和技术改造项目必须采取措施,治理与该项目有关的原有环境污染和生态破坏。

第二章　环境影响评价

第六条　国家实行建设项目环境影响评价制度。

第七条　国家根据建设项目对环境的影响程度,按照下列规定对建设项目的环境保护实行分类管理:

(一)建设项目对环境可能造成重大影响的,应当编制环境影响报告书,对建设项目产生的污染和对环境的影响进行全面、详细的评价;

(二)建设项目对环境可能造成轻度影响的,应当编制环境影响报告表,对建设项目产生的污染和对环境的影响进行分析或者专项评价;

(三)建设项目对环境影响很小,不需要进行环境影响评价的,应当填报环境影响登记表。

建设项目环境影响评价分类管理名录,由国务院环境保护行政主管部门在组织专家进行论证和征求有关部门、行业协会、企事业单位、公众等意见的基础上制定并公布。

第八条　建设项目环境影响报告书,应当包括下列内容:

(一)建设项目概况;

(二)建设项目周围环境现状;

(三)建设项目对环境可能造成影响的分析和预测;

(四)环境保护措施及其经济、技术论证;

(五)环境影响经济损益分析;

(六)对建设项目实施环境监测的建议;

(七)环境影响评价结论。

建设项目环境影响报告表、环境影响登记表的内容和格式,由国务院环境保护行政主管部门规定。

第九条　依法应当编制环境影响报告书、环境影响报告表的建设项目,建设单位应当在开工建设前将环境影响报告书、环境影响报告表报有审批权的环境保护行政主管部门审批；建设项目的环境影响评价文件未依法经审批部门审查或者审查后未予批准的，建设单位不得开工建设。

环境保护行政主管部门审批环境影响报告书、环境影响报告表，应当重点审查建设项目的环境可行性、环境影响分析预测评估的可靠性、环境保护措施的有效性、环境影响评价结论的科学性等，并分别自收到环境影响报告书之日起 60 日内、收到环境影响报告表之日起 30 日内，作出审批决定并书面通知建设单位。

环境保护行政主管部门可以组织技术机构对建设项目环境影响报告书、环境影响报告表进行技术评估，并承担相应费用；技术机构应当对其提出的技术评估意见负责，不得向建设单位、从事环境影响评价工作的单位收取任何费用。

依法应当填报环境影响登记表的建设项目，建设单位应当按照国务院环境保护行政主管部门的规定将环境影响登记表报建设项目所在地县级环境保护行政主管部门备案。

环境保护行政主管部门应当开展环境影响评价文件网上审批、备案和信息公开。

第十条 国务院环境保护行政主管部门负责审批下列建设项目环境影响报告书、环境影响报告表：

（一）核设施、绝密工程等特殊性质的建设项目；

（二）跨省、自治区、直辖市行政区域的建设项目；

（三）国务院审批的或者国务院授权有关部门审批的建设项目。

前款规定以外的建设项目环境影响报告书、环境影响报告表的审批权限，由省、自治区、直辖市人民政府规定。

建设项目造成跨行政区域环境影响，有关环境保护行政主管部门对环境影响评价结论有争议的，其环境影响报告书或者环境影响报告表由共同上一级环境保护行政主管部门审批。

第十一条 建设项目有下列情形之一的，环境保护行政主管部门应当对环境影响报告书、环境影响报告表作出不予批准的决定：

（一）建设项目类型及其选址、布局、规模等不符合环境保护法律法规和相关法定规划；

（二）所在区域环境质量未达到国家或者地方环境质量标准，且建设项目拟采取的措施不能满足区域环境质量改善目标管理要求；

（三）建设项目采取的污染防治措施无法确保污染物排放达到国家和地方排放标准，或者未采取必要措施预防和控制生态破坏；

（四）改建、扩建和技术改造项目，未针对项目原有环境污染和生态破坏提出有效防治措施；

（五）建设项目的环境影响报告书、环境影响报告表的基础资料数据明显不实，内容存在重大缺陷、遗漏，或者环境影响评价结论不明确、不合理。

第十二条 建设项目环境影响报告书、环境影响报告表经批准后，建设项目的性质、规模、地点、采用的生产工艺或者防治污染、防止生态破坏的措施发生重大变动的，建设单位应当重新报批建设项目环境影响报告书、环境影响报告表。

建设项目环境影响报告书、环境影响报告表自批准之日起满 5 年，建设项目方开工建设的，其环境影响报告书、环境影响报告表应当报原审批部门重新审核。原审批部门应当自收到建设项目环境影响报告书、环境影响报告表之日起 10 日内，将审核意见书面通知建设单位；逾期未通知的，视为审核同意。

审核、审批建设项目环境影响报告书、环境影响报告表及备案环境影响登记表，不得收取任何费用。

第十三条 建设单位可以采取公开招标的方式，选择从事环境影响评价工作的单位，对建设项目进行环境影响评价。

任何行政机关不得为建设单位指定从事环境影响评价工作的单位,进行环境影响评价。

第十四条 建设单位编制环境影响报告书,应当依照有关法律规定,征求建设项目所在地有关单位和居民的意见。

第三章 环境保护设施建设

第十五条 建设项目需要配套建设的环境保护设施,必须与主体工程同时设计、同时施工、同时投产使用。

第十六条 建设项目的初步设计,应当按照环境保护设计规范的要求,编制环境保护篇章,落实防治环境污染和生态破坏的措施以及环境保护设施投资概算。

建设单位应当将环境保护设施建设纳入施工合同,保证环境保护设施建设进度和资金,并在项目建设过程中同时组织实施环境影响报告书、环境影响报告表及其审批部门审批决定中提出的环境保护对策措施。

第十七条 编制环境影响报告书、环境影响报告表的建设项目竣工后,建设单位应当按照国务院环境保护行政主管部门规定的标准和程序,对配套建设的环境保护设施进行验收,编制验收报告。

建设单位在环境保护设施验收过程中,应当如实查验、监测、记载建设项目环境保护设施的建设和调试情况,不得弄虚作假。

除按照国家规定需要保密的情形外,建设单位应当依法向社会公开验收报告。

第十八条 分期建设、分期投入生产或者使用的建设项目,其相应的环境保护设施应当分期验收。

第十九条 编制环境影响报告书、环境影响报告表的建设项目,其配套建设的环境保护设施经验收合格,方可投入生产或者使用;未经验收或者验收不合格的,不得投入生产或者使用。

前款规定的建设项目投入生产或者使用后,应当按照国务院环境保护行政主管部门的规定开展环境影响后评价。

第二十条 环境保护行政主管部门应当对建设项目环境保护设施设计、施工、验收、投入生产或者使用情况,以及有关环境影响评价文件确定的其他环境保护措施的落实情况,进行监督检查。

环境保护行政主管部门应当将建设项目有关环境违法信息记入社会诚信档案,及时向社会公开违法者名单。

第四章 法律责任

第二十一条 建设单位有下列行为之一的,依照《中华人民共和国环境影响评价法》的规定处罚:

(一)建设项目环境影响报告书、环境影响报告表未依法报批或者报请重新审核,擅自开工建设;

(二)建设项目环境影响报告书、环境影响报告表未经批准或者重新审核同意,擅自开工建设;

(三)建设项目环境影响登记表未依法备案。

第二十二条 违反本条例规定,建设单位编制建设项目初步设计未落实防治环境污染和生态破坏的措施以及环境保护设施投资概算,未将环境保护设施建设纳入施工合同,或者未依法开展环境影响后评价的,由建设项目所在地县级以上环境保护行政主管部门责令限期改正,处5万元以上20万元以下的罚款;逾期不改正的,处20万元以上100万元以下的罚款。

违反本条例规定,建设单位在项目建设过程中未同时组织实施环境影响报告书、环境影响报告表及其审批部门审批决定中提出的环境保护对策措施的,由建设项目所在地县级以上环境保护行政主管部门责令限期改正,处 20 万元以上 100 万元以下的罚款;逾期不改正的,责令停止建设。

第二十三条 违反本条例规定,需要配套建设的环境保护设施未建成、未经验收或者验收不合格,建设项目即投入生产或者使用,或者在环境保护设施验收中弄虚作假的,由县级以上环境保护行政主管部门责令限期改正,处 20 万元以上 100 万元以下的罚款;逾期不改正的,处 100 万元以上 200 万元以下的罚款;对直接负责的主管人员和其他责任人员,处 5 万元以上 20 万元以下的罚款;造成重大环境污染或者生态破坏的,责令停止生产或者使用,或者报经有批准权的人民政府批准,责令关闭。

违反本条例规定,建设单位未依法向社会公开环境保护设施验收报告的,由县级以上环境保护行政主管部门责令公开,处 5 万元以上 20 万元以下的罚款,并予以公告。

第二十四条 违反本条例规定,技术机构向建设单位、从事环境影响评价工作的单位收取费用的,由县级以上环境保护行政主管部门责令退还所收费用,处所收费用 1 倍以上 3 倍以下的罚款。

第二十五条 从事建设项目环境影响评价工作的单位,在环境影响评价工作中弄虚作假的,由县级以上环境保护行政主管部门处所收费用 1 倍以上 3 倍以下的罚款。

第二十六条 环境保护行政主管部门的工作人员徇私舞弊、滥用职权、玩忽职守,构成犯罪的,依法追究刑事责任;尚不构成犯罪的,依法给予行政处分。

第五章 附 则

第二十七条 流域开发、开发区建设、城市新区建设和旧区改建等区域性开发,编制建设规划时,应当进行环境影响评价。具体办法由国务院环境保护行政主管部门会同国务院有关部门另行规定。

第二十八条 海洋工程建设项目的环境保护管理,按照国务院关于海洋工程环境保护管理的规定执行。

第二十九条 军事设施建设项目的环境保护管理,按照中央军事委员会的有关规定执行。

第三十条 本条例自发布之日起施行。

规划环境影响评价条例

(2009 年 8 月 12 日国务院第 76 次常务会议通过
2009 年 8 月 17 日中华人民共和国国务院令第 559 号公布
自 2009 年 10 月 1 日起施行)

第一章 总 则

第一条 为了加强对规划的环境影响评价工作,提高规划的科学性,从源头预防环境污染和生态破坏,促进经济、社会和环境的全面协调可持续发展,根据《中华人民共和国环境影响评价法》,制定本条例。

第二条 国务院有关部门、设区的市级以上地方人民政府及其有关部门,对其组织编制的土地利用的有关规划和区域、流域、海域的建设、开发利用规划(以下称综合性规划),以及工业、农业、畜牧业、林业、能源、水利、交通、城市建设、旅游、自然资源开发的有关专项规划（以下称专项规划），应当进行环境影响评价。

依照本条第一款规定应当进行环境影响评价的规划的具体范围，由国务院环境保护主管部门会同国务院有关部门拟订，报国务院批准后执行。

第三条 对规划进行环境影响评价，应当遵循客观、公开、公正的原则。

第四条 国家建立规划环境影响评价信息共享制度。

县级以上人民政府及其有关部门应当对规划环境影响评价所需资料实行信息共享。

第五条 规划环境影响评价所需的费用应当按照预算管理的规定纳入财政预算，严格支出管理，接受审计监督。

第六条 任何单位和个人对违反本条例规定的行为或者对规划实施过程中产生的重大不良环境影响，有权向规划审批机关、规划编制机关或者环境保护主管部门举报。有关部门接到举报后，应当依法调查处理。

第二章 评 价

第七条 规划编制机关应当在规划编制过程中对规划组织进行环境影响评价。

第八条 对规划进行环境影响评价，应当分析、预测和评估以下内容：

（一）规划实施可能对相关区域、流域、海域生态系统产生的整体影响；

（二）规划实施可能对环境和人群健康产生的长远影响；

（三）规划实施的经济效益、社会效益与环境效益之间以及当前利益与长远利益之间的关系。

第九条 对规划进行环境影响评价，应当遵守有关环境保护标准以及环境影响评价技术导则和技术规范。

规划环境影响评价技术导则由国务院环境保护主管部门会同国务院有关部门制定；规划环境影响评价技术规范由国务院有关部门根据规划环境影响评价技术导则制定，并抄送国务院环境保护主管部门备案。

第十条 编制综合性规划，应当根据规划实施后可能对环境造成的影响，编写环境影响篇章或者说明。

编制专项规划，应当在规划草案报送审批前编制环境影响报告书。编制专项规划中的指导性规划，应当依照本条第一款规定编写环境影响篇章或者说明。

本条第二款所称指导性规划是指以发展战略为主要内容的专项规划。

第十一条 环境影响篇章或者说明应当包括下列内容：

（一）规划实施对环境可能造成影响的分析、预测和评估。主要包括资源环境承载能力分析、不良环境影响的分析和预测以及与相关规划的环境协调性分析。

（二）预防或者减轻不良环境影响的对策和措施。主要包括预防或者减轻不良环境影响的政策、管理或者技术等措施。

环境影响报告书除包括上述内容外，还应当包括环境影响评价结论。主要包括规划草案的环境合理性和可行性，预防或者减轻不良环境影响的对策和措施的合理性和有效性，以及规划草案的调整建议。

第十二条 环境影响篇章或者说明、环境影响报告书（以下称环境影响评价文件），由规划编制机关编制或者组织规划环境影响评价技术机构编制。规划编制机关应当对环境影响评价文件的质量负责。

第十三条 规划编制机关对可能造成不良环境影响并直接涉及公众环境权益的专项规划，应当在规划草案报送审批前，采取调查问卷、座谈会、论证会、听证会等形式，公开征求有关单位、专家和公众对环境影响报告书的意见。但是，依法需要保密的除外。

有关单位、专家和公众的意见与环境影响评价结论有重大分歧的，规划编制机关应当采取论证会、听证会等形式进一步论证。

规划编制机关应当在报送审查的环境影响报告书中附具对公众意见采纳与不采纳情况及其理由的说明。

第十四条 对已经批准的规划在实施范围、适用期限、规模、结构和布局等方面进行重大调整或者修订的，规划编制机关应当依照本条例的规定重新或者补充进行环境影响评价。

第三章 审 查

第十五条 规划编制机关在报送审批综合性规划草案和专项规划中的指导性规划草案时，应当将环境影响篇章或者说明作为规划草案的组成部分一并报送规划审批机关。未编写环境影响篇章或者说明的，规划审批机关应当要求其补充；未补充的，规划审批机关不予审批。

第十六条 规划编制机关在报送审批专项规划草案时，应当将环境影响报告书一并附送规划审批机关审查；未附送环境影响报告书的，规划审批机关应当要求其补充；未补充的，规划审批机关不予审批。

第十七条 设区的市级以上人民政府审批的专项规划，在审批前由其环境保护主管部门召集有关部门代表和专家组成审查小组，对环境影响报告书进行审查。审查小组应当提交书面审查意见。

省级以上人民政府有关部门审批的专项规划，其环境影响报告书的审查办法，由国务院环境保护主管部门会同国务院有关部门制定。

第十八条 审查小组的专家应当从依法设立的专家库内相关专业的专家名单中随机抽取。但是，参与环境影响报告书编制的专家，不得作为该环境影响报告书审查小组的成员。

审查小组中专家人数不得少于审查小组总人数的二分之一；少于二分之一的，审查小组的审查意见无效。

第十九条 审查小组的成员应当客观、公正、独立地对环境影响报告书提出书面审查意见，规划审批机关、规划编制机关、审查小组的召集部门不得干预。

审查意见应当包括下列内容：

（一）基础资料、数据的真实性；

（二）评价方法的适当性；

（三）环境影响分析、预测和评估的可靠性；

（四）预防或者减轻不良环境影响的对策和措施的合理性和有效性；

（五）公众意见采纳与不采纳情况及其理由的说明的合理性；

（六）环境影响评价结论的科学性。

审查意见应当经审查小组四分之三以上成员签字同意。审查小组成员有不同意见的，应当如实记录和反映。

第二十条 有下列情形之一的，审查小组应当提出对环境影响报告书进行修改并重新审查的意见：

（一）基础资料、数据失实的；

（二）评价方法选择不当的；

（三）对不良环境影响的分析、预测和评估不准确、不深入，需要进一步论证的；

（四）预防或者减轻不良环境影响的对策和措施存在严重缺陷的；

（五）环境影响评价结论不明确、不合理或者错误的；

（六）未附具对公众意见采纳与不采纳情况及其理由的说明，或者不采纳公众意见的理由明显不合理的；

（七）内容存在其他重大缺陷或者遗漏的。

第二十一条 有下列情形之一的,审查小组应当提出不予通过环境影响报告书的意见:

(一)依据现有知识水平和技术条件,对规划实施可能产生的不良环境影响的程度或者范围不能作出科学判断的;

(二)规划实施可能造成重大不良环境影响,并且无法提出切实可行的预防或者减轻对策和措施的。

第二十二条 规划审批机关在审批专项规划草案时,应当将环境影响报告书结论以及审查意见作为决策的重要依据。

规划审批机关对环境影响报告书结论以及审查意见不予采纳的,应当逐项就不予采纳的理由作出书面说明,并存档备查。有关单位、专家和公众可以申请查阅;但是,依法需要保密的除外。

第二十三条 已经进行环境影响评价的规划包含具体建设项目的,规划的环境影响评价结论应当作为建设项目环境影响评价的重要依据,建设项目环境影响评价的内容可以根据规划环境影响评价的分析论证情况予以简化。

第四章 跟踪评价

第二十四条 对环境有重大影响的规划实施后,规划编制机关应当及时组织规划环境影响的跟踪评价,将评价结果报告规划审批机关,并通报环境保护等有关部门。

第二十五条 规划环境影响的跟踪评价应当包括下列内容:

(一)规划实施后实际产生的环境影响与环境影响评价文件预测可能产生的环境影响之间的比较分析和评估;

(二)规划实施中所采取的预防或者减轻不良环境影响的对策和措施有效性的分析和评估;

(三)公众对规划实施所产生的环境影响的意见;

(四)跟踪评价的结论。

第二十六条 规划编制机关对规划环境影响进行跟踪评价,应当采取调查问卷、现场走访、座谈会等形式征求有关单位、专家和公众的意见。

第二十七条 规划实施过程中产生重大不良环境影响的,规划编制机关应当及时提出改进措施,向规划审批机关报告,并通报环境保护等有关部门。

第二十八条 环境保护主管部门发现规划实施过程中产生重大不良环境影响的,应当及时进行核查。经核查属实的,向规划审批机关提出采取改进措施或者修订规划的建议。

第二十九条 规划审批机关在接到规划编制机关的报告或者环境保护主管部门的建议后,应当及时组织论证,并根据论证结果采取改进措施或者对规划进行修订。

第三十条 规划实施区域的重点污染物排放总量超过国家或者地方规定的总量控制指标的,应当暂停审批该规划实施区域内新增该重点污染物排放总量的建设项目的环境影响评价文件。

第五章 法律责任

第三十一条 规划编制机关在组织环境影响评价时弄虚作假或者有失职行为,造成环境影响评价严重失实的,对直接负责的主管人员和其他直接责任人员,依法给予处分。

第三十二条 规划审批机关有下列行为之一的,对直接负责的主管人员和其他直接责任人员,依法给予处分:

(一)对依法应当编写而未编写环境影响篇章或者说明的综合性规划草案和专项规划中的指导性规划草案,予以批准的;

(二)对依法应当附送而未附送环境影响报告书的专项规划草案,或者对环境影响报告书未经审查小组审查的专项规划草案，予以批准的。

第三十三条 审查小组的召集部门在组织环境影响报告书审查时弄虚作假或者滥用职权，造成环境影响评价严重失实的，对直接负责的主管人员和其他直接责任人员，依法给予处分。

审查小组的专家在环境影响报告书审查中弄虚作假或者有失职行为，造成环境影响评价严重失实的，由设立专家库的环境保护主管部门取消其入选专家库的资格并予以公告；审查小组的部门代表有上述行为的，依法给予处分。

第三十四条 规划环境影响评价技术机构弄虚作假或者有失职行为，造成环境影响评价文件严重失实的，由国务院环境保护主管部门予以通报，处所收费用1倍以上3倍以下的罚款；构成犯罪的，依法追究刑事责任。

第六章 附 则

第三十五条 省、自治区、直辖市人民政府可以根据本地的实际情况，要求本行政区域内的县级人民政府对其组织编制的规划进行环境影响评价。具体办法由省、自治区、直辖市参照《中华人民共和国环境影响评价法》和本条例的规定制定。

第三十六条 本条例自2009年10月1日起施行。

十三、清洁生产与循环经济

中华人民共和国循环经济促进法

（2008年8月29日第十一届全国人民代表大会常务委员会第四次会议通过　2008年8月29日中华人民共和国主席令第4号公布　自2009年1月1日起施行　根据2018年10月26日第十三届全国人民代表大会常务委员会第六次会议《关于修改〈中华人民共和国野生动物保护法〉等十五部法律的决定》修正）

第一章　总　　则

第一条　为了促进循环经济发展，提高资源利用效率，保护和改善环境，实现可持续发展，制定本法。

第二条　本法所称循环经济，是指在生产、流通和消费等过程中进行的减量化、再利用、资源化活动的总称。

本法所称减量化，是指在生产、流通和消费等过程中减少资源消耗和废物产生。

本法所称再利用，是指将废物直接作为产品或者经修复、翻新、再制造后继续作为产品使用，或者将废物的全部或者部分作为其他产品的部件予以使用。

本法所称资源化，是指将废物直接作为原料进行利用或者对废物进行再生利用。

第三条　发展循环经济是国家经济社会发展的一项重大战略，应当遵循统筹规划、合理布局，因地制宜、注重实效，政府推动、市场引导，企业实施、公众参与的方针。

第四条　发展循环经济应当在技术可行、经济合理和有利于节约资源、保护环境的前提下，按照减量化优先的原则实施。

在废物再利用和资源化过程中，应当保障生产安全，保证产品质量符合国家规定的标准，并防止产生再次污染。

第五条　国务院循环经济发展综合管理部门负责组织协调、监督管理全国循环经济发展工作；国务院生态环境等有关主管部门按照各自的职责负责有关循环经济的监督管理工作。

县级以上地方人民政府循环经济发展综合管理部门负责组织协调、监督管理本行政区域的循环经济发展工作；县级以上地方人民政府生态环境等有关主管部门按照各自的职责负责有关循环经济的监督管理工作。

第六条　国家制定产业政策，应当符合发展循环经济的要求。

县级以上人民政府编制国民经济和社会发展规划及年度计划，县级以上人民政府有关部门编制环境保护、科学技术等规划，应当包括发展循环经济的内容。

第七条　国家鼓励和支持开展循环经济科学技术的研究、开发和推广，鼓励开展循环经济宣传、教育、科学知识普及和国际合作。

第八条　县级以上人民政府应当建立发展循环经济的目标责任制，采取规划、财政、投资、政府采购等措施，促进循环经济发展。

第九条　企业事业单位应当建立健全管理制度，采取措施，降低资源消耗，减少废物的产生量和排放量，提高废物的再利用和资源化水平。

第十条 公民应当增强节约资源和保护环境意识，合理消费，节约资源。

国家鼓励和引导公民使用节能、节水、节材和有利于保护环境的产品及再生产品，减少废物的产生量和排放量。

公民有权举报浪费资源、破坏环境的行为，有权了解政府发展循环经济的信息并提出意见和建议。

第十一条 国家鼓励和支持行业协会在循环经济发展中发挥技术指导和服务作用。县级以上人民政府可以委托有条件的行业协会等社会组织开展促进循环经济发展的公共服务。

国家鼓励和支持中介机构、学会和其他社会组织开展循环经济宣传、技术推广和咨询服务，促进循环经济发展。

第二章 基本管理制度

第十二条 国务院循环经济发展综合管理部门会同国务院生态环境等有关主管部门编制全国循环经济发展规划，报国务院批准后公布施行。设区的市级以上地方人民政府循环经济发展综合管理部门会同本级人民政府生态环境等有关主管部门编制本行政区域循环经济发展规划，报本级人民政府批准后公布施行。

循环经济发展规划应当包括规划目标、适用范围、主要内容、重点任务和保障措施等，并规定资源产出率、废物再利用和资源化率等指标。

第十三条 县级以上地方人民政府应当依据上级人民政府下达的本行政区域主要污染物排放、建设用地和用水总量控制指标，规划和调整本行政区域的产业结构，促进循环经济发展。

新建、改建、扩建建设项目，必须符合本行政区域主要污染物排放、建设用地和用水总量控制指标的要求。

第十四条 国务院循环经济发展综合管理部门会同国务院统计、生态环境等有关主管部门建立和完善循环经济评价指标体系。

上级人民政府根据前款规定的循环经济主要评价指标，对下级人民政府发展循环经济的状况定期进行考核，并将主要评价指标完成情况作为对地方人民政府及其负责人考核评价的内容。

第十五条 生产列入强制回收名录的产品或者包装物的企业，必须对废弃的产品或者包装物负责回收；对其中可以利用的，由各该生产企业负责利用；对因不具备技术经济条件而不适合利用的，由各该生产企业负责无害化处置。

对前款规定的废弃产品或者包装物，生产者委托销售者或者其他组织进行回收的，或者委托废物利用或者处置企业进行利用或者处置的，受托方应当依照有关法律、行政法规的规定和合同的约定负责回收或者利用、处置。

对列入强制回收名录的产品和包装物，消费者应当将废弃的产品或者包装物交给生产者或者其委托回收的销售者或者其他组织。

强制回收的产品和包装物的名录及管理办法，由国务院循环经济发展综合管理部门规定。

第十六条 国家对钢铁、有色金属、煤炭、电力、石油加工、化工、建材、建筑、造纸、印染等行业年综合能源消费量、用水量超过国家规定总量的重点企业，实行能耗、水耗的重点监督管理制度。

重点能源消费单位的节能监督管理，依照《中华人民共和国节约能源法》的规定执行。

重点用水单位的监督管理办法，由国务院循环经济发展综合管理部门会同国务院有关部门规定。

第十七条 国家建立健全循环经济统计制度，加强资源消耗、综合利用和废物产生的统计管理，并将主要统计指标定期向社会公布。

国务院标准化主管部门会同国务院循环经济发展综合管理和生态环境等有关主管部门建立健全循环经济标准体系，制定和完善节能、节水、节材和废物再利用、资源化等标准。

国家建立健全能源效率标识等产品资源消耗标识制度。

第三章 减量化

第十八条 国务院循环经济发展综合管理部门会同国务院生态环境等有关主管部门，定期发布鼓励、限制和淘汰的技术、工艺、设备、材料和产品名录。

禁止生产、进口、销售列入淘汰名录的设备、材料和产品，禁止使用列入淘汰名录的技术、工艺、设备和材料。

第十九条 从事工艺、设备、产品及包装物设计，应当按照减少资源消耗和废物产生的要求，优先选择采用易回收、易拆解、易降解、无毒无害或者低毒低害的材料和设计方案，并应当符合有关国家标准的强制性要求。

对在拆解和处置过程中可能造成环境污染的电器电子等产品，不得设计使用国家禁止使用的有毒有害物质。禁止在电器电子等产品中使用的有毒有害物质名录，由国务院循环经济发展综合管理部门会同国务院生态环境等有关主管部门制定。

设计产品包装物应当执行产品包装标准，防止过度包装造成资源浪费和环境污染。

第二十条 工业企业应当采用先进或者适用的节水技术、工艺和设备，制定并实施节水计划，加强节水管理，对生产用水进行全过程控制。

工业企业应当加强用水计量管理，配备和使用合格的用水计量器具，建立水耗统计和用水状况分析制度。

新建、改建、扩建建设项目，应当配套建设节水设施。节水设施应当与主体工程同时设计、同时施工、同时投产使用。

国家鼓励和支持沿海地区进行海水淡化和海水直接利用，节约淡水资源。

第二十一条 国家鼓励和支持企业使用高效节油产品。

电力、石油加工、化工、钢铁、有色金属和建材等企业，必须在国家规定的范围和期限内，以洁净煤、石油焦、天然气等清洁能源替代燃料油，停止使用不符合国家规定的燃油发电机组和燃油锅炉。

内燃机和机动车制造企业应当按照国家规定的内燃机和机动车燃油经济性标准，采用节油技术，减少石油产品消耗量。

第二十二条 开采矿产资源，应当统筹规划，制定合理的开发利用方案，采用合理的开采顺序、方法和选矿工艺。采矿许可证颁发机关应当对申请人提交的开发利用方案中的开采回采率、采矿贫化率、选矿回收率、矿山水循环利用率和土地复垦率等指标依法进行审查；审查不合格的，不予颁发采矿许可证。采矿许可证颁发机关应当依法加强对开采矿产资源的监督管理。

矿山企业在开采主要矿种的同时，应当对具有工业价值的共生和伴生矿实行综合开采、合理利用；对必须同时采出而暂时不能利用的矿产以及含有用组分的尾矿，应当采取保护措施，防止资源损失和生态破坏。

第二十三条 建筑设计、建设、施工等单位应当按照国家有关规定和标准，对其设计、建设、施工的建筑物及构筑物采用节能、节水、节地、节材的技术工艺和小型、轻型、再生产品。有条件的地区，应当充分利用太阳能、地热能、风能等可再生能源。

国家鼓励利用无毒无害的固体废物生产建筑材料，鼓励使用散装水泥，推广使用预拌混凝土和预拌砂浆。

禁止损毁耕地烧砖。在国务院或者省、自治区、直辖市人民政府规定的期限和区域内，禁止生产、销售和使用粘土砖。

第二十四条 县级以上人民政府及其农业等主管部门应当推进土地集约利用,鼓励和支持农业生产者采用节水、节肥、节药的先进种植、养殖和灌溉技术,推动农业机械节能,优先发展生态农业。

在缺水地区,应当调整种植结构,优先发展节水型农业,推进雨水集蓄利用,建设和管护节水灌溉设施,提高用水效率,减少水的蒸发和漏失。

第二十五条 国家机关及使用财政性资金的其他组织应当厉行节约、杜绝浪费,带头使用节能、节水、节地、节材和有利于保护环境的产品、设备和设施,节约使用办公用品。国务院和县级以上地方人民政府管理机关事务工作的机构会同本级人民政府有关部门制定本级国家机关等机构的用能、用水定额指标,财政部门根据该定额指标制定支出标准。

城市人民政府和建筑物的所有者或者使用者,应当采取措施,加强建筑物维护管理,延长建筑物使用寿命。对符合城市规划和工程建设标准,在合理使用寿命内的建筑物,除为了公共利益的需要外,城市人民政府不得决定拆除。

第二十六条 餐饮、娱乐、宾馆等服务性企业,应当采用节能、节水、节材和有利于保护环境的产品,减少使用或者不使用浪费资源、污染环境的产品。

本法施行后新建的餐饮、娱乐、宾馆等服务性企业,应当采用节能、节水、节材和有利于保护环境的技术、设备和设施。

第二十七条 国家鼓励和支持使用再生水。在有条件使用再生水的地区,限制或者禁止将自来水作为城市道路清扫、城市绿化和景观用水使用。

第二十八条 国家在保障产品安全和卫生的前提下,限制一次性消费品的生产和销售。具体名录由国务院循环经济发展综合管理部门会同国务院财政、生态环境等有关主管部门制定。

对列入前款规定名录中的一次性消费品的生产和销售,由国务院财政、税务和对外贸易等主管部门制定限制性的税收和出口等措施。

第四章 再利用和资源化

第二十九条 县级以上人民政府应当统筹规划区域经济布局,合理调整产业结构,促进企业在资源综合利用等领域进行合作,实现资源的高效利用和循环使用。

各类产业园区应当组织区内企业进行资源综合利用,促进循环经济发展。

国家鼓励各类产业园区的企业进行废物交换利用、能量梯级利用、土地集约利用、水的分类利用和循环使用,共同使用基础设施和其他有关设施。

新建和改造各类产业园区应当依法进行环境影响评价,并采取生态保护和污染控制措施,确保本区域的环境质量达到规定的标准。

第三十条 企业应当按照国家规定,对生产过程中产生的粉煤灰、煤矸石、尾矿、废石、废料、废气等工业废物进行综合利用。

第三十一条 企业应当发展串联用水系统和循环用水系统,提高水的重复利用率。

企业应当采用先进技术、工艺和设备,对生产过程中产生的废水进行再生利用。

第三十二条 企业应当采用先进或者适用的回收技术、工艺和设备,对生产过程中产生的余热、余压等进行综合利用。

建设利用余热、余压、煤层气以及煤矸石、煤泥、垃圾等低热值燃料的并网发电项目,应当依照法律和国务院的规定取得行政许可或者报送备案。电网企业应当按照国家规定,与综合利用资源发电的企业签订并网协议,提供上网服务,并全额收购并网发电项目的上网电量。

第三十三条 建设单位应当对工程施工中产生的建筑废物进行综合利用;不具备综合利用条件的,应当委托具备条件的生产经营者进行综合利用或者无害化处置。

第三十四条 国家鼓励和支持农业生产者和相关企业采用先进或者适用技术,对农作物秸秆、畜禽粪便、农产品加工业副产品、废农用薄膜等进行综合利用,开发利用沼气等生物质能源。

第三十五条 县级以上人民政府及其林业草原主管部门应当积极发展生态林业,鼓励和支持林业生产者和相关企业采用木材节约和代用技术,开展林业废弃物和次小薪材、沙生灌木等综合利用,提高木材综合利用率。

第三十六条 国家支持生产经营者建立产业废物交换信息系统,促进企业交流产业废物信息。

企业对生产过程中产生的废物不具备综合利用条件的,应当提供给具备条件的生产经营者进行综合利用。

第三十七条 国家鼓励和推进废物回收体系建设。

地方人民政府应当按照城乡规划,合理布局废物回收网点和交易市场,支持废物回收企业和其他组织开展废物的收集、储存、运输及信息交流。

废物回收交易市场应当符合国家环境保护、安全和消防等规定。

第三十八条 对废电器电子产品、报废机动车船、废轮胎、废铅酸电池等特定产品进行拆解或者再利用,应当符合有关法律、行政法规的规定。

第三十九条 回收的电器电子产品,经过修复后销售的,必须符合再利用产品标准,并在显著位置标识为再利用产品。

回收的电器电子产品,需要拆解和再生利用的,应当交售给具备条件的拆解企业。

第四十条 国家支持企业开展机动车零部件、工程机械、机床等产品的再制造和轮胎翻新。

销售的再制造产品和翻新产品的质量必须符合国家规定的标准,并在显著位置标识为再制造产品或者翻新产品。

第四十一条 县级以上人民政府应当统筹规划建设城乡生活垃圾分类收集和资源化利用设施,建立和完善分类收集和资源化利用体系,提高生活垃圾资源化率。

县级以上人民政府应当支持企业建设污泥资源化利用和处置设施,提高污泥综合利用水平,防止产生再次污染。

第五章 激励措施

第四十二条 国务院和省、自治区、直辖市人民政府设立发展循环经济的有关专项资金,支持循环经济的科技研究开发、循环经济技术和产品的示范与推广、重大循环经济项目的实施、发展循环经济的信息服务等。具体办法由国务院财政部门会同国务院循环经济发展综合管理等有关主管部门制定。

第四十三条 国务院和省、自治区、直辖市人民政府及其有关部门应当将循环经济重大科技攻关项目的自主创新研究、应用示范和产业化发展列入国家或者省级科技发展规划和高技术产业发展规划,并安排财政性资金予以支持。

利用财政性资金引进循环经济重大技术、装备的,应当制定消化、吸收和创新方案,报有关主管部门审批并由其监督实施;有关主管部门应当根据实际需要建立协调机制,对重大技术、装备的引进和消化、吸收、创新实行统筹协调,并给予资金支持。

第四十四条 国家对促进循环经济发展的产业活动给予税收优惠,并运用税收等措施鼓励进口先进的节能、节水、节材等技术、设备和产品,限制在生产过程中耗能高、污染重的产品的出口。具体办法由国务院财政、税务主管部门制定。

企业使用或者生产列入国家清洁生产、资源综合利用等鼓励名录的技术、工艺、设备或者产品的,按照国家有关规定享受税收优惠。

第四十五条　县级以上人民政府循环经济发展综合管理部门在制定和实施投资计划时，应当将节能、节水、节地、节材、资源综合利用等项目列为重点投资领域。

对符合国家产业政策的节能、节水、节地、节材、资源综合利用等项目，金融机构应当给予优先贷款等信贷支持，并积极提供配套金融服务。

对生产、进口、销售或者使用列入淘汰名录的技术、工艺、设备、材料或者产品的企业，金融机构不得提供任何形式的授信支持。

第四十六条　国家实行有利于资源节约和合理利用的价格政策，引导单位和个人节约和合理使用水、电、气等资源性产品。

国务院和省、自治区、直辖市人民政府的价格主管部门应当按照国家产业政策，对资源高消耗行业中的限制类项目，实行限制性的价格政策。

对利用余热、余压、煤层气以及煤矸石、煤泥、垃圾等低热值燃料的并网发电项目，价格主管部门按照有利于资源综合利用的原则确定其上网电价。

省、自治区、直辖市人民政府可以根据本行政区域经济社会发展状况，实行垃圾排放收费制度。收取的费用专项用于垃圾分类、收集、运输、贮存、利用和处置，不得挪作他用。

国家鼓励通过以旧换新、押金等方式回收废物。

第四十七条　国家实行有利于循环经济发展的政府采购政策。使用财政性资金进行采购的，应当优先采购节能、节水、节材和有利于保护环境的产品及再生产品。

第四十八条　县级以上人民政府及其有关部门应当对在循环经济管理、科学技术研究、产品开发、示范和推广工作中做出显著成绩的单位和个人给予表彰和奖励。

企业事业单位应当对在循环经济发展中做出突出贡献的集体和个人给予表彰和奖励。

第六章　法律责任

第四十九条　县级以上人民政府循环经济发展综合管理部门或者其他有关主管部门发现违反本法的行为或者接到对违法行为的举报后不予查处，或者有其他不依法履行监督管理职责行为的，由本级人民政府或者上一级人民政府有关主管部门责令改正，对直接负责的主管人员和其他直接责任人员依法给予处分。

第五十条　生产、销售列入淘汰名录的产品、设备的，依照《中华人民共和国产品质量法》的规定处罚。

使用列入淘汰名录的技术、工艺、设备、材料的，由县级以上地方人民政府循环经济发展综合管理部门责令停止使用，没收违法使用的设备、材料，并处五万元以上二十万元以下的罚款；情节严重的，由县级以上人民政府循环经济发展综合管理部门提出意见，报请本级人民政府按照国务院规定的权限责令停业或者关闭。

违反本法规定，进口列入淘汰名录的设备、材料或者产品的，由海关责令退运，可以处十万元以上一百万元以下的罚款。进口者不明的，由承运人承担退运责任，或者承担有关处置费用。

第五十一条　违反本法规定，对在拆解或者处置过程中可能造成环境污染的电器电子等产品，设计使用列入国家禁止使用名录的有毒有害物质的，由县级以上地方人民政府市场监督管理部门责令限期改正；逾期不改正的，处二万元以上二十万元以下的罚款；情节严重的，依法吊销营业执照。

第五十二条　违反本法规定，电力、石油加工、化工、钢铁、有色金属和建材等企业未在规定的范围或者期限内停止使用不符合国家规定的燃油发电机组或者燃油锅炉的，由县级以上地方人民政府循环经济发展综合管理部门责令限期改正；逾期不改正的，责令拆除该燃油发电机组或者燃油锅炉，并处五万元以上五十万元以下的罚款。

第五十三条　违反本法规定，矿山企业未达到经依法审查确定的开采回采率、采矿贫化率、选矿回收率、矿山水循环利用率和土地复垦率等指标的,由县级以上人民政府地质矿产主管部门责令限期改正,处五万元以上五十万元以下的罚款;逾期不改正的,由采矿许可证颁发机关依法吊销采矿许可证。

第五十四条 违反本法规定,在国务院或者省、自治区、直辖市人民政府规定禁止生产、销售、使用粘土砖的期限或者区域内生产、销售或者使用粘土砖的,由县级以上地方人民政府指定的部门责令限期改正;有违法所得的,没收违法所得;逾期继续生产、销售的,由地方人民政府市场监督管理部门依法吊销营业执照。

第五十五条 违反本法规定,电网企业拒不收购企业利用余热、余压、煤层气以及煤矸石、煤泥、垃圾等低热值燃料生产的电力的,由国家电力监管机构责令限期改正;造成企业损失的,依法承担赔偿责任。

第五十六条 违反本法规定,有下列行为之一的,由地方人民政府市场监督管理部门责令限期改正,可以处五千元以上五万元以下的罚款;逾期不改正的,依法吊销营业执照;造成损失的,依法承担赔偿责任:

(一)销售没有再利用产品标识的再利用电器电子产品的;
(二)销售没有再制造或者翻新产品标识的再制造或者翻新产品的。

第五十七条 违反本法规定,构成犯罪的,依法追究刑事责任。

第七章 附 则

第五十八条 本法自 2009 年 1 月 1 日起施行。

中华人民共和国清洁生产促进法

(2002 年 6 月 29 日第九届全国人民代表大会常务委员会第二十八次会议通过 根据 2012 年 2 月 29 日第十一届全国人民代表大会常务委员会第二十五次会议《关于修改〈中华人民共和国清洁生产促进法〉的决定》修正)

第一章 总 则

第一条 为了促进清洁生产,提高资源利用效率,减少和避免污染物的产生,保护和改善环境,保障人体健康,促进经济与社会可持续发展,制定本法。

第二条 本法所称清洁生产,是指不断采取改进设计、使用清洁的能源和原料、采用先进的工艺技术与设备、改善管理、综合利用等措施,从源头削减污染,提高资源利用效率,减少或者避免生产、服务和产品使用过程中污染物的产生和排放,以减轻或者消除对人类健康和环境的危害。

第三条 在中华人民共和国领域内,从事生产和服务活动的单位以及从事相关管理活动的部门依照本法规定,组织、实施清洁生产。

第四条 国家鼓励和促进清洁生产。国务院和县级以上地方人民政府,应当将清洁生产促进工作纳入国民经济和社会发展规划、年度计划以及环境保护、资源利用、产业发展、区域开发等规划。

第五条 国务院清洁生产综合协调部门负责组织、协调全国的清洁生产促进工作。国务院环境保护、工业、科学技术、财政部门和其他有关部门，按照各自的职责，负责有关的清洁生产促进工作。

县级以上地方人民政府负责领导本行政区域内的清洁生产促进工作。县级以上地方人民政府确定的清洁生产综合协调部门负责组织、协调本行政区域内的清洁生产促进工作。县级以上地方人民政府其他有关部门，按照各自的职责，负责有关的清洁生产促进工作。

第六条 国家鼓励开展有关清洁生产的科学研究、技术开发和国际合作，组织宣传、普及清洁生产知识，推广清洁生产技术。

国家鼓励社会团体和公众参与清洁生产的宣传、教育、推广、实施及监督。

第二章 清洁生产的推行

第七条 国务院应当制定有利于实施清洁生产的财政税收政策。

国务院及其有关部门和省、自治区、直辖市人民政府，应当制定有利于实施清洁生产的产业政策、技术开发和推广政策。

第八条 国务院清洁生产综合协调部门会同国务院环境保护、工业、科学技术部门和其他有关部门，根据国民经济和社会发展规划及国家节约资源、降低能源消耗、减少重点污染物排放的要求，编制国家清洁生产推行规划，报经国务院批准后及时公布。

国家清洁生产推行规划应当包括：推行清洁生产的目标、主要任务和保障措施，按照资源能源消耗、污染物排放水平确定开展清洁生产的重点领域、重点行业和重点工程。

国务院有关行业主管部门根据国家清洁生产推行规划确定本行业清洁生产的重点项目，制定行业专项清洁生产推行规划并组织实施。

县级以上地方人民政府根据国家清洁生产推行规划、有关行业专项清洁生产推行规划，按照本地区节约资源、降低能源消耗、减少重点污染物排放的要求，确定本地区清洁生产的重点项目，制定推行清洁生产的实施规划并组织落实。

第九条 中央预算应当加强对清洁生产促进工作的资金投入，包括中央财政清洁生产专项资金和中央预算安排的其他清洁生产资金，用于支持国家清洁生产推行规划确定的重点领域、重点行业、重点工程实施清洁生产及其技术推广工作，以及生态脆弱地区实施清洁生产的项目。中央预算用于支持清洁生产促进工作的资金使用的具体办法，由国务院财政部门、清洁生产综合协调部门会同国务院有关部门制定。

县级以上地方人民政府应当统筹地方财政安排的清洁生产促进工作的资金，引导社会资金，支持清洁生产重点项目。

第十条 国务院和省、自治区、直辖市人民政府的有关部门，应当组织和支持建立促进清洁生产信息系统和技术咨询服务体系，向社会提供有关清洁生产方法和技术、可再生利用的废物供求以及清洁生产政策等方面的信息和服务。

第十一条 国务院清洁生产综合协调部门会同国务院环境保护、工业、科学技术、建设、农业等有关部门定期发布清洁生产技术、工艺、设备和产品导向目录。

国务院清洁生产综合协调部门、环境保护部门和省、自治区、直辖市人民政府负责清洁生产综合协调的部门、环境保护部门会同同级有关部门，组织编制重点行业或者地区的清洁生产指南，指导实施清洁生产。

第十二条 国家对浪费资源和严重污染环境的落后生产技术、工艺、设备和产品实行限期淘汰制度。国务院有关部门按照职责分工，制定并发布限期淘汰的生产技术、工艺、设备以及产品的名录。

第十三条 国务院有关部门可以根据需要批准设立节能、节水、废物再生利用等环境与资源保护方面的产品标志，并按照国家规定制定相应标准。

第十四条 县级以上人民政府科学技术部门和其他有关部门，应当指导和支持清洁生产技术和有利于环境与资源保护的产品的研究、开发以及清洁生产技术的示范和推广工作。

第十五条 国务院教育部门，应当将清洁生产技术和管理课程纳入有关高等教育、职业教育和技术培训体系。

县级以上人民政府有关部门组织开展清洁生产的宣传和培训，提高国家工作人员、企业经营管理者和公众的清洁生产意识，培养清洁生产管理和技术人员。

新闻出版、广播影视、文化等单位和有关社会团体，应当发挥各自优势做好清洁生产宣传工作。

第十六条 各级人民政府应当优先采购节能、节水、废物再生利用等有利于环境与资源保护的产品。

各级人民政府应当通过宣传、教育等措施，鼓励公众购买和使用节能、节水、废物再生利用等有利于环境与资源保护的产品。

第十七条 省、自治区、直辖市人民政府负责清洁生产综合协调的部门、环境保护部门，根据促进清洁生产工作的需要，在本地区主要媒体上公布未达到能源消耗控制指标、重点污染物排放控制指标的企业的名单，为公众监督企业实施清洁生产提供依据。

列入前款规定名单的企业，应当按照国务院清洁生产综合协调部门、环境保护部门的规定公布能源消耗或者重点污染物产生、排放情况，接受公众监督。

第三章 清洁生产的实施

第十八条 新建、改建和扩建项目应当进行环境影响评价，对原料使用、资源消耗、资源综合利用以及污染物产生与处置等进行分析论证，优先采用资源利用率高以及污染物产生量少的清洁生产技术、工艺和设备。

第十九条 企业在进行技术改造过程中，应当采取以下清洁生产措施：

（一）采用无毒、无害或者低毒、低害的原料，替代毒性大、危害严重的原料；

（二）采用资源利用率高、污染物产生量少的工艺和设备，替代资源利用率低、污染物产生量多的工艺和设备；

（三）对生产过程中产生的废物、废水和余热等进行综合利用或者循环使用；

（四）采用能够达到国家或者地方规定的污染物排放标准和污染物排放总量控制指标的污染防治技术。

第二十条 产品和包装物的设计，应当考虑其在生命周期中对人类健康和环境的影响，优先选择无毒、无害、易于降解或者便于回收利用的方案。

企业对产品的包装应当合理，包装的材质、结构和成本应当与内装产品的质量、规格和成本相适应，减少包装性废物的产生，不得进行过度包装。

第二十一条 生产大型机电设备、机动运输工具以及国务院工业部门指定的其他产品的企业，应当按照国务院标准化部门或者其授权机构制定的技术规范，在产品的主体构件上注明材料成分的标准牌号。

第二十二条 农业生产者应当科学地使用化肥、农药、农用薄膜和饲料添加剂，改进种植和养殖技术，实现农产品的优质、无害和农业生产废物的资源化，防止农业环境污染。

禁止将有毒、有害废物用作肥料或者用于造田。

第二十三条 餐饮、娱乐、宾馆等服务性企业，应当采用节能、节水和其他有利于环境保护的技术和设备，减少使用或者不使用浪费资源、污染环境的消费品。

第二十四条 建筑工程应当采用节能、节水等有利于环境与资源保护的建筑设计方案、建筑和装修材料、建筑构配件及设备。

建筑和装修材料必须符合国家标准。禁止生产、销售和使用有毒、有害物质超过国家标准的建筑和装修材料。

第二十五条 矿产资源的勘查、开采,应当采用有利于合理利用资源、保护环境和防止污染的勘查、开采方法和工艺技术,提高资源利用水平。

第二十六条 企业应当在经济技术可行的条件下对生产和服务过程中产生的废物、余热等自行回收利用或者转让给有条件的其他企业和个人利用。

第二十七条 企业应当对生产和服务过程中的资源消耗以及废物的产生情况进行监测,并根据需要对生产和服务实施清洁生产审核。

有下列情形之一的企业,应当实施强制性清洁生产审核:

(一)污染物排放超过国家或者地方规定的排放标准,或者虽未超过国家或者地方规定的排放标准,但超过重点污染物排放总量控制指标的;

(二)超过单位产品能源消耗限额标准构成高耗能的;

(三)使用有毒、有害原料进行生产或者在生产中排放有毒、有害物质的。

污染物排放超过国家或者地方规定的排放标准的企业,应当按照环境保护相关法律的规定治理。

实施强制性清洁生产审核的企业,应当将审核结果向所在地县级以上地方人民政府负责清洁生产综合协调的部门、环境保护部门报告,并在本地区主要媒体上公布,接受公众监督,但涉及商业秘密的除外。

县级以上地方人民政府有关部门应当对企业实施强制性清洁生产审核的情况进行监督,必要时可以组织对企业实施清洁生产的效果进行评估验收,所需费用纳入同级政府预算。承担评估验收工作的部门或者单位不得向被评估验收企业收取费用。

实施清洁生产审核的具体办法,由国务院清洁生产综合协调部门、环境保护部门会同国务院有关部门制定。

第二十八条 本法第二十七条第二款规定以外的企业,可以自愿与清洁生产综合协调部门和环境保护部门签订进一步节约资源、削减污染物排放量的协议。该清洁生产综合协调部门和环境保护部门应当在本地区主要媒体上公布该企业的名称以及节约资源、防治污染的成果。

第二十九条 企业可以根据自愿原则,按照国家有关环境管理体系等认证的规定,委托经国务院认证认可监督管理部门认可的认证机构进行认证,提高清洁生产水平。

第四章 鼓励措施

第三十条 国家建立清洁生产表彰奖励制度。对在清洁生产工作中做出显著成绩的单位和个人,由人民政府给予表彰和奖励。

第三十一条 对从事清洁生产研究、示范和培训,实施国家清洁生产重点技术改造项目和本法第二十八条规定的自愿节约资源、削减污染物排放量协议中载明的技术改造项目,由县级以上人民政府给予资金支持。

第三十二条 在依照国家规定设立的中小企业发展基金中,应当根据需要安排适当数额用于支持中小企业实施清洁生产。

第三十三条 依法利用废物和从废物中回收原料生产产品的,按照国家规定享受税收优惠。

第三十四条 企业用于清洁生产审核和培训的费用,可以列入企业经营成本。

第五章 法律责任

第三十五条 清洁生产综合协调部门或者其他有关部门未依照本法规定履行职责的,对直接负责的主管人员和其他直接责任人员依法给予处分。

第三十六条 违反本法第十七条第二款规定,未按照规定公布能源消耗或者重点污染物产生、排放情况的，由县级以上地方人民政府负责清洁生产综合协调的部门、环境保护部门按照职责分工责令公布，可以处十万元以下的罚款。

第三十七条 违反本法第二十一条规定，未标注产品材料的成分或者不如实标注的，由县级以上地方人民政府质量技术监督部门责令限期改正；拒不改正的，处以五万元以下的罚款。

第三十八条 违反本法第二十四条第二款规定，生产、销售有毒、有害物质超过国家标准的建筑和装修材料的，依照产品质量法和有关民事、刑事法律的规定，追究行政、民事、刑事法律责任。

第三十九条 违反本法第二十七条第二款、第四款规定，不实施强制性清洁生产审核或者在清洁生产审核中弄虚作假的，或者实施强制性清洁生产审核的企业不报告或者不如实报告审核结果的，由县级以上地方人民政府负责清洁生产综合协调的部门、环境保护部门按照职责分工责令限期改正；拒不改正的，处以五万元以上五十万元以下的罚款。

违反本法第二十七条第五款规定，承担评估验收工作的部门或者单位及其工作人员向被评估验收企业收取费用的，不如实评估验收或者在评估验收中弄虚作假的，或者利用职务上的便利谋取利益的，对直接负责的主管人员和其他直接责任人员依法给予处分；构成犯罪的，依法追究刑事责任。

第六章 附 则

第四十条 本法自 2003 年 1 月 1 日起施行。

十四、常用环境标准与鉴定规范

地表水环境质量标准（GB 3838—2002）

（2002年4月26日国家环境保护总局、国家质量监督检验检疫总局发布
自2002年6月1日起施行）

前　言

为贯彻《中华人民共和国环境保护法》和《中华人民共和国水污染防治法》，防治水污染，保护地表水水质，保障人体健康，维护良好的生态系统，制定本标准。

本标准将标准项目分为：地表水环境质量标准基本项目、集中式生活饮用水地表水源地补充项目和集中式生活饮用水地表水源地特定项目。地表水环境质量标准基本项目适用于全国江河、湖泊、运河、渠道、水库等具有使用功能的地表水水域；集中式生活饮用水地表水源地补充项目和特定项目适用于集中式生活饮用水地表水源地一级保护区和二级保护区。集中式生活饮用水地表水源地特定项目由县级以上人民政府环境保护行政主管部门根据本地区地表水水质特点和环境管理的需要进行选择，集中式生活饮用水地表水源地补充项目和选择确定的特定项目作为基本项目的补充指标。

本标准项目共计109项，其中地表水环境质量标准基本项目24项，集中式生活饮用水地表水源地补充项目5项，集中式生活饮用水地表水源地特定项目80项。

与 GHZB1-1999 相比，本标准在地表水环境质量标准基本项目中增加了总氮一项指标，删除了基本要求和亚硝酸盐、非离子氨及凯氏氮三项指标，将硫酸盐、氯化物、硝酸盐、铁、锰调整为集中式生活饮用水地表水源地补充项目，修订了pH、溶解氧、氨氮、总磷、高锰酸盐指数、铅、粪大肠菌群7个项目的标准值，增加了集中式生活饮用水地表水源地特定项目40项。本标准删除了湖泊水库特定项目标准值。

县级以上人民政府环境保护行政主管部门及相关部门根据职责分工，按本标准对地表水各类水域进行监督管理。

与近海水域相连的地表水河口水域根据水环境功能按本标准相应类别标准值进行管理，近海水功能区水域根据使用功能按《海水水质标准》相应类别标准值进行管理。批准划定的单一渔业水域按《渔业水质标准》进行管理；处理后的城市污水及与城市污水水质相近的工业废水用于农田灌溉用水的水质按《农田灌溉水质标准》进行管理。

《地面水环境质量标准》（GB 3838—83）为首次发布，1988年为第一次修订，1999年为第二次修订，本次为第三次修订。本标准自2002年6月1日起实施，《地面水环境质量标准》（GB 3838—88）和《地表水环境质量标准》（GHZB 1-1999）同时废止。

本标准由国家环境保护总局科技标准司提出并归口。

本标准由中国环境科学研究院负责修订。

本标准由国家环境保护总局2002年4月26日批准。

本标准由国家环境保护总局负责解释。

地表水环境质量标准

1 范围

1.1 本标准按照地表水环境功能分类和保护目标,规定了水环境质量应控制的项目及限值,以及水质评价、水质项目的分析方法和标准的实施与监督。

1.2 本标准适用于中华人民共和国领域内江河、湖泊、运河、渠道、水库等具有使用功能的地表水水域。具有特定功能的水域,执行相应的专业用水水质标准。

2 引用标准

《生活饮用水卫生规范》(卫生部,2001年)和本标准表4~表6所列分析方法标准及规范中所含条文在本标准中被引用即构成为本标准条文,与本标准同效。当上述标准和规范被修订时,应使用其最新版本。

3 水域功能和标准分类

依据地表水水域环境功能和保护目标,按功能高低依此划分为五类:

Ⅰ类 主要适用于源头水,国家自然保护区;

Ⅱ类 主要适用于集中式生活饮用水地表水源地一级保护区、珍惜水生生物栖息地、鱼虾类产卵场、仔稚幼鱼的梭饵场等;

Ⅲ类 主要适用于集中式生活饮用水地表水源地二级保护区、鱼虾类越冬场、洄游通道、水产养殖区等渔业水域及游泳区;

Ⅳ类 主要适用于一般工业用水区及人体非直接接触的娱乐用水区;

Ⅴ类 主要适用于农业用水区及一般景观要求水域。

对应地表水上述五类水域功能,将地表水环境质量标准基本项目标准值分为五类,不同功能类别分别执行相应类别的标准值。水域功能类别高的标准值严于水域功能类别低的标准值。同一水域功能与达功能类别标准为同一含义。

4 标准值

4.1 地表水环境质量标准基本项目准限值见表1。

4.2 集中式生活饮用水地表水源地补充项目标准限值见表2。

4.3 集中式生活饮用水地表水源地特定项目标准限值见表3。

5 水质评价

5.1 地表水环境质量评价应根据应实现的水域功能类别,选取相应类别标准,进行单因子评价,评价结果应说明水质达标情况,超标的应说明超标项目和超标倍数。

5.2 丰、平、枯水期特征明显的水域,应分水期进行水质评价。

5.3 集中式生活饮用水地表水源地水质评价的项目应包括表1中的基本项目、表2中的补充项目以及由县以上人民政府环境保护行政主管部门从表3中选择确定的特定项目。

6 水质监测

6.1 本标准规定的项目标准值,要求水样采集后自然沉降30分钟,取上层非沉降部分按规定方法进行分析。

6.2 地表水水质监测的采样布点、监测频率应符合国家地表水环境监测技术规范的要求。

6.3 本标准水质项目的分析方法应优先选择表4~表6规定的方法,也可采用ISO方法体系等其他等效分析方法,但必须进行适用性检验。

7 标准的实施与监督

7.1 本标准由县级以上人民政府环境保护行政主管部门及相关部门按职责分工监督实施。

7.2 集中式生活饮用水地表水源水质超标项目经自来水厂净化处理后,必须达到《生活饮用水卫生规范》的要求。

7.3 省、自治区、直辖市人民政府可以对本标准中未作规定的项目,制定地方补充标准,并报国务院环境保护行政主管部门备案。

表1 地表水环境质量标准基本项目标准限值　　　　　单位:mg/L

序号	标准值　分类 项目		Ⅰ类	Ⅱ类	Ⅲ类	Ⅳ类	Ⅴ类
1	水温(℃)		人为造成的环境水温变化应限制在: 周平均最大温升≤1 周平均最大温降≤2				
2	pH值(无量纲)		6~9				
3	溶解氧	≥	饱和率90% (或7.5)	6	5	3	2
4	高锰酸盐指数	≤	2	4	6	10	15
5	化学需氧量(COD)	≤	15	15	20	30	40
6	五日生化需氧量(BOD_5)	≤	3	3	4	6	10
7	氨氮(NH_3-N)	≤	0.15	0.5	1.0	1.5	2.0
8	总磷(以P计)	≤	0.02(湖、库0.01)	0.1(湖、库0.025)	0.2(湖、库0.05)	0.3(湖、库0.1)	0.4(湖、库0.2)
9	总氮(湖、库,以N计)	≤	0.2	0.5	1.0	1.5	2.0
10	铜	≤	0.01	1.0	1.0	1.0	1.0
11	锌	≤	0.05	1.0	1.0	2.0	2.0
12	氟化物(以F^-计)	≤	1.0	1.0	1.0	1.54	1.5
13	硒	≤	0.01	0.01	0.01	0.02	0.02
14	砷	≤	0.05	0.05	0.05	0.1	0.1
15	汞	≤	0.00005	0.00005	0.0001	0.001	0.001
16	镉	≤	0.001	0.005	0.005	0.005	0.01

续表

序号	标准值\项目	分类	Ⅰ类	Ⅱ类	Ⅲ类	Ⅳ类	Ⅴ类
17	铬（六价）	≤	0.01	0.05	0.05	0.05	0.1
18	铅	≤	0.01	0.01	0.05	0.05	0.1
19	氰化物	≤	0.005	0.05	0.2	0.2	0.2
20	挥发酚	≤	0.002	0.002	0.005	0.01	0.1
21	石油类	≤	0.05	0.05	0.05	0.5	1.0
22	阴离子表面活性剂	≤	0.2	0.2	0.2	0.3	0.3
23	硫化物	≤	0.05	0.1	0.2	0.5	1.0
24	粪大肠菌群（个/L）	≤	200	2000	10000	20000	40000

表2　集中式生活饮用水地表水源地补充项目标准限值　　　　单位：mg/L

序号	项目	标准值
1	硫酸盐（以 SO_4^{2-} 计）	250
2	氯化物（以 Cl^- 计）	250
3	硝酸盐（以 N 计）	10
4	铁	0.3
5	锰	0.1

表3　集中式生活饮用水地表水源地特定项目标准限值　　　　单位：mg/L

序号	项目	标准值	序号	项目	标准值
1	三氯甲烷	0.06	41	丙烯酰胺	0.0005
2	四氯化碳	0.002	42	丙烯腈	0.1
3	三溴甲烷	0.1	43	邻苯二甲酸二丁酯	0.003
4	二氯甲烷	0.02	44	邻苯二甲酸二(2-乙基已基)酯	0.008
5	1,2-二氯乙烷	0.03	45	水合肼	0.01
6	环氧氯丙烷	0.02	46	四乙基铅	0.0001
7	氯乙烯	0.005	47	吡啶	0.2
8	1,1-二氯乙烯	0.03	48	松节油	0.2
9	1,2-二氯乙烯	0.05	49	苦味酸	0.5
10	三氯乙烯	0.07	50	丁基黄原酸	0.005
11	四氯乙烯	0.04	51	活性氯	0.01

续表

序号	项目	标准值	序号	项目	标准值
12	氯丁二烯	0.002	52	滴滴涕	0.001
13	六氯丁二烯	0.0006	53	林丹	0.002
14	苯乙烯	0.02	54	环氧七氯	0.0002
15	甲醛	0.9	55	对硫磷	0.003
16	乙醛	0.05	56	甲基对硫磷	0.002
17	丙烯醛	0.1	57	马拉硫磷	0.05
18	三氯乙醛	0.01	58	乐果	0.08
19	苯	0.01	59	敌敌畏	0.05
20	甲苯	0.7	60	敌百虫	0.05
21	乙苯	0.3	61	内吸磷	0.03
22	二甲苯①	0.5	62	百菌清	0.01
23	异丙苯	0.25	63	甲萘威	0.05
24	氯苯	0.3	64	溴氰菊脂	0.02
25	1,2-二氯苯	1.0	65	阿特拉津	0.003
26	1,4-二氯苯	0.3	66	苯并(a)芘	2.8×10^{-6}
27	三氯苯②	0.02	67	甲基汞	1.0×10^{-6}
28	四氯苯③	0.02	68	多氯联苯⑥	1.0×10^{-5}
29	六氯苯	0.05	69	微囊藻毒素-LR	0.001
30	硝基苯	0.017	70	黄磷	0.003
31	二硝基苯④	0.5	71	钼	0.07
32	2,4-二硝基苯	0.0003	72	钴	1.0
33	2,4,6-二硝基苯	0.5	73	铍	0.002
34	硝基氯苯⑤	0.05	74	硼	0.5
35	2,4-二硝基氯苯	0.5	75	锑	0.005
36	2,4-二氯苯酚	0.093	76	镍	0.02
37	2,4,6-三氯苯酚	0.2	77	钡	0.7
38	五氯酚	0.009	78	钒	0.05
39	苯胺	0.1	79	钛	0.1
40	联苯胺	0.0002	80	铊	0.0001

注：①二甲苯：指对-二甲苯、间-二甲苯、邻-二甲苯。
②三氯苯：指1,2,3-三氯苯、1,2,4-三氯苯、1,3,5-三氯苯。
③四氯苯：指1,2,3,4-四氯苯、1,2,3,5-四氯苯、1,2,4,5-四氯苯。
④二硝基苯：指对-二硝基苯、间-二硝基苯、邻-二硝基苯。
⑤硝基氯苯：指对-硝基氯苯、间-硝基氯苯、邻-硝基氯苯。
⑥多氯联苯：指 PCB-1016、PCB-1221、PCB-1232、PCB-1242、PCB-1249、PCB-1254、PCB-1260。

表4　地表水环境质量标准基本项目分析方法

序号	项目	分析方法	最低检出限（mg/L）	方法来源
1	水温	温度计法		GB 13195—91
2	pH值	玻璃电极法		GB 6920—86
3	溶解氧	碘量法	0.2	GB 7489—87
		电化学探头法		GB 11913—89
4	高锰酸盐指数		0.5	GB 11892—89
5	化学需氧量	重铬酸盐法	10	GB 11914—89
6	五日生化需氧量	稀释与接种法	2	GB 7488—87
7	氨氮	纳氏试剂比色法	0.05	GB 7479—87
		水杨酸分光光度法	0.01	GB 7481—87
8	总磷	钼酸铵分光光度法	0.01	GB 11893—89
9	总氮	碱性过硫酸钾消解紫外分光光度法	0.05	GB 11894—89
10	铜	2,9-二甲基-1,10-菲啰啉分光光度法	0.06	GB 7473—87
		二乙基二硫代氨基甲酸钠分光光度法	0.010	GB 7474—87
		原子吸收分光光度法（整合萃取法）	0.001	GB 7475—87
11	锌	原子吸收分光光度法	0.05	GB 7475—87
12	氟化物	氟试剂分光光度法	0.05	GB 7483—87
		离子选择电极法	0.05	GB 7484—87
		离子色谱法	0.02	HJ/T 84—2001
13	硒	2,3-二氨基萘荧光法	0.00025	GB 11902—89
		石墨炉原子吸收分光光度法	0.003	GB/T 15505—1995
14	砷	二乙基二硫代氨基甲酸银分光光度法	0.007	GB 7485—87
		冷原子荧光法	0.00006	1)
15	汞	冷原子吸收分光光度法	0.00005	GB 7468—87
		冷原子荧光法	0.00005	1)
16	镉	原子吸收分光光度法（整合萃取法）	0.001	GB 7475—87
17	铬（六价）	二苯碳酰二肼分光光度法	0.004	GB 7467—87
18	铅	原子吸收分光光度法（整合萃取法）	0.01	GB 7475—87
19	氰化物	异烟酸-吡唑啉酮比色法	0.004	GB 7487—87
		吡啶-巴比妥酸比色法	0.002	
20	挥发酚	蒸馏后4-氨基安替比林分光光度法	0.002	GB 7490—87

续表

序号	项目	分析方法	最低检出限（mg/L）	方法来源
21	石油类	红外分光光度法	0.01	GB/T 16488—1996
22	阴离子表面活性剂	亚甲蓝分光光度法	0.05	GB 7494—87
23	硫化物	亚甲基蓝分光光度法	0.005	GB/T 16489—1996
		直接显色分光光度法	0.004	GB/T 17183—1997
24	粪大肠菌群	多管发酵法、滤膜法		1)

注：暂采用下列分析方法，待国家方法标准发布后，执行国家标准。
1)《水和废水监测分析方法（第三版）》，中国环境科学出版社，1989年。

表5　集中式生活饮用水地表水源地补充项目分析方法

序号	项目	分析方法	最低检出限（mg/L）	方法来源
1	硫酸盐	重量法	10	GB 11899—89
		火焰原子吸收分光光度法	0.4	GB 18196—91
		铬酸钡光度法	8	1)
		离子色谱法	0.09	HJ/T 84—2001
2	氯化物	硝酸银滴定法	10	GB 11896—89
		硝酸汞滴定法	2.5	1)
		离子色谱法	0.02	HJ/T 84—2001
3	硝酸盐	酚二磺酸分光光度法	0.02	GB 7480—87
		紫外分光光度法	0.08	1)
		离子色谱法	0.08	HJ/T 84—2001
4	铁	火焰原子吸收分光光度法	0.03	GB 11911—89
		邻菲啰啉分光光度法	0.03	1)
5	锰	高碘酸钾分光光度法	0.02	GB 11906—89
		火焰原子吸收分光光度法	0.01	GB 11911—89
		甲醛肟光度法	0.01	1)

注：暂采用下列分析方法，待国家方法标准发布后，执行国家标准。
1)《水和废水监测分析方法（第三版）》，中国环境科学出版社，1989年。

表6 集中式生活饮用水地表水源地特定项目分析方法

序号	项目	分析方法	最低检出限（mg/L）	方法来源
1	三氯甲烷	顶空气相色谱法	0.0003	GB/T 17130—1997
		气相色谱法	0.0006	2)
2	四氯化碳	顶空气相色谱法	0.00005	GB/T 17130—1997
		气相色谱法	0.0003	2)
3	三溴甲烷	顶空气相色谱法	0.001	GB/T 17130—1997
		气相色谱法	0.006	2)
4	二氯甲烷	顶空气相色谱法	0.0087	2)
5	1,2-二氯乙烷	顶空气相色谱法	0.0125	2)
6	环氧氯丙烷	气相色谱法	0.02	2)
7	氯乙烯	气相色谱法	0.001	2)
8	1,1-二氯乙烯	吹出捕集气相色谱法	0.000018	2)
9	1,2-二氯乙烯	吹出捕集气相色谱法	0.000012	2)
10	三氯乙烯	顶空气相色谱法	0.0006	GB/T 17130—1997
		气相色谱法	0.003	2)
11	四氯乙烯	顶空气相色谱法	0.0002	GB/T 17130—1997
		气相色谱法	0.0012	2)
12	氯丁二烯	顶空气相色谱法	0.002	2)
13	六氯丁二烯	气相色谱法	0.00002	2)
14	苯乙烯	气相色谱法	0.01	2)
15	甲醛	乙酰丙酮分光光度法	0.05	GB 13197—91
		4-氨基-3-联氨-5-巯基-1,2,4-三氮杂茂（AHMT）分光光度法	0.05	2)
16	乙醛	气相色谱法	0.24	2)
17	丙烯醛	气相色谱法	0.019	2)
18	三氯乙醛	气相色谱法	0.001	2)
19	苯	液上气相色谱法	0.005	GB/11890—89
		顶空气相色谱法	0.00042	2)
20	甲苯	液上气相色谱法	0.005	GB/11890—89
		二硫化碳萃取气相色谱法	0.05	
		气相色谱法	0.01	2)
21	乙苯	液上气相色谱法	0.005	GB/11890—89
		二硫化碳萃取气相色谱法	0.05	
		气相色谱法	0.01	2)

续表

序号	项目	分析方法	最低检出限（mg/L）	方法来源
22	二甲苯	液上气相色谱法	0.005	GB/11890—89
		二硫化碳萃取气相色谱法	0.05	
		气相色谱法	0.01	2)
23	异丙苯	顶空气相色谱法	0.0032	2)
24	氯苯	气相色谱法	0.01	HJ/T 74—2001
25	1,2-二氯苯	气相色谱法	0.002	GB/T 17131—1997
26	1,4-二氯苯	气相色谱法	0.005	GB/T 17131—1997
27	三氯苯	气相色谱法	0.00004	2)
28	四氯苯	气相色谱法	0.00002	2)
29	六氯苯	气相色谱法	0.00002	2)
30	硝基苯	气相色谱法	0.0002	GB 13194—91
31	二硝基苯	气相色谱法	0.2	2)
32	2,4-二硝基甲苯	气相色谱法	0.0003	GB 13194—91
33	2,4,6-三硝基甲苯	气相色谱法	0.1	2)
34	硝基氯苯	气相色谱法	0.0002	GB 13194—91
35	2,4-二硝基氯苯	气相色谱法	0.1	2)
36	2,4-二氯苯酚	电子捕获-毛细色谱法	0.0004	2)
37	2,4,6-三氯苯酚	电子捕获-毛细色谱法	0.00004	2)
38	五氯酚	气相色谱法	0.00004	GB 8972—88
		电子捕获-毛细色谱法	0.000024	2)
39	苯胺	气相色谱法	0.002	2)
40	联苯胺	气相色谱法	0.0002	3)
41	丙烯酰胺	气相色谱法	0.00015	2)
42	丙烯腈	气相色谱法	0.10	2)
43	邻苯二甲酸二丁酯	液相色谱法	0.0001	HJ/T 72—2001
44	邻苯二甲酸二（2-乙基己基）酯	气相色谱法	0.0004	2)
45	水合肼	对二甲氨基苯甲醛直接分光光度法	0.005	2)
46	四乙基铅	双硫腙比色法	0.0001	2)
47	吡啶	气相色谱法	0.031	GB/T 14672—93
		巴比土酸分光光度法	0.05	2)
48	松节油	气相色谱法	0.02	2)
49	苦味酸	气相色谱法	0.001	2)

续表

序号	项目	分析方法	最低检出限（mg/L）	方法来源
50	丁基黄原酸	铜试剂亚铜分光光度法	0.002	2)
51	活性氯	N,N-二乙基对苯二胺（DPD）分光光度法	0.01	2)
		3,3′,5,5′-四甲基联苯胺比色法	0.005	2)
52	滴滴涕	气相色谱法	0.0002	GB 7492—87
53	林丹	气相色谱法	4×10⁻⁶	GB 7492—87
54	环氧七氯	液液萃取气相色谱法	0.000083	2)
55	对硫磷	气相色谱法	0.00054	GB 13192—91
56	甲基对硫磷	气相色谱法	0.00042	GB 13192—91
57	马拉硫磷	气相色谱法	0.00064	GB 13192—91
58	乐果	气相色谱法	0.00057	GB 13192—91
59	敌敌畏	气相色谱法	0.00006	GB 13192—91
60	敌百虫	气相色谱法	0.000051	GB 13192—91
61	内吸磷	气相色谱法	0.0025	2)
62	百菌清	气相色谱法	0.0004	2)
63	甲萘威	高效液相色谱法	0.01	2)
64	溴氰菊脂	气相色谱法	0.0002	2)
		高效液相色谱法	0.002	2)
65	阿特拉津	气相色谱法		3)
66	苯并(a)芘	乙酰化滤纸层析荧光分光光度法	4×10⁻⁶	GB 11895—89
		高效液相色谱法	1×10⁻⁸	GB 13198—91
67	甲基汞	气相色谱法	1×10⁻⁸	GB/T 17132—1997
68	多氯联苯	气相色谱法		3)
69	微囊藻毒素-LR	高效液相色谱法	0.00001	2)
70	黄磷	钼-锑-抗分光光度法	0.0025	2)
71	钼	无火焰原子吸收分光光度法	0.00231	2)
72	钴	无火焰原子吸收分光光度法	0.00191	2)
73	铍	铬菁R分光光度法	0.0002	HJ/T 58—2000
		石墨炉原子吸收分光光度法	0.00002	HJ/T 58—2000
		桑色素荧光分光光度法	0.0002	2)
74	硼	姜黄素分光光度法	0.02	HJ/T 49—1999
		甲亚胺-H分光光度法	0.2	2)
75	锑	氢化原子吸收分光光度法	0.00025	2)

续表

序号	项目	分析方法	最低检出限（mg/L）	方法来源
76	镍	无火焰原子吸收分光光度法	0.00248	2)
77	钡	无火焰原子吸收分光光度法	0.00618	2)
78	钒	钽试剂（BPHA）萃取分光光度法	0.018	GB/T 15503—1995
78	钒	无火焰原子吸收分光光度法	0.00698	2)
79	钛	催化示波极谱法	0.0004	2)
79	钛	水杨基荧光酮分光光度法	0.02	2)
80	铊	无火焰原子吸收分光光度法	4×10^{-6}	2)

注：暂采用下列分析方法，待国家标准发布后，执行国家标准。
1)《水和废水监测分析方法（第三版）》，中国环境科学出版社，1989年。
2)《生活饮用水卫生规范》，中华人民共和国卫生部，2001年。
3)《水和废水标准检验法（第15版）》，中国建筑工业出版社，1985年。

污水综合排放标准（GB 8978—1996 代替 GB 8978—88）

（1996年10月4日国家技术监督局发布　1998年1月1日实施）

为贯彻《中华人民共和国环境保护法》、《中华人民共和国水污染防治法》和《中华人民共和国海洋环境保护法》，控制水污染，保护江河、湖泊、运河、渠道、水库和海洋等地面水以及地下水水质的良好状态，保障人体健康，维护生态平衡，促进国民经济和城乡建设的发展，特制定本标准。

1　主题内容与适用范围

1.1　主题内容
本标准按照污水排放去向，分年限规定了69种水污染物最高允许排放浓度及部分行业最高允许排水量。
1.2　适用范围
本标准适用于现有单位水污染物的排放管理，以及建设项目的环境影响评价、建设项目环境保护设施设计、竣工验收及其投产后的排放管理。
按照国家综合排放标准与国家行业排放标准不交叉执行的原则，造纸工业执行《造纸工业水污染物排放标准（GB 3544—92）》，船舶执行《船舶污染物排放标准（GB 3552—83）》，船舶工业执行《船舶工业污染物排放标准（GB 4286—84）》，海洋石油开发工业执行《海洋石油开发工业含油污水排放标准（GB 4914—85）》，纺织染整工业执行《纺织染整工业水污染物排放标准（GB 4287—92）》，肉类加工工业执行《肉类加工工业水污染物排放标准（GB 13457—92）》，合成氨工业执行《合成氨工业水污染物排放标准（GB 13458—92）》，钢铁工业执行《钢铁工业水污染物排放标准（GB 13456—92）》，航天推进剂使用执行《航天推进剂水污染物排放标准（GB 14374—93）》，兵器工业执行《兵器工业水污染物排放标准（GB 14470.1~14470.3—93 和 GB 4274~4279—84）》，磷肥工业执行《磷肥工业水污染物排放标准（GB 15580—95）》，烧碱、聚氯乙烯工业执行《烧碱、聚氯乙烯工业水污染物排放标准（GB 15581—95）》，其他水污染物排放均执行本标准。

1.3 本标准颁布后，新增加国家行业水污染物排放标准的行业，按其适用范围执行相应的国家水污染物行业标准，

不再执行本标准。

2 引用标准

下列标准所包含的条文，通过在本标准中引用而构成为本标准的条文。
GB 3097—82 海水水质标准
GB 3838—88 地面水环境质量标准
GB 8703—88 地面水环境质量标准
GB 8703—88 辐射防护规定

3 定义

3.1 污水：指在生产与生活活动中排放的水的总称。

3.2 排水量：指在生产过程中直接用于工艺生产的水的排放量。不包括间接冷却水、厂区锅炉、电站排水。

3.3 一切排污单位：指本标准适用范围所包括的一切排污单位。

3.4 其他排污单位：指在某一控制项目中，除所列行业外的一切排污单位。

4 技术内容

4.1 标准分级

4.1.1 排入 GB 3838 Ⅲ类水域（划定的保护区和游泳区除外）和排入 GB 3097 中二类海域的污水，执行一级标准。

4.1.2 排入 GB 3838 中 Ⅳ、Ⅴ类水域和排入 GB 3097 中三类海域的污水，执行二级标准。

4.1.3 排入设置二级污水处理厂的城镇排水系统的污水，执行三级标准。

4.1.4 排入未设置二级污水处理厂的城镇排水系统的污水，必须根据排水系统出水受纳水域的功能要求，分别执行 4.1.1 和 4.1.2 的规定。

4.1.5 GB 3838 中 Ⅰ、Ⅱ类水域和Ⅲ类水域中划定的保护区，GB 3097 中一类海域，禁止新建排污口，现有排污口应按水体功能要求，实行污染物总量控制，以保证受纳水体水质符合规定用途的水质标准。

4.2 标准值

4.2.1 本标准将排放的污染物按其性质及控制方式分为二类。

4.2.1.1 第一类污染物，不分行业和污水排放方式，也不分受纳水体的功能类别，一律在车间或车间处理设施排放口采样，其最高允许排放浓度必须达到本标准要求（采矿行业的尾矿坝出水口不得视为车间排放口）。

4.2.1.2 第二类污染物，在排污单位排放口采样，其最高允许排放浓度必须达到本标准要求。

4.2.2 本标准按年限规定了第一类污染物和第二类污染物最高允许排放浓度及部分行业最高允许排水量，分别为：

4.2.2.1 1997 年 12 月 31 日之前建设（包括改、扩建）的单位，水污染物的排放必须同时执行表 1、表 2、表 3 的规定。

4.2.2.2 1998年1月1日起建设（包括改、扩建）的单位，水污染物的排放必须同时执行表1、表4、表5的规定。

4.2.2.3 建设（包括改、扩建）单位的建设时间，以环境影响评价报告书（表）批准日期为准划分。

4.3 其他规定

4.3.1 同一排放口排放两种或两种以上不同类别的污水，且每种污水的排放标准又不同时，其混合污水的排放标准按附录A计算。

4.3.2 工业污水污染物的最高允许排放负荷量按附录B计算。

4.3.3 污染物最高允许年排放总量按附录C计算。

4.3.4 对于排放含有放射性物质的污水，除执行本标准外，还须符合GB 8703—88《辐射防护规定》。

表1 第一类污染物最高允许排放浓度　　　　　　　单位：mg/l

序号	污染物	最高允许排放浓度
1	总汞	0.05
2	烷基汞	不得检出
3	总镉	0.1
4	总铬	1.5
5	六价铬	0.5
6	总砷	0.5
7	总铅	1.0
8	总镍	1.0
9	苯并（a）芘	0.00003
10	总铍	0.005
11	总银	0.5
12	总α放射性	1 Bq/L
13	总β放射性	10 Bq/L

表2 第二类污染物最高允许排放浓度
（1997年12月31日之前建设的单位）　　　　　　　单位：mg/L

序号	污染物	适用范围	一级标准	二级标准	三级标准
1	pH	一切排污单位	6~9	6~9	6~9
2	色度（稀释倍数）	染料工业	50	180	—
		其他排污单位	50	80	—
3	悬浮物（SS）	采矿、选矿、选煤工业	100	300	—
		脉金选矿	100	500	—
		边远地区砂金选矿	100	800	—
		城镇二级污水处理厂	20	30	—
		其他排污单位	70	200	400

续表

序号	污染物	适用范围	一级标准	二级标准	三级标准
4	五日生化需氧量（BOD$_5$）	甘蔗制糖、苎麻脱胶、湿法纤维板工业	30	100	600
		甜菜制糖、酒精、味精、皮革、化纤浆粕工业	30	150	600
		城镇二级污水处理厂	20	30	—
		其他排污单位	30	60	300
5	化学需氧量（COD）	甜菜制糖、焦化、合成脂肪酸、湿法纤维板、染料、洗毛、有机磷农药工业	100	200	1000
		味精、酒精、医药原料药、生物制药、苎麻脱胶、皮革、化纤浆粕工业	100	300	1000
		石油化工工业（包括石油炼制）	100	150	500
		城镇二级污水处理厂	60	120	—
		其他排污单位	100	150	500
6	石油类	一切排污单位	10	10	30
7	动植物油	一切排污单位	20	20	100
8	挥发酚	一切排污单位	0.5	0.5	2.0
9	总氰化合物	电影洗片（铁氰化合物）	0.5	5.0	5.0
		其他排污单位	0.5	0.5	1.0
10	硫化物	一切排污单位	1.0	1.0	2.0
11	氨氮	医药原料药、染料、石油化工工业	15	50	—
		其他排污单位	15	25	—
12	氟化物	黄磷工业	10	20	20
		低氟地区（水体含氟量<0.5mg/L）	10	20	30
		其他排污单位	10	10	20
13	磷酸盐（以P计）	一切排污单位	0.5	1.0	—
14	甲醛	一切排污单位	1.0	2.0	5.0
15	苯胺类	一切排污单位	1.0	2.0	5.0
16	硝基苯类	一切排污单位	2.0	3.0	5.0
17	阴离子表面活性剂（LAS）	合成洗涤剂工业	5.0	15	20
		其他排污单位	5.0	10	20
18	总铜	一切排污单位	0.5	1.0	2.0
19	总锌	一切排污单位	2.0	5.0	5.0

续表

序号	污染物	适用范围	一级标准	二级标准	三级标准
20	总锰	合成脂肪酸工业	2.0	5.0	5.0
		其他排污单位	2.0	2.0	5.0
21	彩色显影剂	电影洗片	2.0	3.0	5.0
22	显影剂及氧化物总量	电影洗片	3.0	6.0	6.0
23	元素磷	一切排污单位	0.1	0.3	0.3
24	有机磷农药（以P计）	一切排污单位	不得检出	0.5	0.5
25	粪大肠菌群数	医院*、兽医院及医疗机构含病原体污水	500个/L	1000个/L	5000个/L
		传染病、结核病医院污水	100个/L	500个/L	1000个/L
26	总余氯（采用氯化消毒的医院污水）	医院*、兽医院及医疗机构含病原体污水	<0.5**	>3（接触时间≥1h）	>2（接触时间≥1h）
		传染病、结核病医院污水	<0.5**	>6.5(接触时间≥1.5h)	>5（接触时间≥1.5h）

注：*指50个床位以上的医院。

**加氯消毒后须进行脱氯处理，达到本标准

表3 部分行业最高允许排水量
（1997年12月31日之前建设的单位）

序号	行业类别			最高允许排水量或最低允许水重复利用率
1	矿山工业	有色金属系统选矿		水重复利用率75%
		其他矿山工业采矿、选矿、选煤等		水重复利用率90%（选煤）
		脉金选矿	重选	16.0m³/t（矿石）
			浮选	9.0m³/t（矿石）
			氰化	8.0m³/t（矿石）
			碳浆	8.0m³/t（矿石）
2	焦化企业（煤气厂）			1.2m³/t（焦炭）
3	有色金属冶炼及金属加工			水重复利用率80%

续表

序号	行业类别		最高允许排水量或最低允许水重复利用率
4	石油炼制工业（不包括直排水炼油厂）加工深度分类： 　A. 燃料型炼油厂 　B. 燃料+润滑油型炼油厂 　C. 燃料+润滑油型+炼油化工型炼油厂 （包括加工高含硫原油页岩油和石油添加剂生产基地的炼油厂）	A	>500 万 t, 1.0 m^3/t（原油） 250~500 万 t, 1.2 m^3/t（原油） <250 万 t, 1.5 m^3/t（原油）
		B	>500 万 t, 1.5 m^3/t（原油） 250~500 万 t, 2.0 m^3/t（原油） <250 万 t, 2.0 m^3/t（原油）
		C	>500 万 t, 2.0 m^3/t（原油） 250~500 万 t, 2.5 m^3/t（原油） <250 万 t, 2.5 m^3/t（原油）
5	合成洗涤剂工业	氯化法生产烷基苯	200.0 m^3/t（烷基苯）
		裂解法生产烷基苯	70.0 m^3/t（烷基苯）
		烷基苯生产合成洗涤剂	10.0 m^3/t（产品）
6	合成脂肪酸工业		200.0 m^3/t（产品）
7	湿法生产纤维板工业		30.0 m^3/t（板）
8	制糖工业	甘蔗制糖	10.0 m^3/t（甘蔗）
		甜菜制糖	4.0 m^3/t（甜菜）
9	皮革工业	猪盐湿皮	60.0 m^3/t（原皮）
		牛干皮	100.0 m^3/t（原皮）
		羊干皮	150.0 m^3/t（原皮）
10	发酵、酿造工业	酒精工业 以玉米为原料	150.0 m^3/t（酒精）
		酒精工业 以薯类为原料	100 m^3/t（酒精）
		酒精工业 以糖蜜为原料	80.0 m^3/t（酒精）
		味精工业	600.0 m^3/t（味精）
		啤酒工业（排水量不包括麦芽水部分）	16.0 m^3/t（啤酒）
11	铬盐工业		5.0 m^3/t（产品）
12	硫酸工业（水洗法）		15.0 m^3/t（硫酸）
13	苎麻脱胶工业		500 m^3/t（原麻）或 750 m^3/t（精干麻）
14	化纤浆粕		本色：150 m^3/t（浆） 漂白：240 m^3/t（浆）
15	粘胶纤维工业（单纯纤维）	短纤维（棉型中长纤维、毛型中长纤维）	300 m^3/t（纤维）
		长纤维	800 m^3/t（纤维）
16	铁路货车洗刷		5.0 m^3/辆
17	电影洗片		5 m^3/1000m（35mm 的胶片）
18	石油沥青工业		冷却池的水循环利用率 95%

表4 第二类污染物最高允许排放浓度
（1998年1月1日后建设的单位） 单位：mg/L

序号	污染物	适用范围	一级标准	二级标准	三级标准
1	pH	一切排污单位	6~9	6~9	6~9
2	色度（稀释倍数）	一切排污单位	50	80	-
3	悬浮物（SS）	采矿、选矿、选煤工业	70	300	-
		脉金选矿	70	400	-
		边远地区砂金选矿	70	800	-
		城镇二级污水处理厂	20	30	-
		其他排污单位	70	150	400
4	五日生化需氧量（BOD_5）	甘蔗制糖、苎麻脱胶、湿法纤维板、染料、洗毛工业	20	60	600
		甜菜制糖、酒精、味精、皮革、化纤浆粕工业	20	100	600
		城镇二级污水处理厂	20	30	-
		其他排污单位	20	30	300
5	化学需氧量（COD）	甜菜制糖、合成脂肪酸、湿法纤维板、染料、洗毛、有机磷农药工业	100	200	1000
		味精、酒精、医药原料药、生物制药、苎麻脱胶、皮革、化纤浆粕工业	100	300	1000
		石油化工工业（包括石油炼制）	60	120	-
		城镇二级污水处理厂	60	120	500
		其他排污单位	100	150	500
6	石油类	一切排污单位	5	10	20
7	动植物油	一切排污单位	10	15	100
8	挥发酚	一切排污单位	0.5	0.5	2.0
9	总氰化合物	一切排污单位	0.5	0.5	1.0
10	硫化物	一切排污单位	1.0	1.0	1.0
11	氨氮	医药原料药、染料、石油化工工业	15	50	-
		其他排污单位	15	25	-
12	氟化物	黄磷工业	10	15	20
		低氟地区（水体含氟量<0.5mg/L）	10	20	30
		其他排污单位	10	10	20
13	磷酸盐（以P计）	一切排污单位	0.5	1.0	-

续表

序号	污染物	适用范围	一级标准	二级标准	三级标准
14	甲醛	一切排污单位	1.0	2.0	5.0
15	苯胺类	一切排污单位	1.0	2.0	5.0
16	硝基苯类	一切排污单位	2.0	3.0	5.0
17	阴离子表面活性剂（LAS）	一切排污单位	5.0	10	20
18	总铜	一切排污单位	0.5	1.0	2.0
19	总锌	一切排污单位	2.0	5.0	5.0
20	总锰	合成脂肪酸工业	2.0	5.0	5.0
		其他排污单位	2.0	2.0	5.0
21	彩色显影剂	电影洗片	1.0	2.0	3.0
22	显影剂及氧化物总量	电影洗片	3.0	3.0	6.0
23	元素磷	一切排污单位	0.1	0.1	0.3
24	有机磷农药（以P计）	一切排污单位	不得检出	0.5	0.5
25	乐果	一切排污单位	不得检出	1.0	2.0
26	对硫磷	一切排污单位	不得检出	1.0	2.0
27	甲基对硫磷	一切排污单位	不得检出	1.0	2.0
28	马拉硫磷	一切排污单位	不得检出	5.0	10
29	五氯酚及五氯酚钠（以五氯酚计）	一切排污单位	5.0	8.0	10
30	可吸附有机卤化物（AOX）（以Cl计）	一切排污单位	1.0	5.0	8.0
31	三氯甲烷	一切排污单位	0.3	0.6	1.0
32	四氯化碳	一切排污单位	0.03	0.06	0.5
33	三氯乙烯	一切排污单位	0.3	0.6	1.0
34	四氯乙烯	一切排污单位	0.1	0.2	0.5
35	苯	一切排污单位	0.1	0.2	0.5
37	乙苯	一切排污单位	0.4	0.6	1.0
38	邻-二甲苯	一切排污单位	0.4	0.6	1.0
39	对-二甲苯	一切排污单位	0.4	0.6	1.0
40	间-二甲苯	一切排污单位	0.4	0.6	1.0
41	氯苯	一切排污单位	0.2	0.4	1.0

续表

序号	污染物	适用范围	一级标准	二级标准	三级标准
42	邻-二氯苯	一切排污单位	0.4	0.6	1.0
43	对-二氯苯	一切排污单位	0.4	0.6	1.0
44	对-硝基氯苯	一切排污单位	0.5	1.0	5.0
45	2,4-二硝基氯苯	一切排污单位	0.5	1.0	5.0
46	苯酚	一切排污单位	0.3	0.4	1.0
47	间-甲酚	一切排污单位	0.1	0.2	0.5
48	2,4-二氯酚	一切排污单位	0.6	0.8	1.0
49	2,4,6-三氯酚	一切排污单位	0.6	0.8	1.0
50	邻苯二甲酸二丁脂	一切排污单位	0.2	0.4	2.0
51	邻苯二甲酸二辛脂	一切排污单位	0.3	0.6	2.0
52	丙烯腈	一切排污单位	2.0	5.0	5.0
53	总硒	一切排污单位	0.1	0.2	0.5
54	粪大肠菌群数	医院*、兽医院及医疗机构含病原体污水	500个/L	1000个/L	5000个/L
		传染病、结核病医院污水	100个/L	500个/L	1000个/L
55	总余氯（采用氯化消毒的医院污水）	医院*、兽医院及医疗机构含病原体污水	<0.5**	>3（接触时间≥1h）	>2（接触时间≥1h）
		传染病、结核病医院污水	<0.5**	>6.5（接触时间≥1.5h）	>5（接触时间≥1.5h）
56	总有机碳（TOC）	合成脂肪酸工业	20	40	—
		苎麻脱胶工业	20	60	—
		其他排污单位	20	30	—

注：其他排污单位：指除在该控制项目中所列行业以外的一切排污单位。
*指50个床位以上的医院。
**加氯消毒后须进行脱氯处理，达到本标准。

表5 部分行业最高允许排水量
(1998年1月1日后建设的单位)

序号	行业类别			最高允许排水量或 最低允许排水重复利用率
1	矿山工业	有色金属系统选矿		水重复利用率75%
		其他矿山工业采矿、选矿、选煤等		水重复利用率90%（选煤）
		脉金选矿	重选	16.0m³/t（矿石）
			浮选	9.0m³/t（矿石）
			氰化	8.0m³/t（矿石）
			碳浆	8.0m³/t（矿石）
2	焦化企业（煤气厂）			1.2m³/t（焦炭）
3	有色金属冶炼及金属加工			水重复利用率80%
4	石油炼制工业（不包括直排水炼油厂） 加工深度分类： 　A. 燃料型炼油厂 　B. 燃料+润滑油型炼油厂 　C. 燃料+润滑油型+炼油化工型炼油厂 （包括加工高含硫原油页岩油和石油添加剂生产基地的炼油厂）	A		>500万t, 1.0m³/t（原油） 250~500万t, 1.2m³/t（原油） <250万t, 1.5m³/t（原油）
		B		>500万t, 1.5m³/t（原油） 250~500万t, 2.0m³/t（原油） <250万t, 2.0m³/t（原油）
		C		>500万t, 2.0m³/t（原油） 250~500万t, 2.5m³/t（原油） <250万t, 2.5m³/t（原油）
5	合成洗涤剂工业	氯化法生产烷基苯		200.0m³/t（烷基苯）
		裂解法生产烷基苯		70.0m³/t（烷基苯）
		烷基苯生产合成洗涤剂		10.0m³/t（产品）
6	合成脂肪酸工业			200.0m³/t（产品）
7	湿法生产纤维板工业			30.0m³/t（板）
8	制糖工业	甘蔗制糖		10.0m³/t
		甜菜制糖		4.0m³/t
9	皮革工业	猪盐湿皮		60.0m³/t
		牛干皮		100.0m³/t
		羊干皮		150.0m³/t

续表

序号	行业类别			最高允许排水量或最低允许排水重复利用率
10	发酵、酿造工业	酒精工业	以玉米为原料	100.0 m^3/t
			以薯类为原料	80.0 m^3/t
			以糖蜜为原料	70.0 m^3/t
		味精工业		600.0 m^3/t
		啤酒行业（排水量不包括麦芽水部分）		16.0 m^3/t
11	铬盐工业			5.0 m^3/t（产品）
12	硫酸工业（水洗法）			15.0 m^3/t（硫酸）
13	苎麻脱胶工业			500 m^3/t（原麻）
				750 m^3/t（精干麻）
14	粘胶纤维工业单纯纤维	短纤维（棉型中长纤维、毛型中长纤维）		300.0 m^3/t（纤维）
		长纤维		800.0 m^3/t（纤维）
15	化纤浆粕			本色：150 m^3/t（浆）；漂白：240 m^3/t（浆）
16	制药工业医药原料药	青霉素		4700 m^3/t（氰霉素）
		链霉素		1450 m^3/t（链霉素）
		土霉素		1300 m^3/t（土霉素）
		四环素		1900 m^3/t（四环素）
		洁霉素		9200 m^3/t（洁霉素）
		金霉素		3000 m^3/t（金霉素）
		庆大霉素		20400 m^3/t（庆大霉素）
		维生素C		1200 m^3/t（维生素C）
		氯霉素		2700 m^3/t（氯霉素）
		新诺明		2000 m^3/t（新诺明）
		维生素B_1		3400 m^3/t（维生素B_1）
		安乃近		180 m^3/t（安乃近）
		非那西汀		750 m^3/t（非那西汀）
		呋喃唑酮		2400 m^3/t（呋喃唑酮）
		咖啡因		1200 m^3/t（咖啡因）

续表

序号	行业类别		最高允许排水量或最低允许排水重复利用率
17	有机磷农药工业*	乐果**	700m^3/t（产品）
		甲基对硫磷（水相法）**	300m^3/t（产品）
		对硫磷（P_2S_5法）**	500m^3/t（产品）
		对硫磷（$PSCl_3$法）**	550m^3/t（产品）
		敌敌畏（敌百虫碱解法）	200m^3/t（产品）
		敌百虫	40m^3/t（产品）（不包括三氯乙醛生产废水）
		马拉硫磷	700m^3/t（产品）
18	除草剂工业*	除草醚	5m^3/t（产品）
		五氯酚钠	2m^3/t（产品）
		五氯酚	4m^3/t（产品）
		2甲4氯	14m^3/t（产品）
		2,4-D	4m^3/t（产品）
		丁草胺	4.5m^3/t（产品）
		绿麦隆（以Fe粉还原）	2m^3/t（产品）
		绿麦隆（以Na_2S还原）	3m^3/t（产品）
19	火力发电工业		3.5m^3/（MW·h）
20	铁路货车洗刷		5.0m^3/辆
21	电影洗片		5m^3/1000m（35mm胶片）
22	石油沥青工业		冷却池的水循环利用率95%

*产品按100%浓度计。
**不包括P_2S_5、$PSCl_3$、PCl_3原料生产废水。

5 监测

5.1 采样点

采样点应按4.2.1.1及4.2.1.2第一、二类污染物排放口的规定设置，在排放口必须设置排放口标志、污水水量计量装置和污水比例采样装置。

5.2 采样频率

工业污水按生产周期确定监测频率。生产周期在8h以内的，每2h采样一次；生产周期大于8h的，每4h采样一次，其他污水采样：24h不少于2次。最高允许排放浓度按日均值计算。

5.3 排水量

以最高允许排水量或最低允许水重复利用率来控制，均以月均值计。

5.4 统计

企业的原材料使用量、产品产量等，以法定月报表或年报表为准。

5.5 测定方法

本标准采用的测定方法见表6。

表6 测定方法

序号	项目	测定方法	方法来源
1	总汞	冷原子吸收光度法	GB 7468—87
2	烷基汞	气相色谱法	GB/T 14204—93
3	总镉	原子吸收分光光度法	GB 7475—87
4	总铬	高锰酸钾氧化-二苯碳酰二肼分光光度法	GB 7466—87
5	六价铬	二苯碳酰二肼分光光度法	GB 7467—87
6	总砷	二乙基二硫代氨基甲酸银分光光度法	GB 7485—87
7	总铅	原子吸收分光光度法	GB 7485—87
8	总镍	火焰原子吸收分光光度法	GB 11912—89
		丁二酮肟分光光度法	GB 19910—89
9	苯并(a)芘	纸层析—荧光分光光度法	GB 5750—85
		乙酰化滤纸层析荧光分光光度法	GB 11895—89
10	总铍	活性炭吸附—铬天菁S光度法	1)
11	总银	火焰原子吸收分光光度法	GB 11907—89
12	总α	物理法	2)
13	总β	物理法	2)
14	pH值	玻璃电极法	GB 6920—86
15	色度	稀释倍数法	GB 11903—89
16	悬浮物	重量法	GB 11901—89
17	生化需氧量（BOD5）	稀释与接种法	GB 7488—87
		重铬酸钾紫外光度法	待颁布
18	化学需氧量（COD）	重铬酸钾法	GB 11914—89
19	石油类	红外光度法	GB/T16488—1996
20	动植物油	红外光度法	GB/T16488—1996
21	挥发酚	蒸馏后用4-氨基安替比林分光光度法	GB 7490—87
22	总氰化物	硝酸银滴定法	GB 7486—87
23	硫化物	亚甲基蓝分光光度法	GB/T16489—1996
24	氨氮	蒸馏和滴定法	GB 7478—87
25	氟化物	离子选择电极法	GB 7484—87
26	磷酸盐	钼蓝比色法	1)
27	甲醛	乙酰丙酮分光光度法	GB 13197—91
28	苯胺类	N-（1-萘基）乙二胺偶氮分光光度法	GB 11889—89

续表

序号	项目	测定方法	方法来源
29	硝基苯类	还原-偶氮比色法或分光光度法	1)
30	阴离子表面活性剂	亚甲蓝分光光度法	GB 7494—87
31	总铜	原子吸收分光光度法	GB 7475—87
		二乙基二硫化氨基甲酸钠分光光度法	GB 7474—87
32	总锌	原子吸收分光光度法	GB 7475—87
		双硫腙分光光度法	GB 7472—87
33	总锰	火焰原子吸收分光光度法	GB 11911—89
		高碘酸钾分光光度法	GB 11906—89
34	彩色显影剂	169 成色剂法	3)
35	显影剂及氧化物总量	碘-淀粉比色法	3)
36	元素磷	磷钼蓝比色法	3)
37	有机磷农药（以 P 计）	有机磷农药的测定	GB 13192—91
38	乐果	气相色谱法	GB 13192—91
39	对硫磷	气相色谱法	GB 13192—91
40	甲基对硫磷	气相色谱法	GB 13192—91
41	马拉硫磷	气相色谱法	GB 13192—91
42	五氯酚及五氯酚钠（以五氯酚计）	气相色谱法	GB 8972—88
		藏红 T 分光光度法	GB 9803—88
43	可吸附有机卤化物（AOX）（以 Cl 计）	微库仑法	GB/T 15959—95
44	二氯甲烷	气相色谱法	待颁布
45	四氯化碳	气相色谱法	待颁布
46	二氯乙烯	气相色谱法	待颁布
47	四氯乙烯	气相色谱法	待颁布
48	苯	气相色谱法	GB 11890—89
49	甲苯	气相色谱法	GB 11890—89
50	乙苯	气相色谱法	GB 11890—89
51	邻-二甲苯	气相色谱法	GB 11890—89
52	对-二甲苯	气相色谱法	GB 11890—89
53	间-二甲苯	气相色谱法	GB 11890—89
54	氯苯	气相色谱法	待颁布
55	邻二氯苯	气相色谱法	待颁布
56	对二氯苯	气相色谱法	待颁布
57	对硝基氯苯	气相色谱法	GB 13194—91
58	2，4-二硝基氯苯	气相色谱法	GB 13194—91
59	苯酚	气相色谱法	待颁布

续表

序号	项目	测定方法	方法来源
60	间-甲酚	气相色谱法	待颁布
61	2，4-二氯酚	气相色谱法	待颁布
62	2，4，6-二氯酚	气相色谱法	待颁布
63	邻苯二甲酸二丁酯	气相、液相色谱法	待颁布
64	邻苯二甲酸二辛酯	气相、液相色谱法	待颁布
65	丙烯腈	气相色谱法	待颁布
66	总硒	2，3-二氨基萘荧光法	GB 11902—89
67	粪大肠菌群数	多管发酵法	1)
68	余氯量	N，N-二乙基-1，4-苯二胺分光光法 N，N-二乙基-1，4-苯二胺滴定法	GB 11898—89 GB 11897—89
69	总有机碳（TOC）	非色散红外吸收法 直接紫外荧光法	待制定 待制定

注：暂采用下列方法，待国家方法标准发布后，执行国家标准。
1)《水和废水监测分析方法（第三版）》中国环境科学出版社，1989 年。
2)《环境监测技术规范（放射性部分）》国家环境保护局。
3) 详见附录 D。

6 标准实施监督

6.1 本标准由县级以上人民政府环境保护行政主管部门负责监督实施。

6.2 省、自治区、直辖市人民政府对执行国家水污染物排放标准不能保证达到水环境功能要求时，可以制定严于国家水污染物排放标准的地方水污染物排放标准，并报国家环境保护行政主管部门备案。

附录 A
（标准的附录）

关于排放单位在同一个排污口排放两种或两种以上工业污水，且每种工业污水中同一污染物的排放标准又不同时，可采用如下方法计算混合排放时该污染物的最高允许排放浓度。（$C_{混合}$）。

$$C_{混合} = \frac{\sum_{i=1}^{n} C_i Q_i Y_i}{\sum_{i=1}^{n} Q_i Y_i} \quad \cdots\cdots\cdots\cdots\cdots\cdots\cdots (A1)$$

式中：$C_{混合}$——混合污水某污染物最高允许排放浓度 mg/L；
　　　C_i——不同工业污水某污染物最高允许排放浓度 mg/L；
　　　Q_i——不同工业的最高允许排水量，m^3/t（产品）
　　　　　（本标准未作规定的行业，其最高允许排水量由地方环保部门与有关部门协商确定）；
　　　Y_i——分别为某种工业产品产量（t/d，以月平均计）。

附录 B
（标准的附录）

工业污水污染物最高允许排放负荷计算：
$$L_负 = C \times Q \times 10^{-3} \quad\cdots\cdots\cdots\cdots\cdots\cdots\cdots\cdots (B1)$$

式中：$L_负$——工业污水污染物最高允许排放负荷，kg/t（产品）；
　　　C——某污染物最高允许排放浓度 mg/L；
　　　Q——某工业的最高允许排水量，m³/t 产品。

附录 C
（标准的附录）

某污染物最高允许年排放总量的计算：
$$L_总 = L_负 \times Y \times 10^{-3} \quad\cdots\cdots\cdots\cdots\cdots\cdots\cdots\cdots (C1)$$

式中：$L_总$——某污染物最高允许年排放量，t/a；
　　　$L_负$——某污染物最高允许排放负荷，kg/t（产品）；
　　　Y——核定的产品年产量，t（产品）/a。

附录 D
（标准的附录）

D1　彩色显影剂总量的测定——169 成色剂法

洗片的综合废水中存在的彩色显影剂很难检测出来，国内外介绍的方法一般都仅适用于显影水洗水中的显影剂检测。本方法可以快速地测出综合废水中的彩色显影剂。当废水中同时存在多种彩色显影剂时，用此法测出的量是多种彩色显影剂的总量。

D1.1　原理

电影洗片废水中的彩色显影剂可被氧化剂氧化，其氧化物在碱性溶液中遇到水溶性成色剂时，立即偶合形成染料。不同结构的显影剂（TSS，CD-2，CD-3）与 169 成色剂偶合成染料时，其*大吸收的光谱波长均在 550nm 处，并在 0~10mg/L 范围内符合比耳定律。

以 TSS 为例，反应如下：

（TSS）　　　　（169 成色剂）　　　　（品红染料）

D1.2　仪器及设备

721 型或类似型号分光光度计及 1cm 比色槽

50mL、100mL 及 1000mL 的容量瓶

D1.3　试剂

D1.3.1　0.5%成色剂：称取 0.5g169 成色剂置于有 100mL 蒸馏水的烧杯中。在搅拌下，加入 1～2 粒氢氧化钠，使其完全溶解。

D1.3.2　混合氧化剂溶液：将 $CuSO_4 \cdot 5H_2O$ 0.5g，Na_2CO_3 5.0g，$NaNO_2$ 5.0g 以及 NH_4Cl 5.0g 依次溶解于 100mL 蒸馏水中。

D1.3.3　标准溶液：精确称取按照相级的彩色显影剂（生产中使用最多的一种）100mg，溶解于少量蒸馏水中。其已溶入 100mg Na_2SO_3 作保护剂，移入 1L 容量瓶中，并加蒸馏水至刻度。此标准溶液相当 0.1mg/mL，必须在使用前配制。

D1.4　步骤

D1.4.1　标准曲线的制作

在 6 个 50mL 容量瓶中，分别加入以下不同量的显影剂标准液。

编号	加入标准液的毫升数	相当显影剂含量（mg/L）
0	0	0
1	1	2
2	2	4
3	3	6
4	4	8
5	5	10

以上 6 个容量瓶中皆加入 1mL 成色剂溶液，并用蒸馏水加至刻度。分别加入 1mL 混合氧化剂溶液，摇匀。在 5min 内在分光光度计 550nm 处测定其不同试样生成染料的光密度（以编号 0 为零），绘制不同显影剂含量的相应光密度曲线。横坐标为 2，4，6，8，10mg/L。

D1.4.2　水样的测定

取 2 份水样（一般为 20mL）分别置于两个 50mL 的容量瓶中。一个为测定水样，另一个为空白试验。在前者测定水样中加 1mL 成色剂溶液。然后分别在两个瓶中加蒸馏水至刻度，其他步骤同标准曲线的制作。以空白液为零，测出水样的光密度，在标准曲线中查出相应浓度。

D1.5　计算

$$从标准曲线中查出的浓度 \times \frac{50}{a} = 废水中彩色显影剂的总量（mg/L） \quad \cdots\cdots\cdots\cdots\cdots (D1)$$

式中：a——为废水取样的 mL 数。

D1.6　注意事项

D1.6.1　生成的品红染料在 8min 之内光密度是稳定的，故宜在染料生成后 5min 之内测定。

D1.6.2　本方法不包括黑白显影剂。

D2　显影剂及其氧化物总量的测定方法

电影洗印废水中存在不同量的赤血盐漂白液，将排放的显影剂部分或全部氧化，因此废水中一种情况是存在显影剂及其氧化物，另一种情况是存在大量的氧化物而无显影剂。本方法测出的结果在第一种情况下是废水中显影剂及氧化物的总量，在第二种情况下是废水中原

有显影剂氧化物的含量。

D2.1 原理

通常使用的显影剂，大都具有对苯二酚、对氨基酚、对苯二胺类的结构。经氧化水解后都能得到对苯二醌。利用溴或氯溴将显影剂氧化成显影剂氧化物，再用碘量法进行碘—淀粉比色法测定。

以米吐尔为例：

$$\text{C}_6\text{H}_4(\text{OH})(\text{NHCH}_3) + \text{H}_2\text{O} + \text{Br}_2 \rightleftharpoons \text{C}_6\text{H}_4\text{O}_2 + \text{CH}_3\text{NH}_2 + 2\text{H}^+ + 2\text{Br}^-$$

醌是较强的氧化剂。在酸性溶液中，碘离子定量还原对苯二醌为对苯二酚。所释出的当量碘，可用淀粉发生蓝色进行比色测定。

$$\text{C}_6\text{H}_4\text{O}_2 + 2\text{H}^+ + 2\text{I}^- \rightleftharpoons \text{I}_2 + \text{C}_6\text{H}_4(\text{OH})_2$$

D2.2 仪器和设备

721 或类似型号分光光度计及 2cm 比色槽，恒温水浴锅，50mL 容量瓶，2mL、5mL 及 10mL 刻度吸管。

D2.3 试剂

D2.3.1　0.1N 溴酸钾—溴化钾溶液：称取 2.8g 溴酸钾和 4.0g 溴化钾，用蒸馏水稀释至 1L。

D2.3.2　1∶1 磷酸：磷酸加一倍蒸馏水。

D2.3.3　饱和氯化钠溶液：称取 40g 氯化钠，溶于 100mL 蒸馏水中。

D2.3.4　20% 溴化钾溶液：称取 20g 溴化钾，溶于 100mL 蒸馏水中。

D2.3.5　5% 苯酚溶液：取苯酚 5mL，溶于 100mL 蒸馏水中。

D2.3.6　5% 碘化钾溶液：称取 5g 碘化钾，溶于 100mL 蒸馏水中。（用时配制，放暗处）

D2.3.7　0.2% 淀粉溶液：称 1g 可溶性淀粉，加少量水搅匀，注入沸腾的 500mL 水中，继续煮沸 5min。夏季可加水杨酸 0.2g。

D2.3.8　配制标准液：准确称取对苯二酚（分子量为 110.11g）0.276g，如果是照相级米吐尔（分子量为 344.40g）可称取 0.861g，照相级 TSS（分子量为 262.33g）可称取 0.656g，（或根据所使用药品的分子量及纯度另行计算），溶于 25mL 的 6NHCl 中，移入 250mL 容量瓶中，用蒸馏水加至刻度。此溶液浓度为 0.010 0M。

D2.4 步骤

D2.4.1　标准曲线的制作

D2.4.1.1　取标准液 25mL，加蒸馏水稀释至 1000mL，此液浓度为 0.000 25M，即每毫升含对苯二酚 0.25μmol（甲液）。

D2.4.1.2　取甲液 25mL 用蒸馏水稀释至 250mL，此溶液浓度为 0.000 025M，即每毫升含对苯二酚 0.025μmol（乙液）。

D2.4.1.3　取 6 个 50mL 容量瓶，分别加入标准稀释液（乙液）0；0.1；0.2；0.3；0.4；0.5μmol 对苯二酚（即 4.0；8.0；12.0；16.0；20.0mL 乙液），加入适量蒸馏水，使各容量瓶中大约为 20mL 溶液。

D2.4.1.4　用刻度吸管加入 1∶1 磷酸 2mL。

D2.4.1.5 用吸管取饱和氯化钠溶液 5mL。

D2.4.1.6 用吸管取 0.1N 溴酸钾-溴化钾溶液 2mL，尽可能不要沾在瓶壁上。用极少量的水冲洗瓶壁并摇匀。溶液应是氯溴的浅黄色。放入 35℃ 恒温水浴锅内，放置 15min。

D2.4.1.7 吸取 20% 溴化钾溶液 2mL，沿瓶壁周围加入容量瓶中。摇匀后放在 35℃ 水溶中 5~10min。

D2.4.1.8 用滴管快速加入 5% 苯酚溶液 1mL，立即摇匀，使溴的颜色退去。（如慢慢加入则易生成白色沉淀，无法比色）。

D2.4.1.9 降温：放自来水中降温 3min。

D2.4.1.10 用吸管加入新配制的 5% 碘化钾溶液 2mL，冲洗瓶壁；放入暗柜 5min。

D2.4.1.11 吸取 0.2% 淀粉指示剂 10mL，加入容量瓶中，用蒸馏水加至刻度，加盖摇匀后，放暗柜中 20min。

D2.4.1.12 将发色试液分别放入 2cm 比色槽中，在分光光度计 570nm 处，以试剂空白为零分别测出 5 个溶液的光密度，并绘制出标准曲线。横坐标为 0.1、0.2、0.3、0.4、0.5μmol/50mL。

D2.4.2 水样的测定

取水样适量（约 1~10mL）放入 50mL 容量瓶中，并加蒸馏水至 20mL 左右，于另一个 50mL 容量瓶中加 20mL 蒸馏水作试剂空白。以下按步骤 D2.4.1.4~D2.4.1.12 进行，测出水样的光密度，在曲线上查出 50mL 中所含微克分子数。

D2.4.3 需排除干扰的水样测定

当水样中含有六价铬离子而影响测定时，可用 $NaNO_2$ 将 Cr^{+6} 还原成 Cr^{+3}，用过量的尿素、去除多余的 $NaNO_2$ 对本实验的干扰，即可达到消除铬干扰的目的。

准确取适量的水样（约 1~10mL），放入 50mL 容量瓶中，加入蒸馏水至 20mL 左右，加入 1:1 磷酸 2mL，再加 4 滴 10% $NaNO_2$，充分振荡，放入 35℃ 恒温水溶中 15min。再加入 20% 尿素 2mL，充分振荡，放入 35℃ 水溶中 10min。以下操作按步骤 D2.4.1.5~D2.4.1.12 进行，测出光密度，在曲线上查出 50mL 中所含微克分子数。

D2.5 计算

水样中显影剂及氧化物总量 C（以对苯二酚计）按（D2）计算：

$$C（mg/L）= \frac{50mL 中微摩尔数 \times 110}{取样体积（mL）} \times 1000 \quad\quad\quad\quad\quad (D2)$$

D2.6 注意事项

D2.6.1 本试验步骤多，时间长，因此要求操作仔细认真。

D2.6.2 所用玻璃器皿必须用清洗液洗净。

D2.6.3 水浴温度要准确在 35℃±1℃，每个步骤反应时间要准确控制。

D2.6.4 加入溴酸钾—溴化钾后，必须用蒸馏水冲洗容量瓶壁，否则残留溴酸钾与碘化钾作用生成碘，使光密度增加。

D2.6.5 在无铬离子的废水中，水样可不必处理，直接进行测定。

D2.6.6 水样如太浓，则预先稀释再进行测定。

D3 元素磷的测定——磷钼蓝比色法

D3.1 原理

元素磷经苯萃取后氧化形成的钼磷酸为氯化亚锡还原成蓝色铬合物。灵敏度比钒钼磷酸比色法高，并且易于富集，富集后能提高元素磷含量小于 0.1mg/L 时检测的可靠性，并减少干扰。

水样中含砷化物、硅化物和硫化物的量分别为元素磷含量的 100 倍、200 倍和 300 倍时，对本方法无明显干扰。

D3.2 仪器和试剂

D3.2.1 仪器：分光光度计；3cm 比色皿。

D3.2.2 比色管：50mL。

D3.2.3 分液漏斗：60、125、250mL。

D3.2.4 磨口锥形瓶：250mL。

D3.2.5 试剂：以下试剂均为分析纯：苯、高氯酸、溴酸钾、溴化钾、甘油、氯化亚锡、钼酸铵、磷酸二氢钾、醋酸丁酯、硫酸、硝酸、无水乙醇、酚酞指示剂。

D3.3 溶液的配制

D3.3.1 磷酸二氢钾标准溶液：准确称取 0.4394g 干燥过的磷酸二氢钾，溶于少量水中，移入 1000mL 容量瓶中，定容。此溶液 $PO_4^{-3}-P$ 含量为 0.1mg/mL。取 10mL 上述溶液于 1000mL 容量瓶中，定容，得到 $PO_4^{-3}-P$ 含量为 1μg/mL 的磷酸二氢钾标准溶液。

D3.3.2 溴酸钾-溴化钾溶液：溶解 10g 溴酸钾和 8g 溴化钾于 400mL 水中。

D3.3.3 2.5%钼酸铵溶液：称取 2.5g 钼酸铵，加 1:1 硫酸溶液 70mL，待钼酸铵溶解后再加入 30mL 水。

D3.3.4 2.5%氯化亚锡甘油溶液：溶解 2.5g 氯化亚锡于 100mL 甘油中（可在水浴中加热，促进溶解）。

D3.3.5 5%钼酸铵溶液：溶解 12.5g 钼酸铵于 150mL 水中，溶解后将此液缓慢地倒入 100mL 1:5 的硝酸溶液中。

D3.3.6 1%氯化亚锡溶液：溶解 1g 氯化亚锡于 15mL 盐酸中，加入 85mL 水及 1.5g 抗坏血酸。（可保存 4~5 天）。

D3.3.7 1:1 硫酸溶解、1:5 硝酸溶液、20%氢氧化钠溶液。

D3.4 测定步骤

D3.4.1 废水中元素磷含量大于 0.05mg/L 时，采取水相直接比色，按下列规定操作。

D3.4.1.1 水样预处理

a）萃取：移取 10~100mL 水样于盛有 25mL 苯的 125mL 或 250mL 的分液漏斗中，振荡 5min 后静置分层。将水相移入另一盛有 15mL 苯的分液漏斗中，振荡 2min 后静置，弃去水相，将苯相并入第一支分液漏斗中。加入 15mL 水，振荡 1min 后静置，弃去水相，苯相重复操作水洗 6 次。

b）氧化：在苯相中加入 10~15mL 溴酸钾—溴化钾溶液，2mL 1:1 硫酸溶液振荡 5min，静置 2min 后加入 2mL 高氯酸，再振荡 5min，移入 250mL 锥形瓶内，在电热板上缓缓加热以驱赶过量高氯酸和除溴（勿使样品溅出或蒸干），至白烟减少时，取下冷却。加入少量水及 1 滴酚酞指示剂，用 20%氢氧化钠溶液中和至呈粉红色，加 1 滴 1:1 硫酸溶液至粉红色消失，移入容量瓶中，用蒸馏水稀释至刻度（据元素磷的含量确定稀释体积）。

D3.4.1.2 比色

移取适量上述的稀释液于 50mL 比色管中，加 2mL 2.5%钼酸铵溶液及 6 滴 2.5%氯化亚锡甘油溶液，加水稀释至刻度，混匀，于 20~30℃放置 20~30min，倾入 3cm 比色皿中，在分光光度计 690nm 波长处，以试剂空白为零，测光密度。

D3.4.1.3 直接比色工作曲线的绘制

a）移取适量的磷酸二氢钾标准溶液，使 $PO_4^{-3}-P$ 的含量分别为 0、1、3、5、7……17μg 于 50mL 比色管中，测光密度。

b）以 $PO_4^{-3}-P$ 含量为横坐标，光密度为纵坐标，绘制直接比色工作曲线。

D3.4.2 废水中元素磷含量小于 0.05mg/L 时，采用有机相萃取比色。按下列规定操作：

D3.4.2.1 水样预处理

萃取比色：移取适量的氧化稀释液于 60mL 分液漏斗已含有 3mL 的 1:5 硝酸溶液中，加入7mL15%钼酸铵溶液和10mL醋酸丁酯，振荡1min，弃去水相，向有机相加2mL1%氯化亚锡溶液，摇匀，再加入1mL无水乙醇，轻轻转动分液漏斗，使水珠下降，放尽水相，将有机相倾入3cm比色皿中，在分光光度计630或720nm波长处，以试剂空白为零测光密度。

D3.4.2.2 有机相萃取比色工作曲线的绘制：

a) 移取适量的磷酸二氢钾标准溶液，使PO_4^{-3}—P含量分别为1、2、3、4、5μg于60mL分液漏斗中，加入少量的水，以下按上节萃取比色步骤进行。

b) 以PO_4^{-3}—P含量为横坐标，光密度为纵坐标，绘制有机相萃取比色工作曲线。

D3.5 计算

用式（D3）计算直接比色和有机相萃取比色测得1L废水中元素磷的毫克数。

$$P = \frac{G}{\frac{V_1}{V_2} \times V_3} \quad \cdots\cdots\cdots\cdots\cdots\cdots\cdots\cdots\cdots\cdots\cdots\cdots\cdots (D3)$$

式中：G——从工作曲线查得元素磷量，μg；
V_1——取废水水样体积，mL；
V_2——废水水样氧化后稀释体积，mL；
V_3——比色时取稀释液的体积，mL。

D3.6 精确度

平行测定两个结果的差数，不应超过较小结果的10%。

取平行测定两个结果的算术平均值作为样品中元素磷的含量，测定结果取两位有效数字。

D3.7 样品保存

采样后调节水样pH值为6~7，可于塑料瓶或玻璃瓶贮存48h。

大气污染物综合排放标准（GB 16297—1996）

（代替GB 3548—83、GB 4276—84、GB 4277—84、GB 4282—84、GB 4286—84、GB 4911—85、GB 4912—85、GB 4913—85、GB 4916—85、GB 4917—85、GBJ 4—73各标准中的废气部分 1996年4月12日国家环境保护局批准并发布 自1997年1月1日起施行）

前 言

根据《中华人民共和国大气污染防治法》第七条的规定，制定本标准。

本标准在原有《工业"三废"排放试行标准》（GBJ 4—73）废气部分和有关其他行业性国家大气污染物排放标准的基础上制定。本标准在技术内容上与原有各标准有一定的继承关系，亦有相当大的修改和变化。

本标准规定了33种大气污染物的排放限值，其指标体系为最高允许浓度、最高允许排放速率和无组织排放监控浓度限值。

国家在控制大气污染物排放方面，除本标准为综合性排放标准外，还有若干行业性排放标准共同存在，即除若干行业执行各自的行业性国家大气污染物排放标准外，其余均执行本标准。

本标准从 1997 年 1 月 1 日起实施。

下列各标准的废气部分由本标准取代，自本标准实施之日起，下列各标准的废气部分即行废止。

GBJ 4—73　工业"三废"排放试行标准
GB 3548—83　合成洗涤剂工业污染物排放标准
GB 4276—84　火炸药工业硫酸浓缩污染物排放标准
GB 4277—84　雷汞工业污染物排放标准
GB 4282—84　硫酸工业污染物排放标准
GB 4286—84　船舶工业污染物排放标准
GB 4911—85　钢铁工业污染物排放标准
GB 4912—85　轻金属工业污染物排放标准
GB 4913—85　重有色金属工业污染物排放标准
GB 4916—85　沥青工业污染物排放标准
GB 4917—85　普钙工业污染物排放标准

本标准的附录 A、附录 B、附录 C 都是标准的附录。

本标准由国家环境保护局科技标准司提出。

本标准由国家环境保护局负责解释。

1　主题内容与适用范围

1.1　主题内容

本标准规定了 33 种大气污染物的排放限值，同时规定了标准执行中的各种要求。

1.2　适用范围

1.2.1　在我国现有的国家大气污染物排放标准体系中，按照综合性排放标准与行业性排放标准不交叉执行的原则，锅炉执行 GB 13271—91《锅炉大气污染物排放标准》、工业炉窑执行 GB 9078—1996《工业炉窑大气污染物排放标准》、火电厂执行 GB 13223—1996《火电厂大气污染物排放标准》、炼焦炉执行 GB 16171—1996《炼焦炉大气污染物排放标准》、水泥厂执行 GB 4915—1996《水泥厂大气污染物排放标准》、恶臭物质排放执行 GB 14554—93《恶臭污染物排放标准》、汽车排放执行 GB 14761.1~14761.7—93《汽车大气污染物排放标准》、摩托车排气执行 GB 14621—93《摩托车排气污染物排放标准》，其他大气污染物排放均执行本标准。

1.2.2　本标准实施后再行发布的行业性国家大气污染物排放标准，按其适用范围规定的污染源不再执行本标准。

1.2.3　本标准适用于现有污染源大气污染物排放管理，以及建设项目的环境影响评价、设计、环境保护设施竣工验收及其投产后的大气污染物排放管理。

2　引用标准

下列标准所包含的条文，通过在本标准中引用而构成为本标准的条文。

GB 3095—1996　环境空气质量标准
GB/T 1657—1996　固定污染源排气中颗粒物测定与气态污染物采样方法

3　定义

本标准采用下列定义：

3.1　标准状态

指温度为 273K，压力为 101325Pa 时的状态。本标准规定的各项标准值，均以标准状态下的干空气为基准。

3.2 最高允许排放浓度

指处理设施后排气筒中污染物任何 1 小时浓度平均值不得超过的限值；或指无处理设施排气筒中污染物任何 1 小时浓度平均值不得超过的限值。

3.3 最高允许排放速率

指一定高度的排气筒任何 1 小时排放污染物的质量不得超过的限值。

3.4 无组织排放

指大气污染物不经过排气筒的无规则排放。低矮排气筒的排放属有组织排放，但在一定条件下也可造成与无组织排放相同的后果。因此，在执行"无组织排放监控浓度限值"指标时，由低矮排气筒造成的监控点污染物浓度增加不予扣除。

3.5 无组织排放监控点

依照本标准附录 C 的规定，为判别无组织排放是否超过标准而设立的监测点。

3.6 无组织排放监控浓度限值

指监控点的污染物浓度在任何 1 小时的平均值不得超过的限值。

3.7 污染源

指排放大气污染物的设施或指排放大气污染物的建筑构造（如车间等）。

3.8 单位周界

指单位与外界环境接界的边界。通常应依据法定手续确定边界；若无法定手续，则按目前的实际边界确定。

3.9 无组织排放源

指设置于露天环境中具有无组织排放的设施，或指具有无组织排放的建筑构造（如车间、工棚等）。

3.10 排气筒高度

指自排气筒（或其主体建筑构造）所在的地平面至排气筒出口计的高度。

4 指标体系

本标准设置下列三项指标：

4.1 通过排气筒排放的污染物最高允许排放浓度。

4.2 通过排气筒排放的污染物，按排气筒高度规定的最高允许排放速率。

任何一个排气筒必须同时遵守上述两项指标，超过其中任何一项均为超标排放。

4.3 以无组织方式排放的污染物，规定无组织排放的监控点及相应的监控浓度限值。

该指标按照本标准第 9.2 条的规定执行。

5 排放速率标准分级

本标准规定的最高允许排放速率，现有污染源分为一、二、三级，新污染源分为二、三级。按污染源所在的环境空气质量功能区类别，执行相应级别的排放速率标准，即：

位于一类区的污染源执行一级标准（一类区禁止新、扩建污染源，一类区现有污染源改建时执行现有污染源的一级标准）；

位于二类区的污染源执行二级标准；

位于三类区的污染源执行三级标准。

6 标准值

6.1 1997 年 1 月 1 日前设立的污染源（以下简称为现有污染源）执行表 1 所列标准值。

6.2 1997 年 1 月 1 日起设立（包括新建、扩建、改建）的污染源（以下简称为新污染源）执行表2所列标准值。

6.3 按下列规定判断污染源的设立日期：

6.3.1 一般情况下应以建设项目环境影响报告书（表）批准日期作为其设立日期。

6.3.2 未经环境保护行政主管部门审批设立的污染源，应按补做的环境影响报告书（表）批准日期作为其设立日期。

7 其他规定

7.1 排气筒高度除须遵守表列排放速率标准值外，还应高出周围200m半径范围的建筑5m以上，不能达到该要求的排气筒，应按其高度对应的表列排放速率标准值严格50%执行。

7.2 两个排放相同污染物（不论其是否由同一生产工艺过程产生）的排气筒，若其距离小于其几何高度之和，应合并视为一根等效排气筒。若有三根以上的近距排气筒，且排放同一种污染物时，应以前两根的等效排气筒，依次与第三、四根排气筒取等效值。等效排气筒的有关参数计算方法见附录A。

7.3 若某排气筒的高度处于本标准列出的两个值之间，其执行的最高允许排放速率以内插法计算，内插法的计算式见本标准附录B；当某排气筒的高度大于或小于本标准列出的最大或最小值时，以外推法计算其最高允许排放速率，外推法计算式见本标准附录B。

7.4 新污染源的排气筒一般不应低于15m。若某新污染源的排气筒必须低于15m时，其排放速率标准值按7.3的外推计算结果再严格50%执行。

7.5 新污染源的无组织排放应从严控制，一般情况下不应有无组织排放存在，无法避免的无组织排放应达到表2规定的标准值。

7.6 工业生产尾气确需燃烧排放的，其烟气黑度不得超过林格曼1级。

8 监测

8.1 布点

8.1.1 排气筒中颗粒物或气态污染物监测的采样点数目及采样点位置的设置，按GB/T 16157—1996执行。

8.1.2 无组织排放监测的采样点（即监控点）数目和采样点位置的设置方法，详见本标准附录C。

8.2 采样时间和频次

本标准规定的三项指标，均指任何1小时平均值不得超过的限值，故在采样时应做到：

8.2.1 排气筒中废气的采样

以连续1小时的采样获取平均值；

或在1小时内，以等时间间隔采集4个样品，并计平均值。

8.2.2 无组织排放监控点的采样

无组织排放监控点和参照点监测的采样，一般采用连续1小时采样计平均值；

若浓度偏低，需要时可适当延长采样时间；

若分析方法灵敏度高，仅需用短时间采集样品时，应实行等时间间隔采样，采集4个样品计平均值。

8.2.3 特殊情况下的采样时间和频次

若某排气筒的排放为间断性排放，排放时间小于1小时，应在排放时段内实行连续采样；

或在排放时段内以等时间间隔采集2~4个样品，并计平均值；

若某排气筒的排放为间断性排放，排放时间大于1小时，则应在排放时段内按8.2.1的要求采样。

当进行污染事故排放监测时，按需要设置的采样时间和采样频次，不受上述要求限制；

建设项目环境保护设施竣工验收监测的采样时间和频次，按国家环境保护局制定的建设项目环境保护设施竣工验收监测办法执行。

8.3 监测工况要求

8.3.1 在对污染源的日常监督性监测中，采样期间的工况应与当时的运行工况相同，排污单位的人员和实施监测的人员都不应任意改变当时的运行工况。

8.3.2 建设项目环境保护设施竣工验收监测的工况要求按国家环境保护局制定的建设项目环境保护设竣工验收监测办法执行。

8.4 采样方法和分析方法

8.4.1 污染物的分析方法按国家环境保护局规定执行。

8.4.2 污染物的采样方法按 GB/T 16157—1996 和国家环境保护局规定的分析方法有关部分执行。

8.5 排气量的测定

排气量的测定应与排放浓度的采样监测同步进行，排气量的测定方法按 GB/T 16157—1996 执行。

9 标准实施

9.1 位于国务院批准划定的酸雨控制区和二氧化硫污染控制区的污染源，其二氧化硫排放除执行本标准外，还应执行总量控制标准。

9.2 本标准中无组织排放监控浓度限值，由省、自治区、直辖市人民政府环境保护行政主管部门决定是否在本地区实施，并报国务院环境保护行政主管部门备案。

9.3 本标准由县级以上人民政府环境保护行政主管部门负责监督实施。

表 1 现有污染源大气污染物排放限值

序号	污染物	最高允许排放浓度（mg/m³）	最高允许排放速率（kg/h）				无组织排放监控浓度限值	
			排气筒（m）	一级	二级	三级	监控点	浓度（mg/m³）
1	二氧化硫	1200（硫、二氧化硫、硫酸和其他含硫化合物生产） 700（硫、二氧化硫、硫酸和其他含硫化合物使用）	15 20 30 40 50 60 70 80 90 100	1.6 2.6 8.8 15 23 33 47 63 82 100	3.0 5.1 17 30 45 64 91 120 160 200	4.1 7.7 26 45 69 98 140 190 240 310	无组织排放源上风向设参照点，下风向设监控点*	0.50（监控点与参照点浓度差值）

* 一般应於无组织排放源上风向 2~50m 范围内设参考点，排放源下风向 2~50m 范围内设监控点，详见本标准附录 C。下同。

续表

序号	污染物	最高允许排放浓度 (mg/m³)	最高允许排放速率 (kg/h)				无组织排放监控浓度限值	
			排气筒 (m)	一级	二级	三级	监控点	浓度 (mg/m³)
2	氮氧化物	1700（硝酸、氮肥和火炸药生产） 420（硝酸使用和其他）	15 20 30 40 50 60 70 80 90 100	0.47 0.77 2.6 4.6 7.0 9.9 14 19 24 31	0.91 1.5 5.1 8.9 14 19 27 37 47 61	1.4 2.3 7.7 14 21 29 41 56 72 92	无组织排放源上风向设参照点，下风向设监控点	0.15（监控点与参照点浓度差值）
3	颗粒物	22（碳黑尘、染料尘）	15 20 30 40	禁排	0.60 1.0 4.0 6.8	0.87 1.5 5.9 10	周界外浓度最高点*	肉眼不可见
		80**（玻璃棉尘、石英粉尘、矿渣棉尘）	15 20 30 40	禁排	2.2 3.7 14 25	3.1 5.3 21 37	无组织排放源上风向设参照点，下风向设监控点	2.0（监控点与参照点浓度差值）
		150（其他）	15 20 30 40 50 60	2.1 3.5 14 24 36 51	4.1 6.9 27 46 70 100	5.9 10 40 69 110 150	无组织排放源上风向设参照点，下风向设监控点	5.0（监控点与参照点浓度差值）
4	氟化氢	150	15 20 30 40 50 60 70 80	禁排	0.30 0.51 1.7 3.0 4.5 6.4 9.1 12	0.46 0.77 2.6 4.5 6.9 9.8 14 19	周界外浓度最高点	0.25
5	铬酸雾	0.080	15 20 30 40 50 60	禁排	0.009 0.015 0.051 0.089 0.14 0.19	0.014 0.023 0.078 0.13 0.21 0.29	周界外浓度最高点	0.0075

* 周界外浓度最高点一般应设于排放源下风向的单位周界外 10m 范围内。如预计无组织排放的最大落地浓度点越出 10m 范围，可将监控点移至该预计浓度最高点，详见附录 C。下同。

** 均指含游离二氧化硅 10% 以上的各种尘。

续表

序号	污染物	最高允许排放浓度（mg/m³）	最高允许排放速率（kg/h）				无组织排放监控浓度限值	
			排气筒（m）	一级	二级	三级	监控点	浓度（mg/m³）
6	硫酸雾	1000（火炸药厂） 70（其他）	15 20 30 40 50 60 70 80	禁排	1.8 3.1 10 18 27 39 55 74	2.8 4.6 16 27 41 59 83 110	周界外浓度最高点	1.5
7	氟化物	100（普钙工厂） 11（其他）	15 20 30 40 50 60 70 80	禁排	0.12 0.20 0.69 1.2 1.8 2.6 3.6 4.9	0.18 0.31 1.0 1.8 2.7 3.9 5.5 7.5	无组织排放源上风向设参照点，下风向设监控点	20（μg/m³）（监控点与参照点浓度差值）
8	氯气*	85	25 30 40 50 60 70 80	禁排	0.60 1.0 3.4 5.9 9.1 13 18	0.90 1.5 5.2 9.0 14 20 28	周界外浓度最高点	0.50
9	铅及其化合物	0.90	15 20 30 40 50 60 70 80 90 100	禁排	0.005 0.007 0.031 0.055 0.085 0.12 0.17 0.23 0.31 0.39	0.007 0.011 0.048 0.083 0.13 0.18 0.26 0.35 0.47 0.60	周界外浓度最高点	0.0075
10	汞及其化合物	0.015	15 20 30 40 50 60	禁排	$1.8×10^{-3}$ $3.1×10^{-3}$ $10×10^{-3}$ $18×10^{-3}$ $27×10^{-3}$ $39×10^{-3}$	$2.8×10^{-3}$ $4.6×10^{-3}$ $16×10^{-3}$ $27×10^{-3}$ $41×10^{-3}$ $59×10^{-3}$	周界外浓度最高点	0.0015

* 排放氯气的排气筒不得低于25m。

续表

序号	污染物	最高允许排放浓度（mg/m³）	最高允许排放速率（kg/h）				无组织排放监控浓度限值	
			排气筒（m）	一级	二级	三级	监控点	浓度（mg/m³）
11	镉及其化合物	1.0	15 20 30 40 50 60 70 80	禁排	0.060 0.10 0.34 0.59 0.91 1.3 1.8 2.5	0.090 0.15 0.52 0.90 1.4 2.0 2.8 3.7	周界外浓度最高点	0.050
12	铍及其化合物	0.015	15 20 30 40 50 60 70 80	禁排	1.3×10^{-3} 2.2×10^{-3} 7.3×10^{-3} 13×10^{-3} 19×10^{-3} 27×10^{-3} 39×10^{-3} 52×10^{-3}	2.0×10^{-3} 3.3×10^{-3} 11×10^{-3} 19×10^{-3} 29×10^{-3} 41×10^{-3} 58×10^{-3} 79×10^{-3}	周界外浓度最高点	0.0010
13	镍及其化合物	5.0	15 20 30 40 50 60 70 80	禁排	0.18 0.31 1.0 1.8 2.7 3.9 5.5 7.4	0.28 0.46 1.6 2.7 4.1 5.9 8.2 11	周界外浓度最高点	0.050
14	锡及其化合物	10	15 20 30 40 50 60 70 80	禁排	0.36 0.61 2.1 3.5 5.4 7.7 11 15	0.55 0.93 3.1 5.4 8.2 12 17 22	周界外浓度最高点	0.30
15	苯	17	15 20 30 40	禁排	0.60 1.0 3.3 6.0	0.90 1.5 5.2 9.0	周界外浓度最高点	0.50

续表

序号	污染物	最高允许排放浓度 (mg/m³)	最高允许排放速率 (kg/h)				无组织排放监控浓度限值	
			排气筒 (m)	一级	二级	三级	监控点	浓度 (mg/m³)
16	甲苯	60	15 20 30 40	禁排	3.6 6.1 21 36	5.5 9.3 31 54	周界外浓度最高点	0.30
17	二甲苯	90	15 20 30 40	禁排	1.2 2.0 6.9 12	1.8 3.1 10 18	周界外浓度最高点	1.5
18	酚类	115	15 20 30 40 50 60	禁排	0.12 0.20 0.68 1.2 1.8 2.6	0.18 0.31 1.0 1.8 2.7 3.9	周界外浓度最高点	0.10
19	甲醛	30	15 20 30 40 50 60	禁排	0.30 0.51 1.7 3.0 4.5 6.4	0.46 0.77 2.6 4.5 6.9 9.8	周界外浓度最高点	0.25
20	乙醛	150	15 20 30 40 50 60	禁排	0.060 0.10 0.34 0.59 0.91 1.3	0.090 0.15 0.52 0.90 1.4 2.0	周界外浓度最高点	0.050
21	丙烯腈	26	15 20 30 40 50 60	禁排	0.91 1.5 5.1 8.9 14 19	1.4 2.3 7.8 13 21 29	周界外浓度最高点	0.75

续表

序号	污染物	最高允许排放浓度（mg/m³）	最高允许排放速率（kg/h）				无组织排放监控浓度限值	
			排气筒（m）	一级	二级	三级	监控点	浓度（mg/m³）
22	丙烯醛	20	15 20 30 40 50 60	禁排	0.61 1.0 3.4 5.9 9.1 13	0.92 1.5 5.2 9.0 14 20	周界外浓度最高点	0.50
23	氰化氢*	2.3	15 20 30 40 60 70 80	禁排	0.18 0.31 1.0 1.8 2.7 3.9 5.5	0.28 0.46 1.6 2.7 4.1 5.9 8.3	周界外浓度最高点	0.030
24	甲醇	220	15 20 30 40 50 60	禁排	6.1 10 34 59 91 130	9.2 15 52 90 140 200	周界外浓度最高点	15
25	苯胺类	25	15 20 30 40 50 60	禁排	0.61 1.0 3.4 5.9 9.1 13	0.92 1.5 5.2 9.0 14 20	周界外浓度最高点	0.50
26	氯苯类	85	15 20 30 40 50 60 70 80 90 100	禁排	0.67 1.0 2.9 5.0 7.7 11 15 21 27 34	0.92 1.5 4.4 7.6 12 17 23 32 41 52	周界外浓度最高点	0.50

* 排放氰化氢的排气筒不得低于25m。

续表

序号	污染物	最高允许排放浓度（mg/m³）	最高允许排放速率（kg/h）				无组织排放监控浓度限值	
			排气筒（m）	一级	二级	三级	监控点	浓度（mg/m³）
27	硝基苯类	20	15 20 30 40 50 60	禁排	0.060 0.10 0.34 0.59 0.91 1.3	0.090 0.15 0.52 0.90 1.4 2.0	周界外浓度最高点	0.050
28	氯乙烯	65	15 20 30 40 50 60	禁排	0.91 1.5 5.0 8.9 14 19	1.4 2.3 7.8 13 21 29	周界外浓度最高点	0.75
29	苯并[a]芘	0.50×10⁻³（沥青碳素制品生产和加工）	15 20 30 40 50 60	禁排	0.06×10⁻³ 0.10×10⁻³ 0.34×10⁻³ 0.59×10⁻³ 0.90×10⁻³ 1.3×10⁻³	0.09×10⁻³ 0.15×10⁻³ 0.51×10⁻³ 0.89×10⁻³ 1.4×10⁻³ 2.0×10⁻³	周界外浓度最高点	0.01（μg/m³）
30	光气*	5.0	25 30 40 50	禁排	0.12 0.20 0.69 1.2	0.18 0.31 1.0 1.8	周界外浓度最高点	0.10
31	沥青烟	280（吹制沥青） 80（熔炼、浸涂） 150（建筑搅拌）	15 20 30 40 50 60 70 80	0.11 0.19 0.82 1.4 2.2 3.0 4.5 6.2	0.22 0.36 1.6 2.8 4.3 5.9 8.7 12	0.34 0.55 2.4 4.2 6.6 9.0 13 18	生产设备不得有明显的无组织排放存在	
32	石棉尘	2根（纤维）/cm³ 或20mg/m³	15 20 30 40 50	禁排	0.65 1.1 4.2 7.2 11	0.98 1.7 6.4 11 17	生产设备不得有明显的无组织排放存在	

* 排放光气的排气筒不得低于25mm。

续表

序号	污染物	最高允许排放浓度（mg/m³）	最高允许排放速率（kg/h）				无组织排放监控浓度限值	
			排气筒（m）	一级	二级	三级	监控点	浓度（mg/m³）
33	非甲烷总烃	150（使用溶剂汽油或其他混合烃类物质）	15 20 30 40	6.3 10 35 61	12 20 63 120	18 30 100 170	周界外浓度最高点	5.0

表2　新污染源大气污染物排放限值

序号	污染物	最高允许排放浓度（mg/m³）	最高允许排放速率（kg/h）			无组织排放监控浓度限值	
			排气筒（m）	二级	三级	监控点	浓度（mg/m³）
1	二氧化硫	960（硫、二氧化硫、硫酸和其他含硫化合物生产） 550（硫、二氧化硫、硫酸和其他含硫化合物使用）	15 20 30 40 50 60 70 80 90 100	2.6 4.3 15 25 39 55 77 110 130 170	3.5 6.6 22 38 58 83 120 160 200 270	周界外浓度最高点*	0.40
2	氮氧化物	1400（硝酸、氮肥和火炸药生产） 240（硝酸使用和其他）	15 20 30 40 50 60 70 80 90 100	0.77 1.3 4.4 7.5 12 16 23 31 40 52	1.2 2.0 6.6 11 18 25 35 47 61 78	周界外浓度最高点	0.12

* 周界外浓度最高点一般应设置于无组织排放源下风向的单位周界外10m范围内，若预计无组织排放的最大落地浓度点越出10m范围，可将监控点移至该预计浓度最高点，详见附录C。下同。

续表

序号	污染物	最高允许排放浓度（mg/m³）	最高允许排放速率（kg/h）			无组织排放监控浓度限值	
			排气筒（m）	二级	三级	监控点	浓度（mg/m³）
3	颗粒物	18（碳黑尘、染料尘）	15 20 30 40	0.15 0.85 3.4 5.8	0.74 1.3 5.0 8.5	周界外浓度最高点	肉眼不可见
		60*（玻璃棉尘、石英粉尘、矿渣棉尘）	15 20 30 40	1.9 3.1 12 21	2.6 4.5 18 31	周界外浓度最高点	1.0
		120（其他）	15 20 30 40 50 60	3.5 5.9 23 39 60 85	5.0 8.5 34 59 94 130	周界外浓度最高点	1.0
4	氯化氢**	100	15 20 30 40 50 60 70 80	0.26 0.43 1.4 2.6 3.8 5.4 7.7 10	0.39 0.65 2.2 3.8 5.9 8.3 12 16	周界外浓度最高点	0.20
5	铬酸雾	0.070	15 20 30 40 50 60	0.008 0.013 0.043 0.076 0.12 0.16	0.012 0.020 0.066 0.12 0.18 0.25	周界外浓度最高点	0.0060
6	硫酸雾	430（火炸药厂） 45（其他）	15 20 30 40 50 60 70 80	1.5 2.6 8.8 15 23 33 46 63	2.4 3.9 13 23 35 50 70 95	周界外浓度最高点	1.2

* 均指含游离二氧化硅超过10%以上的各种尘。

** 排放氯气的排气筒不得低于25m。

续表

序号	污染物	最高允许排放浓度（mg/m³）	最高允许排放速率（kg/h） 排气筒（m）	最高允许排放速率（kg/h） 二级	最高允许排放速率（kg/h） 三级	无组织排放监控浓度限值 监控点	无组织排放监控浓度限值 浓度（mg/m³）
7	氟化物	90（普钙工厂） 9.0（其他）	15 20 30 40 50 60 70 80	0.10 0.17 0.59 1.0 1.5 2.2 3.1 4.2	0.15 0.26 0.88 1.5 2.3 3.3 4.7 6.3	周界外浓度最高点	20（μg/立方米）
8	氯气*	65	25 30 40 50 60 70 80	0.52 0.87 2.9 5.0 7.7 11 15	0.78 1.3 4.4 7.6 12 17 23	周界外浓度最高点	0.40
9	铅及其化合物	0.70	15 20 30 40 50 60 70 80 90 100	0.004 0.006 0.027 0.047 0.072 0.10 0.15 0.20 0.26 0.33	0.006 0.009 0.041 0.071 0.11 0.15 0.22 0.30 0.40 0.51	周界外浓度最高点	0.0060
10	汞及其化合物	0.012	15 20 30 40 50 60	1.5×10^{-3} 2.6×10^{-3} 7.8×10^{-3} 15×10^{-3} 23×10^{-3} 33×10^{-3}	2.4×10^{-3} 3.9×10^{-3} 13×10^{-3} 23×10^{-3} 35×10^{-3} 50×10^{-3}	周界外浓度最高点	0.0012

* 排放氯气的排气筒不得低于25m。

续表

序号	污染物	最高允许排放浓度（mg/m³）	最高允许排放速率（kg/h）			无组织排放监控浓度限值	
			排气筒（m）	二级	三级	监控点	浓度（mg/m³）
11	镉及其化合物	0.85	15 20 30 40 50 60 70 80	0.050 0.090 0.29 0.50 0.77 1.1 1.5 2.1	0.080 0.13 0.44 0.77 1.2 1.7 2.3 3.2	周界外浓度最高点	0.040
12	铍及其化合物	0.012	15 20 30 40 50 60 70 80	1.1×10^{-3} 1.8×10^{-3} 6.2×10^{-3} 11×10^{-3} 16×10^{-3} 23×10^{-3} 33×10^{-3} 44×10^{-3}	1.7×10^{-3} 2.8×10^{-3} $9.4 10^{-3}$ 16×10^{-3} 25×10^{-3} 35×10^{-3} 50×10^{-3} 67×10^{-3}	周界外浓度最高点	0.0008
13	镍及其化合物	4.3	15 20 30 40 50 60 70 80	0.15 0.26 0.88 1.5 2.3 3.3 4.6 6.3	0.24 0.34 1.3 2.3 3.5 5.0 7.0 10	周界外浓度最高点	0.040
14	锡及其化合物	8.5	15 20 30 40 50 60 70 80	0.31 0.52 1.8 3.0 4.6 6.6 9.3 13	0.47 0.79 2.7 4.6 7.0 10 14 19	周界外浓度最高点	0.24

续表

序号	污染物	最高允许排放浓度（mg/m³）	最高允许排放速率（kg/h）			无组织排放监控浓度限值	
			排气筒（m）	二级	三级	监控点	浓度（mg/m³）
15	苯	12	15 20 30 40	0.50 0.90 2.9 5.6	0.80 1.3 4.4 7.6	周界外浓度最高点	0.40
16	甲苯	40	15 20 30 40	3.1 5.2 18 30	4.7 7.9 27 46	周界外浓度最高点	2.4
17	二甲苯	70	15 20 30 40	1.0 1.7 5.9 10	1.5 2.6 8.8 15	周界外浓度最高点	1.2
18	酚类	100	15 20 30 40 50 60	0.10 0.17 0.58 1.0 1.5 2.2	0.15 0.26 0.88 1.5 2.3 3.3	周界外浓度最高点	0.008
19	甲醛	25	15 20 30 40 50 60	0.26 0.43 1.4 2.6 3.8 5.4	0.39 0.65 2.2 3.8 5.9 8.3	周界外浓度最高点	0.20
20	乙醛	125	15 20 30 40 50 60	0.050 0.090 0.29 0.50 0.77 1.1	0.080 0.13 0.44 0.77 1.2 1.6	周界外浓度最高点	0.040

续表

序号	污染物	最高允许排放浓度（mg/m³）	最高允许排放速率（kg/h）			无组织排放监控浓度限值	
			排气筒（m）	二级	三级	监控点	浓度（mg/m³）
21	丙烯腈	22	15 20 30 40 50 60	0.77 1.3 4.4 7.5 12 16	1.2 2.0 6.6 11 18 25	周界外浓度最高点	0.60
22	丙烯醛	16	15 20 30 40 50 60	0.52 0.87 2.9 5.0 7.7 11	0.78 1.3 4.4 7.6 12 17	周界外浓度最高点	0.40
23	氯化氢*	1.9	15 20 30 40 60 70 80	0.15 0.26 0.88 1.5 2.3 3.3 4.6	0.24 0.39 1.3 2.3 3.5 5.0 7.0	周界外浓度最高点	0.024
24	甲醇	190	15 20 30 40 50 60	5.1 8.6 29 50 77 100	7.8 13 44 70 120 170	周界外浓度最高点	12
25	苯胺类	20	15 20 30 40 50 60	0.52 0.87 2.9 5.0 7.7 11	0.78 1.3 4.4 7.6 12 17	周界外浓度最高点	0.40

---

* 排放氰化氢的排气筒不得低于25m。

续表

序号	污染物	最高允许排放浓度（mg/m³）	排气筒（m）	最高允许排放速率（kg/h） 二级	三级	无组织排放监控浓度限值 监控点	浓度（mg/m³）
26	氯苯类	60	15 20 30 40 50 60 70 80 90 100	0.52 0.87 2.5 4.3 6.6 9.3 13 18 23 29	0.78 1.3 3.8 6.5 9.9 14 20 27 35 44	周界外浓度最高点	0.40
27	硝基苯类	16	15 20 30 40 50 60	0.050 0.090 0.29 0.50 0.77 1.1	0.080 0.13 0.44 0.77 1.2 1.7	周界外浓度最高点	0.040
28	氯乙烯	36	15 20 30 40 50 60	0.77 1.3 4.4 7.5 12 16	1.2 2.0 6.6 11 18 25	周界外浓度最高点	0.60
29	苯并a芘	0.30×10^{-3}（沥青碳素制品生产和加工）	15 20 30 40 50 60	0.050×10^{-3} 0.085×10^{-3} 0.29×10^{-3} 0.50×10^{-3} 0.77×10^{-3} 1.1×10^{-3}	0.080×10^{-3} 0.13×10^{-3} 0.43×10^{-3} 0.76×10^{-3} 1.2×10^{-3} $1.7 \times \times 10^{-3}$	周界外浓度最高点	0.008（μg/立方米）
30	光气*	3.0	25 30 40 50	0.10 0.17 0.59 1.0	0.15 0.26 0.88 1.5	周界外浓度最高点	0.080

* 排放光气的排气筒不得低于25m。

续表

序号	污染物	最高允许排放浓度 (mg/m³)	最高允许排放速率 (kg/h) 排气筒 (m)	二级	三级	无组织排放监控浓度限值 监控点	浓度 (mg/m³)
31	沥青烟	140（吹制沥青） 40（熔炼、浸涂） 75（建筑搅拌）	15 20 30 40 50 60 70 80	0.18 0.30 1.3 2.3 3.6 5.6 7.4 10	0.27 0.45 2.0 3.5 5.4 7.5 11 15	生产设备不得有明显的无组织排放存在	
32	石棉尘	1根纤维/立方厘米 或 10mg/立方米	15 20 30 40 50	0.55 0.93 3.6 6.2 9.4	0.83 1.4 5.4 9.3 14	生产设备不得有明显的无组织排放存在	
33	非甲烷总烃	120（使用溶剂汽油或其他混合烃类物质）	15 20 30 40	10 17 53 100	16 27 83 150	周界外浓度最高点	4.0

土壤环境质量农用地土壤污染风险管控标准（试行）（GB 15618—2018）

（2018年6月22日中华人民共和国生态环境部公告第13号）

为贯彻《中华人民共和国环境保护法》，保护土壤环境质量，管控土壤污染风险，现批准《土壤环境质量 农用地土壤污染风险管控标准（试行）》《土壤环境质量 建设用地土壤污染风险管控标准（试行）》等两项标准为国家环境质量标准，由生态环境部与国家市场监督管理总局联合发布。

标准名称、编号如下：

《土壤环境质量 农用地土壤污染风险管控标准（试行）》（GB 15618—2018）；

《土壤环境质量 建设用地土壤污染风险管控标准（试行）》（GB 36600—2018）。

以上标准自2018年8月1日起实施，由中国环境出版集团出版，标准内容可在生态环境部网站（kjs.mep.gov.cn/hjbhbz/）查询。

自以上标准实施之日起，《土壤环境质量标准》（GB 15618—1995）废止。

特此公告。

前　　言

为贯彻落实《中华人民共和国环境保护法》，保护农用地土壤环境，管控农用地土壤污染风险,保障农产品质量安全、农作物正常生长和土壤生态环境,制定本标准。

本标准规定了农用地土壤污染风险筛选值和管制值,以及监测、实施与监督要求。

本标准于 1995 年首次发布,本次为第一次修订。

本次修订的主要内容:

——标准名称由《土壤环境质量标准》调整为《土壤环境质量农用地土壤污染风险管控标准(试行)》;

——更新了规范性引用文件,增加了标准的术语和定义;

——规定了农用地土壤中镉、汞、砷、铅、铬、铜、镍、锌等基本项目,以及六六六、滴滴涕、苯并 [a] 芘等其他项目的风险筛选值;

——规定了农用地土壤中镉、汞、砷、铅、铬的风险管制值;

——更新了监测、实施与监督要求。

自本标准实施之日起,《土壤环境质量标准》(GB 15618—1995)废止。

本标准由生态环境部土壤环境管理司、科技标准司组织制订。

本标准主要起草单位:生态环境部南京环境科学研究所、中国科学院南京土壤研究所、中国农业科学院农业资源与农业区划研究所、中国环境科学研究院。

本标准生态环境部 2018 年 5 月 17 日批准。

本标准自 2018 年 8 月 1 日起实施。

本标准由生态环境部解释。

1 适用范围

本标准规定了农用地土壤污染风险筛选值和管制值,以及监测、实施和监督要求。

本标准适用于耕地土壤污染风险筛查和分类。园地和牧草地可参照执行。

2 规范性引用文件

本标准内容引用了下列文件或其中的条款。凡是不注明日期的引用文件,其最新版本适用于本标准。

GB/T14550　土壤质量　六六六和滴滴涕的测定　气相色谱法

GB/T 17136　土壤质量　总汞的测定　冷原子吸收分光光度法

GB/T 17138　土壤质量　铜、锌的测定　火焰原子吸收分光光度法

GB/T 17139　土壤质量　镍的测定　火焰原子吸收分光光度法

GB/T 17141　土壤质量　铅、镉的测定　石墨炉原子吸收分光光度法

GB/T 21010　土地利用现状分类

GB/T 22105　土壤质量　总汞、总砷、总铅的测定　原子荧光法

HJ/T 166　土壤环境监测技术规范

HJ 491　土壤　总铬的测定　火焰原子吸收分光光度法

HJ 680　土壤和沉积物　汞、砷、硒、铋、锑的测定　微波消解/原子荧光法

HJ 780　土壤和沉积物　无机元素的测定　波长色散 X 射线荧光光谱法

HJ 784　土壤和沉积物　多环芳烃的测定　高效液相色谱法

HJ 803　土壤和沉积物　12 种金属元素的测定　王水提取-电感耦合等离子体质谱法

HJ 805　土壤和沉积物　多环芳烃的测定　气相色谱-质谱法

HJ 834　土壤和沉积物　半挥发性有机物的测定　气相色谱-质谱法

HJ 835　土壤和沉积物　有机氯农药的测定　气相色谱-质谱法

HJ 921　土壤和沉积物　有机氯农药的测定　气相色谱法

HJ 923　土壤和沉积物　总汞的测定　催化热解-冷原子吸收分光光度法

3 术语和定义

下列术语和定义适用于本标准。

3.1 土壤 soil
指位于陆地表层能够生长植物的疏松多孔物质层及其相关自然地理要素的综合体。

3.2 农用地 agricultural land
指 GB/T 21010 中的 01 耕地（0101 水田、0102 水浇地、0103 旱地）、02 园地（0201 果园、0202 茶园）和 04 草地（0401 天然牧草地、0403 人工牧草地）。

3.3 农用地土壤污染风险 soil contamination risk of agricultural land
指因土壤污染导致食用农产品质量安全、农作物生长或土壤生态环境受到不利影响。

3.4 农用地土壤污染风险筛选值 risk screening values for soil contamination of agricultural land
指农用地土壤中污染物含量等于或者低于该值的，对农产品质量安全、农作物生长或土壤生态环境的风险低，一般情况下可以忽略；超过该值的，对农产品质量安全、农作物生长或土壤生态环境可能存在风险，应当加强土壤环境监测和农产品协同监测，原则上应当采取安全利用措施。

3.5 农用地土壤污染风险管制值 risk intervention values for soil contamination of agricultural land
指农用地土壤中污染物含量超过该值的，食用农产品不符合质量安全标准等农用地土壤污染风险高，原则上应当采取严格管控措施。

4 农用地土壤污染风险筛选值

4.1 基本项目
农用地土壤污染风险筛选值的基本项目为必测项目，包括镉、汞、砷、铅、铬、铜、镍、锌，风险筛选值见表1。

表 1 农用地土壤污染风险筛选值（基本项目） 单位：mg/kg

序号	污染物项目[a,b]		风险筛选值			
			pH≤5.5	5.5<pH≤6.5	6.5<pH≤7.5	pH>7.5
1	镉	水田	0.3	0.4	0.6	0.8
		其他	0.3	0.3	0.3	0.6
2	汞	水田	0.5	0.5	0.6	1.0
		其他	1.3	1.8	2.4	3.4
3	砷	水田	30	30	25	20
		其他	40	40	30	25
4	铅	水田	80	100	140	240
		其他	70	90	120	170
5	铬	水田	250	250	300	350
		其他	150	150	200	250

续表

序号	污染物项目[a,b]		风险筛选值			
			pH≤5.5	5.5<pH≤6.5	6.5<pH≤7.5	pH>7.5
6	铜	果园	150	150	200	200
		其他	50	50	100	100
7	镍		60	70	100	190
8	锌		200	200	250	300

[a] 重金属和类金属砷均按元素总量计。
[b] 对于水旱轮作地，采用其中较严格的风险筛选值。

4.2 其他项目

4.2.1 农用地土壤污染风险筛选值的其他项目为选测项目，包括六六六、滴滴涕和苯并[α]芘，风险筛选值见表2。

4.2.2 其他项目由地方环境保护主管部门根据本地区土壤污染特点和环境管理需求进行选择。

表2 农用地土壤污染风险筛选值（其他项目）　　　　单位：mg/kg

序号	污染物项目	风险筛选值
1	六六六总量[a]	0.10
2	滴滴涕总量[b]	0.10
3	苯并[α]芘	0.55

[a] 六六六总量为α-六六六、β-六六六、γ-六六六、δ-六六六四种异构体的含量总和。
[b] 滴滴涕总量为p,p'-滴滴伊、p,p'-滴滴滴、o,p'-滴滴涕、p,p'-滴滴涕四种衍生物的含量总和。

5 农用地土壤污染风险管制值

农用地土壤污染风险管制值项目包括镉、汞、砷、铅、铬，风险管制值见表3。

表3 农用地土壤污染风险管制值　　　　单位：mg/kg

序号	污染物项目	风险管制值			
		pH≤5.5	5.5<pH≤6.5	6.5<pH≤7.5	pH>7.5
1	镉	1.5	2.0	3.0	4.0
2	汞	2.0	2.5	4.0	6.0
3	砷	200	150	120	100
4	铅	400	500	700	1000
5	铬	800	850	1000	1300

6 农用地土壤污染风险筛选值和管制值的使用

6.1 当土壤中污染物含量等于或者低于表1和表2规定的风险筛选值时，农用地土壤污染风险低，一般情况下可以忽略；高于表1和表2规定的风险筛选值时，可能存在农用地土壤污染风险，应加强土壤环境监测和农产品协同监测。

6.2 当土壤中镉、汞、砷、铅、铬的含量高于表1规定的风险筛选值、等于或者低于表3规定的风险管制值时，可能存在食用农产品不符合质量安全标准等土壤污染风险，原则上应当采取农艺调控、替代种植等安全利用措施。

6.3 当土壤中镉、汞、砷、铅、铬的含量高于表3规定的风险管制值时，食用农产品不符合质量安全标准等农用地土壤污染风险高，且难以通过安全利用措施降低食用农产品不符合质量安全标准等农用地土壤污染风险，原则上应当采取禁止种植食用农产品、退耕还林等严格管控措施。

6.4 土壤环境质量类别划分应以本标准为基础，结合食用农产品协同监测结果，依据相关技术规定进行划定。

7 监测要求

7.1 监测点位和样品采集

农用地土壤污染调查监测点位布设和样品采集执行 HJ/T 166 等相关技术规定要求。

7.2 土壤污染物分析

土壤污染物分析方法按表4执行。

表4 土壤污染物分析方法

序号	污染物项目	分析方法	标准编号
1	镉	土壤质量 铅、镉的测定 石墨炉原子吸收分光光度法	GB/T 17141
2	汞	土壤和沉积物 汞、砷、硒、铋、锑的测定 微波消解/原子荧光法	HJ 680
		土壤质量 总汞、总砷、总铅的测定 原子荧光法 第1部分：土壤中总汞的测定	GB/T 22105.1
		土壤质量 总汞的测定 冷原子吸收分光光度法	GB/T 17136
		土壤和沉积物 总汞的测定 催化热解-冷原子吸收分光光度法	HJ 923
3	砷	土壤和沉积物 12种金属元素的测定 王水提取-电感耦合等离子体质谱法	HJ 803
		土壤和沉积物 汞、砷、硒、铋、锑的测定 微波消解/原子荧光法	HJ 680
		土壤质量 总汞、总砷、总铅的测定 原子荧光法 第2部分：土壤中总砷的测定	GB/T 22105.2
4	铅	土壤质量 铅、镉的测定 石墨炉原子吸收分光光度法	GB/T 17141
		土壤和沉积物 无机元素的测定 波长色散X射线荧光光谱法	HJ 780

续表

序号	污染物项目	分析方法	标准编号
5	铬	土壤 总铬的测定 火焰原子吸收分光光度法	HJ 491
		土壤和沉积物 无机元素的测定 波长色散X射线荧光光谱法	HJ 780
6	铜	土壤质量 铜、锌的测定 火焰原子吸收分光光度法	GB/T 17138
		土壤和沉积物 无机元素的测定 波长色散X射线荧光光谱法	HJ 780
7	镍	土壤质量 镍的测定 火焰原子吸收分光光度法	GB/T 17139
		土壤和沉积物 无机元素的测定 波长色散X射线荧光光谱法	HJ 780
8	锌	土壤质量 铜、锌的测定 火焰原子吸收分光光度法	GB/T 17138
		土壤和沉积物 无机元素的测定 波长色散X射线荧光光谱法	HJ 780
9	六六六总量	土壤和沉积物 有机氯农药的测定 气相色谱-质谱法	HJ 835
		土壤和沉积物 有机氯农药的测定 气相色谱法	HJ 921
		土壤质量 六六六和滴滴涕的测定 气相色谱法	GB/T 14550
10	滴滴涕总量	土壤和沉积物 有机氯农药的测定 气相色谱-质谱法	HJ 835
		土壤和沉积物 有机氯农药的测定 气相色谱法	HJ 921
		土壤质量 六六六和滴滴涕的测定 气相色谱法	GB/T 14550
11	苯并[α]芘	土壤和沉积物 多环芳烃的测定 气相色谱-质谱法	HJ 805
		土壤和沉积物 多环芳烃的测定 高效液相色谱法	HJ 784
		土壤和沉积物 半挥发性有机物的测定 气相色谱-质谱法	HJ 834
12	pH	土壤 pH值的测定 电位法	HJ 962

8 实施与监督

本标准由各级生态环境主管部门会同农业农村等相关主管部门监督实施。

声环境质量标准（GB 3096—2008）

(2008 年 8 月 19 日环境保护部第 45 号发布　自 2008 年 10 月 1 日起施行)

前　言

为贯彻《中华人民共和国环境噪声污染防治法》，防治噪声污染，保障城乡居民正常生活、工作和学习的声环境质量，制定本标准。

本标准是对 GB 3096—93《城市区域环境噪声标准》和 GB/T 14623—93《城市区域环境噪声测量方法》的修订，与原标准相比主要修改内容如下：

——扩大了标准适用区域，将乡村地区纳入标准适用范围；
——将环境质量标准与测量方法标准合并为一项标准；
——明确了交通干线的定义，对交通干线两侧 4 类区环境噪声限值作了调整；
——提出了声环境功能区监测和噪声敏感建筑物监测的要求。

本标准于 1982 年首次发布，1993 年第一次修订，本次为第二次修订。

本标准自实施之日起，GB 3096—93 和 GB/T 14623—93 废止。

本标准的附录 A 为资料性附录；附录 B、附录 C 为规范性附录。

本标准由环境保护部科技标准司组织制订。

本标准起草单位：中国环境科学研究院、北京市环境保护监测中心、广州市环境监测中心站。

本标准环境保护部 2008 年 7 月 30 日批准。

本标准自 2008 年 10 月 1 日起实施。

本标准由环境保护部解释。

1　适用范围

本标准规定了五类声环境功能区的环境噪声限值及测量方法。

本标准适用于声环境质量评价与管理。

机场周围区域受飞机通过（起飞、降落、低空飞越）噪声的影响，不适用本标准。

2　规范性引用文件

本标准内容引用了下列文件或其中的条款。凡是不注日期的引用文件，其有效版本适用于本标准。

GB 3785　声级计的电、声性能及测试方法
GB/T 15173　声校准器
GB/T 15190　城市区域环境噪声适用区划分技术规范
GB/T 17181　积分平均声级计
GB/T 50280　城市规划基本术语标准
JTG B01　公路工程技术标准

3　术语和定义

下列术语和定义适用于本标准。

3.1 A声级 A-weighted sound pressure level

用 A 计权网络测得的声压级，用 L_A 表示，单位 dB（A）。

3.2 等效声级 equivalent continuous A-weighted sound pressure level

等效连续 A 声级的简称，指在规定测量时间 T 内 A 声级的能量平均值，用 $L_{Aeq,T}$ 表示（简写为 L_{eq}），单位 dB（A）。除特别指明外，本标准中噪声限值皆为等效声级。

根据定义，等效声级表示为：

$$L_{eq} = 10lg\left(\frac{1}{T}\int_0^T 10^{0.1L_A}dt\right)$$

式中：L_A————t 时刻的瞬时 A 声级；

T————规定的测量时间段。

3.3 昼间等效声级 day-time equivalent sound level、夜间等效声级 night-time equivalent sound level

在昼间时段内测得的等效连续 A 声级称为昼间等效声级，用 L_d 表示，单位 dB（A）。

在夜间时段内测得的等效连续 A 声级称为夜间等效声级，用 L_n 表示，单位 dB（A）。

3.4 昼间 day-time、夜间 night-time

根据《中华人民共和国环境噪声污染防治法》，"昼间"是指 6：00 至 22：00 之间的时段；"夜间"是指 22：00 至次日 6：00 之间的时段。

县级以上人民政府为环境噪声污染防治的需要（如考虑时差、作息习惯差异等）而对昼间、夜间的划分另有规定的，应按其规定执行。

3.5 最大声级 maximum sound level

在规定的测量时间段内或对某一独立噪声事件，测得的 A 声级最大值，用 L_{max} 表示，单位 dB（A）。

3.6 累积百分声级 percentile sound level

用于评价测量时间段内噪声强度时间统计分布特征的指标，指占测量时间段一定比例的累积时间内 A 声级的最小值，用 L_N 表示，单位为 dB（A）。最常用的是 L_{10}、L_{50} 和 L_{90}，其含义如下：

L_{10}————在测量时间内有 10% 的时间 A 声级超过的值，相当于噪声的平均峰值；

L_{50}————在测量时间内有 50% 的时间 A 声级超过的值，相当于噪声的平均中值；

L_{90}————在测量时间内有 90% 的时间 A 声级超过的值，相当于噪声的平均本底值。

如果数据采集是按等间隔时间进行的，则 L_N 也表示有 N% 的数据超过的噪声级。

3.7 城市 city、城市规划区 urban plannin garea

城市是指国家按行政建制设立的直辖市、市和镇。

由城市市区、近郊区以及城市行政区域内其他因城市建设和发展需要实行规划控制的区域，为城市规划区。

3.8 乡村 rural area

乡村是指除城市规划区以外的其他地区，如村庄、集镇等。

村庄是指农村村民居住和从事各种生产的聚居点。

集镇是指乡、民族乡人民政府所在地和经县级人民政府确认由集市发展而成的作为农村一定区域经济、文化和生活服务中心的非建制镇。

3.9 交通干线 traffic artery

指铁路（铁路专用线除外）、高速公路、一级公路、二级公路、城市快速路、城市主干路、城市次干路、城市轨道交通线路（地面段）、内河航道。应根据铁路、交通、城市等规划确定。以上交通干线类型的定义参见附录 A。

3.10 噪声敏感建筑物 noise-sensitive buildings
指医院、学校、机关、科研单位、住宅等需要保持安静的建筑物。
3.11 突发噪声 burst noise
指突然发生，持续时间较短，强度较高的噪声。如锅炉排气、工程爆破等产生的较高噪声。

4 声环境功能区分类

按区域的使用功能特点和环境质量要求，声环境功能区分为以下五种类型：
0类声环境功能区：指康复疗养区等特别需要安静的区域。
1类声环境功能区：指以居民住宅、医疗卫生、文化教育、科研设计、行政办公为主要功能，需要保持安静的区域。
2类声环境功能区：指以商业金融、集市贸易为主要功能，或者居住、商业、工业混杂，需要维护住宅安静的区域。
3类声环境功能区：指以工业生产、仓储物流为主要功能，需要防止工业噪声对周围环境产生严重影响的区域。
4类声环境功能区：指交通干线两侧一定距离之内，需要防止交通噪声对周围环境产生严重影响的区域，包括4a类和4b类两种类型。4a类为高速公路、一级公路、二级公路、城市快速路、城市主干路、城市次干路、城市轨道交通（地面段）、内河航道两侧区域；4b类为铁路干线两侧区域。

5 环境噪声限值

5.1 各类声环境功能区适用表1规定的环境噪声等效声级限值。

表1 环境噪声限值 单位：dB（A）

声环境功能区类别	时段	昼间	夜间
0类		50	40
1类		55	45
2类		60	50
3类		65	55
4类	4a类	70	55
	4b类	70	60

5.2 表1中4b类声环境功能区环境噪声限值，适用于2011年1月1日起环境影响评价文件通过审批的新建铁路（含新开廊道的增建铁路）干线建设项目两侧区域；
5.3 在下列情况下，铁路干线两侧区域不通过列车时的环境背景噪声限值，按昼间70dB（A）、夜间55dB（A）执行：
a）穿越城区的既有铁路干线；
b）对穿越城区的既有铁路干线进行改建、扩建的铁路建设项目。
既有铁路是指2010年12月31日前已建成运营的铁路或环境影响评价文件已通过审批的铁路建设项目。
5.4 各类声环境功能区夜间突发噪声，其最大声级超过环境噪声限值的幅度不得高于

15dB（A）。

6 环境噪声监测要求

6.1 测量仪器

测量仪器精度为 2 型及 2 型以上的积分平均声级计或环境噪声自动监测仪器，其性能需符合 GB 3785 和 GB/T 17181 的规定，并定期校验。测量前后使用声校准器校准测量仪器的示值偏差不得大于 0.5dB，否则测量无效。声校准器应满足 GB/T 15173 对 1 级或 2 级声校准器的要求。测量时传声器应加防风罩。

6.2 测点选择

根据监测对象和目的，可选择以下三种测点条件（指传声器所置位置）进行环境噪声的测量：

a) 一般户外

距离任何反射物（地面除外）至少 3.5m 外测量，距地面高度 1.2m 以上。必要时可置于高层建筑上，以扩大监测受声范围。使用监测车辆测量，传声器应固定在车顶部 1.2m 高度处。

b) 噪声敏感建筑物户外

在噪声敏感建筑物外，距墙壁或窗户 1m 处，距地面高度 1.2m 以上。

c) 噪声敏感建筑物室内

距离墙面和其他反射面至少 1m，距窗约 1.5m 处，距地面 1.2~1.5m 高。

6.3 气象条件

测量应在无雨雪、无雷电天气，风速 5m/s 以下时进行。

6.4 监测类型与方法

根据监测对象和目的，环境噪声监测分为声环境功能区监测和噪声敏感建筑物监测两种类型，分别采用附录 B 和附录 C 规定的监测方法。

6.5 测量记录

测量记录应包括以下事项：

a) 日期、时间、地点及测定人员；
b) 使用仪器型号、编号及其校准记录；
c) 测定时间内的气象条件（风向、风速、雨雪等天气状况）；
d) 测量项目及测定结果；
e) 测量依据的标准；
f) 测点示意图；
g) 声源及运行工况说明（如交通噪声测量的交通流量等）；
h) 其他应记录的事项。

7 声环境功能区的划分要求

7.1 城市声环境功能区的划分

城市区域应按照 GB/T 15190 的规定划分声环境功能区，分别执行本标准规定的 0、1、2、3、4 类声环境功能区环境噪声限值。

7.2 乡村声环境功能的确定

乡村区域一般不划分声环境功能区，根据环境管理的需要，县级以上人民政府环境保护行政主管部门可按以下要求确定乡村区域适用的声环境质量要求：

a) 位于乡村的康复疗养区执行 0 类声环境功能区要求；
b) 村庄原则上执行 1 类声环境功能区要求，工业活动较多的村庄以及有交通干线经过的村庄（指执行 4 类声环境功能区要求以外的地区）可局部或全部执行 2 类声环境功能区要求；

  c）集镇执行 2 类声环境功能区要求；

  d）独立于村庄、集镇之外的工业、仓储集中区执行 3 类声环境功能区要求；

  e）位于交通干线两侧一定距离（参考 GB/T 15190 第 8.3 条规定）内的噪声敏感建筑物执行 4 类声环境功能区要求。

8　标准的实施要求

本标准由县级以上人民政府环境保护行政主管部门负责组织实施。

为实施本标准，各地应建立环境噪声监测网络与制度、评价声环境质量状况、进行信息通报与公示、确定达标区和不达标区、制订达标区维持计划与不达标区噪声削减计划，因地制宜改善声环境质量。

附录 A

（资料性附录）

不同类型交通干线的定义

A.1　铁路

以动力集中方式或动力分散方式牵引，行驶于固定钢轨线路上的客货运输系统。

A.2　高速公路

根据 JTG B01，定义如下：

专供汽车分向、分车道行驶，并应全部控制出入的多车道公路，其中：

四车道高速公路应能适应将各种汽车折合成小客车的年平均日交通量 25000～55000 辆；

六车道高速公路应能适应将各种汽车折合成小客车的年平均日交通量 45000～80000 辆；

八车道高速公路应能适应将各种汽车折合成小客车的年平均日交通量 60000～100000 辆。

A.3　一级公路

根据 JTG B01，定义如下：

供汽车分向、分车道行驶，并可根据需要控制出入的多车道公路，其中：

四车道一级公路应能适应将各种汽车折合成小客车的年平均日交通量 15000～30000 辆；

六车道一级公路应能适应将各种汽车折合成小客车的年平均日交通量 25000～55000 辆。

A.4　二级公路

根据 JTG B01，定义如下：

供汽车行驶的双车道公路。

双车道二级公路应能适应将各种汽车折合成小客车的年平均日交通量 5000～15000 辆。

A.5　城市快速路

根据 GB/T 50280，定义如下：

城市道路中设有中央分隔带，具有四条以上机动车道，全部或部分采用立体交叉与控制出入，供汽车以较高速度行驶的道路，又称汽车专用道。

城市快速路一般在特大城市或大城市中设置，主要起联系城市内各主要地区、沟通对外联系的作用。

A.6　城市主干路

联系城市各主要地区（住宅区、工业区以及港口、机场和车站等客货运中心等），承担城市主要交通任务的交通干道，是城市道路网的骨架。主干路沿线两侧不宜修建过多的车辆和行人出入口。

A.7 城市次干路

城市各区域内部的主要道路，与城市主干路结合成道路网，起集散交通的作用兼有服务功能。

A.8 城市轨道交通

以电能为主要动力，采用钢轮—钢轨为导向的城市公共客运系统。按照运量及运行方式的不同，城市轨道交通分为地铁、轻轨以及有轨电车。

A.9 内河航道

船舶、排筏可以通航的内河水域及其港口。

附录 B
（规范性附录）
声环境功能区监测方法

B.1 监测目的

评价不同声环境功能区昼间、夜间的声环境质量，了解功能区环境噪声时空分布特征。

B.2 定点监测法

B.2.1 监测要求

选择能反映各类功能区声环境质量特征的监测点 1 至若干个，进行长期定点监测，每次测量的位置、高度应保持不变。

对于 0、1、2、3 类声环境功能区，该监测点应为户外长期稳定、距地面高度为声场空间垂直分布的可能最大值处，其位置应能避开反射面和附近的固定噪声源；4 类声环境功能区监测点设于 4 类区内第一排噪声敏感建筑物户外交通噪声空间垂直分布的可能最大值处。

声环境功能区监测每次至少进行一昼夜 24h 的连续监测，得出每小时及昼间、夜间的等效声级 L_{eq}、L_d、L_n 和最大声级 L_{max}。用于噪声分析目的，可适当增加监测项目，如累积百分声级 L_{10}、L_{50}、L_{90} 等。监测应避开节假日和非正常工作日。

B.2.2 监测结果评价

各监测点位测量结果独立评价，以昼间等效声级 L_d 和夜间等效声级 L_n 作为评价各监测点位声环境质量是否达标的基本依据。

一个功能区设有多个测点的，应按点次分别统计昼间、夜间的达标率。

B.2.3 环境噪声自动监测系统

全国重点环保城市以及其他有条件的城市和地区宜设置环境噪声自动监测系统，进行不同声环境功能区监测点的连续自动监测。

环境噪声自动监测系统主要由自动监测子站和中心站及通信系统组成，其中自动监测子站由全天候户外传声器、智能噪声自动监测仪器、数据传输设备等构成。

B.3 普查监测法

B.3.1 0~3 类声环境功能区普查监测

B.3.1.1 监测要求

将要普查监测的某一声环境功能区划分成多个等大的正方格，网格要完全覆盖住被普查的区域，且有效网格总数应多于 100 个。测点应设在每一个网格的中心，测点条件为一般户外条件。

监测分别在昼间工作时间和夜间 22：00—24：00（时间不足可顺延）进行。在前述测量时间内，每次每个测点测量 10min 的等效声级 L_{eq}，同时记录噪声主要来源。监测应避开节假日和非正常工作日。

B.3.1.2 监测结果评价

将全部网格中心测点测得的 10min 的等效声级 Leq 做算术平均运算,所得到的平均值代表某一声环境功能区的总体环境噪声水平,并计算标准偏差。

根据每个网格中心的噪声值及对应的网格面积,统计不同噪声影响水平下的面积百分比,以及昼间、夜间的达标面积比例。有条件可估算受影响人口。

B.3.2 4 类声环境功能区普查监测

B.3.2.1 监测要求

以自然路段、站场、河段等为基础,考虑交通运行特征和两侧噪声敏感建筑物分布情况,划分典型路段(包括河段)。在每个典型路段对应的 4 类区边界上(指 4 类区内无噪声敏感建筑物存在时)或第一排噪声敏感建筑物户外(指 4 类区内有噪声敏感建筑物存在时)选择 1 个测点进行噪声监测。这些测点应与站、场、码头、岔路口、河流汇入口等相隔一定的距离,避开这些地点的噪声干扰。

监测分昼、夜两个时段进行。分别测量如下规定时间内的等效声级 L_{eq} 和交通流量,对铁路、城市轨道交通线路(地面段),应同时测量最大声级 L_{max},对道路交通噪声应同时测量累积百分声级 L_{10}、L_{50}、L_{90}。

根据交通类型的差异,规定的测量时间为:

铁路、城市轨道交通(地面段)、内河航道两侧:昼、夜各测量不低于平均运行密度的 1h 值,若城市轨道交通(地面段)的运行车次密集,测量时间可缩短至 20min。

高速公路、一级公路、二级公路、城市快速路、城市主干路、城市次干路两侧:昼、夜各测量不低于平均运行密度的 20min 值。

监测应避开节假日和非正常工作日。

B.3.2.2 监测结果评价

将某条交通干线各典型路段测得的噪声值,按路段长度进行加权算术平均,以此得出某条交通干线两侧 4 类声环境功能区的环境噪声平均值。

也可对某一区域内的所有铁路、确定为交通干线的道路、城市轨道交通(地面段)、内河航道按前述方法进行长度加权统计,得出针对某一区域某一交通类型的环境噪声平均值。

根据每个典型路段的噪声值及对应的路段长度,统计不同噪声影响水平下的路段百分比,以及昼间、夜间的达标路段比例。有条件可估算受影响人口。

对某条交通干线或某一区域某一交通类型采取抽样测量的,应统计抽样路段比例。

附录 C
(规范性附录)
噪声敏感建筑物检测方法

C.1 监测目的

了解噪声敏感建筑物户外(或室内)的环境噪声水平,评价是否符合所处声环境功能区的环境质量要求。

C.2 监测要求

监测点一般设于噪声敏感建筑物户外。不得不在噪声敏感建筑物室内监测时,应在门窗全打开状况下进行室内噪声测量,并采用较该噪声敏感建筑物所在声环境功能区对应环境噪声限值低 10dB(A)的值作为评价依据。

对敏感建筑物的环境噪声监测应在周围环境噪声源正常工作条件下测量,视噪声源的运行工况,分昼、夜两个时段连续进行。根据环境噪声源的特征,可优化测量时间:

a) 受固定噪声源的噪声影响

稳态噪声测量1min的等效声级L_{eq}；

非稳态噪声测量整个正常工作时间（或代表性时段）的等效声级L_{eq}。

b) 受交通噪声源的噪声影响

对于铁路、城市轨道交通（地面段）、内河航道，昼、夜各测量不低于平均运行密度的1h等效声级L_{eq}，若城市轨道交通（地面段）的运行车次密集，测量时间可缩短至20min。

对于道路交通，昼、夜各测量不低于平均运行密度的20min等效声级L_{eq}。

c) 受突发噪声的影响

以上监测对象夜间存在突发噪声的，应同时监测测量时段内的最大声级L_{max}。

C.3 监测结果评价

以昼间、夜间环境噪声源正常工作时段的L_{eq}和夜间突发噪声L_{max}作为评价噪声敏感建筑物户外（或室内）环境噪声水平，是否符合所处声环境功能区的环境质量要求的依据。

工业企业厂界环境噪声排放标准（GB 12348—2008）

（2008年8月19日环境保护部第44号令发布　自2008年10月1日起施行）

前　言

为贯彻《中华人民共和国环境保护法》和《中华人民共和国环境噪声污染防治法》，防治工业企业噪声污染，改善声环境质量，制定本标准。

本标准是对《工业企业厂界噪声标准》（GB 12348—90）和《工业企业厂界噪声测量方法》（GB 12349—90）的第一次修订。与原标准相比主要修订内容如下：

——将《工业企业厂界噪声标准》（GB 12348—90）和《工业企业厂界噪声测量方法》（GB 12349—90）合并为一个标准，名称改为《工业企业厂界环境噪声排放标准》；

——修改了标准的适用范围、背景值修正表；

——补充了0类区噪声限值、测量条件、测点位置、测点布设和测量记录；

——增加了部分术语和定义、室内噪声限值、背景噪声测量、测量结果和测量结果评价的内容。

本标准于1990年首次发布，本次为第一次修订。

本标准自实施之日起代替《工业企业厂界噪声标准》（GB 12348—90）和《工业企业厂界噪声测量方法》（GB 12349—90）。

本标准由环境保护部科技标准司组织制订。

本标准起草单位：中国环境监测总站、天津市环境监测中心、福建省环境监测中心站。

本标准环境保护部2008年7月17日批准。

本标准自2008年10月1日起实施。

本标准由环境保护部解释。

1　适用范围

本标准规定了工业企业和固定设备厂界环境噪声排放限值及其测量方法。

本标准适用于工业企业噪声排放的管理、评价及控制。机关、事业单位、团体等对外环境排放噪声的单位也按本标准执行。

2 规范性引用文件

本标准内容引用了下列文件或其中的条款。凡是不注日期的引用文件，其有效版本适用于本标准。

GB 3096　声环境质量标准

GB 3785　声级计电、声性能及测试方法

GB/T 3241　倍频程和分数倍频程滤波器

GB/T 15173　声校准器

GB/T 15190　城市区域环境噪声适用区划分技术规范

GB/T 17181　积分平均声级计

3 术语和定义

下列术语和定义适用于本标准。

3.1　工业企业厂界环境噪声 industrial enterprises noise

指在工业生产活动中使用固定设备等产生的、在厂界处进行测量和控制的干扰周围生活环境的声音。

3.2　A 声级 A-weighted sound pressure level

用 A 计权网络测得的声压级，用 L_A 表示，单位 dB（A）。

3.3　等效连续 A 声级 equivalent continuous A-weighted sound pressure level

简称为等效声级，指在规定测量时间 T 内 A 声级的能量平均值，用 $L_{Aeq,t}$ 表示，（简写为 L_{eq}），单位 dB（A）。除特别指明外，本标准中噪声值皆为等效声级。

根据定义，等效声级表示为：

$$L_{eq} = 10lg\left(\frac{1}{T}\int_0^T 10^{0.1 \cdot L_A} dt\right)$$

式中：L_A——t 时刻的瞬时 A 声级；

T——规定的测量时间段。

3.4　厂界 boundary

由法律文书（如土地使用证、房产证、租赁合同等）中确定的业主所拥有使用权（或所有权）的场所或建筑物边界。各种产生噪声的固定设备的厂界为其实际占地的边界。

3.5　噪声敏感建筑物 noise-sensitive buildings

指医院、学校、机关、科研单位、住宅等需要保持安静的建筑物。

3.6　昼间 day-time、夜间 night-time

根据《中华人民共和国环境噪声污染防治法》，"昼间"是指 6：00 至 22：00 之间的时段；"夜间"是指 22：00 至次日 6：00 之间的时段。

县级以上人民政府为环境噪声污染防治的需要（如考虑时差、作息习惯差异等）而对昼间、夜间的划分另有规定的，应按其规定执行。

3.7　频发噪声 frequent noise

指频繁发生、发生的时间和间隔有一定规律、单次持续时间较短、强度较高的噪声，如排气噪声、货物装卸噪声等。

3.8　偶发噪声 sporadic noise

指偶然发生、发生的时间和间隔无规律、单次持续时间较短、强度较高的噪声。如短促鸣笛声、工程爆破噪声等。

3.9　最大声级 maximum sound level

在规定测量时间内对频发或偶发噪声事件测得的 A 声级最大值，用 L_{max} 表示，单位 dB

(A)。

3.10 倍频带声压级 sound pressure level in octave bands

采用符合 GB/T 3241 规定的倍频程滤波器所测量的频带声压级,其测量带宽和中心频率成正比。本标准采用的室内噪声频谱分析倍频带中心频率为 31.5 Hz、63 Hz、125 Hz、250 Hz、500 Hz,其覆盖频率范围为 22~707 Hz。

3.11 稳态噪声 steady noise

在测量时间内,被测声源的声级起伏不大于 3dB（A）的噪声。

3.12 非稳态噪声 non-steady noise

在测量时间内,被测声源的声级起伏大于 3dB（A）的噪声。

3.13 背景噪声 backgroundn oise

被测量噪声源以外的声源发出的环境噪声的总和。

4 环境噪声排放限值

4.1 厂界环境噪声排放限值

4.1.1 工业企业厂界环境噪声不得超过表 1 规定的排放限值。

表 1 工业企业厂界环境噪声排放限值　　　　单位：dB（A）

厂界外声环境功能区类别	时段	
	昼间	夜间
0	50	40
1	55	45
2	60	50
3	65	55
4	70	55

4.1.2 夜间频发噪声的最大声级超过限值的幅度不得高于 10 dB（A）。

4.1.3 夜间偶发噪声的最大声级超过限值的幅度不得高于 15 dB（A）。

4.1.4 工业企业若位于未划分声环境功能区的区域,当厂界外有噪声敏感建筑物时,由当地县级以上人民政府参照 GB 3096 和 GB/T 15190 的规定确定厂界外区域的声环境质量要求,并执行相应的厂界环境噪声排放限值。

4.1.5 当厂界与噪声敏感建筑物距离小于 1 m 时,厂界环境噪声应在噪声敏感建筑物的室内测量,并将表 1 中相应的限值减 10 dB（A）作为评价依据。

4.2 结构传播固定设备室内噪声排放限值

当固定设备排放的噪声通过建筑物结构传播至噪声敏感建筑物室内时,噪声敏感建筑物室内等效声级不得超过表 2 和表 3 规定的限值。

表2 结构传播固定设备室内噪声排放限值（等效声级） 单位：dB（A）

噪声敏感建筑物所处声环境功能区类别	A类房间 昼间	A类房间 夜间	B类房间 昼间	B类房间 夜间
0	40	30	40	30
1	40	30	45	35
2、3、4	45	35	50	40

说明：A类房间——是指以睡眠为主要目的，需要保证夜间安静的房间。包括住宅卧室、医院病房、宾馆客房等。

B类房间——是指主要在昼间使用，需要保证思考与精神集中、正常讲话不被干扰的房间包括学校教师、办公室、住宅中卧室以外的其他房间等。

表3 结构传播固定设备室内噪声排放限值（倍频带声压级） 单位：dB

噪声敏感建筑物所处声环境功能区类别	时段	房间类型	室内噪声倍频带声压极限值 31.5	63	125	250	500
0	昼间	A、B类房间	76	59	48	39	34
0	夜间	A、B类房间	69	51	39	30	24
1	昼间	A类房间	76	59	48	39	34
1	昼间	B类房间	79	63	52	44	38
1	夜间	A类房间	69	51	39	30	24
1	夜间	B类房间	72	55	43	35	29
2、3、4	昼间	A类房间	79	63	52	44	38
2、3、4	昼间	B类房间	82	67	56	49	43
2、3、4	夜间	A类房间	72	55	43	35	29
2、3、4	夜间	B类房间	76	59	48	39	34

5 测量方法

5.1 测量仪器

5.1.1 测量仪器为积分平均声级计或环境噪声自动监测仪，其性能应不低于GB 3785和GB/T 17181对2型仪器的要求。测量35 dB以下的噪声应使用1型声级计，且测量范围应满足所测量噪声的需要。校准所用仪器应符合GB/T 15173对1级或2级声校准器的要求。当需要进行噪声的频谱分析时，仪器性能应符合GB/T 3241中对滤波器的要求。

5.1.2 测量仪器和校准仪器应定期检定合格，并在有效使用期限内使用；每次测量前、后必须在测量现场进行声学校准，其前、后校准示值偏差不得大于0.5dB，否则测量结果无效。

5.1.3 测量时传声器加防风罩。

5.1.4 测量仪器时间计权特性设为"F"档，采样时间间隔不大于1s。

5.2 测量条件

5.2.1 气象条件：测量应在无雨雪、无雷电天气，风速为 5m/s 以下时进行。不得不在特殊气象条件下测量时，应采取必要措施保证测量准确性，同时注明当时所采取的措施及气象情况。

5.2.2 测量工况：测量应在被测声源正常工作时间进行，同时注明当时的工况。

5.3 测点位置

5.3.1 测点布设

根据工业企业声源、周围噪声敏感建筑物的布局以及毗邻的区域类别，在工业企业厂界布设多个测点，其中包括距噪声敏感建筑物较近以及受被测声源影响大的位置。

5.3.2 测点位置一般规定

一般情况下，测点选在工业企业厂界外 1m、高度 1.2m 以上、距任一反射面距离不小于 1m 的位置。

5.3.3 测点位置其他规定

5.3.3.1 当厂界有围墙且周围有受影响的噪声敏感建筑物时，测点应选在厂界外 1m、高于围墙 0.5m 以上的位置。

5.3.3.2 当厂界无法测量到声源的实际排放状况时（如声源位于高空、厂界设有声屏障等），应按 5.3.2 设置测点，同时在受影响的噪声敏感建筑物户外 1m 处另设测点。

5.3.3.3 室内噪声测量时，室内测量点位设在距任一反射面至少 0.5m 以上、距地面 1.2m 高度处，在受噪声影响方向的窗户开启状态下测量。

5.3.3.4 固定设备结构传声至噪声敏感建筑物室内，在噪声敏感建筑物室内测量时，测点应距任一反射面至少 0.5m 以上、距地面 1.2m、距外窗 1m 以上，窗户关闭状态下测量。被测房间内的其他可能干扰测量的声源（如电视机、空调机、排气扇以及镇流器较响的日光灯、运转时出声的时钟等）应关闭。

5.4 测量时段

5.4.1 分别在昼间、夜间两个时段测量。夜间有频发、偶发噪声影响时同时测量最大声级。

5.4.2 被测声源是稳态噪声，采用 1min 的等效声级。

5.4.3 被测声源是非稳态噪声，测量被测声源有代表性时段的等效声级，必要时测量被测声源整个正常工作时段的等效声级。

5.5 背景噪声测量

5.5.1 测量环境：不受被测声源影响且其他声环境与测量被测声源时保持一致。

5.5.2 测量时段：与被测声源测量的时间长度相同。

5.6 测量记录

噪声测量时需做测量记录。记录内容应主要包括：被测量单位名称、地址、厂界所处声环境功能区类别、测量时气象条件、测量仪器、校准仪器、测点位置、测量时间、测量时段、仪器校准值（测前、测后）、主要声源、测量工况、示意图（厂界、声源、噪声敏感建筑物、测点等位置）、噪声测量值、背景值、测量人员、校对人、审核人等相关信息。

5.7 测量结果修正

5.7.1 噪声测量值与背景噪声值相差大于 10dB（A）时，噪声测量值不做修正。

5.7.2 噪声测量值与背景噪声值相差在 3dB（A）~10dB（A）之间时，噪声测量值与背景噪声值的差值取整后，按表 4 进行修正。

表4 测量结果修正表　　　　　　　　　　单位：dB（A）

差值	3	4-5	6-10
修正值	-3	-2	-1

5.7.3 噪声测量值与背景噪声值相差小于3dB（A）时，应采取措施降低背景噪声后，视情况按5.7.1或5.7.2执行；仍无法满足前二款要求的，应按环境噪声监测技术规范的有关规定执行。

6 测量结果评价

6.1 各个测点的测量结果应单独评价。同一测点每天的测量结果按昼间、夜间进行评价。

6.2 最大声级 L_{max} 直接评价。

7 标准实施监督

本标准由县级以上人民政府环境保护行政主管部门负责监督实施。

社会生活环境噪声排放标准（GB 22337—2008）

（2008年8月19日环境保护部第44号令发布　自2008年10月1日起施行）

前　　言

为贯彻《中华人民共和国环境保护法》和《中华人民共和国环境噪声污染防治法》，防治社会生活噪声污染，改善声环境质量，制定本标准。

本标准根据现行法律对社会生活噪声污染源达标排放义务的规定，对营业性文化娱乐场所和商业经营活动中可能产生环境噪声污染的设备、设施规定了边界噪声排放限值和测量方法。

本标准为首次发布。

本标准由环境保护部科技标准司组织制订。

本标准起草单位：北京市劳动保护科学研究所、北京市环境保护局、广州市环境监测中心站。

本标准环境保护部2008年7月17日批准。

本标准自2008年10月1日起实施。

本标准由环境保护部解释。

1 适用范围

本标准规定了营业性文化娱乐场所和商业经营活动中可能产生环境噪声污染的设备、设施边界噪声排放限值和测量方法。

本标准适用于对营业性文化娱乐场所、商业经营活动中使用的向环境排放噪声的设备、设施的管理、评价与控制。

2 规范性引用文件

本标准引用了下列文件或其中条款。凡是不注日期的引用文件,其有效版本适用于本标准。

GB 3785　声级计的电、声性能及测试方法
GB/T 3241　倍频程和分数据倍频程滤波器
GB/T 15173　声校准器
GB/T 17181　积分平均声级计

3 术语和定义

下列术语和定义适用于本标准。

3.1 社会生活噪声 community noise
指营业性文化娱乐场所和商业经营活动中使用的设备、设施产生的噪声。

3.2 噪声敏感建筑物 noise-sensitive buildings
指医院、学校、机关、科研单位、住宅等需要保持安静的建筑物。

3.3 A 声级 A-weighted sound pressure level
用 A 计权网络测得的声压级,用 LA 表示,单位 dB(A)。

3.4 等效连续 A 声级 equivalent continuous A-weighted sound pressure level
简称为等效声级,指在规定测量时间 T 内 A 声级的能量平均值,用 $L_{Aeq,T}$ 表示(简写为 Leq),单位 dB(A)。除特别指明外,本标准中噪声限值皆为等效声级。

根据定义,等效声级表示为:

$$L_{eq} = 10 \lg \left(\frac{1}{T} \int_0^T 10^{0.1+L_A} dt \right)$$

式中:L_A——t 时刻的瞬时 A 声级;
　　　T——规定的测量时间段。

3.5 边界 boundary
由法律文书(如土地使用证、房产证、租赁合同等)中确定的业主所拥有使用权(或所有权)的场所或建筑物边界。各种产生噪声的固定设备、设施的边界为其实际占地的边界。

3.6 背景噪声 background noise
被测量噪声源以外的声源发出的环境噪声的总和。

3.7 倍频带声压级 sound pressure level in octave bands
采用符合 GB/T 3241 规定的倍频程滤波器所测量的频带声压级,其测量带宽和中心频率成正比。本标准采用的室内噪声频谱分析倍频带中心频率为 31.5Hz、63Hz、125Hz、250Hz、500Hz,其覆盖频率范围为 22~707Hz。

3.8 昼间 day-time、夜间 night-time
根据《中华人民共和国环境噪声污染防治法》,"昼间"是指 6:00 至 22:00 之间的时段;"夜间"是指 22:00 至次日 6:00 之间的时段。
县级以上人民政府为环境噪声污染防治的需要(如考虑时差、作息习惯差异等)而对昼间、夜间的划分另有规定的,应按其规定执行。

4 环境噪声排放限值

4.1 边界噪声排放限值

4.1.1 社会生活噪声排放源边界噪声不得超过表1规定的排放限值。

表1 社会生活噪声排放源边界噪声排放限值　　　　单位：dB（A）

边界外声环境功能区类别	时段	
	昼间	夜间
0	50	40
1	55	45
2	60	50
3	65	55
4	70	55

4.1.2 在社会生活噪声排放源边界处无法进行噪声测量或测量的结果不能如实反映其对噪声敏感建筑物的影响程度的情况下，噪声测量应在可能受影响的敏感建筑物窗外1m处进行。

4.1.3 当社会生活噪声排放源边界与噪声敏感建筑物距离小于1m时，应在噪声敏感建筑物的室内测量，并将表1中相应的限值减10dB（A）作为评价依据。

4.2 结构传播固定设备室内噪声排放限值

4.2.1 在社会生活噪声排放源位于噪声敏感建筑物内情况下，噪声通过建筑物结构传播至噪声敏感建筑物室内时，噪声敏感建筑物室内等效声级不得超过表2和表3规定的限值。

表2 结构传播固定设备室内噪声排放限值（等效声级）　　　单位：dB（A）

噪声敏感建筑物声环境所处功能区类别 \ 房间类型 时段	A类房间		B类房间	
	昼间	夜间	昼间	夜间
0	40	30	40	30
1	40	30	45	35
2、3、4	45	35	50	40
说明：A类房间——指以睡眠为主要目的，需要保证夜间安静的房间，包括住宅卧室、医院病房、宾馆客房等。 B类房间——指主要在昼间使用，需要保证思考与精神集中、正常讲话不被干扰的房间，包括学校教室、会议室、办公室、住宅中卧室以外的其他房间等。				

表3 结构传播固定设备室内噪声排放限值（倍频带声压级）

单位：dB（A）

噪声敏感建筑物声环境所处功能区类别	时段	房间类型 / 倍频带中心频率 Hz	室内噪声倍频带声压极限值				
			31.5	63	125	250	500
0	昼间	A、B类房间	76	59	48	39	34
	夜间	A、B类房间	69	51	39	30	24
1	昼间	A类房间	76	59	48	39	34
		B类房间	79	63	52	44	38
	夜间	A类房间	69	51	39	30	24
		B类房间	72	55	43	35	29
2、3、4	昼间	A类房间	79	63	52	44	38
		B类房间	82	67	56	49	43
	夜间	A类房间	72	55	43	35	29
		B类房间	76	59	48	39	34

4.2.2 对于在噪声测量期间发生非稳态噪声（如电梯噪声等）的情况，最大声级超过限值的幅度不得高于10dB（A）。

5 测量方法

5.1 测量仪器

5.1.1 测量仪器为积分平均声级计或环境噪声自动监测仪，其性能应不低于GB 3785和GB/T 17181对2型仪器的要求。测量35dB以下的噪声应使用1型声级计，且测量范围应满足所测量噪声的需要。校准所用仪器应符合GB/T 15173对1级或2级声校准器的要求。当需要进行噪声的频谱分析时，仪器性能应符合GB/T 3241中对滤波器的要求。

5.1.2 测量仪器和校准仪器应定期检定合格，并在有效使用期限内使用；每次测量前、后必须在测量现场进行声学校准，其前、后校准示值偏差不得大于0.5dB，否则测量结果无效。

5.1.3 测量时传声器加防风罩。

5.1.4 测量仪器时间计权特性设为"F"档，采样时间间隔不大于1s。

5.2 测量条件

5.2.1 气象条件：测量应在无雨雪、无雷电天气，风速为5m/s以下时进行。不得不在特殊气象条件下测量时，应采取必要措施保证测量准确性，同时注明当时所采取的措施及气象情况。

5.2.2 测量工况：测量应在被测声源正常工作时间进行，同时注明当时的工况。

5.3 测点位置

5.3.1 测点布设

根据社会生活噪声排放源、周围噪声敏感建筑物的布局以及毗邻的区域类别，在社会生活噪声排放源边界布设多个测点，其中包括距噪声敏感建筑物较近以及受被测声源影响大的位置。

5.3.2 测点位置一般规定

一般情况下,测点选在社会生活噪声排放源边界外1m、高度1.2m以上、距任一反射面距离不小于1m的位置。

5.3.3 测点位置其他规定

5.3.3.1 当边界有围墙且周围有受影响的噪声敏感建筑物时,测点应选在边界外1m、高于围墙0.5m以上的位置。

5.3.3.2 当边界无法测量到声源的实际排放状况时(如声源位于高空、边界设有声屏障等),应按5.3.2设置测点,同时在受影响的噪声敏感建筑物户外1m处另设测点。

5.3.3.3 室内噪声测量时,室内测量点位设在距任一反射面至少0.5m以上、距地面1.2m高度处,在受噪声影响方向的窗户开启状态下测量。

5.3.3.4 社会生活噪声排放源的固定设备结构传声至噪声敏感建筑物室内,在噪声敏感建筑物室内测量时,测点应距任一反射面至少0.5m以上、距地面1.2m、距外窗1m以上,窗户关闭状态下测量。被测房间内的其他可能干扰测量的声源(如电视机、空调机、排气扇以及镇流器较响的日光灯、运转时出声的时钟等)应关闭。

5.4 测量时段

5.4.1 分别在昼间、夜间两个时段测量。夜间有频发、偶发噪声影响时同时测量最大声级。

5.4.2 被测声源是稳态噪声,采用1min的等效声级。

5.4.3 被测声源是非稳态噪声,测量被测声源有代表性时段的等效声级,必要时测量被测声源整个正常工作时段的等效声级。

5.5 背景噪声测量

5.5.1 测量环境:不受被测声源影响且其他声环境与测量被测声源时保持一致。

5.5.2 测量时段:与被测声源测量的时间长度相同。

5.6 测量记录

噪声测量时需做测量记录。记录内容应主要包括:被测量单位名称、地址、边界所处声环境功能区类别、测量时气象条件、测量仪器、校准仪器、测点位置、测量时间、测量时段、仪器校准值(测前、测后)、主要声源、测量工况、示意图(边界、声源、噪声敏感建筑物、测点等位置)、噪声测量值、背景值、测量人员、校对人、审核人等相关信息。

5.7 测量结果修正

5.7.1 噪声测量值与背景噪声值相差大于10dB(A)时,噪声测量值不做修正。

5.7.2 噪声测量值与背景噪声值相差在3~10dB(A)之间时,噪声测量值与背景噪声值的差值取整后,按表4进行修正。

表4 测量结果修正表　　　　　　　　　单位:dB(A)

差值	3	4~5	6~10
修正值	-3	-2	-1

5.7.3 噪声测量值与背景噪声值相差小于3dB(A)时,应采取措施降低背景噪声后,视情况按5.7.1或5.7.2执行;仍无法满足前两款要求的,应按环境噪声监测技术规范的有关规定执行。

6 测量结果评价

6.1 各个测点的测量结果应单独评价。同一测点每天的测量结果按昼间、夜间进行评价。

6.2 最大声级 L_{max} 直接评价。

7 标准实施监督

本标准由县级以上人民政府环境保护行政主管部门负责监督实施。

建筑施工场界环境噪声排放标准（GB 12523—2011）

（2011年12月5日环境保护部第86号令发布 自2012年7月1日起施行）

前 言

为贯彻《中华人民共和国环境保护法》和《中华人民共和国环境噪声污染防治法》，防治建筑施工噪声污染，改善声环境质量，制定本标准。

本标准是对《建筑施工场界噪声限值》（GB 12523—90）和《建筑施工场界噪声测量方法》（GB 12524—90）的第一次修订。与原标准相比主要修改内容如下：

——将《建筑施工场界噪声限值》（GB 12523—90）和《建筑施工场界噪声测量方法》（GB 12524—90）合并为一个标准，名称改为《建筑施工场界环境噪声排放标准》；

——修改了适用范围、排放限值及测量时间；

——补充了测量条件、测点位置和测量记录；

——增加了部分术语和定义、背景噪声测量、测量结果评价和标准实施的内容；

——删除了测量记录表。

本标准于1990年首次发布，本次为第一次修订。

自本标准实施之日起，《建筑施工场界噪声限值》（GB 12523—90）和《建筑施工场界噪声测量方法》（GB 12524—90）同时废止。

本标准由环境保护部科技标准司组织制订。

本标准起草单位：中国环境监测总站、天津市环境监测中心、北京市劳动保护科学研究所、环境保护部环境标准研究所。

本标准环境保护部 2011 年 11 月 14 日批准。

本标准自 2012 年 7 月 1 日起实施。

本标准由环境保护部解释。

1 适用范围

本标准规定了建筑施工场界噪声排放限值及测量方法。

本标准适用于周围有噪声敏感建筑物的建筑施工噪声排放的管理、评价及控制。市政、通信、交通、水利等其他类型的施工噪声排放可参照本标准执行。

本标准不适用于抢修、抢险施工过程中产生噪声的排放监管。

2 规范性引用文件

本标准引用了下列文件或其中条款。凡是不注日期的引用文件，其有效版本适用于本标准。

GB/T 15173 声校准器

GB/T 17181 积分平均声级计

3 术语和定义

下列术语和定义适用于本标准。

3.1 建筑施工 construction

建筑施工是指工程建设实施阶段的生产活动，是各类建筑物的建造过程，包括基础工程施工、主体结构施工、层面工程施工、装饰工程施工（已竣工交付使用的住宅楼进行室内装修活动除外）等。

3.2 建筑施工噪声 construction noise

建筑施工过程中产生干扰周围生活环境的声音。

3.3 A声级 A-weighted soundp ressure level

用A计权网络测得的声压级，用L_A表示，单位dB（A）。

3.4 等效连续A声级 equivalent continuous A-weighted sound pressure level

简称为等效声级，指在规定测量时间T内A声级的能量平均值，用$L_{Aeq,t}$表示（简写为L_{eq}），单位dB（A）。除特别指明外，本标准中噪声值皆为等效声级。

根据定义，等效声级表示为：

$$L_{eq} = 10\lg\left(\frac{1}{T}\int_0^T 10^{0.1 \cdot L_A} dt\right)$$

式中：L_A——t时刻的瞬时A声级；
　　　　T——规定的测量时间段。

3.5 建筑施工场界 boundary of construction site

由有关主管部门批准的建筑施工场地边界或建筑施工过程中实际使用的施工场地边界。

3.6 噪声敏感建筑物 noise-sensitive buildings

指医院、学校、机关、科研单位、住宅等需要保持安静的建筑物。

3.7 最大声级 maximum sound level

在规定测量时间内对测得的A声级最大值，用L_{Amax}表示，单位dB（A）。

3.8 昼间 day-time 夜间 might-time

根据《中华人民共和国环境噪声污染防治法》，"昼间"是指6:00至22:00之间的时段；"夜间"是指22:00至次日6:00之间的时段。

县级以上人民政府为环境噪声污染防治的需要（如考虑时差、作息习惯差异等）而对昼间、夜间的划分另有规定的，应按其规定执行。

3.9 背景噪声 background noise

被测量噪声源以外的声源发出的环境噪声的总和。

3.10 稳态噪声 steady noise

在测量时间内，被测声源的声级起伏不大于3dB（A）的噪声。

3.11 非稳态噪声 non-steady noise

在测量时间内，被测声源的声级起伏大于3dB（A）的噪声。

4 环境噪声排放限值

4.1 建筑施工过程中场界环境噪声不得超过表1规定的排放限值。

表 1　建筑施工场界环境噪声排放限值　　　　　　　　　　单位：dB（A）

昼间	夜间
70	55

4.2　夜间噪声最大声级超过限值的幅度不得高于 15dB（A）。

4.3　当场界距噪声敏感建筑物较近，其室外不满足测量条件时，可在噪声敏感建筑物室内测量，并将表 1 中相应的限值减 10dB（A）作为评价依据。

5　测量方法

5.1　测量仪器

5.1.1　测量仪器为积分平均声级计或噪声自动监测仪，其性能应不低于 GB/T 17181 对 2 型仪器的要求。校准所用仪器应符合 GB/T 15173 对 1 级或 2 级声校准器的要求。

5.1.2　测量仪器和校准仪器应定期检定合格，并在有效使用期限内使用；每次测量前、后必须在测量现场进行声学校准，其前、后校准的测量仪器示值偏差不大于 0.5dB（A），否则测量结果无效。

5.1.3　测量时传声器加防风罩。

5.1.4　测量仪器时间计权特性设为快（F）档。

5.2　测量气象条件

测量应在无雨雪、无雷电天气，风速为 5m/s 以下时进行。

5.3　测点位置

5.3.1　测点布设

根据施工场地周围噪声敏感建筑物位置和声源位置布局，测点应设在对噪声敏感建筑物影响较大、距离较近的位置。

5.3.2　测点位置一般规定

一般情况测点设在建筑施工场界外 1m，高度 1.2m 以上的位置。

5.3.3　测点位置其他规定

5.3.3.1　当场界有围墙且周围有噪声敏感建筑物时，测点应选在场界外 1m，高于围墙 0.5m 以上的位置，且位于施工噪声影响的声照射区域。

5.3.3.2　当场界无法测量到声源的实际排放时，如：声源位于高空、场界有声屏障、噪声敏感建筑物高于场界围墙等情况，测点可设在噪声敏感建筑物户外 1m 处的设置。

5.3.3.3　在噪声敏感建筑物室内测量时，测点设在室内中央、距室内任一反射面 0.5m 以上、距地面 1.2m 高度以上，在受噪声影响方向的窗户开启状态下测量。

5.4　测量时段

施工期间，测量连续 20min 的等级声级，夜间同时测量最大声级。

5.5　背景噪声测量

5.5.1　测量环境：不受被测声源影响且其他声环境与测量被测声源时保持一致。

5.5.2　测量时段：稳态噪声测量 1min 的等级声级，非稳态噪声测量 20min 的等效声级。

5.6　测量记录

噪声测量时需做测量记录。记录内容应主要包括：被测量单位名称、地址、测量时气象条件、测量仪器、校准仪器、测点位置、测量时间、仪器校准值（测前、测后）、主要声源、示意图（场界、声源、噪声敏感建筑物、场界与噪声敏感建筑物间的距离、测点位置等）、噪声测量值、最大声级值（夜间时段）、背景噪声值、测量人员、校对人员、审核人员等相关信息。

5.7 测量结果修正

5.7.1 背景噪声值比噪声测量值低 10dB（A）以上时，噪声测量值不做修正。

5.7.2 噪声测量值与背景噪声值相差在 3dB（A）~10dB（A）之间时，噪声测量值与背景噪声值的差值修约后，按表 2 进行修正。

5.7.3 噪声测量值与背景噪声值相差小于 3dB（A）时，应采取措施降低背景噪声后，视情况按 5.7.1 或 5.7.2 款执行；扔无法满足前两款要求的，应按环境噪声监测技术规范的有关规定执行。

表 2　测量结果修正表　　　　　　　单位：dB（A）

差值	3	4~5	6~10
修正值	-3	-2	-1

6 测量结果评价

6.1 各个测点的测量结果应单独评价。

6.2 最大声级 L_{Amax} 直接评价。

7 标准的监督实施

本标准由县级以上人民政府环境保护行政主管部门负责监督实施。

农业环境污染事故司法鉴定经济损失估算实施规范（SF/Z JD0601001—2014）

（2014 年 3 月 17 日）

前　言

本技术规范按照 GB/T 1.1—2009 给出的规则起草。

本技术规范由农业生态环境及农产品质量安全司法鉴定中心、农业部环境保护科研监测所提出。

本技术规范由司法部司法鉴定管理局归口。

本技术规范起草单位：农业生态环境及农产品质量安全司法鉴定中心、农业部环境保护科研监测所。

本技术规范主要起草人：王伟、周其文、米长虹、刘潇威、师荣光。

本技术规范为首次发布。

1 范围

本技术规范规定了农业环境污染事故引起的农产品、农业环境及其他财产损失的估算范围、现场调查、估算方法及其适用条件、误差分析与控制。

本技术规范适用于农业环境污染事故引起的损害因果关系已经确定情形下的经济损失

估算。

本技术规范不适用于农业环境污染事故引起的人体健康损失估算。

2 规范性引用文件

下列文件对于本文件的应用是必不可少的。凡是注日期的引用文件,仅注日期的版本适用于本文件。凡是不注日期的引用文件,其最新版本(包括所有的修改单)适用于本文件。

GB/T 21678 渔业污染事故经济损失计算方法

NY/T 398 农、畜、水产品污染监测技术规范

3 术语及定义

下列术语和定义适用于本文件。

3.1 农业环境污染事故 agro-environmental pollution accident

由于单位或个人的故意、过失或不可抗拒的原因,使某种有害物质或能量进入农业生产区域,对农田土壤、农用水体、农区大气等农业生物所必须的生产环境正常状态或功能产生不良影响,导致农业生物受到明显伤害、减产、绝收或引起农产品质量下降的事件。

3.2 农产品 agricultural products

来源于农业的初级产品,即在农业活动中获得具有一定经济价值的植物、动物及其产品,主要包括种植业产品、畜牧业产品、渔业产品。

3.3 经济损失 economic loss

可以用货币形式度量的农业环境污染事故导致的农产品、农业环境及其他财产损失,包括农产品产量损失、农产品质量损失、农业环境损失、设施损失、处置费用。

3.4 农业环境损失 agro-environmental loss

农业环境污染事故引起的,可用货币形式表示的,农产品赖以生长的农田土壤、农用水体等环境载体正常状态或生产功能的丧失或毁损。

3.5 对照区 control area

与估算区域环境条件基本一致,未受到污染危害且种养殖农产品种类、生产技术和管理方式基本相同的农业生产区域。

3.6 后期投资 late investment

农业环境污染事故发生时至农业生物生长到商品规格所需投入但尚未投入的以货币形式表现的费用,包括肥料费、农药费、饲料费、养护费、人员费等。

3.7 设施损失 installation loss

农业环境污染事故导致的农业机械、种养设施、污染防护设施等的废置或功能受损。

3.8 类比法 analogy method

将估算农业环境污染事故与已发生的类型相同或相似的农业环境污染事故相比较,参照相同或类似事故中农产品或农业环境损失,确定估算事故中农产品或农业环境损失的方法。

3.9 估算基准日 base date of estimation

以具体日期表示的确定估算对象价值的时间点。

4 估算原则

4.1 科学合理性

估算应能科学合理地反映农业环境污染事故经济损失的客观实际和内在属性,要用于计算已经造成的实际损失和可预见的必然损失,对于既可能发生又可能不发生的损失,不予估

算。对于当前尚未取得行业专家和公众认可的损失科目，在估算过程中不予考虑。

4.2 客观公正性
估算过程应客观、真实地反映农业环境污染事故造成的经济损失，避免人为因素影响，充分估计和控制误差。

4.3 操作实用性
估算科目的确定要考虑估算的可操作性，用于估算科目计算的公式应简单、易操作，计算参数值能通过统计资料、调研或者实验等手段获取。对于不具有估算实施性的损失科目，不予估算。

5 估算范围
农业环境污染事故引起的除人体健康损失外各项经济损失，主要包括农产品损失、农业环境损失及相关财产设施损失。

6 现场调查

6.1 现场勘察
6.1.1 通过现场查看、田间（水域）测量等方法，查明农业环境污染事故的危害程度和影响范围；查明估算区域农业生物种类和品种、管理情况、病虫害情况；观察受污染农业生物或农业环境的分布和周边环境，观察农业生物及农产品受害症状，查看农业环境受污染特征，初步确定估算对象和范围。

6.1.2 通过现场查勘、农业生物生长情况比对等方法，从双方当事人推荐的可供选择的对照区中确定本估算的对照区及其位置。

6.1.3 现场勘察应绘制农业生物和农业环境污染危害分布图，并注明受损对象和受损范围。

6.1.4 现场勘察由受委托鉴定机构两名以上（含两名）鉴定人实施。

6.1.5 现场勘察应通知第三方代表和当事人双方代表到场见证，通知后其中一方无正当理由拒不到场的，不影响现场勘察工作的实施。

6.1.6 现场勘察应制作现场勘察记录，并由第三方代表和当事人双方代表签字或签章，一方拒绝签字或签章的，应注明拒签及理由。

6.2 资料收集
收集的资料应包括：
a) 估算区域近三年来的耕种或养殖管理情况；
b) 估算区域的气候气象及其变化状况；
c) 污染因果关系鉴定意见书及相关检测报告；
d) 污染事故发生前三年当地同等农产品产量；对照区相同农产品产量；受损农产品产量等数据；
e) 事故当地当年或以前年份正常品质农产品市场价格或政府指导价格；受污染影响的农产品市场价格；
f) 其他与估算密切相关的材料和实物。

鉴定机构应当尽可能全面地向委托方索取估算所需资料，必要时通过法院或政府职能部门获取。

6.3 其他
通过现场勘察、资料收集、实地走访、现场询问等方法，核实原被告双方提供但未经核实的资料及其他相关信息。

7 损失估算

7.1 估算对象和估算范围确定

根据鉴定委托和现场调查情况，确定估算对象及其分布情况，估算的时间和空间范围，包括损害可能持续的时间。

7.2 损失量参数确定

7.2.1 受害面积与数量测定

根据因果关系鉴定报告及其他资料，确定估算范围内农产品的受害面积或数量；必要时，采用踏查、随机抽样、现场丈量等方法确定。

7.2.2 正常年份农产品单位产量确定

种植业产品产量按近三年估算范围内同期单位产量平均值确定，近三年估算范围内同期单位产量无法通过调查获取的，以对照区同期单位产量为准。

畜禽及其产品产量，根据受污染养殖场前三个养殖期或近三年平均畜禽产品产量确定，也可通过与近似养殖条件下养殖场相同养殖期情况比较获得。

7.2.3 减产幅度确定

7.2.3.1 受污染对象产量确定

农产品减产量可通过现场调查、测产、与对照区产量对比等方式获取，必要时以实验数据作为补充。

7.2.3.2 减产幅度确定

减产幅度通过农产品减产量与正常年份产量或对照区农产品产量比较获得。

7.2.4 质量损失测定

依据 NY/T 398 在事故区现场抽检样品，按超标样品所占比例、受害面积或数量，并考虑污染特点等因素综合确定。也可通过与对照区农产品质量的比较获得。

农产品中有毒有害物质超过有关标准且失去原有经济价值时视为全部损失。

7.2.5 农产品价格确定

正常年份农产品价格以当时当地市场平均价格计；当时当地市场平均价格无法获取时，按近三年当地市场平均价格计；市场平均价格以政府相关部门公布或实地调查获取的价格为准。

受损农产品价格以当时当地市场平均价格计，但能证明实际销售价格的，以实际售价计。

7.2.6 受污染影响年份确定

农业环境恢复到污染前状态所需年份，由鉴定机构根据农业环境污染程度、修复方案或替代方案，考虑农业环境自我恢复能力综合确定。

7.2.7 修复费用测定

修复费用主要取决于所选择的修复方法及实施该方法的成本。

修复方法选择和修复费用计算需满足如下条件：

a) 所选择的修复方法要技术可行，费用经济；
b) 采取修复方法所消耗的时间应短于自然恢复所需时间；
c) 所选修复方法对农业环境不利影响较小；
d) 修复费用低于自然恢复期所造成的生产损失；
e) 修复费用计算恢复至污染前农业资源环境状态或功能。

7.3 损失价值计算

7.3.1 农产品损失

7.3.1.1 市场价值法

适用于农业环境污染事故引起的具有市场价格或者可以换算为市场价格的农产品经济损失估算。

7.3.1.1.1 农产品产量损失

$$L_y = \sum_{i=1}^{n} (D_i \times a \times A_i \times P_{yi} - F_i) \quad \cdots\cdots\cdots\cdots\cdots\cdots\cdots\cdots \quad (1)$$

式中：

L_y——指污染事故导致的各类农产品经济损失，单位为元；

D_i——指正常年份 i 类农产品单位产量，单位为千克/公顷（头、只、匹）；

a——指受污染事故影响 i 类农产品减产幅度，%；

A_i——指 i 类农产品受害面积或数量，单位为公顷（头、只、匹）；

P_{yi}——指 i 类农产品价格，单位为元/千克（头、只、匹）；

F_i——指 i 类农产品的后期投资，单位为元；

n——指污染事故导致产量下降的农产品种类。

7.3.1.1.2 农产品质量损失

$$L_q = \sum_{i=1}^{n} [(P_{qi}^0 - P_{qi})Q_{qi} - F_i] \quad \cdots\cdots\cdots\cdots\cdots\cdots\cdots\cdots \quad (2)$$

式中：

L_q——污染事故导致农产品质量下降的经济损失，单位为元；

Q_{qi}——指受污染事故影响质量下降的 i 类农产品数量，单位为千克（头、只、匹）；

P_{qi}^0——指正常年份 i 类农产品价格，单位为元/千克（头、只、匹）；

P_{qi}——指受损 i 类农产品价格，单位为元/千克（头、只、匹）；

F_i——指 i 类农产品的后期投资，单位为元；

n——污染事故导致质量下降的农产品种类。

7.3.1.2 专家评判法

适用于受污染农产品属稀有、异常资源，其经济价值高低不主要取决于成本，难以通过成本法、市场法等方法直接评估的情形。

7.3.1.2.1 专家遴选

专家数量应根据鉴定需要确定，不得少于5人。专家应满足以下条件：

a) 应具有高级以上职称，长期从事该领域研究或开发工作，在该领域具有较高的权威性；

b) 精通业务，具有相关工作经验，有一定知名度，有代表性；

c) 熟知估算对象经济价值。

7.3.1.2.2 评估程序

评估程序包括：

a) 由受委托鉴定机构根据估算对象具体情况，遴选专家；

b) 广泛收集近年来（3-5年）估算区域的农产品生产、资源动态变化等资料；

c) 组织评估专家赴排污企业、估算区域及其周边、对照区实地勘察；

d) 结合现场勘察情况，对获得的资料进行筛选、统计、分析、整理；

e) 形成专家个人意见，并由评估专家亲笔签名。

7.3.1.2.3 意见处理

专家针对估算对象提出意见或建议后，鉴定人员应结合自己的判断，对专家意见进行分析研究，形成鉴定意见。常用的方法有：

a) 平均法：对专家提出的价格建议，采用算术平均法，计算平均数，以此平均数作为评估价值。在计算平均值时，也可以根据专家的权威，确定专家意见的权数，采用加权平均的方法计算平均值。

b) 众数法：将专家意见中出现最多的意见，作为评估农产品经济价值的依据。

7.3.1.3 类比法

适用于资源信息有限，且需要在较短时间内形成评估意见，无法通过市场价值法、专家评判法估算的情形。

适用类比法，需要同时具备以下条件：

a) 存在相同或相似已发生的农业环境污染事故；

b) 由具有资质的司法鉴定机构或其他合法评估机构形成评估意见，且已被人民法院或政府相关部门采信。

采用此方法时，应充分注意分析本次事故与类比事故之间的相似性，主要包括：

a) 污染事故的相似性。包括污染事故的性质、主要污染物、污染途径等。

b) 受污染农业资源环境特征的相似性。包括农业资源的地理位置、自然环境、环境要素本底值、用途等。

c) 受污染农产品的一致性。包括农产品类型、品种、生长环境、田间管理等。

d) 分析事故与类比事故时间跨度不能过大，事故与类比事故跨度超过一年时，需考虑价格变动因素。

7.3.2 农业环境损失

7.3.2.1 市场价值法

适用于：

a) 农产品本身具有现行市场价格或与该农产品基本相同的参照物具有现行市场价格；

b) 受污染农业环境具有可恢复性，可以通过修复、治理等技术措施恢复大部或者全部生产和环境功能，且经济技术可行。

$$L_E = L + 修复费用 \quad\cdots\cdots\cdots\cdots\cdots\cdots\cdots\cdots\cdots\cdots\cdots\cdots\cdots\cdots\cdots\cdots (3)$$

7.3.2.1.1 鉴定基准日起受影响年份内农产品经济损失（L）

鉴定基准日至农业环境恢复到污染前状态的农产品经济损失：

$$L = \sum_{i=1}^{m} L_i \quad\cdots\cdots\cdots\cdots\cdots\cdots\cdots\cdots\cdots\cdots\cdots\cdots\cdots (4)$$

式中：

L——污染事故导致农业环境质量下降的经济损失，单位为元；

m——指受污染事故影响的年数，单位为年。

式中：

$$L_i = \sum_{j=1}^{n} \left[(Q^0_{yij} \times P_{yij}) + (P_{yij} - P_{qij}) Q_{qij} \right] \cdots\cdots\cdots\cdots (5)$$

L_i——第 i 年污染事故导致农业环境质量下降的经济损失，单位为元；

Q^0_{yij}——指在污染事故后 i 年份 j 类农产品的减产量，单位为千克（头、只、匹）；

Q_{qij}——指受污染事故影响质量下降的 i 年份 j 类农产品数量，单位为千克（头、只、匹）；

P_{yij}——指 i 年份未受污染的 j 类农产品价格，单位为元/千克（头、只、匹）；

P_{qij}——指 i 年份受污染影响的 j 类农产品价格，单位为元/千克（头、只、匹）；

n——指受污染事故影响的农产品种类。

注：第 i 年份 j 类农产品绝收的，只计算减产损失。第 i 年份 j 类农产品失去原有经济价值的，只计算质量下降损失。

7.3.2.1.2 修复费用

修复费用（F）由修复方案编制费用（B）、修复材料费（T）、监测检测费（M）、修复效果评估费（A）、监管费用（G）、人力成本（U）等组成。计算公式如下：

$$F = B+T+M+A+G+U \quad \cdots\cdots\cdots\cdots\cdots\cdots\cdots\cdots\cdots\cdots\cdots\cdots (6)$$

修复费用也可以参照《环境污染损害数额计算推荐方法（第一版）》4.5 推荐的方法计算。

农业环境污染事故造成的环境损失当期可以修复的，则只计算修复费用。

7.3.2.2 专家评判法

农业环境污染事故造成的环境损失无法通过市场价值法估算的，按 6.3.1.2 规定实施。

7.3.2.3 类比法

无法通过市场价值法估算，时间要求较短，且有可供类比的鉴案，按 6.3.1.3 规定实施。

7.3.3 设施损失

设施损失按重置完全价值折旧方法计算，见式（7）。

$$L_f = 重置完全价值 \times (1-年平均折旧率 \times 已使用年限) \times 毁损率 \quad \cdots\cdots\cdots (7)$$

$$年平均折旧率 = (1-预计净残值率) \times 100\%/折旧年限 \quad \cdots\cdots\cdots\cdots (8)$$

7.3.4 处置费用

受损方为防止事故进一步扩大或减少事故危害而采取措施所支出的合理费用，按实际支出计算。

8 误差分析与控制

8.1 非污染因素与污染因素交叉引起的误差

非污染因素与污染因素交叉，且危害特征相似，在污染因素致害经济损失估算时，将非污染因素致害产生的经济损失排除引起的误差。

充分收集并分析农产品及农业环境本底资料，尤其是污染事故前农产品病虫害情况、施肥施药情况；查阅土壤肥力、田间管理、气候等资料，结合与对照区的比对，尽量排除非污染因素造成的经济损失，降低误差。

8.2 累积性污染引起的误差

经济损失估算时，可能存在上一次污染或累积性污染所造成的经济损失，无法完全剔除而引起的误差。

收集本次污染事故前农产品和农业环境的监测报告及相关检测数据，无法获得时，通过与对照区比较，确定本次事故前受评价农产品及农业环境经济状况。

8.3 参数确定引起的误差

非商品规格的农业生物形态换算为商品规格时的换算率以及受污染的损失率等；平均价格的确定等，受诸多因素影响，会给计算结果带来一定误差。

鉴定机构应根据估算对象的具体情况，结合行业和市场经验，考虑估算方法的特点，通过证据质证、实地调查、监测检测等方法，确定具体参数和误差控制范围。

8.4 适用"专家评判法"的误差

适用专家评判法时，专家的专业水平、心理状态、对特定污染事故的偏好等，都可能影响估算结果的准确性，出现因专家使用而产生的误差。

运用专家评判法时,应避免专家接触与估算无关的案件信息,专家选择可参考《中华人民共和国仲裁法》仲裁员确定规则执行。

9 其他规定

9.1 农业环境污染事故发生后,评估的农业生物未达到商品规格时,在计算损失时应换算为商品规格,换算时应考虑农业生物的自然死亡率,换算比例由鉴定机构根据农业生物种类、种养殖技术、种养殖区域管理情况和当地种养殖平均情况确定。后期投资按当时当地的平均费用计算。

9.2 农业生物苗、芽、幼株等的经济损失,应换算为商品苗种等的平均价格进行计算,换算比例由鉴定机构在市场调查的基础上确定。

9.3 造成国家和地方重点农业野生保护植物损失的,其损失可参照本规范的方法进行估算,市场平均价格以省级以上农业主管部门提供或公布为准。

9.4 以产肉为主的畜禽产品,以畜禽本身为估算对象;以产蛋、奶、毛等为主的畜禽,以其主要经济功能和价值估算,必要时,将畜禽与其产品分开估算;以孵化幼崽为主的畜禽,将畜禽与其幼崽分开估算。

9.5 畜禽及其产品损失量估算依照本规范执行,也可由鉴定机构视具体情形,根据畜禽特点及其主要经济功能据实估算。

9.6 损失估算中,确有受损财物等变卖收益的,可予扣除或另行处理。

9.7 农业环境污染事故引起的渔业经济损失估算,按 GB/T 21678)》执行。

10 估算意见书编制

10.1 格式

估算意见书按照附录 B 格式要求编写。

10.2 内容

估算意见书包括委托方、估算事项、受理日期、估算材料、估算区域、估算对象、案情摘要、估算原则、估算基准日、估算依据、估算方法、计算参数确定、损失计算、分析说明、估算意见、附件。

附件包括鉴定机构及鉴定人资质证明、估算标准、估算委托书、因果关系鉴定意见书、相关监测(检测)报告、鉴定区域分布图,以及支撑估算的其他资料。

附录 A
（规范性附录）
农业环境污染事故司法鉴定经济损失估算流程图

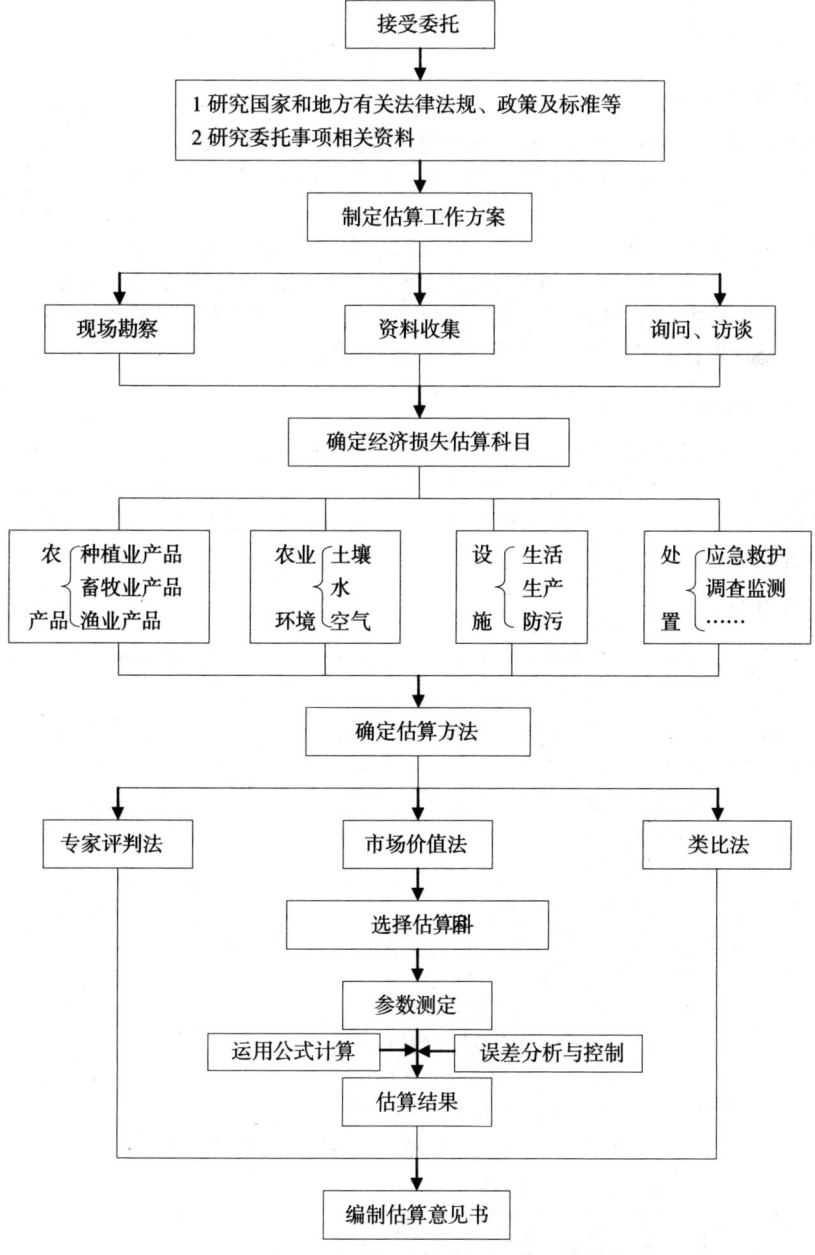

图 1 农业环境污染事故司法鉴定经济损失估算流程图

环境损害鉴定评估推荐方法（第Ⅱ版）

2014 年 10 月 24 日　　　　　　　　　　　　　　　　环办〔2014〕90 号

1　背景和目的

环境保护部《关于开展环境污染损害鉴定评估工作的若干意见》（环发〔2011〕60 号）和《环境污染损害数额计算推荐方法（第Ⅰ版）》发布以来，我国环境损害鉴定评估工作取得了积极进展。

为保护和改善环境，保障公众健康，推动环境损害赔偿制度建设，适应环境损害鉴定评估工作的需要，针对《环境污染损害数额计算推荐方法（第Ⅰ版）》存在的问题与不足，在借鉴国内外环境损害鉴定评估方法并总结国内外环境损害鉴定评估实践经验的基础上，重点修订生态环境损害鉴定评估方法，并更名为《环境损害鉴定评估推荐方法（第Ⅱ版）》。

2　适用范围

本方法适用于因污染环境或破坏生态行为（包括突发环境事件）导致人身、财产、生态环境损害、应急处置费用和其他事务性费用的鉴定评估。不适用于因核与辐射所致环境损害的鉴定评估。突发环境事件应急处置阶段环境损害评估适用《突发环境事件应急处置阶段环境损害评估技术规范》。

3　规范性引用文件

本方法引用下列文件中的条款。凡是不注明日期的引用文件，其有效版本适用于本方法。

GB 3095　　环境空气质量标准
GB 3838　　地表水环境质量标准
GB/T 14848　　地下水质量标准
GB 15618　　土壤环境质量标准
GB 3096　　声环境质量标准
GB 11607　　渔业水质标准
HJ 25.1　　场地环境调查技术导则
HJ 25.2　　场地环境监测技术导则
HJ 25.3　　污染场地风险评估技术导则
HJ 25.4　　污染场地土壤修复技术导则
HJ/T 192　　生态环境状况评价技术规范（试行）
GB/T 21678　　渔业污染事故经济损失计算方法
NY/T 1263　　农业环境污染事故损失评价技术准则
SF/Z JD0601001　　农业环境污染事故司法鉴定经济损失估算实施规范
NY/T 1669　　农业野生植物调查技术规范
HY/T 095　　海洋溢油生态损害评估技术指南
人体损伤残疾程度鉴定标准（试行）
最高人民法院关于审理人身损害赔偿案件适用法律若干问题的解释

最高人民法院关于确定民事侵权精神损害赔偿责任若干问题的解释

4 术语和定义

下列术语和定义适用于本方法。

4.1 环境损害
指因污染环境或破坏生态行为导致人体健康、财产价值或生态环境及其生态系统服务的可观察的或可测量的不利改变。

4.2 鉴定评估
指鉴定评估机构按照规定的程序和方法，综合运用科学技术和专业知识，评估污染环境或破坏生态行为所致环境损害的范围和程度，判定污染环境或破坏生态行为与环境损害间的因果关系，确定生态环境恢复至基线状态并补偿期间损害的恢复措施，量化环境损害数额的过程。

4.3 人身损害
指因污染环境行为导致人的生命、健康、身体遭受侵害，造成人体疾病、伤残、死亡或精神状态的可观察的或可测量的不利改变。

4.4 财产损害
指因污染环境或破坏生态行为直接造成的财产损毁或价值减少，以及为保护财产免受损失而支出的必要的、合理的费用。

4.5 生态环境损害
指由于污染环境或破坏生态行为直接或间接地导致生态环境的物理、化学或生物特性的可观察的或可测量的不利改变，以及提供生态系统服务能力的破坏或损伤。

4.6 应急处置费用
指突发环境事件应急处置期间，为减轻或消除对公众健康、公私财产和生态环境造成的危害，各级政府与相关单位针对可能或已经发生的突发环境事件而采取的行动和措施所发生的费用。

4.7 事务性费用
指污染环境或破坏生态环境行为发生后，各级政府与相关单位为保护公众健康、公私财产和生态环境，减轻或消除危害，开展环境监测、信息公开、现场调查、执行监督等相关工作所支出的费用。

4.8 生态系统服务
指人类或其他生态系统直接或间接地从生态系统获取的收益。生态系统的物理、化学或生物特性是生态系统服务的基础。

4.9 基线
指污染环境或破坏生态行为未发生时，受影响区域内人体健康、财产和生态环境及其生态系统服务的状态。

4.10 环境修复
指生态环境损害发生后，为防止污染物扩散迁移、降低环境中污染物浓度，将环境污染导致的人体健康风险或生态风险降至可接受风险水平而开展的必要的、合理的行动或措施。

4.11 生态恢复
指生态环境损害发生后，为将生态环境的物理、化学或生物特性及其提供的生态系统服务恢复至基线状态，同时补偿期间损害而采取的各项必要的、合理的措施。

4.12 期间损害
指生态环境损害发生至生态环境恢复至基线状态期间，生态环境因其物理、化学或生物特性改变而导致向公众或其他生态系统提供服务的丧失或减少，即受损生态环境从损害发生到其恢复至基线状态期间提供生态系统服务的损失量。

4.13 永久性损害

指受损生态环境及其服务难以恢复,其向公众或其他生态系统提供服务能力的完全丧失。

4.14 可接受风险水平

指综合考虑科学、社会、经济和政治因素,依据危害性和脆弱性分析、成本效益分析、技术手段的可行性分析等确定的人体健康或生态系统的可容忍的风险水平。

5 总则

5.1 工作原则

5.1.1 规范合法原则

环境损害鉴定评估应当按照有关法律法规和技术规范规定的程序和方法开展,鉴定评估机构及其工作人员应当具备环境损害鉴定评估能力或资质,鉴定评估报告应符合法律法规和技术规范规定的程序、结构及内容要求。

5.1.2 科学合理原则

环境损害鉴定评估与调查监测方案的制定应当综合考虑科学、经济和社会发展水平,保证评估工作的科学性和可操作性。鉴定评估应当根据工作目的按照预先设计的工作方案开展,不得随意偏离或变更。在工作过程中有关数据和资料的搜集、样品的采集与运输、样品的分析检测应当按照有关技术规范开展,并作为鉴定评估的客观依据,不得主观臆测鉴定评估结论。

5.1.3 公平客观原则

鉴定评估机构及其工作人员应当运用专业知识和实践经验独立客观地开展鉴定评估,不得受委托方或其他的外界不正当影响。鉴定评估机构及其工作人员应当与环境损害利益相关方等无利害关系。

5.2 工作内容

环境损害鉴定评估的主要工作内容包括污染物属性鉴别、损害确认、因果关系判定和损害数额量化。

5.2.1 人身损害

人身损害鉴定评估内容包括因环境污染导致受害人发生疾病、伤残、死亡等健康损害的确认、污染环境行为与人身损害间的因果关系判定和人身损害数额评估三部分内容。

5.2.2 财产损害

财产损害鉴定评估内容包括因环境污染导致的财产毁损或价值减少以及清除财产污染支出的额外费用等财产损害的确认、污染环境或破坏生态行为与财产损害间的因果关系判定和财产损害数额评估三部分内容。

5.2.3 生态环境损害

生态环境损害鉴定评估内容包括生态环境基线的确定、生态环境损害的确认、污染环境或破坏生态行为与生态环境损害间的因果关系判定、生态环境损害修复或恢复目标的确定、生态环境损害评估方法的选择、环境修复或生态恢复方案的筛选、环境修复或生态恢复费用的评估等内容。

5.2.4 应急处置费用

应急处置费用鉴定评估内容包括污染清理、污染控制、应急监测、人员转移安置等费用合理性的判别与数额的计算。

5.2.5 事务性费用

事务性费用鉴定评估内容包括环境监测、信息公开、现场调查、执行监督等费用合理性的判别与数额的计算。

5.3 工作范围

5.3.1 空间范围

综合利用现场调查、环境监测、生物监测、模型预测或遥感分析（例如航拍照片、卫星影像等）等方法初步确定人身损害、财产损害或生态环境损害的可能范围，在此基础上开展环境损害确认和因果关系判定，最终确定人身损害、财产损害、生态环境损害与应急处置费用及其他事务性费用鉴定评估的空间范围。

5.3.2 时间范围

环境损害鉴定评估的时间范围因损害类型不同而存在差异。人身损害鉴定评估的时间范围以污染环境行为发生日期为起点，持续至污染环境行为导致人身损害的可能的最大潜伏期为止。财产损害鉴定评估的时间范围根据损害对象、损害性质和赔偿方式等具体情况确定。生态环境损害评估的时间范围以污染环境或破坏生态行为发生日期为起点，持续到受损生态环境及其生态系统服务恢复至生态环境基线为止。

应急处置费用评估的时间以突发环境事件发生日期为起点，持续到应急处置结束日期为止。

6 环境损害确认

环境损害确认包括基线的确认以及人身损害、财产损害、生态环境损害、应急处置费用及其他事务性费用的确认。

6.1 基线确认

基线的确定方法如下：
a) 利用污染环境或破坏生态行为发生前评估区域的历史数据，数据来源包括常规监测、专项调查、统计报表、学术研究等收集的反映人群健康、财产状况和生态环境状况等的历史数据；
b) 利用未受污染环境或破坏生态行为影响的相似现场数据，即"对照区域"数据。要求"对照区域"与评估区域的人群特征、生态系统功能和服务水平等特征具有可比性；
c) 利用模型。若上述方法不可行，可考虑构建污染物浓度与人体健康指标、财产损害程度、生物量或生境丰度等损害评价指标之间的剂量-反应关系模型来确定基线。

6.2 人身损害

6.2.1 个体人身损害的确认

个体水平的人身损害应排除不可抗力以及受害人主观故意或重大过失，其确认应满足下列任一条件：
a) 个体死亡的；
b) 按照《人体损伤残疾程度鉴定标准》明确诊断为伤残的；
c) 临床检查可见特异性或严重的非特异性临床症状或体征、生化指标或物理检查结果异常，按照《疾病和有关健康问题的国际统计分类》（ICD-10）明确诊断为某种或多种疾病的；
d) 虽未确定为死亡、伤残或疾病，为预防人体出现不可逆转的器质性或功能性损伤而必须采取临床治疗或行为干预的。

6.2.2 群体人身损害的确认

群体水平的人身损害应排除不可抗力以及受害人主观故意或重大过失，其确认应满足下列任一条件：
a) 流行病学调查表明调查人群与对照人群在疾病频率（如发病率、死亡率等）、生理生化指标或临床物理检查结果等存在显著性差异；
b) 空间分析表明调查人群疾病频率（如疾病、死亡、伤残等）存在显著的空间聚集性。

6.3 财产损害

财产损害的确认应排除不可抗力造成的财产损毁以及财产所有者主观故意或重大过失，且满足下列任一条件：

a) 造成国家、集体或个人财产物理性损坏的；
b) 造成国家、集体或个人财产功能性损坏的；
c) 造成国家、集体或个人财产实际价值减少的；
d) 防止财产因环境污染或生态破坏造成进一步损毁而额外支出的费用；
e) 造成法律规定的其他损坏情形的。

6.4 生态环境损害

生态环境损害的确认应满足下列任一条件：

a) 评估区域内环境介质（地表水、地下水、空气、土壤等）中污染物浓度超过基线水平或国家及地方环境质量标准，且造成的影响在一年内难以恢复；
b) 死亡率增加：受影响区域污染环境或破坏生态行为发生后，与基线状态相比，关键物种死亡率的差异有统计学意义；
c) 种群数量的减少：受影响区域污染环境或破坏生态行为发生后，与基线状态相比，关键物种种群密度或生物量的差异有统计学意义；
d) 生物物种组成发生变化：受影响区域污染环境或破坏生态行为发生后，与基线状态相比，动植物物种组成、生物多样性等的差异有统计学意义；
e) 身体变形：受影响区域污染环境或破坏生态行为发生后，与基线状态相比，生物体外部畸形、骨骼变形或内部器官和软组织畸形，组织病理学水平的损害等发生率的差异有统计学意义；
f) 造成生态环境损害的其他情形。

7 因果关系判定

污染环境行为与环境损害间的因果关系判定包括环境暴露与环境损害间的因果关系判定和环境污染物从源到受体的暴露路径的建立与验证两部分。

7.1 环境暴露与环境损害的因果关系判定

环境暴露与环境损害间的因果关系判定应符合以下一般原则：

a) 环境暴露与环境损害间存在时间先后顺序。即环境暴露发生在前，环境损害发生在后；
b) 环境暴露与环境损害间的关联具有合理性。环境暴露导致环境损害的机理可由医学、生物学、毒理学等理论做出合理解释；
c) 环境暴露与环境损害间的关联具有一致性。环境暴露与环境损害间的关联在不同时间、地点和研究对象中得到重复性验证；
d) 环境暴露与环境损害间的关联具有特异性。环境损害发生在特定的环境暴露条件下，不因其他原因导致。由于环境暴露与环境损害间可能存在单因多果、多因多果等复杂因果关系，因此，环境暴露与环境损害间关联的特异性不作强制性要求。

7.2 暴露路径的建立和验证

在掌握污染源排放状况、区域环境质量状况等基础资料的基础上，提出污染来源的假设，通过以下条件或标准建立和验证暴露路径。暴露路径建立和验证的方法如下：

a) 存在明确的污染来源和污染排放行为。直接或间接证据表明污染源存在明确的污染排放行为，包括物证、书证、证人证言、笔录、视听资料等；
b) 空气、地表水、地下水、土壤等环境介质中存在污染源排放的污染物，且与污染源产生或排放的污染物（或污染物的转化产物）具有一致性；

c) 污染物传输路径的合理性。当地气候气象、地形地貌、水文条件等自然环境条件存在污染物从污染源迁移至污染区域的可能,且其传输路径与污染源排放途径相一致;

d) 受体(人身、财产或生态环境)暴露的可能性。环境污染物可能经呼吸道、膳食或饮水、皮肤接触等暴露途径进入人体,且空气、生活饮用水、食物中污染物的浓度超过国家或地方相关质量标准限值;或财产所处的环境介质中检测出污染物,且含量明显超出国家、行业或地方标准限值;或环境介质(地表水、地下水、空气、土壤)中污染物浓度超过相应环境质量标准或环境基准限值;

e) 识别暴露路径的暴露单元,对每一个暴露单元内的污染物浓度、污染物的迁移机制和路线以及该单元的暴露范围进行分析以此确认各个暴露单元是否可以组成完整的暴露路径;或采用定量或半定量方法,如基于同位素的示踪技术、污染扩散模型等,建立并验证污染物从污染源经环境至受体的暴露路径。

8 损害评估方法

8.1 人身损害

人身损害赔偿数额按《最高人民法院关于审理人身损害赔偿案件适用法律若干问题的解释》计算;精神损害抚慰金按《最高人民法院关于确定民事侵权精神损害赔偿责任若干问题的解释》计算。

8.2 财产损害

8.2.1 财产损毁或实际价值减少

8.2.1.1 固定资产损失

指因污染环境或破坏生态行为造成固定资产损毁或价值减少带来的损失,采用修复费用法或重置成本法计算。如果完全损毁,采用重置成本法计算;如果部分损毁,采用重置成本法或修复费用法计算。采用重置成本法的固定资产损失的计算见公式(1)。修复费用法按实际发生的固定资产的维修费用进行计算。

固定资产损失=重置完全价值(元)×(1-年平均折旧率%×已使用年限)×损坏率(%) (1)

其中:年平均折旧率=(1-预计净残值率)×100%/折旧年限 (2)

上式中,重置完全价值是指重新建造或购置全新的固定资产所需的费用;预计净残值率是指固定资产净残值占资产原价值的比例,由专业技术人员或专业资产评估机构进行定价评估;固定资产净残值是指固定资产报废时预计可回收的残余价值扣除预计清理费用后的余额。

8.2.1.2 流动资产损失

指生产经营过程中参加循环周转,不断改变其形态的资产,如原料、材料、燃料、在制品、半成品、成品等的经济损失。流动资产损失按不同流动资产种类分别计算并汇总,见公式(3)。

流动资产损失=流动资产数量×购置时价格-残值 (3)

上式中,残值指财产损坏后的残存价值,应由专业技术人员或专业资产评估机构进行定价评估。

8.2.1.3 农产品财产损失

指环境污染或生态破坏导致的农产品产量减少和农产品质量受损的经济损失,按照《农业环境污染事故司法鉴定经济损失估算实施规范》(SF/Z JD0601001)、《渔业污染事故经济损失计算方法》(GB/T 21678)和《农业环境污染事故损失评价技术导则》(NY/T 1263)计算。

8.2.1.4 林业损失

指由于环境污染或生态破坏造成林产品和树木损毁或价值减少,对林业资源本身的损害列入生态环境损害评估。林产品和树木损毁的损失利用直接市场价值法计算,评估方法参见农产品财产损失计算方法。

8.2.2 清除财产污染的额外支出

财产损害还包括为防止财产因环境污染造成进一步损毁而支出的清除财产污染的费用，包括工厂清理受污染工业设备的费用支出、水厂清理管道和生产设备的费用支出、渔民清理渔具的费用支出以及其他清除财产污染的费用。对于清除财产污染的额外支出，通过审核额外支出费用的票据后进行计算。

8.3 生态环境损害

8.3.1 生态环境损害评估方法及其适用条件

生态环境损害评估方法包括替代等值分析方法和环境价值评估方法。

8.3.1.1 替代等值分析方法

替代等值分析方法包括资源等值分析方法、服务等值分析方法和价值等值分析方法。

资源等值分析方法是将环境的损益以资源量为单位来表征，通过建立环境污染或生态破坏所致资源损失的折现量和恢复行动所恢复资源的折现量之间的等量关系来确定生态恢复的规模。资源等值分析方法的常用单位包括鱼或鸟的种群数量、水资源量等。

服务等值分析方法是将环境的损益以生态系统服务为单位来表征，通过建立环境污染或生态破坏所致生态系统服务损失的折现量与恢复行动所恢复生态系统服务的折现量之间的等量关系来确定生态恢复的规模。服务等值分析方法的常用单位包括生境面积、服务恢复的百分比等。

价值等值分析方法分为价值-价值法和价值-成本法。价值-价值法是将恢复行动所产生的环境价值贴现与受损环境的价值贴现建立等量关系，此方法需要将恢复行动所产生的效益与受损环境的价值进行货币化。衡量恢复行动所产生的效益与受损环境的价值需要采用环境价值评估方法。价值-成本法首先估算受损环境的货币价值，进而确定恢复行动的最优规模，恢复行动的总预算为受损环境的货币价值量。

8.3.1.2 环境价值评估方法

环境价值评估方法包括直接市场价值法、揭示偏好法、效益转移法和陈述偏好法。常用的环境价值评估方法参见附录 A。

8.3.1.3 生态环境损害评估方法的选择原则

8.3.1.3.1 优先选择替代等值分析方法中的资源等值分析方法和服务等值分析方法。如果受损的环境以提供资源为主，采用资源等值分析方法；如果受损的环境以提供生态系统服务为主，或兼具资源与生态系统服务，采用服务等值分析方法。采用资源等值分析方法或服务等值分析方法应满足以下两个基本条件：

a) 恢复的环境及其生态系统服务与受损的环境及其生态系统服务具有同等或可比的类型和质量；

b) 恢复行动符合成本有效性原则。

8.3.1.3.2 如果不能满足资源等值分析方法和服务等值分析方法的基本条件，可考虑采用价值等值分析方法。如果恢复行动产生的单位效益可以货币化，考虑采用价值-价值法；如果恢复行动产生的单位效益的货币化不可行（耗时过长或成本过高），则考虑采用价值-成本法。同等条件下，推荐优先采用价值-价值法。

8.3.1.3.3 如果替代等值分析方法不可行，则考虑采用环境价值评估方法。以方法的不确定性为序，从小到大依次建议采用直接市场价值法、揭示偏好法和陈述偏好法，条件允许时可以采用效益转移法。以下情况推荐采用环境价值评估方法：

a) 当评估生物资源时，如果选择生物体内污染物浓度或对照区的发病率作为基线水平评价指标，由于在生态恢复过程中难以对其进行衡量，推荐采用环境价值评估方法；

b) 由于某些限制原因，环境不能通过修复或恢复工程完全恢复，采用环境价值评估方法评估环境的永久性损害；

c) 如果修复或恢复工程的成本大于预期收益,推荐采用环境价值评估方法。

8.3.2 基于恢复目标的生态环境损害评估步骤

基于恢复目标的生态环境损害评估,应首先确定修复或恢复的目标,即将受损的生态环境恢复至基线状态、或修复至可接受风险水平、或先修复至可接受风险水平再恢复至基线状态、或在修复至可接受风险水平的同时恢复至基线状态。对于部分工业污染场地,可根据再利用目的将受损生态环境修复至可接受风险水平。以下将该过程统一称为恢复。

按恢复目的的不同,可将恢复划分为基本恢复、补偿性恢复和补充性恢复。基本恢复的目的是使受损的环境及其生态系统服务复原至基线水平;补偿性恢复的目的是补偿环境从损害发生到恢复至基线水平期间,受损环境原本应该提供的资源或生态系统服务;如基本恢复和补偿性恢复未达到预期恢复目标,则需开展补充性恢复,以保证环境恢复到基线水平,并对期间损害给予等值补偿。

如果环境污染或生态破坏导致的生态环境损害持续时间不超过一年,则仅开展基本恢复;否则,需要同时开展基本恢复与补偿性恢复。

8.3.2.1 基本恢复方案的筛选与确定

基本恢复是在确认生态环境损害发生、确定其时空范围并判定污染环境或破坏生态行为与生态环境损害间因果关系的基础上,选择合适的替代等值分析方法,确定最优的恢复方案,估算实施最优恢复方案所需的费用。

8.3.2.1.1 基本恢复措施的选择

基本恢复方案可以选择人工恢复措施,也可以选择自然恢复措施。人工恢复适用于目前技术水平下能够有效恢复受损环境及其生态系统服务且符合成本效益原则的情形。自然恢复措施适用于以下情形:

a) 所有的恢复方案都无法避免产生较大的二次污染或对环境造成严重的干扰;
b) 目前技术水平下恢复行动耗资巨大,不符合成本效益原则;
c) 目前技术水平下,无法恢复受损的环境及其生态系统服务。

8.3.2.1.2 基本恢复方案的初步筛选

综合采用现场勘查、专家咨询、德尔菲法以及费用-效果分析等方法对备选恢复方案进行初步筛选。优先选择能提供与损失的资源与服务同等类型、同等质量或具有可比价值的资源与服务的恢复方案,其次考虑能够提供可比类型和质量的恢复方案。

8.3.2.1.3 基本恢复方案的定性筛选

经过初步筛选的方案可以根据以下原则进行进一步筛选:

a) 有效性:恢复方案应该能够实现对受损环境的恢复、修复或重置;
b) 合法性:符合国家或地方相关法律法规、标准和规划等;
c) 保护公众健康和安全:恢复工程不得危害公众健康和安全;
d) 技术可行性:恢复方案应该有较高的成功的可能性,并在技术上可行;
e) 公众可接受:恢复方案应该达到公众可接受的最低限度,恢复方案的实施不得产生二次损害;
f) 减小环境暴露:恢复方案应该尽量降低环境的污染物暴露量与暴露水平,包括污染物的数量、流动性和毒性等。

8.3.2.1.4 基本恢复方案的偏好筛选

进一步对经过定性筛选的基本恢复方案进行偏好筛选,一般采用定性与定量相结合的方法,如层次分析法,进行选择判断。

8.3.2.1.5 基本恢复方案的成本效益分析

如果通过定性筛选和偏好筛选,有两种或更多可选方案时,利用成本效益或成本效果分析方法进行评估,选择成本效益或效果比最优的方案。如果所有恢复方案的成本均大于预期收益,建议采用环境价值评估方法进行评估。

8.3.2.1.6 基本恢复方案的确定

通过对基本恢复方案的筛选,确定最优恢复方案后,需进一步确定最优恢复行动或措施的实施范围、恢复规模和持续时间等。

8.3.2.2 补偿性恢复方案的筛选和确定

补偿性恢复是在基本恢复方案的基础上,选择合适的替代等值分析方法,评估期间损害并提出补偿期间损害的恢复方案,估算实施恢复方案所需的费用。

补偿性恢复方案的筛选和确定参阅附录 B。

8.3.2.3 补充性恢复方案的筛选和确定

开展恢复方案的实施效果评估,如果基本恢复或补偿性恢复未达到预期效果,应进一步筛选并确定补充性恢复方案,实施补充性恢复。补充性恢复方案的筛选和制定参阅 8.3.2.1 和 8.3.2.2。

8.3.3 永久性生态环境损害的评估

在进行生态环境损害评估时,如果既无法将受损的环境恢复至基线,也没有可行的补偿性恢复方案弥补期间损害,或只能恢复部分受损的环境,则应采用环境价值评估方法对受损环境或未得以恢复的环境进行价值评估。

8.3.4 现值系数

在进行生态环境损害评估时,考虑公共环境资源的时间价值,计算环境的期间损害时需要利用现值系数进行折算,现值系数体现的是人们消耗公共物品的时间偏好。现值系数包括复利率和贴现率,对过去的损失利用复利率进行复利计算,对未来损失利用贴现率进行贴现计算。对于环境资源类物品,现值系数推荐采用 2%~5%。

8.4 应急处置费用

应急处置费用按照《突发环境事件应急处置阶段环境损害评估技术规范》进行评估。

8.5 事务性费用

事务性费用按实际支出进行汇总统计。

9 鉴定评估报告的编制

环境损害鉴定评估意见书应当包括环境损害确认、因果关系判定和环境损害量化及环境损害鉴定评估中涉及的特别事项等,环境损害鉴定评估意见书的格式参见《司法鉴定文书规范》。对于情况复杂的,需要出具环境损害鉴定评估报告书,按照委托要求和项目逐项详细说明,环境损害鉴定评估报告书的格式见附件 C。

10 附则

自本方法发布之日起,《环境污染事故损害数额计算推荐方法(第 I 版)》正式废止。

附录 A
(资料性附录)
常用的环境价值评估方法

A.1 直接市场价值法

A.1.1 生产率变动法

生产率变动法也称作观察市场价值法,是利用生产率的变动来评价环境状况变动的方法。该方法适用于衡量在市场上交易的资源使用价值,用资源的市场价格和数量信息来估算消费者剩余和生产者剩余。总的效益或损失是消费者和生产者剩余之和。

A.1.2 剂量-反应法

剂量反应法也称为生产率法或生产要素收入法，将产出与生产要素（如土地、劳动力、资本、原材料）的不同投入水平联系起来。该方法的适用条件有：

a) 环境变化直接导致销售的某种商品（或服务）的产量增加或减少，同时影响明确且能够观察或根据经验测试；

b) 市场功能完好，价格是经济价值的有效指标。

A.1.3 人力资本和疾病成本法

人力资本法通过环境属性对劳动力数量和质量的影响来评估环境属性的价值。通常用因疾病引起的收入损失或治疗费用表示。

A.2 揭示偏好法

A.2.1 内涵资产定价法

内涵资产定价法又称作享乐价格法，内涵资产定价法，是根据人们为优质环境的享受所支付的价格来推算环境质量价值的一种估价方法，即将享受某种产品由于环境的不同所产生的差价，作为环境差别的价值。该方法越来越多的被应用于空气质量恶化对财产价值的影响。此方法的出发点是某一财产的价值包含了它所处的环境质量的价值。如果人们为某一地方与其他地方相同的房屋和土地支付更高的价格，且其他各种可能造成价格差别的非环境因素都加以考虑后，剩余的价格差别可以归结为环境因素。

A.2.2 避免损害成本法

避免损害成本法指个人为减轻损害或防止环境退化引起的效用损失而需要为市场商品或服务支付的金额。可用于评估净化的空气和水等非市场商品的价值。

A.2.3 虚拟治理成本法

虚拟治理成本是按照现行的治理技术和水平治理排放到环境中的污染物所需要的支出。虚拟治理成本法适用于环境污染所致生态环境损害无法通过恢复工程完全恢复、恢复成本远远大于其收益或缺乏生态环境损害恢复评价指标的情形。虚拟治理成本法的具体计算方法见《突发环境事件应急处置阶段环境损害评估技术规范》。

A.3 效益转移法

效益转移法基于消费者剩余理论，是一种非市场资源价值评价方法。若非市场资源价值受时间、空间和费用等条件限制，可适用此方法。效益转移法的适用条件如下：

a) 对参照区的要求：要确定参照区的范围和规模，包括区域人口规模，评估中所需要的数据需求（如价值的类型：使用价值、非使用价值或总价值）。

b) 对评估区和参照区的相关性的要求：评估区的环境资源的质量（数量）及其变化与参照区的资源质量（数量）及其预期变化应相似。

A.4 陈述偏好法

A.4.1 条件价值法

条件价值法也叫做权变评价法或或然估计法，条件价值评估法用调查技术直接询问人们的环境偏好。当缺乏真实的市场数据，甚至也无法通过间接的观察市场行为来赋予环境资源价值时，通常采用条件价值评估（CVM）技术。该技术特别适用于选择价值占有较大比重的独特景观、文物古迹等生态系统服务价值评估。

A.4.2 选择试验模型法

选择试验模型法基于效用最大化理论，采用问卷为被调查者提供由资源或环境物品的不同属性状态组合而成的选择集。让被调查者从每个选择集中选出自己最偏好的一种方案，研究者可以根据被调查者的偏好运用经济计量学模型分析出不同属性的价值以及由不同属性状态组合而成的各种方案的相对价值。

附录 B
（资料性附录）
补偿性恢复方案的确定

生态环境损害评估方法包括替代等值分析方法和环境价值评估方法。替代等值分析方法以恢复受损环境为目标制定恢复方案或评估恢复费用，保证实施恢复手段后环境所拥有的资源和所提供的生态服务与污染或破坏发生前等量、或好于污染或破坏发生前的基线状况；替代等值分析方法用于确定因生态环境损害而导致的资源或服务的类型和数量的损失（该损失随时间变化），以及弥补该损失所采取的措施类型及其数量。替代等值分析方法包括资源等值分析方法、服务等值分析方法和价值等值分析方法。

损害表示因环境污染或生态破坏而使环境与资源蒙受的损害或损失数量，损害通常是多方面的，因为生态环境损害会对许多物种、栖息地、生态系统功能及人类使用和非使用价值带来不利影响。此外，损害的时空范围及损害程度也因损害的度量方式而异。效益是通过补偿性或补充性恢复获得的资源或服务效益的数量。用量化损害所用的量度单位对恢复方案的数量、类型和大小进行量化，使恢复方案预期产生的效益大于或等于损害或损失。

等值分析法的一般步骤为：（1）量化生态环境损害或损失；（2）确定单位效益的预期恢复量；（3）用总的损害或损失除以单位效益恢复量，得出需要的恢复总量或恢复方案所需经费。

B.1 量化期间损害

期间损害的大小取决于基本恢复方案的恢复路径与恢复所需的时间。

从图 B-1 中可以看出，期间损害量的计算高度依赖于对受影响区域采取的基本恢复方法类型；若采取人工恢复措施，受损的资源与服务可以较快地恢复到基线状态，相应的期间损害量较小（若采用人工恢复措施，期间损害量为图 B-1 中的 A 区域）；若采取自然恢复措施，受损的资源与服务恢复到基线状态需要较长时间，相应的期间损害量较大（若采用自然恢复措施，期间损害量为图 B-1 中的 A+B 区域）。可以说，环境资源量和服务量的期间损害与所选择的基本恢复方案密切相关，即所选择的基本恢复方案很大程度上决定了环境资源量和服务量的期间损害量。

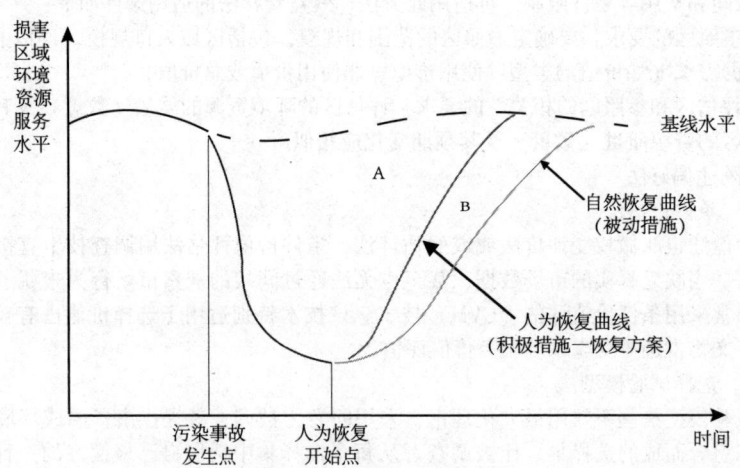

图 B-1 环境的恢复过程

B.1.1 资源等值分析方法或服务等值分析方法

期间损害的计算关键是要预测在开展了基本恢复行动后受损的资源和服务的恢复路径，即要预测受损的资源和服务在损害发生到恢复基线这段时间内每年受损的资源和服务量的大小。期间损害为在受损的期间内每年的资源或服务损失贴现量的加总。计算公式见式（B-1）：

$$H = \sum_{t=0}^{n} (R_t \times d_t) \times (1+r)^{(T-t)} \qquad (B-1)$$

式中：

H：期间损害量；

t：是评估期内的任意给定年（0~n 之间），$t=0$ 表示起始年，是损害开始年或损失计算起始年；$t=n$ 是终止年，是指不再遭受进一步损害（或者通过自然恢复达到，或者通过基本恢复措施达到）的年份；

T：基准年，也叫贴现年，一般是进行损害评估的年份；

Rt：受影响资源或服务单位数量。对于资源，该参数可能是个体数量、生物量、寿命值、子女数量、能量、生产率或对生物或生态系统具有重要影响的其他量度。对于服务，该参数可能是受影响的栖息地面积（公顷），也可能是河流长度或其他栖息地的面积等；

dt：损害程度，指资源或服务的受损程度，用选择的量度①衡量。损害程度随时间变化，可以是损害的个体数量，对于亚致死效应而言，也可以是预期寿命或生物数量的减少。如果损害的资源单位数量涵盖了亚致死概念，则不需要将其受损程度单列出来；

r：现值乘数，推荐采用 2%~5%。采用现值系数对过去的资源或服务损失进行复利计算和对未来的资源或服务损失进行贴现计算。

需要注意的是，在某些情况下，即使采取了恢复措施，受损的环境也可能始终无法恢复到基线水平（如图 B-2 所示），这种情况下建议 n 取 100。

B.1.2 价值等值分析方法

根据环境类型的不同，环境期间损害经济价值的量化模型也不同。如果环境的价值以使用价值为主，建议采用式（B-2）计算，如果环境的价值以非使用价值为主，建议采用式（B-3）计算。

B.1.2.1 以使用价值为主的环境价值量化概念模型

$$H = \sum_{t=0}^{n} [(Q_{nt} \times P_{qn}) + (Q_{lt} \times P_{ql})] \times (1+r)^{(T-t)} \qquad (B-2)$$

式中：

H：期间损害量；

---

① 量化量度用于表示环境污染或生态破坏引起的损害和服务损失程度，和恢复项目引起的服务效益增量的程度。选择适合的量度很重要，因为估计的损失和效益增量会因使用的量度而异。量度可包括易衡量的数量属性（如人口密度、植被覆盖、生产率估算或用户使用次数）也包括更复杂、概念更强的质量属性（如栖息地适宜性）或质量指标、多变量指标或主观评级。举例而言，量化量度包括：某特定类型栖息地的范围；某种资源的单位或数量（如河流的公里数、某种类型栖息地的公顷数、可用水量等）；植被密度、覆盖或生物量量度；某种植物优良种、优势种或主要种的分布比例；栖息地质量指标；生物生产率（如初级和次级生产率）、物种丰度、生物量、多样性或群落构成量度；繁殖率；栖息地物种活动时间（例如，如果某个事故降低了栖息地的功能，使其生物数量减少）；种群完整性量度，如性别比、龄级分布、生物量；生态过程度，如矿化度、营养物输出或分解的比率；依据超过毒性阈值的程度确定服务损害的级别。公式的损失和效益增量两侧的量度必须相同，以便进行等值计算（如果量度不同，则不能实现等值分析，也就达不到损失与效益平衡的目的）。量度还应能够用于识别基线、损害和补偿性栖息地提供的服务质量和数量的相对差异。

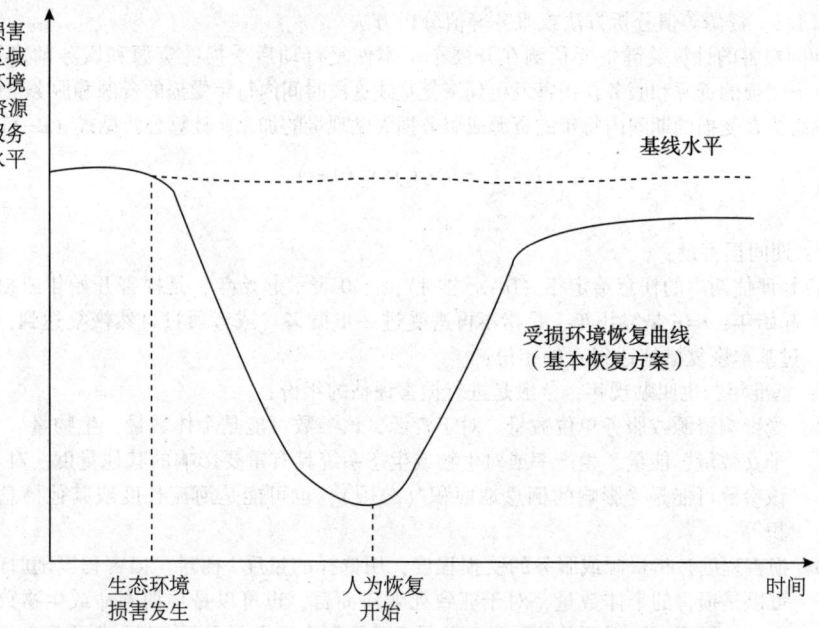

图 B-2 环境的恢复过程（受损环境难以恢复至基线水平）

t：是评估期内的任意给定年（0-n 之间），$t=0$ 是起始年，是损害开始年或损失计算开始年；$t=n$ 是终止年，终止年是不再遭受进一步损害（或者通过自然恢复达到，或者通过基本恢复措施达到）的年份。有时因预计资源不可恢复而没有预计的终止年；

T：基准年，现值计算使用的年份，一般是进行损害评估的年份；

Q_{nt}：是损失的资源或服务的单位数量。可以是娱乐使用天数（如钓鱼、海滩旅行、划船），或使用该资源或服务的公众所认可的其他某种量度；

P_{qn}：是资源或服务的单位经济（货币）价值；是与人类使用损失有关的单位价值（用货币衡量）。可能是一个钓鱼日的价值或避免患癌症风险增大的价值。一般根据现有文献或数据收集来估计此价值。

Q_{lt}：是在质量降低状态下使用的资源或服务的单位数量；它不是完全失去，而是作为质量较低的资源或服务来提供。例如，有些人可能仍在被污染的现场钓鱼，但是他们从垂钓中获得的价值会减少；

P_{ql}：是在质量降低状态下的资源或服务的单位经济价值；例如，因生态环境损害导致捕获率下降，进而使某地垂钓价值下降。一般根据现有经济文献或主要数据收集（如调查）对此价值进行评估；

r：现值系数，建议采用 2%-5%。

B.1.2.2 以非使用价值为主的环境价值量化概念模型

当环境主要表现为非使用价值时，通常利用支付意愿法或接受意愿法进行环境资源经济价值的评估。由于支付意愿或接受意愿表现为为防止受到损害而愿意支付一次性付款、或愿意接受损害而接受一次性付款，可能需要贴现，也可能不需要贴现。如果调查问卷中的问题，要求被调查人填写经过贴现计算的一次性付款，则不需要贴现；如果被调查人填写的一次性付款是现值，则需要贴现。假设不需要贴现，环境价值损失量的计算概念模型见式（B-3）。

$$H = \sum_{t=0}^{n} (\Delta Q_{n,l} \times P_{n,l}) \tag{B-3}$$

式中:
- H: 期间损害量;
- t: 是评估期内的任意给定年 (0-n 之间), $t=0$ 是起始年, 是损害开始年或损失计算开始年; $t=n$ 是终止年, 终止年是不再遭受进一步损害 (或者通过自然恢复达到, 或者通过主要恢复措施达到) 的年份。有时因预计资源预计不可恢复而没有预计的终止年;
- T: 基准年, 现值计算使用的年份, 一般是进行损害评估的年份;
- $Q_{n,l}$: 资源或服务随时间的变化, 此参数可以是资源/服务因损害引起的总变化的定性描述。该描述通常包括初始基线水平、与基线的差距和回到基线状态的恢复路径, 包括基本恢复措施和/或补充性恢复措施;
- $P_{n,l}$: 资源或服务变化的价值, 它是人们赋予环境资源/服务变化的价值 (用货币衡量)。一般根据人们对预防环境变化的支付意愿 (WTP), 或不希望变化的接受意愿 (WTA)。此价值考虑了资源和服务的损失程度以及资源恢复路径和时间。一般根据现有文献或调查来估计此价值。

B.2 确定补偿性恢复方案的单位效益

补偿性恢复方案的规模确定通常指的是要确定恢复工程需要恢复的资源量或服务数量 (如, 生境面积)。要确定补偿性恢复方案的规模, 首先要确定恢复单位面积 (通常以公顷计) 的资源或服务所产生的效益。计算公式见式 (B-4):

$$E = \sum_{t=t_1}^{n} e \times (1+r)^{T-t} \qquad (B-4)$$

式中:
- E: 补偿性恢复行动的单位效益, 即补偿单位资源量或服务量所产生的单位效益;
- e: 为补偿性恢复行动在 t 年的年度单位效益;
- t_1: 为补偿性恢复工程的起始年;
- T: 为贴现基准年;
- r: 为现值系数;
- n: 为补偿性恢复行动的单位效益的贴现值近似为 0 的年份。若受损的环境始终无法恢复到基线水平, 计算补偿性恢复行动的单位效益时, 建议 n 取 t_1+100。

恢复单位的资源与服务所产生的效益取决于补偿性恢复方案的现值系数、工程持续的时间以及工程每年可以产生的单位面积环境效益。其中, 若采用的是资源对等法或服务对等法, 则补偿性恢复工程各年度可以恢复的环境效益以资源量或服务量为单位表示, 若采用价值-价值对等法, 则补偿性恢复工程各年度可以恢复的环境效益以货币量来表示。

B.3 确定补偿性恢复方案的规模

补偿性恢复方案的规模 S 等于需要补偿的期间损害量 H 除以补偿性恢复方案恢复单位资源与服务所产生的效益 E, 计算公式见式 (B-5):

$$S = \frac{H}{E} \qquad (B-5)$$

式中:
- H: 为期间损害量;
- S: 为补偿性恢复行动的规模; 补偿性恢复行动的规模通常以恢复的资源量或恢复面积来计量;
- E: 为补偿性恢复行动的单位效益。

补偿性恢复行动的规模取决于恢复单位资源或服务所需时间、选取的现值系数、补偿性恢复行动产生的单位面积效益以及期间损害的大小。

B.4 确定补偿性恢复方案

根据计算得出的恢复量, 提出备选恢复方案, 如果恢复方案效果不确定, 还需要利用实验或者模型模拟等方法开展必要的专项研究，提出备选恢复方案；利用表 B-1 的筛选标准进行备选方案比选，最终确定补偿性恢复方案。

表 B-1 恢复工程的筛选标准举例

初步筛选标准	
遵守相关法律和法规	工程项目必须遵守相关法律法规。
工程的公共卫生和/或安全性	工程项目不得危害公共卫生和/或安全。
应急清理工作和基本恢复工作之间的协调性	工程项目不得与应急清理工作相冲突。
技术上可行	工程项目必须拥有较高的成功可能性。
降低附带（二次）损害	工程项目不得导致额外的自然资源损害、服务损失或环境恶化；或产生的附带损害与获得的收益相比微不足道。
公众可接受性	工程项目必须达到公众可接受的最低风险水平；工程项目不得妨害公众。
降低自然资源中的污染物浓度暴露水平	恢复项目应降低自然资源中的污染物暴露浓度水平，并降低污染物的量、迁移性和/或毒性。
降低污染物量、迁移性和/或毒性	
详细的评估标准	
恢复或保留受损的自然资源类型	项目须通过恢复行动提升已受损环境或即将受损环境的质量。
项目可以保护独特、高质量自然资源区域或与此区域相邻区域内受到威胁的种群	项目可通过保护权管理交易等方式获得土地和资源以保护高质量或独特的资源，或针对未来周围区域的开发建立可行的缓冲带。
采取恢复活动的标准是受损环境不能自然恢复或需要很长时间才能自然恢复	判断采用自然恢复手段还是人工恢复的手段的标准是：如果不采取任何恢复行动，而通过自然恢复达到基线水平，将会非常漫长（如>25 年），在这种情况下，采用人工恢复手段是非常必要的。
需要确定恢复行动的优先次序	基于受损的资源类型和损害程度，制订优先恢复的资源和服务清单。
技术方法的筛选需符合经济、有效的原则	工程项目应优先使用合适的、经过验证且成功的技术，减少使用试验性的方法、研究，或未经验证的技术。
具有良好的成本效益	与其他工程项目比，所采取的工程项目预期收益和预期成本之比较高。
长期运营、维护和监测成本较低	在收益一定的情况下，长期成本须在预期的合理范围内。

续表

恢复方案规模的控制	须控制工程项目的规模，确保达到合适的恢复效果。与损害的资源或服务相比，应注意避免只能提供极少收益的小型恢复工程或无法降低影响范围的大型恢复工程项目。
提供的收益须可测量，以评估恢复工程是否成功	恢复工程项目带来的收益必须可测量、可量化，以衡量恢复项目是否成功。
与地区规划保持一致，并在行政管理上具有可行性	工程项目须与地区规划工作保持一致（如生物多样性保护行动计划）；工程项目必须在行政管理上具有可行性。
产生附带收益	应优先采用同时可以给一个以上资源或服务带来收益的工程项目，或能够给生态资源提供二级收益或相关收益和经济收益的工程项目。
提升公众使用、享用环境或从环境中受益的能力	该标准可视为一个单独的评估标准，或认定为附带收益的一部分。
实现环境公平和正义	指工程项目为受损害最严重的个人提供收益的程度，应该优先采用给受污染影响最严重、同时属于低收入群体的人带来收益的工程项目。
项目向受影响区域或人口提供生态收益和/或经济收益	可以优先采用能给受影响区域带来最大收益的工程项目。
项目产生的效益较快	应优先采取比其他工程项目更快带来收益的工程项目。
项目可带来长期收益	应优先选择效益持续时间长的项目。
提供其他恢复工程无法提供的收益	避免采取已经在其他项目中执行、或已落实规划资金的工程，以确保获得最新收益。

附录 C
（资料性附录）
环境损害鉴定评估报告书的编制要求

C.1 基本情况
写明环境损害鉴定评估委托方、委托鉴定评估事项和环境损害鉴定评估机构；写明环境损害鉴定评估的背景，包括损害发生的时间、地点、起因和经过；简要说明环境损害发生地的社会经济背景、周边敏感受体、造成潜在环境损害的污染源、污染物等基本情况。

C.2 鉴定评估方案

C.2.1 鉴定评估目标
依据委托方委托鉴定评估事项，详细写明开展环境损害鉴定评估的目标。

C.2.2 鉴定评估依据
写明开展本次环境损害鉴定评估所依据的法律法规、标准和技术规范等。

C.2.3 鉴定评估原则
写明开展本次环境损害鉴定评估所遵循的基本原则。

C.2.4 鉴定评估范围
写明开展本次鉴定评估工作初步确定的环境损害的时间范围和空间范围及确定初步时空范围的依据。

C.2.5 鉴定评估内容
写明本次鉴定评估工作的主要内容，包括环境损害评估对象（人身损害、财产损害和环境损害）和环境损害鉴定评估内容（环境损害确认、因果关系判定和损害数额量化）。

C.2.6 鉴定评估方法
详细阐明开展本次环境损害鉴定评估工作的技术路线及每一项鉴定评估内容所使用的技术方法。

C.3 鉴定评估过程与分析

C.3.1 环境损害确认
详细阐明本次环境损害鉴定评估中确定环境损害时所依据的标准或条件，以及确认环境损害所采用的技术方法。详细介绍环境损害确认过程所依据的基础信息、现场勘察、监测分析、实验模拟、数值模拟等过程和结果。写明环境损害确认的结果，即是否存在环境损害、存在哪种类型的损害、损害的时空范围及程度。

C.3.2 因果关系判定
详细阐明本次环境损害鉴定评估中判定环境污染或生态破坏行为与环境损害间因果关系所依据的标准或条件，以及判定因果关系所采用的技术方法。详细介绍因果关系判定过程中所依据的证据（书证、物证、视听资料、证人证言、当事人陈述、鉴定结论、勘验笔录等）、现场勘查、监测分析、实验模拟、数值模拟等过程和结果。写明因果关系判定的结果，即环境污染或生态破坏行为与环境损害间是否存在因果关系及其存在的不确定性。

C.3.3 环境损害量化
详细阐明本次环境损害鉴定评估中环境损害量化所依据的标准、规范和评估方法。详细介绍环境损害量化所依据的证据，如人身损害量化依据的住院记录、药品单据、人员误工费证明等。明确界定环境损害量化的范围，即包括哪些类型的损害以及每种类型损害量化的构成。对于生态环境损害量化，如采用基于恢复目标的生态环境损害评估方法，应详细阐述生态环境损害量化所依据的恢复或修复方案的筛选、确定和恢复或修复措施，写明环境损害量化的结果，即环境损害责任方应赔偿的数额或应开展的恢复或修复工程量与预算。

C.4 鉴定评估结论
针对环境损害鉴定评估委托事项，写明每一项环境损害的鉴定评估结论，包括环境损害确认结论、因果关系判定结论和环境损害量化结论。

C.5 特别事项说明
阐明报告的真实性、合法性、科学性。明确报告的所有权、使用目的和使用范围。阐明报告编制过程及结果中可能存在的不确定性。对报告结果的使用提出必要的建议。

C.6 签字盖章

C.7 附件
附件包括环境损害鉴定评估工作过程中依据的各种证据、鉴定评估实施方案、现场勘查监测方案、现场勘查监测报告、实验方案与分析报告等。

环境保护部办公厅
关于生态环境损害鉴定评估虚拟治理成本法运用
有关问题的复函

2017 年 9 月 15 日　　　　　　　　　　环办政法函〔2017〕1488 号

江苏省环境保护厅：

　　你厅《关于生态环境损害评估虚拟治理成本法运用问题的请示》（苏环办〔2017〕29 号，以下简称《请示》）收悉。经研究，函复如下：

　　该《请示》主要反映，在生态环境损害鉴定评估中得到广泛运用的虚拟治理成本法存在适用条件不够明确、治理成本不确定性等问题。对此，我部组织有关单位和专家进行了研究论证，结合生态环境损害鉴定评估实践情况，编制形成《关于虚拟治理成本法适用情形与计算方法的说明》（见附件），供你厅在开展有关生态环境损害鉴定评估工作时参考。

　　特此函复。

　　附件：关于虚拟治理成本法适用情形与计算方法的说明

附件

关于虚拟治理成本法适用情形与计算方法的说明

　　根据《环境损害鉴定评估推荐方法（第Ⅱ版）》（环办〔2014〕90 号）和《突发环境事件应急处置阶段环境损害鉴定评估推荐方法》（环办〔2014〕118 号）等技术文件的规定，虚拟治理成本法属于环境价值评估方法之一。该方法在目前的环境损害鉴定评估实践中得到了较广泛的应用，但在使用过程中也出现了适用范围不明确、计算依据不充分、计算数额难统一等问题。现对该方法的适用情形和计算方法做出进一步修订和补充说明如下：

　　一、适用情形

　　（一）符合下列情形之一的，可以适用虚拟治理成本法：

　　1. 排放污染物的事实存在，由于生态环境损害观测或应急监测不及时等原因导致损害事实不明确或生态环境已自然恢复；

　　2. 不能通过恢复工程完全恢复的生态环境损害；

　　3. 实施恢复工程的成本远远大于其收益的情形。

　　（二）符合下列情形之一的，不适用虚拟治理成本法：

　　1. 实际发生的应急处置费用或治理、修复、恢复费用明确，通过调查和生态环境损害评估可以获得的，不适用虚拟治理成本法；

　　2. 突发环境事件或排污行为造成的生态环境直接经济损失评估，不适用虚拟治理成本法。

　　二、关于计算方法的补充说明

　　（一）污染物排放量的确定：对于废物或废液倾倒和违法排污类事件，污染物排放量一般通过现场排放量核定、嫌疑人询问、生产或运输记录获取；对于突发环境事件，通常通过实际监测测量与物料衡算相互验证的方法进行测算。

（二）单位治理成本的确定：指工业生产企业或专业污染治理企业治理单位废气、废水、固体废物或单位特征污染物所发生的费用，包括能源消耗、设备维修、人员工资、管理费、药剂费等处理设施运行费及固定资产折旧费等有关的其他费用。推荐采用实际调查法、收费标准法、成本函数法三种方法，来获取不同类型污染物的单位治理成本。有收费标准的，优先适用收费标准法，使用时需要对收费标准的合理性进行判断；没有收费标准的，优先适用实际调查法。单位治理成本应取评估期近三年费用数据平均值，如缺少完整的三年数据，可取三年内接近评估期实际情况的任一年数据。

1. 实际调查法：通过实际调查，获得相同或邻近地区、相同或相近生产工艺、产品类型、处理工艺的企业，治理相同或相近污染物，能够实现稳定达标排放的平均单位污染治理成本。在上述因素中，相同产品类型、能够实现稳定达标排放为首要考虑因素，相同或邻近地区为次要考虑因素，其次为生产工艺和处理工艺。

2. 收费标准法：对于废水和固体废物的单位治理成本，可以采用处理相同或相近污染物的园区集中式污水处理设施与危险废物处理企业最新的收费标准作为单位治理成本。

3. 成本函数法：当调查样本量足够大时，可采用成本函数法，通过调查数据建立典型行业的废气、废水、固体废物或污染物的治理成本函数模型，以达到排放标准的单位污染治理成本平均值作为最终使用的单位治理成本。

（三）环境功能区敏感系数的确定：确定原则见表1，具体根据环境损害的程度和持续时间确定。对于以下三种情况，可以对环境功能区敏感系数酌情进行调整：

1. 当危险废物临时贮存、堆放或排放，没有对环境介质造成实际损害或造成损害程度较小的，鉴于危险废物的单位治理成本比一般废物高，可参考危险废物特性，具有感染性、毒性的危险废物，敏感系数可取原值的1/2，具有反应性、腐蚀性的危险废物，敏感系数可取原值的1/3，具有易燃性的危险废物，敏感系数可取原值的1/4。

表1 环境功能敏感系数推荐值

环境介质	环境功能区类别*	环境功能区敏感系数
地表水	I类	9
	II类	7
	III类	5
	IV类	4
	V类	2
环境空气	I类	5
	II类	3
土壤	I类	9
	II类	7
	III类	5
	IV类	3
地下水	I类	11
	II类	9
	III类	7
	IV类	5
	V类	3

续表

环境介质	环境功能区类别*	环境功能区敏感系数
近岸海洋和海岸带	Ⅰ类	7
	Ⅱ类	5
	Ⅲ类	4
	Ⅳ类	2

注*：本表中所指的环境功能区类型以现状功能区为准，当环境功能区不明确时参考相关环境质量标准（包括征求意见稿）中的规定，确定原则如下：（1）地表水环境功能区分为五类：Ⅰ类为源头水、国家自然保护区；Ⅱ类为集中式生活饮用水地表水源地一级保护区、珍稀水生生物栖息地、鱼虾类产卵场、仔稚幼鱼的索饵场等；Ⅲ类为集中式生活饮用水地表水源地二级保护区、鱼虾类越冬场、洄游通道、水产养殖区等渔业水域及游泳区；Ⅳ类为一般工业用水区及人体非直接接触的娱乐用水区；Ⅴ类为农业用水区及一般景观要求水域；（2）环境空气功能区分为二类：Ⅰ类为自然保护区、风景名胜区和其他需要特殊保护的区域；Ⅱ类为居住区、商业交通居民混合区、文化区、工业区和农村地区；（3）土壤环境功能区分为四类：Ⅰ类为国家规定的自然保护区（原有背景重金属含量高的除外）、集中式生活饮用水源地、部分茶园、牧场和其他保护地区的土壤，土壤质量基本上保持自然背景水平；Ⅱ类为一般农用地，包括生产人类或畜禽食用的农作物、林作物、蔬菜、水果等产品的耕地、菜地、园地、林地和草地，土壤质量不会对作物造成危害；Ⅲ类为居住类用地，包括 GB 50137—2011 规定的城市建设用地中的居住用地、公共管理与公共服务用地、中小学用地、社会福利设施用地和绿地等，也包括农村地区同类用地；Ⅳ类为工业类用地和林地（除Ⅱ类以外），包括 GB 50137—2011 规定的城市建设用地中的工业用地、物流仓储用地、商业服务业设施用地、公用设施用地等，也包括农村地区同类用地、林地与矿区附近等地的农田土壤。（4）地下水环境功能区分为五类：Ⅰ类为地下水化学组分含量低、适用于各种用途的区域；Ⅱ类为地下水化学组分含量较低、适用于各种用途的区域；Ⅲ类为适用于集中式生活饮用水水源及工农业用水的区域；Ⅳ类为适用于农业和部分工业用水，适当处理后可作生活饮用水的区域；Ⅴ类为不宜作生活饮用水，其他用水可根据使用目的选用的区域；地下水化学组分含量参见 GB 14848—93。（5）近岸海洋和海岸带水环境功能区分为四类：Ⅰ类为海洋渔业水域，海上自然保护区和珍稀濒危海洋生物保护区；Ⅱ类为水产养殖区、海水浴场，人体直接接触海水的海上运动或娱乐区，以及与人类食用直接有关的工业用水区；Ⅲ类为一般工业用水区、滨海风景旅游区；Ⅵ类为海洋港口水域，海洋开发作业区。（6）在大于等于95%时间频率下，盐度（表层）在1‰~5‰区域范围内结合地理地貌特征确定河海边界，向河一侧参考地表水环境功能区类别，向海一侧参考近岸海洋与海岸带水环境功能区类别。

2. 涉及有毒有害气体，如氯气、光气、硫化氢、一氧化碳等，当其未造成实际健康和财产损害时，鉴于其单位治理成本较低，可参考《化学品分类、警示标签和警示性说明安全规范急性毒性》（GB 20592—2006）分类，属于类别1、类别2和类别3的气体，敏感系数可分别取原值的4倍、3倍和2倍。

3. 对于空气、地表水、土壤和地下水多种环境介质污染的情况，环境功能敏感系数选取由受主要影响的环境介质的敏感系数确定；当不同环境介质受影响的程度相同时，环境敏感系数取高值。

三、其他需要说明的问题

（一）虚拟治理成本是按照现行的治理技术和水平治理排放污染物所需要的支出，是基于源头治理提出的方法，与基于污染物排放到环境中计算受损环境恢复费用的环境恢复成本法有本质的不同。例如，污染物直接排放进入河流湖库、污染物排放量难以获取、直接采用受污染的河流湖库水量进行治理成本的计算，即为环境恢复成本法，这种情况不再考虑环境敏感系数。

（二）鉴于环境敏感系数区间值在实际操作中存在一定不确定性的问题，不再设区间值，技术规定不对排放、倾倒、泄漏等主观恶意、故意性因素进行判断。

生态环境损害鉴定评估技术指南
总纲和关键环节 第1部分：总纲（GB/T 39791.1—2020）

（2020年12月29日发布）

前 言

为贯彻《中华人民共和国民法典》《中华人民共和国环境保护法》《中华人民共和国森林法》《中华人民共和国野生动物保护法》和《生态环境损害赔偿制度改革方案》，保护生态环境，保障公众健康，规范生态环境损害鉴定评估工作，制定本标准。

本标准规定了生态环境损害鉴定评估的一般性原则、程序、内容和方法。

本标准附录A和附录B为资料性附录。

本标准为首次发布。

本标准由生态环境部组织制定。

本标准主要起草单位：生态环境部环境规划院、清华大学。

本标准自2021年1月1日起实施。本标准实施之前发生的生态环境损害的鉴定评估，继续参照《生态环境损害鉴定评估技术指南总纲》（环办政法〔2016〕67号）开展，但该损害持续至本标准实施的除外。

本标准由生态环境部解释。

1 适用范围

本标准规定了生态环境损害鉴定评估的一般性原则、程序、内容和方法。

本标准适用于因污染环境或破坏生态导致的生态环境损害的鉴定评估。

本标准不适用于核与辐射所致生态环境损害的鉴定评估。

2 规范性引用文件

本标准引用下列文件或其中的条款。凡是注明日期的引用文件，仅注日期的版本适用于本标准。凡是未注日期的引用文件，其最新版本（包括所有的修改单）适用于本标准。

司法部关于印发司法鉴定文书格式的通知（司发通〔2016〕112号）

3 术语和定义

下列术语和定义适用于本标准。

3.1 生态环境损害 environmental damage

因污染环境、破坏生态造成环境空气、地表水、沉积物、土壤、地下水、海水等环境要素和植物、动物、微生物等生物要素的不利改变，及上述要素构成的生态系统的功能退化和服务减少。

3.2 生态服务功能 ecological functions

生态系统在维持生命的物质循环和能量转换过程中，为人类与生物提供的各种惠益，通常包括供给服务、调节服务、文化服务和支持功能。

3.3 调查区 survey area
为确定生态环境损害的类型、范围和程度,需要开展勘察、监测、观测、观察、调查、测量的区域,包括污染环境或破坏生态行为的发生区域、可能的影响区域、损害发生区域和对照区域等。

3.4 评估区 assessment area
经调查发现发生环境质量不利改变、生态服务功能退化等,需要开展生态环境损害识别、分析和确认的区域。

3.5 基线 baseline
污染环境或破坏生态未发生时评估区生态环境及其服务功能的状态。

3.6 期间损害 interim damage
自生态环境损害发生到恢复至基线期间,生态系统提供服务功能的丧失或减少。

3.7 污染清除 pollution clean-up
采用工程和技术手段,将生态环境中的污染物阻断、控制、移除、转移、固定和处置的过程。

3.8 环境修复 environmental remediation
污染清除完成后,为进一步降低环境中的污染物浓度,采用工程和管理手段将环境污染导致的人体健康或生态风险降至可接受风险水平的过程。

3.9 生态环境恢复 ecological restoration
采取必要、合理的措施将受损生态环境及其服务功能恢复至基线并补偿期间损害的过程,包括环境修复和生态服务功能的恢复。按照恢复目标和阶段不同,生态环境恢复可分为基本恢复、补偿性恢复和补充性恢复。

3.10 基本恢复 primary restoration
采取必要、合理的自然或人工措施将受损的生态环境及其服务功能恢复至基线的过程。

3.11 补偿性恢复 compensatory restoration
采取必要、合理的措施补偿生态环境期间损害的过程。

3.12 补充性恢复 complementary restoration
基本恢复无法完全恢复受损的生态环境及其服务功能,或补偿性恢复无法补偿期间损害时,采取额外的、弥补性的措施进一步恢复受损的生态环境及其服务功能并补偿期间损害的过程。

3.13 永久损害 permanent damage
受损生态环境及其生态服务功能难以恢复,其向人类或其它生态系统提供服务的能力完全丧失。

3.14 生态环境损害鉴定评估 identification and assessment of environmental damage
按照规定的程序和方法,综合运用科学技术和专业知识,调查污染环境、破坏生态行为与生态环境损害情况,分析污染环境或破坏生态行为与生态环境损害间的因果关系,评估污染环境或破坏生态行为所致生态环境损害的范围和程度,确定生态环境恢复至基线并补偿期间损害的恢复措施,量化生态环境损害数额的过程。

4 总则

4.1 鉴定评估原则

4.1.1 合法合规原则
鉴定评估工作应遵守国家和地方有关法律、法规和技术规范。禁止伪造数据和弄虚作假。

4.1.2 科学合理原则
鉴定评估工作应制定科学、合理、可操作的工作方案。鉴定评估工作方案应包含严格的质量控制和质量保证措施。

4.1.3 独立客观原则

鉴定评估机构及鉴定人员应当运用专业知识和实践经验独立客观地开展鉴定评估,不受鉴定评估利益相关方的影响。

4.2 鉴定评估技术标准体系构成

生态环境损害鉴定评估技术标准体系由总纲和关键环节、环境要素、生态系统和基础方法等四类技术指南组成。总纲和关键环节技术指南规定生态环境损害鉴定评估的一般性原则、程序、内容和方法。环境要素类技术指南侧重因污染环境致地表水、沉积物、土壤、地下水、海水等环境要素损害的鉴定评估。生态系统类技术指南侧重因破坏生态致森林、草原、湿地、海洋等生态系统及其生态服务功能损害的鉴定评估。基础方法类技术指南规定生态环境损害鉴定评估中应用的关键技术方法。

实践中,应以环境要素类和生态系统类技术指南为主,参考总纲和关键环节、基础方法类技术指南开展生态环境损害鉴定评估。

4.3 鉴定评估内容

根据鉴定评估需要,生态环境损害鉴定评估的内容包括:

a) 调查污染环境或破坏生态行为的事实;
b) 确定生态环境损害的事实和类型;
c) 分析污染环境或破坏生态行为与生态环境损害间的因果关系;
d) 确定生态环境损害的时空范围和程度;
e) 评估生态环境恢复的可能性,制定恢复方案;
f) 量化生态环境损害价值;
g) 评估生态环境恢复效果。

4.4 鉴定评估范围

生态环境损害鉴定评估的时间范围以污染环境或破坏生态行为发生为起点,以受损生态环境及其服务功能恢复至基线为终点;空间范围应综合利用现场调查、环境监测、遥感分析和模型预测等方法,根据污染物迁移扩散范围或破坏生态行为的影响范围确定。

4.5 鉴定评估程序

生态环境损害鉴定评估的程序包括:

a) 工作方案制定。通过收集资料、现场踏勘、座谈走访、文献查阅、遥感影像分析等方式,掌握污染环境或破坏生态行为以及生态环境的基本情况,确定生态环境损害鉴定评估的目的、对象、范围、内容、方法、质量控制和质量保证措施等,编制鉴定评估工作方案;

b) 损害调查确认。掌握污染环境或破坏生态行为的事实,调查并对比生态环境及其服务功能现状和基线,确定生态环境损害的事实及其类型;

c) 因果关系分析。根据污染环境或破坏生态行为和生态环境损害的调查结果,分析污染环境或破坏生态行为与生态环境损害的因果关系;

d) 损害实物量化。明确不同生态环境损害类型的量化指标,量化生态环境损害的时空范围和程度;分析恢复受损生态环境的可行性;明确生态环境恢复的目标,制定生态环境恢复备选方案,筛选确定最佳恢复方案;

e) 损害价值量化。统计实际发生的污染清除费用;估算最佳生态环境恢复方案的实施费用;当生态环境无法恢复或仅部分恢复时,可采用环境价值评估方法,量化生态环境损害价值;

f) 评估报告编制。编制生态环境损害鉴定评估报告(意见)书,同时建立完整的鉴定评估工作档案;

g) 恢复效果评估。跟踪生态环境损害基本恢复和补偿恢复方案的实施情况,开展必要的调查和监测,评估生态环境恢复的效果,必要时开展补充性恢复。

生态环境损害鉴定评估程序见图1。实践中，应根据鉴定评估委托事项开展上述相关工作，可根据委托事项适当简化工作程序。必要时，应针对生态环境损害鉴定评估中的关键问题开展专题研究。

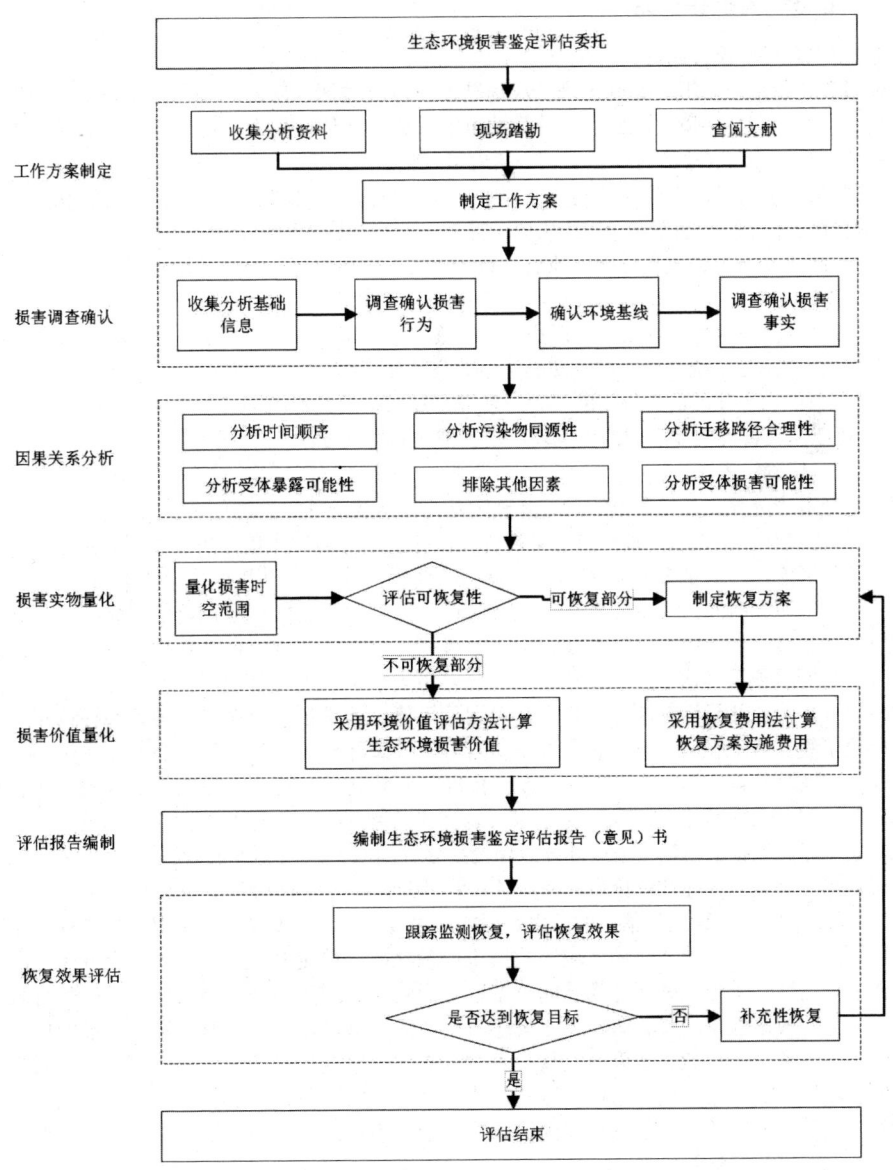

图1 生态环境损害鉴定评估程序图

4.6 鉴定评估报告（意见）书编制总体要求

鉴定评估机构应根据鉴定委托方要求，依据相关法律法规的规定，编制司法鉴定意见书或鉴定评估报告书。司法鉴定意见书的编制应执行《司法部关于印发司法鉴定文书格式的通知》中要求的司法鉴定意见书文书格式，应突出生态环境损害确定、因果关系分析、生态环境损害量化的鉴定过程和分析说明。鉴定评估报告书的格式和内容要求参见附录 A。生态环境恢复效果评估应编制独立的评估报告。

5 生态环境损害确定

5.1 生态环境损害调查

通过资料收集与分析、人员访谈、现场踏勘、环境监测、问卷调查、生态调查、遥感影像分析等，掌握污染环境或破坏生态行为的事实，调查评估区生态环境质量及其服务功能现状和基线。根据需要，生态环境损害调查内容可包括：

a) 污染环境行为的发生时间和地点，污染源分布情况（如数量和位置），特征污染物种类及其排放情况（如排放方式、排放去向、排放频率、排放浓度和总量等）；

b) 破坏生态行为的发生时间、地点、破坏方式、破坏对象、破坏范围以及土地利用或植被覆盖类型改变等情况；

c) 评估区环境空气、地表水、沉积物、土壤、地下水、海水等环境质量现状及基线；

d) 评估区生态系统结构、服务功能类型的现状及基线；

e) 评估区已经开展的污染清除、生态环境恢复措施及其费用；

f) 可能开展替代恢复区域的生态环境损害现状和可恢复性。

5.2 基线确定方法

应选择适当的评价指标和方法调查并确定基线。基线的确定方法包括：

a) 历史数据。优先利用评估区污染环境或破坏生态行为发生前的历史数据确定基线。可以利用评估区既往开展的常规监测、专项调查、学术研究等历史数据。对搜集的历史资料，应注明资料来源和时间，使用的资料应经过筛选和甄别。历史数据应对评估区具有较好的时间和空间代表性，且历史数据的采样、检测等数据收集方法与现状调查数据具有可比性，样本数（点位数量或采样次数）不少于 5 个。应对历史数据的变异性进行统计描述，识别数据中的极值或异常值并分析其原因，确定是否剔除极值或异常值。根据专业知识和评价指标的意义确定基线，对于服从正态分布的数据，当污染或破坏导致评价指标升高时，采用历史数据的 90% 参考值上限（算术平均数+1.65 倍标准差）作为基线；当污染或破坏导致评价指标降低时，采用历史数据的 90% 参考值下限（算术平均数-1.65 倍标准差）作为基线。对于不服从正态分布的数据，当污染或破坏导致评价指标升高时，采用历史数据的第 90 百分位数作为基线；当污染或破坏导致评价指标降低时，采用历史数据的第 10 百分位数作为基线；

b) 对照数据。当缺乏评估区的历史数据或历史数据不满足要求时，可以利用未受污染环境或破坏生态行为影响的"对照区域"的历史或现状数据确定基线。应选择一个或多个与评估区具有可比性且未受污染环境或破坏生态行为影响的对照区域。对照区域数据应具有较好的时间和空间代表性，且其数据收集方法应与评估区具有可比性，并遵守评估方案的质量保证规定，样本数（点位数量或采样次数）不少于 5 个。对搜集的历史资料，应注明资料来源和时间，使用的资料应经过筛选和甄别。应对"对照区域"数据的变异性进行统计描述，识别数据中的极值或异常值并分析其原因确定是否剔除极值或异常值，根据专业知识和评价指标的意义确定基线，确定原则同 a)；

c) 标准基准。当利用历史数据或对照数据确定基线不可行时，可参考适用的国家或地方环境质量标准或环境基准确定基线；当标准和基准同时存在时，优先适用环境质量标准；当缺乏适用的标准或基准时，可参考国外政府部门或国际组织发布的相关标准或基准；

d) 专项研究。必要时应开展专项研究，按照相关环境基准制定技术指南，推导环境基准作为基线；也可以构建生态环境质量与生物体的毒性效应、种群密度、物种丰度、生物多样性等评价指标之间的剂量-反应关系确定基线。

5.3 生态环境损害确定

对比评估区生态环境及其服务功能现状与基线，必要时开展专项研究，确定评估区生态环境损害的事实和损害类型。生态环境损害确定应满足以下任一条件：

a）评估区环境空气、地表水、沉积物、土壤、地下水、海水中特征污染物浓度或相关理化指标超过基线；

b）评估区环境空气、地表水、沉积物、土壤、地下水、海水中物质的浓度足以导致生物毒性反应；

c）评估区生物个体发生死亡、病变、行为异常、肿瘤、遗传突变、生理功能失常、畸形；

d）评估区生物种群特征（如种群密度、性别比例、年龄组成等）、群落特征（如多度、密度、盖度、频度、丰度等）或生态系统特征（如生物多样性）与基线相比发生不利改变；

e）与基线相比，评估区生态服务功能降低或丧失；

f）造成生态环境损害的其他情形。

6 因果关系分析

6.1 污染环境行为的因果关系分析

污染环境行为与生态环境损害间因果关系分析的内容包括：

a）时间顺序分析。分析判断污染环境行为与生态环境损害发生的时间先后顺序。污染环境行为应发生在生态环境损害之前；

b）污染物同源性分析。采样分析污染源、环境介质和生物中污染物的成分、浓度、同位素丰度等，采用稳定同位素、放射性同位素、指纹图谱、多元统计分析等技术方法，判断污染源、环境介质和生物中的污染物是否具有同源性；

c）迁移路径合理性分析。分析评估区气候气象、地形地貌、水文地质等自然环境条件，判断污染物从污染源迁移至环境介质的可能性；造成生物损害的，进一步判断污染物到达生物的可能性。建立从污染源经环境介质到生物的迁移路径假设，识别划分迁移路径的每一个单元，利用空间分析、迁移扩散模型等方法分析污染物迁移方向、浓度变化等情况，分析判断各个单元是否可以组成完整的链条，验证迁移路径的连续性、合理性和完整性；

d）生物暴露可能性分析。识别生物暴露于污染物的暴露介质、暴露途径和暴露方式，结合生物内暴露和外暴露测量，判断生物暴露于污染物的可能性；

e）生物损害可能性分析。通过文献查阅、专家咨询和毒理实验等方法，分析污染物暴露与生物损害间的关联性，阐明污染物暴露与生物损害间可能的作用机理；建立污染物暴露与损害间的剂量-反应关系，结合环境介质中污染物浓度、生物内暴露和外暴露量等，分析判断生物暴露水平产生损害的可能性；

f）分析自然和其他人为可能的因素的影响，并阐述因果关系分析的不确定性。

6.2 破坏生态行为的因果关系分析

生态破坏行为与生态环境损害间因果关系分析的内容包括：

a）时间顺序分析。分析判断破坏生态行为与生态环境损害发生的时间先后顺序。破坏生态行为应发生在生态环境损害之前；

b）损害可能性分析。根据生态学理论，通过文献查阅、专家咨询、遥感影像分析、样方调查和生态实验等方法，分析破坏生态行为与生态环境损害之间的关联；

c）因果关系链建立。根据生态学理论，结合生态系统过程分析、水动力过程分析等，建立破坏生态行为导致生态系统结构、过程与功能受损的损害原因（源）-损害方式（路径）-损害后果的因果关系链，分析因果关系链条的科学性和合理性；

d）分析自然和其他人为可能的因素的影响，并阐述因果关系分析的不确定性。

7 生态环境损害实物量化

7.1 损害范围和程度量化

利用统计分析、空间分析、模型模拟、专家咨询等方法量化生态环境损害的范围和程度。

应根据生态环境损害类型、指标和方法适用性、资料完备程度等情况，选择适当的实物量化指标和方法。对环境要素的损害，一般以特征污染物浓度为量化指标；对生物要素的损害，一般选择生物的种群特征、群落特征或生态系统特征等指标作为量化指标。对于生态服务功能的损害，应明确受损生态服务功能类型，如提供栖息地、食物和其他生物资源、娱乐、地下水补给、防洪等，并根据功能或服务类型选择适合的量化指标，如栖息地面积、受损地表水资源量等。在量化生态服务功能时，应识别相互依赖的生态服务功能，确定生态系统的主导生态服务功能并针对主导生态服务功能选择适用的方法进行评估，以避免重复计算。

生态环境损害实物量化的内容可能包括：

a) 确定评估区环境空气、地表水、沉积物、土壤、地下水、海水等环境介质中特征污染物浓度劣于基线的时间、面积、体积或程度等；

b) 确定评估区生物个体发生死亡、疾病、行为异常、肿瘤、遗传突变、生理功能失常或畸形的数量；

c) 确定评估区生物种群特征、群落特征或生态系统特征劣于基线的时间、面积、生物量或程度等；

d) 确定评估区生态服务功能劣于基线的时间、服务量或程度等。

7.2 可恢复性评价

通过文献调研、专家咨询、案例研究、现场实验等方法，评价受损生态环境及其服务功能恢复至基线的经济、技术和操作的可行性。根据受损生态环境及其服务功能的可恢复性，制定基本恢复方案，需要实施补偿性恢复的，同时需要评价补偿性恢复的可实施性。

7.3 恢复方案制定

7.3.1 确定恢复目标

原则上，应将受损生态环境及其服务功能恢复至基线。自生态环境损害发生到恢复至基线的持续时间大于一年的，应计算期间损害，制定基本恢复方案和补偿性恢复方案；小于等于一年的，仅需制定基本恢复方案。

当不具备经济、技术和操作可行性时，环境空气、地表水、沉积物、土壤、地下水、海水等环境要素应修复至维持其基线功能的可接受风险水平；可接受风险水平与基线之间不可恢复的部分，可以采取适合的替代性恢复方案，或采用环境价值评估方法进行价值量化。

应根据生态环境损害的类型、范围和程度，选择反映生态环境损害关键特征、易于定量测量评价的指标，明确生态环境恢复目标。当损害类型以供给服务为主时，一般采用资源数量、密度等指标；当损害类型以支持服务为主时，一般采用栖息地面积、重要保护物种的种群数量等指标；当损害类型以调节服务为主时，一般采用湿地面积、森林面积等指标；当损害类型以环境质量为主时，一般采用环境介质中特征污染物的浓度作为评价指标。

7.3.2 选择恢复策略

按照以下优先序选择生态环境恢复的模式：

a) 在受损区域原位恢复与受损生态环境基线同等类型和质量的生态服务功能；

b) 在受损区域外异位恢复与受损生态环境基线同等类型和质量的生态服务功能；

c) 在受损区域原位恢复与受损生态环境基线不同类型但同等价值的生态服务功能；

d) 在受损区域外异位恢复与受损生态环境基线不同类型但同等价值的生态服务功能。

对于污染环境行为造成的生态环境损害，当生态环境风险不可接受时，应采用人工恢复或人工恢复与自然恢复相结合的恢复方式；当生态环境风险可接受时，宜采用自然恢复方式。

对于破坏生态行为造成的生态环境损害，原则上以自然恢复为主，人工恢复为辅。

7.3.3 筛选恢复技术

结合受损生态环境特征、恢复目标和恢复策略等，从技术成熟度、恢复效果、恢复时间、恢复成本和环境影响等方面比较分析现有的污染清除、环境修复、生态环境恢复技术的优缺点，通过比较分析，提出备选恢复技术清单。筛选恢复技术应考虑的因素见附录C。

7.3.4 制定备选方案

基本恢复的规模根据生态环境损害的范围和程度确定。补偿性恢复的规模受基本恢复的实施时间、恢复效果等因素的影响，应根据基本恢复方案的实施时间、恢复效果等信息，采用等值分析方法，量化期间损害，确定补偿性恢复的规模。采用等值分析方法确定补偿性恢复规模的方法见附录B。

应同时制定多个备选的基本恢复方案及其相应的补偿性恢复方案，并确定各备选恢复方案组合的恢复目标、恢复策略、恢复技术、恢复规模、工程量、实施时间、预期效果等信息，估计备选恢复方案的实施费用。

7.3.5 比选恢复方案

采用专家咨询、成本-效果分析、层次分析法等对备选恢复方案进行筛选。通过比较备选恢复方案的目标可达性、合法性、公众可接受性、可持续性以及经济、社会和生态效益等，筛选确定最佳恢复方案。筛选备选恢复方案应考虑的因素见附录C。

8 生态环境损害价值量化

8.1 价值量化方法选择原则

生态环境损害的价值量化应遵循以下原则：

a) 污染环境或破坏生态行为发生后，为减轻或消除污染或破坏对生态环境的危害而发生的污染清除费用，以实际发生费用为准，并对实际发生费用的必要性和合理性进行判断；

b) 当受损生态环境及其服务功能可恢复或部分恢复时，应制定生态环境恢复方案，采用恢复费用法量化生态环境损害价值；

c) 当受损生态环境及其服务功能不可恢复、或只能部分恢复、或无法补偿期间损害时，选择适合的其他环境价值评估方法量化未恢复部分的生态环境损害价值；

d) 当污染环境或破坏生态行为事实明确，但损害事实不明确或无法以合理的成本确定生态环境损害范围和程度时，采用虚拟治理成本法量化生态环境损害价值，不再计算期间损害。

8.2 生态环境恢复费用计算

测算最佳恢复方案的实施费用，包括直接费用和间接费用。其中，直接费用包括生态环境恢复工程主体设备、材料、工程实施等费用，间接费用包括恢复工程监测、工程监理、质量控制、安全防护、二次污染或破坏防治等费用。

按照下列优先级顺序选择恢复费用计算方法，相关成本和费用以恢复方案实施地的实际调查数据为准。

a) 费用明细法。适用于恢复方案比较明确，各项具体工程措施及其规模比较具体，所需要的设施、材料、设备、人工等比较明确，且鉴定评估机构对恢复方案各要素的成本比较清楚的情况。费用明细法应列出恢复方案的各项具体工程措施、各项措施的规模，明确需要的设施以及需要用到的材料和设备的数量和规格、能耗等内容，根据各种设施、材料、设备、能耗的单价，列出恢复工程费用明细；

b) 指南或手册参考法。适用于恢复技术有确定的工程投资手册可以参照的情况，根据确定的恢复工程量，参照相关指南或手册，计算恢复工程费用；

c) 承包商报价法。适用于恢复方案比较明确，各项具体工程措施及其规模比较具体、所需要的设施、材料、设备等比较确切，但鉴定评估机构对方案各要素的成本不清楚或不确定的情况。承包商报价法应选择3家或3家以上符合要求的承包商,由承包商根据恢复目标和恢复方案提出报价,对报价进行综合比较,确定合理的恢复工程费用;

d) 案例比对法。适用于恢复技术不明确的情况,通过调研与本项目规模、损害特征、生态环境条件相类似且时间较为接近的案例,基于类似案例的恢复费用,计算恢复工程费用。

8.3 其他环境价值评估方法

应根据生态环境损害特征、数据可得性、评估时间、实施成本等选择适合的环境价值评估方法量化无法恢复或未恢复部分的生态环境损害价值。除恢复费用法外,其他常用的环境价值评估方法见附录D。对于自然保护区、生态保护红线、重点生态功能区等具有栖息地生境功能的区域,建议采用陈述偏好法进行环境价值评估。

9 生态环境恢复效果评估

生态环境恢复方案实施后,应采用环境监测、生物监测、生态调查、问卷调查等方法,跟踪生态环境恢复方案的执行情况、实施期间二次污染情况、恢复目标达成情况、生态环境恢复效果以及公众对恢复行动的满意度等。

当基本恢复或补偿性恢复未达到预期效果时,应进一步量化损害,制定补充性恢复方案;当补充性恢复不可行或无法达到预期效果的,采用适合的环境价值评估方法量化生态环境损失。补充恢复方案的制定参照7.3。

生态环境恢复效果评估应制定生态环境调查和监测方案,定期进行调查、监测和分析,包括大气、地表水、沉积物、土壤、地下水等环境监测,动物、植物、微生物等生物监测,水文、地质等相关参数的监测,以及生态系统恢复状况调查。

附录 A
(资料性附录)
生态环境损害鉴定评估报告书的编制要求

A.1 基本情况

写明生态环境损害鉴定评估委托方、委托鉴定评估事项和生态环境损害鉴定评估机构;写明生态环境损害鉴定评估的背景,包括损害发生的时间、地点、起因和经过;简要说明生态环境损害发生地的社会经济背景、环境敏感点、造成潜在生态环境损害的污染源、污染物等基本情况。

A.2 鉴定评估方案

A.2.1 鉴定评估目标

依据委托方委托鉴定评估事项,详细写明开展生态环境损害鉴定评估的工作目标。

A.2.2 鉴定评估依据

写明开展本次生态环境损害鉴定评估所依据的法律法规、标准和技术规范等。

A.2.3 鉴定评估范围

写明开展本次鉴定评估工作确定的生态环境损害的时间范围和空间范围,以及确定时空范围的依据。

A.2.4 鉴定评估内容

写明本次鉴定评估工作的主要内容,包括生态环境损害鉴定评估的对象和生态环境损害鉴定评估内容(生态环境损害确定、因果关系分析和损害数额量化等)。

A.2.5 鉴定评估方法

详细阐明开展本次生态环境损害鉴定评估工作的技术路线及每一项鉴定评估工作所使用

的技术方法。

A.3 鉴定评估过程与分析

A.3.1 生态环境损害调查确定

详细介绍污染环境或破坏生态行为调查和生态环境损害调查方案，包括资料收集、现场踏勘、座谈走访、采样方案、检测分析、质量控制等过程，写明调查结果，包括是否存在污染环境或破坏生态行为以及行为方式，是否存在生态环境损害及损害类型等。

A.3.2 因果关系分析

详细阐明本次生态环境损害鉴定评估中鉴定污染环境或破坏生态行为与生态环境损害间因果关系所依据的标准或条件，以及分析因果关系所采用的技术方法。详细介绍因果关系分析过程中所依据的证明材料，现场踏勘、监测分析、实验模拟、数值模拟的过程和结果。写明因果关系分析的结论。

A.3.3 生态环境损害实物量化

详细阐明本次生态环境损害鉴定评估中生态环境损害实物量化所依据的标准和条件，以及量化生态环境损害所采用的技术方法。给出生态环境损害实物量化的结果，即生态环境损害的类型、时空范围及损害程度。

A.3.4 生态环境损害恢复方案筛选

开展生态环境损害恢复可行性评估，写明确定备选生态环境恢复方案的原则、依据与思路，介绍各方案的有效性、合法性、技术可行性、实施成本、公众可接受性、环境安全性和可持续性，开展备选恢复方案比选，确定最终的生态环境恢复方案。

A.3.5 生态环境损害价值量化

详细阐明本次生态环境损害鉴定评估中生态环境损害价值量化所依据的标准、规范，所采用的评估方法，以及相应的证明材料。明确界定生态环境损害价值量化的范围，包括需要价值量化的生态环境损害以及每种类型损害量化的方法、计算依据和结果。应分析生态环境损害价值量化结果的不确定性。

采用恢复费用法量化生态环境损害价值时，应详细阐述恢复方案的工作量、持续时间、实施成本，提供数据来源与依据。对于实际已经发生的污染清除费用，应详细阐述数据的来源，对各项费用的完整性、规范性、逻辑合理性进行审核，提供纳入实际治理费用计算的原始费用单据。采用虚拟治理成本法量化生态环境损害时，应详细阐述污染物排放量、单位治理成本的确定依据，以及适用虚拟治理成本法的原因。

A.4 鉴定评估结论

针对生态环境损害鉴定评估委托事项，写明每一项生态环境损害的鉴定评估结论，包括生态环境损害确定结论、因果关系分析结论和生态环境损害量化结论。

A.5 签字盖章

生态环境损害鉴定评估报告书应当由鉴定人签名，并加盖鉴定评估机构公章。

A.6 特别事项说明

阐明报告的真实性、合法性、科学性。明确报告的所有权、使用目的和使用范围。阐明报告编制过程及结果中可能存在的不确定性。

A.7 附件

附件包括生态环境损害鉴定评估工作过程中依据的各种证明材料、现场调查监测方案、现场调查监测报告、实验方案与分析报告等。

附录 B
（资料性附录）
等值分析方法

B.1 等值分析方法类型与适用性

按照表征指标的不同，等值分析方法包括资源等值分析、服务等值分析和价值等值分析。按照以下原则选择适合的等值分析方法：

a) 优先选择资源等值分析和服务等值分析方法。当受损的生态环境以提供供给服务为主，采用资源类指标表征服务水平；当受损的生态环境以提供栖息地服务为主，采用栖息地面积与指示性物种指标表征服务水平。

b) 当无法开展资源或服务等值分析时，采用价值等值分析；当恢复措施产生的单位效益可以货币化时，采用价值-价值法；当恢复措施产生的单位效益难以货币化时（如耗时过长或成本过高），则采用价值-成本法；同等条件下，优先采用价值-价值法。

B.2 采用等值分析确定补偿性恢复规模的步骤

采用等值分析方法确定补偿性恢复规模的步骤包括：

a) 量化生态环境损害发生至生态环境恢复至基线的期间损害；
b) 确定补偿性恢复方案的单位效益；
c) 确定补偿性恢复的规模。

B.3 量化期间损害

B.3.1 资源或服务等值分析

期间损害的大小与基本恢复的方式和恢复所需时间有关。如图 B.1 所示，若采取人工恢复，受损生态环境服务功能可以较快地恢复到基线，相应的期间损害对应图 B.1 中的 A 区域；若采取自然恢复，受损生态环境服务功能恢复到基线需要较长的时间，相应的期间损害对应图 B.1 中的 A+B 区域。

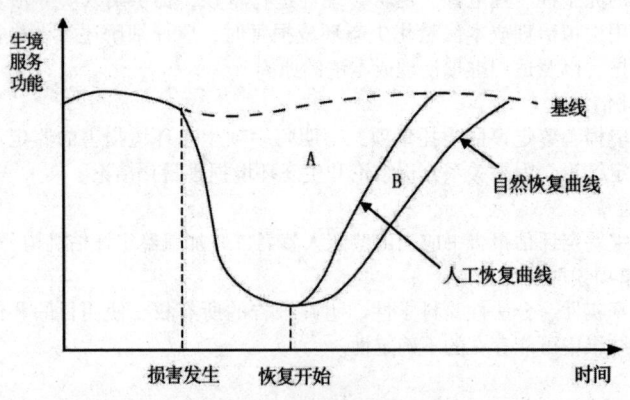

图 B.1 生态环境恢复过程

计算期间损害需要预测实施基本恢复方案后受损生态环境服务功能的恢复路径，即受损生态环境服务功能在损害发生到恢复至基线期间每年损失的生态环境服务功能的大小。期间损害等于生态环境损害发生至恢复到基线期间每年生态环境服务功能损失贴现量的和。计算方法见公式（B.1）：

$$H = \sum_{t=t_0}^{t_n} R_t \times d_t \times (1+r)^{T-t} \quad (B.1)$$

式中：H—期间损害量；

t—生态环境损害发生至恢复到基线期间的任意年份（t_0-t_n 之间）。t_0 表示起始年，是生态环境损害发生的年份；t_n 是终止年，是生态环境损害恢复至基线的年份；

T—基准年，一般选择开展生态环境损害鉴定评估的年份作为基准年；

R_t—第 t 年受损区域生态环境服务功能的数量。对于资源，该参数可能是个体数量、生物量、寿命值、资源数量、能量、生产率或对生物或生态系统具有重要影响的其他量度；对于服务，该参数可能是受影响的栖息地面积（公顷），也可能是河流长度或其他栖息地的面积等。

d_t—第 t 年受损区域生态环境服务功能相对于基线损失的比例。该比例随时间变化，取值 0-1；

r—贴现系数，推荐取值 2%-5%。

在某些情况下，即使采取了恢复措施，受损生态环境服务功能也可能始终无法恢复到基线（如图 B.2 所示），此时 n 取值为 100。

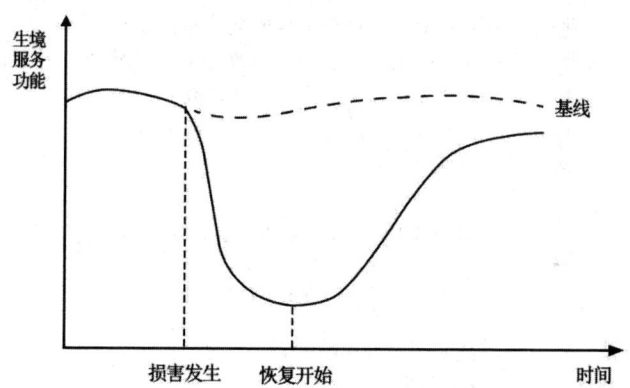

图 B.2 生态环境恢复过程（受损生态环境无法恢复至基线）

B.3.2 价值等值分析

B.3.2.1 使用价值等值分析

当采用使用价值量化生态环境服务功能的期间损害时，计算方法见公式（B.2）：

$$H = \sum_{t=t_0}^{t_n} [(Q_{n,t} \times P_{n,t}) + (Q_{l,t} \times P_{l,t})] \times (1+r)^{T-t} \quad (B.2)$$

式中：H—期间损害量；

t—生态环境损害发生至恢复至基线期间的任意年份（t_0-t_n 之间）。t_0 表示起始年，是生态环境损害发生的年份；t_n 是终止年，是生态环境损害恢复至基线的年份；

T—基准年，一般选择开展生态环境损害鉴定评估的年份作为基准年；

$Q_{n,t}$—第 t 年完全丧失使用价值的生态环境服务功能的数量。如娱乐（钓鱼、海滩旅行、划船）天数，或使用公众所认可的其他非使用价值的指标；

$P_{n,t}$——第 t 年完全丧失使用价值的生态环境服务功能的单位经济价值。如损失一个钓鱼日的价值。一般通过文献或专项调查获取；

$Q_{l,t}$——第 t 年在质量降低状态下使用的生态环境服务功能的数量。例如，有些人可能仍在被污染的现场钓鱼，但他们从垂钓中获得的价值减少；

$P_{l,t}$——第 t 年在质量降低状态下使用的生态环境服务功能的单位经济价值。例如，因生态环境损害导致捕获率下降，进而使某地垂钓价值下降。一般通过文献或专项调查获取；

r——贴现系数，推荐取值2%-5%。

B.3.2.2 非使用价值等值分析

当采用非使用价值量化生态环境服务功能的期间损害时，计算方法见公式（B.3）：

$$H = \sum_{t=t_0}^{t_n} (Q_{n,t} \times P_{n,t}) \times (1+r)^{T-t} \tag{B.3}$$

式中：H——期间损害量；

t——生态环境损害发生至恢复至基线期间的任意年份（$t_0 - t_n$ 之间）。t_0 表示起始年，是生态环境损害发生的年份；t_n 是终止年，是生态环境损害恢复至基线的年份；

T——基准年，一般选择开展生态环境损害鉴定评估的年份作为基准年；

$Q_{n,t}$——第 t 年生态环境服务功能相对于基线的变化量；

$P_{n,t}$——第 t 年生态环境服务功能的非使用价值改变的货币价值。一般根据公众为防止生态环境服务功能改变的支付意愿(WTP) 或公众愿意接受生态环境服务功能改变的接受意愿(WTA) 确定。一般通过文献或调查获取；

r——贴现系数，推荐取值2% - 5%。

B.4 确定补偿性恢复方案的单位效益

实施补偿性恢复方案预期产生的生态环境服务功能的单位效益，计算方法见公式（B.4）：

$$E = \sum_{t=t_1}^{t_n} e \times (1+r)^{T-t} \tag{B.4}$$

式中：E——补偿性恢复方案预期产生的单位效益；

e——为补偿性恢复行动在 t 年的单位效益；

t_1——为补偿性恢复工程的起始年；

T——基准年，一般选择开展生态环境损害鉴定评估的年份；

r——贴现系数，推荐取值2%-5%。

n——为补偿性恢复行动的单位效益贴现值近似为0的年份。若受损的生态环境服务功能始终无法恢复到基线，计算补偿性恢复方案的单位效益时，建议 n 取 t_1+100。

B.5 确定补偿性恢复的规模

补偿性恢复方案的规模等于需要补偿的期间损害量除以补偿性恢复方案所产生的效益，计算方法见公式（B.5）：

$$S = \frac{H}{E} \tag{B.5}$$

式中：S——为补偿性恢复行动的规模；

H——为期间损害量；

E——为补偿性恢复方案的单位效益。

附录 C
（资料性附录）
生态环境恢复方案比选考虑因素

表 C.1 生态环境恢复技术筛选考虑因素

指标名称	指标说明
成熟度	衡量技术状态满足其应用目标程度的尺度。
可靠性	技术在规定的条件和规定的时间内是否可以达到预期目标。
恢复时间	采用该技术达到生态环境损害恢复目标所需的时间。
恢复成本	采用该技术达到生态环境损害恢复目标所需的费用。
环境影响	技术实施是否造成二次污染或其他生态环境损害以及对施工人员、周边人群健康和生态受体的影响等。

表 C.2 生态环境恢复方案比选考虑因素

指标名称	指标说明
合法合规性	工程项目是否遵守相关的法律法规和标准。
目标可达性	生态恢复方案实施后预计能够达到的效果，能否达到预期的恢复目标。
公众可接受性	公众对实施方案的接受程度以及方案实施后风否达到公众可接受风险水平。
实施费用	生态恢复方案设计和编制费用，实施过程中产生的设备采购费、设备租赁费、药剂采购费、耗材采购费、燃料使用费、人员费用等，以及实施后发生的后续监测和维护费用等。
实施效益	是指方案实施后可以带来哪些社会、经济和额外的环境效益。
可持续性	被恢复的生态环境是否具有稳定性和自我维持能力。

附录 D
（资料性附录）
常用环境价值评估方法

D.1 直接市场法

D.1.1 生产率变动法

生产率变动法也称作观察市场价值法，是利用生产率的变动来评价环境状况变动的方法。该方法适用于衡量在市场上交易的资源使用价值，用资源的市场价格和数量信息来估算消费者剩余和生产者剩余。总的效益或损失是消费者和生产者剩余之和。

D.1.2 生产要素收入法

生产要素收入法将产出与生产要素（如土地、劳动力、资本、原材料）的不同投入水平联系起来。该方法的适用条件有：

a) 环境变化直接导致销售的某种商品（或服务）的产量增加或减少，同时影响明确且能够观察或根据经验测试；

　　b）市场功能完好，价格是经济价值的有效指标。

D.1.3　人力资本和疾病成本法

　　人力资本法通过环境属性对劳动力数量和质量的影响来评估环境属性的价值。通常用因疾病引起的收入损失或治疗费用表示。

D.2　揭示偏好法

D.2.1　内涵资产定价法

　　内涵资产定价法又称作享乐价格法，是根据人们为优质环境的享受所支付的价格来推算环境质量价值的一种估价方法，即将享受某种产品由于环境的不同所产生的差价，作为环境差别的价值。此方法的出发点是某一财产的价值包含了它所处的环境质量的价值。如果人们为某一地方与其它地方相同的房屋和土地支付更高的价格，且其它各种可能造成价格差别的非环境因素都加以考虑后，剩余的价格差别可以归结为环境因素。

D.2.2　避免损害成本法

　　避免损害成本法指个人为减轻损害或防止环境退化引起的效用损失而需要为市场商品或服务支付的金额。可用于评估净化的空气和水等非市场商品的价值。

D.2.3　治理成本法

　　治理成本是按照现行的治理技术和水平治理排放到环境中的污染物所需要的支出。

D.3　陈述偏好法

D.3.1　条件价值法

　　条件价值评估法用调查技术直接询问人们的环境偏好。当缺乏真实的市场数据，甚至也无法通过间接的观察市场行为来赋予环境资源价值时，通常采用条件价值评估技术。该技术特别适用于选择价值占有较大比重的独特景观、文物古迹等服务价值评估。

D.3.2　选择试验模型法

　　选择试验模型法基于效用最大化理论，采用问卷为被调查者提供由资源或环境物品的不同属性状态组合而成的选择集。让被调查者从每个选择集中选出自己最偏好的一种方案，研究者可以根据被调查者的偏好运用经济计量学模型分析出不同属性的价值以及由不同属性状态组合而成的各种方案的相对价值。

D.4　效益转移法

　　效益转移法基于消费者剩余理论，是一种非市场资源价值评价方法。若非市场资源价值受时间、空间和费用等条件限制，可适用此方法。效益转移法的适用条件如下：

　　a）对参照区的要求：要确定参照区的范围和规模，包括区域人口规模，评估中所需要的数据需求（如价值的类型：使用价值、非使用价值或总价值）。

　　b）对评估区和参照区的相关性的要求：评估区的环境资源的质量（数量）及其变化与参照区的资源质量（数量）及其预期变化应相似。

生态环境损害鉴定评估技术指南
总纲和关键环节 第 2 部分：损害调查（GB/T 39791.2—2020）

（2020 年 12 月 29 日发布）

前 言

为贯彻《中华人民共和国民法典》《中华人民共和国环境保护法》《中华人民共和国森林法》《中华人民共和国野生动物保护法》和《生态环境损害赔偿制度改革方案》，保护生态环境，保障公众健康，规范生态环境损害鉴定评估调查工作，制定本标准。

本标准规定了生态环境损害鉴定评估中损害调查的一般性原则、程序、内容和方法。

本标准附录 A~附录 D 为资料性附录。

本标准为首次发布。

本标准由生态环境部组织制定。

本标准主要起草单位：生态环境部环境规划院、中国科学院南京土壤研究所、中国环境监测总站。

本标准自 2021 年 1 月 1 日起实施。本标准实施之前发生的生态环境损害的鉴定评估，继续参照《生态环境损害鉴定评估技术指南损害调查》（环办政法〔2016〕67 号）开展，但该损害持续至本标准实施的除外。

本标准由生态环境部解释。

1 适用范围

本标准规定了生态环境损害鉴定评估中损害调查的一般性原则、程序、内容和方法。

本标准适用于因污染环境或破坏生态导致的生态环境损害调查。

本标准不适用于因核与辐射所致生态环境损害的调查。

2 规范性引用文件

本标准引用下列文件或其中的条款。凡是注明日期的引用文件，仅注日期的版本适用于本标准。凡是未注日期的引用文件，其最新版本（包括所有的修改单）适用于本标准。

GB 5085 （所有部分） 危险废物鉴别标准

GB 5490 粮油检验 一般规则

GB 15618 土壤环境质量 农用地土壤污染风险管控标准（试行）

GB 17378 海洋监测规范

GB 34330 固体废物鉴别标准 通则

GB 36600 土壤环境质量 建设用地土壤污染风险管控标准（试行）

GB/T 12763 海洋调查规范

GB/T 12990 水质 微型生物群落监测 PFU 法

GB/T 13266 水质 物质对蚤类（大型蚤）急性毒性测定方法

GB/T 13267 水质 物质对淡水鱼（斑马鱼）急性毒性测定方法

标准号	标准名称
GB/T 15441	水质 急性毒性的测定发光细菌法
GB/T 16310	船舶散装运输液体化学品危害性评价规范
GB/T 21281	危险化学品鱼类急性毒性分级试验方法
GB/T 21805	化学品 藻类生长抑制试验
GB/T 21807	化学品 鱼类胚胎和卵黄囊仔鱼阶段的短期毒性试验
GB/T 21808	化学品 鱼类延长毒性 14 天试验
GB/T 21809	化学品 蚯蚓急性毒性试验
GB/T 21810	化学品 鸟类日粮毒性试验
GB/T 21812	化学品 蜜蜂急性经口毒性试验
GB/T 21814	工业废水的试验方法 鱼类急性毒性试验
GB/T 21830	化学品 溞类急性活动抑制试验
GB/T 21854	化学品 鱼类早期生活阶段毒性试验
GB/T 29763	化学品 稀有鮈鲫急性毒性试验
GB/T 31270	化学农药环境安全评价试验准则
GB/T 34546.2	海洋生态损害评估技术导则 第 2 部分：海洋溢油
GB/T 39791.1	生态环境损害鉴定评估技术指南 总纲和关键环节 第 1 部分：总纲
HJ 25.1	建设用地土壤污染状况调查技术导则
HJ 25.2	建设用地土壤污染风险管控和修复监测技术导则
HJ 91.1	污水监测技术规范
HJ 493	水质 样品的保存和管理技术规定
HJ 1069	水质 急性毒性的测定斑马鱼卵法
HJ 710	（所有部分） 生物多样性观测技术导则
HJ/T 55	大气污染物无组织排放监测技术导则
HJ/T 91	地表水和污水监测技术规范
HJ/T 164	地下水环境监测技术规范
HJ/T 166	土壤环境监测技术规范
HJ/T 194	环境空气质量手工监测技术规范
HJ/T 298	危险废物鉴别技术规范
HJ/T 373	固定污染源监测质量保证与质量控制技术规范（试行）
HJ/T 397	固定源废气监测技术规范
HJ/T 589	突发环境事件应急监测技术规范
SN/T 3524	化学品 鱼类生殖毒性试验方法
CJ/T 150	城市供水 致突变物的测定 鼠伤寒沙门氏菌/哺乳动物微粒体酶试验
NY/T 395	农田土壤环境质量监测技术规范
NY/T 396	农田水源环境质量监测技术
NY/T 397	农区环境空气质量监测技术规范
NY/T 789	农药残留分析样本的采样方法
NY/T 1669	农业野生植物调查技术规范
SF/ZJD 0606001	农业环境污染损害司法鉴定操作技术规范
SF/ZJD 0606002	司法部指定的农作物污染司法鉴定调查技术规范
LY/T 1814	自然保护区生物多样性调查规范
SC/T 9102	渔业生态环境监测规范
DD 2014	地下水污染调查评价样品分析质量控制技术要求
DZ/T 0282	水文地质调查规范（1：50000）

全国植物物种资源调查技术规定（试行）（环境保护部公告〔2010〕27号）
全国动物物种资源调查技术规定（试行）（环境保护部公告〔2010〕27号）
全国淡水生物物种资源调查技术规定（试行）（环境保护部公告〔2010〕27号）
全国海洋生物物种资源调查技术规定（试行）（环境保护部公告〔2010〕27号）
全国微生物资源调查技术规定（试行）（环境保护部公告〔2010〕27号）

3 术语和定义

下列术语和定义适用于本指南。

3.1 生态环境损害调查 environmental damage investigation

采用科学、系统的现场踏勘、监测、观测、访谈、航拍、资料查阅等方法，搜集信息和数据，为生态环境损害鉴定评估提供支持的过程。

4 调查原则

4.1 规范性原则

采用程序化和系统化的方式规范调查行为，由专业人员运用国家规定的、公认的技术方法进行现场调查、监测，保证调查过程的科学性和客观性。在调查过程中，数据和资料的搜集、样品的采集与运输、样品的分析检测应当按照有关技术规范开展。

4.2 中立性原则

调查活动不受任何部门和个人因素的干扰。参与调查工作的人员应当保持中立，不受鉴定评估委托方以及其他方面的干扰。

4.3 全面性原则

调查应力求严谨周密、不以偏概全，确保调查数据和结论能够客观反映环境污染或生态破坏损害情况。

4.4 及时性原则

在环境污染或生态破坏发生后尽早介入，尽早开展工作，及时制定调查方案和监测计划，取得有关资料，进行环境监测，获得鉴定评估所需的数据资料。

5 工作内容与工作程序

5.1 工作内容

生态环境损害调查包括生态环境基线调查、污染源调查、环境质量调查、生物调查、生态服务功能调查、生态环境恢复措施与费用调查、生态环境恢复效果评估调查。

5.2 工作程序

生态环境损害调查分为初步调查和系统调查两个阶段，初步调查主要开展资料搜集、现场踏勘和人员访谈，对生态环境损害范围和程度进行初步的判断和分析。初步调查阶段的环境监测以现场快速检测为主，根据需要开展实验室检测。系统调查在初步调查的基础上，对生态环境损害开展针对性调查，为损害确认和损害量化提供支撑。

初步调查和系统调查阶段应分别制定调查工作方案，方案包括调查对象、调查内容、调查方法、调查方式和质量控制等内容。

调查人员应根据生态环境损害具体情况和生态环境损害评估需求，选择搜集相关信息，并制作生态环境损害鉴定评估资料清单（参见附录B）。

调查工作结束后编写生态环境损害鉴定评估调查报告编制要求参见附录A。

调查的工作程序见图1。

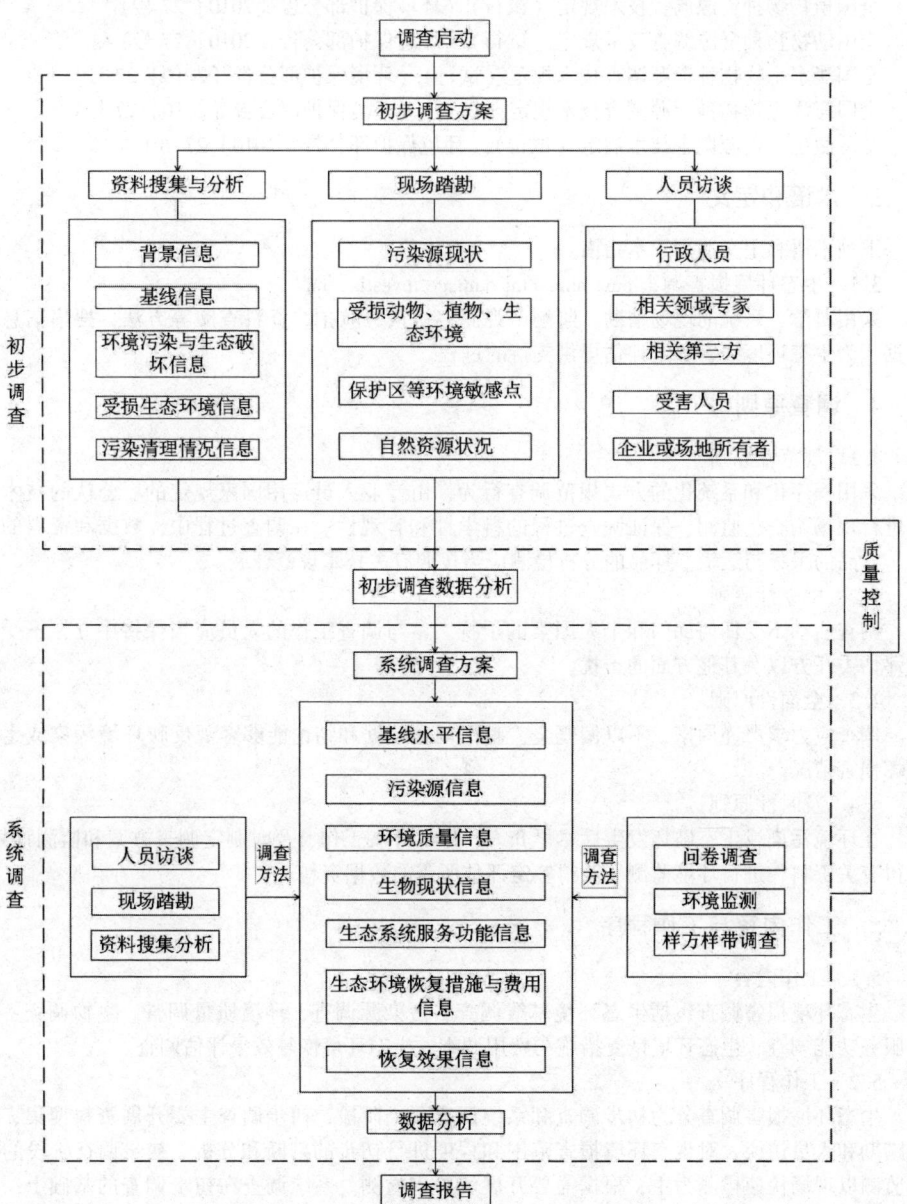

图 1 调查工作程序图

6 初步调查

6.1 资料搜集与分析

6.1.1 背景信息调查搜集

背景信息调查搜集的主要内容包括:

a) 调查区域的气候气象、地形地貌、水文地质等自然条件；

b) 调查区域及其周边地区的大气、地表水、沉积物、土壤、地下水、海水、海洋沉积物的历史和应急监测数据；

c) 调查区域内人口、交通、基础设施、经济、土地利用现状、居民区、饮用水水源地等敏感点信息，以及能源和水资源供给、消耗等信息；

d) 调查区域内主要产业构成的历史、现状和发展情况；

e) 调查区域内主要生物、矿产、能源等自然资源状况、开发利用方式和强度、自然资源调查监测结果等信息，以及主要厂矿和建筑物的分布情况。

6.1.2 基线信息调查搜集

基线信息调查搜集的主要内容包括：

a) 针对调查区域的专项调查、学术研究以及其他自然地理、生态环境状况等相关历史数据；

b) 针对与调查区域地理位置、气候条件、地形地貌、土地利用类型等类似的未受影响的对照区域，搜集区域的生态环境状况等数据；

c) 污染物的环境标准和环境基准；

d) 专项研究。

6.1.3 环境污染和生态破坏信息调查搜集

环境污染和生态破坏信息调查搜集的主要内容包括：

a) 污染源的数量、位置和周边情况等信息；

b) 污染排放时间、排放方式、排放去向和排放频率等信息；

c) 污染源排放的特征污染物种类、排放量和排放浓度等信息；

d) 污染源排放的污染物进入外环境生成的次生污染物种类、数量和浓度等信息；

e) 林地、耕地、草地、湿地等生态系统自然状态以及野生动植物受到破坏或伤害的时间、方式和过程等信息。

6.1.4 受损生态环境质量信息调查搜集

受损生态环境质量信息调查搜集的主要内容包括：

a) 关于受损生态环境的文字与音像材料以及遥感影像、航拍图片等影像资料；

b) 受到影响的大气、地表水、沉积物、土壤、地下水、海洋海水等环境介质的质量变化；

c) 受到影响的植被、动物等生物的类型、结构和数量变化等情况；

d) 调查区域的历史环境污染、生态破坏的相关资料。

6.1.5 污染清理情况信息调查搜集

污染清理情况信息调查搜集的主要内容包括：

a) 污染清理的组织、工作过程、清理效果与二次污染物的产生情况等资料信息；

b) 污染清理的现场照片和录像等音像资料；

c) 污染物清理转运、物资投入和工程设施等信息；

d) 污染清理过程委托合同、票据等污染清理处置费用证明材料，以及相关主管部门监管证明材料等；

e) 其他与污染清理处置相关的材料。

6.1.6 资料分析

根据专业知识和经验识别资料中的错误和不合理信息，对于不完整、不确定信息应在报告中说明。

6.2 现场踏勘

根据生态环境损害具体情况和生态环境损害评估需求，开展现场踏勘，并填写现场踏勘记录表（参见附录 C 表 C.1）。

6.2.1 现场踏勘范围

对污染环境行为造成的生态环境损害，以污染源、污染物的迁移途径、受损生态环境所在区域为主要踏勘范围；对破坏生态行为造成的生态环境损害，以受损或退化的生物所在区域和生态系统为主要踏勘范围。

6.2.2 现场踏勘的内容和方法

现场踏勘的工作内容可包括：

a) 污染源。造成污染的各种来源，如化学品的生产、使用、贮存情况，污染物非法倾倒、事故排放、临时堆放泄漏情况，以及安全和交通事故、自然原因造成的污染物泄漏等状况；

b) 迁移途径。污染物在环境界面的物质交换及长距离迁移，如污染物在土壤-大气、土壤-地表水、土壤-地下水，地表水-沉积物等界面的物质交换过程；以及污染物在大气、地表水、地下水等介质中迁移、扩散、转化以及长距离运输的过程；

c) 受损环境情况。由污染造成的大气、地表水、沉积物、土壤和地下水环境影响范围、影响程度和潜在影响区域；

d) 区域状况及环境敏感点。区域土地利用类型以及可能影响污染物迁移扩散的构筑物、沟渠、河道、地下管网和渗坑等要素，区域水文地质、地形地貌等自然状况，居民区、饮用水水源地、自然保护区、风景名胜区、世界文化和自然遗产等周边区域环境敏感点；

e) 生物的动态变化情况。观察调查区域内植物群落的类型、群落的层次结构，动物种群的结构特征、行为特征和栖息地的情况，着重识别调查区域的指示物种，以及指示物种的生物学、生态学和生境特征及其变化情况；

f) 生态系统。对于森林生态系统，分层（乔木层、灌木层和草本层）进行踏勘观测；对于湿地生态系统，主要关注湿地的类型，其所在的水系和区域流域的水文情况，地表和地下水水位的时空分布以及动态变化，湿地植被、水生生物、鸟类等湿地生物物种组成、分布与数量变化情况；对于草地生态系统，主要关注草地群落组成和草地退化情况；对于荒漠生态系统，主要关注主导风向、风速以及地下水系的情况；对于农田生态系统，着重调查传粉昆虫种群动态、农作物的产量和轮作情况，病虫害的类型、爆发时间和防治措施等情况；对于海洋与海岸带生态系统，主要关注海洋水文动力变化情况、海岸线占用情况、海洋生物物种组成、分布与数量变化情况；对于陆地生态系统，还需要关注土壤破坏状况，重点调查土壤损害量、土壤压实度、含水率、有机质含量、养分元素含量（氮磷钾等）等理化性质指标；

g) 现场踏勘过程中对调查区域的大气、地表水、沉积物、土壤、地下水、海洋海水和生物等样品的检测以现场快速检测为主，同时可以根据相关规范保存部分样品，以备复查；

h) 现场踏勘过程中，应以视频方式对关键环节进行记录。视频录制应配有语言描述，说明项目名称、调查人员、位置、时间、调查目的、拍摄和移动方向、天气、地貌、环境污染或生态破坏情况等。

6.2.3 安全防护准备

在现场踏勘前，根据现场的具体情况采取相应的防护措施，装备必要的防护用品。

6.3 人员访谈

调查人员可采取面谈、电话交流、电子或书面调查表等方式，对现场状况或历史的知情人，包括当地政府与相关行政主管部门的人员、相关领域专家、企业或场地所有者、熟悉现场的第三方、实际或潜在受害人员进行访谈，补充相关信息，考证已有资料。调查人员应填写人员访谈记录表（参见附录 C 表 C.2）。

6.4 初步调查总结

应该初步明确污染源的位置、类型、污染物排放量和排放浓度，生物和生态系统损害的表现和强度,初步确定生态环境损害的类型、范围和程度,并对系统调查提出建议。

7 系统调查

7.1 调查内容

7.1.1 基线水平信息

包括调查区域和补偿性恢复备选区域的环境介质、生物、生态服务功能等表征指标的基线水平。

7.1.2 污染源信息

包括造成调查区域生态环境损害的所有污染源数量、位置、污染排放情况、特征污染物种类、排放量、排放浓度和埋填情况等信息。

7.1.3 环境质量信息

包括调查区域和补偿性恢复备选区域的大气、地表水、沉积物、土壤、地下水、海洋海水等环境介质的质量现状、污染分布情况、污染物浓度水平等信息。

7.1.4 生物信息

包括调查区域和补偿性恢复备选区域的植物群落建群种、分布面积、密度、冠幅、郁闭度、生物量、是否有保护物种分布和保护物种的级别、植物群落的受损程度,以及主要动物物种密度、出生率、死亡率、繁殖率、生境、是否有保护物种分布和保护物种的级别、动物的受损程度等情况。

7.1.5 生态服务功能信息

包括生态服务功能类型和受损程度。受损程度通常用生态系统面积、生物量或初级生产力来表征,必要情况下,也可以用固碳量、释氧量、水源涵养量等生态服务实物量来表征。

7.1.6 生态环境恢复措施与费用信息

包括为恢复生态环境功能及其服务水平所采取的基本恢复、补偿性恢复和补充性恢复等措施及相关费用,以及为采取行动发生的监测、调查和维护费用。

7.1.7 生态环境恢复效果信息

包括实施恢复的环境介质、生物、生态系统的恢复情况,恢复行动实施期间的二次污染情况,公众满意度情况等用于评价生态环境恢复措施是否达到预期目标、是否需要开展补充性恢复的信息。

7.2 调查方法

系统调查阶段的调查方法主要包括资料搜集与分析、现场踏勘、人员访谈、环境监测、问卷调查、样带样方调查。

系统调查阶段的资料搜集与分析是在初步调查阶段的基础上,根据评估需求,进行针对性的信息搜集、核实和补充,并对生态环境损害鉴定评估资料清单进行补充。

现场踏勘要求见 6.2 节,人员访谈要求见 6.3 节,其他调查要求见 7.3 节,样带样方调查要求参见附录 D。

7.3 调查要求

7.3.1 基线水平调查

a) 通过查阅相关历史档案或文献资料,获得调查区域环境质量、生物种类和数量、生态服务功能等表征指标的基线水平;

b) 选取对照区域,开展环境质量、生物数量、生态服务功能等的相关调查和监测工作;

c) 可参考适用的国家或地方环境质量标准或环境基准确定基线;

d) 必要时开展基线水平的专项研究。

7.3.2 污染源调查

污染源调查可按照 HJ/T 373 执行。

7.3.3 环境质量调查

a) 环境质量调查主要通过环境监测手段，开展现场采样、分析检测、质量控制和判断评价等工作。应针对污染类型、污染物性质和生态环境损害评估的需求制定环境质量调查工作方案；

b) 环境质量调查中，应合理选择有代表性的检测项目，包括由污染源直接排入环境的一次污染物、一次污染物进入环境转化生成的二次污染物、在污染清理过程中引入的污染物、能影响上述特征污染物环境行为的理化指标、可能对特征污染物检测结果产生干扰的理化指标等项目；

c) 对于大气、地表水、土壤、地下水、固体废物、海洋等环境监测方案和标准规范，优先选择国家标准或国家环境保护标准；无该类标准的，可参照执行行业或地方标准；国内无标准的，可参照国外相关适用性标准或专家认可的技术方法。常用的监测技术导则和规范参见附录 C 表 C.3。

d) 突发环境事件的调查和监测按照 HJ/T 589 执行；

e) 对于矿区等特大生态环境损害区域调查、地下溶洞等复杂条件生态环境损害调查等无相关技术导则的情况，调查人员应根据专业知识和经验，结合调查区域特点设计采样监测方案；

f) 调查人员应填写现场采样记录表（参见附录 C 表 C.4~表 C.9）。

7.3.4 生物调查

生物调查包括生物多样性和生物毒性的调查，针对不同调查内容的常用相关技术导则参见附录 C 表 C.10，调查人员应填写生物现场调查表（参见附录 C 表 C.11~表 C.12）。

7.3.5 生态服务功能调查

根据生态系统类型确定调查项目，具体方法参见 7.3.3 节的要求执行；对于无技术规范的情况，调查人员应根据专业知识和经验进行信息的搜集。调查人员应填写生态服务功能调查表（参见附录 C 表 C.13）。

7.3.6 生态环境恢复措施与费用调查

a) 生态环境恢复方案筛选调查，应调查搜集备选方案的实施费用、监测维护费用、恢复时间、经济社会效益、技术可行性、是否造成二次污染等信息；

b) 对于污染清理和恢复措施已经完成或正在进行的，搜集实际发生的费用信息，并对实际发生费用的合理性进行判断核实；

c) 对于恢复措施尚未开展的，应按照国家工程投资估算的规定搜集备选恢复方案的相关费用信息，必要时应开展专项研究；

d) 对于无法恢复而采用环境价值评估方法评估生态环境损害的，应根据具体的环境价值评估方法的需求搜集相关资料和信息，必要时应开展专项研究；

e) 调查人员应填写污染清理与处置等费用调查表（参见附录 C 表 C.14）和生态环境恢复方案比选表（参见附录 C 表 C.15）。

7.3.7 生态环境恢复效果调查

a) 开展现场踏勘，制定生态环境恢复效果调查工作方案；

b) 对于已完成的生态环境恢复措施，应主要搜集实际实施的恢复方案、方案目标和二次污染情况等信息；

c) 对于实施恢复的环境介质、生物、生态系统的信息调查分别参见 7.3.2 节、7.3.3 节和 7.3.4 节的要求执行；

d) 对于需要开展补充性恢复的情况，应搜集补充性修复方案的实施费用、监测维护费用、恢复时间、经济社会效益、技术可行性、是否造成二次污染等信息；

e) 针对生态环境恢复措施和目标公众特点，设计恢复效果公众满意度调查表，开展公众满意度调查；

f) 参照生态环境损害鉴定评估调查报告的编制要求（参见附录 A）编写生态环境恢复效果调查报告。

8 质量保证和质量控制

8.1 调查数据采集质量控制

a) 审核搜集的各类资料信息、现场踏勘照片、人员访谈记录、环境监测数据、调查问卷，初步评判资料收集情况是否足以支撑生态环境损害评估工作，并检查生态环境损害鉴定评估资料清单（参见附录 B）的填写情况；

b) 审核环境监测过程中的采样位置、采样数量、平行样点、采样深度等是否与已经制定的调查采样方案一致，且符合相关技术规定的要求；如存在调整，检查调整原因和依据是否合理，且经过调查单位负责人的认可；

c) 审核生物调查和生态服务功能调查过程中调查范围、调查指标、点位数量等是否与已经制定的调查方案一致，且符合相关技术规定的要求；检查生态服务功能调查指标是否满足计算需求，是否足以支撑服务功能量化，确保计算结果准确反应当地情况；

d) 审核现场踏勘音视频资料、人员访谈信息数据的获取和提交是否符合工作程序和相关规定；

e) 对于搜集获得的资料，随机抽取 5%~10% 进行资料复核；对于人员访谈获得的资料信息，随机抽取 5%~10% 进行回访复核。

8.2 分析测试及实验室质量控制

a) 检查样品重量和数量、样品标签、容器材质、保存条件、保存剂添加、采集过程现场照片等是否满足相关技术规范；

b) 在样品交接过程中，应对接收样品的质量状况进行检查。检查内容主要包括：样品运送单是否填写完整，样品标识、重量、数量、包装容器、保存温度、应送达时限等是否满足相关规定；

c) 样品的检测是否严格遵照相关技术规定。

8.3 调查表（记录表）填报质量控制

a) 审核调查表、记录表（参见附录 C）中应填报项是否全部填报。若存在缺项，且无说明的，须重新填报；

b) 审核调查表、记录表（参见附录 C）中已填报项是否按照注意事项中的说明规范填报。若存在不规范填报信息，须重新填报；

c) 审核调查表、记录表（参见附录 C）中信息项填报是否准确，填报内容是否符合客观实际情况；审核调查表中具有关联的指标间衔接是否符合逻辑；分析调查表中数据值是否正确，指标数量级别、计量单位是否准确。若存在不准确信息，须重新填报。

9 信息汇总分析

调查人员应对损害调查阶段获得的信息进行分析，确定调查区域特征污染物类型、浓度水平和空间分布情况，明确生态环境损害的情况，整理调查信息和分析检测结果，评估分析数据的质量和有效性，对是否需要补充调查进行判断。调查人员应填写生态环境损害调查信息汇总表（参见附录 C 表 C.16），并完成生态环境损害调查报告。

附录 A
（资料性附录）
生态环境损害鉴定评估调查报告的编制要求

A.1 基本情况概述
阐述生态环境损害事件的基本信息，包括发生时间、地点、起因、经过等；描述事件发生地周围的自然环境信息、环境质量信息、社会经济信息、环境基线信息、污染源基本信息等。

A.2 调查方案

A.2.1 工作目标
明确生态环境损害鉴定评估调查工作的主要目标。

A.2.2 调查依据
写明调查过程中所依据的法律法规和标准规范等。

A.2.3 工作程序
给出生态环境损害鉴定评估调查的技术路线，明确每一步的工作流程。

A.2.4 调查内容
写明生态环境损害鉴定评估调查的范围、调查的主要内容以及具体的调查项目。

A.2.5 调查方式
明确生态环境损害鉴定评估调查过程中用到的主要技术方法、调查组织方式。

A.2.6 质量控制方案
明确监测、实验室分析过程须依据的技术规范，现场踏勘过程中快速检测的要求和实验室送检样品比例，明确其他调查信息的审核要求和复审率。

A.3 调查过程
详细介绍生态环境损害调查采样布点方案、样品采集过程、现场快速检测及实验室分析检测过程、数据分析过程等；描述基线调查结果、污染源调查结果、环境质量调查结果、动植物资源调查结果、生态服务功能调查结果以及生态环境恢复方案和费用调查结果。

A.4 质量保证和质量控制
详细介绍环境监测、资料获取、人员访谈、调查表汇总等工作的质量保证和质量控制方法、组织实施与质量保证和质量控制结论。

A.5 调查结论
针对每一项调查内容，分析调查结果，总结得出调查结论。

A.6 附件
附件包括生态环境损害鉴定评估调查过程中制定的现场踏勘路线示意图、采样点位布置图、调查问卷，调查过程中产生的照片、调查记录表、信息汇总表、费用统计表、检测数据、观测数据以及通过调查得到的各种地形地貌和遥感影像图件、水文地质图件、环境质量图件等信息。

附录 B
（资料性附录）
生态环境损害鉴定评估资料清单（例表）

表 B.1 生态环境损害鉴定评估资料清单（例表）

项目名称：

序号	类别	名称	搜集时间	资料来源	数量	格式					编号
						报告	图件	照片	调查表	论文	其他	
		调查区域行政区划图	××年××月××日	政府办公室	1	√						201508-TJG-01-0001
		调查区域水系图	××年××月××日	水利局	1		√					
		调查区域土地利用总体规划	××年××月××日	自然资源局	1	√						
	背景信息	调查区域主要厂矿情况										
		调查区域卫星、航拍影像										
		调查区域历史监测数据										
		调查区域水文地质调查专项报告										
		调查区域人口信息										
		调查区域生物多样性信息										
		敏感点信息										
		…										
		…										
		…										

续表

序号	类别	名称	搜集时间	资料来源	数量	格式					编号
						报告	图件	照片	调查表	论文	其他	
	基线信息	区域基线值相关专项调查										
		区域基线学术研究										
		区域生物多样性调查报告										
		污染物的环境标准										
		污染物的环境基准										
		类似区域基线调查报告										
		…										
		…										
		…										
	污染源信息	污染源照片										
		污染源经纬度坐标										
		污染源周边实地照片										
		污染排口监测报告										
		…										
		…										
		…										
	生态环境损害相关信息	污染现场照片										
		污染现场视频										
		应急处置情况报告										
		调查区域历史污染或生态破坏信息										
		…										
		…										

续表

序号	类别	名称	搜集时间	资料来源	数量	格式					编号
						报告	图件	照片	调查表	论文	其他	
	污染清理处置情况信息	污染清理处置报告										
		污染清理现场照片										
		污染物转运单据										
		药剂购买单据										
		清理后的监测数据										
		…										
		…										
		…										

调查单位：　　　　　　　　　　　　调查负责人：
填表人：　　　　　　　　审核人：　　　　　填表时间：　　年　月　日

注：1、编号方式可采用"项目时间-项目名称缩写-资料类型-资料号"的方式；
　　2、资料类型可采用"01报告，02图件，03照片，04视频，05调查表，06论文，07其他"的方式。

附录C
（资料性附录）
生态环境损害鉴定评估调查表

表 C.1　现场踏勘表

项目名称：　　　　　　　　　　　　　　　　　　　　　　　踏勘表编号：

踏勘对象：□环境污染（□污染源□周边生态环境□敏感点） □生态破坏（□植物□动物□生态系统）					
环境污染	污染介质：□大气□地表水□沉积物□土壤□地下水□海洋海水				污染现状描绘草图
	污染物名称		排放总量	排放浓度	
	检测方式		地点	时间	
	污染原因				
	污染路径				
	污染描述				

续表

生态破坏	植物调查：□陆生维管植物□水生维管植物□藻类□大型真菌□土壤微生物 □其他（　　）					
	动物调查：□鸟类□兽类□鱼类□两栖爬行类□昆虫□畜禽 □鱼类□底栖动物□浮游动物□其它（　　）					
	生态系统调查：□自然生态系统□人工生态系统					
	破坏描述：					
污染清理处置等措施	措施对象		时间		地点		委托单位	
	方式		数量		费用		实施单位	
	监测对象		浓度		监测方式		二次污染	
	污染清理、污染处置、替代水源、人员转移等措施的描述：					
周边区域						
损害情况						
踏勘材料信息汇总	踏勘记录文件：□照片□录像□记录表□其他（　　）					
	照片		记录内容				
	录像		记录内容				
	踏勘表		记录内容				
	其他		记录内容				
	踏勘监测		□现场速测□实验室检测				
	速测对象		点位数量		样品数量			
	实验室检测对象		点位数量		样品数量			
下一步调查建议						

调查单位：　　　　　　　　　　　调查负责人：

踏勘人：　　　　　　　　审核人：　　　　填表日期：　　年　　月　　日

注：1、周边区域栏内容根据调查点及附近地质、水文、土壤、生物、敏感环境等，特别是与污染迹象有关的特征填写。
2、损害情况栏内容对环境污染与生态破坏的类型、范围和程度等情况进行描述。
3、下一步调查建议栏填写下一步调查的重点、内容、拟采用的调查方法等内容。
4、踏勘监测过程应以视频等影音形式记录。

表 C.2 人员访谈记录表

项目名称:			访谈表编号:	
受访人数		访谈地点		
访谈对象:□行政官员□领域专家□场地所有者□企业人员□第三方□受害方□其他知情人（　　）					
访谈方式:□面谈□电话□电子调查表□书面调查表□其他（　　）					
访谈内容				
受访人员签字	姓名	单位		签字
^				
^				

调查单位:　　　　　　　调查负责人:
访谈人:　　　　　　　　审核人:　　　　访谈日期:　　年　月　日

注：访谈内容一般为环境污染生态破坏过程、影响区域历史现状情况、事件处置过程、已采取的污染清理等措施的实施与实施效果等情况。

表 C.3　环境质量调查相关技术导则和规范

调查内容	参照标准	
	标准号	标准名称
大气	HJ/T 55	大气污染物无组织排放监测技术导则
	HJ/T 194	环境空气质量手工监测技术规范
	NY/T 397	农区环境空气质量监测技术规范
废气	HJ/T 373	固定污染源监测质量保证与质量控制技术规范（试行）
	HJ/T 397	固定源废气监测技术规范
海洋	GB 12763	海洋调查规范
	GB 17378	海洋监测规范
	GB/T 34546.2	洋生态损害评估技术导则第2部分：海洋溢油
地表水	HJ 493	水质样品的保存和管理技术规定
	HJ/T 91	地表水和污水监测技术规范
	NY/T 396	农田水源环境质量监测技术
	DZ/T0282	水文地质调查规范（1：50000）
地下水	HJ/T 164	地下水环境监测技术规范
	DD 2014	地下水污染调查评价样品分析质量控制技术要求
废水	HJ 91.1	污水监测技术规范
	HJ/T 373	固定污染源监测质量保证与质量控制技术规范（试行）
土壤	GB 15618	土壤环境质量农用地土壤污染风险管控标准（试行）
	GB 36600	土壤环境质量建设用地土壤污染风险管控标准（试行）
	HJ 25.1	建设用地土壤污染状况调查技术导则
	HJ 25.2	建设用地土壤污染风险管控和修复监测技术导则
	HJ/T 166	土壤环境监测技术规范
	NY/T 395	农田土壤环境质量监测技术规范
	SF/ZJD 0606001	农业环境污染损害司法鉴定操作技术规范
	SF/ZJD 0606002	司法部指定的农作物污染司法鉴定调查技术规范
固体废物	GB 34330	固体废物鉴别标准通则
危险废物	GB5085（所有部分）	危险废物鉴别标准
	HJ 298	危险废物鉴别技术规范

表 C.4 现场采样记录表（大气）

项目名称： 记录表编号：

气象信息	气温（℃）		气压（Kpa）		风向		风速（m/s）		相对湿度（%）	
样品编号	采样方法	采样时间		采样位置		采样高度（m）	累计时间（min）	采样流量（L/min）	采样体积Vs（L）	吸收液体积（L）	备注
		开始	结束	经度	纬度						

调查单位： 调查负责人： 采样人： 记录人：
填表日期： 年 月 日

注：1. 采样过程应以视频等影音形式记录。
2. 现场记录应使用圆珠笔或防水墨笔。如需修改错误记录，应用笔划掉错误记录信息，在更正位置签名并注明更改日期，禁止删除任何记录。

表 C.5 现场采样记录表（地表水）

项目名称： 记录表编号：

样品编号	采样时间	断面名称	采样位置			流速（m/s）	流量（m³/s）	现场测定记录					采样位置描述	备注
			经度	纬度	深度（m）			水温（℃）	pH	溶解氧（mg/L）	电导率（μS/cm）	感官指标描述		

调查单位： 调查负责人： 采样人： 记录人：
填表日期： 年 月 日

注：1. 采样过程应以视频等影音形式记录。
2. 现场记录应使用圆珠笔或防水墨笔。如需修改错误记录，应用笔划掉错误记录信息，在更正位置签名并注明更改日期，禁止删除任何记录。

表 C.6 现场采样记录表（沉积物）

项目名称： 　　　　　　　　　　　　　　　　　记录表编号：

样品编号	采样时间	断面名称	采样位置			现场记录			备注
			经度	纬度	深度(m)	颜色	嗅	感官指标描述	

调查单位：　　　　　　　　调查负责人：　　　　　　　采样人：记录人：
填表日期：　　　年　　　月　　　日

注：1、采样过程应以视频等影音形式记录。
　　2、现场记录应使用圆珠笔或防水墨笔。如需修改错误记录，应用笔划掉错误记录信息，在更正位置签名并注明更改日期，禁止删除任何记录。

表 C.7 现场采样记录表（土壤）

项目名称： 　　　　　　　　　　　　　　　　　记录表编号：

点位编号	样品编号	采样时间	地面高程(m)	采样位置			样品特征				快速检测结果	备注
				经度	纬度	深度(m)	颜色	质地	湿度	其他感官指标描述		

调查单位：　　　　　　　　调查负责人：　　　　　　　采样人：记录人：
填表日期：　　　年　　　月　　　日

注：1、采样过程应以视频等影音形式记录。
　　2、现场记录应使用圆珠笔或防水墨笔。如需修改错误记录，应用笔划掉错误记录信息，在更正位置签名并注明更改日期，禁止删除任何记录。

表 C.8 现场采样记录表（固体废物）

项目名称： 　　　　　　　　　　　　　　　　　　记录表编号：

点位编号	样品编号	采样时间	地面高程(m)	采样位置			样品特征				快速检测结果	备注
				经度	纬度	深度(m)	颜色	质地	湿度	其他感官指标描述		

调查单位：　　　　　　　　调查负责人：　　　　　　　采样人：　记录人：

填表日期：　　　年　　　月　　　日

注：1、采样过程应以视频等影音形式记录。
　　2、现场记录应使用圆珠笔或防水墨笔。如需修改错误记录，应用笔划掉错误记录信息，在更正位置签名并注明更改日期，禁止删除任何记录。

表 C.9 现场采样记录表（地下水）

项目名称： 　　　　　　　　　　　　　　　　　　记录表编号：

监测井编号	采样时间	采样位置		水位(m)	采样深度(m)	现场测定记录					备注
		经度	纬度			水温(℃)	pH	溶解氧(mg/L)	电导率(μS/cm)	感官指标描述	

调查单位：　　　　　　　　调查负责人：　　　　　　　采样人：　记录人：

填表日期：　　　年　　　月　　　日

注：1、采样过程应以视频等影音形式记录。
　　2、现场记录应使用圆珠笔或防水墨笔。如需修改错误记录，应用笔划掉错误记录信息，在更正位置签名并注明更改日期，禁止删除任何记录。

表 C.10　生物调查相关技术导则和规范

调查内容		参考标准	
		标准号	标准名称
生物物种资源和生物多样性	自然保护区	LY/T 1814	自然保护区生物多样性调查规范
	陆生植物	HJ 710.1	生物多样性观测技术导则陆生维管植物
		HJ 710.2	生物多样性观测技术导则地衣和苔藓
		NY/T 1669	农业野生植物调查技术规范
		SF/ZJD 0606001	农业环境污染损害司法鉴定操作技术规范
		SF/ZJD 0606002	司法部指定的农作物污染司法鉴定调查技术规范
		环境保护部公告〔2010〕27号	全国植物物种资源调查技术规定（试行）
	陆生动物	HJ 710.3	生物多样性观测技术导则陆生哺乳类
		HJ 710.4	生物多样性观测技术导则鸟类
		HJ 710.5	生物多样性观测技术导则爬行动物
		HJ 710.6	生物多样性观测技术导则两栖动物
		HJ 710.9	生物多样性观测技术导则蝴蝶
		HJ 710.10	生物多样性观测技术导则大中型土壤动物
		HJ 710.13	生物多样性观测技术导则蜜蜂类
		环境保护部公告〔2010〕27号	全国动物物种资源调查技术规定（试行）
	水生植物	GB12763	海洋调查规范
		GB17378	海洋监测规范
		HJ 710.12	生物多样性观测技术导则水生维管植物
	水生动物	GB12763	海洋调查规范
		GB17378	海洋监测规范
		HJ 710.6	生物多样性观测技术导则两栖动物
		HJ 710.7	生物多样性观测技术导则内陆水域鱼类
		HJ 710.8	生物多样性观测技术导则淡水底栖大型无脊椎动物
		SC/T9102	渔业生态环境监测规范
	生物物种	环境保护部公告〔2010〕27号	全国淡水生物物种资源调查技术规定（试行）
		环境保护部公告〔2010〕27号	全国海洋生物物种资源调查技术规定（试行）
	微生物	环境保护部公告〔2010〕27号	全国微生物资源调查技术规定（试行）
		HJ 710.11	生物多样性观测技术导则大型真菌
生物毒性	陆生植物	GB 5490	粮油检验一般规则
		GB/T 31270.19	化学农药环境安全评价试验准则第19部分：非靶标植物影响试验
		NY/T 789	农药残留分析样本的采样方法
	陆生动物	GB/T 16310.4	船舶散装运输液体化学品危害性评价规范哺乳动物毒性试验方法
		GB/T 21809	化学品蚯蚓急性毒性试验
		GB/T 21810	化学品鸟类日粮毒性试验
		GB/T 21812	化学品蜜蜂急性经口毒性试验
		GB/T 31270.9	化学农药环境安全评价试验准则第9部分：鸟类急性毒性试验
		GB/T 31270.10	化学农药环境安全评价试验准则第10部分：蜜蜂急性毒性试验
		GB/T 31270.11	化学农药环境安全评价试验准则第11部分：家蚕急性毒性试验

续表

调查内容	参考标准	
	标准号	标准名称
	GB/T 31270.15	化学农药环境安全评价试验准则第15部分：蚯蚓急性毒性试验
	GB/T 31270.17	化学农药环境安全评价试验准则第17部分：天敌赤眼蜂急性毒性试验
	GB/T 31270.18	化学农药环境安全评价试验准则第18部分：天敌两栖类急性毒性试验
	GB/T 31270.20	化学农药环境安全评价试验准则第20部分：家畜短期饲喂毒性试验
	CJ/T 150	城市供水致突变物的测定鼠伤寒沙门氏菌/哺乳动物微粒体酶试验
土壤微生物	GB/T 31270.16	化学农药环境安全评价试验准则第16部分：土壤微生物毒性试验
水生植物	GB/T 12990	水质微型生物群落监测PFU法
	GB/T 15441	水质急性毒性的测定发光细菌法
	GB/T 21805	化学品藻类生长抑制试验
	GB/T 31270.14	化学农药环境安全评价试验准则第14部分：藻类生长抑制试验
水生动物	GB/T 12990	水质微型生物群落监测PFU法
	GB/T 13266	水质物质对蚤类（大型蚤）急性毒性测定方法
	GB/T 13267	水质物质对淡水鱼（斑马鱼）急性毒性测定方法
	GB/T 16310.1	船舶散装运输液体化学品危害性评价规范水生生物急性毒性试验方法
	GB/T 16310.2	船舶散装运输液体化学品危害性评价规范水生生物积累性试验方法
	GB/T 16310.3	船舶散装运输液体化学品危害性评价规范水生生物沾染试验方法
	GB/T 16310.5	船舶散装运输液体化学品危害性评价规范危害性评价程序与污染分类方法
	GB/T 21281	危险化学品鱼类急性毒性分级试验方法
	GB/T 21807	化学品鱼类胚胎和卵黄囊仔鱼阶段的短期毒性试验
	GB/T 21808	化学品鱼类延长毒性14天试验
	GB/T 21814	工业废水的试验方法鱼类急性毒性试验
	GB/T 21830	化学品溞类急性活动抑制试验
	GB/T 21854	化学品鱼类早期生活阶段毒性试验
	GB/T 29763	化学品稀有鮈鲫急性毒性试验
	GB/T 31270.12	化学农药环境安全评价试验准则第12部分：鱼类急性毒性试验
	GB/T 31270.13	化学农药环境安全评价试验准则第13部分：溞类急性活动抑制试验
	GB/T 31270.21	化学农药环境安全评价试验准则第21部分：大型甲壳类生物毒性试验
	HJ 1069	水质急性毒性的测定斑马鱼卵法
	SN/T 3524	化学品鱼类生殖毒性试验方法
水生微生物	GB/T 12990	水质微型生物群落监测PFU法
	GB/T 15441	水质急性毒性的测定发光细菌法

表 C.11 生物现状调查表（植物）

项目名称：　　　　　　　　　　　　　　　　　　　　　　　调查表编号：

调查对象	群落名称	优势种/旗舰种/建群种	面积（m²）	密度	生物量	保护物种和保护级别	受损程度
陆生维管植物							
水生维管植物							
藻类							
土壤微生物							
大型真菌							

调查单位：　　　　　　　　　　　　　　　　　　　　　　调查负责人：
填表人：　　　　　　　审核人：　　　　　　　填表日期：　　年　　月　　日

注：1、保护物种和保护级别如果该群落植物物种构成中没有保护物种，则填写"无"；如果有保护物种，则列出其名称
和保护级别。保护级别有：中国生物多样性红色名录、国家级一级保护植物、国家二级保护植物、省级保护植物、IUCN濒危物种红色名录、CITES濒危野生动植物种国际贸易公约；可以简写为：中国红色名录、国家Ⅰ级、国家Ⅱ级、省级、IUCN、CITES。
2、受损程度：可以定性描述，例如面积增加或减少、密度增加或减小、生物量增加或减小；也可以定量描述，例如面积减少30%、密度减小20%、生物量减少60%。
3、生物量：不同植物类型采用不同的生物量计量单位，例如高等维管束植物的生物量的计量单位为 kg/m^2，藻类的生物量计量单位为 $\mu g/L$ 或 106个藻细胞/ml，土壤微生物生物量以生物量碳来计算，计量单位为 mg/kg。

表 C.12 生物现状调查表（动物）

项目名称：　　　　　　　　　　　　　　　　　　　　　　　调查表编号：

调查对象		种群名称	种群密度	性别年龄构成	出生率	死亡率	繁殖率	生境描述	保护级别	受损程度
陆生	鸟类									
	哺乳类									
	两栖爬行类									
	昆虫									
水生	鱼类									
	底栖动物									
	浮游动物									

调查单位：　　　　　　　　　　　　　　　　　　　　　　调查负责人：
填表人：　　　　　　　审核人：　　　　　　　填表日期：　　年　　月　　日

注：1、生境描述：针叶林、阔叶林、混生林、开阔地、草原、湖泊湿地、滩涂湿地、沼泽湿地、裸露地等信息。
2、保护级别：物种的保护级别有：中国生物多样性红色名录、国家级一级保护动物、国

家二级保护动物、省级保护动物、IUCN 濒危物种红色名录、CITES 濒危野生动植物种国际贸易公约；可以简写为：中国红色名录、国家Ⅰ级、国家Ⅱ级、省级、IUCN、CITES。

3、受损程度：可以用于描述受损程度的定性描述有：种群密度降低或增加、年龄构成或性别比例失调、栖息地面积减少或增加、出生率降低或升高、死亡率降低或升高、繁殖率降低或升高等信息；如果有数据，建议采用定量的描述如：种群密度降低30%、栖息地面积减小20%、死亡率增加60%等信息。

4、根据保护级别和受损害程度确定优先调查顺序。

表 C.13　生态服务功能调查表

项目名称：　　　　　　　　　　　　　　　　　　　　调查表编号：

生态系统类型	□自然生态系统	□森林□草原□湿地□荒漠□海洋
	□人工生态系统	□城市绿地□人工湿地□农田□其它，具体说明
调查内容	破坏前	破坏后	备注
面积 m^2			
生物量 kg/m^2			

调查单位：　　　　　　　　　　　　　　　　　　　　调查负责人：
填表人：　　　　　　　审核人：　　　　　　　填表日期：　　年　　月　　日

注：备注对该类生态系统的描述，包括对被评估的生态系统的多样性的描述和受损程度的描述。

表 C.14　污染清理费用统计表

项目名称：　　　　　　　　　　　　　　　　　　　　调查表编号：

费用类别	名称	用途	型号/规格	购买/租赁单价	购买/租赁数量	其他费用	小计
设备或场地购置费							
设备和场地租赁费							
药剂采购费							
耗材采购费							
燃料能源使用费							
安全防护费							
运输费							
工程委托费	委托事项	具体措施	委托期限	委托机构名称	委托费用	其他费用	小计

续表

费用类别	名称	用途	型号/规格	购买/租赁单价	购买/租赁数量	其他费用	小计
人员费用（包括雇工费和专家咨询费）	事由	人员所属单位	日薪	雇用天数	补贴	其他费用	小计
监测费用	监测项目	监测事由	样品数量	样品采集单价	样品检测单价	其他费用	小计
其他费用说明							
费用合计							

调查单位： 调查负责人：
填表人： 审核人： 填表日期： 年 月 日

表 C.15 生态环境恢复方案比选表

项目名称： 编号：

调查项目		方案1	方案2	方案3
费用项	设计费用			
	实施费用			
	监测维护			
	合计			
技术项	预期目标可达性			
	成熟度			
	可靠性			
	恢复时间			
	二次污染和破坏			
	技术功能			
	恢复的可持续性			
效益项	经济效益			
	社会效益			
	环境效益			
公众可接受性				
是否遵守相关法律与技术规定				

调查单位： 调查负责人：
填表人： 审核人： 填表日期： 年 月 日

注：1、恢复方案和费用信息各项指标说明详见 GB/T 39791.1 中附录 C。
2、费用项和恢复时间应填写具体的数据，其他项可采用定性方法描述，例如"+++"、"---"等定性描述，也可以用简单文字说明。

表 C.16 生态环境损害调查信息汇总表

项目名称：

调查区域空间范围	省市县（区）		
	调查区域描述		
	坐标范围	经度：至	
		纬度：至	
		高程：	
时间范围	污染或生态破坏（发现）时间		
	污染或生态破坏结束时间	□仍未结束 □已经结束，结束时间_____	
	污染清理处置的启动时间		
	污染清理处置的终止时间		
损害发生原因	□安全生产 □交通事故 □非法倾倒 □违规排放 □生态破坏（可多选） □其它，具体说明		
污染源信息	污染源1	位置	省市县（区）
		坐标	经度：纬度：高程：
		责任主体	□无 □有，名称_____
		描述	
		主要污染物	1. 数量
			2. 数量
			3. 数量
	污染源2	位置	省市县（区）
		坐标	经度：纬度：
		责任主体	□无 □有，名称_____
		描述	
		主要污染物	1. 数量
			2. 数量
			3. 数量
基线信息	基线信息描述		
损害情况	损害类型	□大气 □地表水 □沉积物 □土壤 □地下水 □海洋海水 □水生生物 □陆生生物 □其它，具体说明	
	损害描述		

续表

污染清理处置情况	委托单位				
	实施单位				
	主要措施	□监测 □污染清理 □污染处置 □其它，具体说明_____			
	过程描述				
	污染清理处置费用（元）	设备和场地购置费		费用描述	
		设备和场地租赁费			
		药剂采购费			
		耗材采购费			
		燃料使用费			
		全防护费			
		工程委托费			
		人员费用			
		监测费用			
		运输费用			
		处置费用			
		其他费用			
生态环境恢复备选	方案名称		编制单位		
	方案描述				
	环境修复/生态恢复费用（元）	方案设计费用		费用描述	
		预计实施费用			
		监测维护费用			
		其他费用			
调查工作主要情况	资料搜集	数量		编号范围	
		主要缺失资料			
	现场踏勘	次数		踏勘表编号范围	
		快速检测样品量		实验室检测样品量	
	人员访谈	人次		访谈表编码范围	
	环境监测	环境监测情况描述			
		监测点位数量		实验室样品监测数量	
	调查数据质量情况	质量情况描述			
补充调查建议	是否需要补充调查	□是 □否			
	补充调查内容建议	□基线水平□环境质量状况□生物状况□生态服务功能状况 □生态环境恢复方案（□污染清理方案） □生态环境恢复费用（□污染清理费用） □其它，具体说明			
	补充调查方法建议	□资料搜集□问卷调查□现场踏勘□监测采样□样方样带调查 □其它，具体说明			

调查单位： 调查负责人：
填表人： 审核人： 填表时间： 年 月 日

注：1、污染源描述包括污染源所在区域，主要排放的污染物，污染源排放途径和迁移途径等信息。

2、基线信息描述包括备选基线，基线值，对照区域参考值，参考标准等信息。

3、损害描述包括污染源直接排入环境的一次污染物；一次污染物进入环境转化生成的二次污染物；在污染清理过程中引入或产生的污染物，以及污染的迁移路径等情况。

4、污染清理过程描述包括污染清理的持续时间、开展区域、采取措施等信息。

5、污染清理费用描述包括污染清理和人员安置等费用总计、以及每项费用的特别说明事项等信息。

6、生态环境恢复方案描述包括预期目标、采用技术、恢复时间、二次污染情况等信息。

7、生态环境恢复费用描述包括费用总计、每项费用的特别说明事项等信息。

8、环境监测情况描述包括点位布置、监测数量和监测项目等情况。

9、调查数据质量情况描述包括数据的完整性、逻辑性、环境监测的质量保证情况等信息。

附录 D
（资料性附录）
样带调查和样方调查

D.1 方法介绍

样带调查和样方调查是在受环境污染或生态破坏的区域收集半定量数据的方法。该方法系统地将调查范围限制在整个调查区域的一部分，而调查结果可以推断整个调查区域。样方调查适用于生境类型或损害程度相对均匀的地区，样带调查更适用于物种丰度或损害沿梯度迅速变化的区域。

D.2 样带调查

D.2.1 工具和仪器

样带调查所需工具和仪器主要包括：卷尺（米制尺）、一米桩（每横断面两个）、相机、地图、航拍照片、标签、防水记号笔、铅笔、现场笔记本、全球定位系统（GPS）、工作指南、图表、数据表、装植被样本的封口袋、预清洁玻璃瓶、冷藏箱、铲子、取芯设备、尼龙手套、木质压舌板或金属勺子（用来取土壤样本）。

D.2.2 初步调查

评估植被或土壤基质损害的范围和程度（如轻度、中度、重度）。根据生境类型（如植被类型、物理环境、土壤条件）和暴露或损害程度对损害造成的影响进行分类，按照类别对受影响区域进行描述，确定有代表性的未受影响区域作为对照。描述每个类别区域的基本条件（物理损害或污染程度、生物群、基质类型），并现场记录。

D.2.3 样带设置

每一类别区域内至少设置三个样带，并在对照区域内设置三个相应的样带。选择一个样带方向，样带应该以直角穿过污染或主要受影响区域。如果没有主要受影响方向，定位样带应该穿过植被或生物区带。

D.2.4 调查要求

根据实际情况，开展以下调查工作：

a）用代码命名各样带，标明损害和类别；

b）用卷尺调查样带，在两端用标桩固定并标记样带位置，用标签编号并标记每个样桩；

c）用指南针调查样带方位并校准样桩。记录指南针角度读数，使用 GPS 接收器识别每个样带的起点和终点，并现场记录；

d) 使用水准仪调查计算高程变化。沿样带间隔拉一条带子，与标记样带末端的样桩对齐。使用水平尺或水平仪，将前桩顶部与后桩的对应点对齐；

e) 从不同角度对样带进行摄影或录像，并记录；

f) 沿样带以规律的间隔或以坡度、植被、生物区和污染程度的变化记录观测结果。

D.2.5 记录要求

样带调查中，应记录以下参数：

a) 物理损害和污染类型描述；

b) 和上一记录点相比，距离和高程变化；

c) 植被参数，包括场地现存物种状况（存活率、死亡率、变黄率、其他描述参数）、覆盖率、株高和密度等；

d) 生物参数，包括存活覆盖率、生物区类型、丰度、动物行为等；

e) 地质学、土壤或土壤基质情况指标（颗粒尺寸、受干扰百分比、颜色、矿物学指标等）；

f) 污染物垂直间距、厚度和有植被覆盖的污染物百分比；

g) 土壤基质上覆盖的污染物百分比和污染物渗透土壤的深度；

h) 植被或土壤基质受干扰的类型（踩踏、切割、侵蚀）和程度。

D.3 样方调查

D.3.1 工具和仪器

样方调查所需工具和仪器主要包括：相机、地图、计算器、防水标签、手套、钳子、装植被样本的封口袋、预清洁玻璃瓶、防水记号笔、铅笔、现场笔记本、GPS、指南针、数据记录表。

D.3.2 初步调查

初步调查植被或土壤基质损伤的程度和范围。针对受影响程度（如轻度、中度和重度）和栖息地类型（如植被类型、物理环境、土壤条件）进行分类，按照类别对受影响区域进行描述，确定有代表性的未受影响区域作为对照。

D.3.2 样方设置

在每一损害类别区域及其对照区域内至少各设置三个样方，使用随机数表和指南针选取样方位置。或者，样方可设立在每类损害区域内的代表性区域中。

D.3.3 调查要求

根据实际情况，开展以下调查工作：

a) 运用代码命名各样方，标明损害和类别。运用 GPS 记录样方地点，并标记在地图上；

b) $0.25m^2$ 的样方是调查工作中使用的标准样方，如果目标物种丰度过大（密度>25 每样方）则使用 $0.063m^2$ 小尺寸的样方；

c) 使用统一的规则放置样方（如样方朝北，或平行于相邻水体）。在样方的特定角落放置固定样桩（如左上角），并用 GPS 记录样桩位置；

d) 为每一个样方准备带有编号、日期和综合描述的标签，将标签放在样方的边缘，并从垂直角度拍照记录。

D.3.4 记录要求

样方调查中，应记录以下参数：

a) 估算每个样方中动植物覆盖率，记录植被存活率和死亡率；

b) 根据需要收集植物样本和土壤样本；

c) 针对同一物种估算总覆盖率时，不应计算重叠部分。如果一个物种覆盖另一个物种，则每个物种的覆盖率都计入总覆盖率；

d) 如果样方中的物种能被识别，并且数量不多时应清点每个物种的个体数量；

e) 在计数时，只有当 50%以上的个体覆盖区域在样方边界内时，才算作跨样方边界的生物体；

f) 在对动物群计数时,仅计数最大直径大于 2mm 的个体。在每个样方内,将同一物种的成熟个体和较小个体(幼体)分开计数;

g) 如果可以确定穴居物种,则计算地面或沉积物表面的穴居数量。

生态环境损害鉴定评估技术指南
环境要素 第1部分:土壤和地下水(GB/T 39792.1—2020)

(2020年12月29日发布)

前 言

为贯彻《中华人民共和国民法典》《中华人民共和国环境保护法》《生态环境损害赔偿制度改革方案》,保护土壤和地下水环境,保障公众健康,规范涉及土壤和地下水的生态环境损害鉴定评估工作,制定本标准。

本标准规定了涉及土壤和地下水的生态环境损害鉴定评估的内容、工作程序、方法和技术要求。

本标准的附录 A~附录 C 为资料性附录。

本标准为首次发布。

本标准由生态环境部组织制定。

本标准主要起草单位:生态环境部环境规划院、中国科学院地理科学与资源研究所。

本标准自 2021 年 1 月 1 日起实施。本标准实施之前发生的生态环境损害的鉴定评估,继续参照《生态环境损害鉴定评估技术指南总纲》(环办政法〔2016〕67 号)和《生态环境损害鉴定评估技术指南土壤与地下水》(环办法规〔2018〕46 号)开展,但该损害持续至本标准实施的除外。

本标准由生态环境部解释。

1 适用范围

本标准规定了涉及土壤和地下水的生态环境损害鉴定评估的内容、工作程序、方法和技术要求。

本标准适用于因环境污染或生态破坏导致的涉及土壤和地下水的生态环境损害鉴定评估。

本标准不适用于核与辐射事故导致的涉及土壤和地下水的生态环境损害鉴定评估。

2 规范性引用文件

本标准引用下列文件或其中的条款。凡是注明日期的引用文件,仅注日期的版本适用于本标准。凡是未注日期的引用文件,其最新版本(包括所有的修改单)适用于本标准。

GB 5084　农田灌溉水质标准

GB 5749　生活饮用水卫生标准

GB 9834　土壤有机质测定法

GB 11607　渔业水质标准

GB 15618　土壤环境质量　农用地土壤污染风险管控标准(试行)

GB 36600　土壤环境质量　建设用地土壤污染风险管控标准(试行)

GB/T 14848　地下水质量标准
GB/T 18508　城镇土地估价规程
GB/T 39791.1　生态环境损害鉴定评估技术指南　总纲和关键环节　第1部分：总纲
GB/T 39791.2　生态环境损害鉴定评估技术指南　总纲和关键环节　第2部分：损害调查
HJ 25.1　建设用地土壤污染状况调查技术导则
HJ 25.2　建设用地土壤污染风险管控和修复监测技术导则
HJ 25.3　建设用地土壤污染风险评估技术导则
HJ 25.4　建设用地土壤修复技术导则
HJ 25.5　污染地块风险管控与土壤修复效果评估技术导则
HJ 25.6　污染地块地下水修复和风险管控技术导则
HJ 493　水质采样　样品的保存和管理技术规定
HJ 710.1　生物多样性观测技术导则　陆生维管植物
HJ 710.2　生物多样性观测技术导则　地衣和苔藓
HJ 710.3　生物多样性观测技术导则　陆生哺乳动物
HJ 710.5　生物多样性观测技术导则　爬行动物
HJ 710.6　生物多样性观测技术导则　两栖动物
HJ 710.10　生物多样性观测技术导则　大中型土壤动物
HJ 710.11　生物多样性观测技术导则　大型真菌
HJ 1019　地块土壤和地下水中挥发性有机物采样技术导则
HJ/T 164　地下水环境监测技术规范
HJ/T 166　土壤环境监测技术规范
CJ/T 206　城市供水水质标准
DZ/T 0290　地下水水质标准
NY/T 1121.16　土壤检测　第16部分：土壤水溶性盐总量的测定
NY/T 1121.22　土壤检测　第22部分：土壤田间持水量的测定 —环刀法
NY/T 3343　耕地污染治理效果评价准则
NY/T 3499　受污染耕地治理与修复导则
《突发环境事件应急处置阶段环境损害评估推荐方法》（环办〔2014〕118号）
《环境损害鉴定评估推荐方法（第Ⅱ版）》（环办〔2014〕90号）
《地下水环境状况调查评价工作指南》（环办土壤函〔2019〕770号）
《地下水污染模拟预测评估工作指南》（环办土壤函〔2019〕770号）
《突发生态环境事件应急处置阶段直接经济损失核定细则》（环应急〔2020〕28号）

3　术语和定义

下列术语和定义适用于本标准。

3.1　土壤 soil
由矿物质、有机质、水、空气及生物有机体组成的地球陆地表面的疏松层。

3.2　地下水 groundwater
以各种形式埋藏在地壳空隙中的水。

3.3　环境敏感区 environmental sensitive area
依法设立的各级各类保护区域，以及对某类污染物或者生态影响特别敏感的区域，主要包括生态保护红线划定范围内或者其外的生态保护红线、自然保护区、海洋特别保护区、饮用水水源保护区、基本农田保护区、基本草原、重要湿地、天然林、野生动物重要栖息地、重点保护野生植物生长繁殖地、重要水生生物的栖息地和洄游通道、天然渔场、水土流失重点防治区、沙化土地封禁保护区、自然岸线,以及以居住、医疗卫生、文化教育、科研、行政办公等为主要功能的区域。

3.4 健康风险评估 health risk assessment

在土壤和地下水调查的基础上,分析其中的污染物对人群的主要暴露途径,评估污染物对人体健康的致癌风险或危害水平。

3.5 概念模型 conceptual model

用文字、图、表等方式来系统综合描述污染源、污染物迁移途径、人体或生态受体接触污染介质的过程和接触方式等。

3.6 受体 receptor

评估区域及其周边环境中可能受到污染环境或破坏生态行为影响的土壤和地下水等环境要素以及人群、生物类群和生态系统。

3.7 理论治理成本 theoretical treatment cost

通过治理成本函数计算得到的治理成本。治理成本函数是以治理费用为因变量,以处理技术、处理规模、污染物去除效率等因素为自变量构建的函数模型。在污染物浓度以及治理目标确定的情况下,将以上变量带入治理成本函数,可得到相应的理论治理成本。

4 工作内容和程序

4.1 工作方案制定

掌握涉及土壤和地下水的生态环境损害的基本情况,了解受损区域及周边的自然环境与社会状况;初步判断土壤和地下水的受损范围,明确涉及土壤和地下水的生态环境损害鉴定评估的内容,确定鉴定评估方法,编制鉴定评估工作方案。

4.2 损害调查确认

通过开展地质和水文地质调查、土壤和地下水污染状况调查、土壤和地下水生态服务功能调查、土壤和地下水环境质量及其生态服务功能的基线水平调查,判断土壤和地下水环境及其生态服务功能是否受到损害。

4.3 因果关系分析

通过污染源解析、迁移转化过程分析和验证,分析污染环境行为与土壤和地下水损害之间是否存在因果关系。通过分析破坏生态行为导致土壤和地下水损害的机理,判定破坏生态行为与土壤和地下水损害之间是否存在因果关系。

4.4 土壤和地下水损害实物量化和恢复方案制定

筛选土壤和地下水损害评估指标,确定损害程度和范围。当受损土壤和地下水可恢复,研究确定基本恢复目标,制定备选基本恢复方案,估算恢复时间,计算期间损害,确定补偿性恢复规模,制定备选补偿性恢复方案,开展恢复方案综合比选,确定最佳方案。

4.5 土壤和地下水损害价值量化

基于土壤和地下水损害是否已经恢复、是否需要恢复、是否能恢复等情况,选择恢复费用法、实际治理成本法、理论治理成本法、虚拟治理成本法、资源价值法及其它环境价值评估方法对损害价值进行量化。

4.6 土壤和地下水损害鉴定评估报告编制

编制涉及土壤和地下水的生态环境损害鉴定评估报告(意见)书,同时建立完整的涉及土壤和地下水的生态环境损害鉴定评估工作档案。生态环境恢复效果评估应编制独立的生态环境恢复效果评估报告。

4.7 土壤和地下水恢复效果评估

定期跟踪土壤和地下水损害恢复情况,评估恢复效果是否达到预期目标。当未达到预期目标,设计并实施补充性恢复方案;当经风险评估等过程判断不需要开展补充恢复,采用环境价值评估方法进行相应损失计算。

涉及土壤和地下水的生态环境损害鉴定评估程序见图1。实践中,可根据鉴定评估委托事项适当简化工作程序,选择性开展上述相关工作。必要时,应针对生态环境损害鉴定评估中的关键问题开展专题研究。

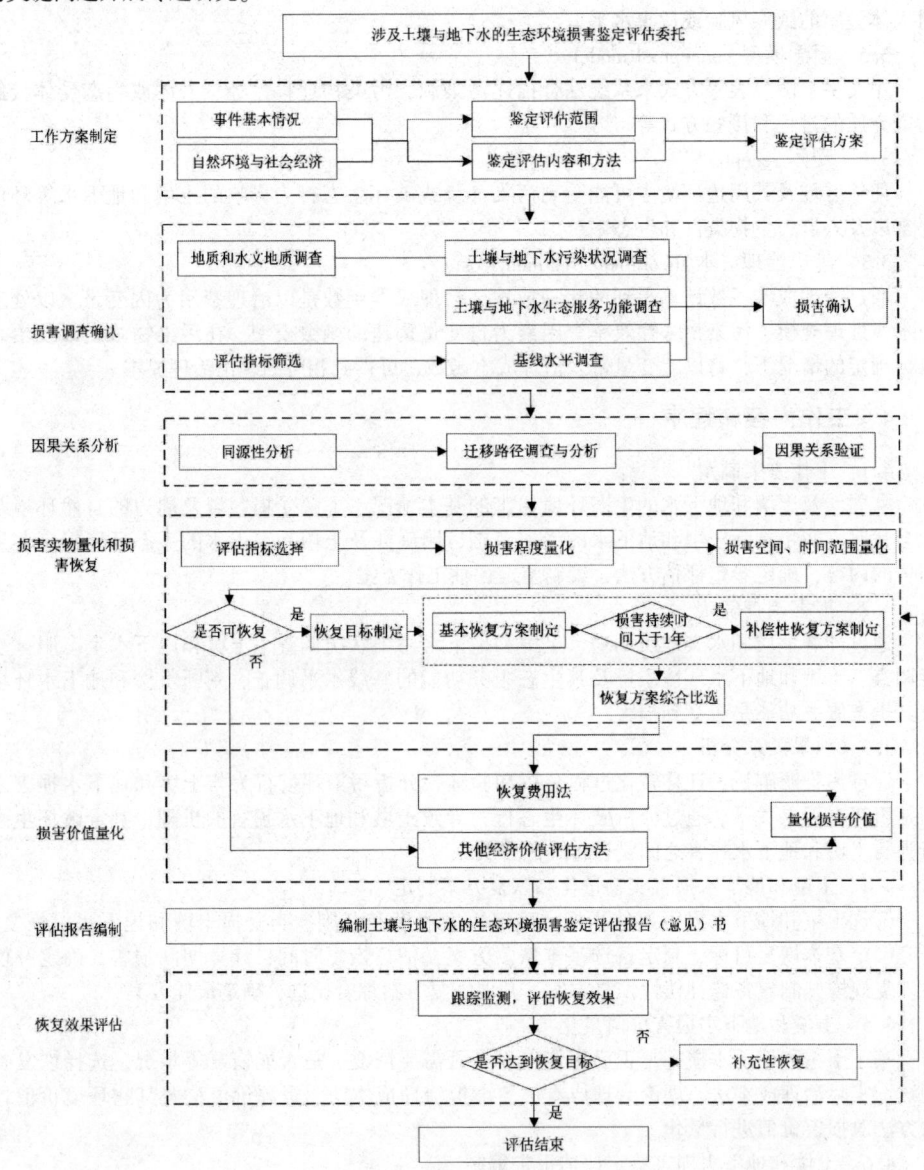

图1 鉴定评估程序

5 鉴定评估准备

通过资料收集分析、文献查阅、座谈走访、问卷调查、现场踏勘、现场快速检测等方式,掌握涉及土壤和地下水的生态环境损害的基本情况,了解受损区域及周边的自然环境与社会状况，分析土壤和地下水可能的受损范围，明确涉及土壤和地下水的生态环境损害鉴定评估工作的主要内容，研究确定评估工作的具体方法，编制鉴定评估工作方案。

5.1 基本情况调查

a) 损害来源相关信息：污染来源、生产历史、生产工艺和污染物产生环节、位置，污染物排放、堆放、填埋和处置区域，历史污染事故及其处理情况；对于突发环境事件，应查明事件发生的时间、地点，可能产生的污染物的类型和性质、排放量（体积、质量）、污染物浓度等资料和情况；对于生态破坏事件，了解事件性质、破坏方式、发生时间、地点等基本情况；

b) 损害过程相关信息：污染物排放方式、排放时间、排放频率、排放去向，特征污染物类别、浓度，可能产生的二次污染物类别、浓度等资料和情况；受破坏林地、耕地、草地、湿地等生态系统的自然状态，以及动植物受损的时间、方式和过程等信息；

c) 前期处理处置相关信息：污染物清理、防止污染扩散等控制措施或生态恢复措施实施的相关资料和情况，包括实施过程、实施效果、费用等相关信息；

d) 历史和现状监测相关信息：监测工作开展情况及监测数据，包括土壤和地下水环境质量监测数据，指示性生物物种数量、密度、丰度、结构，群落组成、结构等调查数据；

e) 可能开展替代恢复区域的生态环境损害现状和可恢复性。

5.2 自然环境与社会经济信息收集

调查收集评估区域的自然环境信息，具体包括：

a) 地形地貌、水文、气候气象资料；
b) 地质和水文地质资料；
c) 土地和地下水利用的历史、现状和规划信息；
d) 已有地下水井的分布情况；
e) 居民区、饮用水水源地、生态保护红线、自然保护区、湿地、风景名胜区等环境敏感区分布信息以及主要生物资源的分布状况；
f) 厂矿、水库、构筑物、沟渠、地下管网、渗坑及其他面源污染等分布情况。

收集评估区域的社会经济信息，具体包括：

a) 经济和主要产业的现状和发展状况；
b) 地方法规、政策与标准等相关信息；
c) 人口、交通、基础设施、能源和水资源供给等信息。

5.3 工作方案制定

根据所掌握的损害情况和所收集到的自然环境和社会信息，初步判断可能的损害类型、土壤和地下水环境及其生态服务功能可能的受损范围，包括时间范围和空间范围。必要时可结合遥感图、影像图进行辅助判断，或利用现有监测数据进行污染物空间分布模拟，缺乏具有时效性的监测数据时，建立区域或场地概念模型进行推演，判断可能受到损害的范围。

根据损害的基本情况以及鉴定评估委托事项，明确要开展的损害鉴定评估工作内容，设计工作程序，通过调研、专项研究、专家咨询等方式，确定每项鉴定评估工作的具体方法，编制评估工作方案。

6 土壤和地下水损害调查确认

6.1 地质和水文地质调查

6.1.1 调查目的

地质和水文地质调查的目的在于了解评估区域土壤性质、地层岩性分布、构造发育、地下水类型、含水层分布、地下水补径排条件等情况，获取地质信息及关键水文地质参数，判断污染物在土壤和含水层中的迁移扩散条件，为土壤和地下水污染状况调查奠定基础，并为土壤和地下水环境及其生态服务功能受损情况的量化和因果关系判定提供依据。

6.1.2 调查原则

a) 充分利用现有资料。根据现有资料对评估区域地质及水文地质信息进行初步了解，重点关注已有水井资料，初步识别评估区域含水层分布、地下水流场、地下水补径排信息，现有资料不足时，开展进一步调查；

b) 兼顾区域和评估区域水文地质条件开展调查。获取区域地质及水文地质资料，结合场地调查的精度，对获取资料进行筛选应用，初步判断评估区域地质和水文地质信息，兼顾局部变化带来的影响，区域资料不能满足调查需要时，使用钻探、物探和相关试验等手段有针对性地开展必要的评估区域地质和水文地质调查工作。

6.1.3 调查方法

a) 资料收集

进一步收集评估区域地质图、钻孔柱状图、地质剖面图、地质构造图、水文地质图等相关资料，识别评估区域地层岩性及其分布情况、基岩裂隙发育情况，掌握评估区域地下水赋存条件、含水层分布（埋深、厚度、岩性）、水文地质单元划分、地下水补径排条件及关键水文地质参数。

b) 现状调查

收集已建水井的建井资料，了解井深、井结构、建井材料性质、滤水管分布等信息，根据含水层结构特征，对已建水井开展水位统测，掌握不同含水岩组地下水埋深、地下水流向，当已建井结构、数量和位置满足条件，还可利用其开展水文地质试验，获取关键水文地质参数。利用已建水井开展水位统测、水质监测时，应注意排除存在建井记录不完整、封井不严等问题的水井。

c) 钻探、物探和试验

对于损害范围较大、需要初步查明近地表地层介质及特殊构造分布、不便于大范围开展钻探工作的情况，优先选择物探手段对区域进行识别，确定重点区域，指导后续的钻探或水文地质试验工作，通过钻探验证或进一步确定重点区域关注问题，如查明裂隙分布以确定污染物迁移的优先通道，通过水文地质试验查明渗透性异常区，以获取局部污染物迁移速率、分布情况突变原因等信息。

对于损害范围较小、需详细查明污染物分布特征、有条件开展详细钻探调查工作的情况，应充分利用评估区域已有水文地质调查数据、物探结果等资料，并根据需要在重点关注点位开展钻探或水文地质试验工作，获取评估区域地下水赋存条件、含水层分布、地下水补径排条件及重要水文地质参数。

当单一技术手段不足以满足损害评估调查工作需求时，需综合应用多种技术手段，如无法判断基岩裂隙分布时，可采用物探和钻探相结合的方法查明基岩裂隙分布情况，可利用土壤钻探和地下水监测井钻探过程中的钻孔记录确定地层岩性及其分布状况，利用地下水监测井开展水文地质试验。

6.2 土壤和地下水环境质量现状调查

6.2.1 特征指标识别与选取

对于污染源明确的情况，优先采集能够代表污染源特征的样品，通过分析检测，根据污染源中检出的污染物确定特征污染物；也可通过现场踏勘、资料收集和人员访谈，根据污染源的生产工艺、行业特征、评估区域环境条件、污染物性质和转化规律等，综合分析，识别并选取特征污染物。

对于污染源不明的情况，通过采集可能受损的土壤和地下水样品，进行污染物的定性和定量分析，筛选特征污染物。从检出的污染物中筛选特征污染物应结合评估区域特征，优先选择我国相关环境质量标准中的物质。对于检测到的环境质量相关标准中没有的物质，应通过查询国外相关标准、研究成果，必要时结合相关实验测试，评估其危害，确定是否作为特征污染物。

当污染源为酸性和碱性物质，应将 pH 列为评估指标。当没有识别出特征污染物，但评估区域土壤或地下水呈现出明显的颜色或气味异常，应将颜色或气味列为辅助评估的指标。对于其它有明显污染环境行为，但特征污染物不明确，也不存在酸碱、异常颜色或气味的情形，根据实际情况筛选土壤和地下水相关理化指标作为特征指标或辅助评估的指标。

特征指标选取时还应考虑污染物转化过程中可能产生的二次污染物、前期应急处置和修复过程中引入的物质以及前期应急处置和修复过程中可能产生的二次污染物。

6.2.2 点位和深度布设

对于损害来源单一、损害时间较短、污染物排放量较小、疑似损害范围有限或污染物迁移扩散范围相对较小的情况，可根据污染发生的位置、污染物的排放量、土壤和地下水环境及其生态服务功能受损情况以及区域的地质和水文地质条件等，判断污染物可能的迁移扩散范围（包括水平和垂直范围）或土壤和地下水环境及其生态服务功能受损区域，在该范围或区域合理布设土壤和地下水调查点位，确定采样深度，进行采样分析。水平方向采样点位数量应满足 HJ 25.5 表 1 坑底采样点数量要求。对于爆炸事件，以放射性同心圆方式布点。原则上接近污染源的位置点位密集，采样深度深，远离污染源的位置点位相对稀疏，采样深度浅。

对于损害时间较长、污染物排放量较大、疑似损害范围较大或污染物迁移扩散范围相对较大的情况，采用初步调查和详细调查相结合的方式进行布点采样。初步调查阶段具体布点方法参照 HJ 25.1 表 1；垂向上，原则上采集 $0\sim0.5m$ 表层土壤样品，$0.5m$ 以下按 $0.5\sim2m$ 等间距设置采样位置，不同性质土层至少采集一个土壤样品，同一性质土层厚度较大或出现明显污染痕迹时，根据实际情况在该层位增加采样点，最大深度应至未受污染的深度为止。详细调查阶段在初步调查识别的损害区域内采用系统布点法进行加密布点。采样单元面积不大于 $1600m^2$（$40m\times 40m$ 网格）。

对于地下水，应综合考虑污染源分布，地下水流向、水力坡降、含水层渗透性、埋深和厚度等水文地质条件及污染物迁移转化规律等因素，在地下水可能受损较严重区域、地下水流向下游分别布设调查点位。其它具体布点要求参照《地下水环境状况调查评价工作指南》。深度一般在监测井水面下 $0.5m$ 以下；对于低密度非水溶性有机物污染，监测点位设置在含水层顶部；对于高密度非水溶性有机物污染，监测点位设置在含水层底部和不透水层顶部。如果涉及多层地下水污染，应分层建井采集地下水进行分析检测。

如涉及大气和地表水污染造成土壤和地下水污染的，布点时应同时考虑风向和地表水流方向。

如检测结果显示边界点位污染物浓度或其它理化指标仍超过相应的基线水平，应根据检测结果扩大采样范围，直至找到损害边界为止。

6.2.3 样品采集、保存和流转

土壤钻探和土壤样品采集、保存参照 HJ 25.2。涉及钻探时，尽量选择无浆液钻进，全程套管跟进。土壤样品的流转参照 HJ/T 166。涉及挥发性有机污染物时，应遵循 HJ 1019 的相关规定。地下水监测井建设、成井洗井、采样前洗井等过程参照 HJ 25.2。

样品保存参照 HJ 493。样品采集和流转参照 HJ/T 164。涉及挥发性有机污染物时，应遵循 HJ 1019 的相关规定。

6.2.4 样品检测

针对 6.2.1 识别的特征指标，对土壤和地下水样品进行检测。

土壤样品分析检测方法选择参照 GB 36600；涉及农用地时，参照 GB 15618。地下水分析检测方法选择参照 GB/T 14848。

当评估区域土壤或地下水呈现出明显的颜色或气味异常，可对颜色或气味异常的样品进行生物毒性测试，方法选择参照 GB/T 39791.2 中生物调查相关技术导则和规范。

6.2.5　质量保证与质量控制

土壤样品采集、保存、流转过程质量控制参照 HJ 25.2；地下水样品采集、保存、流转过程质量控制参照 HJ 25.2 和 HJ/T 164。土壤样品检测过程质量控制参照 HJ 25.2；地下水样品检测过程质量控制参照 HJ/T 164。特征指标涉及挥发性有机物时，质量保证与质量控制还应遵循 HJ 1019 的相关规定。

6.3　土壤和地下水生态服务功能调查

6.3.1　土壤生态服务功能调查

通过查找土地利用类型图、国土规划、高分辨率卫星遥感影像资料等方式获取土地使用历史、当前土地利用状况、未来土地利用规划等信息，确定土壤损害发生前、损害期间、恢复期间评估区域的土地利用类型，如耕地、园地、林地、草地、商服用地、住宅用地、工矿仓储用地、特殊用地（如旅游景点、自然保护区）等类型。如用地类型为耕地、园地、林地、草地，重点查明或计算种植或养殖类型和产量等信息；如用地类型为旅游景点，重点查明旅游休闲服务价值计算所需的信息；如用地类型为自然保护区，需查明或计算指示性物种的结构与数量等信息。对于未利用地，可参考周边土地利用类型进行生态服务功能损失调查和评估。

如需要采集生物样品，参照 HJ 710.1、HJ 710.2、HJ 710.3、HJ 710.5、HJ 710.6、HJ 710.10、HJ 710.11 进行。土壤有机质测定参照 GB 9834；土壤盐分测定参照 NY/T 1121.16；土壤持水率测定参照 NY/T 1121.22。如需要检测生物样品中污染物浓度以及土壤生物群落、土壤孔隙度等指标，参照相关权威文献中认可的方法进行。

6.3.2　地下水生态服务功能调查

获取评估区域水资源使用历史、现状和规划信息，查明地下水损害发生前、损害期间、恢复期间评估区域地下水的主要生态服务功能类型，如生活饮用水水源、农业灌溉用水、工业生产用水、居民生活用水、生态用水等供水服务或景观用水等文化服务，并查明或计算开采量、用水量、水资源价值等信息。

6.4　基线水平调查

6.4.1　基于历史数据

查阅相关历史档案或文献资料，包括针对评估区域开展的常规监测、专项调查、学术研究等过程获得的报告、监测数据、照片、遥感影像、航拍图片等结果，获取能够表征评估区域土壤和地下水环境及其生态服务功能历史状况的数据。历史数据应对评估区域具有较好的时间和空间代表性，且历史数据的采样、检测等数据收集方法与现状调查数据具有可比性。应对历史数据的变异性进行统计描述，识别数据中的极值或异常值并分析其原因，确定是否剔除极值或异常值。根据专业知识和评价指标的意义确定基线，对于服从正态分布的数据，当污染或破坏导致评价指标升高时，采用历史数据的 90% 参考值上限（算术平均数+1.65 标准差）作为基线；当污染或破坏导致评价指标降低时，采用历史数据的 90% 参考值下限（算术平均数-1.65 标准差）作为基线。对于不服从正态分布的数据，当污染或破坏导致评价指标升高时，采用历史数据的第 90 百分位数作为基线；当污染或破坏导致评价指标降低时，采用历史数据的第 10 百分位数作为基线。

6.4.2　基于对照区调查数据

当缺乏评估区域的历史数据或历史数据不满足要求时，可以利用未受污染环境或破坏生态行为影响的"对照区域"的历史或现状数据确定基线。在对照区进行土壤钻探、地下水监测井建设、采样分析和调查工作，获取对照区土壤和地下水生态服务功能状况。应选择一个或多个与评估区域可比且未受污染环境或破坏生态行为影响的对照区域。对照区域数据应具有较好的时间和空间代表性，对照区所在区域在地理位置、气候条件、地形地貌、生态环境特征、土地利用类型、水文地质条件、社会经济条件、生态服务功能等方面应与受影响区域类似，其土壤和地下水的物理、化学、生物学性质应与受影响区域类似。一般情况下，土壤对照点应均匀布设于受影响区域外部，对照点数量≥5个。如评估区域面积较大，污染物分布情况较复杂，应当增加对照点数量。如因地形地貌、土地利用方式、污染物扩散迁移特征等因素致使土壤特征有明显差别或采样条件受到限制时，可根据实际情况进行调整，采样深度应尽可能与受影响区域内采样深度相同。地下水的对照点位应位于污染源的地下水流向上游一定距离内，并综合考虑水力坡降、含水层渗透性、埋深和厚度等水文地质条件及污染源和污染物迁移转化等因素，对照区所取地下水应与损害调查地下水位于同一层位。对照区数据收集方法应与评估区域具有可比性，并遵守评估方案的质量保证规定。

若对照区污染物浓度检测结果低于检出限，以检出限作为其浓度值参与基线水平计算。

应对"对照区域"数据的变异性进行统计描述，识别数据中的极值或异常值并分析其原因确定是否剔除极值或异常值，根据专业知识和评价指标的意义确定基线，确定原则同6.4.1。

6.4.3 参考环境质量标准或基准

当历史数据或对照数据不可行时，则根据评估区域土地利用方式和地下水使用功能，参考适用的国家或地方土壤和地下水环境质量标准或基准确定基线，如 GB 15618、GB 36600、GB/T 14848、GB 5749、GB 5084、GB 11607、DZ/T 0290、CJ/T 206；当标准和基准同时存在时，优先适用环境质量标准；当缺乏适用的标准或基准时，可参考国外政府部门或国际组织发布的相关标准或基准。

6.4.4 开展专项研究

当无法获取历史数据和对照区数据，且无可用的土壤和地下水环境质量标准或基准时，开展专项研究，如土壤和地下水中污染物的健康风险评估、土壤和地下水中污染物的迁移转化规律研究和模拟、污染物浓度与种群密度和物种丰度等指标之间剂量-效应关系研究、生态服务功能专项调查等工作，以确定土壤和地下水环境及其生态服务功能的基线水平。

6.5 损害确定

当事件导致以下一种或几种后果时，可以确认造成了土壤和地下水环境或生态服务功能损害：

a) 调查点位土壤和地下水中特征污染物的浓度或相关理化指标（包含pH、电导率等）超过基线水平；

b) 评估区域土壤和地下水呈现明显颜色或气味异常，经实验或测试表明对土壤无脊椎动物或植物产生毒性；

c) 因土壤和地下水污染造成评估区域生物死亡、疾病、行为异常、肿瘤、遗传突变、生理功能失常、畸形等；

d) 评估区域指示性生物种群特征（密度、性别比例、年龄组成等）、群落特征（如多度、密度、盖度、丰度等）或生态系统特征（如生物多样性）发生不利改变，指示性指标超过基线水平；

e) 土壤和地下水的其它性质发生改变，导致土壤和地下水不再具备基线状态下的生态服务功能，如土壤的农产品生产功能、地下水的饮用功能等；

f) 造成土壤和地下水损害的其他情形。

7 土壤和地下水损害因果关系分析

7.1 污染环境行为与损害之间的因果关系分析

7.1.1 因果关系分析程序

结合鉴定评估准备以及损害调查确认阶段获取的损害事件特征、评估区域环境条件、土壤和地下水污染状况等信息，采用必要的技术手段进行同源性分析；构建模型，开展污染介质、载体调查，提出特征污染物从污染源到受体的迁移转化过程假设，并通过迁移转化过程的合理性、连续性分析，对迁移转化过程进行验证；基于同源性分析、迁移转化过程验证结果，分析污染环境行为与损害之间是否存在因果关系。

7.1.2 同源性分析

通过人员访谈、现场踏勘、空间影像识别等手段和方法，调查潜在污染源，必要时开展地质和水文地质调查，进一步掌握水文地质条件，开展土壤和地下水采样分析，了解污染物的空间分布特征，或利用同位素技术，进行同位素组成和比例分析，并根据实际情况选择合适的统计分析方法，识别污染源。

同源性分析常用的方法包括：

a) 污染特征比对法：采集潜在污染源和受体端土壤和地下水样品，分析污染物类型、浓度、比例等情况，通过多元统计分析进行特征比对，判断受体端和潜在污染源的同源性，确定污染源；

b) 同位素技术：对于损害持续时间较长，且特征污染物为铅、镉、锌、汞等重金属或含有氯、碳、氢等元素的有机物时，可采用同位素技术，对潜在污染源和受体端土壤和地下水样品进行同位素分析，根据同位素组成和比例等信息，结合多元统计分析等方法，判断受体端和潜在污染源的同源性，确定污染源；

c) 多元统计分析法：采集潜在污染源和受体端土壤和地下水样品，分析污染物类型、浓度以及同位素组成、比例等情况，采用相关分析、主成分分析、聚类分析、因子分析等统计分析方法分析污染物与土壤、地下水理化指标及其时空分布相关性，判断受体端和潜在污染源的同源性，确定污染源。

此外，还可以综合运用水文地质条件分析、水动力分析、污染物转化机理分析等多种方法分析同源性。无法采集到源端样品时，可将6.2.1识别的特征污染物与受体端污染物进行同源性分析。

7.1.3 迁移转化过程调查与分析

基于前期调查获取的信息，初步构建污染物迁移转化模型，通过地形条件分析、地质和水文地质条件调查和分析、包气带和含水层中污染物分布特征调查和分析等手段，识别传输污染物的载体和介质，提出污染源到受体之间可能的迁移转化过程的假设。

通过对载体运动方向、污染物空间分布和随时间变化特征的模拟和分析，判断迁移转化过程的合理性；并分析迁移转化过程的连续性，当存在不连续的情况，应对可能的优先通道和变化过程进行分析。必要时，利用示踪技术，对迁移转化过程进行验证。

7.1.4 因果关系分析

同时满足以下条件，可以确定污染环境行为与损害之间存在因果关系：

a) 存在明确的污染环境行为；

b) 土壤和地下水环境或生态服务功能受到损害；

c) 污染环境行为先于损害的发生；

d) 受体端和污染源的污染物存在同源性；

e) 污染源到受损土壤和地下水之间存在合理的迁移转化过程。

根据需要，分析其他原因对土壤和地下水环境或生态服务功能损害的贡献。

7.2 破坏生态行为与损害之间因果关系分析

通过文献查阅、专家咨询、遥感影像分析、现场调查等方法，分析破坏生态行为导致土壤和地下水环境及其生态服务功能受到损害的作用机理，建立破坏生态行为导致土壤和地下水环境及其生态服务功能受到损害的因果关系链条。同时满足以下条件，可以确定破坏生态行为与损害之间存在因果关系：

a) 存在明确的破坏生态行为；

b) 土壤和地下水环境或生态服务功能受到损害；

c) 破坏生态行为先于损害的发生；

d) 根据生态学、水文地质学等理论，破坏生态行为与土壤和地下水环境或生态服务功能损害具有关联性。

根据需要，分析其他原因对土壤和地下水环境或生态服务功能损害的贡献。

8 土壤和地下水损害实物量化与恢复方案制定

8.1 损害范围和程度量化

8.1.1 涉及污染的土壤、地下水损害实物量化

8.1.1.1 损害程度量化

基于土壤、地下水中特征污染物浓度或相关理化指标与基线水平，计算每个点位土壤、地下水中污染物浓度或相关理化指标的超基线倍数，见公式（1）：

$$K_i = |\frac{T_i - B_i}{B_i}| \tag{1}$$

式中：K_i——某点位土壤和地下水中特征污染物或相关理化指标的超基线倍数；

T_i——某点位土壤和地下水中特征污染物的浓度或相关理化指标；

B_i——土壤、地下水中特征污染物浓度或相关理化指标的基线水平。

8.1.1.2 损害范围量化

根据各采样点位土壤和地下水损害确定和损害程度量化的结果，分析受损土壤和地下水点位的位置和深度。在充分获取土壤和水文地质相关参数的情况下，构建评估区域土壤和地下水污染概念模型，采用空间插值方法，模拟未采样点位土壤和地下水的损害情况，获得受损土壤和地下水的二维、三维空间分布，并根据需要模拟土壤和地下水中污染物的迁移扩散情况，明确土壤和地下水当前的损害范围及在评估时间范围内可能的损害范围，计算目前和在评估时间范围内可能受损的土壤、地下水面积与体积。地下水中污染物的迁移扩散模拟可参照《地下水污染模拟预测评估工作指南》。对于不满足插值条件、调查点位分布规律的情形，也可通过分析调查点位所能代表的区域，确定损害范围。对于无法找到损害边界的情况，根据对污染物迁移模拟扩散能力和条件的分析，判定可能的损害范围，合理确定损害边界。

结合恢复方案，判断恢复所需的时间，确定损害的时间范围。

8.1.2 涉及生态服务功能损害的实物量化

8.1.2.1 损害程度量化

当土壤和地下水生态系统中的生态服务功能受到损害，可基于指示性生物的种群特征、群落特征、生态系统特征、地下水资源量、旅游人次等指标与基线水平的比对，确定评估区域生态服务功能的受损害程度和范围，参照《生态环境损害鉴定评估技术指南生态系统》系

列标准执行。

基于指示性生物的种群特征、群落特征、生态系统特征、地下水资源量、旅游人次等指标与基线水平的比对，确定生态服务功能的受损害程度，见公式（2）：

$$Kj = |\frac{Sj - Bj}{Bj}| \tag{2}$$

式中：Kj——代表生态服务功能的指示性指标的受损害程度；
　　　Sj——指示性指标的现状水平；
　　　Bj——指示性指标的基线水平。

8.1.2.2 损害范围量化

基于不同调查点位生态服务功能损害确定和损害程度量化结果，通过插值方法，或对不同点位所能代表的区域的分析研究，量化损害范围；或根据现场调查结果或遥感、无人机航拍等影像分析结果，量化损害范围。

结合恢复方案，判断恢复所需的时间，确定损害的时间范围。

8.2 可恢复性评价

通过文献调研、专家咨询、案例研究、室内实验、现场试验等方法，评价受损土壤和地下水及其服务功能恢复至基线的经济性、技术和操作的可行性。经评价，受损土壤和地下水及其服务功能可以完全或部分恢复时，制定基本恢复方案；需要实施补偿性恢复的，同时需要评价补偿性恢复方案的可实施性。

8.3 恢复方案制定和期间损害计算

8.3.1 基本恢复方案制定

8.3.1.1 基本恢复目标确定

基本恢复的目标是将受损土壤和地下水环境及其生态服务功能恢复至基线水平。

先判断是否需要开展修复。当需要开展修复，且基于风险的环境修复目标值低于基线水平，应当修复到基线水平（见附录 A 图 A.1），并根据相关法律规定进一步确认应该承担将污染物浓度从基线水平降至基于风险的环境修复目标值的责任方，要求责任方采取措施将风险降低到可接受水平；当需要开展修复，且基于风险的环境修复目标值高于基线水平且均低于现状污染水平，应当修复到基于风险的环境修复目标值（见附录 A 图 A.2），并对基于风险的环境修复目标值与基线水平之间的损害进行评估计算，方法见 9.3.1。当不需要开展修复，且现状污染水平高于基线水平，应对现状污染水平与基线水平之间的损害进行评估计算，方法见 9.3.1。

基于风险的环境修复目标值参照 HJ 25.4 和 HJ 25.6 等相关标准规范确定。未利用地可以按照未来拟利用方式及保护目标判定是否需要修复。

8.3.1.2 恢复策略选择和恢复技术筛选

恢复策略选择参照 GB/T 39791.1 中相关内容。

建设用地和耕地土壤修复可以分别参照 HJ 25.4 和 NY/T 3499 选择恢复模式和技术。

在掌握不同恢复技术的原理、适用条件、费用、成熟度、可靠性、恢复时间、二次污染和破坏、技术功能、恢复的可持续性等要素的基础上，参见附录 B 表 B.1 和附录 C 表 C.1 及相关技术规范与类似案例经验，结合土壤和地下水污染特征、损害程度、范围和生态环境特性，从主要技术指标、经济指标等方面对各项恢复技术进行全面分析比较，确定备选技术；或采用专家评分的方法，通过设置评价指标体系和权重，对不同恢复技术进行评分，确定备选技术。提出一种或多种备选恢复技术，通过实验室小试、现场中试、应用案例分析等方式对备选恢复技术进行可行性评估。基于恢复技术比选和可行性评估结果，选择和确定恢复技术。

重金属污染土壤可采用安全填埋技术，可视情况选用固化/稳定化技术（浸出液重金属浓度超过相关标准限值）、淋洗技术（土壤粒径大）或植物修复技术（对修复时间没有要求且具有相应金属的超富集植物）；挥发性有机污染物（VOCs）（包括总石油烃（TPHs））污染土壤可采用土壤气相抽提（土壤质地松散、水分含量低于50%）、热脱附（土壤水分含量低于30%）、焚烧等技术，TPHs还可采用生物堆、生物通风等修复技术；半挥发性有机污染物（SVOCs）污染土壤可采用热脱附、焚烧等技术；石油烃、多环芳烃（PAHs）、苯系物（BTEX）等污染土壤还可视情况选用化学氧化技术（污染物浓度较高）；多氯联苯（PCBs）和农药污染土壤可采用热脱附（浓度小于500mg/kg）、焚烧（浓度大于500mg/kg）、安全填埋（浓度在50~100mg/kg之间）等技术。

重金属、SVOCs、PCBs和农药污染地下水可采用抽出–处理技术；VOCs（包括TPHs）污染地下水可采用抽出处理、空气注入（潜水含水层，地下水位以下15m以内的地下水，且包气带土壤质地松散）等技术；石油烃、PAHs、BTEX等污染地下水还可视情况选用化学氧化技术（污染物浓度较高）；六价铬和卤代烃污染地下水可视情况选用化学还原技术。

8.3.1.3 备选基本恢复方案制定

根据土壤和地下水的损害类型、范围和程度以及所确定的恢复目标、模式和技术，制定2~3种备选恢复方案。可以采用单一恢复技术，也可以综合采用多种恢复技术。方案中应明确恢复工程实施的技术路线、具体步骤、工艺参数、材料及其用量、设备及其运行维护、成本等，还应包括恢复过程中受污染水体、气体和固体废物等的无害化处理处置及其他二次污染防治措施等。制定备选恢复方案时，应对每种方案的年恢复速率和恢复到基线水平所需时间周期进行预估。

8.3.2 期间损害计算

当土壤损害导致其所在的生态系统服务损害，且持续时间大于一年，参照相关生态系统的损害评估标准计算生态系统服务的期间损害。

当地下水损害的持续时间大于一年，应结合8.1确定的损害范围、程度以及8.3.1.3预估的备选基本恢复方案年恢复速率和恢复到基线水平的时间，计算地下水所能提供的服务的期间损害。期间损害计算方法参照GB/T 39791.1附录B等值分析方法。当没有适合的基本恢复方案或基本方案实施后，生态环境无法恢复到基线水平时，为永久性生态环境损害。

根据土壤和地下水提供的生态服务功能的特点，可以选择资源类指标（如水资源量等）或者服务类指标（如土壤面积、含水层体积等）计算期间损害；如果实物量指标不可得，可以选择损害价值量作为量化指标（如旅游收入等）计算期间损害。

服务性损害计算期间损害，功能性损害不计算期间损害。

8.3.3 补偿性恢复策略选择、技术筛选和备选恢复方案制定

当存在因土壤损害导致其所在的生态系统服务期间损害，参照相应生态系统的损害评估标准进行备选补偿恢复方案制定。

当存在地下水资源服务期间损害，应设计补偿性恢复方案。补偿性恢复策略选择、技术筛选和备选方案制定参见8.3.1.2和8.3.1.3。根据每种备选基本恢复方案对应的期间损害，量化补偿性恢复措施的单位效益，基于等值分析法确定每种补偿性方案对应的恢复规模，具体参照GB/T 39791.1附录B等值分析方法。

8.3.4 恢复方案综合比选

综合考虑不同基本方案和补偿性恢复方案的成熟度、可靠性、时间、成本、二次污染、社会效益、经济效益和环境效益等因素，参照GB/T 39791.1附录C生态环境恢复方案的比

选，对恢复方案进行综合比选，确定最佳的基本恢复和补偿性恢复方案组合。

9 土壤和地下水损害价值量化

9.1 基于实际发生费用进行价值量化

对于污染清理和恢复措施已经完成或正在进行的情况，可通过收集实际发生的费用信息，参照 GB/T 39791.2、《突发环境事件应急处置阶段环境损害评估推荐方法》和《突发生态环境事件应急处置阶段直接经济损失核定细则》，对实际发生费用的必要性和合理性进行审核后，得到实际发生的治理恢复费用。

9.2 基于恢复费用进行价值量化

当受损土壤和地下水环境及其服务功能可以且需要恢复或部分恢复时，参照 GB/T 39791.1 中 8.2 对恢复费用进行计算，基于恢复费用量化损害价值。

9.3 其它价值量化方法

9.3.1 未修复到基线水平损害的量化方法

当经修复后未达到基线水平（附录 A 图 A.1）或现状污染水平超过基线水平但不需要修复（附录 A 图 A.2），按照如下方法计算基于风险的环境修复目标值或现状污染水平与基线水平之间的损害：

a) 当基于风险的环境修复目标值或现状污染水平与基线水平对应的土地或地下水利用类型相同，建议按照以下方法计算与基线之间的损害：当能够获取土壤或地下水中污染物从基于风险的环境修复目标值或现状污染水平修复至基线水平的理论治理成本，基于该理论治理成本进行计算；当无法获取理论治理成本、全部不需要修复且污染物排放量可获取，可以利用基于污染物排放量的虚拟治理成本计算；否则，计算受损土壤或地下水资源价值，计算方法见公式（3），调整系数见表 1 和表 2。土壤资源非使用基准价值为损害发生地与受损土壤类型相同、质量相当的土壤购置单价，土壤购置单价优先采用实际购置单价，不包含运输、人工等费用，当无法获取实际购置单价时，取 25 元/吨作为非使用基准价值；当损害涉及多个地方时，根据多个地方的土壤购置单价和受损土壤方量确定。地下水资源非使用基准价值为损害发生地水资源价格；当损害涉及多个地方时，根据多个地方的水资源价格和受损水量确定；

$$Vr = Vb * \gamma \tag{3}$$

式中：Vr——受损土壤/地下水资源价值；
Vb——土壤/地下水资源非使用基准价值；
γ——调整系数。

b) 当基于风险的环境修复目标值或现状污染水平与基线水平对应的土地或地下水利用类型不同，应基于土地或地下水利用类型改变对应的土地或水资源价值变化评估损害；

c) 对于没有适合的补偿性恢复方案的期间损害，可以参照以上方法计算期间损害的价值量。

表 1 土壤资源非使用基准价值调整系数

土壤中污染物浓度最大超基线倍数	调整系数
≤200 倍	0.2
>200-≤2000 倍	0.4
>2000-≤5000 倍	0.6

续表

土壤中污染物浓度最大超基线倍数	调整系数
>5000-≤30000 倍	0.8
>30000 倍	1

表 2　地下水资源非使用基准价值调整系数

地下水中污染物浓度最大超基线倍数	调整系数
≤20 倍	0.2
>20-≤100 倍	0.4
>100-≤500 倍	0.6
>500-≤2000 倍	0.8
>2000 倍	1

9.3.2　无法恢复的损害量化方法

对于土壤和地下水环境及其生态服务功能无法通过工程恢复或完全恢复至基线水平，没有可行的补偿性恢复方案填补期间损害，需要根据土壤和地下水提供的服务功能，利用直接市场价值法、揭示偏好法、效益转移法、陈述偏好法等方法，对不能恢复或不能完全恢复的土壤和地下水及其期间损害进行价值量化。

各种生态环境价值量化方法及其适用条件参照 GB/T 39791.1 附录 D 常用环境价值评估方法。如提供的是生物多样性支持服务，可采用支付意愿法进行评估；如提供的是供给服务，可采用市场价值法等方法进行评估；如提供的是文化服务，可采用旅行费用法进行评估。如损害前用地类型为未利用地，可参考周边土地利用类型进行土地资源功能损失计算，如未利用地附近存在多种土地利用类型，综合考虑不同利用类型的土地资源功能，通过平均处理，计算未利用地功能损失。

当采用非指南推荐的方法进行生态环境价值量化评估，需要详细阐述方法的合理性。

10　土壤和地下水恢复效果评估

10.1　效果评估时间

恢复方案实施完成后，土壤和地下水的物理、化学和生物学状态及其生态服务功能水平基本达到稳定时，对恢复效果进行评估。

地下水恢复效果通常需根据污染物和地质结构情况进行多次评估，直到地下水中污染物浓度不发生反弹，从初步判断地下水污染物浓度稳定达标且地下水流场达到稳定状态开始，至少采集 8 个批次的样品，至少持续跟踪监测 1 年，两个批次之间间隔不得少于 1 个月，其它要求参照 HJ 25.6。

10.2　效果评估内容和标准

恢复过程合规性，即恢复方案实施过程是否满足相关标准规范要求，是否产生了二次污染。

恢复效果达标性，即根据基本恢复、补偿性恢复方案中设定的恢复目标，分别对基本恢复和补偿性恢复的效果进行评估。

恢复效果评估标准参照 8.3.1.1。

10.3 评估方法

10.3.1 监测和采样分析

根据恢复效果评估计划，对恢复后的土壤和地下水进行监测、采样，分析污染物浓度、色度等指标，或开展生物调查及其它土壤和地下水生态服务功能调查。调查应覆盖全部恢复区域，并基于恢复方案的特点制定差异化的布点方案。基于调查结果，采用逐个对比法或统计分析法判断是否达到恢复目标。涉及土壤修复的情况，效果评估点位采样分析和评估方法可参照 HJ 25.5 执行。涉及耕地修复的情况，效果评估采样点位布设和评估方法可参照 NY/T 3343 执行。涉及地下水修复的情况，效果评估采样点位布设和评估方法可参照 HJ 25.6 执行。

必要时，对周边土壤和地下水开展采样分析，确保恢复过程未造成污染物的迁移扩散，未对周边环境造成影响。

10.3.2 现场踏勘

通过现场踏勘，了解土壤和地下水环境及其生态服务功能恢复进展，判断土壤和地下水是否仍有异常颜色或气味，观察主要生态服务功能指示性指标的恢复情况。

10.3.3 分析比对

采用分析比对法，对照土壤和地下水恢复方案及相关的标准规范，分析土壤和地下水环境及其生态服务功能恢复过程中各项措施是否与方案一致，是否符合相关标准规范的要求；分析恢复过程中的各项监测数据，判断是否产生了二次污染；综合评价恢复过程的合规性。

10.3.4 问卷调查

通过设计调查表或调查问卷，调查基本恢复、补偿性恢复、补充性恢复措施所提供的生态服务功能类型和服务量，判断是否达到恢复目标；此外，调查公众与其他相关方对于恢复过程和结果的满意度。

10.4 补充性恢复

当由于现场条件或技术可达性等限制原因，实施的恢复方案未能将土壤和地下水环境及其生态服务功能完全恢复至基线水平，或补偿性恢复未达到补偿期间损害的目标，应开展补充性恢复。补充性恢复技术筛选和方案确定参照 8.3.1.2 和 8.3.1.3。没有可用的补充性恢复方案将未完全恢复的土壤和地下水恢复至基线水平或填补期间损害时，需要采用经济价值评估方法，对不能恢复或不能完全恢复的土壤和地下水及其期间损害进行价值量化，具体参照 9.3.2。

11 报告编制

根据委托内容，基于评估过程所获得的数据和信息，编制涉及土壤和地下水的生态环境损害鉴定评估报告，报告的格式和内容参见参照 GB/T 39791.1 中的生态环境损害鉴定评估报告书编制要求。

附录 A
（资料性附录）
土壤和地下水损害情景

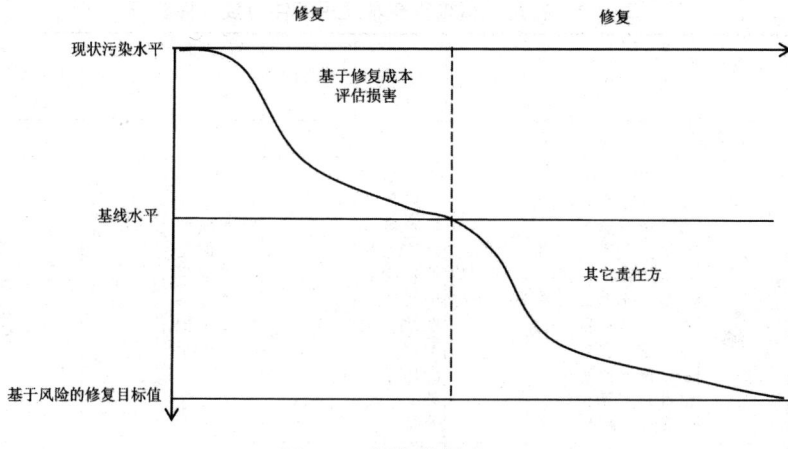

图 A.1　损害情景 I

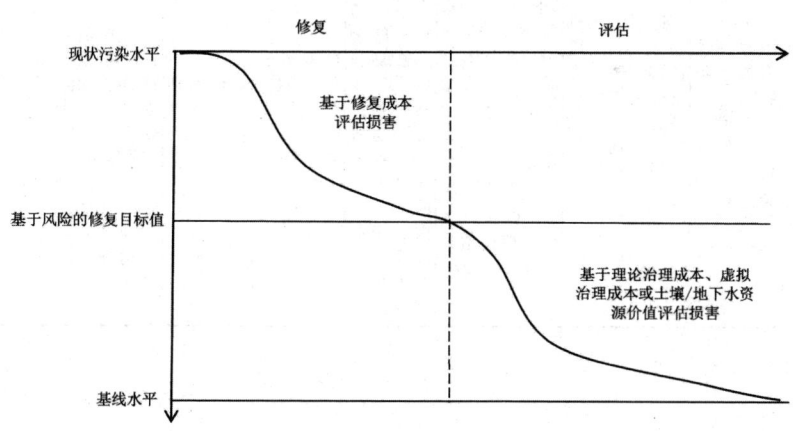

图 A.2　损害情景 II

附录 B
（资料性附录）
常用土壤恢复技术适用条件与技术性能

表 B.1 常用土壤恢复技术适用条件与技术性能表

恢复技术	目标污染物	适用条件	成本	成熟度	可靠性	单位污染土壤恢复时间	二次污染和破坏	技术功能	恢复的可持续性
1、污染物去除技术									
水泥窑协同处置技术	有机物、重金属	不宜用于汞、砷、铅等重金属污染较重的土壤；由于水泥生产对进料中氯、硫等元素的含量有限值要求，在使用该技术时需慎重确定污染土壤的添加量。	国内的应用成本为 800~1000 元/m³。	该技术广泛应用于危险废物处理，国外较少用于污染土壤处理，国内广泛用于污染土壤处理。	能够完全消除污染。	处理周期与水泥生产线的生产能力及污染土壤添加量相关。	污染土壤转运过程中需要密封、苫盖和跟踪监控，防止遗撒、泄露等。	污染土壤处理后成为水泥熟料，土壤生态功能完全破坏。	恢复后土壤生态功能完全丧失，无法恢复。
热脱附技术	挥发性有机污染物（VOCs）、半挥发性有机污染物（SVOCs）（如石油烃、农药、多氯联苯）、重金属汞	不适用于无机物污染土壤（汞除外），也不适用于腐蚀性有机物、活性氧化剂和还原剂含量较高的土壤。	国外对于中小型场地（2万t以下，约26800m³）处理成本约为100~300美元/m³，对于大型场地（大于2万t，约合26800m³）处理成本约为50美元/m³。国内处理成本约为 600~2000 元/t。	国外已广泛用于挥发性和半挥发性有机污染物相关的场地修复项目，其比例占到了美国超级基金场地恢复项目的8%。国内处理成本约为起步阶段，有少量应用案例。	可基本去除污染物，有机物去除率可达95%以上。	处理周期为几周至几年。	污染土壤转运过程中需要密封、苫盖和跟踪监控，防止遗撒、泄露等。在处理过程中需要密封、监控，产生的气体应经过处理达标后排放。	对于含氯有机物，非氢化燃烧的处理方式可以避免二噁英的生成。	修复后的土壤可再利用。

续表

恢复技术	目标污染物	适用条件	成本	成熟度	可靠性	单位污染土壤恢复时间	二次污染和破坏	技术功能	恢复的可持续性
原位化学氧化技术	石油烃、苯系物（BTEX，包含苯、甲苯、乙苯、二甲苯）、酚类、甲基叔丁基醚（MTBE）、含氯有机溶剂、多环芳烃、农药等大部分有机物	适用于多种高浓度有机污染物的处理；渗透性较差区域（如粘土层中），氧化剂传输速率可能较慢；土壤中存在的一些腐殖酸、还原性金属等，会消耗大量氧化剂；受pH值影响较大。	美国的应用成本为220,000~230,000美元/场地，约123~164美元/m^3；国内的应用成本为300~1500元/m^3。	该技术在美国已经得到了广泛的工程化应用，被用于多个有毒废弃场地，国内有部分工程应用。	基本能满足恢复目标，对于某些难降解有机污染物，可能需要进行进一步处理。	一般少于6个月。	污染物彻底氧化后，只产生水、二氧化碳等无害产物，二次污染风险较小。	过程可能会造成产热、产气等不利影响，导致土壤和地下水中的污染物挥发到地表。	修复后的土壤有机质受损，导致部分生态功能丧失，可利用性降低。
异位化学氧化技术	总石油烃（PAHs）、BTEX、酚类、mT-BE、含氯有机溶剂、多环芳烃（PAHs）、农药等大部分有机物	不适用于重金属污染土壤的恢复，对于吸附性强、水溶性差的有机污染应考虑必要的增溶、脱附方式。	国外的应用成本约为200~660美元/m^3；国内的应用成本一般为500~1500元/m^3。	国外已经形成了较完善的技术体系，应用广泛，国内发展较快，已有工程应用。	恢复效果比较可靠。	处理周期与污染物初始浓度、恢复药剂与目标污染物反应机理有关。处理周期较短，一般为数周至数月。	污染土壤转运过程中需要密封、苫盖监控和跟踪，防止遗撒、泄露等。土壤修复过程中应密封、监控，气体须经过处理达标后排放。	过程可能会造成产热、产气等不利影响，导致土壤结构和部分生态功能破坏。	修复后的土壤有机质受损，导致部分生态功能丧失，可利用性降低。
原位化学还原技术	重金属类（如六价铬）和氯代有机物等	受pH值影响较大。	国外的应用成本约150~200美元/m^3；国内的应用成本约为500~2000元/m^3。	在国外已经得到了广泛的工程应用，国内有部分工程应用。	基本能满足恢复目标。	清理污染源区的速度相对较快，通常需要3~24个月。	一些含氯有机污染物的降解产物仍有一定的毒性；还原后的污染物在某些特定的条件下可能会重新被氧化；一些危险化学物质的使用可能会引起安全问题。	过程可能会造成产热、产气等不利影响，导致土壤结构和部分生态功能破坏。	修复后的土壤部分生态功能丧失，但可恢复。

续表

恢复技术	目标污染物	适用条件	成本	成熟度	可靠性	单位污染土壤恢复时间	二次污染和破坏	技术功能	恢复的可持续性
异位化学还原技术	重金属类（如六价铬）和氯代有机物等	适用于石油烃污染物的处理。	在国外约为200~660美元/m^3；在国内，一般介于500~1500元/m^3之间。	国外已经形成了较完善的技术体系，应用广泛；国内发展较快，已有工程应用。	受环境中氧化物影响较大，稳定性较差。	处理周期与污染物初始浓度、恢复药剂与目标污染物反应机理有关。通常处理周期较短，一般可以在数周到数月内完成。	污染土壤转运过程中需要密盖监封、苦踪监控，防止遗撒、泄露等。土壤修复过程中应密封、监控，气体须经过处理达标后排放。	过程可能会造成产热、产气等不利影响，导致土壤结构和部分生态功能受损。	修复后的土壤部分生态功能丧失，但可恢复。
洗脱技术（异位）	重金属、SVOCs、难挥发性有机污染物	对于大粒径污染土壤的修复更为有效，砂砾、沙、细沙以及类似土壤中的污染物更容易被洗脱出来，而粘土中的污染物则较难洗脱，因此不宜用于土壤细粒（粘/粉粒）含量高于25%的土壤。常与其它修复技术联用，扩散过程要求准确控制（避免污染物向非污染区扩散）。	美国处理成本约为53~420美元/m^3；欧洲处理成本约15~456欧元/m^3，平均为116欧元/m^3。国内处理成本约为600~3000元/m^3。	国外已经形成完善的技术体系，且工程应用广泛（美国、加拿大、欧洲及日本等已有较多的应用案例）；国内发展很快，已有工程应用案例。	修复效果较好，但需要配备废水处理系统。	一般少于12个月。	洗脱产生的污染废水容易造成二次污染。	污染土壤处理后养分元素缺失，土壤生态功能基本丧失。	修复后土壤生态功能基本丧失，较难恢复。

续表

恢复技术	目标污染物	适用条件	成本	成熟度	可靠性	单位污染土壤恢复时间	二次污染和破坏	技术功能	恢复的可持续性
气相抽提技术	可用来处理SVOCs、VOCs和某些燃料,适用于亨利常数大于0.01或蒸汽压力大于66.6Pa(0.5mmHg柱)的污染物	适用于包气带污染土壤的恢复,且要求污染土壤具有质地均一、渗透能力强(透气率大于$1×10^{-4}$cm/s)、孔隙度大、湿度小和地下水位较深的特点。低渗透性的土壤难以采用该技术进行修复处理,地下水位亦会影响修复效果。	基于国外相关修复工程案例,该技术应用成本约为150~800元/t。	在美国"国家优先名录"污染场地中,SVE技术作为最常用的污染源处理技术占污染源控制项目的25%,对于VOCs类的污染,SVE技术则约占60%。该技术在国外已有很多成功的工程案例。国内已有中试应用。	能有效地去除土壤中的挥发性有机污染物。	一般为6~24个月。	处理过程中产生的气体和渗滤水需收集处理后排放,控制二次污染。	处理过程对土壤的损害较小,生态功能基本无损伤。	可持续性恢复。
生物堆技术	TPHs等易生物降解的有机物	不适用于重金属、难降解有机污染物污染土壤的修复,粘性土壤修复效果较差。	美国应用的成本约为130~260美元/m³;国内的工程应用成本约为300~400元/m³。	相关配套设施已能够成套化生产制造,在国外已广泛应用于石油烃等易生物降解的污染物的修复,技术成熟。国内发展也比较成熟,相关核心设备已能够完全国产化,已有用于处理石油烃污染土壤及油泥的工程应用案例。	恢复效率有限。	一般为1~6个月。	无二次污染,环境扰动小。	污染土壤处理后基本无损伤,对土壤生态功能不产生影响。	可持续性恢复。

续表

恢复技术	目标污染物	适用条件	成本	成熟度	可靠性	单位污染土壤恢复时间	二次污染和破坏	技术功能	恢复的可持续性
生物通风技术（原位）	VOCs、SVOCs（如TPHs、非氯化溶剂、某些杀虫剂、防腐剂等）	适宜于处理渗透性强的非饱和带污染土壤，不适合于重金属、难降解有机物污染土壤的修复，不宜用于粘土等渗透系数较小的污染土壤修复。	国外相关场地处理成本约为87~180元/m³	该技术在国内工程应用较少，尚处于中试阶段。	对于修复成品油污染土壤非常有效，包括汽油、喷气式燃料油、煤油和柴油等。	一般为6~24月。	为避免二次污染，应对尾气处理设施的效果进行定期监测，以便及时采取相应的应对措施。	污染土壤处理后损伤较小，生态功能基本无损伤。	可持续性恢复。
植物修复技术	重金属（如砷、镉、铅、镍、铜、锌、锰、铬、汞等），以及特定的有机污染物（如TPHs、五氯酚、PAHs等）	不适用于未找到修复植物的重金属，也不适用于某些有机污染（如六六六、滴滴涕等）污染土壤的修复；植物生长受气候、土壤等条件影响；不适用于污染物浓度过高或土壤理化性质严重破坏不适合修复植物生长的土壤。	美国的应用成本约为25~100美元/t；国内的工程应用成本约为100~400元/t。	在国外已广泛应用于重金属、放射性核素、卤代烃、汽油、石油烃等污染土壤的恢复，技术相对比较成熟，在国内发展也比较成熟，已广泛用于重金属污染土壤的修复。	修复较慢，到一定浓度水平后效果减弱。	一般为3~8年。	为避免二次污染，应对修复植物的后续处理进行监测，以便及时采取相应的应对措施。	污染土壤处理后即可再利用。	不破坏土壤结构和肥力，修复后的土壤可再利用。

2、污染物风险控制技术

续表

恢复技术	目标污染物	适用条件	成本	成熟度	可靠性	单位污染土壤恢复时间	二次污染和破坏	技术功能	恢复的可持续性
阻隔填埋技术	适用于重金属、有机污染物	不宜用于水溶性强的污染物和渗透率高的污染土壤，不适用于地质活动频繁和地下水水位较高的地区。该方法不能降低土壤中污染物本身的毒性和体积，但可以降低污染物在地表的暴露及其迁移性，即只能将污染物阻隔在特定的区域中；效果受地下水中酸碱组分、污染物类型、活性、分布、阻隔墙体的深度、长度和宽度、场地水文地质条件、泥浆及回填材料的类型等因素的影响。	该技术的处理成本与工程规模等因素相关，通常原位土壤阻隔覆盖技术应用成本为 500~800 元/m^2；异位土壤阻隔填埋技术应用成本 300~800 元/m^3；国外泥浆墙安装费用 3600~5000 元/m^3（不含化学分析、可行性或兼容性测试）。	该技术在国外已经应用 30 多年，已成功用于近千个工程，技术已经相对比较成熟；国内已有较多的工程应用。	能够降低土壤环境风险，达到风险控制目标。	处理周期较短，一般为 3~6 个月。	需要设置相应的气体收集系统、渗滤液收集系统，并定期监测，及时作出响应，以防止二次污染。	污染土壤的生态功能没有得到恢复。	在技术实施完毕后应进行封场生态恢复，封场生态恢复后可以重新恢复该填埋区域的利用价值，如建设公园绿地等。
原位固化/稳定化技术	金属类、石棉、放射性物质、腐蚀性无机、氰化物以及砷化合物等无机污染物；农药/除草剂、TPHs、PAHs 以及二噁英等有机污染物	不适用于挥发性有机污染物和以污染物总量为验收目标的项目。	美国 EPA 数据显示，应用于浅层污染介质修复的成本约为 50~80 美元/m^3，对于深层修复的成本约为 195~330 美元/m^3。国内原位固化/稳定化技术的修复费用为 500~1000 元/m^3。	美英等国家率先开展了污染土壤的固化/稳定化研究，已形成了较完善的技术体系。据美国环保署统计，2005~2008 年应用该技术的案例占恢复工程案例的 7%，技术已较成熟；该技术在国内尚处于中试阶段。	能够降低土壤环境风险，达到风险控制目标。	一般为 3~6 个月。	向污染土壤添加药剂进行处理后，土壤酸碱性、含盐量等发生变化，造成土壤生态功能破坏。	经过处理后，大都固化的结构整的具有低渗透系数的固化体，土壤生态功能基本被破坏。	修复后的土壤生态功能基本被破坏，且难以恢复。

续表

恢复技术	目标污染物	适用条件	成本	成熟度	可靠性	单位污染土壤恢复时间	二次污染和破坏	技术功能	恢复的可持续性
异位固化/稳定化技术	金属类、石棉、放射性物质、腐蚀性无机物、氰化物以及砷化合物等无机污染物；农药/除草剂、TPHs、PAHs、PCBs以及二噁英等有机污染物	主要应用于处理受无机物污染的土壤，不适用于挥发性有机污染物和以污染物总量为恢复目标的项目。	据美国EPA数据，对于小型场地（约765m³）处理成本约为160~245美元/m³，对于大型场地（38228m³），处理成本约为90~190美元/m³；国内处理成本一般为500~1500元/m³	国外应用广泛，据美国EPA统计，1982~2008年已有200余项超级基金项目应用该技术。国内已有较多工程应用。	能够降低土壤环境风险，达到风险控制目标。	处理周期受土壤方量、修复工艺、养护时间、施工设备、修复现场平面布局等影响。通常，日处理能力为100~1200m³，单批次处理周期1~2个月。	向污染土壤添加药剂进行处理后，土壤酸碱性、含盐量等发生变化，造成土壤生态功能破坏。	经过处理后，土壤生态功能基本被破坏。	修复后的土壤生态功能基本被破坏，需要很长时间逐渐恢复。

附录 C
（资料性附录）
常用地下水恢复技术适用条件与技术性能

表C.1 常用地下水恢复技术适用条件与技术性能表

恢复技术	目标污染物	适用条件	费用	成熟度	可靠性	恢复时间	二次污染和破坏	技术功能	恢复的可持续性
1、污染物去除技术									
抽出处理技术	可溶的有机和无机污染物以及浮于潜水面上的油类污染物	用于去除地下水中溶解的有机污染物和浮于潜水面上的油类污染物，一般仅适用于渗透性好的含水层，对于低渗透性的黏附性土层和低溶解性、高吸附性的污染效果不理想，存在非水相液体（NAPL）的含水层处理效果差。	美国处理成本约为100~1438元/m³	国外80年代开始应用，应用广泛、成熟度高，据美国EPA统计，1982~2008年期间，有798个超级基金项目使用该技术。国内已有工程应用。	可使地下水的污染水平迅速降低，初期效果较好，但短时间内很难使地下水中有机物含量达到环境风险可接受水平，后期效果较差。	数年到数十年。	抽出水量较大，影响治理区及周边地区的地下水动态；若不封闭污染源，当工程停止运行时，将出现严重的拖尾和污染物浓度升高的现象。	污染地下水处理回灌或者外排，地下水基本生态功能得到部分恢复。	需要持续的能量供给，确保地下水的抽出和水处理系统的运行，还要求对系统进行定期的维护与监测，地下水需要很长时间完全恢复生态功能。

续表

恢复技术	目标污染物	适用条件	费用	成熟度	可靠性	恢复时间	二次污染和破坏	技术功能	恢复的可持续性
空气注入技术	可用来处理地下水中大量的VOCs、SVOCs（各种燃料，如汽油、柴油、喷气燃料等；石油及油脂；BTEX及氯化物溶剂等）	适用于渗透性较高、均质性较好的地层以及挥发性较大、溶解性较大的污染物，适用于具有较大饱和厚度和埋深的含水层。不适用于非挥发性的污染物，不适合在低渗透率或高黏土含量的地区使用，不能应用于承压含水层及土壤分层情况下的污染物治理。更适于消除地下水中难移动处理的污染物，如重质非水相液体（DNAPL）。	134~335元/t。	美国很多地方都采用了该技术来进行地下水的恢复，并取得了很好的效果。据美国EPA统计，1982~2005年期间国家优先治理场地中254个地下水污染恢复工程技术中有72个为曝气法。国内刚刚起步，实地应用较少，大部分是室内试验。	通常与其他抽气技术（如气相抽提技术）联用，恢复效果一般。	1~4年。	对生态环境的影响较小。	地下水生态功能基本可恢复。	地下水生态功能基本可恢复。
渗透反应墙技术	氯代烃、重金属（六价铬、砷等）、硝酸盐、氟化物、垃圾渗滤液等	不适用于承压含水层，不宜用于含水层深度超过10m的非承压含水层，对反应墙中沉淀和反应介质的更换、维护、监测要求较高。	小型场地为1.4~1.9元/m³地下水；大型场地0.7~1.1元/m³地下水；据2012年3月美国海军工程司令部发布的技术报告，成本介于10~248元/m³。	该技术较为成熟，在北美和欧洲等发达国家有较多应用。美国环保署、美国海军工程服务中心等机构已制定并发布了本技术的工程设计手册，国内尚处于小试和中试阶段。	恢复效率较慢，后期容易出现污染反弹，恢复效果一般。	通常需监测2年以上，墙体可使用5~10年，处理周期一般需要几年甚至几十年。	可能存在二次污染。	地下水基本生态功能将部分恢复。	挖掘处理需避免二次污染，恢复后的地下水生态功能基本恢复完全。
原位化学氧化技术	TPHs、BTEX、酚类、MTBE、含氯有机溶剂、PAHs、农药等大部分有机物	适用于多种高浓度有机污染物的处理，当存在还原性金属等，会消耗大量氧化剂；受pH值影响较大。	美国的应用成本为约823元/m³左右。	该技术在美国已经得到了广泛的工程化应用，被用于数千个有毒废弃场地，国内有部分工程应用。	基本能满足恢复目标，对于某些难降解有机污染物如多环芳烃，可能需要进行进一步处理。	一般小于6个月。	污染物彻底氧化后，只产生水、二氧化碳等无害产物，二次污染风险较小。	过程可能会产生热、产气，不利影响，导致地下水中的污染物挥发到地表。	可能存在拖尾和污染物浓度升高的现象，恢复后的地下水需要一段时间才能完全恢复生态功能。

续表

恢复技术	目标污染物	适用条件	费用	成熟度	可靠性	恢复时间	二次污染和破坏	技术功能	恢复的可持续性
原位化学还原技术	重金属类（如六价铬）和氯代有机物（三氯乙烯）等	受 pH 值影响较大。	国外的应用成本约 870 元/m^3 左右。	在国外已经得到了广泛的工程应用，国内有部分工程应用，但仍以小试和中试应用为主。	基本能满足恢复目标，但对于重金属铬而言，恢复后期总量不变，具有潜在风险。	一般为 3~24 个月。	一些含氯有机污染物的降解产物仍有一定的毒性；固定的污染物在某些特定的条件下可能会重新释放出来；一些危险化学物质的使用可能会引起安全问题。	过程可能会发生产热、产气等不利影响。	可能存在拖尾和污染物浓度升高的现象，恢复后的地下水需要一段时间完全恢复生态功能。
多相抽提技术	适用于 VOCs，例如 TPHs、汽油、柴油、BTEX 以及有机溶剂类（如三氯乙烯和四氯乙烯）	适用于加油站、石油企业和化工企业等多种类型的污染场地，尤其适用于存在非水相液态污染物情形的污染地下水的恢复；不宜用于渗透性差或者地下水水位变动较大的场地。	小型场地成本为 29~72 美元/m^3；大型场地成本为 30~68 美元/m^3。地下水处理成本为 35 美元/m^3。国内恢复成本为 400 元/kg NAPL 左右。	国外技术成熟，已广泛应用。国内已有少量工程应用。	场地水文地质条件和污染物分布可能会影响恢复效率；可能需要同抽出处理技术等联用；对污染物的去除效果较好。	一般为 1~24 个月。	对地面环境的扰动较小；运行过程中地下水位与运行前相比仅略有下降。	通过真空手段抽取地下水、浮油层和地面进行相分离处理，可部分恢复基本生态功能。	需要封闭污染源，恢复处理后地下水需要较长时间恢复生态功能。
原位微生物恢复技术	有机污染物	适用于渗透性较好的大面积污染区域的治理；适宜于污染物易降解的情况；在非均质性介质中难以覆盖整个污染区；不能降解所有污染物；对温度等环境条件要求较严。	处理成本较高，特别是前期调查和筛选阶段。	国内尚未有实际工程应用案例，还处于探索试验阶段。	效果不稳定且无法完全去除污染物。	一般大于 6 个月。	以原位方式进行，可使对污染位点的干扰或破坏达到最小；使有机物分解为二氧化碳和水，可以永久地消除污染物和长期的隐患，无二次污染，不会使污染转移	污染物很难清除完全，地下水生态功能恢复难。	恢复处理后地下水需要采取其他的恢复技术才可恢复生态功能。

2、污染物风险控制技术

续表

恢复技术	目标污染物	适用条件	费用	成熟度	可靠性	恢复时间	二次污染和破坏	技术功能	恢复的可持续性
监测自然衰减技术	碳氢化合物（如BTEX、TPHs、PAHs、MTBE）、氯代烃、硝基芳香烃、农药类、重金属类、非金属类（砷、硒）、含氧阴离子（如硝酸盐、过氯酸）等	适用范围较窄，一般仅适用污染程度较低、污染物自然衰减能力较强的区域，且不适用于对场地恢复时间要求较短的情况。	主要为监测、钻井等产生的费用，美国单个项目费用为94~294万元。	作为一种有效的方法已开始在世界范围内得到应用，但我国还处于萌芽阶段。	能够降低环境风险，但恢复效果较差。	时间较长，数年或更长时间。	对环境破坏最小。	不会带入外部干扰，地下水生态功能可自动恢复。	地下水生态功能可恢复，地下水可再利用。
原位阻隔技术	有机污染物、金属、核素等污染物	适用于埋深浅的潜水含水层，且地下水流动作用较小，对场地恢复时间要求较短的情况。	其处理成本与阻隔材料、工程规模等因素相关。美国的成本介于 10~248 元/m³。国内尚无可参考的工程案例成本。	国内现场应用较少，目前仍处于技术开发及其推广阶段。	能够降低地下水环境风险。	处理周期较长，一般需要几年甚至几十年。	可能存在二次污染。	会带入外部干扰，但恢复后地下水的生态功能可基本恢复。	挖掘处理需避免二次污染，恢复后的地下水生态功能基本恢复完全。

生态环境损害鉴定评估技术指南

环境要素　第 2 部分：地表水和沉积物（GB/T 39792.2—2020）

（2020 年 12 月 29 日发布）

前　言

为贯彻《中华人民共和国民法典》《中华人民共和国环境保护法》《中华人民共和国水污染防治法》和《生态环境损害赔偿制度改革方案》，保护地表水和沉积物生态环境，保障公众健康，规范涉及地表水和沉积物的生态环境损害鉴定评估工作，制定本标准。

本标准规定了涉及地表水和沉积物生态环境损害鉴定评估的内容、程序、方法和技术要求。

本标准附录 A 和附录 B 为资料性附录。

本标准为首次发布。

本标准由生态环境部组织制定。

本标准主要起草单位：生态环境部环境规划院、中国科学院生态环境研究中心、中国环境监测总站、中国水利水电科学研究院、中国环境科学研究院、中国科学院大学。

本标准自 2021 年 1 月 1 日起实施。本标准实施之前发生的生态环境损害的鉴定评估，继续参照《生态环境损害鉴定评估技术指南总纲》（环办政法〔2016〕67 号）和《生态环境损害鉴定评估技术指南地表水与沉积物》（环办法规〔2020〕290 号）开展，但该损害持续至本标准实施的除外。

本标准由生态环境部解释。

1　适用范围

本标准规定了涉及地表水和沉积物的生态环境损害鉴定评估的内容、工作程序、方法和技术要求。

本标准适用于因污染环境或破坏生态导致的涉及地表水和沉积物的生态环境损害鉴定评估。

本标准不适用于核与辐射所导致的涉及地表水和沉积物的生态环境损害鉴定评估。

2　规范性引用文件

本标准引用下列文件或其中的条款。凡是注明日期的引用文件，仅注日期的版本适用于本标准。凡是未注日期的引用文件，其最新版本（包括所有的修改单）适用于本标准。

GB 3838　地表水环境质量标准
GB 5084　农田灌溉水质标准
GB 8978　污水综合排放标准
GB 11607　渔业水质标准
GB 13690　化学品分类和危害性公示通则
GB 50286　堤防工程设计规范
GB 50707　河道整治设计规范
GB/T 14551　生物质量　六六六和滴滴涕的测定　气相色谱法
GB/T 21678　渔业污染事故经济损失计算方法
GB/T 21814　工业废水的试验方法　鱼类急性毒性试验
GB/T 22234　基于 GHS 的化学品标签规范
GB/T 39791.1　生态环境损害鉴定评估技术指南　总纲和关键环节　第 1 部分：总纲
GB/T 39791.2　生态环境损害鉴定评估技术指南　总纲和关键环节　第 2 部分：损害调查
GB/T 39792.1　生态环境损害鉴定评估技术指南　环境要素　第 1 部分：土壤和地下水
GB/T 39793.2　生态环境损害鉴定评估技术指南　基础方法　第 2 部分：地表水污染虚拟治理成本法
HJ 2.3　环境影响评价技术导则　地表水环境
HJ 91.1　污水监测技术规范
HJ 194　环境空气质量手工监测技术规范
HJ 493　水质采样　样品的保存和管理技术规定
HJ 494　水质　采样技术指导
HJ 495　水质　采样方案设计技术规定
HJ 589　突发环境事件应急监测技术规范
HJ 630　环境监测质量管理技术导则
HJ 710.4　生物多样性观测技术导则　鸟类
HJ 710.6　生物多样性观测技术导则　两栖动物

HJ 710.7　生物多样性观测技术导则　内陆水域鱼类
HJ 710.8　生物多样性观测技术导则　淡水底栖大型无脊椎动物
HJ 710.12　生物多样性观测技术导则　水生维管植物
HJ 831　淡水水生生物水质基准制定技术指南
HJ 837　人体健康水质基准制定技术指南
HJ 838　湖泊营养物基准制定技术指南
HJ/T 91　地表水和污水监测技术规范
HJ/T 164　地下水环境监测技术规范
HJ/T 166　土壤环境监测技术规范
HY/T 078　海洋生物质量监测技术规程
SC/T 9401　水生生物增殖放流技术规程
SC/T 9402　淡水浮游生物调查技术规范
SL 386　水利工程边坡设计规范
DB43/T 432　淡水生物资源调查技术规范
突发生态环境事件应急处置阶段直接经济损失核定细则（环应急〔2020〕28号）
突发环境事件应急处置阶段环境损害评估推荐方法（环办〔2014〕118号）
污染死鱼调查方法（淡水）（农渔函〔1996〕62号）

3　术语和定义

下列术语和定义适用于本标准。

3.1　地表水 surfacewater

存在于陆地表面各种形态的水体，主要包括各种河流（包括运河、渠道）、湖泊和水库，根据地表水管理现状，还包括淡水河口。

3.2　沉积物 sediment

可以由地表水体携带、并最终沉着在水体底部，形成底泥状的任何物质。通常是黏土、泥沙、有机质及各种矿物的混合物，经过长时间物理、化学、生物等作用及水体传输而沉积于水体底部所形成。

3.3　水功能区 water function zone

为满足水资源合理开发、利用、节约和保护的需求，根据水源的自然条件和开发利用现状，按照综合规划、水资源保护和经济社会发展要求，依其主导功能划定范围并执行相应水环境质量标准的水域。

3.4　地表水生态环境事件 surface water environmental incidents

指由于人类活动或各类突发事件引起污染物进入水环境，或由于非法捕捞、非法采砂、违规工程建设、侵占围垦、物种入侵等生态破坏，造成地表水和沉积物环境质量下降、水生态服务功能减弱甚至丧失的事件。根据事件原因的不同分为水环境污染事件和水生态破坏事件。

3.5　地表水生态环境损害 surface water environmental damage

因污染环境、破坏生态造成地表水、沉积物等环境要素和水生生物等生物要素的不利改变，及上述要素构成的水生态功能退化和服务减少。

4　工作程序

参照 GB/T 39791.1，地表水生态环境损害鉴定评估工作程序包括：

a）工作方案制定。掌握地表水和沉积物生态环境损害的基本情况和主要特征，确定生态环境损害鉴定评估的内容、范围和方法，编制鉴定评估工作方案。

b）损害调查确认。开展地表水和沉积物环境状况和水生态服务功能调查，必要时开展水文地貌调查，确定地表水和沉积物环境质量及水生态服务功能基线，判断地表水和沉积物生态环境是否受到损害，确定损害类型。

c）因果关系分析。分析污染环境或破坏生态行为与地表水和沉积物环境及水生生物、水生态系统、水生态服务功能损害之间是否存在因果关系，可根据需要采用同源性分析、暴露评估等分析方法。

d）地表水生态环境损害实物量化。筛选确定地表水生态环境损害的评估指标，对比评估指标现状与基线，确定污染物浓度、生物量、生物多样性、水生态服务功能等地表水生态环境损害的范围和程度，计算地表水生态环境损害实物量。

e）地表水生态环境损害恢复方案确定。分析恢复受损地表水生态环境的可行性，基于等值原则，选用地表水、沉积物环境质量或水生态关键物种作为恢复目标，制定基本恢复方案，计算地表水和沉积物生态环境期间损害，制定补偿性恢复方案，筛选确定地表水和沉积物生态环境综合恢复方案。

f）地表水生态环境损害价值量化。对于已经采取的污染清除活动，统计实际发生的费用；对于可以恢复的地表水生态环境损害，估算恢复方案的实施费用；对于难以恢复的地表水生态环境损害，计算地表水生态环境损害的价值量；对于已经自行恢复的地表水生态环境损害，利用虚拟治理成本法计算损害数额。

g）地表水生态环境损害鉴定评估报告编制。编制地表水生态环境损害鉴定评估报告（意见）书，同时建立完整的鉴定评估工作档案。

h）地表水生态环境恢复效果评估。定期跟踪地表水和沉积物生态环境的恢复情况，评估恢复效果是否达到预期目标，决定是否需要开展补充性恢复。

地表水生态环境损害鉴定评估程序见图1。

5 工作方案制定

5.1 基本情况调查

5.1.1 污染环境或破坏生态行为调查

对于一般水环境污染事件，了解水域及周边区域排污单位、纳污沟渠及农业面源等污染分布情况，分析或查明污染来源；对于突发水环境污染事件，还应查明事件发生的时间、地点，可能产生污染物的类型和性质等情况。

对于水生态破坏事件，了解破坏事件性质、破坏方式、发生时间、地点等基本情况，查明破坏生态行为的开始时间、结束时间、持续时长、频次、破坏面积、破坏量等情况。

5.1.2 污染源调查

涉及排污单位的，应调查其生产工艺、生产原料和辅料、产品和副产品、副产物等使用或产生情况；主要产污节点及特征污染物、污染处理工艺、污染处理设施的运行状况等。

对于排放污水的，应调查污水排放来源，点源应该标明监测点位名称、排放口的属性（总外排口、车间排口）、平面位置、排放方向、排放流量；非点源应该标明排放方式、去向（有组织汇集、无组织漫流等）；调查外排废水中的主要污染物（特别是特征污染物）、排放规律（稳定连续排放、周期性连续排放、不规律连续排放、有规律间断排放、不规律间断排放等）、排水去向、排放量、污水处理工艺及处理设施运行情况；GB 8978规定的第一类污染物是否在车间有处理设施或专门另设了污染物处理设施等。

对于产生固体废物的，调查固体废物种类、形态、数量、属性；固体废物产生环节、产生形式，贮存及处置方式（露天堆存、专用危险废物库内堆存、渣棚内堆存）；固体废物去向；尾矿库情况；防扬散、防雨、防洪、防渗漏、防流失等污染防治措施。

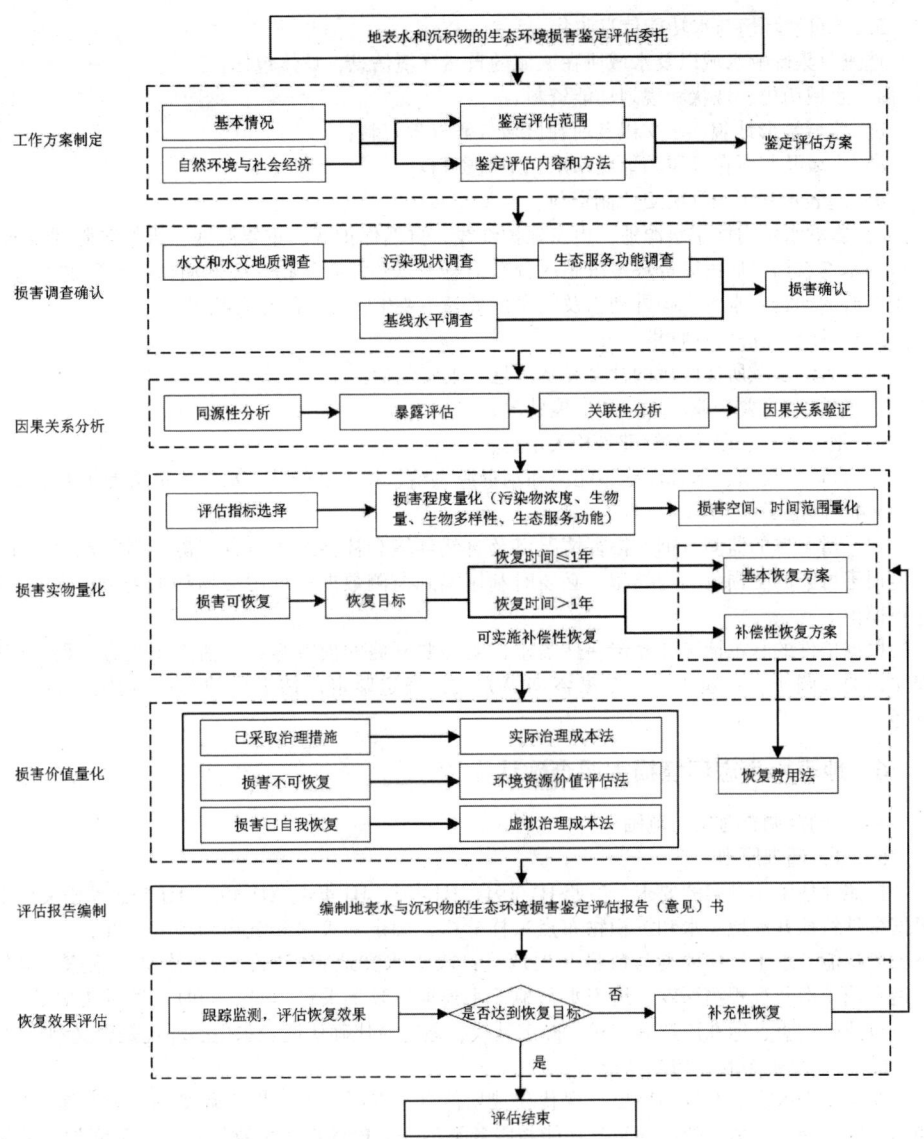

图 1 鉴定评估程序

5.1.3 污染环境或破坏生态基本情况调查

掌握受污染或破坏水生态系统的自然环境（包括水文地貌、水环境质量）、生物要素和服务功能受损害的时间、方式、过程和影响范围等信息。

对于水环境污染事件，了解污染物排放方式、时间、频率、去向、数量、特征污染物类别、浓度；污染物进入地表水和沉积物环境生成的次生污染物种类、数量和浓度等信息。

5.1.4 事件应对基本情况调查

了解污染物清理、防止污染扩散等控制措施，实施地表水和沉积物生态环境治理修复以及水生态恢复的相关资料和情况，包括实施过程、实施效果、费用等相关信息。

掌握环境质量与水生生物监测工作开展情况及监测数据。

5.2 自然环境与水功能信息收集

调查收集影响水域以及水域所在区域的自然环境信息，具体包括：

a) 水域历史、现状和规划功能资料；
b) 水域地形地貌、水文以及所在区域气候气象资料；
c) 水域及其所在区域的地质和水文地貌资料；
d) 地表水和沉积物历史监测资料；
e) 影响水域内饮用水源地、生态保护红线、自然保护区、重要湿地、风景名胜区及所在区域内基本农田、居民区等环境敏感区分布信息，以及浮游生物、底栖动物、大型水生植物、鱼类等游泳动物、水禽、哺乳动物及河岸植被等主要生物资源的分布状况。

5.3 社会经济信息收集

收集影响水域所在区域的社会经济信息，主要包括：

a) 经济和主要产业的现状和发展状况；
b) 地方法规、政策与标准等相关信息；
c) 人口、交通、基础设施、能源和水资源供给、相关水产品、水资源价格等相关信息。

5.4 制定工作方案

根据所掌握的监测数据、损害情况以及自然环境和社会经济信息，初步判断地表水生态环境损害可能的受损范围与类型，必要时利用实际监测数据进行污染物与水生生物损害空间分布模拟。

根据事件的基本情况和鉴定评估需求，明确要开展的损害鉴定评估工作内容，设计工作程序，通过调研、专项研究、专家咨询等方式，确定鉴定评估工作的具体方法，编制工作方案。

6 地表水生态环境损害调查确认

6.1 确定调查对象与范围

6.1.1 调查原则

按照评估工作方案的要求，参照 HJ/T91、HJ 493、HJ 494、HJ 495、HJ 589 等相关标准，根据事件特征开展地表水和沉积物布点采样分析，确定地表水和沉积物环境状况，可对水生态服务功能、水生生物种类与数量开展调查；收集水文地貌资料，掌握流量、流速、水位、河道湖泊地形及沉积物深度、地表水与地下水连通循环等关键信息。同时，通过历史数据查询、对照区调查、标准比选等方式，确定基线，通过对比确认地表水生态环境是否受到损害。

6.1.2 水生态服务功能调查

获取调查区水资源使用历史、现状和规划信息，查明地表水生态环境损害发生前、损害期间、恢复期间评估区的主导生态功能与服务类型，如珍稀水生生物栖息地、鱼虾类产卵场、仔稚幼鱼索饵场、鱼虾类越冬场和洄游通道、种质资源保护区、航道运输、岸带稳定性等支持服务功能，洪水调蓄、侵蚀控制、净化水质等调节服务功能，集中式饮用水源用水、水产养殖用水、农业灌溉用水、工业生产用水、渔业捕捞等供给服务功能，人体非直接接触景观功能用水、一般景观用水、游泳等休闲娱乐等文化服务功能。

6.1.3 不同类型事件的调查重点

根据事件概况、受影响水域及其周边环境的相关信息，确定调查对象与范围。

对于突发水环境污染事件，主要通过现场调查、应急监测、模型模拟等方法，重点调查研判污染源、污染物性质、可能涉及的环境介质、受水文和水文地质环境以及事件应急处置影响污染可能的扩散分布范围和二次污染物、污染物在水体中的迁移转化行为、水生态服务功能和水生生物受损程度和时空范围。因未能及时开展应急监测，未能获取地表水中污染物浓度的情形，可采用模型进行模拟预测，并利用实际监测数据进行模型校验。

对于累积水环境污染事件，主要通过实际环境监测和生物观测等方法，重点调查污染源、污染物性质、可能涉及的环境介质、污染物的扩散分布范围、污染物在水体、沉积物、生物体中的迁移转化行为及其可能产生的二次污染物、水生态服务功能和水生生物受损程度和时空范围。

对于水生态破坏事件，主要通过实际调查、生物观测、模型模拟等方法，重点调查水生态服务功能和水生生物受损程度和时空范围、水生态破坏行为可能造成的二次污染及其对水环境与水生态服务功能和水生生物的影响。

6.2 确定调查指标

根据地表水生态环境事件的类型与特点，选择相关指标进行调查、监测与评估，各类型地表水生态环境事件主要调查指标见表1。

6.2.1 特征污染物的筛选

对于污染源明确的情况，参考行业排放标准，通过现场踏勘、资料收集和人员访谈，根据排污企业的生产工艺、使用原料助剂，以及物质在地表水和沉积物迁移转化中发生物理、化学变化或者与生物相互作用可能产生的二次污染物，综合分析识别特征污染物。

对于污染源不明的情况，通过对采集样品的定性和定量化学分析，识别特征污染物。

特征污染物的筛选应优先选择我国相关水环境质量标准和污水排放标准、优先控制化学品名录以及有毒有害水污染物名录中规定的物质，结合区域水功能特征和化学物质的理化性质、易腐蚀性、环境持久性、生物累积性、急慢性毒性和致癌性等特点，筛选识别特征污染物。必要时结合相关实验测试，评估其危害，确定是否作为特征污染物。化学物质的危害性分类方法参考 GB/T 22234 和 GB 13690。所依据的化学物质的毒性数据质量需符合 HJ 831 相关筛选原则。

水环境污染事件涉及的常见特征污染物主要包括：

a）无机污染物：重金属、酸、碱、氰化物、氟化物等；

b）有机污染物：油类、脂肪烃、卤代烃类、多环芳烃类、苯系物、有机酸、醇类、醛类、酮类、酚类、酯类等；

c）富营养化特征指标：总磷、总氮等营养物指标，叶绿素a、透明度、藻类生物量等生物学指标，微囊藻毒素和致嗅物质等藻华产生的有毒物质。

影响污染物对地表水和沉积物环境及水生生物潜在损害的指标主要包括：

a）水文指标：温度、流速、水深及其他与流动变化有关的水文指标；

b）水质指标：pH、硬度、电导率、溶解氧、浊度、COD、氧化还原电位等；

c）沉积物理化性质指标：粒度、有机碳、硫化物等。

6.2.2 水文地貌指标的确定

对于河流类水体，选择事件发生的河流流域水系、流域边界、河流断面形状、河流断面收缩系数、河流断面扩散系数、河床糙率、降雨量、蒸发量、河川径流量、河底比降、河流弯曲率、流速、流量、水位、水温、泥沙含量、本底水质、地表水与地下水补给关系、河床沉积结构等指标。

对于湖库类水体，重点关注湖泊形状、水温、水深、盐度、湖底地形、出入湖（库）流量、湖流的流向和流速、环流的流向、流速、稳定时间，湖（库）所在流域气象数据，如风场、气温、蒸发、降雨、湿度、太阳辐射、地表水与地下水补给关系、湖库底层及侧壁地层岩性、导水裂隙分布等指标。

表 1 不同类型地表水生态环境事件调查推荐指标

事件类型		环境质量		水生态服务功能															
		污染物浓度		产品供给				支持服务						调节服务				文化服务		
				水产品生产			水资源供给	生物多样性维护					地形地貌	航运支持	洪水调蓄	水质净化	气候调节	土壤保持	休闲娱乐	景观科研
		地表水	沉积物	生物体污染物残留浓度	种类	数量	水量	生物体污染物残留浓度	种类	污染致畸致死数量	破坏数量	栖息地面积	破坏量	运量	调蓄量	净化量	蒸散量	保持量	休闲娱乐频次	旅游人次
突发水环境污染事件		++	++	++	+	+		++	+	++									+	+
累积水环境污染事件		++	++	++	++	++	++	++	++	++	+	+			+	+			++	+
生态破坏事件	非法捕捞	+			++	++			++		+	+							+	+
	非法采砂	+	+		+	+	+		+		++	++	++	+	+			+	+	+
	侵占围垦	+	+		+	+	++		++		++	++	++	+	+			+	++	++
	违规工程建设	+	+		+	+	+		+		+	++	++	+	+	+			+	+
	物种入侵				+	+			++		+	+								+
	圈占养殖	++	+						+		+	+				+			+	

注：+表示建议调查，++表示建议重点调查。

6.2.3 水生生物指标的确定

根据地表水生态环境事件类型和影响水域实际情况，选择代表性强、操作性好的水生生物指标开展监测。

重金属、有毒有机物、石油类等污染物导致的水环境污染事件的水生生物调查指标包括生物种类、数量或生物量、形态和水生生物组织中特征污染物的残留浓度。酸、碱、氮、磷等污染物和有机质、溶解氧、电导率、温度等指标变化导致的水环境污染事件的水生生物调查指标包括生物种类、数量、生物量。

浮游生物调查指标包括种类组成、生物量；底栖动物调查指标包括种类组成、数量和生物量；鱼类及其它大型水生生物调查指标包括种类组成、数量和生物量等；水禽调查指标包括种类组成和数量。重点关注国家重点保护野生水生动物和鸟类相关物种。

6.2.4 水生态服务功能指标的确定

导致水生态支持服务功能改变的，调查监测指标主要包括生物种类、数量和生物量、栖息地面积、航运量、水文地貌参数，重点关注保护物种、濒危物种；导致水生态供给服务功能改变的，调查指标主要包括水资源量、水产品产量和种类；导致水生态调节服务功能改变的，调查评估指标主要包括洪水调蓄量、降温量、蒸散量、水质净化量、土壤保持量；导致水生态文化服务功能改变的，调查评估指标主要包括休闲娱乐人次和水平、旅游人次和服务水平。

6.3 水文地貌调查

6.3.1 调查目的

水文地貌调查的目的在于了解调查区地表水的流速、流量、岸带与水下地形地貌、流域范围、水深、水温、气象要素、地层沉积结构、与周边水体水力联系及其他水动力参数等信息，获取污染物在环境介质中的扩散条件，判断事件可能的影响范围，掌握污染物在地表水和沉积物中的迁移情况、采砂等活动对水文水力特性及地形地貌的改变情况，为地表水和沉积物损害状况调查分析提供技术参数，为水生态服务功能受损情况的量化提供依据。

6.3.2 调查原则与方法

a) 充分利用现有资料。根据现有资料对调查区水文信息进行初步提取，重点关注已有水文站、监测站建档资料，以初步识别污染物在地表水和沉积物中迁移及损害行为造成地表水和沉积物介质特性改变所需的水文参数。现有资料不足时，开展进一步调查；

b) 开展评估区水文参数调查。以评估水域为重点调查区，获得评估水域水文资料，根据区域资料初步分析判断上述资料的可用性，对于区域资料不能满足评估精度要求的，开展相应的水文测验、水力学试验、水文地质试验等工作获取相关参数。

6.4 布点采样

6.4.1 布点采样要求

以掌握地表水生态环境损害发生流域（水系）状况、反映发生区域的污染状况或生态影响的程度和范围为目的，根据水系流向、流量、流速等水文特征、地形特征和污染物性质等，结合相关规范和指南的要求，合理设置监测断面或采样点位。依据水生态服务功能和事件发生地的实际情况，以最少的监测断面（点）和采样频次获取足够有代表性的信息，同时考虑采样的可行性。对于感潮水域，应根据事件实际情况选择涨平潮、退平潮等不同时段开展监测。

对于突发水环境污染事件，根据实际情况和 HJ 589 的要求进行地表水和沉积物布点采样。初步调查和系统调查可以同步开展，系统调查采样应不晚于初步调查 24 小时开展。事件刚发生时，采样频次可适当增加，待摸清污染物变化规律后，可以减少采样频次。

对于累积水环境污染事件，根据流向和污染实际情况和 HJ/T 91 的要求进行地表水和沉积物布点采样；应在地表水体和沉积物污染区域布设监测断面或采样点位，并在死水区、回水区、排污口处等疑似污染较重区域布点；对河流的监测断面布点应在损害发生区域及其下游加密布点采样，对湖（库）的监测垂线布设以损害发生地点为中心，按水流波动方向以一定的间隔扇形或圆形布点采样。

对于水生态破坏事件，根据实际情况和相关技术导则进行水体、沉积物和水生生物布点采样。

6.4.2 调查采样准备

开展地表水生态环境事件现场调查，应准备记录工具、定位工具、采样工具、现场便携检测设备、样品保存装置以及安全防护用品。采样前，应现场确定采样点的具体位置和地面标高，并在图中标出。

6.4.3 初步调查采样

初步调查采样的目的是通过现场定点监测和动态监测，进行定性、半定量及定量分析，初步判断污染物类型和浓度、污染范围、水生态服务功能变化和水生生物受损情况，为研判污染趋势、进一步优化布点、精确监测奠定基础。

初步调查阶段，对于污染物监测以感官判断现场快速检测为主，实验室分析为辅，可根据实际情况选择现场或实验室分析方法，或两者同时开展。根据污染物的特性及其在不同环境要素中的迁移转化特点，对于易挥发、易分解、易迁移转化的污染物应采用现场快速检测手段进行监测。按环境要素，监测的紧迫程度通常为地表水>沉积物>生物。进行样品快速检测的，根据相关规范保存部分样品，以备实验室复检。

对于污染团明显的难溶性污染物，结合遥感影像图进行辅助判断。

按污染物的理化性质和结构特征分类，采用能涵盖多指标同类污染物的高通量快速检测分析方法。

6.4.4 系统调查采样

6.4.4.1 调查目的

系统调查阶段的目的是通过开展系统的布点采样和定量分析，确定污染物类型和浓度、污染范围、水生生物受损程度，为损害确认提供依据。

6.4.4.2 污染源布点采样

根据排污单位的现场具体情况，对产生污染物的污染源排污口布点，对接纳污染物的地表水体布点。具体参照 HJ 91.1。

6.4.4.3 地表水布点采样

河流、湖（库）布点采样与保存的具体要求参照 HJ/T 91、HJ 493、HJ 495 等相关技术规范执行。

6.4.4.4 沉积物布点采样

沉积物布点采样和保存参照 HJ/T91、HJ/T166 执行。河流、湖（库）沉积物采样布点位置和数量可以参考地表水体布点方案确定，同时，结合沉积物中污染物空间范围模拟的需求确定采样深度和点位。

6.4.4.5 生物布点采样

在地表水生态环境事件影响范围内，考虑水体面积、水功能区、水生生物空间和时间分布特点和调查目的，采用空间平衡随机布点法布置采样点或沿生物、水生态受损害梯度布置采样点。采样时间应考虑生物节律，包括植物的季节变化以及动物的季节变化和日变化。采样方法具体参照 HJ 710.4、HJ 710.6、HJ 710.7、HJ 710.8、HJ 710.12、SC/T9402、DB43/T 432 以及《污染死鱼调查方法（淡水）》等相关标准执行，缺少规定的，可以参考 HY/T 078 等相关标准和技术文件执行。

6.4.4.6 其他

地表水对土壤或地下水可能造成污染的，需要对土壤和地下水开展必要的布点采样，参照 GB/T 39792.1、HJ/T 166、HJ/T164 等相关技术规范。

特征污染物是挥发性有机污染物的，需要结合风向、地表水流速对大气环境开展必要的布点采样，一般在下风向进行扇形布点，具体参照 HJ 589。

因外来物种入侵导致生物受损的，需要对外来物种种类、来源、数量等开展调查，有针对性的布点观测。

因开采、建设等行为导致地表水、沉积物及水生生物陷漏的，需要对地下水连通情况进行必要的布点调查。

6.5　样品检测分析与质量控制

应采用现有国家或行业标准分析方法进行水、沉积物、土壤等样品测定。生物样品参照 GB/T 14551、食品安全国家标准等相关标准技术规范执行。

对于无国家或行业标准分析方法的，可采用转化的国外标准分析方法或业界认可的分析方法，但需通过资质认定并经过委托方签字认可。

地表水、沉积物、环境空气和地下水样品采集、保存、运输、实验室分析过程质量控制参照 HJ/T 91、HJ 194、HJ/T 164 和 HJ/T 166；污染源样品采集、保存、运输、实验室分析过程质量控制参照 HJ/T 91、HJ91.1。

6.6　基线调查与确认

6.6.1　优先使用历史数据作为基线水平

查阅相关历史档案或文献资料，包括针对调查区开展的常规监测、专项调查、学术研究等过程获得的文字报告、监测数据、照片、遥感影像、航拍图片等结果，获取能够表征调查区地表水和沉积物环境质量和生态服务功能历史状况的数据。选择考虑年际、年内水文节律等因素的历史同期数据。应对历史数据的变异性进行统计描述，识别数据中的极值或异常值并分析其原因确定是否剔除极值或异常值，根据专业知识和评价指标的意义确定基线，确定原则参照 GB/T 39791.1 中基线确认的相关内容。

6.6.2　以对照区数据作为基线水平

针对调查区地表水和沉积物环境质量以及水生态服务功能历史状况的数据无法获取的，可选择合适的对照区，以对照区的历史或现状调查数据作为基线水平。对照区数据应对评估区域具有较好的时间和空间代表性，且其数据收集方法应与评估区域具有可比性，并遵守评估方案的质量保证规定。对照区的水功能区、气候条件、自然资源、水文地貌、水生生物区系等性质条件应与评估水域近似。对照区的具体采样布点要求参照 6.4.1 执行。利用对照区数据确定基线的原则参照 GB/T 39791.1 中基线确认的相关内容。

6.6.3　参考环境质量标准确定基线水平

对于无法获取历史数据和对照区数据的，则根据调查区地表水和沉积物的使用功能，查找相应的地表水和沉积物环境质量标准或基准。对于存在多个适用标准的，应该根据评估区所在地区技术、经济水平和环境管理需求选择标准。

6.6.4　专项研究

对于无法获取历史数据和对照区数据，且无可用的水环境质量标准的，应开展专项研究，对于污染物指标，根据水质基准制定相关标准，推导确定基线水平。

6.6.5　基线确认的工作程序

6.6.5.1　基线信息调查搜集

基线信息调查搜集主要包括：

a）针对调查区的专项调查、学术研究以及其他自然地理、生态环境状况等相关历史数据；

b）针对与调查区的地理位置、气候条件、水文地貌、水功能区类型、水生生物区系等类似的未受影响的对照区，搜集水环境与水生态状况的相关数据；

c) 污染物的水环境基准和标准；
d) 污染物的水生态毒理学效应、调查区生物多样性分布等文献调研和实验获取数据。

6.6.5.2 基线确定方法筛选

优先采用历史数据和对照区调查数据，其次采用环境质量标准或通过专项研究推导确定基线。

6.6.5.3 基线水平的确定

按照基线选取的优先顺序，对基线水平的科学性和合理性进行评价，确定评估区的地表水和沉积物生态环境基线水平。

6.7 损害确认

地表水生态环境损害的确认原则包括：
a) 地表水和沉积物中特征污染物的浓度超过基线，且与基线相比存在差异；
b) 评估区指示性水生生物种群特征（如密度、性别比例、年龄组成等）、群落特征（如多度、密度、盖度、丰度等）或生态系统特征（如生物多样性）发生不利改变，超过基线；
c) 水生生物个体出现死亡、疾病、行为异常、肿瘤、遗传突变、生理功能失常、畸形；
d) 水生生物中的污染物浓度超过相关食品安全国家标准或影响水生生物的食用功能；
e) 损害区域不再具备基线状态下的服务功能，包括支持服务功能（如生物多样性、岸带稳定性维持等）的退化或丧失、供给服务（如水产品养殖、饮用和灌溉用水供给等）的退化或丧失、调节服务（如涵养水源、水体净化、气候调节等）的退化或丧失、文化服务（如休闲娱乐、景观观赏等）的退化或丧失。

7 地表水生态环境损害因果关系分析

7.1 污染环境行为导致损害的因果关系分析

7.1.1 因果关系分析过程

结合工作方案制定以及损害调查确认阶段获取的损害事件特征、评估区环境条件、地表水和沉积物污染状况等信息，采用必要的技术手段对污染源进行解析；开展污染介质、载体调查，开展特征污染物从污染源到受体的暴露评估，并通过暴露路径的合理性、连续性分析，对暴露路径进行验证，构建迁移和暴露路径的概念模型；基于污染源分析和暴露评估结果，分析污染源与地表水和沉积物环境质量损害、水生生物损害、水生态服务功能损害之间的因果关系。

7.1.2 污染物同源性分析

通过人员访谈、现场踏勘、空间影像识别等手段和方法，分析潜在的污染源，开展进一步的水文地貌与水生生物调查。根据实际情况选择合适的检测和统计分析方法确定污染源。污染物同源性分析常用的检测和统计分析方法包括：

a) 污染特征比对法

采集潜在污染源和受体端地表水、沉积物和生物样品，分析污染物类型、浓度、组分、比例等情况，通过统计分析进行特征比对，判断受体端和潜在污染源的同源性，确定污染源。

b) 同位素技术

对于损害时间较长，且特征污染物为含有铅、镉、锌、汞、氯、碳、氢、氮等元素的重金属或有机物时，可对地表水和沉积物样品进行同位素分析，根据同位素组成和比例等信息，判断受体端和潜在污染源的同源性，确定污染源。

c) 多元统计分析法

采集潜在污染源和受体端地表水和沉积物样品，分析污染物类型、浓度等情况，采用相关性分析、主成分分析、聚类分析、因子分析等统计分析方法分析污染物或样品的相关性，判断受体端和潜在污染源的同源性，确定污染源。

7.1.3 暴露评估

7.1.3.1 暴露性质、方式和持续时间

暴露评估的目的是评估潜在受影响的水体和水生生物暴露于污染源的方式、时间和路径。

暴露评估需要考虑的因素包括环境暴露的性质或方式、暴露的时间、与其他环境因素的关系（溶解氧浓度的日变化、水文水动力因素）、暴露的持续性（急性与慢性、连续与间歇、生物代暴露等）以及影响暴露的局部水文、地球化学或生态因素等。

7.1.3.2 暴露路径分析与确定

基于前期调查获取的信息，对污染物的传输机理和释放机理进行分析，初步构建污染物暴露路径概念模型，识别传输污染物的载体和介质，提出污染源到受体之间可能的暴露路径的假设。

传输的载体和介质包括水体、沉积物和水生生物。

涉及地表水和沉积物的污染物传输与释放机理主要包括：地表水径流与物理迁移扩散，沉积物-水相的扩散交换，悬浮颗粒物和沉积物的物理吸附、解吸，沉积物的沉积、再悬浮和掩埋；污染物在暴露迁移过程中发生的沉淀、溶解、氧化还原、光解、水解等物理化学反应过程。

涉及生物载体的污染物传输与释放机理主要包括：水生生物从地表水和沉积物介质摄取污染物的过程（经鳃吸收、摄食等），生物体内传输代谢和清除过程（鳃转移、组织分布、代谢转化、排泄、生长稀释等），生物受体之间的食物链传递与生物放大作用。

建立暴露路径后，需要对其是否存在进行验证，即识别组成暴露路径的暴露单元，对每一单元内的污染物浓度，污染物的迁移机制和路线以及该单元的暴露范围进行分析，以此确定各个暴露单元是否可以组成完整的暴露路径，将污染源与生物受体连接起来。

7.1.3.3 二次暴露

污染物在地表水和沉积物中发生反应并产生副产物，则发生二次暴露。污染物可以直接发生二次物理、化学和生物效应。对于具有生物累积性的污染物可以通过食物网的传递发生二次暴露。

7.1.3.4 关联性证明

建立暴露路径，识别污染物与损害结果的关联后，进一步通过文献回顾、实验室实证研究和模型模拟方法对损害关联性进行证明。

首先基于现有文献，对污染物与损害之间的暴露-反应关系进行研究判断，其次，采用实验与模型模拟研究方法，对污染物与损害之间的暴露-反应关系进行验证判断。通过对与评估区暴露条件类似的损害与暴露关系进行实验室研究，来确定实际评估区的暴露-反应关系，该方法可单独使用，也可以与模型模拟方法配合适用。

模型提供了一种模拟污染物与环境和受体之间相互作用的方法，可以对污染事件产生的水环境暴露与损害结果进行预测。

针对特征污染物的理化特性以及在水体中的迁移转化过程，可采用水动力模型和水质模型模拟预测水环境污染事件发生后污染物在水体中的暴露迁移过程；河流、湖库、入海河口等不同类型地表水体污染物的常用水动力模型和水质模型包括河流/湖库均匀混合模型（零维模型）、纵向一维模型、河网模型（河流）、垂向一维模型（湖库）、平面二维模型、立面二维模型、三维模型等，参照 HJ 2.3 常用数学模型基本方程及解法。

针对特征污染物的理化特性、暴露在不同介质的传输分布以及与生物受体之间的相互作用，可采用环境逸度模型模拟预测污染物在气、水、沉积物、生物体等环境介质中的分布动态与归趋，例如模拟地表水-沉积物暴露归趋的 QWASI 模型、模拟水生生物富集和食物链传递的 FISH 模型和 FOODWEB 模型；采用生态模型模拟水生态综合效应，例如 AQUATOX 模型。

7.1.4 因果关系分析

同时满足以下条件,可以确定污染源与地表水、沉积物以及水生生物和水生态服务功能损害之间存在因果关系:
a) 存在明确的污染源;
b) 地表水和沉积物环境质量下降,水生生物、水生态服务功能受到损害;
c) 排污行为先于损害后果的发生;
d) 受体端和污染源的污染物存在同源性;
e) 污染源到受损地表水和沉积物以及水生生物、水生态之间存在合理的暴露路径。

根据需要,分析其他原因对地表水生态环境损害的贡献。

7.2 破坏生态行为导致损害的因果关系分析

通过文献查阅、现场调查、专家咨询等方法,分析非法捕捞、湿地围垦、非法采砂等破坏生态行为导致水生生物资源和水生态服务功能以及地表水环境质量受到损害的作用机理,建立破坏生态行为导致水生生物和水生态服务功能以及地表水环境质量受到损害的因果关系链条。同时满足以下条件,可以确定破坏生态行为与水生生物资源、水生态服务功能损害或水环境质量下降之间存在因果关系:
a) 存在明确的破坏生态行为;
b) 水生生物、水生态服务功能受到损害或水环境质量下降;
c) 破坏生态行为先于损害的发生;
d) 根据水生态学和水环境学理论,破坏生态行为与水生生物资源、水生态服务功能损害或水环境质量下降具有关联性。

根据需要,分析其他原因对水生生物资源、水生态服务功能损害或水环境质量下降的贡献。

8 地表水生态环境损害实物量化与恢复方案制定

8.1 损害程度和范围量化

8.1.1 损害程度

基于地表水和沉积物中特征污染物浓度与基线水平,确定超过基线点位地表水和沉积物的受损害程度,计算方法见公式(1):

$$K_i = |T_i - B_i|/B_i \tag{1}$$

式中:K_i——某评估点位地表水和沉积物中特征污染物或相关理化指标的受损害程度;
T_i——某评估点位地表水和沉积物中特征污染物的浓度或相关理化指标;
B_i——地表水和沉积物中特征污染物浓度或相关理化指标的基线水平。

基于地表水、沉积物中特征污染物浓度或相关理化指标超过基线水平的区域面积或体积占评估区面积或体积的比例,确定评估区地表水和沉积物的受损害程度,计算方法见公式(2):

$$K = N_o/N \tag{2}$$

式中:K——超基线率,即评估区地表水、沉积物中特征污染物浓度或相关理化指标超过基线水平的区域面积或体积占评估区面积或体积的比例;
N_o——评估区地表水、沉积物中特征污染物浓度或相关理化指标超过基线水平的区域面积或体积;
N——评估区面积或体积。

8.1.2 水生生物量

根据区域水环境条件和对照点水生生物状况,选择具有重要社会经济价值的水生生物和指示生物,参照 GB/T 21678,计算方法见公式(3):

$$Y_l = \sum D_i \times R_i \times Ap \tag{3}$$

式中：Y_l—生物资源（包括鱼、虾、贝等水产品）损失量，kg 或尾；
D_i—近 3 年内同期第 i 种生物资源密度，kg/km^2 或尾$/km^2$；
R_i—第 i 种生物资源损失率，%；
A_p—受损害面积，km^2。

生物资源损失率计算方法见公式（4）：

$$R = \frac{\overline{D} - D_p}{\overline{D}} \times 100\% - E \tag{4}$$

式中：R—生物资源损失率，%；
$\overline{D}$—近 3 年内同期水生生物资源密度，kg/km^2 或尾$/km^2$；
D_p—损害后水生生物资源密度，kg/km^2 或尾$/km^2$；
E—回避逃逸率，%，取值参考 GB/T 21678。

8.1.3 水生生物多样性

从重点保护物种减少量、生物多样性变化量两方面进行评价。

a) 重点保护物种减少量（ΔS）计算方法见公式（5）：

$$\Delta S = NB - NP \tag{5}$$

式中：NB—基线水平下的重点保护物种数；
NP—损害影响范围下的重点保护物种数。

b) 生物多样性变化计算方法见公式（6）：

$$\Delta BD_i = BD_{i0} - BD_i \tag{6}$$

式中：ΔBD_i—第 i 类生物多样性指数变化量；
BD_{i0}—基线水平下第 i 类生物多样性指数；
BD_i—损害发生后的第 i 类生物多样性指数。

生物多样性指数可以采用香农-威纳指数，计算方法见公式（7）：

$$H = -\sum (P_i)(lnP_i) \tag{7}$$

式中：H—群落物种多样性指数；
P_i—第 i 物种的个体数占总个体数的比例。如总个体数为 N，第 i 种个体数为 n_i，则 $P_i = n_i/N$。

8.1.4 水生态服务功能

常见地表水生态服务功能量化方法参见资料性附录 A，可根据水生态服务功能的类型特点和评估水域实际情况，选择适合的评估指标，确定水生态服务功能的受损害程度或损害量。计算方法见公式（8）和公式（9）：

$$K = |S - B|/B \tag{8}$$

式中：K—水生态服务功能的受损害程度；
B—水生态服务功能的基线水平；
S—损害发生后水生态服务功能的水平。

$$K' = |S' - B'| \tag{9}$$

式中：K'—水生态服务功能的受损量；
B'—水生态服务功能量的基线水平；
S'—损害发生后水生态服务功能量。

8.1.5 损害空间范围

根据各采样点位地表水和沉积物、水生生物、水生态损害确认和损害程度量化的结果，分析地表水和沉积物环境质量、水生生物、水生态服务功能等不同类型损害的空间范围。对于涉及污染物泄漏、污水排放、废物倾倒等污染地表水的突发水环境污染事件,缺少实际调查监测数据的生态环境损害,可以通过收集污染排放数据、水动力学参数、水文参数、水生态效应参数,构建水动力学、水质模拟、水生态效应概念模型,模拟污染物在地表水和沉积物中的迁移扩散情况,不同位置的污染物浓度及其随时间的变化,确定损害空间范围。

8.2 恢复方案的制定与期间损害计算

8.2.1 恢复方案的确定原则

通过文献调研、专家咨询、专项研究、现场实验等方法,评价受损地表水生态环境及其服务功能恢复至基线的经济、技术和操作的可行性。

自生态环境损害发生到恢复至基线的持续时间大于一年的,应计算期间损害,制定基本恢复方案和补偿性恢复方案;小于等于一年的,仅制定基本恢复方案。需要实施补偿性恢复的,同时需要评价补偿性恢复的可行性。

对于突发水环境污染事件,如果地表水和沉积物中的污染物浓度不能在应急处置阶段恢复至基线水平,或者能观测或监测到水生生物种类、形态、质量和数量以及水生态服务功能明显改变,对于能够恢复的,制定基本恢复方案,恢复周期超过1年的,需要制定补偿性恢复方案。

当不具备经济、技术和操作可行性时,地表水和沉积物及其生态服务功能应恢复至维持其基线功能的可接受风险水平;可接受风险水平与基线之间不可恢复的部分,可以采取适合的替代性恢复方案,或采用环境价值评估方法进行价值量化。

基本恢复方案和补偿性恢复方案的实施时间与成本相互影响,应考虑损害的程度与范围、不同恢复技术和方案的难易程度、恢复时间和成本等因素,确定备选基本和补偿性恢复方案。参照 GB/T 39791.1 中恢复方案制定的相关内容,统筹考虑地表水和沉积物环境质量、水生生物资源以及其他水生态服务功能的恢复,根据不同方案的社会效益、经济效益和公众满意度等因素对备选综合恢复方案进行筛选,确定最佳综合恢复方案。

8.2.2 基本恢复方案

8.2.2.1 基本恢复目标的确定

基本恢复的目标是将受损的地表水生态环境恢复至基线水平。对于受现场条件或技术可达性等原因限制的,地表水和沉积物生态环境不能完全恢复至基线水平,根据水功能规划,结合经济、技术可行性,确定基本恢复目标。

对于水生态受到影响的事件,选择具有代表性的水生生物相关指标表征水生态损害;对于没有水生生物受到损害的,选择水资源供给量、航运量、休闲旅游人次等水生态服务功能作为恢复目标。

8.2.2.2 制定原则

a) 对于突发水环境污染事件,应急处置方案为基本恢复方案。

b) 对于累积水环境污染事件以及污染在应急处置阶段没有消除或存在二次污染的突发水环境污染事件,根据污染物的生物毒性、生物富集性、生物致畸性等特性,分析受损地表水和沉积物生态环境自然恢复至基线的可能性,并估计"无行动自然恢复"的时间,对于不能自然恢复的,制定水环境治理、水生态恢复基本方案。

c) 对于水生态破坏事件,分析受损水生态服务功能自然恢复至基线的可能性,并估计"无行动自然恢复"的时间,对于不能自然恢复的,制定水生态恢复基本方案。

8.2.3 损害时间范围确定

基本恢复方案达到预期恢复目标的持续时间为地表水生态环境损害持续时间。涉及产品供给服务、水源涵养等调节服务、休闲旅游等文化服务功能以及航运交通和栖息地等支持功能的,分析地表水环境治理方案、水生态恢复方案实施对产品供给、水源涵养、航运交通、生物栖息地、休闲舒适度、旅游人次等生态服务功能影响的持续时间,确定损害时间范围。

没有适合的基本恢复方案时，为永久性生态环境损害。

8.2.4 期间损害计算

利用等值分析法对地表水生态环境损害开始发生到恢复到基线水平的期间损害进行量化，计算补偿性恢复的规模。期间损害的计算一般选择基本恢复方案中表征损害范围或损害程度时间最长的指标，根据地表水生态环境损害的特点，可以选择资源类指标（如指示性水生生物物种数量或密度、水产品产量、水资源供给量、采砂量等）或者服务类指标（如河流或湖库的长度或面积、航运量、休闲旅游人次、洪水调蓄量等）计算期间损害；如果实物量指标不可得或没有适合的补偿性恢复方案，可以选择损害价值量作为量化指标（如旅游收入等）计算期间损害。

期间损害的计算方法参照 GB/T39791.1 中等值分析法的相关内容。

8.2.5 补偿性恢复方案

8.2.5.1 补偿性恢复目标确定

补偿性恢复的目标是补偿受损地表水和沉积物生态环境恢复至基线水平期间的损害。当采用资源类指标表征期间损害时，原则上补偿性恢复目标与基本恢复目标采用相同的表征指标；当采用服务类指标表征期间损害时，利用服务指标表征补偿性恢复规模，并根据实际需要选择其他资源类指标表征服务水平。

8.2.5.2 制定原则

补偿性恢复方案可以与基本恢复方案在不同或相同区域实施，包括恢复具有与评估水域类似水生生物资源或服务功能水平的异位恢复，或使受损水域具有更多资源或更高服务功能水平的原位恢复。比如，对于受污染沉积物经风险评估无需修复，可以异位修复另外一条工程量相同的被污染河流沉积物，或通过原位修建孵化场培育较基线种群数量更多的水生生物，或通过修建公共污水处理设施替代受污染的地表水自然恢复损失等资源对等或服务对等、因地制宜的水环境、水生生物或水生态恢复方案。

8.3 恢复技术筛选

基本恢复方案和补偿性恢复方案可以是一种或多种地表水和沉积物恢复技术的组合。

地表水和沉积物损害的恢复技术包括地表水治理技术、沉积物修复技术、水生生物恢复技术、水生态服务功能修复与恢复技术。在掌握不同恢复技术的原理、适用条件、费用、成熟度、可靠性、恢复时间、二次污染和破坏、技术功能、恢复的可持续性等要素的基础上，参照类似案例经验，结合地表水和沉积物污染特征、水生生物和水生态服务功能的损害程度、范围和特征，从主要技术指标、经济指标、环境指标等方面对各项恢复技术进行全面分析比较，确定备选技术；或采用专家评分的方法，通过设置评价指标体系和权重，对不同恢复技术进行评分，确定备选技术。提出一种或多种备选恢复技术，通过实验室小试、现场中试、应用案例分析等方式对备选恢复技术进行可行性评估。基于恢复技术比选和可行性评估结果，选择和确定恢复技术。

常用地表水生态环境修复和恢复技术适用条件与技术性能参见附录 B。

9 地表水生态环境损害价值量化

9.1 实际治理成本法

对于突发水环境污染事件，如果地表水和沉积物中的污染物浓度在应急处置阶段内恢复至基线水平，水生生物种类、形态和数量以及水生态服务功能未观测到明显改变的，采用实际治理成本法统计应急处置费用。

对于其他地表水生态环境损害，已经或正在开展水环境治理或水生态恢复的，适用实际治理成本法。

实际治理成本基础数据的统计与校核参见《突发环境事件应急处置阶段环境损害评估推

荐方法》和《突发生态环境事件应急处置阶段直接经济损失核定细则》。

9.2 恢复费用法

按照地表水和沉积物生态环境基本恢复和补偿性恢复方案,采用费用明细法、指南和手册参考法、承包商报价法、案例比对法等方法,计算恢复方案实施所需要的费用。具体参照 GB/T 39791.1 中生态环境恢复费用计算的相关内容。

9.3 环境资源价值量化方法

对于受损地表水和沉积物生态环境不能通过实施恢复措施进行恢复或完全恢复到基线水平,或不能通过补偿性恢复措施补偿期间损害的,基于等值分析原则,采用环境资源价值评估方法对未予恢复的地表水生态环境损害进行计算。具体根据评估区的水生态服务功能,采用直接市场法、揭示偏好法、效益转移法、陈述偏好法等方法,对不能恢复或不能完全恢复的生态服务功能及其期间损害进行价值量化,具体如下:

a) 对于以水产品生产为主要服务功能的水域,采用市场价值法计算水产品生产服务损失;

b) 对于以水资源供给为主要服务功能的水域,采用水资源影子价格法计算水资源功能损失;

c) 对于以生物多样性和自然人文遗产维护为主要服务功能的水域,建议采用恢复费用法计算支持功能损失,当恢复方案不可行时,采用支付意愿法、物种保育法计算;

d) 对于砂石开采影响地形地貌和岸带稳定的情形,采用恢复费用(实际工程)法计算岸带稳定支持功能损失;

e) 对于航运支持功能的影响,建议采用市场价值法计算航运支持功能损失;

f) 对于洪水调蓄、水质净化、气候调节、土壤保持等调节功能的影响,建议采用恢复费用法计算,当恢复方案不可行时,建议采用替代成本法计算调节功能损失;

g) 对于以休闲娱乐、景观科研为主要服务功能的水域,建议采用旅行费用法计算文化服务损失,当旅行费用法不可行时,建议采用支付意愿法计算。

h) 常见水生态服务功能价值量化方法参见附录 A。对于采用非指南推荐的方法进行环境资源价值量化评估的,需要详细阐述方法的合理性。

对于超过地表水环境质量基线,但没有超过地表水环境质量标准并影响水生态功能的情况,根据损害发生地的水资源非使用基准价值和根据超过基线倍数确定的水资源非使用基准价值调整系数计算水资源受损价值,调整系数见表 2。地表水资源非使用基准价值为损害发生地水资源费或水资源税的 1/2;当损害涉及多个地方时,根据多个地方的水资源税费和水量加权计算确定。对于超过地表水环境质量标准并影响水生态功能的情况,如果计算得到的水生态功能损害价值小于受损的水资源非使用价值,可以以受损的水资源非使用价值作为计算结果,但两者不能相加,以避免重复计算。

表 2 水资源非使用基准价值调整系数

地表水环境质量超基线的倍数	调整系数
≤5 倍	0.2
>5-≤20 倍	0.4
>20-≤100 倍	0.6
>100-≤1000 倍	0.8
>1000 倍	1.0

9.4 虚拟治理成本法

对于向水体排放污染物的事实存在，但由于生态环境损害观测或应急监测不及时等原因导致损害事实不明确或无法以合理的成本确认地表水生态环境损害范围和程度或量化生态环境损害数额的情形，采用虚拟治理成本法计算生态环境损害。具体参照 GB/T39793.2。

10 鉴定评估报告编制

地表水生态环境损害鉴定评估报告的格式和内容参见 GB/T 39791.1 中生态环境损害鉴定评估报告书的编制要求。

11 地表水生态环境损害恢复效果评估

11.1 工作内容

制定恢复效果评估计划，通过采样分析、现场观测、问卷调查等方式，定期跟踪地表水和沉积物生态环境恢复情况，全面评估恢复效果是否达到预期目标；如果未达到预期目标，应进一步采取相应措施，直到达到预期目标为止。

11.2 评估时间

恢复方案实施完成后，地表水和沉积物的物理、化学和生物学状态以及水生态服务功能基本达到稳定时，对恢复效果进行评估。

地表水恢复效果通常采用一次评估，沉积物与水生态服务功能恢复效果通常需要结合污染物特征、恢复方案实施进度、水生态服务功能恢复进展进行多次评估，直到沉积物环境质量与水生态服务功能完全恢复至基线水平，至少持续跟踪监测 12 个月。

11.3 评估内容和标准

恢复过程合规性，即恢复方案实施过程需满足相关标准规范要求，无二次污染或二次破坏。

恢复效果达标性，即根据基本恢复、补偿性恢复中设定的恢复目标，分别对基本恢复和补偿性恢复的效果进行评估。

恢复效果评估标准参照 8.2 确定的恢复目标。

11.4 评估方法

11.4.1 现场踏勘

通过现场踏勘，了解地表水生态环境恢复进展，判断地表水和沉积物是否仍有异常气味或颜色，观察关键水生态服务功能指标的恢复情况，确定监测、观测与调查时间、周期和频次。

11.4.2 监测分析

根据恢复效果评估计划，对恢复后的地表水和沉积物进行采样监测，分析地表水和沉积物污染物浓度等指标，开展生物调查以及水生态服务功能调查。调查应覆盖全部恢复区域，并基于恢复方案的特点制定分别针对地表水和沉积物环境以及水生态服务功能的差异化监测调查方案。基于监测调查结果，采用逐个对比法或统计分析法分析恢复效果。

11.4.3 分析比对

采用分析比对法，对照地表水和沉积物环境治理与水生态恢复方案，以及相关的标准规范，分析地表水和沉积物环境治理以及水生态服务功能恢复过程中各项措施与方案的一致性、合规性；分析治理和恢复过程中的相关监测、观测数据，判断有无二次污染和其他生态影响产生；综合评价治理恢复过程的合规性。

11.4.4 问卷调查

通过设计调查表或调查问卷，调查基本恢复、补偿性恢复措施所提供的生态服务功能类型和服务量，判断恢复效果；此外，调查公众与其他相关方对于恢复过程和结果的满意度。

11.5 补充性恢复方案的制定

由于现场条件或技术可达性等限制原因,地表水和沉积物生态环境基本恢复方案实施后未达到基本恢复目标或补偿性恢复方案未达到补偿期间损害的目标,需要进一步制定补充性恢复方案,使受损的地表水和沉积物生态环境实现既定的基本恢复和补偿性恢复目标。对于补充性恢复方案不可行或无法达到预期效果的,采用环境资源价值量化方法计算相应的损失。

补充性恢复完成后,也应该开展恢复效果评估。

11.6 恢复效果评估报告编制

应编制独立的地表水生态环境恢复效果评估报告。主要内容和要求包括:地表水和沉积物及水生态服务功能恢复效果评估内容、标准、效果评估过程所采用的方法及评估结果;地表水和沉积物生态环境恢复过程规范性评价所依据的标准和评估结果;效果评估点位布设方案和依据,调查方法(包含样品采集、保存和流转方法,分析测试方法,质量控制措施),以及调查结果;对于采用调查问卷或调查表对恢复效果和公众满意度进行调查的,应详细介绍主要调查内容和结果。

附录 A
(资料性附录)
常见地表水生态服务功能损害评估方法

A.1 产品供给

地表水生态系统产品供给服务价值是指地表水生态系统通过初级生产、次级生产为人类提供淡水产品、水资源供给等的经济价值。

A.1.1 水产品供给

由于水环境污染事件、非法捕捞、侵占围垦等生态破坏事件造成鱼虾等水产品的损失,可采用市场价值法对提供淡水产品的供给服务进行评估,计算方法见公式(A.1):

$$V_p = \sum_{i=1}^{n} Y_i \times P_i \tag{A.1}$$

式中:V_p—生态系统物质产品价值,元/年;

Y_i—第 i 类生态系统产品产量,根据产品的计量单位确定,如 kg/年;

P_i—第 i 类生态系统产品的价格,根据产品的计量单位确定,如元/kg。如果水产品供给服务长期受损(损害时间大于 1 年),需要对其损失进行贴现计算。

A.1.2 水资源供给

由于水环境污染事件造成的水资源供给服务的损失,以及突发水环境事件采取的应急措施,如通过释放水库水冲走污染团,也造成水资源损失,包括水量减少及水力发电量减少,可采用影子价格法对水资源供给价值进行计算。所谓影子价格,是指资源投入的潜在边际效益,它反映了产品的供求状况和资源的稀缺程度,即资源的数量和产品的价格影响着影子价格的大小。资源越丰富,其影子价格越低,反之亦然;对于水资源来说,它所创造的追加效益越高,其影子价格就越高。水资源供给服务计算方法见公式(A.2):

$$V_w = (\Pi_{t_0}^{t} PI_t) \cdot P_w \cdot Q_w \tag{A.2}$$

式中:V_w—水资源损失的总价值;

P_w—受影响水资源的影子价格;

Q_w—受影响的水资源量;

PI_t—水产品出厂价格指数,数据来源于统计年鉴;

t_0—基准年。如果水资源供给服务长期受损(损害时间大于 1 年),需要对其损失进行贴现计算。

A.1.3 电力供给

水资源的减少导致电力供给的降低。通过调查发电量，包括水力发电等，核算电力供给的减少量，结合当地电力价格，计算得出电力供给减少的价值量。

A.2 支持功能

A.2.1 河床结构破坏与土壤流失

河床结构破坏常见于工程建设与河道采砂等活动，造成河床沉积结构、地形地貌与支撑功能的改变。工程建设与河道采砂等活动改变了河流泥沙与输送能力之间的平衡状态，会造成河床下切，河岸侵蚀，损害河床及河岸带的稳定性，并影响河流的自然水文情势。

河床结构破坏通常还带来土壤流失，因河岸带、湖岸带等区域的植被、沉积结构破坏导致岸边土壤、砂层等环境介质失去固着力后随降雨、水流的冲刷而流失，进而造成河岸生态环境和堤防工程等的破坏。土壤流失造成流失区及周边植被生长环境破坏，也易造成堤防工程受损，流失的土壤顺流而下淤积河床及下游涉水筑物，造成河流等水体水文情势的变化。

计算河床结构变化与土壤流失的价值量时，以实际恢复工程法进行核算，即通过实测工程建设、采砂活动及土壤流失等情况造成的损失量或破坏量，进行恢复方案设计。

设计河道、河岸等恢复方案时，应按 GB 50286 和 SL 386 等技术规范中关于河道边坡设计的要求开展；评估工程恢复效果时，应充分考虑工程建设、采砂行为、土壤流失发生后对河流水动力条件的改变，计算河道冲淤强度、泥沙恢复饱和系数等，进行河道冲刷、河道演变等分析，如采用三维 ASM 模型研究河床的稳定与变形，采用一维数学模型和动力学模型模拟多级河道泥沙输移等，评估恢复工程实施前后河道、河岸的变化及恢复率。

A.2.2 生物多样性与自然人文遗产维护

A.2.2.1 支付意愿法

对于以生物多样性、自然人文遗产维护为主要服务功能的水域，建议采用恢复费用法计算支持功能损失。当恢复方案不可行时，建议采用支付意愿法或保育成本法计算。采用支付意愿法进行生物多样性经济价值的计算方法见公式（A.3）：

$$V_{BWPT} = \sum_{t=0}^{n}(\Delta Q_{n,l} \times P_{n,l}) \quad (A.3)$$

式中：V_{BWPT}—损失的价值量；

T—评估期内的任意给定年（0~n 之间），$t=0$ 是起始年，是损害开始年或损失计算开始年；$t=n$ 是终止年，终止年是不再遭受进一步损害（或者通过自然恢复达到，或者通过主要恢复措施达到）的年份；

$Q_{n,l}$—资源或服务随时间的变化，此参数可以是资源或服务因损害引起的总变化的定性描述；

$P_{n,l}$—资源或服务变化的价值，通过问卷调查设计模拟市场来获取人们赋予环境资源或服务变化的价值（用货币衡量），可以利用人们对预防环境变化的支付意愿或不希望变化的接受意愿来表达。

A.2.2.2 保育成本法

地表水生态系统的生物多样性保育成本主要根据受损水域的鱼类、鸟类、大型底栖动物、高等植物等的物种丰富度，以及珍稀濒危物种的数量及特征来计算。计算方法见公式（A.4）和（A.5）：

$$V_{BM} = G_{bio} \times S_{生} \times A \quad (A.4)$$

$$G_{bio} = 1 + 0.1\sum_{m=1}^{x}E_m + 0.1\sum_{n=1}^{y}B_n + 0.1\sum_{r=1}^{z}O_r \quad (A.5)$$

式中：V_{BM}—生物多样性价值，元/年；

G_{bio}—物种保育的实物量；

$S_生$—单位面积每年物种保护的成本，元/hm^2·年，可结合受损物种或栖息地所在区域的当地保育成本来确定；

A—群落面积，hm^2；

E_m—区域内物种 m 的濒危物种指数分值；

B_n—区域内物种 n 的特有物种指数分值；

O_r—区域内物种 r 的古树年龄指数；

x—计算濒危物种指数的物种数量；

y—计算特有物种指数的物种数量；

r—计算古树年龄的物种数量。

A.2.3 航运支持

航运支持是指通过内陆水路运输的方式运输人和货物，包括客运和货运。因水环境污染、侵占围垦、违规工程建设等污染破坏事件导致的航运功能的降低，可以采用市场价值法计算。内陆航运的航运量和航运价格数据来源包括统计年鉴、水资源公报、交通年鉴、旅游业报告等统计资料。航运支持服务功能价值量为客运价值量和货运价值量的总和，计算方法见公式（A.6）：

$$V_t = Q_客 \times L_客 \times P_客 \times Q_货 \times L_货 \times P_货 \tag{A.6}$$

式中：V_t—航运价值量；

$Q_客$—水路运输的年客运人数，人次；

$L_客$—客运路线长度，km；

$P_客$—客运价格，元/人次·km；

$Q_货$—水路运输的年货运量，t；

$L_货$—货运路线长度，km；

$P_货$—货运价格，元/t·km。

A.3 调节服务

A.3.1 洪水调蓄

洪水调蓄功能是指地表水生态系统其特有的生态结构能够吸纳大量的降水和过境水，蓄积洪峰水量，削减并滞后洪峰，以缓解汛期洪峰造成的威胁和损失的功能。工程建设、地质结构变化和侵占围垦等事件会造成河道改变，湖泊、河岸、水库以及河口湿地等周边的植被也会被破坏，致使洪水调蓄范围缩小，从而导致洪水调蓄能力的减弱。

洪水调蓄量核算的主要思路是依据洪水前后湖泊、水库以及河湖周边沼泽湿地等的水位变化量与相应湿地类型的面积计算。

湖泊和水库可直接采用年内水位最大变幅来估算洪水调蓄量，计算方法见公式（A.7）：

$$F_{lr} = S \times \Delta H \tag{A.7}$$

式中：F_{lr}—调蓄量；

S—湖泊或水库面积；

ΔH—洪水前后水位变化量。

沼泽湿地需要同时考虑沼泽土壤蓄水和地表滞水两部分进行核算，计算方法见公式（A.8）：

$$F_m = S \times \Delta H + O \tag{A.8}$$

式中：F_m—调蓄量；

S—沼泽湿地面积；

ΔH—洪水前后沼泽湿地水位变化量；

O—湿地泥炭土壤蓄水量。

洪水调蓄价值量采用影子工程法进行核算，通过建设水库的成本计算生态系统的洪水调蓄价值，计算方法见公式（A.9）：

$$V_f = F \times c \tag{A.9}$$

式中：V_f—洪水调蓄价值；

F—所有湿地（湖泊、水库、沼泽）洪水调蓄能力；

c—建设单位库容的造价。

A.3.2 水质净化

水质净化功能是指湖泊、河流、沼泽等水域吸附、降解、转化水体污染物，净化水环境的功能。常见于水环境污染事件以及违规工程建设造成河流、湖泊、水库以及沼泽等水域的水环境质量降低。

水质净化计算需要根据污染情况选取不同的计算方法。当水环境质量满足或优于Ⅲ类水，表明污染物排放量没有超过水环境容量，采用污染物排放量估算水质净化量的实物量，计算方法见公式（A.10）。

$$Q_{wp} = \sum_{i=1}^{n} Q_i \tag{A.10}$$

式中：Q_{wp}—水污染物排放总量，kg；

Q_i—第 i 类水污染物排放量，kg；

i—污染物类别。

当水环境质量劣于Ⅲ类水，说明污染物排放量超过环境容量，采用水生态系统自净能力估算实物量，将水域按照栅格进行划分，计算方法见公式（A.11）、公式（A.12）和公式（A.13）。

$$ALV_x = HSS_x \times pol_x \tag{A.11}$$

$$HSS_x = \frac{\lambda_x}{\lambda_w} \tag{A.12}$$

$$\lambda_x = \log\left(\sum_U Y_u\right) \tag{A.13}$$

式中：ALV_x—栅格 x 调节的载荷值；

pol_x—栅格 x 的输出系数；

HSS_x—栅格 x 的水文敏感性得分值；

λ_x—栅格 x 的径流指数；

λ_w—流域平均径流指数；

$\sum_U Y_u$—径流路径内 x 栅格以上栅格产水量的总和。

水质净化价值量采用治理成本法进行计算，利用水污染物治理成本进行核算，计算方法见公式（A.14）。

$$V_{wp} = \sum_{i=1}^{n} c_i \times Q_i \tag{A.14}$$

式中：V_{wp}—地表水生态系统水质净化的价值，元；

c_i—单位污染物治理成本，元/t；

Q_i—污染物水质净化实物量，t。

A.3.3 气候调节

地表水生态系统气候调节服务是指通过水面蒸发过程吸收太阳能，降低气温、增加空气湿度，改善人居环境舒适程度的生态功能。侵占围垦和违规工程建设等生态破坏行为造成水面范围减小，进而导致气候调节能力下降。气候调节实物量依据水面的蒸发量进行估算，计算方法见公式（A.15）：

$$E_{we} = E_w \times q \times 10^3 / 3600 \tag{A.15}$$

式中：E_{we}—地表水生态系统水面蒸发消耗的能量，kW·h；

E_w—水面蒸发量，m³；

q—挥发潜热，J/g。

气候调节价值量采用替代成本法进行核算，通过人工调节相应温度和湿度所需要的耗电量进行计算，计算方法见公式（A.16）：

$$V_{tt} = E_{we} \times P_e \tag{A.16}$$

式中：V_{tt}—地表水生态系统气候调节的价值；

E_{we}—地表水生态系统蒸发过程消耗的总能量；

P_e——般参考工业电价。

A.3.4 土壤保持

土壤保持功能是生态系统（如森林、草地等）通过林冠层、枯落物、根系等各个层次保护土壤、消减降雨侵蚀力、增加土壤抗蚀性、减少土壤流失，保持土壤的功能。当河流和湖泊岸带植被或沼泽湿地被侵占围垦时，土壤受侵蚀度会增加，土壤保持功能降低。

通过设置有植被和无植被两种情景模式，选用两种情境下的植被土壤侵蚀模数进行评估，计算方法见公式（A.17）：

$$Q = A \times (X_2 - X_1) \tag{A.17}$$

式中：Q—土壤保持量；

A—湿地土壤面积；

X_1—有湿地植被情景下土壤侵蚀模数；

X_2—无植被情景下土壤侵蚀模数。

土壤保持价值量采用替代成本法进行核算，主要从减少泥沙淤积和保持土壤养分两方面进行考虑，通过清淤工程费用和化肥成本进行评估，计算方法见公式（A.18）、公式（A.19）和公式（A.20）。

$$V_{sr} = V_{sd} + V_{dpd} \tag{A.18}$$

$$V_{sd} = \lambda \times (Q_{sr}/\rho) \times c \tag{A.19}$$

$$V_{dpd} = \sum_{i=1}^{n} Q_{sr} \times c_i \times R_i \times T_i \tag{A.20}$$

式中：V_{sr}—生态系统土壤保持价值，元/年；

V_{sd}—减少泥沙淤积价值，元/年；

V_{dpd}—减少面源污染价值，元/年；

Q_{sr}—土壤保持量，t/年；

c—单位水库清淤工程费用，元/m³；

ρ—土壤容重，t/m³；

λ—泥沙淤积系数；

i—土壤中污染物种类，$i=1, 2, \cdots, n$；

c_i—土壤中污染物（如氮、磷）的纯含量，%；

R_i—氮、磷、钾元素和有机质转换成相应肥料（尿素、过磷酸钙和氯化钾）及碳的比率；

T_i—尿素、过磷酸钙、氯化钾、有机质（转化成碳）价格，元。

A.4 休闲旅游

对于以休闲娱乐、景观科研为主要服务功能的水域,建议采用旅行费用法计算文化服务损失。旅行费用法是非市场物品价值评估的一种比较成熟的评估技术,主要适用于风景名胜区、休闲娱乐地、国家公园等地的文化服务价值评估。当旅行费用法不可行时,采用支付意愿法计算。

文化旅游服务价值的实物量主要体现在旅游人数,根据旅游部门相关的统计数据获取地区旅游人数,并从中筛选出生态文化旅游人数作为实物量进行核算,计算方法见公式(A.21)和公式(A.22):

$$\text{文化旅游实物量} = \text{生态系统文化旅游人数} \tag{A.21}$$

$$\text{旅游文化服务价值} = \text{消费者实际支出费用} + \text{消费者剩余} \tag{A.22}$$

旅游文化服务价值的调查计算步骤如下:

a) 对旅游者进行抽样调查,获得游客的客源地、游憩花费金额、游憩花费时间和被调查者的社会经济特征;

b) 定义和划分旅游者的出发地区,以此确定消费者的交通费用和经济水平;

c) 计算每一区域内到研究区旅游的人次(旅游率),计算方法见公式(A.23);

$$Q_i = \frac{V_i}{P_i} \tag{A.23}$$

式中:Q_i—旅游率;

V_i—根据抽样调查的结果推算出的 i 区域中到评价地点的总旅游人数;

P_i—i 区域的人口总数。

d) 根据对旅游者调查的样本资料,用分析出的数据,对不同区域的旅游率和旅行费用以及各种社会经济变量进行回归,建立需求模型,即旅行费用对旅游率的影响。

消费者实际支出费用=交通费用+景区门票费+食宿费+购买旅游商品费用+娱乐休闲费用+时间成本

时间成本=旅行时间×客源地平均工资

e) 计算旅游文化服务的剩余价值,计算方法见公式(A.24)。

$$V_T = \int_{\text{实际旅费}}^{P_m} f(x) dx \tag{A.24}$$

式中:V_T—消费者旅游服务剩余价值;

P_m—追加旅费最大值;

$f(x)$—旅游费用与旅游率的函数关系式。

附录 B
（资料性附录）
常用地表水生态环境修复和恢复技术适用条件与技术性能

表 B.1 常用地表水生态环境修复和恢复技术适用条件与技术性能表

修复恢复技术	技术功能	目标污染物	适用性	成本	成熟度	可靠性	二次污染和破坏
曝气增氧技术	向处于缺氧（或厌氧）状态的河道进行人工充氧，增强河道的自净能力，改善水质，改善或恢复河道的生态环境。	有机污染物	在污水截流管道和污水处理厂建成之前，为解决河道水体的有机污染问题而进行人工充氧；在已治理的河道中设立人工曝气装置作为应对突发性河道污染的应急措施。	设备简单，机动灵活，安全可靠，见效快，操作便利，适应性广，但河流曝气增氧成本较大。	该技术在我国外应用已经非常成熟。国内除了在北京、上海等地使用外，尚未在大规模河道综合治理中应用。	非常适合于城市景观河道和微污染源水的治理。	对水生态不产生二次污染和破坏。
生态浮床技术	将植物种子浮于水面的床体上，利用植物的根系直接吸收和植物的根系附着微生物的降解作用有效进行水体修复。	总磷，氨氮，有机物等	适用于水体的原位修复，受植物的季节性影响较大。	投资成本低，运营成本高。	技术相对成熟，国内有一定的应用案例。	技术可靠。	部分植物有造成生物入侵的风险。
引水冲污/换水稀释技术	通过加强沉积物一水界面物质交换，缩短污染物滞留时间，从而降低污染物浓度指标，死水区、非主流区重污染河水得到置换，改善河道水质。	无机和有机污染物	适用于水资源丰富的地区，通常作为应急措施或者辅助方法。	需要耗费大量优质水资源，引水工程量较大，费用较高。	在国内外湖泊富营养化治理中有所应用，对于污染严重且流动缓慢的河流也可考虑采用。	技术可靠。	没有从根本上去除污染物，增加了河道的水体，对下游会造成一定的冲击，污染物随着水流进入下游，将影响下游的水质和负荷。

续表

修复恢复技术	技术功能	目标污染物	适用性	成本	成熟度	可靠性	二次污染和破坏
底泥疏浚技术	去除底泥所含的污染物，消除污染水体的内源，减少底泥污染物向水体的稀释。	氮、磷、重金属、有毒有害有机物	实施的基础和前提条件是湖泊和河外流源必须得到有效控制和治理，否则无法保证疏浚效果达到改善水质的目的；也无法持续，就无法生态达到改善水质的目的；疏浚原则之一是优先在底泥污染重的局部区域重点疏浚，释放量大的河段与湖区开展底泥疏浚与生态重建有机结合才能达到良好的效果。	工程量大，成本高。	成熟度高，在国内外已经得到广泛的工程应用。	技术可靠。	疏浚过深将破坏原有生态系统，对于清除的底泥要进行后续处理，处理不当易引起二次污染。
化学絮凝技术	通过投加化学药剂去除水中污染物以达到改善水质的目的。	磷、重金属等	适用于突发水环境事件临时应急措施。	工程量大，成本高。	成熟度较高，国内多次应用在突发事件应急处置中，如镉污染、锑污染等。	技术可靠，快速高效。	处理效果易受水体环境变化的影响，且必须顾及化学药剂对水生生物的毒性及对生态系统的二次污染，应用具有很大的局限性。

续表

修复恢复技术	技术功能	目标污染物	适用性	成本	成熟度	可靠性	二次污染和破坏
生物膜技术	结合河道污染特点及土著微生物类型和生长特点，培养适宜的条件使微生物固定生长或附着生长在固体填料载体连续的表面，生成胶质相连的生物膜。通过水的流动和空气的扰动，生物膜和水接触，不断和水中有机污染物和溶解氧为生物膜所吸收，从而使生物生长壮大。	溶解性的和胶体状的有机污染物	微生物群体通过摄取有机物，在一定范围内繁殖并培养出菌群，能持续去除水中污染物。生物膜法的适应能力很强，可根据水质、水文、水量的变化发生变化，消化能力与处理能力较好。	投资运营费用较大，实施时需要大量的投资，及一定的管理技术和经费。	用于河流净化的生物膜技术在国外研究较多，尤其是日本，已在工程实践中运用多种生物膜技术对污染严重的中小河流进行净化。	能有效去除污染水体中的氨氮和有机物，可以大大改善水质。	该技术未改变地表水体原有的生态系统，不会造成二次污染和破坏。
人工湿地技术	湿地修建在河道周边，利用地势高低或机械动力将部分河水引入到生长有芦苇、香蒲等水生植物的湿地上，污水在沿一定方向流动过程中，经过湿地水生植物和土壤的作用净化后回到原水体。	氮、磷、重金属等污染物	污水处理系统的组合具有多样性和针对性，减少或减缓外界因素对处理效果的影响；可以和城市景观建设紧密结合，起到美化环境的作用；受气候条件限制较大；运行参数不精确，占地面积较大，容易产生淤积，饱和现象；对恶劣气候条件下的净化能力受作物生长成熟程度的影响大。	投资费用低，运行成本低，建设、处理过程能耗低。	该技术已经非常成熟，在国内外有广泛的工程应用。	污水处理效果稳定，可靠。	位置选择不当或处理能力不满足实际需求时，会污染周围土壤和地下水。

续表

修复恢复技术	技术功能	目标污染物	适用性	成本	成熟度	可靠性	二次污染和破坏
微生物直投净化技术	利用微生物唤醒或激活河道、污水中原本存在的可以净化水体的有效的微生物,但被抑制不能发挥功效时中毒大量繁发前使用,可弥补微生物生长时间较长的缺点。	氮、磷、重金属等污染物	当河流污染严重而又缺乏有效微生物作用时,投加微生物能有效促进有机污染物降解。适合湖库水在藻类大量爆发前使用,可弥补微生物生长时间较长的缺点。	工程量小,投资成本高。	技术相对成熟,国内外有一定应用。	受限于微生物适应性和水体特点,修复效果不一。	所投加的微生物若含病原菌等有害微生物,会破坏水体原生生态系统。
砾间接触氧化技术	通过在河流中放置一定量的砾石做充填层,增加河流断面上微生物的附着膜层数,水中污染物在砾间流动过程中与砾石上附着的生物膜接触被沉淀。		适用于污染物浓度较低的河流,当水体BOD高于30mg/L时,应增加曝气系统。	投资和运行成本低。	该技术在国外应用已经非常成熟,在日本和韩国有成熟的工程应用案例。	技术可靠。	对水生态不产生二次污染和破坏。
河道稳定塘技术	利用植被的天然净化能力处理污水,实现水体净化。		可利用河边洼地构建稳定塘,对于中小河流(不通航,不泄洪)可直接在河道沿筑坝拦水构建河道滞留塘。江南地区可利用氧化塘的水面种植多种水生植物,养殖鱼、虾、贝等,建立复杂的多级稳定塘系统。	投资较少。	成熟度高,国内外已经得到广泛工程应用。	具有统一和调和水生植物的功能,修复效果好。	对水生态不产生二次污染和破坏。

续表

修复恢复技术	技术功能	目标污染物	适用性	成本	成熟度	可靠性	二次污染和破坏
河床生态构建技术	通过埋石法、抛石法、固床工法、粗柴固定法或巨石固定法、粗柴捆法等材料或方式将巨石头或柴捆置于河床上，营造水生生物和微生物生长的河床，改善水体生态系统。		埋石法一般用于水流湍急且河床基础坚固的地区。	投资费用低，运行过程能耗低。	成熟度高，国内外已得到工程应用。	能有效改善水体生物和微生态环境。	重构水生态系统，对水生态不产生二次污染和破坏。
增殖放流技术	增加水生生物数量。		地表水体中鱼虾类等水生生物数量因受到损害而降低，可采用增殖放流的措施进行恢复，具体方法参考 SC/T 9401。	对水域条件、苗种来源、亲体来源、苗种培育等有严格要求，技术要求较高，成本较大。	该技术在国内应用成熟，具有相关技术规程。	适合鱼虾类等水生生物数量受严重损，且适合进行恢复的情况。	对水生态不产生二次污染和破坏。
河道整治	按照河道演变规律，恢复河道稳定结构，改善河道边界条件，水流生物栖息与生存环境，具体环境的治理活动。		因非法采砂等生态破坏，河行为造成河岸、河滩地等结构受损，威胁水文情势安全及水生生物栖息与生存环境，参考 GB 50707。	操作较简单，成本较低。	该技术在国内应用成熟，具有相关技术规程。	适合河道结构遭受破坏，需要通过工程措施，如回填等河道修复到稳定结构状态。	有产生二次污染和破坏的风险。
物种孵化技术	采用人工孵化技术，对受损物种进行恢复，增加物种数量。		适合于受损物种数量恢复，孵化技术精施包括间养场选择、布局、笼含、孵化室、育雏室、饲养室等。	需要一定的场地空间，并进行笼舍建设等，成本较高。技术水平及环境条件要求较高。	该技术在国内应用成熟，具有相关技术规程。	非常适合动物种数量及种群的恢复。	无产生二次污染和破坏的风险。

续表

修复恢复技术	技术功能	目标污染物	适用性	成本	成熟度	可靠性	二次污染和破坏
洄游通道	通过恢复河道自然连通，增设洄游通道等措施构建洄游性鱼类洄游通道，恢复其繁殖栖息环境和条件。		适合于因人为违反水利工程建设阻挡鱼类洄游通道，导致洄游性鱼类减少或消失的情况。通过恢复或构建鱼类洄游通道，保证其自然洄游路线畅通，促进其自然繁殖、栖息。	需通过河道整治，在水利工程处补建洄游通道，保证水体质量洄游通道，重建洄游通道，成本较高。	综合了多方面的技术措施，成熟度较高。	适合鱼类洄游通道恢复。	无产生二次污染和破坏的风险。
营建人工繁殖岛（栖息地建设）	针对部分水生生物，集群营巢的鸟类（如鸥、燕鸥和一些水禽）、水生哺乳动物等可以通过岸滩修复、渔业岛屿、增殖放流等来帮助创造营巢地、栖息地、改善水域生态状况，创造适宜动物栖息的空间。		适用于水生生物、水禽栖息地受到破坏导致物种和种群数量减少的情况。通过营建人工繁殖岛，促进物种和种群数量增长与恢复。	需要一定的场地空间，并建立适宜的栖息环境，适当的监测维护措施，成本较高。	针对不同物种栖息地建设，国内外均有一定案例。但针对不同物种栖息地建设及发展水平不一。部分鸟类栖息地建设较为成熟，而针对地表水体的水生物栖息地建设缺少成熟的技术规范。	适合水禽和水生哺乳动物等物种和数量的恢复。	无产生二次污染和破坏的风险。
自然衰减+监测技术	利用地表水体的自净、污染物的自然衰减以及水生态系统的自然恢复能力等实现地表水和水生态环境的修复和恢复，同时对地表水、沉积物以及水生生物等进行定期监测和监控。		适用范围较窄，一般仅适用于污染程度较低、污染物自然衰减能力较强的区域，且不适用于对地表水生态恢复时间要求较短的情况。	主要为地表水、沉积物和水生生物监测产生的费用，成本较低。	作为一种有效的方法在世界范围内得到应用。	取决于污染程度、自然衰减物能力以及生态系统自我修复能力。	一般不会对水生态系统造成二次污染和破坏。

生态环境损害鉴定评估技术指南 基础方法
第1部分：大气污染虚拟治理成本法
（GB/T 39793.1—2020）

（2020年12月29日发布）

前　言

为贯彻《中华人民共和国民法典》《中华人民共和国环境保护法》《中华人民共和国大气污染防治法》和《生态环境损害赔偿制度改革方案》，保护大气生态环境，保障公众健康，完善生态环境鉴定评估技术体系，为生态环境管理与环境司法提供技术依据，制定本标准。

本标准规定了大气污染虚拟治理成本法的适用情形、工作程序和评估方法。

本标准为首次发布。

本标准由生态环境部组织制定。

本标准起草单位：生态环境部环境规划院。

本标准自2021年1月1日起实施。本标准实施之前发生的生态环境损害的鉴定评估，继续参照《关于虚拟治理成本法适用情形与计算方法的说明》（环办政法函〔2017〕1488号）开展，但该损害持续至本标准实施的除外。

本标准由生态环境部解释。

1　适用范围

本标准规定了大气污染虚拟治理成本法的适用情形、工作程序和评估方法。

本标准适用于污染物排放事实明确，但损害事实不明确或无法以合理的成本确定大气生态环境损害范围、程度和损害数额的情形。本标准不适用于突发环境事件中实际发生的应急处置费用或治理费用明确、通过调查和评估可以确定的生态环境损害的鉴定评估。

爆炸、焚烧等情形的大气污染损害评估可参照本标准使用。

2　规范性引用文件

本标准引用了下列文件或其中的条款。凡是注明日期的引用文件，仅注日期的版本适用于本标准。凡是未注日期的引用文件，其最新版本（包括所有的修改单）适用于本标准。

GB 30000.18　化学品分类和标签规范　第18部分：急性毒性
GB 30000.19　化学品分类和标签规范　第19部分：皮肤腐蚀刺激
GB 30000.20　化学品分类和标签规范　第20部分：严重眼损伤或眼刺激
GB 30000.21　化学品分类和标签规范　第21部分：呼吸道或皮肤致敏
GB 30000.27　化学品分类和标签规范　第27部分：吸入危害

3　术语和定义

下列术语和定义适用于本标准。

3.1 单位治理成本 unit abatement cost

工业生产企业或专业污染治理企业治理单位体积或质量的废气所产生的费用，一般包括能源消耗、设备维修、人员工资、管理费、药剂费等处理设施运行费用、固定资产折旧费用及治理过程中产生的废物处置等有关费用，不包括固体废物综合利用产生的效益。

3.2 污染物数量 pollutant amount

大气污染物超标或超总量以及其他违反相关法律法规规定产生的排放量。对于无排放标准的大气污染物，大气污染物数量指该污染物的排放总量。

3.3 调整系数 adjustment coefficient

用于调整大气污染治理成本与环境污染造成的损害价值间的差距而确定的系数，反映大气污染物对于周边人群健康和空气质量的综合影响，取值与大气污染物的危害性、周边环境敏感点、污染物超标情况、影响区域环境功能类别相关。

4 工作程序

大气污染虚拟治理成本法工作程序见图1，具体步骤包括：

a) 方法适用性分析。通过现场勘察、资料核实、卷宗调阅等，明确大气污染物排放的事实，掌握大气污染物的来源或所属行业、排放规律、排放去向、排放地点、排放数量、排放浓度和排入大气环境功能等，分析虚拟治理成本法的适用性。

b) 确定大气污染物数量。基于环境监测、生产台账、实验等信息，采取现场调查、人员访谈等方式，确定大气污染物数量；

c) 确定单位治理成本确定。采用实际调查法、成本函数法等方法，量化工业企业或专业污染治理企业减排或治理单位大气污染物所产生的费用；

d) 确定调整系数。根据环境敏感点情况、污染物超标情况、排放区域环境空气功能区划类别等因素，确定调整系数，包括危害系数、受体敏感系数、超标系数和环境功能系数；

e) 计算大气生态环境损害数额。根据大气污染物数量、单位治理成本、调整系数，采用虚拟治理成本法计算公式，计算大气生态环境损害数额。

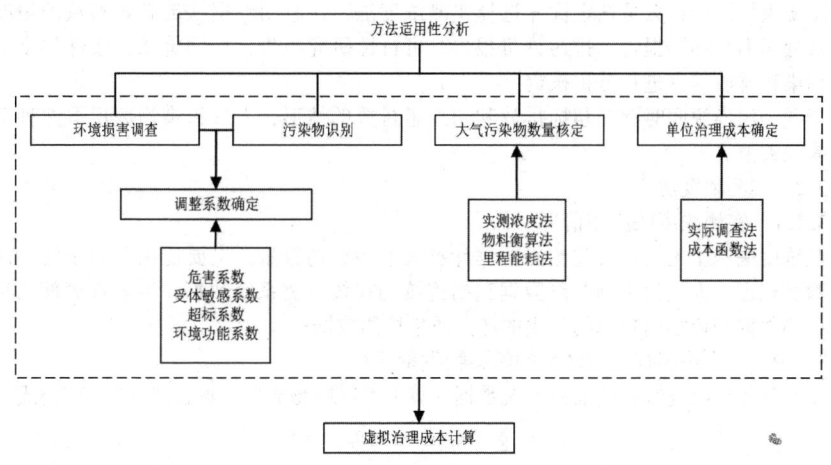

图1 鉴定评估程序

5 评估方法

5.1 基本方法

以现行技术方法治理等量大气污染物所需的成本为基础，综合考虑大气污染物的危害、周边敏感点、污染物超标情况、影响区域环境功能类别等因素进行损害数额计算，见公式（1）和公式（2）。

$$D = E \times C \times \gamma \tag{1}$$

$$\gamma = (\alpha \times \beta + \omega) \times \tau \tag{2}$$

式中：D—大气污染生态环境损害，元；
　　　E—大气污染物数量，t；
　　　C—大气污染物单位治理成本，元/t；
　　　γ—调整系数；
　　　α—危害系数；
　　　β—受体敏感系数；
　　　ω—环境功能系数；
　　　τ—超标系数。

5.2 污染物识别

通过资料分析、现场踏勘、人员访谈等方式，根据大气污染物产生的技术工艺、燃料特点、工况条件，确定关注污染物类型。

一般情况下，须通过独立污染治理设备和工艺处理的大气污染物均应作为关注污染物，并分别计算虚拟治理成本；可通过同一污染治理设备、工艺处理的多种大气污染物可选取其中一种主要污染物作为虚拟治理成本法计算的关注污染物。

5.3 大气污染物数量核定

5.3.1 大气污染物数量确定原则

在生态环境管理部门批准的排放口超标排放废气并进入大气环境的，排放数量为超标排放的废气总量。其他非法排放的，排放数量为排放的废气总量。

固定源大气污染物数量核定优先选择实测浓度法，在监测数据缺乏必要参数的情况下可利用行政处罚书、环评报告、排污许可报告、可行性研究报告、询问笔录、案件卷宗等相关资料中污染物排放信息进行分析核定。

对于同一污染源同时存在超标排放和超总量排放的情形，大气污染物数量取两种情形的计算结果最大值。

5.3.2 实测浓度法

5.3.2.1 实测浓度法应用情形

实测浓度法基于大气污染物监测数据计算大气污染物数量，主要适用于固定污染源大气污染物数量核定。大气污染物监测数据包括连续的在线监测系统数据、生态环境部门提供的监督性监测数据和市场监督部门提供的产品质量检测数据。

5.3.2.2 污染物超标排放情形的污染物数量计算

基于大气污染物连续在线监测系统数据计算大气污染物数量，见公式（3）和公式（4）。

$$E = \sum_T R_T \times V_T \times \theta_T \times 10^{-9} \tag{3}$$

$$\theta_T = \frac{Z_T - B}{Z_T} \tag{4}$$

式中：R_T—小时大气污染物实测浓度，mg/m³；
　　　V_T—小时废气排放流量，m³/h；

θ_T—小时大气污染物超标排放比例；

T—评估时段，以小时计；

Z_T—小时大气污染物折算浓度，mg/m³；

B—标准排放浓度限值，mg/m³，对于无排放标准的大气污染物，取 0；

其他符号意义见公式（1）中符号解释。

基于大气污染物监督性监测数据计算大气污染物数量，见公式（5）和公式（6）。

$$E = \bar{R} \times \bar{V} \times \bar{\theta} \times T \times 10^{-9} \qquad (5)$$

$$\bar{\theta} = \frac{\bar{Z} - B}{\bar{Z}} \qquad (6)$$

式中：$\bar{R}$—大气污染物平均实测浓度，mg/m³；

$\bar{V}$—废气平均排放流量，m³/h；

$\bar{\theta}$—大气污染物超标排放平均比例；

$\bar{Z}$—大气污染物平均折算浓度，mg/m³；

其他符号意义见公式（1）和公式（4）中符号解释。

5.3.2.3 污染物超总量排放情形的污染物数量计算

基于大气污染物连续在线监测系统数据计算大气污染物数量，见公式（7）。

$$E = \sum_T R_T \times V_T \times 10^{-9} - E_a \qquad (7)$$

式中：E_a—排污许可证规定的大气污染物允许排放量，t；

其他符号意义见公式（1）和公式（3）中符号解释。

基于大气污染物监督性监测数据计算大气污染物数量，见公式（8）。

$$E = \bar{R} \times \bar{V} \times T \times 10^{-9} - E_a \qquad (8)$$

5.3.3 物料衡算法

物料衡算法依据质量守恒定律，根据原料、产品与大气污染物之间的定量转化关系计算大气污染物数量，主要适用于固定污染源大气污染物超总量排放核定，见公式（9）。

$$E = A \times K \times (1 - \eta) - E_a \qquad (9)$$

式中：A—活动水平，根据情况选择原料消耗量或产品产生量，t；

K—大气污染物产污系数；

η—治理技术对大气污染物的去除效率；

其他符号意义见公式（1）和公式（7）中符号解释。

K 和 η 取值可参考全国污染源普查以及经过同行评审的产排污核算系数研究结果，无相关数据时，可通过实际调查取得。

5.3.4 里程能耗法

里程能耗法根据大气污染物移动源行驶里程和污染物排放浓度或燃料中污染物含量计算大气污染物排放量，主要适用于移动源大气污染物超标排放量核定，见公式（10）。

$$E = \sum_P S \times (R_V - B_V) - 10^{-6} \qquad (10)$$

式中：P—移动源数量，辆；

S—单个移动源的行驶里程，km；

R_V—移动源尾气大气污染物单位里程排放量，g/km；

B_V—移动源尾气标准排放限值，g/km；

其他符号意义见公式（1）中符号解释。

5.4 单位治理成本确定

5.4.1 实际调查法

单位治理成本确定优先选择实际调查法。通过实际调查,获得相同或邻近地区、相同或相近生产规模、生产工艺、产品类型、处理工艺的企业,治理相同或相近大气污染物,能够实现稳定达标排放的单位污染治理成本;或取得符合上述条件的污染物治理方案的预测成本。在上述因素中,相同产品类型、规模、能够实现稳定达标排放为首要考虑因素,相同或邻近地区为次要考虑因素,其次为生产工艺和处理工艺。单位大气污染物治理成本计算方法见公式 (11) 和公式 (12)。

$$C_i = \frac{\sum_n C_{i,j}}{n} \quad (11)$$

$$C_{i,j} = \frac{\lambda \times F \times \mu + c(t)}{P_i(t) - E_i(t)} \quad (12)$$

式中:C_i—大气污染物 i 的单位治理成本,元/t;

n—调查企业数量,原则上不能少于 3 家;

$C_{i,j}$—大气污染物 i 在调查企业 j 的单位治理成本,元/t;

λ—价格指数,反映物价水平变化的指数,参考国家或地方统计年鉴获得;

F—调查企业污染治理设备购置等固定成本投入,元;

μ—折旧系数,反映污染治理持续时间内污染治理设备的使用折损情况;

c—调查企业大气污染治理设施运行成本,元;

t—大气污染治理设施运行时间;

P_i—调查企业大气污染物 i 的产生量,t;

E_i—调查企业大气污染物 i 的排放量,t。

5.4.2 成本函数法

基于样本量足够大的实际调查或利用污染源普查、环境统计等数据库,可建立典型行业的主要大气污染物单位治理成本函数,并以此为基础计算特定行业的大气污染物单位治理成本,见公式 (13)。

$$C_i = \lambda \times f_i(l, d, k, s) \quad (13)$$

式中:$f_i(l, d, k, s)$—大气污染物 i 的单位理成本函数,l、d、k、s 分别代表地区、行业、治理工艺和企业规模。

其他符号意义见公式 (12) 中符号解释。

5.5 调整系数

5.5.1 污染物危害系数

根据 GB 30000.18、GB 30000.19、GB 30000.20、GB 30000.21 和 GB 30000.27 中的分类标准和表1,确定单一特征污染物或混合物的危害类别和危害系数。同一污染物具有多种危害类型的,取危害系数的最高值。常见污染物危害系数见表2。

表 1 污染物危害分类和危害系数

危害类型	危害类别	危害系数 α
吸入危害	类别 1	1.75
	类别 2	1.5

续表

危害类型	危害类别	危害系数 α
严重眼损伤/眼刺激	类别1	1.5
	类别2	1.25
皮肤腐蚀刺激	类别1	1.5
	类别2	1.25
	类别3	1
呼吸道或皮肤致敏	类别1A	1.5
	类别1B	1.25
急性毒性（接触途径为气体、蒸汽、粉尘和烟雾）	类别1	2
	类别2	1.75
	类别3	1.5
	类别4	1.25
	类别5	1

表2 常见污染物危害系数

序号	污染物质	危害系数 α
1	PM10、PM2.5、二氧化硫、四氯乙烯、氯甲烷、二氯甲烷、甲醇、乙腈、四氯化碳、联苯、铅、三氧化二砷、氮氧化物	1.25
2	一氧化碳、氯苯、二硫化碳、三氯甲烷、环氧乙烷、氟化氢	1.5
3	苯乙烯、甲苯、苯、二甲苯、苯酚、苯胺、硫化氢、氯化氢、氰、氯	1.75
4	氢氰酸、敌敌畏、汞、对硫磷、光气、镉	2

5.5.2 受体敏感系数

根据大气污染源与下风向区域中人群集聚地的最近距离确定受体敏感系数，具体取值见表3。

表3 周边敏感系数

大气污染源与敏感区域的最近距离 y（km）	受体敏感系数 β
y≤1	1.5
1<y≤5	1.2
y≥5	1

5.5.3 超标系数

根据大气污染物排放浓度超过国家或地方行业排放标准、综合排放标准的倍数确定超标系数，具体取值见表4，对于大气污染物浓度未超标但超总量排放的情形，超标系数取1。其中大气污染物排放口浓度平均超标倍数 κ 按照公式（14）计算。

$$\kappa = \frac{\overline{Z} - B}{B} \tag{14}$$

式中：κ—大气污染物浓度平均超标倍数；

其他符号意义见公式（6）中符号解释。

表4 超标系数

污染物浓度平均超标倍数 κ	超标系数 τ
$\kappa \leq 2$	1.1
$2 < \kappa \leq 5$	1.2
$5 < \kappa \leq 10$	1.3
$\kappa > 10$	1.4

5.5.4 环境功能系数

根据污染源排放区域环境功能区确定环境功能系数，具体见表5。环境功能区类型以现状功能区为准，当环境功能区不明确时参考相关环境质量标准中的规定，Ⅰ类为自然保护区、风景名胜区和其他需要特殊保护的区域；Ⅱ类为居住区、商业交通居民混合区、文化区、工业区和农村地区。

表5 环境功能系数

环境功能区类别	环境功能系数 ω
Ⅰ类	2.5
Ⅱ类	1.5

生态环境损害鉴定评估技术指南 基础方法 第2部分：水污染虚拟治理成本法 （GB/T 39793.2—2020）

（2020年12月29日发布）

前　言

为贯彻《中华人民共和国民法典》《中华人民共和国环境保护法》《中华人民共和国水污染防治法》和《生态环境损害赔偿制度改革方案》，保护地表水生态环境，保障公众健康，规范涉及地表水的生态环境损害鉴定评估工作，制定本标准。

本标准规定了地表水污染虚拟治理成本法的适用情形、工作程序和评估方法。

本标准为首次发布。

本标准由生态环境部组织制定。

本标准主要起草单位：生态环境部环境规划院。

本标准自2021年1月1日起实施。本标准实施之前发生的生态环境损害的鉴定评估，继续参照《关于虚拟治理成本法适用情形与计算方法的说明》（环办政法函〔2017〕1488号）开展，但该损害持续至本标准实施的除外。

本标准由生态环境部解释。

1 适用范围

本标准规定了地表水污染虚拟治理成本法的适用情形、工作程序和评估方法。

本标准适用于非法排放或倾倒废水或固体废物（包括危险废物）等排放行为事实明确，但损害事实不明确或无法以合理的成本确定地表水生态环境损害范围、程度和损害数额的情形。本标准不适用于突发环境事件中实际发生的应急处置费用或治理费用明确、通过调查和评估可以确定的生态环境损害的鉴定评估。

2 规范性引用文件

本标准引用了下列文件或其中的条款。凡是注明日期的引用文件，仅注日期的版本适用于本标准。凡是未注日期的引用文件，其最新版本（包括所有的修改单）适用于本标准。

GB 30000.18 化学品分类和标签规范 第18部分：急性毒性

GB 30000.28 化学品分类和标签规范 第28部分：对水生环境的危害

3 术语和定义

下列术语和定义适用于本标准。

3.1 单位治理成本 unit abatement cost

指工业生产企业或专业污染治理企业治理单位体积或质量的废水或固体废物所产生的费用，一般包括能源消耗、设备维修、人员工资、管理费、药剂费等处理设施运行费用、固定资产折旧费用及治理过程中产生的废物处置等有关费用，不包括固体废物综合利用产生的效益。

3.2 排放数量 discharge amount

指排污单位超标或超总量排放的污染物量或向其法定边界以外环境排放的废水量或倾倒的固体废物量。对于无排放标准的水污染物，指该污染物的排放总量。

3.3 调整系数 adjustment coefficient

用于调整地表水污染治理成本与环境污染造成的损害价值间的差距而确定的系数，反映废水或固体废物对水环境造成的不利影响和不同功能水体的敏感程度，取值与污染物的危害性以及地表水环境功能相关。

4 工作程序

地表水污染虚拟治理成本法工作程序见图1，具体步骤包括：

a) 方法适用性分析。通过现场勘察、资料核实、卷宗调阅等，明确废水或固体废物的排放或倾倒的事实，掌握废水或固体废物的来源或所属行业、特征污染物、排放规律、排放去向、排放地点、排放数量、排放浓度和排入水体环境功能等，分析虚拟治理成本法的适用性。

b) 确定排放数量。根据现场勘察、询问笔录、生产记录等资料，确定污染物超标排放量或者废水、固体废物排放或倾倒的质量或体积,根据需要测算废水中的特征污染物含量。

c) 确定单位治理成本。采用实际调查法、成本函数法等方法,确定废水或废水中的特征污染物或固体废物的单位治理成本。

d) 确定调整系数。根据废水或固体废物的危害类别和受纳水体的现状环境功能,确定调整系数,包括危害系数、超标系数和环境功能系数。

e) 计算地表水生态环境损害数额。根据排放量、单位治理成本、调整系数等,采用虚拟治理成本法计算公式,计算地表水生态环境损害数额。

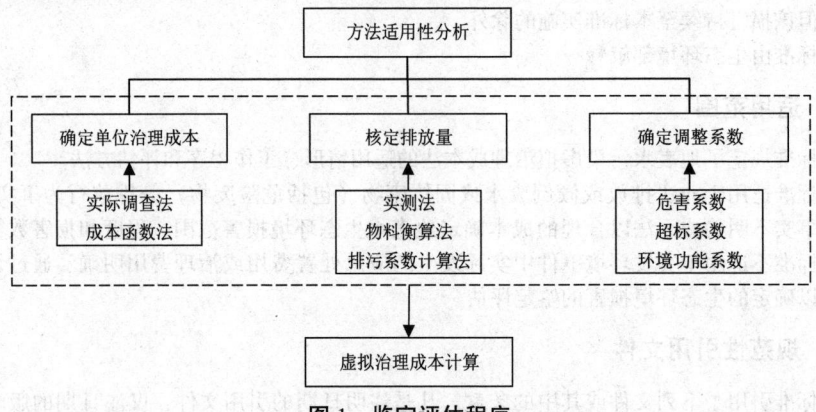

图1 鉴定评估程序

5 评估方法

5.1 基本方法

以现行技术方法能够将废水或固体废物治理达到相关标准所需的成本为基础,同时考虑废水或固体废物中物质或污染物的危害性、浓度以及地表水环境功能等因素进行损害数额计算,见公式(1)和公式(2)。

$$D = E \times C \times \gamma \tag{1}$$

$$\gamma = \alpha \times \tau \times \omega \tag{2}$$

式中:D—地表水生态环境损害数额,元;

E—排放数量(根据实际选择超标排放量或排放总量,可采用体积或质量单位),t 或 m^3;

C—废水(或废水中的特征污染物)或固体废物的单位治理成本,元/t 或元/m^3;

γ—调整系数;

α—危害系数;

τ—超标系数;

ω—环境功能系数。

5.2 排放数量

在生态环境管理部门批准的排污口超标排放废水并进入地表水体的,排放数量为超标排放的废水或特征污染物总量。其他偷排、倾倒废水的,排放数量为排放的废水或特征污染物总量。向地表水体排放、倾倒固体废物的,排放数量为排放、倾倒的固体废物总量。

排放数量的计算方法包括实测法、物料衡算法和排污系数计算法。对于废水或废液倾倒、违法违规排污类事件,废水或固体废物排放量一般通过现场排放量核定、人员访谈、生产或运输记录获取相关资料数据,根据实际情况选择合适的计算方法;对于突发环境事件,一般通过实测法与物料衡算法相互验证的方法进行测算。

5.3 单位治理成本
5.3.1 实际调查法

优先采用实际调查法确定单位治理成本。通过实际调查，获得相同或临近地区、相同或相近生产工艺、产品类型、生产规模、治理工艺的企业，治理相同或相近废水或固体废物，能够实现稳定达标排放的平均单位治理成本。在上述因素中，相同产品类型和治理工艺、生产规模、能够实现稳定达标排放为首要考虑因素，相同或临近地区为次要考虑因素，其次为生产工艺。

废水和固体废物的单位治理成本参照公式（3）和公式（4）计算。

$$C = \frac{\sum_{j=1}^{n} C_j}{n} \qquad (3)$$

$$C_j = \frac{\lambda \times F_j \times \mu_j + c_j(t_j)}{T_j} \qquad (4)$$

式中：C——废水或固体废物的单位治理成本；

n——调查企业数量，原则上不少于 3 家；

C_j——调查企业 j 的废水或固体废物单位治理成本，元/t；

λ——价格指数，可以取工业生产者购进价格指数，参考国家或地方统计年鉴获得；

F_j——调查企业 j 的废水或固体废物治理设施固定资产投入，元；

μ_j——折旧系数，反映调查企业 j 的废水或固体废物治理设施的使用折损情况；

c_j——调查企业 j 的废水或固体废物治理设施运行成本，元；

t_j——调查企业 j 的废水或固体废物治理设施运行时间；

T_j——调查企业 j 的废水或固体废物处理量，t。

废水或固体废物来源明确且来源单位具有自有处理设施，满足以下条件之一的，可采用来源单位自行核算的治理成本：

（1）在近三年内有正常运行记录，废水可以达标排放或满足固体废物污染控制要求；

（2）近三年未运行，但已有资料可以充分证明处理工艺有效，废水可达标排放或固体废物满足污染控制要求。

应对来源单位提供的成本核算资料进行合理性评估，在支出成本项目构成、单价和数量等方面合理的情况下，来源单位自行核算的治理成本可作为废水或固体废物的单位治理成本。对废水或固体废物治理成本不明确的情况，可以采用专业废水或固体废物治理企业提供的单位治理成本核算数据。

5.3.2 成本函数法

当调查样本量足够大时，可采用成本函数法，通过调查数据建立典型行业的废水或固体废物的治理成本函数，以达到排放标准的单位污染治理成本平均值作为单位治理成本，见公式（5）。

$$C = \lambda \times f(l, d, k, s) \qquad (5)$$

式中：C——水污染物或废水、固体废物 i 的单位治理成本，元/t；

λ——价格指数，可以取工业生产者购进价格指数，参考国家或地方统计年鉴获得；

$f(l, d, k, s)$——为水污染物或废水、固体废物 i 的单位理成本函数，l, d, k, s 分别代表地区、行业、治理工艺和企业规模。

5.4 危害系数
5.4.1 废水
5.4.1.1 评价指标

确定废水危害系数时，应根据以下原则确定评价指标：

a) 来源、污染物类别与含量明确的废水,比对行业排放标准,将超标污染物指标全部纳入危害系数计算;

b) 来源不明但通过检测明确污染物类别与含量的废水,比对综合性排放标准,将超标污染物指标全部纳入危害系数计算;

c) 来源已知但污染物质成分不明或无法测定的废水,根据废水的行业来源和行业排放标准,将全部可参与计算的污染物指标纳入危害系数计算。

5.4.1.2 渔业用水

地表水环境功能为珍稀水生生物栖息地和渔业用水的,根据 GB 30000.28 中物质的分类标准和混合物的分类标准,对废水中化学物质或混合物的水生环境危害进行分类。根据废水中化学物质或混合物的急性水生危害或慢性水生危害类别确定 α 取值,见表1;同时具有急性水生毒性和慢性水生毒性的,α 取最大值。

5.4.1.3 饮用水源

地表水环境功能为饮用水源的,根据 GB 30000.18 中物质的分类标准和混合物的分类标准,对废水中化学物质或混合物的人体健康急性危害进行分类,并根据废水中化学物质或混合物的人体经口接触急性毒性危害类别确定 α 取值,见表1。

5.4.1.4 娱乐用水

地表水环境功能为直接接触娱乐用水的,根据 GB 30000.18 中物质的分类标准和混合物的分类标准,对废水的经皮急性毒性危害进行分类。根据废水中化学物质或混合物的经皮急性毒性危害类别确定 α 取值,见表1。

5.4.1.5 其他规定

地表水环境功能为农业用水、一般工业用水、一般景观用水、非直接接触娱乐用水以及其他无特定功能的,危害系数 α 取值见表1。

地表水环境功能为多种用途的,危害系数 α 取最大值。

化学物质的急性水生危害、慢性水生危害、人体经口急性毒性、人体经皮急性毒性数据,可参考国内外相关化学物质毒性数据库。

表1 废水危害系数

地表水环境功能	危害类型	危害类别	危害系数 α
珍稀水生生物栖息地及渔业用水	急性水生危害	类别1	2
		类别2	1.75
		类别3	1.5
	慢性水生危害	类别1	2
		类别2	1.75
		类别3	1.5
		类别4	1.25

续表

地表水环境功能	危害类型	危害类别	危害系数 α
饮用水源	人体经口急性毒性	类别1	2
		类别2	1.75
		类别3	1.5
		类别4	1.25
		类别5	1
直接接触娱乐用水	人体经皮急性毒性	类别1	2
		类别2	1.75
		类别3	1.5
		类别4	1.25
		类别5	1
农业用水	——	——	1.5
一般工业或景观用水、非直接接触娱乐用水及其他无特定功能用水	——	——	1

5.4.2 固体废物和油品

排放或倾倒危险废物、一般工业固体废物、生活垃圾以及油品进入地表水体的，危害系数取值见表2。

表2 固体废物或油品危害系数

类型	危险特性	危害系数 α
危险废物（含有害垃圾）	具有感染性或毒性的	2
	仅具有反应性或腐蚀性的	1.5
一般工业固体废物（Ⅱ类）	——	1.5
一般工业固体废物（Ⅰ类）	——	1.25
餐厨垃圾	——	1.5
其他生活垃圾	——	1.25
船用重油、重质燃油	——	2
废润滑油、沥青、焦油	——	1.75
汽油、柴油、航空燃油、取暖油	——	1.5

5.5 超标系数

5.5.1 废水

确定废水中污染物超过国家或地方行业排放标准、综合排放标准的超标倍数。确定废水的超标系数时，超标污染物的选取原则同 5.4.1.1。

当废水中多个污染物存在超标时，根据所有检测样品中各项污染物的最大超标倍数确定超标系数。超标系数取值见表 3。对于废水污染物浓度未超过排放标准的情形，超标系数取 1。废水污染物超标倍数 κ 按照公式 6 计算。

$$\kappa = \frac{Z - B}{B} \tag{6}$$

式中：κ—水污染物浓度超标倍数；
　　　Z—废水污染物浓度，mg/L 或 μg/L；
　　　B—排放标准浓度限值，mg/L 或 μg/L。

表 3　废水超标系数

最大超标倍数	超标系数 τ
最大超标倍数>1000	2
100<最大超标倍数≤1000	1.75
10<最大超标倍数≤100	1.5
0<最大超标倍数≤10	1.25

5.5.2　固体废物

排放或倾倒危险废物、一般工业固体废物、生活垃圾进入地表水体的，超标系数取值见表 4。危险化学品以外的其他化学品进入地表水体的，超标系数取值为 1.5。

表 4　固体废物超标系数

类型	超标系数 τ
危险废物	2
一般工业固体废物（Ⅱ类）	1.75
一般工业固体废物（Ⅰ类）	1.5
化学品（危险化学品除外）	1.5
生活垃圾	1.25

5.6　环境功能系数

环境功能系数的取值原则如下：

a）排放行为发生在集中式生活饮用水地表水源地、水生动植物自然保护区、水产种质资源保护区及其他国家自然保护区内的，或排放行为发生在上述保护区外、但污染物进入上述保护区且监测数据表明引起上述保护区水质异常的，ω 取值为 2.5；

b）排放行为发生在渔业用水功能区的，或排放行为发生在渔业用水功能区外、但监测数据表明引起渔业用水水质异常的，ω 取值为 2.25；

c）排放行为发生在农业用水功能区的，或排放行为发生在农业用水功能区外、但有监测数据表明引起农业用水水质异常的，ω 取值为 2；

d）排放行为发生在非直接接触娱乐用水、一般工业用水和一般景观用水功能区，或排放行为发生在上述用水功能区外、但有监测数据表明引起上述用水水质异常的，ω 取值为 1.75；

e) 排放行为发生在上述功能区以外的，ω 取值为 1.5；

f) 排放行为同时影响了多种环境功能地表水体的，ω 取最大值。

环境功能系数的取值见表 5。

表 5　环境功能系数

排放行为发生地点	环境功能系数 ω
排放行为发生在集中式生活饮用水地表水源地、水生动植物自然保护区、水产种质资源保护区及其他国家自然保护区内的，或排放行为发生在上述保护区外、但污染物进入上述保护区且监测数据表明引起上述保护区水质异常的	2.5
排放行为发生在渔业用水功能区的，或排放行为发生在渔业用水功能区外、但有监测数据表明引起渔业用水水质异常的	2.25
排放行为发生在农业用水功能区的，或排放行为发生在农业用水功能区外、但有监测数据表明引起农业用水水质异常的	2
排放行为发生在非直接接触娱乐用水、一般工业用水和一般景观用水功能区，或排放行为发生在上述用水功能区外、但有监测数据表明引起上述用水水质异常的	1.75
排放行为发生在上述功能区以外的	1.5

生态环境损害鉴定评估技术指南　森林（试行）

（2022 年 7 月 25 日）

前　言

为贯彻《中华人民共和国民法典》《中华人民共和国环境保护法》《中华人民共和国森林法》《中华人民共和国野生动物保护法》和《生态环境损害赔偿制度改革方案》，保护森林生态环境，保障公众健康，规范涉及森林生态环境损害鉴定评估工作，制定本技术文件。

本技术文件规定了森林生态环境损害鉴定评估内容、程序和技术要求。

本技术文件的附录 A～附录 F 为资料性附录。

本技术文件为首次发布。

本技术文件由生态环境部会同国家林业和草原局组织制定。

本技术文件起草单位：生态环境部环境规划院、北京林业大学、国家林业和草原局调查规划设计院、中国林业科学研究院、中国科学院生态环境研究中心。

本技术文件自发布之日起实施。本技术文件实施之前发生的森林生态环境损害的鉴定评估继续参照现有标准和技术文件开展，损害持续至本技术文件实施之后的除外。

本技术文件由生态环境部会同国家林业和草原局解释。

1　适用范围

本技术文件规定了涉及森林生态环境损害鉴定评估的内容、工作程序、方法和技术要求。

本技术文件适用于因破坏生态或污染环境行为导致的森林生态环境损害鉴定评估。

本技术文件不适用于核与辐射事故导致的森林生态环境损害鉴定评估，不适用于森林资源资产评估。

2 规范性引用文件

下列文件中的内容通过文中的规范性引用而构成本文件必不可少的条款。其中，注日期的引用文件，仅该日期对应的版本适用于本文件；不注日期的引用文件，其最新版本（包括所有的修改单）适用于本文件。

GB 6000　主要造林树种苗木质量分级
GB/T 15776　造林技术规程
GB/T 15781　森林抚育规程
GB/T 18337.3　生态公益林建设技术规程
GB/T 26424　森林资源规划设计调查技术规程
GB/T 38360　裸露坡面植被恢复技术规范
GB/T 38582　森林生态系统服务功能评估规范
GB/T 38590　森林资源连续清查技术规程
GB/T 39791.1　生态环境损害鉴定评估技术指南　总纲和关键环节　第 1 部分：总纲
GB/T 39791.2　生态环境损害鉴定评估技术指南　总纲和关键环节　第 2 部分：损害调查
GB/T 39792.1　生态环境损害鉴定评估技术指南　环境要素　第 1 部分：土壤和地下水
GB/T 50885　水源涵养林工程设计规范
GB/T 51097　水土保持林工程设计规范
GB/T 51085　防风固沙林工程设计规范
GA/T 1686　法庭科学现场伐根测量方法
HJ 710.1　生物多样性观测技术导则　陆生维管植物
HJ 710.3　生物多样性观测技术导则　陆生哺乳动物
HJ 710.4　生物多样性观测技术导则　鸟类
HJ 710.5　生物多样性观测技术导则　爬行动物
HJ 710.10　生物多样性观测技术导则　大中型土壤动物
HJ/T 166　土壤环境监测技术规范
LY/T 2011　林业主要有害生物调查总则
LY/T 2241　森林生态系统生物多样性监测与评估规范
LY/T 2242　自然保护区建设项目生物多样性影响评价技术规范
LY/T 2407　森林资源资产评估技术规范
TD/T 1036　土地复垦质量控制标准
DB11T478　古树名木评价标准
防护林造林工程投资估算指标（林规发〔2016〕58 号）
野生动物及其制品价值评估方法（国家林业局令第 46 号）

3 术语和定义

下列术语和定义适用于本技术文件。

3.1 森林生态环境损害 forest environmental damage

由于破坏生态、污染环境行为造成森林生态系统结构、功能与演替等过程的不利改变，以及森林生态系统服务的降低或丧失。

3.2 森林生态环境损害事件 forest environmental damage incidents

由于乱砍滥伐、毁林开垦、非法采矿及采砂采土、违规工程建设、违法采挖移植、有害生物损害、人为火灾、违规旅游开发等生态破坏行为或污染物排放倾倒等环境污染行为，造成森林立地条件或生境质量下降、物种数量减少、结构受损、生态服务功能降低甚至丧失的事件。

4 工作程序

森林生态环境损害鉴定评估采用 GB/T 39791.1 确定的工作程序开展，鉴定评估程序见图1。具体内容包括：

a）工作方案制定

掌握森林生态环境损害的基本情况和主要特征，确定生态环境损害鉴定评估的内容、范围和方法，查阅所在区域的主要植被和生物状况背景资料，编制鉴定评估工作方案。

b）损害调查确认

开展森林基本状况调查，主要对物种与生态服务功能进行调查，确定物种组成与主要服务功能的基线水平，判断森林植被与其他生物的种类、数量、结构以及服务功能是否受到损害。

c）因果关系分析

分析生态破坏、环境污染行为与森林生态环境损害之间是否存在因果关系。

d）森林生态环境损害实物量化

筛选确定森林生态环境损害的评估指标，对比评估指标现状与基线，确定生态环境损害的范围和程度，计算生态环境损害实物量。确定恢复目标，制定基本恢复方案，基于等值分析原则，量化期间损害，制定补偿性恢复方案。

e）森林生态环境损害价值量化

基于等值分析原则，编制并比选森林生态环境恢复方案，计算恢复费用；不能恢复的，根据实地调查情况，采用适用的生态服务价值量化方法计算森林生态环境损害数额。

f）生态环境损害鉴定评估报告编制

编制森林生态环境损害鉴定评估报告书，根据需要建立鉴定评估工作档案。

g）生态环境恢复效果评估

定期跟踪森林生态环境的恢复情况，全面评估恢复效果是否达到预期目标；对于未达到预期目标的，应分析原因并进一步采取相应措施，直至达到预期目标。

5 工作方案制定

5.1 基本情况调查

通过资料收集、遥感影像分析、走访座谈、问卷调查、现场踏勘等方式，了解评估区的自然环境与社会状况，包括地理位置、地形地貌、海拔、气候、土壤类型、水文和生物资源等自然资源条件，调取损害区域受损前后的遥感影像，初步分析森林生态环境的损害行为与损害后果之间的关系，掌握森林生态环境损害的基本情况，明确森林生态环境损害鉴定评估工作的主要内容。

获取受损区域的生态保护规划以及生态功能区划、生态保护红线、自然保护地、风景名胜区、土地利用类型与历史以及污染或破坏行为发生前的森林资源调查资料。

5.2 编制工作方案

根据所掌握的初步调查数据、损害情况以及生态环境和社会经济信息，初步判断森林生态环境的损害范围与类型，根据鉴定评估需求，明确生态环境损害鉴定评估工作内容，设计工作程序，通过调研、专项研究、专家咨询等方式，确定鉴定评估工作的具体方法，制定工作方案。

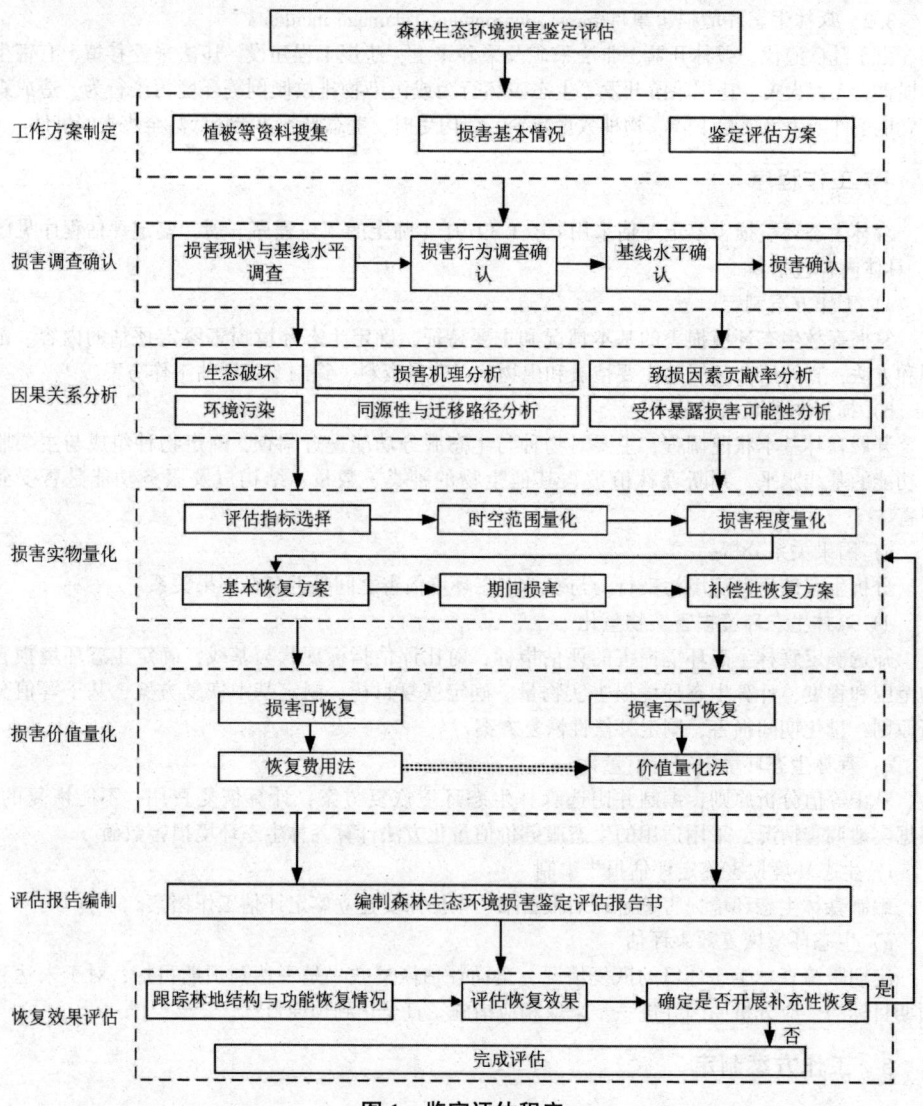

图 1 鉴定评估程序

6 森林生态环境损害调查与确认

6.1 确定调查指标

根据森林生态环境事件的类型与特点，选择相关指标进行调查、监测与评估，各类型事件主要调查指标见表1。

表 1 不同类型森林生态环境事件调查推荐指标

	森林结构				土壤		产品供给	支持		生态服务功能 调节服务					文化服务			环境质量		
事件类型	面积	物种组成	数量	生长情况相关指标	面积/体积	理化性质	林木、林副产品	生物多样性维持 种类、数量	栖息地面积	水源涵养服务量参数	土壤保持服务量参数	防风固沙服务量参数	气候调节服务量参数	固碳释氧服务量参数	休闲娱乐服务量参数	景观	旅游人次	排放倾倒量	污染物浓度 环境介质中	污染物浓度 生物体内
生态破坏事件																				
采伐毁林	++	++	++	++	+	+	+	++	++	+	+	+	+	+	+	+	+			
非法采矿及采砂采土	++	++	++	++	++	++	+	++	++	+	+	+	+	+	+	+	+			
经营性损害	++	++	++	++	+	+	++	++	++	+	+		+	+	+	+	+			
违规工程建设	++	++	++	++	++	++	+	++	++	+	+	+	+	+	+	+	+			
有害生物损害	++	++	++	++			+	++	++	+	+		+	+	+	+	+			
火灾	++	++	++	+			++	++	++	+	+	+	+	+	+	+	+		+	
盗猎盗捕	++	++	++					++	++						+	+	+			
违规开采地下水	++	+	+	+				+	+	++	+		+	+	+	+	+			
环境污染事件																				
污染物排放	++	+	+	+	++	++		+	+	+	+		+	+	+	+	+	++	++	+
固废倾倒	++	+	+	+	++	++		+	+	+	+		+	+	+	+	+	++	++	+
尾矿泄露	++	+	+	+	++	++		+	+	+	+		+	+	+	+	+	++	++	+

注：+表示建议调查，++表示建议重点调查；生态服务功能调查指标参照附录C各服务计算所需参数。

6.2 生态破坏或环境污染行为调查

对于生态破坏行为，了解破坏方式、地点等基本情况，查明生态破坏行为的开始时间、结束时间、持续时长、频次和强度、破坏面积、损害类型等，收集生态破坏活动对森林造成影响的相关证据材料。对于违规旅游开发等生产经营活动，调查生产经营活动的持续时间和活动强度等；对于违规开采地下水可能导致的林木生长影响，开展地下水水位、流量、开采量、使用量等指标的监测；对于有害生物损害，调查有害生物的来源、种类、数量和活动范围。主要生态破坏行为包括乱砍滥伐、毁林开垦、非法采矿及采砂采土、违规工程与房地产建设、违法采挖移植、违规开采地下水、有害生物的人为引入与扩散、火灾、违规旅游开发等。

对于环境污染行为，了解污染物性质及污染来源，发生的时间、地点、起因、经过等情况，调查废气或废水污染物排放量、排放浓度、排放频次与持续时间以及污染物类型，固体废物的倾倒或填埋量、倾倒或填埋的持续时间、废物的危险或有毒等特性，必要时对废气或废水污染物的排放浓度、固体废物的污染物组分与浓度进行检测分析。对于调查时污染行为或影响仍在持续的，参照 GB/T 39791.2 以及相关监测技术规范对森林所在的大气、地表水与沉积物以及土壤与地下水环境开展必要的环境质量监测，明确污染物组成与含量。常见环境污染行为包括在森林及其周边违规排放废气或废水、倾倒填埋固体废物、尾矿泄漏等。

6.3 森林调查

森林生态环境损害的主要调查内容和指标包括：

a) 受损区域和对照区域植被调查：包括植被特征、类型、损害面积、范围和程度。其中，乔木主要调查物种、数量（株数）、株高、胸径、密度、郁闭度、蓄积量等，灌木主要调查物种、株数或丛数、密度、高度、覆盖度等，草本主要调查物种、高度、密度、覆盖度等，参照附录 B 的表 B.1 和表 B.3，乔木和灌木调查可参照 GB/T 26424；

b) 受损区域和对照区域野生动物调查：包括物种、数量、成（幼）体、密度及分布情况。搜集所在区域的珍稀动物物种及其他主要生物资源的分布状况，包括动物名录、种群特征与分布，重点保护动物名录、种群特征、分布与栖息地状况等，参照附录 B 的表 B.2；

c) 土壤调查：涉及到土壤破坏的，应根据实际情况，调查土壤类型、土壤层厚度，土壤理化性质与养分元素含量，如土壤 pH、有机碳含量、土壤氮、磷、钾含量等指标，土壤动物的类群、数量、生物量等，主要土壤微生物类群、数量等指标；

d) 森林生态服务功能调查评估：获取评估区森林的历史、现状和规划信息，查明森林生态环境损害发生前、损害期间、恢复期间评估区域的主要生态服务功能。根据生态服务功能损害类型，按照附录 C 开展必要的参数调查。

对于面积等于或小于 0.667hm^2、郁闭度未达到 0.2 及以上的小规模林地，可以开展简易调查评估，主要调查受损区域和对照区域林木的类型、受损林木数量（或密度和面积）、受损程度、林木资源价值等，参见附录 B 的表 B.3 和附录 E 的表 E.1 开展简易调查。

对于环境污染行为导致的森林生态环境损害，除上述调查内容以外，还包括林地及林下植物死亡，以及叶片、树干、根系组织的受损状况与表现症状，确定植被或树木受损害的程度，以百分比表示。

6.4 调查方法

6.4.1 植物调查

利用遥感影像、航拍照片、地形图、森林资源调查数据等资料结合野外勘察，调查植被类型、面积及分布情况。

参考 GB/T 26424、HJ 710.1、LY/T 2241 开展调查区域的植物样方调查，样地应选择能够反映当地植被特征（群落组成和结构特征）的典型植被群落。一般采用随机取样法，样方数量的设定以能反映群落基本特征情况为准。其中，乔木样方大小为 20m×20m，灌木样方大小为 5m×5m，草本样方大小为 1m×1m。根据实际情况确定合理的样方数量（一般不少于 5 个），保证样方大小和数量能反映总体植物群落的空间结构特征。记录样方经纬度、海拔、坡度等样地信息。对于采伐毁林的单株乔木伐根测量方法与要求，可以参照 GA/T 1686。

对于污染导致的植被受损，可以采用专家咨询法确定林木或植被受损害的程度。

6.4.2 森林野生动物调查

对于有野生动物栖息的森林，需要开展野生动物及栖息地受损情况调查并填写附录 B 的表 B.2，调查对象包括哺乳动物、大中型土壤动物、爬行动物、鸟类等，调查方法包括总体计数法、样方法、样线法、样点法等，具体方法和步骤参照 HJ 710.3、HJ 710.10、HJ 710.5、HJ 710.4、LY/T 2241 执行。可采用高分辨率遥感影像或红外相机等观测技术辅助调查野生动物分布情况。对于具有迁徙性或周期性特点的动物，应根据观测目标和观测区域野生动物的繁殖、迁徙及其出现的季节规律等确定调查时间。

6.4.3 土壤调查

参照 HJ/T 166 开展土壤调查，具体调查指标见附录 C。参照 HJ 710.10 开展土壤动物调查。

6.4.4 森林功能用途与成本价值信息调查

通过查阅生态保护红线、生态功能区划、土地利用类型或国土空间规划等资料获取森林功能用途；通过开展景观调查、社会经济调查获得木材、林副产品、景观旅游收入与运营成本、自然保护地维护成本等相关经济价值与维护成本等信息，其中，社会经济调查参考 LY/T 2242、LY/T 2407 以及相关文献书籍，查阅相关统计数据或开展问卷调查，获取森林的产品供给、休闲娱乐、涵养水源、土壤保持等功能的经济价值、维护成本、经济产出等信息。

6.4.5 有害生物调查

有害生物调查参照 LY/T 2011 开展。

6.5 损害确认

6.5.1 基线确认

6.5.1.1 基线确认方法

a) 利用受损前最近历史数据确认基线。通过历史资料分析、专项调查、学术研究等，获取能够表征调查区森林生态环境状况或生态服务功能与用途历史状况的数据；

b) 利用未受生态破坏或环境污染行为影响的相似现场数据确定基线。通过对照区的调查数据，确定基线水平。对照区应对评估区域具有较好的时间和空间代表性，且其数据获取调查方法应与评估区域具有可比性；

c) 确定基线时，需要考虑生物物候（包括动植物）、物种及其数量的年际（如大小年）、年内（如季节性变化）变化过程，选择相同或相近的历史数据；

d) 对于以上方法都无法确定基线水平的，采用专家判定法进行基线判定。

对于森林植被破坏的，需结合 a) 和 b) 两种方法进行基线确认，通过 a) 确认损害发生前的状态，对于评估区历史上的植被物种组成与对照区一致的，则通过 b) 确认实际基线水平；对于不一致的，结合历史数据、对照数据等综合判定基线水平。对历史数据或对照区数据的变异性进行统计描述，识别数据中的极值或异常值并分析其原因，确定是否剔除极值或异常值，根据专业知识和评价指标的意义确定基线。对于数据符合正态分布的，应采用 95% 置信区间上限或下限确定基线水平（生态破坏导致某一指标数据降低的，采用下限；生态破坏导致某一指标数据升高的，采用上限）；对于数据不符合正态分布的，采用中位数确定基线水平。

6.5.1.2 基线水平的表征

森林植被基线水平主要为受损前的植被结构、生物物种或服务功能状况，可通过搜集历史资料或对照区植被调查获取。植被基线水平指标根据森林实际情况确定，包括物种组成、数量、高度、覆盖度、物种丰富度、均匀度等，具体见6.3。对于特种用途林的生态服务功能损害，基线水平包括涵养水源量、土壤保持量、固沙量等或枯枝落叶层持水量、植被覆盖因子、土壤侵蚀因子等能够表征生态服务量的关键技术参数；对于风景名胜区等森林的旅游服务功能的损害，基线水平包括旅游人次、旅游消费等；对于自然保护地等栖息地服务功能的损害，基线水平包括栖息地面积和指示性物种的数量或密度、种群或群落的数量或密度。对于涉及污染的森林损害，基线的表征指标主要包括生物体内污染物浓度、生物个体受损害程度指标，如高度、数量、覆盖度或主要服务功能指标等。

6.5.2 损害确认

由生态破坏或环境污染导致的森林生态环境损害确认原则包括：

a) 森林植被面积、物种组成及数量、密度、覆盖度等指标，与基线水平相比存在差异；
b) 动物栖息地或物种组成、数量、密度及分布范围等指标，与基线水平相比存在差异；
c) 森林土壤养分或土壤、植物体内污染物浓度水平，与基线水平相比存在差异；
d) 损害事实明显、基线水平无法获取的情况，可通过查获的受损林木数量等信息确认损害。

对于以林业生产为主的森林，重点关注林木、林副产品的损害。对于特定用途森林，重点关注涵养水源、土壤保持、防风固沙等服务功能损害。涉及动物栖息地的，重点关注重点保护物种和物种栖息地损害。涉及文化旅游服务的，重点关注休闲娱乐和景观美学等服务功能损害。

7 森林生态环境损害因果关系分析

通过文献查阅、现场调查、专家咨询等方法，分析生态破坏或环境污染行为导致森林生物数量减少或结构与功能受到损害的原因与作用方式，建立生态破坏或环境污染行为导致森林生态环境损害的因果关系链条。因果关系判定原则具体包括：

a) 存在明确的生态破坏或环境污染行为；
b) 森林生物数量减少或森林结构、用途与生态服务功能受到损害；
c) 生态破坏或环境污染的行为先于损害的发生；
d) 根据生态学和环境学理论，生态破坏或环境污染行为与森林生态环境损害具有关联性；
e) 可以排除其他人为或自然原因对森林生态环境损害的贡献；
f) 对于森林结构或功能受损原因除了当地生态破坏或环境污染行为以外，还存在气候变化、自然灾害等自然因素，或跨区域人为因素的影响的，应同时界定和分析其他各因素对损害的贡献率，若其他各因素导致的损害难以量化，可以通过专家咨询法、专家打分法确定各种因素对森林生态环境损害的贡献率。

8 森林生态环境损害实物量化

8.1 损害范围量化

根据6.5确定的损害类型，划定不同森林损害类型的空间范围，一般为受损森林的面积及其经纬度坐标；对于特定用途森林，需要确定涵养水源、土壤保持、防风固沙等生态服务功能的影响范围；对于栖息地，需要确定动物物种的活动范围及其经纬度坐标。

根据森林损害开始与恢复方案的持续时间确定损害的起止时间。森林不可恢复，按永久性损害计算，可恢复的按实际损害时间计算，即损害发生年至恢复到基线年份之间的持续时间。

8.2 损害程度量化

损害程度量化是森林结构、数量与功能（用途）等各项指标的受损害现状与基线水平相比较，减少或降低的程度，如森林面积的减少量或林木受损数量、物种类型及数量的减少量、植被生长受阻程度、生态服务功能损害量等，具体参考 6.5.1.2 确定的基线水平相关指标。损害程度一般用百分比表示，计算方法见公式（1）：

$$K_i = \frac{|B_i - S_i|}{B_i} \times 100\% \tag{1}$$

式中：K_i——损害程度；
    B_i——基线水平；
    S_i——损害发生后的现状水平。

8.3 基本恢复方案制定

8.3.1 恢复目标的确定

原则上以基线水平的植被物种组成及各项生长指标等作为恢复目标；对于生长条件严重受损、难以恢复到基线水平的，植被和土壤恢复目标可以分别参照 TD/T 1036 中的林地复垦质量控制标准和损毁土地复垦质量要求制定合理的恢复目标，恢复后的林地土壤质量和生产力水平不低于 TD/T 1036 中对应区域、对应类型林地的复垦质量控制标准。

a）对于生态服务功能主要为供给服务的森林，一般选择森林面积与供给服务实物量作为基本和补偿性恢复方案的恢复目标；

b）对于生态服务功能主要为物种栖息地的森林，一般选择森林面积与能够表征森林生态系统结构完整性的 1~3 种物种数量（建群种、优势种或指示种）或密度作为基本和补偿性恢复方案的恢复目标，植物和动物物种均选择原生本地种；

c）对于生态服务功能为涵养水源、水土保持、防风固沙其中一项服务功能为主的森林，一般选择森林面积或水土保持量、涵养水源量、固沙量等服务功能的实物量作为基本和补偿性恢复方案的恢复目标；

d）对于生态服务功能主要为旅游和休闲娱乐的森林，一般选择旅游或休闲娱乐人次作为基本和补偿性恢复方案的恢复目标；

e）涉及土壤破坏或环境质量下降的，还应以土壤环境质量指标以及植物体内污染物浓度作为基本恢复方案的恢复目标。

根据需要，可以参照 6.5.1.2 同时选取基线水平确认中的部分相关指标作为恢复目标。

8.3.2 生态恢复技术

森林生态恢复技术包括土壤肥力恢复技术、水土流失控制与保持技术、土壤污染控制与土壤环境质量恢复技术、节水与保水技术、植物育种技术、物种引入与恢复技术、植物种植栽培技术、动物孵化技术、动物繁育技术、栖息地重构技术，对于污染因素或有害生物等造成的森林生态环境损害，还应该考虑污染源搬迁、面源污染阻隔、有害生物控制等技术的使用。

在掌握森林土壤、生物、栖息地生态恢复技术的原理、适用条件、费用、成熟度、可靠性、恢复时间、技术功能、恢复的可持续性等要素的基础上，参照森林植被生态恢复及抚育相关技术规范，如 GB/T 15776、GB/T 18337.3、GB/T 50885、GB/T 51097、GB/T 51085、GB/T 15781—2015、LY/T 2771、TD/T 1036，结合当地森林生态恢复实践经验，针对受损森林的主要损害对象、损害程度和范围以及生境特征，从主要技术指标、经济指标等方面对各项恢复技术进行全面分析比较，确定备选技术。土壤污染和破坏修复技术的选择参照 GB/T 39792.1 附录中的常用土壤恢复技术适用条件与技术性能。对于没有实践经验可参照的物种培育或孵化技术，需要开展必要的现场试验，对备选恢复技术进行可行性评估。基于恢复技术比选和可行性评估结果，选择和确定恢复技术。

针对森林生态环境损害的恢复，优先采用自然恢复，并辅以必要的管理措施，对于损害严重、自然恢复难以达到预期效果的，采取人工辅助恢复技术措施。

树种选择、工序要求、质量标准等，参照 GB/T 15776 等标准、规范确定。异地恢复或补种的，根据补种地点周边森林类型和立地条件选择树种。对于裸露坡面植被恢复的植物选择、工序要求、质量标准等，参照 GB/T 38360 确定。植物（林木）种子、苗木的质量应当达到相关国家强制性标准的最低等级要求。

8.4 期间损害计算

利用等值分析法对森林损害开始发生到恢复至基线水平的期间损害进行量化，计算补偿性恢复的规模。根据森林的特点，可以选择资源指标或者服务指标计算期间损害。对于特定用途森林，以毁坏面积或涵养水源量、土壤保持量、固沙量等指标作为期间损害的量化指标；对于风景名胜区等旅游用途森林，以森林毁坏面积或旅游人次、旅游收入作为期间损害的量化指标；对于森林栖息地，选择森林毁坏面积或能够代表森林栖息地生态系统完整性的物种数量或密度作为期间损害的量化指标。一般选择表征损害范围或损害程度中损害时间最长的指标。

期间损害的计算方法参照 GB/T 39791.1 等相关标准执行。根据期间损害制定补偿性恢复方案，对于无法找到合适的补偿期间损害的替代性恢复方案的情况，对期间损害进行价值量化。

8.5 恢复方案比选和确定

涉及国家重点生态功能区、生态保护红线、自然保护地、森林公园、风景名胜区的森林生态环境损害，采用等值分析法，制定受损森林基本恢复方案与补偿性恢复方案。

森林生态恢复一般需要多种恢复和重建技术进行组合，制定备选的综合恢复方案。综合恢复方案需要同时考虑基本恢复方案和补偿性恢复方案。具体包括：

a) 基本恢复和补偿性恢复方案为原位恢复，补偿性恢复目标为受损的森林具有更高生态服务功能水平时，如森林生物物种类型或数量高于基线水平，统筹制定基本恢复和补偿性恢复方案；

b) 基本恢复方案为原位恢复、补偿性恢复方案为异位替代性恢复，补偿性恢复目标为补偿性恢复的森林与受损森林具有相同生态服务功能水平时，根据受损和补偿性恢复区域的土壤和生境特征分别制定基本恢复方案和补偿性恢复方案；

c) 受损森林无法原位恢复或用途变更不需要恢复，基本恢复和补偿性恢复方案可以同时采用异位替代性恢复。基本恢复和补偿性恢复在同一区域实施的，情形同 a)；基本恢复和补偿性恢复在不同区域实施的，情形同 b)；

d) 受损森林无法原位恢复或用途变更不需要恢复，也无法采用异位替代性恢复方案进行基本恢复和补偿性恢复，通过生态服务功能量化模型以及适当的生态环境资源价值评估方法对受损森林的生态服务功能及其期间损害进行实物和价值量化，生态服务功能实物量和价值量计算方法参见附录 C。

基本恢复或补偿性恢复没有达到恢复目标，应根据实际恢复效果与基本恢复目标、补偿性恢复目标之间的差距计算补充性恢复目标，制定并实施补充性恢复方案。

实施异位恢复的，应当符合区域土地利用总体规划和林地保护利用、造林绿化等专项规划。

基本恢复方案和补偿性恢复方案的制定原则参照 GB/T 39791.1。由于基本恢复方案和补偿性恢复方案的实施时间与成本相互影响，应考虑损害的程度与范围、不同恢复技术和方案的难易程度、恢复时间和成本等因素，对包括基本恢复和补偿性恢复的综合恢复方案进行比选，综合恢复方案的比选需要考虑不同方案的成熟度、可靠性、社会效益、经济效益和环境效益等方面，必要时采用专家评分法确定最佳恢复方案。

9 森林生态环境损害价值量化

9.1 森林生态环境损害价值量化原则

对于可恢复的森林生态服务功能损害采用恢复费用法计算，不可恢复的生态服务功能损害根据森林类型采用支付意愿法、旅行费用法、生态服务功能评估法等方法进行计算，对于不实际实施的补偿性恢复，可以虚拟恢复费用作为生态服务功能损失。

对于所有以林木和林副产品为主的森林类型，需要计算木材的一次性使用供给价值以及林副产品的多年供给价值损失，根据用材林、能源林、经济林、苗圃等不同用途确定林木与林副产品的资源经济价值，具体计算方法参见 LY/T 2407。对于森林中有野生动物死亡的，还应计算野生动物资源的损失。对于直接查获的非法砍伐林木或其他植物资源，在其基线水平无法获取的情况下，直接进行林木或植物资源损害价值评估。对于涉及到重点保护物种的，应在其资源经济价值的基础上，乘以相应的调整系数作为生态环境损害，国家一级保护野生植物取值6，国家二级保护野生植物取值4，地方重点保护野生植物取值3。

当评估区面积小于单个样方调查面积，不涉及古树或国家保护物种时，可以不进行生态服务功能损害计算；涉及古树名木个体损害的，其价值评估方法见附录D。

森林土壤与地下水生态环境损害价值量化参照 GB/T 39792.1。

9.2 森林生态恢复费用计算

森林生态恢复费用的计算，包括基本恢复和补偿性恢复的费用，按照下列优先级顺序选用费用计算方法：实际费用统计法、费用明细法、承包商报价法、指南或手册参考法、案例比对法。具体方法参照 GB/T 39791.1。相关成本和费用以恢复方案实施当地的实际调查数据为准，其中，植被恢复的技术经济指标可参照《防护林造林工程投资估算指标》（林规发〔2016〕58号）等相关林业标准或规范性文件，植被恢复和复垦费用标准也可参考当地森林植被恢复与土地复垦的具体费用标准确定。物种孵化、栖息地建设等生境恢复的技术经济指标根据相关技术文件或经验参数确定。针对森林恢复的费用明细法，明确需要的设施与材料（苗木、种子及动物等），列出恢复工程费用明细，具体包括种苗购买费、投资费、运行维护费、技术服务费等。投资费包括场地整理、土石方工程、材料购置、植物种植、动物引入或孵化设备租用或购买等费用；运行维护费包括管护抚育、监测、水电消耗和其它能耗等费用。

涉及自然保护地和重点保护物种受损的生态恢复费用，按恢复费用乘以相应的调整系数计算（表2）。

表2 生态恢复费用调整系数

类别	国家一级保护物种	国家二级保护物种	其他保护物种	非保护物种
国家公园	6	4	3	2.5
自然保护区核心保护区	5	3	2.5	2
自然保护区一般控制区	4	2.5	2	1.5
自然公园	3	2	1.5	1.25
非自然保护地	2.5	1.5	1.25	—

9.3 森林生态服务功能价值量化

9.3.1 一般原则

a) 对于损害前森林主要生态服务功能为物种栖息地的，采用陈述支付意愿法将物种栖息地整体作为问卷调查对象，根据实际功能对生态系统的存在价值、遗赠价值、选择价值等服务功能价值损失进行调查评估。当支付意愿法不可行时，采用物种保育法进行物种栖息地的损害评估，并根据恢复时间或永久性丧失计算相应的物种保育期间损失。物种保育价值计算方法参照附录C；

b) 对于损害前森林主要生态服务功能为旅游和休闲娱乐的，根据实际情况采用旅行费用法或陈述支付意愿法对生态系统的文化服务功能损失进行调查评估，并根据恢复时间或永久性丧失计算相应的生态服务功能期间损失。文化服务价值计算方法参照附录C。

c) 当森林损害面积小于 30 hm² 时，对于损害前森林的主要生态服务功能为涵养水源、土壤保持或防风固沙中的一种，采用实地调查法，获取必要的技术参数，根据附录C的模型计算获得涵养水源、土壤保持或防风固沙等主要服务功能的实物量与价值量，并根据恢复时间或永久性丧失计算相应的生态服务功能期间损失。当森林损害面积大于或等于 30 hm² 时，需要同时考虑除主要功能以外的其他森林生态系统服务功能，包括涵养水源、土壤保持、固碳释氧、气候调节与防风固沙等。

d) 采用陈述支付意愿法进行栖息地生态服务功能价值量化的，一般不再考虑其他服务功能损失。

e) 森林破坏或污染导致野生动物直接死亡的，计算方法见9.3.3。

f) 森林生态系统服务功能价值评估应避免重复计算。

9.3.2 生态服务功能价值量化法

采用生态服务功能评估法计算涵养水源、土壤保持、防风固沙等生态服务功能损害量，利用揭示偏好法计算生态服务功能损害价值量，不同生态服务功能实物量与价值量的计算方法参见附录C，计算生态服务功能实物量与价值量的主要技术参数应该通过实地调查获得。计算方法见公式（2）：

$$V_f = \sum_i \sum_{t=0}^{n} V_s \times d_t \times (1+r)^{T-t} \qquad (2)$$

式中：V_f—森林生态环境损害价值；

i—受损服务功能类型；

V_s—受损森林的生态服务功能价值；

d_t—损害程度；

r—贴现（或复利）率，一般取3%；

t—评估期内的任意给定年（0~n之间）；

T—评估基准年（开展损害评估的年份）；

$t=0$—损害起始年；

$t=n$—损害终止年，评估期为损害发生年至贴现系数近似为零的年份之间的持续时间。

9.3.3 动物资源

对于森林生态环境损害涉及野生动物的，将《野生动物及其制品价值评估方法》中的《陆生野生动物基准价值目录》或国务院相关主管部门发布的其他涉及野生动物价值的规定，作为野生动物资源损害价值，以野生动物资源损害价值乘以生态服务功能调节系数作为生态服务功能损害价值，计算方法见公式（3）：

$$V_w = \sum_i \sum_{t=0}^{n} V_{wdi} \times (1+\delta_{wi}) \qquad (3)$$

式中：V_w—野生动物生态环境损害；

V_{wd}—野生动物资源损害价值，为基准价值与损害数量的乘积；

δ_w—野生动物生态服务功能调节系数，国家一级重点保护物种取值5，国家二级重点保护物种取值2，非国家重点保护物种但有重要价值的取值1，其他野生动物取值0。

i—物种类型；

其他符号意义见公式（2）中符号解释。

9.3.4 其他

对于面积等于或小于 0.667 hm^2、郁闭度未达到 0.2 及以上的小规模林地或普通林木损毁的，其损害价值量可以按恢复林地植被所需费用的三倍或者受损林木资产价值的五倍进行计算。

10 鉴定评估报告编制

根据委托内容，基于评估过程所获得的数据和信息，编制森林生态环境损害鉴定评估报告，报告的格式和内容参见附录 A。按照委托要求，报告可根据需要，包括附录的部分或全部内容。

11 森林生态环境恢复效果评估

11.1 评估时间

制定恢复效果评估计划，通过现场调查、遥感监测、问卷调查等方式，定期跟踪受损森林结构和功能的恢复情况，全面评估恢复效果是否达到预期目标；未达到预期恢复目标的，应及时制定补充性恢复方案，直到达到预期恢复目标为止。

森林生态环境恢复效果评估需要开展多次，恢复方案实施完成后，植物栽种完成 1 个生长年以及第 3、第 5 年，或生长情况基本达到稳定时，对恢复效果开展评估，观测植物成活率、生长状况、土壤理化性状、土壤生物情况、野生动物出现频率、恢复方案实施进度、森林生态服务功能恢复情况等，直到受损森林结构、功能与服务完全恢复至基线水平。

11.2 评估内容和标准

恢复过程合规性，即恢复方案实施过程是否满足相关标准规范要求，是否产生了二次破坏。

恢复效果达标性，即根据基本恢复、补偿性恢复、补充性恢复方案中设定的恢复目标，分别对基本恢复、补偿性恢复、补充性恢复的效果进行评估。

恢复效果评估标准参照本标准 8.3.1 节确定的恢复目标，同时还应该观测森林病虫害或鼠害等的发生情况。对恢复效果评估的相关调查、监测或检测数据变异性进行统计描述，识别数据中的极值或异常值并分析其原因确定是否剔除极值或异常值，根据专业知识和评价指标的意义确定实际恢复效果，其数据统计分析方法需与基线确定的统计分析及取值方法保持一致。

11.3 评估方法

11.3.1 现场踏勘

通过现场踏勘，了解森林生态系统结构与功能恢复进展，判断群落结构恢复是否达到预期目标，观察关键生态服务功能指标的恢复情况，确定调查、观测时点、周期和频次，对植被状况进行拍照。

11.3.2 监测分析

a）植物监测

根据恢复效果评估计划，对恢复后的森林生态系统进行样方调查，分析群落结构、物种、成活率、胸径、株高、覆盖度等指标，开展生物调查以及生态服务功能调查。调查应覆盖全部恢复区域，并基于恢复方案的特点制定分别针对森林生态系统结构与功能的差异化监测调查方案。基于监测调查结果，采用对比法或统计分析法判断是否达到恢复目标。

b）土壤监测

监测土壤理化性状与养分含量情况。植被恢复效果评估时，采集土壤样品，观测土壤生物情况,并对土壤理化性状与养分含量情况进行检测分析。

c) 野生动物监测

监测恢复区域内野生动物出现的频率与数量,包括对群落有重要影响的鸟类、兽类、昆虫等类群的主要物种。

11.3.3 分析比对

采用分析比对法,对照生态恢复方案,以及相关的标准规范,分析森林生态系统结构与功能恢复过程中各项措施是否与方案一致,是否符合恢复方案或相关标准规范的要求;分析恢复过程中的相关调查、观测数据,判断是否产生了二次破坏和其他生态影响;综合评价森林生态系统恢复过程的合规合理性。

11.3.4 问卷调查

通过设计调查表或调查问卷,调查基本恢复、补偿性恢复、补充性恢复措施所提供的生态服务功能类型和服务量,判断是否达到恢复目标;此外,调查公众与其他相关方对于恢复过程和结果的满意度。

11.4 恢复效果评估报告编制

编制独立的生态环境恢复效果评估报告。对受损森林的生态恢复的开展情况、监测结果进行分析与评价。基本内容包括:

a) 森林生态系统结构与功能恢复效果评估内容、标准、效果评估过程所采用的方法及评估结果;

b) 森林生态系统结构与功能恢复过程规范性评价所依据的标准和评估结果;

c) 效果评估调查方案和依据、调查方法以及调查结果;

d) 采用调查问卷或调查表对森林生态系统服务功能和公众满意度进行调查的,还应包括主要调查内容和结果。

在基本恢复和补偿性恢复工程结束后,需要开展恢复效果评估。如果经过评估,基本恢复和补偿性恢复没有达到预期目标,未能将受损森林生态系统完全恢复至基线水平并补偿期间损害,则需要制定补充性恢复方案,开展补充性恢复。

附录 A
(资料性附录)
鉴定评估报告编制要求

A.1 概述

A.1.1 事件基本情况

森林生态环境损害鉴定评估的背景。应写明损害发生的时间、地点、起因和经过,生态服务功能损害的类型、范围和程度,对森林生态环境的影响方式,已经采取的生态恢复措施等基本情况。

A.1.2 区域基本情况

森林生态环境损害区域的生态环境功能区划、自然环境状况和社会经济状况。自然环境状况包括地形地貌、植被特征、气候、环境敏感区分布、生态服务功能类型等内容。

A.1.3 鉴定评估工作基本情况

A.1.3.1 鉴定评估目标

依据委托鉴定评估事项,详细写明开展森林生态环境损害鉴定评估的工作目标。

A.1.3.2 鉴定评估依据

鉴定评估依据包括开展森林生态环境损害鉴定评估所依据的法律法规、标准、技术规范等。

A.1.3.3 鉴定评估范围

森林生态环境损害范围包括损害的时间范围、空间范围及其确定依据。

A.1.3.4 鉴定评估内容

森林生态环境损害鉴定评估工作的主要内容，包括损害调查确认、因果关系分析、损害量化等方面。

A.1.3.5 鉴定评估工作程序

开展森林生态环境损害鉴定评估工作的技术路线和工作程序，并给出相应的流程图。

A.2 森林生态环境损害调查确认

A.2.1 确定调查对象与范围

影响森林生态服务功能主要类型，以及调查重点和调查范围划定的依据。

A.2.2 确定调查指标

需要开展调查、监测和评估的植被与动物资源特征以及相关表征指标、生态服务功能指标，说明指标筛选和确定的依据。

A.2.3 植被调查

植被调查的调查目的、调查方法和调查结果，包括生物群落物种组成、胸径、株高、覆盖度、密度等指标。

A.2.4 动物调查

动物调查的调查目的、调查方法和调查结果，包括动物群落物种组成、数量或密度等指标。

A.2.5 生态服务功能调查

森林生态服务功能调查过程、调查方法和调查结果，破坏或污染原因及其对森林生态服务功能的影响程度。

A.2.6 生态环境基线

森林结构与功能基线水平确定的过程和依据。采用对照区域数据作为基线水平的，还应包括对照区域调查过程、调查方案、方法以及调查结果。

A.2.7 损害确认

森林生态环境损害确认的结果，包括是否存在生态环境损害、生态环境损害类型、生态环境损害区域、范围等内容。

A.3 损害因果关系分析

对于生态破坏行为导致的损害，因果关系分析内容包括生态破坏行为导致森林与功能受到损害的作用机理，依据因果关系判定原则，得出因果关系判定结论。涉及人为因素与其他自然因素的，分析各类因素对森林生态环境损害的贡献率与判定依据。

对于污染行为导致的损害，因果关系分析内容包括污染排放与森林植被损害或土壤污染之间的暴露-反应关系，得出因果关系判定结论。

A.4 生态环境损害实物量化与生态恢复

主要内容包括：

a) 基于 A.2.6 所确定的基线水平，对森林结构与功能、自然资源与生物资源的损害程度和范围进行量化，计算损害程度，给出损害的空间范围与时间范围。

b) 森林结构与功能综合恢复方案确定与价值量化的基本思路与依据。对于已经完成森林恢复工程的，需要介绍森林恢复方案，统计恢复费用。

c) 基本恢复、补偿性恢复、补充性恢复的总体目标和分阶段目标及其确定依据，各个阶段所采用的恢复技术和方案及其比选过程。

A.5 生态环境损害价值量化

根据需要,基于所确定的恢复方案计算各阶段恢复费用。对于基于生态环境资源价值量化方法确定损失的,应包括价值量化方法、选择依据、评估过程和评估结果。

A.6 鉴定评估结论

评估结论内容包括森林生态环境是否受到损害、损害是否与生态破坏或环境污染行为具有因果关系、损害的范围和程度、受损森林恢复过程是否合规以及是否达到目标等内容。对森林生态环境损害鉴定评估过程中的特别事项进行说明,分析鉴定评估结论可能存在的不确定性。

对森林生态环境损害的基本与补偿性恢复方案的实施、跟踪监测、效果评估等工作提出必要的建议。

A.7 签字盖章

主要内容包括:森林生态环境损害鉴定评估报告的真实性、合法性、科学性;明确报告的所有权、使用目的和使用范围;所有参与报告编制的人员进行署名,并加盖报告编制单位公章。

A.8 附件

附件包括森林生态环境损害鉴定评估工作过程中所制定的各类方案和所获取的各种证据资料,包括鉴定评估方案、各类调查监测方案、效果评估方案,以及各类图件、照片、访谈记录等材料。

附录 B
(资料性附录)
森林动植物资源调查表

表 B.1 森林植物资源调查表

地点:　　　　　　海拔:　　　　　　经纬度坐标:　　　　　　郁闭度:
起源(天然/人工):　坡度:　　　　　　坡位:　　　　　　　　坡向:
森林类型/主要功能:　优势种:　　　　　土壤类型:　　　　　　日期:
调查人:

乔木层物种记录

序号	样方面积 (单位)	树种	胸径 (单位)	株高 (单位)	冠幅 (单位)	覆盖度 (%)	物候	备注

灌木层物种记录

序号	样方面积（单位）	树种	地径（单位）	株高（单位）	冠幅（单位）	覆盖度（%）	物候	备注

草本层及其他地被物物种记录

序号	样方面积（单位）	物种	高度（单位）	株数（单位）	覆盖度（%）	物候	备注

表 B.2　野生动物调查记录表

地点：　　　　　　　　　　　海拔：　　　　　　　　　　　经纬度坐标：
样线长度：　　　　　　　　　样方面积：　　　　　　　　　生境类型：
日期：　　　　　　　　　　　调查人：

样方/样线编号	物种	实体数量（单位）	成幼体	痕迹类型及数量（单位）	备注

注：样方调查记录任意角点坐标，样线调查记录起点和终点坐标。

表 B.3　经济价值调查记录表

序号	种类	林木价格（单位）	林副产品产量（单位）	林副产品价格（单位）	保育维护成本（单位）	备注

注：表中数据应注明数据来源或附相关证明材料。

附录 C
（资料性附录）
森林生态服务功能损害评估方法

C.1 森林生态服务功能实物与价值量化
各类型服务功能实物量与价值量的计算均以年为单位。

C.1.1 涵养水源功能

C.1.1.1 涵养水源量
涵养水源的估算采用综合蓄水能力法，考虑了植被层、枯落物层和土壤层拦蓄降水的综合作用，计算方法见公式（C.1）~公式（C.4）：

$$W = C + L + S \tag{C.1}$$

$$C = \sum_{i=1}^{n} R \times 10^{-3} \times A_i \times \alpha_i \tag{C.2}$$

$$L = \sum_{i=1}^{n} A_i \times L_i \times \beta_i \tag{C.3}$$

$$S = \sum_{i=1}^{n} A_i \times D_i \times \gamma_i \tag{C.4}$$

式中：W—年生态系统涵养水源量，m^3；
  i—植被类型；
  C—林冠截留降水量，m^3；
  L—枯枝落叶层持水量，m^3；
  S—土壤蓄水量，m^3；
  R—当地 10 年平均降雨量，mm，从当地气象局或相关气象网站获得；
  A_i—第 i 种植被类型的面积，m^2，植被类型面积通过实地调查、遥感影像或从当地林草局获得；
  α_i—第 i 种植被类型的林冠截留率，%，可通过实地调查或从相关研究文献中获得；
  L_i—第 i 种植被类型的枯枝积累量，t/m^2；
  β_i—第 i 种植被类型枯枝落叶层最大持水率，%，可通过实地调查或从相关研究文献中获得；
  D_i—第 i 种植被类型的土壤厚度，m，土壤厚度可通过实地调查或从当地林草或农业农村局获得；
  γ_i—第 i 种植被类型下土壤的非毛管孔隙度，%，可通过实地调查或从当地林草或农业农村局获得。

C.1.1.2 涵养水源价值量
涵养水源价值量采用替代工程法估算，以水库的建设成本来评价生态系统水流动调节的价值，见公式（C.5）：

$$V_w = W \times C \tag{C.5}$$

式中：V_w—生态系统涵养水源的价值量，元/a；
  W—涵养水源量，m^3；
  C—当地水资源交易市场价格，当交易市场未建立时，以水库建设的工程成本替代或水资源影子价格（元/m^3）替代，从当地水利与发改委等组织实施水库建设的部门或工程实施单位调查获得。

C.1.2 土壤保持功能

C.1.2.1 方法一

参照 GB/T 38582 中关于土壤保持功能实物量和价值量的计算方法。

C.1.2.2 方法二

C.1.2.2.1 土壤保持量

通用土壤流失方程（USLE）是世界范围内应用最广泛的土壤侵蚀预报模型，本文件基于修正的 USLE 模型进行土壤保持功能评估，计算方法见公式（C.6）~公式（C.15）：

$$SC = R \times K \times L \times S \times (1 - C \times P) \tag{C.6}$$

式中：SC—生态系统年土壤保持量，t/hm^2；

R—降雨侵蚀力因子，$MJ \cdot mm/hm^2 \cdot h^{-1}$，是土壤侵蚀的驱动因子；

K—土壤可蚀性因子，$t \cdot hm^2 \cdot h/hm^2 \cdot MJ^{-1} \cdot mm^{-1}$，表征土壤性质对侵蚀的敏感程度；

L、S—坡长和坡度因子，无量纲，表征特定坡面（特定坡度和坡长）的土壤流失量与标准径流小区土壤流失量之比值，基于高程数据在地理信息系统软件中计算获得，在调查区域的外边界和区域内部均匀布点，利用手持式定位装置实地测量获取代表性点位的高程数据，插值获得整个区域的面状高程数据，利用地理信息系统软件的地形模块计算获得相应的坡长和坡度因子；

C—植被覆盖因子，是评价植被覆盖因素抵抗土壤侵蚀的能力，无量纲；

P—土壤保持措施因子，无量纲，森林一般取值1。

$$R = \sum_{i=1}^{12}(-1.5527 + 0.1792p_i) \tag{C.7}$$

$$K = 10^{-3}(160.80 - 2.31x_1 + 0.38x_2 + 2.26x_3 + 1.31x_4 + 14.67x_5) \tag{C.8}$$

$$L = \left(\frac{\lambda}{22.13}\right)^m \tag{C.9}$$

$$m = \frac{\beta}{1 + \beta} \tag{C.10}$$

$$\beta = \frac{(sin\theta/0.089)}{[3.0 \times (sin\theta)^{0.8} + 0.56]} \tag{C.11}$$

$$S = \begin{cases} 10.8sin\theta + 0.03 & t < 9\% \\ 16.8sin\theta - 0.5 & 9\% \leq t < 18\% \\ 21.91sin\theta - 0.96 & t \geq 18\% \end{cases} \tag{C.12}$$

$$C = \begin{cases} 1 & f = 0 \\ 0.6508 - 0.3436 \lg f & 0 < f \leq 78.3\% \\ 0 & f > 78.3\% \end{cases} \tag{C.13}$$

$$f = \frac{(NDVI - NDVI_{soil})}{(NDVI_{veg} - NDVI_{soil})} \tag{C.14}$$

$$NDVI = (IR - R_s)/(IR + R_s) \tag{C.15}$$

式中：p_i—10年平均月降雨量，mm，从当地气象站点或相关气象网站调查获得；

x_1、x_2、x_3、x_4、x_5—细砾、细砂、粗粉粒、细粉粒、有机质的百分含量，根据《土壤环境监测技术规范》在调查区域森林内外进行布点采样，样品带回实验室检测土壤颗粒度、有机质含量等参数；

L—坡长因子；

λ—坡长，m；

S—坡度因子；

t—百分比坡度；

θ—坡度，单位是弧度，通过实地调查获得；

f—植被覆盖度，可通过实际调查获得，也可利用遥感影像，通过植被盖度归一化植被指数（NDVI）计算获得，直接从相关网站下载植被覆盖度最高月份的 NDVI 产品数据，或者相应时段的遥感影像，利用影像波段信息进行计算，$NDVI_{veg}$，$NDVI_{soil}$ 分别为归一化植被指数实际值、纯植被像元 NDVI 及纯裸地像元 NDVI，IR 和 R_s 分别为遥感影像的近红外波段和红外波段的反射率。

C.1.2.2.2 土壤保持价值量

森林生态系统通过保持土壤，减少氮、磷、钾等土壤物质流失，从而达到保持土壤营养物质和降低河流泥沙淤积的作用，运用替代成本法进行营养物质保持和泥沙淤积减少的价值核算，计算方法见公式（C.16）~公式（C.18）：

$$V_{sc} = V_{sd} + V_{dpd} \qquad (C.16)$$

$$V_{sd} = \lambda \times (SC/\rho) \times c \qquad (C.17)$$

$$V_{dpd} = \sum_{i=1}^{m} SC \times C_i \times R_i \times T_i \qquad (C.18)$$

式中：V_{sc}—生态系统土壤保持价值，元/a；

V_{sd}—减少泥沙淤积价值，元/a；

V_{dpd}—保持土壤营养物质价值，元/a；

SC—土壤保持量，t；

c—单位土壤保持工程成本，元/m³，从当地自然资源、林业草原以及发改委等组织实施土壤保持工程的部门或工程实施单位调查获得；

ρ—土壤容重，t/m³；

λ—泥沙淤积系数，一般取值为 24%；

i—土壤中营养物质种类数量，$i=1, 2, \cdots, n$；

C_i—土壤营养物质（如氮、磷、钾和有机质）的纯含量，%；

R_i—氮、磷、钾元素和有机质转换成相应肥料（尿素、过磷酸钙和氯化钾）及碳的比率；

T_i—尿素、过磷酸钙、氯化钾、有机质（转化成碳）价格，元/t，通过市场调查获得。

C.1.3 微气候调节功能

C.1.3.1 方法一

参照 GB/T 38582 中关于气候调节功能实物量和价值量的计算方法。

C.1.3.2 方法二

C.1.3.2.1 微气候调节量

微气候调节利用森林生态系统蒸腾作用消耗的能量进行计算，计算方法见公式（C.19）：

$$TQ = \Delta T \times \sigma \times D \times A \times H \times 2.778 \times 10^{-7} \qquad (C.19)$$

式中：TQ—生态系统调节温度消耗的能量，kW·h/a；

ΔT—森林内外温差，℃，表征森林对周边空气温度的调节作用，一般在夏季开展，选取气温超过 26℃ 的日期进行监测，监测时间持续 3~5 天，每天从上午 10 点至下午 3 点，每隔 1 小时分别测量森林内外的气温，取温差的平均值；

σ—空气容积热容量，取值 1256J/（m³×℃）；

A—森林面积，m²；

H—森林平均高度，m；

D—年内气温超过 26℃ 的天数；

常数 $2.778×10^{-7}$（kW·h/J）为能量与电量转换系数。

C.1.3.2.2 微气候调节价值量

通过人工调节温度所需要的耗电量进行降温价值量计算，计算方法见公式（C.20）：

$$V_T = TQ \times P_e / r \qquad (C.20)$$

式中：V_T—生态系统微气候调节的价值，元/a；

TQ—生态系统调节温度消耗的总能量，kW·h；

r—空调能效比；

P_e—当地生活消费电价，元/kW·h，从当地发改委或供电部门调查获得。

C.1.4 防风固沙功能

C.1.4.1 方法一

参照 GB/T 38582 中关于防风固沙功能实物量和价值量的计算方法。

C.1.4.2 方法二

C.1.4.2.1 防风固沙功能量

由植被作用引起的风蚀减小量为防风固沙实物量，用潜在风蚀量和实际风蚀量的差值表示。潜在风蚀量指没有植被的裸土条件下的土壤风蚀量，实际风蚀量指现实中地表植被覆盖条件下的土壤风蚀量，利用修正的风蚀模型（RWEQ）进行评估，计算方法见公式（C.21）~公式（C.27）：

$$SR = SL_r - SL \qquad (C.21)$$

$$SL_r = \frac{2z}{S_r^2} Q_{rmax} \cdot e^{-(\frac{z}{S_r})^2} \qquad (C.22)$$

$$Q_{rmax} = 109.8 \times (WF \cdot EF \cdot SCF \cdot k') \qquad (C.23)$$

$$S_r = 150.71 \times (WF \cdot EF \cdot SCF \cdot k')^{-0.3711} \qquad (C.24)$$

$$SL = \frac{2z}{S^2} Q_{rmax} \cdot e^{-(\frac{z}{S})^2} \qquad (C.25)$$

$$Q_{max} = 109.8 \times (WF \cdot EF \cdot SCF \cdot K' \cdot C) \qquad (C.26)$$

$$S = 150.71 \times (WF \cdot EF \cdot SCF \cdot K' \cdot C)^{-0.3711} \qquad (C.27)$$

式中：SR—生态系统防风固沙量，kg/m²/a；

SL_r—潜在风蚀量，kg/m²/a；

SL—实际风蚀量，kg/m²/a；

Q_{rmax}—潜在风力的最大输沙能力，kg/m；

S_r—潜在关键地块长度，m；

Z—所计算的下风向距离，m；

Q_{max}—风力的最大输沙能力，kg/m；

S—关键地块长度，m；

WF—气候侵蚀因子，kg/m；

EF—土壤侵蚀因子；

SCF—土壤结皮因子；

K'—地表糙度因子；

C—植被覆盖因子。

a）气候侵蚀因子表征了在考虑降雨、温度、日照及雪盖等因素下风力对土壤颗粒的搬运能力，计算方法见公式（C.28）：

$$WF = \frac{SW \times SD \times \sum_{i=1}^{N} u_2 (u_2 - u_t)^2 \times N_d \times \rho}{N \times g} \qquad (C.28)$$

式中: u_2—2m 高度处的风速, m/s;

u_t—2m 高度处的起动风速, m/s;

N—风速的观察次数 (一般为500);

N_d—观测 (模拟) 天数;

ρ—空气密度, 一般取 1.29kg/m³;

g—重力加速度 (9.8m/s²);

SW—土壤湿度因子, 无量纲;

SD—积雪覆盖因子 (无积雪盖天数/研究总天数, 定义雪盖深度<25.4mm 为无积雪覆盖), 无量纲。

WF 用 1-15d 期间的 500 个风速计算, 500 个风速是描述一个地点风速分布需要的最小数量。其中, 土壤湿度因子 SW 的计算方法见公式 (C.29) ~ 公式 (C.30):

$$SW = \frac{ET_0 - (P + I)^{\frac{R_d}{N}}}{ET_0} \quad (C.29)$$

式中: ET_0—潜在蒸散发量, mm, 利用彭曼公式计算得到;

P—降水量, mm;

I—灌溉量, mm;

R_d—降雨次数和灌溉次数;

N—观测天数。

$$ET_0 = 0.0162\left(\frac{SR}{58.5}\right)(DT + 17.8) \quad (C.30)$$

式中: SR—观测期间总的太阳辐射量, cal/cm²;

DT—观测期间的平均气温 (℃)。

气候侵蚀因子计算相关的日均风速、月均风速、降水量、降雨次数等气象数据, 可从当地气象站点或相关气象网站调查获得。

b) 地表糙度因子是地形所引起的地表粗糙程度对风蚀影响的反映, 计算方法见公式 (C.31):

$$K' = \cos\alpha \quad (C.31)$$

式中: α—坡度, 通过高程数据经过地理信息系统的高程变化率模块计算得到。

c) 土壤侵蚀因子是土壤受风蚀影响的大小, 计算方法见公式 (C.32):

$$EF = \frac{\mu EF + 0.315Sa + 0.17Si + 0.33\left(\frac{Sa}{Si}\right) - 2.590M - 0.95CaCo_3}{100} \quad (C.32)$$

式中: μEF—土壤可蚀性因子的修正参数, %, 取值 29.09;

Sa—土壤砂粒含量, %;

Si—土壤粉粒含量, %;

Sa/Si—砂粒含量与粉粒含量的比值;

OM—土壤有机质含量, %;

$CaCo_3$—碳酸钙含量, %。

通过土壤采样, 测定土壤砂粒、粉砂、粘粒、有机质、碳酸钙含量, 或通过当地农业局或自然资源局土壤调查数据获得; 对于土壤数据库中部分土壤类型的属性值缺失情况, 采用相近土壤类型的属性值进行替代。

d) 土壤结皮因子是土壤结皮抵抗风蚀能力的大小, 计算方法见公式 (C.33):

$$SCF = \frac{1}{1 + 0.0066(cl)^2 + 0.021(OM)^2} \quad (C.33)$$

式中：cl——土壤粘粒含量，%；

OM——土壤有机质含量，%，通过土壤采样或通过当地农业局或自然资源局土壤调查数据获得。

e) 植被覆盖因子表示一定植被条件对风蚀的抑制程度，计算方法见公式（C.34）~公式（C.35）：

$$C = e^{-0.0483(f)} \quad (C.34)$$

$$f = (NDVI - NDVI_{min})/(NDVI_{max} - NDVI_{min}) \quad (C.35)$$

式中：f——风蚀季节的月度绿色植被覆盖度，%；

$NDVI$、$NDVI_{max}$、$NDVI_{min}$——归一化植被指数实际值、最大值及最小值，通过遥感影像获得。

C.1.4.2.2 防风固沙价值量

运用恢复成本法，根据单位面积沙化土地治理费用核算生态系统防风固沙功能的价值，计算方法见公式（C.36）：

$$V_{sf} = (SR \times c)/(\rho \times h) \quad (C.36)$$

式中：V_{sf}——生态系统减少土地沙化价值，元/a；

SR——防风固沙量，t/a；

ρ——土壤容重，t/m³，通过土壤采样测定或通过文献资料、当地农业局或自然资源局土壤调查数据获得；

h——土壤沙化覆沙厚度，m，通过实地测量覆沙层厚度获得；

c——治沙成本，元/m²，从当地自然资源、林草局或发改委等组织实施土壤保持工程的部门或工程实施单位调查获得。

C.1.5 固碳释氧功能

C.1.5.1 固碳实物量核算方法

森林生态系统固碳功能是指自然生态系统吸收大气中的二氧化碳（CO_2）合成有机质，将碳固定在植物或土壤中的功能，固碳功能有利于降低大气中二氧化碳浓度，减缓温室效应。

a) 净生态系统生产力法

森林生态系统固碳量可以用净生态系统生产力（NEP）衡量，NEP 可由净初级生产力（NPP）减去异氧呼吸消耗得到，或根据 NPP 与 NEP 的相关转换系数换算得到。当评估区的林地面积大于 0.667hm²，且能够通过遥感影像得到的小尺度 NPP 值时，该方法准确度相对最高，计算方法见公式（C.37）：

$$Q_{tCO_2} = M_{CO_2}/M_C \times NEP \quad (C.37)$$

式中：Q_{tCO_2}——森林生态系统固碳量，t·CO_2/a；

M_{CO_2}/M_C——C 转化为 CO_2 的系数，数值为 44/12；

NEP——森林净生态系统生产力，t·C/a。

NEP 的计算方法见公式（C.38）或公式（C.39）：

$$NEP = NPP - RS \quad (C.38)$$

$$NEP = \alpha \times NPP \quad (C.39)$$

式中：RS——土壤呼吸消耗碳量，t·C/a，通过实际调查获得；

α——NEP 和 NPP 的转换系数，通过实际调查获得；

NPP——净初级生产力，t·C/a。

b) 生物量法

如果受损害的森林面积较小或者遥感数据不可得的情况下，可以结合植被调查结果，利

用森林损害前后的生物量之差测算出固定二氧化碳的量,计算方法见公式(C.40):

$$Q_{tCO_2} = (\frac{1}{t2-t1}) \times M_{CO_2}/M_C \times A \times C_C \times (AGB_{t2} - AGB_{t1}) \quad (C.40)$$

式中:Q_{tCO_2}—森林生态系统固碳量,t·CO_2/a;

A—评估森林面积,hm^2;

C_C—生物量-碳转换系数,一般取 0.5;

AGB_{t1}—第 $t1$ 年森林的生物量,t/hm^2;

AGB_{t2}—第 $t2$ 年森林的生物量,t/hm^2;

M_{CO_2}/M_C 同公式(C.37)中符号解释。

c)固碳速率法

该方法适合于森林生态与土壤资源受到完全损害的情况,准确率相对低于上述两种方法,计算方法见公式(C.41):

$$Q_{tCO_2} = M_{CO_2}/M_C \times ECSR \times SF \times (1+\beta) \quad (C.41)$$

式中:Q_{tCO_2}—森林生态系统固碳量,t·CO_2/a;

$FCSR$—森林及灌丛的固碳速率,tC·hm-2·a-1,可以参考同区域相关文献或实际调查获得;

SF—受损害的森林及灌丛面积,hm^2;

β—森林及灌丛土壤固碳系数,取值 0.646;

M_{CO_2}/M_C 同公式 C.37 中符号解释。

C.1.5.2 固碳价值量核算方法

采用造林成本法核算生态系统固碳的价值,计算方法见公式(C.42):

$$V_{Cf} = Q_{tCO_2} \times C_c \quad (C.42)$$

式中:V_{Cf}—森林的固碳价值量,元/a;

Q_{tCO_2}—森林固碳量,tCO_2/a;

C_c—单位固碳造林成本,包括根据树龄贴现后的造林一次性投入和年维护成本,元/t。

C.1.5.3 释氧实物量核算方法

森林生态系统的释氧功能指植物在光合作用过程中,释放出氧气的功能。这种功能对于维护大气中氧气的稳定,改善人居环境具有重要意义。

根据光合作用化学方程式可知,植物每生产吸收 1molCO2,就会释放 1mol 氧气,森林生态系统释氧量可以根据固碳量计算获取,计算方法见公式(C.43):

$$Q_{op} = M_{O_2}/M_{CO_2} \times Q_{CO_2} \quad (C.43)$$

式中:Q_{op}—森林减少的释氧量,tO_2/a;

M_{O_2}/M_{CO_2}—CO_2 转化为 O_2 的系数,数值为 32/44。

C.1.5.4 释氧价值量核算方法

采用市场价值法(即医疗制氧价格)核算生态系统提供氧气的价值,计算方法见公式(C.44):

$$V_{op} = Q_{op} \times C_O \quad (C.44)$$

式中:V_{op}—受损害的森林释氧减少价值,元/a;

C_O—医疗制氧价格,元/t。

C.1.6 物种保育功能

计算方法见公式(C.45):

$$V_{biop} = (1 + \sum_{m=1}^{x} E_m \times 0.1 + \sum_{n=1}^{y} B_n \times 0.1 + \sum_{r=1}^{z} O_r \times 0.1) \times S \times S_c \quad (C.45)$$

式中：V_{biop}—物种保育价值，元/a；

E_m—评估区域物种 m 的珍稀濒危指数（见 GB/T 38582）；

B_n—评估区域物种 n 的特有种指数（见 GB/T 38582）；

O_r—评估区域物种 r 的古树年龄指数（见 GB/T 38582）；

x—计算珍稀濒危物种数量；

y—计算特有种物种数量；

z—计算古树物种数量；

S—栖息地面积，hm^2；

S_c—栖息地单位面积的保育成本，元/hm^2，通过调查获得当地或其他地方具有类似物种栖息地的单位面积保育成本，包括建设折旧费与每年的运行维护费用。

C.1.7 文化服务功能

C.1.7.1 方法一

参照 GB/T 38582 中关于文化服务功能实物量和价值量的计算方法。

C.1.7.2 方法二

C.1.7.2.1 文化服务价值实物量核算方法

计算方法见公式（C.46）：

$$EC = Pb_{num} - Pd_{num} \quad (C.46)$$

式中：EC—生态系统文化服务实物量，人次/a；

Pb_{num}—基准年评估区的旅游人次，通过旅游调查问卷、当地统计年鉴或者当地景区管理经营单位获得评估景区全年旅游人次，可以用评估区上一年全年旅游人次 * 近五年旅游人次年平均增长率；

Pd_{num}—损害后评估区的旅游人次，通过旅游调查问卷、当地统计年鉴或者当地景区管理经营单位获得评估景区基准年全年旅游人次。

C.1.7.2.2 文化服务价值价值量核算方法

本方法适合在有条件进行调查问卷的地区核算旅游景观的文化服务价值实物量，计算见公式（C.47）：

$$EC_v = TB_v - Td_v \quad (C.47)$$

式中：EC_v—生态系统文化服务价值量，元/a；

TB_v—基准年旅游收入（元/a），通过旅游调查问卷、当地统计年鉴或者当地景区管理经营单位获得评估景区全年旅游收入，可以用评估区上一年全年旅游人次收入 * 近五年旅游人次年平均增长率，旅游收入包括门票收入以及由于景点旅游带来的餐饮、住宿、交通及相关商业收入；

Td_v—森林生态环境受损后的旅游收入，元/a，含义同前。

C.1.7.2.3 旅行费用调查技术要点

a）调查问卷设计

1）调查问卷主要介绍调查的目的、内容、方式和相关背景；

2）以图文结合的形式将需要调查的森林景观向受访者做详细的展示和介绍；

3）调查问卷表：以封闭式选项对被受访者的相关信息及其在森林景点旅游的相关信息进行调查；

4）受访者的基本信息：在问卷中对容易混淆的问题设计 1~2 个可以互证的问题，证实受访者对问题理解正确，提高问卷的有效性，整个调查问卷的总体答题时间一般控制在 10 分钟以内。

b) 调查开展

1) 在调查前应对调查人员进行培训,并在小范围开展模拟调查,对调查问卷中出现的问题进行调整;

2) 调查人员在现场开展问卷调查时,应保证受访者的随机性和受访者各项基本信息(客源地、年龄、性别、学历和收入等)的大致均匀分布,对每个旅游团最多进行两份问卷调查,对每个家庭只进行一份调查,不对青少年儿童进行调查。对于团队游客,在旅游费用部分只需填写人均成本。

3) 在受访者答卷过程中,调查人员应该进行解释,对受访者的疑问及时进行解答,在受访者答完后调查人员应仔细检查问卷,确保所有信息填报完整,并记录调查人员姓名、调查地点、日期、时间、问卷序号等内容,以便事后整理。

c) 调查结果分析

计算方法见公式(C.48)~公式(C.51):

$$EC = CE + TC + CS \tag{C.48}$$

式中:EC—旅行费用;

CE—消费者直接支出,包括交通费用、景区门票费、食宿费、购买旅游商品费用和娱乐休闲费用等,通过调查问卷获取;

TC—时间成本;

CS—消费者剩余。

$$时间价值 = 旅行时间 * 客源地平均工资 \tag{C.49}$$

$$TC = \sum_{i=1}^{n} AW_i \times T_i \tag{C.50}$$

式中:TC—时间成本;

AW_i—不同客源地的日平均工资;

T_i—不同客源地的平均旅行时间;

n—到评估景区旅游的客源地总数量;

i—客源地。

$$CS = \int_{实际旅费}^{Pm} f(x) dx \tag{C.51}$$

式中:Pm—追加旅费最大值;

$f(x)$—旅行费用与旅游率的函数关系式。

C.2 森林栖息地陈述支付意愿法

以条件价值评估法为例介绍。

C.2.1 调查问卷设计

a) 调查问卷主要介绍调查的目的、内容、方式和相关背景;

b) 以图文结合的形式将需要调查的森林栖息地基本情况、生物多样性及其受损害情况向受访者做详细的展示和介绍;

c) 调查问卷表:i. 单边界二分式:给受访者提供一个投标值,询问其是否同意支付;ii. 开放式:以开放式选项对被受访者的相关信息及其对恢复受损森林栖息地愿意支付的金额进行调查;

d) 受访者的基本信息:在问卷中对容易混淆的问题设计1-2个可以互证的问题,证实受访者对问题理解正确,提高问卷的有效性,整个调查问卷的总体答题时间一般控制在10分钟以内。

C.2.2 调查开展

a) 在调查前应对调查人员进行培训,并在小范围开展模拟调查,对调查问卷中出现的问题进行调整;

b) 调查人员在现场开展问卷调查时，应选择有意识地保证受访者的随机性和受访者各项基本信息（居住地、年龄、性别、学历和收入等）的大致均匀分布，不对青少年儿童进行调查；

c) 在受访者答卷过程中，调查人员应该在旁边进行解释，对受访者的疑问及时进行解答，在受访者答完后调查人员应仔细检查问卷，确保所有信息填报完整，并记录调查人员姓名、调查地点、日期、时间、问卷序号等内容，以便事后整理。

C.2.3 调查结果分析

通过调查问卷的方式直接考察受访者在假设性市场里的经济行为，通过受访者的回答统计对森林受损害的支付意愿（WTP）或受偿意愿（WTA），进而得到森林生态环境损害。

方法一：单边界二分式问卷模式，计算方法见公式（C.52）：

$$E(WTP) = \frac{1}{-\beta}\ln(1 + e^{\alpha + \sum_{k=1}^{K}\gamma k \bar{X}_k}) \quad (C.52)$$

式中：$\bar{X}_k$—第 n 个被调查者第 i 个选择中包含的第 k 个特性变量的平均值；

K—特性变量的个数；

γk—第 k 个特性变量所对应的未知参数；

α、β—用最大似然法估计得到的参数。

在对单边界二分式调查结果进行分析时，也可以利用其他推导方式得到的计算公式进行计算。

方法二：开放式问卷模式

根据受访者对受损害森林栖息地的恢复支付意愿或接受补偿意愿来评估受损害森林栖息地的损害价值。计算方法见公式（C.53）：

$$V_d = \sum WTP_j \times P_j \times \varphi_j \quad (C.53)$$

式中：V_d—受损害森林栖息地的损害价值，元/a；

WTP_j—j 地区受访者的人均或户均支付意愿或受偿意愿，元/a；

P_j—调查的第 j 个区域的调查人数或户数；

φ_j—第 j 个区域受访者有支付或受偿意愿问卷占总有效调查问卷数量的比例，%。

<h1 style="text-align:center">附录 D
（资料性附录）
古树名木损害价值评估方法</h1>

D.1 古树名木损害价值评估

$$M = K_i \times A(1 + a + b + c + d) \quad (D.1)$$

式中：M—古树名木损害价值；

K_i—价值降低比例（见 D.2）；

A—古树名木的基本价值（见 D.3）；

a—生长势调整系数（见 D.4）；

b—树木保护级别调整系数（见 D.5）；

c—树龄调整系数（见 D.6）；

d—树木生长场所调整系数（见 D.7）。

D.2 价值降低比例

古树名木损害分为全部受损与局部受损。

D.2.1 全部受损的界定
(1) 树干皮层损伤部分超过树干周长50%的；
(2) 受伤根系超过全部根系50%以上的；
(3) 主枝损伤部分超过树冠50%的；
(4) 死亡的。
符合上述情况的界定为全部受损，价值降低比例为1。

D.2.2 局部受损的界定
主要指发生在古树名木根部、树干和树冠主枝的局部损伤。古树名木价值降低的比例应根据局部损伤的程度确定。局部损伤价值的降低比例之和最高为100%。古树名木局部损伤程度与价值降低比例按表 D.1 确定。

表 D.1 古树名木局部损伤程度与价值降低比例对照表

受损树干皮层占树干周长的百分数（%）	价值降低比例（%）	受损根系占全部根系的百分数（%）	价值降低比例（%）	主枝损伤占树冠的百分数（%）	价值降低比例（%）
20 以下	20	20 以下	20	20 以下	20
21—30	40	21—30	40	21—30	40
31—40	80	31—40	80	31—40	80
41—50	90	41—50	90	41—50	90
50 以上	100	50 以上	100	50 以上	100

D.3 古树名木基本价值
根据古树名木的树种类别，用同类主要规格苗木胸径处横截面积的每平方厘米单价乘以古树名木胸径或地径处的横截面积，即得出该古树名木的基本价值，也称之为古树名木的树种价值。

D.4 生长势调整系数
生长势调整系数指根据古树名木受损害前的生长势分级标准进行价值调整的系数，见表 D.2。

表 D.2 生长势评分分级标准

指标	评分标准				分级标准
枝干破损度	枝、干完好，计 30 分	枝、干有轻微损伤，计 20 分	枝、干有较严重损伤，或中空比例 < 30%，计 10 分	枝、干严重损伤，或中空比例 ≥ 30%，计 5 分	良好（总分 ≥ 90）；一般（70 < 总分 < 90）；较差（50 < 总分 ≤ 70）；差（总分 ≤ 50）
枯梢	枯梢数量 < 5%，计 30 分	5% ≤ 枯梢数量 < 10%，计 20 分	10% ≤ 枯梢数量 < 20%，计 10 分	枯梢数量 ≥ 20%，计 5 分	
叶色	叶色表现基本正常，计 20 分	黄叶量 < 20%，计 15 分	20% ≤ 黄叶量 < 40%，计 10 分	黄叶量 ≥ 40%，计 5 分	
病虫害	枝干没有病虫害，叶片生长正常，计 20 分	枝干无虫害，出现病虫害的叶片 < 10%，计 15 分	枝干出现病虫害，10% ≤ 出现病虫害的叶片 < 30%，计 10 分	枝干出现病虫害，出现病虫害的叶片 ≥ 30%，计 5 分	

对于受损害前分级标准为良好的古树名木调整系数为 1，受损害前分级标准为一般的古树名木调整系数为 0.8，受损害前分级标准为较差的古树名木调整系数为 0.6，受损害前分级标准为差的古树名木调整系数为 0.2。

D.5 树木保护级别调整系数

国家一级保护的古树名木调整系数为 3、二级为 2。国家一级保护的濒危、珍贵树种系数再加 2，国家二级保护的濒危、珍贵树种系数再加 1。

D.6 树龄调整系数

以 100 年为一个级距，评估对象的树龄在 100-199 之间的则分值为 1，以此类推；名木取值 5。

D.7 树木生长场所调整系数

树木生长场所调整系数指根据古树名木生长所处的位置进行古树名木价值调整的系数。生长场所调整系数分别为：远郊野外 1.5，乡村街道 2.0，区县城区 3.0，市区范围 4.0，自然保护地、风景名胜区、森林公园、历史文化街区及历史名园 5.0。

表 D.3 古树名木调查表

中文名			俗名		
拉丁名			科		属
地理位置： 县（市、区） 乡镇（街道） 村（居委会） 组					
权属	国有	集体	个人	其他	
经度			纬度		
海拔 米			坡向		坡度
树高 米			土壤类型		
胸径 厘米		地径 厘米	土层厚度		厘米
胸围 厘米		地围 厘米			
冠幅（东西）		冠幅（南北）		平均冠幅	米
树木年龄			生长势等级		
备注					

附录 E
（资料性附录）
生态环境损害简易调查评估表

表 E.1 生态环境损害简易调查评估表

地点：　　　　海拔：　　　　坡度：　　　　坡向：　　　　坡位：　　　　经纬度坐标：
损害事件类型：　　森林类型：　　总盖度：　　乔木层盖度：　　乔木平均高度：　　平均胸径：
灌木层盖度：　　灌木平均高度：　　草本层盖度：　　草本平均高度：　　调查时间：　　调查人：

类型	物种	龄组	产期	损害原因	损害时间	受损面积（单位）	受损数量（单位）	受损特征	受损程度	资源价值（单位）	损害评估结果（单位）	备注
乔木												
灌木												
草本		—										
古树名木		—	—									
野生动物					—							
土壤		—	—									
矿产资源		—	—									
其他		—	—									

注：受损程度定量描述，例如面积、密度、数量等损失的百分比；不同树种的龄组及产期划分标准见 GB/T 38590；此表可分开，按不同类型单独做表，开展相应调查记录。

附录 F
（资料性附录）
森林相关术语

F.1 植被
覆盖地表的植物及其群落的总称。

F.2 优势种
在群落中占重要地位，对群落结构和环境的形成具有明显控制作用的物种，通常为数量、体积大或生物量较高的物种。

F.3 建群种
生物群落中，优势层的优势种常称为建群种，个体数量不一定很多，但却能决定群落结构和内部环境条件，是群落的建造者。

F.4 群落
相同时间聚集在同一区域或环境内各种生物种群的集合。

F.5 指示种
其生物学或生态学特性（如出现与缺失、种群密度、传播和繁殖成功率）能够表征其他物种或环境类型、特点或所处状况的物种。

F.6 栖息地
栖息地是指生物生存空间内一系列物理和生物环境因素的总和，包括光线、湿度、筑巢地点等，所有这些因素一起构成适宜于动物居住的某一特殊场所，它能够提供食物和防御捕食者等条件。

F.7 生物多样性
生物多样性是生物（动物、植物、微生物）与环境形成的生态复合体以及与此相关的各种生态过程的总和，包括基因、物种和生态系统三个层次。

F.8 天然林
天然林指天然起源的森林，包括自然形成与人工促进天然更新或者萌生所形成的森林。

F.9 人工林
人工林指通过人工措施形成的森林。

F.10 次生林
次生林是经人为采伐和破坏后，自然恢复起来的森林，一般由先锋树种组成，郁闭较低，大多丧失原始林的森林环境，生态稳定性和生态功能较差。

F.11 郁闭度
指森林中乔木树冠在阳光直射下在地面的总投影面积（冠幅）与此林地（林分）总面积的比。

F.12 覆盖度
指植物地上部分的垂直投影面积占统计区域总面积的百分比。

F.13 防护林
以防护为主要目的的森林、林木和灌木丛，包括涵养水源林、水土保持林、防风固沙林、农田防护林、草场防护林、护岸林、护路林、自然灾害防护林等。

F.14 用材林
以生产木材为主的各类森林和林木以及竹林。

F.15 经济林

以生产果品、食用油料、工业原料和药材等为主要目的的森林和林木。

F.16 能源林

以生产生物质能源为主要目的的森林和林木。

F.17 特种用途林

具有特定用途的林地，包括国防林、实验林、母树林、环境保护林、风景林、名胜古迹和革命纪念地的林木、自然保护地的森林。

F.18 损害程度

林木、林地或森林生态系统所受到损害的严重程度，即其结构或功能指标与基线状态的差距百分比。

生态环境损害鉴定评估技术指南 总纲和关键环节 第3部分：恢复效果评估
（GB/T 39791.3—2024）

（2024年1月15日发布）

前 言

为贯彻《中华人民共和国民法典》《中华人民共和国环境保护法》等法律法规和《生态环境损害赔偿制度改革方案》《生态环境损害赔偿管理规定》等文件，保护生态环境，保障公众健康，规范生态环境损害恢复效果评估工作，制定本标准。

本标准规定了生态环境损害恢复效果评估的程序、内容和方法。

本标准为首次发布。

本标准是 GB/T 39791《生态环境损害鉴定评估技术指南 总纲和关键环节》的第3部分，GB/T 39791 已经发布了以下部分：

——第1部分：总纲；

——第2部分：损害调查。

本标准的附录 A 和附录 D 为资料性附录，附录 B 和附录 C 为规范性附录。

本标准由生态环境部组织制定。

本标准主要起草单位：生态环境部环境规划院。

本标准生态环境部2024年1月15日批准。

本标准自2024年4月1日起实施。

本标准由生态环境部解释。

1 适用范围

本标准规定了生态环境损害恢复效果评估的程序、内容和方法。

本标准适用于生态环境受到损害后的污染清除、环境修复、生态服务功能恢复等不同阶段的损害恢复效果评估，以及替代性恢复实施效果评估。

2 规范性引用文件

本标准引用了下列文件或其中的条款。凡是注明日期的引用文件，仅注日期的版本适用于本标准。凡是未注明日期的引用文件，其最新版本（包括所有的修改单）适用于本标准。

GB 3838　地表水环境质量标准
GB 15618　土壤环境质量　农用地土壤污染风险管控标准（试行）
GB 36600　土壤环境质量　建设用地土壤污染风险管控标准（试行）
GB 50026　工程测量规范
GB 50179　河流流量测验规范
GB 50286　堤防工程设计规范
GB 50330　建筑边坡工程技术规范
GB/T 27618　植物有害生物调查监测指南
GB/T 27648　重要湿地监测指标体系
GB/T 30363　森林植被状况监测技术规范
HJ 25.5　污染地块风险管控与土壤修复效果评估技术导则（试行）
HJ 25.6　污染地块地下水修复和风险管控技术导则
HJ 91.2　地表水环境质量监测技术规范
HJ 495　水质采样方案设计技术指导
HJ 589　突发环境事件应急监测技术规范
HJ 710.1　生物多样性观测技术导则　陆生维管植物
HJ 710.3　生物多样性观测技术导则　陆生哺乳动物
HJ 710.4　生物多样性观测技术导则　鸟类
HJ 710.5　生物多样性观测技术导则　爬行动物
HJ 710.6　生物多样性观测技术导则　两栖动物
HJ 710.7　生物多样性观测技术导则　内陆水域鱼类
HJ 710.8　生物多样性观测技术导则　淡水底栖大型无脊椎动物
HJ 710.9　生物多样性观测技术导则　蝴蝶
HJ 710.10　生物多样性观测技术导则　大中型土壤动物
HJ 710.12　生物多样性观测技术导则　水生维管植物
HJ 710.13　生物多样性观测技术导则　蜜蜂类
HJ 1091　固体废物再生利用污染防治技术导则
HJ 1166　全国生态状况调查评估技术规范——生态系统遥感解译与野外核查
HJ 1167　全国生态状况调查评估技术规范——森林生态系统野外观测
HJ 1168　全国生态状况调查评估技术规范——草地生态系统野外观测
HJ 1169　全国生态状况调查评估技术规范——湿地生态系统野外观测
CH/T 1026　数字高程模型质量检验技术规程
NY/T 87　土壤全钾测定法
NY/T 88　土壤全磷测定法
NY/T 1121.3　土壤机械组成的测定
NY/T 1121.4　土壤容量的测定
NY/T 1121.6　土壤有机质的测定
NY/T 1121.16　土壤水溶性盐总量
NY/T 1121.24　土壤全氮的测定
NY/T 1377　土壤 pH 的测定
NY/T 3343　耕地污染治理效果评价准则
NY/T 4154　农产品产地环境污染应急监测技术规范
SL 44　水利水电工程设计洪水计算规范

TD/T 1055　第三次全国国土调查技术规程

3　术语和定义

下列术语和定义适用于本标准。

3.1　替代性恢复 alternative restoration

当基本恢复或补偿性恢复方案不可行时，基于资源或服务等量原则，采取异位或原位恢复措施和活动，使恢复措施获得的资源或服务收益与损害的资源或服务相等的过程。

3.2　目标污染物 target pollutant

需要进行风险管控与治理修复的污染物。

3.3　恢复效果评估 verification of restoration

通过资料回顾与现场踏勘、布点采样与实验室检测、样方样带调查、测量测绘等手段，评估恢复工程实施与恢复方案的符合情况、设定目标完成情况以及潜在二次污染或破坏情况。

3.4　恢复过程评估 evaluation of the restoration process

对恢复过程进行评估，分析恢复工程实施与恢复方案的符合情况，分析恢复工程实施造成潜在二次污染或破坏的情况，初步判断相关指标恢复目标完成情况或达到稳定状态的情况。

3.5　恢复目标完成情况评估 compliance assessment

通过调查监测和数据分析，评估通过实施恢复措施达到生态环境损害恢复方案中设定的恢复目标的情况。

3.6　潜在二次污染 potential secondary pollution

受损生态环境恢复过程中因污染物迁移扩散、废水废气排放、固体废物堆存等可能导致恢复区域外的其它区域污染物超标或导致其它介质中污染物超标的现象。

3.7　潜在二次破坏 potential secondary destruction

受损生态环境恢复过程中因污染物引流、土地侵占、施工碾压、养护不当等原因可能导致土地利用的不利改变、生境条件恶化、植被破坏、有害生物发生、外来物种入侵、生物多样性降低等情况的现象。

3.8　原位恢复 in-situ restoration

不移动受损害的环境介质，直接在损害发生地进行原地恢复的过程。

3.9　异位恢复 ex-situ restoration

将受损害的环境介质从损害发生地挖掘或抽提出来，搬运或转移到其他场所或位置进行恢复的过程。

4　工作程序

生态环境损害恢复效果评估的工作程序包括前期准备、恢复过程评估（根据需要确定开展的必要性）、恢复目标完成情况评估和效果评估报告编制。

a) 前期准备阶段

开展资料收集、人员访谈和现场踏勘，收集应急处置、环境修复、生态恢复工程实施、监理监测相关方案、数据、报告、图件等资料。结合损害鉴定评估结果、损害赔偿磋商结果、诉讼判决结果等，确定恢复效果评估指标和标准。

b) 恢复过程评估阶段

根据委托或者评估需要开展恢复过程评估。梳理受损生态环境恢复过程，分析恢复方案中涉及的所有工程的实施情况，分析恢复过程潜在二次污染或破坏情况。开展数据分析，初步判断相关指标达到恢复目标或达到稳定状态的情况，数据不足以开展分析时，要求开展补充监测。

c) 恢复目标完成情况评估阶段

构建概念模型。制定恢复目标完成情况评估调查监测计划，明确恢复目标完成情况评估阶段的调查监测对象、时间、点位、数量以及分析指标等。开展现场调查监测，对调查所获取的数据进行必要的分析，判断相关指标达到恢复目标情况。

d) 效果评估报告编制阶段

效果评估工作完成后，编制生态环境损害恢复效果评估报告。

生态环境损害恢复效果评估的工作程序见图1。

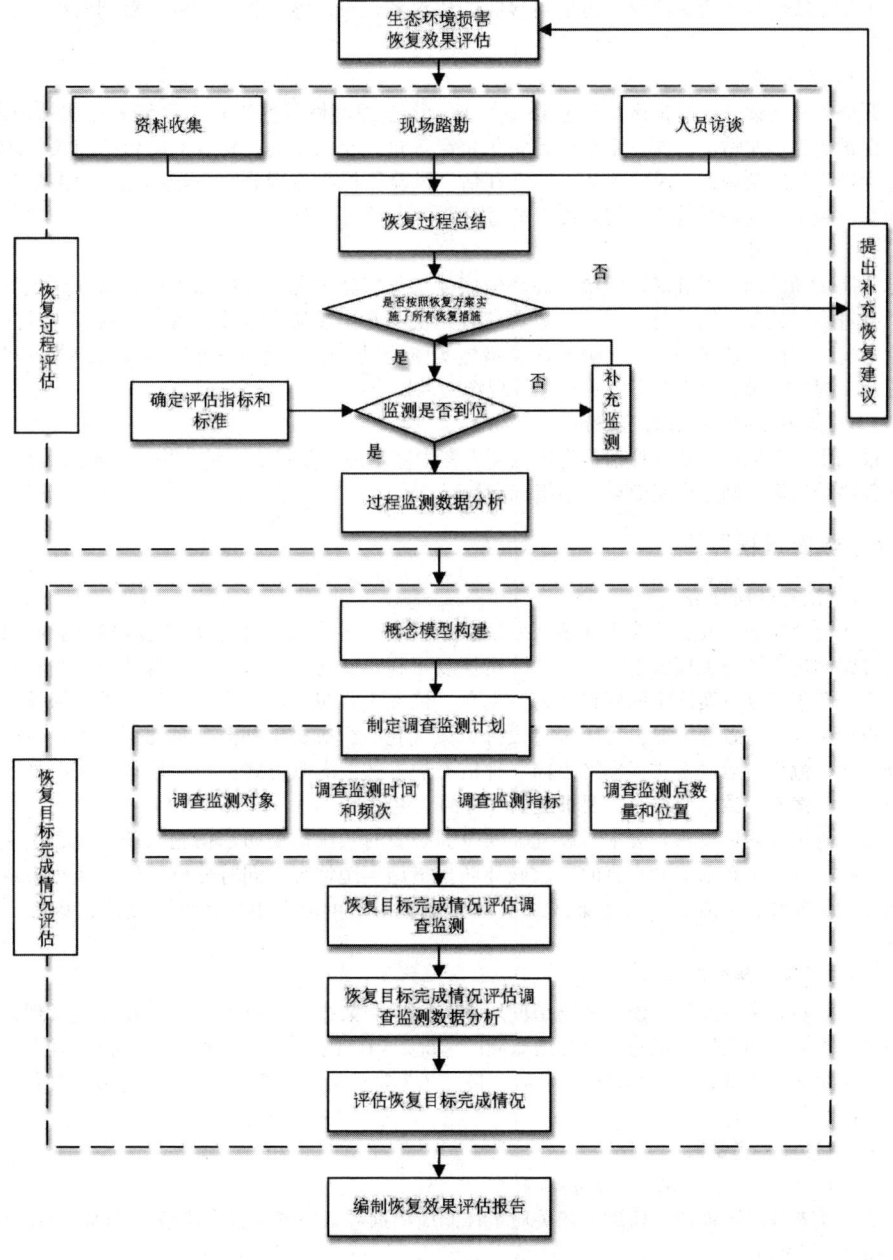

图1 恢复效果评估程序

5 前期准备

5.1 资料收集

在效果评估工作开展之前,从责任方、相关管理部门、参与前期工作的相关单位处收集受损区域生态环境恢复过程相关资料,具体包括调查报告、监测数据、损害鉴定评估报告、风险评估报告、风险管控与治理修复方案、工程实施方案、工程设计资料、施工组织设计资料、施工与运行过程中监测数据、监理报告和相关资料、工程竣工报告、工程竣工环境保护验收报告、实施方案变更协议、运输与接收的协议和记录、施工管理文件、后期管护相关记录等。

5.2 人员访谈

开展人员访谈,对受损区域调查评估情况、生态环境恢复的工程方案编制和实施情况、环境保护措施落实情况、恢复系统运行维护情况等进行全面了解。访谈对象包括相关管理部门、责任人,以及调查、风险评估、鉴定评估、风险管控与治理修复方案编制、生态恢复方案编制、施工、监理等单位参与人员。填写附录 A 人员访谈表。

5.3 现场踏勘

开展现场踏勘,了解受损区域生态环境恢复工程实施情况,环境保护措施落实情况,包括工程进度,处理设施运行情况,污染源清理情况,污染土壤、水体、沉积物暂存、外运或处置情况,植被种植养护、动物孵化保育措施实施情况,施工管理情况,恢复效果等。可通过照片、视频、录音、文字等方式,记录现场踏勘情况。

5.4 效果评估指标和标准确定

根据生态环境损害鉴定评估报告或恢复方案中确定的恢复目标,结合损害赔偿磋商结果、诉讼判决结果等,确定恢复效果评估指标和标准。

6 恢复过程评估

6.1 恢复过程总结

基于资料收集、人员访谈、现场踏勘所获取的信息,全面梳理生态环境损害调查评估、恢复方案制定、恢复工程实施等过程,分析恢复工程实施与恢复方案的符合情况。当存在恢复工程未覆盖恢复方案确定的建设内容或对象、恢复工程量不满足方案设计要求、恢复的范围与设计文件不一致等情况,且未经过设计方案优化时,应提出补充恢复建议。当存在药剂类型、注入流量、运输方式、最终去向、种植养护方式、灌溉方式、孵化保育方式等技术指标与技术方案不一致的情况时,要求提供合理的变更说明。

分析施工方固体废物、废水、废气、噪声等必要的二次污染防治措施实施情况,土壤资源、生物群落、生态系统的必要的二次破坏防控措施实施情况,同时分析产生二次污染或二次破坏的可能性、可能的二次污染或二次破坏类型以及可能产生二次污染或二次破坏的区域等。

6.2 过程监测数据分析

基于资料收集、人员访谈、现场踏勘所获取的监测数据,分析施工单位和相关管理部门按照恢复方案和相关标准规范要求开展监测的情况。当监测数据不足时,需要补充监测数据,监测应满足 6.3 要求。当监测数据充分时,按照 7.3 要求初步分析达到恢复目标或达到稳定状态的情况。

6.3 过程监测要求

6.3.1 突发生态环境事件应急监测

突发生态环境事件应急监测及相关质量控制应根据应急处置工程实施情况,参照 HJ 589、NY/T4154 等进行。

6.3.2 土壤和地下水监测

土壤监测及相关质量控制要求参照土壤污染风险管控和修复相关技术标准规范执行；地下水监测及相关质量控制要求参照 HJ 25.6 执行，区分风险管控和修复两种情况，通过合理设置监测井，对地下水水位、水质、注入药剂特征指标、工程性能指标、二次污染物等进行监测，地下水修复工程运行初期采用较高监测频率，运行稳定期和运行后期适当降低频次，地下水风险管控工程运行监测频次取决于风险管控措施类型。

6.3.3 地表水和沉积物监测

6.3.3.1 监测指标

根据恢复方案中确定的恢复目标，对目标指标、潜在二次污染相关指标、可能影响目标指标的其他理化指标等进行监测。

6.3.3.2 监测点位

a）地表水

优先根据水体功能区划、所采用的环境修复技术特点等布设河流恢复过程监测断面。如没有特定要求，应在恢复工程涉及的监测断面选择代表性断面或监测点进行监测，同一水体功能区至少设置1个监测断面。如果存在死水区、回水区、排污口等薄弱区，应综合考虑恢复工程的实施效果布设代表性采样点。

对于湖（库）等地表水体，优先根据湖（库）功能区划、所采用的环境修复技术特点等布设湖（库）恢复过程监测垂线。湖（库）的不同水域，如进水区、出水区、深水区、浅水区、湖心区、岸边区，分别设置代表性监测垂线。如无明显功能区别或环境修复技术对布点没有特定要求，在环境修复区域内按照网格均匀布设原则，选择代表性垂线进行监测，同时兼顾环境修复薄弱区。

同一监测断面设置的监测垂线与各垂线上的采样点数参照 HJ 91.2 和 HJ 495 中要求执行。

采用异位方式进行环境修复的，应根据批次处理水量进行采样监测，原则上每批次至少采集1个样品。

b）沉积物

采用原位恢复方式对沉积物进行处理的，在恢复区域内按照均匀分布原则，结合地表水点位进行布设，通常布设在水质监测垂线正下方，当正下方无法采样时，可在附近区域采样，点位布设应具有代表性。原则上，对于河流长度、湖库半径≤1km 的情况，分别按照 50m 的间距或者 50m×50m 的网格布设点位，至少布设2个点位；对于河流长度、湖库半径＞1km 的情况，根据实际河流长度、湖库半径与 1km 的比值倍数，等比例放大点位布设间距。同时，按照均匀分布原则，结合沉积物垂向分层特征进行分层采样，原则上每个层位采集1个样品。

对沉积物进行异位处理的，优先按照堆体大小设置采样点数量，见表1。按批次处理的，每批次至少采集1个样品。采用资源化利用方式对沉积物进行处理时，应符合 HJ 1091 中的相关规定。

表 1 异位处理布点要求

恢复区域体积	采样点数量
体积≤100m^3	≥2
100m^3＜体积≤300m^3	≥3
300m^3＜体积≤500m^3	≥4
500m^3＜体积≤1000m^3	≥5
超过 1000m^3 后每增加 500m^3	增加 1 个点位

采用异位方式进行沉积物处理的，具备条件的情况下应同时对清挖区进行系统布点采样，可参照 HJ 25.5 基坑布点方法进行布点采样。

6.3.3.3 监测频次和时间

根据监测指标类型、介质类型和恢复技术类型等，确定监测频次，地表水恢复过程监测原则上为每月一次，根据恢复过程水质变化情况调整监测频次，沉积物恢复过程监测在恢复技术实施关键节点进行，原位恢复的，需根据沉积物中污染物释放规律，定期开展地表水监测。对于连续式处置过程的监测，可根据污染物转化降解速率开展定期监测。

6.3.3.4 质量控制要求

地表水和沉积物监测的质量控制应满足相关生态环境监测标准的要求。

6.3.4 生物与生态服务功能过程监测

根据恢复方案中设定的目标指标，选择相应指标开展过程监测，具体监测指标、监测方法、监测频次、监测时间和参照标准见附录 B 和附录 C。

对于具有迁徙性或周期性特点的动物，应根据观测目标和观测区域野生动物的繁殖、迁徙及其出现的季节规律等确定监测时间。对于植物，应当根据各类型植物物候特征确定监测时间。

7 恢复目标完成情况评估

7.1 概念模型构建

基于上述资料收集、人员访谈、现场踏勘等过程掌握的信息以及恢复过程总结、监测数据分析结果，用文字、图、表等形式构建恢复后概念模型，为恢复目标完成情况评估阶段调查监测计划的制定提供依据。概念模型中包含：

a) 风险管控与治理修复、生态恢复概况：风险管控与治理修复、生态恢复起始时间、范围、目标、主要技术和工艺参数及其变化情况，废气、废水和固体废物产生和排放情况；对于环境修复，涉及药剂添加时包括药剂添加量等情况；对于生态恢复，涉及植被种植时包括覆土量、植被类型、覆盖度、养护等情况，涉及动物恢复时包括动物类型、数量、活动范围、栖息地质量等情况。

b) 自然环境条件：对于环境修复案例，主要包括地质和水文地质条件及其变化情况，水体和沉积物理化性质及其变化情况，周边敏感受体及相关暴露途径等；对于湿地生态恢复，主要包括水体相关物理、化学、生物条件及其变化情况；对于林地、草地、农田等生态恢复，主要包括气候、地形地貌、土壤、森林覆盖率、草原综合植被盖度等条件及其变化情况。

c) 目标指标情况：对于环境修复，主要包括目标污染物原始浓度以及环境修复过程中目标污染物浓度的时空变化，潜在二次污染情况；对于生态恢复，主要关注地形地貌、土壤、水文、植被、生物原始情况及恢复过程中的变化，潜在二次破坏情况。

7.2 恢复目标完成情况评估调查与监测

7.2.1 制定恢复目标完成情况评估调查与监测计划

基于概念模型中有关损害恢复过程和评估区现状的相关信息，结合损害恢复目标，制定恢复目标完成情况评估调查与监测计划，明确恢复目标完成情况评估阶段的调查与监测内容、区域、指标、点位布设、频次和时间等，指导后续调查与监测过程。

7.2.2 土壤和地下水环境修复目标完成情况评估调查与监测

土壤和地下水环境修复目标完成情况评估调查与监测参照 HJ 25.5、NY/T 3343 和 HJ 25.6 执行。对于地下水修复工程，采用修复工程运行阶段至少 4 个批次数据进行修复目标完成情况初判，初步判断污染物浓度稳定达到修复目标且地下水流场稳定时，在修复范围内以及修复范围外的地下水流向上游、下游以及可能涉及的潜在二次污染区域进行布点，至少采集 8 个批次样品（持续时间至少 1 年，原则上每季度 1 次，两个批次之间间隔不得少于 1 个月），对目标污染物和可能的二次污染物进行监测，必要时增加地下水常规指标、修复设施运行参数等作为评估依据；对于地下水风险管控工程，在工程设施完工 1 年内开展修复目标完成情况评估调查与监测，在风险管控范围内以及风险管控范围外的地下水流向上游、下游和可能涉及的潜在二次污染区域进行布点，至少采集 4 个批次样品（原则上每季度 1 次，两个批次之间间隔不得少于 1 个月），对工程性能指标和污染物指标进行监测，必要时可增加地下水水位、地下水流速、地球化学参数等作为辅助判断依据。

7.2.3　地表水和沉积物环境修复目标完成情况评估调查与监测

7.2.3.1　调查与监测对象

调查与监测主要针对原位或异位环境修复后的地表水、沉积物环境质量状况，以及环境修复过程中可能产生的二次污染。如果涉及沉积物清挖，还应对清挖效果进行调查与监测。如果涉及阻隔等控制污染物释放到地表水的风险管控措施，还应对风险管控措施的性能（如阻隔结构的渗透性等）进行调查与监测。调查与监测对象见表 2。

表 2　环境修复目标完成情况评估调查与监测对象

受损介质	风险管控与治理修复模式	修复目标完成情况评估调查与监测对象	潜在二次污染评价调查与监测对象
地表水	原位	环境修复区域	周边地表水、沉积物 化学生物试剂堆放区 环境修复过程中试剂可能影响的其它区域 环境修复过程中污染物迁移扩散可能影响的其它区域
地表水	异位	处理后水质	水体和沉积物暂存区 环境修复区或临时处置区 待检区 化学生物试剂堆放区 运输车辆道路（运输试剂、待处理水体） 固体废物堆存区、废水暂存处理区
沉积物	原位	环境修复区域	周边地表水、沉积物 化学生物试剂堆放区 环境修复过程中试剂可能影响的其它区域 环境修复过程中污染物迁移扩散可能影响的其它区域
沉积物	异位	清挖区 环境修复区域 处理后沉积物	水体和沉积物暂存区 环境修复区或临时处置区 待检区 化学生物试剂堆放区 运输车辆道路（运输试剂、待处理沉积物） 固体废物堆存区、废水暂存处理区
沉积物	风险管控	风险管控措施性能	周边地表水、沉积物

7.2.3.2　指标

根据恢复方案中确定的恢复目标，对相关指标进行监测。如恢复目标中未考虑潜在二次污染，应在效果评估时对潜在二次污染相关指标进行监测评估，具体见表 3。

表 3　潜在二次污染区调查监测指标

序号	潜在二次污染区	指标	备注
1	周边地表水、沉积物	目标污染物和反应过程中的二次产物	/
2	污染水体和沉积物暂存区、环境修复区、临时处置区、待检区	目标污染物和反应过程中的二次产物	如有机物氧化还原产物、硝酸盐、氨氮转化产物等
3	化学生物试剂堆放区、环境修复过程中试剂可能影响的其它区域	试剂中可能涉及的污染物	如过硫酸盐氧化引入的硫酸根离子、酸碱调节剂导致的 pH 变化等
4	固体废物堆存区、废水暂存处理区	固体废物、废水中可能涉及的污染物	分析原辅材料、生产工艺进行判断
5	运输车辆道路	运输材料可能涉及的污染物	污染物或者药剂中可能存在的污染物
6	环境修复过程中污染物迁移扩散可能影响的其它区域（包括大气）	目标污染物和反应过程中的二次产物	开挖、药剂投加等过程可能导致的污染物扩散

7.2.3.3　点位布设

地表水和沉积物监测布点数量和位置同 6.3.3.2。

7.2.3.4　采样频次和时间

地表水和沉积物恢复效果通常采用 1 次性评估。通常在环境修复完成且环境修复介质的物理、化学、生物学状态及生态服务功能达到稳定后以及受到其它扰动前进行。对于采用序批式方式进行环境修复的，通常在每批次处置完成后开展监测。如果涉及沉积物清挖，应在清挖之后、回填之前对清挖区域进行采样。对于采用覆盖等风险管控方式控制沉积物污染风险的，应在风险管控措施实施完成后，至少对水体中的目标污染物监测 4 次，每次间隔不少于 1 个月，确保稳定达到恢复目标。

7.2.4　生态恢复目标完成情况评估调查与监测

7.2.4.1　调查与监测对象

针对生态系统恢复情况进行调查监测，包含恢复区域/流域、周边区域/流域，并对恢复过程中可能产生的二次破坏进行调查监测，见表 4。

表 4　生态恢复目标完成情况评估调查与监测对象

恢复模式	恢复目标完成情况评估调查与监测对象	潜在二次破坏评价调查与监测对象
人工恢复	恢复区域/流域	周边区域/流域
人工促进自然恢复	恢复区域/流域	周边区域/流域
自然恢复（监测）	恢复区域/流域	——

7.2.4.2 指标

根据恢复方案中设定的目标,参照附录 C 选取适当的指标开展生态恢复目标完成情况评估调查与监测,其中,核心指标至少选择一项,参考指标根据需要选择。潜在二次破坏的调查与监测指标见表 5。

表 5 潜在二次破坏调查与监测指标

序号	潜在二次破坏情形	调查监测指标
1	污染物引流占用土地	土壤污染物含量、土壤理化性质
2	恢复施工过程碾压导致土地植被破坏	植被面积、覆盖度,物种及盖度、高度、生物量,昆虫和土壤微生物种类及数量
3	河流、水体恢复措施,如清淤、药剂使用等,对水生生物的影响	生物体污染物残留浓度、物种数量、生物量、密度、生物多样性
4	恢复区域植被由于较高的土壤水分、养分等需求导致当地生境条件恶化	地下水位、土壤含水率、土壤养分含量等
5	恢复过程可能导致恢复区域有害生物发生	有害生物种类、种群数量及其密度
6	引入的物种扩张侵占周边植被群落,导致有害生物发生或生物多样性降低	物种数量、生物量及其密度、多样性

7.2.4.3 样方、样线、样点布设

样方、样线、样点布设方法见附录 B 和附录 C。潜在二次破坏调查监测点位和数量的确定参照 HJ 710 系列标准。

7.2.4.4 监测频次和时间

监测在生态服务功能达到稳定后进行,监测频次根据不同生态要素特点确定。

不同生态要素的监测频次和时间要求参照附录 B,生态服务功能的监测频次和时间要求参照附录 C。

7.2.4.5 调查监测方法

调查监测方法参照附录 B 和附录 C。

7.3 恢复目标完成情况分析

根据恢复工程特点和监测数据的情况,选择适用方法进行恢复目标完成情况分析。

对于恢复目标为降低土壤、地表水、沉积物中污染物浓度的情形,以及采取异位方式修复地下水的情形,根据监测数据数量,从 a) 和 b) 中选择相应的方法进行恢复目标完成情况分析;对于采取原位环境修复措施修复地下水修复的情形,选择方法 c) 进行恢复目标完成情况分析,对于地下水风险管控,应满足风险管控工程性能指标符合设计要求或不影响预期效果、风险管控措施下游地下水中污染物浓度持续下降及地下水污染扩散得到控制两条标准即判断达到目标;对于生态恢复,按照方法 d) 进行恢复目标完成情况分析。

a) 逐一比对法

当样品数量<8 个(不含平行样)时,将调查监测数据与恢复目标值逐个对比,判断恢复目标完成情况。当平行样数量≥4 时,可参照 HJ 25.5,结合 t 检验确定数据与恢复目标值的差异,若监测结果显著低于目标值或与目标值差异不显著,表明达到恢复目标;若监测结果显著高于目标值,表明未达到恢复目标。

b）统计分析法

当样品数量≥8个时，将数据均值的95%置信上限（或下限）与恢复目标值进行比较，同时符合以下条件时，可认为达到恢复目标：

1）对于目标为降低指标数值的情况，数据均值的95%置信上限≤恢复目标值；对于目标为提高指标数值的情况，数据均值的95%置信下限≥恢复目标值；

2）对于目标为降低指标数值的情况，数据最大值不超过恢复目标值的2倍；对于目标为提高指标数值的情况，数据最小值不低于恢复目标值的1/2。

低于报告限的数据，用报告限数值进行统计分析。

c）趋势分析法

对于地下水环境修复工程，利用至少8期（采样持续时间至少1年，原则上采样频次为每季度一次，两个批次之间间隔不得少于1个月）监测数据，采用趋势分析法判断恢复目标完成情况。在95%置信水平下，趋势线斜率显著小于0或与0没有显著差异，且目标指标的95%置信上限小于等于恢复目标值，说明达到恢复目标；在95%置信水平下，趋势线斜率显著小于0，但目标指标的95%置信上限大于恢复目标值，判断未达到恢复目标，需要继续恢复；趋势线斜率显著大于0或与0没有显著差异，且目标指标的95%置信上限大于恢复目标值，判断未达到恢复目标，且继续采取目前的恢复措施难以达到恢复目标，需要判断恢复策略调整的必要性。

d）综合指数评估法

如果生态恢复目标中涉及多个指标，可采用综合指数评估法判断恢复目标完成情况。

1）评估指标归一化处理

$$R_i = \frac{R_{ii}}{R_{ick}} \tag{1}$$

式中：R_i——第i个指标的归一化值，$R_i \in [0, 1]$，若$R_i > 1$，统一取$R_i = 1$；

R_{ii}——评估指标调查与监测结果；

R_{ick}——评估指标对应的目标值。

2）恢复效果综合指数计算方法

$$E = \sum_{i=1}^{n} R_i \times W_i \tag{2}$$

$$W_1 + W_2 + \cdots + W_n = 1 \tag{3}$$

式中：E——恢复效果指数；

n——计算综合指数的指标数量；

W_i——各指标权重。根据表6示例确定各指标相对权重，相对权重为A*B，根据不同指标的相对权重以及各指标权重之和为1的原则，确定各指标权重。

表6 各指标的相对权重

类型	类型权重[a]	评估指标	指标权重[a]
植物	0.3	覆盖度	0.4
		物种丰富度	0.3
		生物量	0.2
		其他	0.1

续表

类型	类型权重[a]	评估指标	指标权重[a]
土壤	0.25	土壤养分	0.3
		有机质	0.3
		孔隙度	0.3
		其他	0.1
野生动物	0.25	主要物种数量	0.4
		物种丰富度	0.3
		栖息地面积	0.3
水体	0.2	水文（流量、流速、水位、水深等）	0.4
		水质（pH、化学需氧量、生物需氧量、透明度、氮、磷、重金属等）	0.4
		沉积物质量	0.2

3）生态恢复状况分级

根据恢复效果指数（E），将生态恢复效果划分为四个等级，即：一级、二级、三级、四级，具体划分方法见表7。

表7 生态恢复效果评估等级划分

生态恢复效果综合指数	等级
E≥0.75	一级
0.5≤E<0.75	二级
0.25≤E<0.5	三级
E<0.25	四级

当评估等级为一级时，可认为达到恢复目标；当评估等级为二级时，提出应继续恢复的建议；当评估等级为三级及以下时，应分析实施补充恢复措施或者调整恢复策略的必要。

8 效果评估报告编制

完成效果评估后，编制效果评估报告，效果评估报告的格式和内容要求参见附录D。

附录 A
（资料性附录）
人员访谈表

表 A.1 环境修复效果评估人员访谈表

访谈人员：　　　　　访谈时间：　　　　　访谈形式：

受访人员	姓名：	联系方式：
	单位：	职务/职称：
	受访人员类型： □建设单位 □实施方案编制单位 □施工单位 □环境监理单位 □工程监理单位	

项目	内容
1、调查结果	
2、风险评估结果	
3、风险管控或修复目标	
4、风险管控或修复措施	
5、风险管控或修复范围、工程量	
6、环境污染防治措施	
7、潜在二次污染区域	
8、风险管控或修复措施变更情况	
9、实际施工范围、工程量以及与方案一致性	
10、污染防治措施落实情况及监测结果	
11、施工进度情况	
12、施工现场管理情况	
13、工程质量情况	
14、各环节施工完成情况评估	
15、其他相关情况	

注1：建设单位人员填写第1、2、3、4、5、15项；实施方案编制单位人员填写第3、4、5、6、7、15项；施工单位人员填写第8、9、10、11、15项；环境监理单位人员填写第8、9、10、15项；工程监理单位人员填写第9、11、12、13、14、15项。

注2：此表可分开，按不同受访人员单独设计表格，根据项目具体情况添加访谈问题，记录相应访谈内容。

表 A.2 生态恢复效果评估人员访谈表

访谈人员：		访谈时间：		访谈形式：	
受访人员		姓名：		联系方式：	
		单位：		职务/职称：	
		受访人员类型： □建设单位 □实施方案编制单位 □施工单位 □环境监理单位 □工程监理单位			
1、生态破坏情况					
2、生态恢复目标					
3、生态恢复措施					
4、生态恢复范围、工程量					
5、配套措施					
6、潜在二次破坏					
7、生态恢复措施变更情况					
8、实际施工范围、工程量以及与方案一致性					
9、二次破坏防控措施落实情况及监测结果					
10、施工进度情况					
11、施工现场管理情况					
12、工程质量情况					
13、各环节施工完成情况评估					
14、其他相关情况					

注1：建设单位人员填写第1、2、3、4、14项；实施方案编制单位人员填写第2、3、4、5、6、14项；施工单位人员填写第7、8、9、10、14项；工程监理单位人员填写第8、10、11、12、13、14项。

注2：此表可分开，按不同受访人员单独设计表格，根据项目具体情况添加访谈问题，记录相应访谈内容。

附录 B
（规范性附录）生态系统恢复过程监测

表 B.1 生态系统恢复过程监测

生态系统类型		监测指标	监测方法	监测频次	监测时间	参照标准
林地、草地、农田（旱地）	植物	植被覆盖度	样方法或遥感监测	一年一次	植物生长旺盛期，一般为7—9月	HJ 710.1、GB/T 30363
		植物种类	样方法	一年一次		HJ 710.1、GB/T 30363
		种群密度	样方法	一年一次		HJ 710.1、GB/T 30363
		生物量	遥感监测或收获法	林地五年一次，灌丛三年一次，草地（旱地）一年一次		HJ 710.1、GB/T 30363
	土壤	土壤 pH	电位法	一年一次		NY/T 1377
		有机质	重铬酸钾氧化法	一年一次		NY/T 1121.6
		含水率	烘干法	一年一次		HJ 1168
		容重	环刀法	五年一次		NY/T 1121.4
		渗透性	环刀法	一年一次		HJ 1169
		含盐量	重量法	一年一次		NY/T 1121.16
		全氮	半微量凯氏法	一年一次		NY/T 1121.24
		全磷	高氯酸-硫酸法	一年一次		NY/T 88
		全钾	碱熔法	一年一次		NY/T 87
		污染物浓度	/	一年一次		GB 15618、GB 36600

续表

生态系统类型		监测指标	监测方法	监测频次	监测时间	参照标准
林地、草地、农田（旱地）	动物	有害生物种类	地面监测或遥感监测	一年一次	根据有害生物生活周期，在其发生高峰期或数量最大、危害最重、最易发现的时间	GB/T 27618
		动物种类	样方法或样线法等	一年一次	根据野生动物（哺乳动物、鸟类等）的习性确定，一般在其活动高峰期进行，具体参照生物多样性观测技术导则等相关标准	HJ 710.3、HJ 710.4、HJ 710.5、HJ 710.13、HJ 710.9、HJ 710.10
		种群数量	样方法或样线法等	一年一次		HJ 710.3、HJ 710.4、HJ 710.5、HJ 710.13、HJ 710.9、HJ 710.10
		栖息地面积	地面监测或遥感监测	一年一次		HJ 710.3、HJ 710.4、HJ 710.5、HJ 710.13、HJ 710.9、HJ 710.10
	植被	植被类型	目测法	一年一次	植物生长旺盛期，一般为7—9月	HJ 1169、GB/T 27648、TD/T 1055
		面积	遥感监测或测绘法	一年一次		/
		植物种类	样方法	一年一次		HJ 710.1、HJ 710.12、GB/T 27648、TD/T 1055
		物种高度	样方法	一年一次		HJ 710.1
		密度	样方法	一年一次		HJ 710.1、HJ 710.12、GB/T 27648、TD/T 1055
		植被覆盖度	样方法或遥感监测	林地五年一次、灌丛三年一次、草地（旱地）一年一次		HJ 710.1、HJ 710.12、GB/T 27648、TD/T 1055
		生物量	样方法	一年一次		HJ 710.1、HJ 710.12、GB/T 27648、TD/T 1055
湿地、农田（水田）	动物	湿地动物种类	样方法、样线法、渔获物调查、标记重捕法等	一年一次	根据野生动物（哺乳动物、鸟类等）的习性确定，一般参照相关标准性观测进行，具体参照生物多样性观测技术导则等相关标准	HJ 710.4、HJ 710.6、HJ 710.7、HJ 710.8、GB/T 27648、TD/T 1055
		湿地动物数量	样方法、样线法、渔获物调查、标记重捕法等	一年一次		HJ 710.4、HJ 710.6、HJ 710.7、HJ 710.8、GB/T 27648、TD/T 1055
		物种入侵及其扩散状况	遥感监测、渔获物调查法、标记重捕法等	一年一次	根据入侵物种生活周期，在其发生高峰期或数量最大、危害最重、最易发现的时间	/

续表

生态系统类型	监测指标		监测方法	监测频次	监测时间	参照标准
湿地/农田（水田）	水文	水量、水位、水深	流速仪、测深杆、测深锤	连续一周/平水期		/
		径流量	自动观测仪器设备	根据恢复方案确定		HJ 1169
		积水水深	水位自动监测系统	根据恢复方案确定		HJ 1169
	水质	pH	玻璃电极法	根据恢复方案确定		GB 3838
		溶解氧	碘量法/电化学探头法	根据恢复方案确定		GB 3838
		水体污染物含量	重铬酸钾氧化-分光光度法	一年一次	1—12月	HJ 1169
	土壤或沉积物	土壤有机碳密度	水分传感器	一年一次		HJ 1169
		土壤湿度	样方法	一年一次		HJ 1169
		沉积物的理化性质	环刀法	一年一次		HJ 1169
		土壤的渗透性	/	一年一次		
		土壤或沉积物污染物含量		一年一次		GB 15618 或 GB 36600

附录 C
(规范性附录)
生态系统服务功能恢复目标完成情况监测

表 C.1 生态系统服务功能恢复目标完成情况监测

指标类型	生态系统服务功能	监测指标	监测方法	监测频次	监测时间	参照标准
核心指标	生物多样性维持	动物种类和数量	样方法或样线法等	一年一次	根据野生动物（哺乳动物、鸟类等）的习性确定，一般在其活动高峰期进行，具体参照生物多样性观测技术导则等相关标准	HJ 710.3、HJ 710.4、HJ 710.5、HJ 710.13、HJ 710.9、HJ 710.10
		植物种类和数量	样方法	一年一次	植物生长旺季，一般 7—9 月	HJ 710.1、HJ 710.12
	土壤保持	土壤机械组成	环刀法	一年一次	1—12 月	NY/T 1121.3
		数字高程	地形测绘或雷达遥感	一年一次		GB 50026、CH/T 1026
		植被覆盖度	样方法或遥感监测	一年一次	植物生长季，一般 7—9 月	HJ 710.1、HJ 710.12
	地质稳定性维持	坡岸及水工构筑物稳定性	调查计算	一年一次	1—12 月	GB 50286、GB 50330
	航运支持	航道里程、客运量、货运量	统计调查	一年一次		/
	产品供给	农业产品、林业产品、畜牧业产品、渔业产品、供水量、生态能源、其他产品	统计调查	一年一次		/

续表

指标类型	生态系统服务功能	监测指标	监测方法	监测频次	监测时间	参照标准
调节参考指标	生态固碳	植被生物量	样方法或遥感监测	一年一次	植物生长旺季，一般7—9月	HJ 710.1、HJ 710.12
		土壤碳密度	样方法	一年一次	植物生长旺季，一般7—9月	HJ 1167、HJ 1168、HJ 1169
	气候调节	夏季连续72小时植被区内外温度差	监测调查	一年一次	一般温度大于26摄氏度	/
	空气净化	植被生物量	样方法或遥感监测	一年一次	植物生长旺季，一般7—9月	HJ 710.1、HJ 710.12
		植被面积	实地测量或遥感监测	一年一次		TD/T 1055、HJ 1166
	水质净化	径流量	统计调查或自动观测仪器设备	年均值		GB 50179
		库容量	统计调查或自动观测仪器设备	年均值	1—12月	SL 44
	水源涵养	植被类型	目测法	一年一次	植物生长旺季，一般7—9月	HJ 710.1、HJ 710.12
		植被面积	实地测量或遥感监测	一年一次		TD/T 1055、HJ 1166
	洪水调蓄	湿地面积	实地测量或遥感监测	一年一次	丰水期	TD/T 1055
		土壤厚度、土壤非毛细孔隙度、最大滞水高度	样方法或遥感监测	一年一次		GB/T 27648、HJ 1169
		数字高程	地形测绘或雷达遥感	一年一次	1—12月	GB 50026、CH/T 1026
	防风固沙	植被覆盖率	样方法或遥感监测	一年一次	植物生长旺季，一般7—9月	HJ 710.1、HJ 710.12
		土壤机械组成	环刀法	一年一次		NY/T 1121.3
文化	休闲旅游	自然景点旅游人次、自然景点旅游收入	统计调查	一年一次	/	/

附录 D
（资料性附录）
生态环境损害恢复效果评估报告编制要求

D.1 项目背景
写明项目名称、效果评估委托方、损害鉴定评估单位（如有）、恢复设计单位（如有）、恢复施工单位（如有）、恢复工程监理单位（如有）、效果评估单位、评估事项和目的；写明项目基本信息，包括项目场地所在位置，损害原因、调查评估及恢复的时间节点与概况等。

D.2 评估工作方案

D.2.1 评估目标
写明本次恢复效果评估工作的目标。

D.2.2 评估依据
写明开展本次恢复效果评估工作所依据的法律法规、标准、技术规范以及项目相关文件等。

D.2.3 评估内容和标准
写明本次恢复效果评估工作针对的对象和评估的主要内容（包括恢复过程评估、恢复目标完成情况评估等），明确每项评估内容的标准。

D.2.4 评估范围
写明本次恢复效果评估工作的空间范围，以及确定该范围的依据。

D.2.5 技术路线和方法
阐明开展本次恢复效果评估工作的技术路线及每一项评估工作所使用的技术方法。

D.3 恢复过程评估

D.3.1 恢复过程总结
汇总资料收集、人员访谈、现场踏勘所获取的信息，写明生态环境损害调查评估、恢复方案制定、恢复工程实施等过程，分析恢复工程实施与恢复方案的符合情况，变更的合理性，必要的二次污染防治或二次破坏防控措施的落实情况，识别可能产生二次污染或二次破坏的类型和区域，写明分析过程和结果。

D.3.2 过程监测数据分析
详细阐述过程监测数据获取过程，包括监测指标、点位分布、深度、监测时间等，选取符合条件的数据开展分析，写明分析结果。

D.4 恢复目标完成情况评估

D.4.1 概念模型
以文字、图、表等形式给出概念模型，包括环境修复或生态恢复概况、影响环境修复或生态恢复的自然环境条件、目标指标随时间的变化情况等。

D.4.2 恢复目标完成情况评估调查与监测
详细阐述恢复目标完成情况评估监测数据获取过程，包括监测指标、点位分布、深度、监测时间，对于涉及采样的情况，还应给出样品采集、保存、流转、检测以及相关的质控方法，对于现场监测的情况，还应给出监测方法等。

D.4.3 恢复目标完成情况分析
写明恢复目标完成情况分析的方法、标准和结果。

D.5 结论
针对每类评估对象，写明恢复效果评估结论。

D.6 附件

对于环境修复效果评估项目，附件应包含环境修复范围图、监测样点分布图、环境修复区域平面布置图、采样记录、检测报告等，如果涉及水文地质调查，还应包含柱状图、剖面图、地下水流向图等图件，如果涉及地下水监测，还应包含建井结构图、洗井记录单等。

对于生态恢复效果评估项目，附件应包含生态恢复范围图、调查样方分布图、恢复区域平面布置图、样方调查记录、生物调查报告等。

生态环境损害鉴定评估技术指南 总纲和关键环节 第4部分：土壤生态环境基线调查与确定（GB/T 39791.4—2024）

（2024年1月15日发布）

前 言

为贯彻《中华人民共和国民法典》《中华人民共和国环境保护法》《中华人民共和国土壤污染防治法》等法律法规和《生态环境损害赔偿制度改革方案》《生态环境损害赔偿管理规定》等文件，规范土壤生态环境损害鉴定评估的土壤生态环境基线调查与确定工作，制定本标准。

本标准规定了土壤生态环境损害鉴定评估过程中土壤生态环境基线调查与确定的内容、工作程序、方法和技术要求。

本标准为首次发布。

本标准是 GB/T 39791《生态环境损害鉴定评估技术指南 总纲和关键环节》的第4部分。GB/T 39791 已经发布了以下部分：

——第1部分：总纲；
——第2部分：损害调查。

本标准附录 A 和附录 B 为资料性附录。

本标准由生态环境部组织制定。

本标准主要起草单位：生态环境部环境规划院、中国科学院南京土壤研究所、北京农业信息技术研究中心。

本标准生态环境部 2024 年 1 月 15 日批准。

本标准自 2024 年 4 月 1 日起实施。

本标准由生态环境部解释。

1 适用范围

本标准规定了土壤生态环境损害鉴定评估过程中土壤生态环境基线调查与确定的程序、内容、方法和技术要求。

本标准适用于因环境污染或生态破坏导致的土壤生态环境损害鉴定评估的土壤生态环境基线调查与确定。

本标准不适用于核与辐射所致土壤生态环境损害鉴定评估的土壤生态环境基线调查与确定。

2 规范性引用文件

本标准引用了下列文件或其中的条款。凡是注明日期的引用文件，仅注日期的版本适用于本标准。凡是未注明日期的引用文件，其最新版本（包括所有的修改单）适用于本标准。

GB 15618　土壤环境质量　农用地土壤污染风险管控标准（试行）
GB 36600　土壤环境质量　建设用地土壤污染风险管控标准（试行）
GB/T 4882　数据的统计处理和解释　正态性检验
GB/T 4883　数据的统计处理和解释　正态样本离群值的判断和处理
GB/T 39791.2　生态环境损害鉴定评估技术指南总纲和关键环节　第 2 部分：损害调查
GB/T 39792.1　生态环境损害鉴定评估技术指南环境要素　第 1 部分：土壤和地下水
HJ 25.2　建设用地土壤污染风险管控和修复监测技术导则
HJ 25.3　建设用地土壤污染风险评估技术导则
HJ/T 166　土壤环境监测技术规范
HJ 710.10　生物多样性观测技术导则　大中型土壤动物
HJ 1019　地块土壤和地下水中挥发性有机物采样技术导则
HJ 1185　区域性土壤环境背景含量统计技术导则（试行）
CJ/T340　绿化种植土壤

3 术语和定义

下列术语和定义适用于本标准。

3.1　土壤生态环境 soil ecosystem and environment
土壤环境、土壤中生态要素及其构成的生态系统。

3.2　土壤生态环境损害 damage of soil ecosystem and environment
因污染环境、破坏生态造成土壤环境及土壤中生物要素的不利改变，及上述要素构成的生态系统的功能退化和服务减少。

3.3　土壤生态环境基线 baseline of soil ecosystem and environment
污染环境或破坏生态未发生时评估区土壤的化学元素或化合物含量、理化性质以及主要土壤生物的种类组成及其数量、生物量等的水平或状态。

3.4　对照区 reference area
具有与评估区相同或相似的地质地球化学特征，与评估区位于相同的生态功能区，但未受到评估区损害行为影响的区域。

3.5　历史数据 historical data
能表征损害发生前评估区土壤化学元素或化合物含量、理化性质、主要土壤生物种类组成及其数量、生物量等的相关数据。

4 工作程序

土壤生态环境基线调查与确定的工作程序包括工作准备、基于历史数据和对照区数据确定土壤生态环境基线、基于其它方法确定土壤生态环境基线。

a) 工作准备阶段
收集整理土壤生态环境基线调查与确定所需的相关数据资料，制定基线调查与确定工作方案。

b) 基于历史数据和对照区数据确定土壤生态环境基线
基线数据的选用顺序参照 GB/T 39792.1 执行。基于历史数据和对照区数据确定土壤生态环境基线的步骤如下：

1）当存在历史数据时，对历史数据的可用性进行评估；

2）当不存在可用的历史数据或历史数据不能完全满足要求时，应开展对照区调查，获取数据；

3）选择合适的对照区，开展对照区土壤生态环境调查，合理布设调查点位，采用规范的方法进行样品采集与分析监测，获取对照区土壤生态环境状况相关数据；

4）针对可用的历史数据或对照区数据，通过数据分布类型检验、异常值判别处理、统计分析，确定土壤生态环境基线水平。

c）基于其它方法确定土壤生态环境基线

造成土壤环境质量下降且无法基于历史数据或对照区调查确定土壤生态环境基线时，选择适用的土壤污染风险管控标准确定土壤生态环境基线；当缺乏适用的标准时，开展相关专项研究，确定土壤生态环境基线。

土壤生态环境基线调查与确定的工作程序如图1所示。

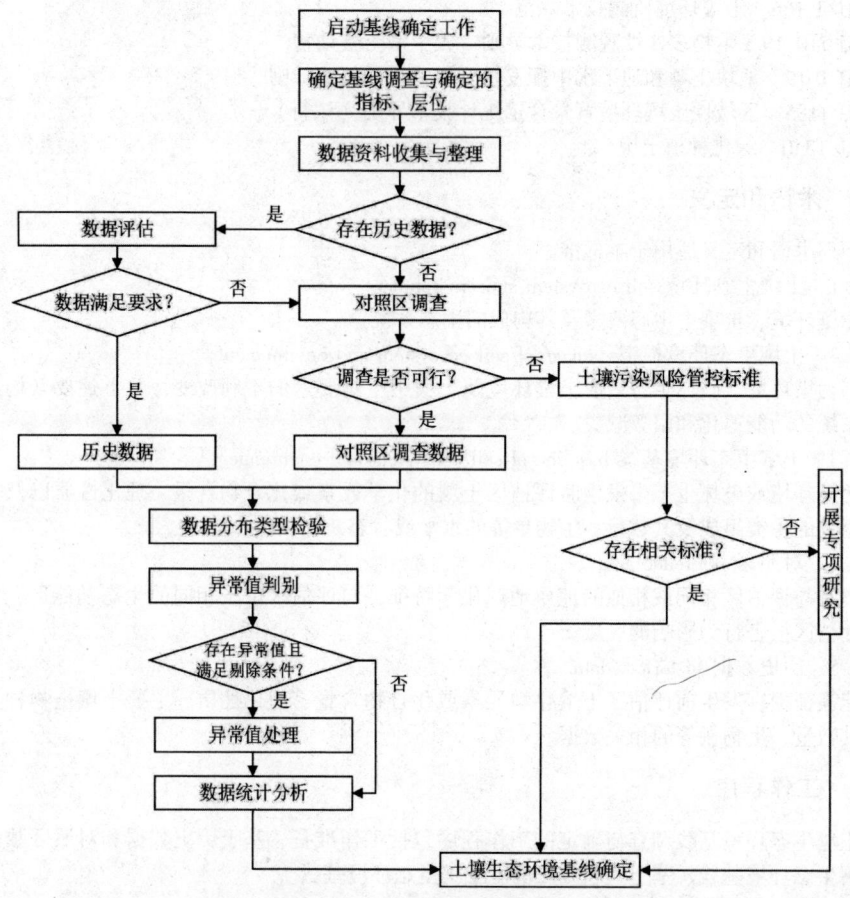

图1　土壤生态环境基线调查与确定工作程序

5　工作准备

5.1　工作准备阶段内容

通过资料收集分析、文献查阅、座谈走访、问卷调查、现场踏勘等方式，掌握评估区、评估区周边以及评估区所在区域的相关信息，明确土壤生态环境基线调查与确定的工作内容，研究确定基线调查与确定的具体方法，编制基线调查与确定工作方案。

5.2 评估区相关信息收集

调查评估区土壤生态环境损害相关信息（根据需要可以选择收集以下信息）：

a）评估区土地利用变迁及相关影像资料（包括历史照片、遥感影像、航拍图片等）；

b）评估区当前及历史上生产经营活动类型、时间、平面布置、地面硬化、土层人工改造、产排污、污染事故、生态破坏等情况；

c）评估区地层岩性、地下水埋深、地下水流向等地质和水文地质条件；

d）评估区土壤污染物类型、污染物空间分布等相关现状和历史监测数据；

e）评估区土壤理化性质，包括土壤类型、质地、土层厚度、砂砾含量、孔隙度、容重、养分含量、pH 值、有机质含量等相关现状和历史监测数据；

f）评估区土壤生物，主要包括大型土壤动物种类组成、频度、密度、生物量，以及具有指示意义和重要生态服务价值的小型土壤动物及微生物等相关现状和历史监测数据。

5.3 评估区周边相关信息收集

调查评估区周边土壤生态环境相关信息（根据需要可以选择收集以下信息）：

a）周边土地利用变迁资料及相关影像资料（包括历史照片、遥感影像、航拍图片等）；

b）周边相关生产经营活动类型、时间、产排污情况；

c）周边地层岩性、地下水埋深、地下水流向等地质和水文地质条件；

d）周边土壤、地表水及地下水污染等相关现状和历史监测数据，大气污染排放及沉降情况；

e）周边土壤理化性质相关现状和历史监测数据；

f）周边土壤生物，主要包括大型土壤动物种类组成、频度、密度、生物量，以及具有指示意义和重要生态服务价值的小型土壤动物及微生物等相关现状和历史监测数据。

5.4 评估区所在区域相关信息收集

5.4.1 调查评估区所在区域的自然环境信息（根据需要可以选择收集以下信息）：

a）地理位置、地形地貌、水文、气候气象资料；

b）地质和水文地质条件；

c）土地利用的历史、现状、规划信息；

d）居民区、河流、饮用水水源地、生态保护红线、自然保护地、湿地等环境敏感区分布信息以及主要生物资源的分布状况；

e）厂矿、水库、构筑物、沟渠、地下管网、渗坑及其他面源污染等分布情况。

5.4.2 调查评估区所在区域的社会经济信息（根据需要可以选择收集以下信息）：

a）经济和主要产业的现状和发展状况；

b）国家和地方相关法规、政策与标准等信息；

c）人口、交通、基础设施、能源和水资源开发利用等信息。

5.5 制定基线调查与确定工作方案

根据所掌握的评估区、评估区周边以及评估区所在区域相关信息，明确要开展土壤生态环境基线调查与确定的指标和层位，设计基线调查与确定工作程序，研究确定基线调查与确定方法，制定基线调查与确定工作计划。

土壤生态环境基线调查针对的具体指标包括化学元素或化合物含量（重金属、有机物、硫酸盐、氯化物等）、理化性质（pH 值、质地、容重、有机质含量、阳离子交换量等）以及主要土壤生物种类组成及其数量、生物量等。

6 基于历史数据和对照区调查确定土壤生态环境基线

6.1 历史数据收集整理和评估

6.1.1 历史数据收集整理

针对要进行土壤生态环境基线调查的指标，补充收集和整理评估区及周边损害行为发生前的相关历史数据，包括政府机关发布的环境调查监测数据（如全国土壤普查、农用地土壤污染状况详查和重点行业企业用地土壤污染状况调查、土壤背景值调查、常规土壤环境监测等）、批复后的环境影响评价报告、建设项目竣工环境保护验收报告或专项调查研究报告中的数据、文献中记载的数据、环境保护规划等历史档案中记录的监测数据、涉案或涉事企业提供的历史监测数据、涉及土壤生物种类组成及其数量和生物量的历史数据等，明确数据来源，同时获取数据对应的采样时间、采样点位、采样深度、采样方法、保存流转方法、检测方法、质量控制措施及结果等信息。

6.1.2 历史数据评估

历史数据应满足以下要求：

a) 历史数据应具有较好的时间代表性，数据获取时间应在损害行为发生之前，原则上尽可能接近损害发生时间，且数据获取时间到损害行为发生期间不存在导致土壤物理、化学和生物学状态发生明显变化的因素；

b) 历史数据应具有较好的空间代表性，数据采集点位尽可能位于评估区内部或者周边，如果位于评估区周边，应确保与评估区为同一土地利用类型或没有导致其物理、化学和生物学状态与评估区存在明显差异的因素，具体参照 6.2.2 要求；

c) 历史数据对应的调查点位数量应满足≥5 个的要求；

d) 历史数据对应的调查点位在评估区内部或周边区域原则上应均匀分布，确保空间上的均匀性，具体应满足 6.2.3.2 要求；

e) 历史数据对应的调查点原则上应与需要确定基线水平的土壤位于同一深度，且土壤类型相同，具体应满足 6.2.3.3 要求；

f) 历史数据的采样、保存流转、检测等方法与评估区生态环境损害调查过程所用的方法相同或具有等效性、可比性，具体参照 6.2.4 要求；

g) 历史数据获取过程中样品采集和分析阶段质量控制措施及结果符合相关标准规范要求，为有效数据，具体参照 6.2.5 要求；

h) 不同来源且符合上述要求的历史数据可以进行合并，但对于不同时间采集的历史数据，应进行适当分析和筛选。

6.2 对照数据获取

6.2.1 启动对照区调查条件

当历史数据不满足要求时，开展对照区调查。

6.2.2 对照区要求

6.2.2.1 对照区应具有与评估区相同或相似的地质地球化学特征，与评估区位于相同的生态功能区，但未受到评估区损害行为影响。

6.2.2.2 对照区的选择具体应遵循以下原则：

a) 根据需要，可选择一个或多个对照区；

b) 尽量选择受人为干扰最小的区域，且除未受评估区污染环境或破坏生态行为影响外，受到其它污染环境或生态破坏行为的影响与评估区相同；

c) 选择评估区外部且尽可能靠近评估区的位置；

d) 气象条件、地形地貌、生境特征、土地利用类型、水文地质条件、地表径流条件、降雨入渗条件、社会经济条件等应与评估区类似；

e) 土壤类型、性质及成土母质应与评估区相同；

f) 如大气沉降是导致土壤生态环境损害的原因之一，应在评估区周边未受大气沉降影响的清洁区；

g) 如地表径流是导致土壤生态环境损害的原因之一，应在评估区周边地势较高区域；

h) 如地下水污染是导致土壤生态环境损害的原因之一，应选在评估区地下水上游区域。

6.2.2.3 不适宜作为对照区的区域（损害发生在这类区域的情况除外）包括：

a) 人工开挖区、施工区、回填区或填埋区；

b) 处置、处理、储存化学品、固体废物或废水的区域；

c) 道路（公路、铁路等）周边临近区域；

d) 建筑物附近区域，尤其是存在油漆碎片等可能导致污染的废弃物的区域；

e) 停车场等地面硬化区域；

f) 大气污染源周边主要沉降区，如冶炼厂、铸造厂、燃煤发电厂的烟囱周边区域等；

g) 发生过历史污染事故或污染排放的区域；

h) 其他不适宜作为对照区的区域。

6.2.3 点位和深度要求

6.2.3.1 点位数量

6.2.3.1.1 对于基线调查与确定的指标为化学元素或化合物含量、理化性质的情况，点位数量应按照以下方法确定：

a) 第一阶段至少布设 5 个点位；

b) 如第一阶段调查结果变异系数 CV>1，应开展补充调查，根据评估区面积和调查指标类型，确定第二阶段补充调查点位数量，使对照区调查点位数量满足表 1 要求，在保证最少点位数量的前提下，根据情况适度增加采样点，补充调查点位均匀布设在符合要求的对照区域；

c) 当涉及多类调查指标时，按照每类指标的要求分别布设调查点位，不同指标的调查点位可以协调、合并。

表 1 对照区水平方向补充调查后总的点位数量

序号	评估区面积 S_a/m^2	调查指标类型	点位数量/个
1	$S_a \leqslant 64000$	pH、氯化物、硫化物、氰化物、氟化物、硝酸盐、有机污染物等	≥8
2	$64000 < S_a \leqslant 128000$	pH、氯化物、硫化物、氰化物、氟化物、硝酸盐、有机污染物等	≥11
3	$S_a > 128000$	pH、氯化物、硫化物、氰化物、氟化物、硝酸盐、有机污染物等	≥14
4	$S_a \leqslant 32000$	重金属	≥8
5	$32000 < S_a \leqslant 64000$	重金属	≥11
6	$S_a > 64000$	重金属	≥14
7	/	其他土壤理化性质指标	≥8

6.2.3.1.2 对于基线调查与确定的指标为主要土壤生物的种类组成及其数量、生物量等水平或状态的情况，调查点位按照以下方法确定：

a) 参照 GB/T 39791.2，在每一损害类别区域及其对照区内至少各设置 3 个样方，如立地条件存在较大差异应适当增加样方数量；

b) 参照 HJ 710.10，使用随机数表和指南针选取样方位置，样方应设立在每类损害区域内的代表性区域中，每个样方面积为 $25m^2$（5m×5m）；

c) 在每个样方中设 2 个 30cm×30cm 均匀分布的样点；对于土壤生物种类组成及其数量、生物量等相似的对照区，至少每个样方设 1 个样点；

d) 若 CV>1，开展补充调查，补充样方数量≥3 个，每个样方中设置 1 个样点，补充调查样方均匀布设在符合要求的对照区域。

6.2.3.2 布点方法

对照区土壤环境调查，一般采用系统布点法进行布点。将对照区划分成面积相等的网格，每个网格内布设 1 个采样点，结合对照区形状、面积、点位数量确定网格间距，原则上对照区点位布设网格不小于 40m×40m。根据实际情况，结合对照区形状，调整网格的位置，使采样覆盖范围最大化。如果有多个对照区，对每个对照区分别采用系统布点法进行布点。如果对照区土壤异质性较强，也可适当结合判断布点法进行对照区点位布设，确保点位代表性。

对照区土壤生物观测，参照 HJ 710.10 进行观测样地和样点设置。

如布设的点位落在以下位置，可根据实际情况进行调整：

a) 集中施用农药、肥料等投入品的位置；

b) 土壤存在颜色、气味异常等情况的位置；

c) 水土流失严重或表土被破坏的位置；

d) 其它可能影响土壤中化学元素或化合物含量、理化性质以及主要土壤生物种类组成及其数量、生物量等指标的位置。

6.2.3.3 调查深度

根据基线调查方案中确定的基线调查层位确定垂直方向采样深度，原则上垂直方向采样深度应与评估区相同。如评估区为人工开挖形成的坑，应在对照区扣除坑深后采集相同深度样品。如果同一深度土层性质不同，原则上就近采集同一土层性质的样品，除非有证据表明不同土层性质土壤中相关指标（主要指特征污染物含量）没有明显变化。

6.2.4 样品采集、分析检测

对照区调查应采用与评估区调查相同的采样频次、采样时间以及样品采集、保存、流转和分析检测方法。

土壤钻探和土壤环境样品采集、保存要求参照 HJ 25.2、HJ/T166、GB/T39792.1。涉及钻探时，应为无浆液钻进，全程套管跟进。土壤样品的流转要求参照 HJ/T166。涉及挥发性有机污染物时，应符合 HJ1019 的相关规定。土壤生物样品采集、保存和处理要求参照 HJ 710.10。

针对 5.5 确定的调查指标，进行土壤环境样品分析检测和生物观测。土壤环境样品分析检测方法应符合 GB 36600 要求；涉及农用地时，应符合 GB 15618 要求；涉及城市绿地时，应符合 CJ/T340 要求。土壤生物样品观测方法应符合 HJ 710.10 要求，在对土壤动物计数时，仅计数 HJ 710.10 中定义的大型土壤动物。

6.2.5 质量保证与质量控制

土壤环境样品采集、保存、流转、检测过程质量控制参照 HJ 25.2；特征指标涉及挥发性有机物时，质量控制还应遵循 HJ 1019 的相关规定。土壤生物样品采集、保存、流转、观测过程质量控制参照 HJ 710.10。

6.3 数据处理分析

6.3.1 数据分布类型检验

检验数据分布类型的常见方法包括图形法（包括直方图、P-P 图、Q-Q 图等）、偏度峰度检验法、Shapiro-Wilk 检验法（W 检验）、Kolmogorov-Smirnov 检验法（K-S 检验）和卡方检验。不同方法的适用情形见表 2。

图形法、偏度峰度检验法、W 检验方法的使用参照 GB/T 4882，K-S 检验、卡方检验方法的使用参照附录 A。

若污染物浓度检测结果低于检出限,以检出限作为其浓度值参与基线水平计算。

表 2 不同数据分布类型检验方法的适用情形

样本数量	其他条件	优先适用的检验方法
n≤50	对是否服从正态分布进行定性判断	图形法
	有特定信息表明真实分布与正态分布的可能差别	偏度峰度检验法
	没有特定信息表明真实分布与正态分布的可能差别(n 较大时可综合图形法进行正态分布判定[a])	W 检验
n>50	n>100,对分组数据分布类型进行检验	卡方检验
	对是否服从正态分布进行定性判断	图形法
	有特定信息表明真实分布与正态分布的可能差别	偏度峰度检验法
	没有特定信息表明真实分布与正态分布的可能差别、且无法使用其他方法进行检验(n 较大时可综合图形法进行正态分布判定[a])	K-S 检验

[a] 表示样本量很大的情况下,即使检验结果 $P<0.05$,数据来自的总体也可能是服从正态分布的,需结合直方图、P-P、Q-Q 的图示法进行综合判断。

6.3.2 异常值判别与处理

如数据存在明显异常或数据的变异系数 CV 偏大(砂质土壤为 0.5,较细土壤为 0.75),则应启动异常值判别。

判别样本异常值的常用方法包括 Nair 检验法、格拉布斯(Grubbs)检验法、狄克逊(Dixon)检验法、偏度峰度检验法、箱线图法。不同方法的适用情形见表 3。

排除可疑的异常值后,进行正态分布检验。排除异常值后如果服从正态分布且已知总体标准差,采用 Nair 检验法进行异常值判别;如果总体标准差未知且限定异常值不超过 1 个,根据样本数量,从 Grubbs、Dixon 检验法、偏度峰度检验法中选择适用的方法进行异常值判别;如果总体标准差未知且限定异常值个数超过 1 个,选择偏度峰度检验法或 Dixon 检验法进行异常值判别。如果不服从正态分布,根据样本数量,选择 Walsh 检验法或箱线图法进行异常值判别。

Nair、Grubbs、Dixon、偏度峰度检验法的使用参照 GB/T 4883,Walsh 检验法的使用参照附录 B,箱线图法的使用参照 HJ 1185。

表 3　不同异常值判别方法的适用情形

样本数量		是否满足正态分布	是否需要检测多个异常值	适用判别方法
a≤100	n≥6	否	是	箱线图法
	n>60	否	是	Walsh 检验法
	/	是	是	Nair 检验法、Dixon 检验法、偏度峰度检验法
	/	是	否	Grubbs 检验法、Dixon 检验法、偏度峰度检验法
n>100	/	是	是	偏度峰度检验法
	/	是	否	Grubbs 检验法、偏度峰度检验法
	/	否	是	Walsh 检验法、箱线图法

对于所判别的异常值，按照以下方式进行处理：

a) 检查原始记录，如果是样品采集、保存流转、分析检测、数据输入等过程的过失或错误等导致的异常数据，应予以更正或剔除；

b) 查阅区域土壤环境背景值相关数据，初步判断异常值是否在背景范围内；如明显高于背景值，进一步参照 GB/T 39792.1 中的同源性分析，根据目标元素或化合物含量特征、组合特征、同位素特征等与污染源的相似程度，判断是否来源于污染；或参照 HJ 1185，采用富集系数等方法判断异常原因。若异常值来源于污染，则剔除；若来源于高背景，应予以保留；

c) 若判别出的异常值不止一个，按异常值数字大小顺序逐个判断，逐个处理。

记录被更正或剔除的异常值及其理由。处理后样本数量不能满足统计要求的，应补充样本数据。

6.4 基线确定

未进行异常值剔除的，按照剔除前的正态分布检验结果选择数据统计分析方法；进行了异常值剔除的，按照剔除后的正态分布检验结果选择数据统计分析方法。

分别统计每个层位土壤的基线水平。

对于服从正态分布的数据，当污染或破坏导致评价指标升高时，采用历史数据或对照数据的 90% 参考值上限（算术平均数+1.65 标准差）作为基线；当污染或破坏导致评价指标降低时，采用历史数据或对照数据的 90% 参考值下限（算术平均数-1.65 标准差）作为基线。对于不服从正态分布的数据，当污染或破坏导致评价指标升高时，采用历史数据或对照数据的第 90 百分位数作为基线；当污染或破坏导致评价指标降低时，采用历史数据或对照数据的第 10 百分位数作为基线。

7　基于其他方法确定土壤特征污染物生态环境基线

7.1　参考相关土壤污染风险管控标准

当调查指标为土壤特征污染物，且历史数据或对照区调查不可行时，可根据评估区土地利用方式，参考适用的国家标准（如 GB 15618、GB 36600 中的风险筛选值等）、行业标准（如 CJ/T340 等）、当地地方标准确定基线，常见的情形包括：

a) 评估区位于工业园区或其它工业聚集区，周边存在一种或多种可能影响土壤特征污染物含量的因素；

b) 评估区存在复杂的土地利用历史，且前期土地使用者造成的土壤污染情况不明；

c) 其它无法选择合适对照区的情形。

国家标准与地方标准、行业标准规定不一致时，优先参照地方标准，其次是国家标准，最后是行业标准。当缺乏适用的标准时，可参考国外政府部门或国际组织发布的相关标准。当同时存在基于保护人体健康、保护地下水和保护生物受体等不同类型的标准时，应根据评估区存在的受体（包括人体、生物受体、环境受体）的情况，选择相应的标准。

7.2 开展专项研究

当无法获取历史数据和对照区数据，且无可用的土壤污染风险管控标准时，参照 GB/T 39792.1 开展专项研究以确定土壤生态环境基线，具体情形包括：

a) 对于土壤污染风险管控标准中不涵盖的指标，可以基于健康风险评估或生态风险评估反推可接受风险水平下的污染物浓度值，作为基线水平，其中通过经口摄入、皮肤接触、呼吸吸入等方式暴露的，可参照 HJ 25.3；

b) 对于土壤污染风险管控标准中不涵盖但地下水质量标准中涵盖的指标，且土壤中污染物可能迁移到地下水，导致地下水中污染物超过相关标准，则基于土壤和地下水中污染物扩散迁移模型推算保护地下水的土壤污染物浓度限值，作为基线水平，基于保护地下水的土壤污染物浓度限值计算可参照 HJ 25.3；

c) 其它用于确定基线水平的专项研究。

附录 A
（资料性附录）
正态分布检验方法

A.1 卡方检验

H_0：样本的总体分布服从某特定分布

H_1：样本的分布不服从某特定分布

计算样本的均值和标准差，作为总体样本均值（μ）和标准差（σ）的估计值；

根据实际情况将样本数据划分为 k 个区间，每个区间的期望频数相等，为 $1/k$；

查标准正态分布表，得到标准正态分布下划分每个区间的临界值（z），再计算每个临界值对应的区间界限（x），计算方法见公式（A.1）：

$$x = \mu + z + \sigma \tag{A.1}$$

式中：x——每个临界值对应的区间界限；
  μ——总体样本均值；
  z——标准正态分布下划分每个区间的临界值；
  σ——总体样本标准差。

根据计算的区间界限（x），将样本数据的每一个数据分配到对应的区间，然后统计实际频数 f_i。最后由实际频数 f_i 与期望频数 F_i 的差值计算卡方统计量 x^2，计算方法见公式（A.2）：

$$x^2 = \sum_{i=1}^{n} \left[\frac{(f_i - F_i)^2}{F_i} \right] \tag{A.2}$$

式中：x^2——卡方统计量；
  f_i——实际频数；
  F_i——期望频数。

按照公式（A.3）计算自由度 v：

$$v = k - r - 1 \tag{A.3}$$

式中：v——自由度；

k——区间数；
r——估计的分布参数数量。

根据 α（通常取 0.05）和自由度，查卡方分布表，得到卡方值。比较卡方统计量 x^2 和卡方值，$x^2<$卡方值，接受 H_0，数据服从正态分布，否则拒绝 H_0。

A.2　K-S 检验

K-S 检验是比较一个频率分布与理论分布或者两个观测值分布的检验方法。该方法以样本数据的累计频数分布与特定的理论分布比较（比如正态分布），如果两者差距小，则推论样本分布服从某特定分布。

假设检验问题：
H_0：样本的总体分布服从正态分布
H_1：样本的分布不服从正态分布
$F_n(x)$：样本的累计分布函数
$F(x)$：理论分布函数
D：$F(x)$ 与 $F_n(x)$ 差值的绝对值最大值

根据 n 和 α（通常取 0.05），查表得到 $D_{n,\alpha}$，n 为样本数量；

将 D 与 $D_{n,\alpha}$ 相比较，如果 $D<D_{n,\alpha}$，则接受 H_0，数据服从正态分布，否则拒绝 H_0。

附录 B
（资料性附录）
Walsh 检验法

假设 X_1、X_2……X_n 表示从小到大排序的数据，采用 Walsh 检验法进行异常值判别的步骤如下：

第一步：确定被怀疑的异常值数量 r，$r \geqslant 1$；

第二步：计算 c，k，b，a，计算方法分别见公式（B.1）、公式（B.2）、公式（B.3）、公式（B.4）：

$$c = [\sqrt{2n}] \tag{B.1}$$

式中：[ ]——将值向上取整数（如 3.24 表示为 4）；
　　　n——样本数量。

$$k = r + c \tag{B.2}$$

式中：r——被怀疑的异常值数量；

$$b^2 = 1/\alpha \tag{B.3}$$

式中：α——显著性水平，如果 $60<n \leqslant 220$，α 取 0.10；如果 $n>220$，α 取 0.05；

$$a = \frac{1 + b\sqrt{(c-b^2)/(c-1)}}{c - b^2 - 1} \tag{B.4}$$

第三步：如果 $X_r - (1+a)X_{r+1} + aX_k < 0$，$r$ 对应的最小值是异常值；

第四步：如果 $X_{n+1-r} - (1+a)X_{n-r} + aX_{n+1-k} > 0$，$r$ 对应的最大值是异常值。

自然资源资产价格整体评估技术指引（试行）

（2024 年 10 月 8 日）

为科学显化多门类自然资源资产组合供应、整体交易中的资源价值价格水平，规范价格评估活动，更好地服务于自然资源要素的整体保护、开发利用及有偿使用，制订本文件。

1 范围

本文件以自然资源资产价格整体评估为核心，界定了基本概念，提出了原则与要求，规定了主要技术路径，强调了技术方法运用中的注意事项与要点；本文件未涉及的技术要求，遵循各门类自然资源资产价格评估的既有技术标准或规范。

本文件适用于在特定国土空间范围内，多门类自然资源资产或多种类自然资源资产权利权能组合供应中的价格评估活动。对服务于其他目的的自然资源资产包价格整体评估时，可参照本文件的相关规定。

2 依据的技术文件

下列标准及文件中规定的评估技术要求是自然资源资产价格整体评估的技术基础；凡在本文件中无特定要求的内容，可参照下列文件的规定。

（1）《自然资源价格评估通则》；
（2）《城镇土地估价规程》；
（3）《农用地估价规程》；
（4）《中国矿业权评估准则》（一）（二）；
（5）《海域价格评估技术规范》；
（6）《无居民海岛使用价格评估规程》；
（7）《森林资源资产评估技术规范》；
（8）《园地估价规程》；
（9）《林地估价规程》；
（10）《草地估价规程》；
（11）《国有建设用地使用权出让地价评估技术规范》。

3 基本概念

3.1 自然资源资产组合供应。简称"组合供应"，指在特定国土空间范围内，将多门类自然资源资产（含多种类权利权能）整体配置给同一使用权人的供应模式。

3.2 自然资源资产包。指包括多门类自然资源资产或多种类权利权能的自然资源利用组合体，是自然资源资产组合供应中的客体；其包含的多门类自然资源或其权利权能通常在空间或利用上存在关联关系。

3.3 载体型自然资源。指既是自然资源要素本身，又为其他自然资源提供承载空间，具有位置固定性、物理不可分割性，以及非耗竭性等特点的自然资源，包括各用途的土地、水域、海域和无居民海岛等。

3.4 复合型自然资源。指由两种及以上门类的自然资源通过有机结合形成的，具有显著的、不可分割的整体功能的自然生态空间。

3.5 自然资源资产价格整体评估。简称"整体评估",指以自然资源资产包为评估对象,遵循自然资源价格评估的基本要求,在充分关注各类自然资源资产组合形成的系统性、整体性效用的基础上,对自然资源资产包的整体价格及在可行和需要时对其各构成部分分项价格的估算与判定活动。

3.6 关联影响因素。简称"关联因素",指在整体评估中需特别关注的,能够体现构成资产包的多个要素之间在资源利用效用、成本、收益等方面的相互作用,进而影响资产包价格(价值)的客观因素。

3.7 协同效应。指在特定时空范围内,不同门类自然资源资产或不同利用方式向人类提供的惠益之间存在的相互增益等促进性作用规律。

3.8 权衡效应。指在特定时空范围内,不同门类自然资源资产或不同利用方式向人类提供的惠益之间存在的此消彼长等限制性作用规律。

4 原则与要求

除《自然资源价格评估通则》(以下简称"《通则》")中的一般性规定和相关门类自然资源估价中的专门性规定外,整体评估应特别关注以下原则与要求。

4.1 可持续利用原则。在限定的规划条件(或开发利用要求)下,确定自然资源资产包中各类自然资源资产的最佳开发利用方案时,应秉持可持续利用理念,尽量避免或降低对特定时空范围内自然生态环境形成负外部性影响,并将需采取的必要投入纳入价格影响考量。

4.2 整体统筹原则。在进行最佳开发利用方案设计及分析确定自然资源资产包可产生的效益时,以资产包各构成要素紧密结合、共同发挥作用为前提和基础,进行整体性分析与测算。

4.3 专业性原则。整体评估活动应由具有相应资格的专业评估人员依据专业技术要求开展。自然资源资产包的构成包含载体型自然资源时,应具有土地评估专业人员;自然资源资产包中含矿业权时,应具有矿业权评估师。

5 评估模式

5.1 评估模式的种类。在充分关注自然资源资产组合形成的系统性、整体性效用的基础上,根据自然资源资产包的具体组合模式、效用特征与限制性条件,整体评估可在分估、合估两种操作模式中择一使用,或同时兼用。

(1)分估模式:以自然资源资产包中各门类自然资源资产为对象,分别评估其在该资产包整体作用下的价格水平,汇总形成自然资源资产包的整体价格。

(2)合估模式:以自然资源资产包整体为对象,评估自然资源资产包整体价格水平。根据需要,以整体价格为基础,分别测算形成各门类自然资源资产的价格。

自然资源资产包的整体价格低于各门类自然资源资产价格之和的,应明确该价格的适用条件,即需约定该资产包只能整体上市交易,各门类自然资源资产不得拆分后单独或部分组合上市交易。

5.2 评估模式的选择。

结合资产包中各自然资源资产的特征,根据资产组合价值实现路径选择评估模式。

(1)分估模式的适用情形:当自然资源资产包内的各类资源资产可分别给权利人带来直接或潜在收益,且可分别进行价格转化时,通常可采用分估模式。

(2)合估模式的适用情形:当自然资源资产包中各类资源间具有较强的相互依存性,且某类资源资产不能单独给权利人带来收益,或自然资源资产包的综合收益通过某类资源资产实现时,通常采用合估模式。

6 技术路径与方法

《通则》中规定的主要技术路径及各门类自然资源估价中的既有评估方法均可用于整体评估；宜选择不同技术路径中的评估方法，对评估结果进行相互验证。

7 评估基本程序

评估基本程序依次为：明确估价基本事项、拟订估价作业方案、收集估价所需资料、现场查勘待估对象、选定估价方法测算、确定估价结果、完成并提交估价报告、整理归集估价档案。

在接受估价委托和履行评估基本程序时，应特别关注以下要求：

——当评估目的旨在服务于全民所有自然资源资产包供应时，评估业务应由具备相应职能的自然资源行政主管部门委托；

——明确估价基本事项时，应依据委托书（委托合同）及所附的规划条件等，重点明确评估目的、待估对象涉及的自然资源资产类型、权利期限、权能及开发利用方面的限制性条件（或开发利用要求）等内容；

——现场查勘时，至少应有一名承办本评估业务、签署评估报告的相关专业评估人员全程参与。

8 价格内涵的界定

8.1 价格种类。

（1）自然资源组合供应中，整体评估的价格是能够（直接或经转化后）进入社会经济运行体系的自然资源资产经济权益的货币化体现。既包括狭义的经济价值，也包括能为产权人带来经济收益的生态产品价值，例如：生态产品中的物质供给类产品、部分文化服务类产品和生态补偿、生态配额指标、生态权益类产品等的价值；

（2）当确需单独显化自然资源资产包中生态产品转化形成的经济价值时，应分类、详细列出生态产品的类型与清单，并注意避免在对不同类型的价格评估结果进行统计时形成交叉、重复。

8.2 市场特征。自然资源组合供应中，整体评估的价格通常为符合规划条件及合同约定前提下，同类自然资源资产在正常市场环境中的公开市场价格。

8.3 权利类型。

（1）土地、矿产、森林、草原、海域、无居民海岛、水，以及湿地、国家公园等各类自然资源资产均可在符合相关法律政策规定的基础上，通过合理设计、组合形成自然资源资产包。

整体评估涉及的权利类型包括建设用地使用权、农用地承包经营权、矿业权、海域使用权等，评估时应按供应方案、规划条件（或开发利用要求）等供应条件进行逐一界定，并特别关注对权利具有影响的前提条件。

自然资源资产包中的自然资源资产权利组合通常包括但不限于以下类型：

——矿产资源+土地资源：矿业权（探矿权、采矿权）、建设用地使用权、农用地承包经营权或经营权、其他可获取合法收益的权利等；

——矿产资源+海洋资源：矿业权（探矿权、采矿权）、海域使用权、无居民海岛使用权、其他可获取合法收益的权利等；

——土地资源+森林资源：建设用地使用权、农用地承包经营权或经营权、林地使用权、林木所有权或使用权、其他可获取合法收益的权利等；

——土地资源+水资源：建设用地使用权、农用地承包经营权或经营权、取水权、养殖

权、其他可获取合法收益的权利等;

——土地资源+海域资源:建设用地使用权、海域使用权、其他可获取合法收益的权利等;

——海岛资源+海域资源:无居民海岛使用权、海域使用权、其他可获取合法收益的权利等。

当自然资源资产包中含湿地、自然保护地等复合型自然资源,或溶洞、孔隙等自然空间时,应根据供应文件中的界定清晰表述权利权能。

(2)对于包含需经行政审批后方可获取权利的自然资源资产包,应关注能否取得行政审批的风险性及相关规定对预期收益及价格可能产生的影响,在评估报告中进行必要的阐述、披露或量化调整。

8.4 权利期限。组合供应中各类自然资源资产权利的期限依据供应文件设定,并不得超过法定最高年期及合同约定的剩余年期。

8.5 开发利用特征。遵循《通则》的规定,从用途或功能类型、开发利用条件与方式等方面对自然资源资产包中各类自然资源的开发利用特征进行分别界定;当供应文件或合同中对公共设施建设等规划配套,以及自然资源保护修复义务、污染排放限制等环境保护要求有具体规定且预期对估值结果产生影响时,应在估价报告的价格定义或特殊说明部分清晰表述。

8.6 估价期日。自然资源资产包中各类自然资源资产价格对应的估价期日应当保持一致。

9 评估技术要点

9.1 估价对象的界定。界定自然资源的实物载体范围是明晰自然资源资产权利范围的基础。评估中应从各自然资源门类及其细分种类、平面与立体界址范围、不同自然资源间在平面和立体维度的相邻关系等方面对估价对象的实物客体特征进行清晰描述、明确界定,确保不重不漏。

9.2 影响因素分析。除各类自然资源资产评估时需关注的价格影响因素外,评估中还应重点分析自然资源资产包中因多种自然资源组合而产生的关联影响因素,以及通过关联因素体现出的协同效应或权衡效应对单项资源资产价格产生的增值或减值影响。

基于影响因素直接作用对象的不同,关联影响因素可分为:

(1)对效用产生影响的因素。指使资产包的总体效益或其中某类资源资产给产权人带来收益产生变化的因素。例如,良好的生态景观资产对同一自然资源资产包内房地产用地价格产生增值影响。

(2)对成本产生影响的因素。指使资产包总体运营成本或其中某类资源资产进行开发利用时,需投入的必要成本发生变化的因素。例如,为获得生态景观资产对同一自然资源资产包内房地产用地产生的增值溢价,需投入额外成本以维护或提升生态景观资产的质量;以生态修复为主导方向的自然资源资产与以经营性开发为主导方向的自然资源资产组合供应时,需额外增加保护性修复工程成本。

9.3 方法的选择与运用

9.3.1 一般要求。

(1)采用分估模式时,可依据相应的评估技术准则,基于评估目的、市场特征、资料完备程度等,对组成自然资源资产包的各单项自然资源资产分别选择适用的评估方法;既有估价技术标准中对评估方法数量没有明确要求的,可根据估价原理选用适宜的评估方法。

(2)采用分估模式评估自然资源资产包中某单项自然资源资产价格时,应特别关注组合形成的协同效应或权衡效应对待估对象价格水平产生的增进或抑制作用,通过对收益、成本、利润率、增值收益率、还原率(贴现率)及风险值等相关参数的调整予以合理量化;

(3) 采用合估模式时，优先选用预期收益贴现还原路径、整体价值剥离显化路径类的评估方法；当需根据自然资源资产包的整体价格水平测算各单项自然资源资产价格时，应在分析各组合要素贡献与特征的基础上，合理分摊，并在报告中阐述价格分摊过程；

(4) 以服务于组合供应为目的的评估中，当自然资源资产包中含有现阶段难以产生经济价值的自然资源资产时，可根据其必要的成本投入进行估值，并结合市场可接受程度对最终评估结果进行合理调整，保障所有者权益。

(5) 对关联影响因素及其影响规律的识别、分析与量化在整体评估中具有重要意义，评估中应结合各类自然资源资产的价格形成机制、价格变动规律及市场交易中的实证经验进行总结提炼，科学显化。

9.3.2 适用交易实例比较修正路径类的方法时：①可比实例的个数不得少于3个；②应特别关注实例与待估对象在自然资源资产包组合类型与组合结构比例等方面的可比性，按照相似性大于差异性的原则选取可比实例；③在价格影响因素修正中，应注意可比实例与待估对象在关联影响因素方面的差异，在论证分析的基础上予以必要的修正。

9.3.3 适用预期收益贴现还原路径的方法时：①应重点分析收益的来源、构成及其持续性等；②当自然资源资产包中含有生态补偿、生态权益收益、可交易的生态指标配额等各类生态产品时，应纳入总收益范畴，同时需关注为维护或提升生态系统服务质量而需额外进行的人、财、物等各类投入；③关联影响因素及资产组合的协同效应、权衡效应的影响需在收益或费用测算环节予以体现，当其对收益的风险性产生影响时，还可在贴现率（还原率）中合理体现。

9.3.4 适用整体价值剥离显化路径的方法时：根据市场交易实例确定自然资源资产包整体或其中某单项资源资产开发完成后的售价、开发成本等参数时，应分析待估对象资产组合条件对其可能形成的影响。

9.3.5 适用重置成本模拟分析路径的方法时：取得成本、开发成本中应包含资产包内各构成要素的前期收储及开发整理、资产管护与质量提升、生态保护投入等客观费用；为实现自然资源资产包整体的合理有效利用，而以自然资源资产包中某类自然资源为载体进行的必要的成本投入，可整体计入，也可根据情况，在自然资源资产包中的组成要素间进行合理分摊，并阐明分摊的依据与方法。

9.3.6 适用价格或费用标准修正调整路径的方法时：若既有自然资源公示价及其修正体系中缺少能够体现自然资源资产包中关联影响因素对价格影响的修正系数，可在评估结果确定环节，对该方法的测算结果进行必要的调整、修正，并阐述理由。

10 估价报告撰写与备案

10.1 估价报告撰写的基本要求。

(1) 估价报告由《估价结果报告》和《估价技术报告（评估工作底稿）》构成；《估价结果报告》应整体撰写，侧重于为报告使用者全面理解评估报告并正确使用评估结论提供所需信息；《估价技术报告（评估工作底稿）》可选择依据资源门类分别撰写，报告中除前述内容外，还需详细阐述评估方法的选择与运用、评估参数的测算与取值等专业技术过程。

(2) 估价报告的基本内容、编制结构主要参照土地、矿产、海域、无居民海岛的估价报告格式，并可根据自然资源资产包的具体情况适当调整。

(3) 估价报告中应清晰界定和描述自然资源资产包的构成，分析其内部关联关系。服务于自然资源资产组合供应的评估，估价结果部分应包括自然资源资产包的整体价格、各自然资源资产的单位价格和总价；确实无法剥离或分摊的，须阐明原因。

(4) 在确定估价结果时，若自然资源资产包的整体价格低于各门类自然资源资产价格之和，应在评估报告中进行风险披露；各门类自然资源资产单独供应情况下的价格可通过市场调查、交易案例统计分析等方法简易估算。

10.2 估价报告备案管理要求。

估价报告应纳入自然资源部报告备案管理体系，执行土地估价报告的备案管理相关规定。当自然资源资产包中包括矿业权时，还应执行矿业权评估报告管理的有关规定。

非法采矿采出矿产品价值、非法采矿或破坏性采矿造成矿产资源破坏价值认定办法

（2024年12月9日）

为规范非法采矿采出矿产品价值、非法采矿或破坏性采矿造成矿产资源破坏价值认定工作，依法惩处破坏矿产资源违法犯罪行为，根据《中华人民共和国矿产资源法》《最高人民法院最高人民检察院关于办理非法采矿、破坏性采矿刑事案件适用法律若干问题的解释》（法释〔2016〕25号）及有关规定，制定本办法。

一、基本概念

非法采矿采出矿产品价值是指非法采矿采出矿产品的市场价值。非法采矿造成矿产资源破坏价值是指按照科学合理的开采方法应当采出，但因非法采矿导致矿床破坏已难以采出（包括非法开采位置及影响范围）的矿产资源折算的市场价值。破坏性采矿造成矿产资源破坏价值是指没有按照经审查批准的矿山（初步）设计、安全设施设计或开采方案采矿，导致应该采出但因矿床破坏已难以采出（包括开采位置及影响范围）的矿产资源折算的市场价值。

二、基本原则

非法采矿采出矿产品价值、非法采矿或破坏性采矿造成矿产资源破坏价值认定工作，遵循"依法依规、严格规范、实事求是、科学合理、严谨高效、客观公正"的原则开展。

三、认定管辖

非法采矿采出矿产品价值、非法采矿或破坏性采矿造成矿产资源破坏价值，原则上由办案单位按照认定规则直接进行认定。对非法采矿采出矿产品价值、非法采矿或破坏性采矿造成矿产资源破坏价值难以认定，以及是否属于破坏性开采方法等专门性问题难以认定的，可由办理相关案件的自然资源主管部门、地方综合执法部门、乡镇人民政府（街道办事处）以及公安、检察院、法院向采矿所在地的省级自然资源主管部门申请出具认定报告。采矿所在地跨省、自治区、直辖市的，向办案单位所在地的省级自然资源主管部门申请认定。

四、认定规则

（一）**非法采矿采出矿产品价值。**根据销赃数额认定；无销赃数额，销赃数额难以查证，或者根据销赃数额认定明显不合理的，根据矿产品数量和价格认定。矿产品数量，结合采空区测量结果、矿山生产台账、地形数据、历史遥感影像、矿产资源储量报告、详查以上地质勘查报告等资料综合进行认定。非法采矿采出矿产品的价格，矿产品已经部分销售的，未销售部分按照已经销售矿产品的平均价格认定。违法行为存在明显时段连续性且可以分段计算矿产品数量的情况下，可以分别按照不同时段实施违法行为时矿产品价格进行计算。未销售、

无销售证据或销售价格明显不合理的，可依据采矿所在地价格认定机构出具的价格认定结论书进行认定。

（二）非法采矿或破坏性采矿造成矿产资源破坏价值。根据矿产资源破坏量和矿产品价格认定。非法采矿造成矿产资源破坏量，结合采空区测量结果、矿产资源储量报告、详查以上地质勘查报告、矿山开采回采率要求、矿产地质情况等综合进行认定；破坏性采矿造成矿产资源破坏量，结合采空区测量结果、矿产资源储量报告、设计动用储量、矿山开采回采率要求、矿产地质情况等综合进行认定。非法采矿、破坏性采矿造成矿产资源破坏的矿产资源价格，采出部分已有销售的，按照销售平均价格认定；未销售、无销售证据或销售价格明显不合理的，可按照采矿所在地价格认定机构出具的价格认定结论书进行认定。

五、省级自然资源主管部门认定管理

（一）认定主体。

省级自然资源主管部门，原则上应组成非法采矿采出矿产品价值、非法采矿或破坏性采矿造成矿产资源破坏价值认定委员会，通过集体会审或会签方式，审查非法采矿采出矿产品价值、非法采矿或破坏性采矿造成矿产资源破坏价值调查核算报告，符合认定条件的出具认定报告。

认定委员会负责人原则上由省级自然资源主管部门主要负责人或分管负责人担任，成员宜包括执法、法规、地勘、矿业权、矿保、测绘、地理信息等相关处室（单位）负责人。认定委员会可指定具有较强地质勘查技术力量的事业单位作为执法支撑单位，或聘请专家负责技术审查工作。参与技术审查的支撑单位负责人或专家在集体会审时应当列席。

（二）认定程序。

非法采矿采出矿产品价值、非法采矿或破坏性采矿造成矿产资源破坏价值认定工作，按以下程序办理。

1. 申请受理。办理相关案件的自然资源主管部门、地方综合执法部门、乡镇人民政府（街道办事处）以及公安、检察院、法院申请省级自然资源主管部门认定时，应当提交以下材料。

（1）认定申请书（说明难以认定的理由）。

（2）非法采矿采出矿产品价值、非法采矿或破坏性采矿造成矿产资源破坏价值调查核算报告及相关附图、附表、附件。因涉案矿产品价格难以确定导致无法出具相关价值调查核算报告的，可在说明原因后提供涉案矿产品数量或矿产资源数量的核实报告。

（3）其他相关材料。

省级自然资源主管部门对申请材料进行合规性审查，5个工作日内出具受理或退回告知书。不符合受理条件的，一次性告知存在的全部问题并将材料退回，申请人可在补充材料或修正瑕疵后重新申请。申请受理后，将相关材料分送认定委员会成员单位及技术支撑单位或专家。

2. 技术和业务审查。技术支撑单位或专家对申请人提交的相关材料进行技术审查，出具技术审查意见书，提出通过、修改后通过或不通过的技术审查意见。认定委员会成员单位结合各自职责对申请材料进行审查，提出业务审查意见。技术审查和业务审查应在申请材料受理后25个工作日内完成，情况非常复杂确需延长的，经认定委员会负责人批准可以延期。技术审查意见为修改后通过的，退回申请人修改，修改时间不计入办理时限。

3. 集体认定。技术和业务审查完成后，提交认定委员会集体认定。集体认定由认定委员会负责人组织，成员单位参加，技术支撑单位和参加审查的专家参加。经过集体认定，同意通过的，出具认定报告；不同意通过的，说明理由退回申请人。认定工作自受理之日起，一般不超过40个工作日。特别复杂的，经认定委员会负责人批准可以延期，但最长不超过70个

工作日，需要进行工程验证、岩矿测试等的时间不计算在内。

4. 认定复核。认定报告作出后，办理相关案件的自然资源主管部门、地方综合执法部门、乡镇人民政府（街道办事处）以及公安、检察院、法院在案件办理期间，应违法当事人（犯罪嫌疑人）要求，可向作出认定报告的省级自然资源主管部门提出复核申请，申请书须一次性列明申请复核的理由，同一案件复核申请总共只受理一次。受理复核的省级自然资源主管部门应当组织认定委员会成员单位和参加同一调查核算报告审查之外的其他专家，对复核申请书提出的全部理由进行论证，提出复核意见并出具复核报告。复核工作自受理之日起，最长不超过20个工作日，需要进行工程验证、岩矿测试等的时间不计算在内。

六、有关规定

（一）非法采矿采出矿产品价值、非法采矿或破坏性采矿造成矿产资源破坏价值调查核算报告编制单位，应具有地质勘查工作经验，且不在地质勘查单位异常名录和严重失信主体名单内，除测绘、岩矿测试等工作可委托相关专业技术单位开展外，调查核算工作不得转包。测绘单位应具有法律法规规定的相关资质。岩矿测试单位应具有岩矿测试工作经验。

（二）调查核算报告应以事实为依据，客观准确反映非法采矿采出矿产品价值、非法采矿或破坏性采矿造成矿产资源破坏价值。调查核算报告编制单位应对提交的报告进行内审，并对报告的真实性、完整性、准确性负责。测绘单位、岩矿测试单位各自对其工作成果的真实性、完整性、准确性负责。委托单位对其所提供材料的真实性、完整性、准确性负责，不得干预、暗示、影响调查核算报告编制单位、测绘单位、岩矿测试单位独立开展工作。

（三）报告中矿产品价格应当准确引用相关证据证明的矿产品价格或价格认定机构出具的价格认定结论书中载明的价格，不得擅自调整、修改。省级自然资源主管部门出具的认定报告应当申明报告中矿产品价格的数据来源。

（四）参加技术和业务审查、集体认定的人员属于本案当事人或者当事人近亲属，本人或近亲属与本案有利害关系，曾经参与编制涉案单位的矿山（初步）设计、安全设施设计、开采方案以及地质勘查报告、矿产资源储量报告、矿业权评估报告、调查核算报告等工作，与本案当事人有其他关系可能影响认定公正等情形的，应当回避。

（五）认定工作必须严格依法依规开展。发现弄虚作假的依规依纪严肃处理，情节严重涉嫌犯罪的移送司法机关。发现职务违法、职务犯罪问题的移送有权机关处理。

本办法自发布之日起施行，有效期五年。《国土资源部关于印发〈非法采矿、破坏性采矿造成矿产资源破坏价值鉴定程序的规定〉的通知》（国土资发〔2005〕175号）同时废止。

十五、环境应急、监测、污染源管理

中华人民共和国突发事件应对法

（2007年8月30日第十届全国人民代表大会常务委员会第二十九次会议通过　2024年6月28日第十四届全国人民代表大会常务委员会第十次会议修订　自2024年11月1日起施行）

第一章　总　　则

第一条　为了预防和减少突发事件的发生，控制、减轻和消除突发事件引起的严重社会危害，提高突发事件预防和应对能力，规范突发事件应对活动，保护人民生命财产安全，维护国家安全、公共安全、生态环境安全和社会秩序，根据宪法，制定本法。

第二条　本法所称突发事件，是指突然发生，造成或者可能造成严重社会危害，需要采取应急处置措施予以应对的自然灾害、事故灾难、公共卫生事件和社会安全事件。

突发事件的预防与应急准备、监测与预警、应急处置与救援、事后恢复与重建等应对活动，适用本法。

《中华人民共和国传染病防治法》等有关法律对突发公共卫生事件应对作出规定的，适用其规定。有关法律没有规定的，适用本法。

第三条　按照社会危害程度、影响范围等因素，突发自然灾害、事故灾难、公共卫生事件分为特别重大、重大、较大和一般四级。法律、行政法规或者国务院另有规定的，从其规定。

突发事件的分级标准由国务院或者国务院确定的部门制定。

第四条　突发事件应对工作坚持中国共产党的领导，坚持以马克思列宁主义、毛泽东思想、邓小平理论、"三个代表"重要思想、科学发展观、习近平新时代中国特色社会主义思想为指导，建立健全集中统一、高效权威的中国特色突发事件应对工作领导体制，完善党委领导、政府负责、部门联动、军地联合、社会协同、公众参与、科技支撑、法治保障的治理体系。

第五条　突发事件应对工作应当坚持总体国家安全观，统筹发展与安全；坚持人民至上、生命至上；坚持依法科学应对，尊重和保障人权；坚持预防为主、预防与应急相结合。

第六条　国家建立有效的社会动员机制，组织动员企业事业单位、社会组织、志愿者等各方力量依法有序参与突发事件应对工作，增强全民的公共安全和防范风险的意识，提高全社会的避险救助能力。

第七条　国家建立健全突发事件信息发布制度。有关人民政府和部门应当及时向社会公布突发事件相关信息和有关突发事件应对的决定、命令、措施等信息。

任何单位和个人不得编造、故意传播有关突发事件的虚假信息。有关人民政府和部门发现影响或者可能影响社会稳定、扰乱社会和经济管理秩序的虚假或者不完整信息的，应当及时发布准确的信息予以澄清。

第八条　国家建立健全突发事件新闻采访报道制度。有关人民政府和部门应当做好新闻媒体服务引导工作，支持新闻媒体开展采访报道和舆论监督。

新闻媒体采访报道突发事件应当及时、准确、客观、公正。

新闻媒体应当开展突发事件应对法律法规、预防与应急、自救与互救知识等的公益宣传。

第九条 国家建立突发事件应对工作投诉、举报制度,公布统一的投诉、举报方式。

对于不履行或者不正确履行突发事件应对工作职责的行为,任何单位和个人有权向有关人民政府和部门投诉、举报。

接到投诉、举报的人民政府和部门应当依照规定立即组织调查处理,并将调查处理结果以适当方式告知投诉人、举报人;投诉、举报事项不属于其职责的,应当及时移送有关机关处理。

有关人民政府和部门对投诉人、举报人的相关信息应当予以保密,保护投诉人、举报人的合法权益。

第十条 突发事件应对措施应当与突发事件可能造成的社会危害的性质、程度和范围相适应;有多种措施可供选择的,应当选择有利于最大程度地保护公民、法人和其他组织权益,且对他人权益损害和生态环境影响较小的措施,并根据情况变化及时调整,做到科学、精准、有效。

第十一条 国家在突发事件应对工作中,应当对未成年人、老年人、残疾人、孕产期和哺乳期的妇女、需要及时就医的伤病人员等群体给予特殊、优先保护。

第十二条 县级以上人民政府及其部门为应对突发事件的紧急需要,可以征用单位和个人的设备、设施、场地、交通工具等财产。被征用的财产在使用完毕或者突发事件应急处置工作结束后,应当及时返还。财产被征用或者征用后毁损、灭失的,应当给予公平、合理的补偿。

第十三条 因依法采取突发事件应对措施,致使诉讼、监察调查、行政复议、仲裁、国家赔偿等活动不能正常进行的,适用有关时效中止和程序中止的规定,法律另有规定的除外。

第十四条 中华人民共和国政府在突发事件的预防与应急准备、监测与预警、应急处置与救援、事后恢复与重建等方面,同外国政府和有关国际组织开展合作与交流。

第十五条 对在突发事件应对工作中做出突出贡献的单位和个人,按照国家有关规定给予表彰、奖励。

第二章 管理与指挥体制

第十六条 国家建立统一指挥、专常兼备、反应灵敏、上下联动的应急管理体制和综合协调、分类管理、分级负责、属地管理为主的工作体系。

第十七条 县级人民政府对本行政区域内突发事件的应对管理工作负责。突发事件发生后,发生地县级人民政府应当立即采取措施控制事态发展,组织开展应急救援和处置工作,并立即向上一级人民政府报告,必要时可以越级上报,具备条件的,应当进行网络直报或者自动速报。

突发事件发生地县级人民政府不能消除或者不能有效控制突发事件引起的严重社会危害的,应当及时向上级人民政府报告。上级人民政府应当及时采取措施,统一领导应急处置工作。

法律、行政法规规定由国务院有关部门对突发事件应对管理工作负责的,从其规定;地方人民政府应当积极配合并提供必要的支持。

第十八条 突发事件涉及两个以上行政区域的,其应对管理工作由有关行政区域共同的上一级人民政府负责,或者由各有关行政区域的上一级人民政府共同负责。共同负责的人民政府应当按照国家有关规定,建立信息共享和协调配合机制。根据共同应对突发事件的需要,地方人民政府之间可以建立协同应对机制。

第十九条 县级以上人民政府是突发事件应对管理工作的行政领导机关。

国务院在总理领导下研究、决定和部署特别重大突发事件的应对工作；根据实际需要，设立国家突发事件应急指挥机构，负责突发事件应对工作；必要时，国务院可以派出工作组指导有关工作。

县级以上地方人民政府设立由本级人民政府主要负责人、相关部门负责人、国家综合性消防救援队伍和驻当地中国人民解放军、中国人民武装警察部队有关负责人等组成的突发事件应急指挥机构，统一领导、协调本级人民政府各有关部门和下级人民政府开展突发事件应对工作；根据实际需要，设立相关类别突发事件应急指挥机构，组织、协调、指挥突发事件应对工作。

第二十条 突发事件应急指挥机构在突发事件应对过程中可以依法发布有关突发事件应对的决定、命令、措施。突发事件应急指挥机构发布的决定、命令、措施与设立它的人民政府发布的决定、命令、措施具有同等效力，法律责任由设立它的人民政府承担。

第二十一条 县级以上人民政府应急管理部门和卫生健康、公安等有关部门应当在各自职责范围内做好有关突发事件应对管理工作，并指导、协助下级人民政府及其相应部门做好有关突发事件的应对管理工作。

第二十二条 乡级人民政府、街道办事处应当明确专门工作力量，负责突发事件应对有关工作。

居民委员会、村民委员会依法协助人民政府和有关部门做好突发事件应对工作。

第二十三条 公民、法人和其他组织有义务参与突发事件应对工作。

第二十四条 中国人民解放军、中国人民武装警察部队和民兵组织依照本法和其他有关法律、行政法规、军事法规的规定以及国务院、中央军事委员会的命令，参加突发事件的应急救援和处置工作。

第二十五条 县级以上人民政府及其设立的突发事件应急指挥机构发布的有关突发事件应对的决定、命令、措施，应当及时报本级人民代表大会常务委员会备案；突发事件应急处置工作结束后，应当向本级人民代表大会常务委员会作出专项工作报告。

第三章 预防与应急准备

第二十六条 国家建立健全突发事件应急预案体系。

国务院制定国家突发事件总体应急预案，组织制定国家突发事件专项应急预案；国务院有关部门根据各自的职责和国务院相关应急预案，制定国家突发事件部门应急预案并报国务院备案。

地方各级人民政府和县级以上地方人民政府有关部门根据有关法律、法规、规章、上级人民政府及其有关部门的应急预案以及本地区、本部门的实际情况，制定相应的突发事件应急预案并按国务院有关规定备案。

第二十七条 县级以上人民政府应急管理部门指导突发事件应急预案体系建设，综合协调应急预案衔接工作，增强有关应急预案的衔接性和实效性。

第二十八条 应急预案应当根据本法和其他有关法律、法规的规定，针对突发事件的性质、特点和可能造成的社会危害，具体规定突发事件应对管理工作的组织指挥体系与职责和突发事件的预防与预警机制、处置程序、应急保障措施以及事后恢复与重建措施等内容。

应急预案制定机关应当广泛听取有关部门、单位、专家和社会各方面意见，增强应急预案的针对性和可操作性，并根据实际需要、情势变化、应急演练中发现的问题等及时对应急预案作出修订。

应急预案的制定、修订、备案等工作程序和管理办法由国务院规定。

第二十九条 县级以上人民政府应当将突发事件应对工作纳入国民经济和社会发展规划。县级以上人民政府有关部门应当制定突发事件应急体系建设规划。

第三十条 国土空间规划等规划应当符合预防、处置突发事件的需要，统筹安排突发事件应对工作所必需的设备和基础设施建设，合理确定应急避难、封闭隔离、紧急医疗救治等场所，实现日常使用和应急使用的相互转换。

第三十一条 国务院应急管理部门会同卫生健康、自然资源、住房城乡建设等部门统筹、指导全国应急避难场所的建设和管理工作，建立健全应急避难场所标准体系。县级以上地方人民政府负责本行政区域内应急避难场所的规划、建设和管理工作。

第三十二条 国家建立健全突发事件风险评估体系，对可能发生的突发事件进行综合性评估，有针对性地采取有效防范措施，减少突发事件的发生，最大限度减轻突发事件的影响。

第三十三条 县级人民政府应当对本行政区域内容易引发自然灾害、事故灾难和公共卫生事件的危险源、危险区域进行调查、登记、风险评估，定期进行检查、监控，并责令有关单位采取安全防范措施。

省级和设区的市级人民政府应当对本行政区域内容易引发特别重大、重大突发事件的危险源、危险区域进行调查、登记、风险评估，组织进行检查、监控，并责令有关单位采取安全防范措施。

县级以上地方人民政府应当根据情况变化，及时调整危险源、危险区域的登记。登记的危险源、危险区域及其基础信息，应当按照国家有关规定接入突发事件信息系统，并及时向社会公布。

第三十四条 县级人民政府及其有关部门、乡级人民政府、街道办事处、居民委员会、村民委员会应当及时调解处理可能引发社会安全事件的矛盾纠纷。

第三十五条 所有单位应当建立健全安全管理制度，定期开展危险源辨识评估，制定安全防范措施；定期检查本单位各项安全防范措施的落实情况，及时消除事故隐患；掌握并及时处理本单位存在的可能引发社会安全事件的问题，防止矛盾激化和事态扩大；对本单位可能发生的突发事件和采取安全防范措施的情况，应当按照规定及时向所在地人民政府或者有关部门报告。

第三十六条 矿山、金属冶炼、建筑施工单位和易燃易爆物品、危险化学品、放射性物品等危险物品的生产、经营、运输、储存、使用单位，应当制定具体应急预案，配备必要的应急救援器材、设备和物资，并对生产经营场所、有危险物品的建筑物、构筑物及周边环境开展隐患排查，及时采取措施管控风险和消除隐患，防止发生突发事件。

第三十七条 公共交通工具、公共场所和其他人员密集场所的经营单位或者管理单位应当制定具体应急预案，为交通工具和有关场所配备报警装置和必要的应急救援设备、设施，注明其使用方法，并显著标明安全撤离的通道、路线，保证安全通道、出口的畅通。

有关单位应当定期检测、维护其报警装置和应急救援设备、设施，使其处于良好状态，确保正常使用。

第三十八条 县级以上人民政府应当建立健全突发事件应对管理培训制度，对人民政府及其有关部门负有突发事件应对管理职责的工作人员以及居民委员会、村民委员会有关人员定期进行培训。

第三十九条 国家综合性消防救援队伍是应急救援的综合性常备骨干力量，按照国家有关规定执行综合应急救援任务。县级以上人民政府有关部门可以根据实际需要设立专业应急救援队伍。

县级以上人民政府及其有关部门可以建立由成年志愿者组成的应急救援队伍。乡级人民政府、街道办事处和有条件的居民委员会、村民委员会可以建立基层应急救援队伍，及时、就近开展应急救援。单位应当建立由本单位职工组成的专职或者兼职应急救援队伍。

国家鼓励和支持社会力量建立提供社会化应急救援服务的应急救援队伍。社会力量建立的应急救援队伍参与突发事件应对工作应当服从履行统一领导职责或者组织处置突发事件的人民政府、突发事件应急指挥机构的统一指挥。

县级以上人民政府应当推动专业应急救援队伍与非专业应急救援队伍联合培训、联合演练，提高合成应急、协同应急的能力。

第四十条 地方各级人民政府、县级以上人民政府有关部门、有关单位应当为其组建的应急救援队伍购买人身意外伤害保险，配备必要的防护装备和器材，防范和减少应急救援人员的人身伤害风险。

专业应急救援人员应当具备相应的身体条件、专业技能和心理素质，取得国家规定的应急救援职业资格，具体办法由国务院应急管理部门会同国务院有关部门制定。

第四十一条 中国人民解放军、中国人民武装警察部队和民兵组织应当有计划地组织开展应急救援的专门训练。

第四十二条 县级人民政府及其有关部门、乡级人民政府、街道办事处应当组织开展面向社会公众的应急知识宣传普及活动和必要的应急演练。

居民委员会、村民委员会、企业事业单位、社会组织应当根据所在地人民政府的要求，结合各自的实际情况，开展面向居民、村民、职工等的应急知识宣传普及活动和必要的应急演练。

第四十三条 各级各类学校应当把应急教育纳入教育教学计划，对学生及教职工开展应急知识教育和应急演练，培养安全意识，提高自救与互救能力。

教育主管部门应当对学校开展应急教育进行指导和监督，应急管理等部门应当给予支持。

第四十四条 各级人民政府应当将突发事件应对工作所需经费纳入本级预算，并加强资金管理，提高资金使用绩效。

第四十五条 国家按照集中管理、统一调拨、平时服务、灾时应急、采储结合、节约高效的原则，建立健全应急物资储备保障制度，动态更新应急物资储备品种目录，完善重要应急物资的监管、生产、采购、储备、调拨和紧急配送体系，促进安全应急产业发展，优化产业布局。

国家储备物资品种目录、总体发展规划，由国务院发展改革部门会同国务院有关部门拟订。国务院应急管理等部门依据职责制定应急物资储备规划、品种目录，并组织实施。应急物资储备规划应当纳入国家储备总体发展规划。

第四十六条 设区的市级以上人民政府和突发事件易发、多发地区的县级人民政府应当建立应急救援物资、生活必需品和应急处置装备的储备保障制度。

县级以上地方人民政府应当根据本地区的实际情况和突发事件应对工作的需要，依法与有条件的企业签订协议，保障应急救援物资、生活必需品和应急处置装备的生产、供给。有关企业应当根据协议，按照县级以上地方人民政府要求，进行应急救援物资、生活必需品和应急处置装备的生产、供给，并确保符合国家有关产品质量的标准和要求。

国家鼓励公民、法人和其他组织储备基本的应急自救物资和生活必需品。有关部门可以向社会公布相关物资、物品的储备指南和建议清单。

第四十七条 国家建立健全应急运输保障体系，统筹铁路、公路、水运、民航、邮政、快递等运输和服务方式，制定应急运输保障方案，保障应急物资、装备和人员及时运输。

县级以上地方人民政府和有关主管部门应当根据国家应急运输保障方案，结合本地区实际做好应急调度和运力保障，确保运输通道和客货运枢纽畅通。

国家发挥社会力量在应急运输保障中的积极作用。社会力量参与突发事件应急运输保障，应当服从突发事件应急指挥机构的统一指挥。

第四十八条 国家建立健全能源应急保障体系，提高能源安全保障能力，确保受突发事件影响地区的能源供应。

第四十九条 国家建立健全应急通信、应急广播保障体系，加强应急通信系统、应急广播系统建设,确保突发事件应对工作的通信、广播安全畅通。

第五十条 国家建立健全突发事件卫生应急体系,组织开展突发事件中的医疗救治、卫生学调查处置和心理援助等卫生应急工作,有效控制和消除危害。

第五十一条 县级以上人民政府应当加强急救医疗服务网络的建设,配备相应的医疗救治物资、设施设备和人员,提高医疗卫生机构应对各类突发事件的救治能力。

第五十二条 国家鼓励公民、法人和其他组织为突发事件应对工作提供物资、资金、技术支持和捐赠。

接受捐赠的单位应当及时公开接受捐赠的情况和受赠财产的使用、管理情况,接受社会监督。

第五十三条 红十字会在突发事件中,应当对伤病人员和其他受害者提供紧急救援和人道救助,并协助人民政府开展与其职责相关的其他人道主义服务活动。有关人民政府应当给予红十字会支持和资助,保障其依法参与应对突发事件。

慈善组织在发生重大突发事件时开展募捐和救助活动,应当在有关人民政府的统筹协调、有序引导下依法进行。有关人民政府应当通过提供必要的需求信息、政府购买服务等方式,对慈善组织参与应对突发事件、开展应急慈善活动予以支持。

第五十四条 有关单位应当加强应急救援资金、物资的管理,提高使用效率。

任何单位和个人不得截留、挪用、私分或者变相私分应急救援资金、物资。

第五十五条 国家发展保险事业,建立政府支持、社会力量参与、市场化运作的巨灾风险保险体系,并鼓励单位和个人参加保险。

第五十六条 国家加强应急管理基础科学、重点行业领域关键核心技术的研究,加强互联网、云计算、大数据、人工智能等现代技术手段在突发事件应对工作中的应用,鼓励、扶持有条件的教学科研机构、企业培养应急管理人才和科技人才,研发、推广新技术、新材料、新设备和新工具,提高突发事件应对能力。

第五十七条 县级以上人民政府及其有关部门应当建立健全突发事件专家咨询论证制度,发挥专业人员在突发事件应对工作中的作用。

第四章 监测与预警

第五十八条 国家建立健全突发事件监测制度。

县级以上人民政府及其有关部门应当根据自然灾害、事故灾难和公共卫生事件的种类和特点,建立健全基础信息数据库,完善监测网络,划分监测区域,确定监测点,明确监测项目,提供必要的设备、设施,配备专职或者兼职人员,对可能发生的突发事件进行监测。

第五十九条 国务院建立全国统一的突发事件信息系统。

县级以上地方人民政府应当建立或者确定本地区统一的突发事件信息系统,汇集、储存、分析、传输有关突发事件的信息,并与上级人民政府及其有关部门、下级人民政府及其有关部门、专业机构、监测网点和重点企业的突发事件信息系统实现互联互通,加强跨部门、跨地区的信息共享与情报合作。

第六十条 县级以上人民政府及其有关部门、专业机构应当通过多种途径收集突发事件信息。

县级人民政府应当在居民委员会、村民委员会和有关单位建立专职或者兼职信息报告员制度。

公民、法人或者其他组织发现发生突发事件,或者发现可能发生突发事件的异常情况,应当立即向所在地人民政府、有关主管部门或者指定的专业机构报告。接到报告的单位应当按照规定立即核实处理,对于不属于其职责的,应当立即移送相关单位核实处理。

第六十一条 地方各级人民政府应当按照国家有关规定向上级人民政府报送突发事件信

息。县级以上人民政府有关主管部门应当向本级人民政府相关部门通报突发事件信息，并报告上级人民政府主管部门。专业机构、监测网点和信息报告员应当及时向所在地人民政府及其有关主管部门报告突发事件信息。

有关单位和人员报送、报告突发事件信息，应当做到及时、客观、真实，不得迟报、谎报、瞒报、漏报，不得授意他人迟报、谎报、瞒报，不得阻碍他人报告。

第六十二条 县级以上地方人民政府应当及时汇总分析突发事件隐患和监测信息，必要时组织相关部门、专业技术人员、专家学者进行会商，对发生突发事件的可能性及其可能造成的影响进行评估；认为可能发生重大或者特别重大突发事件的，应当立即向上级人民政府报告，并向上级人民政府有关部门、当地驻军和可能受到危害的毗邻或者相关地区的人民政府通报，及时采取预防措施。

第六十三条 国家建立健全突发事件预警制度。

可以预警的自然灾害、事故灾难和公共卫生事件的预警级别，按照突发事件发生的紧急程度、发展势态和可能造成的危害程度分为一级、二级、三级和四级，分别用红色、橙色、黄色和蓝色标示，一级为最高级别。

预警级别的划分标准由国务院或者国务院确定的部门制定。

第六十四条 可以预警的自然灾害、事故灾难或者公共卫生事件即将发生或者发生的可能性增大时，县级以上地方人民政府应当根据有关法律、行政法规和国务院规定的权限和程序，发布相应级别的警报，决定并宣布有关地区进入预警期，同时向上一级人民政府报告，必要时可以越级上报；具备条件的，应当进行网络直报或者自动速报；同时向当地驻军和可能受到危害的毗邻或者相关地区的人民政府通报。

发布警报应当明确预警类别、级别、起始时间、可能影响的范围、警示事项、应当采取的措施、发布单位和发布时间等。

第六十五条 国家建立健全突发事件预警发布平台，按照有关规定及时、准确向社会发布突发事件预警信息。

广播、电视、报刊以及网络服务提供者、电信运营商应当按照国家有关规定，建立突发事件预警信息快速发布通道，及时、准确、无偿播发或者刊载突发事件预警信息。

公共场所和其他人员密集场所，应当指定专门人员负责突发事件预警信息接收和传播工作，做好相关设备、设施维护，确保突发事件预警信息及时、准确接收和传播。

第六十六条 发布三级、四级警报，宣布进入预警期后，县级以上地方人民政府应当根据即将发生的突发事件的特点和可能造成的危害，采取下列措施：

（一）启动应急预案；

（二）责令有关部门、专业机构、监测网点和负有特定职责的人员及时收集、报告有关信息，向社会公布反映突发事件信息的渠道，加强对突发事件发生、发展情况的监测、预报和预警工作；

（三）组织有关部门和机构、专业技术人员、有关专家学者，随时对突发事件信息进行分析评估，预测发生突发事件可能性的大小、影响范围和强度以及可能发生的突发事件的级别；

（四）定时向社会发布与公众有关的突发事件预测信息和分析评估结果，并对相关信息的报道工作进行管理；

（五）及时按照有关规定向社会发布可能受到突发事件危害的警告，宣传避免、减轻危害的常识，公布咨询或者求助电话等联络方式和渠道。

第六十七条 发布一级、二级警报，宣布进入预警期后，县级以上地方人民政府除采取本法第六十六条规定的措施外，还应当针对即将发生的突发事件的特点和可能造成的危害，采取下列一项或者多项措施：

（一）责令应急救援队伍、负有特定职责的人员进入待命状态，并动员后备人员做好参加应急救援和处置工作的准备；

（二）调集应急救援所需物资、设备、工具，准备应急设施和应急避难、封闭隔离、紧急医疗救治等场所，并确保其处于良好状态、随时可以投入正常使用；

（三）加强对重点单位、重要部位和重要基础设施的安全保卫，维护社会治安秩序；

（四）采取必要措施，确保交通、通信、供水、排水、供电、供气、供热、医疗卫生、广播电视、气象等公共设施的安全和正常运行；

（五）及时向社会发布有关采取特定措施避免或者减轻危害的建议、劝告；

（六）转移、疏散或者撤离易受突发事件危害的人员并予以妥善安置，转移重要财产；

（七）关闭或者限制使用易受突发事件危害的场所，控制或者限制容易导致危害扩大的公共场所的活动；

（八）法律、法规、规章规定的其他必要的防范性、保护性措施。

第六十八条 发布警报，宣布进入预警期后，县级以上人民政府应当对重要商品和服务市场情况加强监测，根据实际需要及时保障供应、稳定市场。必要时，国务院和省、自治区、直辖市人民政府可以按照《中华人民共和国价格法》等有关法律规定采取相应措施。

第六十九条 对即将发生或者已经发生的社会安全事件，县级以上地方人民政府及其有关主管部门应当按照规定向上一级人民政府及其有关主管部门报告，必要时可以越级上报，具备条件的，应当进行网络直报或者自动速报。

第七十条 发布突发事件警报的人民政府应当根据事态的发展，按照有关规定适时调整预警级别并重新发布。

有事实证明不可能发生突发事件或者危险已经解除的，发布警报的人民政府应当立即宣布解除警报，终止预警期，并解除已经采取的有关措施。

第五章 应急处置与救援

第七十一条 国家建立健全突发事件应急响应制度。

突发事件的应急响应级别，按照突发事件的性质、特点、可能造成的危害程度和影响范围等因素分为一级、二级、三级和四级，一级为最高级别。

突发事件应急响应级别划分标准由国务院或者国务院确定的部门制定。县级以上人民政府及其有关部门应当在突发事件应急预案中确定应急响应级别。

第七十二条 突发事件发生后，履行统一领导职责或者组织处置突发事件的人民政府应当针对其性质、特点、危害程度和影响范围等，立即启动应急响应，组织有关部门，调动应急救援队伍和社会力量，依照法律、法规、规章和应急预案的规定，采取应急处置措施，并向上级人民政府报告；必要时，可以设立现场指挥部，负责现场应急处置与救援，统一指挥进入突发事件现场的单位和个人。

启动应急响应，应当明确响应事项、级别、预计期限、应急处置措施等。

履行统一领导职责或者组织处置突发事件的人民政府，应当建立协调机制，提供需求信息，引导志愿服务组织和志愿者等社会力量及时有序参与应急处置与救援工作。

第七十三条 自然灾害、事故灾难或者公共卫生事件发生后，履行统一领导职责的人民政府应当采取下列一项或者多项应急处置措施：

（一）组织营救和救治受害人员，转移、疏散、撤离并妥善安置受到威胁的人员以及采取其他救助措施；

（二）迅速控制危险源，标明危险区域，封锁危险场所，划定警戒区，实行交通管制、限制人员流动、封闭管理以及其他控制措施；

（三）立即抢修被损坏的交通、通信、供水、排水、供电、供气、供热、医疗卫生、广播电视、气象等公共设施，向受到危害的人员提供避难场所和生活必需品，实施医疗救护和卫生防疫以及其他保障措施；

（四）禁止或者限制使用有关设备、设施，关闭或者限制使用有关场所，中止人员密集的活动或者可能导致危害扩大的生产经营活动以及采取其他保护措施；

（五）启用本级人民政府设置的财政预备费和储备的应急救援物资，必要时调用其他急需物资、设备、设施、工具；

（六）组织公民、法人和其他组织参加应急救援和处置工作，要求具有特定专长的人员提供服务；

（七）保障食品、饮用水、药品、燃料等基本生活必需品的供应；

（八）依法从严惩处囤积居奇、哄抬价格、牟取暴利、制假售假等扰乱市场秩序的行为，维护市场秩序；

（九）依法从严惩处哄抢财物、干扰破坏应急处置工作等扰乱社会秩序的行为，维护社会治安；

（十）开展生态环境应急监测，保护集中式饮用水水源地等环境敏感目标，控制和处置污染物；

（十一）采取防止发生次生、衍生事件的必要措施。

第七十四条 社会安全事件发生后，组织处置工作的人民政府应当立即启动应急响应，组织有关部门针对事件的性质和特点，依照有关法律、行政法规和国家其他有关规定，采取下列一项或者多项应急处置措施：

（一）强制隔离使用器械相互对抗或者以暴力行为参与冲突的当事人，妥善解决现场纠纷和争端，控制事态发展；

（二）对特定区域内的建筑物、交通工具、设备、设施以及燃料、燃气、电力、水的供应进行控制；

（三）封锁有关场所、道路，查验现场人员的身份证件，限制有关公共场所内的活动；

（四）加强对易受冲击的核心机关和单位的警卫，在国家机关、军事机关、国家通讯社、广播电台、电视台、外国驻华使领馆等单位附近设置临时警戒线；

（五）法律、行政法规和国务院规定的其他必要措施。

第七十五条 发生突发事件，严重影响国民经济正常运行时，国务院或者国务院授权的有关主管部门可以采取保障、控制等必要的应急措施，保障人民群众的基本生活需要，最大限度地减轻突发事件的影响。

第七十六条 履行统一领导职责或者组织处置突发事件的人民政府及其有关部门，必要时可以向单位和个人征用应急救援所需设备、设施、场地、交通工具和其他物资，请求其他地方人民政府及其有关部门提供人力、物力、财力或者技术支援，要求生产、供应生活必需品和应急救援物资的企业组织生产、保证供给，要求提供医疗、交通等公共服务的组织提供相应的服务。

履行统一领导职责或者组织处置突发事件的人民政府和有关主管部门，应当组织协调运输经营单位，优先运送处置突发事件所需物资、设备、工具、应急救援人员和受到突发事件危害的人员。

履行统一领导职责或者组织处置突发事件的人民政府及其有关部门，应当为受突发事件影响无人照料的无民事行为能力人、限制民事行为能力人提供及时有效帮助；建立健全联系帮扶应急救援人员家庭制度，帮助解决实际困难。

第七十七条 突发事件发生地的居民委员会、村民委员会和其他组织应当按照当地人民政府的决定、命令，进行宣传动员，组织群众开展自救与互救，协助维护社会秩序；情况紧急的，应当立即组织群众开展自救与互救等先期处置工作。

第七十八条 受到自然灾害危害或者发生事故灾难、公共卫生事件的单位，应当立即组织本单位应急救援队伍和工作人员营救受害人员，疏散、撤离、安置受到威胁的人员，控制危险源，标明危险区域，封锁危险场所，并采取其他防止危害扩大的必要措施，同时向所在地县级人民政府报告；对因本单位的问题引发的或者主体是本单位人员的社会安全事件，有关单位应当按照规定上报情况，并迅速派出负责人赶赴现场开展劝解、疏导工作。

突发事件发生地的其他单位应当服从人民政府发布的决定、命令，配合人民政府采取的应急处置措施，做好本单位的应急救援工作，并积极组织人员参加所在地的应急救援和处置工作。

第七十九条 突发事件发生地的个人应当依法服从人民政府、居民委员会、村民委员会或者所属单位的指挥和安排，配合人民政府采取的应急处置措施，积极参加应急救援工作，协助维护社会秩序。

第八十条 国家支持城乡社区组织健全应急工作机制，强化城乡社区综合服务设施和信息平台应急功能，加强与突发事件信息系统数据共享，增强突发事件应急处置中保障群众基本生活和服务群众能力。

第八十一条 国家采取措施，加强心理健康服务体系和人才队伍建设，支持引导心理健康服务人员和社会工作者对受突发事件影响的各类人群开展心理健康教育、心理评估、心理疏导、心理危机干预、心理行为问题诊治等心理援助工作。

第八十二条 对于突发事件遇难人员的遗体，应当按照法律和国家有关规定，科学规范处置，加强卫生防疫，维护逝者尊严。对于逝者的遗物应当妥善保管。

第八十三条 县级以上人民政府及其有关部门根据突发事件应对工作需要，在履行法定职责所必需的范围和限度内，可以要求公民、法人和其他组织提供应急处置与救援需要的信息。公民、法人和其他组织应当予以提供，法律另有规定的除外。县级以上人民政府及其有关部门对获取的相关信息，应当严格保密，并依法保护公民的通信自由和通信秘密。

第八十四条 在突发事件应急处置中，有关单位和个人因依照本法规定配合突发事件应对工作或者履行相关义务，需要获取他人个人信息的，应当依照法律规定的程序和方式取得并确保信息安全，不得非法收集、使用、加工、传输他人个人信息，不得非法买卖、提供或者公开他人个人信息。

第八十五条 因依法履行突发事件应对工作职责或者义务获取的个人信息，只能用于突发事件应对，并在突发事件应对工作结束后予以销毁。确因依法作为证据使用或者调查评估需要留存或者延期销毁的，应当按照规定进行合法性、必要性、安全性评估，并采取相应保护和处理措施，严格依法使用。

第六章　事后恢复与重建

第八十六条 突发事件的威胁和危害得到控制或者消除后，履行统一领导职责或者组织处置突发事件的人民政府应当宣布解除应急响应，停止执行依照本法规定采取的应急处置措施，同时采取或者继续实施必要措施，防止发生自然灾害、事故灾难、公共卫生事件的次生、衍生事件或者重新引发社会安全事件，组织受影响地区尽快恢复社会秩序。

第八十七条 突发事件应急处置工作结束后，履行统一领导职责的人民政府应当立即组织对突发事件造成的影响和损失进行调查评估，制定恢复重建计划，并向上一级人民政府报告。

受突发事件影响地区的人民政府应当及时组织和协调应急管理、卫生健康、公安、交通、铁路、民航、邮政、电信、建设、生态环境、水利、能源、广播电视等有关部门恢复社会秩序，尽快修复被损坏的交通、通信、供水、排水、供电、供气、供热、医疗卫生、水利、广播电视等公共设施。

第八十八条 受突发事件影响地区的人民政府开展恢复重建工作需要上一级人民政府支

持的，可以向上一级人民政府提出请求。上一级人民政府应当根据受影响地区遭受的损失和实际情况，提供资金、物资支持和技术指导，组织协调其他地区和有关方面提供资金、物资和人力支援。

第八十九条 国务院根据受突发事件影响地区遭受损失的情况，制定扶持该地区有关行业发展的优惠政策。

受突发事件影响地区的人民政府应当根据本地区遭受的损失和采取应急处置措施的情况，制定救助、补偿、抚慰、抚恤、安置等善后工作计划并组织实施，妥善解决因处置突发事件引发的矛盾纠纷。

第九十条 公民参加应急救援工作或者协助维护社会秩序期间，其所在单位应当保证其工资待遇和福利不变，并可以按照规定给予相应补助。

第九十一条 县级以上人民政府对在应急救援工作中伤亡的人员依法落实工伤待遇、抚恤或者其他保障政策，并组织做好应急救援工作中致病人员的医疗救治工作。

第九十二条 履行统一领导职责的人民政府在突发事件应对工作结束后，应当及时查明突发事件的发生经过和原因，总结突发事件应急处置工作的经验教训，制定改进措施，并向上一级人民政府提出报告。

第九十三条 突发事件应对工作中有关资金、物资的筹集、管理、分配、拨付和使用等情况，应当依法接受审计机关的审计监督。

第九十四条 国家档案主管部门应当建立健全突发事件应对工作相关档案收集、整理、保护、利用工作机制。突发事件应对工作中形成的材料，应当按照国家规定归档，并向相关档案馆移交。

第七章　法律责任

第九十五条 地方各级人民政府和县级以上人民政府有关部门违反本法规定，不履行或者不正确履行法定职责的，由其上级行政机关责令改正；有下列情形之一，由有关机关综合考虑突发事件发生的原因、后果、应对处置情况、行为人过错等因素，对负有责任的领导人员和直接责任人员依法给予处分：

（一）未按照规定采取预防措施，导致发生突发事件，或者未采取必要的防范措施，导致发生次生、衍生事件的；

（二）迟报、谎报、瞒报、漏报或者授意他人迟报、谎报、瞒报以及阻碍他人报告有关突发事件的信息，或者通报、报送、公布虚假信息，造成后果的；

（三）未按照规定及时发布突发事件警报、采取预警期的措施，导致损害发生的；

（四）未按照规定及时采取措施处置突发事件或者处置不当，造成后果的；

（五）违反法律规定采取应对措施，侵犯公民生命健康权益的；

（六）不服从上级人民政府对突发事件应急处置工作的统一领导、指挥和协调的；

（七）未及时组织开展生产自救、恢复重建等善后工作的；

（八）截留、挪用、私分或者变相私分应急救援资金、物资的；

（九）不及时归还征用的单位和个人的财产，或者对被征用财产的单位和个人不按照规定给予补偿的。

第九十六条 有关单位有下列情形之一，由所在地履行统一领导职责的人民政府有关部门责令停产停业，暂扣或者吊销许可证件，并处五万元以上二十万元以下的罚款；情节特别严重的，并处二十万元以上一百万元以下的罚款：

（一）未按照规定采取预防措施，导致发生较大以上突发事件的；

（二）未及时消除已发现的可能引发突发事件的隐患，导致发生较大以上突发事件的；

（三）未做好应急物资储备和应急设备、设施日常维护、检测工作，导致发生较大以上突

发事件或者突发事件危害扩大的;

(四)突发事件发生后,不及时组织开展应急救援工作,造成严重后果的。

其他法律对前款行为规定了处罚的,依照较重的规定处罚。

第九十七条 违反本法规定,编造并传播有关突发事件的虚假信息,或者明知是有关突发事件的虚假信息而进行传播的,责令改正,给予警告;造成严重后果的,依法暂停其业务活动或者吊销其许可证件;负有直接责任的人员是公职人员的,还应当依法给予处分。

第九十八条 单位或者个人违反本法规定,不服从所在地人民政府及其有关部门依法发布的决定、命令或者不配合其依法采取的措施的,责令改正;造成严重后果的,依法给予行政处罚;负有直接责任的人员是公职人员的,还应当依法给予处分。

第九十九条 单位或者个人违反本法第八十四条、第八十五条关于个人信息保护规定的,由主管部门依照有关法律规定给予处罚。

第一百条 单位或者个人违反本法规定,导致突发事件发生或者危害扩大,造成人身、财产或者其他损害的,应当依法承担民事责任。

第一百零一条 为了使本人或者他人的人身、财产免受正在发生的危险而采取避险措施的,依照《中华人民共和国民法典》、《中华人民共和国刑法》等法律关于紧急避险的规定处理。

第一百零二条 违反本法规定,构成违反治安管理行为的,依法给予治安管理处罚;构成犯罪的,依法追究刑事责任。

第八章 附 则

第一百零三条 发生特别重大突发事件,对人民生命财产安全、国家安全、公共安全、生态环境安全或者社会秩序构成重大威胁,采取本法和其他有关法律、法规、规章规定的应急处置措施不能消除或者有效控制、减轻其严重社会危害,需要进入紧急状态的,由全国人民代表大会常务委员会或者国务院依照宪法和其他有关法律规定的权限和程序决定。

紧急状态期间采取的非常措施,依照有关法律规定执行或者由全国人民代表大会常务委员会另行规定。

第一百零四条 中华人民共和国领域外发生突发事件,造成或者可能造成中华人民共和国公民、法人和其他组织人身伤亡、财产损失的,由国务院外交部门会同国务院其他有关部门、有关地方人民政府,按照国家有关规定做好应对工作。

第一百零五条 在中华人民共和国境内的外国人、无国籍人应当遵守本法,服从所在地人民政府及其有关部门依法发布的决定、命令,并配合其依法采取的措施。

第一百零六条 本法自 2024 年 11 月 1 日起施行。

全国污染源普查条例

(2007 年 10 月 9 日中华人民共和国国务院令第 508 号公布 根据 2019 年 3 月 2 日《国务院关于修改部分行政法规的决定》修订)

第一章 总 则

第一条 为了科学、有效地组织实施全国污染源普查,保障污染源普查数据的准确性和及时性,根据《中华人民共和国统计法》和《中华人民共和国环境保护法》,制定本条例。

第二条 污染源普查的任务是，掌握各类污染源的数量、行业和地区分布情况，了解主要污染物的产生、排放和处理情况，建立健全重点污染源档案、污染源信息数据库和环境统计平台，为制定经济社会发展和环境保护政策、规划提供依据。

第三条 本条例所称污染源，是指因生产、生活和其他活动向环境排放污染物或者对环境产生不良影响的场所、设施、装置以及其他污染发生源。

第四条 污染源普查按照全国统一领导、部门分工协作、地方分级负责、各方共同参与的原则组织实施。

第五条 污染源普查所需经费，由中央和地方各级人民政府共同负担，并列入相应年度的财政预算，按时拨付，确保足额到位。

污染源普查经费应当统一管理，专款专用，严格控制支出。

第六条 全国污染源普查每10年进行1次，标准时点为普查年份的12月31日。

第七条 报刊、广播、电视和互联网等新闻媒体，应当及时开展污染源普查工作的宣传报道。

第二章 污染源普查的对象、范围、内容和方法

第八条 污染源普查的对象是中华人民共和国境内有污染源的单位和个体经营户。

第九条 污染源普查对象有义务接受污染源普查领导小组办公室、普查人员依法进行的调查，并如实反映情况，提供有关资料，按照要求填报污染源普查表。

污染源普查对象不得迟报、虚报、瞒报和拒报普查数据；不得推诿、拒绝和阻挠调查；不得转移、隐匿、篡改、毁弃原材料消耗记录、生产记录、污染物治理设施运行记录、污染物排放监测记录以及其他与污染物产生和排放有关的原始资料。

第十条 污染源普查范围包括：工业污染源，农业污染源，生活污染源，集中式污染治理设施和其他产生、排放污染物的设施。

第十一条 工业污染源普查的主要内容包括：企业基本登记信息，原材料消耗情况，产品生产情况，产生污染的设施情况，各类污染物产生、治理、排放和综合利用情况，各类污染防治设施建设、运行情况等。

农业污染源普查的主要内容包括：农业生产规模，用水、排水情况，化肥、农药、饲料和饲料添加剂以及农用薄膜等农业投入品使用情况，秸秆等种植业剩余物处理情况以及养殖业污染物产生、治理情况等。

生活污染源普查的主要内容包括：从事第三产业的单位的基本情况和污染物的产生、排放、治理情况，机动车污染物排放情况，城镇生活能源结构和能源消费量，生活用水量、排水量以及污染物排放情况等。

集中式污染治理设施普查的主要内容包括：设施基本情况和运行状况，污染物的处理处置情况，渗滤液、污泥、焚烧残渣和废气的产生、处置以及利用情况等。

第十二条 每次污染源普查的具体范围和内容，由国务院批准的普查方案确定。

第十三条 污染源普查采用全面调查的方法，必要时可以采用抽样调查的方法。

污染源普查采用全国统一的标准和技术要求。

第三章 污染源普查的组织实施

第十四条 全国污染源普查领导小组负责领导和协调全国污染源普查工作。

全国污染源普查领导小组办公室设在国务院生态环境主管部门，负责全国污染源普查日常工作。

第十五条 县级以上地方人民政府污染源普查领导小组，按照全国污染源普查领导小组的统一规定和要求，领导和协调本行政区域的污染源普查工作。

县级以上地方人民政府污染源普查领导小组办公室设在同级生态环境主管部门,负责本行政区域的污染源普查日常工作。

乡(镇)人民政府、街道办事处和村(居)民委员会应当广泛动员和组织社会力量积极参与并认真做好污染源普查工作。

第十六条 县级以上人民政府生态环境主管部门和其他有关部门,按照职责分工和污染源普查领导小组的统一要求,做好污染源普查相关工作。

第十七条 全国污染源普查方案由全国污染源普查领导小组办公室拟订,经全国污染源普查领导小组审核同意,报国务院批准。

全国污染源普查方案应当包括:普查的具体范围和内容、普查的主要污染物、普查方法、普查的组织实施以及经费预算等。

拟订全国污染源普查方案,应当充分听取有关部门和专家的意见。

第十八条 全国污染源普查领导小组办公室根据全国污染源普查方案拟订污染源普查表,报国家统计局审定。

省、自治区、直辖市人民政府污染源普查领导小组办公室,可以根据需要增设本行政区域污染源普查附表,报全国污染源普查领导小组办公室批准后使用。

第十九条 在普查启动阶段,污染源普查领导小组办公室应当进行单位清查。

县级以上人民政府机构编制、民政、市场监督管理以及其他具有设立审批、登记职能的部门,应当向同级污染源普查领导小组办公室提供其审批或者登记的单位资料,并协助做好单位清查工作。

污染源普查领导小组办公室应当以本行政区域现有的基本单位名录库为基础,按照全国污染源普查方案确定的污染源普查的具体范围,结合有关部门提供的单位资料,对污染源逐一核实清查,形成污染源普查单位名录。

第二十条 列入污染源普查范围的大、中型工业企业,应当明确相关机构负责本企业污染源普查表的填报工作,其他单位应当指定人员负责本单位污染源普查表的填报工作。

第二十一条 污染源普查领导小组办公室可以根据工作需要,聘用或者从有关单位借调人员从事污染源普查工作。

污染源普查领导小组办公室应当与聘用人员依法签订劳动合同,支付劳动报酬,并为其办理社会保险。借调人员的工资由原单位支付,其福利待遇保持不变。

第二十二条 普查人员应当坚持实事求是,恪守职业道德,具有执行普查任务所需要的专业知识。

污染源普查领导小组办公室应当对普查人员进行业务培训,对考核合格的颁发全国统一的普查员工作证。

第二十三条 普查人员依法独立行使调查、报告、监督和检查的职权,有权查阅普查对象的原材料消耗记录、生产记录、污染物治理设施运行记录、污染物排放监测记录以及其他与污染物产生和排放有关的原始资料,并有权要求普查对象改正其填报的污染源普查表中不真实、不完整的内容。

第二十四条 普查人员应当严格执行全国污染源普查方案,不得伪造、篡改普查资料,不得强令、授意普查对象提供虚假普查资料。

普查人员执行污染源调查任务,不得少于2人,并应当出示普查员工作证;未出示普查员工作证的,普查对象可以拒绝接受调查。

第二十五条 普查人员应当依法直接访问普查对象,指导普查对象填报污染源普查表。污染源普查表填写完成后,应当由普查对象签字或者盖章确认。普查对象应当对其签字或者盖章的普查资料的真实性负责。

污染源普查领导小组办公室对其登记、录入的普查资料与普查对象填报的普查资料的一致性负责,并对其加工、整理的普查资料的准确性负责。

污染源普查领导小组办公室在登记、录入、加工和整理普查资料过程中,对普查资料有疑义的,应当向普查对象核实,普查对象应当如实说明或者改正。

第二十六条 各地方、各部门、各单位的负责人不得擅自修改污染源普查领导小组办公室、普查人员依法取得的污染源普查资料;不得强令或者授意污染源普查领导小组办公室、普查人员伪造或者篡改普查资料;不得对拒绝、抵制伪造或者篡改普查资料的普查人员打击报复。

第四章 数据处理和质量控制

第二十七条 污染源普查领导小组办公室应当按照全国污染源普查方案和有关标准、技术要求进行数据处理,并按时上报普查数据。

第二十八条 污染源普查领导小组办公室应当做好污染源普查数据备份和数据入库工作,建立健全污染源信息数据库,并加强日常管理和维护更新。

第二十九条 污染源普查领导小组办公室应当按照全国污染源普查方案,建立污染源普查数据质量控制岗位责任制,并对普查中的每个环节进行质量控制和检查验收。

污染源普查数据不符合全国污染源普查方案或者有关标准、技术要求的,上一级污染源普查领导小组办公室可以要求下一级污染源普查领导小组办公室重新调查,确保普查数据的一致性、真实性和有效性。

第三十条 全国污染源普查领导小组办公室统一组织对污染源普查数据的质量核查。核查结果作为评估全国或者各省、自治区、直辖市污染源普查数据质量的重要依据。

污染源普查数据的质量达不到规定要求的,有关污染源普查领导小组办公室应当在全国污染源普查领导小组办公室规定的时间内重新进行污染源普查。

第五章 数据发布、资料管理和开发应用

第三十一条 全国污染源普查公报,根据全国污染源普查领导小组的决定发布。

地方污染源普查公报,经上一级污染源普查领导小组办公室核准发布。

第三十二条 普查对象提供的资料和污染源普查领导小组办公室加工、整理的资料属于国家秘密的,应当注明秘密的等级,并按照国家有关保密规定处理。

污染源普查领导小组办公室、普查人员对在污染源普查中知悉的普查对象的商业秘密,负有保密义务。

第三十三条 污染源普查领导小组办公室应当建立污染源普查资料档案管理制度。污染源普查资料档案的保管、调用和移交应当遵守国家有关档案管理规定。

第三十四条 国家建立污染源普查资料信息共享制度。

污染源普查领导小组办公室应当在污染源信息数据库的基础上,建立污染源普查资料信息共享平台,促进普查成果的开发和应用。

第三十五条 污染源普查取得的单个普查对象的资料严格限定用于污染源普查目的,不得作为考核普查对象是否完成污染物总量削减计划的依据,不得作为依照其他法律、行政法规对普查对象实施行政处罚和征收排污费的依据。

第六章 表彰和处罚

第三十六条 对在污染源普查工作中做出突出贡献的集体和个人,应当给予表彰和奖励。

第三十七条 地方、部门、单位的负责人有下列行为之一的,依法给予处分,并由县级以上人民政府统计机构予以通报批评;构成犯罪的,依法追究刑事责任:

(一)擅自修改污染源普查资料的;

（二）强令、授意污染源普查领导小组办公室、普查人员伪造或者篡改普查资料的；

（三）对拒绝、抵制伪造或者篡改普查资料的普查人员打击报复的。

第三十八条 普查人员不执行普查方案，或者伪造、篡改普查资料，或者强令、授意普查对象提供虚假普查资料的，依法给予处分。

污染源普查领导小组办公室、普查人员泄露在普查中知悉的普查对象商业秘密的，对直接负责的主管人员和其他直接责任人员依法给予处分；对普查对象造成损害的，应当依法承担民事责任。

第三十九条 污染源普查对象有下列行为之一的，污染源普查领导小组办公室应当及时向同级人民政府统计机构通报有关情况，提出处理意见，由县级以上人民政府统计机构责令改正，予以通报批评；情节严重的，可以建议对直接负责的主管人员和其他直接责任人员依法给予处分：

（一）迟报、虚报、瞒报或者拒报污染源普查数据的；

（二）推诿、拒绝或阻挠普查人员依法进行调查的；

（三）转移、隐匿、篡改、毁弃原材料消耗记录、生产记录、污染物治理设施运行记录、污染物排放监测记录以及其他与污染物产生和排放有关的原始资料的。

单位有本条第一款所列行为之一的，由县级以上人民政府统计机构予以警告，可以处5万元以下的罚款。

个体经营户有本条第一款所列行为之一的，由县级以上人民政府统计机构予以警告，可以处1万元以下的罚款。

第四十条 污染源普查领导小组办公室应当设立举报电话和信箱，接受社会各界对污染源普查工作的监督和对违法行为的检举，并对检举有功的人员依法给予奖励，对检举的违法行为，依法予以查处。

第七章 附 则

第四十一条 军队、武装警察部队的污染源普查工作，由中国人民解放军总后勤部按照国家统一规定和要求组织实施。

新疆生产建设兵团的污染源普查工作，由新疆生产建设兵团按照国家统一规定和要求组织实施。

第四十二条 本条例自公布之日起施行。

环境监测管理办法

（2007年7月25日国家环境保护总局令第39号公布 自2007年9月1日起施行）

第一条 为加强环境监测管理，根据《环境保护法》等有关法律法规，制定本办法。

第二条 本办法适用于县级以上环境保护部门下列环境监测活动的管理：

（一）环境质量监测；

（二）污染源监督性监测；

（三）突发环境污染事件应急监测；

（四）为环境状况调查和评价等环境管理活动提供监测数据的其他环境监测活动。

第三条 环境监测工作是县级以上环境保护部门的法定职责。

县级以上环境保护部门应当按照数据准确、代表性强、方法科学、传输及时的要求，建设先进的环境监测体系,为全面反映环境质量状况和变化趋势,及时跟踪污染源变化情况,准确预警各类环境突发事件等环境管理工作提供决策依据。

第四条 县级以上环境保护部门对本行政区域环境监测工作实施统一监督管理,履行下列主要职责:

(一)制定并组织实施环境监测发展规划和年度工作计划;

(二)组建直属环境监测机构,并按照国家环境监测机构建设标准组织实施环境监测能力建设;

(三)建立环境监测工作质量审核和检查制度;

(四)组织编制环境监测报告,发布环境监测信息;

(五)依法组建环境监测网络,建立网络管理制度,组织网络运行管理;

(六)组织开展环境监测科学技术研究、国际合作与技术交流。

国家环境保护总局适时组建直属跨界环境监测机构。

第五条 县级以上环境保护部门所属环境监测机构具体承担下列主要环境监测技术支持工作:

(一)开展环境质量监测、污染源监督性监测和突发环境污染事件应急监测;

(二)承担环境监测网建设和运行,收集、管理环境监测数据,开展环境状况调查和评价,编制环境监测报告;

(三)负责环境监测人员的技术培训;

(四)开展环境监测领域科学研究,承担环境监测技术规范、方法研究以及国际合作和交流;

(五)承担环境保护部门委托的其他环境监测技术支持工作。

第六条 国家环境保护总局负责依法制定统一的国家环境监测技术规范。

省级环境保护部门对国家环境监测技术规范未作规定的项目,可以制定地方环境监测技术规范,并报国家环境保护总局备案。

第七条 县级以上环境保护部门负责统一发布本行政区域的环境污染事故、环境质量状况等环境监测信息。

有关部门间环境监测结果不一致的,由县级以上环境保护部门报经同级人民政府协调后统一发布。

环境监测信息未经依法发布,任何单位和个人不得对外公布或者透露。

属于保密范围的环境监测数据、资料、成果,应当按照国家有关保密的规定进行管理。

第八条 县级以上环境保护部门所属环境监测机构依据本办法取得的环境监测数据,应当作为环境统计、排污申报核定、排污费征收、环境执法、目标责任考核等环境管理的依据。

第九条 县级以上环境保护部门按照环境监测的代表性分别负责组织建设国家级、省级、市级、县级环境监测网,并分别委托所属环境监测机构负责运行。

第十条 环境监测网由各环境监测要素的点位(断面)组成。

环境监测点位(断面)的设置、变更、运行,应当按照国家环境保护总局有关规定执行。

各大水系或者区域的点位(断面),属于国家级环境监测网。

第十一条 环境保护部门所属环境监测机构按照其所属的环境保护部门级别,分为国家级、省级、市级、县级四级。

上级环境监测机构应当加强对下级环境监测机构的业务指导和技术培训。

第十二条 环境保护部门所属环境监测机构应当具备与所从事的环境监测业务相适应的能力和条件,并按照经批准的环境保护规划规定的要求和时限,逐步达到国家环境监测能力建设标准。

环境保护部门所属环境监测机构从事环境监测的专业技术人员,应当进行专业技术培训,并经国家环境保护总局统一组织的环境监测岗位考试考核合格,方可上岗。

第十三条 县级以上环境保护部门应当对本行政区域内的环境监测质量进行审核和检查。

各级环境监测机构应当按照国家环境监测技术规范进行环境监测,并建立环境监测质量管理体系,对环境监测实施全过程质量管理,并对监测信息的准确性和真实性负责。

第十四条 县级以上环境保护部门应当建立环境监测数据库,对环境监测数据实行信息化管理,加强环境监测数据收集、整理、分析、储存,并按照国家环境保护总局的要求定期将监测数据逐级报上一级环境保护部门。

各级环境保护部门应当逐步建立环境监测数据信息共享制度。

第十五条 环境监测工作,应当使用统一标志。

环境监测人员佩戴环境监测标志,环境监测站点设立环境监测标志,环境监测车辆印制环境监测标志,环境监测报告附具环境监测标志。

环境监测统一标志由国家环境保护总局制定。

第十六条 任何单位和个人不得损毁、盗窃环境监测设施。

第十七条 县级以上环境保护部门应当协调有关部门,将环境监测网建设投资、运行经费等环境监测工作所需经费全额纳入同级财政年度经费预算。

第十八条 县级以上环境保护部门及其工作人员、环境监测机构及环境监测人员有下列行为之一的,由任免机关或者监察机关按照管理权限依法给予行政处分;涉嫌犯罪的,移送司法机关依法处理:

(一) 未按照国家环境监测技术规范从事环境监测活动的;

(二) 拒报或者两次以上不按照规定的时限报送环境监测数据的;

(三) 伪造、篡改环境监测数据的;

(四) 擅自对外公布环境监测信息的。

第十九条 排污者拒绝、阻挠环境监测工作人员进行环境监测活动或者弄虚作假的,由县级以上环境保护部门依法给予行政处罚;构成违反治安管理行为的,由公安机关依法给予治安处罚;构成犯罪的,依法追究刑事责任。

第二十条 损毁、盗窃环境监测设施的,县级以上环境保护部门移送公安机关,由公安机关依照《治安管理处罚法》的规定处 10 日以上 15 日以下拘留;构成犯罪的,依法追究刑事责任。

第二十一条 排污者必须按照县级以上环境保护部门的要求和国家环境监测技术规范,开展排污状况自我监测。

排污者按照国家环境监测技术规范,并经县级以上环境保护部门所属环境监测机构检查符合国家规定的能力要求和技术条件的,其监测数据作为核定污染物排放种类、数量的依据。

不具备环境监测能力的排污者,应当委托环境保护部门所属环境监测机构或者经省级环境保护部门认定的环境监测机构进行监测;接受委托的环境监测机构所从事的监测活动,所需经费由委托方承担,收费标准按照国家有关规定执行。

经省级环境保护部门认定的环境监测机构,是指非环境保护部门所属的、从事环境监测业务的机构,可以自愿向所在地省级环境保护部门申请证明其具备相适应的环境监测业务能力认定,经认定合格者,即为经省级环境保护部门认定的环境监测机构。

经省级环境保护部门认定的环境监测机构应当接受所在地环境保护部门所属环境监测机构的监督检查。

第二十二条 辐射环境监测的管理,参照本办法执行。

第二十三条 本办法自 2007 年 9 月 1 日起施行。

第三节　资源能源类

一、综合

中华人民共和国节约能源法

（1997年11月1日第八届全国人民代表大会常务委员会第二十八次会议通过　2007年10月28日第十届全国人民代表大会常务委员会第三十次会议修订　2007年10月28日中华人民共和国主席令第77号公布　自2008年4月1日起施行　根据2016年7月2日第十二届全国人民代表大会常务委员会第二十一次会议《关于修改〈中华人民共和国节约能源法〉等六部法律的决定》第一次修正　根据2018年10月26日第十三届全国人民代表大会常务委员会第六次会议《关于修改〈中华人民共和国野生动物保护法〉等十五部法律的决定》第二次修正）

第一章　总　　则

第一条　为了推动全社会节约能源，提高能源利用效率，保护和改善环境，促进经济社会全面协调可持续发展，制定本法。

第二条　本法所称能源，是指煤炭、石油、天然气、生物质能和电力、热力以及其他直接或者通过加工、转换而取得有用能的各种资源。

第三条　本法所称节约能源（以下简称节能），是指加强用能管理，采取技术上可行、经济上合理以及环境和社会可以承受的措施，从能源生产到消费的各个环节，降低消耗、减少损失和污染物排放、制止浪费，有效、合理地利用能源。

第四条　节约资源是我国的基本国策。国家实施节约与开发并举、把节约放在首位的能源发展战略。

第五条　国务院和县级以上地方各级人民政府应当将节能工作纳入国民经济和社会发展规划、年度计划，并组织编制和实施节能中长期专项规划、年度节能计划。

国务院和县级以上地方各级人民政府每年向本级人民代表大会或者其常务委员会报告节能工作。

第六条　国家实行节能目标责任制和节能考核评价制度，将节能目标完成情况作为对地方人民政府及其负责人考核评价的内容。

省、自治区、直辖市人民政府每年向国务院报告节能目标责任的履行情况。

第七条　国家实行有利于节能和环境保护的产业政策，限制发展高耗能、高污染行业，发展节能环保型产业。

国务院和省、自治区、直辖市人民政府应当加强节能工作，合理调整产业结构、企业结构、产品结构和能源消费结构,推动企业降低单位产值能耗和单位产品能耗,淘汰落后的生产能力,改进能源的开发、加工、转换、输送、储存和供应,提高能源利用效率。

国家鼓励、支持开发和利用新能源、可再生能源。

第八条 国家鼓励、支持节能科学技术的研究、开发、示范和推广,促进节能技术创新与进步。

国家开展节能宣传和教育,将节能知识纳入国民教育和培训体系,普及节能科学知识,增强全民的节能意识,提倡节约型的消费方式。

第九条 任何单位和个人都应当依法履行节能义务,有权检举浪费能源的行为。

新闻媒体应当宣传节能法律、法规和政策,发挥舆论监督作用。

第十条 国务院管理节能工作的部门主管全国的节能监督管理工作。国务院有关部门在各自的职责范围内负责节能监督管理工作,并接受国务院管理节能工作的部门的指导。

县级以上地方各级人民政府管理节能工作的部门负责本行政区域内的节能监督管理工作。县级以上地方各级人民政府有关部门在各自的职责范围内负责节能监督管理工作,并接受同级管理节能工作的部门的指导。

第二章 节能管理

第十一条 国务院和县级以上地方各级人民政府应当加强对节能工作的领导,部署、协调、监督、检查、推动节能工作。

第十二条 县级以上人民政府管理节能工作的部门和有关部门应当在各自的职责范围内,加强对节能法律、法规和节能标准执行情况的监督检查,依法查处违法用能行为。

履行节能监督管理职责不得向监督管理对象收取费用。

第十三条 国务院标准化主管部门和国务院有关部门依法组织制定并适时修订有关节能的国家标准、行业标准,建立健全节能标准体系。

国务院标准化主管部门会同国务院管理节能工作的部门和国务院有关部门制定强制性的用能产品、设备能源效率标准和生产过程中耗能高的产品的单位产品能耗限额标准。

国家鼓励企业制定严于国家标准、行业标准的企业节能标准。

省、自治区、直辖市制定严于强制性国家标准、行业标准的地方节能标准,由省、自治区、直辖市人民政府报经国务院批准;本法另有规定的除外。

第十四条 建筑节能的国家标准、行业标准由国务院建设主管部门组织制定,并依照法定程序发布。

省、自治区、直辖市人民政府建设主管部门可以根据本地实际情况,制定严于国家标准或者行业标准的地方建筑节能标准,并报国务院标准化主管部门和国务院建设主管部门备案。

第十五条 国家实行固定资产投资项目节能评估和审查制度。不符合强制性节能标准的项目,建设单位不得开工建设;已经建成的,不得投入生产、使用。政府投资项目不符合强制性节能标准的,依法负责项目审批的机关不得批准建设。具体办法由国务院管理节能工作的部门会同国务院有关部门制定。

第十六条 国家对落后的耗能过高的用能产品、设备和生产工艺实行淘汰制度。淘汰的用能产品、设备、生产工艺的目录和实施办法,由国务院管理节能工作的部门会同国务院有关部门制定并公布。

生产过程中耗能高的产品的生产单位,应当执行单位产品能耗限额标准。对超过单位产品能耗限额标准用能的生产单位,由管理节能工作的部门按照国务院规定的权限责令限期治理。

对高耗能的特种设备,按照国务院的规定实行节能审查和监管。

第十七条 禁止生产、进口、销售国家明令淘汰或者不符合强制性能源效率标准的用能产品、设备；禁止使用国家明令淘汰的用能设备、生产工艺。

第十八条 国家对家用电器等使用面广、耗能量大的用能产品，实行能源效率标识管理。实行能源效率标识管理的产品目录和实施办法，由国务院管理节能工作的部门会同国务院市场监督管理部门制定并公布。

第十九条 生产者和进口商应当对列入国家能源效率标识管理产品目录的用能产品标注能源效率标识，在产品包装物上或者说明书中予以说明，并按照规定报国务院市场监督管理部门和国务院管理节能工作的部门共同授权的机构备案。

生产者和进口商应当对其标注的能源效率标识及相关信息的准确性负责。禁止销售应当标注而未标注能源效率标识的产品。

禁止伪造、冒用能源效率标识或者利用能源效率标识进行虚假宣传。

第二十条 用能产品的生产者、销售者，可以根据自愿原则，按照国家有关节能产品认证的规定，向经国务院认证认可监督管理部门认可的从事节能产品认证的机构提出节能产品认证申请；经认证合格后，取得节能产品认证证书，可以在用能产品或者其包装物上使用节能产品认证标志。

禁止使用伪造的节能产品认证标志或者冒用节能产品认证标志。

第二十一条 县级以上各级人民政府统计部门应当会同同级有关部门，建立健全能源统计制度，完善能源统计指标体系，改进和规范能源统计方法，确保能源统计数据真实、完整。

国务院统计部门会同国务院管理节能工作的部门，定期向社会公布各省、自治区、直辖市以及主要耗能行业的能源消费和节能情况等信息。

第二十二条 国家鼓励节能服务机构的发展，支持节能服务机构开展节能咨询、设计、评估、检测、审计、认证等服务。

国家支持节能服务机构开展节能知识宣传和节能技术培训，提供节能信息、节能示范和其他公益性节能服务。

第二十三条 国家鼓励行业协会在行业节能规划、节能标准的制定和实施、节能技术推广、能源消费统计、节能宣传培训和信息咨询等方面发挥作用。

第三章 合理使用与节约能源

第一节 一般规定

第二十四条 用能单位应当按照合理用能的原则，加强节能管理，制定并实施节能计划和节能技术措施，降低能源消耗。

第二十五条 用能单位应当建立节能目标责任制，对节能工作取得成绩的集体、个人给予奖励。

第二十六条 用能单位应当定期开展节能教育和岗位节能培训。

第二十七条 用能单位应当加强能源计量管理，按照规定配备和使用经依法检定合格的能源计量器具。

用能单位应当建立能源消费统计和能源利用状况分析制度，对各类能源的消费实行分类计量和统计，并确保能源消费统计数据真实、完整。

第二十八条 能源生产经营单位不得向本单位职工无偿提供能源。任何单位不得对能源消费实行包费制。

第二节 工业节能

第二十九条 国务院和省、自治区、直辖市人民政府推进能源资源优化开发利用和合理配置，推进有利于节能的行业结构调整，优化用能结构和企业布局。

第三十条 国务院管理节能工作的部门会同国务院有关部门制定电力、钢铁、有色金属、建材、石油加工、化工、煤炭等主要耗能行业的节能技术政策,推动企业节能技术改造。

第三十一条 国家鼓励工业企业采用高效、节能的电动机、锅炉、窑炉、风机、泵类等设备,采用热电联产、余热余压利用、洁净煤以及先进的用能监测和控制等技术。

第三十二条 电网企业应当按照国务院有关部门制定的节能发电调度管理的规定,安排清洁、高效和符合规定的热电联产、利用余热余压发电的机组以及其他符合资源综合利用规定的发电机组与电网并网运行,上网电价执行国家有关规定。

第三十三条 禁止新建不符合国家规定的燃煤发电机组、燃油发电机组和燃煤热电机组。

第三节 建筑节能

第三十四条 国务院建设主管部门负责全国建筑节能的监督管理工作。

县级以上地方各级人民政府建设主管部门负责本行政区域内建筑节能的监督管理工作。

县级以上地方各级人民政府建设主管部门会同同级管理节能工作的部门编制本行政区域内的建筑节能规划。建筑节能规划应当包括既有建筑节能改造计划。

第三十五条 建筑工程的建设、设计、施工和监理单位应当遵守建筑节能标准。

不符合建筑节能标准的建筑工程,建设主管部门不得批准开工建设;已经开工建设的,应当责令停止施工、限期改正;已经建成的,不得销售或者使用。

建设主管部门应当加强对在建建筑工程执行建筑节能标准情况的监督检查。

第三十六条 房地产开发企业在销售房屋时,应当向购买人明示所售房屋的节能措施、保温工程保修期等信息,在房屋买卖合同、质量保证书和使用说明书中载明,并对其真实性、准确性负责。

第三十七条 使用空调采暖、制冷的公共建筑应当实行室内温度控制制度。具体办法由国务院建设主管部门制定。

第三十八条 国家采取措施,对实行集中供热的建筑分步骤实行供热分户计量、按照用热量收费的制度。新建建筑或者对既有建筑进行节能改造,应当按照规定安装用热计量装置、室内温度调控装置和供热系统调控装置。具体办法由国务院建设主管部门会同国务院有关部门制定。

第三十九条 县级以上地方各级人民政府有关部门应当加强城市节约用电管理,严格控制公用设施和大型建筑物装饰性景观照明的能耗。

第四十条 国家鼓励在新建建筑和既有建筑节能改造中使用新型墙体材料等节能建筑材料和节能设备,安装和使用太阳能等可再生能源利用系统。

第四节 交通运输节能

第四十一条 国务院有关交通运输主管部门按照各自的职责负责全国交通运输相关领域的节能监督管理工作。

国务院有关交通运输主管部门会同国务院管理节能工作的部门分别制定相关领域的节能规划。

第四十二条 国务院及其有关部门指导、促进各种交通运输方式协调发展和有效衔接,优化交通运输结构,建设节能型综合交通运输体系。

第四十三条 县级以上地方各级人民政府应当优先发展公共交通,加大对公共交通的投入,完善公共交通服务体系,鼓励利用公共交通工具出行;鼓励使用非机动交通工具出行。

第四十四条 国务院有关交通运输主管部门应当加强交通运输组织管理,引导道路、水路、航空运输企业提高运输组织化程度和集约化水平,提高能源利用效率。

第四十五条 国家鼓励开发、生产、使用节能环保型汽车、摩托车、铁路机车车辆、船舶和其他交通运输工具，实行老旧交通运输工具的报废、更新制度。

国家鼓励开发和推广应用交通运输工具使用的清洁燃料、石油替代燃料。

第四十六条 国务院有关部门制定交通运输营运车船的燃料消耗量限值标准；不符合标准的，不得用于营运。

国务院有关交通运输主管部门应当加强对交通运输营运车船燃料消耗检测的监督管理。

第五节 公共机构节能

第四十七条 公共机构应当厉行节约，杜绝浪费，带头使用节能产品、设备，提高能源利用效率。

本法所称公共机构，是指全部或者部分使用财政性资金的国家机关、事业单位和团体组织。

第四十八条 国务院和县级以上地方各级人民政府管理机关事务工作的机构会同同级有关部门制定和组织实施本级公共机构节能规划。公共机构节能规划应当包括公共机构既有建筑节能改造计划。

第四十九条 公共机构应当制定年度节能目标和实施方案，加强能源消费计量和监测管理，向本级人民政府管理机关事务工作的机构报送上年度的能源消费状况报告。

国务院和县级以上地方各级人民政府管理机关事务工作的机构会同同级有关部门按照管理权限，制定本级公共机构的能源消耗定额，财政部门根据该定额制定能源消耗支出标准。

第五十条 公共机构应当加强本单位用能系统管理，保证用能系统的运行符合国家相关标准。

公共机构应当按照规定进行能源审计，并根据能源审计结果采取提高能源利用效率的措施。

第五十一条 公共机构采购用能产品、设备，应当优先采购列入节能产品、设备政府采购名录中的产品、设备。禁止采购国家明令淘汰的用能产品、设备。

节能产品、设备政府采购名录由省级以上人民政府的政府采购监督管理部门会同同级有关部门制定并公布。

第六节 重点用能单位节能

第五十二条 国家加强对重点用能单位的节能管理。

下列用能单位为重点用能单位：

（一）年综合能源消费总量一万吨标准煤以上的用能单位；

（二）国务院有关部门或者省、自治区、直辖市人民政府管理节能工作的部门指定的年综合能源消费总量五千吨以上不满一万吨标准煤的用能单位。

重点用能单位节能管理办法，由国务院管理节能工作的部门会同国务院有关部门制定。

第五十三条 重点用能单位应当每年向管理节能工作的部门报送上年度的能源利用状况报告。能源利用状况包括能源消费情况、能源利用效率、节能目标完成情况和节能效益分析、节能措施等内容。

第五十四条 管理节能工作的部门应当对重点用能单位报送的能源利用状况报告进行审查。对节能管理制度不健全、节能措施不落实、能源利用效率低的重点用能单位，管理节能工作的部门应当开展现场调查，组织实施用能设备能源效率检测，责令实施能源审计，并提出书面整改要求，限期整改。

第五十五条 重点用能单位应当设立能源管理岗位，在具有节能专业知识、实际经验以及中级以上技术职称的人员中聘任能源管理负责人，并报管理节能工作的部门和有关部门备案。

能源管理负责人负责组织对本单位用能状况进行分析、评价，组织编写本单位能源利用状况报告，提出本单位节能工作的改进措施并组织实施。

能源管理负责人应当接受节能培训。

第四章　节能技术进步

第五十六条　国务院管理节能工作的部门会同国务院科技主管部门发布节能技术政策大纲，指导节能技术研究、开发和推广应用。

第五十七条　县级以上各级人民政府应当把节能技术研究开发作为政府科技投入的重点领域，支持科研单位和企业开展节能技术应用研究，制定节能标准，开发节能共性和关键技术，促进节能技术创新与成果转化。

第五十八条　国务院管理节能工作的部门会同国务院有关部门制定并公布节能技术、节能产品的推广目录，引导用能单位和个人使用先进的节能技术、节能产品。

国务院管理节能工作的部门会同国务院有关部门组织实施重大节能科研项目、节能示范项目、重点节能工程。

第五十九条　县级以上各级人民政府应当按照因地制宜、多能互补、综合利用、讲求效益的原则，加强农业和农村节能工作，增加对农业和农村节能技术、节能产品推广应用的资金投入。

农业、科技等有关主管部门应当支持、推广在农业生产、农产品加工储运等方面应用节能技术和节能产品，鼓励更新和淘汰高耗能的农业机械和渔业船舶。

国家鼓励、支持在农村大力发展沼气，推广生物质能、太阳能和风能等可再生能源利用技术，按照科学规划、有序开发的原则发展小型水力发电，推广节能型的农村住宅和炉灶等，鼓励利用非耕地种植能源植物，大力发展薪炭林等能源林。

第五章　激励措施

第六十条　中央财政和省级地方财政安排节能专项资金，支持节能技术研究开发、节能技术和产品的示范与推广、重点节能工程的实施、节能宣传培训、信息服务和表彰奖励等。

第六十一条　国家对生产、使用列入本法第五十八条规定的推广目录的需要支持的节能技术、节能产品，实行税收优惠等扶持政策。

国家通过财政补贴支持节能照明器具等节能产品的推广和使用。

第六十二条　国家实行有利于节约能源资源的税收政策，健全能源矿产资源有偿使用制度，促进能源资源的节约及其开采利用水平的提高。

第六十三条　国家运用税收等政策，鼓励先进节能技术、设备的进口，控制在生产过程中耗能高、污染重的产品的出口。

第六十四条　政府采购监督管理部门会同有关部门制定节能产品、设备政府采购名录，应当优先列入取得节能产品认证证书的产品、设备。

第六十五条　国家引导金融机构增加对节能项目的信贷支持，为符合条件的节能技术研究开发、节能产品生产以及节能技术改造等项目提供优惠贷款。

国家推动和引导社会有关方面加大对节能的资金投入，加快节能技术改造。

第六十六条　国家实行有利于节能的价格政策，引导用能单位和个人节能。

国家运用财税、价格等政策，支持推广电力需求侧管理、合同能源管理、节能自愿协议等节能办法。

国家实行峰谷分时电价、季节性电价、可中断负荷电价制度，鼓励电力用户合理调整用电负荷；对钢铁、有色金属、建材、化工和其他主要耗能行业的企业，分淘汰、限制、允许和鼓励类实行差别电价政策。

第六十七条 各级人民政府对在节能管理、节能科学技术研究和推广应用中有显著成绩以及检举严重浪费能源行为的单位和个人，给予表彰和奖励。

第六章 法律责任

第六十八条 负责审批政府投资项目的机关违反本法规定，对不符合强制性节能标准的项目予以批准建设的，对直接负责的主管人员和其他直接责任人员依法给予处分。

固定资产投资项目建设单位开工建设不符合强制性节能标准的项目或者将该项目投入生产、使用的，由管理节能工作的部门责令停止建设或者停止生产、使用，限期改造；不能改造或者逾期不改造的生产性项目，由管理节能工作的部门报请本级人民政府按照国务院规定的权限责令关闭。

第六十九条 生产、进口、销售国家明令淘汰的用能产品、设备的，使用伪造的节能产品认证标志或者冒用节能产品认证标志的，依照《中华人民共和国产品质量法》的规定处罚。

第七十条 生产、进口、销售不符合强制性能源效率标准的用能产品、设备的，由市场监督管理部门责令停止生产、进口、销售，没收违法生产、进口、销售的用能产品、设备和违法所得，并处违法所得一倍以上五倍以下罚款；情节严重的，吊销营业执照。

第七十一条 使用国家明令淘汰的用能设备或者生产工艺的，由管理节能工作的部门责令停止使用，没收国家明令淘汰的用能设备；情节严重的，可以由管理节能工作的部门提出意见，报请本级人民政府按照国务院规定的权限责令停业整顿或者关闭。

第七十二条 生产单位超过单位产品能耗限额标准用能，情节严重，经限期治理逾期不治理或者没有达到治理要求的，可以由管理节能工作的部门提出意见，报请本级人民政府按照国务院规定的权限责令停业整顿或者关闭。

第七十三条 违反本法规定，应当标注能源效率标识而未标注的，由市场监督管理部门责令改正，处三万元以上五万元以下罚款。

违反本法规定，未办理能源效率标识备案，或者使用的能源效率标识不符合规定的，由市场监督管理部门责令限期改正；逾期不改正的，处一万元以上三万元以下罚款。

伪造、冒用能源效率标识或者利用能源效率标识进行虚假宣传的，由市场监督管理部门责令改正，处五万元以上十万元以下罚款；情节严重的，吊销营业执照。

第七十四条 用能单位未按照规定配备、使用能源计量器具的，由市场监督管理部门责令限期改正；逾期不改正的，处一万元以上五万元以下罚款。

第七十五条 瞒报、伪造、篡改能源统计资料或者编造虚假能源统计数据的，依照《中华人民共和国统计法》的规定处罚。

第七十六条 从事节能咨询、设计、评估、检测、审计、认证等服务的机构提供虚假信息的，由管理节能工作的部门责令改正，没收违法所得，并处五万元以上十万元以下罚款。

第七十七条 违反本法规定，无偿向本单位职工提供能源或者对能源消费实行包费制的，由管理节能工作的部门责令限期改正；逾期不改正的，处五万元以上二十万元以下罚款。

第七十八条 电网企业未按照本法规定安排符合规定的热电联产和利用余热余压发电的机组与电网并网运行，或者未执行国家有关上网电价规定的，由国家电力监管机构责令改正；造成发电企业经济损失的，依法承担赔偿责任。

第七十九条 建设单位违反建筑节能标准的，由建设主管部门责令改正，处二十万元以上五十万元以下罚款。

设计单位、施工单位、监理单位违反建筑节能标准的，由建设主管部门责令改正，处十万元以上五十万元以下罚款；情节严重的，由颁发资质证书的部门降低资质等级或者吊销资质证书；造成损失的，依法承担赔偿责任。

第八十条 房地产开发企业违反本法规定，在销售房屋时未向购买人明示所售房屋的节能措施、保温工程保修期等信息的，由建设主管部门责令限期改正，逾期不改正的，处三万元以上五万元以下罚款；对以上信息作虚假宣传的，由建设主管部门责令改正，处五万元以上二十万元以下罚款。

第八十一条 公共机构采购用能产品、设备，未优先采购列入节能产品、设备政府采购名录中的产品、设备，或者采购国家明令淘汰的用能产品、设备的，由政府采购监督管理部门给予警告，可以并处罚款；对直接负责的主管人员和其他直接责任人员依法给予处分，并予通报。

第八十二条 重点用能单位未按照本法规定报送能源利用状况报告或者报告内容不实的，由管理节能工作的部门责令限期改正；逾期不改正的，处一万元以上五万元以下罚款。

第八十三条 重点用能单位无正当理由拒不落实本法第五十四条规定的整改要求或者整改没有达到要求的，由管理节能工作的部门处十万元以上三十万元以下罚款。

第八十四条 重点用能单位未按照本法规定设立能源管理岗位，聘任能源管理负责人，并报管理节能工作的部门和有关部门备案的，由管理节能工作的部门责令改正；拒不改正的，处一万元以上三万元以下罚款。

第八十五条 违反本法规定，构成犯罪的，依法追究刑事责任。

第八十六条 国家工作人员在节能管理工作中滥用职权、玩忽职守、徇私舞弊，构成犯罪的，依法追究刑事责任；尚不构成犯罪的，依法给予处分。

第七章 附 则

第八十七条 本法自 2008 年 4 月 1 日起施行。

中华人民共和国可再生能源法

（2005 年 2 月 28 日第十届全国人民代表大会常务委员会第十四次会议通过
根据 2009 年 12 月 26 日第十一届全国人民代表大会常务委员会第十二次会议
《关于修改〈中华人民共和国可再生能源法〉的决定》修正）

第一章 总 则

第一条 为了促进可再生能源的开发利用，增加能源供应，改善能源结构，保障能源安全，保护环境，实现经济社会的可持续发展，制定本法。

第二条 本法所称可再生能源，是指风能、太阳能、水能、生物质能、地热能、海洋能等非化石能源。

水力发电对本法的适用，由国务院能源主管部门规定，报国务院批准。

通过低效率炉灶直接燃烧方式利用秸秆、薪柴、粪便等，不适用本法。

第三条 本法适用于中华人民共和国领域和管辖的其他海域。

第四条 国家将可再生能源的开发利用列为能源发展的优先领域，通过制定可再生能源开发利用总量目标和采取相应措施，推动可再生能源市场的建立和发展。

国家鼓励各种所有制经济主体参与可再生能源的开发利用，依法保护可再生能源开发利用者的合法权益。

第五条 国务院能源主管部门对全国可再生能源的开发利用实施统一管理。国务院有关部门在各自的职责范围内负责有关的可再生能源开发利用管理工作。

县级以上地方人民政府管理能源工作的部门负责本行政区域内可再生能源开发利用的管理工作。县级以上地方人民政府有关部门在各自的职责范围内负责有关的可再生能源开发利用管理工作。

第二章 资源调查与发展规划

第六条 国务院能源主管部门负责组织和协调全国可再生能源资源的调查，并会同国务院有关部门组织制定资源调查的技术规范。

国务院有关部门在各自的职责范围内负责相关可再生能源资源的调查，调查结果报国务院能源主管部门汇总。

可再生能源资源的调查结果应当公布；但是，国家规定需要保密的内容除外。

第七条 国务院能源主管部门根据全国能源需求与可再生能源资源实际状况，制定全国可再生能源开发利用中长期总量目标，报国务院批准后执行，并予公布。

国务院能源主管部门根据前款规定的总量目标和省、自治区、直辖市经济发展与可再生能源资源实际状况，会同省、自治区、直辖市人民政府确定各行政区域可再生能源开发利用中长期目标，并予公布。

第八条 国务院能源主管部门会同国务院有关部门，根据全国可再生能源开发利用中长期总量目标和可再生能源技术发展状况，编制全国可再生能源开发利用规划，报国务院批准后实施。

国务院有关部门应当制定有利于促进全国可再生能源开发利用中长期总量目标实现的相关规划。

省、自治区、直辖市人民政府管理能源工作的部门会同本级人民政府有关部门，依据全国可再生能源开发利用规划和本行政区域可再生能源开发利用中长期目标，编制本行政区域可再生能源开发利用规划，经本级人民政府批准后，报国务院能源主管部门和国家电力监管机构备案，并组织实施。

经批准的规划应当公布；但是，国家规定需要保密的内容除外。

经批准的规划需要修改的，须经原批准机关批准。

第九条 编制可再生能源开发利用规划，应当遵循因地制宜、统筹兼顾、合理布局、有序发展的原则，对风能、太阳能、水能、生物质能、地热能、海洋能等可再生能源的开发利用作出统筹安排。规划内容应当包括发展目标、主要任务、区域布局、重点项目、实施进度、配套电网建设、服务体系和保障措施等。

组织编制机关应当征求有关单位、专家和公众的意见，进行科学论证。

第三章 产业指导与技术支持

第十条 国务院能源主管部门根据全国可再生能源开发利用规划，制定、公布可再生能源产业发展指导目录。

第十一条 国务院标准化行政主管部门应当制定、公布国家可再生能源电力的并网技术标准和其他需要在全国范围内统一技术要求的有关可再生能源技术和产品的国家标准。

对前款规定的国家标准中未作规定的技术要求，国务院有关部门可以制定相关的行业标准，并报国务院标准化行政主管部门备案。

第十二条 国家将可再生能源开发利用的科学技术研究和产业化发展列为科技发展与高技术产业发展的优先领域，纳入国家科技发展规划和高技术产业发展规划，并安排资金支持可再生能源开发利用的科学技术研究、应用示范和产业化发展，促进可再生能源开发利用的技术进步，降低可再生能源产品的生产成本，提高产品质量。

国务院教育行政部门应当将可再生能源知识和技术纳入普通教育、职业教育课程。

第四章 推广与应用

第十三条 国家鼓励和支持可再生能源并网发电。

建设可再生能源并网发电项目，应当依照法律和国务院的规定取得行政许可或者报送备案。

建设应当取得行政许可的可再生能源并网发电项目，有多人申请同一项目许可的，应当依法通过招标确定被许可人。

第十四条 国家实行可再生能源发电全额保障性收购制度。

国务院能源主管部门会同国家电力监管机构和国务院财政部门，按照全国可再生能源开发利用规划，确定在规划期内应当达到的可再生能源发电量占全部发电量的比重，制定电网企业优先调度和全额收购可再生能源发电的具体办法，并由国务院能源主管部门会同国家电力监管机构在年度中督促落实。

电网企业应当与按照可再生能源开发利用规划建设，依法取得行政许可或者报送备案的可再生能源发电企业签订并网协议，全额收购其电网覆盖范围内符合并网技术标准的可再生能源并网发电项目的上网电量。发电企业有义务配合电网企业保障电网安全。

电网企业应当加强电网建设，扩大可再生能源电力配置范围，发展和应用智能电网、储能等技术，完善电网运行管理，提高吸纳可再生能源电力的能力，为可再生能源发电提供上网服务。

第十五条 国家扶持在电网未覆盖的地区建设可再生能源独立电力系统，为当地生产和生活提供电力服务。

第十六条 国家鼓励清洁、高效地开发利用生物质燃料，鼓励发展能源作物。

利用生物质资源生产的燃气和热力，符合城市燃气管网、热力管网的入网技术标准的，经营燃气管网、热力管网的企业应当接收其入网。

国家鼓励生产和利用生物液体燃料。石油销售企业应当按照国务院能源主管部门或者省级人民政府的规定，将符合国家标准的生物液体燃料纳入其燃料销售体系。

第十七条 国家鼓励单位和个人安装和使用太阳能热水系统、太阳能供热采暖和制冷系统、太阳能光伏发电系统等太阳能利用系统。

国务院建设行政主管部门会同国务院有关部门制定太阳能利用系统与建筑结合的技术经济政策和技术规范。

房地产开发企业应当根据前款规定的技术规范，在建筑物的设计和施工中，为太阳能利用提供必备条件。

对已建成的建筑物，住户可以在不影响其质量与安全的前提下安装符合技术规范和产品标准的太阳能利用系统；但是，当事人另有约定的除外。

第十八条 国家鼓励和支持农村地区的可再生能源开发利用。

县级以上地方人民政府管理能源工作的部门会同有关部门，根据当地经济社会发展、生态保护和卫生综合治理需要等实际情况，制定农村地区可再生能源发展规划，因地制宜地推广应用沼气等生物质资源转化、户用太阳能、小型风能、小型水能等技术。

县级以上人民政府应当对农村地区的可再生能源利用项目提供财政支持。

第五章 价格管理与费用补偿

第十九条 可再生能源发电项目的上网电价，由国务院价格主管部门根据不同类型可再生能源发电的特点和不同地区的情况，按照有利于促进可再生能源开发利用和经济合理的原则确定，并根据可再生能源开发利用技术的发展适时调整。上网电价应当公布。

依照本法第十三条第三款规定实行招标的可再生能源发电项目的上网电价,按照中标确定的价格执行;但是,不得高于依照前款规定确定的同类可再生能源发电项目的上网电价水平。

第二十条 电网企业依照本法第十九条规定确定的上网电价收购可再生能源电量所发生的费用,高于按照常规能源发电平均上网电价计算所发生费用之间的差额,由在全国范围对销售电量征收可再生能源电价附加补偿。

第二十一条 电网企业为收购可再生能源电量而支付的合理的接网费用以及其他合理的相关费用,可以计入电网企业输电成本,并从销售电价中回收。

第二十二条 国家投资或者补贴建设的公共可再生能源独立电力系统的销售电价,执行同一地区分类销售电价,其合理的运行和管理费用超出销售电价的部分,依照本法第二十条的规定补偿。

第二十三条 进入城市管网的可再生能源热力和燃气的价格,按照有利于促进可再生能源开发利用和经济合理的原则,根据价格管理权限确定。

第六章 经济激励与监督措施

第二十四条 国家财政设立可再生能源发展基金,资金来源包括国家财政年度安排的专项资金和依法征收的可再生能源电价附加收入等。

可再生能源发展基金用于补偿本法第二十条、第二十二条规定的差额费用,并用于支持以下事项:

(一)可再生能源开发利用的科学技术研究、标准制定和示范工程;
(二)农村、牧区的可再生能源利用项目;
(三)偏远地区和海岛可再生能源独立电力系统建设;
(四)可再生能源的资源勘查、评价和相关信息系统建设;
(五)促进可再生能源开发利用设备的本地化生产。

本法第二十一条规定的接网费用以及其他相关费用,电网企业不能通过销售电价回收的,可以申请可再生能源发展基金补助。

可再生能源发展基金征收使用管理的具体办法,由国务院财政部门会同国务院能源、价格主管部门制定。

第二十五条 对列入国家可再生能源产业发展指导目录、符合信贷条件的可再生能源开发利用项目,金融机构可以提供有财政贴息的优惠贷款。

第二十六条 国家对列入可再生能源产业发展指导目录的项目给予税收优惠。具体办法由国务院规定。

第二十七条 电力企业应当真实、完整地记载和保存可再生能源发电的有关资料,并接受电力监管机构的检查和监督。

电力监管机构进行检查时,应当依照规定的程序进行,并为被检查单位保守商业秘密和其他秘密。

第七章 法律责任

第二十八条 国务院能源主管部门和县级以上地方人民政府管理能源工作的部门和其他有关部门在可再生能源开发利用监督管理工作中,违反本法规定,有下列行为之一的,由本级人民政府或者上级人民政府有关部门责令改正,对负有责任的主管人员和其他直接责任人员依法给予行政处分;构成犯罪的,依法追究刑事责任:

(一)不依法作出行政许可决定的;
(二)发现违法行为不予查处的;

(三) 有不依法履行监督管理职责的其他行为的。

第二十九条 违反本法第十四条规定，电网企业未按照规定完成收购可再生能源电量，造成可再生能源发电企业经济损失的，应当承担赔偿责任，并由国家电力监管机构责令限期改正；拒不改正的，处以可再生能源发电企业经济损失额一倍以下的罚款。

第三十条 违反本法第十六条第二款规定，经营燃气管网、热力管网的企业不准许符合入网技术标准的燃气、热力入网，造成燃气、热力生产企业经济损失的，应当承担赔偿责任，并由省级人民政府管理能源工作的部门责令限期改正；拒不改正的，处以燃气、热力生产企业经济损失额一倍以下的罚款。

第三十一条 违反本法第十六条第三款规定，石油销售企业未按照规定将符合国家标准的生物液体燃料纳入其燃料销售体系，造成生物液体燃料生产企业经济损失的，应当承担赔偿责任，并由国务院能源主管部门或者省级人民政府管理能源工作的部门责令限期改正；拒不改正的，处以生物液体燃料生产企业经济损失额一倍以下的罚款。

第八章 附 则

第三十二条 本法中下列用语的含义：
(一) 生物质能，是指利用自然界的植物、粪便以及城乡有机废物转化成的能源。
(二) 可再生能源独立电力系统，是指不与电网连接的单独运行的可再生能源电力系统。
(三) 能源作物，是指经专门种植，用以提供能源原料的草本和木本植物。
(四) 生物液体燃料，是指利用生物质资源生产的甲醇、乙醇和生物柴油等液体燃料。

第三十三条 本法自2006年1月1日起施行。

最高人民法院
关于适用《行政复议法》第三十条第一款有关问题的批复

法释〔2003〕5号

（2003年1月9日最高人民法院审判委员会第1263次会议通过
2003年2月25日最高人民法院公告公布 自2003年2月28日起施行）

山西省高级人民法院：

你院《关于适用〈行政复议法〉第三十条第一款有关问题的请示》收悉。经研究，答复如下：

根据《行政复议法》第三十条第一款的规定，公民、法人或者其他组织认为行政机关确认土地、矿藏、水流、森林、山岭、草原、荒地、滩涂、海域等自然资源的所有权或者使用权的具体行政行为，侵犯其已经依法取得的自然资源所有权或者使用权的，经行政复议后，才可以向人民法院提起行政诉讼，但法律另有规定的除外；对涉及自然资源所有权或者使用权的行政处罚、行政强制措施等其他具体行政行为提起行政诉讼的，不适用《行政复议法》第三十条第一款的规定。

此复。

附：

山西省高级人民法院
关于适用《行政复议法》第三十条第一款有关问题的请示

2000年11月23日　　　　　　　　　　〔2000〕晋法行字第11号

最高人民法院：

《行政复议法》第三十条第一款规定"公民、法人或者其他组织认为行政机关的具体行政行为侵犯其已经依法取得的土地、矿藏、水流、森林、山岭、草原、荒地、滩涂、海域等自然资源的所有权或者使用权的，应当先申请复议；对行政复议决定不服的，可以依法向人民法院提起行政诉讼。"审判实践中，对因自然资源所有权或使用权引发争议的行政诉讼案件，哪些应适用复议前置程序存在不同意见：

一种意见认为，适用复议前置程序的案件应具备两个条件：一是相对人认为具体行政行为侵犯了自己合法的使用权或所有权；二是相对人必须"依法取得"了所涉自然资源的所有权或使用权，即必须持有手续完备的使用权或所有权证或法院的裁判文书。这类案件包括不服收回、撤销或变更所有权或使用权证、许可证的，不包括确定自然资源权属的行政案件。

另一种意见认为，相对人认为自己已经"依法取得"了自然资源所有权或使用权的情况比较复杂，有些虽未取得有关证件，但已实际使用多年，他人也无异议，有些存在争议虽经有关部门解决多次仍无结果，争议当事人或多或少都有一定证据或理由认为依法应由自己所有或使用，法院也一时无法判定，因此当事人提起诉讼的，都应先经过复议，这类案件不仅包括前述案件，也应包括不服确权决定的案件。

我院审判委员会经研究，原则上同意后一种意见，同时认为，根据《土地法》《矿产资源管理法》等法律法规，确定自然资源所有权或使用权一般是政府或行政主管部门的专属职权，对自然资源的权属争议往往争议时间长、情况比较复杂，极易引起集团诉讼，解决此类争议的专业性、政策性也较强，由行政机关先行复议，有利于调动行政机关履行职责的积极性，有利于解决矛盾，平息纠纷。

妥否，请批示。

二、土地资源

中华人民共和国土地管理法

（1986年6月25日第六届全国人民代表大会常务委员会第十六次会议通过 根据1988年12月29日第七届全国人民代表大会常务委员会第五次会议《关于修改〈中华人民共和国土地管理法〉的决定》第一次修正 1998年8月29日第九届全国人民代表大会常务委员会第四次会议修订 根据2004年8月28日第十届全国人民代表大会常务委员会第十一次会议《关于修改〈中华人民共和国土地管理法〉的决定》第二次修正 根据2019年8月26日第十三届全国人民代表大会常务委员会第十二次会议《关于修改〈中华人民共和国土地管理法〉、〈中华人民共和国城市房地产管理法〉的决定》第三次修正）

第一章 总 则

第一条 为了加强土地管理，维护土地的社会主义公有制，保护、开发土地资源，合理利用土地，切实保护耕地，促进社会经济的可持续发展，根据宪法，制定本法。

第二条 中华人民共和国实行土地的社会主义公有制，即全民所有制和劳动群众集体所有制。

全民所有，即国家所有土地的所有权由国务院代表国家行使。

任何单位和个人不得侵占、买卖或者以其他形式非法转让土地。土地使用权可以依法转让。

国家为了公共利益的需要，可以依法对土地实行征收或者征用并给予补偿。

国家依法实行国有土地有偿使用制度。但是，国家在法律规定的范围内划拨国有土地使用权的除外。

第三条 十分珍惜、合理利用土地和切实保护耕地是我国的基本国策。各级人民政府应当采取措施，全面规划，严格管理，保护、开发土地资源，制止非法占用土地的行为。

第四条 国家实行土地用途管制制度。

国家编制土地利用总体规划，规定土地用途，将土地分为农用地、建设用地和未利用地。严格限制农用地转为建设用地，控制建设用地总量，对耕地实行特殊保护。

前款所称农用地是指直接用于农业生产的土地，包括耕地、林地、草地、农田水利用地、养殖水面等；建设用地是指建造建筑物、构筑物的土地，包括城乡住宅和公共设施用地、工矿用地、交通水利设施用地、旅游用地、军事设施用地等；未利用地是指农用地和建设用地以外的土地。

使用土地的单位和个人必须严格按照土地利用总体规划确定的用途使用土地。

第五条 国务院自然资源主管部门统一负责全国土地的管理和监督工作。

县级以上地方人民政府自然资源主管部门的设置及其职责，由省、自治区、直辖市人民政府根据国务院有关规定确定。

第六条 国务院授权的机构对省、自治区、直辖市人民政府以及国务院确定的城市人民政府土地利用和土地管理情况进行督察。

第七条 任何单位和个人都有遵守土地管理法律、法规的义务，并有权对违反土地管理法律、法规的行为提出检举和控告。

第八条 在保护和开发土地资源、合理利用土地以及进行有关的科学研究等方面成绩显著的单位和个人，由人民政府给予奖励。

第二章 土地的所有权和使用权

第九条 城市市区的土地属于国家所有。

农村和城市郊区的土地，除由法律规定属于国家所有的以外，属于农民集体所有；宅基地和自留地、自留山，属于农民集体所有。

第十条 国有土地和农民集体所有的土地，可以依法确定给单位或者个人使用。使用土地的单位和个人，有保护、管理和合理利用土地的义务。

第十一条 农民集体所有的土地依法属于村农民集体所有的，由村集体经济组织或者村民委员会经营、管理；已经分别属于村内两个以上农村集体经济组织的农民集体所有的，由村内各该农村集体经济组织或者村民小组经营、管理；已经属于乡（镇）农民集体所有的，由乡（镇）农村集体经济组织经营、管理。

第十二条 土地的所有权和使用权的登记，依照有关不动产登记的法律、行政法规执行。

依法登记的土地的所有权和使用权受法律保护，任何单位和个人不得侵犯。

第十三条 农民集体所有和国家所有依法由农民集体使用的耕地、林地、草地，以及其他依法用于农业的土地，采取农村集体经济组织内部的家庭承包方式承包，不宜采取家庭承包方式的荒山、荒沟、荒丘、荒滩等，可以采取招标、拍卖、公开协商等方式承包，从事种植业、林业、畜牧业、渔业生产。家庭承包的耕地的承包期为三十年，草地的承包期为三十年至五十年，林地的承包期为三十年至七十年；耕地承包期届满后再延长三十年，草地、林地承包期届满后依法相应延长。

国家所有依法用于农业的土地可以由单位或者个人承包经营，从事种植业、林业、畜牧业、渔业生产。

发包方和承包方应当依法订立承包合同，约定双方的权利和义务。承包经营土地的单位和个人，有保护和按照承包合同约定的用途合理利用土地的义务。

第十四条 土地所有权和使用权争议，由当事人协商解决；协商不成的，由人民政府处理。

单位之间的争议，由县级以上人民政府处理；个人之间、个人与单位之间的争议，由乡级人民政府或者县级以上人民政府处理。

当事人对有关人民政府的处理决定不服的，可以自接到处理决定通知之日起三十日内，向人民法院起诉。

在土地所有权和使用权争议解决前，任何一方不得改变土地利用现状。

第三章 土地利用总体规划

第十五条 各级人民政府应当依据国民经济和社会发展规划、国土整治和资源环境保护的要求、土地供给能力以及各项建设对土地的需求，组织编制土地利用总体规划。

土地利用总体规划的规划期限由国务院规定。

第十六条 下级土地利用总体规划应当依据上一级土地利用总体规划编制。

地方各级人民政府编制的土地利用总体规划中的建设用地总量不得超过上一级土地利用总体规划确定的控制指标，耕地保有量不得低于上一级土地利用总体规划确定的控制指标。

省、自治区、直辖市人民政府编制的土地利用总体规划,应当确保本行政区域内耕地总量不减少。

第十七条 土地利用总体规划按照下列原则编制:

(一)落实国土空间开发保护要求,严格土地用途管制;

(二)严格保护永久基本农田,严格控制非农业建设占用农用地;

(三)提高土地节约集约利用水平;

(四)统筹安排城乡生产、生活、生态用地,满足乡村产业和基础设施用地合理需求,促进城乡融合发展;

(五)保护和改善生态环境,保障土地的可持续利用;

(六)占用耕地与开发复垦耕地数量平衡、质量相当。

第十八条 国家建立国土空间规划体系。编制国土空间规划应当坚持生态优先、绿色、可持续发展,科学有序统筹安排生态、农业、城镇等功能空间,优化国土空间结构和布局,提升国土空间开发、保护的质量和效率。

经依法批准的国土空间规划是各类开发、保护、建设活动的基本依据。已经编制国土空间规划的,不再编制土地利用总体规划和城乡规划。

第十九条 县级土地利用总体规划应当划分土地利用区,明确土地用途。

乡(镇)土地利用总体规划应当划分土地利用区,根据土地使用条件,确定每一块土地的用途,并予以公告。

第二十条 土地利用总体规划实行分级审批。

省、自治区、直辖市的土地利用总体规划,报国务院批准。

省、自治区人民政府所在地的市、人口在一百万以上的城市以及国务院指定的城市的土地利用总体规划,经省、自治区人民政府审查同意后,报国务院批准。

本条第二款、第三款规定以外的土地利用总体规划,逐级上报省、自治区、直辖市人民政府批准;其中,乡(镇)土地利用总体规划可以由省级人民政府授权的设区的市、自治州人民政府批准。

土地利用总体规划一经批准,必须严格执行。

第二十一条 城市建设用地规模应当符合国家规定的标准,充分利用现有建设用地,不占或者尽量少占农用地。

城市总体规划、村庄和集镇规划,应当与土地利用总体规划相衔接,城市总体规划、村庄和集镇规划中建设用地规模不得超过土地利用总体规划确定的城市和村庄、集镇建设用地规模。

在城市规划区内、村庄和集镇规划区内,城市和村庄、集镇建设用地应当符合城市规划、村庄和集镇规划。

第二十二条 江河、湖泊综合治理和开发利用规划,应当与土地利用总体规划相衔接。在江河、湖泊、水库的管理和保护范围以及蓄洪滞洪区内,土地利用应当符合江河、湖泊综合治理和开发利用规划,符合河道、湖泊行洪、蓄洪和输水的要求。

第二十三条 各级人民政府应当加强土地利用计划管理,实行建设用地总量控制。

土地利用年度计划,根据国民经济和社会发展计划、国家产业政策、土地利用总体规划以及建设用地和土地利用的实际状况编制。土地利用年度计划应当对本法第六十三条规定的集体经营性建设用地作出合理安排。土地利用年度计划的编制审批程序与土地利用总体规划的编制审批程序相同,一经审批下达,必须严格执行。

第二十四条 省、自治区、直辖市人民政府应当将土地利用年度计划的执行情况列为国民经济和社会发展计划执行情况的内容,向同级人民代表大会报告。

第二十五条 经批准的土地利用总体规划的修改,须经原批准机关批准;未经批准,不得改变土地利用总体规划确定的土地用途。

经国务院批准的大型能源、交通、水利等基础设施建设用地，需要改变土地利用总体规划的，根据国务院的批准文件修改土地利用总体规划。

经省、自治区、直辖市人民政府批准的能源、交通、水利等基础设施建设用地，需要改变土地利用总体规划的，属于省级人民政府土地利用总体规划批准权限内的，根据省级人民政府的批准文件修改土地利用总体规划。

第二十六条 国家建立土地调查制度。

县级以上人民政府自然资源主管部门会同同级有关部门进行土地调查。土地所有者或者使用者应当配合调查，并提供有关资料。

第二十七条 县级以上人民政府自然资源主管部门会同同级有关部门根据土地调查成果、规划土地用途和国家制定的统一标准，评定土地等级。

第二十八条 国家建立土地统计制度。

县级以上人民政府统计机构和自然资源主管部门依法进行土地统计调查，定期发布土地统计资料。土地所有者或者使用者应当提供有关资料，不得拒报、迟报，不得提供不真实、不完整的资料。

统计机构和自然资源主管部门共同发布的土地面积统计资料是各级人民政府编制土地利用总体规划的依据。

第二十九条 国家建立全国土地管理信息系统，对土地利用状况进行动态监测。

第四章 耕地保护

第三十条 国家保护耕地，严格控制耕地转为非耕地。

国家实行占用耕地补偿制度。非农业建设经批准占用耕地的，按照"占多少，垦多少"的原则，由占用耕地的单位负责开垦与所占用耕地的数量和质量相当的耕地；没有条件开垦或者开垦的耕地不符合要求的，应当按照省、自治区、直辖市的规定缴纳耕地开垦费，专款用于开垦新的耕地。

省、自治区、直辖市人民政府应当制定开垦耕地计划，监督占用耕地的单位按照计划开垦耕地或者按照计划组织开垦耕地，并进行验收。

第三十一条 县级以上地方人民政府可以要求占用耕地的单位将所占用耕地耕作层的土壤用于新开垦耕地、劣质地或者其他耕地的土壤改良。

第三十二条 省、自治区、直辖市人民政府应当严格执行土地利用总体规划和土地利用年度计划，采取措施，确保本行政区域内耕地总量不减少、质量不降低。耕地总量减少的，由国务院责令在规定期限内组织开垦与所减少耕地的数量与质量相当的耕地；耕地质量降低的，由国务院责令在规定期限内组织整治。新开垦和整治的耕地由国务院自然资源主管部门会同农业农村主管部门验收。

个别省、直辖市确因土地后备资源匮乏，新增建设用地后，新开垦耕地的数量不足以补偿所占用耕地的数量的，必须报经国务院批准减免本行政区域内开垦耕地的数量，易地开垦数量和质量相当的耕地。

第三十三条 国家实行永久基本农田保护制度。下列耕地应当根据土地利用总体规划划为永久基本农田，实行严格保护：

（一）经国务院农业农村主管部门或者县级以上地方人民政府批准确定的粮、棉、油、糖等重要农产品生产基地内的耕地；

（二）有良好的水利与水土保持设施的耕地，正在实施改造计划以及可以改造的中、低产田和已建成的高标准农田；

（三）蔬菜生产基地；

(四)农业科研、教学试验田;

(五)国务院规定应当划为永久基本农田的其他耕地。

各省、自治区、直辖市划定的永久基本农田一般应当占本行政区域内耕地的百分之八十以上,具体比例由国务院根据各省、自治区、直辖市耕地实际情况规定。

第三十四条 永久基本农田划定以乡(镇)为单位进行,由县级人民政府自然资源主管部门会同同级农业农村主管部门组织实施。永久基本农田应当落实到地块,纳入国家永久基本农田数据库严格管理。

乡(镇)人民政府应当将永久基本农田的位置、范围向社会公告,并设立保护标志。

第三十五条 永久基本农田经依法划定后,任何单位和个人不得擅自占用或者改变其用途。国家能源、交通、水利、军事设施等重点建设项目选址确实难以避让永久基本农田,涉及农用地转用或者土地征收的,必须经国务院批准。

禁止通过擅自调整县级土地利用总体规划、乡(镇)土地利用总体规划等方式规避永久基本农田农用地转用或者土地征收的审批。

第三十六条 各级人民政府应当采取措施,引导因地制宜轮作休耕,改良土壤,提高地力,维护排灌工程设施,防止土地荒漠化、盐渍化、水土流失和土壤污染。

第三十七条 非农业建设必须节约使用土地,可以利用荒地的,不得占用耕地;可以利用劣地的,不得占用好地。

禁止占用耕地建窑、建坟或者擅自在耕地上建房、挖砂、采石、采矿、取土等。

禁止占用永久基本农田发展林果业和挖塘养鱼。

第三十八条 禁止任何单位和个人闲置、荒芜耕地。已经办理审批手续的非农业建设占用耕地,一年内不用而又可以耕种并收获的,应当由原耕种该幅耕地的集体或者个人恢复耕种,也可以由用地单位组织耕种;一年以上未动工建设的,应当按照省、自治区、直辖市的规定缴纳闲置费;连续二年未使用的,经原批准机关批准,由县级以上人民政府无偿收回用地单位的土地使用权;该幅土地原为农民集体所有的,应当交由原农村集体经济组织恢复耕种。

在城市规划区范围内,以出让方式取得土地使用权进行房地产开发的闲置土地,依照《中华人民共和国城市房地产管理法》的有关规定办理。

第三十九条 国家鼓励单位和个人按照土地利用总体规划,在保护和改善生态环境、防止水土流失和土地荒漠化的前提下,开发未利用的土地;适宜开发为农用地的,应当优先开发成农用地。

国家依法保护开发者的合法权益。

第四十条 开垦未利用的土地,必须经过科学论证和评估,在土地利用总体规划划定的可开垦的区域内,经依法批准后进行。禁止毁坏森林、草原开垦耕地,禁止围湖造田和侵占江河滩地。

根据土地利用总体规划,对破坏生态环境开垦、围垦的土地,有计划有步骤地退耕还林、还牧、还湖。

第四十一条 开发未确定使用权的国有荒山、荒地、荒滩从事种植业、林业、畜牧业、渔业生产的,经县级以上人民政府依法批准,可以确定给开发单位或者个人长期使用。

第四十二条 国家鼓励土地整理。县、乡(镇)人民政府应当组织农村集体经济组织,按照土地利用总体规划,对田、水、路、林、村综合整治,提高耕地质量,增加有效耕地面积,改善农业生产条件和生态环境。

地方各级人民政府应当采取措施,改造中、低产田,整治闲散地和废弃地。

第四十三条 因挖损、塌陷、压占等造成土地破坏,用地单位和个人应当按照国家有关规定负责复垦;没有条件复垦或者复垦不符合要求的,应当缴纳土地复垦费,专项用于土地复垦。复垦的土地应当优先用于农业。

第五章　建设用地

第四十四条　建设占用土地，涉及农用地转为建设用地的，应当办理农用地转用审批手续。

永久基本农田转为建设用地的，由国务院批准。

在土地利用总体规划确定的城市和村庄、集镇建设用地规模范围内，为实施该规划而将永久基本农田以外的农用地转为建设用地的，按土地利用年度计划分批次按照国务院规定由原批准土地利用总体规划的机关或者其授权的机关批准。在已批准的农用地转用范围内，具体建设项目用地可以由市、县人民政府批准。

在土地利用总体规划确定的城市和村庄、集镇建设用地规模范围外，将永久基本农田以外的农用地转为建设用地的，由国务院或者国务院授权的省、自治区、直辖市人民政府批准。

第四十五条　为了公共利益的需要，有下列情形之一，确需征收农民集体所有的土地的，可以依法实施征收：

（一）军事和外交需要用地的；

（二）由政府组织实施的能源、交通、水利、通信、邮政等基础设施建设需要用地的；

（三）由政府组织实施的科技、教育、文化、卫生、体育、生态环境和资源保护、防灾减灾、文物保护、社区综合服务、社会福利、市政公用、优抚安置、英烈保护等公共事业需要用地的；

（四）由政府组织实施的扶贫搬迁、保障性安居工程建设需要用地的；

（五）在土地利用总体规划确定的城镇建设用地范围内，经省级以上人民政府批准由县级以上地方人民政府组织实施的成片开发建设需要用地的；

（六）法律规定为公共利益需要可以征收农民集体所有的土地的其他情形。

前款规定的建设活动，应当符合国民经济和社会发展规划、土地利用总体规划、城乡规划和专项规划；第（四）项、第（五）项规定的建设活动，还应当纳入国民经济和社会发展年度计划；第（五）项规定的成片开发并应当符合国务院自然资源主管部门规定的标准。

第四十六条　征收下列土地的，由国务院批准：

（一）永久基本农田；

（二）永久基本农田以外的耕地超过三十五公顷的；

（三）其他土地超过七十公顷的。

征收前款规定以外的土地的，由省、自治区、直辖市人民政府批准。

征收农用地的，应当依照本法第四十四条的规定先行办理农用地转用审批。其中，经国务院批准农用地转用的，同时办理征地审批手续，不再另行办理征地审批；经省、自治区、直辖市人民政府在征地批准权限内批准农用地转用的，同时办理征地审批手续，不再另行办理征地审批，超过征地批准权限的，应当依照本条第一款的规定另行办理征地审批。

第四十七条　国家征收土地的，依照法定程序批准后，由县级以上地方人民政府予以公告并组织实施。

县级以上地方人民政府拟申请征收土地的，应当开展拟征收土地现状调查和社会稳定风险评估，并将征收范围、土地现状、征收目的、补偿标准、安置方式和社会保障等在拟征收土地所在的乡（镇）和村、村民小组范围内公告至少三十日，听取被征地的农村集体经济组织及其成员、村民委员会和其他利害关系人的意见。

多数被征地的农村集体经济组织成员认为征地补偿安置方案不符合法律、法规规定的，县级以上地方人民政府应当组织召开听证会，并根据法律、法规的规定和听证会情况修改方案。

拟征收土地的所有权人、使用权人应当在公告规定期限内，持不动产权属证明材料办理补偿登记。县级以上地方人民政府应当组织有关部门测算并落实有关费用，保证足额到位，与拟征收土地的所有权人、使用权人就补偿、安置等签订协议；个别确实难以达成协议的，应当在申请征收土地时如实说明。

相关前期工作完成后，县级以上地方人民政府方可申请征收土地。

第四十八条 征收土地应当给予公平、合理的补偿，保障被征地农民原有生活水平不降低、长远生计有保障。

征收土地应当依法及时足额支付土地补偿费、安置补助费以及农村村民住宅、其他地上附着物和青苗等的补偿费用，并安排被征地农民的社会保障费用。

征收农用地的土地补偿费、安置补助费标准由省、自治区、直辖市通过制定公布区片综合地价确定。制定区片综合地价应当综合考虑土地原用途、土地资源条件、土地产值、土地区位、土地供求关系、人口以及经济社会发展水平等因素，并至少每三年调整或者重新公布一次。

征收农用地以外的其他土地、地上附着物和青苗等的补偿标准，由省、自治区、直辖市制定。对其中的农村村民住宅，应当按照先补偿后搬迁、居住条件有改善的原则，尊重农村村民意愿，采取重新安排宅基地建房、提供安置房或者货币补偿等方式给予公平、合理的补偿，并对因征收造成的搬迁、临时安置等费用予以补偿，保障农村村民居住的权利和合法的住房财产权益。

县级以上地方人民政府应当将被征地农民纳入相应的养老等社会保障体系。被征地农民的社会保障费用主要用于符合条件的被征地农民的养老保险等社会保险缴费补贴。被征地农民社会保障费用的筹集、管理和使用办法，由省、自治区、直辖市制定。

第四十九条 被征地的农村集体经济组织应当将征收土地的补偿费用的收支状况向本集体经济组织的成员公布，接受监督。

禁止侵占、挪用被征收土地单位的征地补偿费用和其他有关费用。

第五十条 地方各级人民政府应当支持被征地的农村集体经济组织和农民从事开发经营，兴办企业。

第五十一条 大中型水利、水电工程建设征收土地的补偿费标准和移民安置办法，由国务院另行规定。

第五十二条 建设项目可行性研究论证时，自然资源主管部门可以根据土地利用总体规划、土地利用年度计划和建设用地标准，对建设用地有关事项进行审查，并提出意见。

第五十三条 经批准的建设项目需要使用国有建设用地的，建设单位应当持法律、行政法规规定的有关文件，向有批准权的县级以上人民政府自然资源主管部门提出建设用地申请，经自然资源主管部门审查，报本级人民政府批准。

第五十四条 建设单位使用国有土地，应当以出让等有偿使用方式取得；但是，下列建设用地，经县级以上人民政府依法批准，可以以划拨方式取得：

（一）国家机关用地和军事用地；

（二）城市基础设施用地和公益事业用地；

（三）国家重点扶持的能源、交通、水利等基础设施用地；

（四）法律、行政法规规定的其他用地。

第五十五条 以出让等有偿使用方式取得国有土地使用权的建设单位，按照国务院规定的标准和办法，缴纳土地使用权出让金等土地有偿使用费和其他费用后，方可使用土地。

自本法施行之日起，新增建设用地的土地有偿使用费，百分之三十上缴中央财政，百分之七十留给有关地方人民政府。具体使用管理办法由国务院财政部门会同有关部门制定，并报国务院批准。

第五十六条 建设单位使用国有土地的，应当按照土地使用权出让等有偿使用合同的约定或者土地使用权划拨批准文件的规定使用土地；确需改变该幅土地建设用途的，应当经有关人民政府自然资源主管部门同意，报原批准用地的人民政府批准。其中，在城市规划区内改变土地用途的，在报批前，应当先经有关城市规划行政主管部门同意。

第五十七条 建设项目施工和地质勘查需要临时使用国有土地或者农民集体所有的土地的，由县级以上人民政府自然资源主管部门批准。其中，在城市规划区内的临时用地，在报批前，应当先经有关城市规划行政主管部门同意。土地使用者应当根据土地权属，与有关自然资源主管部门或者农村集体经济组织、村民委员会签订临时使用土地合同，并按照合同的约定支付临时使用土地补偿费。

临时使用土地的使用者应当按照临时使用土地合同约定的用途使用土地，并不得修建永久性建筑物。

临时使用土地期限一般不超过二年。

第五十八条 有下列情形之一的，由有关人民政府自然资源主管部门报经原批准用地的人民政府或者有批准权的人民政府批准，可以收回国有土地使用权：

（一）为实施城市规划进行旧城区改建以及其他公共利益需要，确需使用土地的；

（二）土地出让等有偿使用合同约定的使用期限届满，土地使用者未申请续期或者申请续期未获批准的；

（三）因单位撤销、迁移等原因，停止使用原划拨的国有土地的；

（四）公路、铁路、机场、矿场等经核准报废的。

依照前款第（一）项的规定收回国有土地使用权的，对土地使用权人应当给予适当补偿。

第五十九条 乡镇企业、乡（镇）村公共设施、公益事业、农村村民住宅等乡（镇）村建设，应当按照村庄和集镇规划，合理布局，综合开发，配套建设；建设用地，应当符合乡（镇）土地利用总体规划和土地利用年度计划，并依照本法第四十四条、第六十条、第六十一条、第六十二条的规定办理审批手续。

第六十条 农村集体经济组织使用乡（镇）土地利用总体规划确定的建设用地兴办企业或者与其他单位、个人以土地使用权入股、联营等形式共同举办企业的，应当持有关批准文件，向县级以上地方人民政府自然资源主管部门提出申请，按照省、自治区、直辖市规定的批准权限，由县级以上地方人民政府批准；其中，涉及占用农用地的，依照本法第四十四条的规定办理审批手续。

按照前款规定兴办企业的建设用地，必须严格控制。省、自治区、直辖市可以按照乡镇企业的不同行业和经营规模，分别规定用地标准。

第六十一条 乡（镇）村公共设施、公益事业建设，需要使用土地的，经乡（镇）人民政府审核，向县级以上地方人民政府自然资源主管部门提出申请，按照省、自治区、直辖市规定的批准权限，由县级以上地方人民政府批准；其中，涉及占用农用地的，依照本法第四十四条的规定办理审批手续。

第六十二条 农村村民一户只能拥有一处宅基地，其宅基地的面积不得超过省、自治区、直辖市规定的标准。

人均土地少、不能保障一户拥有一处宅基地的地区，县级人民政府在充分尊重农村村民意愿的基础上，可以采取措施，按照省、自治区、直辖市规定的标准保障农村村民实现户有所居。

农村村民建住宅，应当符合乡（镇）土地利用总体规划、村庄规划，不得占用永久基本农田，并尽量使用原有的宅基地和村内空闲地。编制乡（镇）土地利用总体规划、村庄规划应当统筹并合理安排宅基地用地，改善农村村民居住环境和条件。

农村村民住宅用地，由乡（镇）人民政府审核批准；其中，涉及占用农用地的，依照本法第四十四条的规定办理审批手续。

农村村民出卖、出租、赠与住宅后,再申请宅基地的,不予批准。

国家允许进城落户的农村村民依法自愿有偿退出宅基地,鼓励农村集体经济组织及其成员盘活利用闲置宅基地和闲置住宅。

国务院农业农村主管部门负责全国农村宅基地改革和管理有关工作。

第六十三条 土地利用总体规划、城乡规划确定为工业、商业等经营性用途,并经依法登记的集体经营性建设用地,土地所有权人可以通过出让、出租等方式交由单位或者个人使用,并应当签订书面合同,载明土地界址、面积、动工期限、使用期限、土地用途、规划条件和双方其他权利义务。

前款规定的集体经营性建设用地出让、出租等,应当经本集体经济组织成员的村民会议三分之二以上成员或者三分之二以上村民代表的同意。

通过出让等方式取得的集体经营性建设用地使用权可以转让、互换、出资、赠与或者抵押,但法律、行政法规另有规定或者土地所有权人、土地使用权人签订的书面合同另有约定的除外。

集体经营性建设用地的出租,集体建设用地使用权的出让及其最高年限、转让、互换、出资、赠与、抵押等,参照同类用途的国有建设用地执行。具体办法由国务院制定。

第六十四条 集体建设用地的使用者应当严格按照土地利用总体规划、城乡规划确定的用途使用土地。

第六十五条 在土地利用总体规划制定前已建的不符合土地利用总体规划确定的用途的建筑物、构筑物,不得重建、扩建。

第六十六条 有下列情形之一的,农村集体经济组织报经原批准用地的人民政府批准,可以收回土地使用权:

(一)为乡(镇)村公共设施和公益事业建设,需要使用土地的;

(二)不按照批准的用途使用土地的;

(三)因撤销、迁移等原因而停止使用土地的。

依照前款第(一)项规定收回农民集体所有的土地的,对土地使用权人应当给予适当补偿。

收回集体经营性建设用地使用权,依照双方签订的书面合同办理,法律、行政法规另有规定的除外。

第六章 监督检查

第六十七条 县级以上人民政府自然资源主管部门对违反土地管理法律、法规的行为进行监督检查。

县级以上人民政府农业农村主管部门对违反农村宅基地管理法律、法规的行为进行监督检查的,适用本法关于自然资源主管部门监督检查的规定。

土地管理监督检查人员应当熟悉土地管理法律、法规,忠于职守、秉公执法。

第六十八条 县级以上人民政府自然资源主管部门履行监督检查职责时,有权采取下列措施:

(一)要求被检查的单位或者个人提供有关土地权利的文件和资料,进行查阅或者予以复制;

(二)要求被检查的单位或者个人就有关土地权利的问题作出说明;

(三)进入被检查单位或者个人非法占用的土地现场进行勘测;

(四)责令非法占用土地的单位或者个人停止违反土地管理法律、法规的行为。

第六十九条 土地管理监督检查人员履行职责,需要进入现场进行勘测、要求有关单位或者个人提供文件、资料和作出说明的，应当出示土地管理监督检查证件。

第七十条 有关单位和个人对县级以上人民政府自然资源主管部门就土地违法行为进行的监督检查应当支持与配合，并提供工作方便，不得拒绝与阻碍土地管理监督检查人员依法执行职务。

第七十一条 县级以上人民政府自然资源主管部门在监督检查工作中发现国家工作人员的违法行为，依法应当给予处分的，应当依法予以处理；自己无权处理的，应当依法移送监察机关或者有关机关处理。

第七十二条 县级以上人民政府自然资源主管部门在监督检查工作中发现土地违法行为构成犯罪的，应当将案件移送有关机关，依法追究刑事责任；尚不构成犯罪的，应当依法给予行政处罚。

第七十三条 依照本法规定应当给予行政处罚，而有关自然资源主管部门不给予行政处罚的，上级人民政府自然资源主管部门有权责令有关自然资源主管部门作出行政处罚决定或者直接给予行政处罚，并给予有关自然资源主管部门的负责人处分。

第七章　法律责任

第七十四条 买卖或者以其他形式非法转让土地的，由县级以上人民政府自然资源主管部门没收违法所得；对违反土地利用总体规划擅自将农用地改为建设用地的，限期拆除在非法转让的土地上新建的建筑物和其他设施，恢复土地原状，对符合土地利用总体规划的，没收在非法转让的土地上新建的建筑物和其他设施；可以并处罚款；对直接负责的主管人员和其他直接责任人员，依法给予处分；构成犯罪的，依法追究刑事责任。

第七十五条 违反本法规定，占用耕地建窑、建坟或者擅自在耕地上建房、挖砂、采石、采矿、取土等，破坏种植条件的，或者因开发土地造成土地荒漠化、盐渍化的，由县级以上人民政府自然资源主管部门、农业农村主管部门等按照职责责令限期改正或者治理，可以并处罚款；构成犯罪的，依法追究刑事责任。

第七十六条 违反本法规定，拒不履行土地复垦义务的，由县级以上人民政府自然资源主管部门责令限期改正；逾期不改正的，责令缴纳复垦费，专项用于土地复垦，可以处以罚款。

第七十七条 未经批准或者采取欺骗手段骗取批准，非法占用土地的，由县级以上人民政府自然资源主管部门责令退还非法占用的土地，对违反土地利用总体规划擅自将农用地改为建设用地的，限期拆除在非法占用的土地上新建的建筑物和其他设施，恢复土地原状，对符合土地利用总体规划的，没收在非法占用的土地上新建的建筑物和其他设施，可以并处罚款；对非法占用土地单位的直接负责的主管人员和其他直接责任人员，依法给予处分；构成犯罪的，依法追究刑事责任。

超过批准的数量占用土地，多占的土地以非法占用土地论处。

第七十八条 农村村民未经批准或者采取欺骗手段骗取批准，非法占用土地建住宅的，由县级以上人民政府农业农村主管部门责令退还非法占用的土地，限期拆除在非法占用的土地上新建的房屋。

超过省、自治区、直辖市规定的标准，多占的土地以非法占用土地论处。

第七十九条 无权批准征收、使用土地的单位或者个人非法批准占用土地的，超越批准权限非法批准占用土地的，不按照土地利用总体规划确定的用途批准用地的，或者违反法律规定的程序批准占用、征收土地的，其批准文件无效，对非法批准征收、使用土地的直接负责的主管人员和其他直接责任人员，依法给予处分；构成犯罪的，依法追究刑事责任。非法批准、使用的土地应当收回，有关当事人拒不归还的，以非法占用土地论处。

非法批准征收、使用土地，对当事人造成损失的，依法应当承担赔偿责任。

第八十条 侵占、挪用被征收土地单位的征地补偿费用和其他有关费用,构成犯罪的,依法追究刑事责任;尚不构成犯罪的,依法给予处分。

第八十一条 依法收回国有土地使用权当事人拒不交出土地的,临时使用土地期满拒不归还的,或者不按照批准的用途使用国有土地的,由县级以上人民政府自然资源主管部门责令交还土地,处以罚款。

第八十二条 擅自将农民集体所有的土地通过出让、转让使用权或者出租等方式用于非农业建设,或者违反本法规定,将集体经营性建设用地通过出让、出租等方式交由单位或者个人使用的,由县级以上人民政府自然资源主管部门责令限期改正,没收违法所得,并处罚款。

第八十三条 依照本法规定,责令限期拆除在非法占用的土地上新建的建筑物和其他设施的,建设单位或者个人必须立即停止施工,自行拆除;对继续施工的,作出处罚决定的机关有权制止。建设单位或者个人对责令限期拆除的行政处罚决定不服的,可以在接到责令限期拆除决定之日起十五日内,向人民法院起诉;期满不起诉又不自行拆除的,由作出处罚决定的机关依法申请人民法院强制执行,费用由违法者承担。

第八十四条 自然资源主管部门、农业农村主管部门的工作人员玩忽职守、滥用职权、徇私舞弊,构成犯罪的,依法追究刑事责任;尚不构成犯罪的,依法给予处分。

第八章 附 则

第八十五条 外商投资企业使用土地的,适用本法;法律另有规定的,从其规定。

第八十六条 在根据本法第十八条的规定编制国土空间规划前,经依法批准的土地利用总体规划和城乡规划继续执行。

第八十七条 本法自1999年1月1日起施行。

中华人民共和国黑土地保护法

(2022年6月24日第十三届全国人民代表大会常务委员会第三十五次会议通过 2022年6月24日中华人民共和国主席令第一一五号公布 自2022年8月1日起施行)

第一条 为了保护黑土地资源,稳步恢复提升黑土地基础地力,促进资源可持续利用,维护生态平衡,保障国家粮食安全,制定本法。

第二条 从事黑土地保护、利用和相关治理、修复等活动,适用本法。本法没有规定的,适用土地管理等有关法律的规定。

本法所称黑土地,是指黑龙江省、吉林省、辽宁省、内蒙古自治区(以下简称四省区)的相关区域范围内具有黑色或者暗黑色腐殖质表土层,性状好、肥力高的耕地。

第三条 国家实行科学、有效的黑土地保护政策,保障黑土地保护财政投入,综合采取工程、农艺、农机、生物等措施,保护黑土地的优良生产能力,确保黑土地总量不减少、功能不退化、质量有提升、产能可持续。

第四条 黑土地保护应当坚持统筹规划、因地制宜、用养结合、近期目标与远期目标结合、突出重点、综合施策的原则,建立健全政府主导、农业生产经营者实施、社会参与的保护机制。

国务院农业农村主管部门会同自然资源、水行政等有关部门，综合考虑黑土地开垦历史和利用现状，以及黑土层厚度、土壤性状、土壤类型等，按照最有利于全面保护、综合治理和系统修复的原则，科学合理确定黑土地保护范围并适时调整，有计划、分步骤、分类别地推进黑土地保护工作。历史上属黑土地的，除确无法修复的外，原则上都应列入黑土地保护范围进行修恢复。

第五条 黑土地应当用于粮食和油料作物、糖料作物、蔬菜等农产品生产。

黑土层深厚、土壤性状良好的黑土地应当按照规定的标准划入永久基本农田，重点用于粮食生产，实行严格保护，确保数量和质量长期稳定。

第六条 国务院和四省区人民政府加强对黑土地保护工作的领导、组织、协调、监督管理，统筹制定黑土地保护政策。四省区人民政府对本行政区域内的黑土地数量、质量、生态环境负责。

县级以上地方人民政府应当建立农业农村、自然资源、水行政、发展改革、财政、生态环境等有关部门组成的黑土地保护协调机制，加强协调指导，明确工作责任，推动黑土地保护工作落实。

乡镇人民政府应当协助组织实施黑土地保护工作，向农业生产经营者推广适宜其所经营耕地的保护、治理、修复和利用措施，督促农业生产经营者履行黑土地保护义务。

第七条 各级人民政府应当加强黑土地保护宣传教育，提高全社会的黑土地保护意识。

对在黑土地保护工作中做出突出贡献的单位和个人，按照国家有关规定给予表彰和奖励。

第八条 国务院标准化主管部门和农业农村、自然资源、水行政等主管部门按照职责分工，制定和完善黑土地质量和其他保护标准。

第九条 国家建立健全黑土地调查和监测制度。

县级以上人民政府自然资源主管部门会同有关部门开展土地调查时，同步开展黑土地类型、分布、数量、质量、保护和利用状况等情况的调查，建立黑土地档案。

国务院农业农村、水行政等主管部门会同四省区人民政府建立健全黑土地质量监测网络，加强对黑土地土壤性状、黑土层厚度、水蚀、风蚀等情况的常态化监测，建立黑土地质量动态变化数据库，并做好信息共享工作。

第十条 县级以上人民政府应当将黑土地保护工作纳入国民经济和社会发展规划。

国土空间规划应当充分考虑保护黑土地及其周边生态环境，合理布局各类用途土地，以利于黑土地水蚀、风蚀等的预防和治理。

县级以上人民政府农业农村主管部门会同有关部门以调查和监测为基础、体现整体集中连片治理，编制黑土地保护规划，明确保护范围、目标任务、技术模式、保障措施等，遏制黑土地退化趋势，提升黑土地质量，改善黑土地生态环境。县级黑土地保护规划应当与国土空间规划相衔接，落实到黑土地具体地块，并向社会公布。

第十一条 国家采取措施加强黑土地保护的科技支撑能力建设，将黑土地保护、治理、修复和利用的科技创新作为重点支持领域；鼓励高等学校、科研机构和农业技术推广机构等协同开展科技攻关。县级以上人民政府应当鼓励和支持水土保持、防风固沙、土壤改良、地力培肥、生态保护等科学研究和科研成果推广应用。

有关耕地质量监测保护和农业技术推广机构应当对农业生产经营者保护黑土地进行技术培训、提供指导服务。

国家鼓励企业、高等学校、职业学校、科研机构、科学技术社会团体、农民专业合作社、农业社会化服务组织、农业科技人员等开展黑土地保护相关技术服务。

国家支持开展黑土地保护国际合作与交流。

第十二条 县级以上人民政府应当采取以下措施加强黑土地农田基础设施建设：

（一）加强农田水利工程建设，完善水田、旱地灌排体系；

(二)加强田块整治,修复沟毁耕地,合理划分适宜耕作田块;
(三)加强坡耕地、侵蚀沟水土保持工程建设;
(四)合理规划修建机耕路、生产路;
(五)建设农田防护林网;
(六)其他黑土地保护措施。

第十三条 县级以上人民政府应当推广科学的耕作制度,采取以下措施提高黑土地质量:
(一)因地制宜实行轮作等用地养地相结合的种植制度,按照国家有关规定推广适度休耕;
(二)因地制宜推广免(少)耕、深松等保护性耕作技术,推广适宜的农业机械;
(三)因地制宜推广秸秆覆盖、粉碎深(翻)埋、过腹转化等还田方式;
(四)组织实施测土配方施肥,科学减少化肥施用量,鼓励增施有机肥料,推广土壤生物改良等技术;
(五)推广生物技术或者生物制剂防治病虫害等绿色防控技术,科学减少化学农药、除草剂使用量,合理使用农用薄膜等农业生产资料;
(六)其他黑土地质量提升措施。

第十四条 国家鼓励采取综合性措施,预防和治理水土流失,防止黑土地土壤侵蚀、土地沙化和盐渍化,改善和修复农田生态环境。

县级以上人民政府应当开展侵蚀沟治理,实施沟头沟坡沟底加固防护,因地制宜组织在侵蚀沟的沟坡和沟岸、黑土地周边河流两岸、湖泊和水库周边等区域营造植物保护带或者采取其他措施,防止侵蚀沟变宽变深变长。

县级以上人民政府应当按照因害设防、合理管护、科学布局的原则,制定农田防护林建设计划,组织沿农田道路、沟渠等种植农田防护林,防止违背自然规律造林绿化。农田防护林只能进行抚育、更新性质的采伐,确保防护林功能不减退。

县级以上人民政府应当组织开展防沙治沙,加强黑土地周边的沙漠和沙化土地治理,防止黑土地沙化。

第十五条 县级以上人民政府应当加强黑土地生态保护和黑土地周边林地、草原、湿地的保护修复,推动荒山荒坡治理,提升自然生态系统涵养水源、保持水土、防风固沙、维护生物多样性等生态功能,维持有利于黑土地保护的自然生态环境。

第十六条 县级人民政府应当依据黑土地调查和监测数据,并结合土壤类型和质量等级、气候特点、环境状况等实际情况,对本行政区域内的黑土地进行科学分区,制定并组织实施黑土地质量提升计划,因地制宜合理采取保护、治理、修复和利用的精细化措施。

第十七条 国有农场应当对其经营管理范围内的黑土地加强保护,充分发挥示范作用,并依法接受监督检查。

农村集体经济组织、村民委员会和村民小组应当依法发包农村土地,监督承包方依照承包合同约定的用途合理利用和保护黑土地,制止承包方损害黑土地等行为。

农村集体经济组织、农业企业、农民专业合作社、农户等应当十分珍惜和合理利用黑土地,加强农田基础设施建设,因地制宜应用保护性耕作等技术,积极采取提升黑土地质量和改善农田生态环境的养护措施,依法保护黑土地。

第十八条 农业投入品生产者、经营者和使用者应当依法对农药、肥料、农用薄膜等农业投入品的包装物、废弃物进行回收以及资源化利用或者无害化处理,不得随意丢弃,防止黑土地污染。

县级人民政府应当采取措施,支持农药、肥料、农用薄膜等农业投入品包装物、废弃物的回收以及资源化利用或者无害化处理。

第十九条 从事畜禽养殖的单位和个人,应当科学开展畜禽粪污无害化处理和资源化利用，以畜禽粪污就地就近还田利用为重点，促进黑土地绿色种养循环农业发展。

县级以上人民政府应当支持开展畜禽粪污无害化处理和资源化利用。

第二十条 任何组织和个人不得破坏黑土地资源和生态环境。禁止盗挖、滥挖和非法买卖黑土。国务院自然资源主管部门会同农业农村、水行政、公安、交通运输、市场监督管理等部门应当建立健全保护黑土地资源监督管理制度，提高对盗挖、滥挖、非法买卖黑土和其他破坏黑土地资源、生态环境行为的综合治理能力。

第二十一条 建设项目不得占用黑土地；确需占用的，应当依法严格审批，并补充数量和质量相当的耕地。

建设项目占用黑土地的，应当按照规定的标准对耕作层的土壤进行剥离。剥离的黑土应当就近用于新开垦耕地和劣质耕地改良、被污染耕地的治理、高标准农田建设、土地复垦等。建设项目主体应当制定剥离黑土的再利用方案，报自然资源主管部门备案。具体办法由四省区人民政府分别制定。

第二十二条 国家建立健全黑土地保护财政投入保障制度。县级以上人民政府应当将黑土地保护资金纳入本级预算。

国家加大对黑土地保护措施奖补资金的倾斜力度，建立长期稳定的奖励补助机制。

县级以上地方人民政府应当将黑土地保护作为土地使用权出让收入用于农业农村投入的重点领域，并加大投入力度。

国家组织开展高标准农田、农田水利、水土保持、防沙治沙、农田防护林、土地复垦等建设活动，在项目资金安排上积极支持黑土地保护需要。县级人民政府可以按照国家有关规定统筹使用涉农资金用于黑土地保护，提高财政资金使用效益。

第二十三条 国家实行用养结合、保护效果导向的激励政策，对采取黑土地保护和治理修复措施的农业生产经营者按照国家有关规定给予奖励补助。

第二十四条 国家鼓励粮食主销区通过资金支持、与四省区建立稳定粮食购销关系等经济合作方式参与黑土地保护，建立健全黑土地跨区域投入保护机制。

第二十五条 国家按照政策支持、社会参与、市场化运作的原则，鼓励社会资本投入黑土地保护活动，并保护投资者的合法权益。

国家鼓励保险机构开展黑土地保护相关保险业务。

国家支持农民专业合作社、企业等以多种方式与农户建立利益联结机制和社会化服务机制，发展适度规模经营，推动农产品品质提升、品牌打造和标准化生产，提高黑土地产出效益。

第二十六条 国务院对四省区人民政府黑土地保护责任落实情况进行考核，将黑土地保护情况纳入耕地保护责任目标。

第二十七条 县级以上人民政府自然资源、农业农村、水行政等有关部门按照职责，依法对黑土地保护和质量建设情况联合开展监督检查。

第二十八条 县级以上人民政府应当向本级人民代表大会或者其常务委员会报告黑土地保护情况，依法接受监督。

第二十九条 违反本法规定，国务院农业农村、自然资源等有关部门、县级以上地方人民政府及其有关部门有下列行为之一的，对直接负责的主管人员和其他直接责任人员给予警告、记过或者记大过处分；情节较重的，给予降级或者撤职处分；情节严重的，给予开除处分：

（一）截留、挪用或者未按照规定使用黑土地保护资金的；

（二）对破坏黑土地的行为，发现或者接到举报未及时查处的；

（三）其他不依法履行黑土地保护职责导致黑土地资源和生态环境遭受破坏的行为。

第三十条 非法占用或者损毁黑土地农田基础设施的，由县级以上地方人民政府农业农村、水行政等部门责令停止违法行为，限期恢复原状，处恢复费用一倍以上三倍以下罚款。

第三十一条 违法将黑土地用于非农建设的，依照土地管理等有关法律法规的规定从重处罚。

违反法律法规规定，造成黑土地面积减少、质量下降、功能退化或者生态环境损害的，应当依法治理修复、赔偿损失。

农业生产经营者未尽到黑土地保护义务，经批评教育仍不改正的，可以不予发放耕地保护相关补贴。

第三十二条 违反本法第二十条规定，盗挖、滥挖黑土的，依照土地管理等有关法律法规的规定从重处罚。

非法出售黑土的，由县级以上地方人民政府市场监督管理、农业农村、自然资源等部门按照职责分工没收非法出售的黑土和违法所得，并处每立方米五百元以上五千元以下罚款；明知是非法出售的黑土而购买的，没收非法购买的黑土，并处货值金额一倍以上三倍以下罚款。

第三十三条 违反本法第二十一条规定，建设项目占用黑土地未对耕作层的土壤实施剥离的，由县级以上地方人民政府自然资源主管部门处每平方米一百元以上二百元以下罚款；未按照规定的标准对耕作层的土壤实施剥离的，处每平方米五十元以上一百元以下罚款。

第三十四条 拒绝、阻碍对黑土地保护情况依法进行监督检查的，由县级以上地方人民政府有关部门责令改正；拒不改正的，处二千元以上二万元以下罚款。

第三十五条 造成黑土地污染、水土流失的，分别依照污染防治、水土保持等有关法律法规的规定从重处罚。

第三十六条 违反本法规定，构成犯罪的，依法追究刑事责任。

第三十七条 林地、草原、湿地、河湖等范围内黑土的保护，适用《中华人民共和国森林法》、《中华人民共和国草原法》、《中华人民共和国湿地保护法》、《中华人民共和国水法》等有关法律；有关法律对盗挖、滥挖、非法买卖黑土未作规定的，参照本法第三十二条的规定处罚。

第三十八条 本法自 2022 年 8 月 1 日起施行。

中华人民共和国防沙治沙法

（2001 年 8 月 31 日第九届全国人民代表大会常务委员会第二十三次会议通过 2001 年 8 月 31 日中华人民共和国主席令第 55 号公布 自 2002 年 1 月 1 日起施行 根据 2018 年 10 月 26 日第十三届全国人民代表大会常务委员会第六次会议《关于修改〈中华人民共和国野生动物保护法〉等十五部法律的决定》修正）

第一章 总 则

第一条 为预防土地沙化，治理沙化土地，维护生态安全，促进经济和社会的可持续发展，制定本法。

第二条 在中华人民共和国境内，从事土地沙化的预防、沙化土地的治理和开发利用活动，必须遵守本法。

土地沙化是指因气候变化和人类活动所导致的天然沙漠扩张和沙质土壤上植被破坏、沙土裸露的过程。

本法所称土地沙化，是指主要因人类不合理活动所导致的天然沙漠扩张和沙质土壤上植被及覆盖物被破坏，形成流沙及沙土裸露的过程。

本法所称沙化土地，包括已经沙化的土地和具有明显沙化趋势的土地。具体范围，由国务院批准的全国防沙治沙规划确定。

第三条 防沙治沙工作应当遵循以下原则：

（一）统一规划，因地制宜，分步实施，坚持区域防治与重点防治相结合；

（二）预防为主，防治结合，综合治理；

（三）保护和恢复植被与合理利用自然资源相结合；

（四）遵循生态规律，依靠科技进步；

（五）改善生态环境与帮助农牧民脱贫致富相结合；

（六）国家支持与地方自力更生相结合，政府组织与社会各界参与相结合，鼓励单位、个人承包防治；

（七）保障防沙治沙者的合法权益。

第四条 国务院和沙化土地所在地区的县级以上地方人民政府，应当将防沙治沙纳入国民经济和社会发展计划，保障和支持防沙治沙工作的开展。

沙化土地所在地区的地方各级人民政府，应当采取有效措施，预防土地沙化，治理沙化土地，保护和改善本行政区域的生态质量。

国家在沙化土地所在地区，建立政府行政领导防沙治沙任期目标责任考核奖惩制度。沙化土地所在地区的县级以上地方人民政府，应当向同级人民代表大会及其常务委员会报告防沙治沙工作情况。

第五条 在国务院领导下，国务院林业草原行政主管部门负责组织、协调、指导全国防沙治沙工作。

国务院林业草原、农业、水利、土地、生态环境等行政主管部门和气象主管机构，按照有关法律规定的职责和国务院确定的职责分工，各负其责，密切配合，共同做好防沙治沙工作。

县级以上地方人民政府组织、领导所属有关部门，按照职责分工，各负其责，密切配合，共同做好本行政区域的防沙治沙工作。

第六条 使用土地的单位和个人，有防止该土地沙化的义务。

使用已经沙化的土地的单位和个人，有治理该沙化土地的义务。

第七条 国家支持防沙治沙的科学研究和技术推广工作，发挥科研部门、机构在防沙治沙工作中的作用，培养防沙治沙专门技术人员，提高防沙治沙的科学技术水平。

国家支持开展防沙治沙的国际合作。

第八条 在防沙治沙工作中作出显著成绩的单位和个人，由人民政府给予表彰和奖励；对保护和改善生态质量作出突出贡献的应当给予重奖。

第九条 沙化土地所在地区的各级人民政府应当组织有关部门开展防沙治沙知识的宣传教育，增强公民的防沙治沙意识，提高公民防沙治沙的能力。

第二章 防沙治沙规划

第十条 防沙治沙实行统一规划。从事防沙治沙活动，以及在沙化土地范围内从事开发利用活动，必须遵循防沙治沙规划。

防沙治沙规划应当对遏制土地沙化扩展趋势，逐步减少沙化土地的时限、步骤、措施等作出明确规定，并将具体实施方案纳入国民经济和社会发展五年计划和年度计划。

第十一条　国务院林业草原行政主管部门会同国务院农业、水利、土地、生态环境等有关部门编制全国防沙治沙规划，报国务院批准后实施。

省、自治区、直辖市人民政府依据全国防沙治沙规划，编制本行政区域的防沙治沙规划，报国务院或者国务院指定的有关部门批准后实施。

沙化土地所在地区的市、县人民政府，应当依据上一级人民政府的防沙治沙规划，组织编制本行政区域的防沙治沙规划，报上一级人民政府批准后实施。

防沙治沙规划的修改，须经原批准机关批准；未经批准，任何单位和个人不得改变防沙治沙规划。

第十二条　编制防沙治沙规划，应当根据沙化土地所处的地理位置、土地类型、植被状况、气候和水资源状况、土地沙化程度等自然条件及其所发挥的生态、经济功能，对沙化土地实行分类保护、综合治理和合理利用。

在规划期内不具备治理条件的以及因保护生态的需要不宜开发利用的连片沙化土地，应当规划为沙化土地封禁保护区，实行封禁保护。沙化土地封禁保护区的范围，由全国防沙治沙规划以及省、自治区、直辖市防沙治沙规划确定。

第十三条　防沙治沙规划应当与土地利用总体规划相衔接；防沙治沙规划中确定的沙化土地用途，应当符合本级人民政府的土地利用总体规划。

第三章　土地沙化的预防

第十四条　国务院林业草原行政主管部门组织其他有关行政主管部门对全国土地沙化情况进行监测、统计和分析，并定期公布监测结果。

县级以上地方人民政府林业草原或者其他有关行政主管部门，应当按照土地沙化监测技术规程，对沙化土地进行监测，并将监测结果向本级人民政府及上一级林业草原或者其他有关行政主管部门报告。

第十五条　县级以上地方人民政府林业草原或者其他有关行政主管部门，在土地沙化监测过程中，发现土地发生沙化或者沙化程度加重的，应当及时报告本级人民政府。收到报告的人民政府应当责成有关行政主管部门制止导致土地沙化的行为，并采取有效措施进行治理。

各级气象主管机构应当组织对气象干旱和沙尘暴天气进行监测、预报，发现气象干旱或者沙尘暴天气征兆时，应当及时报告当地人民政府。收到报告的人民政府应当采取预防措施，必要时公布灾情预报，并组织林业草原、农（牧）业等有关部门采取应急措施，避免或者减轻风沙危害。

第十六条　沙化土地所在地区的县级以上地方人民政府应当按照防沙治沙规划，划出一定比例的土地，因地制宜地营造防风固沙林网、林带，种植多年生灌木和草本植物。由林业草原行政主管部门负责确定植树造林的成活率、保存率的标准和具体任务，并逐片组织实施，明确责任，确保完成。

除了抚育更新性质的采伐外，不得批准对防风固沙林网、林带进行采伐。在对防风固沙林网、林带进行抚育更新性质的采伐之前，必须在其附近预先形成接替林网和林带。

对林木更新困难地区已有的防风固沙林网、林带，不得批准采伐。

第十七条　禁止在沙化土地上砍挖灌木、药材及其他固沙植物。

沙化土地所在地区的县级人民政府，应当制定植被管护制度，严格保护植被，并根据需要在乡（镇）、村建立植被管护组织，确定管护人员。

在沙化土地范围内，各类土地承包合同应当包括植被保护责任的内容。

第十八条　草原地区的地方各级人民政府，应当加强草原的管理和建设，由林业草原行政主管部门会同畜牧业行政主管部门负责指导、组织农牧民建设人工草场，控制载畜量，调整牲畜结构，改良牲畜品种，推行牲畜圈养和草场轮牧，消灭草原鼠害、虫害，保护草原植被，防止草原退化和沙化。

草原实行以产草量确定载畜量的制度。由林业草原行政主管部门会同畜牧业行政主管部门负责制定载畜量的标准和有关规定，并逐级组织实施，明确责任，确保完成。

第十九条 沙化土地所在地区的县级以上地方人民政府水行政主管部门，应当加强流域和区域水资源的统一调配和管理，在编制流域和区域水资源开发利用规划和供水计划时，必须考虑整个流域和区域植被保护的用水需求，防止因地下水和上游水资源的过度开发利用，导致植被破坏和土地沙化。该规划和计划经批准后，必须严格实施。

沙化土地所在地区的地方各级人民政府应当节约用水，发展节水型农牧业和其他产业。

第二十条 沙化土地所在地区的县级以上地方人民政府，不得批准在沙漠边缘地带和林地、草原开垦耕地；已经开垦并对生态产生不良影响的，应当有计划地组织退耕还林还草。

第二十一条 在沙化土地范围内从事开发建设活动的，必须事先就该项目可能对当地及相关地区生态产生的影响进行环境影响评价，依法提交环境影响报告；环境影响报告应当包括有关防沙治沙的内容。

第二十二条 在沙化土地封禁保护区范围内，禁止一切破坏植被的活动。

禁止在沙化土地封禁保护区范围内安置移民。对沙化土地封禁保护区范围内的农牧民，县级以上地方人民政府应当有计划地组织迁出，并妥善安置。沙化土地封禁保护区范围内尚未迁出的农牧民的生产生活，由沙化土地封禁保护区主管部门妥善安排。

未经国务院或者国务院指定的部门同意，不得在沙化土地封禁保护区范围内进行修建铁路、公路等建设活动。

第四章　沙化土地的治理

第二十三条 沙化土地所在地区的地方各级人民政府，应当按照防沙治沙规划，组织有关部门、单位和个人，因地制宜地采取人工造林种草、飞机播种造林种草、封沙育林育草和合理调配生态用水等措施，恢复和增加植被，治理已经沙化的土地。

第二十四条 国家鼓励单位和个人在自愿的前提下，捐资或者以其他形式开展公益性的治沙活动。

县级以上地方人民政府林业草原或者其他有关行政主管部门，应当为公益性治沙活动提供治理地点和无偿技术指导。

从事公益性治沙的单位和个人，应当按照县级以上地方人民政府林业草原或者其他有关行政主管部门的技术要求进行治理，并可以将所种植的林、草委托他人管护或者交由当地人民政府有关行政主管部门管护。

第二十五条 使用已经沙化的国有土地的使用权人和农民集体所有土地的承包经营权人，必须采取治理措施，改善土地质量；确实无能力完成治理任务的，可以委托他人治理或者与他人合作治理。委托或者合作治理的，应当签订协议，明确各方的权利和义务。

沙化土地所在地区的地方各级人民政府及其有关行政主管部门、技术推广单位，应当为土地使用权人和承包经营权人的治沙活动提供技术指导。

采取退耕还林还草、植树种草或者封育措施治沙的土地使用权人和承包经营权人，按照国家有关规定，享受人民政府提供的政策优惠。

第二十六条 不具有土地所有权或者使用权的单位和个人从事营利性治沙活动的，应当先与土地所有权人或者使用权人签订协议，依法取得土地使用权。

在治理活动开始之前，从事营利性治沙活动的单位和个人应当向治理项目所在地的县级以上地方人民政府林业草原行政主管部门或者县级以上地方人民政府指定的其他行政主管部门提出治理申请，并附具下列文件：

（一）被治理土地权属的合法证明文件和治理协议；

（二）符合防沙治沙规划的治理方案；
（三）治理所需的资金证明。

第二十七条 本法第二十六条第二款第二项所称治理方案，应当包括以下内容：
（一）治理范围界限；
（二）分阶段治理目标和治理期限；
（三）主要治理措施；
（四）经当地水行政主管部门同意的用水来源和用水量指标；
（五）治理后的土地用途和植被管护措施；
（六）其他需要载明的事项。

第二十八条 从事营利性治沙活动的单位和个人，必须按照治理方案进行治理。

国家保护沙化土地治理者的合法权益。在治理者取得合法土地权属的治理范围内，未经治理者同意，其他任何单位和个人不得从事治理或者开发利用活动。

第二十九条 治理者完成治理任务后，应当向县级以上地方人民政府受理治理申请的行政主管部门提出验收申请。经验收合格的，受理治理申请的行政主管部门应当发给治理合格证明文件；经验收不合格的，治理者应当继续治理。

第三十条 已经沙化的土地范围内的铁路、公路、河流和水渠两侧，城镇、村庄、厂矿和水库周围，实行单位治理责任制，由县级以上地方人民政府下达治理责任书，由责任单位负责组织造林种草或者采取其他治理措施。

第三十一条 沙化土地所在地区的地方各级人民政府，可以组织当地农村集体经济组织及其成员在自愿的前提下，对已经沙化的土地进行集中治理。农村集体经济组织及其成员投入的资金和劳力，可以折算为治理项目的股份、资本金，也可以采取其他形式给予补偿。

第五章　保障措施

第三十二条 国务院和沙化土地所在地区的地方各级人民政府应当在本级财政预算中按照防沙治沙规划通过项目预算安排资金，用于本级人民政府确定的防沙治沙工程。在安排扶贫、农业、水利、道路、矿产、能源、农业综合开发等项目时，应当根据具体情况，设立若干防沙治沙子项目。

第三十三条 国务院和省、自治区、直辖市人民政府应当制定优惠政策，鼓励和支持单位和个人防沙治沙。

县级以上地方人民政府应当按照国家有关规定，根据防沙治沙的面积和难易程度，给予从事防沙治沙活动的单位和个人资金补助、财政贴息以及税费减免等政策优惠。

单位和个人投资进行防沙治沙的，在投资阶段免征各种税收；取得一定收益后，可以免征或者减征有关税收。

第三十四条 使用已经沙化的国有土地从事治沙活动的，经县级以上人民政府依法批准，可以享有不超过七十年的土地使用权。具体年限和管理办法，由国务院规定。

使用已经沙化的集体所有土地从事治沙活动的，治理者应当与土地所有人签订土地承包合同。具体承包期限和当事人的其他权利、义务由承包合同双方依法在土地承包合同中约定。县级人民政府依法根据土地承包合同向治理者颁发土地使用权证书，保护集体所有沙化土地治理者的土地使用权。

第三十五条 因保护生态的特殊要求，将治理后的土地批准划为自然保护区或者沙化土地封禁保护区的，批准机关应当给予治理者合理的经济补偿。

第三十六条 国家根据防沙治沙的需要，组织设立防沙治沙重点科研项目和示范、推广项目，并对防沙治沙、沙区能源、沙生经济作物、节水灌溉、防止草原退化、沙地旱作农业等方面的科学研究与技术推广给予资金补助、税费减免等政策优惠。

第三十七条 任何单位和个人不得截留、挪用防沙治沙资金。

县级以上人民政府审计机关,应当依法对防沙治沙资金使用情况实施审计监督。

第六章 法律责任

第三十八条 违反本法第二十二条第一款规定,在沙化土地封禁保护区范围内从事破坏植被活动的,由县级以上地方人民政府林业草原行政主管部门责令停止违法行为;有违法所得的,没收其违法所得;构成犯罪的,依法追究刑事责任。

第三十九条 违反本法第二十五条第一款规定,国有土地使用权人和农民集体所有土地承包经营权人未采取防沙治沙措施,造成土地严重沙化的,由县级以上地方人民政府林业草原行政主管部门责令限期治理;造成国有土地严重沙化的,县级以上人民政府可以收回国有土地使用权。

第四十条 违反本法规定,进行营利性治沙活动,造成土地沙化加重的,由县级以上地方人民政府负责受理营利性治沙申请的行政主管部门责令停止违法行为,可以并处每公顷五千元以上五万元以下的罚款。

第四十一条 违反本法第二十八条第一款规定,不按照治理方案进行治理的,或者违反本法第二十九条规定,经验收不合格又不按要求继续治理的,由县级以上地方人民政府负责受理营利性治沙申请的行政主管部门责令停止违法行为,限期改正,可以并处相当于治理费用一倍以上三倍以下的罚款。

第四十二条 违反本法第二十八条第二款规定,未经治理者同意,擅自在他人的治理范围内从事治理或者开发利用活动的,由县级以上地方人民政府负责受理营利性治沙申请的行政主管部门责令停止违法行为;给治理者造成损失的,应当赔偿损失。

第四十三条 违反本法规定,有下列情形之一的,对直接负责的主管人员和其他直接责任人员,由所在单位、监察机关或者上级行政主管部门依法给予行政处分:

(一)违反本法第十五条第一款规定,发现土地发生沙化或者沙化程度加重不及时报告的,或者收到报告后不责成有关行政主管部门采取措施的;

(二)违反本法第十六条第二款、第三款规定,批准采伐防风固沙林网、林带的;

(三)违反本法第二十条规定,批准在沙漠边缘地带和林地、草原开垦耕地的;

(四)违反本法第二十二条第二款规定,在沙化土地封禁保护区范围内安置移民的;

(五)违反本法第二十二条第三款规定,未经批准在沙化土地封禁保护区范围内进行修建铁路、公路等建设活动的。

第四十四条 违反本法第三十七条第一款规定,截留、挪用防沙治沙资金的,对直接负责的主管人员和其他直接责任人员,由监察机关或者上级行政主管部门依法给予行政处分;构成犯罪的,依法追究刑事责任。

第四十五条 防沙治沙监督管理人员滥用职权、玩忽职守、徇私舞弊,构成犯罪的,依法追究刑事责任。

第七章 附 则

第四十六条 本法第五条第二款中所称的有关法律,是指《中华人民共和国森林法》《中华人民共和国草原法》《中华人民共和国水土保持法》《中华人民共和国土地管理法》《中华人民共和国环境保护法》和《中华人民共和国气象法》。

第四十七条 本法自 2002 年 1 月 1 日起施行。

中华人民共和国水土保持法

（1991年6月29日第七届全国人民代表大会常务委员会第二十次会议通过　根据2009年8月27日第十一届全国人民代表大会常务委员会第十次会议《关于修改部分法律的决定》修正　2010年12月25日第十一届全国人民代表大会常务委员会第十八次会议修订　2010年12月25日中华人民共和国主席令第三十九号公布　自2011年3月1日起施行）

第一章　总　　则

第一条　为了预防和治理水土流失，保护和合理利用水土资源，减轻水、旱、风沙灾害，改善生态环境，保障经济社会可持续发展，制定本法。

第二条　在中华人民共和国境内从事水土保持活动，应当遵守本法。

本法所称水土保持，是指对自然因素和人为活动造成水土流失所采取的预防和治理措施。

第三条　水土保持工作实行预防为主、保护优先、全面规划、综合治理、因地制宜、突出重点、科学管理、注重效益的方针。

第四条　县级以上人民政府应当加强对水土保持工作的统一领导，将水土保持工作纳入本级国民经济和社会发展规划，对水土保持规划确定的任务，安排专项资金，并组织实施。

国家在水土流失重点预防区和重点治理区，实行地方各级人民政府水土保持目标责任制和考核奖惩制度。

第五条　国务院水行政主管部门主管全国的水土保持工作。

国务院水行政主管部门在国家确定的重要江河、湖泊设立的流域管理机构（以下简称流域管理机构），在所管辖范围内依法承担水土保持监督管理职责。

县级以上地方人民政府水行政主管部门主管本行政区域的水土保持工作。

县级以上人民政府林业、农业、国土资源等有关部门按照各自职责，做好有关的水土流失预防和治理工作。

第六条　各级人民政府及其有关部门应当加强水土保持宣传和教育工作，普及水土保持科学知识，增强公众的水土保持意识。

第七条　国家鼓励和支持水土保持科学技术研究，提高水土保持科学技术水平，推广先进的水土保持技术，培养水土保持科学技术人才。

第八条　任何单位和个人都有保护水土资源、预防和治理水土流失的义务，并有权对破坏水土资源、造成水土流失的行为进行举报。

第九条　国家鼓励和支持社会力量参与水土保持工作。

对水土保持工作中成绩显著的单位和个人，由县级以上人民政府给予表彰和奖励。

第二章　规　　划

第十条　水土保持规划应当在水土流失调查结果及水土流失重点预防区和重点治理区划定的基础上，遵循统筹协调、分类指导的原则编制。

第十一条 国务院水行政主管部门应当定期组织全国水土流失调查并公告调查结果。

省、自治区、直辖市人民政府水行政主管部门负责本行政区域的水土流失调查并公告调查结果，公告前应当将调查结果报国务院水行政主管部门备案。

第十二条 县级以上人民政府应当依据水土流失调查结果划定并公告水土流失重点预防区和重点治理区。

对水土流失潜在危险较大的区域，应当划定为水土流失重点预防区；对水土流失严重的区域，应当划定为水土流失重点治理区。

第十三条 水土保持规划的内容应当包括水土流失状况、水土流失类型区划分、水土流失防治目标、任务和措施等。

水土保持规划包括对流域或者区域预防和治理水土流失、保护和合理利用水土资源作出的整体部署，以及根据整体部署对水土保持专项工作或者特定区域预防和治理水土流失作出的专项部署。

水土保持规划应当与土地利用总体规划、水资源规划、城乡规划和环境保护规划等相协调。

编制水土保持规划，应当征求专家和公众的意见。

第十四条 县级以上人民政府水行政主管部门会同同级人民政府有关部门编制水土保持规划，报本级人民政府或者其授权的部门批准后，由水行政主管部门组织实施。

水土保持规划一经批准，应当严格执行；经批准的规划根据实际情况需要修改的，应当按照规划编制程序报原批准机关批准。

第十五条 有关基础设施建设、矿产资源开发、城镇建设、公共服务设施建设等方面的规划，在实施过程中可能造成水土流失的，规划的组织编制机关应当在规划中提出水土流失预防和治理的对策和措施，并在规划报请审批前征求本级人民政府水行政主管部门的意见。

第三章 预 防

第十六条 地方各级人民政府应当按照水土保持规划，采取封育保护、自然修复等措施，组织单位和个人植树种草，扩大林草覆盖面积，涵养水源，预防和减轻水土流失。

第十七条 地方各级人民政府应当加强对取土、挖砂、采石等活动的管理，预防和减轻水土流失。

禁止在崩塌、滑坡危险区和泥石流易发区从事取土、挖砂、采石等可能造成水土流失的活动。崩塌、滑坡危险区和泥石流易发区的范围，由县级以上地方人民政府划定并公告。崩塌、滑坡危险区和泥石流易发区的划定，应当与地质灾害防治规划确定的地质灾害易发区、重点防治区相衔接。

第十八条 水土流失严重、生态脆弱的地区，应当限制或者禁止可能造成水土流失的生产建设活动，严格保护植物、沙壳、结皮、地衣等。

在侵蚀沟的沟坡和沟岸、河流的两岸以及湖泊和水库的周边，土地所有权人、使用权人或者有关管理单位应当营造植物保护带。禁止开垦、开发植物保护带。

第十九条 水土保持设施的所有权人或者使用权人应当加强对水土保持设施的管理与维护，落实管护责任，保障其功能正常发挥。

第二十条 禁止在二十五度以上陡坡地开垦种植农作物。在二十五度以上陡坡地种植经济林的，应当科学选择树种，合理确定规模，采取水土保持措施，防止造成水土流失。

省、自治区、直辖市根据本行政区域的实际情况，可以规定小于二十五度的禁止开垦坡度。禁止开垦的陡坡地的范围由当地县级人民政府划定并公告。

第二十一条 禁止毁林、毁草开垦和采集发菜。禁止在水土流失重点预防区和重点治理区铲草皮、挖树兜或者滥挖虫草、甘草、麻黄等。

第二十二条 林木采伐应当采用合理方式,严格控制皆伐;对水源涵养林、水土保持林、防风固沙林等防护林只能进行抚育和更新性质的采伐;对采伐区和集材道应当采取防止水土流失的措施,并在采伐后及时更新造林。

在林区采伐林木的,采伐方案中应当有水土保持措施。采伐方案经林业主管部门批准后,由林业主管部门和水行政主管部门监督实施。

第二十三条 在五度以上坡地植树造林、抚育幼林、种植中药材等,应当采取水土保持措施。

在禁止开垦坡度以下、五度以上的荒坡地开垦种植农作物,应当采取水土保持措施。具体办法由省、自治区、直辖市根据本行政区域的实际情况规定。

第二十四条 生产建设项目选址、选线应当避让水土流失重点预防区和重点治理区;无法避让的,应当提高防治标准,优化施工工艺,减少地表扰动和植被损坏范围,有效控制可能造成的水土流失。

第二十五条 在山区、丘陵区、风沙区以及水土保持规划确定的容易发生水土流失的其他区域开办可能造成水土流失的生产建设项目,生产建设单位应当编制水土保持方案,报县级以上人民政府水行政主管部门审批,并按照经批准的水土保持方案,采取水土流失预防和治理措施。没有能力编制水土保持方案的,应当委托具备相应技术条件的机构编制。

水土保持方案应当包括水土流失预防和治理的范围、目标、措施和投资等内容。

水土保持方案经批准后,生产建设项目的地点、规模发生重大变化的,应当补充或者修改水土保持方案并报原审批机关批准。水土保持方案实施过程中,水土保持措施需要作出重大变更的,应当经原审批机关批准。

生产建设项目水土保持方案的编制和审批办法,由国务院水行政主管部门制定。

第二十六条 依法应当编制水土保持方案的生产建设项目,生产建设单位未编制水土保持方案或者水土保持方案未经水行政主管部门批准的,生产建设项目不得开工建设。

第二十七条 依法应当编制水土保持方案的生产建设项目中的水土保持设施,应当与主体工程同时设计、同时施工、同时投产使用;生产建设项目竣工验收,应当验收水土保持设施;水土保持设施未经验收或者验收不合格的,生产建设项目不得投产使用。

第二十八条 依法应当编制水土保持方案的生产建设项目,其生产建设活动中排弃的砂、石、土、矸石、尾矿、废渣等应当综合利用;不能综合利用,确需废弃的,应当堆放在水土保持方案确定的专门存放地,并采取措施保证不产生新的危害。

第二十九条 县级以上人民政府水行政主管部门、流域管理机构,应当对生产建设项目水土保持方案的实施情况进行跟踪检查,发现问题及时处理。

第四章 治 理

第三十条 国家加强水土流失重点预防区和重点治理区的坡耕地改梯田、淤地坝等水土保持重点工程建设,加大生态修复力度。

县级以上人民政府水行政主管部门应当加强对水土保持重点工程的建设管理,建立和完善运行管护制度。

第三十一条 国家加强江河源头区、饮用水水源保护区和水源涵养区水土流失的预防和治理工作,多渠道筹集资金,将水土保持生态效益补偿纳入国家建立的生态效益补偿制度。

第三十二条 开办生产建设项目或者从事其他生产建设活动造成水土流失的,应当进行治理。

在山区、丘陵区、风沙区以及水土保持规划确定的容易发生水土流失的其他区域开办生产建设项目或者从事其他生产建设活动,损坏水土保持设施、地貌植被,不能恢复原有水土保持功能的,应当缴纳水土保持补偿费,专项用于水土流失预防和治理。专项水土流失预防和治理由水行政主管部门负责组织实施。水土保持补偿费的收取使用管理办法由国务院财政部门、国务院价格主管部门会同国务院水行政主管部门制定。

生产建设项目在建设过程中和生产过程中发生的水土保持费用，按照国家统一的财务会计制度处理。

第三十三条 国家鼓励单位和个人按照水土保持规划参与水土流失治理，并在资金、技术、税收等方面予以扶持。

第三十四条 国家鼓励和支持承包治理荒山、荒沟、荒丘、荒滩，防治水土流失，保护和改善生态环境，促进土地资源的合理开发和可持续利用，并依法保护土地承包合同当事人的合法权益。

承包治理荒山、荒沟、荒丘、荒滩和承包水土流失严重地区农村土地的，在依法签订的土地承包合同中应当包括预防和治理水土流失责任的内容。

第三十五条 在水力侵蚀地区，地方各级人民政府及其有关部门应当组织单位和个人，以天然沟壑及其两侧山坡地形成的小流域为单元，因地制宜地采取工程措施、植物措施和保护性耕作等措施，进行坡耕地和沟道水土流失综合治理。

在风力侵蚀地区，地方各级人民政府及其有关部门应当组织单位和个人，因地制宜地采取轮封轮牧、植树种草、设置人工沙障和网格林带等措施，建立防风固沙防护体系。

在重力侵蚀地区，地方各级人民政府及其有关部门应当组织单位和个人，采取监测、径流排导、削坡减载、支挡固坡、修建拦挡工程等措施，建立监测、预报、预警体系。

第三十六条 在饮用水水源保护区，地方各级人民政府及其有关部门应当组织单位和个人，采取预防保护、自然修复和综合治理措施，配套建设植物过滤带，积极推广沼气，开展清洁小流域建设，严格控制化肥和农药的使用，减少水土流失引起的面源污染，保护饮用水水源。

第三十七条 已在禁止开垦的陡坡地上开垦种植农作物的，应当按照国家有关规定退耕，植树种草；耕地短缺、退耕确有困难的，应当修建梯田或者采取其他水土保持措施。

在禁止开垦坡度以下的坡耕地上开垦种植农作物的，应当根据不同情况，采取修建梯田、坡面水系整治、蓄水保土耕作或者退耕等措施。

第三十八条 对生产建设活动所占用土地的地表土应当进行分层剥离、保存和利用，做到土石方挖填平衡，减少地表扰动范围；对废弃的砂、石、土、矸石、尾矿、废渣等存放地，应当采取拦挡、坡面防护、防洪排导等措施。生产建设活动结束后，应当及时在取土场、开挖面和存放地的裸露土地上植树种草、恢复植被，对闭库的尾矿库进行复垦。

在干旱缺水地区从事生产建设活动，应当采取防止风力侵蚀措施，设置降水蓄渗设施，充分利用降水资源。

第三十九条 国家鼓励和支持在山区、丘陵区、风沙区以及容易发生水土流失的其他区域，采取下列有利于水土保持的措施：

（一）免耕、等高耕作、轮作轮作、草田轮作、间作套种等；

（二）封禁抚育、轮封轮牧、舍饲圈养等；

（三）发展沼气、节柴灶，利用太阳能、风能和水能，以煤、电、气代替薪柴等；

（四）从生态脆弱地区向外移民；

（五）其他有利于水土保持的措施。

第五章 监测和监督

第四十条 县级以上人民政府水行政主管部门应当加强水土保持监测工作，发挥水土保持监测工作在政府决策、经济社会发展和社会公众服务中的作用。县级以上人民政府应当保障水土保持监测工作经费。

国务院水行政主管部门应当完善全国水土保持监测网络，对全国水土流失进行动态监测。

第四十一条 对可能造成严重水土流失的大中型生产建设项目，生产建设单位应当自行或者委托具备水土保持监测资质的机构，对生产建设活动造成的水土流失进行监测，并将监测情况定期上报当地水行政主管部门。

从事水土保持监测活动应当遵守国家有关技术标准、规范和规程，保证监测质量。

第四十二条 国务院水行政主管部门和省、自治区、直辖市人民政府水行政主管部门应当根据水土保持监测情况，定期对下列事项进行公告：

（一）水土流失类型、面积、强度、分布状况和变化趋势；

（二）水土流失造成的危害；

（三）水土流失预防和治理情况。

第四十三条 县级以上人民政府水行政主管部门负责对水土保持情况进行监督检查。流域管理机构在其管辖范围内可以行使国务院水行政主管部门的监督检查职权。

第四十四条 水政监督检查人员依法履行监督检查职责时，有权采取下列措施：

（一）要求被检查单位或者个人提供有关文件、证照、资料；

（二）要求被检查单位或者个人就预防和治理水土流失的有关情况作出说明；

（三）进入现场进行调查、取证。

被检查单位或者个人拒不停止违法行为，造成严重水土流失的，报经水行政主管部门批准，可以查封、扣押实施违法行为的工具及施工机械、设备等。

第四十五条 水政监督检查人员依法履行监督检查职责时，应当出示执法证件。被检查单位或者个人对水土保持监督检查工作应当给予配合，如实报告情况，提供有关文件、证照、资料；不得拒绝或者阻碍水政监督检查人员依法执行公务。

第四十六条 不同行政区域之间发生水土流失纠纷应当协商解决；协商不成的，由共同的上一级人民政府裁决。

第六章　法律责任

第四十七条 水行政主管部门或者其他依照本法规定行使监督管理权的部门，不依法作出行政许可决定或者办理批准文件的，发现违法行为或者接到对违法行为的举报不予查处的，或者有其他未依照本法规定履行职责的行为的，对直接负责的主管人员和其他直接责任人员依法给予处分。

第四十八条 违反本法规定，在崩塌、滑坡危险区或者泥石流易发区从事取土、挖砂、采石等可能造成水土流失的活动的，由县级以上地方人民政府水行政主管部门责令停止违法行为，没收违法所得，对个人处一千元以上一万元以下的罚款，对单位处二万元以上二十万元以下的罚款。

第四十九条 违反本法规定，在禁止开垦坡度以上陡坡地开垦种植农作物，或者在禁止开垦、开发的植物保护带内开垦、开发的，由县级以上地方人民政府水行政主管部门责令停止违法行为，采取退耕、恢复植被等补救措施；按照开垦或者开发面积，可以对个人处每平方米二元以下的罚款、对单位处每平方米十元以下的罚款。

第五十条 违反本法规定，毁林、毁草开垦的，依照《中华人民共和国森林法》《中华人民共和国草原法》的有关规定处罚。

第五十一条 违反本法规定，采集发菜，或者在水土流失重点预防区和重点治理区铲草皮、挖树兜、滥挖虫草、甘草、麻黄等的，由县级以上地方人民政府水行政主管部门责令停止违法行为，采取补救措施，没收违法所得，并处违法所得一倍以上五倍以下的罚款；没有违法所得的，可以处五万元以下的罚款。

在草原地区有前款规定违法行为的，依照《中华人民共和国草原法》的有关规定处罚。

第五十二条 在林区采伐林木不依法采取防止水土流失措施的,由县级以上地方人民政府林业主管部门、水行政主管部门责令限期改正,采取补救措施;造成水土流失的,由水行政主管部门按照造成水土流失的面积处每平方米二元以上十元以下的罚款。

第五十三条 违反本法规定,有下列行为之一的,由县级以上人民政府水行政主管部门责令停止违法行为,限期补办手续;逾期不补办手续的,处五万元以上五十万元以下的罚款;对生产建设单位直接负责的主管人员和其他直接责任人员依法给予处分:

(一)依法应当编制水土保持方案的生产建设项目,未编制水土保持方案或者编制的水土保持方案未经批准而开工建设的;

(二)生产建设项目的地点、规模发生重大变化,未补充、修改水土保持方案或者补充、修改的水土保持方案未经原审批机关批准的;

(三)水土保持方案实施过程中,未经原审批机关批准,对水土保持措施作出重大变更的。

第五十四条 违反本法规定,水土保持设施未经验收或者验收不合格将生产建设项目投产使用的,由县级以上人民政府水行政主管部门责令停止生产或者使用,直至验收合格,并处五万元以上五十万元以下的罚款。

第五十五条 违反本法规定,在水土保持方案确定的专门存放地以外的区域倾倒砂、石、土、矸石、尾矿、废渣等的,由县级以上地方人民政府水行政主管部门责令停止违法行为,限期清理,按照倾倒数量处每立方米十元以上二十元以下的罚款;逾期仍不清理的,县级以上地方人民政府水行政主管部门可以指定有清理能力的单位代为清理,所需费用由违法行为人承担。

第五十六条 违反本法规定,开办生产建设项目或者从事其他生产建设活动造成水土流失,不进行治理的,由县级以上人民政府水行政主管部门责令限期治理;逾期仍不治理的,县级以上人民政府水行政主管部门可以指定有治理能力的单位代为治理,所需费用由违法行为人承担。

第五十七条 违反本法规定,拒不缴纳水土保持补偿费的,由县级以上人民政府水行政主管部门责令限期缴纳;逾期不缴纳的,自滞纳之日起按日加收滞纳部分万分之五的滞纳金,可以处应缴水土保持补偿费三倍以下的罚款。

第五十八条 违反本法规定,造成水土流失危害的,依法承担民事责任;构成违反治安管理行为的,由公安机关依法给予治安管理处罚;构成犯罪的,依法追究刑事责任。

第七章 附 则

第五十九条 县级以上地方人民政府根据当地实际情况确定的负责水土保持工作的机构,行使本法规定的水行政主管部门水土保持工作的职责。

第六十条 本法自 2011 年 3 月 1 日起施行。

湿地保护管理规定

(2013 年 3 月 28 日国家林业局令第 32 号公布
2017 年 12 月 5 日国家林业局令第 48 号修改)

第一条 为了加强湿地保护管理,履行《关于特别是作为水禽栖息地的国际重要湿地公约》(以下简称"国际湿地公约"),根据法律法规和有关规定,制定本规定。

第二条 本规定所称湿地,是指常年或者季节性积水地带、水域和低潮时水深不超过6米的海域,包括沼泽湿地、湖泊湿地、河流湿地、滨海湿地等自然湿地,以及重点保护野生动物栖息地或者重点保护野生植物原生地等人工湿地。

第三条 国家对湿地实行全面保护、科学修复、合理利用、持续发展的方针。

第四条 国家林业局负责全国湿地保护工作的组织、协调、指导和监督,并组织、协调有关国际湿地公约的履约工作。

县级以上地方人民政府林业主管部门按照有关规定负责本行政区域内的湿地保护管理工作。

第五条 县级以上人民政府林业主管部门及有关湿地保护管理机构应当加强湿地保护宣传教育和培训,结合世界湿地日、世界野生动植物日、爱鸟周和保护野生动物宣传月等开展宣传教育活动,提高公众湿地保护意识。

县级以上人民政府林业主管部门应当组织开展湿地保护管理的科学研究,应用推广研究成果,提高湿地保护管理水平。

第六条 县级以上人民政府林业主管部门应当鼓励和支持公民、法人以及其他组织,以志愿服务、捐赠等形式参与湿地保护。

第七条 国家林业局会同国务院有关部门编制全国和区域性湿地保护规划,报国务院或者其授权的部门批准。

县级以上地方人民政府林业主管部门会同同级人民政府有关部门,按照有关规定编制本行政区域内的湿地保护规划,报同级人民政府或者其授权的部门批准。

第八条 湿地保护规划应当包括下列内容:

(一)湿地资源分布情况、类型及特点、水资源、野生生物资源状况;

(二)保护和合理利用的指导思想、原则、目标和任务;

(三)湿地生态保护重点建设项目与建设布局;

(四)投资估算和效益分析;

(五)保障措施。

第九条 经批准的湿地保护规划必须严格执行;未经原批准机关批准,不得调整或者修改。

第十条 国家林业局定期组织开展全国湿地资源调查、监测和评估,按照有关规定向社会公布相关情况。

湿地资源调查、监测、评估等技术规程,由国家林业局在征求有关部门和单位意见的基础上制定。

县级以上地方人民政府林业主管部门及有关湿地保护管理机构应当组织开展本行政区域内的湿地资源调查、监测和评估工作,按照有关规定向社会公布相关情况。

第十一条 县级以上人民政府林业主管部门可以采取湿地自然保护区、湿地公园、湿地保护小区等方式保护湿地,健全湿地保护管理机构和管理制度,完善湿地保护体系,加强湿地保护。

第十二条 湿地按照其生态区位、生态系统功能和生物多样性等重要程度,分为国家重要湿地、地方重要湿地和一般湿地。

第十三条 国家林业局会同国务院有关部门制定国家重要湿地认定标准和管理办法,明确相关管理规则和程序,发布国家重要湿地名录。

第十四条 省、自治区、直辖市人民政府林业主管部门应当在同级人民政府指导下,会同有关部门制定地方重要湿地和一般湿地认定标准和管理办法,发布地方重要湿地和一般湿地名录。

第十五条 符合国际湿地公约国际重要湿地标准的,可以申请指定为国际重要湿地。

申请指定国际重要湿地的，由国务院有关部门或者湿地所在地省、自治区、直辖市人民政府林业主管部门向国家林业局提出。国家林业局应当组织论证、审核，对符合国际重要湿地条件的，在征得湿地所在地省、自治区、直辖市人民政府和国务院有关部门同意后，报国际湿地公约秘书处核准列入《国际重要湿地名录》。

第十六条 国家林业局对国际重要湿地的保护管理工作进行指导和监督，定期对国际重要湿地的生态状况开展检查和评估，并向社会公布结果。

国际重要湿地所在地的县级以上地方人民政府林业主管部门应当会同同级人民政府有关部门对国际重要湿地保护管理状况进行检查，指导国际重要湿地保护管理机构维持国际重要湿地的生态特征。

第十七条 国际重要湿地保护管理机构应当建立湿地生态预警机制，制定实施管理计划，开展动态监测，建立数据档案。

第十八条 因气候变化、自然灾害等造成国际重要湿地生态特征退化的，省、自治区、直辖市人民政府林业主管部门应当会同同级人民政府有关部门进行调查，指导国际重要湿地保护管理机构制定实施补救方案，并向同级人民政府和国家林业局报告。

因工程建设等造成国际重要湿地生态特征退化甚至消失的，省、自治区、直辖市人民政府林业主管部门应当会同同级人民政府有关部门督促、指导项目建设单位限期恢复，并向同级人民政府和国家林业局报告；对逾期不予恢复或者确实无法恢复的，由国家林业局会商所在地省、自治区、直辖市人民政府和国务院有关部门后，按照有关规定处理。

第十九条 具备自然保护区建立条件的湿地，应当依法建立自然保护区。

自然保护区的建立和管理按照自然保护区管理的有关规定执行。

第二十条 以保护湿地生态系统、合理利用湿地资源、开展湿地宣传教育和科学研究为目的，并可供开展生态旅游等活动的湿地，可以设立湿地公园。

湿地公园分为国家湿地公园和地方湿地公园。

第二十一条 国家湿地公园实行晋升制。符合下列条件的，可以申请晋升为国家湿地公园：

（一）湿地生态系统在全国或者区域范围内具有典型性，或者湿地区域生态地位重要，或者湿地主体生态功能具有典型示范性，或者湿地生物多样性丰富，或者集中分布有珍贵、濒危的野生生物物种；

（二）具有重要或者特殊科学研究、宣传教育和文化价值；

（三）成为省级湿地公园两年以上（含两年）；

（四）保护管理机构和制度健全；

（五）省级湿地公园总体规划实施良好；

（六）土地权属清晰，相关权利主体同意作为国家湿地公园；

（七）湿地保护、科研监测、科普宣传教育等工作取得显著成效。

第二十二条 申请晋升为国家湿地公园的，由省、自治区、直辖市人民政府林业主管部门向国家林业局提出申请。

国家林业局在收到申请后，组织论证审核，对符合条件的，晋升为国家湿地公园。

第二十三条 省级以上人民政府林业主管部门应当对国家湿地公园的建设和管理进行监督检查和评估。

因自然因素或者管理不善导致国家湿地公园条件丧失的，或者对存在问题拒不整改或者整改不符合要求的，国家林业局应当撤销国家湿地公园的命名，并向社会公布。

第二十四条 地方湿地公园的设立和管理，按照地方有关规定办理。

第二十五条 因保护湿地给湿地所有者或者经营者合法权益造成损失的，应当按照有关规定予以补偿。

第二十六条　县级以上人民政府林业主管部门及有关湿地保护管理机构应当组织开展退化湿地修复工作，恢复湿地功能或者扩大湿地面积。

第二十七条　县级以上人民政府林业主管部门及有关湿地保护管理机构应当开展湿地动态监测，并在湿地资源调查和监测的基础上，建立和更新湿地资源档案。

第二十八条　县级以上人民政府林业主管部门应当对开展生态旅游等利用湿地资源的活动进行指导和监督。

第二十九条　除法律法规有特别规定的以外，在湿地内禁止从事下列活动：

（一）开（围）垦、填埋或者排干湿地；

（二）永久性截断湿地水源；

（三）挖沙、采矿；

（四）倾倒有毒有害物质、废弃物、垃圾；

（五）破坏野生动物栖息地和迁徙通道、鱼类洄游通道，滥采滥捕野生动植物；

（六）引进外来物种；

（七）擅自放牧、捕捞、取土、取水、排污、放生；

（八）其他破坏湿地及其生态功能的活动。

第三十条　建设项目应当不占或者少占湿地，经批准确需征收、占用湿地并转为其他用途的，用地单位应当按照"先补后占、占补平衡"的原则，依法办理相关手续。

临时占用湿地的，期限不得超过 2 年；临时占用期限届满，占用单位应当对所占湿地限期进行生态修复。

第三十一条　县级以上地方人民政府林业主管部门应当会同同级人民政府有关部门，在同级人民政府的组织下建立湿地生态补水协调机制，保障湿地生态用水需求。

第三十二条　县级以上人民政府林业主管部门应当按照有关规定开展湿地防火工作，加强防火基础设施和队伍建设。

第三十三条　县级以上人民政府林业主管部门应当会同同级人民政府有关部门协调、组织、开展湿地有害生物防治工作；湿地保护管理机构应当按照有关规定承担湿地有害生物防治的具体工作。

第三十四条　县级以上人民政府林业主管部门应当会同同级人民政府有关部门开展湿地保护执法活动，对破坏湿地的违法行为依法予以处理。

第三十五条　本规定自 2013 年 5 月 1 日起施行。

国土资源部办公厅
关于确认海涂、滩涂土地权属问题的复函

2004 年 6 月 25 日　　　　　　　　　　　国土资厅函〔2004〕281 号

浙江省国土资源厅：

你厅《关于要求确认海涂、滩涂土地权属问题的请示》（浙土资〔2004〕42 号）收悉，经研究，现函复如下：

一、根据《宪法》《土地管理法》等有关法律、法规以及原国家土地管理局《确定土地所有权和使用权的若干规定》的规定，除土改时分配给农民和在 1962 年实施《人民公社工作条例修正草案》时确定为集体所有之外，海涂、滩涂应当确定为国家所有；开发国有海涂、

滩涂的单位和个人应当依法取得国有土地使用权。

二、依法收回农民使用的国有海涂、滩涂时，应当按照《土地管理法》第五十八条的规定，对土地使用权人予以适当补偿。

国土资源部办公厅
关于无人居住的岛屿土地所有权确定问题的复函

2003年5月27日　　　　　　　　　　　　国土资厅函〔2003〕146号

浙江省国土资源厅：

你厅《关于岛屿土地所有权确定问题的请示》（浙土资〔2003〕14号）收悉。经研究，现复函如下：

岛屿土地未依法确定为集体所有的均为全民即国家所有。土地改革时分配给农民以及实施1962年《农村人民公社工作条例修正案》（《六十条》）时固定给农民集体经济组织的集体所有的土地，因国家组织移民、自然灾害等原因，农民成建制地集体迁移后不再使用原属于迁移农民集体所有的土地，形成无人居住的岛屿的土地，根据《中华人民共和国土地管理法实施条例》第二条第（六）项的规定，应属于全民所有即国家所有。

最高人民法院
关于审理破坏土地资源刑事案件具体应用
法律若干问题的解释

法释〔2000〕14号

（2000年6月16日最高人民法院审判委员会第1119次会议通过
2000年6月19日最高人民法院公告公布　自2000年6月22日起施行）

为依法惩处破坏土地资源犯罪活动，根据刑法的有关规定，现就审理这类案件具体应用法律的若干问题解释如下：

第一条　以牟利为目的，违反土地管理法规，非法转让、倒卖土地使用权，具有下列情形之一的，属于非法转让、倒卖土地使用权"情节严重"，依照刑法第二百二十八条的规定，以非法转让、倒卖土地使用权罪定罪处罚：

（一）非法转让、倒卖基本农田五亩以上的；

（二）非法转让、倒卖基本农田以外的耕地十亩以上的；

（三）非法转让、倒卖其他土地二十亩以上的；

（四）非法获利五十万元以上的；

（五）非法转让、倒卖土地接近上述数量标准并具有其他恶劣情节，如曾因非法转让、倒卖土地使用权受过行政处罚或者造成严重后果的。

第二条 实施第一条规定的行为,具有下列情形之一的,属于非法转让、倒卖土地使用权"情节特别严重":

(一) 非法转让、倒卖基本农田十亩以上的;

(二) 非法转让、倒卖基本农田以外的耕地二十亩以上的;

(三) 非法转让、倒卖其他土地四十亩以上的;

(四) 非法获利一百万元以上的;

(五) 非法转让、倒卖土地接近上述数量标准并具有其他恶劣情节,如造成严重后果等。

第三条 违反土地管理法规,非法占用耕地改作他用,数量较大,造成耕地大量毁坏的,依照刑法第三百四十二条的规定,以非法占用耕地罪定罪处罚:

(一) 非法占用耕地"数量较大",是指非法占用基本农田五亩以上或者非法占用基本农田以外的耕地十亩以上。

(二) 非法占用耕地"造成耕地大量毁坏",是指行为人非法占用耕地建窑、建坟、建房、挖沙、采石、采矿、取土、堆放固体废弃物或者进行其他非农业建设,造成基本农田五亩以上或者基本农田以外的耕地十亩以上种植条件严重毁坏或者严重污染。

第四条 国家机关工作人员徇私舞弊,违反土地管理法规,滥用职权,非法批准征用、占用土地,具有下列情形之一的,属于非法批准征用、占用土地"情节严重",依照刑法第四百一十条的规定,以非法批准征用、占用土地罪定罪处罚:

(一) 非法批准征用、占用基本农田十亩以上的;

(二) 非法批准征用、占用基本农田以外的耕地三十亩以上的;

(三) 非法批准征用、占用其他土地五十亩以上的;

(四) 虽未达到上述数量标准,但非法批准征用、占用土地造成直接经济损失三十万元以上;造成耕地大量毁坏等恶劣情节的。

第五条 实施第四条规定的行为,具有下列情形之一的,属于非法批准征用、占用土地"致使国家或者集体利益遭受特别重大损失":

(一) 非法批准征用、占用基本农田二十亩以上的;

(二) 非法批准征用、占用基本农田以外的耕地六十亩以上的;

(三) 非法批准征用、占用其他土地一百亩以上的;

(四) 非法批准征用、占用土地,造成基本农田五亩以上,其他耕地十亩以上严重毁坏的;

(五) 非法批准征用、占用土地造成直接经济损失五十万元以上等恶劣情节的。

第六条 国家机关工作人员徇私舞弊,违反土地管理法规,非法低价出让国有土地使用权,具有下列情形之一的,属于"情节严重",依照刑法第四百一十条的规定,以非法低价出让国有土地使用权罪定罪处罚:

(一) 出让国有土地使用权面积在三十亩以上,并且出让价额低于国家规定的最低价额标准的百分之六十的;

(二) 造成国有土地资产流失价额在三十万元以上的。

第七条 实施第六条规定的行为,具有下列情形之一的,属于非法低价出让国有土地使用权"致使国家和集体利益遭受特别重大损失":

(一) 非法低价出让国有土地使用权面积在六十亩以上,并且出让价额低于国家规定的最低价额标准的百分之四十的;

(二) 造成国有土地资产流失价额在五十万元以上的。

第八条 单位犯非法转让、倒卖土地使用权罪、非法占有耕地罪的定罪量刑标准,依照本解释第一条、第二条、第三条的规定执行。

第九条 多次实施本解释规定的行为依法应当追诉的,或者一年内多次实施本解释规定的行为未经处理的,按照累计的数量、数额处罚。

三、矿产资源

中华人民共和国矿产资源法

（1986年3月19日第六届全国人民代表大会常务委员会第十五次会议通过　根据1996年8月29日第八届全国人民代表大会常务委员会第二十一次会议《关于修改〈中华人民共和国矿产资源法〉的决定》第一次修正　根据2009年8月27日第十一届全国人民代表大会常务委员会第十次会议《关于修改部分法律的决定》第二次修正　2024年11月8日第十四届全国人民代表大会常务委员会第十二次会议修订）

第一章　总　则

第一条　为了促进矿产资源合理开发利用，加强矿产资源和生态环境保护，维护矿产资源国家所有者权益和矿业权人合法权益，推动矿业高质量发展，保障国家矿产资源安全，适应全面建设社会主义现代化国家的需要，根据宪法，制定本法。

第二条　在中华人民共和国领域及管辖的其他海域勘查、开采矿产资源，开展矿区生态修复等活动，适用本法。

本法所称矿产资源，是指由地质作用形成、具有利用价值的，呈固态、液态、气态等形态的自然资源。矿产资源目录由国务院确定并调整。

第三条　矿产资源开发利用和保护工作应当坚持中国共产党的领导，贯彻总体国家安全观，统筹发展和安全，统筹国内国际，坚持开发利用与保护并重，遵循保障安全、节约集约、科技支撑、绿色发展的原则。

第四条　矿产资源属于国家所有，由国务院代表国家行使矿产资源的所有权。地表或者地下的矿产资源的国家所有权，不因其所依附的土地的所有权或者使用权的不同而改变。

各级人民政府应当加强矿产资源保护工作。禁止任何单位和个人以任何手段侵占或者破坏矿产资源。

第五条　勘查、开采矿产资源应当依法分别取得探矿权、采矿权，本法另有规定的除外。

国家保护依法取得的探矿权、采矿权不受侵犯，维护矿产资源勘查、开采区域的生产秩序、工作秩序。

第六条　勘查、开采矿产资源应当按照国家有关规定缴纳费用。国务院可以根据不同情况规定减收或者免收有关费用。

开采矿产资源应当依法缴纳资源税。

第七条　国家建立健全地质调查制度，加强基础性地质调查工作，为矿产资源勘查、开采和保护等提供基础地质资料。

第八条　国家完善政策措施，加大对战略性矿产资源勘查、开采、贸易、储备等的支持力度，推动战略性矿产资源增加储量和提高产能，推进战略性矿产资源产业优化升级，提升矿产资源安全保障水平。

战略性矿产资源目录由国务院确定并调整。

对国务院确定的特定战略性矿产资源，按照国家有关规定实行保护性开采。

第九条 国家对矿产资源勘查、开采实行统一规划、合理布局、综合勘查、合理开采和综合利用的方针。

国务院自然资源主管部门会同国务院发展改革、应急管理、生态环境、工业和信息化、水行政、能源、矿山安全监察等有关部门，依据国家发展规划、全国国土空间规划、地质调查成果等，编制全国矿产资源规划，报国务院或者其授权的部门批准后实施。

省级人民政府自然资源主管部门会同有关部门编制本行政区域矿产资源规划，经本级人民政府同意后，报国务院自然资源主管部门批准后实施。

设区的市级、县级人民政府自然资源主管部门会同有关部门根据本行政区域内矿产资源状况和实际需要，编制本行政区域矿产资源规划，经本级人民政府同意后，报上一级人民政府自然资源主管部门批准后实施。

第十条 国家加强战略性矿产资源储备体系和矿产资源应急体系建设，提升矿产资源应急保供能力和水平。

第十一条 国家鼓励、支持矿产资源勘查、开采、保护和矿区生态修复等领域的科技创新、科技成果应用推广，推动数字化、智能化、绿色化建设，提高矿产资源相关领域的科学技术水平。

第十二条 对在矿产资源勘查、开采、保护和矿区生态修复工作中做出突出贡献以及在矿产资源相关领域科技创新等方面取得显著成绩的单位和个人，按照国家有关规定给予表彰、奖励。

第十三条 国家在民族自治地方开采矿产资源，应当照顾民族自治地方的利益，作出有利于民族自治地方经济建设的安排，照顾当地群众的生产和生活。

民族自治地方的自治机关根据法律规定和国家的统一规划，对可以由本地方开发的矿产资源，优先合理开发利用。

第十四条 国务院自然资源主管部门会同有关部门负责全国矿产资源勘查、开采和矿区生态修复等活动的监督管理工作。

县级以上地方人民政府自然资源主管部门会同有关部门负责本行政区域内矿产资源勘查、开采和矿区生态修复等活动的监督管理工作。

国务院授权的机构对省、自治区、直辖市人民政府矿产资源开发利用和监督管理情况进行督察。

第十五条 国家坚持平等互利、合作共赢的方针，积极促进矿产资源领域国际合作。

第二章　矿业权

第十六条 国家实行探矿权、采矿权有偿取得的制度。

探矿权、采矿权统称矿业权。

第十七条 矿业权应当通过招标、拍卖、挂牌等竞争性方式出让，法律、行政法规或者国务院规定可以通过协议出让或者其他方式设立的除外。

矿业权出让权限划分由国务院规定。县级以上人民政府自然资源主管部门按照规定权限组织矿业权出让。

矿业权出让应当按照国家规定纳入统一的公共资源交易平台体系。

第十八条 县级以上人民政府自然资源主管部门应当加强对矿业权出让工作的统筹安排，优化矿业权出让工作流程，提高工作效率，保障矿业权出让工作与加强矿产资源勘查、开采的实际需要相适应。矿业权出让应当考虑不同矿产资源特点、矿山最低开采规模、生态环境保护和安全要求等因素。

国家鼓励单位和个人向县级以上人民政府自然资源主管部门提供可供出让的探矿权区块

来源；对符合出让条件的，有关人民政府自然资源主管部门应当及时安排出让。

国务院自然资源主管部门应当加强对矿业权出让工作的指导和监督。

法律、行政法规规定在一定区域范围内禁止或者限制开采矿产资源的，应当遵守相关规定。

第十九条 通过竞争性方式出让矿业权的，出让矿业权的自然资源主管部门（以下称矿业权出让部门）应当提前公告拟出让矿业权的基本情况、竞争规则、受让人的技术能力等条件及其权利义务等事项，不得以不合理的条件对市场主体实行差别待遇或者歧视待遇。

第二十条 出让矿业权的，矿业权出让部门应当与依法确定的受让人以书面形式签订矿业权出让合同。

矿业权出让合同应当明确勘查或者开采的矿种、区域，勘查、开采、矿区生态修复和安全要求，矿业权出让收益数额与缴纳方式、矿业权的期限等事项；涉及特定战略性矿产资源的，还应当明确保护性开采的有关要求。矿业权出让合同示范文本由国务院自然资源主管部门制定。

第二十一条 矿业权出让合同约定的矿业权出让收益数额与缴纳方式等，应当符合国家有关矿业权出让收益征收的规定。

矿业权出让收益征收办法由国务院财政部门会同国务院自然资源主管部门、国务院税务主管部门制定，报国务院批准后执行。制定矿业权出让收益征收办法，应当根据不同矿产资源特点，遵循有利于维护国家权益、调动矿产资源勘查积极性、促进矿业可持续发展的原则，并广泛听取各有关方面的意见和建议。

第二十二条 设立矿业权的，应当向矿业权出让部门申请矿业权登记。符合登记条件的，矿业权出让部门应当将相关事项记载于矿业权登记簿，并向矿业权人发放矿业权证书。

矿业权变更、转让、抵押和消灭的，应当依法办理登记。

矿业权的设立、变更、转让、抵押和消灭，经依法登记，发生效力；未经登记，不发生效力，法律另有规定的除外。

矿业权登记的具体办法由国务院自然资源主管部门制定。

第二十三条 探矿权人在登记的勘查区域内，享有勘查有关矿产资源并依法取得采矿权的权利。

采矿权人在登记的开采区域内，享有开采有关矿产资源并获得采出的矿产品的权利。

矿业权人有权依法优先取得登记的勘查、开采区域内新发现的其他矿产资源的矿业权，具体办法由国务院自然资源主管部门制定。

在已经登记的勘查、开采区域内，不得设立其他矿业权，国务院和国务院自然资源主管部门规定可以按照不同矿种分别设立矿业权的除外。

第二十四条 探矿权的期限为五年。探矿权期限届满，可以续期，续期最多不超过三次，每次期限为五年；续期时应当按照规定核减勘查区域面积。法律、行政法规另有规定的除外。

探矿权人应当按照探矿权出让合同的约定及时开展勘查工作，并每年向原矿业权出让部门报告有关情况；无正当理由未开展或者未实质性开展勘查工作的，探矿权期限届满时不予续期。

采矿权的期限结合矿产资源储量和矿山建设规模确定，最长不超过三十年。采矿权期限届满，登记的开采区域内仍有可供开采的矿产资源的，可以续期；法律、行政法规另有规定的除外。

期限届满未申请续期或者依法不予续期的，矿业权消灭。

第二十五条 探矿权人探明可供开采的矿产资源后可以在探矿权期限内申请将其探矿权转为采矿权；法律、行政法规另有规定的除外。原矿业权出让部门应当与该探矿权人签订采矿权出让合同，设立采矿权。

为了公共利益的需要，或者因不可抗力或者其他特殊情形，探矿权暂时不能转为采矿权的，探矿权人可以申请办理探矿权保留，原矿业权出让部门应当为其办理。探矿权保留期间，探矿权期限中止计算。

第二十六条 矿业权期限届满前，为了公共利益的需要，原矿业权出让部门可以依法收回矿业权；矿业权被收回的，应当依法给予公平、合理的补偿。

自然保护地范围内，可以依法进行符合管控要求的勘查、开采活动，已设立的矿业权不符合管控要求的，应当依法有序退出。

第二十七条 矿业权可以依法转让或者出资、抵押等，国家另有规定或者矿业权出让合同另有约定的除外。

矿业权转让的，矿业权出让合同和矿业权登记簿所载明的权利、义务随之转移，国家另有规定或者矿业权出让、转让合同另有约定的除外。

矿业权转让的具体管理办法由国务院制定。

第二十八条 有下列情形之一的，无需取得探矿权：

（一）国家出资勘查矿产资源；

（二）采矿权人在登记的开采区域内为开采活动需要进行勘查；

（三）国务院和国务院自然资源主管部门规定的其他情形。

第二十九条 有下列情形之一的，无需取得采矿权：

（一）个人为生活自用采挖只能用作普通建筑材料的砂、石、黏土；

（二）建设项目施工单位在批准的作业区域和建设工期内，因施工需要采挖只能用作普通建筑材料的砂、石、黏土；

（三）国务院和国务院自然资源主管部门规定的其他情形。

有前款第一项、第二项规定情形的，应当遵守省、自治区、直辖市规定的监督管理要求。

第三章　矿产资源勘查、开采

第三十条 县级以上人民政府自然资源主管部门会同有关部门组织开展基础性地质调查；省级以上人民政府自然资源主管部门会同有关部门组织开展战略性矿产资源、重点成矿区远景调查和潜力评价。

第三十一条 开展地质调查和矿产资源勘查、开采活动，应当按照国家有关规定及时汇交原始地质资料、实物地质资料和成果地质资料。

汇交的地质资料应当依法保管、利用和保护。

第三十二条 编制国土空间规划应当合理规划建设项目的空间布局，避免、减少压覆矿产资源。

建设项目论证时，建设单位应当查询占地范围内矿产资源分布和矿业权设置情况。省级以上人民政府自然资源主管部门应当为建设单位提供查询服务。

建设项目确需压覆已经设置矿业权的矿产资源，对矿业权行使造成直接影响的，建设单位应当在压覆前与矿业权人协商，并依法给予公平、合理的补偿。

战略性矿产资源原则上不得压覆；确需压覆的，应当经国务院自然资源主管部门或者其授权的省、自治区、直辖市人民政府自然资源主管部门批准。

第三十三条 矿业权人依照本法有关规定取得矿业权后，进行矿产资源勘查、开采作业前，应当按照矿业权出让合同以及相关标准、技术规范等，分别编制勘查方案、开采方案，报原矿业权出让部门批准，取得勘查许可证、采矿许可证；未取得许可证的，不得进行勘查、开采作业。

矿业权人应当按照经批准的勘查方案、开采方案进行勘查、开采作业；勘查方案、开采方案需要作重大调整的，应当按照规定报原矿业权出让部门批准。

第三十四条 国家完善与矿产资源勘查、开采相适应的矿业用地制度。编制国土空间规划应当考虑矿产资源勘查、开采用地实际需求。勘查、开采矿产资源应当节约集约使用土地。

县级以上人民政府自然资源主管部门应当保障矿业权人依法通过出让、租赁、作价出资等方式使用土地。开采战略性矿产资源确需使用农民集体所有土地的，可以依法实施征收。

勘查矿产资源可以依照土地管理法律、行政法规的规定临时使用土地。露天开采战略性矿产资源占用土地，经科学论证，具备边开采、边复垦条件的，报省级以上人民政府自然资源主管部门批准后，可以临时使用土地；临时使用农用地的，还应当按照国家有关规定及时恢复种植条件、耕地质量或者恢复植被、生产条件，确保原地类数量不减少、质量不下降、农民利益有保障。

勘查、开采矿产资源用地的范围和使用期限应当根据需要确定，使用期限最长不超过矿业权期限。

第三十五条 矿业权所在地的县级人民政府自然资源主管部门应当公告矿业权人勘查、开采区域范围。矿业权人在勘查、开采区域内勘查、开采矿产资源，可以依法在相邻区域通行，架设供电、供水、通讯等相关设施。

任何单位和个人不得实施下列行为：
（一）进入他人的勘查、开采区域勘查、开采矿产资源；
（二）扰乱勘查、开采区域的生产秩序、工作秩序；
（三）侵占、哄抢矿业权人依法开采的矿产品；
（四）其他干扰、破坏矿产资源勘查、开采活动正常进行的行为。

第三十六条 石油、天然气等矿产资源勘查过程中发现可供开采的石油、天然气等矿产资源的，探矿权人依法履行相关程序后，可以进行开采，但应当在国务院自然资源主管部门规定的期限内依法取得采矿权和采矿许可证。

第三十七条 国家鼓励、支持矿业绿色低碳转型发展，加强绿色矿山建设。

勘查、开采矿产资源，应当采用先进适用、符合生态环境保护和安全生产要求的工艺、设备、技术，不得使用国家明令淘汰的工艺、设备、技术。

开采矿产资源应当采取有效措施，避免、减少对矿区森林、草原、耕地、湿地、河湖、海洋等生态系统的破坏，并加强对尾矿库建设、运行、闭库等活动的管理，防范生态环境和安全风险。

第三十八条 勘查活动结束后，探矿权人应当及时对勘查区域进行清理，清除可能危害公共安全的设施、设备等，对废弃的探坑、探井等实施回填、封堵；破坏地表植被的，应当及时恢复。

勘查活动临时占用耕地的，应当及时恢复种植条件和耕地质量；临时占用林地、草地的，应当及时恢复植被和生产条件。

第三十九条 开采矿产资源，应当采取合理的开采顺序、开采方法，并采取有效措施确保矿产资源开采回采率、选矿回收率和综合利用率达到有关国家标准的要求。

开采矿产资源，应当采取有效措施保护地下水资源，并优先使用矿井水。

采矿权人在开采主要矿种的同时，对具有工业价值的共生和伴生矿产应当综合开采、综合利用，防止浪费；对暂时不能综合开采或者必须同时采出但暂时不能综合利用的矿产以及含有用组分的尾矿，应当采取有效的保护措施，防止损失破坏。

国家制定和完善提高矿产资源开采回采率、选矿回收率、综合利用率的激励性政策措施。

第四十条 国家建立矿产资源储量管理制度，具体办法由国务院制定。

矿业权人查明可供开采的矿产资源或者发现矿产资源储量发生重大变化的，应当按照规定编制矿产资源储量报告并报送县级以上人民政府自然资源主管部门。矿业权人应当对矿产资源储量报告的真实性负责。

第四十一条 采矿权人应当按照国家有关规定将闭坑地质报告报送县级以上地方人民政府自然资源主管部门。

采矿权人应当在矿山闭坑前或者闭坑后的合理期限内采取安全措施、防治环境污染和生态破坏。

县级以上地方人民政府应当组织有关部门加强闭坑的监督管理。

第四十二条 勘查、开采矿产资源，应当遵守有关生态环境保护、安全生产、职业病防治等法律、法规的规定，防止污染环境、破坏生态，预防和减少生产安全事故，预防发生职业病。

第四十三条 勘查、开采矿产资源时发现重要地质遗迹、古生物化石和文物的，应当加以保护并及时报告有关部门。

第四章 矿区生态修复

第四十四条 矿区生态修复应当坚持自然恢复与人工修复相结合，遵循因地制宜、科学规划、系统治理、合理利用的原则，采取工程、技术、生物等措施，做好地质环境恢复治理、地貌重塑、植被恢复、土地复垦等。涉及矿区污染治理的，应当遵守相关法律法规和技术标准等要求。

国务院自然资源主管部门会同国务院生态环境主管部门等有关部门制定矿区生态修复技术规范。

国务院生态环境主管部门指导、协调和监督矿区生态修复工作。

县级以上地方人民政府应当加强对矿区生态修复工作的统筹和监督，保障矿区生态修复与污染防治、水土保持、植被恢复等协同实施，提升矿区生态环境保护和恢复效果。

第四十五条 因开采矿产资源导致矿区生态破坏的，采矿权人应当依法履行生态修复义务。采矿权人的生态修复义务不因采矿权消灭而免除。

采矿权转让的，由受让人履行矿区生态修复义务，国家另有规定或者矿业权出让、转让合同另有约定的除外。

历史遗留的废弃矿区，矿区生态修复责任人灭失或者无法确认的，由所在地县级以上地方人民政府组织开展矿区生态修复。

国家鼓励社会资本参与矿区生态修复。

第四十六条 开采矿产资源前，采矿权人应当依照法律、法规和国务院自然资源主管部门的规定以及矿业权出让合同编制矿区生态修复方案，随开采方案报原矿业权出让部门批准。矿区生态修复方案应当包括尾矿库生态修复的专门措施。

编制矿区生态修复方案，应当在矿区涉及的有关范围内公示征求意见，并专门听取矿区涉及的居民委员会、村民委员会、农村集体经济组织和居民代表、村民代表的意见。

第四十七条 采矿权人应当按照经批准的矿区生态修复方案进行矿区生态修复。能够边开采、边修复的，应当边开采、边修复；能够分区、分期修复的，应当分区、分期修复；不能边开采、边修复或者分区、分期修复的，应当在矿山闭坑前或者闭坑后的合理期限内及时修复。

第四十八条 矿区生态修复由县级以上地方人民政府自然资源主管部门会同生态环境主管部门等有关部门组织验收。验收应当邀请有关专家以及矿区涉及的居民委员会、村民委员会、农村集体经济组织和居民代表、村民代表参加，验收结果应当向社会公布。

矿区生态修复分区、分期进行的，应当分区、分期验收。

第四十九条 采矿权人应当按照规定提取矿区生态修复费用，专门用于矿区生态修复。矿区生态修复费用计入成本。

县级以上人民政府自然资源主管部门应当会同财政等有关部门对矿区生态修复费用的提

取、使用情况进行监督检查。

矿区生态修复费用提取、使用和监督管理的具体办法由国务院财政部门会同国务院自然资源主管部门制定。

第五章　矿产资源储备和应急

第五十条　国家构建产品储备、产能储备和产地储备相结合的战略性矿产资源储备体系，科学合理确定储备结构、规模和布局并动态调整。

第五十一条　国务院发展改革、财政、物资储备、能源等有关部门和省、自治区、直辖市人民政府应当按照国家有关规定加强战略性矿产资源储备设施建设，组织实施矿产品储备，建立灵活高效的收储、轮换、动用机制。

第五十二条　开采战略性矿产资源的采矿权人应当按照国家有关规定，落实产能储备责任，合理规划生产能力，确保应急增产需要。

第五十三条　国务院自然资源主管部门会同有关部门，根据保障国家矿产资源安全需要，结合资源储量、分布情况及其稀缺和重要程度等因素，划定战略性矿产资源储备地。

战略性矿产资源储备地管理办法由国务院自然资源主管部门会同有关部门制定。

第五十四条　国家建立和完善矿产资源供应安全预测预警体系，提高预测预警能力和水平，及时对矿产品供求变化、价格波动以及安全风险状况等进行预测预警。

第五十五条　出现矿产品供需严重失衡、经济社会发展和人民生活受到重大影响等矿产资源应急状态的，省级以上人民政府应当按照职责权限及时启动应急响应，可以依法采取下列应急处置措施：

（一）发布矿产品供求等相关信息；

（二）紧急调度矿产资源开采以及矿产品运输、供应；

（三）在战略性矿产资源储备地等区域组织实施矿产资源应急性开采；

（四）动用矿产品储备；

（五）实施价格干预措施、紧急措施；

（六）其他必要措施。

出现矿产资源应急状态时，有关单位和个人应当服从统一指挥和安排，承担相应的应急义务，配合采取应急处置措施，协助维护市场秩序。

因执行应急处置措施给有关单位、个人造成损失的，应当按照有关规定给予补偿。

矿产资源应急状态消除后，省级以上人民政府应当按照职责权限及时终止实施应急处置措施。

第六章　监督管理

第五十六条　县级以上人民政府自然资源主管部门和其他有关部门应当按照职责分工，加强对矿产资源勘查、开采和矿区生态修复等活动的监督检查，依法及时查处违法行为。

上级人民政府自然资源主管部门和其他有关部门应当加强对下级人民政府自然资源主管部门和其他有关部门执法活动的监督。

第五十七条　县级以上人民政府自然资源主管部门和其他有关部门实施监督检查，可以采取下列措施：

（一）进入勘查、开采区域等实施现场查验、勘测；

（二）询问与检查事项有关的人员，要求其对有关事项作出说明；

（三）查阅、复制与检查事项有关的文件、资料；

（四）查封、扣押直接用于违法勘查、开采的工具、设备、设施、场所以及违法采出的矿产品；

（五）法律、法规规定的其他措施。

自然资源主管部门和其他有关部门依法实施监督检查，被检查单位及其有关人员应当予以配合，不得拒绝、阻碍。

自然资源主管部门和其他有关部门及其工作人员对监督检查过程中知悉的国家秘密、商业秘密、个人隐私和个人信息依法负有保密义务。

第五十八条 国家建立矿产资源开发利用水平调查评估制度。

国务院自然资源主管部门建立矿产资源开发利用水平评估指标体系。县级以上人民政府自然资源主管部门应当加强对矿产资源勘查、开采情况的汇总、分析，并定期进行评估，提出节约集约开发利用矿产资源等方面的改进措施。

第五十九条 国务院自然资源主管部门建立全国矿业权分布底图和动态数据库。

国务院自然资源主管部门组织建立全国矿产资源监督管理信息系统，提升监管和服务效能，依法及时公开监管和服务信息，并做好信息共享工作。

第六十条 县级以上人民政府自然资源主管部门应当按照国家有关规定，将矿业权人和从事矿区生态修复等活动的其他单位和个人的信用信息记入信用记录。

第六十一条 任何单位和个人对违反矿产资源法律、法规的行为，有权向县级以上人民政府自然资源主管部门和其他有关部门举报，接到举报的部门应当及时依法处理。

第七章 法律责任

第六十二条 县级以上人民政府自然资源主管部门和其他有关部门的工作人员在矿产资源勘查、开采和矿区生态修复等活动的监督管理工作中滥用职权、玩忽职守、徇私舞弊的，依法给予处分。

第六十三条 违反本法规定，未取得探矿权勘查矿产资源的，由县级以上人民政府自然资源主管部门责令停止违法行为，没收违法所得以及直接用于违法勘查的工具、设备，并处十万元以上一百万元以下罚款；拒不停止违法行为的，可以责令停业整顿。

超出探矿权登记的勘查区域勘查矿产资源的，依照前款规定处罚；拒不停止违法行为，情节严重的，原矿业权出让部门可以吊销其勘查许可证。

第六十四条 违反本法规定，未取得采矿权开采矿产资源的，由县级以上人民政府自然资源主管部门责令停止违法行为，没收直接用于违法开采的工具、设备以及违法采出的矿产品，并处违法采出的矿产品市场价值三倍以上五倍以下罚款；没有采出矿产品或者违法采出的矿产品市场价值不足十万元的，并处十万元以上一百万元以下罚款；拒不停止违法行为的，可以责令停业整顿。

超出采矿权登记的开采区域开采矿产资源的，依照前款规定处罚；拒不停止违法行为，情节严重的，原矿业权出让部门可以吊销其采矿许可证。

违反本法规定，从事石油、天然气等矿产资源勘查活动，未在国务院自然资源主管部门规定的期限内依法取得采矿权进行开采的，依照本条第一款规定处罚。

第六十五条 违反本法规定，建设项目未经批准压覆战略性矿产资源的，由县级以上人民政府自然资源主管部门责令改正，处十万元以上一百万元以下罚款。

第六十六条 违反本法规定，探矿权人未取得勘查许可证进行矿产资源勘查作业的，由县级以上人民政府自然资源主管部门责令改正；拒不改正的，没收违法所得以及直接用于违法勘查的工具、设备，处十万元以上五十万元以下罚款，并可以责令停业整顿。

第六十七条 违反本法规定，采矿权人未取得采矿许可证进行矿产资源开采作业的，由县级以上人民政府自然资源主管部门责令改正；拒不改正的，没收直接用于违法开采的工具、设备以及违法采出的矿产品，处违法采出的矿产品市场价值一倍以上三倍以下罚款，没有采出矿产品或者违法采出的矿产品市场价值不足十万元的，处十万元以上五十万元以下罚款，并可以责令停业整顿。

违反本法规定,从事石油、天然气等矿产资源勘查活动,未在国务院自然资源主管部门规定的期限内依法取得采矿许可证进行开采的,依照前款规定处罚。

第六十八条 违反本法规定,有下列情形之一,造成矿产资源破坏的,由县级以上人民政府自然资源主管部门责令改正,处十万元以上五十万元以下罚款;拒不改正的,可以责令停业整顿;情节严重的,原矿业权出让部门可以吊销其勘查许可证、采矿许可证:

(一)未按照经批准的勘查方案、开采方案进行矿产资源勘查、开采作业;

(二)采取不合理的开采顺序、开采方法开采矿产资源;

(三)矿产资源开采回采率、选矿回收率和综合利用率未达到有关国家标准的要求。

违反本法规定,未按照保护性开采要求开采特定战略性矿产资源的,依照前款规定处罚;法律、行政法规另有规定的,依照其规定。

第六十九条 违反本法规定,勘查活动结束后探矿权人未及时对勘查区域进行清理或者未及时恢复受到破坏的地表植被的,由县级以上人民政府自然资源主管部门责令改正,可以处五万元以下罚款;拒不改正的,处五万元以上十万元以下罚款,由县级以上人民政府自然资源主管部门确定有关单位代为清理、恢复,所需费用由探矿权人承担。

第七十条 未按照规定汇交地质资料,或者矿业权人未按照规定编制并报送矿产资源储量报告的,由县级以上人民政府自然资源主管部门责令改正,处二万元以上十万元以下罚款;情节严重的,处十万元以上五十万元以下罚款。

矿业权人故意报送虚假的矿产资源储量报告的,由县级以上人民政府自然资源主管部门没收违法所得,并处二十万元以上一百万元以下罚款;情节严重的,由原矿业权出让部门收回矿业权。

第七十一条 违反本法规定,采矿权人不履行矿区生态修复义务或者未按照经批准的矿区生态修复方案进行矿区生态修复的,由县级以上人民政府自然资源主管部门责令改正,可以处矿区生态修复所需费用二倍以下罚款;拒不改正的,处矿区生态修复所需费用二倍以上五倍以下罚款,由县级以上人民政府自然资源主管部门确定有关单位代为修复,所需费用由采矿权人承担。

第七十二条 出现矿产资源应急状态时,有关单位和个人违反本法规定,不服从统一指挥和安排、不承担相应的应急义务或者不配合采取应急处置措施的,由省级以上人民政府自然资源主管部门或者其他有关部门责令改正,给予警告或者通报批评;拒不改正的,对单位处十万元以上五十万元以下罚款,根据情节轻重,可以责令停业整顿或者依法吊销相关许可证件,对个人处一万元以上五万元以下罚款。

第七十三条 违反本法规定,矿业权人拒绝、阻碍监督检查,或者在接受监督检查时弄虚作假的,由县级以上人民政府自然资源主管部门或者其他有关部门责令改正;拒不改正的,处二万元以上十万元以下罚款。

第七十四条 违反本法规定,破坏矿产资源或者污染环境、破坏生态,损害国家利益、社会公共利益的,人民检察院、法律规定的机关和有关组织可以依法向人民法院提起诉讼。

第七十五条 违反本法规定,造成他人人身财产损害或者生态环境损害的,依法承担民事责任;构成违反治安管理行为的,依法给予治安管理处罚;构成犯罪的,依法追究刑事责任。

第七十六条 勘查、开采矿产资源、开展矿区生态修复,违反有关生态环境保护、安全生产、职业病防治、土地管理、林业草原、文物保护等法律、行政法规的,依照有关法律、行政法规的规定处理、处罚。

第八章 附　则

第七十七条　外商投资勘查、开采矿产资源，法律、行政法规另有规定的，依照其规定。

第七十八条　中华人民共和国境外的组织和个人，实施危害中华人民共和国国家矿产资源安全行为的，依法追究其法律责任。

第七十九条　中华人民共和国缔结或者参加的国际条约与本法有不同规定的，适用国际条约的规定；但是，中华人民共和国声明保留的条款除外。

第八十条　本法自 2025 年 7 月 1 日起施行。

中华人民共和国煤炭法

（1996 年 8 月 29 日第八届全国人民代表大会常务委员会第二十一次会议通过　根据 2009 年 8 月 27 日第十一届全国人民代表大会常务委员会第十次会议《关于修改部分法律的决定》第一次修正　根据 2011 年 4 月 22 日第十一届全国人民代表大会常务委员会第二十次会议《关于修改〈中华人民共和国煤炭法〉的决定》第二次修正　根据 2013 年 6 月 29 日第十二届全国人民代表大会常务委员会第三次会议《关于修改〈中华人民共和国文物保护法〉等十二部法律的决定》第三次修正　根据 2016 年 11 月 7 日第十二届全国人民代表大会常务委员会第二十四次会议《关于修改〈中华人民共和国对外贸易法〉等十二部法律的决定》第四次修正）

第一章 总　则

第一条　为了合理开发利用和保护煤炭资源，规范煤炭生产、经营活动，促进和保障煤炭行业的发展，制定本法。

第二条　在中华人民共和国领域和中华人民共和国管辖的其他海域从事煤炭生产、经营活动，适用本法。

第三条　煤炭资源属于国家所有。地表或者地下的煤炭资源的国家所有权，不因其依附的土地的所有权或者使用权的不同而改变。

第四条　国家对煤炭开发实行统一规划、合理布局、综合利用的方针。

第五条　国家依法保护煤炭资源，禁止任何乱采、滥挖破坏煤炭资源的行为。

第六条　国家保护依法投资开发煤炭资源的投资者的合法权益。

国家保障国有煤矿的健康发展。

国家对乡镇煤矿采取扶持、改造、整顿、联合、提高的方针，实行正规合理开发和有序发展。

第七条　煤矿企业必须坚持安全第一、预防为主的安全生产方针，建立健全安全生产的责任制度和群防群治制度。

第八条　各级人民政府及其有关部门和煤矿企业必须采取措施加强劳动保护，保障煤矿职工的安全和健康。

国家对煤矿井下作业的职工采取特殊保护措施。

第九条 国家鼓励和支持在开发利用煤炭资源过程中采用先进的科学技术和管理方法。

煤矿企业应当加强和改善经营管理,提高劳动生产率和经济效益。

第十条 国家维护煤矿矿区的生产秩序、工作秩序,保护煤矿企业设施。

第十一条 开发利用煤炭资源,应当遵守有关环境保护的法律、法规,防治污染和其他公害,保护生态环境。

第十二条 国务院煤炭管理部门依法负责全国煤炭行业的监督管理。国务院有关部门在各自的职责范围内负责煤炭行业的监督管理。

县级以上地方人民政府煤炭管理部门和有关部门依法负责本行政区域内煤炭行业的监督管理。

第十三条 煤炭矿务局是国有煤矿企业,具有独立法人资格。

矿务局和其他具有独立法人资格的煤矿企业、煤炭经营企业依法实行自主经营、自负盈亏、自我约束、自我发展。

第二章 煤炭生产开发规划与煤矿建设

第十四条 国务院煤炭管理部门根据全国矿产资源勘查规划编制全国煤炭资源勘查规划。

第十五条 国务院煤炭管理部门根据全国矿产资源规划规定的煤炭资源,组织编制和实施煤炭生产开发规划。

省、自治区、直辖市人民政府煤炭管理部门根据全国矿产资源规划规定的煤炭资源,组织编制和实施本地区煤炭生产开发规划,并报国务院煤炭管理部门备案。

第十六条 煤炭生产开发规划应当根据国民经济和社会发展的需要制定,并纳入国民经济和社会发展计划。

第十七条 国家制定优惠政策,支持煤炭工业发展,促进煤矿建设。

煤矿建设项目应当符合煤炭生产开发规划和煤炭产业政策。

第十八条 煤矿建设使用土地,应当依照有关法律、行政法规的规定办理。征收土地的,应当依法支付土地补偿费和安置补偿费,做好迁移居民的安置工作。

煤矿建设应当贯彻保护耕地、合理利用土地的原则。

地方人民政府对煤矿建设依法使用土地和迁移居民,应当给予支持和协助。

第十九条 煤矿建设应当坚持煤炭开发与环境治理同步进行。煤矿建设项目的环境保护设施必须与主体工程同时设计、同时施工、同时验收、同时投入使用。

第三章 煤炭生产与煤矿安全

第二十条 煤矿投入生产前,煤矿企业应当依照有关安全生产的法律、行政法规的规定取得安全生产许可证。未取得安全生产许可证的,不得从事煤炭生产。

第二十一条 对国民经济具有重要价值的特殊煤种或者稀缺煤种,国家实行保护性开采。

第二十二条 开采煤炭资源必须符合煤矿开采规程,遵守合理的开采顺序,达到规定的煤炭资源回采率。

煤炭资源回采率由国务院煤炭管理部门根据不同的资源和开采条件确定。

国家鼓励煤矿企业进行复采或者开采边角残煤和极薄煤。

第二十三条 煤矿企业应当加强煤炭产品质量的监督检查和管理。煤炭产品质量应当按照国家标准或者行业标准分等论级。

第二十四条 煤炭生产应当依法在批准的开采范围内进行,不得超越批准的开采范围越界、越层开采。

采矿作业不得擅自开采保安煤柱,不得采用可能危及相邻煤矿生产安全的决水、爆破、贯通巷道等危险方法。

第二十五条 因开采煤炭压占土地或者造成地表土地塌陷、挖损,由采矿者负责进行复垦,恢复到可供利用的状态;造成他人损失的,应当依法给予补偿。

第二十六条 关闭煤矿和报废矿井,应当依照有关法律、法规和国务院煤炭管理部门的规定办理。

第二十七条 国家建立煤矿企业积累煤矿衰老期转产资金的制度。

国家鼓励和扶持煤矿企业发展多种经营。

第二十八条 国家提倡和支持煤矿企业和其他企业发展煤电联产、炼焦、煤化工、煤建材等,进行煤炭的深加工和精加工。

国家鼓励煤矿企业发展煤炭洗选加工,综合开发利用煤层气、煤矸石、煤泥、石煤和泥炭。

第二十九条 国家发展和推广洁净煤技术。

国家采取措施取缔土法炼焦。禁止新建土法炼焦窑炉;现有的土法炼焦限期改造。

第三十条 县级以上各级人民政府及其煤炭管理部门和其他有关部门,应当加强对煤矿安全生产工作的监督管理。

第三十一条 煤矿企业的安全生产管理,实行矿务局长、矿长负责制。

第三十二条 矿务局长、矿长及煤矿企业的其他主要负责人必须遵守有关矿山安全的法律、法规和煤炭行业安全规章、规程,加强对煤矿安全生产工作的管理,执行安全生产责任制度,采取有效措施,防止伤亡和其他安全生产事故的发生。

第三十三条 煤矿企业应当对职工进行安全生产教育、培训;未经安全生产教育、培训的,不得上岗作业。

煤矿企业职工必须遵守有关安全生产的法律、法规、煤炭行业规章、规程和企业规章制度。

第三十四条 在煤矿井下作业中,出现危及职工生命安全并无法排除的紧急情况时,作业现场负责人或者安全管理人员应当立即组织职工撤离危险现场,并及时报告有关方面负责人。

第三十五条 煤矿企业工会发现企业行政方面违章指挥、强令职工冒险作业或者生产过程中发现明显重大事故隐患,可能危及职工生命安全的情况,有权提出解决问题的建议,煤矿企业行政方面必须及时作出处理决定。企业行政方面拒不处理的,工会有权提出批评、检举和控告。

第三十六条 煤矿企业必须为职工提供保障安全生产所需的劳动保护用品。

第三十七条 煤矿企业应当依法为职工参加工伤保险缴纳工伤保险费。鼓励企业为井下作业职工办理意外伤害保险,支付保险费。

第三十八条 煤矿企业使用的设备、器材、火工产品和安全仪器,必须符合国家标准或者行业标准。

第四章 煤炭经营

第三十九条 煤炭经营企业从事煤炭经营,应当遵守有关法律、法规的规定,改善服务,保障供应。禁止一切非法经营活动。

第四十条 煤炭经营应当减少中间环节和取消不合理的中间环节,提倡有条件的煤矿企业直销。

煤炭用户和煤炭销区的煤炭经营企业有权直接从煤矿企业购进煤炭。在煤炭产区可以组成煤炭销售、运输服务机构,为中小煤矿办理经销、运输业务。

禁止行政机关违反国家规定擅自设立煤炭供应的中间环节和额外加收费用。

第四十一条 从事煤炭运输的车站、港口及其他运输企业不得利用其掌握的运力作为参与煤炭经营、谋取不正当利益的手段。

第四十二条 国务院物价行政主管部门会同国务院煤炭管理部门和有关部门对煤炭的销售价格进行监督管理。

第四十三条 煤矿企业和煤炭经营企业供应用户的煤炭质量应当符合国家标准或者行业标准，质级相符，质价相符。用户对煤炭质量有特殊要求的，由供需双方在煤炭购销合同中约定。

煤矿企业和煤炭经营企业不得在煤炭中掺杂、掺假，以次充好。

第四十四条 煤矿企业和煤炭经营企业供应用户的煤炭质量不符合国家标准或者行业标准，或者不符合合同约定，或者质级不符、质价不符，给用户造成损失的，应当依法给予赔偿。

第四十五条 煤矿企业、煤炭经营企业、运输企业和煤炭用户应当依照法律、国务院有关规定或者合同约定供应、运输和接卸煤炭。

运输企业应当将承运的不同质量的煤炭分装、分堆。

第四十六条 煤炭的进出口依照国务院的规定，实行统一管理。

具备条件的大型煤矿企业经国务院对外经济贸易主管部门依法许可，有权从事煤炭出口经营。

第四十七条 煤炭经营管理办法，由国务院依照本法制定。

第五章 煤矿矿区保护

第四十八条 任何单位或者个人不得危害煤矿矿区的电力、通讯、水源、交通及其他生产设施。

禁止任何单位和个人扰乱煤矿矿区的生产秩序和工作秩序。

第四十九条 对盗窃或者破坏煤矿矿区设施、器材及其他危及煤矿矿区安全的行为，一切单位和个人都有权检举、控告。

第五十条 未经煤矿企业同意，任何单位或者个人不得在煤矿企业依法取得土地使用权的有效期间内在该土地上种植、养殖、取土或者修建建筑物、构筑物。

第五十一条 未经煤矿企业同意，任何单位或者个人不得占用煤矿企业的铁路专用线、专用道路、专用航道、专用码头、电力专用线、专用供水管路。

第五十二条 任何单位或者个人需要在煤矿采区范围内进行可能危及煤矿安全的作业时，应当经煤矿企业同意，报煤炭管理部门批准，并采取安全措施后，方可进行作业。

在煤矿矿区范围内需要建设公用工程或者其他工程的，有关单位应当事先与煤矿企业协商并达成协议后，方可施工。

第六章 监督检查

第五十三条 煤炭管理部门和有关部门依法对煤矿企业和煤炭经营企业执行煤炭法律、法规的情况进行监督检查。

第五十四条 煤炭管理部门和有关部门的监督检查人员应当熟悉煤炭法律、法规，掌握有关煤炭专业技术，公正廉洁，秉公执法。

第五十五条 煤炭管理部门和有关部门的监督检查人员进行监督检查时，有权向煤矿企业、煤炭经营企业或者用户了解有关执行煤炭法律、法规的情况，查阅有关资料，并有权进入现场进行检查。

煤矿企业、煤炭经营企业和用户对依法执行监督检查任务的煤炭管理部门和有关部门的监督检查人员应当提供方便。

第五十六条 煤炭管理部门和有关部门的监督检查人员对煤矿企业和煤炭经营企业违反

煤炭法律、法规的行为，有权要求其依法改正。

煤炭管理部门和有关部门的监督检查人员进行监督检查时，应当出示证件。

第七章　法律责任

第五十七条　违反本法第二十二条的规定，开采煤炭资源未达到国务院煤炭管理部门规定的煤炭资源回采率的，由煤炭管理部门责令限期改正；逾期仍达不到规定的回采率的，责令停止生产。

第五十八条　违反本法第二十四条的规定，擅自开采保安煤柱或者采用危及相邻煤矿生产安全的危险方法进行采矿作业的，由劳动行政主管部门会同煤炭管理部门责令停止作业；由煤炭管理部门没收违法所得，并处违法所得一倍以上五倍以下的罚款；构成犯罪的，由司法机关依法追究刑事责任；造成损失的，依法承担赔偿责任。

第五十九条　违反本法第四十三条的规定，在煤炭产品中掺杂、掺假，以次充好的，责令停止销售，没收违法所得，并处违法所得一倍以上五倍以下的罚款；构成犯罪的，由司法机关依法追究刑事责任。

第六十条　违反本法第五十条的规定，未经煤矿企业同意，在煤矿企业依法取得土地使用权的有效期间内在该土地上修建建筑物、构筑物的，由当地人民政府动员拆除；拒不拆除的，责令拆除。

第六十一条　违反本法第五十一条的规定，未经煤矿企业同意，占用煤矿企业的铁路专用线、专用道路、专用航道、专用码头、电力专用线、专用供水管路的，由县级以上地方人民政府责令限期改正；逾期不改正的，强制清除，可以并处五万元以下的罚款；造成损失的，依法承担赔偿责任。

第六十二条　违反本法第五十二条的规定，未经批准或者未采取安全措施，在煤矿采区范围内进行危及煤矿安全作业的，由煤炭管理部门责令停止作业，可以并处五万元以下的罚款；造成损失的，依法承担赔偿责任。

第六十三条　有下列行为之一的，由公安机关依照治安管理处罚法的有关规定处罚；构成犯罪的，由司法机关依法追究刑事责任：

（一）阻碍煤矿建设，致使煤矿建设不能正常进行的；

（二）故意损坏煤矿矿区的电力、通讯、水源、交通及其他生产设施的；

（三）扰乱煤矿矿区秩序，致使生产、工作不能正常进行的；

（四）拒绝、阻碍监督检查人员依法执行职务的。

第六十四条　煤矿企业的管理人员违章指挥、强令职工冒险作业，发生重大伤亡事故的，依照刑法有关规定追究刑事责任。

第六十五条　煤矿企业的管理人员对煤矿事故隐患不采取措施予以消除，发生重大伤亡事故的，依照刑法有关规定追究刑事责任。

第六十六条　煤炭管理部门和有关部门的工作人员玩忽职守、徇私舞弊、滥用职权的，依法给予行政处分；构成犯罪的，由司法机关依法追究刑事责任。

第八章　附　　则

第六十七条　本法自 1996 年 12 月 1 日起施行。

最高人民法院
关于审理矿业权纠纷案件适用法律若干问题的解释

（2017年2月20日最高人民法院审判委员会第1710次会议通过，根据2020年12月23日最高人民法院审判委员会第1823次会议通过的《最高人民法院关于修改〈最高人民法院关于在民事审判工作中适用《中华人民共和国工会法》若干问题的解释〉等二十七件民事类司法解释的决定》修正）

为正确审理矿业权纠纷案件，依法保护当事人的合法权益，根据《中华人民共和国民法典》《中华人民共和国矿产资源法》《中华人民共和国环境保护法》等法律法规的规定，结合审判实践，制定本解释。

第一条 人民法院审理探矿权、采矿权等矿业权纠纷案件，应当依法保护矿业权流转，维护市场秩序和交易安全，保障矿产资源合理开发利用，促进资源节约与环境保护。

第二条 县级以上人民政府自然资源主管部门作为出让人与受让人签订的矿业权出让合同，除法律、行政法规另有规定的情形外，当事人请求确认自依法成立之日起生效的，人民法院应予支持。

第三条 受让人请求自矿产资源勘查许可证、采矿许可证载明的有效期起始日确认其探矿权、采矿权的，人民法院应予支持。

矿业权出让合同生效后、矿产资源勘查许可证或者采矿许可证颁发前，第三人越界或者以其他方式非法勘查开采，经出让人同意已实际占有勘查作业区或者矿区的受让人，请求第三人承担停止侵害、排除妨碍、赔偿损失等侵权责任的，人民法院应予支持。

第四条 出让人未按照出让合同的约定移交勘查作业区或者矿区、颁发矿产资源勘查许可证或者采矿许可证，受让人请求解除出让合同的，人民法院应予支持。

受让人勘查开采矿产资源未达到自然资源主管部门批准的矿山地质环境保护与土地复垦方案要求，在自然资源主管部门规定的期限内拒不改正，或者因违反法律法规被吊销矿产资源勘查许可证、采矿许可证，或者未按照出让合同的约定支付矿业权出让价款，出让人解除出让合同的，人民法院应予支持。

第五条 未取得矿产资源勘查许可证、采矿许可证，签订合同将矿产资源交由他人勘查开采的，人民法院应依法认定合同无效。

第六条 矿业权转让合同自依法成立之日起具有法律约束力。矿业权转让申请未经自然资源主管部门批准，受让人请求转让人办理矿业权变更登记手续的，人民法院不予支持。

当事人仅以矿业权转让申请未经自然资源主管部门批准为由请求确认转让合同无效的，人民法院不予支持。

第七条 矿业权转让合同依法成立后，在不具有法定无效情形下，受让人请求转让人履行报批义务或者转让人请求受让人履行协助报批义务的，人民法院应予支持，但法律上或者事实上不具备履行条件的除外。

人民法院可以依据案件事实和受让人的请求，判决受让人代为办理报批手续，转让人应当履行协助义务，并承担由此产生的费用。

第八条 矿业权转让合同依法成立后，转让人无正当理由拒不履行报批义务，受让人请求解除合同、返还已付转让款及利息，并由转让人承担违约责任的，人民法院应予支持。

第九条 矿业权转让合同约定受让人支付全部或者部分转让款后办理报批手续，转让人在办理报批手续前请求受让人先履行付款义务的，人民法院应予支持，但受让人有确切证据证明存在转让人将同一矿业权转让给第三人、矿业权人将被兼并重组等符合民法典第五百二十七条规定情形的除外。

第十条 自然资源主管部门不予批准矿业权转让申请致使矿业权转让合同被解除，受让人请求返还已付转让款及利息，采矿权人请求受让人返还获得的矿产品及收益，或者探矿权人请求受让人返还勘查资料和勘查中回收的矿产品及收益的，人民法院应予支持，但受让人可请求扣除相关的成本费用。

当事人一方对矿业权转让申请未获批准有过错的，应赔偿对方因此受到的损失；双方均有过错的，应当各自承担相应的责任。

第十一条 矿业权转让合同依法成立后、自然资源主管部门批准前，矿业权人又将矿业权转让给第三人并经自然资源主管部门批准、登记，受让人请求解除转让合同、返还已付转让款及利息，并由矿业权人承担违约责任的，人民法院应予支持。

第十二条 当事人请求确认矿业权租赁、承包合同自依法成立之日起生效的，人民法院应予支持。

矿业权租赁、承包合同约定矿业权人仅收取租金、承包费，放弃矿山管理，不履行安全生产、生态环境修复等法定义务，不承担相应法律责任的，人民法院应依法认定合同无效。

第十三条 矿业权人与他人合作进行矿产资源勘查开采所签订的合同，当事人请求确认自依法成立之日起生效的，人民法院应予支持。

合同中有关矿业权转让的条款适用本解释关于矿业权转让合同的规定。

第十四条 矿业权人为担保自己或者他人债务的履行，将矿业权抵押给债权人的，抵押合同自依法成立之日起生效，但法律、行政法规规定不得抵押的除外。

当事人仅以未经主管部门批准或者登记、备案为由请求确认抵押合同无效的，人民法院不予支持。

第十五条 当事人请求确认矿业权之抵押权自依法登记时设立的，人民法院应予支持。

颁发矿产资源勘查许可证或者采矿许可证的自然资源主管部门根据相关规定办理的矿业权抵押备案手续，视为前款规定的登记。

第十六条 债务人不履行到期债务或者发生当事人约定的实现抵押权的情形，抵押权人依据民事诉讼法第一百九十六条、第一百九十七条规定申请实现抵押权的，人民法院可以拍卖、变卖矿业权或者裁定以矿业权抵债，但矿业权竞买人、受让人应具备相应的资质条件。

第十七条 矿业权抵押期间因抵押人被兼并重组或者矿床被压覆等原因导致矿业权全部或者部分灭失，抵押权人请求就抵押人因此获得的保险金、赔偿金或者补偿金等款项优先受偿或者将该款项予以提存的，人民法院应予支持。

第十八条 当事人约定在自然保护区、风景名胜区、重点生态功能区、生态环境敏感区和脆弱区等区域内勘查开采矿产资源，违反法律、行政法规的强制性规定或者损害环境公共利益的，人民法院应依法认定合同无效。

第十九条 因越界勘查开采矿产资源引发的侵权责任纠纷，涉及自然资源主管部门批准的勘查开采范围重复或者界限不清，人民法院应告知当事人先向自然资源主管部门申请解决。

第二十条 因他人越界勘查开采矿产资源，矿业权人请求侵权人承担停止侵害、排除妨碍、返还财产、赔偿损失等侵权责任的，人民法院应予支持，但探矿权人请求侵权人返还越界开采的矿产品及收益的除外。

第二十一条　勘查开采矿产资源造成环境污染，或者导致地质灾害、植被毁损等生态破坏，国家规定的机关或者法律规定的组织提起环境公益诉讼的，人民法院应依法予以受理。

国家规定的机关或者法律规定的组织为保护国家利益、环境公共利益提起诉讼的，不影响因同一勘查开采行为受到人身、财产损害的自然人、法人和非法人组织依据民事诉讼法第一百一十九条的规定提起诉讼。

第二十二条　人民法院在审理案件中，发现无证勘查开采，勘查资质、地质资料造假，或者勘查开采未履行生态环境修复义务等违法情形的，可以向有关行政主管部门提出司法建议，由其依法处理；涉嫌犯罪的，依法移送侦查机关处理。

第二十三条　本解释施行后，人民法院尚未审结的一审、二审案件适用本解释规定。本解释施行前已经作出生效裁判的案件，本解释施行后依法再审的，不适用本解释。

最高人民法院　最高人民检察院
关于办理非法采矿、破坏性采矿刑事案件适用法律若干问题的解释

法释〔2016〕25号

（2016年9月26日最高人民法院审判委员会第1694次会议、2016年11月4日最高人民检察院第十二届检察委员会第57次会议通过　2016年11月28日最高人民法院、最高人民检察院公告公布　自2016年12月1日起施行）

为依法惩处非法采矿、破坏性采矿犯罪活动，根据《中华人民共和国刑法》《中华人民共和国刑事诉讼法》的有关规定，现就办理此类刑事案件适用法律的若干问题解释如下：

第一条　违反《中华人民共和国矿产资源法》《中华人民共和国水法》等法律、行政法规有关矿产资源开发、利用、保护和管理的规定的，应当认定为刑法第三百四十三条规定的"违反矿产资源法的规定"。

第二条　具有下列情形之一的，应当认定为刑法第三百四十三条第一款规定的"未取得采矿许可证"：

（一）无许可证的；

（二）许可证被注销、吊销、撤销的；

（三）超越许可证规定的矿区范围或者开采范围的；

（四）超出许可证规定的矿种的（共生、伴生矿种除外）；

（五）其他未取得许可证的情形。

第三条　实施非法采矿行为，具有下列情形之一的，应当认定为刑法第三百四十三条第一款规定的"情节严重"：

（一）开采的矿产品价值或者造成矿产资源破坏的价值在十万元至三十万元以上的；

（二）在国家规划矿区、对国民经济具有重要价值的矿区采矿，开采国家规定实行保护性开采的特定矿种，或者在禁采区、禁采期内采矿，开采的矿产品价值或者造成矿产资源破坏的价值在五万元至十五万元以上的；

（三）二年内曾因非法采矿受过两次以上行政处罚，又实施非法采矿行为的；

（四）造成生态环境严重损害的；
（五）其他情节严重的情形。

实施非法采矿行为，具有下列情形之一的，应当认定为刑法第三百四十三条第一款规定的"情节特别严重"：

（一）数额达到前款第一项、第二项规定标准五倍以上的；
（二）造成生态环境特别严重损害的；
（三）其他情节特别严重的情形。

第四条 在河道管理范围内采砂，具有下列情形之一，符合刑法第三百四十三条第一款和本解释第二条、第三条规定的，以非法采矿罪定罪处罚：

（一）依据相关规定应当办理河道采砂许可证，未取得河道采砂许可证的；
（二）依据相关规定应当办理河道采砂许可证和采矿许可证，既未取得河道采砂许可证，又未取得采矿许可证的。

实施前款规定行为，虽不具有本解释第三条第一款规定的情形，但严重影响河势稳定，危害防洪安全的，应当认定为刑法第三百四十三条第一款规定的"情节严重"。

第五条 未取得海砂开采海域使用权证，且未取得采矿许可证，采挖海砂，符合刑法第三百四十三条第一款和本解释第二条、第三条规定的，以非法采矿罪定罪处罚。

实施前款规定行为，虽不具有本解释第三条第一款规定的情形，但造成海岸线严重破坏的，应当认定为刑法第三百四十三条第一款规定的"情节严重"。

第六条 造成矿产资源破坏的价值在五十万元至一百万元以上，或者造成国家规划矿区、对国民经济具有重要价值的矿区和国家规定实行保护性开采的特定矿种资源破坏的价值在二十五万元至五十万元以上的，应当认定为刑法第三百四十三条第二款规定的"造成矿产资源严重破坏"。

第七条 明知是犯罪所得的矿产品及其产生的收益，而予以窝藏、转移、收购、代为销售或者以其他方法掩饰、隐瞒的，依照刑法第三百一十二条的规定，以掩饰、隐瞒犯罪所得、犯罪所得收益罪定罪处罚。

实施前款规定的犯罪行为，事前通谋的，以共同犯罪论处。

第八条 多次非法采矿、破坏性采矿构成犯罪，依法应当追诉的，或者二年内多次非法采矿、破坏性采矿未经处理的，价值数额累计计算。

第九条 单位犯刑法第三百四十三条规定之罪的，依照本解释规定的相应自然人犯罪的定罪量刑标准，对直接负责的主管人员和其他直接责任人员定罪处罚，并对单位判处罚金。

第十条 实施非法采矿犯罪，不属于"情节特别严重"，或者实施破坏性采矿犯罪，行为人系初犯，全部退赃退赔，积极修复环境，并确有悔改表现的，可以认定为犯罪情节轻微，不起诉或者免予刑事处罚。

第十一条 对受雇佣为非法采矿、破坏性采矿犯罪提供劳务的人员，除参与利润分成或者领取高额固定工资的以外，一般不以犯罪论处，但曾因非法采矿、破坏性采矿受过处罚的除外。

第十二条 对非法采矿、破坏性采矿犯罪的违法所得及其收益，应当依法追缴或者责令退赔。

对用于非法采矿、破坏性采矿犯罪的专门工具和供犯罪所用的本人财物，应当依法没收。

第十三条 非法开采的矿产品价值，根据销赃数额认定；无销赃数额，销赃数额难以查证，或者根据销赃数额认定明显不合理的，根据矿产品价格和数量认定。

矿产品价值难以确定的，依据下列机构出具的报告，结合其他证据作出认定：

（一）价格认证机构出具的报告；
（二）省级以上人民政府国土资源、水行政、海洋等主管部门出具的报告；

（三）国务院水行政主管部门在国家确定的重要江河、湖泊设立的流域管理机构出具的报告。

第十四条 对案件所涉的有关专门性问题难以确定的，依据下列机构出具的鉴定意见或者报告，结合其他证据作出认定：

（一）司法鉴定机构就生态环境损害出具的鉴定意见；

（二）省级以上人民政府国土资源主管部门就造成矿产资源破坏的价值、是否属于破坏性开采方法出具的报告；

（三）省级以上人民政府水行政主管部门或者国务院水行政主管部门在国家确定的重要江河、湖泊设立的流域管理机构就是否危害防洪安全出具的报告；

（四）省级以上人民政府海洋主管部门就是否造成海岸线严重破坏出具的报告。

第十五条 各省、自治区、直辖市高级人民法院、人民检察院，可以根据本地区实际情况，在本解释第三条、第六条规定的数额幅度内，确定本地区执行的具体数额标准，报最高人民法院、最高人民检察院备案。

第十六条 本解释自 2016 年 12 月 1 日起施行。本解释施行后，《最高人民法院关于审理非法采矿、破坏性采矿刑事案件具体应用法律若干问题的解释》（法释〔2003〕9 号）同时废止。

最高人民法院　最高人民检察院关于办理盗窃油气、破坏油气设备等刑事案件具体应用法律若干问题的解释

法释〔2007〕3 号

（2006 年 11 月 20 日最高人民法院审判委员会第 1406 次会议、2006 年 12 月 11 日最高人民检察院第十届检察委员会第 66 次会议通过　2007 年 1 月 15 日最高人民法院、最高人民检察院公布　自 2007 年 1 月 19 日起施行）

为维护油气的生产、运输安全，依法惩治盗窃油气、破坏油气设备等犯罪，根据刑法有关规定，现就办理这类刑事案件具体应用法律的若干问题解释如下：

第一条 在实施盗窃油气等行为过程中，采用切割、打孔、撬砸、拆卸、开关等手段破坏正在使用的油气设备的，属于刑法第一百一十八条规定的"破坏燃气或者其他易燃易爆设备"的行为；危害公共安全，尚未造成严重后果的，依照刑法第一百一十八条的规定定罪处罚。

第二条 实施本解释第一条规定的行为，具有下列情形之一的，属于刑法第一百一十九条第一款规定的"造成严重后果"，依照刑法第一百一十九条第一款的规定定罪处罚：

（一）造成一人以上死亡、三人以上重伤或者十人以上轻伤的；

（二）造成井喷或者重大环境污染事故的；

（三）造成直接经济损失数额在五十万元以上的；

（四）造成其他严重后果的。

第三条 盗窃油气或者正在使用的油气设备，构成犯罪，但未危害公共安全的，依照刑法第二百六十四条的规定，以盗窃罪定罪处罚。

盗窃油气，数额巨大但尚未运离现场的，以盗窃未遂定罪处罚。

为他人盗窃油气而偷开油气井、油气管道等油气设备阀门排放油气或者提供其他帮助的，以盗窃罪的共犯定罪处罚。

第四条 盗窃油气同时构成盗窃罪和破坏易燃易爆设备罪的，依照刑法处罚较重的规定定罪处罚。

第五条 明知是盗窃犯罪所得的油气或者油气设备，而予以窝藏、转移、收购、加工、代为销售或者以其他方法掩饰、隐瞒的，依照刑法第三百一十二条的规定定罪处罚。

实施前款规定的犯罪行为，事前通谋的，以盗窃犯罪的共犯定罪处罚。

第六条 违反矿产资源法的规定，非法开采或者破坏性开采石油、天然气资源的，依照刑法第三百四十三条以及《最高人民法院关于审理非法采矿、破坏性采矿刑事案件具体应用法律若干问题的解释》的规定追究刑事责任。

第七条 国家机关工作人员滥用职权或者玩忽职守，实施下列行为之一，致使公共财产、国家和人民利益遭受重大损失的，依照刑法第三百九十七条的规定，以滥用职权罪或者玩忽职守罪定罪处罚：

（一）超越职权范围，批准发放石油、天然气勘查、开采、加工、经营等许可证的；

（二）违反国家规定，给不符合法定条件的单位、个人发放石油、天然气勘查、开采、加工、经营等许可证的；

（三）违反《石油天然气管道保护条例》等国家规定，在油气设备安全保护范围内批准建设项目的；

（四）对发现或者经举报查实的未经依法批准、许可擅自从事石油、天然气勘查、开采、加工、经营等违法活动不予查封、取缔的。

第八条 本解释所称的"油气"，是指石油、天然气。其中，石油包括原油、成品油；天然气包括煤层气。

本解释所称"油气设备"，是指用于石油、天然气生产、储存、运输等易燃易爆设备。

最高人民法院行政审判庭
关于在已取得土地使用权的范围内开采砂石是否需办理矿产开采许可证问题的答复

2006年10月31日　　　　　　　　　　　〔2006〕行他字第15号

青海省高级人民法院：

你院《关于对在已取得土地使用权的范围内开采砂石是否再办理矿产开采许可证的请示》收悉。经研究，答复如下：

原则同意你院第二种意见。即根据《矿产资源法实施细则》第十五条关于"本细则由地质矿产部负责解释"的规定，参照国土资源部国土资函（1998）190号《关于开山凿石、采挖砂、石、土等矿产资源适用法律问题的复函》中关于"建设单位因工程施工而动用砂、石、土，但不将其投入流通领域以获取矿产品营利为目的，或就地采挖砂、石、土用于公益性建设的，不办理采矿许可证，不缴纳资源补偿费"的解释，水电站建设单位因工程施工而在批准用地的范围内采挖砂、石、土，用于水电站大坝混凝土浇筑工程的，无须办理矿产开采许可证及缴纳资源补偿费。

此复。

附：

青海省高级人民法院
关于对在已取得土地使用权的范围内开采砂石
是否再办理矿产开采许可证的请示

2006年10月12日　　　　　　　　　　　　　青行他字〔2006〕01号

最高人民法院行政审判庭：

我院受理的原告青海省三江水电开发股份有限公司不服黄南州国土资源局作出的行政处罚上诉一案．在审理过程中因涉及中华人民共和国国土资源部《关于开山凿石、采挖砂、石、土等矿产资源适用法律问题的复函》，对该复函是否能参照执行，因意见不一致，特向你庭请示。现将情况报告如下：

青海省三江水电公司于2003年7月1日经国务院批准，在青海省黄南州尖扎县康扬镇黄河段动工修建康扬水电站。2004年初黄南州国土资源局发现三江水电公司在未申请采矿登记、领取采矿证的情况下，从批准用土的施工现场大量挖取砂石料浇筑混凝土大坝。4月6日黄南国土局向三江水电公司送达了《责令履行矿产资源法定义务通知书》和9月17日送达了《责令停止矿产资源违法行为通知书》。三江水电公司均未理睬。9月24日黄南国土资源局向该公司送达了《矿产资源行政处罚告知书》和《矿产资源行政处罚听证告知书》。在该公司拒绝履行的情况下，9月30日黄南州国资局向该公司送达了国土资源字（2004）第2号《矿产资源行政处罚决定书》。该公司对处罚决定不服，向青海省国土资源厅提起行政复议。2005年2月1日，青海省国土资源厅作出维持黄南州国土资源局的处罚决定。该公司不服复议决定于2005年2月25日向黄南州中级人民法院提起行政诉讼。黄南州中级人民法院审理后作出维持黄南州国土局处罚决定的判决。

青海省三江水电公司上诉称：经国务院批准于2003年7月1日开始修建康杨水电站，因开挖厂房基础，自然会产生一些弃渣废料（砂石）。为保持水土，恢复地面原貌，施工通过回收利用，处理这些废料，既有利于环保要求，也有利于水土保持，符合国家政策。根据国土资源部《关于开山凿石、采挖砂、石、土等矿产资源适用法律问题的复函》和《关于解释工程施工采挖砂、石、土等矿产资源有关问题的复函》的规定，其行为正是该复函所规定的"不办理采矿许可证，不缴纳资源补偿费"的情形，其行为并非违法。

黄南州国土资源局辩称：依据《中华人民共和国矿产资源法》和《中华人民共和国矿产资源法实施细则》的有关规定，青海省三江水电公司在未取得采矿许可证而擅自采矿属违法行为。国土资源部的两个复函针对的是为建设公益事业，可不办理采矿许可证、不缴纳资源补偿费，而青海三江水电公司修建水电站属非公益性建设外的其他工程建设项目，应依法办理采矿登记手续并缴纳矿产资源补偿费。

我院审判委员会在讨论此案时，形成两种意见：一种意见认为：根据《中华人民共和国矿产资源法》第三条"……勘查、开采矿产资源，必须依法分别申请，经批准取得探矿权、采矿权，并办理登记……"第三十九条"违反本法规定，未取得采矿许可证擅自采矿的，擅自进入国家规划区，对国民经济具有重要价值的矿区范围采矿的，擅自开采国家规定实行保护性开采的特定矿种的，责令停止开采、赔偿损失、没收采出的矿产品和违法所得，可以并处罚款……"和《中华人民共和国矿产资源法实施细则》的有关规定，青海三江水电公司应当依法办理采矿许可证手续。因《矿产资源法》和《矿产资源法实施细则》均未对已取得土地使用权的范围内开采矿产作特别规定，也未规定例外情形。所以，青海省三江水电公司应根据法律和法规的规定，办理采矿许可手续。另一种意见认为：对已取得土地使用权的范围内开采矿石，矿产资源法和《矿产资源法实施细则》确未作特别规定。但是，根据《矿产资源法实施细则》第四十五条"本细则由地质矿产部负责解释"的规定，法规已授权国土资源部对该《细则》有权解释。国土资源部国土资函（1998）190号《关于开山凿石、采挖砂、石、土等矿产资源适用法律问题的复函》第二条"建设单位因工程施工而动用砂、石、土，但不将其投入流通领域以获取矿产品营利为目的，或就地采挖砂、石、土用于公益性建设的，不办理采矿许可证，不缴纳资源补偿费"和国土资函（1999）404号《关于解释工程施工采挖砂、石、土矿产资源有关问题的复函》：我部《关于开山凿石、采挖砂、石、土等矿产资源适用法律问题的复函》"二"中的"因工程施工"和"就地"是指在工程建设项目批准占地范围内，因工程需要动用或采挖砂、石、土用于本工程建设。目的是鼓励建设单位在建设中充分利用已批准占地范围内的矿产资源，减少异地开采，以利于保护环境……国土资源部的两份复函应视为是对《中华人民共和国矿产资源法实施细则》的有权解释。青海省三江水电公司依据该解释在批准用地的范围内，就地采挖砂、石用于本工程符合国土资源部两个复函精神，可不办理采矿许可证、不缴纳资源补偿费。

请批复。

最高人民法院行政审判庭
关于地质矿产主管部门作出的非法采矿及破坏性采矿鉴定结论是否属于人民法院受案范围问题的答复

2005年2月22日　　　　　　　　　　　〔2004〕行他字第16号

河北省高级人民法院：

你院（2004）冀法行字第1号请示报告收悉，经研究，答复如下：

《最高人民法院关于审理非法采矿、破坏性采矿刑事案件具体应用法律若干问题的解释》第六条中规定的"地质矿产主管部门所作的鉴定结论"，作为刑事案件中的证据，将在刑事诉讼中接受审查，对当事人不直接产生权利义务的实质影响。因此，当事人对地质矿产主管部门作出的上述鉴定结论有异议，可以依照刑事诉讼法的有关规定要求重新鉴定，一般不能直接向人民法院提起行政诉讼。

此复

附：

河北省高级人民法院
关于地质矿产主管部门作出的非法采矿及破坏性采矿鉴定结论是否属于人民法院受案范围的请示报告

2004年9月22日　　　　　　　　　　　〔2004〕冀法行字第1号

最高人民法院：

　　《最高人民法院关于审理非法采矿、破坏性采矿刑事案件具体应用法律若干问题的解释》第六条规定："破坏性的开采方法以及造成矿产资源破坏的数额，由省级以上地质矿产主管部门出具鉴定结论，经查证属实后予以认定。"在实践中，利害关系人对鉴定结论不服，以地质矿产主管部门为被告提起行政诉讼，是否属于人民法院受案范围，意见不一致，特向你院请示。

　　经我院审判委员会讨论，存在两种意见。

　　第一种意见认为，不属于人民法院行政诉讼的受案范围。理由：此鉴定结论并不是地质矿产主管部门基于法定职责而作出的具体行政行为。在公安机关办理刑事案件中只起到证据的作用，必须在庭审中接受当事人的质证，"经查证属实后予以认定"。对人民法院没有绝对的羁束力，对当事人的权利和义务亦不产生直接的影响。

　　第二种意见认为，属于人民法院行政诉讼的受案范围。理由：此鉴定结论是一种确认行为，是特定的行政机关代表国家所作的一种判断，对当事人的法律责任已经作出明确的划分。特别是在经过行政复议，复议机关已经告知当事人有提起行政诉讼权利的情况下，人民法院不予受理尤为不妥。

　　我院审判委员会倾向于第一种意见。

　　妥否，请批示。

四、森林资源

中华人民共和国森林法

（1984年9月20日第六届全国人民代表大会常务委员会第七次会议通过 根据1998年4月29日第九届全国人民代表大会常务委员会第二次会议《关于修改〈中华人民共和国森林法〉的决定》第一次修正 根据2009年8月27日第十一届全国人民代表大会常务委员会第十次会议《关于修改部分法律的决定》第二次修正 2019年12月28日第十三届全国人民代表大会常务委员会第十五次会议修订）

第一章 总　　则

第一条 为了践行绿水青山就是金山银山理念，保护、培育和合理利用森林资源，加快国土绿化，保障森林生态安全，建设生态文明，实现人与自然和谐共生，制定本法。

第二条 在中华人民共和国领域内从事森林、林木的保护、培育、利用和森林、林木、林地的经营管理活动，适用本法。

第三条 保护、培育、利用森林资源应当尊重自然、顺应自然，坚持生态优先、保护优先、保育结合、可持续发展的原则。

第四条 国家实行森林资源保护发展目标责任制和考核评价制度。上级人民政府对下级人民政府完成森林资源保护发展目标和森林防火、重大林业有害生物防治工作的情况进行考核，并公开考核结果。

地方人民政府可以根据本行政区域森林资源保护发展的需要，建立林长制。

第五条 国家采取财政、税收、金融等方面的措施，支持森林资源保护发展。各级人民政府应当保障森林生态保护修复的投入，促进林业发展。

第六条 国家以培育稳定、健康、优质、高效的森林生态系统为目标，对公益林和商品林实行分类经营管理，突出主导功能，发挥多种功能，实现森林资源永续利用。

第七条 国家建立森林生态效益补偿制度，加大公益林保护支持力度，完善重点生态功能区转移支付政策，指导受益地区和森林生态保护地区人民政府通过协商等方式进行生态效益补偿。

第八条 国务院和省、自治区、直辖市人民政府可以依照国家对民族自治地方自治权的规定，对民族自治地方的森林保护和林业发展实行更加优惠的政策。

第九条 国务院林业主管部门主管全国林业工作。县级以上地方人民政府林业主管部门，主管本行政区域的林业工作。

乡镇人民政府可以确定相关机构或者设置专职、兼职人员承担林业相关工作。

第十条 植树造林、保护森林，是公民应尽的义务。各级人民政府应当组织开展全民义务植树活动。

每年三月十二日为植树节。

第十一条 国家采取措施，鼓励和支持林业科学研究，推广先进适用的林业技术，提高林业科学技术水平。

第十二条　各级人民政府应当加强森林资源保护的宣传教育和知识普及工作，鼓励和支持基层群众性自治组织、新闻媒体、林业企业事业单位、志愿者等开展森林资源保护宣传活动。

教育行政部门、学校应当对学生进行森林资源保护教育。

第十三条　对在造林绿化、森林保护、森林经营管理以及林业科学研究等方面成绩显著的组织或者个人，按照国家有关规定给予表彰、奖励。

第二章　森林权属

第十四条　森林资源属于国家所有，由法律规定属于集体所有的除外。

国家所有的森林资源的所有权由国务院代表国家行使。国务院可以授权国务院自然资源主管部门统一履行国有森林资源所有者职责。

第十五条　林地和林地上的森林、林木的所有权、使用权，由不动产登记机构统一登记造册，核发证书。国务院确定的国家重点林区（以下简称重点林区）的森林、林木和林地，由国务院自然资源主管部门负责登记。

森林、林木、林地的所有者和使用者的合法权益受法律保护，任何组织和个人不得侵犯。

森林、林木、林地的所有者和使用者应当依法保护和合理利用森林、林木、林地，不得非法改变林地用途和毁坏森林、林木、林地。

第十六条　国家所有的林地和林地上的森林、林木可以依法确定给林业经营者使用。林业经营者依法取得的国有林地和林地上的森林、林木的使用权，经批准可以转让、出租、作价出资等。具体办法由国务院制定。

林业经营者应当履行保护、培育森林资源的义务，保证国有森林资源稳定增长，提高森林生态功能。

第十七条　集体所有和国家所有依法由农民集体使用的林地（以下简称集体林地）实行承包经营的，承包方享有林地承包经营权和承包林地上的林木所有权，合同另有约定的从其约定。承包方可以依法采取出租（转包）、入股、转让等方式流转林地经营权、林木所有权和使用权。

第十八条　未实行承包经营的集体林地以及林地上的林木，由农村集体经济组织统一经营。经本集体经济组织成员的村民会议三分之二以上成员或者三分之二以上村民代表同意并公示，可以通过招标、拍卖、公开协商等方式依法流转林地经营权、林木所有权和使用权。

第十九条　集体林地经营权流转应当签订书面合同。林地经营权流转合同一般包括流转双方的权利义务、流转期限、流转价款及支付方式、流转期限届满林地上的林木和固定生产设施的处置、违约责任等内容。

受让方违反法律规定或者合同约定造成森林、林木、林地严重毁坏的，发包方或者承包方有权收回林地经营权。

第二十条　国有企业事业单位、机关、团体、部队营造的林木，由营造单位管护并按照国家规定支配林木收益。

农村居民在房前屋后、自留地、自留山种植的林木，归个人所有。城镇居民在自有房屋的庭院内种植的林木，归个人所有。

集体或者个人承包国家所有和集体所有的宜林荒山荒地荒滩营造的林木，归承包的集体或者个人所有；合同另有约定的从其约定。

其他组织或者个人营造的林木，依法由营造者所有并享有林木收益；合同另有约定的从其约定。

第二十一条　为了生态保护、基础设施建设等公共利益的需要，确需征收、征用林地、林木的，应当依照《中华人民共和国土地管理法》等法律、行政法规的规定办理审批手续，并给予公平、合理的补偿。

第二十二条 单位之间发生的林木、林地所有权和使用权争议，由县级以上人民政府依法处理。

个人之间、个人与单位之间发生的林木所有权和林地使用权争议，由乡镇人民政府或者县级以上人民政府依法处理。

当事人对有关人民政府的处理决定不服的，可以自接到处理决定通知之日起三十日内，向人民法院起诉。

在林木、林地权属争议解决前，除因森林防火、林业有害生物防治、国家重大基础设施建设等需要外，当事人任何一方不得砍伐有争议的林木或者改变林地现状。

第三章 发展规划

第二十三条 县级以上人民政府应当将森林资源保护和林业发展纳入国民经济和社会发展规划。

第二十四条 县级以上人民政府应当落实国土空间开发保护要求，合理规划森林资源保护利用结构和布局，制定森林资源保护发展目标，提高森林覆盖率、森林蓄积量，提升森林生态系统质量和稳定性。

第二十五条 县级以上人民政府林业主管部门应当根据森林资源保护发展目标，编制林业发展规划。下级林业发展规划依据上级林业发展规划编制。

第二十六条 县级以上人民政府林业主管部门可以结合本地实际，编制林地保护利用、造林绿化、森林经营、天然林保护等相关专项规划。

第二十七条 国家建立森林资源调查监测制度，对全国森林资源现状及变化情况进行调查、监测和评价，并定期公布。

第四章 森林保护

第二十八条 国家加强森林资源保护，发挥森林蓄水保土、调节气候、改善环境、维护生物多样性和提供林产品等多种功能。

第二十九条 中央和地方财政分别安排资金，用于公益林的营造、抚育、保护、管理和非国有公益林权利人的经济补偿等，实行专款专用。具体办法由国务院财政部门会同林业主管部门制定。

第三十条 国家支持重点林区的转型发展和森林资源保护修复，改善生产生活条件，促进所在地区经济社会发展。重点林区按照规定享受国家重点生态功能区转移支付等政策。

第三十一条 国家在不同自然地带的典型森林生态地区、珍贵动物和植物生长繁殖的林区、天然热带雨林区和具有特殊保护价值的其他天然林区，建立以国家公园为主体的自然保护地体系，加强保护管理。

国家支持生态脆弱地区森林资源的保护修复。

县级以上人民政府应当采取措施对具有特殊价值的野生植物资源予以保护。

第三十二条 国家实行天然林全面保护制度，严格限制天然林采伐，加强天然林管护能力建设，保护和修复天然林资源，逐步提高天然林生态功能。具体办法由国务院规定。

第三十三条 地方各级人民政府应当组织有关部门建立护林组织，负责护林工作；根据实际需要建设护林设施，加强森林资源保护；督促相关组织订立护林公约、组织群众护林、划定护林责任区、配备专职或者兼职护林员。

县级或者乡镇人民政府可以聘用护林员，其主要职责是巡护森林，发现火情、林业有害生物以及破坏森林资源的行为，应当及时处理并向当地林业等有关部门报告。

第三十四条 地方各级人民政府负责本行政区域的森林防火工作，发挥群防作用；县级以上人民政府组织领导应急管理、林业、公安等部门按照职责分工密切配合做好森林火灾的科学预防、扑救和处置工作：

（一）组织开展森林防火宣传活动，普及森林防火知识；
（二）划定森林防火区，规定森林防火期；
（三）设置防火设施，配备防灭火装备和物资；
（四）建立森林火灾监测预警体系，及时消除隐患；
（五）制定森林火灾应急预案，发生森林火灾，立即组织扑救；
（六）保障预防和扑救森林火灾所需费用。

国家综合性消防救援队伍承担国家规定的森林火灾扑救任务和预防相关工作。

第三十五条 县级以上人民政府林业主管部门负责本行政区域的林业有害生物的监测、检疫和防治。

省级以上人民政府林业主管部门负责确定林业植物及其产品的检疫性有害生物，划定疫区和保护区。

重大林业有害生物灾害防治实行地方人民政府负责制。发生暴发性、危险性等重大林业有害生物灾害时，当地人民政府应当及时组织除治。

林业经营者在政府支持引导下，对其经营管理范围内的林业有害生物进行防治。

第三十六条 国家保护林地，严格控制林地转为非林地，实行占用林地总量控制，确保林地保有量不减少。各类建设项目占用林地不得超过本行政区域的占用林地总量控制指标。

第三十七条 矿藏勘查、开采以及其他各类工程建设，应当不占或者少占林地；确需占用林地的，应当经县级以上人民政府林业主管部门审核同意，依法办理建设用地审批手续。

占用林地的单位应当缴纳森林植被恢复费。森林植被恢复费征收使用管理办法由国务院财政部门会同林业主管部门制定。

县级以上人民政府林业主管部门应当按照规定安排植树造林，恢复森林植被，植树造林面积不得少于因占用林地而减少的森林植被面积。上级林业主管部门应当定期督促下级林业主管部门组织植树造林、恢复森林植被，并进行检查。

第三十八条 需要临时使用林地的，应当经县级以上人民政府林业主管部门批准；临时使用林地的期限一般不超过二年，并不得在临时使用的林地上修建永久性建筑物。

临时使用林地期满后一年内，用地单位或者个人应当恢复植被和林业生产条件。

第三十九条 禁止毁林开垦、采石、采砂、采土以及其他毁坏林木和林地的行为。

禁止向林地排放重金属或者其他有毒有害物质含量超标的污水、污泥，以及可能造成林地污染的清淤底泥、尾矿、矿渣等。

禁止在幼林地砍柴、毁苗、放牧。

禁止擅自移动或者损坏森林保护标志。

第四十条 国家保护古树名木和珍贵树木。禁止破坏古树名木和珍贵树木及其生存的自然环境。

第四十一条 各级人民政府应当加强林业基础设施建设，应用先进适用的科技手段，提高森林防火、林业有害生物防治等森林管护能力。

各有关单位应当加强森林管护。国有林业企业事业单位应当加大投入，加强森林防火、林业有害生物防治，预防和制止破坏森林资源的行为。

第五章　造林绿化

第四十二条 国家统筹城乡造林绿化，开展大规模国土绿化行动，绿化美化城乡，推动森林城市建设，促进乡村振兴，建设美丽家园。

第四十三条 各级人民政府应当组织各行各业和城乡居民造林绿化。

宜林荒山荒地荒滩，属于国家所有的，由县级以上人民政府林业主管部门和其他有关主管部门组织开展造林绿化；属于集体所有的，由集体经济组织组织开展造林绿化。

城市规划区内、铁路公路两侧、江河两侧、湖泊水库周围，由各有关主管部门按照有关规定因地制宜组织开展造林绿化；工矿区、工业园区、机关、学校用地，部队营区以及农场、牧场、渔场经营地区，由各该单位负责造林绿化。组织开展城市造林绿化的具体办法由国务院制定。

国家所有和集体所有的宜林荒山荒地荒滩可以由单位或者个人承包造林绿化。

第四十四条 国家鼓励公民通过植树造林、抚育管护、认建认养等方式参与造林绿化。

第四十五条 各级人民政府组织造林绿化，应当科学规划、因地制宜，优化林种、树种结构，鼓励使用乡土树种和林木良种、营造混交林，提高造林绿化质量。

国家投资或者以国家投资为主的造林绿化项目，应当按照国家规定使用林木良种。

第四十六条 各级人民政府应当采取以自然恢复为主、自然恢复和人工修复相结合的措施，科学保护修复森林生态系统。新造幼林地和其他应当封山育林的地方，由当地人民政府组织封山育林。

各级人民政府应当对国务院确定的坡耕地、严重沙化耕地、严重石漠化耕地、严重污染耕地等需要生态修复的耕地，有计划地组织实施退耕还林还草。

各级人民政府应当对自然因素等导致的荒废和受损山体、退化林地以及宜林荒山荒地荒滩，因地制宜实施森林生态修复工程，恢复植被。

第六章 经营管理

第四十七条 国家根据生态保护的需要，将森林生态区位重要或者生态状况脆弱，以发挥生态效益为主要目的的林地和林地上的森林划定为公益林。未划定为公益林的林地和林地上的森林属于商品林。

第四十八条 公益林由国务院和省、自治区、直辖市人民政府划定并公布。

下列区域的林地和林地上的森林，应当划定为公益林：

（一）重要江河源头汇水区域；

（二）重要江河干流及支流两岸、饮用水水源地保护区；

（三）重要湿地和重要水库周围；

（四）森林和陆生野生动物类型的自然保护区；

（五）荒漠化和水土流失严重地区的防风固沙林基干林带；

（六）沿海防护林基干林带；

（七）未开发利用的原始林地区；

（八）需要划定的其他区域。

公益林划定涉及非国有林地的，应当与权利人签订书面协议，并给予合理补偿。

公益林进行调整的，应当经原划定机关同意，并予以公布。

国家级公益林划定和管理的办法由国务院制定；地方级公益林划定和管理的办法由省、自治区、直辖市人民政府制定。

第四十九条 国家对公益林实施严格保护。

县级以上人民政府林业主管部门应当有计划地组织公益林经营者对公益林中生态功能低下的疏林、残次林等低质低效林，采取林分改造、森林抚育等措施，提高公益林的质量和生态保护功能。

在符合公益林生态区位保护要求和不影响公益林生态功能的前提下，经科学论证，可以合理利用公益林林地资源和森林景观资源，适度开展林下经济、森林旅游等。利用公益林开展上述活动应当严格遵守国家有关规定。

第五十条 国家鼓励发展下列商品林：
（一）以生产木材为主要目的的森林；
（二）以生产果品、油料、饮料、调料、工业原料和药材等林产品为主要目的的森林；
（三）以生产燃料和其他生物质能源为主要目的的森林；
（四）其他以发挥经济效益为主要目的的森林。
在保障生态安全的前提下，国家鼓励建设速生丰产、珍贵树种和大径级用材林，增加林木储备，保障木材供给安全。

第五十一条 商品林由林业经营者依法自主经营。在不破坏生态的前提下，可以采取集约化经营措施，合理利用森林、林木、林地，提高商品林经济效益。

第五十二条 在林地上修筑下列直接为林业生产经营服务的工程设施，符合国家有关部门规定的标准的，由县级以上人民政府林业主管部门批准，不需要办理建设用地审批手续；超出标准需要占用林地的，应当依法办理建设用地审批手续：
（一）培育、生产种子、苗木的设施；
（二）贮存种子、苗木、木材的设施；
（三）集材道、运材道、防火巡护道、森林步道；
（四）林业科研、科普教育设施；
（五）野生动植物保护、护林、林业有害生物防治、森林防火、木材检疫的设施；
（六）供水、供电、供热、供气、通讯基础设施；
（七）其他直接为林业生产服务的工程设施。

第五十三条 国有林业企业事业单位应当编制森林经营方案，明确森林培育和管护的经营措施，报县级以上人民政府林业主管部门批准后实施。重点林区的森林经营方案由国务院林业主管部门批准后实施。
国家支持、引导其他林业经营者编制森林经营方案。
编制森林经营方案的具体办法由国务院林业主管部门制定。

第五十四条 国家严格控制森林年采伐量。省、自治区、直辖市人民政府林业主管部门根据消耗量低于生长量和森林分类经营管理的原则，编制本行政区域的年采伐限额，经征求国务院林业主管部门意见，报本级人民政府批准后公布实施，并报国务院备案。重点林区的年采伐限额，由国务院林业主管部门编制，报国务院批准后公布实施。

第五十五条 采伐森林、林木应当遵守下列规定：
（一）公益林只能进行抚育、更新和低质低效林改造性质的采伐。但是，因科研或者实验、防治林业有害生物、建设护林防火设施、营造生物防火隔离带、遭受自然灾害等需要采伐的除外。
（二）商品林应当根据不同情况，采取不同采伐方式，严格控制皆伐面积，伐育同步规划实施。
（三）自然保护区的林木，禁止采伐。但是，因防治林业有害生物、森林防火、维护主要保护对象生存环境、遭受自然灾害等特殊情况必须采伐的和实验区的竹林除外。
省级以上人民政府林业主管部门应当根据前款规定，按照森林分类经营管理、保护优先、注重效率和效益等原则，制定相应的林木采伐技术规程。

第五十六条 采伐林地上的林木应当申请采伐许可证，并按照采伐许可证的规定进行采伐；采伐自然保护区以外的竹林，不需要申请采伐许可证，但应当符合林木采伐技术规程。
农村居民采伐自留地和房前屋后个人所有的零星林木，不需要申请采伐许可证。
非林地上的农田防护林、防风固沙林、护路林、护岸护堤林和城镇林木等的更新采伐，由有关主管部门按照有关规定管理。
采挖移植林木按照采伐林木管理。具体办法由国务院林业主管部门制定。

禁止伪造、变造、买卖、租借采伐许可证。

第五十七条 采伐许可证由县级以上人民政府林业主管部门核发。

县级以上人民政府林业主管部门应当采取措施，方便申请人办理采伐许可证。

农村居民采伐自留山和个人承包集体林地上的林木，由县级人民政府林业主管部门或者其委托的乡镇人民政府核发采伐许可证。

第五十八条 申请采伐许可证，应当提交有关采伐的地点、林种、树种、面积、蓄积、方式、更新措施和林木权属等内容的材料。超过省级以上人民政府林业主管部门规定面积或者蓄积量的，还应当提交伐区调查设计材料。

第五十九条 符合林木采伐技术规程的，审核发放采伐许可证的部门应当及时核发采伐许可证。但是，审核发放采伐许可证的部门不得超过年采伐限额发放采伐许可证。

第六十条 有下列情形之一的，不得核发采伐许可证：

（一）采伐封山育林期、封山育林区内的林木；

（二）上年度采伐后未按照规定完成更新造林任务；

（三）上年度发生重大滥伐案件、森林火灾或者林业有害生物灾害，未采取预防和改进措施；

（四）法律法规和国务院林业主管部门规定的禁止采伐的其他情形。

第六十一条 采伐林木的组织和个人应当按照有关规定完成更新造林。更新造林的面积不得少于采伐的面积，更新造林应当达到相关技术规程规定的标准。

第六十二条 国家通过贴息、林权收储担保补助等措施，鼓励和引导金融机构开展涉林抵押贷款、林农信用贷款等符合林业特点的信贷业务，扶持林权收储机构进行市场化收储担保。

第六十三条 国家支持发展森林保险。县级以上人民政府依法对森林保险提供保险费补贴。

第六十四条 林业经营者可以自愿申请森林认证，促进森林经营水平提高和可持续经营。

第六十五条 木材经营加工企业应当建立原料和产品出入库台账。任何单位和个人不得收购、加工、运输明知是盗伐、滥伐等非法来源的林木。

第七章 监督检查

第六十六条 县级以上人民政府林业主管部门依照本法规定，对森林资源的保护、修复、利用、更新等进行监督检查，依法查处破坏森林资源等违法行为。

第六十七条 县级以上人民政府林业主管部门履行森林资源保护监督检查职责，有权采取下列措施：

（一）进入生产经营场所进行现场检查；

（二）查阅、复制有关文件、资料，对可能被转移、销毁、隐匿或者篡改的文件、资料予以封存；

（三）查封、扣押有证据证明来源非法的林木以及从事破坏森林资源活动的工具、设备或者财物；

（四）查封与破坏森林资源活动有关的场所。

省级以上人民政府林业主管部门对森林资源保护发展工作不力、问题突出、群众反映强烈的地区，可以约谈所在地区县级以上地方人民政府及其有关部门主要负责人，要求其采取措施及时整改。约谈整改情况应当向社会公开。

第六十八条 破坏森林资源造成生态环境损害的，县级以上人民政府自然资源主管部门、林业主管部门可以依法向人民法院提起诉讼，对侵权人提出损害赔偿要求。

第六十九条 审计机关按照国家有关规定对国有森林资源资产进行审计监督。

第八章 法律责任

第七十条 县级以上人民政府林业主管部门或者其他有关国家机关未依照本法规定履行职责的，对直接负责的主管人员和其他直接责任人员依法给予处分。

依照本法规定应当作出行政处罚决定而未作出的，上级主管部门有权责令下级主管部门作出行政处罚决定或者直接给予行政处罚。

第七十一条 违反本法规定，侵害森林、林木、林地的所有者或者使用者的合法权益的，依法承担侵权责任。

第七十二条 违反本法规定，国有林业企业事业单位未履行保护培育森林资源义务、未编制森林经营方案或者未按照批准的森林经营方案开展森林经营活动的，由县级以上人民政府林业主管部门责令限期改正，对直接负责的主管人员和其他直接责任人员依法给予处分。

第七十三条 违反本法规定，未经县级以上人民政府林业主管部门审核同意，擅自改变林地用途的，由县级以上人民政府林业主管部门责令限期恢复植被和林业生产条件，可以处恢复植被和林业生产条件所需费用三倍以下的罚款。

虽经县级以上人民政府林业主管部门审核同意，但未办理建设用地审批手续擅自占用林地的，依照《中华人民共和国土地管理法》的有关规定处罚。

在临时使用的林地上修建永久性建筑物，或者临时使用林地期满后一年内未恢复植被或者林业生产条件的，依照本条第一款规定处罚。

第七十四条 违反本法规定，进行开垦、采石、采砂、采土或者其他活动，造成林木毁坏的，由县级以上人民政府林业主管部门责令停止违法行为，限期在原地或者异地补种毁坏株数一倍以上三倍以下的树木，可以处毁坏林木价值五倍以下的罚款；造成林地毁坏的，由县级以上人民政府林业主管部门责令停止违法行为，限期恢复植被和林业生产条件，可以处恢复植被和林业生产条件所需费用三倍以下的罚款。

违反本法规定，在幼林地砍柴、毁苗、放牧造成林木毁坏的，由县级以上人民政府林业主管部门责令停止违法行为，限期在原地或者异地补种毁坏株数一倍以上三倍以下的树木。

向林地排放重金属或者其他有毒有害物质含量超标的污水、污泥，以及可能造成林地污染的清淤底泥、尾矿、矿渣等的，依照《中华人民共和国土壤污染防治法》的有关规定处罚。

第七十五条 违反本法规定，擅自移动或者毁坏森林保护标志的，由县级以上人民政府林业主管部门恢复森林保护标志，所需费用由违法者承担。

第七十六条 盗伐林木的，由县级以上人民政府林业主管部门责令限期在原地或者异地补种盗伐株数一倍以上五倍以下的树木，并处盗伐林木价值五倍以上十倍以下的罚款。

滥伐林木的，由县级以上人民政府林业主管部门责令限期在原地或者异地补种滥伐株数一倍以上三倍以下的树木，可以处滥伐林木价值三倍以上五倍以下的罚款。

第七十七条 违反本法规定，伪造、变造、买卖、租借采伐许可证的，由县级以上人民政府林业主管部门没收证件和违法所得，并处违法所得一倍以上三倍以下的罚款；没有违法所得的，可以处二万元以下的罚款。

第七十八条 违反本法规定，收购、加工、运输明知是盗伐、滥伐等非法来源的林木的，由县级以上人民政府林业主管部门责令停止违法行为，没收违法收购、加工、运输的林木或者变卖所得，可以处违法收购、加工、运输林木价款三倍以下的罚款。

第七十九条 违反本法规定，未完成更新造林任务的，由县级以上人民政府林业主管部门责令限期完成；逾期未完成的，可以处未完成造林任务所需费用二倍以下的罚款；对直接负责的主管人员和其他直接责任人员，依法给予处分。

第八十条 违反本法规定，拒绝、阻碍县级以上人民政府林业主管部门依法实施监督检查的，可以处五万元以下的罚款，情节严重的，可以责令停产停业整顿。

第八十一条 违反本法规定，有下列情形之一的，由县级以上人民政府林业主管部门依法组织代为履行，代为履行所需费用由违法者承担：

（一）拒不恢复植被和林业生产条件，或者恢复植被和林业生产条件不符合国家有关规定；

（二）拒不补种树木，或者补种不符合国家有关规定。

恢复植被和林业生产条件、树木补种的标准，由省级以上人民政府林业主管部门制定。

第八十二条 公安机关按照国家有关规定，可以依法行使本法第七十四条第一款、第七十六条、第七十七条、第七十八条规定的行政处罚权。

违反本法规定，构成违反治安管理行为的，依法给予治安管理处罚；构成犯罪的，依法追究刑事责任。

第九章 附 则

第八十三条 本法下列用语的含义是：

（一）森林，包括乔木林、竹林和国家特别规定的灌木林。按照用途可以分为防护林、特种用途林、用材林、经济林和能源林。

（二）林木，包括树木和竹子。

（三）林地，是指县级以上人民政府规划确定的用于发展林业的土地。包括郁闭度0.2以上的乔木林地以及竹林地、灌木林地、疏林地、采伐迹地、火烧迹地、未成林造林地、苗圃地等。

第八十四条 本法自2020年7月1日起施行。

最高人民法院
关于审理森林资源民事纠纷案件适用法律若干问题的解释

法释〔2022〕16号

（2022年4月25日最高人民法院审判委员会第1869次会议通过
2022年6月13日最高人民法院公告公布
自2022年6月15日起施行）

为妥善审理森林资源民事纠纷案件，依法保护生态环境和当事人合法权益，根据《中华人民共和国民法典》《中华人民共和国环境保护法》《中华人民共和国森林法》《中华人民共和国农村土地承包法》《中华人民共和国民事诉讼法》等法律规定，结合审判实践，制定本解释。

第一条 人民法院审理涉及森林、林木、林地等森林资源的民事纠纷案件，应当贯彻民法典绿色原则，尊重自然、尊重历史、尊重习惯，依法推动森林资源保护和利用的生态效益、经济效益、社会效益相统一，促进人与自然和谐共生。

第二条 当事人因下列行为，对林地、林木的物权归属、内容产生争议，依据民法典第二百三十四条的规定提起民事诉讼，请求确认权利的，人民法院应当依法受理：

（一）林地承包；

（二）林地承包经营权互换、转让；

（三）林地经营权流转；
（四）林木流转；
（五）林地、林木担保；
（六）林地、林木继承；
（七）其他引起林地、林木物权变动的行为。
当事人因对行政机关作出的林地、林木确权、登记行为产生争议，提起民事诉讼的，人民法院告知其依法通过行政复议、行政诉讼程序解决。

第三条 当事人以未办理批准、登记、备案、审查、审核等手续为由，主张林地承包、林地承包经营权互换或者转让、林地经营权流转、林木流转、森林资源担保等合同无效的，人民法院不予支持。

因前款原因，不能取得相关权利的当事人请求解除合同、由违约方承担违约责任的，人民法院依法予以支持。

第四条 当事人一方未依法经林权证等权利证书载明的共有人同意，擅自处分林地、林木，另一方主张取得相关权利的，人民法院不予支持。但符合民法典第三百一十一条关于善意取得规定的除外。

第五条 当事人以违反法律规定的民主议定程序为由，主张集体林地承包合同无效的，人民法院应予支持。但下列情形除外：

（一）合同订立时，法律、行政法规没有关于民主议定程序的强制性规定的；

（二）合同订立未经民主议定程序讨论决定，或者民主议定程序存在瑕疵，一审法庭辩论终结前已经依法补正的；

（三）承包方对村民会议或者村民代表会议决议进行了合理审查，不知道且不应当知道决议系伪造、变造，并已经对林地大量投入的。

第六条 家庭承包林地的承包方转让林地承包经营权未经发包方同意，或者受让方不是本集体经济组织成员，受让方主张取得林地承包经营权的，人民法院不予支持。但发包方无法定理由不同意或者拖延表态的除外。

第七条 当事人就同一集体林地订立多个经营权流转合同，在合同有效的情况下，受让方均主张取得林地经营权的，由具有下列情形的受让方取得：

（一）林地经营权已经依法登记的；

（二）林地经营权均未依法登记，争议发生前已经合法占有使用林地并大量投入的；

（三）无前两项规定情形，合同生效在先的。

未取得林地经营权的一方请求解除合同、由违约方承担违约责任的，人民法院依法予以支持。

第八条 家庭承包林地的承包方以林地经营权人擅自再流转林地经营权为由，请求解除林地经营权流转合同、收回林地的，人民法院应予支持。但林地经营权人能够证明林地经营权再流转已经承包方书面同意的除外。

第九条 本集体经济组织成员以其在同等条件下享有的优先权受到侵害为由，主张家庭承包林地经营权流转合同无效的，人民法院不予支持；其请求赔偿损失的，依法予以支持。

第十条 林地承包期内，因林地承包经营权互换、转让、继承等原因，承包方发生变动，林地经营权人请求新的承包方继续履行原林地经营权流转合同的，人民法院应予支持。但当事人另有约定的除外。

第十一条 林地经营权流转合同约定的流转期限超7过承包期的剩余期限，或者林地经营权再流转合同约定的流转期限超过原林地经营权流转合同的剩余期限，林地经营权流转、再流转合同当事人主张超过部分无效的，人民法院不予支持。

第十二条 林地经营权流转合同约定的流转期限超过承包期的剩余期限，发包方主张超过部分的约定对其不具有法律约束力的,人民法院应予支持。但发包方对此知道或者应当知道的除外。

林地经营权再流转合同约定的流转期限超过原林地经营权流转合同的剩余期限,承包方主张超过部分的约定对其不具有法律约束力的,人民法院应予支持。但承包方对此知道或者应当知道的除外。

因前两款原因,致使林地经营权流转合同、再流转合同不能履行,当事人请求解除合同、由违约方承担违约责任的,人民法院依法予以支持。

第十三条 林地经营权流转合同终止时,对于林地经营权人种植的地上林木,按照下列情形处理:

(一)合同有约定的,按照约定处理,但该约定依据民法典第一百五十三条的规定应当认定无效的除外;

(二)合同没有约定或者约定不明,当事人协商一致延长合同期限至轮伐期或者其他合理期限届满,承包方请求由林地经营权人承担林地使用费的,对其合理部分予以支持;

(三)合同没有约定或者约定不明,当事人未能就延长合同期限协商一致,林地经营权人请求对林木价值进行补偿的,对其合理部分予以支持。

林地承包合同终止时,承包方种植的地上林木的处理,参照适用前款规定。

第十四条 人民法院对于当事人为利用公益林林地资源和森林景观资源开展林下经济、森林旅游、森林康养等经营活动订立的合同,应当综合考虑公益林生态区位保护要求、公益林生态功能及是否经科学论证的合理利用等因素,依法认定合同效力。

当事人仅以涉公益林为由主张经营合同无效的,人民法院不予支持。

第十五条 以林地经营权、林木所有权等法律、行政法规未禁止抵押的森林资源资产设定抵押,债务人不履行到期债务或者发生当事人约定的实现抵押权的情形,抵押权人与抵押人协议以抵押的森林资源资产折价,并据此请求接管经营抵押财产的,人民法院依法予以支持。

抵押权人与抵押人未就森林资源资产抵押权的实现方式达成协议,抵押权人依据民事诉讼法第二百零三条、第二百零四条的规定申请实现抵押权的,人民法院依法裁定拍卖、变卖抵押财产。

第十六条 以森林生态效益补偿收益、林业碳汇等提供担保,债务人不履行到期债务或者发生当事人约定的实现担保物权的情形,担保物权人请求就担保财产优先受偿的,人民法院依法予以支持。

第十七条 违反国家规定造成森林生态环境损害,生态环境能够修复的,国家规定的机关或者法律规定的组织依据民法典第一千二百三十四条的规定,请求侵权人在合理期限内以补种树木、恢复植被、恢复林地土壤性状、投放相应生物种群等方式承担修复责任的,人民法院依法予以支持。

人民法院判决侵权人承担修复责任的,可以同时确定其在期限内不履行修复义务时应承担的森林生态环境修复费用。

第十八条 人民法院判决侵权人承担森林生态环境修复责任的,可以根据鉴定意见,或者参考林业主管部门、林业调查规划设计单位、相关科研机构和人员出具的专业意见,合理确定森林生态环境修复方案,明确侵权人履行修复义务的具体要求。

第十九条 人民法院依据民法典第一千二百三十五条的规定确定侵权人承担的森林生态环境损害赔偿金额,应当综合考虑受损森林资源在调节气候、固碳增汇、保护生物多样性、涵养水源、保持水土、防风固沙等方面的生态环境服务功能,予以合理认定。

第二十条 当事人请求以认购经核证的林业碳汇方式替代履行森林生态环境损害赔偿责任的,人民法院可以综合考虑各方当事人意见、不同责任方式的合理性等因素,依法予以准许。

第二十一条　当事人请求以森林管护、野生动植物保护、社区服务等劳务方式替代履行森林生态环境损害赔偿责任的，人民法院可以综合考虑侵权人的代偿意愿、经济能力、劳动能力、赔偿金额、当地相应工资标准等因素，决定是否予以准许，并合理确定劳务代偿方案。

第二十二条　侵权人自愿交纳保证金作为履行森林生态环境修复义务担保的，在其不履行修复义务时，人民法院可以将保证金用于支付森林生态环境修复费用。

第二十三条　本解释自2022年6月15日起施行。施行前本院公布的司法解释与本解释不一致的，以本解释为准。

最高人民法院
关于审理破坏森林资源刑事案件适用法律若干问题的解释

法释〔2023〕8号

（2023年6月19日最高人民法院审判委员会第1891次会议通过
2023年8月13日最高人民法院最高人民法院公告公布
自2023年8月15日起施行）

为依法惩治破坏森林资源犯罪，保护生态环境，根据《中华人民共和国刑法》、《中华人民共和国刑事诉讼法》、《中华人民共和国森林法》等法律的有关规定，现就审理此类刑事案件适用法律的若干问题解释如下：

第一条　违反土地管理法规，非法占用林地，改变被占用林地用途，具有下列情形之一的，应当认定为刑法第三百四十二条规定的造成林地"毁坏"：

（一）在林地上实施建窑、建坟、建房、修路、硬化等工程建设的；

（二）在林地上实施采石、采砂、采土、采矿等活动的；

（三）在林地上排放污染物、堆放废弃物或者进行非林业生产、建设，造成林地被严重污染或者原有植被、林业生产条件被严重破坏的。

实施前款规定的行为，具有下列情形之一的，应当认定为刑法第三百四十二条规定的"数量较大，造成耕地、林地等农用地大量毁坏"：

（一）非法占用并毁坏公益林地五亩以上的；

（二）非法占用并毁坏商品林地十亩以上的；

（三）非法占用并毁坏的公益林地、商品林地数量虽未分别达到第一项、第二项规定标准，但按相应比例折算合计达到有关标准的；

（四）二年内曾因非法占用农用地受过二次以上行政处罚，又非法占用林地，数量达到第一项至第三项规定标准一半以上的。

第二条　违反国家规定，非法采伐、毁坏列入《国家重点保护野生植物名录》的野生植物，或者非法收购、运输、加工、出售明知是非法采伐、毁坏的上述植物及其制品，具有下列情形之一的，应当依照刑法第三百四十四条的规定，以危害国家重点保护植物罪定罪处罚：

（一）危害国家一级保护野生植物一株以上或者立木蓄积一立方米以上的；

（二）危害国家二级保护野生植物二株以上或者立木蓄积二立方米以上的；

（三）危害国家重点保护野生植物，数量虽未分别达到第一项、第二项规定标准，但按相应比例折算合计达到有关标准的；

（四）涉案国家重点保护野生植物及其制品价值二万元以上的。

实施前款规定的行为,具有下列情形之一的,应当认定为刑法第三百四十四条规定的"情节严重":

(一)危害国家一级保护野生植物五株以上或者立木蓄积五立方米以上的;

(二)危害国家二级保护野生植物十株以上或者立木蓄积十立方米以上的;

(三)危害国家重点保护野生植物,数量虽未分别达到第一项、第二项规定标准,但按相应比例折算合计达到有关标准的;

(四)涉案国家重点保护野生植物及其制品价值二十万元以上的;

(五)其他情节严重的情形。

违反国家规定,非法采伐、毁坏古树名木,或者非法收购、运输、加工、出售明知是非法采伐、毁坏的古树名木及其制品,涉案树木未列入《国家重点保护野生植物名录》的,根据涉案树木的树种、树龄以及历史、文化价值等因素,综合评估社会危害性,依法定罪处罚。

第三条 以非法占有为目的,具有下列情形之一的,应当认定为刑法第三百四十五条第一款规定的"盗伐森林或者其他林木":

(一)未取得采伐许可证,擅自采伐国家、集体或者他人所有的林木的;

(二)违反森林法第五十六条第三款的规定,擅自采伐国家、集体或者他人所有的林木的;

(三)在采伐许可证规定的地点以外采伐国家、集体或者他人所有的林木的。

不以非法占有为目的,违反森林法的规定,进行开垦、采石、采砂、采土或者其他活动,造成国家、集体或者他人所有的林木毁坏,符合刑法第二百七十五条规定的,以故意毁坏财物罪定罪处罚。

第四条 盗伐森林或者其他林木,涉案林木具有下列情形之一的,应当认定为刑法第三百四十五条第一款规定的"数量较大":

(一)立木蓄积五立方米以上的;

(二)幼树二百株以上的;

(三)数量虽未分别达到第一项、第二项规定标准,但按相应比例折算合计达到有关标准的;

(四)价值二万元以上的。

实施前款规定的行为,达到第一项至第四项规定标准十倍、五十倍以上的,应当分别认定为刑法第三百四十五条第一款规定的"数量巨大"、"数量特别巨大"。

实施盗伐林木的行为,所涉林木系风倒、火烧、水毁或者林业有害生物等自然原因死亡或者严重毁损的,在决定应否追究刑事责任和裁量刑罚时,应当从严把握;情节显著轻微危害不大的,不作为犯罪处理。

第五条 具有下列情形之一的,应当认定为刑法第三百四十五条第二款规定的"滥伐森林或者其他林木":

(一)未取得采伐许可证,或者违反采伐许可证规定的时间、地点、数量、树种、方式,任意采伐本单位或者本人所有的林木的;

(二)违反森林法第五十六条第三款的规定,任意采伐本单位或者本人所有的林木的;

(三)在采伐许可证规定的地点,超过规定的数量采伐国家、集体或者他人所有的林木的。

林木权属存在争议,一方未取得采伐许可证擅自砍伐的,以滥伐林木论处。

第六条 滥伐森林或者其他林木,涉案林木具有下列情形之一的,应当认定为刑法第三百四十五条第二款规定的"数量较大":

(一)立木蓄积二十立方米以上的;

(二)幼树一千株以上的;

（三）数量虽未分别达到第一项、第二项规定标准，但按相应比例折算合计达到有关标准的；

（四）价值五万元以上的。

实施前款规定的行为，达到第一项至第四项规定标准五倍以上的，应当认定为刑法第三百四十五条第二款规定的"数量巨大"。

实施滥伐林木的行为，所涉林木系风倒、火烧、水毁或者林业有害生物等自然原因死亡或者严重毁损的，一般不以犯罪论处；确有必要追究刑事责任的，应当从宽处理。

第七条 认定刑法第三百四十五条第三款规定的"明知是盗伐、滥伐的林木"，应当根据涉案林木的销售价格、来源以及收购、运输行为违反有关规定等情节，结合行为人的职业要求、经历经验、前科情况等作出综合判断。

具有下列情形之一的，可以认定行为人明知是盗伐、滥伐的林木，但有相反证据或者能够作出合理解释的除外：

（一）收购明显低于市场价格出售的林木的；

（二）木材经营加工企业伪造、涂改产品或者原料出入库台账的；

（三）交易方式明显不符合正常习惯的；

（四）逃避、抗拒执法检查的；

（五）其他足以认定行为人明知的情形。

第八条 非法收购、运输明知是盗伐、滥伐的林木，具有下列情形之一的，应当认定为刑法第三百四十五条第三款规定的"情节严重"：

（一）涉案林木立木蓄积二十立方米以上的；

（二）涉案幼树一千株以上的；

（三）涉案林木数量虽未分别达到第一项、第二项规定标准，但按相应比例折算合计达到有关标准的；

（四）涉案林木价值五万元以上的；

（五）其他情节严重的情形。

实施前款规定的行为，达到第一项至第四项规定标准五倍以上或者具有其他特别严重情节的，应当认定为刑法第三百四十五条第三款规定的"情节特别严重"。

第九条 多次实施本解释规定的行为，未经处理，且依法应当追诉的，数量、数额累计计算。

第十条 伪造、变造、买卖采伐许可证，森林、林地、林木权属证书以及占用或者征用林地审核同意书等国家机关批准的林业证件、文件构成犯罪的，依照刑法第二百八十条第一款的规定，以伪造、变造、买卖国家机关公文、证件罪定罪处罚。

买卖允许进出口证明书等经营许可证明，同时构成刑法第二百二十五条、第二百八十条规定之罪的，依照处罚较重的规定定罪处罚。

第十一条 下列行为，符合刑法第二百六十四条规定的，以盗窃罪定罪处罚：

（一）盗窃国家、集体或者他人所有并已经伐倒的树木的；

（二）偷砍他人在自留地或者房前屋后种植的零星树木的。

非法实施采种、采脂、掘根、剥树皮等行为，符合刑法第二百六十四条规定的，以盗窃罪论处。在决定应否追究刑事责任和裁量刑罚时，应当综合考虑对涉案林木资源的损害程度以及行为人获利数额、行为动机、前科情况等情节；认为情节显著轻微危害不大的，不作为犯罪处理。

第十二条 实施破坏森林资源犯罪，具有下列情形之一的，从重处罚：

（一）造成林地或者其他农用地基本功能丧失或者遭受永久性破坏的；

（二）非法占用自然保护地核心保护区内的林地或者其他农用地的；

（三）非法采伐国家公园、国家级自然保护区内的林木的；

（四）暴力抗拒、阻碍国家机关工作人员依法执行职务，尚不构成妨害公务罪、袭警罪的；

（五）经行政主管部门责令停止违法行为后，继续实施相关行为的。

实施本解释规定的破坏森林资源行为，行为人系初犯，认罪认罚，积极通过补种树木、恢复植被和林业生产条件等方式修复生态环境，综合考虑涉案林地的类型、数量、生态区位或者涉案植物的种类、数量、价值，以及行为人获利数额、行为手段等因素，认为犯罪情节轻微的，可以免予刑事处罚；认为情节显著轻微危害不大的，不作为犯罪处理。

第十三条 单位犯刑法第三百四十二条、第三百四十四条、第三百四十五条规定之罪的，依照本解释规定的相应自然人犯罪的定罪量刑标准，对直接负责的主管人员和其他直接责任人员定罪处罚，并对单位判处罚金。

第十四条 针对国家、集体或者他人所有的国家重点保护植物和其他林木实施犯罪的违法所得及其收益，应当依法追缴或者责令退赔。

第十五条 组织他人实施本解释规定的破坏森林资源犯罪的，应当按照其组织实施的全部罪行处罚。

对于受雇佣为破坏森林资源犯罪提供劳务的人员，除参与利润分成或者领取高额固定工资的以外，一般不以犯罪论处，但曾因破坏森林资源受过处罚的除外。

第十六条 对于实施本解释规定的相关行为未被追究刑事责任的行为人，依法应当给予行政处罚、政务处分或者其他处分的，移送有关主管机关处理。

第十七条 涉案国家重点保护植物或者其他林木的价值，可以根据销赃数额认定；无销赃数额，销赃数额难以查证，或者根据销赃数额认定明显不合理的，根据市场价格认定。

第十八条 对于涉案农用地类型、面积，国家重点保护植物或者其他林木的种类、立木蓄积、株数、价值，以及涉案行为对森林资源的损害程度等问题，可以由林业主管部门、侦查机关依据现场勘验、检查笔录等出具认定意见；难以确定的，依据鉴定机构出具的鉴定意见或者下列机构出具的报告，结合其他证据作出认定：

（一）价格认证机构出具的报告；

（二）国务院林业主管部门指定的机构出具的报告；

（三）地、市级以上人民政府林业主管部门出具的报告。

第十九条 本解释所称"立木蓄积"的计算方法为：原木材积除以该树种的出材率。

本解释所称"幼树"，是指胸径五厘米以下的树木。

滥伐林木的数量，应当在伐区调查设计允许的误差额以上计算。

第二十条 本解释自 2023 年 8 月 15 日起施行。本解释施行后，《最高人民法院关于滥伐自己所有权的林木其林木应如何处理的问题的批复》（法复〔1993〕5 号）、《最高人民法院关于审理破坏森林资源刑事案件具体应用法律若干问题的解释》（法释〔2000〕36 号）、《最高人民法院关于在林木采伐许可证规定的地点以外采伐本单位或者本人所有的森林或者其他林木的行为如何适用法律问题的批复》（法释〔2004〕3 号）、《最高人民法院关于审理破坏林地资源刑事案件具体应用法律若干问题的解释》（法释〔2005〕15 号）同时废止；之前发布的司法解释与本解释不一致的，以本解释为准。

最高人民法院 最高人民检察院
关于适用《中华人民共和国刑法》第三百四十四条有关问题的批复

法释〔2020〕2号

(2019年11月19日最高人民法院审判委员会第1783次会议、2020年1月13日最高人民检察院第十三届检察委员会第三十二次会议通过 2020年3月19日最高人民法院、最高人民检察院公告公布 自2020年3月21日起施行)

各省、自治区、直辖市高级人民法院、人民检察院,解放军军事法院、军事检察院,新疆维吾尔自治区高级人民法院生产建设兵团分院、新疆生产建设兵团人民检察院:

近来,部分省、自治区、直辖市高级人民法院、人民检察院请示适用刑法第三百四十四条的有关问题。经研究,批复如下:

一、古树名木以及列入《国家重点保护野生植物名录》的野生植物,属于刑法第三百四十四条规定的"珍贵树木或者国家重点保护的其他植物"。

二、根据《中华人民共和国野生植物保护条例》的规定,野生植物限于原生地天然生长的植物。人工培育的植物,除古树名木外,不属于刑法第三百四十四条规定的"珍贵树木或者国家重点保护的其他植物"。非法采伐、毁坏或者非法收购、运输人工培育的植物(古树名木除外),构成盗伐林木罪、滥伐林木罪、非法收购、运输盗伐、滥伐的林木罪等犯罪的,依照相关规定追究刑事责任。

三、对于非法移栽珍贵树木或者国家重点保护的其他植物,依法应当追究刑事责任的,依照刑法第三百四十四条的规定,以非法采伐国家重点保护植物罪定罪处罚。

鉴于移栽在社会危害程度上与砍伐存在一定差异,对非法移栽珍贵树木或者国家重点保护的其他植物的行为,在认定是否构成犯罪以及裁量刑罚时,应当考虑植物的珍贵程度、移栽目的、移栽手段、移栽数量、对生态环境的损害程度等情节,综合评估社会危害性,确保罪责刑相适应。

四、本批复自2020年3月21日起施行,之前发布的司法解释与本批复不一致的,以本批复为准。

五、水资源

中华人民共和国水法

（1988年1月21日第六届全国人民代表大会常务委员会第24次会议通过 1988年1月21日中华人民共和国主席令第61号公布 2002年8月29日第九届全国人民代表大会常务委员会第二十九次会议修订通过 根据2009年8月27日第十一届全国人民代表大会常务委员会第十次会议《关于修改部分法律的决定》第一次修正 根据2016年7月2日第十二届全国人民代表大会常务委员会第二十一次会议《关于修改〈中华人民共和国节约能源法〉等六部法律的决定》第二次修正）

第一章 总　则

第一条　为了合理开发、利用、节约和保护水资源，防治水害，实现水资源的可持续利用，适应国民经济和社会发展的需要，制定本法。

第二条　在中华人民共和国领域内开发、利用、节约、保护、管理水资源，防治水害，适用本法。

本法所称水资源，包括地表水和地下水。

第三条　水资源属于国家所有。水资源的所有权由国务院代表国家行使。农村集体经济组织的水塘和由农村集体经济组织修建管理的水库中的水，归各该农村集体经济组织使用。

第四条　开发、利用、节约、保护水资源和防治水害，应当全面规划、统筹兼顾、标本兼治、综合利用、讲求效益，发挥水资源的多种功能，协调好生活、生产经营和生态环境用水。

第五条　县级以上人民政府应当加强水利基础设施建设，并将其纳入本级国民经济和社会发展计划。

第六条　国家鼓励单位和个人依法开发、利用水资源，并保护其合法权益。开发、利用水资源的单位和个人有依法保护水资源的义务。

第七条　国家对水资源依法实行取水许可制度和有偿使用制度。但是，农村集体经济组织及其成员使用本集体经济组织的水塘、水库中的水的除外。国务院水行政主管部门负责全国取水许可制度和水资源有偿使用制度的组织实施。

第八条　国家厉行节约用水，大力推行节约用水措施，推广节约用水新技术、新工艺，发展节水型工业、农业和服务业，建立节水型社会。

各级人民政府应当采取措施，加强对节约用水的管理，建立节约用水技术开发推广体系，培育和发展节约用水产业。

单位和个人有节约用水的义务。

第九条　国家保护水资源，采取有效措施，保护植被，植树种草，涵养水源，防治水土流失和水体污染，改善生态环境。

第十条 国家鼓励和支持开发、利用、节约、保护、管理水资源和防治水害的先进科学技术的研究、推广和应用。

第十一条 在开发、利用、节约、保护、管理水资源和防治水害等方面成绩显著的单位和个人,由人民政府给予奖励。

第十二条 国家对水资源实行流域管理与行政区域管理相结合的管理体制。

国务院水行政主管部门负责全国水资源的统一管理和监督工作。

国务院水行政主管部门在国家确定的重要江河、湖泊设立的流域管理机构(以下简称流域管理机构),在所管辖的范围内行使法律、行政法规规定的和国务院水行政主管部门授予的水资源管理和监督职责。

县级以上地方人民政府水行政主管部门按照规定的权限,负责本行政区域内水资源的统一管理和监督工作。

第十三条 国务院有关部门按照职责分工,负责水资源开发、利用、节约和保护的有关工作。

县级以上地方人民政府有关部门按照职责分工,负责本行政区域内水资源开发、利用、节约和保护的有关工作。

第二章 水资源规划

第十四条 国家制定全国水资源战略规划。

开发、利用、节约、保护水资源和防治水害,应当按照流域、区域统一制定规划。规划分为流域规划和区域规划。流域规划包括流域综合规划和流域专业规划;区域规划包括区域综合规划和区域专业规划。

前款所称综合规划,是指根据经济社会发展需要和水资源开发利用现状编制的开发、利用、节约、保护水资源和防治水害的总体部署。前款所称专业规划,是指防洪、治涝、灌溉、航运、供水、水力发电、竹木流放、渔业、水资源保护、水土保持、防沙治沙、节约用水等规划。

第十五条 流域范围内的区域规划应当服从流域规划,专业规划应当服从综合规划。

流域综合规划和区域综合规划以及与土地利用关系密切的专业规划,应当与国民经济和社会发展规划以及土地利用总体规划、城市总体规划和环境保护规划相协调,兼顾各地区、各行业的需要。

第十六条 制定规划,必须进行水资源综合科学考察和调查评价。水资源综合科学考察和调查评价,由县级以上人民政府水行政主管部门会同同级有关部门组织进行。

县级以上人民政府应当加强水文、水资源信息系统建设。县级以上人民政府水行政主管部门和流域管理机构应当加强对水资源的动态监测。

基本水文资料应当按照国家有关规定予以公开。

第十七条 国家确定的重要江河、湖泊的流域综合规划,由国务院水行政主管部门会同国务院有关部门和有关省、自治区、直辖市人民政府编制,报国务院批准。跨省、自治区、直辖市的其他江河、湖泊的流域综合规划和区域综合规划,由有关流域管理机构会同江河、湖泊所在地的省、自治区、直辖市人民政府水行政主管部门和有关部门编制,分别经有关省、自治区、直辖市人民政府审查提出意见后,报国务院水行政主管部门审核;国务院水行政主管部门征求国务院有关部门意见后,报国务院或者其授权的部门批准。

前款规定以外的其他江河、湖泊的流域综合规划和区域综合规划,由县级以上地方人民政府水行政主管部门会同同级有关部门和有关地方人民政府编制,报本级人民政府或者其授权的部门批准,并报上一级水行政主管部门备案。

专业规划由县级以上人民政府有关部门编制,征求同级其他有关部门意见后,报本级人民政府批准。其中，防洪规划、水土保持规划的编制、批准，依照防洪法、水土保持法的有关规定执行。

第十八条 规划一经批准，必须严格执行。

经批准的规划需要修改时，必须按照规划编制程序经原批准机关批准。

第十九条 建设水工程，必须符合流域综合规划。在国家确定的重要江河、湖泊和跨省、自治区、直辖市的江河、湖泊上建设水工程，未取得有关流域管理机构签署的符合流域综合规划要求的规划同意书的，建设单位不得开工建设；在其他江河、湖泊上建设水工程，未取得县级以上地方人民政府水行政主管部门按照管理权限签署的符合流域综合规划要求的规划同意书的，建设单位不得开工建设。水工程建设涉及防洪的，依照防洪法的有关规定执行；涉及其他地区和行业的，建设单位应当事先征求有关地区和部门的意见。

第三章 水资源开发利用

第二十条 开发、利用水资源，应当坚持兴利与除害相结合，兼顾上下游、左右岸和有关地区之间的利益，充分发挥水资源的综合效益，并服从防洪的总体安排。

第二十一条 开发、利用水资源，应当首先满足城乡居民生活用水，并兼顾农业、工业、生态环境用水以及航运等需要。

在干旱和半干旱地区开发、利用水资源，应当充分考虑生态环境用水需要。

第二十二条 跨流域调水，应当进行全面规划和科学论证，统筹兼顾调出和调入流域的用水需要，防止对生态环境造成破坏。

第二十三条 地方各级人民政府应当结合本地区水资源的实际情况，按照地表水与地下水统一调度开发、开源与节流相结合、节流优先和污水处理再利用的原则，合理组织开发、综合利用水资源。

国民经济和社会发展规划以及城市总体规划的编制、重大建设项目的布局，应当与当地水资源条件和防洪要求相适应，并进行科学论证；在水资源不足的地区，应当对城市规模和建设耗水量大的工业、农业和服务业项目加以限制。

第二十四条 在水资源短缺的地区，国家鼓励对雨水和微咸水的收集、开发、利用和对海水的利用、淡化。

第二十五条 地方各级人民政府应当加强对灌溉、排涝、水土保持工作的领导，促进农业生产发展；在容易发生盐碱化和渍害的地区，应当采取措施，控制和降低地下水的水位。

农村集体经济组织或者其成员依法在本集体经济组织所有的集体土地或者承包土地上投资兴建水工程设施的，按照谁投资建设谁管理和谁受益的原则，对水工程设施及其蓄水进行管理和合理使用。

农村集体经济组织修建水库应当经县级以上地方人民政府水行政主管部门批准。

第二十六条 国家鼓励开发、利用水能资源。在水能丰富的河流，应当有计划地进行多目标梯级开发。

建设水力发电站，应当保护生态环境，兼顾防洪、供水、灌溉、航运、竹木流放和渔业等方面的需要。

第二十七条 国家鼓励开发、利用水运资源。在水生生物洄游通道、通航或者竹木流放的河流上修建永久性拦河闸坝，建设单位应当同时修建过鱼、过船、过木设施，或者经国务院授权的部门批准采取其他补救措施，并妥善安排施工和蓄水期间的水生生物保护、航运和竹木流放，所需费用由建设单位承担。

在不通航的河流或者人工水道上修建闸坝后可以通航的，闸坝建设单位应当同时修建过船设施或者预留过船设施位置。

第二十八条 任何单位和个人引水、截（蓄）水、排水，不得损害公共利益和他人的合法权益。

第二十九条 国家对水工程建设移民实行开发性移民的方针，按照前期补偿、补助与后期扶持相结合的原则，妥善安排移民的生产和生活，保护移民的合法权益。

移民安置应当与工程建设同步进行。建设单位应当根据安置地区的环境容量和可持续发展的原则，因地制宜，编制移民安置规划，经依法批准后，由有关地方人民政府组织实施。所需移民经费列入工程建设投资计划。

第四章 水资源、水域和水工程的保护

第三十条 县级以上人民政府水行政主管部门、流域管理机构以及其他有关部门在制定水资源开发、利用规划和调度水资源时，应当注意维持江河的合理流量和湖泊、水库以及地下水的合理水位，维护水体的自然净化能力。

第三十一条 从事水资源开发、利用、节约、保护和防治水害等水事活动，应当遵守经批准的规划；因违反规划造成江河和湖泊水域使用功能降低、地下水超采、地面沉降、水体污染的，应当承担治理责任。

开采矿藏或者建设地下工程，因疏干排水导致地下水水位下降、水源枯竭或者地面塌陷，采矿单位或者建设单位应当采取补救措施；对他人生活和生产造成损失的，依法给予补偿。

第三十二条 国务院水行政主管部门会同国务院环境保护行政主管部门、有关部门和有关省、自治区、直辖市人民政府，按照流域综合规划、水资源保护规划和经济社会发展要求，拟定国家确定的重要江河、湖泊的水功能区划，报国务院批准。跨省、自治区、直辖市的其他江河、湖泊的水功能区划，由有关流域管理机构会同江河、湖泊所在地的省、自治区、直辖市人民政府水行政主管部门、环境保护行政主管部门和其他有关部门拟定，分别经有关省、自治区、直辖市人民政府审查提出意见后，由国务院水行政主管部门会同国务院环境保护行政主管部门审核，报国务院或者其授权的部门批准。

前款规定以外的其他江河、湖泊的水功能区划，由县级以上地方人民政府水行政主管部门会同同级人民政府环境保护行政主管部门和有关部门拟定，报同级人民政府或者其授权的部门批准，并报上一级水行政主管部门和环境保护行政主管部门备案。

县级以上人民政府水行政主管部门或者流域管理机构应当按照水功能区对水质的要求和水体的自然净化能力，核定该水域的纳污能力，向环境保护行政主管部门提出该水域的限制排污总量意见。

县级以上地方人民政府水行政主管部门和流域管理机构应当对水功能区的水质状况进行监测，发现重点污染物排放总量超过控制指标的，或者水功能区的水质未达到水域使用功能对水质的要求的，应当及时报告有关人民政府采取治理措施，并向环境保护行政主管部门通报。

第三十三条 国家建立饮用水水源保护区制度。省、自治区、直辖市人民政府应当划定饮用水水源保护区，并采取措施，防止水源枯竭和水体污染，保证城乡居民饮用水安全。

第三十四条 禁止在饮用水水源保护区内设置排污口。

在江河、湖泊新建、改建或者扩大排污口，应当经过有管辖权的水行政主管部门或者流域管理机构同意，由环境保护行政主管部门负责对该建设项目的环境影响报告书进行审批。

第三十五条 从事工程建设，占用农业灌溉水源、灌排工程设施，或者对原有灌溉用水、供水水源有不利影响的，建设单位应当采取相应的补救措施；造成损失的，依法给予补偿。

第三十六条 在地下水超采地区，县级以上地方人民政府应当采取措施，严格控制开采地下水。在地下水严重超采地区，经省、自治区、直辖市人民政府批准，可以划定地下水禁止开采或者限制开采区。在沿海地区开采地下水，应当经过科学论证，并采取措施，防止地面沉降和海水入侵。

第三十七条 禁止在江河、湖泊、水库、运河、渠道内弃置、堆放阻碍行洪的物体和种植阻碍行洪的林木及高秆作物。

禁止在河道管理范围内建设妨碍行洪的建筑物、构筑物以及从事影响河势稳定、危害河岸堤防安全和其他妨碍河道行洪的活动。

第三十八条 在河道管理范围内建设桥梁、码头和其他拦河、跨河、临河建筑物、构筑物，铺设跨河管道、电缆，应当符合国家规定的防洪标准和其他有关的技术要求，工程建设方案应当依照防洪法的有关规定报经有关水行政主管部门审查同意。

因建设前款工程设施，需要扩建、改建、拆除或者损坏原有水工程设施的，建设单位应当负担扩建、改建的费用和损失补偿。但是，原有工程设施属于违法工程的除外。

第三十九条 国家实行河道采砂许可制度。河道采砂许可制度实施办法，由国务院规定。

在河道管理范围内采砂，影响河势稳定或者危及堤防安全的，有关县级以上人民政府水行政主管部门应当划定禁采区和规定禁采期，并予以公告。

第四十条 禁止围湖造地。已经围垦的，应当按照国家规定的防洪标准有计划地退地还湖。

禁止围垦河道。确需围垦的，应当经过科学论证，经省、自治区、直辖市人民政府水行政主管部门或者国务院水行政主管部门同意后，报本级人民政府批准。

第四十一条 单位和个人有保护水工程的义务，不得侵占、毁坏堤防、护岸、防汛、水文监测、水文地质监测等工程设施。

第四十二条 县级以上地方人民政府应当采取措施，保障本行政区域内水工程，特别是水坝和堤防的安全，限期消除险情。水行政主管部门应当加强对水工程安全的监督管理。

第四十三条 国家对水工程实施保护。国家所有的水工程应当按照国务院的规定划定工程管理和保护范围。

国务院水行政主管部门或者流域管理机构管理的水工程，由主管部门或者流域管理机构商有关省、自治区、直辖市人民政府划定工程管理和保护范围。

前款规定以外的其他水工程，应当按照省、自治区、直辖市人民政府的规定，划定工程保护范围和保护职责。

在水工程保护范围内，禁止从事影响水工程运行和危害水工程安全的爆破、打井、采石、取土等活动。

第五章 水资源配置和节约使用

第四十四条 国务院发展计划主管部门和国务院水行政主管部门负责全国水资源的宏观调配。全国的和跨省、自治区、直辖市的水中长期供求规划，由国务院水行政主管部门会同有关部门制订，经国务院发展计划主管部门审查批准后执行。地方的水中长期供求规划，由县级以上地方人民政府水行政主管部门会同同级有关部门依据上一级水中长期供求规划和本地区的实际情况制订，经本级人民政府发展计划主管部门审查批准后执行。

水中长期供求规划应当依据水的供求现状、国民经济和社会发展规划、流域规划、区域规划，按照水资源供需协调、综合平衡、保护生态、厉行节约、合理开源的原则制定。

第四十五条 调蓄径流和分配水量，应当依据流域规划和水中长期供求规划，以流域为单元制定水量分配方案。

跨省、自治区、直辖市的水量分配方案和旱情紧急情况下的水量调度预案，由流域管理机构商有关省、自治区、直辖市人民政府制订，报国务院或者其授权的部门批准后执行。其他跨行政区域的水量分配方案和旱情紧急情况下的水量调度预案，由共同的上一级人民政府水行政主管部门商有关地方人民政府制订，报本级人民政府批准后执行。

水量分配方案和旱情紧急情况下的水量调度预案经批准后，有关地方人民政府必须执行。

在不同行政区域之间的边界河流上建设水资源开发、利用项目，应当符合该流域经批准的水量分配方案，由有关县级以上地方人民政府报共同的上一级人民政府水行政主管部门或者有关流域管理机构批准。

第四十六条 县级以上地方人民政府水行政主管部门或者流域管理机构应当根据批准的水量分配方案和年度预测来水量，制定年度水量分配方案和调度计划，实施水量统一调度；有关地方人民政府必须服从。

国家确定的重要江河、湖泊的年度水量分配方案，应当纳入国家的国民经济和社会发展年度计划。

第四十七条 国家对用水实行总量控制和定额管理相结合的制度。

省、自治区、直辖市人民政府有关行业主管部门应当制订本行政区域内行业用水定额，报同级水行政主管部门和质量监督检验行政主管部门审核同意后，由省、自治区、直辖市人民政府公布，并报国务院水行政主管部门和国务院质量监督检验行政主管部门备案。

县级以上地方人民政府发展计划主管部门会同同级水行政主管部门，根据用水定额、经济技术条件以及水量分配方案确定的可供本行政区域使用的水量，制定年度用水计划，对本行政区域内的年度用水实行总量控制。

第四十八条 直接从江河、湖泊或者地下取用水资源的单位和个人，应当按照国家取水许可制度和水资源有偿使用制度的规定，向水行政主管部门或者流域管理机构申请领取取水许可证，并缴纳水资源费，取得取水权。但是，家庭生活和零星散养、圈养畜禽饮用等少量取水的除外。

实施取水许可制度和征收管理水资源费的具体办法，由国务院规定。

第四十九条 用水应当计量，并按照批准的用水计划用水。

用水实行计量收费和超定额累进加价制度。

第五十条 各级人民政府应当推行节水灌溉方式和节水技术，对农业蓄水、输水工程采取必要的防渗漏措施，提高农业用水效率。

第五十一条 工业用水应当采用先进技术、工艺和设备，增加循环用水次数，提高水的重复利用率。

国家逐步淘汰落后的、耗水量高的工艺、设备和产品，具体名录由国务院经济综合主管部门会同国务院水行政主管部门和有关部门制定并公布。生产者、销售者或者生产经营中的使用者应当在规定的时间内停止生产、销售或者使用列入名录的工艺、设备和产品。

第五十二条 城市人民政府应当因地制宜采取有效措施，推广节水型生活用水器具，降低城市供水管网漏失率，提高生活用水效率；加强城市污水集中处理，鼓励使用再生水，提高污水再生利用率。

第五十三条 新建、扩建、改建建设项目，应当制订节水措施方案，配套建设节水设施。节水设施应当与主体工程同时设计、同时施工、同时投产。

供水企业和自建供水设施的单位应当加强供水设施的维护管理，减少水的漏失。

第五十四条 各级人民政府应当积极采取措施，改善城乡居民的饮用水条件。

第五十五条 使用水工程供应的水，应当按照国家规定向供水单位缴纳水费。供水价格应当按照补偿成本、合理收益、优质优价、公平负担的原则确定。具体办法由省级以上人民政府价格主管部门会同同级水行政主管部门或者其他供水行政主管部门依据职权制定。

第六章　水事纠纷处理与执法监督检查

第五十六条 不同行政区域之间发生水事纠纷的，应当协商处理；协商不成的，由上一级人民政府裁决，有关各方必须遵照执行。在水事纠纷解决前，未经各方达成协议或者共同的上一级人民政府批准，在行政区域交界线两侧一定范围内，任何一方不得修建排水、阻水、取水和截（蓄）水工程，不得单方面改变水的现状。

第五十七条 单位之间、个人之间、单位与个人之间发生的水事纠纷，应当协商解决；当事人不愿协商或者协商不成的，可以申请县级以上地方人民政府或者其授权的部门调解，也可以直接向人民法院提起民事诉讼。县级以上地方人民政府或者其授权的部门调解不成的，当事人可以向人民法院提起民事诉讼。

在水事纠纷解决前，当事人不得单方面改变现状。

第五十八条 县级以上人民政府或者其授权的部门在处理水事纠纷时，有权采取临时处置措施，有关各方或者当事人必须服从。

第五十九条 县级以上人民政府水行政主管部门和流域管理机构应当对违反本法的行为加强监督检查并依法进行查处。

水政监督检查人员应当忠于职守，秉公执法。

第六十条 县级以上人民政府水行政主管部门、流域管理机构及其水政监督检查人员履行本法规定的监督检查职责时，有权采取下列措施：

（一）要求被检查单位提供有关文件、证照、资料；

（二）要求被检查单位就执行本法的有关问题作出说明；

（三）进入被检查单位的生产场所进行调查；

（四）责令被检查单位停止违反本法的行为，履行法定义务。

第六十一条 有关单位或者个人对水政监督检查人员的监督检查工作应当给予配合，不得拒绝或者阻碍水政监督检查人员依法执行职务。

第六十二条 水政监督检查人员在履行监督检查职责时，应当向被检查单位或者个人出示执法证件。

第六十三条 县级以上人民政府或者上级水行政主管部门发现本级或者下级水行政主管部门在监督检查工作中有违法或者失职行为的，应当责令其限期改正。

第七章　法律责任

第六十四条 水行政主管部门或者其他有关部门以及水工程管理单位及其工作人员，利用职务上的便利收取他人财物、其他好处或者玩忽职守，对不符合法定条件的单位或者个人核发许可证、签署审查同意意见，不按照水量分配方案分配水量，不按照国家有关规定收取水资源费，不履行监督职责，或者发现违法行为不予查处，造成严重后果，构成犯罪的，对负有责任的主管人员和其他直接责任人员依照刑法的有关规定追究刑事责任；尚不够刑事处罚的，依法给予行政处分。

第六十五条 在河道管理范围内建设妨碍行洪的建筑物、构筑物，或者从事影响河势稳定、危害河岸堤防安全和其他妨碍河道行洪的活动的，由县级以上人民政府水行政主管部门或者流域管理机构依据职权，责令停止违法行为，限期拆除违法建筑物、构筑物，恢复原状；逾期不拆除、不恢复原状的，强行拆除，所需费用由违法单位或者个人负担，并处一万元以上十万元以下的罚款。

未经水行政主管部门或者流域管理机构同意，擅自修建水工程，或者建设桥梁、码头和其他拦河、跨河、临河建筑物、构筑物，铺设跨河管道、电缆，且防洪法未作规定的，由县级以上人民政府水行政主管部门或者流域管理机构依据职权，责令停止违法行为，限期补办有关手续；逾期不补办或者补办未被批准的，责令限期拆除违法建筑物、构筑物；逾期不拆除的，强行拆除，所需费用由违法单位或者个人负担，并处一万元以上十万元以下的罚款。

虽经水行政主管部门或者流域管理机构同意，但未按照要求修建前款所列工程设施的，由县级以上人民政府水行政主管部门或者流域管理机构依据职权，责令限期改正，按照情节轻重，处一万元以上十万元以下的罚款。

第六十六条　有下列行为之一，且防洪法未作规定的，由县级以上人民政府水行政主管部门或者流域管理机构依据职权，责令停止违法行为，限期清除障碍或者采取其他补救措施，处一万元以上五万元以下的罚款：

（一）在江河、湖泊、水库、运河、渠道内弃置、堆放阻碍行洪的物体和种植阻碍行洪的林木及高秆作物的；

（二）围湖造地或者未经批准围垦河道的。

第六十七条　在饮用水水源保护区内设置排污口的，由县级以上地方人民政府责令限期拆除、恢复原状；逾期不拆除、不恢复原状的，强行拆除、恢复原状，并处五万元以上十万元以下的罚款。

未经水行政主管部门或者流域管理机构审查同意，擅自在江河、湖泊新建、改建或者扩大排污口的，由县级以上人民政府水行政主管部门或者流域管理机构依据职权，责令停止违法行为，限期恢复原状，处五万元以上十万元以下的罚款。

第六十八条　生产、销售或者在生产经营中使用国家明令淘汰的落后的、耗水量高的工艺、设备和产品的，由县级以上地方人民政府经济综合主管部门责令停止生产、销售或者使用，处二万元以上十万元以下的罚款。

第六十九条　有下列行为之一的，由县级以上人民政府水行政主管部门或者流域管理机构依据职权，责令停止违法行为，限期采取补救措施，处二万元以上十万元以下的罚款；情节严重的，吊销其取水许可证：

（一）未经批准擅自取水的；

（二）未依照批准的取水许可规定条件取水的。

第七十条　拒不缴纳、拖延缴纳或者拖欠水资源费的，由县级以上人民政府水行政主管部门或者流域管理机构依据职权，责令限期缴纳；逾期不缴纳的，从滞纳之日起按日加收滞纳部分千分之二的滞纳金，并处应缴或者补缴水资源费一倍以上五倍以下的罚款。

第七十一条　建设项目的节水设施没有建成或者没有达到国家规定的要求，擅自投入使用的，由县级以上人民政府有关部门或者流域管理机构依据职权，责令停止使用，限期改正，处五万元以上十万元以下的罚款。

第七十二条　有下列行为之一，构成犯罪的，依照刑法的有关规定追究刑事责任；尚不够刑事处罚，且防洪法未作规定的，由县级以上地方人民政府水行政主管部门或者流域管理机构依据职权，责令停止违法行为，采取补救措施，处一万元以上五万元以下的罚款；违反治安管理处罚法的，由公安机关依法给予治安管理处罚；给他人造成损失的，依法承担赔偿责任：

（一）侵占、毁坏水工程及堤防、护岸等有关设施，毁坏防汛、水文监测、水文地质监测设施的；

（二）在水工程保护范围内，从事影响水工程运行和危害水工程安全的爆破、打井、采石、取土等活动的。①

第七十三条　侵占、盗窃或者抢夺防汛物资，防洪排涝、农田水利、水文监测和测量以及其他水工程设备和器材，贪污或者挪用国家救灾、抢险、防汛、移民安置和补偿及其他水利建设款物，构成犯罪的，依照刑法的有关规定追究刑事责任。

第七十四条　在水事纠纷发生及其处理过程中煽动闹事、结伙斗殴、抢夺或者损坏公私财物、非法限制他人人身自由，构成犯罪的，依照刑法的有关规定追究刑事责任；尚不够刑

---

① 根据 2009 年 8 月 27 日第十一届全国人民代表大会常务委员会第十次会议《关于修改部分法律的决定》，将第七十二条中引用的"治安管理处罚条例"修改为"治安管理处罚法"。

事处罚的，由公安机关依法给予治安管理处罚。

第七十五条 不同行政区域之间发生水事纠纷，有下列行为之一的，对负有责任的主管人员和其他直接责任人员依法给予行政处分：

（一）拒不执行水量分配方案和水量调度预案的；

（二）拒不服从水量统一调度的；

（三）拒不执行上一级人民政府的裁决的；

（四）在水事纠纷解决前，未经各方达成协议或者上一级人民政府批准，单方面违反本法规定改变水的现状的。

第七十六条 引水、截（蓄）水、排水，损害公共利益或者他人合法权益的，依法承担民事责任。

第七十七条 对违反本法第三十九条有关河道采砂许可制度规定的行政处罚，由国务院规定。

第八章 附 则

第七十八条 中华人民共和国缔结或者参加的与国际或者国境边界河流、湖泊有关的国际条约、协定与中华人民共和国法律有不同规定的，适用国际条约、协定的规定。但是，中华人民共和国声明保留的条款除外。

第七十九条 本法所称水工程，是指在江河、湖泊和地下水源上开发、利用、控制、调配和保护水资源的各类工程。

第八十条 海水的开发、利用、保护和管理，依照有关法律的规定执行。

第八十一条 从事防洪活动，依照防洪法的规定执行。

水污染防治，依照水污染防治法的规定执行。

第八十二条 本法自2002年10月1日起施行。

中华人民共和国海域使用管理法

（2001年10月27日第九届全国人民代表大会常务委员会第二十四次会议通过 2001年10月27日中华人民共和国主席令第61号公布 自2002年1月1日起施行）

第一章 总 则

第一条 为了加强海域使用管理，维护国家海域所有权和海域使用权人的合法权益，促进海域的合理开发和可持续利用，制定本法。

第二条 本法所称海域，是指中华人民共和国内水、领海的水面、水体、海床和底土。

本法所称内水，是指中华人民共和国领海基线向陆地一侧至海岸线的海域。

在中华人民共和国内水、领海持续使用特定海域三个月以上的排他性用海活动，适用本法。

第三条 海域属于国家所有，国务院代表国家行使海域所有权。任何单位或者个人不得侵占、买卖或者以其他形式非法转让海域。

单位和个人使用海域，必须依法取得海域使用权。

第四条 国家实行海洋功能区划制度。海域使用必须符合海洋功能区划。

国家严格管理填海、围海等改变海域自然属性的用海活动。

第五条 国家建立海域使用管理信息系统，对海域使用状况实施监视、监测。

第六条 国家建立海域使用权登记制度，依法登记的海域使用权受法律保护。

国家建立海域使用统计制度，定期发布海域使用统计资料。

第七条 国务院海洋行政主管部门负责全国海域使用的监督管理。沿海县级以上地方人民政府海洋行政主管部门根据授权，负责本行政区毗邻海域使用的监督管理。

渔业行政主管部门依照《中华人民共和国渔业法》，对海洋渔业实施监督管理。

海事管理机构依照《中华人民共和国海上交通安全法》，对海上交通安全实施监督管理。

第八条 任何单位和个人都有遵守海域使用管理法律、法规的义务，并有权对违反海域使用管理法律、法规的行为提出检举和控告。

第九条 在保护和合理利用海域以及进行有关的科学研究等方面成绩显著的单位和个人，由人民政府给予奖励。

第二章 海洋功能区划

第十条 国务院海洋行政主管部门会同国务院有关部门和沿海省、自治区、直辖市人民政府，编制全国海洋功能区划。

沿海县级以上地方人民政府海洋行政主管部门会同本级人民政府有关部门，依据上一级海洋功能区划，编制地方海洋功能区划。

第十一条 海洋功能区划按照下列原则编制：

（一）按照海域的区位、自然资源和自然环境等自然属性，科学确定海域功能；

（二）根据经济和社会发展的需要，统筹安排各有关行业用海；

（三）保护和改善生态环境，保障海域可持续利用，促进海洋经济的发展；

（四）保障海上交通安全；

（五）保障国防安全，保证军事用海需要。

第十二条 海洋功能区划实行分级审批。

全国海洋功能区划，报国务院批准。

沿海省、自治区、直辖市海洋功能区划，经该省、自治区、直辖市人民政府审核同意后，报国务院批准。

沿海市、县海洋功能区划，经该市、县人民政府审核同意后，报所在的省、自治区、直辖市人民政府批准，报国务院海洋行政主管部门备案。

第十三条 海洋功能区划的修改，由原编制机关会同同级有关部门提出修改方案，报原批准机关批准；未经批准，不得改变海洋功能区划确定的海域功能。

经国务院批准，因公共利益、国防安全或者进行大型能源、交通等基础设施建设，需要改变海洋功能区划的，根据国务院的批准文件修改海洋功能区划。

第十四条 海洋功能区划经批准后，应当向社会公布；但是，涉及国家秘密的部分除外。

第十五条 养殖、盐业、交通、旅游等行业规划涉及海域使用的，应当符合海洋功能区划。

沿海土地利用总体规划、城市规划、港口规划涉及海域使用的，应当与海洋功能区划相衔接。

第三章 海域使用的申请与审批

第十六条 单位和个人可以向县级以上人民政府海洋行政主管部门申请使用海域。

申请使用海域的，申请人应当提交下列书面材料：

（一）海域使用申请书；
（二）海域使用论证材料；
（三）相关的资信证明材料；
（四）法律、法规规定的其他书面材料。

第十七条 县级以上人民政府海洋行政主管部门依据海洋功能区划，对海域使用申请进行审核，并依照本法和省、自治区、直辖市人民政府的规定，报有批准权的人民政府批准。

海洋行政主管部门审核海域使用申请，应当征求同级有关部门的意见。

第十八条 下列项目用海，应当报国务院审批：
（一）填海五十公顷以上的项目用海；
（二）围海一百公顷以上的项目用海；
（三）不改变海域自然属性的用海七百公顷以上的项目用海；
（四）国家重大建设项目用海；
（五）国务院规定的其他项目用海。

前款规定以外的项目用海的审批权限，由国务院授权省、自治区、直辖市人民政府规定。

第四章 海域使用权

第十九条 海域使用申请经依法批准后，国务院批准用海的，由国务院海洋行政主管部门登记造册，向海域使用申请人颁发海域使用权证书；地方人民政府批准用海的，由地方人民政府登记造册，向海域使用申请人颁发海域使用权证书。海域使用申请人自领取海域使用权证书之日起，取得海域使用权。

第二十条 海域使用权除依照本法第十九条规定的方式取得外，也可以通过招标或者拍卖的方式取得。招标或者拍卖方案由海洋行政主管部门制订，报有审批权的人民政府批准后组织实施。海洋行政主管部门制订招标或者拍卖方案，应当征求同级有关部门的意见。

招标或者拍卖工作完成后，依法向中标人或者买受人颁发海域使用权证书。中标人或者买受人自领取海域使用权证书之日起，取得海域使用权。

第二十一条 颁发海域使用权证书，应当向社会公告。

颁发海域使用权证书，除依法收取海域使用金外，不得收取其他费用。

海域使用权证书的发放和管理办法，由国务院规定。

第二十二条 本法施行前，已经由农村集体经济组织或者村民委员会经营、管理的养殖用海，符合海洋功能区划的，经当地县级人民政府核准，可以将海域使用权确定给该农村集体经济组织或者村民委员会，由本集体经济组织的成员承包，用于养殖生产。

第二十三条 海域使用权人依法使用海域并获得收益的权利受法律保护，任何单位和个人不得侵犯。

海域使用权人有依法保护和合理使用海域的义务；海域使用权人对不妨害其依法使用海域的非排他性用海活动，不得阻挠。

第二十四条 海域使用权人在使用海域期间，未经依法批准，不得从事海洋基础测绘。

海域使用权人发现所使用海域的自然资源和自然条件发生重大变化时，应当及时报告海洋行政主管部门。

第二十五条 海域使用权最高期限，按照下列用途确定：
（一）养殖用海十五年；
（二）拆船用海二十年；
（三）旅游、娱乐用海二十五年；
（四）盐业、矿业用海三十年；
（五）公益事业用海四十年；

（六）港口、修造船厂等建设工程用海五十年。

第二十六条 海域使用权期限届满，海域使用权人需要继续使用海域的，应当至迟于期限届满前二个月向原批准用海的人民政府申请续期。除根据公共利益或者国家安全需要收回海域使用权的外，原批准用海的人民政府应当批准续期。准予续期的，海域使用权人应当依法缴纳续期的海域使用金。

第二十七条 因企业合并、分立或者与他人合资、合作经营，变更海域使用权人的，需经原批准用海的人民政府批准。

海域使用权可以依法转让。海域使用权转让的具体办法，由国务院规定。

海域使用权可以依法继承。

第二十八条 海域使用权人不得擅自改变经批准的海域用途；确需改变的，应当在符合海洋功能区划的前提下，报原批准用海的人民政府批准。

第二十九条 海域使用权期满，未申请续期或者申请续期未获批准的，海域使用权终止。

海域使用权终止后，原海域使用权人应当拆除可能造成海洋环境污染或者影响其他用海项目的用海设施和构筑物。

第三十条 因公共利益或者国家安全的需要，原批准用海的人民政府可以依法收回海域使用权。

依照前款规定在海域使用权期满前提前收回海域使用权的，对海域使用权人应当给予相应的补偿。

第三十一条 因海域使用权发生争议，当事人协商解决不成的，由县级以上人民政府海洋行政主管部门调解；当事人也可以直接向人民法院提起诉讼。

在海域使用权争议解决前，任何一方不得改变海域使用现状。

第三十二条 填海项目竣工后形成的土地，属于国家所有。

海域使用权人应当自填海项目竣工之日起三个月内，凭海域使用权证书，向县级以上人民政府土地行政主管部门提出土地登记申请，由县级以上人民政府登记造册，换发国有土地使用权证书，确认土地使用权。

第五章 海域使用金

第三十三条 国家实行海域有偿使用制度。

单位和个人使用海域，应当按照国务院的规定缴纳海域使用金。海域使用金应当按照国务院的规定上缴财政。

对渔民使用海域从事养殖活动收取海域使用金的具体实施步骤和办法，由国务院另行规定。

第三十四条 根据不同的用海性质或者情形，海域使用金可以按照规定一次缴纳或者按年度逐年缴纳。

第三十五条 下列用海，免缴海域使用金：

（一）军事用海；

（二）公务船舶专用码头用海；

（三）非经营性的航道、锚地等交通基础设施用海；

（四）教学、科研、防灾减灾、海难搜救打捞等非经营性公益事业用海。

第三十六条 下列用海，按照国务院财政部门和国务院海洋行政主管部门的规定，经有批准权的人民政府财政部门和海洋行政主管部门审查批准，可以减缴或者免缴海域使用金：

（一）公用设施用海；

（二）国家重大建设项目用海；

（三）养殖用海。

第六章 监督检查

第三十七条 县级以上人民政府海洋行政主管部门应当加强对海域使用的监督检查。

县级以上人民政府财政部门应当加强对海域使用金缴纳情况的监督检查。

第三十八条 海洋行政主管部门应当加强队伍建设，提高海域使用管理监督检查人员的政治、业务素质。海域使用管理监督检查人员必须秉公执法，忠于职守，清正廉洁，文明服务，并依法接受监督。

海洋行政主管部门及其工作人员不得参与和从事与海域使用有关的生产经营活动。

第三十九条 县级以上人民政府海洋行政主管部门履行监督检查职责时，有权采取下列措施：

（一）要求被检查单位或者个人提供海域使用的有关文件和资料；

（二）要求被检查单位或者个人就海域使用的有关问题作出说明；

（三）进入被检查单位或者个人占用的海域现场进行勘查；

（四）责令当事人停止正在进行的违法行为。

第四十条 海域使用管理监督检查人员履行监督检查职责时，应当出示有效执法证件。

有关单位和个人对海洋行政主管部门的监督检查应当予以配合，不得拒绝、妨碍监督检查人员依法执行公务。

第四十一条 依照法律规定行使海洋监督管理权的有关部门在海上执法时应当密切配合，互相支持，共同维护国家海域所有权和海域使用权人的合法权益。

第七章 法律责任

第四十二条 未经批准或者骗取批准，非法占用海域的，责令退还非法占用的海域，恢复海域原状，没收违法所得，并处非法占用海域期间内该海域面积应缴纳的海域使用金五倍以上十五倍以下的罚款；对未经批准或者骗取批准，进行围海、填海活动的，并处非法占用海域期间内该海域面积应缴纳的海域使用金十倍以上二十倍以下的罚款。

第四十三条 无权批准使用海域的单位非法批准使用海域的，超越批准权限非法批准使用海域的，或者不按海洋功能区划批准使用海域的，批准文件无效，收回非法使用的海域；对非法批准使用海域的直接负责的主管人员和其他直接责任人员，依法给予行政处分。

第四十四条 违反本法第二十三条规定，阻挠、妨害海域使用权人依法使用海域的，海域使用权人可以请求海洋行政主管部门排除妨害，也可以依法向人民法院提起诉讼；造成损失的，可以依法请求损害赔偿。

第四十五条 违反本法第二十六条规定，海域使用权期满，未办理有关手续仍继续使用海域的，责令限期办理，可以并处一万元以下的罚款；拒不办理的，以非法占用海域论处。

第四十六条 违反本法第二十八条规定，擅自改变海域用途的，责令限期改正，没收违法所得，并处非法改变海域用途的期间内该海域面积应缴纳的海域使用金五倍以上十五倍以下的罚款；对拒不改正的，由颁发海域使用权证书的人民政府注销海域使用权证书，收回海域使用权。

第四十七条 违反本法第二十九条第二款规定，海域使用权终止，原海域使用权人不按规定拆除用设施和构筑物的，责令限期拆除；逾期拒不拆除的，处五万元以下的罚款，并由县级以上人民政府海洋行政主管部门委托有关单位代为拆除，所需费用由原海域使用权人承担。

第四十八条 违反本法规定，按年度逐年缴纳海域使用金的海域使用权人不按期缴纳海域使用金的，限期缴纳；在限期内仍拒不缴纳的，由颁发海域使用权证书的人民政府注销海域使用权证书，收回海域使用权。

第四十九条 违反本法规定，拒不接受海洋行政主管部门监督检查、不如实反映情况或者不提供有关资料的，责令限期改正，给予警告，可以并处二万元以下的罚款。

第五十条 本法规定的行政处罚，由县级以上人民政府海洋行政主管部门依据职权决定。但是，本法已对处罚机关作出规定的除外。

第五十一条 国务院海洋行政主管部门和县级以上地方人民政府违反本法规定颁发海域使用权证书，或者颁发海域使用权证书后不进行监督管理，或者发现违法行为不予查处的，对直接负责的主管人员和其他直接责任人员，依法给予行政处分；徇私舞弊、滥用职权或者玩忽职守构成犯罪的，依法追究刑事责任。

第八章　附　　则

第五十二条 在中华人民共和国内水、领海使用特定海域不足三个月，可能对国防安全、海上交通安全和其他用海活动造成重大影响的排他性用海活动，参照本法有关规定办理临时海域使用证。

第五十三条 军事用海的管理办法，由国务院、中央军事委员会依据本法制定。

第五十四条 本法自 2002 年 1 月 1 日起施行。

六、生物资源

中华人民共和国野生动物保护法

（1988年11月8日第七届全国人民代表大会常务委员会第四次会议通过 根据2004年8月28日第十届全国人民代表大会常务委员会第十一次会议《关于修改〈中华人民共和国野生动物保护法〉的决定》第一次修正 根据2009年8月27日第十一届全国人民代表大会常务委员会第十次会议《关于修改部分法律的决定》第二次修正 2016年7月2日第十二届全国人民代表大会常务委员会第二十一次会议第一次修订 根据2018年10月26日第十三届全国人民代表大会常务委员会第六次会议《关于修改〈中华人民共和国野生动物保护法〉等十五部法律的决定》第三次修正 2022年12月30日第十三届全国人民代表大会常务委员会第三十八次会议第二次修订）

第一章 总 则

第一条 为了保护野生动物，拯救珍贵、濒危野生动物，维护生物多样性和生态平衡，推进生态文明建设，促进人与自然和谐共生，制定本法。

第二条 在中华人民共和国领域及管辖的其他海域，从事野生动物保护及相关活动，适用本法。

本法规定保护的野生动物，是指珍贵、濒危的陆生、水生野生动物和有重要生态、科学、社会价值的陆生野生动物。

本法规定的野生动物及其制品，是指野生动物的整体（含卵、蛋）、部分及衍生物。

珍贵、濒危的水生野生动物以外的其他水生野生动物的保护，适用《中华人民共和国渔业法》等有关法律的规定。

第三条 野生动物资源属于国家所有。

国家保障依法从事野生动物科学研究、人工繁育等保护及相关活动的组织和个人的合法权益。

第四条 国家加强重要生态系统保护和修复，对野生动物实行保护优先、规范利用、严格监管的原则，鼓励和支持开展野生动物科学研究与应用，秉持生态文明理念，推动绿色发展。

第五条 国家保护野生动物及其栖息地。县级以上人民政府应当制定野生动物及其栖息地相关保护规划和措施，并将野生动物保护经费纳入预算。

国家鼓励公民、法人和其他组织依法通过捐赠、资助、志愿服务等方式参与野生动物保护活动，支持野生动物保护公益事业。

本法规定的野生动物栖息地，是指野生动物野外种群息繁衍的重要区域。

第六条 任何组织和个人有保护野生动物及其栖息地的义务。禁止违法猎捕、运输、交易野生动物，禁止破坏野生动物栖息地。

社会公众应当增强保护野生动物和维护公共卫生安全的意识，防止野生动物源性传染病传播，抵制违法食用野生动物，养成文明健康的生活方式。

任何组织和个人有权举报违反本法的行为，接到举报的县级以上人民政府野生动物保护主管部门和其他有关部门应当及时依法处理。

第七条 国务院林业草原、渔业主管部门分别主管全国陆生、水生野生动物保护工作。

县级以上地方人民政府对本行政区域内野生动物保护工作负责，其林业草原、渔业主管部门分别主管本行政区域内陆生、水生野生动物保护工作。

县级以上人民政府有关部门按照职责分工，负责野生动物保护相关工作。

第八条 各级人民政府应当加强野生动物保护的宣传教育和科学知识普及工作，鼓励和支持基层群众性自治组织、社会组织、企业事业单位、志愿者开展野生动物保护法律法规、生态保护等知识的宣传活动；组织开展对相关从业人员法律法规和专业知识培训；依法公开野生动物保护和管理信息。

教育行政部门、学校应当对学生进行野生动物保护知识教育。

新闻媒体应当开展野生动物保护法律法规和保护知识的宣传，并依法对违法行为进行舆论监督。

第九条 在野生动物保护和科学研究方面成绩显著的组织和个人，由县级以上人民政府按照国家有关规定给予表彰和奖励。

第二章 野生动物及其栖息地保护

第十条 国家对野生动物实行分类分级保护。

国家对珍贵、濒危的野生动物实行重点保护。国家重点保护的野生动物分为一级保护野生动物和二级保护野生动物。国家重点保护野生动物名录，由国务院野生动物保护主管部门组织科学论证评估后，报国务院批准公布。

有重要生态、科学、社会价值的陆生野生动物名录，由国务院野生动物保护主管部门征求国务院农业农村、自然资源、科学技术、生态环境、卫生健康等部门意见，组织科学论证评估后制定并公布。

地方重点保护野生动物，是指国家重点保护野生动物以外，由省、自治区、直辖市重点保护的野生动物。地方重点保护野生动物名录，由省、自治区、直辖市人民政府组织科学论证评估，征求国务院野生动物保护主管部门意见后制定、公布。

对本条规定的名录，应当每五年组织科学论证评估，根据论证评估情况进行调整，也可以根据野生动物保护的实际需要及时进行调整。

第十一条 县级以上人民政府野生动物保护主管部门应当加强信息技术应用，定期组织或者委托有关科学研究机构对野生动物及其栖息地状况进行调查、监测和评估，建立健全野生动物及其栖息地档案。

对野生动物及其栖息地状况的调查、监测和评估应当包括下列内容：

（一）野生动物野外分布区域、种群数量及结构；

（二）野生动物栖息地的面积、生态状况；

（三）野生动物及其栖息地的主要威胁因素；

（四）野生动物人工繁育情况等其他需要调查、监测和评估的内容。

第十二条 国务院野生动物保护主管部门应当会同国务院有关部门，根据野生动物及其栖息地状况的调查、监测和评估结果，确定并发布野生动物重要栖息地名录。

省级以上人民政府依法将野生动物重要栖息地划入国家公园、自然保护区等自然保护地，保护、恢复和改善野生动物生存环境。对不具备划定自然保护地条件的，县级以上人民政府可以采取划定禁猎（渔）区、规定禁猎（渔）期等措施予以保护。

禁止或者限制在自然保护地内引入外来物种、营造单一纯林、过量施洒农药等人为干扰、威胁野生动物生息繁衍的行为。

自然保护地依照有关法律法规的规定划定和管理,野生动物保护主管部门依法加强对野生动物及其栖息地的保护。

第十三条 县级以上人民政府及其有关部门在编制有关开发利用规划时,应当充分考虑野生动物及其栖息地保护的需要,分析、预测和评估规划实施可能对野生动物及其栖息地保护产生的整体影响,避免或者减少规划实施可能造成的不利后果。

禁止在自然保护地建设法律法规规定不得建设的项目。机场、铁路、公路、航道、水利水电、风电、光伏发电、围堰、围填海等建设项目的选址选线,应当避让自然保护地以及其他野生动物重要栖息地、迁徙洄游通道;确实无法避让的,应当采取修建野生动物通道、过鱼设施等措施,消除或者减少对野生动物的不利影响。

建设项目可能对自然保护地以及其他野生动物重要栖息地、迁徙洄游通道产生影响的,环境影响评价文件的审批部门在审批环境影响评价文件时,涉及国家重点保护野生动物的,应当征求国务院野生动物保护主管部门意见;涉及地方重点保护野生动物的,应当征求省、自治区、直辖市人民政府野生动物保护主管部门意见。

第十四条 各级野生动物保护主管部门应当监测环境对野生动物的影响,发现环境影响对野生动物造成危害时,应当会同有关部门及时进行调查处理。

第十五条 国家重点保护野生动物和有重要生态、科学、社会价值的陆生野生动物或者地方重点保护野生动物受到自然灾害、重大环境污染事故等突发事件威胁时,当地人民政府应当及时采取应急救助措施。

国家加强野生动物收容救护能力建设。县级以上人民政府野生动物保护主管部门应当按照国家有关规定组织开展野生动物收容救护工作,加强对社会组织开展野生动物收容救护工作的规范和指导。

收容救护机构应当根据野生动物收容救护的实际需要,建立收容救护场所,配备相应的专业技术人员、救护工具、设备和药品等。

禁止以野生动物收容救护为名买卖野生动物及其制品。

第十六条 野生动物疫源疫病监测、检疫与人畜共患传染病有关的动物传染病的防治管理,适用《中华人民共和国动物防疫法》等有关法律法规的规定。

第十七条 国家加强对野生动物遗传资源的保护,对濒危野生动物实施抢救性保护。

国务院野生动物保护主管部门应当会同国务院有关部门制定有关野生动物遗传资源保护和利用规划,建立国家野生动物遗传资源基因库,对原产我国的珍贵、濒危野生动物遗传资源实行重点保护。

第十八条 有关地方人民政府应当根据实际情况和需要建设隔离防护设施、设置安全警示标志等,预防野生动物可能造成的危害。

县级以上人民政府野生动物保护主管部门根据野生动物及其栖息地调查、监测和评估情况,对种群数量明显超过环境容量的物种,可以采取迁地保护、猎捕等种群调控措施,保障人身财产安全、生态安全和农业生产。对种群调控猎捕的野生动物按照国家有关规定进行处理和综合利用。种群调控的具体办法由国务院野生动物保护主管部门会同国务院有关部门制定。

第十九条 因保护本法规定保护的野生动物,造成人员伤亡、农作物或者其他财产损失的,由当地人民政府给予补偿。具体办法由省、自治区、直辖市人民政府制定。有关地方人民政府可以推动保险机构开展野生动物致害赔偿保险业务。

有关地方人民政府采取预防、控制国家重点保护野生动物和其他致害严重的陆生野生动物造成危害的措施以及实行补偿所需经费,由中央财政予以补助。具体办法由国务院财政部门会同国务院野生动物保护主管部门制定。

在野生动物危及人身安全的紧急情况下，采取措施造成野生动物损害的，依法不承担法律责任。

第三章　野生动物管理

第二十条　在自然保护地和禁猎（渔）区、禁猎（渔）期内，禁止猎捕以及其他妨碍野生动物生息繁衍的活动，但法律法规另有规定的除外。

野生动物迁徙洄游期间，在前款规定区域外的迁徙洄游通道内，禁止猎捕并严格限制其他妨碍野生动物生息繁衍的活动。县级以上人民政府或者其野生动物保护主管部门应当规定并公布迁徙洄游通道的范围以及妨碍野生动物生息繁衍活动的内容。

第二十一条　禁止猎捕、杀害国家重点保护野生动物。

因科学研究、种群调控、疫源疫病监测或者其他特殊情况，需要猎捕国家一级保护野生动物的，应当向国务院野生动物保护主管部门申请特许猎捕证；需要猎捕国家二级保护野生动物的，应当向省、自治区、直辖市人民政府野生动物保护主管部门申请特许猎捕证。

第二十二条　猎捕有重要生态、科学、社会价值的陆生野生动物和地方重点保护野生动物的，应当依法取得县级以上地方人民政府野生动物保护主管部门核发的狩猎证，并服从猎捕量限额管理。

第二十三条　猎捕者应当严格按照特许猎捕证、狩猎证规定的种类、数量或者限额、地点、工具、方法和期限进行猎捕。猎捕作业完成后，应当将猎捕情况向核发特许猎捕证、狩猎证的野生动物保护主管部门备案。具体办法由国务院野生动物保护主管部门制定。猎捕国家重点保护野生动物应当由专业机构和人员承担；猎捕有重要生态、科学、社会价值的陆生野生动物，有条件的地方可以由专业机构有组织开展。

持枪猎捕的，应当依法取得公安机关核发的持枪证。

第二十四条　禁止使用毒药、爆炸物、电击或者电子诱捕装置以及猎套、猎夹、捕鸟网、地枪、排铳等工具进行猎捕，禁止使用夜间照明行猎、歼灭性围猎、捣毁巢穴、火攻、烟熏、网捕等方法进行猎捕，但因物种保护、科学研究确需网捕、电子诱捕以及植保作业等除外。

前款规定以外的禁止使用的猎捕工具和方法，由县级以上地方人民政府规定并公布。

第二十五条　人工繁育野生动物实行分类分级管理，严格保护和科学利用野生动物资源。国家支持有关科学研究机构因物种保护目的人工繁育国家重点保护野生动物。

人工繁育国家重点保护野生动物实行许可制度。人工繁育国家重点保护野生动物的，应当经省、自治区、直辖市人民政府野生动物保护主管部门批准，取得人工繁育许可证，但国务院对批准机关另有规定的除外。

人工繁育有重要生态、科学、社会价值的陆生野生动物的，应当向县级人民政府野生动物保护主管部门备案。

人工繁育野生动物应当使用人工繁育子代种源，建立物种系谱、繁育档案和个体数据。因物种保护目的确需采用野外种源的，应当遵守本法有关猎捕野生动物的规定。

本法所称人工繁育子代，是指人工控制条件下繁殖出生的子代个体且其亲本也在人工控制条件下出生。

人工繁育野生动物的具体管理办法由国务院野生动物保护主管部门制定。

第二十六条　人工繁育野生动物应当有利于物种保护及其科学研究，不得违法猎捕野生动物，破坏野外种群资源，并根据野生动物习性确保其具有必要的活动空间和生息繁衍、卫生健康条件，具备与其繁育目的、种类、发展规模相适应的场所、设施、技术，符合有关技术标准和防疫要求，不得虐待野生动物。

省级以上人民政府野生动物保护主管部门可以根据保护国家重点保护野生动物的需要，

组织开展国家重点保护野生动物放归野外环境工作。

前款规定以外的人工繁育的野生动物放归野外环境的，适用本法有关放生野生动物管理的规定。

第二十七条 人工繁育野生动物应当采取安全措施，防止野生动物伤人和逃逸。人工繁育的野生动物造成他人损害、危害公共安全或者破坏生态的，饲养人、管理人等应当依法承担法律责任。

第二十八条 禁止出售、购买、利用国家重点保护野生动物及其制品。

因科学研究、人工繁育、公众展示展演、文物保护或者其他特殊情况，需要出售、购买、利用国家重点保护野生动物及其制品的，应当经省、自治区、直辖市人民政府野生动物保护主管部门批准，并按照规定取得和使用专用标识，保证可追溯，但国务院对批准机关另有规定的除外。

出售、利用有重要生态、科学、社会价值的陆生野生动物和地方重点保护野生动物及其制品的，应当提供狩猎、人工繁育、进出口等合法来源证明。

实行国家重点保护野生动物和有重要生态、科学、社会价值的陆生野生动物及其制品专用标识的范围和管理办法，由国务院野生动物保护主管部门规定。

出售本条第二款、第三款规定的野生动物的，还应当依法附有检疫证明。

利用野生动物进行公众展示展演应当采取安全管理措施，并保障野生动物健康状态，具体管理办法由国务院野生动物保护主管部门会同国务院有关部门制定。

第二十九条 对人工繁育技术成熟稳定的国家重点保护野生动物或者有重要生态、科学、社会价值的陆生野生动物，经科学论证评估，纳入国务院野生动物保护主管部门制定的人工繁育国家重点保护野生动物名录或者有重要生态、科学、社会价值的陆生野生动物名录，并适时调整。对列入名录的野生动物及其制品，可以凭人工繁育许可证或者备案，按照省、自治区、直辖市人民政府野生动物保护主管部门或者其授权的部门核验的年度生产数量直接取得专用标识，凭专用标识出售和利用，保证可追溯。

对本法第十条规定的国家重点保护野生动物名录和有重要生态、科学、社会价值的陆生野生动物名录进行调整时，根据有关野外种群保护情况，可以对前款规定的有关人工繁育技术成熟稳定野生动物的人工种群，不再列入国家重点保护野生动物名录和有重要生态、科学、社会价值的陆生野生动物名录，实行与野外种群不同的管理措施，但应当依照本法第二十五条第二款、第三款和本条第一款的规定取得人工繁育许可证或者备案和专用标识。

对符合《中华人民共和国畜牧法》第十二条第二款规定的陆生野生动物人工繁育种群，经科学论证评估，可以列入畜禽遗传资源目录。

第三十条 利用野生动物及其制品的，应当以人工繁育种群为主，有利于野外种群养护，符合生态文明建设的要求，尊重社会公德，遵守法律法规和国家有关规定。

野生动物及其制品作为药品等经营和利用的，还应当遵守《中华人民共和国药品管理法》等有关法律法规的规定。

第三十一条 禁止食用国家重点保护野生动物和国家保护的有重要生态、科学、社会价值的陆生野生动物以及其他陆生野生动物。

禁止以食用为目的猎捕、交易、运输在野外环境自然生长繁殖的前款规定的野生动物。

禁止生产、经营使用本条第一款规定的野生动物及其制品制作的食品。

禁止为食用非法购买本条第一款规定的野生动物及其制品。

第三十二条 禁止为出售、购买、利用野生动物或者禁止使用的猎捕工具发布广告。禁止为违法出售、购买、利用野生动物制品发布广告。

第三十三条 禁止网络平台、商品交易市场、餐饮场所等，为违法出售、购买、食用及利用野生动物及其制品或者禁止使用的猎捕工具提供展示、交易、消费服务。

第三十四条　运输、携带、寄递国家重点保护野生动物及其制品，或者依照本法第二十九条第二款规定调出国家重点保护野生动物名录的野生动物及其制品出县境的，应当持有或者附有本法第二十一条、第二十五条、第二十八条或者第二十九条规定的许可证、批准文件的副本或者专用标识。

运输、携带、寄递有重要生态、科学、社会价值的陆生野生动物和地方重点保护野生动物，或者依照本法第二十九条第二款规定调出有重要生态、科学、社会价值的陆生野生动物名录的野生动物出县境的，应当持有狩猎、人工繁育、进出口等合法来源证明或者专用标识。

运输、携带、寄递前两款规定的野生动物出县境的，还应当依照《中华人民共和国动物防疫法》的规定附有检疫证明。

铁路、道路、水运、民航、邮政、快递等企业对托运、携带、交寄野生动物及其制品的，应当查验其相关证件、文件副本或者专用标识，对不符合规定的，不得承运、寄递。

第三十五条　县级以上人民政府野生动物保护主管部门应当对科学研究、人工繁育、公众展示展演等利用野生动物及其制品的活动进行规范和监督管理。

市场监督管理、海关、铁路、道路、水运、民航、邮政等部门应当按照职责分工对野生动物及其制品交易、利用、运输、携带、寄递等活动进行监督检查。

国家建立由国务院林业草原、渔业主管部门牵头，各相关部门配合的野生动物联合执法工作协调机制。地方人民政府建立相应联合执法工作协调机制。

县级以上人民政府野生动物保护主管部门和其他负有野生动物保护职责的部门发现违法事实涉嫌犯罪的，应当将犯罪线索移送具有侦查、调查职权的机关。

公安机关、人民检察院、人民法院在办理野生动物保护犯罪案件过程中认为没有犯罪事实，或者犯罪事实显著轻微，不需要追究刑事责任，但应当予以行政处罚的，应当及时将案件移送县级以上人民政府野生动物保护主管部门和其他负有野生动物保护职责的部门，有关部门应当依法处理。

第三十六条　县级以上人民政府野生动物保护主管部门和其他负有野生动物保护职责的部门，在履行本法规定的职责时，可以采取下列措施：

（一）进入与违反野生动物保护管理行为有关的场所进行现场检查、调查；

（二）对野生动物进行检验、检测、抽样取证；

（三）查封、复制有关文件、资料，对可能被转移、销毁、隐匿或者篡改的文件、资料予以封存；

（四）查封、扣押无合法来源证明的野生动物及其制品，查封、扣押涉嫌非法猎捕野生动物或者非法收购、出售、加工、运输猎捕野生动物及其制品的工具、设备或者财物。

第三十七条　中华人民共和国缔结或者参加的国际公约禁止或者限制贸易的野生动物或者其制品名录，由国家濒危物种进出口管理机构制定、调整并公布。

进出口列入前款名录的野生动物或者其制品，或者出口国家重点保护野生动物或者其制品的，应当经国务院野生动物保护主管部门或者国务院批准，并取得国家濒危物种进出口管理机构核发的允许进出口证明书。海关凭允许进出口证明书办理进出境检疫，并依法办理其他海关手续。

涉及科学技术保密的野生动物物种的出口，按照国务院有关规定办理。

列入本条第一款名录的野生动物，经国务院野生动物保护主管部门核准，按照本法有关规定进行管理。

第三十八条　禁止向境外机构或者人员提供我国特有的野生动物遗传资源。开展国际科学研究合作的，应当依法取得批准，有我国科研机构、高等学校、企业及其研究人员实质性参与研究，按照规定提出国家共享惠益的方案，并遵守我国法律、行政法规的规定。

第三十九条　国家组织开展野生动物保护及相关执法活动的国际合作与交流，加强与毗邻国家的协作，保护野生动物迁徙通道；建立防范、打击野生动物及其制品的走私和非法贸易的部门协调机制，开展防范、打击走私和非法贸易行动。

第四十条 从境外引进野生动物物种的，应当经国务院野生动物保护主管部门批准。从境外引进列入本法第三十七条第一款名录的野生动物，还应当依法取得允许进出口证明书。海关凭进口批准文件或者允许进出口证明书办理进境检疫，并依法办理其他海关手续。

从境外引进野生动物物种的，应当采取安全可靠的防范措施，防止其进入野外环境，避免对生态系统造成危害；不得违法放生、丢弃，确需将其放生至野外环境的，应当遵守有关法律法规的规定。

发现来自境外的野生动物对生态系统造成危害的，县级以上人民政府野生动物保护等有关部门应当采取相应的安全控制措施。

第四十一条 国务院野生动物保护主管部门应当会同国务院有关部门加强对放生野生动物活动的规范、引导。任何组织和个人将野生动物放生至野外环境，应当选择适合放生地野外生存的当地物种，不得干扰当地居民的正常生活、生产，避免对生态系统造成危害。具体办法由国务院野生动物保护主管部门制定。随意放生野生动物，造成他人人身、财产损害或者危害生态系统的，依法承担法律责任。

第四十二条 禁止伪造、变造、买卖、转让、租借特许猎捕证、狩猎证、人工繁育许可证及专用标识，出售、购买、利用国家重点保护野生动物及其制品的批准文件，或者允许进出口证明书、进出口等批准文件。

前款规定的有关许可证书、专用标识、批准文件的发放有关情况，应当依法公开。

第四十三条 外国人在我国对国家重点保护野生动物进行野外考察或者在野外拍摄电影、录像，应当经省、自治区、直辖市人民政府野生动物保护主管部门或者其授权的单位批准，并遵守有关法律法规的规定。

第四十四条 省、自治区、直辖市人民代表大会或者其常务委员会可以根据地方实际情况制定对地方重点保护野生动物等的管理办法。

第四章 法律责任

第四十五条 野生动物保护主管部门或者其他有关部门不依法作出行政许可决定，发现违法行为或者接到对违法行为的举报不依法处理，或者有其他滥用职权、玩忽职守、徇私舞弊等不依法履行职责的行为的，对直接负责的主管人员和其他直接责任人员依法给予处分；构成犯罪的，依法追究刑事责任。

第四十六条 违反本法第十二条第三款、第十三条第二款规定的，依照有关法律法规的规定处罚。

第四十七条 违反本法第十五条第四款规定，以收容救护为名买卖野生动物及其制品的，由县级以上人民政府野生动物保护主管部门没收野生动物及其制品、违法所得，并处野生动物及其制品价值二倍以上二十倍以下罚款，将有关违法信息记入社会信用记录，并向社会公布；构成犯罪的，依法追究刑事责任。

第四十八条 违反本法第二十条、第二十一条、第二十三条第一款、第二十四条第一款规定，有下列行为之一的，由县级以上人民政府野生动物保护主管部门、海警机构和有关自然保护地管理机构按照职责分工没收猎获物、猎捕工具和违法所得，吊销特许猎捕证，并处猎获物价值二倍以上二十倍以下罚款；没有猎获物或者猎获物价值不足五千元的，并处一万元以上十万元以下罚款；构成犯罪的，依法追究刑事责任：

（一）在自然保护地、禁猎（渔）区、禁猎（渔）期猎捕国家重点保护野生动物；

（二）未取得特许猎捕证、未按照特许猎捕证规定猎捕、杀害国家重点保护野生动物；

（三）使用禁用的工具、方法猎捕国家重点保护野生动物。

违反本法第二十三条第一款规定，未将猎捕情况向野生动物保护主管部门备案的，由核发特许猎捕证、狩猎证的野生动物保护主管部门责令限期改正；逾期不改正的，处一万元以上十万元以下罚款；情节严重的，吊销特许猎捕证、狩猎证。

第四十九条 违反本法第二十条、第二十二条、第二十三条第一款、第二十四条第一款规定，有下列行为之一的，由县级以上地方人民政府野生动物保护主管部门和有关自然保护地管理机构按照职责分工没收猎获物、猎捕工具和违法所得，吊销狩猎证，并处猎获物价值一倍以上十倍以下罚款；没有猎获物或者猎获物价值不足二千元的，并处二千元以上二万元以下罚款；构成犯罪的，依法追究刑事责任：

（一）在自然保护地、禁猎（渔）区、禁猎（渔）期猎捕有重要生态、科学、社会价值的陆生野生动物或者地方重点保护野生动物；

（二）未取得狩猎证、未按照狩猎证规定猎捕有重要生态、科学、社会价值的陆生野生动物或者地方重点保护野生动物；

（三）使用禁用的工具、方法猎捕有重要生态、科学、社会价值的陆生野生动物或者地方重点保护野生动物。

违反本法第二十条、第二十四条第一款规定，在自然保护地、禁猎区、禁猎期或者使用禁用的工具、方法猎捕其他陆生野生动物，破坏生态的，由县级以上地方人民政府野生动物保护主管部门和有关自然保护地管理机构按照职责分工没收猎获物、猎捕工具和违法所得，并处猎获物价值一倍以上三倍以下罚款；没有猎获物或者猎获物价值不足一千元的，并处一千元以上三千元以下罚款；构成犯罪的，依法追究刑事责任。

违反本法第二十三条第二款规定，未取得持枪证持枪猎捕野生动物，构成违反治安管理行为的，还应当由公安机关依法给予治安管理处罚；构成犯罪的，依法追究刑事责任。

第五十条 违反本法第三十一条第二款规定，以食用为目的猎捕、交易、运输在野外环境自然生长繁殖的国家重点保护野生动物或者有重要生态、科学、社会价值的陆生野生动物的，依照本法第四十八条、第四十九条、第五十二条的规定从重处罚。

违反本法第三十一条第二款规定，以食用为目的猎捕在野外环境自然生长繁殖的其他陆生野生动物的，由县级以上地方人民政府野生动物保护主管部门和有关自然保护地管理机构按照职责分工没收猎获物、猎捕工具和违法所得；情节严重的，并处猎获物价值一倍以上五倍以下罚款，没有猎获物或者猎获物价值不足二千元的，并处二千元以上一万元以下罚款；构成犯罪的，依法追究刑事责任。

违反本法第三十一条第二款规定，以食用为目的交易、运输在野外环境自然生长繁殖的其他陆生野生动物的，由县级以上地方人民政府野生动物保护主管部门和市场监督管理部门按照职责分工没收野生动物；情节严重的，并处野生动物价值一倍以上五倍以下罚款；构成犯罪的，依法追究刑事责任。

第五十一条 违反本法第二十五条第二款规定，未取得人工繁育许可证，繁育国家重点保护野生动物或者依照本法第二十九条第二款规定调出国家重点保护野生动物名录的野生动物的，由县级以上人民政府野生动物保护主管部门没收野生动物及其制品，并处野生动物及其制品价值一倍以上十倍以下罚款。

违反本法第二十五条第三款规定，人工繁育有重要生态、科学、社会价值的陆生野生动物或者依照本法第二十九条第二款规定调出有重要生态、科学、社会价值的陆生野生动物名录的野生动物未备案的，由县级人民政府野生动物保护主管部门责令限期改正；逾期不改正的，处五百元以上二千元以下罚款。

第五十二条 违反本法第二十八条第一款和第二款、第二十九条第一款、第三十四条第一款规定，未经批准、未取得或者未按照规定使用专用标识，或者未持有、未附有人工繁育许可证、批准文件的副本或者专用标识出售、购买、利用、运输、携带、寄递国家重点保护野生动物及其制品或者依照本法第二十九条第二款规定调出国家重点保护野生动物名录的野生动物及其制品的，由县级以上人民政府野生动物保护主管部门和市场监督管理部门按照职责分工没收野生动物及其制品和违法所得，责令关闭违法经营场所，并处野生动物及其制品价值二倍以上二十倍以下罚款；情节严重的，吊销人工繁育许可证、撤销批准文件、收回专用标识；构成犯罪的，依法追究刑事责任。

违反本法第二十八条第三款、第二十九条第一款、第三十四条第二款规定，未持有合法来源证明或者专用标识出售、利用、运输、携带、寄递有重要生态、科学、社会价值的陆生野生动物、地方重点保护野生动物或者依照本法第二十九条第二款规定调出有重要生态、科学、社会价值的陆生野生动物名录的野生动物及其制品的，由县级以上地方人民政府野生动物保护主管部门和市场监督管理部门按照职责分工没收野生动物，并处野生动物价值一倍以上十倍以下罚款；构成犯罪的，依法追究刑事责任。

违反本法第三十四条第四款规定，铁路、道路、水运、民航、邮政、快递等企业未按照规定查验或者承运、寄递野生动物及其制品的，由交通运输、铁路监督管理、民用航空、邮政管理等相关主管部门按照职责分工没收违法所得，并处违法所得一倍以上五倍以下罚款；情节严重的，吊销经营许可证。

第五十三条 违反本法第三十一条第一款、第四款规定，食用或者为食用非法购买本法规定保护的野生动物及其制品的，由县级以上人民政府野生动物保护主管部门和市场监督管理部门按照职责分工责令停止违法行为，没收野生动物及其制品，并处野生动物及其制品价值二倍以上二十倍以下罚款；食用或者为食用非法购买其他陆生野生动物及其制品的，责令停止违法行为，给予批评教育，没收野生动物及其制品，情节严重的，并处野生动物及其制品价值一倍以上五倍以下罚款；构成犯罪的，依法追究刑事责任。

违反本法第三十一条第三款规定，生产、经营使用本法规定保护的野生动物及其制品制作的食品的，由县级以上人民政府野生动物保护主管部门和市场监督管理部门按照职责分工责令停止违法行为，没收野生动物及其制品和违法所得，责令关闭违法经营场所，并处违法所得十五倍以上三十倍以下罚款；生产、经营使用其他陆生野生动物及其制品制作的食品的，给予批评教育，没收野生动物及其制品和违法所得，情节严重的，并处违法所得一倍以上十倍以下罚款；构成犯罪的，依法追究刑事责任。

第五十四条 违反本法第三十二条规定，为出售、购买、利用野生动物及其制品或者禁止使用的猎捕工具发布广告的，依照《中华人民共和国广告法》的规定处罚。

第五十五条 违反本法第三十三条规定，为违法出售、购买、食用及利用野生动物及其制品或者禁止使用的猎捕工具提供展示、交易、消费服务的，由县级以上人民政府市场监督管理部门责令停止违法行为，限期改正，没收违法所得，并处违法所得二倍以上十倍以下罚款；没有违法所得或者违法所得不足五千元的，处一万元以上十万元以下罚款；构成犯罪的，依法追究刑事责任。

第五十六条 违反本法第三十七条规定，进出口野生动物及其制品的，由海关、公安机关、海警机构依照法律、行政法规和国家有关规定处罚；构成犯罪的，依法追究刑事责任。

第五十七条 违反本法第三十八条规定，向境外机构或者人员提供我国特有的野生动物遗传资源的，由县级以上人民政府野生动物保护主管部门没收野生动物及其制品和违法所得，并处野生动物及其制品价值或者违法所得一倍以上五倍以下罚款；构成犯罪的，依法追究刑事责任。

第五十八条 违反本法第四十条第一款规定，从境外引进野生动物物种的，由县级以上人民政府野生动物保护主管部门没收所引进的野生动物，并处五万元以上五十万元以下罚款；未依法实施进境检疫的，依照《中华人民共和国进出境动植物检疫法》的规定处罚；构成犯罪的，依法追究刑事责任。

第五十九条　违反本法第四十条第二款规定，将从境外引进的野生动物放生、丢弃的，由县级以上人民政府野生动物保护主管部门责令限期捕回，处一万元以上十万元以下罚款；逾期不捕回的，由有关野生动物保护主管部门代为捕回或者采取降低影响的措施，所需费用由被责令限期捕回者承担；构成犯罪的，依法追究刑事责任。

第六十条　违反本法第四十二条第一款规定，伪造、变造、买卖、转让、租借有关证件、专用标识或者有关批准文件的，由县级以上人民政府野生动物保护主管部门没收违法证件、专用标识、有关批准文件和违法所得，并处五万元以上五十万元以下罚款；构成违反治安管理行为的，由公安机关依法给予治安管理处罚；构成犯罪的，依法追究刑事责任。

第六十一条　县级以上人民政府野生动物保护主管部门和其他负有野生动物保护职责的部门、机构应当按照有关规定处理罚没的野生动物及其制品，具体办法由国务院野生动物保护主管部门会同国务院有关部门制定。

第六十二条　县级以上人民政府野生动物保护主管部门应当加强对野生动物及其制品鉴定、价值评估工作的规范、指导。本法规定的猎获物价值、野生动物及其制品价值的评估标准和方法，由国务院野生动物保护主管部门制定。

第六十三条　对违反本法规定破坏野生动物资源、生态环境，损害社会公共利益的行为，可以依照《中华人民共和国环境保护法》、《中华人民共和国民事诉讼法》、《中华人民共和国行政诉讼法》等法律的规定向人民法院提起诉讼。

第五章　附　　则

第六十四条　本法自 2023 年 5 月 1 日起施行。

中华人民共和国动物防疫法

（1997 年 7 月 3 日第八届全国人民代表大会常务委员会第二十六次会议通过　2007 年 8 月 30 日第十届全国人民代表大会常务委员会第二十九次会议第一次修订　根据 2013 年 6 月 29 日第十二届全国人民代表大会常务委员会第三次会议《关于修改〈中华人民共和国文物保护法〉等十二部法律的决定》第一次修正　根据 2015 年 4 月 24 日第十二届全国人民代表大会常务委员会第十四次会议《关于修改〈中华人民共和国电力法〉等六部法律的决定》第二次修正　2021 年 1 月 22 日第十三届全国人民代表大会常务委员会第二十五次会议第二次修订）

第一章　总　　则

第一条　为了加强对动物防疫活动的管理，预防、控制、净化、消灭动物疫病，促进养殖业发展，防控人畜共患传染病，保障公共卫生安全和人体健康，制定本法。

第二条　本法适用于在中华人民共和国领域内的动物防疫及其监督管理活动。

进出境动物、动物产品的检疫，适用《中华人民共和国进出境动植物检疫法》。

第三条　本法所称动物，是指家畜家禽和人工饲养、捕获的其他动物。

本法所称动物产品，是指动物的肉、生皮、原毛、绒、脏器、脂、血液、精液、卵、胚胎、骨、蹄、头、角、筋以及可能传播动物疫病的奶、蛋等。

本法所称动物疫病，是指动物传染病，包括寄生虫病。

本法所称动物防疫，是指动物疫病的预防、控制、诊疗、净化、消灭和动物、动物产品的检疫，以及病死动物、病害动物产品的无害化处理。

第四条 根据动物疫病对养殖业生产和人体健康的危害程度，本法规定的动物疫病分为下列三类：

（一）一类疫病，是指口蹄疫、非洲猪瘟、高致病性禽流感等对人、动物构成特别严重危害，可能造成重大经济损失和社会影响，需要采取紧急、严厉的强制预防、控制等措施的；

（二）二类疫病，是指狂犬病、布鲁氏菌病、草鱼出血病等对人、动物构成严重危害，可能造成较大经济损失和社会影响，需要采取严格预防、控制等措施的；

（三）三类疫病，是指大肠杆菌病、禽结核病、鳖腮腺炎病等常见多发，对人、动物构成危害，可能造成一定程度的经济损失和社会影响，需要及时预防、控制的。

前款一、二、三类动物疫病具体病种名录由国务院农业农村主管部门制定并公布。国务院农业农村主管部门应当根据动物疫病发生、流行情况和危害程度，及时增加、减少或者调整一、二、三类动物疫病具体病种并予以公布。

人畜共患传染病名录由国务院农业农村主管部门会同国务院卫生健康、野生动物保护等主管部门制定并公布。

第五条 动物防疫实行预防为主，预防与控制、净化、消灭相结合的方针。

第六条 国家鼓励社会力量参与动物防疫工作。各级人民政府采取措施，支持单位和个人参与动物防疫的宣传教育、疫情报告、志愿服务和捐赠等活动。

第七条 从事动物饲养、屠宰、经营、隔离、运输以及动物产品生产、经营、加工、贮藏等活动的单位和个人，依照本法和国务院农业农村主管部门的规定，做好免疫、消毒、检测、隔离、净化、消灭、无害化处理等动物防疫工作，承担动物防疫相关责任。

第八条 县级以上人民政府对动物防疫工作实行统一领导，采取有效措施稳定基层机构队伍，加强动物防疫队伍建设，建立健全动物防疫体系，制定并组织实施动物疫病防治规划。

乡级人民政府、街道办事处组织群众做好本辖区的动物疫病预防与控制工作，村民委员会、居民委员会予以协助。

第九条 国务院农业农村主管部门主管全国的动物防疫工作。

县级以上地方人民政府农业农村主管部门主管本行政区域的动物防疫工作。

县级以上人民政府其他有关部门在各自职责范围内做好动物防疫工作。

军队动物卫生监督职能部门负责军队现役动物和饲养自用动物的防疫工作。

第十条 县级以上人民政府卫生健康主管部门和本级人民政府农业农村、野生动物保护等主管部门应当建立人畜共患传染病防治的协作机制。

国务院农业农村主管部门和海关总署等部门应当建立防止境外动物疫病输入的协作机制。

第十一条 县级以上地方人民政府的动物卫生监督机构依照本法规定，负责动物、动物产品的检疫工作。

第十二条 县级以上人民政府按照国务院的规定，根据统筹规划、合理布局、综合设置的原则建立动物疫病预防控制机构。

动物疫病预防控制机构承担动物疫病的监测、检测、诊断、流行病学调查、疫情报告以及其他预防、控制等技术工作；承担动物疫病净化、消灭的技术工作。

第十三条 国家鼓励和支持开展动物疫病的科学研究以及国际合作与交流，推广先进适用的科学研究成果，提高动物疫病防治的科学技术水平。

各级人民政府和有关部门、新闻媒体，应当加强对动物防疫法律法规和动物防疫知识的宣传。

第十四条 对在动物防疫工作、相关科学研究、动物疫情扑灭中做出贡献的单位和个人,各级人民政府和有关部门按照国家有关规定给予表彰、奖励。

有关单位应当依法为动物防疫人员缴纳工伤保险费。对因参与动物防疫工作致病、致残、死亡的人员,按照国家有关规定给予补助或者抚恤。

第二章 动物疫病的预防

第十五条 国家建立动物疫病风险评估制度。

国务院农业农村主管部门根据国内外动物疫情以及保护养殖业生产和人体健康的需要,及时会同国务院卫生健康等有关部门对动物疫病进行风险评估,并制定、公布动物疫病预防、控制、净化、消灭措施和技术规范。

省、自治区、直辖市人民政府农业农村主管部门会同本级人民政府卫生健康等有关部门开展本行政区域的动物疫病风险评估,并落实动物疫病预防、控制、净化、消灭措施。

第十六条 国家对严重危害养殖业生产和人体健康的动物疫病实施强制免疫。

国务院农业农村主管部门确定强制免疫的动物疫病病种和区域。

省、自治区、直辖市人民政府农业农村主管部门制定本行政区域的强制免疫计划;根据本行政区域动物疫病流行情况增加实施强制免疫的动物疫病病种和区域,报本级人民政府批准后执行,并报国务院农业农村主管部门备案。

第十七条 饲养动物的单位和个人应当履行动物疫病强制免疫义务,按照强制免疫计划和技术规范,对动物实施免疫接种,并按照国家有关规定建立免疫档案、加施畜禽标识,保证可追溯。

实施强制免疫接种的动物未达到免疫质量要求,实施补充免疫接种后仍不符合免疫质量要求的,有关单位和个人应当按照国家有关规定处理。

用于预防接种的疫苗应当符合国家质量标准。

第十八条 县级以上地方人民政府农业农村主管部门负责组织实施动物疫病强制免疫计划,并对饲养动物的单位和个人履行强制免疫义务的情况进行监督检查。

乡级人民政府、街道办事处组织本辖区饲养动物的单位和个人做好强制免疫,协助做好监督检查;村民委员会、居民委员会协助做好相关工作。

县级以上地方人民政府农业农村主管部门应当定期对本行政区域的强制免疫计划实施情况和效果进行评估,并向社会公布评估结果。

第十九条 国家实行动物疫病监测和疫情预警制度。

县级以上人民政府建立健全动物疫病监测网络,加强动物疫病监测。

国务院农业农村主管部门会同国务院有关部门制定国家动物疫病监测计划。省、自治区、直辖市人民政府农业农村主管部门根据国家动物疫病监测计划,制定本行政区域的动物疫病监测计划。

动物疫病预防控制机构按照国务院农业农村主管部门的规定和动物疫病监测计划,对动物疫病的发生、流行等情况进行监测;从事动物饲养、屠宰、经营、隔离、运输以及动物产品生产、经营、加工、贮藏、无害化处理等活动的单位和个人不得拒绝或者阻碍。

国务院农业农村主管部门和省、自治区、直辖市人民政府农业农村主管部门根据对动物疫病发生、流行趋势的预测,及时发出动物疫情预警。地方各级人民政府接到动物疫情预警后,应当及时采取预防、控制措施。

第二十条 陆路边境省、自治区人民政府根据动物疫病防控需要,合理设置动物疫病监测站点,健全监测工作机制,防范境外动物疫病传入。

科技、海关等部门按照本法和有关法律法规的规定做好动物疫病监测预警工作,并定期与农业农村主管部门互通情况,紧急情况及时通报。

县级以上人民政府应当完善野生动物疫源疫病监测体系和工作机制，根据需要合理布局监测站点；野生动物保护、农业农村主管部门按照职责分工做好野生动物疫源疫病监测等工作，并定期互通情况，紧急情况及时通报。

第二十一条 国家支持地方建立无规定动物疫病区，鼓励动物饲养场建设无规定动物疫病生物安全隔离区。对符合国务院农业农村主管部门规定标准的无规定动物疫病区和无规定动物疫病生物安全隔离区，国务院农业农村主管部门验收合格予以公布，并对其维持情况进行监督检查。

省、自治区、直辖市人民政府制定并组织实施本行政区域的无规定动物疫病区建设方案。国务院农业农村主管部门指导跨省、自治区、直辖市无规定动物疫病区建设。

国务院农业农村主管部门根据行政区划、养殖屠宰产业布局、风险评估情况等对动物疫病实施分区防控，可以采取禁止或者限制特定动物、动物产品跨区域调运等措施。

第二十二条 国务院农业农村主管部门制定并组织实施动物疫病净化、消灭规划。

县级以上地方人民政府根据动物疫病净化、消灭规划，制定并组织实施本行政区域的动物疫病净化、消灭计划。

动物疫病预防控制机构按照动物疫病净化、消灭规划、计划，开展动物疫病净化技术指导、培训，对动物疫病净化效果进行监测、评估。

国家推进动物疫病净化，鼓励和支持饲养动物的单位和个人开展动物疫病净化。饲养动物的单位和个人达到国务院农业农村主管部门规定的净化标准的，由省级以上人民政府农业农村主管部门予以公布。

第二十三条 种用、乳用动物应当符合国务院农业农村主管部门规定的健康标准。

饲养种用、乳用动物的单位和个人，应当按照国务院农业农村主管部门的要求，定期开展动物疫病检测；检测不合格的，应当按照国家有关规定处理。

第二十四条 动物饲养场和隔离场所、动物屠宰加工场所以及动物和动物产品无害化处理场所，应当符合下列动物防疫条件：

（一）场所的位置与居民生活区、生活饮用水水源地、学校、医院等公共场所的距离符合国务院农业农村主管部门的规定；

（二）生产经营区域封闭隔离，工程设计和有关流程符合动物防疫要求；

（三）有与其规模相适应的污水、污物处理设施，病死动物、病害动物产品无害化处理设施设备或者冷藏冷冻设施设备，以及清洗消毒设施设备；

（四）有与其规模相适应的执业兽医或者动物防疫技术人员；

（五）有完善的隔离消毒、购销台账、日常巡查等动物防疫制度；

（六）具备国务院农业农村主管部门规定的其他动物防疫条件。

动物和动物产品无害化处理场所除应当符合前款规定的条件外，还应当具有病原检测设备、检测能力和符合动物防疫要求的专用运输车辆。

第二十五条 国家实行动物防疫条件审查制度。

开办动物饲养场和隔离场所、动物屠宰加工场所以及动物和动物产品无害化处理场所，应当向县级以上地方人民政府农业农村主管部门提出申请，并附具相关材料。受理申请的农业农村主管部门应当依照本法和《中华人民共和国行政许可法》的规定进行审查。经审查合格的，发给动物防疫条件合格证；不合格的，应当通知申请人并说明理由。

动物防疫条件合格证应当载明申请人的名称（姓名）、场（厂）址、动物（动物产品）种类等事项。

第二十六条 经营动物、动物产品的集贸市场应当具备国务院农业农村主管部门规定的动物防疫条件，并接受农业农村主管部门的监督检查。具体办法由国务院农业农村主管部门制定。

县级以上地方人民政府应当根据本地情况，决定在城市特定区域禁止家畜家禽活体交易。

第二十七条 动物、动物产品的运载工具、垫料、包装物、容器等应当符合国务院农业农村主管部门规定的动物防疫要求。

染疫动物及其排泄物、染疫动物产品，运载工具中的动物排泄物以及垫料、包装物、容器等被污染的物品，应当按照国家有关规定处理，不得随意处置。

第二十八条 采集、保存、运输动物病料或者病原微生物以及从事病原微生物研究、教学、检测、诊断等活动，应当遵守国家有关病原微生物实验室管理的规定。

第二十九条 禁止屠宰、经营、运输下列动物和生产、经营、加工、贮藏、运输下列动物产品：

（一）封锁疫区内与所发生动物疫病有关的；
（二）疫区内易感染的；
（三）依法应当检疫而未经检疫或者检疫不合格的；
（四）染疫或者疑似染疫的；
（五）病死或者死因不明的；
（六）其他不符合国务院农业农村主管部门有关动物防疫规定的。

因实施集中无害化处理需要暂存、运输动物和动物产品并按照规定采取防疫措施的，不适用前款规定。

第三十条 单位和个人饲养犬只，应当按照规定定期免疫接种狂犬病疫苗，凭动物诊疗机构出具的免疫证明向所在地养犬登记机关申请登记。

携带犬只出户的，应当按照规定佩戴犬牌并采取系犬绳等措施，防止犬只伤人、疫病传播。

街道办事处、乡级人民政府组织协调居民委员会、村民委员会，做好本辖区流浪犬、猫的控制和处置，防止疫病传播。

县级人民政府和乡级人民政府、街道办事处应当结合本地实际，做好农村地区饲养犬只的防疫管理工作。

饲养犬只防疫管理的具体办法，由省、自治区、直辖市制定。

第三章 动物疫情的报告、通报和公布

第三十一条 从事动物疫病监测、检测、检验检疫、研究、诊疗以及动物饲养、屠宰、经营、隔离、运输等活动的单位和个人，发现动物染疫或者疑似染疫的，应当立即向所在地农业农村主管部门或者动物疫病预防控制机构报告，并迅速采取隔离等控制措施，防止动物疫情扩散。其他单位和个人发现动物染疫或者疑似染疫的，应当及时报告。

接到动物疫情报告的单位，应当及时采取临时隔离控制等必要措施，防止延误防控时机，并及时按照国家规定的程序上报。

第三十二条 动物疫情由县级以上人民政府农业农村主管部门认定；其中重大动物疫情由省、自治区、直辖市人民政府农业农村主管部门认定，必要时报国务院农业农村主管部门认定。

本法所称重大动物疫情，是指一、二、三类动物疫病突然发生，迅速传播，给养殖业生产安全造成严重威胁、危害，以及可能对公众身体健康与生命安全造成危害的情形。

在重大动物疫情报告期间，必要时，所在地县级以上地方人民政府可以作出封锁决定并采取扑杀、销毁等措施。

第三十三条 国家实行动物疫情通报制度。

国务院农业农村主管部门应当及时向国务院卫生健康等有关部门和军队有关部门以及省、自治区、直辖市人民政府农业农村主管部门通报重大动物疫情的发生和处置情况。

海关发现进出境动物和动物产品染疫或者疑似染疫的，应当及时处置并向农业农村主管部门通报。

县级以上地方人民政府野生动物保护主管部门发现野生动物染疫或者疑似染疫的，应当及时处置并向本级人民政府农业农村主管部门通报。

国务院农业农村主管部门应当依照我国缔结或者参加的条约、协定，及时向有关国际组织或者贸易方通报重大动物疫情的发生和处置情况。

第三十四条 发生人畜共患传染病疫情时，县级以上人民政府农业农村主管部门与本级人民政府卫生健康、野生动物保护等主管部门应当及时相互通报。

发生人畜共患传染病时，卫生健康主管部门应当对疫区易感染的人群进行监测，并应当依照《中华人民共和国传染病防治法》的规定及时公布疫情，采取相应的预防、控制措施。

第三十五条 患有人畜共患传染病的人员不得直接从事动物疫病监测、检测、检验检疫、诊疗以及易感染动物的饲养、屠宰、经营、隔离、运输等活动。

第三十六条 国务院农业农村主管部门向社会及时公布全国动物疫情，也可以根据需要授权省、自治区、直辖市人民政府农业农村主管部门公布本行政区域的动物疫情。其他单位和个人不得发布动物疫情。

第三十七条 任何单位和个人不得瞒报、谎报、迟报、漏报动物疫情，不得授意他人瞒报、谎报、迟报动物疫情，不得阻碍他人报告动物疫情。

第四章 动物疫病的控制

第三十八条 发生一类动物疫病时，应当采取下列控制措施：

（一）所在地县级以上地方人民政府农业农村主管部门应当立即派人到现场，划定疫点、疫区、受威胁区，调查疫源，及时报请本级人民政府对疫区实行封锁。疫区范围涉及两个以上行政区域的，由有关行政区域共同的上一级人民政府对疫区实行封锁，或者由各有关行政区域的上一级人民政府共同对疫区实行封锁。必要时，上级人民政府可以责成下级人民政府对疫区实行封锁；

（二）县级以上地方人民政府应当立即组织有关部门和单位采取封锁、隔离、扑杀、销毁、消毒、无害化处理、紧急免疫接种等强制性措施；

（三）在封锁期间，禁止染疫、疑似染疫和易感染的动物、动物产品流出疫区，禁止非疫区的易感染动物进入疫区，并根据需要对出入疫区的人员、运输工具及有关物品采取消毒和其他限制性措施。

第三十九条 发生二类动物疫病时，应当采取下列控制措施：

（一）所在地县级以上地方人民政府农业农村主管部门应当划定疫点、疫区、受威胁区；

（二）县级以上地方人民政府根据需要组织有关部门和单位采取隔离、扑杀、销毁、消毒、无害化处理、紧急免疫接种、限制易感染的动物和动物产品及有关物品出入等措施。

第四十条 疫点、疫区、受威胁区的撤销和疫区封锁的解除，按照国务院农业农村主管部门规定的标准和程序评估后，由原决定机关决定并宣布。

第四十一条 发生三类动物疫病时，所在地县级、乡级人民政府应当按照国务院农业农村主管部门的规定组织防治。

第四十二条 二、三类动物疫病呈暴发性流行时，按照一类动物疫病处理。

第四十三条 疫区内有关单位和个人，应当遵守县级以上人民政府及其农业农村主管部门依法作出的有关控制动物疫病的规定。

任何单位和个人不得藏匿、转移、盗掘已被依法隔离、封存、处理的动物和动物产品。

第四十四条 发生动物疫情时，航空、铁路、道路、水路运输企业应当优先组织运送防疫人员和物资。

第四十五条 国务院农业农村主管部门根据动物疫病的性质、特点和可能造成的社会危害，制定国家重大动物疫情应急预案报国务院批准，并按照不同动物疫病病种、流行特点和危害程度，分别制定实施方案。

县级以上地方人民政府根据上级重大动物疫情应急预案和本地区的实际情况，制定本行政区域的重大动物疫情应急预案，报上一级人民政府农业农村主管部门备案，并抄送上一级人民政府应急管理部门。县级以上地方人民政府农业农村主管部门按照不同动物疫病病种、流行特点和危害程度，分别制定实施方案。

重大动物疫情应急预案和实施方案根据疫情状况及时调整。

第四十六条 发生重大动物疫情时，国务院农业农村主管部门负责划定动物疫病风险区，禁止或者限制特定动物、动物产品由高风险区向低风险区调运。

第四十七条 发生重大动物疫情时，依照法律和国务院的规定以及应急预案采取应急处置措施。

第五章 动物和动物产品的检疫

第四十八条 动物卫生监督机构依照本法和国务院农业农村主管部门的规定对动物、动物产品实施检疫。

动物卫生监督机构的官方兽医具体实施动物、动物产品检疫。

第四十九条 屠宰、出售或者运输动物以及出售或者运输动物产品前，货主应当按照国务院农业农村主管部门的规定向所在地动物卫生监督机构申报检疫。

动物卫生监督机构接到检疫申报后，应当及时指派官方兽医对动物、动物产品实施检疫；检疫合格的，出具检疫证明、加施检疫标志。实施检疫的官方兽医应当在检疫证明、检疫标志上签字或者盖章，并对检疫结论负责。

动物饲养场、屠宰企业的执业兽医或者动物防疫技术人员，应当协助官方兽医实施检疫。

第五十条 因科研、药用、展示等特殊情形需要非食用性利用的野生动物，应当按照国家有关规定报动物卫生监督机构检疫，检疫合格的，方可利用。

人工捕获的野生动物，应当按照国家有关规定报捕获地动物卫生监督机构检疫，检疫合格的，方可饲养、经营和运输。

国务院农业农村主管部门会同国务院野生动物保护主管部门制定野生动物检疫办法。

第五十一条 屠宰、经营、运输的动物，以及用于科研、展示、演出和比赛等非食用性利用的动物，应当附有检疫证明；经营和运输的动物产品，应当附有检疫证明、检疫标志。

第五十二条 经航空、铁路、道路、水路运输动物和动物产品的，托运人托运时应当提供检疫证明；没有检疫证明的，承运人不得承运。

进出口动物和动物产品，承运人凭进口报关单证或者海关签发的检疫单证运递。

从事动物运输的单位、个人以及车辆，应当向所在地县级人民政府农业农村主管部门备案，妥善保存行程路线和托运人提供的动物名称、检疫证明编号、数量等信息。具体办法由国务院农业农村主管部门制定。

运载工具在装载前和卸载后应当及时清洗、消毒。

第五十三条 省、自治区、直辖市人民政府确定并公布道路运输的动物进入本行政区域的指定通道，设置引导标志。跨省、自治区、直辖市通过道路运输动物的，应当经省、自治区、直辖市人民政府设立的指定通道入省境或者过省境。

第五十四条 输入到无规定动物疫病区的动物、动物产品，货主应当按照国务院农业农村主管部门的规定向无规定动物疫病区所在地动物卫生监督机构申报检疫，经检疫合格的，方可进入。

第五十五条 跨省、自治区、直辖市引进的种用、乳用动物到达输入地后，货主应当按照国务院农业农村主管部门的规定对引进的种用、乳用动物进行隔离观察。

第五十六条　经检疫不合格的动物、动物产品，货主应当在农业农村主管部门的监督下按照国家有关规定处理，处理费用由货主承担。

第六章　病死动物和病害动物产品的无害化处理

第五十七条　从事动物饲养、屠宰、经营、隔离以及动物产品生产、经营、加工、贮藏等活动的单位和个人，应当按照国家有关规定做好病死动物、病害动物产品的无害化处理，或者委托动物和动物产品无害化处理场所处理。

从事动物、动物产品运输的单位和个人，应当配合做好病死动物和病害动物产品的无害化处理，不得在途中擅自弃置和处理有关动物和动物产品。

任何单位和个人不得买卖、加工、随意弃置病死动物和病害动物产品。

动物和动物产品无害化处理管理办法由国务院农业农村、野生动物保护主管部门按照职责制定。

第五十八条　在江河、湖泊、水库等水域发现的死亡畜禽，由所在地县级人民政府组织收集、处理并溯源。

在城市公共场所和乡村发现的死亡畜禽，由所在地街道办事处、乡级人民政府组织收集、处理并溯源。

在野外环境发现的死亡野生动物，由所在地野生动物保护主管部门收集、处理。

第五十九条　省、自治区、直辖市人民政府制定动物和动物产品集中无害化处理场所建设规划，建立政府主导、市场运作的无害化处理机制。

第六十条　各级财政对病死动物无害化处理提供补助。具体补助标准和办法由县级以上人民政府财政部门会同本级人民政府农业农村、野生动物保护等有关部门制定。

第七章　动物诊疗

第六十一条　从事动物诊疗活动的机构，应当具备下列条件：
（一）有与动物诊疗活动相适应并符合动物防疫条件的场所；
（二）有与动物诊疗活动相适应的执业兽医；
（三）有与动物诊疗活动相适应的兽医器械和设备；
（四）有完善的管理制度。

动物诊疗机构包括动物医院、动物诊所以及其他提供动物诊疗服务的机构。

第六十二条　从事动物诊疗活动的机构，应当向县级以上地方人民政府农业农村主管部门申请动物诊疗许可证。受理申请的农业农村主管部门应当依照本法和《中华人民共和国行政许可法》的规定进行审查。经审查合格的，发给动物诊疗许可证；不合格的，应当通知申请人并说明理由。

第六十三条　动物诊疗许可证应当载明诊疗机构名称、诊疗活动范围、从业地点和法定代表人（负责人）等事项。

动物诊疗许可证载明事项变更的，应当申请变更或者换发动物诊疗许可证。

第六十四条　动物诊疗机构应当按照国务院农业农村主管部门的规定，做好诊疗活动中的卫生安全防护、消毒、隔离和诊疗废弃物处置等工作。

第六十五条　从事动物诊疗活动，应当遵守有关动物诊疗的操作技术规范，使用符合规定的兽药和兽医器械。

兽药和兽医器械的管理办法由国务院规定。

第八章 兽医管理

第六十六条 国家实行官方兽医任命制度。

官方兽医应当具备国务院农业农村主管部门规定的条件，由省、自治区、直辖市人民政府农业农村主管部门按照程序确认，由所在地县级以上人民政府农业农村主管部门任命。具体办法由国务院农业农村主管部门制定。

海关的官方兽医应当具备规定的条件，由海关总署任命。具体办法由海关总署会同国务院农业农村主管部门制定。

第六十七条 官方兽医依法履行动物、动物产品检疫职责，任何单位和个人不得拒绝或者阻碍。

第六十八条 县级以上人民政府农业农村主管部门制定官方兽医培训计划，提供培训条件，定期对官方兽医进行培训和考核。

第六十九条 国家实行执业兽医资格考试制度。具有兽医相关专业大学专科以上学历的人员或者符合条件的乡村兽医，通过执业兽医资格考试的，由省、自治区、直辖市人民政府农业农村主管部门颁发执业兽医资格证书；从事动物诊疗等经营活动的，还应当向所在地县级人民政府农业农村主管部门备案。

执业兽医资格考试办法由国务院农业农村主管部门商国务院人力资源主管部门制定。

第七十条 执业兽医开具兽医处方应当亲自诊断，并对诊断结论负责。

国家鼓励执业兽医接受继续教育。执业兽医所在机构应当支持执业兽医参加继续教育。

第七十一条 乡村兽医可以在乡村从事动物诊疗活动。具体管理办法由国务院农业农村主管部门制定。

第七十二条 执业兽医、乡村兽医应当按照所在地人民政府和农业农村主管部门的要求，参加动物疫病预防、控制和动物疫情扑灭等活动。

第七十三条 兽医行业协会提供兽医信息、技术、培训等服务，维护成员合法权益，按照章程建立健全行业规范和奖惩机制，加强行业自律，推动行业诚信建设，宣传动物防疫和兽医知识。

第九章 监督管理

第七十四条 县级以上地方人民政府农业农村主管部门依照本法规定，对动物饲养、屠宰、经营、隔离、运输以及动物产品生产、经营、加工、贮藏、运输等活动中的动物防疫实施监督管理。

第七十五条 为控制动物疫病，县级人民政府农业农村主管部门应当派人在所在地依法设立的现有检查站执行监督检查任务；必要时，经省、自治区、直辖市人民政府批准，可以设立临时性的动物防疫检查站，执行监督检查任务。

第七十六条 县级以上地方人民政府农业农村主管部门执行监督检查任务，可以采取下列措施，有关单位和个人不得拒绝或者阻碍：

（一）对动物、动物产品按照规定采样、留验、抽检；

（二）对染疫或者疑似染疫的动物、动物产品及相关物品进行隔离、查封、扣押和处理；

（三）对依法应当检疫而未经检疫的动物和动物产品，具备补检条件的实施补检，不具备补检条件的予以收缴销毁；

（四）查验检疫证明、检疫标志和畜禽标识；

（五）进入有关场所调查取证，查阅、复制与动物防疫有关的资料。

县级以上地方人民政府农业农村主管部门根据动物疫病预防、控制需要，经所在地县级以上地方人民政府批准，可以在车站、港口、机场等相关场所派驻官方兽医或者工作人员。

第七十七条　执法人员执行动物防疫监督检查任务，应当出示行政执法证件，佩带统一标志。

县级以上人民政府农业农村主管部门及其工作人员不得从事与动物防疫有关的经营性活动，进行监督检查不得收取任何费用。

第七十八条　禁止转让、伪造或者变造检疫证明、检疫标志或者畜禽标识。

禁止持有、使用伪造或者变造的检疫证明、检疫标志或者畜禽标识。

检疫证明、检疫标志的管理办法由国务院农业农村主管部门制定。

第十章　保障措施

第七十九条　县级以上人民政府应当将动物防疫工作纳入本级国民经济和社会发展规划及年度计划。

第八十条　国家鼓励和支持动物防疫领域新技术、新设备、新产品等科学技术研究开发。

第八十一条　县级人民政府应当为动物卫生监督机构配备与动物、动物产品检疫工作相适应的官方兽医，保障检疫工作条件。

县级人民政府农业农村主管部门可以根据动物防疫工作需要，向乡、镇或者特定区域派驻兽医机构或者工作人员。

第八十二条　国家鼓励和支持执业兽医、乡村兽医和动物诊疗机构开展动物防疫和疫病诊疗活动；鼓励养殖企业、兽药及饲料生产企业组建动物防疫服务团队，提供防疫服务。地方人民政府组织村级防疫员参加动物疫病防治工作的，应当保障村级防疫员合理劳务报酬。

第八十三条　县级以上人民政府按照本级政府职责，将动物疫病的监测、预防、控制、净化、消灭，动物、动物产品的检疫和病死动物的无害化处理，以及监督管理所需经费纳入本级预算。

第八十四条　县级以上人民政府应当储备动物疫情应急处置所需的防疫物资。

第八十五条　对在动物疫病预防、控制、净化、消灭过程中强制扑杀的动物、销毁的动物产品和相关物品，县级以上人民政府给予补偿。具体补偿标准和办法由国务院财政部门会同有关部门制定。

第八十六条　对从事动物疫病预防、检疫、监督检查、现场处理疫情以及在工作中接触动物疫病病原体的人员，有关单位按照国家规定，采取有效的卫生防护、医疗保健措施，给予畜牧兽医医疗卫生津贴等相关待遇。

第十一章　法律责任

第八十七条　地方各级人民政府及其工作人员未依照本法规定履行职责的，对直接负责的主管人员和其他直接责任人员依法给予处分。

第八十八条　县级以上人民政府农业农村主管部门及其工作人员违反本法规定，有下列行为之一的，由本级人民政府责令改正，通报批评；对直接负责的主管人员和其他直接责任人员依法给予处分：

（一）未及时采取预防、控制、扑灭等措施的；

（二）对不符合条件的颁发动物防疫条件合格证、动物诊疗许可证，或者对符合条件的拒不颁发动物防疫条件合格证、动物诊疗许可证的；

（三）从事与动物防疫有关的经营性活动，或者违法收取费用的；

（四）其他未依照本法规定履行职责的行为。

第八十九条　动物卫生监督机构及其工作人员违反本法规定，有下列行为之一的，由本级人民政府或者农业农村主管部门责令改正，通报批评；对直接负责的主管人员和其他直接责任人员依法给予处分：

（一）对未经检疫或者检疫不合格的动物、动物产品出具检疫证明、加施检疫标志，或者对检疫合格的动物、动物产品拒不出具检疫证明、加施检疫标志的；
（二）对附有检疫证明、检疫标志的动物、动物产品重复检疫的；
（三）从事与动物防疫有关的经营性活动，或者违法收取费用的；
（四）其他未依照本法规定履行职责的行为。

第九十条 动物疫病预防控制机构及其工作人员违反本法规定，有下列行为之一的，由本级人民政府或者农业农村主管部门责令改正，通报批评；对直接负责的主管人员和其他直接责任人员依法给予处分：
（一）未履行动物疫病监测、检测、评估职责或者伪造监测、检测、评估结果的；
（二）发生动物疫情时未及时进行诊断、调查的；
（三）接到染疫或者疑似染疫报告后，未及时按照国家规定采取措施、上报的；
（四）其他未依照本法规定履行职责的行为。

第九十一条 地方各级人民政府、有关部门及其工作人员瞒报、谎报、迟报、漏报或者授意他人瞒报、谎报、迟报动物疫情，或者阻碍他人报告动物疫情的，由上级人民政府或者有关部门责令改正，通报批评；对直接负责的主管人员和其他直接责任人员依法给予处分。

第九十二条 违反本法规定，有下列行为之一的，由县级以上地方人民政府农业农村主管部门责令限期改正，可以处一千元以下罚款；逾期不改正的，处一千元以上五千元以下罚款；由县级以上地方人民政府农业农村主管部门委托动物诊疗机构、无害化处理场所等代为处理，所需费用由违法行为人承担：
（一）对饲养的动物未按照动物疫病强制免疫计划或者免疫技术规范实施免疫接种的；
（二）对饲养的种用、乳用动物未按照国务院农业农村主管部门的要求定期开展疫病检测，或者经检测不合格而未按照规定处理的；
（三）对饲养的犬只未按照规定定期进行狂犬病免疫接种的；
（四）动物、动物产品的运载工具在装载前和卸载后未按照规定及时清洗、消毒的。

第九十三条 违反本法规定，对经强制免疫的动物未按照规定建立免疫档案，或者未按照规定加施畜禽标识的，依照《中华人民共和国畜牧法》的有关规定处罚。

第九十四条 违反本法规定，动物、动物产品的运载工具、垫料、包装物、容器等不符合国务院农业农村主管部门规定的动物防疫要求的，由县级以上地方人民政府农业农村主管部门责令改正，可以处五千元以下罚款；情节严重的，处五千元以上五万元以下罚款。

第九十五条 违反本法规定，对染疫动物及其排泄物、染疫动物产品或者被染疫动物、动物产品污染的运载工具、垫料、包装物、容器等未按照规定处置的，由县级以上地方人民政府农业农村主管部门责令限期处理；逾期不处理的，由县级以上地方人民政府农业农村主管部门委托有关单位代为处理，所需费用由违法行为人承担，处五千元以上五万元以下罚款。
造成环境污染或者生态破坏的，依照环境保护有关法律法规进行处罚。

第九十六条 违反本法规定，患有人畜共患传染病的人员，直接从事动物疫病监测、检测、检验检疫，动物诊疗以及易感染动物的饲养、屠宰、经营、隔离、运输等活动的，由县级以上地方人民政府农业农村或者野生动物保护主管部门责令改正；拒不改正的，处一千元以上一万元以下罚款；情节严重的，处一万元以上五万元以下罚款。

第九十七条 违反本法第二十九条规定，屠宰、经营、运输动物或者生产、经营、加工、贮藏、运输动物产品的，由县级以上地方人民政府农业农村主管部门责令改正、采取补救措施，没收违法所得、动物和动物产品，并处同类检疫合格动物、动物产品货值金额十五倍以上三十倍以下罚款；同类检疫合格动物、动物产品货值金额不足一万元的，并处五万元以上十五万元以下罚款；其中依法应当检疫而未检疫的，依照本法第一百条的规定处罚。
前款规定的违法行为人及其法定代表人（负责人）、直接负责的主管人员和其他直接责任人员,自处罚决定作出之日起五年内不得从事相关活动;构成犯罪的,终身不得从事屠宰、经营、运输动物或者生产、经营、加工、贮藏、运输动物产品等相关活动。

第九十八条 违反本法规定,有下列行为之一的,由县级以上地方人民政府农业农村主管部门责令改正,处三千元以上三万元以下罚款;情节严重的,责令停业整顿,并处三万元以上十万元以下罚款:

(一)开办动物饲养场和隔离场所、动物屠宰加工场所以及动物和动物产品无害化处理场所,未取得动物防疫条件合格证的;

(二)经营动物、动物产品的集贸市场不具备国务院农业农村主管部门规定的防疫条件的;

(三)未经备案从事动物运输的;

(四)未按照规定保存行程路线和托运人提供的动物名称、检疫证明编号、数量等信息的;

(五)未经检疫合格,向无规定动物疫病区输入动物、动物产品的;

(六)跨省、自治区、直辖市引进种用、乳用动物到达输入地后未按照规定进行隔离观察的;

(七)未按照规定处理或者随意弃置病死动物、病害动物产品的。

第九十九条 动物饲养场和隔离场所、动物屠宰加工场所以及动物和动物产品无害化处理场所,生产经营条件发生变化,不再符合本法第二十四条规定的动物防疫条件继续从事相关活动的,由县级以上地方人民政府农业农村主管部门给予警告,责令限期改正;逾期仍达不到规定条件的,吊销动物防疫条件合格证,并通报市场监督管理部门依法处理。

第一百条 违反本法规定,屠宰、经营、运输的动物未附有检疫证明,经营和运输的动物产品未附有检疫证明、检疫标志的,由县级以上地方人民政府农业农村主管部门责令改正,处同类检疫合格动物、动物产品货值金额一倍以下罚款;对货主以外的承运人处运输费用三倍以上五倍以下罚款,情节严重的,处五倍以上十倍以下罚款。

违反本法规定,用于科研、展示、演出和比赛等非食用性利用的动物未附有检疫证明的,由县级以上地方人民政府农业农村主管部门责令改正,处三千元以上一万元以下罚款。

第一百零一条 违反本法规定,将禁止或者限制调运的特定动物、动物产品由动物疫病高风险区调入低风险区的,由县级以上地方人民政府农业农村主管部门没收运输费用、违法运输的动物和动物产品,并处运输费用一倍以上五倍以下罚款。

第一百零二条 违反本法规定,通过道路跨省、自治区、直辖市运输动物,未经省、自治区、直辖市人民政府设立的指定通道入省境或者过省境的,由县级以上地方人民政府农业农村主管部门对运输人处五千元以上一万元以下罚款;情节严重的,处一万元以上五万元以下罚款。

第一百零三条 违反本法规定,转让、伪造或者变造检疫证明、检疫标志或者畜禽标识的,由县级以上地方人民政府农业农村主管部门没收违法所得和检疫证明、检疫标志、畜禽标识,并处五千元以上五万元以下罚款。

持有、使用伪造或者变造的检疫证明、检疫标志或者畜禽标识的,由县级以上人民政府农业农村主管部门没收检疫证明、检疫标志、畜禽标识和对应的动物、动物产品,并处三千元以上三万元以下罚款。

第一百零四条 违反本法规定,有下列行为之一的,由县级以上地方人民政府农业农村主管部门责令改正,处三千元以上三万元以下罚款:

(一)擅自发布动物疫情的;

(二)不遵守县级以上人民政府及其农业农村主管部门依法作出的有关控制动物疫病规定的;

（三）藏匿、转移、盗掘已被依法隔离、封存、处理的动物和动物产品的。

第一百零五条 违反本法规定，未取得动物诊疗许可证从事动物诊疗活动的，由县级以上地方人民政府农业农村主管部门责令停止诊疗活动，没收违法所得，并处违法所得一倍以上三倍以下罚款；违法所得不足三万元的，并处三千元以上三万元以下罚款。

动物诊疗机构违反本法规定，未按照规定实施卫生安全防护、消毒、隔离和处置诊疗废弃物的，由县级以上地方人民政府农业农村主管部门责令改正，处一千元以上一万元以下罚款；造成动物疫病扩散的，处一万元以上五万元以下罚款；情节严重的，吊销动物诊疗许可证。

第一百零六条 违反本法规定，未经执业兽医备案从事经营性动物诊疗活动的，由县级以上地方人民政府农业农村主管部门责令停止动物诊疗活动，没收违法所得，并处三千元以上三万元以下罚款；对其所在的动物诊疗机构处一万元以上五万元以下罚款。

执业兽医有下列行为之一的，由县级以上地方人民政府农业农村主管部门给予警告，责令暂停六个月以上一年以下动物诊疗活动；情节严重的，吊销执业兽医资格证书：

（一）违反有关动物诊疗的操作技术规范，造成或者可能造成动物疫病传播、流行的；

（二）使用不符合规定的兽药和兽医器械的；

（三）未按照当地人民政府或者农业农村主管部门要求参加动物疫病预防、控制和动物疫情扑灭活动的。

第一百零七条 违反本法规定，生产经营兽医器械，产品质量不符合要求的，由县级以上地方人民政府农业农村主管部门责令限期整改；情节严重的，责令停业整顿，并处二万元以上十万元以下罚款。

第一百零八条 违反本法规定，从事动物疫病研究、诊疗和动物饲养、屠宰、经营、隔离、运输，以及动物产品生产、经营、加工、贮藏、无害化处理等活动的单位和个人，有下列行为之一的，由县级以上地方人民政府农业农村主管部门责令改正，可以处一万元以下罚款；拒不改正的，处一万元以上五万元以下罚款，并可以责令停业整顿：

（一）发现动物染疫、疑似染疫未报告，或者未采取隔离等控制措施的；

（二）不如实提供与动物防疫有关的资料的；

（三）拒绝或者阻碍农业农村主管部门进行监督检查的；

（四）拒绝或者阻碍动物疫病预防控制机构进行动物疫病监测、检测、评估的；

（五）拒绝或者阻碍官方兽医依法履行职责的。

第一百零九条 违反本法规定，造成人畜共患传染病传播、流行的，依法从重给予处分、处罚。

违反本法规定，构成违反治安管理行为的，依法给予治安管理处罚；构成犯罪的，依法追究刑事责任。

违反本法规定，给他人人身、财产造成损害的，依法承担民事责任。

第十二章 附 则

第一百一十条 本法下列用语的含义：

（一）无规定动物疫病区，是指具有天然屏障或者采取人工措施，在一定期限内没有发生规定的一种或者几种动物疫病，并经验收合格的区域；

（二）无规定动物疫病生物安全隔离区，是指处于同一生物安全管理体系下，在一定期限内没有发生规定的一种或者几种动物疫病的若干动物饲养场及其辅助生产场所构成的，并经验收合格的特定小型区域；

（三）病死动物，是指染疫死亡、因病死亡、死因不明或者经检验检疫可能危害人体或者动物健康的死亡动物；

（四）病害动物产品，是指来源于病死动物的产品，或者经检验检疫可能危害人体或者动物健康的动物产品。

第一百一十一条 境外无规定动物疫病区和无规定动物疫病生物安全隔离区的无疫等效性评估，参照本法有关规定执行。

第一百一十二条 实验动物防疫有特殊要求的，按实验动物管理的有关规定执行。

第一百一十三条 本法自2021年5月1日起施行。

中华人民共和国濒危野生动植物进出口管理条例

（2006年4月29日中华人民共和国国务院令第465号公布　根据2018年3月19日《国务院关于修改和废止部分行政法规的决定》第一次修订　根据2019年3月2日《国务院关于修改部分行政法规的决定》第二次修订）

第一条 为了加强对濒危野生动植物及其产品的进出口管理，保护和合理利用野生动植物资源，履行《濒危野生动植物种国际贸易公约》（以下简称公约），制定本条例。

第二条 进口或者出口公约限制进出口的濒危野生动植物及其产品，应当遵守本条例。

出口国家重点保护的野生动植物及其产品，依照本条例有关出口濒危野生动植物及其产品的规定办理。

第三条 国务院林业、农业（渔业）主管部门（以下称国务院野生动植物主管部门），按照职责分工主管全国濒危野生动植物及其产品的进出口管理工作，并做好与履行公约有关的工作。

国务院其他有关部门依照有关法律、行政法规的规定，在各自的职责范围内负责做好相关工作。

第四条 国家濒危物种进出口管理机构代表中国政府履行公约，依照本条例的规定对经国务院野生动植物主管部门批准出口的国家重点保护的野生动植物及其产品、批准进口或者出口的公约限制进出口的濒危野生动植物及其产品，核发允许进出口证明书。

第五条 国家濒危物种进出口科学机构依照本条例，组织陆生野生动物、水生野生动物和野生植物等方面的专家，从事有关濒危野生动植物及其产品进出口的科学咨询工作。

第六条 禁止进口或者出口公约禁止以商业贸易为目的进出口的濒危野生动植物及其产品，因科学研究、驯养繁殖、人工培育、文化交流等特殊情况，需要进口或者出口的，应当经国务院野生动植物主管部门批准；按照有关规定由国务院批准的，应当报经国务院批准。

禁止出口未定名的或者新发现并有重要价值的野生动植物及其产品以及国务院或者国务院野生动植物主管部门禁止出口的濒危野生动植物及其产品。

第七条 进口或者出口公约限制进出口的濒危野生动植物及其产品，出口国务院或者国务院野生动植物主管部门限制出口的野生动植物及其产品，应当经国务院野生动植物主管部门批准。

第八条 进口濒危野生动植物及其产品的，必须具备下列条件：

（一）对濒危野生动植物及其产品的使用符合国家有关规定；

（二）具有有效控制措施并符合生态安全要求；

（三）申请人提供的材料真实有效；

（四）国务院野生动植物主管部门公示的其他条件。

第九条 出口濒危野生动植物及其产品的，必须具备下列条件：
（一）符合生态安全要求和公共利益；
（二）来源合法；
（三）申请人提供的材料真实有效；
（四）不属于国务院或者国务院野生动植物主管部门禁止出口的；
（五）国务院野生动植物主管部门公示的其他条件。

第十条 进口或者出口濒危野生动植物及其产品的，申请人应当按照管理权限，向其所在地的省、自治区、直辖市人民政府农业（渔业）主管部门提出申请，或者向国务院林业主管部门提出申请，并提交下列材料：
（一）进口或者出口合同；
（二）濒危野生动植物及其产品的名称、种类、数量和用途；
（三）活体濒危野生动物装运设施的说明资料；
（四）国务院野生动植物主管部门公示的其他应当提交的材料。

省、自治区、直辖市人民政府农业（渔业）主管部门应当自收到申请之日起10个工作日内签署意见，并将全部申请材料转报国务院农业（渔业）主管部门。

第十一条 国务院野生动植物主管部门应当自收到申请之日起20个工作日内，作出批准或者不予批准的决定，并书面通知申请人。在20个工作日内不能作出决定的，经本行政机关负责人批准，可以延长10个工作日，延长的期限和理由应当通知申请人。

第十二条 申请人取得国务院野生动植物主管部门的进出口批准文件后，应当在批准文件规定的有效期内，向国家濒危物种进出口管理机构申请核发允许进出口证明书。

申请核发允许进出口证明书时应当提交下列材料：
（一）允许进出口证明书申请表；
（二）进出口批准文件；
（三）进口或者出口合同。

进口公约限制进出口的濒危野生动植物及其产品的，申请人还应当提交出口国（地区）濒危物种进出口管理机构核发的允许出口证明材料；出口公约禁止以商业贸易为目的进出口的濒危野生动植物及其产品的，申请人还应当提交进口国（地区）濒危物种进出口管理机构核发的允许进口证明材料；进口的濒危野生动植物及其产品再出口时，申请人还应当提交海关进口货物报关单和海关签注的允许进口证明书。

第十三条 国家濒危物种进出口管理机构应当自收到申请之日起20个工作日内，作出审核决定。对申请材料齐全、符合本条例规定和公约要求的，应当核发允许进出口证明书；对不予核发允许进出口证明书的，应当书面通知申请人和国务院野生动植物主管部门并说明理由。在20个工作日内不能作出决定的，经本机构负责人批准，可以延长10个工作日，延长的期限和理由应当通知申请人。

国家濒危物种进出口管理机构在审核时，对申请材料不符合要求的，应当在5个工作日内一次性通知申请人需要补正的全部内容。

第十四条 国家濒危物种进出口管理机构在核发允许进出口证明书时，需要咨询国家濒危物种进出口科学机构的意见，或者需要向境外相关机构核实允许进出口证明材料等有关内容的，应当自收到申请之日起5个工作日内，将有关材料送国家濒危物种进出口科学机构咨询意见或者向境外相关机构核实有关内容。咨询意见、核实内容所需时间不计入核发允许进出口证明书工作日之内。

第十五条 国务院野生动植物主管部门和省、自治区、直辖市人民政府野生动植物主管部门以及国家濒危物种进出口管理机构，在审批濒危野生动植物及其产品进出口时，除收取国家规定的费用外，不得收取其他费用。

第十六条 因进口或者出口濒危野生动植物及其产品对野生动植物资源、生态安全造成或者可能造成严重危害和影响的,由国务院野生动植物主管部门提出临时禁止或者限制濒危野生动植物及其产品进出口的措施,报国务院批准后执行。

第十七条 从不属于任何国家管辖的海域获得的濒危野生动植物及其产品,进入中国领域的,参照本条例有关进口的规定管理。

第十八条 进口濒危野生动植物及其产品涉及外来物种管理的,出口濒危野生动植物及其产品涉及种质资源管理的,应当遵守国家有关规定。

第十九条 进口或者出口濒危野生动植物及其产品的,应当在国务院野生动植物主管部门会同海关总署指定并经国务院批准的口岸进行。

第二十条 进口或者出口濒危野生动植物及其产品的,应当按照允许进出口证明书规定的种类、数量、口岸、期限完成进出口活动。

第二十一条 进口或者出口濒危野生动植物及其产品的,应当向海关提交允许进出口证明书,接受海关监管,并自海关放行之日起30日内,将海关验讫的允许进出口证明书副本交国家濒危物种进出口管理机构备案。

过境、转运和通运的濒危野生动植物及其产品,自入境起至出境前由海关监管。

进出保税区、出口加工区等海关特定监管区域和保税场所的濒危野生动植物及其产品,应当接受海关监管,并按照海关总署和国家濒危物种进出口管理机构的规定办理进出口手续。

进口或者出口濒危野生动植物及其产品的,应当凭允许进出口证明书向海关报检,并接受检验检疫。

第二十二条 国家濒危物种进出口管理机构应当将核发允许进出口证明书的有关资料和濒危野生动植物及其产品年度进出口情况,及时抄送国务院野生动植物主管部门及其他有关主管部门。

第二十三条 进出口批准文件由国务院野生动植物主管部门组织统一印制;允许进出口证明书及申请表由国家濒危物种进出口管理机构组织统一印制。

第二十四条 野生动植物主管部门、国家濒危物种进出口管理机构的工作人员,利用职务上的便利收取他人财物或者谋取其他利益,不依照本条例的规定批准进出口、核发允许进出口证明书,情节严重,构成犯罪的,依法追究刑事责任;尚不构成犯罪的,依法给予处分。

第二十五条 国家濒危物种进出口科学机构的工作人员,利用职务上的便利收取他人财物或者谋取其他利益,出具虚假意见,情节严重,构成犯罪的,依法追究刑事责任;尚不构成犯罪的,依法给予处分。

第二十六条 非法进口、出口或者以其他方式走私濒危野生动植物及其产品的,由海关依照海关法的有关规定予以处罚;情节严重,构成犯罪的,依法追究刑事责任。

罚没的实物移交野生动植物主管部门依法处理;罚没的实物依法需要实施检疫的,经检疫合格后,予以处理。罚没的实物需要返还原出口国(地区)的,应当由野生动植物主管部门移交国家濒危物种进出口管理机构依照公约规定处理。

第二十七条 伪造、倒卖或者转让进出口批准文件或者允许进出口证明书的,由野生动植物主管部门或者市场监督管理部门按照职责分工依法予以处罚;情节严重,构成犯罪的,依法追究刑事责任。

第二十八条 本条例自2006年9月1日起施行。

中华人民共和国野生植物保护条例

(1996年9月30日中华人民共和国国务院令第204号发布 根据2017年10月7日《国务院关于修改部分行政法规的决定》修订)

第一章 总 则

第一条 为了保护、发展和合理利用野生植物资源，保护生物多样性，维护生态平衡，制定本条例。

第二条 在中华人民共和国境内从事野生植物的保护、发展和利用活动，必须遵守本条例。

本条例所保护的野生植物，是指原生地天然生长的珍贵植物和原生地天然生长并具有重要经济、科学研究、文化价值的濒危、稀有植物。

药用野生植物和城市园林、自然保护区、风景名胜区内的野生植物的保护，同时适用有关法律、行政法规。

第三条 国家对野生植物资源实行加强保护、积极发展、合理利用的方针。

第四条 国家保护依法开发利用和经营管理野生植物资源的单位和个人的合法权益。

第五条 国家鼓励和支持野生植物科学研究、野生植物的就地保护和迁地保护。

在野生植物资源保护、科学研究、培育利用和宣传教育方面成绩显著的单位和个人，由人民政府给予奖励。

第六条 县级以上各级人民政府有关主管部门应当开展保护野生植物的宣传教育，普及野生植物知识，提高公民保护野生植物的意识。

第七条 任何单位和个人都有保护野生植物资源的义务，对侵占或者破坏野生植物及其生长环境的行为有权检举和控告。

第八条 国务院林业行政主管部门主管全国林区内野生植物和林区外珍贵野生树木的监督管理工作。国务院农业行政主管部门主管全国其他野生植物的监督管理工作。

国务院建设行政部门负责城市园林、风景名胜区内野生植物的监督管理工作。国务院环境保护部门负责对全国野生植物环境保护工作的协调和监督。国务院其他有关部门依照职责分工负责有关的野生植物保护工作。

县级以上地方人民政府负责野生植物管理工作的部门及其职责，由省、自治区、直辖市人民政府根据当地具体情况规定。

第二章 野生植物保护

第九条 国家保护野生植物及其生长环境。禁止任何单位和个人非法采集野生植物或者破坏其生长环境。

第十条 野生植物分为国家重点保护野生植物和地方重点保护野生植物。

国家重点保护野生植物分为国家一级保护野生植物和国家二级保护野生植物。国家重点保护野生植物名录，由国务院林业行政主管部门、农业行政主管部门（以下简称国务院野生植物行政主管部门）商国务院环境保护、建设等有关部门制定，报国务院批准公布。

地方重点保护野生植物，是指国家重点保护野生植物以外，由省、自治区、直辖市保的野生植物。地方重点保护野生植物名录，由省、自治区、直辖市人民政府制定并公布，报国务院备案。

第十一条 在国家重点保护野生植物物种和地方重点保护野生植物物种的天然集中分布区域，应当依照有关法律、行政法规的规定，建立自然保护区；在其他区域，县级以上地方人民政府野生植物行政主管部门和其他有关部门可以根据实际情况建立国家重点保护野生植物和地方重点保护野生植物的保护点或者设立保护标志。

禁止破坏国家重点保护野生植物和地方重点保护野生植物的保护点的保护设施和保护标志。

第十二条 野生植物行政主管部门及其他有关部门应当监视、监测环境对国家重点保护野生植物生长和地方重点保护野生植物生长的影响，并采取措施，维护和改善国家重点保护野生植物和地方重点保护野生植物的生长条件。由于环境影响对国家重点保护野生植物和地方重点保护野生植物的生长造成危害时，野生植物行政主管部门应当会同其他有关部门调查并依法处理。

第十三条 建设项目对国家重点保护野生植物和地方重点保护野生植物的生长环境产生不利影响的，建设单位提交的环境影响报告书中必须对此作出评价；环境保护部门在审批环境影响报告书时，应当征求野生植物行政主管部门的意见。

第十四条 野生植物行政主管部门和有关单位对生长受到威胁的国家重点保护野生植物和地方重点保护野生植物应当采取拯救措施，保护或者恢复其生长环境，必要时应当建立繁育基地、种质资源库或者采取迁地保护措施。

第三章　野生植物管理

第十五条 野生植物行政主管部门应当定期组织国家重点保护野生植物和地方重点保护野生植物资源调查，建立资源档案。

第十六条 禁止采集国家一级保护野生植物。因科学研究、人工培育、文化交流等特殊需要，采集国家一级保护野生植物的，应当按照管理权限向国务院林业行政主管部门或者其授权的机构申请采集证；或者向采集地的省、自治区、直辖市人民政府农业行政主管部门或者其授权的机构申请采集证。

采集国家二级保护野生植物的，必须经采集地的县级人民政府野生植物行政主管部门签署意见后，向省、自治区、直辖市人民政府野生植物行政主管部门或者其授权的机构申请采集证。

采集城市园林或者风景名胜区内的国家一级或者二级保护野生植物的，须先征得城市园林或者风景名胜区管理机构同意，分别依照前两款的规定申请采集证。

采集珍贵野生树木或者林区内、草原上的野生植物的，依照森林法、草原法的规定办理。

野生植物行政主管部门发放采集证后，应当抄送环境保护部门备案。

采集证的格式由国务院野生植物行政主管部门制定。

第十七条 采集国家重点保护野生植物的单位和个人，必须按照采集证规定的种类、数量、地点、期限和方法进行采集。

县级人民政府野生植物行政主管部门对在本行政区域内采集国家重点保护野生植物的活动，应当进行监督检查，并及时报告批准采集的野生植物行政主管部门或者其授权的机构。

第十八条 禁止出售、收购国家一级保护野生植物。

出售、收购国家二级保护野生植物的，必须经省、自治区、直辖市人民政府野生植物行政主管部门或者其授权的机构批准。

第十九条 野生植物行政主管部门应当对经营利用国家二级保护野生植物的活动进行监督检查。

第二十条 出口国家重点保护野生植物或者进出口中国参加的国际公约所限制进出口的野生植物的,应当按照管理权限经国务院林业行政主管部门批准,或者经进出口者所在地的省、自治区、直辖市人民政府农业行政主管部门审核后报国务院农业行政主管部门批准,并取得国家濒危物种进出口管理机构核发的允许进出口证明书或者标签。海关凭允许进出口证明书或者标签查验放行。国务院野生植物行政主管部门应当将有关野生植物进出口的资料抄送国务院环境保护部门。

禁止出口未定名的或者新发现并有重要价值的野生植物。

第二十一条 外国人不得在中国境内采集或者收购国家重点保护野生植物。

外国人在中国境内对农业行政主管部门管理的国家重点保护野生植物进行野外考察的,应当经农业行政主管部门管理的国家重点保护野生植物所在地的省、自治区、直辖市人民政府农业行政主管部门批准。

第二十二条 地方重点保护野生植物的管理办法,由省、自治区、直辖市人民政府制定。

第四章 法律责任

第二十三条 未取得采集证或者未按照采集证的规定采集国家重点保护野生植物的,由野生植物行政主管部门没收所采集的野生植物和违法所得,可以并处违法所得10倍以下的罚款;有采集证的,并可以吊销采集证。

第二十四条 违反本条例规定,出售、收购国家重点保护野生植物的,由工商行政管理部门或者野生植物行政主管部门按照职责分工没收野生植物和违法所得,可以并处违法所得10倍以下的罚款。

第二十五条 非法进出口野生植物的,由海关依照海关法的规定处罚。

第二十六条 伪造、倒卖、转让采集证、允许进出口证明书或者有关批准文件、标签的,由野生植物行政主管部门或者工商行政管理部门按照职责分工收缴,没收违法所得,可以并处5万元以下的罚款。

第二十七条 外国人在中国境内采集、收购国家重点保护野生植物,或者未经批准对农业行政主管部门管理的国家重点保护野生植物进行野外考察的,由野生植物行政主管部门没收所采集、收购的野生植物和考察资料,可以并处5万元以下的罚款。

第二十八条 违反本条例规定,构成犯罪的,依法追究刑事责任。

第二十九条 野生植物行政主管部门的工作人员滥用职权、玩忽职守、徇私舞弊,构成犯罪的,依法追究刑事责任;尚不构成犯罪的,依法给予行政处分。

第三十条 依照本条例规定没收的实物,由作出没收决定的机关按照国家有关规定处理。

第五章 附 则

第三十一条 中华人民共和国缔结或者参加的与保护野生植物有关的国际条约与本条例有不同规定的,适用国际条约的规定;但是,中华人民共和国声明保留的条款除外。

第三十二条 本条例自1997年1月1日起施行。

中华人民共和国自然保护区条例

(1994年10月9日中华人民共和国国务院令第167号发布 根据2011年1月8日《国务院关于废止和修改部分行政法规的决定》第一次修订 根据2017年10月7日《国务院关于修改部分行政法规的决定》第二次修订)

第一章 总 则

第一条 为了加强自然保护区的建设和管理，保护自然环境和自然资源，制定本条例。

第二条 本条例所称自然保护区，是指对有代表性的自然生态系统、珍稀濒危野生动植物物种的天然集中分布区、有特殊意义的自然遗迹等保护对象所在的陆地、陆地水体或者海域，依法划出一定面积予以特殊保护和管理的区域。

第三条 凡在中华人民共和国领域和中华人民共和国管辖的其他海域内建设和管理自然保护区，必须遵守本条例。

第四条 国家采取有利于发展自然保护区的经济、技术政策和措施，将自然保护区的发展规划纳入国民经济和社会发展计划。

第五条 建设和管理自然保护区，应当妥善处理与当地经济建设和居民生产、生活的关系。

第六条 自然保护区管理机构或者其行政主管部门可以接受国内外组织和个人的捐赠，用于自然保护区的建设和管理。

第七条 县级以上人民政府应当加强对自然保护区工作的领导。

一切单位和个人都有保护自然保护区内自然环境和自然资源的义务，并有权对破坏、侵占自然保护区的单位和个人进行检举、控告。

第八条 国家对自然保护区实行综合管理与分部门管理相结合的管理体制。

国务院环境保护行政主管部门负责全国自然保护区的综合管理。

国务院林业、农业、地质矿产、水利、海洋等有关行政主管部门在各自的职责范围内，主管有关的自然保护区。

县级以上地方人民政府负责自然保护区管理的部门的设置和职责，由省、自治区、直辖市人民政府根据当地具体情况确定。

第九条 对建设、管理自然保护区以及在有关的科学研究中做出显著成绩的单位和个人，由人民政府给予奖励。

第二章 自然保护区的建设

第十条 凡具有下列条件之一的，应当建立自然保护区：

(一) 典型的自然地理区域、有代表性的自然生态系统区域以及已经遭受破坏但经保护能够恢复的同类自然生态系统区域；

(二) 珍稀、濒危野生动植物物种的天然集中分布区域；

(三) 具有特殊保护价值的海域、海岸、岛屿、湿地、内陆水域、森林、草原和荒漠；

（四）具有重大科学文化价值的地质构造、著名溶洞、化石分布区、冰川、火山、温泉等自然遗迹；

（五）经国务院或者省、自治区、直辖市人民政府批准，需要予以特殊保护的其他自然区域。

第十一条 自然保护区分为国家级自然保护区和地方级自然保护区。

在国内外有典型意义、在科学上有重大国际影响或者有特殊科学研究价值的自然保护区，列为国家级自然保护区。

除列为国家级自然保护区的外，其他具有典型意义或者重要科学研究价值的自然保护区列为地方级自然保护区。地方级自然保护区可以分级管理，具体办法由国务院有关自然保护区行政主管部门或者省、自治区、直辖市人民政府根据实际情况规定，报国务院环境保护行政主管部门备案。

第十二条 国家级自然保护区的建立，由自然保护区所在的省、自治区、直辖市人民政府或者国务院有关自然保护区行政主管部门提出申请，经国家级自然保护区评审委员会评审后，由国务院环境保护行政主管部门进行协调并提出审批建议，报国务院批准。

地方级自然保护区的建立，由自然保护区所在的县、自治县、市、自治州人民政府或者省、自治区、直辖市人民政府有关自然保护区行政主管部门提出申请，经地方级自然保护区评审委员会评审后，由省、自治区、直辖市人民政府环境保护行政主管部门进行协调并提出审批建议，报省、自治区、直辖市人民政府批准，并报国务院环境保护行政主管部门和国务院有关自然保护区行政主管部门备案。

跨两个以上行政区域的自然保护区的建立，由有关行政区域的人民政府协商一致后提出申请，并按照前两款规定的程序审批。

建立海上自然保护区，须经国务院批准。

第十三条 申请建立自然保护区，应当按照国家有关规定填报建立自然保护区申报书。

第十四条 自然保护区的范围和界线由批准建立自然保护区的人民政府确定，并标明区界，予以公告。

确定自然保护区的范围和界线，应当兼顾保护对象的完整性和适度性，以及当地经济建设和居民生产、生活的需要。

第十五条 自然保护区的撤销及其性质、范围、界线的调整或者改变，应当经原批准建立自然保护区的人民政府批准。

任何单位和个人，不得擅自移动自然保护区的界标。

第十六条 自然保护区按照下列方法命名：

国家级自然保护区：自然保护区所在地地名加"国家级自然保护区"。

地方级自然保护区：自然保护区所在地地名加"地方级自然保护区"。

有特殊保护对象的自然保护区，可以在自然保护区所在地地名后加特殊保护对象的名称。

第十七条 国务院环境保护行政主管部门应当会同国务院有关自然保护区行政主管部门，在对全国自然环境和自然资源状况进行调查和评价的基础上，拟订国家自然保护区发展规划，经国务院计划部门综合平衡后，报国务院批准实施。

自然保护区管理机构或者该自然保护区行政主管部门应当组织编制自然保护区的建设规划，按照规定的程序纳入国家的、地方的或者部门的投资计划，并组织实施。

第十八条 自然保护区可以分为核心区、缓冲区和实验区。

自然保护区内保存完好的天然状态的生态系统以及珍稀、濒危动植物的集中分布地，应当划为核心区，禁止任何单位和个人进入；除依照本条例第二十七条的规定经批准外，也不允许进入从事科学研究活动。

核心区外围可以划定一定面积的缓冲区，只准进入从事科学研究观测活动。

缓冲区外围划为实验区，可以进入从事科学试验、教学实习、参观考察、旅游以及驯化、繁殖珍稀、濒危野生动植物等活动。

原批准建立自然保护区的人民政府认为必要时，可以在自然保护区的外围划定一定面积的外围保护地带。

第三章　自然保护区的管理

第十九条　全国自然保护区管理的技术规范和标准，由国务院环境保护行政主管部门组织国务院有关自然保护区行政主管部门制定。

国务院有关自然保护区行政主管部门可以按照职责分工，制定有关类型自然保护区管理的技术规范，报国务院环境保护行政主管部门备案。

第二十条　县级以上人民政府环境保护行政主管部门有权对本行政区域内各类自然保护区的管理进行监督检查；县级以上人民政府有关自然保护区行政主管部门有权对其主管的自然保护区的管理进行监督检查。被检查的单位应当如实反映情况，提供必要的资料。检查者应当为被检查的单位保守技术秘密和业务秘密。

第二十一条　国家级自然保护区，由其所在地的省、自治区、直辖市人民政府有关自然保护区行政主管部门或者国务院有关自然保护区行政主管部门管理。地方级自然保护区，由其所在地的县级以上地方人民政府有关自然保护区行政主管部门管理。

有关自然保护区行政主管部门应当在自然保护区内设立专门的管理机构，配备专业技术人员，负责自然保护区的具体管理工作。

第二十二条　自然保护区管理机构的主要职责是：

（一）贯彻执行国家有关自然保护的法律、法规和方针、政策；

（二）制定自然保护区的各项管理制度，统一管理自然保护区；

（三）调查自然资源并建立档案，组织环境监测，保护自然保护区内的自然环境和自然资源；

（四）组织或者协助有关部门开展自然保护区的科学研究工作；

（五）进行自然保护的宣传教育；

（六）在不影响保护自然保护区的自然环境和自然资源的前提下，组织开展参观、旅游等活动。

第二十三条　管理自然保护区所需经费，由自然保护区所在地的县级以上地方人民政府安排。国家对国家级自然保护区的管理，给予适当的资金补助。

第二十四条　自然保护区所在地的公安机关，可以根据需要在自然保护区设置公安派出机构，维护自然保护区内的治安秩序。

第二十五条　在自然保护区内的单位、居民和经批准进入自然保护区的人员，必须遵守自然保护区的各项管理制度，接受自然保护区管理机构的管理。

第二十六条　禁止在自然保护区内进行砍伐、放牧、狩猎、捕捞、采药、开垦、烧荒、开矿、采石、挖沙等活动；但是，法律、行政法规另有规定的除外。

第二十七条　禁止任何人进入自然保护区的核心区。因科学研究的需要，必须进入核心区从事科学研究观测、调查活动的，应当事先向自然保护区管理机构提交申请和活动计划，并经自然保护区管理机构批准；其中，进入国家级自然保护区核心区的，应当经省、自治区、直辖市人民政府有关自然保护区行政主管部门批准。

自然保护区核心区内原有居民确有必要迁出的，由自然保护区所在地的地方人民政府予以妥善安置。

第二十八条　禁止在自然保护区的缓冲区开展旅游和生产经营活动。因教学科研的目的，需要进入自然保护区的缓冲区从事非破坏性的科学研究、教学实习和标本采集活动的，应当事先向自然保护区管理机构提交申请和活动计划，经自然保护区管理机构批准。

从事前款活动的单位和个人，应当将其活动成果的副本提交自然保护区管理机构。

第二十九条　在自然保护区的实验区内开展参观、旅游活动的，由自然保护区管理机构编制方案，方案应当符合自然保护区管理目标。

在自然保护区组织参观、旅游活动的，应当严格按照前款规定的方案进行，并加强管理；进入自然保护区参观、旅游的单位和个人，应当服从自然保护区管理机构的管理。严禁开设与自然保护区保护方向不一致的参观、旅游项目。

第三十条　自然保护区的内部未分区的，依照本条例有关核心区和缓冲区的规定管理。

第三十一条　外国人进入自然保护区，应当事先向自然保护区管理机构提交活动计划，并经自然保护区管理机构批准；其中，进入国家级自然保护区的，应当经省、自治区、直辖市环境保护、海洋、渔业等有关自然保护区行政主管部门按照各自职责批准。

进入自然保护区的外国人，应当遵守有关自然保护区的法律、法规和规定，未经批准，不得在自然保护区内从事采集标本等活动。

第三十二条　在自然保护区的核心区和缓冲区内，不得建设任何生产设施。在自然保护区的实验区内，不得建设污染环境、破坏资源或者景观的生产设施；建设其他项目，其污染物排放不得超过国家和地方规定的污染物排放标准。在自然保护区的实验区内已经建成的设施，其污染物排放超过国家和地方规定的排放标准的，应当限期治理；造成损害的，必须采取补救措施。

在自然保护区的外围保护地带建设的项目，不得损害自然保护区内的环境质量；已造成损害的，应当限期治理。

限期治理决定由法律、法规规定的机关作出，被限期治理的企业事业单位必须按期完成治理任务。

第三十三条　因发生事故或者其他突然性事件，造成或者可能造成自然保护区污染或者破坏的单位和个人，必须立即采取措施处理，及时通报可能受到危害的单位和居民，并向自然保护区管理机构、当地环境保护行政主管部门和自然保护区行政主管部门报告，接受调查处理。

第四章　法律责任

第三十四条　违反本条例规定，有下列行为之一的单位和个人，由自然保护区管理机构责令其改正，并可以根据不同情节处以100元以上5000元以下的罚款：

（一）擅自移动或者破坏自然保护区界标的；

（二）未经批准进入自然保护区或者在自然保护区内不服从管理机构管理的；

（三）经批准在自然保护区的缓冲区内从事科学研究、教学实习和标本采集的单位和个人，不向自然保护区管理机构提交活动成果副本的。

第三十五条　违反本条例规定，在自然保护区进行砍伐、放牧、狩猎、捕捞、采药、开垦、烧荒、开矿、采石、挖沙等活动的单位和个人，除可以依照有关法律、行政法规规定给予处罚的以外，由县级以上人民政府有关自然保护区行政主管部门或者其授权的自然保护区管理机构没收违法所得，责令停止违法行为，限期恢复原状或者采取其他补救措施；对自然保护区造成破坏的，可以处以300元以上1万元以下的罚款。

第三十六条　自然保护区管理机构违反本条例规定，拒绝环境保护行政主管部门或者有关自然保护区行政主管部门监督检查，或者在被检查时弄虚作假的，由县级以上人民政府环境保护行政主管部门或者有关自然保护区行政主管部门给予300元以上3000元以下的罚款。

第三十七条　自然保护区管理机构违反本条例规定，有下列行为之一的，由县级以上人民政府有关自然保护区行政主管部门责令限期改正；对直接责任人员，由其所在单位或者上级机关给予行政处分：

（一）开展参观、旅游活动未编制方案或者编制的方案不符合自然保护区管理目标的；

（二）开设与自然保护区保护方向不一致的参观、旅游项目的；

（三）不按照编制的方案开展参观、旅游活动的；

（四）违法批准人员进入自然保护区的核心区，或者违法批准外国人进入自然保护区的；

（五）有其他滥用职权、玩忽职守、徇私舞弊行为的。

第三十八条 违反本条例规定，给自然保护区造成损失的，由县级以上人民政府有关自然保护区行政主管部门责令赔偿损失。

第三十九条 妨碍自然保护区管理人员执行公务的，由公安机关依照《中华人民共和国治安管理处罚法》》的规定给予处罚；情节严重，构成犯罪的，依法追究刑事责任。

第四十条 违反本条例规定，造成自然保护区重大污染或者破坏事故，导致公私财产重大损失或者人身伤亡的严重后果，构成犯罪的，对直接负责的主管人员和其他直接责任人员依法追究刑事责任。

第四十一条 自然保护区管理人员滥用职权、玩忽职守、徇私舞弊，构成犯罪的，依法追究刑事责任；情节轻微，尚不构成犯罪的，由其所在单位或者上级机关给予行政处分。

第五章 附 则

第四十二条 国务院有关自然保护区行政主管部门可以根据本条例，制定有关类型自然保护区的管理办法。

第四十三条 各省、自治区、直辖市人民政府可以根据本条例，制定实施办法。

第四十四条 本条例自1994年12月1日起施行。

中华人民共和国陆生野生动物保护实施条例

（1992年2月12日国务院批准 1992年3月1日林业部发布 根据2011年1月8日《国务院关于废止和修改部分行政法规的决定》第一次修订 根据2016年2月6日《国务院关于修改部分行政法规的决定》第二次修订）

第一章 总 则

第一条 根据《中华人民共和国野生动物保护法》（以下简称《野生动物保护法》）的规定，制定本条例。

第二条 本条例所称陆生野生动物，是指依法受保护的珍贵、濒危、有益的和有重要经济、科学研究价值的陆生野生动物（以下简称野生动物）；所称野生动物产品，是指陆生野生动物的任何部分及其衍生物。

第三条 国务院林业行政主管部门主管全国陆生野生动物管理工作。

省、自治区、直辖市人民政府林业行政主管部门主管本行政区域内陆生野生动物管理工作。自治州、县和市人民政府陆生野生动物管理工作的行政主管部门，由省、自治区、直辖市人民政府确定。

第四条 县级以上各级人民政府有关主管部门应当鼓励、支持有关科研、教学单位开展野生动物科学研究工作。

第五条 野生动物行政主管部门有权对《野生动物保护法》和本条例的实施情况进行监督检查，被检查的单位和个人应当给予配合。

第二章 野生动物保护

第六条 县级以上地方各级人民政府应当开展保护野生动物的宣传教育，可以确定适当时间为保护野生动物宣传月、爱鸟周等，提高公民保护野生动物的意识。

第七条 国务院林业行政主管部门和省、自治区、直辖市人民政府林业行政主管部门，应当定期组织野生动物资源调查，建立资源档案，为制定野生动物资源保护发展方案、制定和调整国家和地方重点保护野生动物名录提供依据。

野生动物资源普查每十年进行一次。

第八条 县级以上各级人民政府野生动物行政主管部门，应当组织社会各方面力量，采取生物技术措施和工程技术措施，维护和改善野生动物生存环境，保护和发展野生动物资源。

禁止任何单位和个人破坏国家和地方重点保护野生动物的生息繁衍场所和生存条件。

第九条 任何单位和个人发现受伤、病弱、饥饿、受困、迷途的国家和地方重点保护野生动物时，应当及时报告当地野生动物行政主管部门，由其采取救护措施；也可以就近送具备救护条件的单位救护。救护单位应当立即报告野生动物行政主管部门，并按照国务院林业行政主管部门的规定办理。

第十条 有关单位和个人对国家和地方重点保护野生动物可能造成的危害，应当采取防范措施。因保护国家和地方重点保护野生动物受到损失的，可以向当地人民政府野生动物行政主管部门提出补偿要求。经调查属实并确实需要补偿的，由当地人民政府按照省、自治区、直辖市人民政府的有关规定给予补偿。

第三章 野生动物猎捕管理

第十一条 禁止猎捕、杀害国家重点保护野生动物。

有下列情形之一，需要猎捕国家重点保护野生动物的，必须申请特许猎捕证：

（一）为进行野生动物科学考察、资源调查，必须猎捕的；

（二）为驯养繁殖国家重点保护野生动物，必须从野外获取种源的；

（三）为承担省级以上科学研究项目或者国家医药生产任务，必须从野外获取国家重点保护野生动物的；

（四）为宣传、普及野生动物知识或者教学、展览的需要，必须从野外获取国家重点保护野生动物的；

（五）因国事活动的需要，必须从野外获取国家重点保护野生动物的；

（六）为调控国家重点保护野生动物种群数量和结构，经科学论证必须猎捕的；

（七）因其他特殊情况，必须捕捉、猎捕国家重点保护野生动物的。

第十二条 申请特许猎捕证的程序如下：

（一）需要捕捉国家一级保护野生动物的，必须附具申请人所在地和捕捉地的省、自治区、直辖市人民政府林业行政主管部门签署的意见，向国务院林业行政主管部门申请特许猎捕证；

（二）需要在本省、自治区、直辖市猎捕国家二级保护野生动物的，必须附具申请人所在地的县级人民政府野生动物行政主管部门签署的意见，向省、自治区、直辖市人民政府林业行政主管部门申请特许猎捕证；

（三）需要跨省、自治区、直辖市猎捕国家二级保护野生动物的，必须附具申请人所在地的省、自治区、直辖市人民政府林业行政主管部门签署的意见，向猎捕地的省、自治区、直辖市人民政府林业行政主管部门申请特许猎捕证。

动物园需要申请捕捉国家一级保护野生动物的,在向国务院林业行政主管部门申请特许猎捕证前,须经国务院建设行政主管部门审核同意;需要申请捕捉国家二级保护野生动物的,在向申请人所在地的省、自治区、直辖市人民政府林业行政主管部门申请特许猎捕证前,须经同级政府建设行政主管部门审核同意。

负责核发特许猎捕证的部门接到申请后,应当在3个月内作出批准或者不批准的决定。

第十三条 有下列情形之一的,不予发放特许猎捕证:

(一)申请猎捕者有条件以合法的非猎捕方式获得国家重点保护野生动物的种源、产品或者达到所需目的的;

(二)猎捕申请不符合国家有关规定或者申请使用的猎捕工具、方法以及猎捕时间、地点不当的;

(三)根据野生动物资源现状不宜捕捉、猎捕的。

第十四条 取得特许猎捕证的单位和个人,必须按照特许猎捕证规定的种类、数量、地点、期限、工具和方法进行猎捕,防止误伤野生动物或者破坏其生存环境。猎捕作业完成后,应当在10日内向猎捕地的县级人民政府野生动物行政主管部门申请查验。

县级人民政府野生动物行政主管部门对在本行政区域内猎捕国家重点保护野生动物的活动,应当进行监督检查,并及时向批准猎捕的机关报告监督检查结果。

第十五条 猎捕非国家重点保护野生动物的,必须持有狩猎证,并按照狩猎证规定的种类、数量、地点、期限、工具和方法进行猎捕。

狩猎证由省、自治区、直辖市人民政府林业行政主管部门按照国务院林业行政主管部门的规定印制,县级人民政府野生动物行政主管部门或者其授权的单位核发。

狩猎证每年验证1次。

第十六条 省、自治区、直辖市人民政府林业行政主管部门,应当根据本行政区域内非国家重点保护野生动物的资源现状,确定狩猎动物种类,并实行年度猎捕量限额管理。狩猎动物种类和年度猎捕量限额,由县级人民政府野生动物行政主管部门按照保护资源、永续利用的原则提出,经省、自治区、直辖市人民政府林业行政主管部门批准,报国务院林业行政主管部门备案。

第十七条 县级以上地方各级人民政府野生动物行政主管部门应当组织狩猎者有计划地开展狩猎活动。

在适合狩猎的区域建立固定狩猎场所的,必须经省、自治区、直辖市人民政府林业行政主管部门批准。

第十八条 禁止使用军用武器、汽枪、毒药、炸药、地枪、排铳、非人为直接操作并危害人畜安全的狩猎装置、夜间照明行猎、歼灭性围猎、火攻、烟熏以及县级以上各级人民政府或者其野生动物行政主管部门规定禁止使用的其他狩猎工具和方法狩猎。

第十九条 外国人在中国境内对国家重点保护野生动物进行野外考察、标本采集或者在野外拍摄电影、录像的,必须向国家重点保护野生动物所在地的省、自治区、直辖市人民政府林业行政主管部门提出申请,经其审核后,报国务院林业行政主管部门或者其授权的单位批准。

第二十条 外国人在中国境内狩猎,必须在国务院林业行政主管部门批准的对外国人开放的狩猎场所内进行,并遵守中国有关法律、法规的规定。

第四章 野生动物驯养繁殖管理

第二十一条 驯养繁殖国家重点保护野生动物的,应当持有驯养繁殖许可证。

国务院林业行政主管部门和省、自治区、直辖市人民政府林业行政主管部门可以根据实际情况和工作需要，委托同级有关部门审批或者核发国家重点保护野生动物驯养繁殖许可证。动物园驯养繁殖国家重点保护野生动物的，林业行政主管部门可以委托同级建设行政主管部门核发驯养繁殖许可证。

驯养繁殖许可证由国务院林业行政主管部门印制。

第二十二条　从国外或者外省、自治区、直辖市引进野生动物进行驯养繁殖的，应当采取适当措施，防止其逃至野外；需要将其放生于野外的，放生单位应当向所在省、自治区、直辖市人民政府林业行政主管部门提出申请，经省级以上人民政府林业行政主管部门指定的科研机构进行科学论证后，报国务院林业行政主管部门或者其授权的单位批准。

擅自将引进的野生动物放生于野外或者因管理不当使其逃至野外的，由野生动物行政主管部门责令限期捕回或者采取其他补救措施。

第二十三条　从国外引进的珍贵、濒危野生动物，经国务院林业行政主管部门核准，可以视为国家重点保护野生动物；从国外引进的其他野生动物，经省、自治区、直辖市人民政府林业行政主管部门核准，可以视为地方重点保护野生动物。

第五章　野生动物经营利用管理

第二十四条　收购驯养繁殖的国家重点保护野生动物或者其产品的单位，由省、自治区、直辖市人民政府林业行政主管部门商有关部门提出，经同级人民政府或者其授权的单位批准，凭批准文件向工商行政管理部门申请登记注册。

依照前款规定经核准登记的单位，不得收购未经批准出售的国家重点保护野生动物或者其产品。

第二十五条　经营利用非国家重点保护野生动物或者其产品的，应当向工商行政管理部门申请登记注册。

第二十六条　禁止在集贸市场出售、收购国家重点保护野生动物或者其产品。

持有狩猎证的单位和个人需要出售依法获得的非国家重点保护野生动物或者其产品的，应当按照狩猎证规定的种类、数量向经核准登记的单位出售，或者在当地人民政府有关部门指定的集贸市场出售。

第二十七条　县级以上各级人民政府野生动物行政主管部门和工商行政管理部门，应当对野生动物或者其产品的经营利用建立监督检查制度，加强对经营利用野生动物或者其产品的监督管理。

对进入集贸市场的野生动物或者其产品，由工商行政管理部门进行监督管理；在集贸市场以外经营野生动物或者其产品的，由野生动物行政主管部门、工商行政管理部门或者其授权的单位进行监督管理。

第二十八条　运输、携带国家重点保护野生动物或者其产品出县境的，应当凭特许猎捕证、驯养繁殖许可证，向县级人民政府野生动物行政主管部门提出申请，报省、自治区、直辖市人民政府林业行政主管部门或者其授权的单位批准。动物园之间因繁殖动物，需要运输国家重点保护野生动物的，可以由省、自治区、直辖市人民政府林业行政主管部门授权同级建设行政主管部门审批。

第二十九条　出口国家重点保护野生动物或者其产品的，以及进出口中国参加的国际公约所限制进出口的野生动物或者其产品的，必须经进出口单位或者个人所在地的省、自治区、直辖市人民政府林业行政主管部门审核，报国务院林业行政主管部门或者国务院批准；属于贸易性进出口活动的，必须由具有有关商品进出口权的单位承担。

动物园因交换动物需要进出口前款所称野生动物的，国务院林业行政主管部门批准前或者国务院林业行政主管部门报请国务院批准前，应当经国务院建设行政主管部门审核同意。

第三十条　利用野生动物或者其产品举办出国展览等活动的经济收益，主要用于野生动物保护事业。

第六章 奖励和惩罚

第三十一条 有下列事迹之一的单位和个人,由县级以上人民政府或者其野生动物行政主管部门给予奖励:

(一) 在野生动物资源调查、保护管理、宣传教育、开发利用方面有突出贡献的;

(二) 严格执行野生动物保护法规,成绩显著的;

(三) 拯救、保护和驯养繁殖珍贵、濒危野生动物取得显著成效的;

(四) 发现违反野生动物保护法规行为,及时制止或者检举有功的;

(五) 在查处破坏野生动物资源案件中有重要贡献的;

(六) 在野生动物科学研究中取得重大成果或者在应用推广科研成果中取得显著效益的;

(七) 在基层从事野生动物保护管理工作五年以上并取得显著成绩的;

(八) 在野生动物保护管理工作中有其他特殊贡献的。

第三十二条 非法捕杀国家重点保护野生动物的,依照刑法有关规定追究刑事责任;情节显著轻微危害不大的,或者犯罪情节轻微不需要判处刑罚的,由野生动物行政主管部门没收猎获物、猎捕工具和违法所得,吊销特许猎捕证,并处以相当于猎获物价值10倍以下的罚款,没有猎获物的处1万元以下罚款。

第三十三条 违反野生动物保护法规,在禁猎区、禁猎期或者使用禁用的工具、方法猎捕非国家重点保护野生动物,依照《野生动物保护法》第三十二条的规定处以罚款的,按照下列规定执行:

(一) 有猎获物的,处以相当于猎获物价值8倍以下的罚款;

(二) 没有猎获物的,处2000元以下罚款。

第三十四条 违反野生动物保护法规,未取得狩猎证或者未按照狩猎证规定猎捕非国家重点保护野生动物,依照《野生动物保护法》第三十三条的规定处以罚款的,按照下列规定执行:

(一) 有猎获物的,处以相当于猎获物价值5倍以下的罚款;

(二) 没有猎获物的,处1000元以下罚款。

第三十五条 违反野生动物保护法规,在自然保护区、禁猎区破坏国家或者地方重点保护野生动物主要生息繁衍场所,依照《野生动物保护法》第三十四条的规定处以罚款的,按照相当于恢复原状所需费用3倍以下的标准执行。

在自然保护区、禁猎区破坏非国家或者地方重点保护野生动物主要生息繁衍场所的,由野生动物行政主管部门责令停止破坏行为,限期恢复原状,并处以恢复原状所需费用2倍以下的罚款。

第三十六条 违反野生动物保护法规,出售、收购、运输、携带国家或者地方重点保护野生动物或者其产品的,由工商行政管理部门或者其授权的野生动物行政主管部门没收实物和违法所得,可以并处相当于实物价值10倍以下的罚款。

第三十七条 伪造、倒卖、转让狩猎证或者驯养繁殖许可证,依照《野生动物保护法》第三十七条的规定处以罚款的,按照5000元以下的标准执行。伪造、倒卖、转让特许猎捕证或者允许进出口证明书,依照《野生动物保护法》第三十七条的规定处以罚款的,按照5万元以下的标准执行。

第三十八条 违反野生动物保护法规,未取得驯养繁殖许可证或者超越驯养繁殖许可证规定范围驯养繁殖国家重点保护野生动物的,由野生动物行政主管部门没收违法所得,处3000元以下罚款,可以并处没收野生动物、吊销驯养繁殖许可证。

第三十九条 外国人未经批准在中国境内对国家重点保护野生动物进行野外考察、标本采集或者在野外拍摄电影、录像的，由野生动物行政主管部门没收考察、拍摄的资料以及所获标本，可以并处 5 万元以下罚款。

第四十条 有下列行为之一，尚不构成犯罪，应当给予治安管理处罚的，由公安机关依照《中华人民共和国治安管理处罚法》的规定予以处罚：

（一）拒绝、阻碍野生动物行政管理人员依法执行职务的；
（二）偷窃、哄抢或者故意损坏野生动物保护仪器设备或者设施的；
（三）偷窃、哄抢、抢夺非国家重点保护野生动物或者其产品的；
（四）未经批准猎捕少量非国家重点保护野生动物的。

第四十一条 违反野生动物保护法规，被责令限期捕回而不捕的，被责令限期恢复原状而不恢复的，野生动物行政主管部门或者其授权的单位可以代为捕回或者恢复原状，由被责令限期捕回者或者被责令限期恢复原状者承担全部捕回或者恢复原状所需的费用。

第四十二条 违反野生动物保护法规，构成犯罪的，依法追究刑事责任。

第四十三条 依照野生动物保护法规没收的实物，按照国务院林业行政主管部门的规定处理。

第七章 附　　则

第四十四条 本条例由国务院林业行政主管部门负责解释。

第四十五条 本条例自发布之日起施行。

中华人民共和国水生野生动物保护实施条例

（1993 年 9 月 17 日国务院批准　1993 年 10 月 5 日农业部令第 1 号发布　根据 2011 年 1 月 8 日《国务院关于废止和修改部分行政法规的决定》第一次修订　根据 2013 年 12 月 7 日《国务院关于修改部分行政法规的决定》第二次修订））

第一章 总　　则

第一条 根据《中华人民共和国野生动物保护法》（以下简称《野生动物保护法》）的规定，制定本条例。

第二条 本条例所称水生野生动物，是指珍贵、濒危的水生野生动物；所称水生野生动物产品，是指珍贵、濒危的水生野生动物的任何部分及其衍生物。

第三条 国务院渔业行政主管部门主管全国水生野生动物管理工作。

县级以上地方人民政府渔业行政主管部门主管本行政区域内水生野生动物管理工作。

《野生动物保护法》和本条例规定的渔业行政主管部门的行政处罚权，可以由其所属的渔政监督管理机构行使。

第四条 县级以上各级人民政府及其有关主管部门应当鼓励、支持有关科研单位、教学单位开展水生野生动物科学研究工作。

第五条 渔业行政主管部门及其所属的渔政监督管理机构，有权对《野生动物保护法》和本条例的实施情况进行监督检查，被检查的单位和个人应当给予配合。

第二章 水生野生动物保护

第六条 国务院渔业行政主管部门和省、自治区、直辖市人民政府渔业行政主管部门，应当定期组织水生野生动物资源调查，建立资源档案，为制定水生野生动物资源保护发展规划、制定和调整国家和地方重点保护水生野生动物名录提供依据。

第七条 渔业行政主管部门应当组织社会各方面力量，采取有效措施，维护和改善水生野生动物的生存环境，保护和增殖水生野生动物资源。

禁止任何单位和个人破坏国家重点保护的和地方重点保护的水生野生动物生息繁衍的水域、场所和生存条件。

第八条 任何单位和个人对侵占或者破坏水生野生动物资源的行为，有权向当地渔业行政主管部门或者其所属的渔政监督管理机构检举和控告。

第九条 任何单位和个人发现受伤、搁浅和因误入港湾、河汊而被困的水生野生动物时，应当及时报告当地渔业行政主管部门或者其所属的渔政监督管理机构，由其采取紧急救护措施；也可以要求附近具备救护条件的单位采取紧急救护措施，并报告渔业行政主管部门。已经死亡的水生野生动物，由渔业行政主管部门妥善处理。

捕捞作业时误捕水生野生动物的，应当立即无条件放生。

第十条 因保护国家重点保护的和地方重点保护的水生野生动物受到损失的，可以向当地人民政府渔业行政主管部门提出补偿要求。经调查属实并确实需要补偿的，由当地人民政府按照省、自治区、直辖市人民政府有关规定给予补偿。

第十一条 国务院渔业行政主管部门和省、自治区、直辖市人民政府，应当在国家重点保护的和地方重点保护的水生野生动物的主要生息繁衍的地区和水域，划定水生野生动物自然保护区，加强对国家和地方重点保护水生野生动物及其生存环境的保护管理，具体办法由国务院另行规定。

第三章 水生野生动物管理

第十二条 禁止捕捉、杀害国家重点保护的水生野生动物。

有下列情形之一，确需捕捉国家重点保护的水生野生动物的，必须申请特许捕捉证：

（一）为进行水生野生动物科学考察、资源调查，必须捕捉的；

（二）为驯养繁殖国家重点保护的水生野生动物，必须从自然水域或者场所获取种源的；

（三）为承担省级以上科学研究项目或者国家医药生产任务，必须从自然水域或者场所获取国家重点保护的水生野生动物的；

（四）为宣传、普及水生野生动物知识或者教学、展览的需要，必须从自然水域或者场所获取国家重点保护的水生野生动物的；

（五）因其他特殊情况，必须捕捉的。

第十三条 申请特许捕捉证的程序：

（一）需要捕捉国家一级保护水生野生动物的，必须附具申请人所在地和捕捉地的省、自治区、直辖市人民政府渔业行政主管部门签署的意见，向国务院渔业行政主管部门申请特许捕捉证；

（二）需要在本省、自治区、直辖市捕捉国家二级保护水生野生动物的，必须附具申请人所在地的县级人民政府渔业行政主管部门签署的意见，向省、自治区、直辖市人民政府渔业行政主管部门申请特许捕捉证；

（三）需要跨省、自治区、直辖市捕捉国家二级保护水生野生动物的，必须附具申请人所在地的省、自治区、直辖市人民政府渔业行政主管部门签署的意见，向捕捉地的省、自治区、直辖市人民政府渔业行政主管部门申请特许捕捉证。

动物园申请捕捉国家一级保护水生野生动物的，在向国务院渔业行政主管部门申请特许捕捉证前，须经国务院建设行政主管部门审核同意；申请捕捉国家二级保护水生野生动物的，在向申请人所在地的省、自治区、直辖市人民政府渔业行政主管部门申请特许捕捉证前，须经同级人民政府建设行政主管部门审核同意。

负责核发特许捕捉证的部门接到申请后，应当自接到申请之日起3个月内作出批准或者不批准的决定。

第十四条 有下列情形之一的，不予发放特许捕捉证：

（一）申请人有条件以合法的非捕捉方式获得国家重点保护的水生野生动物的种源、产品或者达到其目的的；

（二）捕捉申请不符合国家有关规定，或者申请使用的捕捉工具、方法以及捕捉时间、地点不当的；

（三）根据水生野生动物资源现状不宜捕捉的。

第十五条 取得特许捕捉证的单位和个人，必须按照特许捕捉证规定的种类、数量、地点、期限、工具和方法进行捕捉，防止误伤水生野生动物或者破坏其生存环境。捕捉作业完成后，应当及时向捕捉地的县级人民政府渔业行政主管部门或者其所属的渔政监督管理机构申请查验。

县级人民政府渔业行政主管部门或者其所属的渔政监督管理机构对在本行政区域内捕捉国家重点保护的水生野生动物的活动，应当进行监督检查，并及时向批准捕捉的部门报告监督检查结果。

第十六条 外国人在中国境内进行有关水生野生动物科学考察、标本采集、拍摄电影、录像等活动的，必须经国家重点保护的水生野生动物所在地的省、自治区、直辖市人民政府渔业行政主管部门批准。

第十七条 驯养繁殖国家一级保护水生野生动物的，应当持有国务院渔业行政主管部门核发的驯养繁殖许可证；驯养繁殖国家二级保护水生野生动物的，应当持有省、自治区、直辖市人民政府渔业行政主管部门核发的驯养繁殖许可证。

动物园驯养繁殖国家重点保护的水生野生动物的，渔业行政主管部门可以委托同级建设行政主管部门核发驯养繁殖许可证。

第十八条 禁止出售、收购国家重点保护的水生野生动物或者其产品。因科学研究、驯养繁殖、展览等特殊情况，需要出售、收购、利用国家一级保护水生野生动物或者其产品的，必须向省、自治区、直辖市人民政府渔业行政主管部门提出申请，经其签署意见后，报国务院渔业行政主管部门批准；需要出售、收购、利用国家二级保护水生野生动物或者其产品的，必须向省、自治区、直辖市人民政府渔业行政主管部门提出申请，并经其批准。

第十九条 县级以上各级人民政府渔业行政主管部门和工商行政管理部门，应当对水生野生动物或者其产品的经营利用建立监督检查制度，加强对经营利用水生野生动物或者其产品的监督管理。

对进入集贸市场的水生野生动物或者其产品，由工商行政管理部门进行监督管理，渔业行政主管部门给予协助；在集贸市场以外经营水生野生动物或者其产品，由渔业行政主管部门、工商行政管理部门或者其授权的单位进行监督管理。

第二十条 运输、携带国家重点保护的水生野生动物或者其产品出县境的，应当凭特许捕捉证或者驯养繁殖许可证，向县级人民政府渔业行政主管部门提出申请，报省、自治区、直辖市人民政府渔业行政主管部门或者其授权的单位批准。动物园之间因繁殖动物，需要运输国家重点保护的水生野生动物的，可以由省、自治区、直辖市人民政府渔业行政主管部门授权同级建设行政主管部门审批。

第二十一条 交通、铁路、民航和邮政企业对没有合法运输证明的水生野生动物或者其产品，应当及时通知有关主管部门处理，不得承运、收寄。

第二十二条 从国外引进水生野生动物的，应当向省、自治区、直辖市人民政府渔业行政主管部门提出申请，经省级以上人民政府渔业行政主管部门指定的科研机构进行科学论证后，报国务院渔业行政主管部门批准。

第二十三条 出口国家重点保护的水生野生动物或者其产品的，进出口中国参加的国际公约所限制进出口的水生野生动物或者其产品的，必须经出口单位或者个人所在地的省、自治区、直辖市人民政府渔业行政主管部门审核，报国务院渔业行政主管部门批准；属于贸易性进出口活动的，必须由具有有关商品进出口权的单位承担。

动物园因交换动物需要进出口前款所称水生野生动物的，在国务院渔业行政主管部门批准前，应当经国务院建设行政主管部门审核同意。

第二十四条 利用水生野生动物或者其产品举办展览等活动的经济收益，主要用于水生野生动物保护事业。

第四章 奖励和惩罚

第二十五条 有下列事迹之一的单位和个人，由县级以上人民政府或者其渔业行政主管部门给予奖励：

（一）在水生野生动物资源调查、保护管理、宣传教育、开发利用方面有突出贡献的；

（二）严格执行野生动物保护法规，成绩显著的；

（三）拯救、保护和驯养繁殖水生野生动物取得显著成效的；

（四）发现违反水生野生动物保护法律、法规的行为，及时制止或者检举有功的；

（五）在查处破坏水生野生动物资源案件中作出重要贡献的；

（六）在水生野生动物科学研究中取得重大成果或者在应用推广有关的科研成果中取得显著效益的；

（七）在基层从事水生野生动物保护管理工作5年以上并取得显著成绩的；

（八）在水生野生动物保护管理工作中有其他特殊贡献的。

第二十六条 非法捕杀国家重点保护的水生野生动物的，依照刑法有关规定追究刑事责任；情节显著轻微危害不大的，或者犯罪情节轻微不需要判处刑罚的，由渔业行政主管部门没收捕获物、捕捉工具和违法所得，吊销特许捕捉证，并处以相当于捕获物价值10倍以下的罚款，没有捕获物的处以1万元以下的罚款。

第二十七条 违反野生动物保护法律、法规，在水生野生动物自然保护区破坏国家重点保护的或者地方重点保护的水生野生动物主要生息繁衍场所，依照《野生动物保护法》第三十四条的规定处以罚款的，罚款幅度为恢复原状所需费用的3倍以下。

第二十八条 违反野生动物保护法律、法规，出售、收购、运输、携带国家重点保护的或者地方重点保护的水生野生动物或者其产品的，由工商行政管理部门或者其授权的渔业行政主管部门没收实物和违法所得，可以并处相当于实物价值10倍以下的罚款。

第二十九条 伪造、倒卖、转让驯养繁殖许可证，依照《野生动物保护法》第三十七条的规定处以罚款的，罚款幅度为5000元以下。伪造、倒卖、转让特许捕捉证或者允许进出口证明书，依照《野生动物保护法》第三十七条的规定处以罚款的，罚款幅度为5万元以下。

第三十条 违反野生动物保护法规，未取得驯养繁殖许可证或者超越驯养繁殖许可证规定范围，驯养繁殖国家重点保护的水生野生动物的，由渔业行政主管部门没收违法所得，处3000元以下的罚款，可以并处没收水生野生动物、吊销驯养繁殖许可证。

第三十一条 外国人未经批准在中国境内对国家重点保护的水生野生动物进行科学考察、标本采集、拍摄电影、录像的，由渔业行政主管部门没收考察、拍摄的资料以及所获标本，可以并处5万元以下的罚款。

第三十二条 有下列行为之一，尚不构成犯罪，应当给予治安管理处罚的，由公安机关依照《中华人民共和国治安管理处罚法》的规定予以处罚：

1. 拒绝、阻碍渔政检查人员依法执行职务的；
2. 偷窃、哄抢或者故意损坏野生动物保护仪器设备或者设施的。

第三十三条 依照野生动物保护法规的规定没收的实物，按照国务院渔业行政主管部门的有关规定处理。

第五章 附 则

第三十四条 本条例由国务院渔业行政主管部门负责解释。

第三十五条 本条例自发布之日起施行。

风景名胜区条例

（2006年9月6日国务院第149次常务会议通过 2006年9月19日中华人民共和国国务院令第474号公布 自2006年12月1日起施行 根据2016年2月6日《国务院关于修改部分行政法规的决定》修订）

第一章 总 则

第一条 为了加强对风景名胜区的管理，有效保护和合理利用风景名胜资源，制定本条例。

第二条 风景名胜区的设立、规划、保护、利用和管理，适用本条例。

本条例所称风景名胜区，是指具有观赏、文化或者科学价值，自然景观、人文景观比较集中，环境优美，可供人们游览或者进行科学、文化活动的区域。

第三条 国家对风景名胜区实行科学规划、统一管理、严格保护、永续利用的原则。

第四条 风景名胜区所在地县级以上地方人民政府设置的风景名胜区管理机构，负责风景名胜区的保护、利用和统一管理工作。

第五条 国务院建设主管部门负责全国风景名胜区的监督管理工作。国务院其他有关部门按照国务院规定的职责分工，负责风景名胜区的有关监督管理工作。

省、自治区人民政府建设主管部门和直辖市人民政府风景名胜区主管部门，负责本行政区域内风景名胜区的监督管理工作。省、自治区、直辖市人民政府其他有关部门按照规定的职责分工，负责风景名胜区的有关监督管理工作。

第六条 任何单位和个人都有保护风景名胜资源的义务，并有权制止、检举破坏风景名胜资源的行为。

第二章 设 立

第七条 设立风景名胜区，应当有利于保护和合理利用风景名胜资源。

新设立的风景名胜区与自然保护区不得重合或者交叉；已设立的风景名胜区与自然保护区重合或者交叉的，风景名胜区规划与自然保护区规划应当相协调。

第八条 风景名胜区划分为国家级风景名胜区和省级风景名胜区。

自然景观和人文景观能够反映重要自然变化过程和重大历史文化发展过程，基本处于自然状态或者保持历史原貌,具有国家代表性的,可以申请设立国家级风景名胜区;具有区域代表性的,可以申请设立省级风景名胜区。

第九条 申请设立风景名胜区应当提交包含下列内容的有关材料:
(一) 风景名胜资源的基本状况;
(二) 拟设立风景名胜区的范围以及核心景区的范围;
(三) 拟设立风景名胜区的性质和保护目标;
(四) 拟设立风景名胜区的游览条件;
(五) 与拟设立风景名胜区内的土地、森林等自然资源和房屋等财产的所有权人、使用权人协商的内容和结果。

第十条 设立国家级风景名胜区,由省、自治区、直辖市人民政府提出申请,国务院建设主管部门会同国务院环境保护主管部门、林业主管部门、文物主管部门等有关部门组织论证,提出审查意见,报国务院批准公布。

设立省级风景名胜区,由县级人民政府提出申请,省、自治区人民政府建设主管部门或者直辖市人民政府风景名胜区主管部门,会同其他有关部门组织论证,提出审查意见,报省、自治区、直辖市人民政府批准公布。

第十一条 风景名胜区内的土地、森林等自然资源和房屋等财产的所有权人、使用权人的合法权益受法律保护。

申请设立风景名胜区的人民政府应当在报请审批前,与风景名胜区内的土地、森林等自然资源和房屋等财产的所有权人、使用权人充分协商。

因设立风景名胜区对风景名胜区内的土地、森林等自然资源和房屋等财产的所有权人、使用权人造成损失的,应当依法给予补偿。

第三章 规 划

第十二条 风景名胜区规划分为总体规划和详细规划。

第十三条 风景名胜区总体规划的编制,应当体现人与自然和谐相处、区域协调发展和经济社会全面进步的要求,坚持保护优先、开发服从保护的原则,突出风景名胜资源的自然特性、文化内涵和地方特色。

风景名胜区总体规划应当包括下列内容:
(一) 风景资源评价;
(二) 生态资源保护措施、重大建设项目布局、开发利用强度;
(三) 风景名胜区的功能结构和空间布局;
(四) 禁止开发和限制开发的范围;
(五) 风景名胜区的游客容量;
(六) 有关专项规划。

第十四条 风景名胜区应当自设立之日起2年内编制完成总体规划。总体规划的规划期一般为20年。

第十五条 风景名胜区详细规划应当根据核心景区和其他景区的不同要求编制,确定基础设施、旅游设施、文化设施等建设项目的选址、布局与规模,并明确建设用地范围和规划设计条件。

风景名胜区详细规划,应当符合风景名胜区总体规划。

第十六条 国家级风景名胜区规划由省、自治区人民政府建设主管部门或者直辖市人民政府风景名胜区主管部门组织编制。

省级风景名胜区规划由县级人民政府组织编制。

第十七条 编制风景名胜区规划,应当采用招标等公平竞争的方式选择具有相应资质等级的单位承担。

风景名胜区规划应当按照经审定的风景名胜区范围、性质和保护目标，依照国家有关法律、法规和技术规范编制。

第十八条 编制风景名胜区规划，应当广泛征求有关部门、公众和专家的意见；必要时，应当进行听证。

风景名胜区规划报送审批的材料应当包括社会各界的意见以及意见采纳的情况和未予采纳的理由。

第十九条 国家级风景名胜区的总体规划，由省、自治区、直辖市人民政府审查后，报国务院审批。

国家级风景名胜区的详细规划，由省、自治区人民政府建设主管部门或者直辖市人民政府风景名胜区主管部门报国务院建设主管部门审批。

第二十条 省级风景名胜区的总体规划，由省、自治区、直辖市人民政府审批，报国务院建设主管部门备案。

省级风景名胜区的详细规划，由省、自治区人民政府建设主管部门或者直辖市人民政府风景名胜区主管部门审批。

第二十一条 风景名胜区规划经批准后，应当向社会公布，任何组织和个人有权查阅。

风景名胜区内的单位和个人应当遵守经批准的风景名胜区规划，服从规划管理。

风景名胜区规划未经批准的，不得在风景名胜区内进行各类建设活动。

第二十二条 经批准的风景名胜区规划不得擅自修改。确需对风景名胜区总体规划中的风景名胜区范围、性质、保护目标、生态资源保护措施、重大建设项目布局、开发利用强度以及风景名胜区的功能结构、空间布局、游客容量进行修改的，应当报原审批机关批准；对其他内容进行修改的，应当报原审批机关备案。

风景名胜区详细规划确需修改的，应当报原审批机关批准。

政府或者政府部门修改风景名胜区规划对公民、法人或者其他组织造成财产损失的，应当依法给予补偿。

第二十三条 风景名胜区总体规划的规划期届满前2年，规划的组织编制机关应当组织专家对规划进行评估，作出是否重新编制规划的决定。在新规划批准前，原规划继续有效。

第四章 保 护

第二十四条 风景名胜区内的景观和自然环境，应当根据可持续发展的原则，严格保护，不得破坏或者随意改变。

风景名胜区管理机构应当建立健全风景名胜资源保护的各项管理制度。

风景名胜区内的居民和游览者应当保护风景名胜区的景物、水体、林草植被、野生动物和各项设施。

第二十五条 风景名胜区管理机构应当对风景名胜区内的重要景观进行调查、鉴定，并制定相应的保护措施。

第二十六条 在风景名胜区内禁止进行下列活动：
（一）开山、采石、开矿、开荒、修坟立碑等破坏景观、植被和地形地貌的活动；
（二）修建储存爆炸性、易燃性、放射性、毒害性、腐蚀性物品的设施；
（三）在景物或者设施上刻划、涂污；
（四）乱扔垃圾。

第二十七条 禁止违反风景名胜区规划，在风景名胜区内设立各类开发区和在核心景区内建设宾馆、招待所、培训中心、疗养院以及与风景名胜资源保护无关的其他建筑物；已经建设的，应当按照风景名胜区规划，逐步迁出。

第二十八条 在风景名胜区内从事本条例第二十六条、第二十七条禁止范围以外的建设活动,应当经风景名胜区管理机构审核后,依照有关法律、法规的规定办理审批手续。

在国家级风景名胜区内修建缆车、索道等重大建设工程,项目的选址方案应当报省、自治区人民政府建设主管部门和直辖市人民政府风景名胜区主管部门核准。

第二十九条 在风景名胜区内进行下列活动,应当经风景名胜区管理机构审核后,依照有关法律、法规的规定报有关主管部门批准:

(一)设置、张贴商业广告;

(二)举办大型游乐等活动;

(三)改变水资源、水环境自然状态的活动;

(四)其他影响生态和景观的活动。

第三十条 风景名胜区内的建设项目应当符合风景名胜区规划,并与景观相协调,不得破坏景观、污染环境、妨碍游览。

在风景名胜区内进行建设活动的,建设单位、施工单位应当制定污染防治和水土保持方案,并采取有效措施,保护好周围景物、水体、林草植被、野生动物资源和地形地貌。

第三十一条 国家建立风景名胜区管理信息系统,对风景名胜区规划实施和资源保护情况进行动态监测。

国家级风景名胜区所在地的风景名胜区管理机构应当每年向国务院建设主管部门报送风景名胜区规划实施和土地、森林等自然资源保护的情况;国务院建设主管部门应当将土地、森林等自然资源保护的情况,及时抄送国务院有关部门。

第五章 利用和管理

第三十二条 风景名胜区管理机构应当根据风景名胜区的特点,保护民族民间传统文化,开展健康有益的游览观光和文化娱乐活动,普及历史文化和科学知识。

第三十三条 风景名胜区管理机构应当根据风景名胜区规划,合理利用风景名胜资源,改善交通、服务设施和游览条件。

风景名胜区管理机构应当在风景名胜区内设置风景名胜区标志和路标、安全警示等标牌。

第三十四条 风景名胜区内宗教活动场所的管理,依照国家有关宗教活动场所管理的规定执行。

风景名胜区内涉及自然资源保护、利用、管理和文物保护以及自然保护区管理的,还应当执行国家有关法律、法规的规定。

第三十五条 国务院建设主管部门应当对国家级风景名胜区的规划实施情况、资源保护状况进行监督检查和评估。对发现的问题,应当及时纠正、处理。

第三十六条 风景名胜区管理机构应当建立健全安全保障制度,加强安全管理,保障游览安全,并督促风景名胜区内的经营单位接受有关部门依据法律、法规进行的监督检查。

禁止超过允许容量接纳游客和在没有安全保障的区域开展游览活动。

第三十七条 进入风景名胜区的门票,由风景名胜区管理机构负责出售。门票价格依照有关价格的法律、法规的规定执行。

风景名胜区内的交通、服务等项目,应当由风景名胜区管理机构依照有关法律、法规和风景名胜区规划,采用招标等公平竞争的方式确定经营者。

风景名胜区管理机构应当与经营者签订合同,依法确定各自的权利义务。经营者应当缴纳风景名胜资源有偿使用费。

第三十八条 风景名胜区的门票收入和风景名胜资源有偿使用费,实行收支两条线管理。

风景名胜区的门票收入和风景名胜资源有偿使用费应当专门用于风景名胜资源的保护和管理以及风景名胜区内财产的所有权人、使用权人损失的补偿。具体管理办法,由国务院财政部门、价格主管部门会同国务院建设主管部门等有关部门制定。

第三十九条 风景名胜区管理机构不得从事以营利为目的的经营活动，不得将规划、管理和监督等行政管理职能委托给企业或者个人行使。

风景名胜区管理机构的工作人员，不得在风景名胜区内的企业兼职。

第六章 法律责任

第四十条 违反本条例的规定，有下列行为之一的，由风景名胜区管理机构责令停止违法行为、恢复原状或者限期拆除，没收违法所得，并处50万元以上100万元以下的罚款：

（一）在风景名胜区内进行开山、采石、开矿等破坏景观、植被、地形地貌的活动的；

（二）在风景名胜区内修建储存爆炸性、易燃性、放射性、毒害性、腐蚀性物品的设施的；

（三）在核心景区内建设宾馆、招待所、培训中心、疗养院以及与风景名胜资源保护无关的其他建筑物的。

县级以上地方人民政府及其有关主管部门批准实施本条第一款规定的行为的，对直接负责的主管人员和其他直接责任人员依法给予降级或者撤职的处分；构成犯罪的，依法追究刑事责任。

第四十一条 违反本条例的规定，在风景名胜区内从事禁止范围以外的建设活动，未经风景名胜区管理机构审核的，由风景名胜区管理机构责令停止建设、限期拆除，对个人处2万元以上5万元以下的罚款，对单位处20万元以上50万元以下的罚款。

第四十二条 违反本条例的规定，在国家级风景名胜区内修建缆车、索道等重大建设工程，项目的选址方案未经省、自治区人民政府建设主管部门和直辖市人民政府风景名胜区主管部门核准，县级以上地方人民政府有关部门核发选址意见书的，对直接负责的主管人员和其他直接责任人员依法给予处分；构成犯罪的，依法追究刑事责任。

第四十三条 违反本条例的规定，个人在风景名胜区内进行开荒、修坟立碑等破坏景观、植被、地形地貌的活动的，由风景名胜区管理机构责令停止违法行为、限期恢复原状或者采取其他补救措施，没收违法所得，并处1000元以上1万元以下的罚款。

第四十四条 违反本条例的规定，在景物、设施上刻划、涂污或者在风景名胜区内乱扔垃圾的，由风景名胜区管理机构责令恢复原状或者采取其他补救措施，处50元的罚款；刻划、涂污或者以其他方式故意损坏国家保护的文物、名胜古迹的，按照治安管理处罚法的有关规定予以处罚；构成犯罪的，依法追究刑事责任。

第四十五条 违反本条例的规定，未经风景名胜区管理机构审核，在风景名胜区内进行下列活动的，由风景名胜区管理机构责令停止违法行为、限期恢复原状或者采取其他补救措施，没收违法所得，并处5万元以上10万元以下的罚款；情节严重的，并处10万元以上20万元以下的罚款：

（一）设置、张贴商业广告的；

（二）举办大型游乐等活动的；

（三）改变水资源、水环境自然状态的活动的；

（四）其他影响生态和景观的活动。

第四十六条 违反本条例的规定，施工单位在施工过程中，对周围景物、水体、林草植被、野生动物资源和地形地貌造成破坏的，由风景名胜区管理机构责令停止违法行为、限期恢复原状或者采取其他补救措施，并处2万元以上10万元以下的罚款；逾期未恢复原状或者采取有效措施的，由风景名胜区管理机构责令停止施工。

第四十七条 违反本条例的规定，国务院建设主管部门、县级以上地方人民政府及其有关主管部门有下列行为之一的，对直接负责的主管人员和其他直接责任人员依法给予处分；

构成犯罪的,依法追究刑事责任:

(一)违反风景名胜区规划在风景名胜区内设立各类开发区的;
(二)风景名胜区自设立之日起未在2年内编制完成风景名胜区总体规划的;
(三)选择不具有相应资质等级的单位编制风景名胜区规划的;
(四)风景名胜区规划批准前批准在风景名胜区内进行建设活动的;
(五)擅自修改风景名胜区规划的;
(六)不依法履行监督管理职责的其他行为。

第四十八条 违反本条例的规定,风景名胜区管理机构有下列行为之一的,由设立该风景名胜区管理机构的县级以上地方人民政府责令改正;情节严重的,对直接负责的主管人员和其他直接责任人员给予降级或者撤职的处分;构成犯罪的,依法追究刑事责任:

(一)超过允许容量接纳游客或者在没有安全保障的区域开展游览活动的;
(二)未设置风景名胜区标志和路标、安全警示等标牌的;
(三)从事以营利为目的的经营活动的;
(四)将规划、管理和监督等行政管理职能委托给企业或者个人行使的;
(五)允许风景名胜区管理机构的工作人员在风景名胜区内的企业兼职的;
(六)审核同意在风景名胜区内进行不符合风景名胜区规划的建设活动的;
(七)发现违法行为不予查处的。

第四十九条 本条例第四十条第一款、第四十一条、第四十三条、第四十四条、第四十五条、第四十六条规定的违法行为,依照有关法律、行政法规的规定,有关部门已经予以处罚的,风景名胜区管理机构不再处罚。

第五十条 本条例第四十条第一款、第四十一条、第四十三条、第四十四条、第四十五条、第四十六条规定的违法行为,侵害国家、集体或者个人的财产的,有关单位或者个人应当依法承担民事责任。

第五十一条 依照本条例的规定,责令限期拆除在风景名胜区内违法建设的建筑物、构筑物或者其他设施的,有关单位或者个人必须立即停止建设活动,自行拆除;对继续进行建设的,作出责令限期拆除决定的机关有权制止。有关单位或者个人对责令限期拆除决定不服的,可以在接到责令限期拆除决定之日起15日内,向人民法院起诉;期满不起诉又不自行拆除的,由作出责令限期拆除决定的机关依法申请人民法院强制执行,费用由违法者承担。

第七章 附 则

第五十二条 本条例自2006年12月1日起施行。1985年6月7日国务院发布的《风景名胜区管理暂行条例》同时废止。

最高人民法院 最高人民检察院关于办理破坏野生动物资源刑事案件适用法律若干问题的解释

法释〔2022〕12号

(2021年12月13日最高人民法院审判委员会第1856次会议、2022年2月9日最高人民检察院第十三届检察委员会第八十九次会议通过 2022年4月6日最高人民法院、最高人民检察院公告公布 自2022年4月9日起施行)

为依法惩治破坏野生动物资源犯罪,保护生态环境,维护生物多样性和生态平衡,根据《中华人民共和国刑法》《中华人民共和国刑事诉讼法》《中华人民共和国野生动物保护法》等法律的有关规定,现就办理此类刑事案件适用法律的若干问题解释如下:

第一条 具有下列情形之一的,应当认定为刑法第一百五十一条第二款规定的走私国家禁止进出口的珍贵动物及其制品:

(一)未经批准擅自进出口列入经国家濒危物种进出口管理机构公布的《濒危野生动植物种国际贸易公约》附录一、附录二的野生动物及其制品;

(二)未经批准擅自出口列入《国家重点保护野生动物名录》的野生动物及其制品。

第二条 走私国家禁止进出口的珍贵动物及其制品,价值二十万元以上不满二百万元的,应当依照刑法第一百五十一条第二款的规定,以走私珍贵动物、珍贵动物制品罪处五年以上十年以下有期徒刑,并处罚金;价值二百万元以上的,应当认定为"情节特别严重",处十年以上有期徒刑或者无期徒刑,并处没收财产;价值二万元以上不满二十万元的,应当认定为"情节较轻",处五年以下有期徒刑,并处罚金。

实施前款规定的行为,具有下列情形之一的,从重处罚:

(一)属于犯罪集团的首要分子的;

(二)为逃避监管,使用特种交通工具实施的;

(三)二年内曾因破坏野生动物资源受过行政处罚的。

实施第一款规定的行为,不具有第二款规定的情形,且未造成动物死亡或者动物、动物制品无法追回,行为人全部退赃退赔,确有悔罪表现的,按照下列规定处理:

(一)珍贵动物及其制品价值二百万元以上的,可以处五年以上十年以下有期徒刑,并处罚金;

(二)珍贵动物及其制品价值二十万元以上不满二百万元的,可以认定为"情节较轻",处五年以下有期徒刑,并处罚金;

(三)珍贵动物及其制品价值二万元以上不满二十万元的,可以认定为犯罪情节轻微,不起诉或者免予刑事处罚;情节显著轻微危害不大的,不作为犯罪处理。

第三条 在内陆水域,违反保护水产资源法规,在禁渔区、禁渔期或者使用禁用的工具、方法捕捞水产品,具有下列情形之一的,应当认定为刑法第三百四十条规定的"情节严重",以非法捕捞水产品罪定罪处罚:

（一）非法捕捞水产品五百公斤以上或者价值一万元以上的；

（二）非法捕捞有重要经济价值的水生动物苗种、怀卵亲体或者在水产种质资源保护区内捕捞水产品五十公斤以上或者价值一千元以上的；

（三）在禁渔区使用电鱼、毒鱼、炸鱼等严重破坏渔业资源的禁用方法或者禁用工具捕捞的；

（四）在禁渔期使用电鱼、毒鱼、炸鱼等严重破坏渔业资源的禁用方法或者禁用工具捕捞的；

（五）其他情节严重的情形。

实施前款规定的行为，具有下列情形之一的，从重处罚：

（一）暴力抗拒、阻碍国家机关工作人员依法履行职务，尚未构成妨害公务罪、袭警罪的；

（二）二年内曾因破坏野生动物资源受过行政处罚的；

（三）对水生生物资源或者水域生态造成严重损害的；

（四）纠集多条船只非法捕捞的；

（五）以非法捕捞为业的。

实施第一款规定的行为，根据渔获物的数量、价值和捕捞方法、工具等，认为对水生生物资源危害明显较轻的，综合考虑行为人自愿接受行政处罚、积极修复生态环境等情节，可以认定为犯罪情节轻微，不起诉或者免予刑事处罚；情节显著轻微危害不大的，不作为犯罪处理。

第四条 刑法第三百四十一条第一款规定的"国家重点保护的珍贵、濒危野生动物"包括：

（一）列入《国家重点保护野生动物名录》的野生动物；

（二）经国务院野生动物保护主管部门核准按照国家重点保护的野生动物管理的野生动物。

第五条 刑法第三百四十一条第一款规定的"收购"包括以营利、自用等为目的的购买行为；"运输"包括采用携带、邮寄、利用他人、使用交通工具等方法进行运送的行为；"出售"包括出卖和以营利为目的的加工利用行为。

刑法第三百四十一条第三款规定的"收购""运输""出售"，是指以食用为目的，实施前款规定的相应行为。

第六条 非法猎捕、杀害国家重点保护的珍贵、濒危野生动物，或者非法收购、运输、出售国家重点保护的珍贵、濒危野生动物及其制品，价值二万元以上不满二十万元的，应当依照刑法第三百四十一条第一款的规定，以危害珍贵、濒危野生动物罪处五年以下有期徒刑或者拘役，并处罚金；价值二十万元以上不满二百万元的，应当认定为"情节严重"，处五年以上十年以下有期徒刑，并处罚金；价值二百万元以上的，应当认定为"情节特别严重"，处十年以上有期徒刑，并处罚金或者没收财产。

实施前款规定的行为，具有下列情形之一的，从重处罚：

（一）属于犯罪集团的首要分子的；

（二）为逃避监管，使用特种交通工具实施的；

（三）严重影响野生动物科研工作的；

（四）二年内曾因破坏野生动物资源受过行政处罚的。

实施第一款规定的行为，不具有第二款规定的情形，且未造成动物死亡或者动物、动物制品无法追回，行为人全部退赃退赔，确有悔罪表现的，按照下列规定处理：

（一）珍贵、濒危野生动物及其制品价值二百万元以上的，可以认定为"情节严重"，处五年以上十年以下有期徒刑，并处罚金；

（二）珍贵、濒危野生动物及其制品价值二十万元以上不满二百万元的，可以处五年以下有期徒刑或者拘役，并处罚金；

（三）珍贵、濒危野生动物及其制品价值二万元以上不满二十万元的，可以认定为犯罪情节轻微，不起诉或者免予刑事处罚；情节显著轻微危害不大的，不作为犯罪处理。

第七条 违反狩猎法规，在禁猎区、禁猎期或者使用禁用的工具、方法进行狩猎，破坏野生动物资源，具有下列情形之一的，应当认定为刑法第三百四十一条第二款规定的"情节严重"，以非法狩猎罪定罪处罚：

（一）非法猎捕野生动物价值一万元以上的；

（二）在禁猎区使用禁用的工具或者方法狩猎的；

（三）在禁猎期使用禁用的工具或者方法狩猎的；

（四）其他情节严重的情形。

实施前款规定的行为，具有下列情形之一的，从重处罚：

（一）暴力抗拒、阻碍国家机关工作人员依法履行职务，尚未构成妨害公务罪、袭警罪的；

（二）对野生动物资源或者栖息地生态造成严重损害的；

（三）二年内曾因破坏野生动物资源受过行政处罚的。

实施第一款规定的行为，根据猎获物的数量、价值和狩猎方法、工具等，认为对野生动物资源危害明显较轻的，综合考虑猎捕的动机、目的、行为人自愿接受行政处罚、积极修复生态环境等情节，可以认定为犯罪情节轻微，不起诉或者免予刑事处罚；情节显著轻微危害不大的，不作为犯罪处理。

第八条 违反野生动物保护管理法规，以食用为目的，非法猎捕、收购、运输、出售刑法第三百四十一条第一款规定以外的在野外环境自然生长繁殖的陆生野生动物，具有下列情形之一的，应当认定为刑法第三百四十一条第三款规定的"情节严重"，以非法猎捕、收购、运输、出售陆生野生动物罪定罪处罚：

（一）非法猎捕、收购、运输、出售有重要生态、科学、社会价值的陆生野生动物或者地方重点保护陆生野生动物价值一万元以上的；

（二）非法猎捕、收购、运输、出售第一项规定以外的其他陆生野生动物价值五万元以上的；

（三）其他情节严重的情形。

实施前款规定的行为，同时构成非法狩猎罪的，应当依照刑法第三百四十一条第三款的规定，以非法猎捕陆生野生动物罪定罪处罚。

第九条 明知是非法捕捞犯罪所得的水产品、非法狩猎犯罪所得的猎获物而收购、贩卖或者以其他方法掩饰、隐瞒，符合刑法第三百一十二条规定的，以掩饰、隐瞒犯罪所得罪定罪处罚。

第十条 负有野生动物保护和进出口监督管理职责的国家机关工作人员，滥用职权或者玩忽职守，致使公共财产、国家和人民利益遭受重大损失的，应当依照刑法第三百九十七条的规定，以滥用职权罪或者玩忽职守罪追究刑事责任。

负有查禁破坏野生动物资源犯罪活动职责的国家机关工作人员，向犯罪分子通风报信、提供便利，帮助犯罪分子逃避处罚的，应当依照刑法第四百一十七条的规定，以帮助犯罪分子逃避处罚罪追究刑事责任。

第十一条 对于"以食用为目的"，应当综合涉案动物及其制品的特征，被查获的地点，加工、包装情况，以及可以证明来源、用途的标识、证明等证据作出认定。

实施本解释规定的相关行为，具有下列情形之一的，可以认定为"以食用为目的"：

（一）将相关野生动物及其制品在餐饮单位、饮食摊点、超市等场所作为食品销售或者运往上述场所的；

（二）通过包装、说明书、广告等介绍相关野生动物及其制品的食用价值或者方法的；

（三）其他足以认定以食用为目的的情形。

第十二条 二次以上实施本解释规定的行为构成犯罪，依法应当追诉的，或者二年内实施本解释规定的行为未经处理的，数量、数额累计计算。

第十三条 实施本解释规定的相关行为，在认定是否构成犯罪以及裁量刑罚时，应当考虑涉案动物是否系人工繁育、物种的濒危程度、野外存活状况、人工繁育情况、是否列入人工繁育国家重点保护野生动物名录，行为手段、对野生动物资源的损害程度，以及对野生动物及其制品的认知程度等情节，综合评估社会危害性，准确认定是否构成犯罪，妥当裁量刑罚，确保罪责刑相适应；根据本解释的规定定罪量刑明显过重的，可以根据案件的事实、情节和社会危害程度，依法作出妥当处理。

涉案动物系人工繁育，具有下列情形之一的，对所涉案件一般不作为犯罪处理；需要追究刑事责任的，应当依法从宽处理：

（一）列入人工繁育国家重点保护野生动物名录的；

（二）人工繁育技术成熟、已成规模，作为宠物买卖、运输的。

第十四条 对于实施本解释规定的相关行为被不起诉或者免予刑事处罚的行为人，依法应当给予行政处罚、政务处分或者其他处分的，依法移送有关主管机关处理。

第十五条 对于涉案动物及其制品的价值，应当根据下列方法确定：

（一）对于国家禁止进出口的珍贵动物及其制品、国家重点保护的珍贵、濒危野生动物及其制品的价值，根据国务院野生动物保护主管部门制定的评估标准和方法核算；

（二）对于有重要生态、科学、社会价值的陆生野生动物、地方重点保护野生动物、其他野生动物及其制品的价值，根据销赃数额认定；无销赃数额、销赃数额难以查证或者根据销赃数额认定明显偏低的，根据市场价格核算，必要时，也可以参照相关评估标准和方法核算。

第十六条 根据本解释第十五条规定难以确定涉案动物及其制品价值的，依据司法鉴定机构出具的鉴定意见，或者下列机构出具的报告，结合其他证据作出认定：

（一）价格认证机构出具的报告；

（二）国务院野生动物保护主管部门、国家濒危物种进出口管理机构或者海关总署等指定的机构出具的报告；

（三）地、市级以上人民政府野生动物保护主管部门、国家濒危物种进出口管理机构的派出机构或者直属海关等出具的报告。

第十七条 对于涉案动物的种属类别、是否系人工繁育，非法捕捞、狩猎的工具、方法，以及对野生动物资源的损害程度等专门性问题，可以由野生动物保护主管部门、侦查机关依据现场勘验、检查笔录等出具认定意见；难以确定的，依据司法鉴定机构出具的鉴定意见、本解释第十六条所列机构出具的报告，被告人及其辩护人提供的证据材料，结合其他证据材料综合审查，依法作出认定。

第十八条 餐饮公司、渔业公司等单位实施破坏野生动物资源犯罪的，依照本解释规定的相应自然人犯罪的定罪量刑标准，对直接负责的主管人员和其他直接责任人员定罪处罚，并对单位判处罚金。

第十九条 在海洋水域，非法捕捞水产品，非法采捕珊瑚、砗磲或者其他珍贵、濒危水生野生动物，或者非法收购、运输、出售珊瑚、砗磲或者其他珍贵、濒危水生野生动物及其制品的，定罪量刑标准适用《最高人民法院关于审理发生在我国管辖海域相关案件若干问题的规定（二）》（法释〔2016〕17号）的相关规定。

第二十条 本解释自2022年4月9日起施行。本解释公布施行后，《最高人民法院关于审理破坏野生动物资源刑事案件具体应用法律若干问题的解释》（法释〔2000〕37号）同时废止；之前发布的司法解释与本解释不一致的，以本解释为准。

最高人民法院研究室
关于收购、运输、出售部分人工驯养繁殖技术成熟的野生动物适用法律问题的复函

2016年3月2日　　　　　　　　　　　　　法研〔2016〕23号

国家林业局森林公安局：

贵局《关于商请对非法收购、运输、出售部分人工驯养繁殖的珍贵濒危野生动物适用法律问题予以答复的函》（林公刑便字【2015】49号）收悉。经研究并征求我院相关业务庭意见，我室认为：

我院《关于被告人郑喜和非法收购珍贵、濒危野生动物、珍贵、濒危野生动物制品罪请示一案的批复》（〔2011〕刑他字第86号，以下简称《批复》）是根据贵局《关于发布商业性经营利用驯养繁殖技术成熟的梅花鹿等54种陆生野生动物名单的通知》（林护发〔2003〕121号，以下简称《通知》）的精神作出的。虽然《通知》于2012年被废止，但从实践看，《批复》的内容仍符合当前野生动物保护与资源利用实际，即：由于驯养繁殖技术的成熟，对有的珍贵、濒危野生动物的驯养繁殖、商业利用在某些地区已成规模，有关野生动物的数量极大增加，收购、运输、出售这些人工驯养繁殖的野生动物实际已无社会危害性。

来函建议对我院2000年《关于审理破坏野生动物资源刑事案件具体应用法律若干问题的解释》进行修改，提高收购、运输、出售有关人工驯养繁殖的野生动物的定罪量刑标准。此一思路虽能将一些行为出罪，但不能完全解决问题。如将运输人工驯养繁殖梅花鹿行为的入罪标准规定为20只以上后，还会有相当数量的案件符合定罪乃至判处重刑的条件。按此思路修订解释、对相关案件作出判决后，恐仍难保障案件处理的法律与社会效果。

鉴此，我室认为，彻底解决当前困境的办法，或者是尽快启动国家重点保护野生动物名录的修订工作，将一些实际已不再处于濒危状态的动物从名录中及时调整出去，同时将有的已处于濒危状态的动物增列进来；或者是在修订后司法解释中明确，对某些经人工驯养繁殖、数量已大大增多的野生动物，附表所列的定罪量刑数量标准，仅适用于真正意义上的野生动物，而不包括驯养繁殖的。

以上意见供参考。

七、草原资源

中华人民共和国草原法

（1985年6月18日第六届全国人民代表大会常务委员会第十一次会议通过 2002年12月28日第九届全国人民代表大会常务委员会第三十一次会议修订 根据2009年8月27日第十一届全国人民代表大会常务委员会第十次会议《关于修改部分法律的决定》第一次修正 根据2013年6月29日第十二届全国人民代表大会常务委员会第三次会议《关于修改〈中华人民共和国文物保护法〉等十二部法律的决定》第二次修正 根据2021年4月29日第十三届全国人民代表大会常务委员会第二十八次会议《关于修改〈中华人民共和国道路交通安全法〉等八部法律的决定》第三次修正）

第一章 总 则

第一条 为了保护、建设和合理利用草原，改善生态环境，维护生物多样性，发展现代畜牧业，促进经济和社会的可持续发展，制定本法。

第二条 在中华人民共和国领域内从事草原规划、保护、建设、利用和管理活动，适用本法。

本法所称草原，是指天然草原和人工草地。

第三条 国家对草原实行科学规划、全面保护、重点建设、合理利用的方针，促进草原的可持续利用和生态、经济、社会的协调发展。

第四条 各级人民政府应当加强对草原保护、建设和利用的管理，将草原的保护、建设和利用纳入国民经济和社会发展计划。

各级人民政府应当加强保护、建设和合理利用草原的宣传教育。

第五条 任何单位和个人都有遵守草原法律法规、保护草原的义务，同时享有对违反草原法律法规、破坏草原的行为进行监督、检举和控告的权利。

第六条 国家鼓励与支持开展草原保护、建设、利用和监测方面的科学研究，推广先进技术和先进成果，培养科学技术人才。

第七条 国家对在草原管理、保护、建设、合理利用和科学研究等工作中做出显著成绩的单位和个人，给予奖励。

第八条 国务院草原行政主管部门主管全国草原监督管理工作。

县级以上地方人民政府草原行政主管部门主管本行政区域内草原监督管理工作。

乡（镇）人民政府应当加强对本行政区域内草原保护、建设和利用情况的监督检查，根据需要可以设专职或者兼职人员负责具体监督检查工作。

第二章 草原权属

第九条 草原属于国家所有，由法律规定属于集体所有的除外。国家所有的草原，由国务院代表国家行使所有权。

任何单位或者个人不得侵占、买卖或者以其他形式非法转让草原。

第十条 国家所有的草原，可以依法确定给全民所有制单位、集体经济组织等使用。

使用草原的单位，应当履行保护、建设和合理利用草原的义务。

第十一条 依法确定给全民所有制单位、集体经济组织等使用的国家所有的草原，由县级以上人民政府登记，核发使用权证，确认草原使用权。

未确定使用权的国家所有的草原，由县级以上人民政府登记造册，并负责保护管理。

集体所有的草原，由县级人民政府登记，核发所有权证，确认草原所有权。

依法改变草原权属的，应当办理草原权属变更登记手续。

第十二条 依法登记的草原所有权和使用权受法律保护，任何单位或者个人不得侵犯。

第十三条 集体所有的草原或者依法确定给集体经济组织使用的国家所有的草原，可以由本集体经济组织内的家庭或者联户承包经营。

在草原承包经营期内，不得对承包经营者使用的草原进行调整；个别确需适当调整的，必须经本集体经济组织成员的村（牧）民会议三分之二以上成员或者三分之二以上村（牧）民代表的同意，并报乡（镇）人民政府和县级人民政府草原行政主管部门批准。

集体所有的草原或者依法确定给集体经济组织使用的国家所有的草原由本集体经济组织以外的单位或者个人承包经营的，必须经本集体经济组织成员的村（牧）民会议三分之二以上成员或者三分之二以上村（牧）民代表的同意，并报乡（镇）人民政府批准。

第十四条 承包经营草原，发包方和承包方应当签订书面合同。草原承包合同的内容应当包括双方的权利和义务、承包草原四至界限、面积和等级、承包期和起止日期、承包草原用途和违约责任等。承包期届满，原承包经营者在同等条件下享有优先承包权。

承包经营草原的单位和个人，应当履行保护、建设和按照承包合同约定的用途合理利用草原的义务。

第十五条 草原承包经营权受法律保护，可以按照自愿、有偿的原则依法转让。

草原承包经营权转让的受让方必须具有从事畜牧业生产的能力，并应当履行保护、建设和按照承包合同约定的用途合理利用草原的义务。

草原承包经营权转让应当经发包方同意。承包方与受让方在转让合同中约定的转让期限，不得超过原承包合同剩余的期限。

第十六条 草原所有权、使用权的争议，由当事人协商解决；协商不成的，由有关人民政府处理。

单位之间的争议，由县级以上人民政府处理；个人之间、个人与单位之间的争议，由乡（镇）人民政府或者县级以上人民政府处理。

当事人对有关人民政府的处理决定不服的，可以依法向人民法院起诉。

在草原权属争议解决前，任何一方不得改变草原利用现状，不得破坏草原和草原上的设施。

第三章 规 划

第十七条 国家对草原保护、建设、利用实行统一规划制度。国务院草原行政主管部门会同国务院有关部门编制全国草原保护、建设、利用规划，报国务院批准后实施。

县级以上地方人民政府草原行政主管部门会同同级有关部门依据上一级草原保护、建设、利用规划编制本行政区域的草原保护、建设、利用规划，报本级人民政府批准后实施。

经批准的草原保护、建设、利用规划需调整或者修改时，须经原批准机关批准。

第十八条 编制草原保护、建设、利用规划，应当依据国民经济和社会发展规划并遵循下列原则：

（一）改善生态环境，维护生物多样性，促进草原的可持续利用；
（二）以现有草原为基础，因地制宜，统筹规划，分类指导；
（三）保护为主、加强建设、分批改良、合理利用；
（四）生态效益、经济效益、社会效益相结合。

第十九条 草原保护、建设、利用规划应当包括：草原保护、建设、利用的目标和措施，草原功能分区和各项建设的总体部署，各项专业规划等。

第二十条 草原保护、建设、利用规划应当与土地利用总体规划相衔接，与环境保护规划、水土保持规划、防沙治沙规划、水资源规划、林业长远规划、城市总体规划、村庄和集镇规划以及其他有关规划相协调。

第二十一条 草原保护、建设、利用规划一经批准，必须严格执行。

第二十二条 国家建立草原调查制度。

县级以上人民政府草原行政主管部门会同同级有关部门定期进行草原调查；草原所有者或者使用者应当支持、配合调查，并提供有关资料。

第二十三条 国务院草原行政主管部门会同国务院有关部门制定全国草原等级评定标准。

县级以上人民政府草原行政主管部门根据草原调查结果、草原的质量，依据草原等级评定标准，对草原进行评等定级。

第二十四条 国家建立草原统计制度。

县级以上人民政府草原行政主管部门和同级统计部门共同制定草原统计调查办法，依法对草原的面积、等级、产草量、载畜量等进行统计，定期发布草原统计资料。

草原统计资料是各级人民政府编制草原保护、建设、利用规划的依据。

第二十五条 国家建立草原生产、生态监测预警系统。

县级以上人民政府草原行政主管部门对草原的面积、等级、植被构成、生产能力、自然灾害、生物灾害等草原基本状况实行动态监测，及时为本级政府和有关部门提供动态监测和预警信息服务。

第四章 建　　设

第二十六条 县级以上人民政府应当增加草原建设的投入，支持草原建设。

国家鼓励单位和个人投资建设草原，按照谁投资、谁受益的原则保护草原投资建设者的合法权益。

第二十七条 国家鼓励与支持人工草地建设、天然草原改良和饲草饲料基地建设，稳定和提高草原生产能力。

第二十八条 县级以上人民政府应当支持、鼓励和引导农牧民开展草原围栏、饲草饲料储备、牲畜圈舍、牧民定居点等生产生活设施的建设。

县级以上地方人民政府应当支持草原水利设施建设，发展草原节水灌溉，改善人畜饮水条件。

第二十九条 县级以上人民政府应当按照草原保护、建设、利用规划加强草种基地建设，鼓励选育、引进、推广优良草品种。

新草品种必须经全国草品种审定委员会审定，由国务院草原行政主管部门公告后方可推广。从境外引进草种必须依法进行审批。

县级以上人民政府草原行政主管部门应当依法加强对草种生产、加工、检疫、检验的监督管理，保证草种质量。

第三十条 县级以上人民政府应当有计划地进行火情监测、防火物资储备、防火隔离带等草原防火设施的建设，确保防火需要。

第三十一条 对退化、沙化、盐碱化、石漠化和水土流失的草原，地方各级人民政府应当按照草原保护、建设、利用规划，划定治理区，组织专项治理。

大规模的草原综合治理，列入国家国土整治计划。

第三十二条 县级以上人民政府应当根据草原保护、建设、利用规划，在本级国民经济和社会发展计划中安排资金用于草原改良、人工种草和草种生产，任何单位或者个人不得截留、挪用；县级以上人民政府财政部门和审计部门应当加强监督管理。

第五章 利 用

第三十三条 草原承包经营者应当合理利用草原，不得超过草原行政主管部门核定的载畜量；草原承包经营者应当采取种植和储备饲草饲料、增加饲草饲料供应量、调剂处理牲畜、优化畜群结构、提高出栏率等措施，保持草畜平衡。

草原载畜量标准和草畜平衡管理办法由国务院草原行政主管部门规定。

第三十四条 牧区的草原承包经营者应当实行划区轮牧，合理配置畜群，均衡利用草原。

第三十五条 国家提倡在农区、半农半牧区和有条件的牧区实行牲畜圈养。草原承包经营者应当按照饲养牲畜的种类和数量，调剂、储备饲草饲料，采用青贮和饲草饲料加工等新技术，逐步改变依赖天然草地放牧的生产方式。

在草原禁牧、休牧、轮牧区，国家对实行舍饲圈养的给予粮食和资金补助，具体办法由国务院或者国务院授权的有关部门规定。

第三十六条 县级以上地方人民政府草原行政主管部门对割草场和野生草种基地应当规定合理的割草期、采种期以及留茬高度和采割强度，实行轮割轮采。

第三十七条 遇到自然灾害等特殊情况，需要临时调剂使用草原的，按照自愿互利的原则，由双方协商解决；需要跨县临时调剂使用草原的，由有关县级人民政府或者共同的上级人民政府组织协商解决。

第三十八条 进行矿藏开采和工程建设，应当不占或者少占草原；确需征收、征用或者使用草原的，必须经省级以上人民政府草原行政主管部门审核同意后，依照有关土地管理的法律、行政法规办理建设用地审批手续。

第三十九条 因建设征收、征用集体所有的草原的，应当依照《中华人民共和国土地管理法》的规定给予补偿；因建设使用国家所有的草原的，应当依照国务院有关规定对草原承包经营者给予补偿。

因建设征收、征用或者使用草原的，应当交纳草原植被恢复费。草原植被恢复费专款专用，由草原行政主管部门按照规定用于恢复草原植被，任何单位和个人不得截留、挪用。草原植被恢复费的征收、使用和管理办法，由国务院价格主管部门和国务院财政部门会同国务院草原行政主管部门制定。

第四十条 需要临时占用草原的，应当经县级以上地方人民政府草原行政主管部门审核同意。

临时占用草原的期限不得超过二年，并不得在临时占用的草原上修建永久性建筑物、构筑物；占用期满，用地单位必须恢复草原植被并及时退还。

第四十一条 在草原上修建直接为草原保护和畜牧业生产服务的工程设施，需要使用草原的，由县级以上人民政府草原行政主管部门批准；修筑其他工程，需要将草原转为非畜牧业生产用地的，必须依法办理建设用地审批手续。

前款所称直接为草原保护和畜牧业生产服务的工程设施，是指：

（一）生产、贮存草种和饲草饲料的设施；

（二）牲畜圈舍、配种点、剪毛点、药浴池、人畜饮水设施；

（三）科研、试验、示范基地；

（四）草原防火和灌溉设施。

第六章 保　　护

第四十二条 国家实行基本草原保护制度。下列草原应当划为基本草原，实施严格管理：

（一）重要放牧场；

（二）割草地；

（三）用于畜牧业生产的人工草地、退耕还草地以及改良草地、草种基地；

（四）对调节气候、涵养水源、保持水土、防风固沙具有特殊作用的草原；

（五）作为国家重点保护野生动植物生存环境的草原；

（六）草原科研、教学试验基地；

（七）国务院规定应当划为基本草原的其他草原。

基本草原的保护管理办法，由国务院制定。

第四十三条 国务院草原行政主管部门或者省、自治区、直辖市人民政府可以按照自然保护区管理的有关规定在下列地区建立草原自然保护区：

（一）具有代表性的草原类型；

（二）珍稀濒危野生动植物分布区；

（三）具有重要生态功能和经济科研价值的草原。

第四十四条 县级以上人民政府应当依法加强对草原珍稀濒危野生植物和种质资源的保护、管理。

第四十五条 国家对草原实行以草定畜、草畜平衡制度。县级以上地方人民政府草原行政主管部门应当按照国务院草原行政主管部门制定的草原载畜量标准，结合当地实际情况，定期核定草原载畜量。各级人民政府应当采取有效措施，防止超载过牧。

第四十六条 禁止开垦草原。对水土流失严重、有沙化趋势、需要改善生态环境的已垦草原，应当有计划、有步骤地退耕还草；已造成沙化、盐碱化、石漠化的，应当限期治理。

第四十七条 对严重退化、沙化、盐碱化、石漠化的草原和生态脆弱区的草原，实行禁牧、休牧制度。

第四十八条 国家支持依法实行退耕还草和禁牧、休牧。具体办法由国务院或者省、自治区、直辖市人民政府制定。

对在国务院批准规划范围内实施退耕还草的农牧民，按照国家规定给予粮食、现金、草种费补助。退耕还草完成后，由县级以上人民政府草原行政主管部门核实登记，依法履行土地用途变更手续，发放草原权属证书。

第四十九条 禁止在荒漠、半荒漠和严重退化、沙化、盐碱化、石漠化、水土流失的草原以及生态脆弱区的草原上采挖植物和从事破坏草原植被的其他活动。

第五十条 在草原上从事采土、采砂、采石等作业活动，应当报县级人民政府草原行政主管部门批准；开采矿产资源的，并应当依法办理有关手续。

经批准在草原上从事本条第一款所列活动的，应当在规定的时间、区域内，按照准许的采挖方式作业，并采取保护草原植被的措施。

在他人使用的草原上从事本条第一款所列活动的，还应当事先征得草原使用者的同意。

第五十一条 在草原上种植牧草或者饲料作物，应当符合草原保护、建设、利用规划；县级以上地方人民政府草原行政主管部门应当加强监督管理，防止草原沙化和水土流失。

第五十二条 在草原上开展经营性旅游活动，应当符合有关草原保护、建设、利用规划，并不得侵犯草原所有者、使用者和承包经营者的合法权益，不得破坏草原植被。

第五十三条 草原防火工作贯彻预防为主、防消结合的方针。

各级人民政府应当建立草原防火责任制，规定草原防火期，制定草原防火扑火预案，切实做好草原火灾的预防和扑救工作。

第五十四条　县级以上地方人民政府应当做好草原鼠害、病虫害和毒害草防治的组织管理工作。县级以上地方人民政府草原行政主管部门应当采取措施，加强草原鼠害、病虫害和毒害草监测预警、调查以及防治工作，组织研究和推广综合防治的办法。

禁止在草原上使用剧毒、高残留以及可能导致二次中毒的农药。

第五十五条　除抢险救灾和牧民搬迁的机动车辆外，禁止机动车辆离开道路在草原上行驶，破坏草原植被；因从事地质勘探、科学考察等活动确需离开道路在草原上行驶的，应当事先向所在地县级人民政府草原行政主管部门报告行驶区域和行驶路线，并按照报告的行驶区域和行驶路线在草原上行驶。

第七章　监督检查

第五十六条　国务院草原行政主管部门和草原面积较大的省、自治区的县级以上地方人民政府草原行政主管部门设立草原监督管理机构，负责草原法律、法规执行情况的监督检查，对违反草原法律、法规的行为进行查处。

草原行政主管部门和草原监督管理机构应当加强执法队伍建设，提高草原监督检查人员的政治、业务素质。草原监督检查人员应当忠于职守，秉公执法。

第五十七条　草原监督检查人员履行监督检查职责时，有权采取下列措施：

（一）要求被检查单位或者个人提供有关草原权属的文件和资料，进行查阅或者复制；

（二）要求被检查单位或者个人对草原权属等问题作出说明；

（三）进入违法现场进行拍照、摄像和勘测；

（四）责令被检查单位或者个人停止违反草原法律、法规的行为，履行法定义务。

第五十八条　国务院草原行政主管部门和省、自治区、直辖市人民政府草原行政主管部门，应当加强对草原监督检查人员的培训和考核。

第五十九条　有关单位和个人对草原监督检查人员的监督检查工作应当给予支持、配合，不得拒绝或者阻碍草原监督检查人员依法执行职务。

草原监督检查人员在履行监督检查职责时，应当向被检查单位和个人出示执法证件。

第六十条　对违反草原法律、法规的行为，应当依法作出行政处理，有关草原行政主管部门不作出行政处理决定的，上级草原行政主管部门有权责令有关草原行政主管部门作出行政处理决定或者直接作出行政处理决定。

第八章　法律责任

第六十一条　草原行政主管部门工作人员及其他国家机关有关工作人员玩忽职守、滥用职权，不依法履行监督管理职责，或者发现违法行为不予查处，造成严重后果，构成犯罪的，依法追究刑事责任；尚不够刑事处罚的，依法给予行政处分。

第六十二条　截留、挪用草原改良、人工种草和草种生产资金或者草原植被恢复费，构成犯罪的，依法追究刑事责任；尚不够刑事处罚的，依法给予行政处分。

第六十三条　无权批准征收、征用、使用草原的单位或者个人非法批准征收、征用、使用草原的，超越批准权限非法批准征收、征用、使用草原的，或者违反法律规定的程序批准征收、征用、使用草原，构成犯罪的，依法追究刑事责任；尚不够刑事处罚的，依法给予行政处分。非法批准征收、征用、使用草原的文件无效。非法批准征收、征用、使用的草原应当收回，当事人拒不归还的，以非法使用草原论处。

非法批准征收、征用、使用草原，给当事人造成损失的，依法承担赔偿责任。

第六十四条　买卖或者以其他形式非法转让草原，构成犯罪的，依法追究刑事责任；尚不够刑事处罚的，由县级以上人民政府草原行政主管部门依据职权责令限期改正，没收违法所得，并处违法所得一倍以上五倍以下的罚款。

第六十五条 未经批准或者采取欺骗手段骗取批准,非法使用草原,构成犯罪的,依法追究刑事责任;尚不够刑事处罚的,由县级以上人民政府草原行政主管部门依据职权责令退还非法使用的草原,对违反草原保护、建设、利用规划擅自将草原改为建设用地的,限期拆除在非法使用的草原上新建的建筑物和其他设施,恢复草原植被,并处草原被非法使用前三年平均产值六倍以上十二倍以下的罚款。

第六十六条 非法开垦草原,构成犯罪的,依法追究刑事责任;尚不够刑事处罚的,由县级以上人民政府草原行政主管部门依据职权责令停止违法行为,限期恢复植被,没收非法财物和违法所得,并处违法所得一倍以上五倍以下的罚款;没有违法所得的,并处五万元以下的罚款;给草原所有者或者使用者造成损失的,依法承担赔偿责任。

第六十七条 在荒漠、半荒漠和严重退化、沙化、盐碱化、石漠化、水土流失的草原,以及生态脆弱区的草原上采挖植物或者从事破坏草原植被的其他活动的,由县级以上地方人民政府草原行政主管部门依据职权责令停止违法行为,没收非法财物和违法所得,可以并处违法所得一倍以上五倍以下的罚款;没有违法所得的,可以并处五万元以下的罚款;给草原所有者或者使用者造成损失的,依法承担赔偿责任。

第六十八条 未经批准或者未按照规定的时间、区域和采挖方式在草原上进行采土、采砂、采石等活动的,由县级人民政府草原行政主管部门责令停止违法行为,限期恢复植被,没收非法财物和违法所得,可以并处违法所得一倍以上二倍以下的罚款;没有违法所得的,可以并处二万元以下的罚款;给草原所有者或者使用者造成损失的,依法承担赔偿责任。

第六十九条 违反本法第五十二条规定,在草原上开展经营性旅游活动,破坏草原植被的,由县级以上地方人民政府草原行政主管部门依据职权责令停止违法行为,限期恢复植被,没收违法所得,可以并处违法所得一倍以上二倍以下的罚款;没有违法所得的,可以并处草原被破坏前三年平均产值六倍以上十二倍以下的罚款;给草原所有者或者使用者造成损失的,依法承担赔偿责任。

第七十条 非抢险救灾和牧民搬迁的机动车辆离开道路在草原上行驶,或者从事地质勘探、科学考察等活动,未事先向所在地县级人民政府草原行政主管部门报告或者未按照报告的行驶区域和行驶路线在草原上行驶,破坏草原植被的,由县级人民政府草原行政主管部门责令停止违法行为,限期恢复植被,可以并处草原被破坏前三年平均产值三倍以上九倍以下的罚款;给草原所有者或者使用者造成损失的,依法承担赔偿责任。

第七十一条 在临时占用的草原上修建永久性建筑物、构筑物的,由县级以上地方人民政府草原行政主管部门依据职权责令限期拆除;逾期不拆除的,依法强制拆除,所需费用由违法者承担。

临时占用草原,占用期届满,用地单位不予恢复草原植被的,由县级以上地方人民政府草原行政主管部门依据职权责令限期恢复;逾期不恢复的,由县级以上地方人民政府草原行政主管部门代为恢复,所需费用由违法者承担。

第七十二条 未经批准,擅自改变草原保护、建设、利用规划的,由县级以上人民政府责令限期改正;对直接负责的主管人员和其他直接责任人员,依法给予行政处分。

第七十三条 对违反本法有关草畜平衡制度的规定,牲畜饲养量超过县级以上地方人民政府草原行政主管部门核定的草原载畜量标准的纠正或者处罚措施,由省、自治区、直辖市人民代表大会或者其常务委员会规定。

第九章 附 则

第七十四条 本法第二条第二款中所称的天然草原包括草地、草山和草坡,人工草地包括改良草地和退耕还草地,不包括城镇草地。

第七十五条 本法自 2003 年 3 月 1 日起施行。

最高人民法院
关于审理破坏草原资源刑事案件应用法律若干问题的解释

法释〔2012〕15号

(2012年10月22日最高人民法院审判委员会第1558次会议通过 2012年11月2日最高人民法院公告公布 自2012年11月22日起施行)

为依法惩处破坏草原资源犯罪活动，依照《中华人民共和国刑法》的有关规定，现就审理此类刑事案件应用法律的若干问题解释如下：

第一条 违反草原法等土地管理法规，非法占用草原，改变被占用草原用途，数量较大，造成草原大量毁坏的，依照刑法第三百四十二条的规定，以非法占用农用地罪定罪处罚。

第二条 非法占用草原，改变被占用草原用途，数量在二十亩以上的，或者曾因非法占用草原受过行政处罚，在三年内又非法占用草原，改变被占用草原用途，数量在十亩以上的，应当认定为刑法第三百四十二条规定的"数量较大"。

非法占用草原，改变被占用草原用途，数量较大，具有下列情形之一的，应当认定为刑法第三百四十二条规定的"造成耕地、林地等农用地大量毁坏"：

（一）开垦草原种植粮食作物、经济作物、林木的；

（二）在草原上建窑、建房、修路、挖砂、采石、采矿、取土、剥取草皮的；

（三）在草原上堆放或者排放废弃物，造成草原的原有植被严重毁坏或者严重污染的；

（四）违反草原保护、建设、利用规划种植牧草和饲料作物，造成草原沙化或者水土严重流失的；

（五）其他造成草原严重毁坏的情形。

第三条 国家机关工作人员徇私舞弊，违反草原法等土地管理法规，具有下列情形之一的，应当认定为刑法第四百一十条规定的"情节严重"：

（一）非法批准征收、征用、占用草原四十亩以上的；

（二）非法批准征收、征用、占用草原，造成二十亩以上草原被毁坏的；

（三）非法批准征收、征用、占用草原，造成直接经济损失三十万元以上，或者具有其他恶劣情节的。

具有下列情形之一，应当认定为刑法第四百一十条规定的"致使国家或者集体利益遭受特别重大损失"：

（一）非法批准征收、征用、占用草原八十亩以上的；

（二）非法批准征收、征用、占用草原，造成四十亩以上草原被毁坏的；

（三）非法批准征收、征用、占用草原，造成直接经济损失六十万元以上，或者具有其他特别恶劣情节的。

第四条 以暴力、威胁方法阻碍草原监督检查人员依法执行职务，构成犯罪的，依照刑法第二百七十七条的规定，以妨害公务罪追究刑事责任。

煽动群众暴力抗拒草原法律、行政法规实施，构成犯罪的，依照刑法第二百七十八条的规定，以煽动暴力抗拒法律实施罪追究刑事责任。

第五条 单位实施刑法第三百四十二条规定的行为，对单位判处罚金，并对其直接负责的主管人员和其他直接责任人员，依照本解释规定的定罪量刑标准定罪处罚。

第六条 多次实施破坏草原资源的违法犯罪行为，未经处理，应当依法追究刑事责任的，按照累计的数量、数额定罪处罚。

第七条 本解释所称"草原"，是指天然草原和人工草地，天然草原包括草地、草山和草坡，人工草地包括改良草地和退耕还草地，不包括城镇草地。

八、渔业资源

中华人民共和国渔业法

（1986年1月20日第六届全国人民代表大会常务委员会第十四次会议通过 1986年1月20日中华人民共和国主席令第34号公布 自1986年7月1日起施行 根据2000年10月31日第九届全国人民代表大会常务委员会第十八次会议《关于修改〈中华人民共和国渔业法〉的决定》第一次修正 根据2004年8月28日第十届全国人民代表大会常务委员会第十一次会议《关于修改〈中华人民共和国渔业法〉的决定》第二次修正 根据2009年8月27日第十一届全国人民代表大会常务委员会第十次会议《关于修改部分法律的决定》第三次修正 根据2013年12月28日第十二届全国人民代表大会常务委员会第六次会议《关于修改〈中华人民共和国海洋环境保护法〉等七部法律的决定》第四次修正）

第一章 总 则

第一条 为了加强渔业资源的保护、增殖、开发和合理利用，发展人工养殖，保障渔业生产者的合法权益，促进渔业生产的发展，适应社会主义建设和人民生活的需要，特制定本法。

第二条 在中华人民共和国的内水、滩涂、领海、专属经济区以及中华人民共和国管辖的一切其他海域从事养殖和捕捞水生动物、水生植物等渔业生产活动，都必须遵守本法。

第三条 国家对渔业生产实行以养殖为主，养殖、捕捞、加工并举，因地制宜，各有侧重的方针。

各级人民政府应当把渔业生产纳入国民经济发展计划，采取措施，加强水域的统一规划和综合利用。

第四条 国家鼓励渔业科学技术研究，推广先进技术，提高渔业科学技术水平。

第五条 在增殖和保护渔业资源、发展渔业生产、进行渔业科学技术研究等方面成绩显著的单位和个人，由各级人民政府给予精神的或者物质的奖励。

第六条 国务院渔业行政主管部门主管全国的渔业工作。县级以上地方人民政府渔业行政主管部门主管本行政区域内的渔业工作。县级以上人民政府渔业行政主管部门可以在重要渔业水域、渔港设政监督管理机构。

县级以上人民政府渔业行政主管部门及其所属的渔政监督管理机构可以设渔政检查人员。渔政检查人员执行渔业行政主管部门及其所属的渔政监督管理机构交付的任务。

第七条 国家对渔业的监督管理，实行统一领导、分级管理。

海洋渔业，除国务院划定由国务院渔业行政主管部门及其所属的渔政监督管理机构监督管理的海域和特定渔业资源渔场外，由毗邻海域的省、自治区、直辖市人民政府渔业行政主管部门监督管理。

江河、湖泊等水域的渔业,按照行政区划由有关县级以上人民政府渔业行政主管部门监督管理;跨行政区域的,由有关县级以上地方人民政府协商制定管理办法,或者由上一级人民政府渔业行政主管部门及其所属的渔政监督管理机构监督管理。

第八条 外国人、外国渔业船舶进入中华人民共和国管辖水域,从事渔业生产或者渔业资源调查活动,必须经国务院有关主管部门批准,并遵守本法和中华人民共和国其他有关法律、法规的规定;同中华人民共和国订有条约、协定的,按照条约、协定办理。

国家渔政渔港监督管理机构对外行使渔政渔港监督管理权。

第九条 渔业行政主管部门和其所属的渔政监督管理机构及其工作人员不得参与和从事渔业生产经营活动。

第二章 养殖业

第十条 国家鼓励全民所有制单位、集体所有制单位和个人充分利用适于养殖的水域、滩涂,发展养殖业。

第十一条 国家对水域利用进行统一规划,确定可以用于养殖业的水域和滩涂。单位和个人使用国家规划确定用于养殖业的全民所有的水域、滩涂的,使用者应当向县级以上地方人民政府渔业行政主管部门提出申请,由本级人民政府核发养殖证,许可其使用该水域、滩涂从事养殖生产。核发养殖证的具体办法由国务院规定。

集体所有的或者全民所有由农业集体经济组织使用的水域、滩涂,可以由个人或者集体承包,从事养殖生产。

第十二条 县级以上地方人民政府在核发养殖证时,应当优先安排当地的渔业生产者。

第十三条 当事人因使用国家规划确定用于养殖业的水域、滩涂从事养殖生产发生争议的,按照有关法律规定的程序处理。在争议解决以前,任何一方不得破坏养殖生产。

第十四条 国家建设征用集体所有的水域、滩涂,按照《中华人民共和国土地管理法》有关征地的规定办理。

第十五条 县级以上地方人民政府应当采取措施,加强对商品鱼生产基地和城市郊区重要养殖水域的保护。

第十六条 国家鼓励和支持水产优良品种的选育、培育和推广。水产新品种必须经全国水产原种和良种审定委员会审定,由国务院渔业行政主管部门公告后推广。

水产苗种的进口、出口由国务院渔业行政主管部门或者省、自治区、直辖市人民政府渔业行政主管部门审批。

水产苗种的生产由县级以上地方人民政府渔业行政主管部门审批。但是,渔业生产者自育、自用水产苗种的除外。

第十七条 水产苗种的进口、出口必须实施检疫,防止病害传入境内和传出境外,具体检疫工作按照有关动植物进出境检疫法律、行政法规的规定执行。

引进转基因水产苗种必须进行安全性评价,具体管理工作按照国务院有关规定执行。

第十八条 县级以上人民政府渔业行政主管部门应当加强对养殖生产的技术指导和病害防治工作。

第十九条 从事养殖生产不得使用含有毒有害物质的饵料、饲料。

第二十条 从事养殖生产应当保护水域生态环境,科学确定养殖密度,合理投饵、施肥、使用药物,不得造成水域的环境污染。

第三章 捕捞业

第二十一条 国家在财政、信贷和税收等方面采取措施,鼓励、扶持远洋捕捞业的发展,并根据渔业资源的可捕捞量,安排内水和近海捕捞力量。

第二十二条 国家根据捕捞量低于渔业资源增长量的原则,确定渔业资源的总可捕捞量,实行捕捞限额制度。国务院渔业行政主管部门负责组织渔业资源的调查和评估,为实行捕捞限额制度提供科学依据。中华人民共和国内海、领海、专属经济区和其他管辖海域的捕捞限额总量由国务院渔业行政主管部门确定,报国务院批准后逐级分解下达;国家确定的重要江河、湖泊的捕捞限额总量由有关省、自治区、直辖市人民政府确定或者协商确定,逐级分解下达。捕捞限额总量的分配应当体现公平、公正的原则,分配办法和分配结果必须向社会公开,并接受监督。

国务院渔业行政主管部门和省、自治区、直辖市人民政府渔业行政主管部门应当加强对捕捞限额制度实施情况的监督检查,对超过上级下达的捕捞限额指标的,应当在其次年捕捞限额指标中予以核减。

第二十三条 国家对捕捞业实行捕捞许可证制度。

到中华人民共和国与有关国家缔结的协定确定的共同管理的渔区或者公海从事捕捞作业的捕捞许可证,由国务院渔业行政主管部门批准发放。海洋大型拖网、围网作业的捕捞许可证,由省、自治区、直辖市人民政府渔业行政主管部门批准发放。其他作业的捕捞许可证,由县级以上地方人民政府渔业行政主管部门批准发放;但是,批准发放海洋作业的捕捞许可证不得超过国家下达的船网工具控制指标,具体办法由省、自治区、直辖市人民政府规定。

捕捞许可证不得买卖、出租和以其他形式转让,不得涂改、伪造、变造。

到他国管辖海域从事捕捞作业的,应当经国务院渔业行政主管部门批准,并遵守中华人民共和国缔结的或者参加的有关条约、协定和有关国家的法律。

第二十四条 具备下列条件的,方可发给捕捞许可证:

(一)有渔业船舶检验证书;

(二)有渔业船舶登记证书;

(三)符合国务院渔业行政主管部门规定的其他条件。

县级以上地方人民政府渔业行政主管部门批准发放的捕捞许可证,应当与上级人民政府渔业行政主管部门下达的捕捞限额指标相适应。

第二十五条 从事捕捞作业的单位和个人,必须按照捕捞许可证关于作业类型、场所、时限、渔具数量和捕捞限额的规定进行作业,并遵守国家有关保护渔业资源的规定,大中型渔船应当填写渔捞日志。

第二十六条 制造、更新改造、购置、进口的从事捕捞作业的船舶必须经渔业船舶检验部门检验合格后,方可下水作业。具体管理办法由国务院规定。

第二十七条 渔港建设应当遵守国家的统一规划,实行谁投资谁受益的原则。县级以上地方人民政府应当对位于本行政区域内的渔港加强监督管理,维护渔港的正常秩序。

第四章 渔业资源的增殖和保护

第二十八条 县级以上人民政府渔业行政主管部门应当对其管理的渔业水域统一规划,采取措施,增殖渔业资源。县级以上人民政府渔业行政主管部门可以向受益的单位和个人征收渔业资源增殖保护费,专门用于增殖和保护渔业资源。渔业资源增殖保护费的征收办法由国务院渔业行政主管部门会同财政部门制定,报国务院批准后施行。

第二十九条 国家保护水产种质资源及其生存环境,并在具有较高经济价值和遗传育种价值的水产种质资源的主要生长繁育区域建立水产种质资源保护区。未经国务院渔业行政主管部门批准,任何单位或者个人不得在水产种质资源保护区内从事捕捞活动。

第三十条 禁止使用炸鱼、毒鱼、电鱼等破坏渔业资源的方法进行捕捞。禁止制造、销售、使用禁用的渔具。禁止在禁渔区、禁渔期进行捕捞。禁止使用小于最小网目尺寸的网具进行捕捞。捕捞的渔获物中幼鱼不得超过规定的比例。在禁渔区或者禁渔期内禁止销售非法捕捞的渔获物。

重点保护的渔业资源品种及其可捕捞标准，禁渔区和禁渔期，禁止使用或者限制使用的渔具和捕捞方法，最小网目尺寸以及其他保护渔业资源的措施，由国务院渔业行政主管部门或者省、自治区、直辖市人民政府渔业行政主管部门规定。

第三十一条　禁止捕捞有重要经济价值的水生动物苗种。因养殖或者其他特殊需要，捕捞有重要经济价值的苗种或者禁捕的怀卵亲体的，必须经国务院渔业行政主管部门或者省、自治区、直辖市人民政府渔业行政主管部门批准，在指定的区域和时间内，按照限额捕捞。

在水生动物苗种重点产区引水用水时，应当采取措施，保护苗种。

第三十二条　在鱼、虾、蟹洄游通道建闸、筑坝，对渔业资源有严重影响的，建设单位应当建造过鱼设施或者采取其他补救措施。

第三十三条　用于渔业并兼有调蓄、灌溉等功能的水体，有关主管部门应当确定渔业生产所需的最低水位线。

第三十四条　禁止围湖造田。沿海滩涂未经县级以上人民政府批准，不得围垦；重要的苗种基地和养殖场所不得围垦。

第三十五条　进行水下爆破、勘探、施工作业，对渔业资源有严重影响的，作业单位应当事先同有关县级以上人民政府渔业行政主管部门协商，采取措施，防止或者减少对渔业资源的损害；造成渔业资源损失的，由有关县级以上人民政府责令赔偿。

第三十六条　各级人民政府应当采取措施，保护和改善渔业水域的生态环境，防治污染。

渔业水域生态环境的监督管理和渔业污染事故的调查处理，依照《中华人民共和国海洋环境保护法》和《中华人民共和国水污染防治法》的有关规定执行。

第三十七条　国家对白鳍豚等珍贵、濒危水生野生动物实行重点保护，防止其灭绝。禁止捕杀、伤害国家重点保护的水生野生动物。因科学研究、驯养繁殖、展览或者其他特殊情况，需要捕捞国家重点保护的水生野生动物的，依照《中华人民共和国野生动物保护法》的规定执行。

第五章　法律责任

第三十八条　使用炸鱼、毒鱼、电鱼等破坏渔业资源方法进行捕捞的，违反关于禁渔区、禁渔期的规定进行捕捞的，或者使用禁用的渔具、捕捞方法和小于最小网目尺寸的网具进行捕捞或者渔获物中幼鱼超过规定比例的，没收渔获物和违法所得，处五万元以下的罚款；情节严重的，没收渔具，吊销捕捞许可证；情节特别严重的，可以没收渔船；构成犯罪的，依法追究刑事责任。

在禁渔区或者禁渔期内销售非法捕捞的渔获物的，县级以上地方人民政府渔业行政主管部门应当及时进行调查处理。

制造、销售禁用的渔具的，没收非法制造、销售的渔具和违法所得，并处一万元以下的罚款。

第三十九条　偷捕、抢夺他人养殖的水产品的，或者破坏他人养殖水体、养殖设施的，责令改正，可以处二万元以下的罚款；造成他人损失的，依法承担赔偿责任；构成犯罪的，依法追究刑事责任。

第四十条　使用全民所有的水域、滩涂从事养殖生产，无正当理由使水域、滩涂荒芜满一年的，由发放养殖证的机关责令限期开发利用；逾期未开发利用的，吊销养殖证，可以并处一万元以下的罚款。

未依法取得养殖证擅自在全民所有的水域从事养殖生产的，责令改正，补办养殖证或者限期拆除养殖设施。

未依法取得养殖证或者超越养殖证许可范围在全民所有的水域从事养殖生产，妨碍航运、行洪的，责令限期拆除养殖设施，可以并处一万元以下的罚款。

第四十一条 未依法取得捕捞许可证擅自进行捕捞的，没收渔获物和违法所得，并处十万元以下的罚款；情节严重的，并可以没收渔具和渔船。

第四十二条 违反捕捞许可证关于作业类型、场所、时限和渔具数量的规定进行捕捞的，没收渔获物和违法所得，可以并处五万元以下的罚款；情节严重的，并可以没收渔具，吊销捕捞许可证。

第四十三条 涂改、买卖、出租或者以其他形式转让捕捞许可证的，没收违法所得，吊销捕捞许可证，可以并处一万元以下的罚款；伪造、变造、买卖捕捞许可证，构成犯罪的，依法追究刑事责任。

第四十四条 非法生产、进口、出口水产苗种的，没收苗种和违法所得，并处五万元以下的罚款。

经营未经审定的水产苗种的，责令立即停止经营，没收违法所得，可以并处五万元以下的罚款。

第四十五条 未经批准在水产种质资源保护区内从事捕捞活动的，责令立即停止捕捞，没收渔获物和渔具，可以并处一万元以下的罚款。

第四十六条 外国人、外国渔船违反本法规定，擅自进入中华人民共和国管辖水域从事渔业生产和渔业资源调查活动的，责令其离开或者将其驱逐，可以没收渔获物、渔具，并处五十万元以下的罚款；情节严重的，可以没收渔船；构成犯罪的，依法追究刑事责任。

第四十七条 造成渔业水域生态环境破坏或者渔业污染事故的，依照《中华人民共和国海洋环境保护法》和《中华人民共和国水污染防治法》的规定追究法律责任。

第四十八条 本法规定的行政处罚，由县级以上人民政府渔业行政主管部门或者其所属的渔政监督管理机构决定。但是，本法已对处罚机关作出规定的除外。

在海上执法时，对违反禁渔区、禁渔期的规定或者使用禁用的渔具、捕捞方法进行捕捞，以及未取得捕捞许可证进行捕捞的，事实清楚、证据充分，但是当场不能按照法定程序作出和执行行政处罚决定的，可以先暂时扣押捕捞许可证、渔具或者渔船，回港后依法作出和执行行政处罚决定。

第四十九条 渔业行政主管部门和其所属的渔政监督管理机构及其工作人员违反本法规定核发许可证、分配捕捞限额或者从事渔业生产经营活动的，或者有其他玩忽职守不履行法定义务、滥用职权、徇私舞弊的行为的，依法给予行政处分；构成犯罪的，依法追究刑事责任。

第六章 附 则

第五十条 本法自 1986 年 7 月 1 日起施行。

九、农业资源

中华人民共和国农业法

(1993年7月2日第八届全国人民代表大会常务委员会第二次会议通过 1993年7月2日中华人民共和国主席令第6号公布 自1993年7月2日起施行 2002年12月28日第九届全国人民代表大会常务委员会第三十一次会议修订 根据2009年8月27日第十一届全国人民代表大会常务委员会第十次会议《关于修改部分法律的决定》第一次修正 根据2012年12月28日第十一届全国人民代表大会常务委员会第三十次会议《关于修改〈中华人民共和国农业法〉的决定》第二次修正)

第一章 总 则

第一条 为了巩固和加强农业在国民经济中的基础地位,深化农村改革,发展农业生产力,推进农业现代化,维护农民和农业生产经营组织的合法权益,增加农民收入,提高农民科学文化素质,促进农业和农村经济的持续、稳定、健康发展,实现全面建设小康社会的目标,制定本法。

第二条 本法所称农业,是指种植业、林业、畜牧业和渔业等产业,包括与其直接相关的产前、产中、产后服务。

本法所称农业生产经营组织,是指农村集体经济组织、农民专业合作经济组织、农业企业和其他从事农业生产经营的组织。

第三条 国家把农业放在发展国民经济的首位。

农业和农村经济发展的基本目标是:建立适应发展社会主义市场经济要求的农村经济体制,不断解放和发展农村生产力,提高农业的整体素质和效益,确保农产品供应和质量,满足国民经济发展和人口增长、生活改善的需求,提高农民的收入和生活水平,促进农村富余劳动力向非农产业和城镇转移,缩小城乡差别和区域差别,建设富裕、民主、文明的社会主义新农村,逐步实现农业和农村现代化。

第四条 国家采取措施,保障农业更好地发挥在提供食物、工业原料和其他农产品,维护和改善生态环境,促进农村经济社会发展等多方面的作用。

第五条 国家坚持和完善公有制为主体、多种所有制经济共同发展的基本经济制度,振兴农村经济。

国家长期稳定农村以家庭承包经营为基础、统分结合的双层经营体制,发展社会化服务体系,壮大集体经济实力,引导农民走共同富裕的道路。

国家在农村坚持和完善以按劳分配为主体、多种分配方式并存的分配制度。

第六条 国家坚持科教兴农和农业可持续发展的方针。

国家采取措施加强农业和农村基础设施建设,调整、优化农业和农村经济结构,推进农业产业化经营,发展农业科技、教育事业,保护农业生态环境,促进农业机械化和信息化,提高农业综合生产能力。

第七条 国家保护农民和农业生产经营组织的财产及其他合法权益不受侵犯。

各级人民政府及其有关部门应当采取措施增加农民收入，切实减轻农民负担。

第八条 全社会应当高度重视农业，支持农业发展。

国家对发展农业和农村经济有显著成绩的单位和个人，给予奖励。

第九条 各级人民政府对农业和农村经济发展工作统一负责，组织各有关部门和全社会做好发展农业和为发展农业服务的各项工作。

国务院农业行政主管部门主管全国农业和农村经济发展工作，国务院林业行政主管部门和其他有关部门在各自的职责范围内，负责有关的农业和农村经济发展工作。

县级以上地方人民政府各农业行政主管部门负责本行政区域内的种植业、畜牧业、渔业等农业和农村经济发展工作，林业行政主管部门负责本行政区域内的林业工作。县级以上地方人民政府其他有关部门在各自的职责范围内，负责本行政区域内有关的为农业生产经营服务的工作。

第二章　农业生产经营体制

第十条 国家实行农村土地承包经营制度，依法保障农村土地承包关系的长期稳定，保护农民对承包土地的使用权。

农村土地承包经营的方式、期限、发包方和承包方的权利义务、土地承包经营权的保护和流转等，适用《中华人民共和国土地管理法》和《中华人民共和国农村土地承包法》。

农村集体经济组织应当在家庭承包经营的基础上，依法管理集体资产，为其成员提供生产、技术、信息等服务，组织合理开发、利用集体资源，壮大经济实力。

第十一条 国家鼓励农民在家庭承包经营的基础上自愿组成各类专业合作经济组织。

农民专业合作经济组织应当坚持为成员服务的宗旨，按照加入自愿、退出自由、民主管理、盈余返还的原则，依法在其章程规定的范围内开展农业生产经营和服务活动。

农民专业合作经济组织可以有多种形式，依法成立、依法登记。任何组织和个人不得侵犯农民专业合作经济组织的财产和经营自主权。

第十二条 农民和农业生产经营组织可以自愿按照民主管理、按劳分配和按股分红相结合的原则，以资金、技术、实物等入股，依法兴办各类企业。

第十三条 国家采取措施发展多种形式的农业产业化经营，鼓励和支持农民和农业生产经营组织发展生产、加工、销售一体化经营。

国家引导和支持从事农产品生产、加工、流通服务的企业、科研单位和其他组织，通过与农民或者农民专业合作经济组织订立合同或者建立各类企业等形式，形成收益共享、风险共担的利益共同体，推进农业产业化经营，带动农业发展。

第十四条 农民和农业生产经营组织可以按照法律、行政法规成立各种农产品行业协会，为成员提供生产、营销、信息、技术、培训等服务，发挥协调和自律作用，提出农产品贸易救济措施的申请，维护成员和行业的利益。

第三章　农业生产

第十五条 县级以上人民政府根据国民经济和社会发展的中长期规划、农业和农村经济发展的基本目标和农业资源区划，制定农业发展规划。

省级以上人民政府农业行政主管部门根据农业发展规划，采取措施发挥区域优势，促进形成合理的农业生产区域布局，指导和协调农业和农村经济结构调整。

第十六条 国家引导和支持农民和农业生产经营组织结合本地实际按照市场需求，调整和优化农业生产结构，协调发展种植业、林业、畜牧业和渔业，发展优质、高产、高效益的农业,提高农产品国际竞争力。

种植业以优化品种、提高质量、增加效益为中心,调整作物结构、品种结构和品质结构。

加强林业生态建设,实施天然林保护、退耕还林和防沙治沙工程,加强防护林体系建设,加速营造速生丰产林、工业原料林和薪炭林。

加强草原保护和建设,加快发展畜牧业,推广圈养和舍饲,改良畜禽品种,积极发展饲料工业和畜禽产品加工业。

渔业生产应当保护和合理利用渔业资源,调整捕捞结构,积极发展水产养殖业、远洋渔业和水产品加工业。

县级以上人民政府应当制定政策,安排资金,引导和支持农业结构调整。

第十七条 各级人民政府应当采取措施,加强农业综合开发和农田水利、农业生态环境保护、乡村道路、农村能源和电网、农产品仓储和流通、渔港、草原围栏、动植物原种良种基地等农业和农村基础设施建设,改善农业生产条件,保护和提高农业综合生产能力。

第十八条 国家扶持动植物品种的选育、生产、更新和良种的推广使用,鼓励品种选育和生产、经营相结合,实施种子工程和畜禽良种工程。国务院和省、自治区、直辖市人民政府设立专项资金,用于扶持动植物良种的选育和推广工作。

第十九条 各级人民政府和农业生产经营组织应当加强农田水利设施建设,建立健全农田水利设施的管理制度,节约用水,发展节水型农业,严格依法控制非农业建设占用灌溉水源,禁止任何组织和个人非法占用或者毁损农田水利设施。

国家对缺水地区发展节水型农业给予重点扶持。

第二十条 国家鼓励和支持农民和农业生产经营组织使用先进、适用的农业机械,加强农业机械安全管理,提高农业机械化水平。

国家对农民和农业生产经营组织购买先进农业机械给予扶持。

第二十一条 各级人民政府应当支持为农业服务的气象事业的发展,提高对气象灾害的监测和预报水平。

第二十二条 国家采取措施提高农产品的质量,建立健全农产品质量标准体系和质量检验检测监督体系,按照有关技术规范、操作规程和质量卫生安全标准,组织农产品的生产经营,保障农产品质量安全。

第二十三条 国家支持依法建立健全优质农产品认证和标志制度。

国家鼓励和扶持发展优质农产品生产。县级以上地方人民政府应当结合本地情况,按照国家有关规定采取措施,发展优质农产品生产。

符合国家规定标准的优质农产品可以依照法律或者行政法规的规定申请使用有关的标志。符合规定产地及生产规范要求的农产品可以依照有关法律或者行政法规的规定申请使用农产品地理标志。

第二十四条 国家实行动植物防疫、检疫制度,健全动植物防疫、检疫体系,加强对动物疫病和植物病、虫、杂草、鼠害的监测、预警、防治,建立重大动物疫情和植物病虫害的快速扑灭机制,建设动物无规定疫病区,实施植物保护工程。

第二十五条 农药、兽药、饲料和饲料添加剂、肥料、种子、农业机械等可能危害人畜安全的农业生产资料的生产经营,依照相关法律、行政法规的规定实行登记或者许可制度。

各级人民政府应当建立健全农业生产资料的安全使用制度,农民和农业生产经营组织不得使用国家明令淘汰和禁止使用的农药、兽药、饲料添加剂等农业生产资料和其他禁止使用的产品。

农业生产资料的生产者、销售者应当对其生产、销售的产品的质量负责,禁止以次充好、以假充真、以不合格的产品冒充合格的产品;禁止生产和销售国家明令淘汰的农药、兽药、饲料添加剂、农业机械等农业生产资料。

第四章　农产品流通与加工

第二十六条　农产品的购销实行市场调节。国家对关系国计民生的重要农产品的购销活动实行必要的宏观调控，建立中央和地方分级储备调节制度，完善仓储运输体系，做到保证供应，稳定市场。

第二十七条　国家逐步建立统一、开放、竞争、有序的农产品市场体系，制定农产品批发市场发展规划。对农村集体经济组织和农民专业合作经济组织建立农产品批发市场和农产品集贸市场，国家给予扶持。

县级以上人民政府工商行政管理部门和其他有关部门按照各自的职责，依法管理农产品批发市场，规范交易秩序，防止地方保护与不正当竞争。

第二十八条　国家鼓励和支持发展多种形式的农产品流通活动。支持农民和农民专业合作经济组织按照国家有关规定从事农产品收购、批发、贮藏、运输、零售和中介活动。鼓励供销合作社和其他从事农产品购销的农业生产经营组织提供市场信息，开拓农产品流通渠道，为农产品销售服务。

县级以上人民政府应当采取措施，督促有关部门保障农产品运输畅通，降低农产品流通成本。有关行政管理部门应当简化手续，方便鲜活农产品的运输，除法律、行政法规另有规定外，不得扣押鲜活农产品的运输工具。

第二十九条　国家支持发展农产品加工业和食品工业，增加农产品的附加值。县级以上人民政府应当制定农产品加工业和食品工业发展规划，引导农产品加工企业形成合理的区域布局和规模结构，扶持农民专业合作经济组织和乡镇企业从事农产品加工和综合开发利用。

国家建立健全农产品加工制品质量标准，完善检测手段，加强农产品加工过程中的质量安全管理和监督，保障食品安全。

第三十条　国家鼓励发展农产品进出口贸易。

国家采取加强国际市场研究、提供信息和营销服务等措施，促进农产品出口。

为维护农产品产销秩序和公平贸易，建立农产品进口预警制度，当某些进口农产品已经或者可能对国内相关产品的生产造成重大的不利影响时，国家可以采取必要的措施。

第五章　粮食安全

第三十一条　国家采取措施保护和提高粮食综合生产能力，稳步提高粮食生产水平，保障粮食安全。

国家建立耕地保护制度，对基本农田依法实行特殊保护。

第三十二条　国家在政策、资金、技术等方面对粮食主产区给予重点扶持，建设稳定的商品粮生产基地，改善粮食收贮及加工设施，提高粮食主产区的粮食生产、加工水平和经济效益。

国家支持粮食主产区与主销区建立稳定的购销合作关系。

第三十三条　在粮食的市场价格过低时，国务院可以决定对部分粮食品种实行保护价制度。保护价应当根据有利于保护农民利益、稳定粮食生产的原则确定。

农民按保护价制度出售粮食，国家委托的收购单位不得拒收。

县级以上人民政府应当组织财政、金融等部门以及国家委托的收购单位及时筹足粮食收购资金，任何部门、单位或者个人不得截留或者挪用。

第三十四条　国家建立粮食安全预警制度，采取措施保障粮食供给。国务院应当制定粮食安全保障目标与粮食储备数量指标，并根据需要组织有关主管部门进行耕地、粮食库存情况的核查。

国家对粮食实行中央和地方分级储备调节制度，建设仓储运输体系。承担国家粮食储备任务的企业应当按照国家规定保证储备粮的数量和质量。

第三十五条 国家建立粮食风险基金，用于支持粮食储备、稳定粮食市场和保护农民利益。

第三十六条 国家提倡珍惜和节约粮食，并采取措施改善人民的食物营养结构。

第六章 农业投入与支持保护

第三十七条 国家建立和完善农业支持保护体系，采取财政投入、税收优惠、金融支持等措施，从资金投入、科研与技术推广、教育培训、农业生产资料供应、市场信息、质量标准、检验检疫、社会化服务以及灾害救助等方面扶持农民和农业生产经营组织发展农业生产，提高农民的收入水平。

在不与我国缔结或加入的有关国际条约相抵触的情况下，国家对农民实施收入支持政策，具体办法由国务院制定。

第三十八条 国家逐步提高农业投入的总体水平。中央和县级以上地方财政每年对农业总投入的增长幅度应当高于其财政经常性收入的增长幅度。

各级人民政府在财政预算内安排的各项用于农业的资金应当主要用于：加强农业基础设施建设；支持农业结构调整，促进农业产业化经营；保护粮食综合生产能力，保障国家粮食安全；健全动植物检疫、防疫体系，加强动物疫病和植物病、虫、杂草、鼠害防治；建立健全农产品质量标准和检验检测监督体系、农产品市场及信息服务体系；支持农业科研教育、农业技术推广和农民培训；加强农业生态环境保护建设；扶持贫困地区发展；保障农民收入水平等。

县级以上各级财政用于种植业、林业、畜牧业、渔业、农田水利的农业基本建设投入应当统筹安排，协调增长。

国家为加快西部开发，增加对西部地区农业发展和生态环境保护的投入。

第三十九条 县级以上人民政府每年财政预算内安排的各项用于农业的资金应当及时足额拨付。各级人民政府应当加强对国家各项农业资金分配、使用过程的监督管理，保证资金安全，提高资金的使用效率。

任何单位和个人不得截留、挪用用于农业的财政资金和信贷资金。审计机关应当依法加强对用于农业的财政和信贷等资金的审计监督。

第四十条 国家运用税收、价格、信贷等手段，鼓励和引导农民和农业生产经营组织增加农业生产经营性投入和小型农田水利等基本建设投入。

国家鼓励和支持农民和农业生产经营组织在自愿的基础上依法采取多种形式，筹集农业资金。

第四十一条 国家鼓励社会资金投向农业，鼓励企业事业单位、社会团体和个人捐资设立各种农业建设和农业科技、教育基金。

国家采取措施，促进农业扩大利用外资。

第四十二条 各级人民政府应当鼓励和支持企业事业单位及其他各类经济组织开展农业信息服务。

县级以上人民政府农业行政主管部门及其他有关部门应当建立农业信息搜集、整理和发布制度，及时向农民和农业生产经营组织提供市场信息等服务。

第四十三条 国家鼓励和扶持农用工业的发展。

国家采取税收、信贷等手段鼓励和扶持农业生产资料的生产和贸易，为农业生产稳定增长提供物质保障。

国家采取宏观调控措施，使化肥、农药、农用薄膜、农业机械和农用柴油等主要农业生产资料和农产品之间保持合理的比价。

第四十四条 国家鼓励供销合作社、农村集体经济组织、农民专业合作经济组织、其他组织和个人发展多种形式的农业生产产前、产中、产后的社会化服务事业。县级以上人民政府及其各有关部门应当采取措施对农业社会化服务事业给予支持。

对跨地区从事农业社会化服务的，农业、工商管理、交通运输、公安等有关部门应当采取措施给予支持。

第四十五条 国家建立健全农村金融体系，加强农村信用制度建设，加强农村金融监管。

有关金融机构应当采取措施增加信贷投入，改善农村金融服务，对农民和农业生产经营组织的农业生产经营活动提供信贷支持。

农村信用合作社应当坚持为农业、农民和农村经济发展服务的宗旨，优先为当地农民的生产经营活动提供信贷服务。

国家通过贴息等措施，鼓励金融机构向农民和农业生产经营组织的农业生产经营活动提供贷款。

第四十六条 国家建立和完善农业保险制度。

国家逐步建立和完善政策性农业保险制度。鼓励和扶持农民和农业生产经营组织建立为农业生产经营活动服务的互助合作保险组织，鼓励商业性保险公司开展农业保险业务。

农业保险实行自愿原则。任何组织和个人不得强制农民和农业生产经营组织参加农业保险。

第四十七条 各级人民政府应当采取措施，提高农业防御自然灾害的能力，做好防灾、抗灾和救灾工作，帮助灾民恢复生产，组织生产自救，开展社会互助互济；对没有基本生活保障的灾民给予救济和扶持。

第七章 农业科技与农业教育

第四十八条 国务院和省级人民政府应当制定农业科技、农业教育发展规划，发展农业科技、教育事业。

县级以上人民政府应当按照国家有关规定逐步增加农业科技经费和农业教育经费。

国家鼓励、吸引企业等社会力量增加农业科技投入，鼓励农民、农业生产经营组织、企业事业单位等依法举办农业科技、教育事业。

第四十九条 国家保护植物新品种、农产品地理标志等知识产权，鼓励和引导农业科研、教育单位加强农业科学技术的基础研究和应用研究，传播和普及农业科学技术知识，加速科技成果转化与产业化，促进农业科学技术进步。

国务院有关部门应当组织农业重大关键技术的科技攻关。国家采取措施促进国际农业科技、教育合作与交流，鼓励引进国外先进技术。

第五十条 国家扶持农业技术推广事业，建立政府扶持和市场引导相结合，有偿与无偿服务相结合，国家农业技术推广机构和社会力量相结合的农业技术推广体系，促使先进的农业技术尽快应用于农业生产。

第五十一条 国家设立的农业技术推广机构应当以农业技术试验示范基地为依托，承担公共所需的关键性技术的推广和示范等公益性职责，为农民和农业生产经营组织提供无偿农业技术服务。

县级以上人民政府应当根据农业生产发展需要，稳定和加强农业技术推广队伍，保障农业技术推广机构的工作经费。

各级人民政府应当采取措施，按照国家规定保障和改善从事农业技术推广工作的专业科技人员的工作条件、工资待遇和生活条件，鼓励他们为农业服务。

第五十二条 农业科研单位、有关学校、农民专业合作社、涉农企业、群众性科技组织及有关科技人员，根据农民和农业生产经营组织的需要，可以提供无偿服务，也可以通过技术转让、技术服务、技术承包、技术咨询和技术入股等形式，提供有偿服务，取得合法收益。农业科研单位、有关学校、农民专业合作社、涉农企业、群众性科技组织及有关科技人员应当提高服务水平，保证服务质量。

对农业科研单位、有关学校、农业技术推广机构举办的为农业服务的企业，国家在税收、信贷等方面给予优惠。

国家鼓励和支持农民、供销合作社、其他企业事业单位等参与农业技术推广工作。

第五十三条 国家建立农业专业技术人员继续教育制度。县级以上人民政府农业行政主管部门会同教育、人事等有关部门制定农业专业技术人员继续教育计划，并组织实施。

第五十四条 国家在农村依法实施义务教育，并保障义务教育经费。国家在农村举办的普通中小学校教职工工资由县级人民政府按照国家规定统一发放，校舍等教学设施的建设和维护经费由县级人民政府按照国家规定统一安排。

第五十五条 国家发展农业职业教育。国务院有关部门按照国家职业资格证书制度的统一规定，开展农业行业的职业分类、职业技能鉴定工作，管理农业行业的职业资格证书。

第五十六条 国家采取措施鼓励农民采用先进的农业技术，支持农民举办各种科技组织，开展农业实用技术培训、农民绿色证书培训和其他就业培训，提高农民的文化技术素质。

第八章 农业资源与农业环境保护

第五十七条 发展农业和农村经济必须合理利用和保护土地、水、森林、草原、野生动植物等自然资源，合理开发和利用水能、沼气、太阳能、风能等可再生能源和清洁能源，发展生态农业，保护和改善生态环境。

县级以上人民政府应当制定农业资源区划或者农业资源合理利用和保护的区划，建立农业资源监测制度。

第五十八条 农民和农业生产经营组织应当保养耕地，合理使用化肥、农药、农用薄膜，增加使用有机肥料，采用先进技术，保护和提高地力，防止农用地的污染、破坏和地力衰退。

县级以上人民政府农业行政主管部门应当采取措施，支持农民和农业生产经营组织加强耕地质量建设，并对耕地质量进行定期监测。

第五十九条 各级人民政府应当采取措施，加强小流域综合治理，预防和治理水土流失。从事可能引起水土流失的生产建设活动的单位和个人，必须采取预防措施，并负责治理因生产建设活动造成的水土流失。

各级人民政府应当采取措施，预防土地沙化，治理沙化土地。国务院和沙化土地所在地区的县级以上地方人民政府应当按照法律规定制定防沙治沙规划，并组织实施。

第六十条 国家实行全民义务植树制度。各级人民政府应当采取措施，组织群众植树造林，保护林地和林木，预防森林火灾，防治森林病虫害，制止滥伐、盗伐林木，提高森林覆盖率。

国家在天然林保护区域实行禁伐或者限伐制度，加强造林护林。

第六十一条 有关地方人民政府，应当加强草原的保护、建设和管理，指导、组织农（牧）民和农（牧）业生产经营组织建设人工草场、饲草饲料基地和改良天然草原，实行以草定畜，控制载畜量，推行划区轮牧、休牧和禁牧制度，保护草原植被，防止草原退化沙化和盐渍化。

第六十二条 禁止毁林毁草开垦、烧山开垦以及开垦国家禁止开垦的陡坡地，已经开垦的应当逐步退耕还林、还草。

禁止围湖造田以及围垦国家禁止围垦的湿地。已经围垦的，应当逐步退耕还湖、还湿地。

对在国务院批准规划范围内实施退耕的农民，应当按照国家规定予以补助。

第六十三条 各级人民政府应当采取措施，依法执行捕捞限额和禁渔、休渔制度，增殖渔业资源，保护渔业水域生态环境。

国家引导、支持从事捕捞业的农（渔）民和农（渔）业生产经营组织从事水产养殖业或者其他职业，对根据当地人民政府统一规划转产转业的农（渔）民，应当按照国家规定予以补助。

第六十四条 国家建立与农业生产有关的生物物种资源保护制度，保护生物多样性，对稀有、濒危、珍贵生物资源及其原生地实行重点保护。从境外引进生物物种资源应当依法进行登记或者审批，并采取相应安全控制措施。

农业转基因生物的研究、试验、生产、加工、经营及其他应用，必须依照国家规定严格实行各项安全控制措施。

第六十五条 各级农业行政主管部门应当引导农民和农业生产经营组织采取生物措施或者使用高效低毒低残留农药、兽药，防治动植物病、虫、杂草、鼠害。

农产品采收后的秸秆及其他剩余物质应当综合利用，妥善处理，防止造成环境污染和生态破坏。

从事畜禽等动物规模养殖的单位和个人应当对粪便、废水及其他废弃物进行无害化处理或者综合利用，从事水产养殖的单位和个人应当合理投饵、施肥、使用药物，防止造成环境污染和生态破坏。

第六十六条 县级以上人民政府应当采取措施，督促有关单位进行治理，防治废水、废气和固体废弃物对农业生态环境的污染。排放废水、废气和固体废弃物造成农业生态环境污染事故的，由环境保护行政主管部门或者农业行政主管部门依法调查处理；给农民和农业生产经营组织造成损失的，有关责任者应当依法赔偿。

第九章　农民权益保护

第六十七条 任何机关或者单位向农民或者农业生产经营组织收取行政、事业性费用必须依据法律、法规的规定。收费的项目、范围和标准应当公布。没有法律、法规依据的收费，农民和农业生产经营组织有权拒绝。

任何机关或者单位对农民或者农业生产经营组织进行罚款处罚必须依据法律、法规、规章的规定。没有法律、法规、规章依据的罚款，农民和农业生产经营组织有权拒绝。

任何机关或者单位不得以任何方式向农民或者农业生产经营组织进行摊派。除法律、法规另有规定外，任何机关或者单位以任何方式要求农民或者农业生产经营组织提供人力、财力、物力的，属于摊派。农民和农业生产经营组织有权拒绝任何方式的摊派。

第六十八条 各级人民政府及其有关部门和所属单位不得以任何方式向农民或者农业生产经营组织集资。

没有法律、法规依据或者未经国务院批准，任何机关或者单位不得在农村进行任何形式的达标、升级、验收活动。

第六十九条 农民和农业生产经营组织依照法律、行政法规的规定承担纳税义务。税务机关及代扣、代收税款的单位应当依法征税，不得违法摊派税款及以其他违法方法征税。

第七十条 农村义务教育除按国务院规定收取的费用外，不得向农民和学生收取其他费用。禁止任何机关或者单位通过农村中小学校向农民收费。

第七十一条 国家依法征收农民集体所有的土地，应当保护农民和农村集体经济组织的合法权益，依法给予农民和农村集体经济组织征地补偿，任何单位和个人不得截留、挪用征地补偿费用。

第七十二条 各级人民政府、农村集体经济组织或者村民委员会在农业和农村经济结构调整、农业产业化经营和土地承包经营权流转等过程中，不得侵犯农民的土地承包经营权，不得干涉农民自主安排的生产经营项目，不得强迫农民购买指定的生产资料或者按指定的渠道销售农产品。

第七十三条 农村集体经济组织或者村民委员会为发展生产或者兴办公益事业，需要向其成员（村民）筹资筹劳的，应当经成员（村民）会议或者成员（村民）代表会议过半数通过后，方可进行。

农村集体经济组织或者村民委员会依照前款规定筹资筹劳的，不得超过省级以上人民政府规定的上限控制标准，禁止强行以资代劳。

农村集体经济组织和村民委员会对涉及农民利益的重要事项，应当向农民公开，并定期公布财务账目，接受农民的监督。

第七十四条 任何单位和个人向农民或者农业生产经营组织提供生产、技术、信息、文化、保险等有偿服务，必须坚持自愿原则，不得强迫农民和农业生产经营组织接受服务。

第七十五条 农产品收购单位在收购农产品时，不得压级压价，不得在支付的价款中扣缴任何费用。法律、行政法规规定代扣、代收税款的，依照法律、行政法规的规定办理。

农产品收购单位与农产品销售者因农产品的质量等级发生争议的，可以委托具有法定资质的农产品质量检验机构检验。

第七十六条 农业生产资料使用者因生产资料质量问题遭受损失的，出售该生产资料的经营者应当予以赔偿，赔偿额包括购货价款、有关费用和可得利益损失。

第七十七条 农民或者农业生产经营组织为维护自身的合法权益，有向各级人民政府及其有关部门反映情况和提出合法要求的权利，人民政府及其有关部门对农民或者农业生产经营组织提出的合理要求，应当按照国家规定及时给予答复。

第七十八条 违反法律规定，侵犯农民权益的，农民或者农业生产经营组织可以依法申请行政复议或者向人民法院提起诉讼，有关人民政府及其有关部门或者人民法院应当依法受理。

人民法院和司法行政主管机关应当依照有关规定为农民提供法律援助。

第十章 农村经济发展

第七十九条 国家坚持城乡协调发展的方针，扶持农村第二、第三产业发展，调整和优化农村经济结构，增加农民收入，促进农村经济全面发展，逐步缩小城乡差别。

第八十条 各级人民政府应当采取措施，发展乡镇企业，支持农业的发展，转移富余的农业劳动力。

国家完善乡镇企业发展的支持措施，引导乡镇企业优化结构，更新技术，提高素质。

第八十一条 县级以上地方人民政府应当根据当地的经济发展水平、区位优势和资源条件，按照合理布局、科学规划、节约用地的原则，有重点地推进农村小城镇建设。

地方各级人民政府应当注重运用市场机制，完善相应政策，吸引农民和社会资金投资小城镇开发建设，发展第二、第三产业，引导乡镇企业相对集中发展。

第八十二条 国家采取措施引导农村富余劳动力在城乡、地区间合理有序流动。地方各级人民政府依法保护进入城镇就业的农村劳动力的合法权益，不得设置不合理限制，已经设置的应当取消。

第八十三条 国家逐步完善农村社会救济制度，保障农村五保户、贫困残疾农民、贫困老年农民和其他丧失劳动能力的农民的基本生活。

第八十四条 国家鼓励、支持农民巩固和发展农村合作医疗和其他医疗保障形式，提高农民健康水平。

第八十五条 国家扶持贫困地区改善经济发展条件，帮助进行经济开发。省级人民政府根据国家关于扶持贫困地区的总体目标和要求，制定扶贫开发规划，并组织实施。

各级人民政府应当坚持开发式扶贫方针，组织贫困地区的农民和农业生产经营组织合理使用扶贫资金，依靠自身力量改变贫穷落后面貌，引导贫困地区的农民调整经济结构、开发当地资源。扶贫开发应当坚持与资源保护、生态建设相结合，促进贫困地区经济、社会的协调发展和全面进步。

第八十六条 中央和省级财政应当把扶贫开发投入列入年度财政预算，并逐年增加，加大对贫困地区的财政转移支付和建设资金投入。

国家鼓励和扶持金融机构、其他企业事业单位和个人投入资金支持贫困地区开发建设。

禁止任何单位和个人截留、挪用扶贫资金。审计机关应当加强扶贫资金的审计监督。

第十一章 执法监督

第八十七条 县级以上人民政府应当采取措施逐步完善适应社会主义市场经济发展要求的农业行政管理体制。

县级以上人民政府农业行政主管部门和有关行政主管部门应当加强规划、指导、管理、协调、监督、服务职责，依法行政，公正执法。

县级以上地方人民政府农业行政主管部门应当在其职责范围内健全行政执法队伍，实行综合执法，提高执法效率和水平。

第八十八条 县级以上人民政府农业行政主管部门及其执法人员履行执法监督检查职责时，有权采取下列措施：

（一）要求被检查单位或者个人说明情况，提供有关文件、证照、资料；

（二）责令被检查单位或者个人停止违反本法的行为，履行法定义务。

农业行政执法人员在履行监督检查职责时，应当向被检查单位或者个人出示行政执法证件，遵守执法程序。有关单位或者个人应当配合农业行政执法人员依法执行职务，不得拒绝和阻碍。

第八十九条 农业行政主管部门与农业生产、经营单位必须在机构、人员、财务上彻底分离。农业行政主管部门及其工作人员不得参与和从事农业生产经营活动。

第十二章 法律责任

第九十条 违反本法规定，侵害农民和农业生产经营组织的土地承包经营权等财产权或者其他合法权益的，应当停止侵害，恢复原状；造成损失、损害的，依法承担赔偿责任。

国家工作人员利用职务便利或者以其他名义侵害农民和农业生产经营组织的合法权益的，应当赔偿损失，并由其所在单位或者上级主管机关给予行政处分。

第九十一条 违反本法第十九条、第二十五条、第六十二条、第七十一条规定的，依照相关法律或者行政法规的规定予以处罚。

第九十二条 有下列行为之一的，由上级主管机关责令限期归还被截留、挪用的资金，没收非法所得，并由上级主管机关或者所在单位给予直接负责的主管人员和其他直接责任人员行政处分；构成犯罪的，依法追究刑事责任：

（一）违反本法第三十三条第三款规定，截留、挪用粮食收购资金的；

（二）违反本法第三十九条第二款规定，截留、挪用用于农业的财政资金和信贷资金的；

（三）违反本法第八十六条第三款规定，截留、挪用扶贫资金的。

第九十三条 违反本法第六十七条规定，向农民或者农业生产经营组织违法收费、罚款、摊派的，上级主管机关应当予以制止，并予公告；已经收取钱款或者已经使用人力、物力的，由上级主管机关责令限期归还已经收取的钱款或者折价偿还已经使用的人力、物力，并由上级主管机关或者所在单位给予直接负责的主管人员和其他直接责任人员行政处分；情节严重，构成犯罪的，依法追究刑事责任。

第九十四条 有下列行为之一的，由上级主管机关责令停止违法行为，并给予直接负责的主管人员和其他直接责任人员行政处分，责令退还违法收取的集资款、税款或者费用：

（一）违反本法第六十八条规定，非法在农村进行集资、达标、升级、验收活动的；

（二）违反本法第六十九条规定，以违法方法向农民征税的；

（三）违反本法第七十条规定，通过农村中小学校向农民超额、超项目收费的。

第九十五条 违反本法第七十三条第二款规定，强迫农民以资代劳的，由乡（镇）人民政府责令改正，并退还违法收取的资金。

第九十六条 违反本法第七十四条规定，强迫农民和农业生产经营组织接受有偿服务的，由有关人民政府责令改正，并返还其违法收取的费用；情节严重，给予直接负责的主管人员和其他直接责任人员行政处分；造成农民和农业生产经营组织损失的，依法承担赔偿责任。

第九十七条 县级以上人民政府农业行政主管部门的工作人员违反本法规定参与和从事农业生产经营活动的，依法给予行政处分；构成犯罪的，依法追究刑事责任。

第十三章 附 则

第九十八条 本法有关农民的规定，适用于国有农场、牧场、林场、渔场等企业事业单位实行承包经营的职工。

第九十九条 本法自 2003 年 3 月 1 日起施行。

十、电力资源

中华人民共和国电力法

（1995年12月28日第八届全国人民代表大会常务委员会第十七次会议通过 根据2009年8月27日第十一届全国人民代表大会常务委员会第十次会议《关于修改部分法律的决定》第一次修正 根据2015年4月24日第十二届全国人民代表大会常务委员会第十四次会议《关于修改〈中华人民共和国电力法〉等六部法律的决定》第二次修正 根据2018年12月29日第十三届全国人民代表大会常务委员会第七次会议《关于修改〈中华人民共和国电力法〉等四部法律的决定》第三次修正）

第一章 总 则

第一条 为了保障和促进电力事业的发展，维护电力投资者、经营者和使用者的合法权益，保障电力安全运行，制定本法。

第二条 本法适用于中华人民共和国境内的电力建设、生产、供应和使用活动。

第三条 电力事业应当适应国民经济和社会发展的需要，适当超前发展。国家鼓励、引导国内外的经济组织和个人依法投资开发电源，兴办电力生产企业。

电力事业投资，实行谁投资、谁收益的原则。

第四条 电力设施受国家保护。

禁止任何单位和个人危害电力设施安全或者非法侵占、使用电能。

第五条 电力建设、生产、供应和使用应当依法保护环境，采用新技术，减少有害物质排放，防治污染和其他公害。

国家鼓励和支持利用可再生能源和清洁能源发电。

第六条 国务院电力管理部门负责全国电力事业的监督管理。国务院有关部门在各自的职责范围内负责电力事业的监督管理。

县级以上地方人民政府经济综合主管部门是本行政区域内的电力管理部门，负责电力事业的监督管理。县级以上地方人民政府有关部门在各自的职责范围内负责电力事业的监督管理。

第七条 电力建设企业、电力生产企业、电网经营企业依法实行自主经营、自负盈亏，并接受电力管理部门的监督。

第八条 国家帮助和扶持少数民族地区、边远地区和贫困地区发展电力事业。

第九条 国家鼓励在电力建设、生产、供应和使用过程中，采用先进的科学技术和管理方法，对在研究、开发、采用先进的科学技术和管理方法等方面作出显著成绩的单位和个人给予奖励。

第二章 电力建设

第十条 电力发展规划应当根据国民经济和社会发展的需要制定，并纳入国民经济和社会发展计划。

电力发展规划，应当体现合理利用能源、电源与电网配套发展、提高经济效益和有利于环境保护的原则。

第十一条 城市电网的建设与改造规划，应当纳入城市总体规划。城市人民政府应当按照规划，安排变电设施用地、输电线路走廊和电缆通道。

任何单位和个人不得非法占用变电设施用地、输电线路走廊和电缆通道。

第十二条 国家通过制定有关政策，支持、促进电力建设。

地方人民政府应当根据电力发展规划，因地制宜，采取多种措施开发电源，发展电力建设。

第十三条 电力投资者对其投资形成的电力，享有法定权益。并网运行的，电力投资者有优先使用权；未并网的自备电厂，电力投资者自行支配使用。

第十四条 电力建设项目应当符合电力发展规划，符合国家电力产业政策。

电力建设项目不得使用国家明令淘汰的电力设备和技术。

第十五条 输变电工程、调度通信自动化工程等电网配套工程和环境保护工程，应当与发电工程项目同时设计、同时建设、同时验收、同时投入使用。

第十六条 电力建设项目使用土地，应当依照有关法律、行政法规的规定办理；依法征收土地的，应当依法支付土地补偿费和安置补偿费，做好迁移居民的安置工作。

电力建设应当贯彻切实保护耕地、节约利用土地的原则。

地方人民政府对电力事业依法使用土地和迁移居民，应当予以支持和协助。

第十七条 地方人民政府应当支持电力企业为发电工程建设勘探水源和依法取水、用水。电力企业应当节约用水。

第三章 电力生产与电网管理

第十八条 电力生产与电网运行应当遵循安全、优质、经济的原则。

电网运行应当连续、稳定，保证供电可靠性。

第十九条 电力企业应当加强安全生产管理，坚持安全第一、预防为主的方针，建立、健全安全生产责任制度。

电力企业应当对电力设施定期进行检修和维护，保证其正常运行。

第二十条 发电燃料供应企业、运输企业和电力生产企业应当依照国务院有关规定或者合同约定供应、运输和接卸燃料。

第二十一条 电网运行实行统一调度、分级管理。任何单位和个人不得非法干预电网调度。

第二十二条 国家提倡电力生产企业与电网、电网与电网并网运行。具有独立法人资格的电力生产企业要求将生产的电力并网运行的，电网经营企业应当接受。

并网运行必须符合国家标准或者电力行业标准。

并网双方应当按照统一调度、分级管理和平等互利、协商一致的原则，签订并网协议，确定双方的权利和义务；并网双方达不成协议的，由省级以上电力管理部门协调决定。

第二十三条 电网调度管理办法，由国务院依照本法的规定制定。

第四章 电力供应与使用

第二十四条 国家对电力供应和使用，实行安全用电、节约用电、计划用电的管理原则。电力供应与使用办法由国务院依照本法的规定制定。

第二十五条 供电企业在批准的供电营业区内向用户供电。

供电营业区的划分，应当考虑电网的结构和供电合理性等因素。一个供电营业区内只设立一个供电营业机构。

供电营业区的设立、变更，由供电企业提出申请，电力管理部门依据职责和管理权限，会同同级有关部门审查批准后，发给《电力业务许可证》。供电营业区设立、变更的具体办法，由国务院电力管理部门制定。

第二十六条　供电营业区内的供电营业机构，对本营业区内的用户有按照国家规定供电的义务；不得违反国家规定对其营业区内申请用电的单位和个人拒绝供电。

申请新装用电、临时用电、增加用电容量、变更用电和终止用电，应当依照规定的程序办理手续。

供电企业应当在其营业场所公告用电的程序、制度和收费标准，并提供用户须知资料。

第二十七条　电力供应与使用双方应当根据平等自愿、协商一致的原则，按照国务院制定的电力供应与使用办法签订供用电合同，确定双方的权利和义务。

第二十八条　供电企业应当保证供给用户的供电质量符合国家标准。对公用供电设施引起的供电质量问题，应当及时处理。

用户对供电质量有特殊要求的，供电企业应当根据其必要性和电网的可能，提供相应的电力。

第二十九条　供电企业在发电、供电系统正常的情况下，应当连续向用户供电，不得中断。因供电设施检修、依法限电或者用户违法用电等原因，需要中断供电时，供电企业应当按照国家有关规定事先通知用户。

用户对供电企业中断供电有异议的，可以向电力管理部门投诉；受理投诉的电力管理部门应当依法处理。

第三十条　因抢险救灾需要紧急供电时，供电企业必须尽速安排供电，所需供电工程费用和应付电费依照国家有关规定执行。

第三十一条　用户应当安装用电计量装置。用户使用的电力电量，以计量检定机构依法认可的用电计量装置的记录为准。

用户受电装置的设计、施工安装和运行管理，应当符合国家标准或者电力行业标准。

第三十二条　用户用电不得危害供电、用电安全和扰乱供电、用电秩序。

对危害供电、用电安全和扰乱供电、用电秩序的，供电企业有权制止。

第三十三条　供电企业应当按照国家核准的电价和用电计量装置的记录，向用户计收电费。

供电企业查电人员和抄表收费人员进入用户，进行用电安全检查或者抄表收费时，应当出示有关证件。

用户应当按照国家核准的电价和用电计量装置的记录，按时交纳电费；对供电企业查电人员和抄表收费人员依法履行职责，应当提供方便。

第三十四条　供电企业和用户应当遵守国家有关规定，采取有效措施，做好安全用电、节约用电和计划用电工作。

第五章　电价与电费

第三十五条　本法所称电价，是指电力生产企业的上网电价、电网间的互供电价、电网销售电价。

电价实行统一政策，统一定价原则，分级管理。

第三十六条　制定电价，应当合理补偿成本，合理确定收益，依法计入税金，坚持公平负担，促进电力建设。

第三十七条　上网电价实行同网同质同价。具体办法和实施步骤由国务院规定。

电力生产企业有特殊情况需另行制定上网电价的，具体办法由国务院规定。

第三十八条　跨省、自治区、直辖市电网和省级电网内的上网电价，由电力生产企业和电网经营企业协商提出方案，报国务院物价行政主管部门核准。

独立电网内的上网电价，由电力生产企业和电网经营企业协商提出方案，报有管理权的物价行政主管部门核准。

地方投资的电力生产企业所生产的电力，属于在省内各地区形成独立电网的或者自发自用的，其电价可以由省、自治区、直辖市人民政府管理。

第三十九条　跨省、自治区、直辖市电网和独立电网之间、省级电网和独立电网之间的互供电价，由双方协商提出方案，报国务院物价行政主管部门或者其授权的部门核准。

独立电网与独立电网之间的互供电价，由双方协商提出方案，报有管理权的物价行政主管部门核准。

第四十条　跨省、自治区、直辖市电网和省级电网的销售电价，由电网经营企业提出方案，报国务院物价行政主管部门或者其授权的部门核准。

独立电网的销售电价，由电网经营企业提出方案，报有管理权的物价行政主管部门核准。

第四十一条　国家实行分类电价和分时电价。分类标准和分时办法由国务院确定。

对同一电网内的同一电压等级、同一用电类别的用户，执行相同的电价标准。

第四十二条　用户用电增容收费标准，由国务院物价行政主管部门会同国务院电力管理部门制定。

第四十三条　任何单位不得超越电价管理权限制定电价。供电企业不得擅自变更电价。

第四十四条　禁止任何单位和个人在电费中加收其他费用；但是，法律、行政法规另有规定的，按照规定执行。

地方集资办电在电费中加收费用的，由省、自治区、直辖市人民政府依照国务院有关规定制定办法。

禁止供电企业在收取电费时，代收其他费用。

第四十五条　电价的管理办法，由国务院依照本法的规定制定。

第六章　农村电力建设和农业用电

第四十六条　省、自治区、直辖市人民政府应当制定农村电气化发展规划，并将其纳入当地电力发展规划及国民经济和社会发展计划。

第四十七条　国家对农村电气化实行优惠政策，对少数民族地区、边远地区和贫困地区的农村电力建设给予重点扶持。

第四十八条　国家提倡农村开发水能资源，建设中、小型水电站，促进农村电气化。

国家鼓励和支持农村利用太阳能、风能、地热能、生物质能和其他能源进行农村电源建设，增加农村电力供应。

第四十九条　县级以上地方人民政府及其经济综合主管部门在安排用电指标时，应当保证农业和农村用电的适当比例，优先保证农村排涝、抗旱和农业季节性生产用电。

电力企业应当执行前款的用电安排，不得减少农业和农村用电指标。

第五十条　农业用电价格按照保本、微利的原则确定。

农民生活用电与当地城镇居民生活用电应逐步实行相同的电价。

第五十一条　农业和农村用电管理办法，由国务院依照本法的规定制定。

第七章　电力设施保护

第五十二条　任何单位和个人不得危害发电设施、变电设施和电力线路设施及其有关辅助设施。

在电力设施周围进行爆破及其他可能危及电力设施安全的作业的，应当按照国务院有关电力设施保护的规定，经批准并采取确保电力设施安全的措施后，方可进行作业。

第五十三条 电力管理部门应当按照国务院有关电力设施保护的规定，对电力设施保护区设立标志。

任何单位和个人不得在依法划定的电力设施保护区内修建可能危及电力设施安全的建筑物、构筑物，不得种植可能危及电力设施安全的植物，不得堆放可能危及电力设施安全的物品。

在依法划定电力设施保护区前已经种植的植物妨碍电力设施安全的，应当修剪或者砍伐。

第五十四条 任何单位和个人需要在依法划定的电力设施保护区内进行可能危及电力设施安全的作业时，应当经电力管理部门批准并采取安全措施后，方可进行作业。

第五十五条 电力设施与公用工程、绿化工程和其他工程在新建、改建或者扩建中相互妨碍时，有关单位应当按照国家有关规定协商，达成协议后方可施工。

第八章 监督检查

第五十六条 电力管理部门依法对电力企业和用户执行电力法律、行政法规的情况进行监督检查。

第五十七条 电力管理部门根据工作需要，可以配备电力监督检查人员。

电力监督检查人员应当公正廉洁，秉公执法，熟悉电力法律、法规，掌握有关电力专业技术。

第五十八条 电力监督检查人员进行监督检查时，有权向电力企业或者用户了解有关执行电力法律、行政法规的情况，查阅有关资料，并有权进入现场进行检查。

电力企业和用户对执行监督检查任务的电力监督检查人员应当提供方便。

电力监督检查人员进行监督检查时，应当出示证件。

第九章 法律责任

第五十九条 电力企业或者用户违反供用电合同，给对方造成损失的，应当依法承担赔偿责任。

电力企业违反本法第二十八条、第二十九条第一款的规定，未保证供电质量或者未事先通知用户中断供电，给用户造成损失的，应当依法承担赔偿责任。

第六十条 因电力运行事故给用户或者第三人造成损害的，电力企业应当依法承担赔偿责任。

电力运行事故由下列原因之一造成的，电力企业不承担赔偿责任：

（一）不可抗力；

（二）用户自身的过错。

因用户或者第三人的过错给电力企业或者其他用户造成损害的，该用户或者第三人应当依法承担赔偿责任。

第六十一条 违反本法第十一条第二款的规定，非法占用变电设施用地、输电线路走廊或者电缆通道的，由县级以上地方人民政府责令限期改正；逾期不改正的，强制清除障碍。

第六十二条 违反本法第十四条规定，电力建设项目不符合电力发展规划、产业政策的，由电力管理部门责令停止建设。

违反本法第十四条规定，电力建设项目使用国家明令淘汰的电力设备和技术的，由电力管理部门责令停止使用，没收国家明令淘汰的电力设备，并处五万元以下的罚款。

第六十三条 违反本法第二十五条规定，未经许可，从事供电或者变更供电营业区的，由电力管理部门责令改正，没收违法所得，可以并处违法所得五倍以下的罚款。

第六十四条 违反本法第二十六条、第二十九条规定，拒绝供电或者中断供电的，由电力管理部门责令改正，给予警告；情节严重的，对有关主管人员和直接责任人员给予行政处分。

第六十五条 违反本法第三十二条规定，危害供电、用电安全或者扰乱供电、用电秩序的，由电力管理部门责令改正，给予警告；情节严重或者拒绝改正的，可以中止供电，可以并处五万元以下的罚款。

第六十六条 违反本法第三十三条、第四十三条、第四十四条规定，未按照国家核准的电价和用电计量装置的记录向用户计收电费、超越权限制定电价或者在电费中加收其他费用的，由物价行政主管部门给予警告，责令返还违法收取的费用，可以并处违法收取费用五倍以下的罚款；情节严重的，对有关主管人员和直接责任人员给予行政处分。

第六十七条 违反本法第四十九条第二款规定，减少农业和农村用电指标的，由电力管理部门责令改正；情节严重的，对有关主管人员和直接责任人员给予行政处分；造成损失的，责令赔偿损失。

第六十八条 违反本法第五十二条第二款和第五十四条规定，未经批准或者未采取安全措施在电力设施周围或者在依法划定的电力设施保护区内进行作业，危及电力设施安全的，由电力管理部门责令停止作业、恢复原状并赔偿损失。

第六十九条 违反本法第五十三条规定，在依法划定的电力设施保护区内修建建筑物、构筑物或者种植物、堆放物品，危及电力设施安全的，由当地人民政府责令强制拆除、砍伐或者清除。

第七十条 有下列行为之一，应当给予治安管理处罚的，由公安机关依照治安管理处罚法的有关规定予以处罚；构成犯罪的，依法追究刑事责任：

（一）阻碍电力建设或者电力设施抢修，致使电力建设或者电力设施抢修不能正常进行的；

（二）扰乱电力生产企业、变电所、电力调度机构和供电企业的秩序，致使生产、工作和营业不能正常进行的；

（三）殴打、公然侮辱履行职务的查电人员或者抄表收费人员的；

（四）拒绝、阻碍电力监督检查人员依法执行职务的。

第七十一条 盗窃电能的，由电力管理部门责令停止违法行为，追缴电费并处应交电费五倍以下的罚款；构成犯罪的，依照刑法有关规定追究刑事责任。

第七十二条 盗窃电力设施或者以其他方法破坏电力设施，危害公共安全的，依照刑法有关规定追究刑事责任。

第七十三条 电力管理部门的工作人员滥用职权、玩忽职守、徇私舞弊，构成犯罪的，依法追究刑事责任；尚不构成犯罪的，依法给予行政处分。

第七十四条 电力企业职工违反规章制度、违章调度或者不服从调度指令，造成重大事故的，依照刑法有关规定追究刑事责任。

电力企业职工故意延误电力设施抢修或者抢险救灾供电，造成严重后果的，依照刑法有关规定追究刑事责任。

电力企业的管理人员和查电人员、抄表收费人员勒索用户、以电谋私，构成犯罪的，依法追究刑事责任；尚不构成犯罪的，依法给予行政处分。

第十章 附 则

第七十五条 本法自 1996 年 4 月 1 日起施行。

最高人民法院
关于从事高空高压对周围环境有高度危险作业造成他人损害的应适用民法通则还是电力法的复函

2000年2月21日　　　　　　　　　　　　〔2000〕法民字第5号

黑龙江省高级人民法院：

你院《关于从事高空高压等对周围环境有高度危险作业造成他人损害的应适用民法通则还是电力法》的请示收悉。经研究认为：民法通则规定，如能证明损害是由受害人故意造成的，电力部门不承担民事责任；电力法规定，由于不可抗力或用户自身的过错造成损害的，电力部门不承担赔偿责任。这两部法律对归责原则的规定是有所区别的。但电力法是民法通则颁布实施后对民事责任规范所作的特别规定，根据特别法优于普通法、后法优于前法的原则，你院所请示的案件应适用电力法。

最高人民法院
关于审理破坏电力设备刑事案件具体应用法律若干问题的解释

法释〔2007〕15号

(2007年8月13日最高人民法院审判委员会第1435次会议通过
2007年8月15日最高人民法院公告公布
自2007年8月21日起施行)

为维护公共安全，依法惩治破坏电力设备等犯罪活动，根据刑法有关规定，现就审理这类刑事案件具体应用法律的若干问题解释如下：

第一条　破坏电力设备，具有下列情形之一的，属于刑法第一百一十九条第一款规定的"造成严重后果"，以破坏电力设备罪判处十年以上有期徒刑、无期徒刑或者死刑：

（一）造成一人以上死亡、三人以上重伤或者十人以上轻伤的；

（二）造成一万以上用户电力供应中断六小时以上，致使生产、生活受到严重影响的；

（三）造成直接经济损失一百万元以上的；

（四）造成其他危害公共安全严重后果的。

第二条　过失损坏电力设备，造成本解释第一条规定的严重后果的，依照刑法第一百一十九条第二款的规定，以过失损坏电力设备罪判处三年以上七年以下有期徒刑；情节较轻的，处三年以下有期徒刑或者拘役。

第三条　盗窃电力设备，危害公共安全，但不构成盗窃罪的，以破坏电力设备罪定罪处罚；同时构成盗窃罪和破坏电力设备罪的，依照刑法处罚较重的规定定罪处罚。

盗窃电力设备，没有危及公共安全，但应当追究刑事责任的，可以根据案件的不同情况，按照盗窃罪等犯罪处理。

第四条 本解释所称电力设备，是指处于运行、应急等使用中的电力设备；已经通电使用，只是由于枯水季节或电力不足等原因暂停使用的电力设备；已经交付使用但尚未通电的电力设备。不包括尚未安装完毕，或者已经安装完毕但尚未交付使用的电力设备。

本解释中直接经济损失的计算范围，包括电量损失金额，被毁损设备材料的购置、更换、修复费用，以及因停电给用户造成的直接经济损失等。

第三部分
环境资源国际公约

第一节　中国已经缔约或签署的主要国际环境与资源保护公约

一、海洋环境保护

国际油污损害民事责任公约

（该公约于1969年11月29日订于布鲁塞尔，1975年6月19日生效。1980年1月30日中华人民共和国政府向国际海事组织秘书长交存接受书，同时声明：台湾当局盗用中国名义对该公约的签字和接受均属非法无效。该公约于1980年4月30日对我生效）

本公约各缔约国，

意识到由于遍及世界的海上载运散装油类而出现的污染危险，

确信有必要对由于船舶逸出或排放油类造成污染而遭受损害的人员给予适当的赔偿，

本着通过统一的国际规则和程序以便确定在上述情况下的责任问题，

并提供适当赔偿的愿望。

议定下列条款：

第一条

在本公约中：

1. 船舶，是指装运散装油类货物的任何类型的远洋船舶和海上船艇。
2. 人是指任何个人或合伙或任何公营或私营机构（不论是否法人），包括国家或其任何下属单位。
3. 船舶所有人，是指登记为船舶所有人的人，如果没有这种登记，则是指拥有该船的人。但如船舶为国家所有而由在该国登记为船舶经营人的公司所经营，船舶所有人即指这种公司。
4. 船舶登记国，就登记的船舶而言，是指对船舶进行登记的国家；就未登记的船舶而言，是指其船旗国。
5. 油类，是指任何持久性油类，例如原油、燃料油、重柴油、润滑油以及鲸油，不论是作为货物装运于船上，或是作为这类船舶的燃料。
6. 油污损害，是指由于船舶逸出或排放油类（不论这种逸出或排放发生在何处）后，在运油船舶本身以外因污染而产生的灭失或损害，并包括预防措施的费用以及由于采取预防措施而造成的进一步灭失或损害。
7. 预防措施，是指事件发生后为防止或减轻污染损害而由任何人所采取任何合理措施。
8. 事件，是指造成污染损害的任何事故，或是由于同一原因所引起的一系列事故。
9. 海协，是指政府间海事协商组织。

第二条

本公约仅适用于在缔约国领土和领海上发生的污染损害，和为防止或减轻这种损害而采取的预防措施。

第三条

1. 除本条第 2 款和第 3 款另有规定外，在事件发生时，或如事件包括一系列事故，则在此种事故第一次发生时，船舶所有人应对该事故引起的漏油或排油所造成的污染损害负责。

2. 船舶所有人如能证实损害系属于以下情况，便不得使之承担油污损害责任：

（1）由于战争行为、敌方行为、内战或武装暴动，或特殊的，不可避免的和不可抗拒性质的自然现象所引起的损害；

（2）完全是由于第三者有意造成损害的行为或不为所引起的损害；

（3）完全是由于负责灯塔或其他助航设备的政府或其他主管当局在执行其职责时的疏忽或其他过失行为所造成的损害。

3. 如果船舶所有人证明，污染损害完全或部分是由于遭受损害人有意造成损害的行为或不为所引起，或是由于该人的疏忽所造成，则该船舶所有人即可全部或部分地免除对该人所负的责任。

4. 不得要求船舶所有人对本公约没有规定的污染损害作出赔偿。不得要求船舶所有人的雇佣人员或代理人对本公约规定的其他污染损害作出赔偿。

5. 本公约的任何条款不得有损于船舶所有人向第三者要求赔偿的权利。

第四条

如果发生两艘或多艘船舶逸出或排放油类，因而造成油污损害时，则全部有关船舶的所有人除非依第三条免责，都应对按情理无法分开的损害负连带责任。

第五条

1. 船舶所有人有权将他依本公约对任何一个事件的责任，限定为按船舶吨位计算的赔偿总额每一吨二千法郎，但这种赔偿总额绝对不得超过二亿一千万法郎。

2. 如果事件由于船舶所有人实际过失或暗中参与所造成，船舶所有人便无权援用本条第 1 款规定的责任限度。

3. 为取得本条第 1 款规定的责任限制的权利，船舶所有人应在按第九条规定提出诉讼的任一缔约国的法院或其他主管当局设立相当于其责任限制总数的基金。建立该项基金可采取照数存入银行的方法，或是采取按设立基金的缔约国法律可以接受的、经法院或其他主管机关认可的银行担保或其他担保的方法。

4. 该项基金应在索赔人之间依其确定的索赔额比例分配。

5. 在分配基金以前，如船舶所有人或其他任何人员或代理人或向其提供保险或其他财务保证的任何人员，由于所述事件而支付油污损害赔偿，则上述人员在其支付数额范围内应以代位获得受偿人根据本公约所应享有的权利。

6. 本条第 5 款所规定的代位权，也可由该款所提到的人员以外对油污损害已支付任何赔偿金额的任何人行使，但这种代位权仅以所适用的国内法所许可者为限。

7. 如船舶所有人或任何其他人认定，他可能在以后被强制支付此种赔偿金额的全部或一部分，而如此项赔偿在基金被分配以前已经付出，该人便可依本条第 5 款或第 6 款享有代位权，则基金所在国法院或其他主管当局得命令暂时留出一个足够数目，使该人以后能向基金索赔。

8. 对因船舶所有人主动防止或减轻油污损害而引起的合理的费用或所作的合理牺牲所提出的索赔，应与其他索赔在基金分配中处于同等地位。

9. 本条所述法郎系指含有纯度为千分之九百的黄金 65.5 毫克的法郎。本条第 1 款所述金额，应根据设立基金之日基金所在国的货币与上述货币单位的比值，折合为基金所在国的货币。

10. 在本条中，船舶吨位应为净吨位再加上为计算净吨位而从总吨位中减除机舱部分的数额。对于不能按照标准的吨位丈量规则测定的船舶，其吨位应为该船所能装运油类的重量吨（每吨2240磅）的百分之四十。

11. 保险人或提供财务保证的其他人有权按照本条规定建立基金，其条件和效力与船舶所有人建立的基金相同。即使确有船舶所有人的过失或暗中参与，也可设立这项基金，但在这种情况下，基金的设立不应妨碍任何向船舶所有人索赔的权利。

第六条

1. 当船舶所有人在事件发生之后已按第五条规定设立一项基金，并有权限制其责任范围时，则：

（1）对上述事件造成的油污损害提出索赔的任何人，不得就其索赔对船舶所有人的任何其他财产行使任何权利；

（2）各缔约国的法院或其他主管当局，应下令退还由于对该事件造成的油污损害提出索赔而扣留的属于船舶所有人的任何船舶或其他财产，对为避免扣留而提出的保证或其他保证也同样应予退还。

2. 但上述规定只在索赔人能向管理基金的法院提出索赔，并且该项基金对他的索赔确能支付的情况之下，才可适用。

第七条

1. 在缔约国登记的载运二千吨以上散装货油的船舶的船舶所有人，必须进行保险或取得其财务保证，如银行保证或国际赔偿基金出具的证书等。保证数额按第五条第1款中规定的责任限度决定，以便按本公约规定承担其对油污损害所应负的责任。

2. 应对每一船舶颁发一项证书，证明该船按本公约规定进行的保险或取得其他财务保证具有实效。此项证书应由船舶登记国的有关当局在断定已符合本条第1款的要求之后颁发或证明。证书的格式以所附范本为准，并应包括下列各项：

（1）船名和船籍港；

（2）船舶所有人姓名及其主管营运地点；

（3）保证的类别；

（4）保险人或提供保证的其他人的姓名及其主要营业地点，交根据情况，包括所设立的保险或保证的营业地点；

（5）证书的有效期限不得长于保险或其他保证的有效期限。

3. 该证书应以颁发国的一种或数种官方文字颁发，如所用文字既非英文又非法文，则应包括译成该二种文字之一的译文。

4. 该证书应留在船上，并应将副本送交保存船舶登记记录的当局存档。

5. 一项保险或其他财务保证，如果不是由于本条第2款所述证明书上规定的该保险或保证的有效期限届满的原因，而是在向本条第4款所指的当局送交终止通知之日起未满三个月即予终止，除非该证书已送交上述有关当局，或在此期间内已签发新的证书，便应属于不符合本条的要求。上述规定应同样适用于保险或保证不再满足本公约的各项要求而作的任何修改。

6. 船舶登记国应按本条各项规定决定证书的签发条件和有效期限。

7. 一个缔约国当局签发或核证的证书，就本公约而言，其他各缔约国应予接受，并应认为与它们签发或核证的证书具有同等效力。如一缔约国认为，证书上所列的保险人或保证人在财力上不能承担本公约所规定的义务，则可随时要求与船舶登记国进行协商。

8. 对油污损害的任何索赔，可向承担船舶所有人油污损害责任的保险人或提供财务保证的其他人直接提出。在上述情况下，被告人可不问船舶所有人的实际过失或暗中参与而援用

第五条第 1 款所规定的责任限制。被告人可进一步提出船舶所有人本人有权援引的抗辩（船舶所有人已告破产或关闭者不在此例）。除此以外，被告人可以提出抗辩，说明油污损害是由于船舶所有人的有意的不当行为所造成，但不得提出他有权在船舶所有人向他提出的诉讼中所援引的抗辩。在任何情况下，被告人有权要求船舶所有人参加诉讼。

9. 按照本条第 1 款规定由保险或由其他财务保证所提供的任何款项，应仅用于根据本公约提出的索赔。

10. 除非根据本条第 2 款或第 12 款已予签发证书，各缔约国不得允许本条适用的悬挂其旗帜的船舶从事营运。

11. 除本条各项规定外，各缔约国应根据其国内法担保在本条第 1 款规定范围内的保险或其他保证，对于进入或驶离其领土的某一港口或抵达或驶离其领土范围内的某一海上终点站的任一船舶，不论该船在何处登记，只要它确实装有二千吨以上的散装货油，均属有效。

12. 如果为缔约国所有的船舶未进行保险或进行取得其他财务保证，本条与此有关的各项规定便不得适用于该船，但该船应备有一份由船舶登记国有关当局签发的证书，声明该船为该国所有，并在第五条第 1 款规定的限度内承担责任。上述证书应尽可能严格遵照本条第二款所规定的范本。

第八条

如果不能在损害发生之日起三年内提出诉讼，按本公约要求赔偿的权利即告失效。无论如何不得在引起损害的事件发生之日起六年后提出诉讼。如该事件包括一系列事故，六年的期限应自第一个事故发生之日起算。

第九条

1. 如已在一个或若干个缔约国领土（包括领海）内发生油污损害事件，或已在上述领土（包括领海）内采取防止或减轻油污损害的预防措施，赔偿诉讼便只能向上述一个或若干个缔约国法院提出。并于任何上述诉讼的适当通知，应均送交被告人。

2. 每一缔约国都应保证它的法院具有处理上述赔偿诉讼的必要管辖权。

3. 在按照第五条规定设立基金之后，基金所在国的法院可以独自决定有关基金分摊和分配的一切事项。

第十条

1. 由具有第九条所述管辖权的法院所作的任何判决，如可在原判决国实施而不再需通常的复审手续时，除下列情况外，应为各缔约国所承认：

（1）判决是以欺骗取得；

（2）未给被告人以适当的通知陈述其立场的公正机会。

2. 按本条第 1 款确认的判决，一经履行各缔约国所规定的各项手续之后，便应在各该国立即实施。在各项手续中不得允许重提该案的是非。

第十一条

1. 本公约各项规定，不适用于军舰或其他国家所有或经营的，在当时仅用于政府的非商业性服务的船舶。

2. 关于为一缔约国所有而用于商业的船舶，每一国家都应按受第九条所规定的管辖权范围内的控告，并放弃一切以主权国地位为根据的抗辩。

第十二条

本公约应代替施行中的或在本公约开放签字之日对签字、批准或加入事项保持开放的任何国际公约，但只限于与本公约有抵触者。但是，本条规定不影响根据上述国际公约产生的缔约国对非缔约国应负担的各项义务。

第十三条

1. 本公约将保持开放至 1970 年 12 月 31 日，以供签字，此后将继续开放以供接受。

2. 联合国或任何专门机构或国际原子能机构的成员国，或国际法院规约缔约国，可按下列方式成为本公约缔约国：

(1) 签字，并对批准、接受或承认不作保留；

(2) 签字并对批准、接受或承认作保留，随后予以批准、接受或承认；

(3) 加入。

第十四条

1. 批准、接受、承认或加入应以正式文件送交海协秘书长收存，方为有效。

2. 凡在本公约修正案对现有各缔约国生效之后，或在修正案生效所需各项措施对现有各缔约国已告完成之后交存的批准、接受、承认或加入的任何文件，应被认为适用于按修正案修改的公约。

第十五条

1. 本公约应自有八个国家政府已在公约上签字而对批准、接受或承认无所保留，或已将批准、接受、承认或加入的文件送交"海协"秘书长收存之后第九十天起生效。该八国中的五国应各拥有不少于一百万总吨位的油轮。

2. 对于以后批准、接受、承认或加入的每一国家，本公约应自该国交存相应文件之后第九十天起生效。

第十六条

1. 各缔约国在本公约对各该国生效之日以后，可随时退出本公约。

2. 退出本公约，应以文件送交"海协"秘书长收存方为有效。

3. 退出公约，应在"海协"秘书长收到文件后一年或文件中载明的较此为长的期限后开始生效。

第十七条

1. 联合国如系某一领土的管理当局，或本公约的任何缔约国如对某一领土的国际关系负责，便应尽早与该领土的相应当局协商或采取其他适当措施，使本公约扩大适用于上述领土，并可随时书面通知"海协"秘书长，声明本公约扩大适用于上述领土。

2. 本公约自收到通知之日或通知中指定之日起，扩大适用于通知中所述领土。

3. 根据本条第 1 款提出声明的联合国或任何缔约国，自本公约扩大适用于任何领土之日起，才可以随时书面通知"海协"秘书长，声明本公约终止扩大适用于通知中所述领土。

4. 自"海协"秘书长收到通知之日起一年后，或在通知中所载较此为长的期限后，本公约应终止扩大适用该通知中所述任何领土。

第十八条

1. 修订或修正本公约的会议可由"海协"召集。

2. 在不少于三分之一缔约国提出要求时，"海协"应召开缔约国代表会议，以修订或修正本公约。

第十九条

1. 本公约应送交"海协"秘书长收存。

2. "海协"秘书长应当：

(1) 将下列情况通知所有签字或接受本公约的国家；

①每一新的签字或文件的交存，以及交存文件的日期；

②退出本公约的任何文件的交存以及交存日期；

③按照第十七条第 1 款规定本公约对任何领土的扩大适用，和根据该条第 4 款的规定终止任何上述扩大适用，并注明每一扩大适用或终止扩大适用本公约的日期；

(2) 将本公约核证无误的副本分送签字和接受本公约的所有国家。

第二十条

本公约一经生效,"海协"秘书长便应将公约文本送交联合国秘书处,以便根据联合国宪章第 102 条进行登记与公布。

第二十一条

本公约原本一份,用英文和法文写成,两种文本具有同等效力。应制备俄文和西班牙文正式译本并与签字的原本一并存档。

为此,下列具名的各国政府正式授权的代表,特签署本公约,以昭信守。

1969 年 11 月 29 日订于布鲁塞尔。

附件:

关于油污损害民事责任保险或其他财务保证证书

根据 1969 年国际油污损害民事责任公约第七条各项规定发给。

船名 Name of Ship	船舶编号或呼号 Distinctive Number of Letters	船籍港 Port of Registry	船舶所有人名称及地址 Name and Address of Owner

兹证明,上述船舶按照 1969 年国际油污损害民事责任公约第七条的要求取得的保险单或其他财务保证是有效的。

保证的类别_____

保证的期限_____

保险人及/或保证人姓名和地址_____

姓名_____

地址_____

本证书有效期至_____由_____(颁发国全名)_____政府签发或证明_____年_____月_____日于_____(地点)

_____

(颁发或证明人员的签字和头衔)

注解:

1. 如果愿意,颁发国名称中可以包括颁发证书国家的主管机关名称。
2. 如保证总额由两个以上来源所提供,每一来源的数额应予说明。
3. 如果以若干方式提供保证,应将各种方式一一列举。
4. 填写"保证的期限"时必须注明该保证生效日期。

附录①

关于非油类污染的国际合作的决议

出席本届会议的各国代表,

在通过国际干预公海油污事件公约(以下简称本公约)时,注意到除油类以外其他物质也能引起污染;

确认本公约限于油类,并不意味着剥夺沿岸国保护其国家利益免受其他任何物质污染的任何权利;

在有关上述其他物质污染的国际文件生效之前,或是将本公约扩大到上述污染范围之前;

建议政府间海事协商组织,协同一切有关国际组织,就除油类以外的其他物质污染的一切方面加强其工作;

进一步建议，被卷入非油类污染危险的各缔约国就全面地或部分地采用本公约的各项规定进行合作。

关于建立国际油污损害赔偿基金的决议

1969年海上污染损害国际法律会议，

注意到1969年国际油污损害民事责任公约，虽然规定出严格责任的原则，并对装运散装油类的船舶规定强制提供保险或其他财务保证的制度，但不能在所有情况下对受害者给以充分的保护；

认识到在会议期间出现的下述意见，即认为属于国际基金性质的某种形式的补充措施是必要的，以保证大规模油污事件的受害者能得到足够的赔偿；

考虑到全体委员会为研究有关建立国际赔偿基金各项问题成立的工作小组所提交的报告，了解到会议在时间上已不可能对上述赔偿计划的各个方面进行充分的考虑；

要求政府间海事协商组织通过其法律委员会和其他适当法律机构，在建立国际基金的基础上，尽快研究起草一份赔偿计划草案。

考虑到在研究起草该项赔偿计划时，应注意以下列原则为基础：

1、应根据严格责任原则为基础的制度，使各受害者全部和充分地得到赔偿；

2、该基金在原则上应减轻船舶所有人由本公约所加予的额外经济负担；

要求政府间海事协商组织在不迟于1971年召开审议并通过上述新的赔偿计划的国际法律会议。

注：①关于油污损害民事责任保险或其他财务保证证书（略）

防止倾倒废物及其他物质污染海洋的公约

（1972年12月29日订于伦敦、墨西哥城、莫斯科和华盛顿，本公约于1975年8月30日生效　1985年12月15日对中国生效）

本公约各缔约国，

认识到海洋环境及赖以生存的生物对人类至关重要，确保对海洋环境进行管理使其质量和资源不致受到损害关系到全体人民的利益；

同时认识到海洋吸收废物与转化废物为无害物质以及使自然资源再生的能力不是无限的；

也认识到各国按照联合国宪章和国际法原则，有权依照本国的环境政策开发其资源，并有责任保证在其管辖或控制范围内的活动不致损害其他国家的环境或各国管辖范围以外区域的环境；

忆及联合国大会关于国家管辖范围以外海床洋底及其底土的原则的第2749（XXV）号决议；

注意到海洋污染有许多来源，诸如通过大气、河流、河口、出海口及管道的倾倒和排放；各国有必要采取最切实可行的办法防止这类污染，并发展能够减少需处置的有害废物数量的产品和处理办法；

确信国际间能够并且必须刻不容缓地采取行动，以控制由于倾倒废物而污染海洋，但此种行动不应排除尽快地讨论控制海洋污染其他来源的措施；

希望通过鼓励特定地理区域内具有共同利益的各国缔结适当的协定作为本公约的补充，以改进对海洋环境的保护。

兹协议如下：

第一条 各缔约国应个别地或集体地促进对海洋环境污染的一切来源进行有效的控制，并特别保证采取一切切实可行的步骤，防止因倾倒废物及其他物质污染海洋，因为这些物质可能危害人类健康，损害生物资源和海洋生物，破坏娱乐设施，或妨碍对海洋的其他合法利用。

第二条 各缔约国应按照下列条款的规定，依其科学、技术及经济的能力，个别地和集体地采取有效措施，以防止因倾倒而造成的海洋污染，并在这方面协调其政策。

第三条 为本公约的目的：

（一）1."倾倒"的含义是：

（1）任何从船舶、航空器、平台或其他海上人工构筑物上有意地在海上倾弃废物或其他物质的行为；

（2）任何有意地在海上弃置船舶、航空器、平台或其他海上人工构筑物的行为。

2."倾倒"不包括：

（1）船舶、航空器、平台或其他海上人工构筑物及其设备的正常操作所附带发生或产生的废物或其他物质的处置。但为了处置这种物质而操作的船舶、航空器、平台或其他海上人工构筑物所运载或向其输送的废物或其他物质，或在这种船舶、航空器、平台或构筑物上处理这种废物或其他物质所产生的废物或其他物质均除外；

（2）并非为了单纯处置物质而放置物质，但以这种放置不违反本公约的目的为限。

3.由于海底矿物资源的勘探、开发及相关的海上加工所直接产生的或与此有关的废物或其他物质的处置，不受本公约规定的约束。

（二）"船舶和航空器"系指任何类型的海、空运载工具，包括不论是否是自动推进的气垫船和浮动工具。

（三）"海"系指各国内水以外的所有海域。

（四）"废物或其他物质"系指任何种类、任何形状或任何式样的材料和物质。

（五）"特别许可证"系指按照附件二和附件三的规定，经过事先申请而特别颁发的许可证。

（六）"一般许可证"系指按照附件三规定，事先发放的许可证。

（七）"机构"系指各缔约国按照第十四条第（二）款的规定所指定的机构。

第四条 （一）按照本公约规定，各缔约国应禁止倾倒任何形式和状态的任何废物或其他物质，除非以下另有规定：

1.倾倒附件一所列的废物或其他物质应予禁止；

2.倾倒附件二所列的废物或其他物质需要事先获得特别许可证；

3.倾倒一切其他废物或物质需要事先获得一般许可证。

（二）在发放任何许可证之前，必须慎重考虑附件三中所列举的所有因素，包括对该附件第（二）款及第（三）款所规定的倾倒地点的特点的事先研究。

（三）本公约的任何规定不得解释为阻止某一缔约国在其所关心的范围内禁止倾倒未列入附件一的废物或其他物质。该缔约国应向该"机构"报告这类措施。

第五条 （一）在恶劣天气引起不可抗力的情况下，或对人命构成危险或对船舶、航空器、平台或其他海上人工构筑物构成实际威胁的任何情况下，当保证人命安全或船舶、航空器、平台或其他海上构筑物的安全确有必要时，如果倾倒是防止威胁的唯一办法，并确信倾倒所造成的损失将小于用其他办法而招致的损失，则不适用第四条的规定。进行这类倾倒活动应尽量减少对人类及海洋生物的损害，并应立即向该"机构"报告。

（二）当对人类健康造成不能容许的危险，并且没有其他可行的解决办法的紧急情况下，一缔约国可以作为第四条第（一）款第1项的例外而颁发特别许可证。在发给这类特别许可证之前，该缔约国应与可能涉及的任何国家及该"机构"协商，该"机构"在与其他缔约国及适当的国际组织协商后,应根据第十四条规定,立即建议该缔约国应采取的最适当的程序。该缔约国应于必须采取行动的时间内,并遵守避免损害海洋环境的普遍义务,而在最大可能范围内遵循这些建议,并报告该"机构"其所采取的行动。各缔约国保证在这类情况下互相帮助。

(三)任何一个缔约国在批准或加入该公约时或在此以后,可以放弃第(二)款规定的权利。

第六条 (一)每一缔约国应指定一个或数个适当的机关,以执行下列事项:

1. 颁发在倾倒附件二所列的物质之前及为倾倒这类物质,以及出现第五条第(二)款所规定的情况时所需要的特别许可证;
2. 颁发在倾倒一切其他物质之前及为倾倒这类物质所需要的一般许可证;
3. 记录许可倾倒的一切物质的性质和数量,以及倾倒的地点、时间和方法;
4. 为本公约的目的,个别地或协同其他缔约国和主管的国际组织对海域状况进行监测。

(二)缔约国的适当机关,应按第(一)款规定对于准备倾倒的下列物质预先颁发特别许可证或一般许可证:

1. 在其领土上装载的物质;
2. 在其领土上登记或悬挂其国旗的船舶或航空器所装载的物质,如果这类物质系在非本公约缔约国的领土上装载。

(三)根据上述第(一)款第1、2项规定颁发许可证时,适当机关应遵守附件三的规定以及其认为有关的其他标准、措施和要求。

(四)每一缔约国应直接地或通过根据区域协定设立的秘书处向该"机构"以及必要时向其他缔约国报告本条第(一)款第3、4项所规定的情报及按照本条第(三)款采用的标准、措施和要求。应遵循的程序及这类报告的性质应由各缔约国协商同意。

第七条 (一)每一缔约国应将为实施本公约所必要的措施应用于:

1. 在其领土上登记的或悬挂其国旗的所有船舶和航空器;
2. 在其领土上或领海内装载行将倾倒的物质的所有船舶和航空器;
3. 在其管辖下的被认为是从事倾倒活动的所有船舶和航空器,以及固定或浮动平台。

(二)每一缔约国应在其领土内采取适当的措施,以防止和处罚违反本公约规定的行为。

(三)各缔约国同意合作,以制订有效地适用本公约的程序,特别是适用于公海上的程序,其中包括报告所发现的违反本公约的规定进行倾倒活动的船舶和航空器的程序。

(四)本公约不适用于根据国际法享有主权豁免的船舶和航空器。但是每一缔约国应采取适当措施,确保其拥有或使用的这类船舶和航空器按照本公约的宗旨和目的行动,并应向该"机构"作出相应的报告。

(五)本公约的任何规定均不影响每一缔约国根据国际法原则采取防止海上倾倒的其他措施的权利。

第八条 为促进本公约各项目标的实现,对于保护某一特定地理区域的海洋环境有共同利益的各缔约国,应考虑到特定区域的特征,尽力达成与本公约一致的防止污染(特别是倾倒造成的污染)的区域协定。本公约各缔约国应尽力按这类区域协定的目标及规定行事,该"机构"应将这类协定通知各缔约国。本公约各缔约国应寻求与这类区域协定的各缔约国合作,以制订其他有关公约的缔约国所应遵守的协调程序。特别应注意在监测和科学研究方面的协作。

第九条 本公约各缔约国应通过该"机构"内以及其他国际团体内的协作,促进对在下列方面要求帮助的缔约国的支持:

(一)训练科学和技术人员;
(二)提供科学研究及监测所必需的设备和装置;

(三) 废物的处置和处理及其他防止或减轻倾倒引起的污染的措施；

并最好在有关国家内进行，以促进本公约的宗旨及目的。

第十条 依照一国因倾倒废物和其他各种物质而损害他国环境或任何其他区域的环境而承担责任的国际法原则，各缔约国应着手制订确定责任和解决因倾倒引起的争端的程序。

第十一条 各缔约国应在其第一次协商会议上考虑解决有关因解释及适用本公约引起的争端的程序。

第十二条 各缔约国保证，在各主管专门机构及其他国际团体内，促进为保护海洋环境免受下列物质污染而采取措施：

（一）包括油料在内的碳氢化合物及其废物；

（二）并非为倾倒的目的而由船舶运送的其他有害或危险物质；

（三）在船舶、航空器、平台及其他海上人工构筑物操作过程中产生的废物；

（四）包括源于船舶的各种来源的放射性污染物质；

（五）化学和生物战争制剂；

（六）由海底矿物资源的勘探、开发及相关的海上加工而直接产生的或与此有关的废物或其他物质。

同时各缔约国将在适当的国际组织内促进编订从事倾倒的船舶应使用的信号。

第十三条 本公约不影响依照联合国大会第 2750（XXV）号决议召开的联合国海洋法会议对海洋法的编纂和发展，也不影响任何国家现在或将来关于海洋法和沿岸国管辖权及船旗国管辖权的性质和范围的主张及法律观点。各缔约国同意在海洋法会议后，无论如何不迟于1976年，由该"机构"召开会议进行协商，以便确定沿岸国在邻接其海岸的区域中适用本公约的权利和责任的性质和范围。

第十四条 （一）在本公约生效后3个月内，作为公约保存国的大不列颠及北爱尔兰联合王国政府应召集一次缔约国会议，以决定有关组织事项。

（二）各缔约国应指定一个在上述会议召开时存在的主管"机构"，负责履行有关本公约的秘书处的职责。不是该"机构"成员国的本公约任何缔约国均应适当分担该"机构"在履行其职责中产生的费用。

（三）该"机构"的秘书处职责应包括：

1. 至少每两年召集一次缔约国协商会议，并根据2/3以上成员国的要求随时召集缔约国特别会议；

2. 与各缔约国及适当的国际组织协商，在制订与履行本条第（四）款第5项所述的程序中，进行准备并提供协助；

3. 考虑各缔约国的询问以及情报，与各缔约国及适当的国际组织协商，对本公约未专门规定的有关本公约的问题，向各缔约国提供建议；

4. 向有关缔约国转交该"机构"按照第四条第（三）款，第五条第（一）款、第（二）款，第六条第（四）款，第十五条，第二十一条规定所收到的所有通知；

在指定"机构"之前，为执行这些职责的目的，有必要由保存国，即大不列颠及北爱尔兰联合王国履行。

（四）各缔约国的协商会议或特别会议应不断审查本公约的履行情况，并且，除其他外可以：

1. 按照第十五条审查并通过对本公约及其附件的修正案；

2. 邀请适当的科学团体与各缔约国或该"机构"协作，并就有关本公约的任何科学或技术问题，特别是各附件的内容，提供咨询意见；

3. 接受并审议按照第六条第（四）款提出的报告；

4. 促进与防止海洋污染有关的区域性组织的协作以及这类组织间的协作；

5. 与适当的国际组织协商,以制定或通过第五条第(二)款所述程序,其中包括确定非常情况和紧急情况的基本标准,以及在这种情况下提供咨询意见和安全处置物质的程序,包括指定适当的倾倒区和提供相应的建议。

6. 考虑可能需要的任何其他行动。

(五)各缔约国在其第一次协商会议上应制订必要的议事规则。

第十五条

(一) 1. 在按第十四条规定召开的缔约国会议上,可以由到会的2/3多数通过对本公约的修正案。修正案在2/3的缔约国向该"机构"交存接受证书后第60天起对接受该修正案的缔约国生效。此后,该修正案在其他任何缔约国交存接受修正案的证书后第30天起,对该缔约国生效。

2. 该"机构"应通知所有缔约国关于根据第十四条规定召开特别会议的任何请求和在缔约国会议上通过的任何修正案,以及通过的每一修正案对每个缔约国生效的日期。

(二)对附件的修正应以科学或技术上的考虑为依据。在按第十四条规定召开的会议上,以到会2/3多数通过的对附件的修正案,应在每一缔约国通知该"机构"表示接受该修正案后对该缔约国立即生效,并在会议通过该修正案100天后对所有其他缔约国生效,但在100天期间内声明在当时不能接受该修正案的缔约国除外。在会议上通过修正案后,各缔约国应尽快向该"机构"表示它们接受修正案。一缔约国可以在任何时候以表示接受的声明来代替先前所作的反对声明,因而其先前反对过的修正案应立即对该缔约国生效。

(三)根据本条规定对修正案的接受或声明反对,均应向该"机构"交存证书。该"机构"应将上述证书的收讫,通知所有缔约国。

(四)在指定"机构"之前,此条中属于秘书处的职责应暂时由作为本公约保存国之一的大不列颠及北爱尔兰联合王国政府临时承担。

第十六条 本公约自1972年12月29日至1973年12月31日在伦敦、墨西哥城、莫斯科和华盛顿对所有国家开放签字。

第十七条 本公约须经批准。批准书应交墨西哥、苏维埃社会主义共和国联盟、大不列颠及北爱尔兰联合王国和美利坚合众国政府保存。

第十八条 1973年12月31日后,本公约应向所有其他国家开放加入。加入书应交墨西哥、苏维埃社会主义共和国联盟、大不列颠及北爱尔兰联合王国和美利坚合众国政府保存。

第十九条

(一)本公约应自第15份批准书或加入书交存后第30天生效。

(二)对于在交存第15份批准书或加入书后批准或加入本公约的各个缔约国,本公约应在该国交存批准书或加入书后第30天起对该缔约国生效。

第二十条 保存国应通知各缔约国:

(一)按照第十六条、第十七条、第十八条和二十一条规定关于本公约的签字以及批准书、加入书或退出书的交存情况;

(二)按照第十九条规定,关于本公约生效的日期。

第二十一条 任何缔约国可以在书面通知一保存后6个月退出本公约,该保存国应立即将这类通知告知所有缔约国。

第二十二条 本公约应交墨西哥、苏维埃社会主义共和国联盟、大不列颠及北爱尔兰联合王国和美利坚合众国政府保存,其英文、法文、俄文和西班牙文本具有同等效力。保存国应将经认证无误的副本分送所有国家。

下列各全权代表根据本国政府的正式授权签字于本公约,以昭信守。①

1972年12月29日订于伦敦、墨西哥城、莫斯科及华盛顿,共4份。

附件一

(一) 有机卤素化合物。

(二) 汞及汞化合物。

(三) 镉及镉化合物。

(四) 耐久塑料及其他耐久性合成材料,如渔网和绳索。这类物质能漂浮在海面或悬浮在水中,以致严重地妨碍捕鱼、航行或对海洋的其他合法利用。

(五) 为倾倒的目的而装在船上的原油及其废物、经提炼的石油产品、石油馏出物残渣,以及含上述任何物质的混合物②。

(六) 在这一领域的国际主管机构(目前是国际原子能机构)根据公共卫生、生物或其他理由,确定为不宜在海上倾倒的强放射性废物和其他强放射性物质。

(七) 为生物和化学战争制造的任何形态的物质(固体、液体、半液体、气体或活性物质)。

(八) 本附件的上述条款不适用于通过海中物理、化学或生物过程迅速地转化为无害的物质,其前提是这些物质不会:

1. 使可食用的海洋生物变味;或

2. 危及人类和家畜家禽的健康。

如果对这些物质的无害性持有疑问,缔约国可遵循第十四条规定的程序进行协商。

(九) 本附件不适用于含有上述第(一)至第(五)项所提及的物质之废物或其他材料(如阴沟淤泥和疏浚污物)的痕量沾污物。这类废物的倾倒相应地适用附件二和附件三的规定。

(十) 本附件第(一)款和第(五)款不适用于通过海上焚烧而处置的在这些款项中提及的废物或其他物质。在海上焚烧这类废物和其他物质需要事先获得特别许可证。在为焚烧颁发特别许可证时,缔约国应适用本附件的附录(此附录为本附件整体的一部分)所载"海上焚烧废物及其他物质的管理条例",并充分考虑各缔约国协商通过的"海上焚烧废物及其他物质管理技术指南"。③

---

① 签名已略。

② 第(五)款是由1980年召开的第五届缔约国协商会议作的修正。第(五)款原文为"(五)为倾倒的目的装在船上的原油、燃油、重柴油、润滑油和压舱水,以及含有这些产品的混合物。"此修正案于1981年3月11日生效。

③ 第(十)款由1978年召开的第三次缔约国协商会议加入原案文。此修正案于1979年3月11日生效。

附录①

海上焚烧废物及其他物质管理条例

第一部分

第一条 定义

为本附录的目的：

（一）"海洋焚烧设施"系指为在海上焚烧的目的而作业的船舶、平台、或其他人工构筑物。

（二）"海上焚烧"系指以热摧毁为目的而在海洋焚烧设施上有意地焚毁废物或其他物质的行为。船舶、平台或其他人工构筑物在正常操作中所附带发生的行为不在此定义范围内。

第二条 适用

（一）本条例的第二部分适用于下列废物或其他物质：

（1）附件一第（一）款提及的物质；

（2）附件一未包括的杀虫剂及其副产品。

（二）缔约国在按照本条例向海上焚烧颁发许可证之前应首先考虑选择实际已有的陆上处理、处置或消除的方法，或实际已有的可减轻废物或其他物质有害程度的处理方法。海上焚烧不应被解释为阻止为找到对环境来说更好的解决方法（包括发展新技术）而做出努力。

（三）除了本条第（一）款所提到的，附件一第（十）款和附件二第（五）款提及的废物或其他物质的海上焚烧应根据颁发特别许可证的缔约国的意愿加以管理。

（四）焚烧本条第（一）款和第（三）款未提到的废物或其他物质应获得一般许可证。

（五）在颁发本条第（三）款和第（四）款中提及的许可证时，缔约国应充分考虑本条例所有可适用的条款，并充分考虑"海上焚烧废物和其他物质管理技术指南"中与此项废物有关的内容。

第二部分

第三条 焚烧系统的批准和检查

（一）对每一个建议的海洋焚烧设施的焚烧系统均应附诸下列检查。按照本公约第七条第（一）款的规定，准备颁发焚烧许可证的缔约国应确保完成对即将使用的海洋焚烧设施的检查，焚烧系统应符合本条例的规定。如首次检查是根据某一缔约国的指令进行的，则该缔约国应颁发一个规定试验要求的特别许可证。每次检查的结果应记录在检查报告中。

①首次检查应确保在焚烧废物或其他物质的过程中燃烧摧毁率超过 99.9%。

②作为这种首次检查的一部分，指示进行这种检查的国家应：

1）批准温度测量装置的选址、型号和使用方式；

2）批准气体取样系统，包括探头位置，分析装置和记录方式；

3）确保如果温度降到最低许可温度以下，批准的装置的安装应能自动停止向焚烧炉添加废物；

4）确保除通过焚烧炉的正常作业进行处置外，不得通过其他海洋焚烧设施处置废物或其他物质；

5）批准可控制并记录废物和燃料添加速率的装置；

6）通过使用行将被焚烧的典型废物进行仔细的炉身监测试验的方法，包括对 O_2、CO、CO_2、卤化有机物含量，以及碳氢化合物总量的测定，来确认焚烧系统的运转情况。

③应至少每两年对焚烧系统进行一次检查以确保焚烧炉继续符合本条例的规定。两年一

---

① 本附录作为一个修正案于1978年第三次缔约国协商会议与附件一第（十）款一起通过。此修正案于1979年3月11日生效。

度的检查范围应基于对过去两年中作业数据和维修记录的评价。

（二）在一次检查令人满意地结束之后，如认为焚烧系统与本条例的规定相符，缔约国应颁发一项批准书，并附有一份检查报告。其他缔约国应对一缔约国所颁发的批准书予以承认，除非有明显的理由相信该焚烧系统不符合本条例的规定。每次颁发的批准书和检查报告均应向该"机构"提交一份副本。

（三）在任何一次检查完成之后，未经颁发批准书的缔约国同意，不得作出可影响焚烧系统运转的重大改变。

第四条 需特别研究的废物

（一）在某一缔约国对建议焚烧的废物或其他物质之热摧毁程度表示怀疑的情况下，应进行尝试性试验。

（二）在某一缔约国准备允许焚烧废物或其他物质而对燃烧效率存在疑虑的情况下，应对焚烧系统进行和首次焚烧系统检查同样仔细的炉身检查。应考虑对颗粒进行取样，并考虑到废物的固体含量。

（三）最低许可火焰温度应为第五条中所列的温度，除非对海洋焚烧设施进行的试验结果表明所需的燃烧和摧毁速率可以较低的温度进行。

（四）应将本条第（一）（二）（三）款中提及的特别研究结果记录下来并附在检查报告后。特别研究的结果应向该"机构"提交一份副本。

第五条 操作要求

（一）应控制焚烧系统的操作，以确保废物或其他物质的焚烧在不低于摄氏 1250 度的火焰温度下进行，但第四条所述情况除外。

（二）燃烧效率应至少是 99.95±0.05%，基于：

燃烧效率＝$(C_{CO_2}-C_{CO})/(C_{CO_2})\times 100$

其中 C_{CO_2}＝燃烧气体中二氧化碳的浓度；

C_{CO}＝燃烧气体中一氧化碳的浓度。

（三）炉台上不应有黑烟或火焰延露。

（四）海洋焚烧设施在焚烧的任何时候都应对无线电呼叫迅速作出反应。

第六条 记录装置和记录

（一）海洋焚烧设施应使用根据第三条批准的记录装置和方法。作为最低要求，在每次焚烧作业中，应记录下列数据并留待颁发许可证的缔约国进行检查：

①用批准的温度测量装置进行的连续温度测量；

②焚烧的日期和时间及对被焚烧的废物的记录；

③用适当导航手段记录的船舶位置；

④对废物和燃料的添加速率——液状废物和燃料则是流动速率，应作连续记录；后一要求不适用于在 1979 年 1 月 1 日或以前作业的船舶；

（5）燃烧气体中 CO 和 CO_2 的浓度；

（6）船舶的航线和速度。

（二）由缔约国依照第三条颁发的批准书和准备的检查报告副本，以及为在设施上焚烧废物和其他物质而颁发的焚烧许可证副本应保留在海洋焚烧设施所在地。

第七条 对焚烧废物性质的控制

海上焚烧废物或其他物质的许可申请应包括废物或其他物质特性的情况。这些情况应能够符合第九条的要求。

第八条 焚烧场地

（一）在制订指导焚烧场地选划标准时需考虑的规定，除公约附件三所列之外，应包括以下规定：

①该地区的大气扩散特性，——包括风速和风向，大气稳定性，转化频率和雾，降水种类和降水量，湿度——以确定从海洋焚烧设施释放出来的污染物质对周围环境的潜在影响，特别注意大气将污染物搬运到沿岸区地的可能性；

②该地区的海洋扩散特性，以评价卷流与水面相互作用的潜在影响；

③现有的导航手段。

（二）指定的永久性焚烧区的坐标应广为散发并提交该"机构"。

第九条　通知

缔约国应遵守各方协商通过的通知程序。

附件二

为了第六条第（一）款第 1 项的目的，需对下列物质和材料特别加以注意：

（一）含有大量下列物质的废物：

砷及其化合物；

铅及其化合物；

铜及其化合物；

锌及其化合物；

有机硅化合物；

氰化物；

氟化物；

未列入附件一的杀虫剂及其副产品。

（二）在颁发倾倒大量酸和碱的许可证时，应考虑到这些废物中可能含有第（一）款所列的物质以及下列其他物质：

1. 铍及其化合物；

2. 铬及其化合物；

3. 镍及其化合物；

4. 钒及其化合物；

（三）容易沉于海底，可能对捕鱼或航行造成严重障碍的容器，废金属及其他笨重的废物。

（四）未列入附件一的放射性废物或其他放射性物质，在发给倾倒这些物质的许可证时，缔约国应充分考虑这一领域的国际主管机构（目前是国际原子能机构）的建议。

（五）在为焚烧本附件所列物质和材料颁发特别许可证时，缔约国应适用附件一的附录所载"海上焚烧废物及其他物质管理条例"并充分考虑各缔约国协商通过的"海上焚烧废物及其他物质管理技术指南"并达到这些条例和指南的规定。①

（六）尽管是无毒性的物质，也可以因倾倒量过大而变得有害，或是易于严重损害娱乐设施的物质。②

---

① 此附加款作为一个修正案于 1979 年召开的第三次缔约国协商会议通过。此修正案于 1979 年 3 月 11 日生效。

② 此附加款作为一个修正案于 1980 年召开的第五次缔约国协商会议通过。此修正案于 1981 年 3 月 11 日生效。

附件三

考虑到第四条第（二）款的规定，在为签发海上倾倒物质许可证制订标准时，需要考虑的规定包括：

（一）物质的特性及成分

1. 考虑到第四条第（二）款的规定，在为签发海上倾倒物质许可证制订标准时，需要考虑的规定包括：

（一）物质的特性及成分

1. 倾倒物质的总量及平均成分（例如每年的）；
2. 形态，例如：固体、污泥、液体或气体；
3. 性质：物理的（例如：可溶性与比重），化学与生物化学的（例如：需氧量、营养物）以及生物学的（例如：病毒、细菌、酵母寄生虫的存在）；
4. 毒性；
5. 持续性：物理的、化学的及生物学的；
6. 在生物物质或沉积物中的积累及生物变化；
7. 对物理、化学、生物化学变化的敏感性及其在水中与其他溶解了的有机物和无机物的相互作用；
8. 导致某些资源（鱼、贝类等）销售量减少的污染或其他变化的可能性。

（二）倾倒地点及堆积方法的特点

1. 位置（例如：倾倒区的座标、深度及距海岸的距离），位置与其他区域（例如：娱乐区、产卵区、索饵区、捕鱼区及可开发资源区）的关系；
2. 每一特定时间的处置率（例如：每日、每周、每月的数量）；
3. 包装及密封的方法（如果有的话）；
4. 通过建议的释放方法而得到的初步稀释；
5. 消散的特性（例如：潮流、潮汐和风对水平输送及垂直混合的影响）；
6. 水的特性（例如：温度、酸碱度、盐度、跃层、污物氧气的指数——溶解氧、化学耗氧量、生化需氧量，以有机及矿物形态存在的氮，包括氨、悬浮物、其他营养物和生产能力）；
7. 海底的特征（例如：地形、地质与地质化学特征以及生物生产能力）；
8. 该区域以前倾倒的其他物质的存在及影响（例如：以前倾倒物中的重金属含量及有机碳含量）。
9. 签发倾倒许可证时，各缔约国必须考虑到是否具备充分的科学依据，以便按照本附件的规定评价这种倾倒的后果，同时还要考虑到季节的变化。

（三）一般的考虑与条件

1. 对娱乐设施可能产生的影响（例如：漂浮物或搁浅物质的存在、混浊、不好的气味、变色、泡沫）；
2. 对海洋生物、鱼、贝类养殖、鱼类和渔业，以及海藻的培植和收获可能产生的影响；
3. 对海洋其他用途可能产生的影响（例如：对工业用水质量的损害、建筑物的水下腐蚀、漂浮物对船舶操作的障碍、废物或固体物质在海底的堆积对捕鱼或航行的障碍以及为科学或资源养护的目的对特别重要区域的保护所构成的障碍）；
4. 实际上是否另有在陆地上处理、处置或清除的方法，或者可使倾倒入海的物质减少危害性的处理方法。

二、危险废物的控制

控制危险废物越境转移及其处置巴塞尔公约

（1989年3月22日订于巴塞尔，本公约于1992年5月5日生效，中华人民共和国政府代表于1990年3月22日签署本公约，1991年12月17日交存批准书，本公约于1992年8月20日对我生效）

序言

本公约缔约方，

意识到危险废物和其他废物及其越境转移对人类和环境可能造成的损害，

铭记着危险废物和其他废物的产生、其复杂性和越境转移的增长对人类健康和环境所造成的威胁日趋严重，

又铭记着保护人类健康和环境免受这类废物的危害的最有效方法是把其产生的数量和（或）潜在危害程度减至最低限度，

深信各国应采取必要措施，以保证危险废物和其他废物的管理包括其越境转移和处置符合保护人类健康和环境的目的，不论处置场所位于何处，

注意到各国应确保产生者必须以符合环境保护的方式在危险废物和其他废物的运输和处置方面履行义务，不论处置场所位于何处，

充分确认任何国家皆享有禁止来自外国的危险废物和其他废物进入其领土或在其领土内处置的主权权利，

又确认人们日益盼望禁止危险废物的越境转移及其在其他国家特别是在发展中国家的处置，

深信危险废物和其他废物应尽量在符合对环境无害的有效管理下，在废物产生国的国境内处置，

又意识到这类废物从产生国到任何其他国家的越境转移应仅在进行此种转移不致危害人类健康和环境并遵照本公约各项规定的情况下才予以许可，

认为加强对危险废物和其他废物越境转移的控制将起到鼓励其无害于环境的处置和减少其越境转移量的作用，

深信各国应采取措施，适当交流有关危险废物和其他废物来往于那些国家的越境转移的资料并控制此种转移，

注意到一些国际和区域协定已处理了危险货物过境方面保护和维护环境的问题，

考虑到《联合国人类环境会议宣言》（1972年，斯德哥尔摩）和联合国环境规划署（环境署）理事会1987年6月17日第14/30号决定通过的《关于危险废物环境无害管理的开罗准则和原则》、联合国危险物品运输问题专家委员会的建议（于1957年拟定后，每两年订正一次）、在联合国系统内通过的有关建议、宣言、文书和条例以及其他国际和区域组织内部所做的工作和研究，

铭记着联合国大会第三十七届（1982年）会议所通过的《世界大自然宪章》的精神、原则、目标和任务乃是保护人类环境和养护自然资源方面的道德准则，

申明各国有责任履行其保护人类健康和保护及维护环境的国际义务并按照国际法承担

责任,

确认在一旦发生对本公约或其任何议定书条款的重大违反事件时,则应适用有关的国际条约法的规定,

意识到必须继续发展和实施无害于环境的低废技术、再循环方法、良好的管理制度,以便尽量减少危险废物和其他废物的产生,

又意识到国际上日益关注严格控制危险废物和其他废物越境转移的必要性,以及必须尽量把这类转移减少到最低限度,

对危险废物和其他废物越境转移中存在的非法运输问题表示关切,

并考虑到发展中国家管理危险废物和其他废物的能力有限,

确认有必要按照开罗准则和环境署理事会关于促进环境保护技术的转让的第 14/16 号决定的精神,促进特别向发展中国家转让技术,以便对于本国产生的危险废物和其他废物进行无害管理,

并确认应该按照有关的国际公约和建议从事危险废物和其他废物的运输,

并深信危险废物和其他废物的越境转移应仅仅在此种废物的运输和最后处置对环境无害的情况下才给予许可,和

决心采取严格的控制措施来保护人类健康和环境,使其免受危险废物和其他废物的产生和管理可能造成的不利影响,

兹协议如下:

第 1 条　本公约的范围

1. 为本公约的目的,越境转移所涉下列废物即为"危险废物":

(a) 属于附件一所载任何类别的废物,除非它们不具备附件三所列的任何特性;

(b) 任一出口、进口或过境缔约方的国内立法确定为或视为危险废物的不包括在(a)项内的废物。

2. 为本公约的目的,越境转移所涉载于附件二的任何类别的废物即为"其他废物"。

3. 由于具有放射性而应由专门适用于放射性物质的国际管制制度包括国际文书管辖的废物不属于本公约的范围。

4. 由船舶正常作业产生的废物,其排放已由其他国际文书做出规定者,不属于本公约的范围。

第 2 条　定义

为本公约的目的:

1. "废物"是指处置的或打算予以处置的或按照国家法律规定必须加以处置的物质或物品;

2. "管理"是指对危险废物或其他废物的收集、运输和处置,包括对处置场所的事后处理;

3. "越境转移"是指危险废物或其他废物从一国的国家管辖地区移至或通过另一国的国家管辖地区的任何转移,或移至或通过不是任何国家的国家管辖地区的任何转移,但该转移须涉及至少两个国家;

4. "处置"是指本公约附件四所规定的任何作业;

5. "核准的场地或设施"是指经该场地或设施所在国的有关当局授权或批准从事危险废物或其他废物处置作业的场地或设施;

6. "主管当局"是指由一缔约方指定在该国认为适当的地理范围内负责接收第 6 条所规定关于危险废物或其他废物越境转移的通知及任何有关资料并负责对此类通知做出答复的一个政府当局;

7. "联络点"是指第 5 条所指一缔约方内负责接收和提交第 13 条和第 15 条所规定的资

料的一个实体；

8. "危险废物或其他废物的环境无害管理"是指采取一切可行步骤，确保危险废物或其他废物的管理方式将能保护人类健康和环境，使之免受这类废物可能产生的不利后果；

9. "在一国国家管辖下的区域"是指任何陆地、海洋或空间区域，在该区域范围内一国按照国际法就人类健康或环境的保护方面履行行政和管理上的责任；

10. "出口国"是指危险废物或其他废物越境转移起始或预定起始的缔约方；

11. "进口国"是指作为危险废物或其他废物进行或预定进行越境转移的目的地的缔约方，以便在该国进行处置，或装运到不属于任何国家管辖的区域内进行处置；

12. "过境国"是指危险废物或其他废物转移中通过或计划通过的除出口国或进口国之外的任何国家；

13. "有关国家"是指出口缔约方或进口缔约方，或不论是否缔约方的任何过境国；

14. "人"是指任何自然人或法人；

15. "出口者"是指安排危险废物或其他废物的出口、在出口国管辖下的任何人；

16. "进口者"是指安排危险废物或其他废物的进口、在进口国管辖下的任何人；

17. "承运人"是指从事危险废物或其他废物运输的任何人；

18. "产生者"是指其活动产生了危险废物或其他废物的任何人，或者，如果不知此人为何人，则指拥有和（或）控制着那些废物的人；

19. "处置者"是指作为危险废物或其他废物装运的收货人并从事该废物处置作业的任何人；

20. "政治和（或）经济一体化组织"是指由一些主权国家组成的组织，它得到其成员国授权处理与本公约有关的事项，并经按照其内部程序正式授权签署、批准、接受、核准、正式确认或加入本公约；

21. "非法运输"是指第9条所指的对危险废物或其他废物的任何越境转移。

第 3 条　国家对危险废物的定义

1. 每一缔约方在成为本公约缔约方的 6 个月内，应将附件一和附件二所列之外的、但其国家立法视为或确定为危险废物的废物名单连同有关适用于这类废物的越境转移程序的任何规定通知本公约秘书处；

2. 每一缔约方应随后将它依据第 1 款提供的资料的任何重大变更情况通知秘书处；

3. 秘书处应立即将它依据第 1 和第 2 款收到的资料通知所有缔约方；

4. 各缔约方应负责将秘书处递送的第 3 款之下的资料提供给本国的出口者。

第 4 条　一般义务

1. （a）各缔约方行使其权利禁止危险废物或其他废物进口处置时，应按照第 13 条的规定将其决定通知其他缔约方。

（b）各缔约方在接获按照以上（a）项发出的通知后，应禁止或不许可向禁止这类废物进口的缔约方出口危险废物和其他废物。

（c）对于尚未禁止进口危险废物和其他废物的进口国，在该进口国未以书面同意某一进口时，各缔约方应禁止或不许可此类废物的出口。

2. 各缔约方应采取适当措施：

（a）考虑到社会、技术和经济方面，保证将其国内产生的危险废物和其他废物减至最低限度；

（b）保证提供充分的处置设施用以从事危险废物和其他废物的环境无害管理，不论处置场所位于何处，在可能范围内，这些设施应设在本国领土内；

（c）保证在其领土内参与危险废物和其他废物管理的人员视需要采取步骤，防止在这类管理工作中产生危险废物和其他废物的污染，并在产生这类污染时，尽量减少其对人类健康

和环境的影响;

(d) 保证在符合危险废物和其他废物的环境无害和有效管理下,把这类废物越境转移减至最低限度,进行此类转移时,应保护环境和人类健康,免受此类转移可能产生的不利影响;

(e) 禁止向属于一经济和(或)政治一体化组织而且在法律上完全禁止危险废物或其他废物进口的某一缔约方或一组缔约方,特别是发展中国家,出口此类废物,或者,如果有理由相信此类废物不会按照缔约方第一次会议决定的标准以环境无害方式加以管理时,也禁止向上述国家进行此种出口;

(f) 规定向有关国家提供附件五—A 所要求的关于拟议的危险废物和其他废物越境转移的资料,详细说明拟议的转移对人类健康和环境的影响;

(g) 如果有理由相信危险废物和其他废物将不会以对环境无害的方式加以管理时,防止此类废物的进口;

(h) 直接地并通过秘书处同其他缔约方和其他有关组织合作从事各项活动,包括传播关于危险废物和其他废物越境转移的资料,以期改善对这类废物的环境无害管理并防止非法运输。

3. 各缔约方认为危险废物或其他废物的非法运输为犯罪行为。

4. 各缔约方应采取适当的法律、行政和其他措施,以期实施本公约的各项规定,包括采取措施以防止和惩办违反本公约的行为。

5. 缔约方应不许可将危险废物或其他废物从其领土出口到非缔约方,亦不许可从一非缔约方进口到其领土。

6. 各缔约方协议不许可将危险废物或其他废物出口到南纬60°以南的区域处置,不论此类废物是否涉及越境转移。

7. 此外,各缔约方还应:

(a) 禁止在其国家管辖下所有的人从事危险废物或其他废物的运输或处置工作,但得到授权或许可从事这类工作的人不在此限;

(b) 规定涉及越境转移的危险废物和其他废物需按照有关包装、标签和运输方面普遍接受和承认的国际规则和标准进行包装、标签和运输,并应适当计及国际上公认的有关惯例;

(c) 规定在危险废物和其他废物的越境转移中,从越境转移起点至处置地点皆须随附一份转移文件。

8. 每一缔约方应规定,拟出口的危险废物或其他废物必须以对环境无害的方式在进口国或他处处理。公约所涉废物的环境无害管理技术导则应由缔约方在其第一次会议上决定。

9. 各缔约方应采取适当措施,以确保危险废物和其他废物的越境转移仅在下列情况下才予以许可:

(a) 出口国没有技术能力和必要的设施、设备能力或适当的处置场所以无害于环境而且有效的方式处置有关废物;或

(b) 进口国需要有关废物作为再循环或回收工业的原材料;或

(c) 有关的越境转移符合由缔约方决定的其他标准,但这些标准不得背离本公约的目标。

10. 产生危险废物和其他废物的国家遵照本公约以环境无害方式管理此种废物的义务不得在任何情况下转移到进口国或过境国。

11. 本公约不妨碍一缔约方为了更好地保护人类健康和环境而实施与本公约条款一致并符合国际法规则的其他规定。

12. 本公约的任何规定不应在任何方面影响各国对其按照国际法确定的领海的主权,以及按照国际法各国对其专属经济区及其大陆架拥有的主权权利和管辖权,以及按照国际法规定并在各有关国际文书上反映的所有国家的船只和飞机所享有的航行权和航行自由。

13. 各缔约方应承担定期审查是否可能把输往其他国家尤其是发展中国家的危险废物和其

他废物的数量和（或）污染潜力减低。

第 5 条 指定主管当局和联络点

各缔约方应为促进本公约的实施：

1. 指定或设立一个或一个以上主管当局以及一个联络点。过境国则应指定一个主管当局接受通知书。

2. 在本公约对本国生效后 3 个月内通知本公约秘书处，说明本国已指定哪些机构作为本国的联络点和主管当局。

3. 在做出变动决定的一个月内，将其有关根据以上第 2 款所指定机构的任何变动通知本公约秘书处。

第 6 条 缔约方之间的越境转移

1. 出口国应通过出口国主管当局的渠道以书面通知或要求产生者或出口者将危险废物或其他废物任何拟议的越境转移书面通知有关国家的主管当局。该通知书应以进口国可接受的一种语文载列附件五—A 所规定的声明和资料。仅需向每个有关国家发送一份通知书。

2. 进口国应以书面答复通知者，表示无条件或有条件同意转移，不允许转移、或要求进一步资料。进口国最后答复的副本应送交有关缔约方的主管当局。

3. 出口缔约方在得到书面证实下述情况之前不应允许产生者或出口者开始越境转移：

（a）通知人已得到进口国的书面同意；并且

（b）通知人已得到进口国证实存在一份出口者与处置者之间的契约协议，详细说明对有关废物的环境无害管理办法。

4. 每一过境缔约方应迅速向通知人表示收到通知。它可在收到通知后 60 天内以书面答复通知人表示无条件或有条件同意转移、不允许转移、或要求进一步资料。出口国在收到过境国的书面同意之前，应不准许开始越境转移。不过，如果在任何时候一缔约方决定对危险废物或其他废物的过境转移一般地或在特定条件下不要求事先的书面同意，或修改它在这方面的要求，该国应按照第 13 条立即将此决定通知其他缔约方。在后一情况下，如果在过境国收到某一通知后 60 天内，出口国尚未收到答复，出口国可允许通过该过境国进行出口。

5. 废物的越境转移在该废物只被：

（a）出口国的法律确定为或视为危险废物时，对进口者或处置者及进口国适用的本条第 9 款的各项要求应分别比照适用于出口者和出口国；

（b）进口国或进口和过境缔约方的法律确定为或视为危险废物时，对出口者和出口国适用的本条第 1、3、4、6 款应分别比照适用于进口者或处置者和进口国；或

（c）过境缔约方的法律确定为或视为危险废物时，第 4 款的规定应对该国适用。

6. 出口国可经有关国家书面同意，在具有同一物理化学特性的危险废物或其他废物通过出口国的同一出口海关并通过进口国的同一进口海关——就过境而言，通过过境国的同一进口和出口海关——定期装运给同一个处置者的情况下，允许产生者或出口者使用一总通知。

7. 有关国家可书面同意使用第 6 款所指的总通知，但需提供某些资料，例如关于预定装运的危险废物或其他废物的确切数量或定期清单。

8. 第 6 和第 7 款所指的总通知和书面同意可适用于最多在 12 个月期限内的危险废物或其他废物的多次装运。

9. 各缔约方应要求每一个处理危险废物或其他废物越境转移的人在发送或收到有关危险废物时在运输文件上签名。缔约方还应要求处置者将他已收到危险废物的情况，并在一定时候将他完成通知书上说明的处置的情况通知出口者和出口国主管当局。如果出口国内部没有收到这类资料，出口国主管当局或出口者应将该情况通知进口国。

10. 本条所规定的通知和答复皆应递送有关缔约方的主管当局或有关非缔约方的适当政府当局。

11. 危险废物或其他废物的任何越境转移都应有保险、保证或进口或过境缔约方可能要求的其他担保。

第 7 条 从一缔约方通过非缔约方的越境转移

本公约第 6 条第 1 款应比照适用于从一缔约方通过非缔约方的危险废物或其他废物的越境转移。

第 8 条 再进口的责任

在有关国家遵照本公约规定已表示同意的危险废物或其他废物的越境转移未能按照契约的条件完成的情况下，如果在进口国通知出口国和秘书处之后 90 天内或在有关国家同意的另一期限内不能做出环境上无害的处置替代安排，出口国应确保出口者将废物运回出口国。为此，出口国和任何过境缔约方不应反对、妨碍或阻止该废物运回出口国。

第 9 条 非法运输

1. 为本公约的目的，任何下列情况的危险废物或其他废物的越境转移：
（a）没有依照本公约规定，向所有有关国家发出通知；或
（b）没有依照本公约规定得到一个有关国家的同意；或
（c）通过伪造、谎报或欺诈而取得有关国家的同意；或
（d）与文件有重大出入；或
（e）违反本公约以及国际法的一般原则，造成危险废物或其他废物的蓄意处置（例如倾卸），均应视为非法运输。

2. 如果危险废物或其他废物的越境转移由于出口者或产生者的行为而被视为非法运输，则出口国应确保在被告知此种非法运输情况后 30 天内或在有关国家可能商定的另一限期内，将有关的废物做出下述处理：
（a）由出口者或产生者或必要时他自己运回出口国，或如不可行，则
（b）按照本公约的规定另行处置。
为此目的，有关缔约方不应反对、妨碍或阻止将那些废物退回出口国。

3. 如果危险废物或其他废物的越境转移由于进口者或处置者的行为而被视为非法运输，则进口国应确保在它知悉此种非法运输情况后 30 天内或在有关国家可能商定的另一限期内，由进口者或处置者或必要时由自己将有关的此类废物以对环境无害方式加以处置。为此目的，有关的缔约方应进行必要的合作，以便以环境无害的方式处置此类废物。

4. 如果非法运输的责任既不能归于出口者或产生者，也不能归于进口者或处置者，则有关缔约方或其他适当的缔约方应通过合作，确保有关的此类废物尽快以对环境无害的方式在出口国或进口国或在其他适宜的地方进行处置。

5. 每一缔约方应采取适当的国家、国内立法，防止和惩办非法运输。各缔约方为实现本条的目标而通力合作。

第 10 条 国际合作

1. 各缔约方应互相合作，以便改善和实现危险废物和其他废物的环境无害管理。

2. 为此，各缔约方应：
（a）在接获请求时，在双边或多边的基础上提供资料，以期促进危险废物和其他废物的环境无害管理，包括协调对危险废物和其他废物的适当管理的技术标准和规范；
（b）合作监测危险废物的管理对人类健康和环境的影响；
（c）在不违反其国家法律、条例和政策的情况下，合作发展和实施新的环境无害低废技术并改进现行技术，以期在可行范围内消除危险废物和其他废物的产生，求得确保其环境无害管理的更实际有效的方法，其中包括对采用这类新的或改良的技术所产生经济、社会和环境效果的研究；
（d）在不违反其国家法律、条例和政策的情况下，就转让涉及危险废物和其他废物无害

环境管理的技术和管理体制方面积极合作。它们还应合作促进各缔约方特别是那些在这方面可能需要并要求技术援助的国家的技术能力；

(e) 合作制定适当的技术导则和（或）业务规范。

3. 各缔约方应采取适当手段从事合作，以协助发展中国家执行第 4 条第 2 款（a）、（b）和（c）项。

4. 考虑到发展中国家的需要，鼓励各缔约方之间和有关国际组织之间进行合作，以促进特别是提高公众认识，发展对危险废物和其他废物的无害管理和采用新的低废技术。

第 11 条 双边、多边和区域协定

1. 尽管有第 4 条第 5 款的规定，各缔约方可同其他缔约方或非缔约方缔结关于危险废物或其他废物越境转移的双边、多边或区域协定或协议，只要此类协定或协议不减损本公约关于以对环境无害方式管理危险废物和其他废物的要求。这些协定或协议应特别考虑到发展中国家的利益，对无害于环境方面作出的规定不应低于本公约的有关规定。

2. 各缔约方应将第 1 款所指的任何双边、多边和区域协定和协议，以及它们在本公约对其生效之前缔结的旨在控制纯粹在此类协定的缔约方之间的危险废物和其他废物越境转移的双边、多边和区域协定和协议通知秘书处。本公约各条款不应影响遵照此种协定进行的越境转移，只要此种协定符合本公约关于以对环境无害的方式管理危险废物和其他废物的要求。

第 12 条 关于责任问题的协商

各缔约方应进行合作，以期在可行时尽早通过一项议定书，就危险废物和其他废物越境转移和处置所引起损害的责任和赔偿方面制定适当的规则和程序。

第 13 条 递送资料

1. 各缔约方应保证，一旦获悉危险废物和其他废物在越境转移及其处置过程中发生意外，可能危及其他国家的人类健康和环境时，立即通知有关国家。

2. 各缔约方应通过秘书处彼此通知下列情况：

(a) 依照第 5 条作出的关于指定主管当局和（或）联络点的更动；

(b) 依照第 3 条作出的国家对于危险废物的定义的修改，和尽快告知；

(c) 由他们做出的全部或局部不同意将危险废物或其他废物进口到他们国家管辖范围内的地区内处置的决定；

(d) 由他们做出的、限制或禁止出口危险废物或其他废物的决定；

(e) 由本条第 4 款所要求的任何其他资料。

3. 各缔约方在符合其国家法律和规章的情形下，应通过秘书处向依照第 15 条设立的缔约方会议于每个日历年年底以前提交一份关于前一日历年的报告，其中包括下列资料：

(a) 它们依照第 5 条指定的主管当局和联络点；

(b) 关于与它们有关的危险废物或其他废物的越境转移的资料，包括

(1) 所出口危险废物和其他废物的数量、种类、特性、目的地、过境国以及在对通知的答复中说明的处置方法；

(2) 所进口危险废物和其他废物的数量、种类和特性、来源及处置方法；

(3) 未按原定方式进行的处置；

(4) 为了减少危险废物或其他废物越境转移的数量而作出的努力；

(c) 它们为了执行本公约而采取的措施；

(d) 它们汇编的关于危险废物或其他废物的产生、运输和处置对人类健康和环境的影响的现有合格统计资料；

(e) 依照本公约第 11 条缔定的双边、多边和区域协定及协议；

(f) 危险废物和其他废物越境转移及处置过程中发生的意外事件，以及所采取的处理措施；

(g) 在它们国家管辖范围内的地区采用的各种处置方法；
(h) 为了发展减少和（或）消除危险废物和其他废物的产生的技术而采取的措施；和
(i) 缔约方会议将视为有关的其他事项。

4. 各缔约方在符合其国家法律和条例的情况下，在某一缔约方认为其环境可能受到某一越境转移的影响而请求这样做时，应保证将关于危险废物或其他废物的任何越境转移的每一份通知及其答复的副本送交秘书处。

第 14 条 财务方面

1. 各缔约方同意，根据各区域和分区域的具体需要，应针对危险废物和其他废物的管理并使其产生减至最低限度，建立区域的或分区域的培训和技术转让中心。各缔约方应就建立适当的自愿性筹资机制做出决定。

2. 各缔约方应考虑建立一循环基金，以便对一些紧急情况给予临时支援，尽量减少由于危险废物和其他废物的越境转移或处置过程中发生意外事故所造成的损害。

第 15 条 缔约方会议

1. 缔约方会议特此设立。缔约方会议的第一次会议应由联合国环境规划署执行主任于本公约生效后一年内召开。其后的缔约方会议常会应依照第一次会议规定的每隔一定的时间按期举行。

2. 缔约方会议可于其认为必要的其他时间举行非常会议；如经任何缔约方书面请求，由秘书处将该项请求转至各缔约方后 6 个月内至少有 1/3 缔约方表示支持时，亦可举行非常会议。

3. 缔约方会议应以协商一致方式商定和通过其本身的和它可能设立的任何附属机构的议事规则和财务细则，以便确定特别是本公约下各缔约方的财务参与办法。

4. 各缔约方在其第一次会议上，应审议为协助履行其在本公约范围内保护和维护海洋环境方面的责任所需的任何其他措施。

5. 缔约方会议应不断地审查和评价本公约的有效执行，同时应：
(a) 促进适当政策、战略和措施的协调，以尽量减少危险废物和其他废物对人类健康和环境的损害；
(b) 视需要审议和通过对本公约及其附件的修正，除其他外，应考虑到现有的科技、经济和环境资料；
(c) 参照本公约实施中以及第 11 条所设想的协定和协议的运作中所获的经验，审议并采取为实现本公约宗旨所需的任何其他行动；
(d) 视需要审议和通过议定书；和
(e) 成立为执行本公约所需的附属机构。

6. 联合国及其各专门机构以及任何非本公约缔约方的国家，均可派观察员出席缔约方会议。任何其他组织或机构，无论是国家或国际性质、政府或非政府性质，只要在与危险废物或其他废物有关的领域具有资格，并通知秘书处愿意以观察员身份出席缔约方会议，在此情况下，除非有至少 1/3 的出席缔约方表示反对，都可被接纳参加。观察员的接纳与参加应遵照缔约方通过的议事规则处理。

7. 缔约方会议应于本公约生效 3 年后并至少在其后每 6 年对其有效性进行评价，并于认为必要时，参照最新的科学、环境、技术和经济资料，审议是否全部或局部禁止危险废物和其他废物的越境转移。

第 16 条 秘书处

1. 秘书处的职责如下：
(a) 为第 15 条和第 17 条规定的会议做出安排并提供服务；
(b) 根据按第 3、4、6、11 和 13 条收到的资料，根据从第 15 条规定成立的附属机构的会议得来的资料，以及在适当时根据有关的政府间和非政府实体提供的资料，编写和提交报告；

（c）就执行其本公约规定的职责进行的各项活动编写报告，提交缔约方会议；

（d）保证同其他有关的国际机构进行必要的协调，特别是为有效地执行其职责而订定所需的行政和契约安排；

（e）同各缔约方按本公约第5条规定设立的联络点和主管当局进行联系；

（f）汇编各缔约方批准可用来处置其危险废物和其他废物的本国场地和设施的资料并将此种资料分发各缔约方；

（g）从缔约方收取并向它们传送下列资料：

——技术援助和培训的来源；

——现有的科学和技术专门知识；

——咨询意见和专门技能的来源；和

——可得的资源情况

以期于接到请求时，就下列方面向缔约方提供援助：

——本公约通知事项的处理；

——危险废物和其他废物的管理；

——涉及危险废物和其他废物的环境无害技术，例如低废和无废技术；

——处置能力和场所的评估；

——危险废物和其他废物的监测；和

——紧急反应；

（h）根据请求，向缔约方提供具有该领域必要技术能力的顾问或咨询公司的资料，这些顾问或公司能够帮助它们审查某一越境转移通知，审查危险废物或其他废物的装运情况是否与有关的通知相符，和（或）在它们有理由认为有关废物的处理方式并非对环境无害时，审查拟议的危险废物或其他废物的处置设施是否不对环境造成危害。任何此种审查涉及的费用不应由秘书处承担；

（i）根据请求，帮助缔约方查明非法运输案件，并将它收到的有关非法运输的任何资料立即转告有关缔约方；

（j）在发生紧急情况时，与各缔约方以及与有关的和主管的国际组织和机构合作，以便提供专家和设备，迅速援助有关国家；和

（k）履行缔约方会议可能决定的与本公约宗旨有关的其他职责。

2. 在依照第15条举行的缔约方会议第一次会议结束之前，由联合国环境规划署暂时履行秘书处职责。

3. 缔约方会议应在其第一次会议上从已经表示愿意执行本公约规定的秘书处职责的现有主管政府间组织之中指定某一组织作为秘书处。在这次会议上，缔约方会议还应评价临时秘书处执行赋予它的职责特别是以上第1款所述职责的情况，并决定适宜于履行那些职责的组织结构。

第17条 公约的修改

1. 任何缔约方可对本公约提出修正案，议定书的任何缔约方可对该议定书提出修正案。这种修正，除其他外，应适当考虑到有关的科学和技术方面。

2. 对本公约的修正案应在缔约方会议的一次会议上通过。对任何议定书的修正案应于该议定书的缔约方会议上通过。对本公约或任何议定书建议的任何修正案案文，除在有关议定书里另有规定外，应由秘书处至迟于准备通过修正案的会议以前6个月送交各缔约方。秘书处亦应将建议的修正送交本公约的签署国，以供参考。

3. 各缔约方应尽量以协商一致方式对本公约的任何修正达成协议。如果尽了一切努力谋求一致意见而仍然未能达成协议，则最后的办法是以出席并参加表决的缔约方的3/4多数票

通过修正案。通过的修正案应由保存人送交所有缔约方，使其批准、核准、正式确认或接受。

4. 以上第 3 款内说明的程序应适用于对任何议定书的修正，惟一不同的是这种修正案的通过只需要出席并参加表决的缔约方的 2/3 多数票。

5. 修正的批准、核准、正式确认或接受文书应交保存人保存。依照以上第 3 或第 4 款通过的修正案，除非有关议定书里另有规定，应于保存人接得已接受对有关议定书的修正的至少 3/4 的缔约方的批准、核准、正式确认或接受文书之后第 90 天，在接受修正的各缔约方之间开始生效。任何其他缔约方存放其对修正的批准、核准、正式确认或接受文书 90 天之后，修正对它生效。

6. 为本条的目的，"出席并参加表决的缔约方"一语，是指在场投赞成票或反对票的缔约方。

第 18 条　附件的通过和修正

1. 本公约或任何议定书的附件应成为本公约或该议定书的一个构成部分，因此，除非另有明确规定，凡提及本公约或其议定书时，亦包括其任何附件在内。这种附件只限于科学、技术和行政事项。

2. 除任何议定书就其附件另有规定者外，本公约的增补附件或一项议定书的附件的提出、通过和生效，应适用下列程序：

（a）本公约及其议定书的附件应依照第 17 条第 2、3 和 4 款规定的程序提出和通过；

（b）任何缔约方如果不能接受本公约的某一增补附件或其作为缔约方的任何议定书的某一附件，应于保存人就其通过发出通知之日起 6 个月内将此情况书面通知保存人。保存人应于接到任何此种通知后立即通知所有缔约方。一缔约方可于任何时间以接受文书代替此前的反对声明，有关附件即对它生效；

（c）在保存人发出通知之日起满 6 个月之后，该附件应即对未曾依照以上（b）项规定发出通知的本公约或任何有关议定书的所有缔约方生效。

3. 本公约附件或任何议定书附件的修正案的提出、通过和生效，应遵照本公约附件或议定书附件的提出、通过和生效所适用的同一程序。附件及其修正，除其他外，应适当考虑到有关的科学和技术方面。

4. 如果一个增补附件或对某一附件的修正，涉及对本公约或对任何议定书的修正，则该增补附件或修正后的附件应于对本公约或对该议定书的修正生效以后才能生效。

第 19 条　核查

任何缔约方如有理由相信另一缔约方正在做出或已做出违背其公约义务的行为，可将该情况通知秘书处，在此情况下，并应同时立即直接地或通过秘书处通知被指控的一方。所有有关资料应由秘书处送交各缔约方。

第 20 条　争端的解决

1. 缔约方之间就本公约或其任何议定书的解释、适用或遵守方面发生争端时，有关缔约方应通过谈判或以它们自行选定的任何其他和平方式谋求争端的解决。

2. 如果有关缔约方无法以上款所述方式解决争端，在争端各方同意的情况下，应将争端提交国际法院或按照关于仲裁的附件六所规定的条件提交仲裁。不过，不能将该争端提交国际法院或提交仲裁达成共同协议，并不免除争端各方以第 1 款所指方式继续谋求其解决的责任。

3. 在批准、接受、核准、正式确认或加入本公约时或其后的任何时候，一个国家或政治和（或）经济一体化组织可以声明，它承认对接受同样义务的任何缔约方而言，下列办法为强制性的，当然办法并无需订立特别协定：

（a）将争端提交国际法院；和（或）

（b）按照附件六所规定的程序进行仲裁。

此种声明应以书面通知秘书处，秘书处应转告各缔约方。

第 21 条　签字

本公约应于 1989 年 3 月 22 日在巴塞尔，并在 1989 年 3 月 23 日起至 1989 年 6 月 30 日在伯尔尼瑞士外交部，并从 1989 年 7 月 1 日起至 1990 年 3 月 22 日在纽约联合国总部，开放供各国，由联合国纳米比亚理事会代表纳米比亚以及由各政治和（或）经济一体化组织签字。

第 22 条　批准、接受、正式确认或核准

1. 本公约须由各国和由联合国纳米比亚理事会代表纳米比亚批准、接受或核准并由各政治和（或）经济一体化组织正式确认或核准。批准、接受、正式确认或核准的文书应交由保存人保存。

2. 以上第 1 款所指的任何组织如成为本公约的缔约方而该组织并没有任何一个成员国是缔约方，则该缔约组织应受本公约规定的一切义务的约束。如这种组织的一个或更多个成员国是本公约的缔约方，则该组织及其成员国应就履行其本公约义务的各自责任做出决定。在这种情况下，该组织和成员国不应同时有权行使本公约规定的权利。

3. 以上第 1 款所指的组织应在其正式确认或核准文书中声明其对本公约所涉事项的职权范围。这些组织也应将其职权范围发生任何重大变化的情况通知保存人，后者应转告各缔约方。

第 23 条　加入

1. 本公约应自公约签署截止之日起开放供各国、由联合国纳米比亚理事会代表纳米比亚以及由各政治和（或）经济一体化组织加入。加入书应交由保存人保存。

2. 上文第 1 款中所指的组织应在其加入文书内声明它们对本公约所涉事项的职权范围。这些组织也应将其职权范围发生任何重大变化的情况通知保存人。

3. 第 22 条第 2 款的规定应适用于加入本公约的政治和（或）经济一体化组织。

第 24 条　表决权

1. 除下列第 2 款之规定外，本公约每一缔约方应有一票表决权。

2. 各政治和（或）经济一体化组织对于按第 22 条第 3 款和第 23 条第 2 款规定属于其职权范围的事项行使表决权时，其票数相当于其作为本公约或有关议定书的缔约方的成员国数目。如果这些组织的成员国行使其表决权，则该组织就不应行使其表决权，反之亦然。

第 25 条　生效

1. 本公约应于第 20 份批准、接受、正式确认、核准或加入文书交存之日以后第 90 天生效。

2. 对于在交存第 20 份批准、接受、核准、正式确认或加入文书之日以后批准、接受、核准或正式确认本公约或加入本公约的每一国家或政治和（或）经济一体化组织，本公约应于该国或该政治和（或）经济一体化组织的批准、接受、核准、正式确认或加入文书交存之日以后第 90 天生效。

3. 为以上第 1 和第 2 款的目的，一个政治和（或）经济一体化组织交存的任何文书不应被视为该组织的成员国交存的文书以外的附加文书。

第 26 条　保留和声明

1. 不得对本公约做出任何保留或例外。

2. 本条第 1 款的规定并不排除某一国家或政治和（或）经济一体化组织在签署、批准、接受、正式确认或加入本公约时，除其他外，为使其法律和条例与本公约的规定协调一致而做出无论何种措辞或名称的宣言或声明，只要此种宣言或声明的意旨不是排除或改变本公约条款适用于该国时的法律效力。

第 27 条　退出

1. 在本公约对一缔约方生效之日起三年之后的任何时间，该缔约方经向保存人提出书面通知，得退出本公约。

2. 退出应在保存人接到退出通知起一年后生效，或在退出通知上指明的一个较后日期生效。

第 28 条　保存人

联合国秘书长为本公约及其任何议定书的保存人。

第 29 条　作准文本

本公约的阿拉伯文、中文、英文、法文、俄文、和西班牙文原本均为作准文本。

为此，下列全权代表，经正式授权，在本公约上签字，以昭信守。

1989 年 3 月 22 日订于巴塞尔

附件一：应加控制的废物类别（略）

附件二：需加特别考虑的废物类别（略）

附件三：危险特性的等级（略）

附件四：处置作业（略）

附件五-A：通知书内应提供的资料（略）

附件五-B：转移文件内应提供的资料（略）

附件六：仲裁（略）

第二节 中国已经缔约或签署的
其他国际环境与资源保护公约

一、环境污染

保护臭氧层维也纳公约

（1985年3月22日订于维也纳　本公约于1988年9月22日生效
中华人民共和国政府于1989年9月11日加入本公约
本公约于1989年12月10日对我生效）

前言

本公约各缔约国，

意识到臭氧层的变化对人类健康和环境可能造成有害影响，

回顾联合国人类环境会议宣言里的有关规定，特别是第二十一项原则，其中规定"依照联合国宪章和国际法原则，各国具有按其环境政策开发其资源的主权权利，同时亦负有责任，确保在它管辖或控制范围内的活动，不致对其他国家的环境或其本国管辖范围以外地区的环境引起损害"，

考虑到发展中国家的情况和特殊需要，

注意到国际组织和国家组织正在进行的工作和研究，特别是联合国环境规划署的臭氧层世界行动计划，

又注意到国家一级和国际一级上已经采取的保护臭氧层的预防措施，

意识到保护臭氧层使不会因人类活动而发生变化的措施需要国际间的合作和行动，并应依据有关的科学和技术考虑，

还意识到有需要继续从事研究和有系统的观察，以期进一步发展有关臭氧层及其变化可能引起的不利影响方面的科学知识，

决心要保护人类健康和环境使免受臭氧层变化所引起的不利影响，

取得协议如下：

第一条　定义

为本公约的目的：

1. "臭氧层"是指行星边界层以上的大气臭氧层。

2. "不利影响"是指自然环境或生物区系内发生的，对人类健康或自然的和受管理的生态系统的组成、弹性和生产力或对人类有益的物质造成有害影响的变化，包括气候的变化。

3. "备选的技术或设备"是指其使用可能可以减轻或有效消除会或可能会对臭氧层造成不利影响的排放物质的各种技术或设备。

4. "备选物质"是指可以减轻、消除或避免臭氧层所受不利影响的各种物质。

5. "缔约国"是指本公约的缔约国,除非案文中另有所指。

6. "区域经济一体化组织"指由某一区域主权国家组成的组织,它有权处理本公约或其议定书管理的事务,并根据其内部程序充分授权签署、批准、接受、核准或加入有关的文书。

7. "议定书"指本公约议定书。

第二条　一般义务

1. 各缔约国应依照本公约以及它们所加入的并且已经生效的议定书的各项规定采取适当措施,以保护人类健康和环境,使免受足以改变或可能改变臭氧层的人类活动所造成的或可能造成的不利影响。

2. 为此目的,各缔约国应在其能力范围内:

(a) 通过有系统的观察、研究和资料交换从事合作,以期更好地了解和评价人类活动对臭氧层的影响,以及臭氧层的变化对人类健康和环境的影响;

(b) 采取适当的立法和行政措施,从事合作,协调适当的政策,以便在发现其管辖或控制范围内的某些人类活动已经或可能由于改变或可能改变臭氧层而造成不利影响时,对这些活动加以控制、限制、削减或禁止;

(c) 从事合作,制订执行本公约的商定措施、程序和标准,以期通过议定书和附件;

(d) 同有关的国际组织合作,有效地执行它们加入的本公约和议定书。

3. 本公约的各项规定绝不应影响各缔约国依照国际法采取上面第 1 款和第 2 款内所提措施之外的国内措施的权力,亦不应影响任何缔约国已经采取的其他国内措施,只要这些措施不同它们在本公约之下所承担的义务相抵触。

4. 本条的适用应以有关的科学和技术考虑为依据。

第三条　研究和有系统的观察

1. 各缔约国斟酌情况直接或通过有关国际机构就下列问题发起并与有关国际机构合作进行研究和科学评价:

(a) 可能影响臭氧层的物理和化学过程;

(b) 臭氧层的变化所造成的对人类健康的影响和其他生物影响,特别是具有生物后果的紫外线太阳辐射的变化所造成的影响;

(c) 臭氧层的任何变化所造成的气候影响;

(d) 臭氧层的任何变化及其引起的紫外线辐射的变化对于人类有用的自然及合成物质所造成的影响;

(e) 可能影响臭氧层的物质、作法、过程和活动,以及其累积影响;

(f) 备选物质和技术;

(g) 相关的社经因素;以及附件一和二里更详细说明的问题。

2. 各缔约国在充分考虑到国家立法和国家一级与国际一级进行中的有关活动的情况下,斟酌情况直接或通过有关国际机构推广或制定联合或补充方案以有系统地观察臭氧层的状况及附件一里详细说明的其他有关的参数。

3. 各缔约国直接或通过有关国际机构从事合作,通过适当的世界数据中心保证定期并及时地收集、验证和散发研究和观察数据。

第四条　法律、科学和技术方面的合作

1. 各缔约国应促进和鼓励附件二里详细说明的、与本公约有关的科学、技术、社经、商业和法律资料的交换。这种资料应提供给各缔约国同意的各组织。任何此种组织收到提供者认为机密的资料时,应保证不发表此种资料,并于提供给所有缔约国之前加以聚集,以保护其机密性。

2. 各缔约国应从事合作,在符合其国家法律、条例和惯例及照顾到发展中国家的需要的情形下,直接或通过有关国际机构促进技术和知识的发展和转让。这种合作应特别通过下列途径进行：
(a) 方便其他国家取得备选技术；
(b) 提供关于备选技术和设备的资料，并提供特别手册和指南；
(c) 提供研究工作和有系统的观察所需的设备和设施；
(d) 科学和技术人才的适当训练。

第五条 递交资料

各缔约国应依照有关文书的缔约国开会时所议定的格式和时间，就其执行本公约及其加入的本公约议定书所采取的措施，通过秘书处按照第6条规定向缔约国会议递交资料。

第六条 缔约国会议

1. 缔约国会议特此设立。缔约国会议的首届会议应由第7条内临时指定的秘书处至迟于本公约生效后1年内召开。其后的会议常会应依照首届会议所规定的时间按期举行。

2. 缔约国会议可于其认为必要的其他时间举行非常会议，如经任何缔约国书面请求，由秘书处将是项请求转致各缔约国后6个月内至少有1/3缔约国表示支持时，亦可举行非常会议。

3. 缔约国会议应以协商一致方式议定和通过其本身的和它可能设立的任何附属机构的议事规则和财务条例，以及适用于秘书处职务的财务规定。

4. 缔约国会议应继续不断地审查本公约的执行情况，同时应：
(a) 规定转交依照第五条递交的资料的形式及间隔期限，并审议这些资料以及任何附属机构提出的报告；
(b) 审查有关臭氧层、有关其可能发生的变化或任何这种变化可能造成的影响的科学资料；
(c) 依照第二条的规定，促进适当政策、战略和措施的协调，以尽量减少可能引起臭氧层变化的物质的排放，并就与本公约有关的其他措施提出建议；
(d) 依照第三条和第四条的规定，制订推行研究、有系统的观察、科技合作、资料交换以及技术和知识转让等方案；
(e) 依照第九条和第十条的规定，视需要审议和通过对本公约及其附件的修正案；
(f) 审议对任何议定书及其附件的修正案，作出决定后向此种议定书的缔约国建议通过；
(g) 依照第十条的规定，视需要审议和通过本公约的增列附件；
(h) 依照第八条的规定，视需要审议和通过议定书；
(i) 成立执行本公约所需的附属机构；
(j) 请求有关的国际机构和科学委员会，特别是世界气象组织、世界卫生组织和臭氧层协调委员会，在科学研究、有系统的观察以及与本公约的目标有关的其他活动方面提供服务，并利用这些组织和委员会所提供的资料；
(k) 考虑和采取实现本公约的目标所需的任何其他行动。

5. 联合国及其各专门机构，国际原子能机构，以及非本公约缔约国的任何国家均可以观察员身份出席本公约缔约国会议。任何国家或国际机构，政府或非政府组织，如果在保护臭氧层的任何方面具有资格，并向秘书处声明有意以观察员身份出席缔约国会议，则除非有至少1/3的出席缔约国表示反对，亦可参加会议。观察员的参加会议应受缔约国会议议事规则的约束。

第七条 秘书处

1. 秘书处的任务如下：
(a) 依照第六、第八、第九和第十条的规定，为会议进行筹备工作并提供服务；
(b) 根据由于第四条和第五条规定而收到的资料，以及第六条规定之下成立的机构举行

会议所产生的资料,编写和提交报告;

(c) 履行任何议定书委派给秘书处的任务;

(d) 就秘书处执行其根据本公约所承担的任务所进行的各项活动编写报告,提交缔约国会议;

(e) 保证同其他有关的国际机构进行必要的协调,尤其要作出有效执行其任务所需的行政和合约安排;

(f) 履行缔约国会议可能指定的其他任务。

2. 在依照第六条的规定举行的缔约国会议首届会议结束以前,由联合国环境规划署临时执行秘书处的任务。缔约国会议首届会议应指定已表示愿意的现有合格国际组织中的秘书处执行本公约之下的秘书处任务。

第八条 议定书的通过

1. 缔约国会议可依照第二条的规定,于一次会议上通过议定书。

2. 任何议定书的草案案文应由秘书处至少在举行上述会议以前6个月呈交各缔约国。

第九条 公约或议定书的修正

1. 任何缔约国可对本公约或任何议定书提出修正案。这种修正案除其他外,还应充分顾及有关的科学和技术考虑。

2. 修正案应由缔约国会议在一次会议上通过。对任何议定书的修正案应在有关议定书缔约国的会议上通过。对本公约或任何议定书提出的修正案,除非该议定书另有决定,应由秘书处至少在举行提议通过该议定书的会议以前6个月呈交给各缔约国。秘书处也应将提议的修正案呈交给本公约各签署国作为资料。

3. 各缔约国应尽量以协商一致方式对就本公约提出的任何修正案达成协议。如果尽了一切努力仍无法以协商一致方式达成协议,则应以出席并参加表决的公约缔约国3/4多数票通过修正案。并应由保存者呈交给所有缔约国批准、核可或接受。

4. 对任何议定书的修正,亦应适用上述第3款提到的程序,不过只需要出席并参加表决的该议定书缔约国2/3的多数票就可通过。

5. 对修正案的批准、核可或接受,应以书面通知保存者。依照上述第3或第4款规定通过的修正案,应于保存者接得至少3/4公约缔约国或至少2/3的有关议定书缔约国的批准、核可或接受通知书后的第90天在接受修正案的各缔约国之间生效。其后任何其他缔约国存放批准、核可或接受文书90天之后,修正案对它生效。

6. 为本条之目的,"出席并参加表决的缔约国"是指参加会议并投赞成票或反对票的缔约国。

第十条 附件的通过和修正

1. 本公约的附件或其任何议定书的附件,应成为本公约或有关议定书的一个构成部分,因此,除非另有规定,凡提及本公约或其议定书时,亦包括本公约或其议定书的附件在内。这种附件应以科学、技术和行政事项为限。

2. 除非在任何议定书里对其附件另有规定,本公约或议定书所增列附件的提出、通过和生效,应适用下列程序:

(a) 本公约的附件应依照第九条第2和第3款规定的程序通过,而任何议定书的附件应依照第九条第2和第4款规定的程序提出和通过;

(b) 任何缔约国如果不核可本公约的增列附件或它所加入的任何议定书的附件,应于保存者发出通知后6个月内以书面向保存者发出反对声明。保存者应于接得此种声明后立即通知所有缔约国。任何缔约国可于任何时间取消以前发出的反对声明而接受增列附件,有关附件即对它生效;

(c) 在保存者发出通知6个月之后,增列附件应对未曾依照上文(b)项发出声明的本公约或任何有关议定书的所有缔约国生效。

3. 本公约附件或任何议定书附件的修正案的提出通过和生效，应适用本公约附件或议定书附件的通过和生效所适用的同一程序。附件及其修正案应特别考虑到有关的科学和技术方面。

4. 如果一个增列附件或对任何附件的修正，涉及对公约或议定书的修正，则增列附件或修正后的附件，应于对公约或其有关议定书的修正案生效以后才能生效。

第十一条 争端的解决

1. 万一缔约国之间在本公约的解释或适用方面发生争端时，有关的缔约国应以谈判方式谋求解决。

2. 如果有关的缔约国无法以谈判方式达成协议，它们可以联合寻求第三方进行斡旋或邀请第三方出面调停。

3. 在批准、接受、核可或加入本公约或其后任何时候，缔约国或区域经济一体化组织可书面向保存国声明，就未根据上述第 1 或第 2 款解决的争端来说，它接受下列一种或两种争端解决办法为强制性办法：

（a）根据缔约国会议首届会议通过的程序进行仲裁；

（b）将争端提交国际法院。

4. 如果缔约国还没有按照上文第 3 款的规定接受相同或任何程序，则应根据下文第 5 款的规定提交调解，除非缔约国另有协议。

5. 若争端一方提出要求，则应设立一个调解委员会。调解委员会应由有关各方所指派的数目相同的成员组成，而主席则应由各方指派的成员共同选出。委员会将作出最后的建议性裁决，各方应诚恳地考虑这一裁决。

6. 本条规定应适用于任何议定书，除非有关议定书另有规定。

第十二条 签署

本公约应按下述时间和地点开放供各国和各区域经济一体化组织签署：从 1985 年 3 月 22 日起至 1985 年 9 月 21 日在维也纳奥地利共和国外交部；从 1985 年 9 月 22 日至 1986 年 3 月 21 日在纽约联合国总部。

第十三条 批准、接受或核可

1. 本公约和任何议定书须由任何国家和区域经济一体化组织批准、接受或核可。批准、接受或核可文书应交给保存者。

2. 以上第 1 款所指的任何组织如成为本公约或任何议定书的缔约组织而该组织没有任何一个成员国是缔约国，则该缔约组织应受按公约或议定书规定的一切义务的约束。如有这种组织，即在该组织的一个或更多个成员国是本公约或有关议定书的缔约国的情况下，该组织及其成员国应就执行其按照公约或议定书规定的义务的责任各自作出决定。在这种情况下，该组织和成员国不应同时享有行使按照公约或有关议定书规定的权利。

3. 第 1 款所指的这些组织应在其批准、接受或核准文书中声明其在本公约或有关议定书所涉事项的职权范围。这些组织也应在其职权范围发生重大变化时通知保存者。

第十四条 加入

1. 本公约及任何议定书应开放供加入，任何国家和区域经济一体化组织自公约或有关议定书签署截止日期起均可加入。加入文书应交给保存者。

2. 上文第 1 款中所指的组织，应于其加入文书里应声明它们在本公约或有关议定书所涉事项中的职权范围。这些组织也应在其职权范围内发生重要变化时通知保存者。

3. 第十三条第 2 款的规定应适用于加入本公约或任何议定书的区域经济一体化组织。

第十五条 表决权

1. 本公约或其任何议定书的每一缔约国应有表决权利。

2. 除上文第 1 款另有规定外，各区域经济一体化组织在属于其职权范围的事项中行使表决权时，其票数相当于加入本公约或有关议定书的它们的成员国的数目。这样的组织不应行使其表决权，如果它们的成员国已行使自己的表决权，反之亦然。

第十六条 公约及其议定书之间的关系

1. 除非某一国家或区域经济一体化组织已经是，或在同一个时间成为本公约的缔约国，否则不能成为议定书的缔约国。

2. 关于任何议定书的决定，只应由它的缔约国作出。

第十七条 生效

1. 本公约应于第 20 份批准、接受、核可或加入文书交存之日以后第 90 天生效。

2. 任何议定书，除非其中另有规定，应于第 11 份批准、接受或核可这一议定书的文书交存之日或加入之日以后第 90 天生效。

3. 对于在交存第 20 份批准、接受、核可或加入文书后批准、接受、核可本公约或加入本公约的每一缔约国，本公约应于这些缔约国的批准、接受、核可或加入文书交存之日以后第 90 天生效。

4. 任何议定书，除非其中另有规定，应在其按上述第 2 款规定生效后，对在交存其批准、接受、核可或加入文书后批准、接受、核可本议定书或加入本议定书的缔约国，本议定书应于这一缔约国的批准、接受、核可或加入文书交存之日或本公约在该缔约国生效之日——以较后者为准——以后第 90 天生效。

5. 为第 1 款和第 2 款的目的，一个区域经济一体化组织交存的任何文书，不应被视为这些组织的成员国交存的文书以外的额外文书。

第十八条 保留

本公约不容许任何保留条款。

第十九条 退出

1. 本公约对某一缔约国生效 4 年之后，该缔约国可于任何时间以书面通知保存者退出公约。

2. 任何议定书对某一缔约国生效 4 年之后，除非该议定书内另有规定，该缔约国可于任何时间以书面通知保存者退出该议定书。

3. 这种退出应于保存者接得通知之日以后 1 年终了时或退出通知内说明的更晚时间生效。

4. 任何缔约国一旦退出公约，应即被视为亦已退出它加入的任何议定书。

第二十条 保存者

1. 联合国秘书长应负起本公约及其议定书的保存者的职责。

2. 保存者应特别就下列事项通知各缔约国：

（a）本公约及任何议定书的签署，以及依照第十三条和第十四条规定交存的批准、接受、核可或加入文书；

（b）本公约及任何议定书依照第十七条规定生效的日期；

（c）依照第十八条规定提出的退出通知；

（d）依照第九条规定通过的公约修正案及任何议定书的修正案，各缔约国对修正案的接受情况，以及其生效日期；

（e）有关依照第十条规定的附件及任何附件修正案的通过的所有通知；

（f）区域经济一体化组织交存的关于它们在本公约及任何议定书所涉及各方面的职权范围的通知，及职权范围发生任何变化的通知。

（g）根据第十一条第 3 款发表的宣言。

第二十一条 有效文本

本公约的正本以阿拉伯文、中文、英文、法文、俄文和西班牙文书写，6 种文本同样有效,公约正本应由联合国秘书长保存。

下面签名的全权代表谨签署本公约,以昭相守。

附件一

研究和有系统的观察

1. 本公约各缔约国同意主要的科学问题如下:

(a) 臭氧层的变化,可使达到地面的具有生物学作用的太阳紫外线辐射量发生变化,并可能影响人类健康、生物和生态系统以及对人类有用的物质;

(b) 臭氧垂直分布的变化,可使大气层的气温结构发生变化,并可能影响天气和气候;

2. 本公约各缔约国应依照第 3 条的规定从事合作,进行研究和有系统的观察,并就下列各方面的未来研究和观察活动作出建议:

(a) 关于大气物理和化学的研究

(1) 全面的理论模型:进一步发展考虑放射、动力和化学过程之间相互作用的模型;关于各种人造的和自然的物种对大气臭氧的影响研究;卫星和非卫星的衡量数据集的解释;大气和地球物理参数趋向的评价;就此种参数的变化鉴定其具体成因的方法研究;

(2) 实验室研究:对流层和平流层化学和光化过程的率度系数、吸收横断面和机制;支持所有的有关光谱区实地衡量的分光仪数据;

(3) 实地衡量:自然和人类起源的关键来源气体的含量和流量;大气动力研究;直至行星边界层的光化有关物种的同步衡量,应用实地衡量和遥感衡量技术;各种传感器的相互比较,包括协调的卫星仪器使用的相互衡量;关键大气痕量要素太阳光谱流量和气象参数的立体场;

(4) 仪器的发展,包括大气痕量要素、太阳流量及气象参数的卫星和非卫星探测器。

(b) 健康、生物和光致降解影响

(1) 人类暴露于可见和紫外线太阳辐射及 (a) 黑瘤和非黑瘤皮肤癌之间的关系以及 (b) 对免疫系统的影响;

(2) 紫外线辐射的影响,包括对 (a) 农作物、森林和陆地生态系统以及 (b) 水生食物链和水产的波长依存,以及浮游植物的可能抑制氧气生产;

(3) 紫外线辐射对生物物质、物种和生态系统发生作用的机理,包括:剂量、剂量率及反应之间的关系;光修理、适应和保护;

(4) 生物作用光谱和光谱反应研究,应用多色辐射,以便包括各种波长区之间可能的相互作用;

(5) 紫外线辐射在下列各方面的影响,对生物圈的平衡具有重要性的生物物种的敏感和活动;例如光合和生物合成等等的基本作用;

(6) 紫外线辐射对污染物、农用化学品和其他物质的光致降解的影响。

(c) 对气候的影响研究

(1) 关于臭氧和其他痕量物种的辐射效应及对气候参数的影响的理论和观察研究。例如,土地和海洋表面的温度、降水模式以及对流层和平流层之间的交流;

(2) 关于这类气候变化对人类活动各方面的影响的调查。

(d) 有系统的观察

(1) 臭氧层状况(即柱容量和垂直分布的空间和时间变异)。利用卫星和地面系统相结合的办法使全球臭氧观察系统充分发挥作用;

(2) 对流层和平流层的 HO_x、NO_x、ClO_x 和碳属源气体浓度;

(3) 从地面到中间层的气温,利用地面和卫星系统;

（4）达到地球大气层的波长分辨太阳通量和离开地球大气层的热辐射利用卫星衡量；

（5）在紫外线范围内达到地面的具有生物影响的波长分辨太阳通量；

（6）从地面到中间层的烟雾体特性和分布，利用地面、空中和卫星系统；

（7）气候重要变数，方法是维持高质量气象表面衡量的方案；

（8）痕量物种、气温、太阳通量和烟雾体，利用分析全球数据的经过改善的方法。

3. 公约各缔约国应在顾及发展中国家的特别需要的情况下合作，促进参加本附件所列各种研究和有系统观察所需的适当科学和技术训练。应特别注意观察仪器和观察方法的相互校正，以产生可比较的或标准化的科学数据集。

4. 下面以不按优先顺序排列出的各种自然和人类来源的化学物质，被认为可能改变臭氧层的化学和物理特性。

（a）碳物质

（1）一氧化碳（CO）

一氧化碳的重要来源是自然界和人类，据认为对对流层的光化过程有重要的直接作用，对平流层的光化过程则有间接作用。

（2）二氧化碳（CO_2）

二氧化碳的重要来源是自然界和人类，通过影响大气的热构造而影响到平流层的臭氧。

（3）甲烷（CH_4）

甲烷来自自然界和人类，对平流层和对流层的臭氧都有影响。

（4）非甲烷烃类物种

非甲烷烃类物种含有许多化学物质，来自自然界和人类，对对流层的光化过程有直接作用，对平流层光化过程则有间接作用。

（b）氮物质

（1）氧化亚氮（N_2O）

氧化亚氮主要来自自然界，不过人类来源也变得愈来愈重要。氧化亚氮是平流层 NOx 的主要来源，NOx 对于平流层臭氧充裕的控制有重要作用。

（2）氮氧化物（NOx）

NOx 的地平面来源，只对对流层的光化过程有直接的重要作用，对平流层的光化过程则有间接作用，而接近对流层顶的 NOx 注射可能对上对流层和平流层的臭氧直接引起变化。

（c）氯物质

（1）完全卤化链烷例如 CCl_4，CFCl，（CFC-11），CF_2Cl_2（CFC-12），C_2F，Cl，（CFC-113），$C_2F_4Cl_2$（CFC-114）

完全卤化链烷来自人类，是 ClOx 的一个来源，对臭氧的光化过程有重要作用，尤其是在海拔 30-50 公里区域。

（2）部分卤化链烷，例如 CH，Cl，CHF_2Cl（CFC-22），CH，CCl_3，$CHFCl_2$（CFC-21）

CH，Cl 来自自然界，而上列其他部分卤化链烷则来自人类。这些气体也是平流层 ClOx 的来源。

（d）溴物质

全部卤化链烷，例如 CF_3Br

这些气体来自人类，是 BrOx 的来源，其作用类似 ClOx。

（e）氢物质

（1）氢（H_2）

氢是来自自然界和人类，对平流层的光化过程的作用不大。

（2）水（H_2O）

水来自自然界，对平流层和对流层的光化过程都有重要作用。平流层水蒸气的本地来源包括甲烷的氧化以及较小程度上氢的氧化。

附件二

资料交换

1. 本公约各缔约国认识到收集和共同利用资料是实现本公约各项目标及保证所采取的一切行动确属适当和公允的一个重要途径。因此，各缔约国应致力于科学、技术、社经、商业和法律资料的交换。

2. 本公约各缔约国于决定收集和交换何种资料时，应考虑资料效用及收集时所需的费用。各缔约国还认识到依照本附件进行的合作应符合关于专利权、贸易机密、保护机密资料和所有权资料的国家法律、条例和惯例。

3. 科学资料

包括下列资料：

（a）政府方面和私人方面已规划好的和进行中的研究工作，以促进研究方案的协调，使国家和国际间的可用资源获得最有效的利用；

（b）研究工作所需的原始资料；

（c）刊载于经仔细审阅的文献内的关于了解地球大气物理和化学及其易变性的科学研究结果，特别是关于臭氧层状况及臭氧层柱容量或垂直分布分时标变化对于人类健康、环境和气候的影响的科学研究结果；

（d）研究结果的评价及关于未来研究工作的建议。

4. 技术资料

包括下列资料：

（a）利用备选化学物质或备选技术来减少可以引起臭氧变化的物质排放以及有关已计划和进行中的研究工作的可行性和费用；

（b）应用化学或其他备选物质和备选技术的局限性和危险性。

5. 关于附件一内所提各种物质的社经和商业资料

包括下列资料：

（a）生产和生产能力；

（b）使用和使用方式；

（c）输入/输出；

（d）可能间接改变臭氧层的人类活动以及控制此种活动的管理行动的代价、危险和利益。

6. 法律资料

包括下列资料：

（a）与保护臭氧层有关的国家法律、行政措施和法律研究；

（b）与保护臭氧层有关的国际协定，包括双边协定；

（c）与保护臭氧层有关的执照签发办法和条件以及专利效用。

二、气候变化

联合国气候变化框架公约

（1992年5月9日订于纽约　中华人民共和国政府总理于1992年6月11日签署本公约；我国于1993年1月5日交存了批准书）

本公约各缔约方，

承认地球气候的变化及其不利影响是人类共同关心的问题，

感到忧虑的是，人类活动已大幅增加大气中温室气体的浓度，这种增加增强了自然温室效应，平均而言将引起地球表面和大气进一步增温，并可能对自然生态系统和人类产生不利影响，

注意到历史上和目前全球温室气体排放的最大部分源自发达国家；发展中国家的人均排放仍相对较低；发展中国家在全球排放中所占的份额将会增加，以满足其社会和发展需要，

意识到陆地和海洋生态系统中温室气体汇和库的作用和重要性，

注意到在气候变化的预测中，特别是在其时间、幅度和区域格局方面，有许多不确定性，

承认气候变化的全球性，要求所有国家根据其共同但有区别的责任和各自的能力及其社会和经济条件，尽可能开展最广泛的合作，并参与有效和适当的国际应对行动，

回顾1972年6月16日于斯德哥尔摩通过的《联合国人类环境会议宣言》的有关规定，

又回顾各国根据《联合国宪章》和国际法原则，拥有主权权利按自己的环境和发展政策开发自己的资源，也有责任确保在其管辖或控制范围内的活动不对其他国家的环境或国家管辖范围以外地区的环境造成损害，

重申在应付气候变化的国际合作中的国家主权原则，

认识到各国应当制定有效的立法；各种环境方面的标准、管理目标和优先顺序应当反映其所适用的环境和发展方面情况；并且有些国家所实行的标准对其他国家特别是发展中国家可能是不恰当的，并可能会使之承担不应有的经济和社会代价，

回顾联合国大会关于联合国环境与发展会议的1989年12月22日第44/228号决议的决定，以及关于为人类当代和后代保护全球气候的1988年12月6日第43/53号、1989年12月22日第44/207号、1990年12月21日第45/212号和1991年12月19日第46/169号决议，

又回顾联合国大会关于海平面上升对岛屿和沿海地区特别是低洼沿海地区可能产生的不利影响的1989年12月22日第44/206号决议各项规定，以及联合国大会关于防治沙漠化行动计划实施情况的1989年12月19日第44/172号决议的有关规定，

并回顾1985年《保护臭氧层维也纳公约》和于1990年6月29日调整和修正的1987年《关于消耗臭氧层物质的蒙特利尔议定书》，

注意到1990年11月7日通过的第二次世界气候大会部长宣言，

意识到许多国家就气候变化所进行的有价值的分析工作，以及世界气象组织、联合国环境规划署和联合国系统的其他机关、组织和机构及其他国际和政府间机构对交换科学研究成果和协调研究工作所作的重要贡献，

认识到了解和应付气候变化所需的步骤只有基于有关的科学、技术和经济方面的考虑，并根据这些领域的新发现不断加以重新评价，才能在环境、社会和经济方面最为有效，

认识到应付气候变化的各种行动本身在经济上就能够是合理的，而且还能有助于解决其他环境问题，

又认识到发达国家有必要根据明确的优先顺序，立即灵活地采取行动，以作为形成考虑到所有温室气体并适当考虑它们对增强温室效应的相对作用的全球、国家和可能议定的区域性综合应对战略的第一步，

并认识到地势低洼国家和其他小岛屿国家、拥有低洼沿海地区、干旱和半干旱地区或易受水灾、旱灾和沙漠化影响地区的国家以及具有脆弱的山区生态系统的发展中国家特别容易受到气候变化的不利影响，

认识到其经济特别依赖于矿物燃料的生产、使用和出口的国家特别是发展中国家由于为了限制温室气体排放而采取的行动所面临的特殊困难，

申明应当以统筹兼顾的方式把应付气候变化的行动与社会和经济发展协调起来，以免后者受到不利影响，同时充分考虑到发展中国家实现持续经济增长和消除贫困的正当的优先需要，

认识到所有国家特别是发展中国家需要得到实现可持续的社会和经济发展所需的资源；发展中国家为了迈向这一目标，其能源消耗将需要增加，虽然考虑到有可能包括通过在具有经济和社会效益的条件下应用新技术来提高能源效率和一般地控制温室气体排放，

决心为当代和后代保护气候系统，兹协议如下：

第一条　定义

为本公约的目的：

1. "气候变化的不利影响"指气候变化所造成的自然环境或生物区系的变化，这些变化对自然的和管理下的生态系统的组成、复原力或生产力、或对社会经济系统的运作、或对人类的健康和福利产生重大的有害影响。

2. "气候变化"指除在类似时期内所观测的气候的自然变异之外，由于直接或间接的人类活动改变了地球大气的组成而造成的气候变化。

3. "气候系统"指大气圈、水圈、生物圈和地圈的整体及其相互作用。

4. "排放"指温室气候和/或其前体在一个特定地区和时期内向大气的释放。

5. "温室气体"指大气中那些吸收和重新放出红外辐射的自然的和人为的气态成分。

6. "区域经济一体化组织"指一个特定区域的主权国家组成的组织，有权处理本公约或其议定书所规定的事项，并经按其内部程序获得正式授权签署、批准、接受、核准或加入有关文书。

7. "库"指气候系统内存储温室气体或其前体的一个或多个组成部分。

8. "汇"指从大气中清除温室气体、气溶胶或温室气体前体的任何过程、活动或机制。

9. "源"指向大气排放温室气体、气溶胶或温室气体前体的任何过程或活动。

第二条　目标

本公约以及缔约方会议可能通过的任何相关法律文书的最终目标是：根据本公约的各项有关规定，将大气中温室气体的浓度稳定在防止气候系统受到危险的人为干扰的水平上。这一水平应当在足以使生态系统能够自然地适应气候变化、确保粮食生产免受威胁并使经济发展能够可持续地进行的时间范围内实现。

第三条　原则

各缔约方在为实现本公约的目标和履行其各项规定而采取行动时，除其他外，应以下列作为指导：

1. 各缔约方应当在公平的基础上，并根据它们共同但有区别的责任和各自的能力，为人类当代和后代的利益保护气候系统。因此，发达国家缔约方应当率先对付气候变化及其不利影响。

2. 应当充分考虑到发展中国家缔约方尤其是特别易受气候变化不利影响的那些发展中国家缔约方的具体需要和特殊情况，也应当充分考虑到那些按本公约必须承担不成比例或不正常负担的缔约方特别是发展中国家缔约方的具体需要和特殊情况。

3. 各缔约方应当采取预防措施，预测、防止或尽量减少引起气候变化的原因并缓解其不利影响。当存在造成严重或不可逆转的损害的威胁时，不应当以科学上没有完全的确定性为理由推迟采取这类措施，同时考虑到应付气候变化的政策和措施应当讲求成本效益，确保以尽可能最低的费用获得全球效益。为此，这种政策和措施应当考虑到不同的社会经济情况，并且应当具有全面性，包括所有有关的温室气体源、汇和库及适应措施，并涵盖所有经济部门。应付气候变化的努力可由有关的缔约方合作进行。

4. 各缔约方有权并且应当促进可持续的发展。保护气候系统免遭人为变化的政策和措施应当适合每个缔约方的具体情况，并应当结合到国家的发展计划中去，同时考虑到经济发展对于采取措施应付气候变化是至关重要的。

5. 各缔约方应当合作促进有利的和开放的国际经济体系，这种体系将促成所有缔约方特别是发展中国家缔约方的可持续经济增长和发展，从而使它们有能力更好地应付气候变化的问题。为对付气候变化而采取的措施，包括单方面措施，不应当成为国际贸易上的任意或无理的歧视手段或者隐蔽的限制。

第四条 承诺

1. 所有缔约方，考虑到它们共同但有区别的责任，以及各自具体的国家和区域发展优先顺序、目标和情况，应：

（a）用待由缔约方会议议定的可比方法编制、定期更新、公布并按照第十二条向缔约方会议提供关于《蒙特利尔议定书》未予管制的所有温室气候的各种源的人为排放和各种汇的清除的国家清单；

（b）制订、执行、公布和经常地更新国家的以及在适当情况下区域的计划，其中包含从《蒙特利尔议定书》未予管制的所有温室气候的源的人为排放和汇的清除来着手减缓气候变化的措施，以及便利充分地适应气候变化的措施；

（c）在所有有关部门，包括能源、运输、工业、农业、林业和废物管理部门，促进和合作发展、应用和传播（包括转让）各种用来控制、减少或防止《蒙特利尔议定书》未予管制的温室气体的人为排放的技术、做法和过程；

（d）促进可持续地管理，并促进和合作酌情维护和加强《蒙特利尔议定书》未予管制的所有温室气体的汇和库，包括生物质、森林和海洋以及其他陆地、沿海和海洋生态系统；

（e）合作为适应气候变化的影响做好准备；拟订和详细制定关于沿海地区的管理、水资源和农业以及关于受到旱灾和沙漠化及洪水影响的地区特别是非洲的这种地区的保护和恢复的适当的综合性计划；

（f）在它们有关的社会、经济和环境政策及行动中，在可行的范围内将气候变化考虑进去，并采用由本国拟订和确定的适当办法，例如进行影响评估，以期尽量减少它们为了减缓或适应气候变化而进行的项目或采取的措施对经济、公共健康和环境质量产生的不利影响；

（g）促进和合作进行关于气候系统的科学、技术、工艺、社会经济和其他研究、系统观测及开发数据档案，目的是增进对气候变化的起因、影响、规模和发生时间以及各种应对战略所带来的经济和社会后果的认识，和减少或消除在这些方面尚存的不确定性；

（h）促进和合作进行关于气候系统和气候变化以及关于各种应对战略所带来的经济和社会后果的科学、技术、工艺、社会经济和法律方面的有关信息的充分、公开和迅速的交流；

（i）促进和合作进行与气候变化有关的教育、培训和提高公众意识的工作，并鼓励人们对这个过程最广泛参与，包括鼓励各种非政府组织的参与；

（j）依照第十二条向缔约方会议提供有关履行的信息。

2. 附件一所列的发达国家缔约方和其他缔约方具体承诺如下所规定：

（a）每一个此类缔约方应制定国家①政策和采取相应的措施，通过限制其人为的温室气体排放以及保护和增强其温室气体库和汇，减缓气候变化。这些政策和措施将表明，发达国家是在带头依循本公约的目标，改变人为排放的长期趋势，同时认识到至本10年末使二氧化碳和《蒙特利尔议定书》未予管制的其他温室气体的人为排放回复到较早的水平，将会有助于这种改变，并考虑到这些缔约方的起点和做法、经济结构和资源基础方面的差别、维持强有力和可持续经济增长的需要、可以采用的技术以及其他各别情况，又考虑到每一个此类缔约方都有必要为了实现该目标而作的全球努力作出公平和适当的贡献。这些缔约方可以同其他缔约方共同执行这些政策和措施，也可以协助其他缔约方为实现本公约的目标特别是本项的目标作出贡献；

①其中包括区域经济一体化组织制定的政策和采取的措施。

（b）为了推动朝这一目标取得进展，每一个此类缔约方应依照第十二条，在本公约对其生效后6个月内，并在其后定期地就其上述（a）项所述的政策和措施，以及就其由此预测在（a）项所述期间内《蒙特利尔议定书》未予管制的温室气体的源的人为排放和汇的清除，提供详细信息，目的在各别地或共同地使二氧化碳和《蒙特利尔议定书》未予管制的其他温室气体的人为排放回复到1990年的水平。按照第七条，这些信息将由缔约方会议在其第一届会议上以及在其后定期地加以审评；

（c）为了上述（b）项的目的而计算各种温室气体源的排放和汇的清除时，应该参考可以得到的最佳科学知识，包括关于各种汇的有效容量和每一种温室气体在引起气候变化方面的作用的知识。缔约方会议应在其第一届会议上考虑和议定进行这些计算的方法，并在其后经常地加以审评；

（d）缔约方会议应在其第一届会议上审评上述（a）项和（b）项是否充足。进行审评时应参照可以得到的关于气候变化及其影响的最佳科学信息和评估，以及有关的工艺、社会和经济信息。在审评的基础上，缔约方会议应采取适当的行动，其中可以包括通过对上述（a）项和（b）项承诺的修正。缔约方会议第一届会议还应就上述（a）项所述共同执行的标准作出决定。对（a）项和（b）项的第二次审评应不迟于1998年12月31日进行，其后按由缔约方会议确定的定期间隔进行，直至本公约的目标达到为止；

（e）每一个此类缔约方应：

（一）酌情同其他此类缔约方协调为了实现本公约的目标而开发的有关经济和行政手段；和

（二）确定并定期审评其本身有哪些政策和做法鼓励了导致《蒙特利尔议定书》未予管制的温室气候的人为排放水平因而更高的活动。

（f）缔约方会议应至迟在1998年12月31日之前审评可以得到的信息，以便经有关缔约方同意，作出适当修正附件一和二内名单的决定；

（g）不在附件一之列的任何缔约方，可以在其批准、接受、核准或加入的文书中，或在其后任何时间，通知保存人其有意接受上述（a）项和（b）项的约束。保存人应将任何此类通知通报其他签署方和缔约方。

3. 附件二所列的发达国家缔约方和其他发达缔约方应提供新的和额外的资金，以支付经议定的发展中国家缔约方为履行第十二条第1款规定的义务而招致的全部费用。它们还应提供发展中国家缔约方所需要的资金。包括用于技术转让的资金，以支付经议定的为执行本条第1款所述并经发展中国家缔约方同第十一条所述那个或那些国际实体依该条议定的措施的全部增加费用。这些承诺的履行应考虑到资金流量应充足和可以预测的必要性，以及发达国家缔约方间适当分摊负担的重要性。

4. 附件二所列的发达国家缔约方和其他发达缔约方还应帮助特别易受气候变化不利影响

的发展中国家缔约方支付适应这些不利影响的费用。

5. 附件二所列的发达国家缔约方和其他发达缔约方采取一切实际可行的步骤，酌情促进、便利和资助向其他缔约方特别是发展中国家缔约方转让或使它们有机会得到无害环境的技术和专有技术，以使它们能够履行本公约的各项规定。在此过程中，发达国家缔约方应支持开发和增强发展中国家缔约方的自生能力和技术。有能力这样做的其他缔约方和组织也可协助便利这类技术的转让。

6. 对于附件一所列正在朝市场经济过渡的缔约方，在履行其在上述第2款下的承诺时，包括在《蒙特利尔议定书》未予管制的温室气体人为排放的可资参照的历史水平方面，应由缔约方会议允许它们有一定程度的灵活性，以增强这些缔约方应付气候变化的能力。

7. 发展中国家缔约方能在多大程度上有效履行其在本公约下的承诺，将取决于发达国家缔约方对其在本公约下所承担的有关资金和技术转让的承诺的有效履行，并将充分考虑到经济和社会发展及消除贫困是发展中国家缔约方的首要和压倒一切的优先事项。

8. 在履行本条各项承诺时，各缔约方应充分考虑按照本公约需要采取哪些行动，包括与提供资金、保险和技术转让有关的行动，以满足发展中国家缔约方由于气候变化的不利影响和/或执行应对措施所造成的影响，特别是对下列各类国家的影响，而产生的具体需要和关注：

（a）小岛屿国家；
（b）有低洼沿海地区的国家；
（c）有干旱和半干旱地区、森林地区和容易发生森林退化的地区的国家；
（d）有易遭自然灾害地区的国家；
（e）有容易发生旱灾和沙漠化的地区的国家；
（f）有城市大气严重污染的地区的国家；
（g）有脆弱生态系统包括山区生态系统的国家；
（h）其经济高度依赖于矿物燃料和相关的能源密集产品的生产、加工和出口所带来的收入，和/或高度依赖于这种燃料和产品的消费的国家；和
（i）内陆国和过境国。

此外，缔约方会议可酌情就本款采取行动。

9. 各缔约方在采取有关提供资金和技术转让的行动时，应充分考虑到最不发达国家的具体需要和特殊情况。

10. 各缔约方应按照第十条，在履行本公约各项承诺时，考虑到其经济容易受到执行应付气候变化的措施所造成的不利影响之害的缔约方、特别是发展中国家缔约方的情况。这尤其适用于其经济高度依赖于矿物燃料和相关的能源密集产品的生产、加工和出口所带来的收入，和/或高度依赖于这种燃料和产品的消费，和/或高度依赖于矿物燃料的使用，而改用其他燃料又非常困难的那些缔约方。

第五条　研究和系统观测

在履行第四条第1款（g）项下的承诺时，各缔约方应：

（a）支持并酌情进一步制订旨在确定、进行、评估和资助研究、数据收集和系统观测的国际和政府间计划和站网或组织，同时考虑到有必要尽量减少工作重复；

（b）支持旨在加强尤其是发展中国家的系统观测及国家科学和技术研究能力的国际和政府间努力，并促进获取和交换从国家管辖范围以外地区取得的数据及其分析；和

（c）考虑发展中国家的特殊关注和需要，并开展合作提高它们参与上述（a）项和（b）项中所述努力的自生能力。

第六条　教育、培训和公众意识

在履行第四条第1款（i）项下的承诺时，各缔约方应：

（a）在国家一级并酌情在次区域和区域一级，根据国家法律和规定，并在各自的能力范围内，促进和便利：

（一）拟订和实施有关气候变化及其影响的教育及提高公众意识的计划；

（二）公众获取有关气候变化及其影响的信息；

（三）公众参与应付气候变化及其影响和拟订适当的对策；和

（四）培训科学、技术和管理人员。

（b）在国际一级，酌情利用现有的机构，在下列领域进行合作并促进：

（一）编写和交换有关气候变化及其影响的教育及提高公众意识的材料；和

（二）拟订和实施教育和培训计划，包括加强国内机构和交流或借调人员来特别是为发展中国家培训这方面的专家。

第七条 缔约方会议

1. 兹设立缔约方会议。

2. 缔约方会议作为本公约的最高机构，应定期审评本公约和缔约方会议可能通过的任何相关法律文书的履行情况，并应在其职权范围内作出为促进本公约的有效履行所必要的决定。为此目的，缔约方会议应：

（a）根据本公约的目标、在履行本公约过程中取得的经验和科学与技术知识的发展，定期审评本公约规定的缔约方义务和机构安排；

（b）促进和便利就各缔约方为应付气候变化及其影响而采取的措施进行信息交流，同时考虑到各缔约方不同的情况、责任和能力以及各自在本公约下的承诺；

（c）应两个或更多的缔约方的要求，便利将这些缔约方为应付气候变化及其影响而采取的措施加以协调，同时考虑到各缔约方不同的情况、责任和能力以及各自在本公约下的承诺；

（d）依照本公约的目标和规定，促进和指导发展和定期改进由缔约方会议议定的，除其他外，用来编制各种温室气体源的排放和各种汇的清除的清单，和评估为限制这些气体的排放及增进其清除而采取的各种措施的有效性的可比方法；

（e）根据依本公约规定获得的所有信息，评估各缔约方履行公约的情况和依照公约所采取措施的总体影响，特别是环境、经济和社会影响及其累计影响，以及当前在实现本公约的目标方面取得的进展；

（f）审议并通过关于本公约履行情况的定期报告，并确保予以发表；

（g）就任何事项作出为履行本公约所必需的建议；

（h）按照第四条第3、第4和第5款及第十一条，设法动员资金；

（i）设立其认为履行公约所必需的附属机构；

（j）审评其附属机构提出的报告，并向它们提供指导；

（k）以协商一致方式议定并通过缔约方会议和任何附属机构的议事规则和财务规则；

（l）酌情寻求和利用各主管国际组织和政府间及非政府机构提供的服务、合作和信息；和

（m）行使实现本公约目标所需的其他职能以及依本公约所赋与的所有其他职能。

3. 缔约方会议应在其第一届会议上通过其本身的议事规则以及本公约所设立的附属机构的议事规则，其中应包括关于本公约所述各种决策程序未予规定的事项的决策程序。这类程序可包括通过具体决定所需的特定多数。

4. 缔约方会议第一届会议应由第二十一条所述的临时秘书处召集，并应不迟于本公约生效日期后1年举行。其后，除缔约方会议另有决定外，缔约方会议的常会应年年举行。

5. 缔约方会议特别会议应在缔约方会议认为必要的其他时间举行，或应任何缔约方的书面要求而举行，但须在秘书处将该要求转达给各缔约方后6个月内得到至少1/3缔约方的支持。

6. 联合国及其专门机构和国际原子能机构，以及它们的非为本公约缔约方的会员国或观察员，均可作为观察员出席缔约方会议的各届会议。任何在本公约所涉事项上具备资格的团体或机构，不管其为国家或国际的、政府或非政府的，经通知秘书处其愿意作为观察员出席缔约方会议的某届会议，均可予以接纳，除非出席的缔约方至少1/3反对。观察员的接纳和参加应遵循缔约方会议通过的议事规则。

第八条 秘书处

1. 兹设立秘书处。

2. 秘书处的职能应为：

（a）安排缔约方会议及依本公约设立的附属机构的各届会议，并向它们提供所需的服务；

（b）汇编和转递向其提交的报告；

（c）便利应要求时协助各缔约方特别是发展中国家缔约方汇编和转递依本公约规定所需的信息；

（d）编制关于其活动的报告，并提交给缔约方会议；

（e）确保与其他有关国际机构的秘书处的必要协调；

（f）在缔约方会议的全面指导下订立为有效履行其职能而可能需要的行政和合同安排；和

（g）行使本公约及其任何议定书所规定的其他秘书处职能和缔约方会议可能决定的其他职能。

3. 缔约方会议应在其第一届会议上指定一个常设秘书处，并为其行使职能作出安排。

第九条 附属科技咨询机构

1. 兹设立附属科学和技术咨询机构，就与公约有关的科学和技术事项，向缔约方会议并酌情向缔约方会议的其他附属机构及时提供信息和咨询。该机构应开放供所有缔约方参加，并应具有多学科性。该机构应由在有关专门领域胜任的政府代表组成。该机构应定期就其工作的一切方面向缔约方会议报告。

2. 在缔约方会议指导下和依靠现有主管国际机构，该机构应：

（a）就有关气候变化及其影响的最新科学知识提出评估；

（b）就履行公约所采到措施的影响进行科学评估；

（c）确定创新的、有效率的和最新的技术与专有技术，并就促进这类技术的发展和/或转让的途径与方法提供咨询；

（d）就有关气候变化的科学计划和研究与发展的国际合作，以及就支持发展中国家建立自生能力的途径与方法提供咨询；和

（e）答复缔约方会议及其附属机构可能向其提出的科学、技术和方法问题。

3. 该机构的职能和职权范围可由缔约方会议进一步制定。

第十条 附属履行机构

1. 兹设立附属履行机构，以协助缔约方会议评估和审评本公约的有效履行。该机构应开放供所有缔约方参加，并由为气候变化问题专家的政府代表组成。该机构应定期就其工作的一切方面向缔约方会议报告。

2. 在缔约方会议的指导下，该机构应：

（a）考虑依第十二条第1款提供的信息，参照有关气候变化的最新科学评估，对各缔约方所采取步骤的总体合计影响作出评估；

（b）考虑依第十二条第2款提供的信息，以协助缔约方会议进行第四条第2款（d）项所要求的审评；和

（c）酌情协助缔约方会议拟订和执行其决定。

第十一条 资金机制

1. 兹确定一个在赠予或转让基础上提供资金、包括用于技术转让的资金的机制。该机制应在缔约方会议的指导下行使职能并向其负责，并应由缔约方会议决定该机制与本公约有关的政策、计划优先顺序和资格标准。该机制的经营应委托一个或多个现有的国际实体负责。

2. 该资金机制应在一个透明的管理制度下公平和均衡地代表所有缔约方。

3. 缔约方会议和受托管资金机制的那个或那些实体应议定实施上述各款的安排，其中应包括：

（a）确保所资助的应付气候变化的项目符合缔约方会议所制定的政策、计划优先顺序和资格标准的办法；

（b）根据这些政策、计划优先顺序和资格标准重新考虑某项供资决定的办法；

（c）依循上述第1款所述的负责要求，由那个或那些实体定期向缔约方会议提供关于其供资业务的报告；

（d）以可预测和可认定的方式确定履行本公约所必需的和可以得到的资金数额，以及定期审评此一数额所应依据的条件。

4. 缔约方会议应在其第一届会议上作出履行上述规定的安排，同时审评并考虑到第二十一条第3款所述的临时安排，并应决定这些临时安排是否应予维持。在其后四年内，缔约方会议应对资金机制进行审评，并采取适当的措施。

5. 发达国家缔约方还可通过双边、区域性和其他多边渠道提供并由发展中国家缔约方获取与履行本公约有关的资金。

第十二条 提供有关履行的信息

1. 按照第四条第1款，每一缔约方应通过秘书处向缔约方会议提供含有下列内容的信息：

（a）在其能力允许的范围内，用缔约方会议所将推行和议定的可比方法编成的关于《蒙特利尔议定书》未予管制的所有温室气体的各种源的人为排放和各种汇的清除的国家清单；

（b）关于该缔约方为履行公约而采取或设想的步骤的一般性描述；和

（c）该缔约方认为与实现本公约的目标有关并且适合列入其所提供信息的任何其他信息，在可行情况下，包括与计算全球排放趋势有关的资料。

2. 附件一所列每一发达国家缔约方和每一其他缔约方应在其所提供的信息中列入下列各类信息：

（a）关于该缔约方为履行其第四条第2款（a）项和（b）项下承诺所采取政策和措施的详细描述；和

（b）关于本款（a）项所述政策和措施在第四条第2款（a）项所述期间对温室气体各种源的排放和各种汇的清除所产生影响的具体估计。

3. 此外，附件二所列每一发达国家缔约方和每一其他发达缔约方应列入按照第四条第3、第4和第5款所采取措施的详情。

4. 发展中国家缔约方可在自愿基础上提出需要资助的项目，包括为执行这些项目所需要的具体技术、材料、设备、工艺或做法，在可能情况下并附上对所有增加的费用、温室气体排放的减少量及其清除的增加量的估计，以及对其所带来效益的估计。

5. 附件一所列每一发达国家缔约方和每一其他缔约方应在公约对该缔约方生效后6个月内第一次提供信息。未列入该附件的每一缔约方应在公约对该缔约方生效后或按照第四条第3款获得资金后3年内第一次提供信息。最不发达国家缔约方可自行决定何时第一次提供信息。其后所有缔约方提供信息的频度应由缔约方会议考虑到本款所规定的差别时间表予以确定。

6. 各缔约方按照本条提供的信息应由秘书处尽速转交给缔约方会议和任何有关的附属机构。如有必要，提供信息的程序可由缔约方会议进一步考虑。

7. 缔约方会议从第一届会议起，应安排向有此要求的发展中国家缔约方提供技术和资金支持，以汇编和提供本条所规定的信息，和确定与第四条规定的所拟议的项目和应对措施相联系的技术和资金需要。这些支持可酌情由其他缔约方、主管国际组织和秘书处提供。

8. 任何一组缔约方遵照缔约方会议制定的指导方针并经事先通知缔约方会议，可以联合提供信息来履行其在本条下的义务，但这样提供的信息须包括关于其中每一缔约方履行其在本公约下的各自义务的信息。

9. 秘书处收到的经缔约方按照缔约方会议制订的标准指明为机密的信息，在提供给任何参与信息的提供和审评的机构之前，应由秘书处加以汇总，以保护其机密性。

10. 在不违反上述第9款，并且不妨碍任何缔约方在任何时候公开其所提供信息的能力的情况下，秘书处应将缔约方按照本条提供的信息在其提交给缔约方会议的同时予以公开。

第十三条　解决与履行有关的问题

缔约方会议应在其第一届会议上考虑设立一个解决与公约履行有关的问题的多边协商程序，供缔约方有此要求时予以利用。

第十四条　争端的解决

1. 任何两个或两个以上缔约方之间就本公约的解释或适用发生争端时，有关的缔约方应寻求通过谈判或它们自己选择的任何其他和平方式解决该争端。

2. 非为区域经济一体化组织的缔约方在批准、接受、核准或加入本公约时，或在其后任何时候，可在交给保存人的1份文书中声明，关于本公约的解释或适用方面的任何争端，承认对于接受同样义务的任何缔约方，下列义务为当然而具有强制性的，无须另订特别协议：

(a) 将争端提交国际法院，和/或

(b) 按照将由缔约方会议尽早通过的、载于仲裁附件中的程序进行仲裁。作为区域经济一体化组织的缔约方可就依上述（b）项中所述程序进行仲裁发表类似声明。

3. 根据上述第2款所作的声明，在其所载有效期期满前，或在书面撤回通知交存于保存人后的3个月内，应一直有效。

4. 除非争端各当事方另有协议，新作声明、作出撤回通知或声明有效期满丝毫不得影响国际法院或仲裁庭正在进行的审理。

5. 在不影响上述第2款运作的情况下，如果一缔约方通知另一缔约方它们之间存在争端，过了12个月后，有关的缔约方尚未能通过上述第1款所述方法解决争端，经争端的任何当事方要求，应将争端提交调解。

6. 经争端一当事方要求，应设立调解委员会。调解委员会应由每一当事方委派的数目相同的成员组成，主席由每一当事方委派的成员共同推选。调解委员会应作出建议性裁决。各当事方应善意考虑之。

7. 有关调解的补充程序应由缔约方会议尽早以调解附件的形式予以通过。

8. 本条各项规定应适用于缔约方会议可能通过的任何相关法律文书，除非该文书另有规定。

第十五条　公约的修正

1. 任何缔约方均可对本公约提出修正。

2. 对本公约的修正应在缔约方会议的一届常会上通过。对本公约提出的任何修正案文应由秘书处在拟议通过该修正的会议之前至少6个月送交各缔约方。秘书处还应将提出的修正送交本公约各签署方，并送交保存人以供参考。

3. 各缔约方应尽一切努力以协商一致方式就对本公约提出的任何修正达成协议。如为谋求协商一致已尽了一切努力，仍未达成协议，作为最后的方式，该修正应以出席会议并参加表决的缔约方3/4多数票通过。通过的修正应由秘书处交保存人，再由保存人转送所有缔约方供其接受。

4. 对修正的接受文书应交存于保存人。按照上述第3款通过的修正，应于保存人收到本公约至少 3/4 缔约方的接受文书之日后第 90 天起对接受该修正的缔约方生效。

5. 对于任何其他缔约方，修正应在该缔约方向保存人交存接受该修正的文书之日后第 90 天起对其生效。

6. 为本条的目的，"出席并参加表决的缔约方"是指出席并投赞成票或反对票的缔约方。

第十六条 公约附件的通过和修正

1. 本公约的附件应构成本公约的组成部分，除另有明文规定外，凡提到本公约时即同时提到其任何附件。在不妨害第十四条第 2 款（b）项和第 7 款规定的情况下，这些附件应限于清单、表格和任何其他属于科学、技术、程序或行政性质的说明性资料。

2. 本公约的附件应按照第十五条第 2、第 3 和第 4 款中规定的程序提出和通过。

3. 按照上述第 2 款通过的附件，应于保存人向公约的所有缔约方发出关于通过该附件的通知之日起 6 个月后对所有缔约方生效，但在此期间以书面形式通知保存人不接受该附件的缔约方除外。对于撤回其不接受的通知的缔约方，该附件应自保存人收到撤回通知之日后第 90 天起对其生效。

4. 对公约附件的修正的提出、通过和生效，应依照上述第 2 和第 3 款对公约附件的提出、通过和生效规定的同一程序进行。

5. 如果附件或对附件的修正的通过涉及对本公约的修正，则该附件或对附件的修正应待对公约的修正生效之后方可生效。

第十七条 议定书

1. 缔约方会议可在任何一届常会上通过本公约的议定书。

2. 任何拟议的决定书案文应由秘书处在举行该届会议至少六个月之前送交各缔约方。

3. 任何议定书的生效条件应由该文书加以规定。

4. 只有本公约的缔约方才可成为议定书的缔约方。

5. 任何议定书下的决定只应由该议定书的缔约方作出。

第十八条 表决权

1. 除下述第 2 款所规定外，本公约每一缔约方应有 1 票表决权。

2. 区域经济一体化组织在其权限内的事项上应行使票数与其作为本公约缔约方的成员国数目相同的表决权。如果一个此类组织的任一成员国行使自己的表决权，则该组织不得行使表决权，反之亦然。

第十九条 保存人

联合国秘书长应为本公约及按照第十七条通过的议定书的保存人。

第二十条 签署

本公约应于联合国环境与发展会议期间在里约热内卢，其后自 1992 年 6 月 20 日至 1993 年 6 月 19 日在纽约联合国总部，开放供联合国会员国或任何联合国专门机构的成员国或《国际法院规约》的当事国和各区域经济一体化组织签署。

第二十一条 临时安排

1. 在缔约方会议第一届会议结束前，第八条所述的秘书处职能将在临时基础上由联合国大会 1990 年 12 月 21 日第 45/212 号决议所设立的秘书处行使。

2. 上述第 1 款所述的临时秘书处首长将与政府间气候变化专门委员会密切合作，以确保该委员会能够对提供客观科学和技术咨询的要求作出反应。也可以咨询其他有关的科学机构。

3. 在临时基础上，联合国开发计划署、联合国环境规划署和国际复兴开发银行的"全球环境融资"应为受托经营第十一条所述资金机制的国际实体。在这方面，"全球环境融资"应予适当改革，并使其成员具有普遍性，以使其能满足第十一条的要求。

第二十二条 批准、接受、核准或加入

1. 本公约须经各国和各区域经济一体化组织批准、接受、核准或加入。公约应自签署截止日之次日起开放供加入。批准、接受、核准或加入的文书应交存于保存人。

2. 任何成为本公约缔约方而其成员国均非缔约方的区域经济一体化组织应受本公约一切义务的约束。如果此类组织的一个或多个成员国为本公约的缔约方，该组织及其成员国应决定各自在履行公约义务方面的责任。在此种情况下，该组织及其成员国无权同时行使本公约规定的权利。

3. 区域经济一体化组织应在其批准、接受、标准或加入的文书中声明其在本公约所规定事项上的权限。此类组织还应将其权限范围的任何重大变更通知保存人，再由保存人通知各缔约方。

第二十三条　生效

1. 本公约应自第 50 份批准、接受、核准或加入的文书交存之日后第 90 天起生效。

2. 对于在第 50 份批准、接受、核准或加入的文书交存之后批准、接受、核准或加入本公约的每一国家或区域经济一体化组织，本公约应自该国或该区域经济一体化组织交存其批准、接受、核准或加入的文书之日后第 90 天起生效。

3. 为上述第 1 和第 2 款的目的，区域经济一体化组织所交存的任何文书不应被视为该组织成员国所交存文书之外的额外文书。

第二十四条　保留

对本公约不得作任何保留。

第二十五条　退约

1. 自本公约对一缔约方生效之日起 3 年后，该缔约方可随时向保存人发出书面通知退出本公约。

2. 任何退出应自保存人收到退出通知之日起 1 年期满时生效，或在退出通知中所述明的更后日期生效。

3. 退出本公约的任何缔约方，应被视为亦退出其作为缔约方的任何议定书。

第二十六条　作准文本

本公约正本应交存于联合国秘书长，其阿拉伯文、中文、英文、法文、俄文和西班牙文文本同为作准。

下列签署人，经正式授权，在本公约上签字，以昭信守。

1992 年 5 月 9 日订于纽约。

巴黎协定

（2015 年 12 月 12 日巴黎气候变化大会通过　2016 年 4 月 22 日纽约签署

第十二届全国人民代表大会常务委员会第二十二次会议决定：批准 2016 年 4 月 22 日由中华人民共和国代表在纽约签署的《巴黎协定》）

本协定缔约方，

作为《联合国气候变化框架公约》（下称"《公约》"）缔约方，

按照《公约》缔约方会议第十七届会议第 1/CP.17 号决定建立的德班加强行动平台，

根据《公约》目标，并遵循其原则，包括以公平为基础并体现共同但有区别的责任和各自能力的原则，同时要根据不同的国情，

认识到必须根据现有的最佳科学知识，对气候变化的紧迫威胁作出有效和逐渐的应对，

又认识到《公约》所述的发展中国家缔约方的具体需要和特殊情况，特别是那些对气候

变化不利影响特别脆弱的发展中国家缔约方的具体需要和特殊情况，

充分考虑到最不发达国家在筹资和技术转让行动方面的具体需要和特殊情况，

认识到缔约方不仅可能受到气候变化的影响，而且还可能受到为应对气候变化而采取的措施的影响，

强调气候变化行动、应对和影响与平等获得可持续发展和消除贫困有着内在的关系，

认识到保障粮食安全和消除饥饿的根本性优先事项，以及粮食生产系统对气候变化不利影响的特殊脆弱性，

考虑到务必根据国家制定的发展优先事项，实现劳动力公正转型以及创造体面工作和高质量就业岗位，

承认气候变化是人类共同关注的问题，缔约方在采取行动处理气候变化时，应当尊重、促进和考虑它们各自对人权、健康权、土著人民权利、当地社区权利、移徙者权利、儿童权利、残疾人权利、弱势人权利、发展权，以及性别平等、妇女赋权和代际公平等的义务，

认识到必须酌情养护和加强《公约》所述的温室气体的汇和库，

注意到必须确保包括海洋在内的所有生态系统的完整性，保护被有些文化认作大地母亲的生物多样性，并注意到在采取行动处理气候变化时关于"气候公正"的某些概念的重要性，

申明必须就本协定处理的事项在各级开展教育、培训、宣传、公众参与和公众获得信息和合作，认识到在本协定处理的事项方面让各级参与的重要性，

认识到按照缔约方各自的国内立法使各级政府和各行为方参与处理气候变化的重要性，

又认识到在发达国家缔约方带头下的可持续生活方式以及可持续的消费和生产模式，对处理气候变化所发挥的重要作用，

协定如下：

第一条

为本协定的目的，《公约》第一条所载的定义都应适用。此外：

1. "公约"指 1992 年 5 月 9 日在纽约通过的《联合国气候变化框架公约》；

2. "缔约方会议"指《公约》缔约方会议；

3. "缔约方"指本协定缔约方。

第二条

1. 本协定在加强《公约》，包括其目标的执行方面，旨在联系可持续发展和消除贫困的努力，加强对气候变化威胁的全球应对，包括：

（a）把全球平均气温升幅控制在工业化前水平以上低于 2℃ 之内，并努力将气温升幅限制在工业化前水平以上 1.5℃ 之内，同时认识到这将大大减少气候变化的风险和影响；

（b）提高适应气候变化不利影响的能力并以不威胁粮食生产的方式增强气候抗御力和温室气体低排放发展；

（c）使资金流动符合温室气体低排放和气候适应型发展的路径。

2. 本协定的执行将按照不同的国情体现平等以及共同但有区别的责任和各自能力的原则。

第三条

作为全球应对气候变化的国家自主贡献，所有缔约方将保证并通报第四条、第七条、第九条、第十条、第十一条和第十三条所界定的有力度的努力，以实现本协定第二条所述的目的。所有缔约方的努力将随着时间的推移而逐渐增加，同时认识到需要支持发展中国家缔约方，以有效执行本协定。

第四条

1. 为了实现第二条规定的长期气温目标，缔约方旨在尽快达到温室气体排放的全球峰值，同时认识到达峰对发展中国家缔约方来说需要更长的时间；此后利用现有的最佳科学迅速减排，以联系可持续发展和消除贫困，在平等的基础上，在本世纪下半叶实现温室气体源的人

为排放与汇的清除之间的平衡。

2. 各缔约方应编制、通报并保持它打算实现的下一次国家自主贡献。缔约方应采取国内减缓措施，以实现这种贡献的目标。

3. 各缔约方下一次的国家自主贡献将按不同的国情，逐步增加缔约方当前的国家自主贡献，并反映其尽可能大的力度，同时反映其共同但有区别的责任和各自能力。

4. 发达国家缔约方应当继续带头，努力实现全经济绝对减排目标。发展中国家缔约方应当继续加强它们的减缓努力，应鼓励它们根据不同的国情，逐渐实现全经济绝对减排或限排目标。

5. 应向发展中国家缔约方提供支助，以根据本协定第九条、第十条和第十一条执行本条，同时认识到增强对发展中国家缔约方的支助，将能够加大它们的行动力度。

6. 最不发达国家和小岛屿发展中国家可编制和通报反映它们特殊情况的关于温室气体低排放发展的战略、计划和行动。

7. 从缔约方的适应行动和/或经济多样化计划中获得的减缓共同收益，能促进本条下的减缓成果。

8. 在通报国家自主贡献时，所有缔约方应根据第1/CP.21号决定和作为《巴黎协定》缔约方会议的《公约》缔约方会议的任何有关决定，为清晰、透明和了解而提供必要的信息。

9. 各缔约方应根据第1/CP.21号决定和作为《巴黎协定》缔约方会议的《公约》缔约方会议的任何有关决定，并参照第十四条所述的全球总结的结果，每五年通报一次国家自主贡献。

10. 作为《巴黎协定》缔约方会议的《公约》缔约方会议应在第一届会议上审议国家自主贡献的共同时间框架。

11. 缔约方可根据作为《巴黎协定》缔约方会议的《公约》缔约方会议通过的指导，随时调整其现有的国家自主贡献，以加强其力度水平。

12. 缔约方通报的国家自主贡献应记录在秘书处保持的一个公共登记册上。

13. 缔约方应核算它们的国家自主贡献。在核算相当于它们国家自主贡献中的人为排放量和清除量时，缔约方应促进环境完整性、透明、精确、完整、可比和一致性，并确保根据作为《巴黎协定》缔约方会议的《公约》缔约方会议通过的指导避免双重核算。

14. 在国家自主贡献方面，当缔约方在承认和执行人为排放和清除方面的减缓行动时，应当按本条第13款的规定，酌情考虑《公约》下的现有方法和指导。

15. 缔约方在执行本协定时，应考虑那些经济受应对措施影响最严重的缔约方，特别是发展中国家缔约方关注的问题。

16. 缔约方，包括区域经济一体化组织及其成员国，凡是达成了一项协定，根据本条第2款联合采取行动的，均应在它们通报国家自主贡献时，将该协定的条款通知秘书处，包括有关时期内分配给各缔约方的排放量。再应由秘书处向《公约》的缔约方和签署方通报该协定的条款。

17. 以上第16款提及的这种协定的各缔约方应根据本条第13款和第14款以及第十三条和第十五条对该协定为它规定的排放水平承担责任。

18. 如果缔约方在一个其本身是本协定缔约方的区域经济一体化组织的框架内并与该组织一起，采取联合行动开展这项工作，那么该区域经济一体化组织的各成员国单独并与该区域经济一体化组织一起，应根据本条第13款和第14款以及第十三条和第十五条，对根据本条第16款通报的协定为它规定的排放量承担责任。

19. 所有缔约方应努力拟定并通报长期温室气体低排放发展战略，同时注意第二条，根据不同国情，考虑它们共同但有区别的责任和各自能力。

第五条

1. 缔约方应当采取行动酌情养护和加强《公约》第四条第 1 款 d 项所述的温室气体的汇和库，包括森林。

2. 鼓励缔约方采取行动，包括通过基于成果的支付，执行和支持在《公约》下已确定的有关指导和决定中提出的有关以下方面的现有框架：为减少毁林和森林退化造成的排放所涉活动采取的政策方法和积极奖励措施，以及发展中国家养护、可持续管理森林和增强森林碳储量的作用；执行和支持替代政策方法，如关于综合和可持续森林管理的联合减缓和适应方法，同时重申酌情奖励与这种方法相关的非碳收益的重要性。

第六条

1. 缔约方认识到，有些缔约方选择自愿合作执行它们的国家自主贡献，以能够提高它们减缓和适应行动的力度，并促进可持续发展和环境完整。

2. 缔约方如果在自愿的基础上采取合作方法，并使用国际转让的减缓成果来实现国家自主贡献，就应促进可持续发展，确保环境完整和透明，包括在治理方面，并应运用稳健的核算，以主要依作为《巴黎协定》缔约方会议的《公约》缔约方会议通过的指导确保避免双重核算。

3. 使用国际转让的减缓成果来实现本协定下的国家自主贡献，应是自愿的，并得到参加的缔约方的允许的。

4. 兹在作为《巴黎协定》缔约方会议的《公约》缔约方会议的授权和指导下，建立一个机制，供缔约方自愿使用，以促进温室气体排放的减缓，支持可持续发展。它应受作为《巴黎协定》缔约方会议的《公约》缔约方会议指定的一个机构的监督，应旨在：

（a）促进减缓温室气体排放，同时促进可持续发展；

（b）奖励和便利缔约方授权下的公私实体参与减缓温室气体排放；

（c）促进东道缔约方减少排放量，以便从减缓活动导致的减排中受益，这也可以被另一缔约方用来履行其国家自主贡献；

（d）实现全球排放的全面减缓。

5. 从本条第 4 款所述的机制产生的减排，如果被另一缔约方用作表示其国家自主贡献的实现情况，则不应再被用作表示东道缔约方自主贡献的实现情况。

6. 作为《巴黎协定》缔约方会议的《公约》缔约方会议应确保本条第 4 款所述机制下开展的活动所产生的一部分收益用于负担行政开支，以及援助对气候变化不利影响特别脆弱的发展中国家缔约方支付适应费用。

7. 作为《巴黎协定》缔约方会议的《公约》缔约方会议应在第一届会议上通过本条第 4 款所述机制的规则、模式和程序。

8. 缔约方认识到，在可持续发展和消除贫困方面，必须以协调和有效的方式向缔约方提供综合、整体和平衡的非市场方法，包括酌情主要通过，减缓、适应、融资、技术转让和能力建设，以协助执行它们的国家自主贡献。这些方法应旨在：

（a）提高减缓和适应力度；

（b）加强公私部门参与执行国家自主贡献；

（c）创造各种手段和有关体制安排之间协调的机会。

9. 兹确定一个本条第 8 款提及的可持续发展非市场方法的框架，以推广非市场方法。

第七条

1. 缔约方兹确立关于提高适应能力、加强抗御力和减少对气候变化的脆弱性的全球适应目标，以促进可持续发展，并确保在第二条所述气温目标方面采取适当的适应对策。

2. 缔约方认识到，适应是所有各方面临的全球挑战，具有地方、次国家、国家、区域和国际层面，它是为保护人民、生计和生态系统而采取的气候变化长期全球应对措施的关键组成部分和促进因素,同时也要考虑到对气候变化不利影响特别脆弱的发展中国家迫在眉睫的需要。

3. 应根据作为《巴黎协定》缔约方会议的《公约》缔约方会议第一届会议通过的模式承认发展中国家的适应努力。

4. 缔约方认识到,当前的适应需要很大,提高减缓水平能减少对额外适应努力的需要,增大适应需要可能会增加适应成本。

5. 缔约方承认,适应行动应当遵循一种国家驱动、注重性别问题、参与型和充分透明的方法,同时考虑到脆弱群体、社区和生态系统,并应当基于和遵循现有的最佳科学,以及适当的传统知识、土著人民的知识和地方知识系统,以期将适应酌情纳入相关的社会经济和环境政策以及行动中。

6. 缔约方认识到必须支持适应努力并开展适应努力方面的国际合作,必须考虑发展中国家缔约方的需要,特别是对气候变化不利影响特别脆弱的发展中国家的需要。

7. 缔约方应当加强它们在增强适应行动方面的合作,同时考虑到《坎昆适应框架》,包括在下列方面:

(a) 交流信息、良好做法、获得的经验和教训,酌情包括与适应行动方面的科学、规划、政策和执行等相关的信息、良好做法、获得的经验和教训;

(b) 加强体制安排,包括《公约》下服务于本协定的体制安排,以支持相关信息和知识的综合,并为缔约方提供技术支助和指导;

(c) 加强关于气候的科学知识,包括研究、对气候系统的系统观测和预警系统,以便为气候服务提供参考,并支持决策;

(d) 协助发展中国家缔约方确定有效的适应做法、适应需要、优先事项、为适应行动和努力提供和得到的支助、挑战和差距,其方式应符合鼓励良好做法;

(e) 提高适应行动的有效性和持久性。

8. 鼓励联合国专门组织和机构支持缔约方努力执行本条第7款所述的行动,同时考虑到本条第5款的规定。

9. 各缔约方应酌情开展适应规划进程并采取各种行动,包括制订或加强相关的计划、政策和/或贡献,其中可包括:

(a) 落实适应行动、任务和/或努力;

(b) 关于制订和执行国家适应计划的进程;

(c) 评估气候变化影响和脆弱性,以拟订国家制定的优先行动,同时考虑到处于脆弱地位的人民、地方和生态系统;

(d) 监测和评价适应计划、政策、方案和行动并从中学习;

(e) 建设社会经济和生态系统的抗御力,包括通过经济多样化和自然资源的可持续管理。

10. 各缔约方应当酌情定期提交和更新一项适应信息通报,其中可包括其优先事项、执行和支助需要、计划和行动,同时不对发展中国家缔约方造成额外负担。

11. 本条第10款所述适应信息通报应酌情定期提交和更新,纳入或结合其他信息通报或文件提交,其中包括国家适应计划、第四条第2款所述的一项国家自主贡献和/或一项国家信息通报。

12. 本条第10款所述的适应信息通报应记录在一个由秘书处保持的公共登记册上。

13. 根据本协定第九条、第十条和第十一条的规定,发展中国家缔约方在执行本条第7款、第9款、第10款和第11款时应得到持续和加强的国际支持。

14. 第十四条所述的全球总结,除其他外应:

(a) 承认发展中国家缔约方的适应努力;

(b) 加强开展适应行动,同时考虑本条第10款所述的适应信息通报;

(c) 审评适应的适足性和有效性以及对适应提供的支助情况；
(d) 审评在实现本条第 1 款所述的全球适应目标方面所取得的总体进展。

第八条

1. 缔约方认识到避免、尽量减轻和处理与气候变化（包括极端气候事件和缓发事件）不利影响相关的损失和损害的重要性，以及可持续发展对于减少损失和损害的作用。

2. 气候变化影响相关损失和损害华沙国际机制应受作为《巴黎协定》缔约方会议的《公约》缔约方会议的领导和指导，并由作为《巴黎协定》缔约方会议的《公约》缔约方会议决定予以加强。

3. 缔约方应当在合作和提供便利的基础上，包括酌情通过华沙国际机制，在气候变化不利影响所涉损失和损害方面加强理解、行动和支持。

4. 据此，为加强理解、行动和支持而开展合作和提供便利的领域包括以下方面：
(a) 预警系统；
(b) 应急准备；
(c) 缓发事件；
(d) 可能涉及不可逆转和永久性损失和损害的事件；
(e) 综合性风险评估和管理；
(f) 风险保险设施，气候风险分担安排和其他保险方案；
(g) 非经济损失；
(h) 社区的抗御力、生计和生态系统。

5. 华沙国际机制应与本协定下现有机构和专家小组以及本协定以外的有关组织和专家机构协作。

第九条

1. 发达国家缔约方应为协助发展中国家缔约方减缓和适应两方面提供资金，以便继续履行在《公约》下的现有义务。

2. 鼓励其他缔约方自愿提供或继续提供这种支助。

3. 作为全球努力的一部分，发达国家缔约方应继续带头，从各种大量来源、手段及渠道调动气候资金，同时注意到公共基金通过采取各种行动，包括支持国家驱动战略而发挥的重要作用，并考虑发展中国家缔约方的需要和优先事项。对气候资金的这一调动应当逐步超过先前的努力。

4. 提供规模更大的资金资源，应旨在实现适应与减缓之间的平衡，同时考虑国家驱动战略以及发展中国家缔约方的优先事项和需要，尤其是那些对气候变化不利影响特别脆弱和受到严重的能力限制的发展中国家缔约方，如最不发达国家，小岛屿发展中国家的优先事项和需要，同时也考虑为适应提供公共资源和基于赠款的资源的需要。

5. 发达国家缔约方应适当根据情况，每两年对与本条第 1 款和第 3 款相关的指示性定量定质信息进行通报，包括向发展中国家缔约方提供的公共财政资源方面可获得的预测水平。鼓励其他提供资源的缔约方也自愿每两年通报一次这种信息。

6. 第十四条所述的全球总结应考虑发达国家缔约方和/或本协定的机构提供的关于气候资金所涉努力方面的有关信息。

7. 发达国家缔约方应按照作为《巴黎协定》缔约方会议的《公约》缔约方会议第一届会议根据第十三条第 13 款的规定通过的模式、程序和指南，就通过公共干预措施向发展中国家提供和调动支助的情况，每两年提供透明一致的信息。鼓励其他缔约方也这样做。

8. 《公约》的资金机制，包括其经营实体，应作为本协定的资金机制。

9. 为本协定服务的机构，包括《公约》资金机制的经营实体，应旨在通过精简审批程序和提供进一步准备支助发展中国家缔约方，尤其是最不发达国家和小岛屿发展中国家，来确保它们在国家气候战略和计划方面有效地获得资金。

第十条

1. 缔约方共有一个长期愿景，即必须充分落实技术开发和转让，以改善对气候变化的抗御力和减少温室气体排放。

2. 注意到技术对于执行本协定下的减缓和适应行动的重要性，并认识到现有的技术部署和推广工作，缔约方应加强技术开发和转让方面的合作行动。

3. 《公约》下设立的技术机制应为本协定服务。

4. 兹建立一个技术框架，为技术机制在促进和便利技术开发和转让的强化行动方面的工作提供总体指导，以根据本条第1款所述的长期愿景，支持本协定的执行。

5. 加快、鼓励和扶持创新，对有效、长期的全球应对气候变化，以及促进经济增长和可持续发展至关重要。应对这种努力酌情提供支助，包括由技术机制和由《公约》资金机制通过资金手段提供支助，以便采取协作性方法开展研究和开发，以及便利获得技术，特别是在技术周期的早期阶段便利发展中国家缔约方获得技术。

6. 应向发展中国家缔约方提供支助，包括提供资金支助，以执行本条，包括在技术周期不同阶段的技术开发和转让方面加强合作行动，从而在支助减缓和适应之间实现平衡。第十四条提及的全球总结应考虑为发展中国家缔约方的技术开发和转让提供支助方面的现有信息。

第十一条

1. 本协定下的能力建设应当加强发展中国家缔约方，特别是能力最弱的国家，如最不发达国家，以及对气候变化不利影响特别脆弱的国家，如小岛屿发展中国家等的能力，以便采取有效的气候变化行动，其中主要包括执行适应和减缓行动，并应当便利技术开发、推广和部署、获得气候资金、教育、培训和公共宣传的有关方面，以及透明、及时和准确的信息通报。

2. 能力建设，尤其是针对发展中国家缔约方的能力建设，应当由国家驱动，依据并响应国家需要，并促进缔约方的本国自主，包括在国家、次国家和地方层面。能力建设应当以获得的经验教训为指导，包括从《公约》下能力建设活动中获得的经验教训，并应当是一个参与型、贯穿各领域和注重性别问题的有效和迭加的进程。

3. 所有缔约方应当合作，以加强发展中国家缔约方执行本协定的能力。发达国家缔约方应当加强对发展中国家缔约方能力建设行动的支助。

4. 所有缔约方，凡在加强发展中国家缔约方执行本协定的能力，包括采取区域、双边和多边方式的，均应定期就这些能力建设行动或措施进行通报。发展中国家缔约方应当定期通报为执行本协定而落实能力建设计划、政策、行动或措施的进展情况。

5. 应通过适当的体制安排，包括《公约》下为服务于本协定所建立的有关体制安排，加强能力建设活动，以支持对本协定的执行。作为《巴黎协定》缔约方会议的《公约》缔约方会议应在第一届会议上审议并就能力建设的初始体制安排通过一项决定。

第十二条

缔约方应酌情合作采取措施，加强气候变化教育、培训、公共宣传、公众参与和公众获取信息，同时认识到这些步骤对于加强本协定下的行动的重要性。

第十三条

1. 为建立互信并促进有效执行，兹设立一个关于行动和支助的强化透明度框架，并内置一个灵活机制，以考虑进缔约方能力的不同，并以集体经验为基础。

2. 透明度框架应为发展中国家缔约方提供灵活性，以利于由于其能力问题而需要这种灵活性的那些发展中国家缔约方执行本条规定。本条第13款所述的模式、程序和指南应反映这种灵活性。

3. 透明度框架应依托和加强在《公约》下设立的透明度安排，同时认识到最不发达国家和小岛屿发展中国家的特殊情况，以促进性、非侵入性、非惩罚性和尊重国家主权的方式实施，并避免对缔约方造成不当负担。

4.《公约》下的透明度安排，包括国家信息通报、两年期报告和两年期更新报告、国际评估和审评以及国际协商和分析，应成为制定本条第13款下的模式、程序和指南时加以借鉴的经验的一部分。

5. 行动透明度框架的目的是按照《公约》第二条所列目标，明确了解气候变化行动，包括明确和追踪缔约方在第四条下实现各自国家自主贡献方面所取得进展；以及缔约方在第七条之下的适应行动，包括良好做法、优先事项、需要和差距，以便为第十四条下的全球总结提供参考。

6. 支助透明度框架的目的是明确各相关缔约方在第四条、第七条、第九条、第十条和第十一条下的气候变化行动方面提供和收到的支助，并尽可能反映所提供的累计资金支助的全面概况，以便为第十四条下的全球总结提供参考。

7. 各缔约方应定期提供以下信息：

（a）利用政府间气候变化专门委员会接受并由作为《巴黎协定》缔约方会议的《公约》缔约方会议商定的良好做法而编写的一份温室气体源的人为排放量和汇的清除量的国家清单报告；

（b）跟踪在根据第四条执行和实现国家自主贡献方面取得的进展所必需的信息。

8. 各缔约方还应酌情提供与第七条下的气候变化影响和适应相关的信息。

9. 发达国家缔约方应，提供支助的其他缔约方应当就根据第九条、第十条和第十一条向发展中国家缔约方提供资金、技术转让和能力建设支助的情况提供信息。

10. 发展中国家缔约方应当就在第九条、第十条和第十一条下需要和接受的资金、技术转让和能力建设支助情况提供信息。

11. 应根据第1/CP.21号决定对各缔约方根据本条第7款和第9款提交的信息进行技术专家审评。对于那些由于能力问题而对此有需要的发展中国家缔约方，这一审评进程应包括查明能力建设需要方面的援助。此外，各缔约方应参与促进性的多方会议，以对第九条下的工作以及各自执行和实现国家自主贡献的进展情况进行审议。

12. 本款下的技术专家审评应包括适当审议缔约方提供的支助，以及执行和实现国家自主贡献的情况。审评也应查明缔约方需改进的领域，并包括审评这种信息是否与本条第13款提及的模式、程序和指南相一致，同时考虑在本条第2款下给予缔约方的灵活性。审评应特别注意发展中国家缔约方各自的国家能力和国情。

13. 作为《巴黎协定》缔约方会议的《公约》缔约方会议应在第一届会议上根据《公约》下透明度相关安排取得的经验，详细拟定本条的规定，酌情为行动和支助的透明度通过通用的模式、程序和指南。

14. 应为发展中国家执行本条提供支助。

15. 应为发展中国家缔约方建立透明度相关能力提供持续支助。

第十四条

1. 作为《巴黎协定》缔约方会议的《公约》缔约方会议应定期总结本协定的执行情况，以评估实现本协定宗旨和长期目标的集体进展情况（称为"全球总结"）。评估工作应以全面和促进性的方式开展，同时考虑减缓、适应问题以及执行和支助的方式问题，并顾及公平和利用现有的最佳科学。

2. 作为《巴黎协定》缔约方会议的《公约》缔约方会议应在2023年进行第一次全球总结，此后每五年进行一次，除非作为《巴黎协定》缔约方会议的《公约》缔约方会议另有决定。

3. 全球总结的结果应为缔约方提供参考，以国家自主的方式根据本协定的有关规定更新和加强它们的行动和支助,以及加强气候行动的国际合作。

第十五条

1. 兹建立一个机制,以促进执行和遵守本协定的规定。

2. 本条第 1 款所述的机制应由一个委员会组成,应以专家为主,并且是促进性的,行使职能时采取透明、非对抗的、非惩罚性的方式。委员会应特别关心缔约方各自的国家能力和情况。

3. 该委员会应在作为《巴黎协定》缔约方会议的《公约》缔约方会议第一届会议通过的模式和程序下运作,每年向作为《巴黎协定》缔约方会议的《公约》缔约方会议提交报告。

第十六条

1.《公约》缔约方会议——《公约》的最高机构,应作为本协定缔约方会议。

2. 非本协定缔约方的《公约》缔约方,可作为观察员参加作为本协定缔约方会议的《公约》缔约方会议的任何届会的议事工作。在《公约》缔约方会议作为本协定缔约方会议时,在本协定之下的决定只应由为本协定缔约方者做出。

3. 在《公约》缔约方会议作为本协定缔约方会议时,《公约》缔约方会议主席团中代表《公约》缔约方但在当时非为本协定缔约方的任何成员,应由本协定缔约方从本协定缔约方中选出的另一成员替换。

4. 作为《巴黎协定》缔约方会议的《公约》缔约方会议应定期审评本协定的执行情况,并应在其授权范围内作出为促进本协定有效执行所必要的决定。作为《巴黎协定》缔约方会议的《公约》缔约方会议应履行本协定赋予它的职能,并应:

(a) 设立为履行本协定而被认为必要的附属机构;

(b) 行使为履行本协定所需的其他职能。

5.《公约》缔约方会议的议事规则和依《公约》规定采用的财务规则,应在本协定下比照适用,除非作为《巴黎协定》缔约方会议的《公约》缔约方会议以协商一致方式可能另外作出决定。

6. 作为《巴黎协定》缔约方会议的《公约》缔约方会议第一届会议,应由秘书处结合本协定生效之日后预定举行的《公约》缔约方会议第一届会议召开。其后作为《巴黎协定》缔约方会议的《公约》缔约方会议常会,应与《公约》缔约方会议常会结合举行,除非作为《巴黎协定》缔约方会议的《公约》缔约方会议另有决定。

7. 作为《巴黎协定》缔约方会议的《公约》缔约方会议特别会议,将在作为《巴黎协定》缔约方会议的《公约》缔约方会议认为必要的其他任何时间举行,或应任何缔约方的书面请求而举行,但须在秘书处将该要求转达给各缔约方后六个月内得到至少三分之一缔约方的支持。

8. 联合国及其专门机构和国际原子能机构,以及它们的非为《公约》缔约方的成员国或观察员,均可派代表作为观察员出席作为《巴黎协定》缔约方会议的《公约》缔约方会议的各届会议。任何在本协定所涉事项上具备资格的团体或机构,无论是国家或国际的、政府的或非政府的,经通知秘书处其愿意派代表作为观察员出席作为《巴黎协定》缔约方会议的《公约》缔约方会议的某届会议,均可予以接纳,除非出席的缔约方至少三分之一反对。观察员的接纳和参加应遵循本条第 5 款所指的议事规则。

第十七条

1. 依《公约》第八条设立的秘书处,应作为本协定的秘书处。

2. 关于秘书处职能的《公约》第八条第 2 款和关于就秘书处行使职能作出的安排的《公约》第八条第 3 款,应比照适用于本协定。秘书处还应行使本协定和作为《巴黎协定》缔约方会议的《公约》缔约方会议所赋予它的职能。

第十八条

1.《公约》第九条和第十条设立的附属科学技术咨询机构和附属履行机构，应分别作为本协定附属科学技术咨询机构和附属履行机构。《公约》关于这两个机构行使职能的规定应比照适用于本协定。本协定的附属科学技术咨询机构和附属履行机构的届会，应分别与《公约》的附属科学技术咨询机构和附属履行机构的会议结合举行。

2. 非为本协定缔约方的《公约》缔约方可作为观察员参加附属机构任何届会的议事工作。在附属机构作为本协定附属机构时，本协定下的决定只应由本协定缔约方作出。

3.《公约》第九条和第十条设立的附属机构行使它们的职能处理涉及本协定的事项时，附属机构主席团中代表《公约》缔约方但当时非为本协定缔约方的任何成员，应由本协定缔约方从本协定缔约方中选出的另一成员替换。

第十九条

1. 除本协定提到的附属机构和体制安排外，根据《公约》或在《公约》下设立的附属机构或其他体制安排按照作为《巴黎协定》缔约方会议的《公约》缔约方会议的决定，应为本协定服务。作为《巴黎协定》缔约方会议的《公约》缔约方会议应明确规定此种附属机构或安排所要行使的职能。

2. 作为《巴黎协定》缔约方会议的《公约》缔约方会议可为这些附属机构和体制安排提供进一步指导。

第二十条

1. 本协定应开放供属于《公约》缔约方的各国和区域经济一体化组织签署并须经其批准、接受或核准。本协定应自 2016 年 4 月 22 日至 2017 年 4 月 21 日在纽约联合国总部开放供签署。此后，本协定应自签署截止日之次日起开放供加入。批准、接受、核准或加入的文书应交存保存人。

2. 任何成为本协定缔约方而其成员国均非缔约方的区域经济一体化组织应受本协定一切义务的约束。如果区域经济一体化组织的一个或多个成员国为本协定的缔约方，该组织及其成员国应决定各自在履行本协定义务方面的责任。在此种情况下，该组织及其成员国无权同时行使本协定规定的权利。

3. 区域经济一体化组织应在其批准、接受、核准或加入的文书中声明其在本协定所规定的事项方面的权限。此类组织还应将其权限范围的任何重大变更通知保存人，保存人应再通知各缔约方。

第二十一条

1. 本协定应在不少于 55 个《公约》缔约方，包括其合计共占全球温室气体总排放量的至少约 55% 的《公约》缔约方交存其批准、接受、核准或加入文书之日后第三十天起生效。

2. 只为本条第 1 款的有限目的，"全球温室气体总排放量"指在《公约》缔约方通过本协定之日或之前最新通报的数量。

3. 对于在本条第 1 款规定的生效条件达到之后批准、接受、核准或加入本协定的每一国家或区域经济一体化组织，本协定应自该国家或区域经济一体化组织批准、接受、核准或加入的文书交存之日后第三十天起生效。

4. 为本条第 1 款的目的，区域经济一体化组织交存的任何文书，不应被视为其成员国所交存文书之外的额外文书。

第二十二条

《公约》第十五条关于通过对《公约》的修正的规定应比照适用于本协定。

第二十三条

1.《公约》第十六条关于《公约》附件的通过和修正的规定应比照适用于本协定。

2. 本协定的附件应构成本协定的组成部分，除另有明文规定外，凡提及本协定，即同时提及其任何附件。这些附件应限于清单、表格和属于科学、技术、程序或行政性质的任何其他说明性材料。

第二十四条

《公约》关于争端的解决的第十四条的规定应比照适用于本协定。

第二十五条

1. 除本条第2款所规定外，每个缔约方应有一票表决权。

2. 区域经济一体化组织在其权限内的事项上应行使票数与其作为本协定缔约方的成员国数目相同的表决权。如果一个此类组织的任一成员国行使自己的表决权，则该组织不得行使表决权，反之亦然。

第二十六条

联合国秘书长应为本协定的保存人。

第二十七条

对本协定不得作任何保留。

第二十八条

1. 自本协定对一缔约方生效之日起三年后，该缔约方可随时向保存人发出书面通知退出本协定。

2. 任何此种退出应自保存人收到退出通知之日起一年期满时生效，或在退出通知中所述明的更后日期生效。

3. 退出《公约》的任何缔约方，应被视为亦退出本协定。

第二十九条

本协定正本应交存于联合国秘书长，其阿拉伯文、中文、英文、法文、俄文和西班牙文文本同等作准。

二〇一五年十二月十二日订于巴黎。

下列签署人，经正式授权，于规定的日期在本协定书上签字，以昭信守。

三、生物多样性保护

生物多样性公约[①]

（1992年6月5日订于里约热内卢 本公约于1993年12月29日生效 中华人民共和国政府总理于1992年6月11日签署本公约；我于1993年1月5日交存了批准书，公约于1993年12月29日对我生效）

序言

缔约国，

意识到生物多样性的内在价值，和生物多样性及其组成部分的生态、遗传、社会、经济、科学、教育、文化、娱乐和美学价值，

还意识到生物多样性对进化和保持生物圈的生命维持系统的重要性，

确认生物多样性的保护是全人类的共同关切事项，

重申各国对它自己的生物资源拥有主权权利，

也重申各国有责任保护它自己的生物多样性并以可持久的方式使用它自己的生物资源，

关切一些人类活动正在导致生物多样性的严重减少，

意识到普遍缺乏关于生物多样性的资料和知识，亟须开发科学、技术和机构能力，从而提供基本理解，据以策划与执行适当措施，

注意到预测、预防和从根源上消除导致生物多样性严重减少或丧失的原因，至为重要，

并注意到生物多样性遭受严重减少或损失的威胁时，不应以缺乏充分的科学定论为理由，而推迟采取旨在避免或尽量减轻此种威胁的措施，

注意到保护生物多样性的基本要求，是就地保护生态系统和自然生境，维持恢复物种在其自然环境中有生存力的群体，

并注意到移地措施，最好在原产国内实行，也可发挥重要作用；

认识到许多体现传统生活方式的土著和地方社区同生物资源有着密切和传统的依存关系，应公平分享从利用与保护生物资源及持久使用其组成部分有关的传统知识、创新和作法而产生的惠益，

并认识到妇女在保护和持久使用生物多样性中发挥的极其重要作用，并确认妇女必须充分参与保护生物多样性的各级政策的制订和执行，

强调为了生物多样性的保护及其组成部分的持久使用，促进国家、政府间组织和非政府部门之间的国际、区域和全球性合作的重要性和必要性，

承认提供新的和额外的资金和适当取得有关的技术，可对全世界处理生物多样性丧失问题的能力产生重大影响，

进一步承认有必要订立特别规定，以满足发展中国家的需要，包括提供新的和额外的资金和适当取得有关的技术，

[①] 1992年11月7日第七届全国人民代表大会常务委员会第二十八次会议决定：批准国务院总理李鹏代表中华人民共和国于1992年6月11日在里约热内卢签署的《生物多样性公约》。

注意到最不发达国家和小岛屿国家这方面的特殊情况，

承认有必要大量投资以保护生物多样性，而且这些投资可望产生广泛的环境、经济和社会惠益，

认识到经济和社会发展以及根除贫困是发展中国家第一和压倒一切的优先事务，

意识到保护和持久使用生物多样性对满足世界日益增加的人口的粮食、健康和其他需求至为重要，而为此目的取得和分享遗传资源和遗传技术是必不可少的，

注意到保护和持久使用生物多样性终必增强国家间的友好关系，并有助于实现人类和平；

期望加强和补充现有保护生物多样性和持久使用其组成部分的各项国际安排；并决心为今世后代的利益，保护和持久使用生物多样性，

兹协议如下：

第一条 目标

本公约的目标是按照本公约有关条款从事保护生物多样性、持久使用其组成部分以及公平合理分享由利用遗传资源而产生的惠益；实现手段包括遗传资源的适当取得及有关技术的适当转让，但需顾及对这些资源和技术的一切权利，以及提供适当资金。

第二条 用语

为本公约的目的：

"生物多样性"是指所有来源的形形色色生物体，这些来源除其他外包括陆地、海洋和其他水生生态系统及其所构成的生态综合体；这包括物种内部、物种之间和生态系统的多样性。

"生物资源"是指对人类具有实际或潜在用途或价值的遗传资源、生物体或其部分、生物群体、或生态系统中任何其他生物组成部分。

"生物技术"是指使用生物系统、生物体或其衍生物的任何技术应用，以制作或改变产品或过程以供特定用途。

"遗传资源的原产国"是指拥有处于原产境地的遗传资源的国家。

"提供遗传资源的国家"是指供应遗传资源的国家，此种遗传资源可能是取自原地来源，包括野生物种和驯化物种的群体，或取自移地保护来源，不论是否原产于该国。

"驯化或培殖物种"是指人类为满足自身需要而影响了其演化进程的物种。

"生态系统"是指植物、动物和微生物群落和它们的无生命环境作为一个生态单位交互作用形成的一个动态复合体。

"移地保护"是指将生物多样性的组成部分移到它们的自然环境之外进行保护。

"遗传材料"是指来自植物、动物、微生物或其他来源的任何含有遗传功能单位的材料。

"遗传资源"是指具有实际或潜在价值的遗传材料。

"生境"是指生物体或生物群体自然分布的地方或地点。

"原地条件"是指遗传资源生存于生态系统和自然生境之内的条件；对于驯化或培殖的物种而言，其环境是指它们在其中发展出其明显特性的环境。

"就地保护"是指保护生态系统和自然生境以及维护和恢复物种在其自然环境中有生存力的群体；对于驯化和培殖物种而言，其环境是指它们在其中发展出其明显特性的环境。

"保护区"是指一个划定地理界限、为达到特定保护目标而指定或实行管制和管理的地区。

"区域经济一体化组织"是指由某一区域的一些主权国家组成的组织，其成员国已将处理本公约范围内的事务的权力付托它并已按照其内部程序获得正式授权，可以签署、批准、接受、核准或加入本公约。

"持久使用"是指使用生物多样性组成部分的方式和速度不会导致生物多样性的长期衰落，从而保持其满足今世后代的需要和期望的潜力。

"技术"包括生物技术。

第三条 原则

依照联合国宪章和国际法原则，各国具有按照其环境政策开发其资源的主权权利，同时亦负有责任，确保在它管辖或控制范围内的活动，不致对其他国家的环境或国家管辖范围以外地区的环境造成损害。

第四条 管辖范围

以不妨碍其他国家权利为限，除非本公约另有明文规定，本公约规定应按下列情形对每一缔约国适用：

（a）生物多样性组成部分位于该国管辖范围的地区内；

（b）在该国管辖或控制下开展的过程和活动，不论其影响发生在何处，此种过程和活动可位于该国管辖区内也可在国家管辖区外。

第五条 合作

每一缔约国应尽可能并酌情直接与其他缔约国或酌情通过有关国际组织为保护和持久使用生物多样性在国家管辖范围以外地区并就共同关心的其他事项进行合作。

第六条 保护和持久使用方面的一般措施

每一缔约国应按照其特殊情况和能力：

（a）为保护和持久使用生物多样性制定国家战略、计划或方案，或为此目的变通其现有战略、计划或方案；这些战略、计划或方案除其他外应体现本公约内载明与该缔约国有关的措施；

（b）尽可能并酌情将生物多样性的保护和持久使用订入有关的部门或跨部门计划、方案和政策内。

第七条 查明与监测

每一缔约国应尽可能并酌情，特别是为了第八条至第十条的目的：

（a）查明对保护和持久使用生物多样性至关重要的生物多样性组成部分，要顾及附件一所载指示性种类清单；

（b）通过抽样调查和其他技术，监测依照以上（a）项查明的生物多样性组成部分，要特别注意那些需要采取紧急保护措施以及那些具有最大持久使用潜力的组成部分；

（c）查明对保护和持久使用生物多样性产生或可能产生重大不利影响的过程和活动种类，并通过抽样调查和其他技术，监测其影响；

（d）以各种方式维持并整理依照以上（a）、（b）和（c）项从事查明和监测活动所获得的数据。

第八条 就地保护

每一缔约国应尽可能并酌情：

（a）建立保护区系统或需要采取特殊措施以保护生物多样性的地区；

（b）于必要时，制定准则数据以选定、建立和管理保护区或需要采取特殊措施以保护生物多样性的地区；

（c）管制或管理保护区内外对保护生物多样性至关重要的生物资源，以确保这些资源得到保护和持久使用；

（d）促进保护生态系统、自然生境和维护自然环境中有生存力的物种群体；

（e）在保护区域的邻接地区促进无害环境的持久发展以谋增进这些地区的保护；

（f）除其他外，通过制定和实施各项计划或其他管理战略，重建和恢复已退化的生态系统，促进受威胁物种的复原；

（g）制定或采取办法以酌情管制、管理或控制由生物技术改变的活生物体在使用和释放时可能产生的危险，即可能对环境产生不利影响，从而影响到生物多样性的保护和持久使用，也要考虑到对人类健康的危险；

(h) 防止引进、控制或消除那些威胁到生态系统、生境或物种的外来物种；

(i) 设法提供现时的使用与生物多样性的保护及其组成部分的持久使用彼此相辅相成所需的条件；

(j) 依照国家立法、尊重、保存和维持土著和地方社区体现传统生活方式而与生物多样性的保护和持久使用相关的知识、创新和做法并促进其广泛应用，由此等知识、创新和做法的拥有者认可和参与其事并鼓励公平地分享因利用此等知识、创新和做法而获得的惠益；

(k) 制定或维持必要立法和/或其他规范性规章，以保护受威胁物种和群体；

(l) 在依照第七条确定某些过程或活动类别已对生物多样性造成重大不利影响时，对有关过程和活动类别进行管制或管理；

(m) 进行合作，就以上（a）至（l）项所概括的就地保护措施特别向发展中国家提供财务和其他支助。

第九条　移地保护

第一缔约国应尽可能并酌情，主要为辅助就地保护措施起见：

(a) 最好在生物多样性组成部分的原产国采取措施移地保护这些组成部分；

(b) 最好在遗传资源原产国建立和维持移地保护及研究植物、动物和微生物的设施；

(c) 采取措施以恢复和复兴受威胁物种并在适当情况下将这些物种重新引进其自然生境中；

(d) 对于为移地保护目的在自然生境中收集生物资源实施管制和管理，以免威胁到生态系统和当地的物种群体，除非根据以上（c）项必须采取临时性特别移地措施。

(e) 进行合作，为以上（a）至（d）项所概括的移地保护措施以及在发展中国家建立和维持移地保护设施提供财务和其他援助。

第十条　生物多样性组成部分的持久使用

每一缔约国应尽可能并酌情：

(a) 在国家决策过程中考虑到生物资源的保护和持久使用；

(b) 采取关于使用生物资源的措施，以避免或尽量减少对生物多样性的不利影响；

(c) 保障及鼓励那些按照传统文化惯例而且符合保护或持久使用要求的生物资源习惯使用方式；

(d) 在生物多样性已减少的退化地区支助地方居民规划和实施补救行动；

(e) 鼓励其政府当局和私营部门合作制定生物资源持久使用的方法。

第十一条　鼓励措施

每一缔约国应尽可能并酌情采取对保护和持久使用生物多样性组成部分起鼓励作用的经济和社会措施。

第十二条　研究和培训

缔约国考虑到发展中国家的特殊需要，应：

(a) 在查明、保护和持久使用生物多样性及其组成部分的措施方面建立和维持科技教育和培训方案，并为此种教育和培训提供支助以满足发展中国家的特殊需要；

(b) 特别在发展中国家，除其他外，按照缔约国会议根据科学、技术和工艺咨询事务附属机构的建议作出的决定，促进和鼓励有助于保护和持久使用生物多样性的研究；

(c) 按照第十六、十八和二十条的规定，提倡利用生物多样性科研进展，制定生物资源的保护和持久使用方法，并在这方面进行合作。

第十三条　公众教育和认识

缔约国应：

(a) 促进和鼓励对保护生物多样性的重要性及所需要的措施的理解，并通过大众传播工具进行宣传和将这些题目列入教育课程；

(b) 酌情与其他国家和国际组织合作制定关于保护和持久使用生物多样性的教育和公众认识方案。

第十四条 影响评估和尽量减少不利影响

1. 每一缔约国应尽可能并酌情：

(a) 采取适当程序，要求就其可能对生物多样性产生严重不利影响的拟议项目进行环境影响评估，以期避免或尽量减轻这种影响，并酌情允许公众参加此种程序。

(b) 采取适当安排，以确保其可能对生物多样性产生严重不利影响的方案和政策的环境后果得到适当考虑。

(c) 在互惠基础上，就其管辖或控制范围内对其他国家或国家管辖范围以外地区生物多样性可能产生严重不利影响的活动促进通报、信息交流和磋商，其办法是为此鼓励酌情订立双边、区域或多边安排；

(d) 如遇其管辖或控制下起源的危险即将或严重危及或损害其他国家管辖的地区内或国家管辖地区范围以外的生物多样性的情况，应立即将此种危险或损害通知可能受影响的国家，并采取行动预防或尽量减轻这种危险或损害；

(e) 促进做出国家紧急应变安排，以处理大自然或其他原因引起即将严重危及生物多样性的活动或事件，鼓励旨在补充这种国家努力的国际合作，并酌情在有关国家或区域经济一体化组织同意的情况下制订联合应急计划。

2. 缔约国会议应根据所作的研究，审查生物多样性所受损害的责任和补救问题，包括恢复和赔偿，除非这种责任纯属内部事务。

第十五条 遗传资源的取得

1. 确认各国对其自然资源拥有的主权权利，因而可否取得遗传资源的决定权属于国家政府，并依照国家法律行使。

2. 每一缔约国应致力创造条件，便利其他缔约国取得遗传资源用于无害环境的用途，不对这种取得施加违背本公约目标的限制。

3. 为本公约的目的，本条以及第十六和第十九条所指缔约国提供的遗传资源仅限于这种资源原产国的缔约国或按照本公约取得该资源的缔约国所提供的遗传资源。

4. 取得经批准后，应按照共同商定的条件并遵照本条的规定进行。

5. 遗传资源的取得须经提供这种资源的缔约国事先知情同意，除非该缔约国另有决定。

6. 每一缔约国使用其他缔约国提供的遗传资源从事开发和进行科学研究时，应力求这些缔约国充分参与，并于可能时在这些缔约国境内进行。

7. 每一缔约国应按照第十六和十九条，并于必要时利用第二十和二十一条设立的财务机制，酌情采取立法、行政或政策性措施，以期与提供遗传资源的缔约国公平分享研究和开发此种资源的成果以及商业和其他方面利用此种资源所获的利益。这种分享应按照共同商定的条件。

第十六条 技术的取得和转让

1. 每一缔约国认识到技术包括生物技术，且缔约国之间技术的取得和转让均为实现本公约目标必不可少的要素，因此承诺遵照本条规定向其他缔约国提供和/或便利其取得和向其转让有关生物多样性保护和持久使用的技术或利用遗传资源而不对环境造成重大损害的技术。

2. 以上第1款所指技术的取得和向发展中国家转让，应按公平和最有利条件提供或给予便利，包括共同商定时，按减让和优惠条件提供或给予便利，并于必要时按照第二十和二十一条设立的财务机制。此种技术属于专利和其他知识产权的范围时，这种取得和转让所根据的条件承认且符合知识产权的充分有效保护。本款的应用应符合以下第3、4和5款的规定。

3. 每一缔约国应酌情采取立法、行政或政策措施，以期根据共同商定的条件向提供遗传资源的缔约国，特别是其中的发展中国家，提供利用这些遗传资源的技术和转让此种技术，其中包括受到专利和其他知识产权保护的技术，必要时通过第二十条和第二十一条的规定，遵照国际法，以符合以下第4和5款规定的方式进行。

4. 每一缔约国应酌情采取立法、行政或政策措施，以期私营部门为第1款所指技术的取得、共同开发和转让提供便利，以惠益于发展中国家的政府机构和私营部门，并在这方面遵守以上第1、2和3款规定的义务。

5. 缔约国认识到专利和其他知识产权可能影响到本公约的实施，因而应在这方面遵照国家立法和国际法进行合作，以确保此种权利有助于而不违反本公约的目标。

第十七条　信息交流

1. 缔约国应便利有关生物多样性保护和持久使用的一切公众可得信息的交流，要顾到发展中国家的特殊需要。

2. 此种信息交流应包括交流技术、科学和社会经济研究成果，以及培训和调查方案的信息、专门知识、当地和传统知识本身及连同第十六条第1款中所指的技术。可行时也应包括信息的归还。

第十八条　技术和科学合作

1. 缔约国应促进生物多样性保护和持久使用领域的国际科技合作，必要时可通过适当的国际机构和国家机构来开展这种合作。

2. 每一缔约国应促进与其他缔约国尤其是发展中国家的科技合作，以执行本公约，办法之中包括制定和执行国家政策。促进此种合作时应特别注意通过人力资源开发和机构建设以发展和加强国家能力。

3. 缔约国会议应在第一次会议上确定如何设立交换所机制以促进并便利科技合作。

4. 缔约国为实现本公约的目标，应按照国家立法和政策，鼓励并制定各种合作方法以开发和使用各种技术，包括当地技术和传统技术在内。为此目的，缔约国还应促进关于人员培训和专家交流的合作。

5. 缔约国应经共同协议促进设立联合研究方案和联合企业，以开发与本公约目标有关的技术。

第十九条　生物技术的处理及其惠益的分配

1. 每一缔约国应酌情采取立法、行政和政策措施，让提供遗传资源用于生物技术研究的缔约国，特别是其中的发展中国家，切实参与此种研究活动；可行时，研究活动宜在这些缔约国中进行。

2. 每一缔约国应采取一切可行措施，以赞助和促进那些提供遗传资源的缔约国，特别是其中的发展中国家，在公平的基础上优先取得基于其提供资源的生物技术所产生成果和惠益。此种取得应按共同商定的条件进行。

3. 缔约国应考虑是否需要一项议定书，规定适当程序，特别包括事先知情协议，适用于可能对生物多样性的保护和持久使用产生不利影响的由生物技术改变的任何活生物体的安全转让、处理和使用，并考虑该议定书的形式。

4. 每一个缔约国应直接或要求其管辖下提供以上第3款所指生物体的任何自然人和法人，将该缔约国在处理这种生物体方面规定的使用和安全条例的任何现有资料以及有关该生物体可能产生的不利影响的任何现有资料，提供给将要引进这些生物体的缔约国。

第二十条　资金

1. 每一缔约国承诺依其能力为那些旨在根据其国家计划、优先事项和方案实现本公约目标的活动提供财政支助和鼓励。

2. 发达国家缔约国应提供新的额外的资金，以使发展中国家缔约国能支付它们因执行那些履行本公约义务的措施而承负的议定的全部增加费用，并使它们能享到本公约条款产生的惠益；上项费用将由个别发展中国家同第二十一条所指的体制机构商定，但须遵循缔约国会议所制订的政策、战略、方案重点、合格标准和增加费用指示性清单。其他缔约国,包括那些处于向市场经济过渡进程的国家,得自愿承负发达国家缔约国的义务。为本条的目的,缔约国会议应在其第一次会议上确定一份发达国家缔约国和其他自愿承负发达国家缔约国义务的缔约国名单。缔约国会议应定期审查这份名单并于必要时加以修改。另将鼓励其他国家和来源以自愿方式作出捐款。履行这些承诺时,应考虑到资金提供必须充分、可预测和及时,且名单内缴款缔约国之间共同承担义务也极为重要。

3. 发达国家缔约国也可通过双边、区域和其他多边渠道提供与执行本公约有关的资金,而发展中国家缔约国则可利用该资金。

4. 发展中国家缔约国有效地履行其根据公约作出的承诺的程度将取决于发达国家缔约国有效地履行其根据公约就财政资源和技术转让作出的承诺,并将充分顾及经济和社会发展以及消除贫困是发展中国家缔约国的首要优先事项这一事实。

5. 各缔约国在其就筹资和技术转让采取行动时应充分考虑到最不发达国家的具体需要和特殊情况。

6. 缔约国还应考虑到发展中国家缔约国、特别是小岛屿国家中由于对生物多样性的依赖、生物多样性的分布和地点而产生的特殊情况。

7. 发展中国家——包括环境方面最脆弱、例如境内有干旱和半干旱地带、沿海和山岳地区的国家——的特殊情况也应予以考虑。

第二十一条　财务机制

1. 为本公约的目的,应有一机制在赠与或减让条件的基础上向发展中国家缔约国提供资金,本条中说明其主要内容。该机制应为本公约目的而在缔约国会议权利下履行职责,遵循会议的指导并向其负责。该机制的业务应由缔约国会议第一次会议或将决定采用的一个体制机构开展。为本公约的目的,缔约国会议应确定有关此项资源获取和利用的政策、战略、方案重点和资格标准。捐款额应按照缔约国会议定期决定所需的资金数额,考虑到第二十条所指资金流动量充分、及时且可以预计的需要和列入第二十条第2款所指名单的缴款缔约国分担负担的重要性。发达国家缔约国和其他国家及来源也可提供自愿捐款。该机制应在民主和透明的管理体制内开展业务。

2. 依据本公约目标,缔约国会议应在其第一次会议上确定政策、战略和方案重点,以及详细的资格标准和准则,用于资金的获取和利用,包括对此种利用的定期监测和评价。缔约国会议应在同受托负责财务机制运行的体制机构协商后,就实行以上第1款的安排作出决定。

3. 缔约国会议应在本公约生效后不迟于两年内,其后在定期基础上,审查依照本条规定设立的财务机制的功效,包括以上第2款所指的标准和准则。根据这种审查,会议应于必要时采取适当行动,以增进该机制的功效。

4. 缔约国应审议如何加强现有的金融机构,以便为生物多样性的保护和持久使用提供资金。

第二十二条　与其他国际公约的关系

1. 本公约的规定不得影响任何缔约国在任何现有国际协定下的权利和义务,除非行使这些权利和义务将严重破坏或威胁生物多样性。

2. 缔约国在海洋环境方面实施本公约不得抵触各国在海洋法下的权利和义务。

第二十三条　缔约国会议

1. 特此设立缔约国会议。缔约国会议第一次会议应由联合国环境规划署执行主任于本公约生效后一年内召开。其后,缔约国会议的常会应依照第一次会议所规定的时间定期举行。

2. 缔约国会议可于其认为必要的其他时间举行非常会议;如经任何缔约国书面请求,由秘书处将该项请求转致各缔约国后六个月内至少有 1/3 缔约国表示支持时,亦可举行非常会议。

3. 缔约国会议应以协商一致方式商定和通过它本身的和它可能设立的任何附属机构的议事规则和关于秘书处经费的财务细则。缔约国会议应在每次常会通过到下届常会为止的财政期间的预算。

4. 缔约国会议应不断审查本公约的实施情形,为此应:

(a) 就按照第二十六条规定递送的资料规定递送格式及间隔时间,并审议此种资料以及任何附属机构提交的报告;

(b) 审查按照第二十五条提供的关于生物多样性的科学、技术和工艺咨询意见;

(c) 视需要按照第二十八条审议并通过议定书;

(d) 视需要按照第二十九和第三十条审议并通过对本公约及其附件的修正;

(e) 审议对任何议定书及其任何附件的修正,如做出修正决定,则建议有关议定书缔约国予以通过;

(f) 视需要按照第三十条审议并通过本公约的增补附件;

(g) 视实施本公约的需要,设立附属机构,特别是提供科技咨询意见的机构;

(h) 通过秘书处,与处理本公约所涉事项的各公约的执行机构进行接触,以期与它们建立适当的合作形式;

(i) 参酌实施本公约取得的经验,审议并采取为实现本公约的目的可能需要的任何其他行动。

5. 联合国、其各专门机构和国际原子能机构以及任何非本公约缔约国的国家,均可派观察员出席缔约国会议。任何其他组织或机构,无论是政府性质或非政府性质,只要在与保护和持久使用生物多样性有关领域具有资格,并通知秘书处愿意以观察员身份出席缔约国会议,都可被接纳参加会议,除非有至少 1/3 的出席缔约国表示反对。观察员的接纳与参加应遵照缔约国会议通过的议事规则处理。

第二十四条 秘书处

1. 特此设立秘书处,其职责如下:

(a) 为第二十三条规定的缔约国会议作出安排并提供服务;

(b) 执行任何议定书可能指派给它的职责;

(c) 编制关于它根据本公约执行职责情况的报告,并提交缔约国会议;

(d) 与其他有关国际机构取得协调,特别是订出各种必要的行政和合同安排,以便有效地执行其职责;

(e) 执行缔约国会议可能规定的其他职责。

2. 缔约国会议应在其第一次常会上从那些已经表示愿意执行本公约规定的秘书处职责的现有合格国际组织之中指定某一组织为秘书处。

第二十五条 科学、技术和工艺咨询事务附属机构

1. 特此设立一个提供科学、技术和工艺咨询意见的附属机构,以向缔约国会议、并酌情向它的其他附属机构及时提供有关执行本公约的咨询意见。该机构应开放供所有缔约国参加,并应为多学科性。它应由有关专门知识领域内卓有专长的政府代表组成。它应定期向缔约国会议报告其各个方面的工作。

2. 这个机构应在缔约国会议的权力下、按照会议所订的准则并应其要求:

(a) 提供关于生物多样性状况的科学和技术评估意见;

(b) 编制有关按照本公约条款所采取各类措施的功效的科学和技术评估报告;

(c) 查明有关保护和持久使用生物多样性的创新的、有效的和当代最先进的技术和专门技能,并就促进此类技术的开发和/或转让的途径和方法提供咨询意见;

(d) 就有关保护和持久使用生物多样性的科学方案以及研究和开发方面的国际合作提供咨询意见;

（e）回答缔约国会议及其附属机构可能向其提出的有关科学、技术、工艺和方法的问题。

3. 这个机构的职责、权限、组织和业务可由缔约国会议进一步订立。

第二十六条　报告

每一缔约国应按缔约国会议决定的间隔时间，向缔约国会议提交关于该国为执行本公约条款已采取的措施以及这些措施在实现本公约目标方面的功效的报告。

第二十七条　争端的解决

1. 缔约国之间在就公约的解释或适用方面发生争端时，有关的缔约国应通过谈判方式寻求解决。

2. 如果有关缔约国无法以谈判方式达成协议，它们可以联合要求第三方进行斡旋或要求第三方出面调停。

3. 在批准、接受、核准或加入本公约时或其后的任何时候，一个国家或区域经济一体化组织可书面向保管者声明，对照以上第1或第2款未能解决的争端，它接受下列一种或两种争端解决办法作为强制性办法：

（a）按照附件二第一部分规定的程序进行仲裁；

（b）将争端提交国际法院。

4. 如果争端各方尚未按照以上第3款规定接受同一或任何程序，则这项争端应按照附件二第二部分规定提交调解，除非缔约国另有协议。

5. 本条规定应适用于任何议定书，除非该议定书另有规定。

第二十八条　议定书的通过

1. 缔约国应合作拟订并通过本公约的议定书。

2. 议定书应由本公约缔约国会议举行会议通过。

3. 任何拟议议定书的案文应由秘书处至少在举行上述会议以前六个月递交各缔约国。

第二十九条　公约或议定书的修正

1. 任何缔约国均可就本公约提出修正案。议定书的任何缔约国可就该议定书提出修正案。

2. 本公约的修正案应由缔约国会议举行会议通过。对任何议定书的修正案应在该议定书缔约国的会议上通过。就本公约或任何议定书提出的修正案，除非该议定书另有规定，应由秘书处至少在举行拟议通过该修正案的会议以前六个月递交公约或有关议定书缔约国。秘书处也应将拟议的修正案递交本公约的签署国供其参考。

3. 缔约国应尽力以协商一致方式就本公约或任何议定书的任何拟议修正案达成协议，如果尽了一切努力仍无法以协商一致方式达成协议，则作为最后办法，应以出席并参加表决的有关文书的缔约国2/3多数票通过修正案；通过的修正应由保管者送交所有缔约国批准、接受或核准。

4. 对修正案的批准、接受或核准，应以书面通知保管者。依照以上第3款通过的修正案，应于至少2/3公约缔约国或2/3有关议定书缔约国交存批准、接受或核准书之后第90天在接受修正案的各缔约国之间生效，除非议定书内另有规定。其后，任何其他缔约国交存其对修正的批准、接受或核准书第90天之后，修正即对它生效。

5. 为本条的目的，"出席并参加表决的缔约国"是指在场投赞成票或反对票的缔约国。

第三十条　附件的通过和修正

1. 本公约或任何议定书的附件应成为本公约或该议定书的一个构成部分；除非另有明确规定，凡提及本公约或其议定书时，亦包括其任何附件在内。这种附件应以程序、科学、技术和行政事项为限。

2. 任何议定书就其附件可能另有规定者除外，本公约的增补附件或任何议定书的附件的提出、通过和生效，应适用下列程序：

（a）本公约或任何议定书的附件应依照第二十九条规定的程序提出和通过；

(b) 任何缔约国如果不能接受本公约的某一增补附件或它作为缔约国的任何议定书的某一附件,应于保管者就其通过发出通知之日起一年内将此情况书面通知保管者。保管者应于接到任何此种通知后立即通知所有缔约国。一缔约国可于任何时间撤销以前的反对声明,有关附件即按以下(c)项规定对它生效;

(c) 在保管者就附件通过发出通知之日起满一年后,该附件应对未曾依照以上(b)项发出通知的本公约或任何有关议定书的所有缔约国生效。

3. 本公约附件或任何议定书附件的修正案的提出、通过和生效,应遵照本公约附件或议定书附件的提出、通过和生效所适用的同一程序。

4. 如一个增补附件或某一附件的修正案涉及对本公约或对任何议定书的修正,则该增补附件或修正案须于本公约或有关议定书的修正生效以后方能生效。

第三十一条　表决权

1. 除以下第2款之规定外,本公约或任何议定书的每一缔约国应有一票表决权。

2. 区域经济一体化组织对属于其权限的事项行使表决权时,其票数相当于其作为本公约或有关议定书缔约国的成员国数目。如果这些组织的成员国行使其表决权,则该组织就不应行使其表决权,反之亦然。

第三十二条　本公约与其议定书之间的关系

1. 一国或一区域经济一体化组织不得成为议定书缔约国,除非已是或同时成为本公约缔约国。

2. 任何议定书下的决定,只应由该议定书缔约国作出。尚未批准、接受、或核准一项议定书的公约缔约国,得以观察员身份参加该议定书缔约国的任何会议。

第三十三条　签署

本公约应从1992年6月5日至14日在里约热内卢并从1992年6月15日至1993年6月4日在纽约联合国总部开放供各国和各区域经济一体化组织签署。

第三十四条　批准、接受或核准

1. 本公约和任何议定书须由各国和各区域经济一体化组织批准、接受或核准。批准、接受或核准书应交存保管者。

2. 以上第1款所指的任何组织如成为本公约或任何议定书的缔约组织而该组织没有任何成员国是缔约国,则该缔约组织应受公约或议定书规定的一切义务的约束。如这种组织的一个或多个成员国是本公约或有关议定书的缔约国,则该组织及其成员国应就履行其公约或议定书义务的各自责任作出决定。在这种情况下,该组织和成员国不应同时有权行使本公约或有关议定书规定的权利。

3. 以上第1款所指组织应在其批准、接受或核准书中声明其对本公约或有关议定书所涉事项的权限。这些组织也应将其权限的任何有关变化通知保管者。

第三十五条　加入

1. 本公约及任何议定书应自公约或有关议定书签署截止日期起开放供各国和各区域经济一体化组织加入。加入书应交存保管者。

2. 以上第1款所指组织应在其加入书中声明其对本公约或有关议定书所涉事项的权限。这些组织也应将其权限的任何有关变化通知保管者。

3. 第三十四条第2款的规定应适用于加入本公约或任何议定书的区域经济一体化组织。

第三十六条　生效

1. 本公约应于第30份批准、接受、核准或加入书交存之日以后第90天生效。

2. 任何议定书应于该议定书订明份数的批准、接受、核准或加入书交存之日以后第90天生效。

3. 对于在第30份批准、接受、核准或加入书交存后批准、接受、核准本公约或加入本公约的每一缔约国，本公约应于该缔约国的批准、接受、核准或加入书交存之日以后第 90 天生效。

4. 任何议定书，除非其中另有规定，对于在该议定书依照以上第 2 款规定生效后批准、接受、核准该议定书或加入该议定书的缔约国，应于该缔约国的批准、接受、核准或加入书交存之日以后第 90 天生效，或于本公约对该缔约国生效之日生效，以两者中较后日期为准。

5. 为以上第 1 和第 2 款的目的，区域经济一体化组织交存的任何文书不得在该组织成员国所交存文书以外另行计算。

第三十七条　保留

不得对本公约作出任何保留。

第三十八条　退出

1. 一缔约国于本公约对其生效之日起两年之后的任何时间向保管者提出书面通知，可退出本公约。

2. 这种退出应在保管者接到退出通知之日起一年后生效，或在退出通知中指明的一个较后日期生效。

3. 任何缔约国一旦退出本公约，即应被视为也已退出它加入的任何议定书。

第三十九条　临时财务安排

在本公约生效之后至缔约国会议第一次会议期间，或至缔约国会议决定根据第二十一条指定某一体制机构为止，联合国开发计划署、联合国环境规划署和国际复兴开发银行合办的全球环境贷款设施若已按照第二十一条的要求充分改组，则应暂时为第二十一条所指的体制机构。

第四十条　秘书处临时安排

在本公约生效之后至缔约国会议第一次会议期间，联合国环境规划署执行主任提供的秘书处应暂时为第二十四条第 2 款所指的秘书处。

第四十一条　保管者

联合国秘书长应负起本公约及任何议定书的保管者的职责。

第四十二条　作准文本

本公约原本应交存于联合国秘书长，其阿拉伯文、中文、英文、法文、俄文和西班牙文本均为作准文本。

为此，下列签名代表，经正式授权，在本公约上签字，以昭信守。

公元 1992 年 6 月 5 日订于里约热内卢。

附件一：

查明和监测

1. 生态系统和生境：内有高度多样性，大量地方特有物种或受威胁物种或原野；为移栖物种所需；具有社会、经济、文化或科学重要性，或具有代表性、独特性或涉及关键进化过程或其他生物进程；

2. 以下物种和群体：受到威胁；驯化或培植物种的野生亲系；具有医药、农业或其他经济价值；具有社会、科学或文化重要性；或对生物多样性保护和持久使用的研究具有重要性，如指标物种；

3. 经述明的具有社会、科学或经济重要性的基因组和基因。

附件二：

第一部分 仲 裁

第一条 提出要求一方应通知秘书处，当事各方正依照本公约第三十条将争端提交仲裁。通知应说明仲裁的主题事项，并特别列入在解释或适用上发生争端的本公约或议定书条款。如果当事各方在法庭庭长指定之前没有就争端的主题事项达成一致意见，则仲裁法庭应裁定主题事项。秘书处应将收到的上述资料递送本公约或有关议定书的所有缔约国。

第二条

1. 对于涉及两个当事方的争端，仲裁法庭应由仲裁员三人组成。争端每一方应指派仲裁员一人，被指派的两位仲裁员应共同协议指定第三位仲裁员，并由他担任法庭庭长。后者不应是争端任何一方的国民，且不得为争端任何一方境内的通常居民，也不得为争端任何一方所雇用，亦不曾以任何其他身份涉及该案件。

2. 对于涉及两个以上当事方的争端，利害关系相同的当事方应通过协议共同指派一位仲裁员。

3. 任何空缺都应按早先指派时规定的方式填补。

第三条

1. 如在指派第二位仲裁员后两个月内仍未指定仲裁法庭庭长，联合国秘书长经任何一方请求，应在其后的两个月内指定法庭庭长。

2. 如争端一方在接到要求后两个月内没有指派一位仲裁员，另一方可通知联合国秘书长，后者应在其后的两个月内指定一位仲裁员。

第四条 仲裁法庭应按照本公约、任何有关议定书和国际法的规定作出裁决。

第五条 除非争端各方另有协议，仲裁法庭应制定自己的议事规则。

第六条 仲裁法庭可应当事一方的请求建议必要的临时保护措施。

第七条 争端各方应便利仲裁法庭的工作，尤应以一切可用的方法：

（a）向法庭提供一切有关文件，资料和便利；

（b）在必要时使法庭得以传唤证人或专家作证并接受其证据。

第八条 当事各方和仲裁员都有义务保护其在仲裁法庭诉讼期间秘密接受的资料的机密性。

第九条 除非仲裁法庭因案情特殊而另有决定，法庭的开支应由争端各方平均分担。法庭应保存一份所有开支的记录，并向争端各方提送一份开支决算表。

第十条 任何缔约国在争端的主题事项方面有法律性质的利害关系，可能因该案件的裁决受到影响，经法庭同意得参加仲裁程序。

第十一条 法庭得就争端的主题事项直接引起的反诉听取陈述并作出裁决。

第十二条 仲裁法庭关于程序问题和实质问题的裁决都应以其成员的多数票作出。

第十三条 争端一方不到案或不辩护其主张时，他方可请求仲裁法庭继续进行仲裁程序并作出裁决。一方缺席或不辩护其主张不应妨碍仲裁程序的进行。仲裁法庭在作出裁决之前，必须查明该要求在事实上和法律上都确有根据。

第十四条 除非法庭认为必须延长期限，法庭应在组成后五个月内作出裁决，延长的期限不得超过五个月。

第十五条 仲裁法庭的裁决应以对争端的主题事项为限，并应叙明所根据的理由。裁决书应载明参与裁决的仲裁员姓名以及作出裁决的日期。任何仲裁员都可以在裁决书上附加个别意见或异议。

第十六条 裁决对于争端各方具有拘束力。裁决不得上诉，除非争端各方事前议定某种上诉程序。

第十七条 争端各方如对裁决的解释或执行方式有任何争执,任何一方都可以提请作出该裁决的仲裁法庭作出决定。

第二部分 调 解

第一条 应争端一方的请求,应设立调解委员会。除非当事方另有协议,委员会应由五位成员组成,每一方指定二位成员,主席则由这些成员共同选定。

第二条 对于涉及两个以上当事方的争端,利害关系相同的当事方应通过协议共同指派其调解委员会成员。如果两个或两个以上当事方持有个别的利害关系或对它们是否利害关系相同持有分歧意见,则应分别指派其成员。

第三条 如果在请求设立调解委员会后两个月内当事方未指派任何成员,联合国秘书长按照提出请求的当事方的请求,应在其后两个月内指定这些成员。

第四条 如在调解委员会最后一位成员指派以后两个月内尚未选定委员会主席,联合国秘书长经一方请求,应在其后两个月内指定一位主席。

第五条 调解委员会应按其成员多数票作出决定。除非争端各方另有协议,它应制定其程序。它应提出解决争端的建议,而当事方应予认真考虑。

第六条 对于调解委员会是否拥有权限的意见分歧,应由委员会作出决定。

国际植物新品种保护公约

(1961 年 12 月 2 日制定,1972 年 11 月 10 日、1978 年 10 月 23 日、1991 年 3 月 19 日在日内瓦修订)

第一章 定 义

第 1 条 定 义

本文本的目的:

(i) "本公约"系指国际植物新品种保护公约目前的文本(1991);

(ii) "1961/1972 年文本"系指 1961 年 12 月 2 日制定的,1972 年 11 月 10 日补充修订的国际植物新品种保护公约的文本;

(iii) "1978 年文本"系指 1978 年 10 月 23 日制定的国际植物新品种保护公约的文本;

(IV) "育种者"系指

——培育或发现并开发了一个品种的人;

——上述人员的雇主或按照有关缔约方的法律规定代理雇主工作的人;或

——视情况而定,上述第一个人或第二个人的继承人;

(v) "育种者的权利"系指根据本公约向育种者提供的权利;

(vi) "品种"系指已知植物最低分类单元中单一的植物群,不论授予育种者的权利的条件是否充分满足,该植物群可以是:

——以某一特定基因型或基因型组合表达的特征来确定;

——至少表现出上述的一种特性,以区别于任何其他植物群,并且

——作为一个分类单元其适用性经过繁殖不发生变化;

(vii) "缔约方"系指参加本公约的一个国家或一个政府间组织;

(viii) "领土"对于缔约方来讲,当缔约方是一个国家时,则指那个国家的领土;当缔约

方是一个政府间组织时,则为该政府间组织制定的协议所适用的领土;

(ix)"主管机关"系指第 30 条(1)款(ii)所述的主管机关;

(x)"联盟"系指根据 1961 年文本成立并在 1972 年文本、1978 年文本和本公约中进一步提及的国际植物新品种保护联盟;

(XI)"联盟成员"系指 1961/972 年文本或 1978 年文本的缔约国家或缔约方。

第二章 缔约方总的义务

第 2 条 缔约方的基本义务

每个缔约方应授予和保护育种者的权利

第 3 条 受保护的属和种

(1)[已是联盟成员的国家]受 1961/1972 年文本或 1978 年文本约束的各缔约方应实施本公约规定条款。

(i)从受本公约约束之日起,适用于 1961/1972 年文本或 1978 年文本规定的所有植物属和种,也都于上述之日起适用于本公约;

(ii)最迟自上述之日起,至五年期满时,适用于所有植物属和种。

(2)[联盟的新成员]不受 1961/1972 年文本或 1978 年文本约束的各缔约方应实施本公约规定条款。

(i)自受本公约约束之日起,至少适用于 15 个植物属和种;

(ii)最迟自上述之日起,至 10 年期满时,适用于所有植物属和种。

第 4 条 国民待遇

(1)[待遇]在不损害本公约规定的权利的前提下,缔约方的国民以及自然人居民和在缔约方的领土内有其注册办事处的法人,就育种者权利的授予和保护而言,在缔约方各自的领土内,相互享有另一缔约方根据其法律所给予或将给予其自己的国民同等的待遇,只要上述国民、自然人或法人遵守上述另一缔约方对国民的规定条件和手续。

(2)[国民]在前款中,"国民"的概念是:如果缔约方是一个国家,那么就指那个国家的国民,如果缔约方是一个政府间组织,则指那个组织各成员国的国民。

第三章 授予育种者权利的条件

第 5 条 保护的条件

(1)[需符合的标准]当品种符合下列条件时将授予育种者权利;

(i)新颖性;

(ii)特异性;

(iii)一致性;

(iv)稳定性。

(2)[其他条件]凡育种者育出的品种是按照第 20 条规定的名称命名的,申请者履行缔约方法律规定的手续,向主管机关提出申请,交纳必要的手续费,则对育种者权利的授予就不应附带任何其他的条件。

第 6 条 新颖性

(1)[标准]一个品种应被认为具有新颖性,如果在育种者权利申请书提交之日,该品种的繁殖或收获材料尚未因利用该品种之目的被育种者本人或经其同意出售或转让他人

(i)在提交申请书的缔约方领土上距该提交日未超过一年;

(ii)在提交申请书的缔约方以外的领土上,距该提交日未超过四年,或在树木或藤本的情况下未超过六年。

(2)[新培育的品种]凡缔约方在对以前未实施本公约或先前文本的某一植物属或种实

施本公约时，对在申请之日已有的某一品种可以看作符合（1）款规定的新培育的品种，即使其销售或转让他人早于该款规定的期限。

（3）［某些情况下的"领土"］为实施（1）款，在所有缔约方均为同一政府间组织的成员国的情况下，当该组织的章程有要求时，可以在该组织的成员国家领土上采取行动统一行动，在其各自领土上开展相同的活动，但在这样做时，应报告秘书长。

第 7 条　特异性

如果一个品种在申请书登记之时显然有别于已知的任何其他品种，则这个品种应被认为是特异的。特别是，在任何国家里，如果一个其他品种的育种者权利申请或在法定的品种登记处登记的申请，获得了育种者的权利或者在法定的品种登记处登记，则应认为从申请之日起，该其他品种便是已知的品种。

第 8 条　一致性

一个品种从其繁殖的特点预期可能出现变异的情况下，如果其有关特性表现足够的整齐一致，则该品种应被认为具有一致性。

第 9 条　稳定性

如果一个品种经过反复繁殖其有关特性保持不变，或者在特定繁殖周期的每个周期末尾其有关特性保持不变，则该品种就应认为是稳定的。

第四章　申请育种者权利

第 10 条　提交申请

（1）［首次申请地］申请育种者权利的育种者可按自己的意愿选择提交首次申请的缔约方。

（2）［续后申请时间］在受理首次申请的缔约方主管机关尚未批准授予育种者权利之前，育种者有权向其他缔约方的主管机关提交育种者权利的申请。

（3）［保护的互不依赖性］任何缔约方均不得以对同一品种未向其他国家或政府间组织提交保护申请，或这种申请已被拒绝或其保护期已满为由，拒绝授予育种者权利或限制其保护期限。

第 11 条　优先权

（1）［优先权及其期限］凡已正式向缔约方之一提交保护某一品种的申请（"首次申请"）的育种者，出于为获得同一品种育种者权利而向其他缔约方主管机关提交申请（"续后申请"）时，均享有为期 12 个月的优先权，这个期限从提交首次申请之日算起，申请的当日不计在内。

（2）［优先权要求书］育种者为从优先权中获益，在提交续后申请时有权要求享有首次申请的优先权。受理续后申请的主管机关可以要育种者在一定时间内（从提交续后申请之日起不少于 3 个月）提供有关文件，包括经受理首次申请的主管机关证实为真实文本的首次申请的副本和样品或其他证据，证明两次申请的主题内容是同一个品种。

（3）［文件和材料］允许育种者在优先权期满后两年之内，或在首次申请被拒绝或撤出后的适当时间内，向续后申请受理主管机关提供根据该缔约国法律需要的信息、文件或材料，以满足第 12 条所指的审查要求。

（4）［该期限内发生的事件］（1）款中所规定的期限内发生的事件，例如另提申请或首次申请所涉及品种的公开或利用，不能成为拒绝受理续后申请的理由。这类事件也不应产生第三方之权利。

第 12 条　申请的审查

决定授予育种者权利之前，应就其是否按照第 5 至第 9 条的规定进行审查。审查中，受理主管机关可种植该品种或进行其他必要测试，促使该品种进行种植或其他必要的测试，或考虑种植测试结果或其他已进行试种的结果。为进行审查,受理主管机关可以要求育种者提供一切必要的信息、文件或材料。

第 13 条 临时性保护

各缔约方应采取措施,以便在从提交或公布育种者权利申请至授予育种者权利之间的期间内,保护育种者的权利。这类措施应有如下效力,即一旦授权,凡在上述期间有 14 条规定需获育种者同意的行为者,育种者权利持有人至少应有权从该处获得公平的报酬。缔约方可规定这类措施只适用于育种者已告知其申请的有关人员。

第五章 育种者权利

第 14 条 育种者权利适用范围

(1) [与繁殖材料有关的活动] (a) 除第 15 条和第 16 条另有规定,涉及受保护品种繁殖材料的下列活动需要育种者授权:

(i) 生产或繁殖;

(ii) 为繁殖而进行的种子处理;

(iii) 提供销售;

(iv) 售出或其他市场销售;

(v) 出口;

(vi) 进口;

(vii) 用于上述目的 (i) 至 (vi) 的原种制作;

(b) 育种者可根据条件或限制情况决定授权。

(2) [有关收获材料的活动] 除第 15 和 16 条另有规定,从事 (1) 款 (a) 项中 (i) 至 (vii) 各项活动,涉及由未经授权使用受保护品种的繁殖材料而获得的收获材料,包括整株和植株部分时,应得到育种者授权,但育种者对繁殖材料已有合理机会行使其权力的情况例外。

(3) [与某些产品有关的活动] 除第 15 条和第 16 条另有规定,各缔约方可作出规定,从事 (1) 款 (a) 项中 (i) 至 (vii) 各项活动,在涉及用 (2) 款中所指的由未经授权使用的受保护品种的收获材料直接制作的产品时,应得到育种者授权,但育种者对该收获材料已有合理机会行使其权利的情况例外。

(4) [可追加的活动] 除第 15 和 16 条另有规定,各缔约方可作出规定,除 (1) 款 (a) 项中 (i) 至 (vii) 各项外,从事其他活动也应得到育种者授权。

(5) [依赖性派生品种和某些其他品种] (a) 上述 (1) 至 (4) 款的规定也适用于下列各项:

(i) 受保护品种的依赖性派生品种,而受保护品种本身不是依赖性派生品种;

(ii) 与受保护品种没有第 7 条所规定的有明显区别的品种;

(iii) 需要反复利用受保护品种进行生产的品种。

(b) 出现下列情况时,一品种被看作 (a) 项 (i) 中所述从另一品种 ("原始品种") 依赖性派生的品种

(i) 从原始品种依赖性派生或从本身就是该原始品种的依赖性派生品种产生的依赖性派生的品种,同时又保留表达由原始品种基因型或基因型组合产生的基本特性;

(ii) 与原始品种有明显区别;并且

(iii) 除派生引起的性状有所差异外,在表达由原始品种基因型或基因型组合产生的基本特性方面与原始品种相同。

(c) 依赖性派生品种可通过选择天然或诱变株、或体细胞无性变异株,从原始品种中选择变异、回交或经遗传工程转化等获得。

第 15 条　育种者权利的例外

(1)［强制性例外］育种者权利不适用于下列各项：

(i) 私人的非商业性活动；

(ii) 试验性活动；

(iii) 为培育其他品种的活动和该其他品种按第 14 条（1）至（4）款规定的有关活动，依照第 14 条（5）款实施的除外。

(2)［非强制性例外］尽管有第 14 条条款规定，各缔约方在合理的范围内，并在保护育种者合法权益的条件下，仍可对任何品种的育种者权利予以限制，以便农民在自己土地上为繁殖之目的，而使用在其土地上种植的保护品种所收获的产品或第 14 条 5 款 a 项（i）或（ii）所指品种收获的产品。

第 16 条　育种者权利用尽

(1)［权利用尽］受保护品种的材料或第 14 条（5）款所指品种的材料，已由育种者本人或经其同意在有关缔约方领土内出售或在市场销售，或任何从所述材料派生的材料，育种者权利均不适用，除非这类活动：

(i) 涉及该品种的进一步繁殖，或

(ii) 涉及能使该品种繁殖的材料出口到一个不保护该品种所属植物属或种的国家，但出口材料用于最终消费的情况不在此例。

(2)［"材料"的含义］(1) 款所指"材料"的含义为与某一品种有关的

(i) 任何种类的繁殖材料；

(ii) 收获材料，包括整株和植株的部分；

(iii) 任何直接由收获材料制成的产品。

(3)［某些情况下所指的"领土"］为（1）款之目的，属一个和同一政府间组织成员国的所有缔约方，可按其组织章程采取统一行动，使该组织成员国领土范围内的行动与各国领土上的行动协调一致，如果这样做，应就此通报秘书长。

第 17 条　行使育种者权利的限制条件

(1)［公共利益］除本公约明文规定外，任何缔约方不得以公共利益外的其他理由限制自由行使育种者权利。

(2)［公平报酬］如果这类限制具有授权第三方从事需经育种者认可的活动的效力，有关缔约方应采取一切必需措施，以确保育种者得到公平报酬。

第 18 条　管理商业性活动的措施

育种者权利应独立于任何缔约方在其领土内对品种繁殖材料的生产、许可证和销售或该材料的进出口活动进行管理采取的措施，在任何情况下，这类措施均不应妨碍本公约条款的实施。

第 19 条　育种者权利期限

(1)［保护期限］育种者权利的授予应有固定期限。

(2)［最短期限］该期限应自授予育种者权利之日起不少于 20 年，对于树木和藤本植物，该期限应自所述之日起不少于 25 年。

第六章　品种名称

第 20 条　品种名称

(1)［品种名称的命名；名称的使用］(a) 品种应以通用的名称命名。(b) 除（4）款另有规定外，各缔约方应确保命名的品种名称的注册不妨碍自由使用与该品种有关的名称，即使是在该育种者权利期满之后。

(2)［名称特点］名称应具有区别品种的能力。名称不能仅用数字表示，已成为品种命名惯例的情况除外，名称不应导致误解，或在品种特性、价值或类别或育种者身份方面造成混淆。尤其是名称必须异于各缔约方领土内相同种或近似种已有品种的任何名称。

（3）［名称注册］品种名称应由育种者提交主管机关。主管机关如发现提交的名称不符合（2）款规定，应拒绝注册并要求育种者在规定的时限内另提一个名称。品种名称应由主管机关在授予育种者权利的同时予以注册。

（4）［第三方占先权］不得影响第三方占先权。若因占先权之故禁止某人使用某品种名称而根据（7）款规定必须使用该名称时，主管机关应要求育种者为该品种提出另一名称。

（5）［在所有缔约方名称相同的要求］向所有缔约方提交的同一品种的名称必须相同。除在其领土不适用者外，各缔约方应按提交的名称注册。认为不适用其领土时，有关缔约方应要求育种者为该品种提交另一名称。

（6）［缔约方主管机关之间的信息交流］缔约一方主管机关应保证向所有其他缔约方主管机关通报有关品种的名称，尤其是名称的提交、注册和取消等有关事宜。收到通报的任何一方，可把对注册名称的意见告知通报名称的一方。

（7）［使用品种名称的义务］凡在一个缔约方境内提供出售或市场销售在该境内受保护品种的繁殖材料者，均有义务使用该品种名称，即使是在该品种育种者权利期满之后也应如此。除非根据（4）款规定，因占先权不能使用者例外。

（8）［品种名称有关的标识］品种提供出售或市场销售时，允许注册品种名称带有商标、商品名或其他类似标识。然而，如果带有此类标识，品种名称必须易于识别。

第七章　育种者权利的无效和终止

第 21 条　育种者权利的无效

（1）［无效的原因］遇有下列情况，缔约方应宣布其授予的育种者权利无效：

（i）在授予育种权利时未遵守第 6 条或第 7 条规定条件；

（ii）主要根据育种者本人提供的信息和有关文件授予育种者权利，在授予育种者权利时未遵守第 8 条或第 9 条规定条件，或

（iii）把育种者权利授予不具备资格者，但转让给有资格者除外。

（2）［排除其他原因］除（1）款所述理由外，不得宣布育种者权利无效。

第 22 条　育种者权利的终止

（1）［终止的理由］（a）第 8 条或第 9 条规定的条件不再遵守时，各缔约方可终止其授予的育种者权利。

（b）此外，缔约方可根据请求在规定期限内，宣布终止其授予的育种者权利

（i）育种者不向主管机关提供用以确证保持该品种所必要的资料、文件或材料；

（ii）育种者未能交付使其育种者权利维持有效的必要费用；或

（iii）在授予育种者权利之后，品种名称被取消，而育种者未能提交合适的新名称。

（2）［排除其他理由］除（1）款所述理由外，不得终止育种者权利。

第八章　联　　盟

第 23 条　成　　员

所有缔约方均为本联盟成员。

第 24 条　法律地位和办公地点

（1）［法人资格］本联盟具有法人资格。

（2）［法律资格］在遵守适用于各缔约方境内法律的前提下，本联盟在所述境内享有为实现本联盟目标和履行其职责所必需的法律资格。

（3）［地点］本联盟及其常设机构设在日内瓦。

（4）［总部协定］本联盟与瑞士联邦签有总部协定。

第 25 条　机　　构

本联盟的常设机构为理事会和联盟办公室。

第 26 条　理事会

（1）［组成］事理会由联盟成员的代表组成。每个联盟成员指派一名代表参加理事会和一名候补代表，代表或候补代表可配有助手或顾问。

（2）［官员］理事会从成员中选一名理事长和一名第一副理事长，还可选若干名副理事长。理事长若不能主持工作时，由第一副理事长代理，理事长任期三年。

（3）［理事会会议］理事会会议由理事长召集，例行会议每年一次。此外，理事长可自行决定召集会议；如有三分之一会员提出要求，理事长应在三个月内召开理事会议。

（4）［观察员］非本联盟成员国可应邀以观察员身份参加理事会议，其他观察员和有关专家也可应邀参加这类会议。

（5）［任务］理事会任务如下：

（i）研究适当措施，保障本联盟利益和促进本联盟发展；

（ii）制定议事规则；

（iii）任命秘书长，必要时还可任命一名副秘书长，决定二者的任期；

（iv）审核本联盟工作年度报告，制定今后工作计划；

（v）向秘书长下达一切完成本联盟任务的必要指令；

（vi）制定本联盟行政和财务规则；

（vii）审查和批准本联盟预算，确定各联盟成员国应交纳的会费数额；

（viii）审批秘书长呈交的帐目；

（ix）确定召开第 38 条所规定的大会会期和会址，采取各种必要措施做好筹备工作；

（X）以各种方式，作出一切必要决议，确保本联盟发挥其有效作用。

（6）［表决权］（a）本联盟的每一成员为一个国家者，在理事会中应有一票表决权。

（b）如果缔约方是一个政府间组织，在讨论其权限以内的事项时，该缔约方可作为其成员的本联盟成员国代表行使表决权，当这类组织的成员国自行行使其表决权时，这类组织不应行使其成员国的表决权，反之亦然。

（7）［多数］理事会决议一般只需投票的简单多数票通过即为有效，如涉及（5）款（ii）、（vi）和（vii）以及第 28 条（3）款，29 条（5）款（b）项和 38 条（1）款理事会决议需经投票的四分之三票数通过方为有效。弃权票不计入票数。

第 27 条　联盟办公室

（1）［办公室的任务和指导］联盟办公室应执行理事会委托的全部职责和任务，并在秘书长的指导下进行工作。

（2）［秘书长的责任］秘书长应向理事会负责；他应负有执行理事会决定的责任。他把联盟预算提交理事会审批，并负责执行。他向理事会汇报行政管理、联盟的活动及财务状况。

（3）［职员］根据第 26 条（5）款（iii）规定，为了有效地完成联盟办公室任务所需任命和雇用职员的条件应在行政管理和财务规则中规定。

第 28 条　语　　言

（1）［办公室使用的语言］联盟办公室应使用英语、法语、德语和西班牙语履行其职责。

（2）［某些会议中使用的语言］理事会和修订公约的会议应使用上述四种语言。

（3）［增添使用的语言］理事会可以决定增用语种。

第 29 条　财　　务

（1）［收入］联盟开支将来自于以下几项：

（i）联盟各成员国每年交纳的会费；

(ii) 服务所收报酬；
(iii) 杂项收入。

(2) ［会费：单位］（a）每个联盟成员国在每年会费总额中所分摊的份额应参照从联盟成员国会费中的支出总额和该成员国根据（3）款规定应交纳的会费单位数来决定，其份额应按（4）款计算。

(b) 会费单位数可用整数或者分数表示，但分数不得小于1/5。

(3) ［会费，每一成员国所分摊的份额］（a）任何1961/1972年文本或1978年文本缔约方的联盟成员国，自受本公约约束之日起，其应交纳会费的单位数即与其上述日期以前的数相同。

(b) 任何其他联盟成员国在加入联盟时应在声明中向秘书长说明适合于它的会费单位数。

(C) 任何联盟成员国在任何时候都可向秘书长声明与根据（a）项或者（b）项承担的数目不同的会费单位数。如果是在公历年的前6个月月作的声明，该声明将从下一公历年年初生效，否则将推迟到再下一个公历年的年初生效。

(4) ［会费：份额数的计算］（a）在每一预算期，按上述各联盟成员国会费中该期间支出的总和除以这些联盟成员国应交纳会费单位数的总和而得到每一个会费单位应分担的数额。

(b) 每个联盟成员国会费的数额应为每一会费单位的数额乘以该联盟成员国应交纳会费单位数。

(5) ［拖欠会费］（a）如果拖欠会费的任何联盟成员国，所欠款数等于或超过了前一整年应交纳会费的数额，该成员国则不能享有在理事会中的投票表决权，但（b）项情况除外。中止投票表决权并不等于免除了这个联盟成员国对本公约承担的义务，也不等于剥夺其他任何权力。

(b) 如果理事会确信拖欠的会费是出于特殊的和不可避免的原因，理事会可允许该成员国继续行使投票表决权。

(6) ［帐目审计］帐目审计应按行政和财务规则中的规定由某个联盟成员国进行，该联盟成员国应由理事会指派，并得到该成员国的同意。

(7) ［政府间组织的会费］任何政府间组织的缔约方，可不履行交纳会费的义务。然而，如果其愿意交纳，应按（1）至（4）款中的条款实施。

第九章 本公约的履行；其他协定

第30条 本公约的履行

(1) ［履行公约的措施］每个缔约方应采用一切必要措施去履行本公约，尤其应当：

(i) 规定适当的补救法律，以便有效地行使育种者的权利；

(ii) 设一个主管机关，把授予育种者权利的工作委托给该机关，或者将上述任务委托给另一缔约方的主管机关；

(iii) 保证通过定期出版物将以下有关的信息公告有关方面：
申请和授予育种者权利，以及--提议与批准的名称。

(2) ［法律的一致性］不言而喻，每个国家或政府间组织，在按其情况交存批准书、接受书、核准书或加入书时，即应能在其法律范围内，实施本公约条款的规定。

第31条 缔约方与受先前文本约束国家之间的关系

(1) ［受本公约约束的国家之间的关系］同时受本公约和任何先前文本约束的联盟成员国之间，唯有本公约适用。

(2) ［与不受公约约束国家的可能关系］任何不受本公约约束的联盟成员国，可以通知秘书长，表明它与只受本公约约束的每个联盟成员国之间的关系，按其受约束的最近文本处理。从该通知书的日期满一个月起，直到发通知书的该成员国受公约约束之日止，上述成员国按其受约束的最近文本处理它与只受本公约约束的每个联盟成员国之间的关系，而后者仍按本公约处理与前者的关系。

第 32 条　特别协定

联盟各成员国有保留在它们之间缔结品种保护特别协定的权力，但这种协定与本公约条款不得相抵触。

第十章　最后条款

第 33 条　签　　字

本公约自通过之日起，对任何联盟成员国的国家开放签字，签字期限到 1992 年 3 月 31 日止。

第 34 条　批准、接受或核准；加入

（1）［国家和某些政府间的组织］（a）任何国家，按本条款规定，可以成为本公约的缔约方。（b）任何政府间的组织，如果根据本条款规定，又具备下列条件，可以成为本公约的缔约方：

（i）具有按本公约处理问题的能力；

（ii）在授予和保护育种者权利方面有自己的法规约束其所有成员国；以及

（iii）依照自己内部的程序，被完全授权加入本公约。

（2）［加入书］在本公约上签字的国家，在交存本公约的批准书、接受书或核准书之后将成为本公约的缔约方。与任何尚未在本公约上签字的国家和任何政府间组织通过交存本公约的加入书而成为本公约的缔约方。批准书、接受书、核准书或加入书应交秘书长保管。

（3）［理事会的意见］任何尚未成为本联盟成员的国家和任何政府间组织，在交存加入书之前，应就其法律与本公约的条款是否一致征询理事会的意见。如果其结果是肯定意见，可以交存加入书。

第 35 条　保留权

（1）［原则］不允许对本公约有保留权，根据（2）款者除外。

（2）［可能的例外］（a）尽管有第 3 条（1）款的规定，已是 1978 年文本的缔约方，对其无性繁殖的品种是通过工业产权所有权而不是育种者权利加以保护的国家，在成为本公约的缔约方时，应有权继续实施其原有保护而无需实施本公约对这些品种进行保护。

（b）在使用上述权利的任何国家，根据实际情况交存批准书、接受书、核准书或加入书时，应通知秘书长。该国可以在任何时候撤销上述通知。

第 36 条　有关法规和受保护

植物属、种的通讯交流；信息公布

（1）［最初的通知］当按实际情况交存批准书、接受书、核准书或加入书时，任何国家或政府间组织应报告秘书长：

（i）其有关育种者权利的法规；以及

（ii）自受本公约约束之日起将按本公约的条款进行保护的受保护植物属和种的名录。

（2）［更改的通告］每一缔约方应及时向秘书长报告：

（i）有关育种者权利法规的任何变更情况；以及

（ii）将适用本公约的范围扩大所增加的植物属和种。

（3）［资料出版］秘书长将根据来自各有关缔约方的信息，出版下列信息资料：

（i）有关育种者权利的法规及其改变情况；以及

（ii）在（1）款（ii）项中提及的植物属和种名录和在（2）款（ii）项中提及的扩大应用范围。

第 37 条　生效；先前文本的关闭

（1）[开始生效] 本公约在有五个国家按其情况交存批准书、接受书、核准书或加入书后一个月即开始生效，但至少要有三个上述文件是由 1961/1972 年文本或 1978 年文本缔约国交存的。

（2）[续后生效]（1）款中未包括的任何国家或政府间组织，在它按其情况交存批准书、接受书、核准书或加入书之日一个月后，即受本公约的约束。

（3）[1978 年文本的关闭] 根据（1）款在本公约生效后，就不再按 1978 年文本交存加入书，除了按联合国大会的惯例被认为是发展中国家者，还可于 1995 年 12 月 31 日前交存此类文件，其他国家则在 1993 年 12 月 31 日前，即使本公约在该日期之前业已生效，仍可交存此类文件。

第 38 条　本公约的修订

（1）[大会] 本公约可由联盟成员国大会修订，召集这样的会议应由理事会决定。

（2）[法定数与多] 只有在至少半数成员国出席的情况下，大会议程才有效，任何修改都需要有 3/4 的多数联盟成员国出席并投票的情况下才能通过。

第 39 条　退　约

（1）[通告] 任何缔约方都可通告秘书长退出本公约。秘书长应及时把收到的通告告知联盟的各个成员国。

（2）[先前文本] 退出本公约的通告被认为也是构成退出该缔约方受约束的任何先前文本的通告。

（3）[生效日期] 在秘书长收到通告当年的下一公历年度末退约即生效。

（4）[已获得的权利] 某一品种在退约开始生效之日前，已从本公约或者任何先前文本获得的任何权利将不受影响。

第 40 条　保留现有的权益

本公约应不限制根据缔约方之法律或先前文本，或除本公约以外联盟成员之间缔结的任何协议而获得的现有育种者的权利。

第 41 条　本公约的原始文本和官方文本

（1）[原始文本] 本公约以英语、法语和德语各签署一份原始文本，在各文本中如有差异，以法语文本为准。原始文本将由秘书长存档。

（2）[官方文本] 在与有关政府协商之后，秘书长将用阿拉伯文、荷兰文、意大利文、日文和西班牙文以及由理事会指定的其他文种制成官方文本。

第 42 条　文本保存机构的职责

（1）[传送副本] 秘书长应把本公约经证实的副本传送给所有参加通过本公约的外交会议的国家和政府间组织，并根据要求，传送给其他的国家和政府间组织。

（2）[登记] 秘书长应向联合国秘书处登记本公约。

我在此证实上述文本是 1961 年 12 月 2 日制定的国际植物新品种保护公约，于 1972 年 11 月 10 日、1978 年 10 月 23 日和 1991 年 3 月 19 日在日内瓦经过修订，于 1991 年 3 月 4 日至 19 日在日内瓦召开的修订国际植物新品种保护公约的外交会议上通过的真实文本，并于 1991 年 3 月 19 日在日内瓦开放签署。

阿佩德·鲍格晋
国际植物新品种保护联盟秘书长
1991 年 7 月 1 日

四、湿地保护、荒漠化防治

联合国防治荒漠化公约

(1994年6月17日法国巴黎通过 1996年12月26日正式生效
中国于1994年10月14日签署 1997年2月18日交存批准书
公约于1997年5月9日对中国生效)

第一部分 导 言

本《公约》各缔约方，

申明在防治荒漠化和缓解干旱影响时，受影响或受威胁地区的人类是受关注的中心，

意识到国际社会，包括各国和各国际组织，迫切关注荒漠化和干旱的有害影响，

了解到干旱、半干旱和亚湿润干旱地区合计占地球陆地面积的很大一部分，而且是地球上很大一部分人口的居住地和生计来源，

承认荒漠化和干旱是全球范围问题，影响到世界所有区域，需要国际社会联合行动，防治荒漠化和/或缓解干旱影响，

注意到严重干旱和/或荒漠化高度集中在发展中国家，尤其是最不发达国家，并注意到这些现象在非洲造成了特别悲惨的后果，

还注意到荒漠化的成因是各种自然、生物、政治、社会、文化和经济因素的复杂相互作用，

考虑到贸易及国际经济关系的有关方面对受影响国家充分防治荒漠化的能力造成的影响，

意识到可持续的经济增长、社会发展和消灭贫困是受影响的发展中国家尤其是非洲国家的优先任务，对可持续能力目标的实现至关重要，

铭记荒漠化和干旱经由与贫困、健康和营养不良、缺乏粮食保障以及由移民、流离失所者和人口动态所引起的重大社会问题的相互关系而影响到可持续发展，

赞赏以往各国和各国际组织在防治荒漠化和缓解干旱影响方面，特别是在实施1977年联合国荒漠化问题会议制订的《联合国防治荒漠化行动计划》布面所作出的努力和所取得的经验的重大意义，

认识到尽管过去已作出了努力，但防治荒漠化和缓解干旱影响方面的进展未达预期效果，需要在可持续发展的框架内在所有各级推行新的更有效的方法，

确认联合国环境与发展会议通过的各项决定，特别是《21世纪议程》及其第12章的正确性和迫切性，它们为防治荒漠化奠定了基础，

为此重申发达国家在《21世纪议程》第33章第13段的承诺，

回顾大会第47/188号决议，尤其是其中给予非洲的优先地位，并回顾有关荒漠化和干旱的所有其他联合国决议、决定和方案，以及非洲国家和其他区域国家的有关宣言，

重申《里约环境与发展宣言》，其中原则2申明，按照《联合国宪章》和国际法原则，各国拥有按照本国的环境与发展政策开发本国自然资源的主权权利，并负有确保在其管辖范围内或在其控制下的活动不致损害其他国家或在各国管辖范围以外地区的环境的责任，

承认各国政府在防治荒漠化和缓解干旱影响方面发挥关键作用，这方面的进展取决于行

动方案在受影响地区的当地实施工作,

还承认国际合作和伙伴关系在防治荒漠化和缓解干旱影响工作中的重要性和必要性,

进一步承认向受影响发展中国家特别是非洲这类国家提供有效手段十分重要,即除其他手段外,实质性资金资源,包括新的和额外资金和获得技术的机会,否则它们难以充分履行根据本《公约》所作的承诺,

关注荒漠化和干旱对亚洲中部受影响国家和外高加索所造成的影响,

强调许多受荒漠化和/或干旱影响区域特别是发展中国家农村地区的妇女所发挥的重要作用,以及在所有各级确保男女充分参与防治荒漠化和缓解干旱影响方案的重要性,强调非政府组织和其他主要群体在防治荒漠化和缓解干旱影响方案中的特殊作用,

铭记荒漠化与国际和国家社会面临的其他全球范围环境问题之间的关系,

还铭记防治荒漠化有助于实现《联合国气候变化框架公约》《生物多样性公约》以及其他有关环境公约的目标,

相信防治荒漠化和缓解干旱影响战略只有基于完善可靠的系统观测和严密精确的科学知识并不断加以重新评价才能最为有效,

确认迫切需要提高国际合作效力并改善协调,以便推动国家计划和优先事项的执行,

决心为今世后代的利益采取适当行动,防治荒漠化和缓解干旱影响,

兹协议如下:

第1条 用语

为本《公约》之目的:

(a)"荒漠化"是指包括气候变异和人类活动在内的种种因素造成的干旱、半干旱和亚湿润干旱地区的土地退化;

(b)"防治荒漠化"包括干旱、半干旱和亚湿润干旱地区为可持续发展而进行的土地综合开发的部分活动,目的是:

(一)防止和/或减少土地退化;

(二)恢复部分退化的土地;

(三)垦复已荒漠化的土地;

(c)"干旱"是指降水量大大低于正常记录水平时发生的自然现象,引起严重水文失衡,对土地资源生产系统造成有害影响;

(d)"缓解干旱影响"是指与预测干旱有关并旨在防治荒漠化方面减轻社会和自然系统易受干旱影响的活动;

(e)"土地"是指具有陆地生物生产力的系统,由土壤、植被、其他生物区系和在该系统中发挥作用的生态及水文过程组成;

(f)"土地退化"是指由于使用土地或由于一种营力或数种营力结合致使干旱、半干旱和亚湿润干旱地区雨浇地、水浇地或草原、牧场、森林和林地的生物或经济生产力和复杂性下降或丧失,其中包括:

(一)风蚀和水蚀致使土壤物质流失;

(二)土壤的物理、化学和生物特性或经济特性退化;

(三)自然植被长期丧失;

(g)"干旱、半干旱和亚湿润干旱地区"是指年降水量与潜在蒸发散之比在 0.05 至 0.65 之间的地区,但不包括极区和副极区;

(h)"受影响地区"是指受荒漠化影响或威胁的干旱、半干旱和/或亚湿润干旱地区;

(i)"受影响国家"是指其全部或部分土地为受影响地区的国家;

(j)"区域经济一体化组织"是指由一个区域主权国家构成的组织,它对本《公约》所涉事项拥有管辖权并按其内部程序被正式授权签署、批准、接受、核准或加入本《公约》;

（k）"发达国家缔约方"是指发达国家缔约方和由发达国家组成的区域经济一体化组织。

第 2 条 目标

1. 本《公约》的目标是在发生严重干旱和/或荒漠化的国家，特别是非洲防治荒漠化和缓解干旱影响，为此要在所有各级采取有效措施，辅之以在符合《21世纪议程》的综合办法框架内建立的国际合作和伙伴关系安排，以期协助受影响地区实现可持续发展。

2. 实现这项目标将包括一项长期的综合战略，同时在受影响地区重点提高土地生产力，恢复、保护并以可持续的方式管理土地和水资源，从而改善特别是社区一级的生活条件。

第 3 条 原则

为实现本《公约》的目标和履行本《公约》各项规定，缔约方除其他应以下列为指导：

（a）缔约方应当确保群众和地方社区参与关于防治荒漠化和/或缓解干旱影响的方案的设计和实施决策，并在较高各级为便利国家和地方两级采取行动创造一种扶持环境；

（b）缔约方应当本着国际团结和伙伴关系的精神，改善分区域、区域以及国际的合作和协调，并更好地将资金、人力、组织和技术资源集中用于需要的地方；

（c）缔约方应当本着伙伴关系的精神在政府所有各级、社区、非政府组织和土地所有者之间发展合作，更好地认识受影响地区土地资源和稀缺的水资源的性质和价值，并争取以可持续的方式利用这些资源；及

（d）缔约方应当充分考虑到受影响发展中国家缔约方、特别是其中最不发达国家的特殊需要和处境。

第二部分 总 则

第 4 条 一般义务

1. 缔约方应通过现有的或预期的双边和多边安排，或酌情以两者相结合的方式，单独或共同履行本《公约》规定的义务，同时强调需要在所有各级协调努力，制订连贯一致的长期战略。

2. 为实现本《公约》的目标，缔约方应：

（a）采取综合办法，处理荒漠化和干旱过程中的自然、生物和社会经济因素；

（b）在有关的国际和区域机构内适当注意受影响发展中国家缔约方在国际贸易、市场安排和债务方面的情况，为促进可持续发展创立扶持性国际经济环境；

（c）把消灭贫困战略纳入防治荒漠化和缓解干旱影响的工作；

（d）促进受影响缔约方之间在与荒漠化和干旱有关的环境保护、土地和水资源养护领域的合作；

（e）加强分区域、区域和国际合作；

（f）在有关政府间组织内开展合作；

（g）适当时确定机构体制，要注意避免重复；

（h）促进利用现有双边和多边资金机制和安排，为受影响发展中国家缔约方防治荒漠化和缓解干旱影响筹集和输送实质性资金资源。

3. 受影响发展中国家缔约方在执行《公约》中有资格获得援助。

第 5 条 受影响国家缔约方的义务

除根据第 4 条应承担的义务之外，受影响国家缔约方承诺：

（a）适当优先注意防治荒漠化和缓解干旱影响，按其情况和能力拨出适足的资源；

（b）在可持续发展计划和/或政策框架内制订防治荒漠化和缓解干旱影响的战略和优先顺序；

（c）处理造成荒漠化的根本原因，并特别注意助长荒漠化过程的社会经济因素；

（d）在防治荒漠化和缓解干旱影响的工作中，在非政府组织的支持下，提高当地群众尤

其是妇女和青年的认识，并为他们的参与提供便利；

（e）于适当时加强相关的现有法律，如若没有这种法律，则颁布新的法律，和制定长期政策和行动方案，以提供一种扶持性环境。

第6条 发达国家缔约方的义务

除了按照第4条规定的一般义务外，发达国家缔约方承诺：

（a）在同意的基础上单独或共同地积极支持受影响发展中国家缔约方、特别是非洲国家缔约方以及最不发达国家为防治荒漠化和缓解干旱影响所作的努力；

（b）提供实质性资金资源和其他形式的支助，以援助受影响发展中国家缔约方、特别是非洲国家缔约方有效地制订和执行防治荒漠化和缓解干旱影响的长期计划和战略；

（c）根据第20条第2款（b）项促进筹集新的和额外资金；

（d）鼓励从私营部门和其他非政府来源筹集资金；

（e）促进和便利受影响国家缔约方、特别是受影响发展中国家缔约方获得适用技术、知识和诀窍。

第7条 非洲的优先地位

鉴于非洲区域存在的特殊情况，缔约方在履行本《公约》时，应优先考虑受影响非洲国家缔约方，同时也不忽视其他区域受影响发展中国家缔约方。

第8条 与其他公约的关系

1. 缔约方应鼓励协调遵照本《公约》开展的活动，如果它们是其他有关国际协定的缔约方，则亦应协调遵照其他有关国际协定，特别是《联合国气候变化框架公约》和《生物多样性公约》开展的活动，以便争取按每一协定开展的活动都能产生最大成效，同时避免工作重复。缔约方应鼓励执行联合方案，特别是在研究、培训、系统观察和信息收集与交流领域，争取使这些活动有助于实现有关协定的目标。

2. 本《公约》的规定不应影响任何缔约方在本《公约》对它生效前参加的双边、区域或国际协定对它产生的权利和义务。

第三部分 行动方案、科学和技术合作以及支持措施

第1节 行动方案

第9条 基本方法

1. 为履行第5条规定的义务，受影响发展中国家缔约方和在区域执行附件框架内，或以书面通知常设秘书处打算制定国家行动方案的任何其他受影响国家缔约方应尽可能利用现有的、相关的、成功的计划和方案，并在其基础上，酌情制订、公布和实施国家行动方案，并制订、公布和实施分区域和区域行动方案，将它们作为防治荒漠化、缓解干旱影响战略的中心内容。这些方案应借鉴实地行动经验教训和研究成果在不间断的参与中加以更新。国家行动方案的制订应与制订国家可持续发展政策的其他努力密切配合。

2. 发达国家缔约方在按照第6条提供不同形式的援助时，应在同意的基础上直接或通过有关多边组织或两者优先支持受影响发展中国家缔约方特别是非洲国家缔约方、分区域或区域行动方案。

3. 缔约方应鼓励联合国系统的各机构、基金和方案以及有能力参与合作的其他有关政府间组织、学术机构、科学界和非政府组织根据其职权范围和能力，支持行动方案的拟订、实施及其后续工作。

第10条 国家行动方案

1. 国家行动方案的目的是查明造成荒漠化的因素，并提出防治荒漠化、缓解干旱影响所必需的实际措施。

2. 国家行动方案应当明确指出政府、地方社区和土地使用者各自的作用，同时确定可得到的和需要的资源。国家行动方案除其他外应：

（a）纳入防治荒漠化和缓解干旱影响的长期战略，强调贯彻实施并与国家可持续发展政策相结合；

（b）允许根据情况变化作出修改，并应在地方一级具有足够的灵活性，以适应不同的社会经济、生物及自然地理条件；

（c）特别注意为尚未退化或仅轻微退化的土地实行预防措施；

（d）提高国家气候、气象和水文能力以及增强提供干旱早期预警的手段；

（e）促进政策和加强机构框架，本着伙伴精神在捐助界、各级政府、当地群众和社区团体之间发展合作和协调，同时方便当地群众取得适当的信息和技术；

（f）设法在地方、国家和区域各级让非政府组织和当地男女群众，特别是资源的使用者，包括农民和牧民及他们的代表组织，有效参与国家行动方案的政策规划、决策、实施和审查；以及

（g）规定定期审查方案的实施情况并提出进展报告。

3. 国家行动方案，除其他外，可包括下列某些或所有旨在对付和缓解干旱影响的措施：

（a）酌情建立和/或加强早期预警系统，包括地方和国家设施及分区域和区域两级的联合系统，以及援助环境导致的流离失所者的机制；

（b）加强考虑到季节和年度气候预测的防旱抗旱工作，包括地方、国家、分区域和区域各级的干旱应急计划；

（c）酌情建立和/或加强粮食安全系统包括储存和销售设施，尤其是在农村地区；

（d）制订可以为易发生干旱地区创收的另谋生计项目；

（e）为农作物和牲畜制订可持续的灌溉方案。

4. 考虑到各个受影响国家缔约方有其具体的情况和要求，国家行动方案，除其他外，酌情包括下列某些或所有涉及在受影响地区防治荒漠化和缓解干旱影响、涉及其人口的优先领域措施：提倡另谋生计并改善国家经济环境，以争取加强消灭贫困方案，加强粮食保障；人口动态；以可持续方式管理自然资源；实行可持续的农业方式；开发和高效率地使用各种能源；体制和法律框架；加强评估和系统观察能力包括水文和气象服务以及能力建设、教育和公众意识。

第 11 条 分区域和区域行动方案

受影响国家缔约方应按照有关的区域执行附件酌情进行协商和合作，拟订分区域和/或区域行动方案，以协调、补充和提高国家方案的效率。第 10 条的规定经修改后应适用于分区域和区域方案。这种合作可包括关于对跨边界自然资源实行可持续管理、开展科学技术合作和加强有关机构的议定联合方案。

第 12 条 国际合作

受影响国家缔约方应协同其他缔约方和国际社会合力确保促进一个有利于实施《公约》的扶持性国际环境。这种合作也应包括技术转让、科学研究和发展、信息收集和传播以及资金资源等领域。

第 13 条 拟订和实施行动方案方面的支持

1. 根据第 9 条支持行动方案的措施除其他外包括：

（a）资金合作，为行动方案提供可预测性，以便能作出必要的长期规划；

（b）制订和利用能在地方一级更好地提供支持的合作机制，包括通过非政府组织的行动，以便促进有关成功试点方案活动的推广；

（c）按照为地方社区一级参与行动提出的试验性可推广的办法，提高项目设计、供资和实施的灵活性；以及

(d) 酌情提高合作和支助方案效率的行政和预算程序。

2. 在向受影响发展中国家缔约方提供这种支持时，应优先重视非洲国家缔约方和最不发达国家缔约方。

第 14 条　拟订和执行行动方案方面的协调

1. 缔约方在拟订和执行行动方案方面应直接和通过有关政府间组织开展密切合作。

2. 缔约方应制订运作机制特别是在国家一级和实地方面，确保在发达国家缔约方、发展中国家缔约方、有关政府间组织和非政府组织之间尽可能全面协调，以避免重复，协调各种干预和做法，并最大限度地发挥援助的作用。在受影响发展中国家缔约方，要优先开展有关国际合作的协调活动，争取最有效利用资源，确保援助切合具体情况并促进实施本《公约》规定的国家行动方案和优先事项。

第 15 条　区域执行附件

列入行动方案的要点应有所选择，应适合受影响国家缔约方或区域的社会经济、地理和气候特点及其发展水平。各区域执行附件规定各具体分区域和区域拟订行动方案的准则及其确切重点和内容。

第 2 节　科学和技术合作

第 16 条　信息收集、分析和交流

缔约方同意根据各自能力综合和协调有关长、短期数据及信息的收集、分析和交流工作，确保有系统地观察受影响地区土地退化情况，更好地了解和评价干旱和荒漠化的过程和影响。除其他外，这将可以用适合所有各级用户，包括尤其是以当地群众能够实际应用的形式，对不利的气候变异时期提供早期预警和先期规划。为此，它们应酌情：

（a）促进和加强全球机构和设施网络，在所有各级进行信息收集、分析、交流以及系统观察，这种网络除了其他外应：

（一）争取使用彼此兼容的标准和系统；

（二）覆盖包括偏远地区在内的有关数据和台站；

（三）使用和推广有关土地退化的现代数据收集、传递和评价技术；

（四）将国家、分区域和区域数据和信息中心同全球信息来源更密切地连接起来；

（b）确保信息收集、分析和交流能满足地方社区和决策者的需要，以便能解决具体问题，这些活动应吸收地方社区参与；

（c）支持和进一步制订旨在界定、进行、评价和资助数据和信息的收集、分析和交流的双边和多边方案和项目，除其他外，包括汇编若干套自然、生物、社会和经济综合指标；

（d）充分利用有关政府间和非政府组织的专门知识，尤其要在不同区域的特定群体间传播有关信息和经验；

（e）充分注重收集、分析和交流社会经济数据并将其与自然和生物数据相结合；

（f）交流并充分、公开、及时提供有关防治荒漠化和缓解干旱影响的所有可以公开取得的信息；以及

（g）在符合各自国家立法和/或政策的前提下就当地和传统知识交流信息，确保充分保护这种知识，并且平等地以相互议定的条件向有关当地群众适当回报由此产生的利益。

第 17 条　研究与发展

1. 缔约方承诺根据自己的能力通过适当的国家、分区域、区域和国际机构促进防治荒漠化和缓解干旱影响领域内的技术和科学合作。为此，它们应支持研究活动，这些研究活动：

（a）有助于增进对导致荒漠化和干旱的过程的认识，增进对自然及人为因素的影响及其区别的认识，以期防治荒漠化和缓解干旱影响，提高生产力，可持续地使用和管理资源；

（b）与明确的目标共鸣、针对当地群众的具体需要，据以查明和实施能改善受影响地区

人民生活水平的办法；

（c）保护、综合、增进和验证传统的和当地的知识、诀窍和做法，在符合各自国家立法和/或政策的前提下确保拥有这种知识的人能以平等、相互商定的条件从这些知识的商业利用或从这些知识所带来的技术发展直接获益；

（d）在受影响发展中国家缔约方特别是非洲国家缔约方发展和加强国家、分区域和区域研究能力，包括当地技能的开发，尤其是在研究基础薄弱的国家加强适当的能力，特别重视多学科和参与式社会经济研究；

（e）考虑到相关的贫困、环境因素造成的移民与荒漠化之间的关系；

（f）促进开展国家、分区域、区域和国际研究组织在公营和私营部门的联合研究方案，以便通过当地群众和社区的有效参与为可持续的发展开发更优良的、不昂贵的和易于获得的技术；

（g）增加受影响地区的水资源，除其他外通过人工降雨。

2. 行动方案中应列出反映不同地方条件的特定区域和分区域研究优先次序。缔约方会议应根据科学技术委员会的建议，定期审查研究优先次序。

第18条 技术的转让、获取、改造和开发

1. 缔约方承诺相互商定并依照各自的国家立法和/或政策促进、资助和/或便利资助、转让、获取、改造和开发有关防治荒漠化和/或缓解干旱影响的无害环境、经济上可行、社会上可以接受的技术，以此为受影响地区实现可持续发展作出贡献。这类合作应酌情以双边或多边方式开展，充分利用政府间组织和非政府组织的专门知识。缔约方尤应：

（a）充分利用有关的现有国家、分区域、区域和国际信息系统和交流中心，传播与下列各项有关的信息：可获得的技术、其来源、其环境风险，以及获得这些技术的大致条件；

（b）便利特别是受影响发展中国家缔约方以有利条件，包括相互议定的减让和优惠条件在顾及需保护知识产权的前提下获取最宜实际用来解决当地群众特殊需要的技术，要特别注意这类技术的社会、文化、经济和环境影响；

（c）通过资金援助或其他适当途径，便利受影响国家缔约方之间开展技术合作；

（d）尤其要把与受影响发展中国家缔约方开展的技术合作推广到促进另谋生计部门，相关情况下包括合资经营；以及

（e）采取措施，创造有利于发展、转让、获取、改造适用技术、知识、诀窍和做法的国内市场条件，提出财政鼓励或其他鼓励办法，包括确保充分和有效保护知识产权的措施。

2. 缔约方应根据各自能力并在符合各自国家立法和/或政策的前提下保护、促进和利用特别是有关的传统和当地技术、知识、诀窍和做法，为此，缔约方承诺：

（a）请当地群众参加将这种技术、知识、诀窍和做法及其潜在用途登记造册，并酌情与有关政府间组织和非政府组织合作传播这方面的信息；

（b）确保这种技术、知识、诀窍和做法受到充分保护，并确保当地群众能平等地和以相互商定的条件从这些知识或源自这些知识的任何技术发展的任何商业利用中直接获得利益；

（c）鼓励和积极支持改进和推广这种技术、知识、诀窍和做法或据以发展的新技术；

（d）酌情便利改造这种技术、知识、诀窍和做法，以利广泛使用，并酌情将之与现代技术相结合。

第3节 支持措施

第19条 能力建设、教育和公众意识

1. 缔约方确认，能力建设——即所谓机构建设、培训和有关本地和本国能力的发展——对防治荒漠化和缓解干旱影响各种努力具有重要意义。缔约方应酌情以下列方式促进能力的建设：

(a) 鼓励所有各级的尤其是地方一级的当地人民、特别是妇女和青年的充分参与，与非政府组织和地方组织合作；

(b) 增强国家一级在荒漠化和干旱领域的训练和研究能力；

(c) 建立和/或加强支助和推广服务，更有效地传播有关工艺方法和技术，培训实地工作人员和农村组织成员，采取群众参与的方法，以保护和可持续地使用自然资源；

(d) 尽可能地促进在技术合作方案中利用和传播当地人民的知识、诀窍和做法；

(e) 按照现代社会经济情况，在必要时改造有关的无害环境技术以及农牧业中的传统方法；

(f) 提供适当的培训和技术，利用替代能源，尤其是可再生能源，以期特别是减少燃料方面对木柴的依赖；

(g) 相互协议进行合作，加强受影响发展中国家缔约方按照第 16 条在收集、分析和交流信息领域制订和实施方案的能力；

(h) 以创新的方式促进另谋生计，包括新技能的培训；

(i) 培训决策者、管理人员和负责收集和分析数据的人员，以便传播和使用干旱状况早期预警信息和粮食生产；

(j) 提高现有国家机构和法律框架的运作效能，必要时建立新的机构和框架，同时加强战略规划和管理；以及

(k) 通过互访方案，长期的学习研究交流，增进受影响国家缔约方的能力建设。

2. 受影响发展中国家缔约方应酌情在其他缔约方和胜任的政府间和非政府组织的合作下，从跨学科的角度审查地方和国家现有的能力和设施，以及予以加强的可能性。

3. 缔约方应彼此并与胜任的政府间组织以及非政府组织开展合作，在受影响缔约方和适当时在未受影响国家缔约方推行和支持公众意识和教育方案，促进对荒漠化和干旱的原因和影响以及实现本《公约》目标的重要性的认识。为此，它们应：

(a) 组织对公众的宣传运动；

(b) 长期促进公众能得到有关的信息并让公众广泛参与教育和宣传活动；

(c) 鼓励建立有助于公众意识的协会；

(d) 制订和交流教育和公众意识材料，这类材料在可能的情况下应用当地语文编制，互派和调派专家训练受影响发展中国家缔约方的人员，使他们能够推行有关的教育和宣传方案，充分利用胜任的国际机构备有的有关教育材料；

(e) 评价受影响地区的教育需要，制订适当的学校课程，必要时，扩大教育和成人识字方案，并在查明、保护以及可持续使用和管理受影响地区资源方面，为所有人特别是女童和妇女创造更多的机会；

(f) 制订跨学科参与式方案，把对荒漠化和干旱的意识纳入教育系统，并使之融入非正式教育方案、成人教育方案、远距离和实用教育方案。

4. 缔约方会议应为防治荒漠化和缓解干旱影响设立和/或加强区域教育和培训中心网络。这些网络应由为此目的设立或指定的机构加以协调，负责培训科学、技术和管理人员，同时应酌情加强受影响国家缔约方负责教育和培训的机构，以协调各项方案并组织经验交流。这些网络应与有关政府间和非政府组织密切合作，以避免工作重复。

第 20 条　资金资源

1. 鉴于为实现《公约》目标筹资至为重要，缔约方应视其能力尽力确保防治荒漠化和缓解干旱影响的方案得到充分的资金资源。

2. 在这方面，发达国家缔约方，在不忽视其他区域的受影响发展中国家缔约方的前提下，根据第 7 条规定对非洲给予优先，同时承诺：

(a) 筹集实质性资金资源，包括赠款和减让贷款，以便支持执行防治荒漠化和缓解干旱

影响的方案；

(b) 促进筹集充分、及时和可预测的资金资源，其中包括根据《建立全球环境融资文件》的有关规定，为与全球环境融资的四个中心领域有关的涉及荒漠化的那些活动的议定增加费用，从全球环境融资中筹集新的和额外的资金；

(c) 通过国际合作，便利技术知识和诀窍的转让；

(d) 与受影响发展中国家缔约方合作，寻求筹集和输送资源的新办法和鼓励措施，包括各种基金、非政府组织和其他私营部门实体的资金，特别是债务交换和其他创新办法，通过减少特别是非洲受影响发展中国家缔约方的外债负担来增加融资。

3. 受影响发展中国家缔约方，按其能力，承诺为执行其国家行动方案筹集充分资金资源。

4. 缔约方在筹集资金资源时应充分利用，并继续在质量方面改善所有本国、双边和多边资金来源和机制，利用财团、联合方案和并行筹资，并应争取吸引私营部门资金来源和机制，包括非政府组织的资金和机制的参与。为此目的，缔约方应充分利用根据第14条制订的运作机制。

5. 为筹集受影响发展中国家缔约方防治荒漠化和缓解干旱影响所需的资金资源，缔约方应：

(a) 理顺和加强管理为防治荒漠化和缓解干旱影响已拨出的资源，更切实际、更有效地利用它们，对其成败进行评估，消除妨碍其有效利用的阻力和必要时根据本《公约》采取的综合长期办法重新确定方案的方向；

(b) 在多边资金机构、设施和基金包括区域开发银行和基金的理事会中，应优先支持受影响发展中国家缔约方特别是非洲此类国家促进执行《公约》的活动，尤其是在它们根据区域执行附件进行的行动方案方面；并

(c) 审查能加强区域和分区域合作的途径，支持在国家一级进行的努力。

6. 鼓励其他缔约方向受影响发展中国家缔约方自愿提供与荒漠化有关的知识、诀窍和技术和/或资金资源。

7. 发达国家缔约方按《公约》规定履行义务，特别是有关资金资源和技术转让的义务，将能大大地帮助受影响发展中国家缔约方、特别是其中非洲国家充分履行它们按照《公约》所承担的义务。在履行其义务时，发达国家缔约方应充分考虑到经济和社会发展、消灭贫困是受影响发展中国家缔约方、特别是非洲此类国家的最优先事项。

第21条 资金机制

1. 缔约方会议应促进拥有资金机制并应鼓励这种机制尽量为受影响发展中国家缔约方，特别是非洲此类国家，执行《公约》获得资金。为此目的，缔约方会议应考虑除其他外采取各种办法和政策：

(a) 便利在国家、分区域、区域和全球一级为根据《公约》有关规定进行的活动提供必要资金；

(b) 促进符合第20条的多种来源的融资办法、机制和安排及其评估；

(c) 定期向感兴趣的缔约方和有关政府间和非政府间组织提供有关资金来源和融资形式的信息，以促进它们之间的协调；

(d) 酌情便利建立各种机制，如国家防治荒漠化基金，包括非政府组织参与的基金，迅速和有效地向受影响发展中国家缔约方地方一级输送资金资源；

(e) 加强分区域和区域一级，特别是在非洲的现有基金和资金机制，以便更有效地支持执行《公约》。

2. 缔约方会议也应鼓励通过联合国系统内的各种机制和多边金融机构支持发展中国家缔约方为履行《公约》规定的义务在国家、分区域和区域一级进行的活动。

3. 受影响国家缔约方应利用，在需要时建立和/或加强即将并入国家发展方案的国家协调

机制，以便保证有效使用所有可获得的资金资源。这些国家在筹集资金、拟订以及执行各项方案和保证各团体在地方一级获得资金等方面，也应利用参与，包括非政府组织、当地团体和私营部门的介入。这些行动可通过提供援助者改进协调和拟订灵活方案得以加强。

4. 为了增加现有资金机制的效力和效率，兹建立一项全球机制以促进向受影响发展中国家缔约方以赠款、减让和/或以其他条件筹集和输送实质性资金资源的行动，包括技术转让。全球机制在缔约方会议授权和指导下进行工作，并对其负责。

5. 缔约方会议应在其第一次常会上确定一个容纳全球机制的组织。缔约方会议和它所确定的组织应就全球机制的方式取得协议，保证该机制除其他外：

（a）查明和拟订现有可用以执行《公约》的有关双边和多边合作方案的清单；

（b）根据要求，向缔约方提供有关筹资和资金援助来源的创新方法以及关于在国家一级改进合作活动之协调的意见；

（c）向感兴趣的缔约方和有关政府间和非政府组织提供关于现有资金来源和融资形式的信息，以促进它们之间的协调；

（d）从缔约方会议第二届常会开始，提出其活动的报告。

6. 缔约方会议应在其第一届会议上同所确定容纳全球机制的组织为该机制的行政业务作出适当安排，在可能范围内使用现有预算和人力资源。

7. 缔约方会议应在其第三届常会上，考虑到第 7 条的规定，审查按照第 4 款向其负责的全球机制的政策、运作方式和活动。根据该项审查，缔约方会议应考虑和采取适当行动。

第四部分　机　构

第 22 条　缔约方会议

1. 兹设立缔约方会议。

2. 缔约方会议是本《公约》的最高机构。缔约方会议应在其职权范围内作出必要的决定，促进本《公约》的有效实施。缔约方会议特别应：

（a）根据科技知识的发展，参照国家、分区域、区域和国际各级取得的经验，定期审查本《公约》的实施和机构安排的运作情况；

（b）促进和便利交换关于各缔约方所采取措施的信息、决定以何种形式、按何种时间程序转送根据第 26 条提供的信息和审查有关报告并就这些报告提出建议；

（c）设立实施本《公约》所需的附属机构；

（d）审查其附属机构提交的报告并给它们以指导；

（e）商定并以协商一致的方式通过缔约方会议及其任何附属机构的议事规则和财务细则；

（f）根据第 30 和第 31 条通过本《公约》的修正案；

（g）为其活动包括其附属机构的活动核定方案和预算，并为其筹资作出必要安排；

（h）酌情谋求胜任的国家机构、国际机构、政府间机构和非政府机构的合作，并利用它们提供的服务和信息；

（i）促进和加强同其他有关公约的关系，同时避免工作重复；

（j）行使实现本《公约》目标所需的其他职能。

3. 缔约方会议应在第一届会议上以协商一致通过其议事规则，其中应包括本《公约》所规定的决策程序未包括的事项的决策程序。这种程序可包括通过某些决定所需要的特定多数票。

4. 缔约方会议第一届会议应由根据第 35 条所述临时秘书处召集，并应至迟于本《公约》生效之日起一年内举行。除非缔约方会议另有决定，第二、第三和第四届常会应每一年举行一次，此后应每两年举行一次常会。

5. 经缔约方会议常会决定或任何缔约方提出书面请求，缔约方会议特别会议可在其他时间举行，但须在常设秘书处将请求通知各缔约方起三个月之内得到至少二分之一缔约方的支持。

6. 在每届常会上，缔约方会议应选出一个主席团。主席团的结构和职能应在议事规则中确定。任命主席团成员时应适当顾及需要确保公平地域分配及受影响缔约方特别是非洲国家有足够的代表。

7. 联合国、其专门机构以及其中不属本《公约》缔约方的任何成员国或观察员可派代表以观察员身份出席缔约方会议各届会议。任何机关或机构，无论是国家的或国际的、政府的或非政府的，只要有资格处理本《公约》所涉事项，并已通知常设秘书处希望派代表以观察员身份出席缔约方会议的某届会议，均可予以接纳，除非出席会议的缔约方至少有三分之一表示反对。观察员的接纳和参加应遵循缔约方会议通过的议事规则。

8. 第一届缔约方会议可要求具有有关专长的国家组织和国际组织提供与第 16 条（g）款、第 17 条第 1 款（c）项和第 18 条第 2 款（b）项有关的信息。

第 23 条　常设秘书处

1. 兹设立常设秘书处。

2. 常设秘书处的职能是：

（a）为根据本《公约》设立的缔约方会议及其附属机构的会议作出安排并向它们提供所需要的服务；

（b）汇编和转送向其提交的报告；

（c）便利应请求向受影响发展中国家缔约方特别是非洲国家提供援助，帮助它们汇编和提交本《公约》要求的信息；

（d）同其他有关国际机构和《公约》的秘书处协调活动；

（e）以在缔约方会议的指导下，订立有效履行职能所需要的行政和合同安排；

（f）编写秘书处根据本《公约》履行其职能的情况报告，提交缔约方会议；

（g）履行缔约方会议决定的任何其他秘书处职能。

3. 缔约方会议应在第一届会议上选定常设秘书处并为其业务作好安排。

第 24 条　科学和技术委员会

1. 兹设立科学和技术委员会，作为缔约方会议的附属机构，向会议提供与防治荒漠化和缓解干旱影响有关的科技事务的信息和意见。委员会的会议应是多学科的，向所有缔约方开放，与缔约方会议常会同时举行。科学和技术委员会应由专门领域胜任的政府代表组成。缔约方会议第一届会议应决定该委员会的职权范围。

2. 缔约方会议应建立和保持一份具有有关领域专长和经验的独立专家名册。

顾及多学科方式和广泛地域代表性，以各缔约方书面递交的提名为准。

3. 缔约方会议在需要时可任命特设工作组，经由委员会针对与防治荒漠化和缓解干旱影响有关之科技领域现状的具体问题，提供信息和意见。在考虑到多学科方式和广泛地域代表的情况下，这些工作组由其姓名见于名册的个人组成。这些专家应具有科学背景和实地经验，由缔约方会议根据委员会建议予以任命。缔约方会议应决定这些工作组的职权范围和工作方式。

第 25 条　机构和组织网络

1. 科学和技术委员会应在缔约方会议监督下，规定调查和评价现有网络和愿意联成网络的各类机构和组织。这种网络应当支持《公约》的执行。

2. 科学和技术委员会根据第 1 款所述调查和评价结果向缔约方会议建议如何便利和加强地方、国家和其他各级各单位之间的联网，以便确保第 16 和 19 条确定的专题需要能得到处理。

3. 缔约方会议参照这些建议，应当

(a) 确定最适宜联网的国家、分区域、区域和国际单位，就业务程序和时间范围向它们提出建议；

(b) 确定最适宜在各级便利和加强这种联网的单位。

第五部分 程序

第 26 条 提交信息

1. 每一缔约方应通过常设秘书处向缔约方会议提交它为实施本《公约》所采取措施的报告，供缔约方会议常会审议。缔约方会议应确定这种报告的提交时间和格式。

2. 受影响国家缔约方应说明根据本《公约》第 5 条制订的战略及关于其实施情况的任何有关信息。

3. 根据第 9 至第 15 条实施行动方案的受影响国家缔约方应详细说明方案及其实施情况。

4. 任何一组受影响国家缔约方可提出联合呈文，说明在行动方案的范围内在分区域和/或区域一级采取的措施。

5. 发达国家缔约方应报告为协助拟订和实施行动方案而采取的措施，包括关于它们根据本《公约》已提供或正在提供的资金资源的信息。

6. 根据第 1 至 4 款提交的信息应由常设秘书处尽快转交缔约方会议及任何有关的附属机构。

7. 缔约方会议得便利应请求向受影响发展中国家缔约方、特别是非洲国家提供技术和资金支持，帮助它们按本条编辑和提交信息，认明与拟议行动方案有关的技术和资金需要。

第 27 条 解决执行问题的措施

缔约方会议应审议并通过解决在执行本《公约》时可能出现的问题的程序和机构机制。

第 28 条 争端的解决

1. 缔约方应通过谈判或自行选择的其他和平手段，解决相互之间关于本《公约》的解释或适用方面的任何争端。

2. 缔约方如果不是区域经济一体化组织，可在批准、接受、核准或加入本《公约》时或在其后任何时间向保存人提出一项文书，就本《公约》的解释或适用方面的任何争端作出声明，承认对于接受同样义务的任何缔约方而言，下列两者或其中之一为强制解决争端手段：

(a) 按缔约方会议在实际可行的情况下尽快通过的一项附件中通过的程序进行仲裁；

(b) 将争端提交国际法院审理。

3. 缔约方如果是区域经济一体化组织，可按照第 2 款 (a) 项所述程序就仲裁问题作出具有类似效果的声明。

4. 根据第 2 款作出的声明，其有效期至按其规定的时间或将书面撤销通知交存保存人三个月之后结束。

5. 除非争端当事方另有协议，否则声明有效期的结束、通知撤销或提出新的声明一律不影响仲裁庭或国际法院未决的诉讼。

6. 如果争端当事方未接受第 2 款规定的同一或任何程序，又如果一方通知另一方双方存在争端之后十二个月内未能解决争端，应按照争端任一当事方的请求，根据缔约方会议在实际可行的情况下尽快通过的一项附件中所列程序，将争端交付调解。

第 29 条 附件的地位

1. 各附件是本《公约》的组成部分，除非另有明文规定，否则提及本《公约》即同时提及其附件。

2. 各缔约方应以符合按照本《公约》条款所享权利和所负义务的方式解释各附件的规定。

第 30 条　《公约》的修正

1. 任何缔约方均可对本《公约》提出修正。

2. 对本《公约》的修正应在缔约方会议的常会上通过。任何修正草案的案文均应由常设秘书处在提议通过修正案的会议召开前至少六个月交送各缔约方。常设秘书处还应将修正草案通报本《公约》签署方。

3. 缔约方应尽力通过协商一致的方式就任何修正草案达成协议。如已穷尽一切争取协商一致的努力仍未能达成协议，则作为最后手段，将修正案交由出席会议并参加表决的缔约方三分之二多数通过。通过的修正案应由常设秘书处交保存人，保存人应将其发交所有缔约方批准、接受、核准或加入。

4. 对修正案的批准书、接受书、核准书或加入书应交存于保存人。按第 3 款通过的修正案应于保存人收到在修正案通过时为缔约方的本《公约》至少三分之二缔约方的批准书、接受书、核准书或加入书之日起第九十天对接受修正的缔约方生效。

5. 对于任何其他缔约方，修正案应于缔约方向保存人交存对该修正案的批准书、接受书、核准书或加入书之日起第九十天生效。

6. 为本条和第 31 条的目的，"出席并参加表决的缔约方"是指出席并投赞成票或反对票的缔约方。

第 31 条　附件的通过和修正

1. 本《公约》的任何附加附件及对任一附件的任何修正均应按照第 30 条规定的修正程序提出和通过。但在通过附加区域执行附件或对任何区域执行附件的修正时，该条所规定的多数票应包括有关区域出席并参加表决的缔约方的三分之二多数票。附件的通过或修正均应由保存人通报所有缔约方。

2. 按照第 1 款通过的附件，附加区域执行附件除外，或附件的修正，对任何区域执行附件的修正除外，应于保存人将该附件或修正通过一事通报所有缔约方之日六个月之后起对所有缔约方生效，但在这段时间内书面通知保存人不接受该附件或修正的缔约方除外。对于撤回不接受通知的缔约方，有关附件或修正应于保存人收到这种撤回通知之日起第九十天生效。

3. 根据第 1 款通过的任何附加区域执行附件或区域执行附件的修正应于保存人通报该附件或修正通过一事之日后六个月对本《公约》所有缔约方生效，但以下不在其列：

(a) 任何缔约方在六个月内以书面形式将其不接受该附加区域执行附件或区域执行附件的修正通知保存人，在这种情况该附件或修正对撤回不接受通知书的缔约方，在保存人收到上述通知后九十天起生效；以及

(b) 对根据第 34 条第 4 款就附加区域执行附件或对区域执行附件的修正作出声明的任何缔约方，此种附件或修正应在该缔约方向交存人交存其有关该附件或修正的批准书、接受书、核准书或加入书后九十天起生效。

4. 如果附件或附件的修正涉及对本《公约》的修正，则在《公约》修正生效之前，该附件或附件的修正不得生效。

第 32 条　表决权

1. 除第 2 款规定的情况外，《公约》每一缔约方均有一票表决权。

2. 区域经济一体化组织应就其职权范围内的事项行使表决权，其票数相等于其参加本《公约》的成员国数目。如其任何成员国行使表决权，该组织即不得行使表决权，反之亦然。

第六部分　最后条款

第 33 条　签署

本《公约》应于 1994 年 10 月 14 至 15 日在巴黎开放供联合国会员国或联合国任何专门机构的成员国或《国际法院规约》的当事国以及区域经济一体化组织签署。此后，本《公约》应在纽约联合国总部继续开放供签署，至 1995 年 10 月 13 日为止。

第 34 条　批准、接受、核准和加入

1. 本《公约》须经各国和各区域经济一体化组织批准、接受、核准或加入。它应于签署截止之日的次日起开放加入。批准、接受、核准或加入文书应交存于保存人。

2. 凡成为本《公约》缔约方而其任何成员国均非本《公约》缔约方的区域经济一体化组织应受本《公约》一切义务的约束。如这种组织的一个或多个成员国亦为本《公约》缔约方，该组织及其成员国应决定它们各自在履行《公约》义务方面的责任。在这种情况下，该组织及其成员国无权同时行使本《公约》赋予的权利。

3. 区域经济一体化组织在其批准、接受、核准或加入文书中应宣布它们对《公约》适用事项的权限范围。它们也应当将权限范围的任何重大改变迅速通知保存人，再由保存人告知各缔约方。

4. 在其批准、接受、核准或加入文书中，任何缔约方可宣布，对它而言，任何附加区域执行附件或对任何区域执行附件的任何修正仅在该缔约方交存批准、接受或核准文书时生效。

第 35 条　临时安排

第 23 条所述秘书处职能暂由联合国大会 1992 年 12 月 22 日第 47/188 号决议设立的秘书处执行，直至缔约方会议第一届会议结束时为止。

第 36 条　生效

1. 本《公约》应于第五十份批准、接受、核准或加入文书交存之后第九十天生效。

2. 对于在第五十份批准、接受、核准或加入文书交存之日后批准、接受、核准或加入本《公约》的国家或区域经济一体化组织，本《公约》应于该国或区域经济一体化组织交存批准、接受、核准或加入书之日后第九十天生效。

3. 为第 1 款和第 2 款的目的，由区域经济一体化组织交存的任何文书不应视为该组织成员国交存的文书以外的额外文书。

第 37 条　保留

对本《公约》不得提出任何保留。

第 38 条　退约

1. 缔约方在本《公约》对其生效之日起三年后，可随时书面通知保存人退出本《公约》。

2. 这种退出应于保存人收到退出通知之日起一年后或在退出通知说明的较后日期生效。

第 39 条　保存人

联合国秘书长为本《公约》保存人。

第 40 条　正式文本

本《公约》正本应交存于联合国秘书长，其阿拉伯文、中文、英文、法文、俄文和西班牙文本具有同等效力。

下列签署人，经正式授权，在本《公约》上签字，以资证明。

1994 年 6 月 17 日订于巴黎

附:

中国已经缔约或签署的其他国际环境与资源保护公约(名录)

一、生物多样性保护
国际遗传工程和生物技术中心章程
(1986年11月6日)

二、湿地保护、荒漠化防治
关于特别是作为水禽栖息地的国际重要湿地公约
(1992年7月31日)

三、物种国际贸易
濒危野生动植物物种国际贸易公约
(1975年7月1日)
《濒危野生动植物种国际贸易公约》第二十一条的修正案
(1988年7月7日)
1994年国际热带木材协定
(1996年6月19日)

四、海洋环境保护
(一) 海洋综合类
联合国海洋法公约
(1982年12月10日)
(二) 海洋污染事故应急反应及赔偿基金类
1990年国际油污防备、反应和合作公约
(1998年6月30日)

五、海洋渔业资源保护
国际捕鲸管制公约
(1980年9月24日)
养护大西洋金枪鱼国际公约
(1996年10月24日)
中白令海峡鳕资源养护与管理公约
(1995年12月8日)
亚洲——太平洋水产养殖中心网协议
(1990年1月11日)

六、核、生化武器污染防治
禁止在海床洋底及其底土安置核武器和其他大规模毁灭性武器条约
(1991年2月28日)
禁止细菌(生物)及毒素武器的发展生产及储存以及销毁这类武器的公约
(1984年9月20日)
及早通报核事故公约
(1998年12月29日)
核事故或辐射紧急援助公约
(1987年10月14日)

核安全公约
(1996年10月24日)
《核材料实物保护公约》修订案
(2008年10月28日)

七、南极保护

南极条约
(1983年6月8日)
关于环境保护的南极条约议定书
(1991年10月4日)
南极海洋生物资源养护公约
(2006年9月8日)

八、自然和文化遗产保护

保护世界文化和自然遗产公约
(1985年11月22日)

九、其他国际条约中关于环境保护的规定

关于各国探索和利用包括月球和其他天体在内外层空间活动的原则条约
(1983年12月8日)
外空物体所造成损害之国际责任公约
(1988年12月14日)

第四部分
环境资源指导性案例

1. 王某成等非法买卖、储存危险物质案

（最高人民法院审判委员会讨论通过 2013年1月31日发布，指导案例13号）

关键词 刑事/非法买卖、储存危险物质/毒害性物质

裁判要点

1. 国家严格监督管理的氰化钠等剧毒化学品，易致人中毒或者死亡，对人体、环境具有极大的毒害性和危险性，属于刑法第一百二十五条第二款规定的"毒害性"物质。

2. "非法买卖"毒害性物质，是指违反法律和国家主管部门规定，未经有关主管部门批准许可，擅自购买或者出售毒害性物质的行为，并不需要兼有买进和卖出的行为。

相关法条

《中华人民共和国刑法》第一百二十五条第二款

基本案情

公诉机关指控：被告人王某成、金某淼、孙某法、钟某东、周某明非法买卖氰化钠，危害公共安全，且系共同犯罪，应当以非法买卖危险物质罪追究刑事责任，但均如实供述自己的罪行，购买氰化钠用于电镀，未造成严重后果，可以从轻处罚，并建议对五被告人适用缓刑。

被告人王某成的辩护人辩称：氰化钠系限用而非禁用剧毒化学品，不属于毒害性物质，王某成等人擅自购买氰化钠的行为，不符合刑法第一百二十五条第二款规定的构成要件，在未造成严重后果的情形下，不应当追究刑事责任，故请求对被告人宣告无罪。

法院经审理查明：被告人王某成、金某淼在未依法取得剧毒化学品购买、使用许可的情况下，约定由王某成出面购买氰化钠。2006年10月至2007年年底，王某成先后3次以每桶1000元的价格向倪某华（另案处理）购买氰化钠，共支付给倪某华40000元。2008年8月至2009年9月，王某成先后3次以每袋975元的价格向李某明（另案处理）购买氰化钠，共支付给李某明117000元。王某成、金某淼均将上述氰化钠储存在浙江省绍兴市南洋五金有限公司其二人各自承包车间的带锁仓库内，用于电镀生产。其中，王某成用总量的三分之一，金某淼用总量的三分之二。2008年5月和2009年7月，被告人孙某法先后共用2000元向王某成分别购买氰化钠1桶和1袋。2008年7、8月间，被告人钟某东以每袋1000元的价格向王某成购买氰化钠5袋。2009年9月，被告人周某明以每袋1000元的价格向王某成购买氰化钠3袋。孙某法、钟某东、周某明购得氰化钠后，均储存于各自车间的带锁仓库或水槽内，用于电镀生产。

裁判结果

浙江省绍兴市越城区人民法院于2012年3月31日作出（2011）绍越刑初字第205号刑事判决，以非法买卖、储存危险物质罪，分别判处被告人王某成有期徒刑三年，缓刑五年；被告人金某淼有期徒刑三年，缓刑四年六个月；被告人钟某东有期徒刑三年，缓刑四年；被告人周某明有期徒刑三年，缓刑三年六个月；被告人孙某法有期徒刑三年，缓刑三年。宣判后，

五被告人均未提出上诉，判决已发生法律效力。

裁判理由

法院生效裁判认为：被告人王某成、金某淼、孙某法、钟某东、周某明在未取得剧毒化学品使用许可证的情况下，违反国务院《危险化学品安全管理条例》等规定，明知氰化钠是剧毒化学品仍非法买卖、储存，危害公共安全，其行为均已构成非法买卖、储存危险物质罪，且系共同犯罪。关于王某成的辩护人提出的辩护意见，经查，氰化钠虽不属于禁用剧毒化学品，但系列入危险化学品名录中严格监督管理的限用的剧毒化学品，易致人中毒或者死亡，对人体、环境具有极大的毒害性和极度危险性，极易对环境和人的生命健康造成重大威胁和危害，属于刑法第一百二十五条第二款规定的"毒害性"物质；"非法买卖"毒害性物质，是指违反法律和国家主管部门规定，未经有关主管部门批准许可，擅自购买或者出售毒害性物质的行为，并不需要兼有买进和卖出的行为；王某成等人不具备购买、储存氰化钠的资格和条件，违反国家有关监管规定，非法买卖、储存大量剧毒化学品，逃避有关主管部门的安全监督管理，破坏危险化学品管理秩序，已对人民群众的生命、健康和财产安全产生现实威胁，足以危害公共安全，故王某成等人的行为已构成非法买卖、储存危险物质罪，上述辩护意见不予采纳。王某成、金某淼、孙某法、钟某东、周某明到案后均能如实供述自己的罪行，且购买氰化钠用于电镀生产，未发生事故，未发现严重环境污染，没有造成严重后果，依法可以从轻处罚。根据五被告人的犯罪情节及悔罪表现等情况，对其可依法宣告缓刑。公诉机关提出的量刑建议，王某成、钟某东、周某明请求从轻处罚的意见，予以采纳，故依法作出如上判决。

2. 中国生物多样性保护与绿色发展基金会诉宁夏瑞某科技股份有限公司环境污染公益诉讼案

（最高人民法院审判委员会讨论通过　2016 年 12 月 28 日发布，指导案例 75 号）

关键词　民事/环境污染公益诉讼/专门从事环境保护公益活动的社会组织

裁判要点

1. 社会组织的章程虽未载明维护环境公共利益，但工作内容属于保护环境要素及生态系统的，应认定符合《最高人民法院关于审理环境民事公益诉讼案件适用法律若干问题的解释》（以下简称《解释》）第四条关于"社会组织章程确定的宗旨和主要业务范围是维护社会公共利益"的规定。

2. 《解释》第四条规定的"环境保护公益活动"，既包括直接改善生态环境的行为，也包括与环境保护相关的有利于完善环境治理体系、提高环境治理能力、促进全社会形成环境保护广泛共识的活动。

3. 社会组织起诉的事项与其宗旨和业务范围具有对应关系，或者与其所保护的环境要素及生态系统具有一定联系的，应认定符合《解释》第四条关于"与其宗旨和业务范围具有关联性"的规定。

相关法条

《中华人民共和国环境保护法》第 58 条

基本案情

2015年8月13日,中国环境保护与绿色发展基金会(以下简称绿发会)向宁夏回族自治区中卫市中级人民法院提起诉讼称:宁夏瑞某科技股份有限公司(以下简称瑞某公司)在生产过程中违规将超标废水直接排入蒸发池,造成腾格里沙漠严重污染,截至起诉时仍然没有整改完毕。请求判令瑞某公司:(一)停止非法污染环境行为;(二)对造成环境污染的危险予以消除;(三)恢复生态环境或者成立沙漠环境修复专项基金并委托具有资质的第三方进行修复;(四)针对第二项和第三项诉讼请求,由法院组织原告、技术专家、法律专家、人大代表、政协委员共同验收;(五)赔偿环境修复前生态功能损失;(六)在全国性媒体上公开赔礼道歉等。

绿发会向法院提交了基金会法人登记证书,显示绿发会是在中华人民共和国民政部登记的基金会法人。绿发会提交的2010至2014年度检查证明材料,显示其在提起本案公益诉讼前五年年检合格。绿发会亦提交了五年内未因从事业务活动违反法律、法规的规定而受到行政、刑事处罚的无违法记录声明。此外,绿发会章程规定,其宗旨为"广泛动员全社会关心和支持生物多样性保护和绿色发展事业,保护国家战略资源,促进生态文明建设和人与自然和谐,构建人类美好家园"。在案件的一审、二审及再审期间,绿发会向法院提交了其自1985年成立至今,一直实际从事包括举办环境保护研讨会、组织生态考察、开展环境保护宣传教育、提起环境民事公益诉讼等活动的相关证据材料。

裁判结果

宁夏回族自治区中卫市中级人民法院于2015年8月19日作出(2015)卫民公立字第6号民事裁定,以绿发会不能认定为《中华人民共和国环境保护法》(以下简称《环境保护法》)第五十八条规定的"专门从事环境保护公益活动"的社会组织为由,裁定对绿发会的起诉不予受理。绿发会不服,向宁夏回族自治区高级人民法院提起上诉。该院于2015年11月6日作出(2015)宁民公立终字第6号民事裁定,驳回上诉,维持原裁定。绿发会又向最高人民法院申请再审。最高人民法院于2016年1月22日作出(2015)民申字第3377号民事裁定,裁定提审本案;并于2016年1月28日作出(2016)最高法民再47号民事裁定,裁定本案由宁夏回族自治区中卫市中级人民法院立案受理。

裁判理由

法院生效裁判认为:本案系社会组织提起的环境污染公益诉讼。本案的争议焦点是绿发会应否认定为专门从事环境保护公益活动的社会组织。

《中华人民共和国民事诉讼法》第五十五条规定了环境民事公益诉讼制度,明确法律规定的机关和有关组织可以提起环境公益诉讼。《环境保护法》第五十八条规定:"对污染环境、破坏生态,损害社会公共利益的行为,符合下列条件的社会组织可以向人民法院提起诉讼:(一)依法在设区的市级以上人民政府民政部门登记;(二)专门从事环境保护公益活动连续五年以上且无违法记录。符合前款规定的社会组织向人民法院提起诉讼,人民法院应当依法受理。"《解释》第四条进一步明确了对于社会组织"专门从事环境保护公益活动"的判断标准,即"社会组织章程确定的宗旨和主要业务范围是维护社会公共利益,且从事环境保护公益活动的,可以认定为《环境保护法》第五十八条规定的'专门从事环境保护公益活动'。社会组织提起的诉讼所涉及的社会公共利益,应与其宗旨和业务范围具有关联性"。有关本案绿发会是否可以作为"专门从事环境保护公益活动"的社会组织提起本案诉讼,应重点从其宗旨和业务范围是否包含维护环境公共利益,是否实际从事环境保护公益活动,以及所维护的环境公共利益是否与其宗旨和业务范围具有关联性等三个方面进行审查。

一、关于绿发会章程规定的宗旨和业务范围是否包含维护环境公共利益的问题。社会公众所享有的在健康、舒适、优美环境中生存和发展的共同利益，表现形式多样。对于社会组织宗旨和业务范围是否包含维护环境公共利益，应根据其内涵而非简单依据文字表述作出判断。社会组织章程即使未写明维护环境公共利益，但若其工作内容属于保护各种影响人类生存和发展的天然的和经过人工改造的自然因素的范畴，包括对大气、水、海洋、土地、矿藏、森林、草原、湿地、野生生物、自然遗迹、人文遗迹、自然保护区、风景名胜区、城市和乡村等环境要素及其生态系统的保护，均可以认定为宗旨和业务范围包含维护环境公共利益。

我国1992年签署的联合国《生物多样性公约》指出，生物多样性是指陆地、海洋和其他水生生态系统及其所构成的生态综合体，包括物种内部、物种之间和生态系统的多样性。《环境保护法》第三十条规定，"开发利用自然资源，应当合理开发，保护生物多样性，保障生态安全，依法制定有关生态保护和恢复治理方案并予以实施。引进外来物种以及研究、开发和利用生物技术，应当采取措施，防止对生物多样性的破坏。"可见，生物多样性保护是环境保护的重要内容，亦属维护环境公共利益的重要组成部分。

绿发会章程中明确规定，其宗旨为"广泛动员全社会关心和支持生物多样性保护和绿色发展事业，保护国家战略资源，促进生态文明建设和人与自然和谐，构建人类美好家园"，符合联合国《生物多样性公约》和《环境保护法》保护生物多样性的要求。同时，"促进生态文明建设""人与自然和谐""构建人类美好家园"等内容契合绿色发展理念，亦与环境保护密切相关，属于维护环境公共利益的范畴。故应认定绿发会的宗旨和业务范围包含维护环境公共利益内容。

二、关于绿发会是否实际从事环境保护公益活动的问题。环境保护公益活动，不仅包括植树造林、濒危物种保护、节能减排、环境修复等直接改善生态环境的行为，还包括与环境保护有关的宣传教育、研究培训、学术交流、法律援助、公益诉讼等有利于完善环境治理体系，提高环境治理能力，促进全社会形成环境保护广泛共识的活动。绿发会在本案一审、二审及再审期间提交的历史沿革、公益活动照片、环境公益诉讼立案受理通知书等相关证据材料，虽未经质证，但在立案审查阶段，足以显示绿发会自1985年成立以来长期实际从事包括举办环境保护研讨会、组织生态考察、开展环境保护宣传教育、提起环境民事公益诉讼等环境保护活动，符合《环境保护法》和《解释》的规定。同时，上述证据亦证明绿发会从事环境保护公益活动的时间已满五年，符合《环境保护法》第五十八条关于社会组织从事环境保护公益活动应五年以上的规定。

三、关于本案所涉及的社会公共利益与绿发会宗旨和业务范围是否具有关联性的问题。依据《解释》第四条的规定，社会组织提起的公益诉讼涉及的环境公共利益，应与社会组织的宗旨和业务范围具有一定关联。此项规定旨在促使社会组织所起诉的环境公共利益保护事项与其宗旨和业务范围具有对应或者关联关系，以保证社会组织具有相应的诉讼能力。因此，即使社会组织起诉事项与其宗旨和业务范围不具有对应关系，但若与其所保护的环境要素或者生态系统具有一定的联系，亦应基于关联性标准确认其主体资格。本案环境公益诉讼系针对腾格里沙漠污染提起。沙漠生物群落及其环境相互作用所形成的复杂而脆弱的沙漠生态系统，更加需要人类的珍惜利用和悉心呵护。绿发会起诉认为瑞某公司将超标废水排入蒸发池，严重破坏了腾格里沙漠本已脆弱的生态系统，所涉及的环境公共利益之维护属于绿发会宗旨和业务范围。

此外，绿发会提交的基金会法人登记证书显示，绿发会是在中华人民共和国民政部登记的基金会法人。绿发会提交的2010至2014年度检查证明材料，显示其在提起本案公益诉讼前五年年检合格。绿发会还按照《解释》第五条的规定提交了其五年内未因从事业务活动违反法律、法规的规定而受到行政、刑事处罚的无违法记录声明。据此，绿发会亦符合《环境保护法》第五十八条，《解释》第二条、第三条、第五条对提起环境公益诉讼社会组织的其他要求,具备提起环境民事公益诉讼的主体资格。

3.李某、何某民、张某勃等人破坏计算机信息系统案

(最高人民法院审判委员会讨论通过 2018年12月25日发布,指导案例104号)

关键词 刑事/破坏计算机信息系统罪/干扰环境质量监测采样/数据失真/后果严重

裁判要点

环境质量监测系统属于计算机信息系统。用棉纱等物品堵塞环境质量监测采样设备,干扰采样,致使监测数据严重失真的,构成破坏计算机信息系统罪。

相关法条

《中华人民共和国刑法》第286条第1款

基本案情

西安市长安区环境空气自动监测站(以下简称长安子站)系国家环境保护部(以下简称环保部)确定的西安市13个国控空气站点之一,通过环境空气质量自动监测系统采集、处理监测数据,并将数据每小时传输发送至中国环境监测总站(以下简称监测总站),一方面通过网站实时向社会公布,一方面用于编制全国环境空气质量状况月报、季报和年报,向全国发布。长安子站为全市两个国家直管监测子站之一,由监测总站委托武汉宇虹环保产业股份有限公司进行运行维护,不经允许,非运维方工作人员不得擅自进入。

2016年2月4日,长安子站回迁至西安市长安区西安邮电大学南区动力大楼房顶。被告人李某利用协助子站搬迁之机私自截留子站钥匙并偷记子站监控电脑密码,此后至2016年3月6日间,被告人李某、张某勃多次进入长安子站内,用棉纱堵塞采样器的方法,干扰子站内环境空气质量自动监测系统的数据采集功能。被告人何某民明知李某等人的行为而没有阻止,只是要求李某把空气污染数值降下来。被告人李某还多次指使被告人张某1、张某2采用上述方法对子站自动监测系统进行干扰,造成该站自动监测数据多次出现异常,多个时间段内监测数据严重失真,影响了国家环境空气质量自动监测系统正常运行。为防止罪行败露,2016年3月7日、3月9日,在被告人李某的指使下,被告人张某1、张某2两次进入长安子站将监控视频删除。2016年2、3月间,长安子站每小时的监测数据已实时传输发送至监测总站,通过网站向社会公布,并用于环保部编制2016年2月、3月和第一季度全国74个城市空气质量状况评定、排名。2016年3月5日,监测总站在例行数据审核时发现长安子站数据明显偏低,检查时发现了长安子站监测数据弄虚作假问题,后公安机关将五被告人李某、何某民、张某1、张某2、张某勃抓获到案。被告人李某、被告人张某勃、被告人张某1、被告人张某2在庭审中均承认指控属实,被告人何某民在庭审中辩解称其对李某堵塞采样器的行为仅是默许、放任,请求宣告其无罪。

裁判结果

陕西省西安市中级人民法院于2017年6月15日作出(2016)陕01刑初233号刑事判决:一、被告人李某犯破坏计算机信息系统罪,判处有期徒刑一年十个月。二、被告人何某民犯破坏计算机信息系统罪,判处有期徒刑一年七个月。三、被告人张某勃犯破坏计算机信息系

统罪,判处有期徒刑一年四个月。四、被告人张某1犯破坏计算机信息系统罪,判处有期徒刑一年三个月。五、被告人张某2犯破坏计算机信息系统罪,判处有期徒刑一年三个月。宣判后,各被告人均未上诉,判决已发生法律效力。

裁判理由

法院生效裁判认为,五被告人的行为违反了国家规定。《中华人民共和国环境保护法》第六十八条规定禁止篡改、伪造或者指使篡改、伪造监测数据,《中华人民共和国环境大气污染防治法》第一百二十六条规定禁止对大气环境保护监督管理工作弄虚作假,《中华人民共和国环境计算机信息系统安全保护条例》第七条规定不得危害计算机信息系统的安全。本案五被告人采取堵塞采样器的方法伪造或者指使伪造监测数据,弄虚作假,违反了上述国家规定。

五被告人的行为破坏了计算机信息系统。《最高人民法院、最高人民检察院关于办理危害计算机信息系统安全刑事案件应用法律若干问题的解释》第十一条规定,计算机信息系统和计算机系统,是指具备自动处理数据功能的系统,包括计算机、网络设备、通信设备、自动化控制设备等。根据《最高人民法院、最高人民检察院关于办理环境污染刑事案件适用法律若干问题的解释》第十条第一款的规定,干扰环境质量监测系统的采样,致使监测数据严重失真的行为,属于破坏计算机信息系统。长安子站系国控环境空气质量自动监测站点,产生的监测数据经过系统软件直接传输至监测总站,通过环保部和监测总站的政府网站实时向社会公布,参与计算环境空气质量指数并实时发布。空气采样器是环境空气质量监测系统的重要组成部分。PM10、PM2.5监测数据作为环境空气综合污染指数评估中的最重要两项指标,被告人用棉纱堵塞采样器的采样孔或拆卸采样器的行为,必然造成采样器内部气流场的改变,造成监测数据失真,影响对环境空气质量的正确评估,属于对计算机信息系统功能进行干扰,造成计算机信息系统不能正常运行的行为。

五被告人的行为造成了严重后果。(1)被告人李某、张某勃、张某1、张某2均多次堵塞、拆卸采样器干扰采样,被告人何某民明知李某等人的行为而没有阻止,只是要求李某把空气污染数值降下来。(2)被告人的干扰行为造成了监测数据的显著异常。2016年2至3月间,长安子站颗粒物监测数据多次出现与周边子站变化趋势不符的现象。长安子站PM2.5数据分别在2月24日18时至25日16时、3月3日4时至6日19时两个时段内异常,PM10数据分别在2月18日18时至19日8时、2月25日20时至21日8时、3月5日19时至6日23时三个时段内异常。其中,长安子站的PM10数据在2016年3月5日19时至22时由361下降至213,下降了41%,其他周边子站均值升高了14%(由316上升至361),6日16时至17时长安子站监测数值由188上升至426,升高了127%,其他子站均值变化不大(由318降至310),6日17时至19时长安子站数值由426下降至309,下降了27%,其他子站均值变化不大(由310降至304)。可见,被告人堵塞采样器的行为足以造成监测数据的严重失真。上述数据的严重失真,与监测总站在例行数据审核时发现长安子站PM10数据明显偏低可以印证。(3)失真的监测数据已实时发送至监测总站,并向社会公布。长安子站空气质量监测的小时浓度均值数据已经通过互联网实时发布。(4)失真的监测数据已被用于编制环境评价的月报、季报。环保部在2016年二、三月及第一季度的全国74个重点城市空气质量排名工作中已采信上述虚假数据,已向社会公布并上报国务院,影响了全国大气环境治理情况评估,损害了政府公信力,误导了环境决策。据此,五被告人干扰采样的行为造成了严重后果,符合刑法第二百八十六条规定的"后果严重"要件。

综上,五被告人均已构成破坏计算机信息系统罪。鉴于五被告人到案后均能坦白认罪,有悔罪表现,依法可以从轻处罚。

4. 于某岩与锡林郭勒盟隆某矿业有限责任公司执行监督案

（最高人民法院审判委员会讨论通过　2019年12月24日发布，指导案例123号）

关键词　执行/执行监督/采矿权转让/协助执行/行政审批

裁判要点

生效判决认定采矿权转让合同依法成立但尚未生效，判令转让方按照合同约定办理采矿权转让手续，并非对采矿权归属的确定，执行法院依此向相关主管机关发出协助办理采矿权转让手续通知书，只具有启动主管机关审批采矿权转让手续的作用，采矿权能否转让应由相关主管机关依法决定。申请执行人请求变更采矿权受让人的，也应由相关主管机关依法判断。

相关法条

《中华人民共和国民事诉讼法》第204条

《探矿权采矿权转让管理办法》第10条

基本案情

2008年8月1日，锡林郭勒盟隆某矿业有限责任公司（以下简称隆某矿业）作为甲方与乙方于某岩签订《矿权转让合同》，约定隆某矿业将阿巴嘎旗巴彦图嘎三队李某萤石矿的采矿权有偿转让给于某岩。于某岩依约支付了采矿权转让费150万元，并在接收矿区后对矿区进行了初步设计并进行了采矿工作。而隆某矿业未按照《矿权转让合同》的约定，为于某岩办理矿权转让手续。2012年10月，双方当事人发生纠纷诉至内蒙古自治区锡林郭勒盟中级人民法院（以下简称锡盟中院）。锡盟中院认为，隆某矿业与于某岩签订的《矿权转让合同》，系双方当事人真实意思表示，该合同已经依法成立，但根据相关法律规定，该合同系行政机关履行行政审批手续后生效的合同，对于矿权受让人的资格审查，属行政机关的审批权力，非法院职权范围，故隆某矿业主张于某岩不符合法律规定的采矿权人的申请条件，请求法院确认《矿权转让合同》无效并给付违约金的诉讼请求，该院不予支持。对于于某岩反诉请求判令隆某矿业继续履行办理采矿权转让的各种批准手续的请求，因双方在《矿权转让合同》中明确约定，矿权转让手续由隆某矿业负责办理，故该院予以支持。对于于某岩主张由隆某矿业承担给付违约金的请求，因《矿权转让合同》虽然依法成立，但处于待审批尚未生效的状态，而违约责任以合同有效成立为前提，故不予支持。锡盟中院作出民事判决，主要内容为隆某矿业于判决生效后十五日内，按照《矿权转让合同》的约定为于某岩办理矿权转让手续。

隆某矿业不服提起上诉。内蒙古自治区高级人民法院（以下简称内蒙高院）认为，《矿权转让合同》系隆某矿业与于某岩的真实意思表示，该合同自双方签字盖章时成立。根据《中华人民共和国合同法》第四十四条规定，依法成立的合同，自成立时生效。法律、行政法规规定应当办理批准、登记等手续生效的，依照其规定。《探矿权采矿权转让管理办法》第十条规定，申请转让探矿权、采矿权的，审批管理机关应当自收到转让申请之日起40日内，作出准予转让或者不准转让的决定，并通知转让人和受让人；批准转让的，转让合同自批准之日起生效；不准转让的，审批管理机关应当说明理由。《最高人民法院关于适用〈中华人民共和国合同法〉若干问题的解释（一）》第九条第一款规定，依照合同法第四十四条第二款的规定，法律、行政法规规定合同应当办理批准手续，或者办理批准、登记手续才生效的，在一审法庭辩论终结前当事人仍未办理登记手续的，或者仍未办理批准、登记等手续的，人民法院应当认定该合同未生效。双方签订的《矿权转让合同》尚未办理批准、登记手续，故《矿权转让合同》依法成立，但未生效，该合同的效力属效力待定。于某岩是否符合采矿权受让人条件，《矿权转让合同》能否经相关部门批准，并非法院审理范围。原审法院认定《矿权转让合同》成立，隆某矿业应按照合同继续履行办理矿权转让手续并无不当。如《矿权转让合同》审批管理机关不予批准，双方当事人可依据合同法的相关规定另行主张权利。内蒙高院作出民事判决，维持原判。

锡盟中院根据于某岩的申请，立案执行，向被执行人隆某矿业发出执行通知，要求其自动履行生效法律文书确定的义务。因隆某矿业未自动履行，故向锡林郭勒盟国土资源局发出协助执行通知书，请其根据生效判决的内容，协助为本案申请执行人于某岩按照《矿权转让合同》的约定办理矿权过户转让手续。锡林郭勒盟国土资源局答复称，隆某矿业与于某岩签订《矿权转让合同》后，未向其提交转让申请，且该合同是一个企业法人与自然人之间签订的矿权转让合同。依据法律、行政法规及地方法规的规定，对锡盟中院要求其协助执行的内容，按实际情况属协助不能，无法完成该协助通知书中的内容。

于某岩于2014年5月19日成立自然人独资的锡林郭勒盟辉澜萤石销售有限公司，并向锡盟中院申请将申请执行人变更为该公司。

裁判结果

内蒙古自治区锡林郭勒盟中级人民法院于2016年12月14日作出（2014）锡中法执字第11号执行裁定，驳回于某岩申请将申请执行人变更为锡林郭勒盟辉澜萤石销售有限公司的请求。于某岩不服，向内蒙古自治区高级人民法院申请复议。内蒙古自治区高级人民法院于2017年3月15日作出（2017）内执复4号执行裁定，裁定驳回于某岩的复议申请。于某岩不服内蒙古自治区高级人民法院复议裁定，向最高人民法院申诉。最高人民法院于2017年12月26日作出（2017）最高法执监136号执行裁定书，驳回于某岩的申诉请求。

裁判理由

最高人民法院认为，本案执行依据的判项为隆某矿业按照《矿权转让合同》的约定为于某岩办理矿权转让手续。根据现行法律法规的规定，申请转让探矿权、采矿权的，须经审批管理机关审批，其批准转让的，转让合同自批准之日起生效。本案中，一、二审法院均认为对于矿权受让人的资格审查，属审批管理机关的审批权力，于某岩是否符合采矿权受让人条件、《矿权转让合同》能否经相关部门批准，并非法院审理范围，因该合同尚未经审批管理机关批准，因此认定该合同依法成立，但尚未生效。二审判决也认定，如审批管理机关对该合同不予批准，双方当事人对于合同的法律后果、权利义务，可另循救济途径主张权利。鉴于转让合同因未经批准而未生效的，不影响合同中关于履行报批义务的条款的效力，结合判决理由部分，本案生效判决所称的隆某矿业按照《矿权转让合同》的约定为于某岩办理矿权转让手续，并非对矿业权权属的认定，而首先应是指履行促成合同生效的合同报批义务，合同经过审批管理机关批准后，才涉及到办理矿权转让过户登记。因此，锡盟中院向锡林郭勒盟国土资源局发出协助办理矿权转让手续的通知，只是相当于完成了隆某矿业向审批管理机关申请办理矿权转让手续的行为，启动了行政机关审批的程序，且在当前阶段，只能理解为要求锡林郭勒盟国土资源局依法履行转让合同审批的职能。

矿业权因涉及行政机关的审批和许可问题，不同于一般的民事权利，未经审批的矿权转让合同的权利承受问题，与普通的民事裁判中的权利承受及债权转让问题有较大差别，通过执行程序中的申请执行主体变更的方式，并不能最终解决。本案于某岩主张以其所成立的锡林郭勒盟辉澜萤石销售有限公司名义办理矿业权转让手续问题，本质上仍属于矿业权受让人主体资格是否符合法定条件的行政审批范围，应由审批管理机关根据矿权管理的相关规定作出判断。于某岩认为,其在履行生效判决确定的权利义务过程中,成立锡林郭勒盟辉澜萤石销售有限公司,是在按照行政机关的行政管理性规定完善办理矿权转让的相关手续,并非将《矿权转让合同》的权利向第三方转让,亦未损害国家利益和任何当事人的利益,其申请将采矿权转让手续办至锡林郭勒盟辉澜萤石销售有限公司名下,完全符合《中华人民共和国矿产资源法》《矿业权出让转让管理暂行规定》《矿产资源开采登记管理办法》,及内蒙古自治区国土资源厅《关于规范探矿权采矿权管理有关问题的补充通知》等行政机关在自然人签署矿权转让合同情况下办理矿权转让手续的行政管理规定,此观点应向相关审批管理机关主张。锡盟中院和内蒙高院裁定驳回于某岩变更主体的申请,符合本案生效判决就矿业权转让合同审批问题所表达的意见,亦不违反执行程序的相关法律和司法解释的规定。

5. 吕某奎等79人诉山海关某船舶重工有限责任公司海上污染损害责任纠纷案

(最高人民法院审判委员会讨论通过　2019年12月26日发布,指导案例127号)

关键词　民事/海上污染损害责任/污染物排放标准

裁判要点

根据海洋环境保护法等有关规定,海洋环境污染中的"污染物"不限于国家或者地方环境标准明确列举的物质。污染者向海水水域排放未纳入国家或者地方环境标准的含有铁物质等成分的污水,造成渔业生产者养殖物损害的,污染者应当承担环境侵权责任。

相关法条

1. 《中华人民共和国侵权责任法》第65条、第66条
2. 《中华人民共和国海洋环境保护法》(2017年修正)第94条第1项(本案适用的是2013年修正的《中华人民共和国海洋环境保护法》第95条第1项)

基本案情

2010年8月2日上午,秦皇岛山海关老龙头东海域海水出现异常。当日11时30分,秦皇岛市环境保护局接到举报,安排环境监察、监测人员,协同秦皇岛市山海关区渤海乡副书记、纪委书记等相关人员到达现场,对海岸情况进行巡查。根据现场巡查情况,海水呈红褐色、浑浊。秦皇岛市环境保护局的工作人员同时对海水进行取样监测,并于8月3日作出《监测报告》对海水水质进行分析,分析结果显示海水pH值8.28、悬浮物24mg/L、石油类0.082mg/L、化学需氧量2.4mg/L、亚硝酸盐氮0.032mg/L、氨氮0.018mg/L、硝酸盐氮0.223mg/L、无机氮0.273mg/L、活性磷酸盐0.006mg/L、铁13.1mg/L。

大连海事大学海事司法鉴定中心(以下简称司法鉴定中心)接受法院委托,就涉案海域污染状况以及污染造成的养殖损失等问题进行鉴定。《鉴定意见》的主要内容:(一)关于海域污染鉴定。1、鉴定人采取卫星遥感技术,选取NOAA卫星2010年8月2日北京时间5时44分和9时51分两幅图像,其中5时44分图像显示山海关某船舶重工有限公司(以下简称某船重工公司)附近海域存在一片污染海水异常区,面积约5平方千米;9时51分图像显示距某船重工公司以南约4千米海域存在污染海水异常区,面积约10平方千米。2、对污染源进行分析,通过排除赤潮、大面积的海洋溢油等污染事故,确定卫星图像上污染海水异常区应

由大型企业污水排放或泄漏引起。根据某船重工公司系山海关老龙头附近临海唯一大型企业，修造船舶会产生大量污水，船坞刨锈污水中铁含量很高，一旦泄漏将严重污染附近海域，推测出污染海水源地系某船重工公司，泄漏时间约在2010年8月2日北京时间00时至04时之间。3、对养殖区受污染海水进行分析，确定了王某荣等21人的养殖区地理坐标，并将上述当事人的养殖区地理坐标和污染水域的地理坐标一起显示在电子海图上，得出污染水域覆盖了全部养殖区的结论。（二）关于养殖损失分析。鉴定人对水质环境进行评价，得出涉案海域水质中悬浮物、铁及石油类含量较高，已远远超过《渔业水质标准》和《海水水质标准》，污染最严重的因子为铁，对渔业和养殖水域危害程度较大。同时，确定吕金国等人存在养殖损失。

某船重工公司对《鉴定意见》养殖损失部分发表质证意见，主要内容为认定海水存在铁含量超标的污染无任何事实根据和鉴定依据。1、鉴定人评价养殖区水质环境的唯一依据是秦皇岛市环境保护局出具的《监测报告》，而该报告在格式和内容上均不符合《海洋监测规范》的要求，分析铁含量所采用的标准是针对地面水、地下水及工业废水的规定，《监测报告》对污染事实无任何证明力；2、《鉴定意见》采用的《渔业水质标准》和《海水水质标准》中，不存在对海水中铁含量的规定和限制，故铁含量不是判断海洋渔业水质标准的指标。即使铁含量是指标之一，其达到多少才能构成污染损害，亦无相关标准。

又查明，《鉴定意见》鉴定人之一在法院审理期间提交《分析报告》，主要内容：（一）介绍分析方法。（二）对涉案海域污水污染事故进行分析。1、对山海关老龙头海域卫星图像分析和解译。2、污染海水漂移扩散分析。3、污染源分析。因卫星图像上污染海水异常区灰度值比周围海水稍低，故排除海洋赤潮可能；因山海关老龙头海域无油井平台，且8月2日前后未发生大型船舶碰撞、触礁搁浅事故，故排除海洋溢油可能。据此，推测污染海水区应由大型企业污水排放或泄漏引起，某船重工公司为山海关老龙头附近临海唯一大型企业，修造船舶会产生大量污水，船坞刨锈污水中铁含量较高，向外泄漏将造成附近海域严重污染。4、养殖区受污染海水分析。将养殖区地理坐标和污染水域地理坐标一起显示在电子海图上，得出污染水域覆盖全部养殖区的结论。

吕某奎等79人诉至法院，以某船重工公司排放的大量红色污水造成扇贝大量死亡，使其受到重大经济损失为由，请求判令某船重工公司赔偿。

裁判结果

天津海事法院于2013年12月9日作出（2011）津海法事初字第115号民事判决：一、驳回原告吕某奎等50人的诉讼请求；二、驳回原告吕金国等29人的诉讼请求。宣判后，吕某奎等79人提出上诉。天津市高级人民法院于2014年11月11日作出（2014）津高民四终字第22号民事判决：一、撤销天津海事法院（2011）津海法事初字第115号民事判决；二、山海关某船舶重工有限责任公司于本判决送达之日起十五日内赔偿王某荣等21人养殖损失共计1377696元；三、驳回吕某奎等79人的其他诉讼请求。

裁判理由

法院生效裁判认为，《中华人民共和国侵权责任法》第六十六条规定，因污染环境发生纠纷，污染者应当就法律规定的不承担责任或者减轻责任的情形及其行为与损害之间不存在因果关系承担举证责任。吕某奎等79人应当就某船重工公司实施了污染行为、该行为使自己受到了损害之事实承担举证责任，并提交污染行为和损害之间可能存在因果关系的初步证据；某船重工公司应当就法律规定的不承担责任或者减轻责任的情形及行为与损害之间不存在因果关系承担举证责任。

关于某船重工公司是否实施污染行为。吕某奎等79人为证明污染事实发生，提交了《鉴定意见》《分析报告》《监测报告》以及秦皇岛市环境保护局出具的函件等予以证明。关于上述证据对涉案污染事实的证明力,原审法院依据吕某奎等79人的申请委托司法鉴定中心进行鉴定,该司法鉴定中心业务范围包含海事类司法鉴定,三位鉴定人均具有相应的鉴定资质,对鉴定单位和鉴定人的资质予以确认。而且,《分析报告》能够与秦皇岛市山海关区在《询问笔录》中的陈述以及秦皇岛市环境保护局出具的函件相互佐证,上述证据可以证实秦皇岛山海关老龙头海域在2010年8月2日发生污染的事实。《中华人民共和国海洋环境保护法》第九十五条第一项规定:"海洋环境污染损害,是指直接或者间接地把物质或者能量引入海洋环境,产生损害海洋生物资源、危害人体健康、妨害渔业和海上其他合法活动、损害海水使用素质和减损环境质量等有害影响。"《鉴定意见》根据污染海水异常区灰度值比周围海水稍低的现象,排除海洋赤潮的可能;通过山海关老龙头海域无油井平台以及2010年8月2日未发生大型船舶碰撞、触礁搁浅等事实,排除海洋溢油的可能;进而,根据《监测报告》中海水呈红褐色、浑浊,铁含量为13.1mg/L的监测结果,得出涉案污染事故系严重污水排放或泄漏导致的推论。同时,根据某船重工公司为山海关老龙头附近临海唯一大型企业以及公司的主营业务为船舶修造的事实,得出污染系某船重工公司在修造大型船舶过程中泄漏含铁量较高的刨锈污水导致的结论。某船重工公司虽不认可《鉴定意见》的上述结论,但未能提出足以反驳的相反证据和理由,故对《鉴定意见》中关于污染源分析部分的证明力予以确认,并据此认定某船重工公司实施了向海水中泄漏含铁量较高污水的污染行为。

关于吕某奎等79人是否受到损害。《鉴定意见》中海域污染鉴定部分在确定了王某荣等21人养殖区域的基础上,进一步通过将养殖区地理坐标与污染海水区地理坐标一起显示在电子海图上的方式,得出污染海水区全部覆盖养殖区的结论。据此,认定王某荣等21人从事养殖且养殖区域受到了污染。

关于污染行为和损害之间的因果关系。王某荣等21人在完成上述证明责任的基础上,还应提交证明污染行为和损害之间可能存在因果关系的初步证据。《鉴定意见》对山海关老龙头海域水质进行分析,其依据秦皇岛市环境保护局出具的《监测报告》将该海域水质评价为悬浮物、铁物质及石油含量较高,污染最严重的因子为铁,对渔业和养殖水域危害程度较大。至此,王某荣等21人已完成海上污染损害赔偿纠纷案件的证明责任。某船重工公司主张其非侵权行为人,应就法律规定的不承担责任或者减轻责任的情形及行为与损害之间不存在因果关系承担举证责任。某船重工公司主张因《鉴定意见》采用的评价标准中不存在对海水中铁含量的规定和限制,故铁不是评价海水水质的标准;且即使铁含量是标准之一,其达到多少才能构成污染损害亦无相关指标。对此,人民法院认为:第一,《中华人民共和国海洋环境保护法》明确规定,只要行为人将物质或者能量引入海洋造成损害,即视为污染;《中华人民共和国侵权责任法》第六十五条亦未将环境污染责任限定为排污超过国家标准或者地方标准。故,无论国家或地方标准中是否规定了某类物质的排放控制要求,或排污是否符合国家或地方规定的标准,只要能够确定污染行为造成环境损害,行为人就须承担赔偿责任。第二,我国现行有效评价海水水质的《渔业水质标准》和《海水水质标准》实施后长期未进行修订,其中列举的项目已不足以涵盖当今可能造成污染的全部物质。据此,《渔业水质标准》和《海水水质标准》并非判断某类物质是否造成污染损害的唯一依据。第三,秦皇岛市环境保护局亦在《秦皇岛市环保局复核意见》中表示,因国家对海水中铁物质含量未明确规定污染物排放标准,故是否影响海水养殖需相关部门专家进一步论证。本案中,出具《鉴定意见》的鉴定人具备海洋污染鉴定的专业知识,其通过对相关背景资料进行分析判断,作出涉案海域水质中铁物质对渔业和养殖水域危害程度较大的评价,具有科学性,应当作为认定涉案海域被铁物质污染的依据。

6. 李某诉华某（重庆）有限公司环境污染责任纠纷案

（最高人民法院审判委员会讨论通过　2019 年 12 月 26 日发布，指导案例 128 号）

关键词　民事/环境污染责任/光污染/损害认定/可容忍度

裁判要点

由于光污染对人身的伤害具有潜在性、隐蔽性和个体差异性等特点，人民法院认定光污染损害，应当依据国家标准、地方标准、行业标准，是否干扰他人正常生活、工作和学习，以及是否超出公众可容忍度等进行综合认定。对于公众可容忍度，可以根据周边居民的反应情况、现场的实际感受及专家意见等判断。

相关法条

1. 《中华人民共和国侵权责任法》第 65 条、第 66 条
2. 《中华人民共和国环境保护法》第 42 条第 1 款

基本案情

原告李某购买位于重庆市九龙坡区谢家湾正街×小区×幢×-×-×的住宅一套，并从 2005 年入住至今。被告华某（重庆）有限公司开发建设的万象城购物中心与原告住宅相隔一条双向六车道的公路，双向六车道中间为轻轨线路。万象城购物中心与原告住宅之间无其他遮挡物。在正对原告住宅的万象城购物中心外墙上安装有一块 LED 显示屏用于播放广告等，该 LED 显示屏广告位从 2014 年建成后开始投入运营，每天播放宣传资料及视频广告等，其产生强光直射入原告住宅房间，给原告的正常生活造成影响。

2014 年 5 月，原告小区的业主向市政府公开信箱投诉反映：从 5 月 3 日开始，谢家湾华润二十四城的万象城的巨型 LED 屏幕开始工作，LED 巨屏的强光直射进其房间，造成严重的光污染，并且宣传片的音量巨大，影响了其日常生活，希望有关部门让万象城减小音量并且调低 LED 屏幕亮度。2014 年 9 月，黄杨路×小区居民向市政府公开信箱投诉反映：万象城有块巨型 LED 屏幕通宵播放资料广告，产生太强光线，导致夜间无法睡眠，无法正常休息。万象城大屏夜间光污染严重影响周边小区高层住户，请相关部门解决，禁止夜间播放，或者禁止通宵播放，只能在晚上八点前播放，并调低亮度。2018 年 2 月，原告小区的住户向市政府公开信箱投诉反映：万象城户外广告大屏就是住户的噩梦，该广告屏每天播放视频广告，光线极强还频繁闪动，住在对面的业主家里夜间如同白昼，严重影响老人和小孩的休息，希望相关部门尽快对其进行整改。

本案审理过程中，人民法院组织原、被告双方于 2018 年 8 月 11 日晚到现场进行了查看，正对原告住宅的一块 LED 显示屏正在播放广告视频，产生的光线较强，可直射入原告住宅居室，当晚该 LED 显示屏播放广告视频至 20 时 58 分关闭。被告公司员工称该 LED 显示屏面积为 160 ㎡。

就案涉光污染问题是否能进行环境监测的问题，人民法院向重庆市九龙坡区生态环境监测站进行了咨询，该站负责人表示，国家与重庆市均无光污染环境监测方面的规范及技术指标，所以监测站无法对光污染问题开展环境监测。重庆法院参与环境资源审判专家库专家、重庆市永川区生态环境监测站副站长也表示从环保方面光污染没有具体的标准，但从民事法律关系的角度，可以综合其余证据判断是否造成光污染。从本案原告提交的证据看，万象城电子显示屏对原告的损害客观存在，主要体现为影响原告的正常休息。就 LED 显示屏产生的

光辐射相关问题，法院向重庆大学建筑城规学院教授、中国照明学会副理事长以及重庆大学建筑城规学院高级工程师、中国照明学会理事等专家作了咨询，专家表示，LED 的光辐射一是对人有视觉影响，其中失能眩光和不舒适眩光对人的眼睛有影响；另一方面是生物影响：人到晚上随着光照强度下降，渐渐入睡，是褪黑素和皮质醇两种激素发生作用的结果——褪黑素晚上上升、白天下降，皮质醇相反。如果光辐射太强，使人生物钟紊乱，长期就会有影响。另外 LED 的白光中有蓝光成分，蓝光对人的视网膜有损害，而且不可修复。但户外蓝光危害很难检测，时间、强度的标准是多少，有待标准出台确定。关于光照亮度对人的影响，有研究结论认为一般在 400cd/㎡ 以下对人的影响会小一点，但动态广告屏很难适用。对于亮度的规范，不同部门编制的规范对亮度的限值不同，但 LED 显示屏与直射的照明灯光还是有区别，以 LED 显示屏的相关国家标准来认定比较合适。

裁判结果

重庆市江津区人民法院于 2018 年 12 月 28 日作出（2018）渝 0116 民初 6093 号判决：一、被告华某（重庆）有限公司从本判决生效之日起，立即停止其在运行重庆市九龙坡区谢家湾正街万象城购物中心正对原告李某位于重庆市九龙坡区谢家湾正街×小区×幢住宅外墙上的一块 LED 显示屏时对原告李某的光污染侵害：1. 前述 LED 显示屏在 5 月 1 日至 9 月 30 日期间开启时间应在 8：30 之后，关闭时间应在 22：00 之前；在 10 月 1 日至 4 月 30 日期间开启时间应在 8：30 之后，关闭时间应在 21：50 之前。2. 前述 LED 显示屏在每日 19：00 后的亮度值不得高于 600cd/㎡。二、驳回原告李某的其余诉讼请求。一审宣判后，双方当事人均未提出上诉，判决已发生法律效力。

裁判理由

法院生效裁判认为：保护环境是我国的基本国策，一切单位和个人都有保护环境的义务。《中华人民共和国民法总则》第九条规定："民事主体从事民事活动，应当有利于节约资源、保护生态环境。"《中华人民共和国物权法》第九十条规定："不动产权利人不得违反国家规定弃置固体废物，排放大气污染物、水污染物、噪声、光、电磁波辐射等有害物质。"《中华人民共和国环境保护法》第四十二条第一款规定："排放污染物的企业事业单位和其他生产经营者，应当采取措施，防治在生产建设或者其他活动中产生的废气、废水、废渣、医疗废物、粉尘、恶臭气体、放射性物质以及噪声、振动、光辐射、电磁辐射等对环境的污染和危害。"本案系环境污染责任纠纷，根据《中华人民共和国侵权责任法》第六十五条规定："因污染环境造成损害的，污染者应当承担侵权责任。"环境污染侵权责任属特殊侵权责任，其构成要件包括以下三个方面：一是污染者有污染环境的行为；二是被侵权人有损害事实；三是污染者污染环境的行为与被侵权人的损害之间有因果关系。

一、关于被告是否有污染环境的行为

被告华某（重庆）有限公司作为万象城购物中心的建设方和经营管理方，其在正对原告住宅的购物中心外墙上设置 LED 显示屏播放广告、宣传资料等，产生的强光直射进入原告的住宅居室。根据原告提供的照片、视频资料等证据，以及组织双方当事人到现场查看的情况，可以认定被告使用 LED 显屏播放广告、宣传资料等所产生的强光已超出了一般公众普遍可容忍的范围，就大众的认知规律和切身感受而言，该强光会严重影响相邻人群的正常工作和学习，干扰周围居民正常生活和休息，已构成由强光引起的光污染。被告使用 LED 显示屏播放广告、宣传资料等造成光污染的行为已构成污染环境的行为。

二、关于被侵权人的损害事实

环境污染的损害事实主要包含了污染环境的行为致使当事人的财产、人身受到损害以及环境受到损害的事实。环境污染侵权的损害后果不同于一般侵权的损害后果，不仅包括症状明显并可计量的损害结果,还包括那些症状不明显或者暂时无症状且暂时无法用计量方法反映的损害结果。本案系光污染纠纷,光污染对人身的伤害具有潜在性和隐蔽性等特点,被侵权人往往在开始受害时显露不出明显的受损症状,其所遭受的损害往往暂时无法用精确的计量方法来反映。但随着时间的推移,损害会逐渐显露。参考本案专家意见,光污染对人的影响除了能够感知的对视觉的影响外,太强的光辐射会造成人生物钟紊乱,短时间看不出影响,但长期会带来影响。本案中,被告使用 LED 显示屏播放广告、宣传资料等所产生的强光,已超出了一般人可容忍的程度,影响了相邻居住的原告等居民的正常生活和休息。根据日常生活经验法则,被告运行 LED 显示屏产生的光污染势必会给原告等人的身心健康造成损害,这也为公众普遍认可。综上,被告运行 LED 显示屏产生的光污染已致使原告居住的环境权益受损,并导致原告的身心健康受到损害。

三、被告是否应承担污染环境的侵权责任

《中华人民共和国侵权责任法》第六十六条规定:"因污染环境发生纠纷,污染者应当就法律规定的不承担责任或者减轻责任的情形及其行为与损害之间不存在因果关系承担举证责任。"本案中,原告已举证证明被告有污染环境的行为及原告的损害事实。被告需对其在本案中存在法律规定的不承担责任或者减轻责任的情形,或被告污染行为与损害之间不存在因果关系承担举证责任。但被告并未提交证据对前述情形予以证实,对此被告应承担举证不能的不利后果,应承担污染环境的侵权责任。根据《最高人民法院关于审理环境侵权责任纠纷案件适用法律若干问题的解释》第十三条规定:"人民法院应当根据被侵权人的诉讼请求以及具体案情,合理判定污染者承担停止侵害、排除妨碍、消除危险、恢复原状、赔礼道歉、赔偿损失等民事责任。"环境侵权的损害不同于一般的人身损害和财产损害,对侵权行为人承担的侵权责任有其独特的要求。由于环境侵权是通过环境这一媒介侵害到一定地区不特定的多数人的人身、财产权益,而且一旦出现可用计量方法反映的损害,其后果往往已无法弥补和消除。因此在环境侵权中,侵权行为人实施了污染环境的行为,即使还未出现可计量的损害后果,即应承担相应的侵权责任。本案中,从市民的投诉反映看,被告作为万象城购物中心的经营管理者,其在生产经营过程中,理应认识到使用 LED 显示屏播放广告、宣传资料等发出的强光会对居住在对面以及周围住宅小区的原告等人造成影响,并负有采取必要措施以减少对原告等人影响的义务。但被告仍然一直使用 LED 显示屏播放广告、宣传资料等,其产生的强光明显超出了一般人可容忍的程度,构成光污染,严重干扰了周边人群的正常生活,对原告等人的环境权益造成损害,进而损害了原告等人的身心健康。因此即使原告尚未出现明显症状,其生活受到光污染侵扰、环境权益受到损害也是客观存在的事实,故被告应承担停止侵害、排除妨碍等民事责任。

7. 江苏省人民政府诉安徽海某化工科技有限公司生态环境损害赔偿案

(最高人民法院审判委员会讨论通过 2019 年 12 月 26 日发布,指导案例 129 号)

关键词 民事/生态环境损害赔偿诉讼/分期支付

裁判要点

企业事业单位和其他生产经营者将生产经营过程中产生的危险废物交由不具备危险废物处置资质的企业或者个人进行处置,造成环境污染的,应当承担生态环境损害责任。人民法院可以综合考虑企业事业单位和其他生产经营者的主观过错、经营状况等因素，在责任人提供有效担保后判决其分期支付赔偿费用。

相关法条

1. 《中华人民共和国侵权责任法》第 65 条
2. 《中华人民共和国环境保护法》第 64 条

基本案情

2014 年 4 月 28 日，安徽海某化工科技有限公司（以下简称海某公司）营销部经理杨某将该公司在生产过程中产生的 29.1 吨废碱液，交给无危险废物处置资质的李某生等人处置。李某生等人将上述废碱液交给无危险废物处置资质的孙某才处置。2014 年 4 月 30 日，孙某才等人将废碱液倾倒进长江，造成了严重环境污染。2014 年 5 月 7 日，杨某将海某公司的 20 吨废碱液交给李某生等人处置，李某生等人将上述废碱液交给孙某才处置。孙某才等人于 2014 年 5 月 7 日及同年 6 月 17 日，分两次将废碱液倾倒进长江，造成江苏省靖江市城区 5 月 9 日至 11 日集中式饮用水源中断取水 40 多个小时。2014 年 5 月 8 日至 9 日，杨某将 53.34 吨废碱液交给李某生等人处置，李某生等人将上述废碱液交给丁某东处置。丁某东等人于 2014 年 5 月 14 日将该废碱液倾倒进新通扬运河，导致江苏省兴化市城区集中式饮用水源中断取水超过 14 小时。上述污染事件发生后，靖江市环境保护局和靖江市人民检察院联合委托江苏省环境科学学会对污染损害进行评估。江苏省环境科学学会经调查、评估，于 2015 年 6 月作出了《评估报告》。江苏省人民政府向江苏省泰州市中级人民法院提起诉讼，请求判令海某公司赔偿生态环境修复费用 3637.90 万元，生态环境服务功能损失费用 1818.95 万元，承担评估费用 26 万元及诉讼费等。

裁判结果

江苏省泰州市中级人民法院于 2018 年 8 月 16 日作出（2017）苏 12 民初 51 号民事判决：一、被告安徽海某化工科技有限公司赔偿环境修复费用 3637.90 万元；二、被告安徽海某化工科技有限公司赔偿生态环境服务功能损失费用 1818.95 万元；三、被告安徽海某化工科技有限公司赔偿评估费用 26 万元。宣判后，安徽海某化工科技有限公司提出上诉，江苏省高级人民法院于 2018 年 12 月 4 日作出（2018）苏民终 1316 号民事判决：一、维持江苏省泰州市中级人民法院（2017）苏 12 民初 51 号民事判决。安徽海某化工科技有限公司应于本判决生效之日起六十日内将赔偿款项 5482.85 万元支付至泰州市环境公益诉讼资金账户。二、安徽海某化工科技有限公司在向江苏省泰州市中级人民法院提供有效担保后，可于本判决生效之日起六十日内支付上述款项的 20%（1096.57 万元），并于 2019 年 12 月 4 日、2020 年 12 月 4 日、2021 年 12 月 4 日、2022 年 12 月 4 日前各支付上述款项的 20%（每期 1096.57 万元）。如有一期未按时履行，江苏省人民政府可以就全部未赔偿款项申请法院强制执行。如安徽海某化工科技有限公司未按本判决指定的期限履行给付义务，应当依照《中华人民共和国民事诉讼法》第二百五十三条之规定，加倍支付迟延履行期间的债务利息。

裁判理由

法院生效裁判认为，海某公司作为化工企业，对其在生产经营过程中产生的危险废物废碱液，负有防止污染环境的义务。海某公司放任该公司营销部负责人杨某将废碱液交给不具备危险废物处置资质的个人进行处置，导致废碱液被倾倒进长江和新通扬运河，严重污染环境。《中华人民共和国环境保护法》第六十四条规定，因污染环境和破坏生态造成损害的，应当依照《中华人民共和国侵权责任法》的有关规定承担侵权责任。《中华人民共和国侵权责任法》第六十五条规定,因污染环境造成损害的,污染者应当承担侵权责任。《中华人民共和国侵权责任法》第十五条将恢复原状、赔偿损失确定为承担责任的方式。环境修复费用、生态环境服务功能损失、评估费等均为恢复原状、赔偿损失等法律责任的具体表现形式。依照《中华人民共和国侵权责任法》第十五条第一款第六项、第六十五条,《最高人民法院关于审理环境侵权责任纠纷案件适用法律若干问题的解释》第一条第一款、第十三条之规定,判决海某公司承担侵权赔偿责任并无不当。

海某公司以企业负担过重、资金紧张,如短期内全部支付赔偿将导致企业破产为由,申请分期支付赔偿费用。为保障保护生态环境与经济发展的有效衔接,江苏省人民政府在庭后表示,在海某公司能够提供证据证明其符合国家经济结构调整方向、能够实现绿色生产转型、在有效提供担保的情况下,同意海某公司依照《中华人民共和国民事诉讼法》第二百三十一条之规定,分五期支付赔偿款。

8. 重庆市人民政府、重庆两江志愿服务发展中心诉重庆藏某阁物业管理有限公司、重庆首某环保科技有限公司生态环境损害赔偿、环境民事公益诉讼案

(最高人民法院审判委员会讨论通过 2019年12月26日发布,指导案例130号)

关键词 民事/生态环境损害赔偿诉讼/环境民事公益诉讼/委托排污/共同侵权/生态环境修复费用/虚拟治理成本法

裁判要点

1. 取得排污许可证的企业,负有确保其排污处理设备正常运行且排放物达到国家和地方排放标准的法定义务,委托其他单位处理的,应当对受托单位履行监管义务;明知受托单位违法排污不予制止甚或提供便利的,应当对环境污染损害承担连带责任。

2. 污染者向水域排污造成生态环境损害,生态环境修复费用难以计算的,可以根据环境保护部门关于生态环境损害鉴定评估有关规定,采用虚拟治理成本法对损害后果进行量化,根据违法排污的污染物种类、排污量及污染源排他性等因素计算生态环境损害量化数额。

相关法条

《中华人民共和国侵权责任法》第8条

基本案情

重庆藏某阁电镀工业园(又称藏某阁电镀工业中心)位于重庆市江北区港城工业园区内,是该工业园区内唯一的电镀工业园,园区内有若干电镀企业入驻。重庆藏某阁物业管理有限公司(以下简称藏某阁)为园区入驻企业提供物业管理服务,并负责处理企业产生的废水。藏某阁公司领取了排放污染物许可证,并拥有废水处理的设施设备。2013年12月5日,藏某阁公司与重庆首某环保科技有限公司(以下简称首某公司)签订为期4年的《电镀废水处理委托运行承包管理运行协议》(以下简称《委托运行协议》),首某公司承揽藏某阁电镀工业中心废水处理项目,该电镀工业中心的废水由藏某阁公司交给首某公司使用藏某阁公司所有的废水处理设备进行处理。2016年4月21日,重庆市环境监察总队执法人员在对藏某阁

公司的废水处理站进行现场检查时，发现废水处理站中两个总铬反应器和一个综合反应器设施均未运行，生产废水未经处理便排入外环境。2016年4月22日至26日期间，经执法人员采样监测分析发现外排废水重金属超标，违法排放废水总铬浓度为55.5mg/L，总锌浓度为2.85×10^2 mg/L，总铜浓度为27.2mg/L，总镍浓度为41mg/L，分别超过《电镀污染物排放标准》（GB 21900—2008）的规定标准54.5倍、189倍、53.4倍、81倍，对生态环境造成严重影响和损害。2016年5月4日，执法人员再次进行现场检查，发现藏某阁废水处理站1号综合废水调节池的含重金属废水通过池壁上的120mm口径管网未经正常处理直接排放至外环境并流入港城园区市政管网再进入长江。经监测，1号池内渗漏的废水中六价铬浓度为6.10mg/L，总铬浓度为10.9mg/L，分别超过国家标准29.5倍、9.9倍。从2014年9月1日至2016年5月5日违法排放废水量共计145624吨。还查明，2014年8月，藏某阁公司将原废酸收集池改造为1号综合废水调节池，传送废水也由地下管改为高空管网作业。该池池壁上原有110mm和120mm口径管网各一根，改造时只封闭了110mm口径管网，而未封闭120mm口径管网，该未封闭管网系埋于地下的暗管。首某公司自2014年9月起，在明知池中有一根120mm管网可以连通外环境的情况下，仍然一直利用该管网将未经处理的含重金属废水直接排放至外环境。

受重庆市人民政府委托，重庆市环境科学研究院对藏某阁公司和首某公司违法排放超标废水造成生态环境损害进行鉴定评估，并于2017年4月出具《鉴定评估报告书》。该评估报告载明：本事件污染行为明确，污染物迁移路径合理，污染源与违法排放至外环境的废水中污染物具有同源性，且污染源具有排他性。污染行为发生持续时间为2014年9月1日至2016年5月5日，违法排放废水共计145624吨，其主要污染因子为六价铬、总铬、总锌、总镍等，对长江水体造成严重损害。《鉴定评估报告书》采用《生态环境损害鉴定评估技术指南总纲》《环境损害鉴定评估推荐方法（第Ⅱ版）》推荐的虚拟治理成本法对生态环境损害进行量化，按22元/吨的实际治理费用作为单位虚拟治理成本，再乘以违法排放废水数量，计算出虚拟治理成本为320.3728万元。违法排放废水点为长江干流主城区段水域，适用功能类别属Ⅲ类水体，根据虚拟治理成本法的"污染修复费用的确定原则"Ⅲ类水体的倍数范围为虚拟治理成本的4.5-6倍，本次评估选取最低倍数4.5倍，最终评估出二被告违法排放废水造成的生态环境污染损害量化数额为1441.6776万元（即320.3728万元×4.5=1441.6776万元）。重庆市环境科学研究院是环境保护部《关于印发〈环境损害鉴定评估推荐机构名录（第一批）〉的通知》中确认的鉴定评估机构。

2016年6月30日，重庆市环境监察总队以藏某阁公司从2014年9月1日至2016年5月5日通过1号综合调节池内的120mm口径管网将含重金属废水未经废水处理站总排口便直接排入港城园区市政废水管网进入长江为由，作出行政处罚决定，对藏某阁公司罚款580.72万元。藏某阁公司不服申请行政复议，重庆市环境保护局作出维持行政处罚决定的复议决定。后藏某阁公司诉至重庆市渝北区人民法院，要求撤销行政处罚决定和行政复议决定。重庆市渝北区人民法院于2017年2月28日作出（2016）渝0112行初324号行政判决，驳回藏某阁公司的诉讼请求。判决后，藏某阁公司未提起上诉，该判决发生法律效力。

2016年11月28日，重庆市渝北区人民检察院向重庆市渝北区人民法院提起公诉，指控首某公司、程龙（首某公司法定代表人）等构成污染环境罪，应依法追究刑事责任。重庆市渝北区人民法院于2016年12月29日作出（2016）渝0112刑初1615号刑事判决，判决首某公司、程龙等人构成污染环境罪。判决后，未提起抗诉和上诉，该判决发生法律效力。

裁判结果

重庆市第一中级人民法院于2017年12月22日作出（2017）渝01民初773号民事判决：一、被告重庆藏某阁物业管理有限公司和被告重庆首某环保科技有限公司连带赔偿生态环境修复费用 1441.6776 万元，于本判决生效后十日内交付至重庆市财政局专用账户，由原告重庆市人民政府及其指定的部门和原告重庆两江志愿服务发展中心结合本区域生态环境损害情况用于开展替代修复；二、被告重庆藏某阁物业管理有限公司和被告重庆首某环保科技有限公司于本判决生效后十日内，在省级或以上媒体向社会公开赔礼道歉；三、被告重庆藏某阁物业管理有限公司和被告重庆首某环保科技有限公司在本判决生效后十日内给付原告重庆市人民政府鉴定费5万元，律师费19.8万元；四、被告重庆藏某阁物业管理有限公司和被告重庆首某环保科技有限公司在本判决生效后十日内给付原告重庆两江志愿服务发展中心律师费8万元；五、驳回原告重庆市人民政府和原告重庆两江志愿服务发展中心其他诉讼请求。判决后，各方当事人在法定期限内均未提出上诉，判决发生法律效力。

裁判理由

法院生效裁判认为，重庆市人民政府依据《生态环境损害赔偿制度改革试点方案》规定，有权提起生态环境损害赔偿诉讼，重庆两江志愿服务发展中心具备合法的环境公益诉讼主体资格，二原告基于不同的规定而享有各自的诉权，均应依法予以保护。鉴于两案原告基于同一污染事实与相同被告提起诉讼，诉讼请求基本相同，故将两案合并审理。

本案的争议焦点为：

一、关于《鉴定评估报告书》认定的污染物种类、污染源排他性、违法排放废水计量以及损害量化数额是否准确

首先，关于《鉴定评估报告书》认定的污染物种类、污染源排他性和违法排放废水计量是否准确的问题。污染物种类、污染源排他性及违法排放废水计量均已被（2016）渝0112行初324号行政判决直接或者间接确认，本案中二被告并未提供相反证据来推翻原判决，故对《鉴定评估报告书》依据的上述环境污染事实予以确认。具体而言，一是关于污染物种类的问题。除了生效刑事判决所认定的总铬和六价铬之外，二被告违法排放的废水中还含有重金属物质如总锌、总镍等，该事实得到了江北区环境监测站、重庆市环境监测中心出具的环境监测报告以及（2016）渝0112行初324号生效行政判决的确认，也得到了首某公司法定代表人程龙在调查询问中的确认。二是关于污染源排他性的问题。二被告辩称，江北区环境监测站出具的江环（监）字〔2016〕第JD009号分析报告单确定的取样点W4、W6位置高于藏某阁废水处理站，因而该两处检出污染物超标不可能由二被告的行为所致。由于被污染水域具有流动性的特征和自净功能，水质得到一定程度的恢复，鉴定机构在鉴定时客观上已无法再在废水处理站周围提取到违法排放废水行为持续时所流出的废水样本，故只能依据环境行政执法部门在查处二被告违法行为时通过取样所固定的违法排放废水样本进行鉴定。在对藏某阁废水处理情况进行环保执法的过程中，先后在多个取样点进行过数次监测取样，除江环（监）字〔2016〕第JD009号分析报告单以外，江北区环境监测站与重庆市环境监测中心还出具了数份监测报告，重庆市环境监察总队的行政处罚决定和重庆市环境保护局的复议决定是在对上述监测报告进行综合评定的基础上作出的，并非单独依据其中一份分析报告书或者监测报告作出。环保部门在整个行政执法包括取样等前期执法过程中，其行为的合法性和合理性已经得到了生效行政判决的确认。同时，上述监测分析结果显示废水中的污染物系电镀行业排放的重金属废水，在案证据证实涉案区域唯有藏某阁一家电镀工业园，而且环境监测结果与藏某阁废水处理站违法排放废水种类一致，以上事实证明上述取水点排出的废水来源仅可能来自于藏某阁废水处理站，故可以认定污染物来源具有排他性。三是关于违法排污计量的问题。根据生效刑事判决和行政判决的确认，并结合行政执法过程中的调查询问笔录，可以认定铬调节池的废水进入1号综合废水调节池，利用1号池安装的120mm口径管网将含重金属的废水直接排入外环境并进入市政管网这一基本事实。经庭审查明，《鉴定评估报告书》综合证据，采用用水总量减去消耗量、污泥含水量、在线排水量、节假日排水量的方式计算出违

法排放废水量，其所依据的证据和事实或者已得到被告方认可或生效判决确认，或者相关行政行为已通过行政诉讼程序的合法性审查，其所采用的计量方法具有科学性和合理性。综上，藏某阁公司和首某公司提出的污染物种类、违法排放废水量和污染源排他性认定有误的异议不能成立。

其次，关于《鉴定评估报告书》认定的损害量化数额是否准确的问题。原告方委托重庆市环境科学研究院就本案的生态环境损害进行鉴定评估并出具了《鉴定评估报告书》，该报告确定二被告违法排污造成的生态环境损害量化数额为1441.6776万元。经查，重庆市环境科学研究院是环境保护部《关于印发〈环境损害鉴定评估推荐机构名录（第一批）〉的通知》中确立的鉴定评估机构，委托其进行本案的生态环境损害鉴定评估符合司法解释之规定，其具备相应鉴定资格。根据环境保护部组织制定的《生态环境损害鉴定评估技术指南总纲》《环境损害鉴定评估推荐方法（第Ⅱ版）》，鉴定评估可以采用虚拟治理成本法对事件造成的生态环境损害进行量化，量化结果可以作为生态环境损害赔偿的依据。鉴于本案违法排污行为持续时间长、违法排放数量大，且长江水体处于流动状态，难以直接计算生态环境修复费用，故《鉴定评估报告书》采用虚拟治理成本法对损害结果进行量化并无不当。《鉴定评估报告书》将22元/吨确定为单位实际治理费用，系根据重庆市环境监察总队现场核查藏某阁公司财务凭证，并结合对藏某阁公司法定代表人孙启良的调查询问笔录而确定。《鉴定评估报告书》根据《环境损害鉴定评估推荐方法（第Ⅱ版）》，Ⅲ类地表水污染修复费用的确定原则为虚拟治理成本的4.5-6倍，结合本案污染事实，取最小倍数即4.5倍计算得出损害量化数额为320.3728万元×4.5＝1441.6776万元，亦无不当。

综上所述，《鉴定评估报告书》的鉴定机构和鉴定评估人资质合格，鉴定评估委托程序合法，鉴定评估项目负责人亦应法庭要求出庭接受质询，鉴定评估所依据的事实有生效法律文书支撑，采用的计算方法和结论科学有据，故对《鉴定评估报告书》及所依据的相关证据予以采信。

二、关于藏某阁公司与首某公司是否构成共同侵权

首某公司是明知1号废水调节池池壁上存在120mm口径管网并故意利用其违法排污的直接实施主体，其理应对损害后果承担赔偿责任，对此应无疑义。本争议焦点的核心问题在于如何评价藏某阁公司的行为，其与首某公司是否构成共同侵权。法院认为，藏某阁公司与首某公司构成共同侵权，应当承担连带责任。

第一，我国实行排污许可制，该制度是国家对排污者进行有效管理的手段，取得排污许可证的企业即是排污单位，负有依法排污的义务，否则将承担相应法律责任。藏某阁公司持有排污许可证，必须确保按照许可证的规定和要求排放。藏某阁公司以委托运行协议的形式将废水处理交由专门从事环境治理业务（含工业废水运营）的首某公司作业，该行为并不为法律所禁止。但是，无论是自行排放还是委托他人排放，藏某阁公司都必须确保其废水处理站正常运行，并确保排放物达到国家和地方排放标准，这是取得排污许可证企业的法定责任，该责任不能通过民事约定来解除。申言之，藏某阁公司作为排污主体，具有监督首某公司合法排污的法定责任，依照《委托运行协议》其也具有监督首某公司日常排污情况的义务，本案违法排污行为持续了1年8个月的时间，藏某阁公司显然未尽监管义务。

第二，无论是作为排污设备产权人和排污主体的法定责任，还是按照双方协议约定，藏某阁公司均应确保废水处理设施设备正常、完好。2014年8月藏某阁公司将废酸池改造为1号废水调节池并将地下管网改为高空管网作业时，未按照正常处理方式对池中的120mm口径暗管进行封闭，藏某阁公司亦未举证证明不封闭暗管的合理合法性，而首某公司正是通过该暗管实施违法排放，也就是说，藏某阁公司明知为首某公司提供的废水处理设备留有可以实施违法排放的管网，据此可以认定其具有违法故意，且客观上为违法排放行为的完成提供了条件。

第三，待处理的废水是由藏某阁公司提供给首某公司的，那么藏某阁公司知道需处理的废水数量，同时藏某阁公司作为排污主体，负责向环保部门缴纳排污费，其也知道合法排放的废水数量，加之作为物业管理部门，其对于园区企业产生的实际用水量亦是清楚的，而这几个数据结合起来，即可确知违法排放行为的存在，因此可以认定藏某阁公司知道首某公司在实施违法排污行为，但其却放任首某公司违法排放废水，同时还继续将废水交由首某公司处理，可以视为其与首某公司形成了默契，具有共同侵权的故意，并共同造成了污染后果。

第四，环境侵权案件具有侵害方式的复合性、侵害过程的复杂性、侵害后果的隐蔽性和长期性，其证明难度尤其是对于排污企业违法排污主观故意的证明难度较高，且本案又涉及到对环境公益的侵害，故应充分考虑到此类案件的特殊性，通过准确把握举证证明责任和归责原则来避免责任逃避和公益受损。综上，根据本案事实和证据，藏某阁公司与首某公司构成环境污染共同侵权的证据已达到高度盖然性的民事证明标准，应当认定藏某阁公司和首某公司对于违法排污存在主观上的共同故意和客观上的共同行为，二被告构成共同侵权，应承担连带责任。

9. 中华环保联合会诉德州晶某集团振华有限公司大气污染责任民事公益诉讼案

（最高人民法院审判委员会讨论通过 2019年12月26日发布，指导案例131号）

关键词 民事/环境民事公益诉讼/大气污染责任/损害社会公共利益/重大风险

裁判要点

企业事业单位和其他生产经营者多次超过污染物排放标准或者重点污染物排放总量控制指标排放污染物，环境保护行政管理部门作出行政处罚后仍未改正，原告依据《最高人民法院关于审理环境民事公益诉讼案件适用法律若干问题的解释》第一条规定的"具有损害社会公共利益重大风险的污染环境、破坏生态的行为"对其提起环境民事公益诉讼的，人民法院应予受理。

相关法条

1.《中华人民共和国民事诉讼法》第55条
2.《中华人民共和国环境保护法》第58条

基本案情

被告德州晶某集团振华有限公司（以下简称振华公司）成立于2000年，经营范围包括电力生产、平板玻璃、玻璃空心砖、玻璃深加工、玻璃制品制造等。2002年12月，该公司600T/D优质超厚玻璃项目通过环境影响评价的审批，2003年11月，通过"三同时"验收。2007年11月，该公司高档优质汽车原片项目通过环境影响评价的审批，2009年2月，通过"三同时"验收。

根据德州市环境保护监测中心站的监测，2012年3月、5月、8月、12月，2013年1月、5月、8月，振华公司废气排放均能达标。2013年11月、2014年1月、5月、6月、11月，2015年2月排放二氧化硫、氮氧化物及烟粉尘存在超标排放情况。德州市环境保护局分别于2013年12月、2014年9月、2014年11月、2015年2月对振华公司进行行政处罚，处罚数额均为10万元。2014年12月，山东省环境保护厅对其进行行政处罚，处罚数额10万元。2015年3月23日，德州市环境保护局责令振华公司立即停产整治，2015年4月1日之前全部停产，停止超标排放废气污染物。原告中华环保联合会起诉之后，2015年3月27日，振华公司生产线全部放水停产，并于德城区天衢工业园以北养马村新选厂址，原厂区准备搬迁。

本案审理阶段，为证明被告振华公司超标排放造成的损失，2015年12月，原告中华环保联合会与环境保护部环境规划院订立技术咨询合同，委托其对振华公司排放大气污染物致使公私财产遭受损失的数额，包括污染行为直接造成的财产损坏、减少的实际价值，以及为防止污染扩大、消除污染而采取必要合理措施所产生的费用进行鉴定。2016年5月，环境保护部环境规划院环境风险与损害鉴定评估研究中心根据已经双方质证的人民法院调取的证据作出评估意见，鉴定结果为：振华公司位于德州市德城区市区内，周围多为居民小区，原有浮法玻璃生产线三条，1#浮法玻璃生产线已于2011年10月全面停产，2#生产线600t/d优质超厚玻璃生产线和3#生产线400t/d高档优质汽车玻璃原片生产线仍在生产。1、污染物性质，主要为烟粉尘、二氧化硫和氮氧化物。根据《德州晶某集团振华有限公司关于落实整改工作的情况汇报》有关资料显示：截止到2015年3月17日，振华公司浮法二线未安装或未运行脱硫和脱硝治理设施；浮法三线除尘、脱硫设施已于2014年9月投入运行；2、污染物超标排放时段的确认，二氧化硫超标排放时段为2014年6月10日-2014年8月17日，共计68天，氮氧化物超标排放时段为2013年11月5日-2014年6月23日、2014年10月22日-2015年1月27日，共计327天，烟粉尘超标排放时段为2013年11月5日-2014年6月23日，共计230天；3、污染物排放量，在鉴定时段内，由于企业未安装脱硫设施造成二氧化硫全部直接排放进入大气的超标排放量为255吨，由于企业未安装脱硝设施造成氮氧化物全部直接排放进入大气的排放量为589吨，由于企业未安装除尘设施或除尘设施处理能力不够造成烟粉尘部分直接排放进入大气的排放量为19吨；4、单位污染物处理成本，根据数据库资料，二氧化硫单位治理成本为0.56万元/吨，氮氧化物单位治理成本为0.68万元/吨，烟粉尘单位治理成本为0.33万元/吨；5、虚拟治理成本，根据《环境空气质量标准》《环境损害鉴定评估推荐方法（第Ⅱ版）》《突发环境事件应急处置阶段环境损害评估技术规范》，本案项目处环境功能二类区，生态环境损害数额为虚拟治理成本的3-5倍，本报告取参数5，二氧化硫虚拟治理成本共计713万元，氮氧化物虚拟治理成本2002万元，烟粉尘虚拟治理成本31万元。鉴定结论：被告企业在鉴定期间超标向空气排放二氧化硫共计255吨、氮氧化物共计589吨、烟粉尘共计19吨，单位治理成本分别按0.56万元/吨、0.68万元/吨、0.33万元/吨计算，虚拟治理成本分别为713万元、2002万元、31万元，共计2746万元。

裁判结果

德州市中级人民法院于2016年7月20日作出（2015）德中环公民初字第1号民事判决：一、被告德州晶某集团振华有限公司于本判决生效之日起30日内赔偿因超标排放污染物造成的损失2198.36万元，支付至德州市专项基金账户，用于德州市大气环境质量修复；二、被告德州晶某集团振华有限公司在省级以上媒体向社会公开赔礼道歉；三、被告德州晶某集团振华有限公司于本判决生效之日起10日内支付原告中华环保联合会所支出的评估费10万元；四、驳回原告中华环保联合会其他诉讼请求。

裁判理由

法院生效裁判认为，根据《最高人民法院关于审理环境民事公益诉讼案件适用法律若干问题的解释》第一条规定，法律规定的机关和有关组织依据民事诉讼法第五十五条、环境保护法第五十八条等法律的规定，对已经损害社会公共利益或者具有损害社会公共利益重大风险的污染环境、破坏生态的行为提起诉讼，符合民事诉讼法第一百一十九条第二项、第三项、第四项规定的,人民法院应予受理;第十八条规定,对污染环境、破坏生态,已经损害社会公共利益或者具有损害社会公共利益重大风险的行为,原告可以请求被告承担停止侵害、排除妨碍、消除危险、恢复原状、赔偿损失、赔礼道歉等民事责任。法院认为,企业事业单位和其他生产经营者超过污染物排放标准或者重点污染物排放总量控制指标排放污染物的行为可以视为是具有损害社会公共利益重大风险的行为。被告振华公司超量排放的二氧化硫、氮氧化物、烟粉尘会影响大气的服务价值功能。其中,二氧化硫、氮氧化物是酸雨的前导物,超量排放可至酸雨从而造成财产及人身损害,烟粉尘的超量排放将影响大气能见度及清洁度,亦会造成财产及人身损害。被告振华公司自2013年11月起,多次超标向大气排放二氧化硫、氮氧化物、烟粉尘等污染物,经环境保护行政管理部门多次行政处罚仍未改正,其行为属于司法解释规定的"具有损害社会公共利益重大风险的行为",故被告振华公司是本案的适格被告。

10. 中国生物多样性保护与绿色发展基金会诉秦皇岛某包装玻璃有限公司大气污染责任民事公益诉讼案

(最高人民法院审判委员会讨论通过 2019年12月26日发布,指导案例132号)

关键词 民事/环境民事公益诉讼/大气污染责任/降低环境风险/减轻赔偿责任

裁判要点

在环境民事公益诉讼期间,污染者主动改进环保设施,有效降低环境风险的,人民法院可以综合考虑超标排污行为的违法性、过错程度、治理污染设施的运行成本以及防污采取的有效措施等因素,适当减轻污染者的赔偿责任。

相关法条

《中华人民共和国环境保护法》第1条、第4条、第5条

基本案情

被告秦皇岛某包装玻璃有限公司(以下简称某公司)系主要从事各种玻璃包装瓶生产加工的企业,现拥有玻璃窑炉四座。在生产过程中,因超标排污被秦皇岛市海港区环境保护局(以下简称海港区环保局)多次作出行政处罚。2015年2月12日,某公司与无锡格润环保科技有限公司签订《玻璃窑炉脱硝脱硫除尘总承包合同》,对某公司的四座窑炉进行脱硝脱硫除尘改造,合同总金额3617万元。

2016年中国生物多样性保护与绿色发展基金会(以下简称中国绿发会)对某公司提起环境公益诉讼后,某公司加快了脱硝脱硫除尘改造提升进程。2016年6月15日,某公司通过了海港区环保局的环保验收。2016年7月22日,中国绿发会组织相关专家对某公司脱硝脱硫除尘设备运行状况进行了考查,并提出相关建议。2016年6月17日、2017年6月17日,环保部门为某公司颁发《河北省排放污染物许可证》。2016年12月2日,某公司再次投入1965万元,为四座窑炉增设脱硝脱硫除尘备用设备一套。

某公司于2015年3月18日缴纳行政罚款8万元。中国绿发会2016年提起公益诉讼后,某公司自2016年4月13日起至2016年11月23日止,分24次缴纳行政罚款共计1281万元。2017年7月25日,中国绿发会向法院提交《关于诉讼请求及证据说明》,确认某公司非

法排放大气污染物而对环境造成的损害期间从行政处罚认定发生损害时起至环保部门验收合格为止。法院委托环境保护部环境规划院环境风险与损害鉴定评估研究中心对某公司因排放大气污染物对环境造成的损害数额及采取替代修复措施修复被污染的大气环境所需费用进行鉴定，起止日期为 2015 年 10 月 28 日（行政处罚认定损害发生日）至 2016 年 6 月 15 日（环保达标日）。

2017 年 11 月，鉴定机构作出《某公司大气污染物超标排放环境损害鉴定意见》，按照虚拟成本法计算某公司在鉴定时间段内向大气超标排放颗粒物总量约为 2.06t，二氧化硫超标排放总量约为 33.45t，氮氧化物超标排放总量约为 75.33t，某公司所在秦皇岛地区为空气功能区 II 类。按照规定，环境空气 II 类区生态损害数额为虚拟治理成本的 3—5 倍，鉴定报告中取 3 倍计算对大气环境造成损害数额分别约为 0.74 万元、27.10 万元和 127.12 万元，共计 154.96 万元。

另查明，2015 年 3 月，河北广播网、燕赵都市网的网页显示，因被上诉人某公司未安装除尘脱硝脱硫设施超标排放大气污染物被按日连续处罚 200 多万。对于该网页显示内容的真实性，被上诉人某公司予以认可，故对其在 2015 年 10 月 28 日之前存在超标排污的事实予以确认。

裁判结果

河北省秦皇岛市中级人民法院于 2018 年 4 月 10 日作出（2016）冀 03 民初 40 号民事判决：一、秦皇岛某包装玻璃有限公司赔偿因超标排放大气污染物造成的损失 154.96 万元，上述费用分 3 期支付至秦皇岛市专项资金账户（每期 51.65 万元，第一期于判决生效之日起 7 日内支付，第二、三期分别于判决生效后第二、第三年的 12 月 31 日前支付），用于秦皇岛地区的环境修复。二、秦皇岛某包装玻璃有限公司于判决生效后 30 日内在全国性媒体上刊登因污染大气环境行为的致歉声明（内容须经一审法院审核后发布）。如秦皇岛某包装玻璃有限公司未履行上述义务，河北省秦皇岛市中级人民法院将本判决书内容在全国性的媒体公布，相关费用由秦皇岛某包装玻璃有限公司承担。三、秦皇岛某包装玻璃有限公司于判决生效后 15 日内支付中国生物多样性保护与绿色发展基金会因本案支出的合理费用 3 万元。四、驳回中国生物多样性保护与绿色发展基金会的其他诉讼请求。案件受理费 80 元，由秦皇岛某包装玻璃有限公司负担，鉴定费用 15 万元由秦皇岛某包装玻璃有限公司负担（已支付）。宣判后，中国生物多样性保护与绿色发展基金会提出上诉。河北省高级人民法院于 2018 年 11 月 5 日作出（2018）冀民终 758 号民事判决：驳回上诉，维持原判。

裁判理由

法院生效判决认为，《最高人民法院关于审理环境民事公益诉讼案件适用法律若干问题的解释》第二十三条规定，生态环境修复费用难以确定的，人民法院可以结合污染环境、破坏生态的范围和程度、防止污染设备的运行成本、污染企业因侵权行为所得的利益以及过错程度等因素予以合理确定。本案中，某公司于 2015 年 2 月与无锡市格瑞环保科技有限公司签订《玻璃窑炉脱硝脱硫除尘总承包合同》，对其四座窑炉配备的环保设施进行升级改造，合同总金额 3617 万元，体现了企业防污整改的守法意识。某公司在环保设施升级改造过程中出现超标排污行为，虽然行为具有违法性，但在超标排污受到行政处罚后，某公司积极缴纳行政罚款共计 1280 余万元，其超标排污行为受到行政制裁。在提起本案公益诉讼后，某公司加快了环保设施的升级改造，并在环保设施验收合格后，再次投资 1965 万元建造一套备用排污设备，是秦皇岛地区首家实现大气污染治理环保设备开一备一的企业。

《中华人民共和国环境保护法》第一条、第四条规定了保护环境、防止污染，促进经济可持续发展的立法目的，体现了保护与发展并重原则。环境公益诉讼在强调环境损害救济的同时，亦应兼顾预防原则。本案诉讼过程中，某公司加快环保设施的整改进度，积极承担行政责任，并在其安装的环保设施验收合格后，出资近2000万元再行配备一套环保设施，以确保生产过程中环保设施的稳定运行，大大降低了再次造成环境污染的风险与可能性。某公司自愿投入巨资进行污染防治，是在中国绿发会一审提出"环境损害赔偿与环境修复费用"的诉讼请求之外实施的维护公益行为，实现了《中华人民共和国环境保护法》第五条规定的"保护优先，预防为主"的立法意图，以及环境民事公益诉讼风险预防功能，具有良好的社会导向作用。人民法院综合考虑某公司在企业生产过程中超标排污行为的违法性、过错程度、治理污染的运行成本以及防污采取的积极措施等因素，对于某公司在一审鉴定环境损害时间段之前的超标排污造成的损害予以折抵，维持一审法院依据鉴定意见判决环境损害赔偿及修复费用的数额。

11. 山东省烟台市人民检察院诉王某殿、马某凯环境民事公益诉讼案

（最高人民法院审判委员会讨论通过　2019年12月26日发布，指导案例133号）

关键词　民事/环境民事公益诉讼/水污染/生态环境修复责任/自净功能

裁判要点

污染者违反国家规定向水域排污造成生态环境损害，以被污染水域有自净功能、水质得到恢复为由主张免除或者减轻生态环境修复责任的，人民法院不予支持。

相关法条

1. 《中华人民共和国侵权责任法》第4条第1款、第8条、第65条、第66条
2. 《中华人民共和国环境保护法》第64条

基本案情

2014年2月至4月期间，王某殿、马某凯在未办理任何注册、安检、环评等手续的情况下，在莱州市柞村镇消水庄村沙场大院北侧车间从事盐酸清洗长石颗粒项目，王某殿提供场地、人员和部分资金，马某凯出资建设反应池、传授技术、提供设备、购进原料、出售成品。在作业过程中产生约60吨的废酸液，该废酸液被王某殿先储存于厂院北墙外的废水池内。废酸液储存于废水池期间存在明显的渗漏迹象，渗漏的废酸液对废水池周边土壤和地下水造成污染。废酸液又被通过厂院东墙和西墙外的排水沟排入村北的消水河，对消水河内水体造成污染。2014年4月底，王某殿、马某凯盐酸清洗长石颗粒作业被莱州市公安局查获关停后，盐酸清洗长石颗粒剩余的20余吨废酸液被王某殿填埋在反应池内。该废酸液经莱州市环境监测站监测和莱州市环境保护局认定，监测PH值小于2，根据国家危险废物名录及危险废物鉴定标准和鉴别方法，属于废物类别为"HW34废酸中代码为900-300-34"的危险废物。2016年6月1日，被告人马某凯因犯污染环境罪，被判处有期徒刑一年六个月，缓刑二年，并处罚金人民币二万元（所判罚金已缴纳）；被告人王某殿犯污染环境罪，被判处有期徒刑一年二个月，缓刑二年，并处罚金人民币二万元（所判罚金已缴纳）。

莱州市公安局办理王某殿污染环境刑事一案中，莱州市公安局食药环侦大队《现场勘验检查工作记录》中记载"中心现场位于消水沙场院内北侧一废弃车间内。车间内西侧南北方

向排列有两个长20m、宽6m、平均深1.5m的反应池,反应池底部为斜坡。车间北侧见一夹道,夹道内见三个长15m、宽2.6m、深2m的水泥池。"现车间内西侧的北池废酸液被沙土填埋,受污染沙土总重为223吨。

2015年11月27日,莱州市公安局食品药品与环境犯罪侦查大队委托山东省环境保护科学研究设计院环境风险与污染损害鉴定评估中心对莱州市王某殿、马某凯污染环境案造成的环境损害程度及数额进行鉴定评估。该机构于2016年2月作出莱州市王某殿、马某凯污染环境案环境损害检验报告,认定:本次评估可量化的环境损害为应急处置费用和生态环境损害费用,应急处置费用为酸洗池内受污染沙土的处置费用5.6万元,生态环境损害费用为偷排酸洗废水造成的生态损害修复费用72万元,合计为77.6万元。

2016年4月6日,莱州市人民检察院向莱州市环境保护局发出莱检民(行)行政违监〔2016〕37068300001号检察建议,"建议对消水河流域的其他企业、小车间等的排污情况进行全面摸排,看是否还存在向消水河流域排放污染物的行为"。莱州市环境保护局于同年5月3日回复称,"我局在收到莱州市人民检察院检察建议书后,立即组织执法人员对消水河流域的企业、小车间的排污情况进行全面排查,经严格执法,未发现有向消水河流域排放废酸等危险废物的环境违法行为"。

2017年2月8日,山东省烟台市中级人民法院会同公益诉讼人及王某殿、马某凯、烟台市环保局、莱州市环保局、消水庄村委对王某殿、马某凯实施侵权行为造成的污染区域包括酸洗池内的沙土和周边居民区的部分居民家中水井地下水进行了现场勘验并取样监测,取证现场拍摄照片22张。环保部门向人民法院提交了2017年2月13日水质监测达标报告(8个监测点位水质监测结果均为达标)及其委托山东恒诚检测科技有限公司出具的2017年2月14日酸洗池固体废物检测报告(酸洗反应南池-40cm PH值=9.02,-70cm PH值=9.18,北池-40cm PH值=2.85,-70cm PH值=2.52)。公益诉讼人向人民法院提交的2017年3月3日由莱州市环境保护局委托山东恒诚检测科技有限公司对王某殿酸洗池废池的检测报告,载明:反应池南池-1.2m PH值=9.7,北池-1.2m PH值<2。公益诉讼人认为,《危险废物鉴别标准浸出毒性鉴别GB 5085.3—2007》和《土壤环境监测技术规范》(HJ/t166-2004)规定;PH值≥12.5或者≤2.0时为具有腐蚀性的危险废物。国家危险废物名录(2016版)HW34废酸一项900-300-34类为"使用酸进行清洗产生的废酸液";HW49其他废物一项900-041-49类为"含有或沾染毒性、感染性危险废物的废弃包装物、容器、过滤吸附介质"。涉案酸洗池内受污染沙土属于危险废物,酸洗池内的受污染沙土总量都应该按照危险废物进行处置。

公益诉讼人提交的山东省地质环境监测总站水工环高级工程师刘某金就地下水污染演变过程所做的咨询报告专家意见,载明:一、地下水环境的污染发展过程。1.污染因子通过地表入渗进入饱和带(潜水含水层地下水水位以上至地表的地层),通过渗漏达到地下水水位进入含水层。2.进入含水层,初始在水头压力作用下向四周扩散形成一个沿地下水流向展布的似圆状污染区。3.当污染物持续入渗,在地下水水动力的作用下,污染因子随着地下水径流,向下游扩散,一般沿地下水流向以初始形成的污染区为起点呈扇形或椭圆形向下流拓展扩大。4.随着地下水径流形成的污染区不断拓展,污染面积不断扩大,污染因子的浓度不断增大,造成对地下水环境的污染,在污染源没有切断的情况下,污染区将沿着地下水径流方向不断拓展。二、污染区域的演变过程、地下水污染的演变过程,主要受污染的持续性,包气带的渗漏性,含水层的渗透性,土壤及含水层岩土的吸附性,地下水径流条件等因素密切相关。1.长期污染演变过程。在污染因子进入地表通过饱和带向下渗漏的过程中,部分被饱和带岩土吸附,污染包气带的岩土层;初始进入含水层的污染因子浓度较低,当经过一段时间渗漏途径吸附达到饱和后,进入含水层的污染因子浓度将逐渐接近或达到污水的浓度。进入含水层向下游拓展过程中,通过地下水的稀释和含水层的吸附,开始会逐渐降低。达到饱和后,随着污染因子的不断注入,达到一定浓度的污染区将不断向下游拓展,污染区域面积将不断扩大。2. 短期污染演变过程。短期污染是指污水进入地下水环境经过一定时期，消除污染源，已进入地下水环境的污染因子和污染区域的变化过程。①污染因子的演变过程。在消除污染源阻断污染因子进入地下水环境的情况下，随着上游地下水径流和污染区地下水径流扩大区域的地下水的稀释，及含水层岩土的吸附作用，污染水域的地下水浓度将逐渐降低，水质逐渐好转。②污染区域的变化。在消除污染源，污水阻止进入含水层后，地下水污染区域将随着时间的推移，在地下水径流水动力的作用下，整个污染区将逐渐向下游移动扩大，随着污染区扩大、岩土吸附作用的加强，含水层中地下水水质将逐渐好转，在经过一定时间后，污染因子将吸附于岩土层和稀释于地下水中，改善污染区地下水环境，最终使原污染区达到有关水质要求标准。

裁判结果

山东省烟台市中级人民法院于 2017 年 5 月 31 日作出（2017）鲁 06 民初 8 号民事判决：一、被告王某殿、马某凯在本判决生效之日起三十日内在烟台市环境保护局的监督下按照危险废物的处置要求将酸洗池内受污染沙土 223 吨进行处置，消除危险；如不能自行处置，则由环境保护主管部门委托第三方进行处置，被告王某殿、马某凯赔偿酸洗危险废物处置费用 5.6 万元，支付至烟台市环境公益诉讼基金帐户。二、被告王某殿、马某凯在本判决生效之日起九十日内对莱州市柞村镇消水庄村沙场大院北侧车间周边地下水、土壤和消水河内水体的污染治理制定修复方案并进行修复，逾期不履行修复义务或者修复未达到保护生态环境社会公共利益标准的，赔偿因其偷排酸洗废水造成的生态损害修复费用 72 万元，支付至烟台市环境公益诉讼基金帐户。该案宣判后，双方均未提出上诉，判决已发生法律效力。

裁判理由

法院生效裁判认为：

一、关于王某殿、马某凯侵权行为认定问题

（一）关于涉案危险废物数量及处置费用的认定问题

审理中，山东恒诚检测科技有限公司出具的检测报告指出涉案酸洗反应南池-40cm、-70cm 及-1.2m 深度的 ph 值均在正常值范围内；北池-1.2m ph 值<2 属于危险废物。涉案酸洗池的北池内原为王某殿、马某凯使用盐酸进行长石颗粒清洗产生的废酸液，后其用沙土进行了填埋，根据国家危险废物名录（2016 版）HW34 废酸 900-300-34 和 HW49 其他废物一项 900-041-49 类规定，现整个池中填埋的沙土吸附池中的废酸液，成为含有或沾染腐蚀性毒性的危险废物。山东省环境保护科学研究设计院环境风险与污染损害鉴定评估中心出具的环境损害检验报告中将酸洗池北池内受污染沙土总量 223 吨作为危险废物量，参照《环境污染损害数额计算推荐方法》中给出的"土地资源参照单位修复治理成本"清洗法的单位治理成本 250-800 元/吨，本案取值 250 元/吨予以计算处置费用 5.6 万元，具有事实和法律依据，并无不当，予以采信。（具体计算方法为：20m×6m×平均深度 1.3m×密度 1.3t/m³ = 203t 沙土+20t 废酸=223t×250 元/t=5.6 万元）

（二）关于涉案土壤、地表水及地下水污染生态损害修复费用的认定问题

莱州市环境监测站监测报告显示，废水池内残留废水的 PH 值<2，属于强酸性废水。王某殿、马某凯通过废水池、排水沟排放的酸洗废水系危险废物亦为有毒物质污染环境，致部分居民家中水井颜色变黄，味道呛人，无法饮用。监测发现部分居民家中井水的 PH 值低于背景值，氯化物、总硬度远高于背景值，且明显超标。储存于废水池期间渗漏的废水渗透至周边土壤和地下水，排入沟内的废水流入消水河。涉案污染区域周边没有其他类似污染源，可以确定受污染地下水系黄色、具有刺鼻气味，且氯化物浓度较高的污染物，即王某殿、马某凯实施的环境污染行为造成。

2017年2月13日水质监测报告显示,在原水质监测范围内的部分监测点位,水质监测结果达标。根据地质环境监测专家出具的意见,可知在消除污染源阻断污染因子进入地下水环境的情况下,随着上游地下水径流和污染区地下水径流扩大区域的地下水稀释及含水层岩土的吸附作用,污染水域的地下水浓度将逐渐降低,水质逐渐好转。地下水污染区域将随着时间的推移,在地下水径流水动力的作用下,整个污染区将逐渐向下游移动扩大。经过一定时间,原污染区可能达到有关水质要求标准,但这并不意味着地区生态环境好转或已修复。王某殿、马某凯仍应当承担其污染区域的环境生态损害修复责任。在被告不能自行修复的情况下,根据《环境污染损害数额计算推荐方法》和《突发环境事件应急处置阶段环境损害评估推荐方法》的规定,采用虚拟治理成本法估算王某殿、马某凯偷排废水造成的生态损害修复费用。虚拟治理成本是指工业企业或污水处理厂治理等量的排放到环境中的污染物应该花费的成本,即污染物排放量与单位污染物虚拟治理成本的乘积。单位污染物虚拟治理成本是指突发环境事件发生地的工业企业或污水处理厂单位污染物治理平均成本。在量化生态环境损害时,可以根据受污染影响区域的环境功能敏感程度分别乘以1.5-10的倍数作为环境损害数额的上下限值。本案受污染区域的土壤、Ⅲ类地下水及消水河Ⅴ类地表水生态损害修复费用,山东省环境保护科学研究设计院环境风险与污染损害鉴定评估中心出具的环境损害检验报告中取虚拟治理成本的6倍,按照已生效的莱州市人民法院(2016)鲁0683刑初136号刑事判决书认定的偷排酸洗废水60吨的数额计算,造成的生态损害修复费用为72万元,即单位虚拟治理成本2000元/t×60t×6倍=72万元具有事实和法律依据,并无不当。

二、关于侵权责任问题

《中华人民共和国侵权责任法》第六十五条规定,"因污染环境造成损害的,污染者应当承担侵权责任。"第六十六条规定,"因污染环境发生纠纷,污染者应当就法律规定的不承担责任或者减轻责任的情形及其行为与损害之间不存在因果关系承担举证责任。"山东省莱州市人民法院作出的(2016)鲁0683刑初136号刑事判决书认定王某殿、马某凯实施的环境污染行为与所造成的环境污染损害后果之间存在因果关系,王某殿、马某凯对此没有异议,并且已经发生法律效力。根据《中华人民共和国环境保护法》第六十四条、《中华人民共和国侵权责任法》第八条、第六十五条、第六十六条、《最高人民法院关于审理环境侵权责任纠纷案件适用法律若干问题的解释》第十四条之规定,王某殿、马某凯应当对其污染环境造成社会公共利益受到损害的行为承担侵权责任。

12. 重庆市绿色志愿者联合会诉恩施自治州某矿业有限责任公司水污染责任民事公益诉讼案

(最高人民法院审判委员会讨论通过 2019年12月26日发布,指导案例134号)

关键词 民事/环境民事公益诉讼/停止侵害/恢复生产/附条件/环境影响评价

裁判要点

环境民事公益诉讼中,人民法院判令污染者停止侵害的,可以责令其重新进行环境影响评价,在环境影响评价文件经审查批准及配套建设的环境保护设施经验收合格之前,污染者不得恢复生产。

相关法条

1.《中华人民共和国环境影响评价法》第24条第1款

2.《中华人民共和国水污染防治法》第 17 条第 3 款

基本案情

原告重庆市绿色志愿者联合会（以下简称重庆绿联会）对被告恩施自治州某矿业有限责任公司（以下简称某矿业公司）提起环境民事公益诉讼，诉请判令被告停止侵害，承担生态环境修复责任。重庆市人民检察院第二分院支持起诉。

法院经审理查明，千丈岩水库位于重庆市巫山县、奉节县和湖北省建始县交界地带。水库设计库容 405 万立方米，2008 年开始建设，2013 年 12 月 6 日被重庆市人民政府确认为集中式饮用水源保护区，供应周边 5 万余人的生活饮用和生产用水。湖北省建始县毗邻重庆市巫山县，被告某矿业公司选矿厂位于建始县业州镇郭家淌国有高岩子林场，距离巫山县千丈岩水库直线距离约 2.6 公里，该地区属喀斯特地貌的山区，地下裂缝纵横，暗河较多。某矿业公司硫铁矿选矿项目于 2009 年编制可行性研究报告，2010 年 4 月 23 日取得恩施土家族苗族自治州发展和改革委员会批复。2010 年 7 月开展环境影响评价工作，2011 年 5 月 16 日取得恩施土家族苗族自治州环境保护局环境影响评价批复。2012 年开工建设，2014 年 6 月基本完成，但水污染防治设施等未建成。某矿业公司选矿厂硫铁矿生产中因有废水和尾矿排放，属于排放污染物的建设项目。其项目建设可行性报告中明确指出尾矿库库区为自然成库的岩溶洼地，库区岩溶表现为岩溶裂隙和溶洞。同时，尾矿库工程安全预评价报告载明："建议评价报告做下列修改和补充：1. 对库区渗漏分单元进行评价，提出对策措施；2. 对尾矿库运行后可能存在的排洪排水问题进行补充评价"。但某矿业公司实际并未履行修改和补充措施。

2014 年 8 月 10 日，某矿业公司选矿厂使用硫铁矿原矿约 500 吨、乙基钠黄药、2 号油进行违法生产，产生的废水、尾矿未经处理就排入临近有溶洞漏斗发育的自然洼地。2014 年 8 月 12 日，巫山县红椿乡村民反映千丈岩水库饮用水源取水口水质出现异常，巫山县启动重大突发环境事件应急预案。应急监测结果表明，被污染水体无重金属毒性，但具有有机物毒性，COD（化学需氧量）、Fe（铁）分别超标 0.25 倍、30.3 倍，悬浮物高达 260mg/L。重庆市相关部门将污染水体封存在水库内，对受污染水体实施药物净化等应急措施。

千丈岩水库水污染事件发生后，环境保护部明确该起事件已构成重大突发环境事件。环境保护部环境规划院环境风险与损害鉴定评估研究中心作出《重庆市巫山县红椿乡千丈岩水库突发环境事件环境损害评估报告》。该报告对本次环境污染的污染物质、突发环境事件造成的直接经济损失、本次污染对水库生态环境影响的评价等进行评估。并判断该次事件对水库的水生生态环境没有造成长期的不良影响，无需后续的生态环境修复，无需进行进一步的中长期损害评估。湖北省环保厅于 2014 年 9 月 4 日作出行政处罚决定，认定磺厂坪矿业公司硫铁矿选矿项目水污染防治设施未建成，擅自投入生产，非法将生产产生的废水和尾矿排放、倾倒至厂房下方的洼地内，造成废水和废渣经洼地底部裂隙渗漏，导致千丈岩水库水体污染。责令停止生产直至验收合格，限期采取治理措施消除污染，并处罚款 1000000 元。行政处罚决定作出后，某矿业公司仅缴纳了罚款 1000000 元，但并未采取有效消除污染的治理措施。

2015 年 4 月 26 日，法院依原告申请，委托北京师范大学对千丈岩环境污染事件的生态修复及其费用予以鉴定，北京师范大学鉴定认为：1、某矿业公司系此次千丈岩水库生态环境损害的唯一污染源，责任主体清楚，环境损害因果关系清晰。2、对《重庆市巫山县红椿乡千丈岩水库突发环境事件环境损害评估报告》评价的对水库生态环境没有造成长期的不良影响，无需后续生态环境修复，无需进行中长期损害评估的结论予以认可。3、本次污染土壤的生态环境损害评估认定：经过 9 个月后，事发区域土壤中的乙基钠黄药已得到降解，不会对当地生态环境再次带来损害，但洼地土壤中的 Fe 污染物未发生自然降解，超出当地生态基线，短期内不能自然恢复，将对千丈岩水库及周边生态环境带来潜在污染风险，需采取人工干预方式进行生态修复。根据《突发环境事件应急处置阶段环境损害评估推荐方法》〔环办（2014）

118号〕，采用虚拟治理成本法计算洼地土壤生态修复费用约需991000元。4、建议后续进一步制定详细的生态修复方案，开展事故区域生态环境损害的修复，并做好后期监管工作，确保千丈岩水库的饮水安全和周边生态环境安全。在案件审理过程中，重庆绿联会申请通知鉴定人出庭，就生态修复接受质询并提出意见。鉴定人王某生教授认为，土壤元素本身不是控制性指标，就饮用水安全而言，洼地土壤中的Fe高于饮用水安全标准；被告某矿业公司选矿厂所处位置地下暗河众多，地区降水量大，污染饮用水的风险较高。

裁判结果

重庆市万州区人民法院于2016年1月14日作出（2014）万法环公初字第00001号民事判决：一、恩施自治州某矿业有限责任公司立即停止对巫山县千丈岩水库饮用水源的侵害，重新进行环境影响评价，未经批复和环境保护设施未经验收，不得生产；二、恩施自治州某矿业有限责任公司在判决生效后180日内，对位于恩施自治州建始县业州镇郭家淌国有高岩子林场选矿厂洼地土壤制定修复方案进行生态修复，逾期不履行修复义务或修复不合格，由恩施自治州某矿业有限责任公司承担修复费用991000元支付至指定的账号；三、恩施自治州某矿业有限责任公司对其污染生态环境，损害公共利益的行为在国家级媒体上赔礼道歉；四、恩施自治州某矿业有限责任公司支付重庆市绿色志愿者联合会为本案诉讼而产生的合理费用及律师费共计150000元；五、驳回重庆市绿色志愿者联合会的其它诉讼请求。一审宣判后，恩施自治州某矿业有限责任公司不服，提起上诉。重庆市第二中级人民法院于2016年9月13日作出（2016）渝02民终77号民事判决：驳回上诉，维持原判。

裁判理由

法院生效裁判认为，本案的焦点问题之一为是否需判令停止侵害并重新作出环境影响评价。

环境侵权行为对环境的污染、生态资源的破坏往往具有不可逆性，被污染的环境、被破坏的生态资源很多时候难以恢复，单纯事后的经济赔偿不足以弥补对生态环境所造成的损失，故对于环境侵权行为应注重防患于未然，才能真正实现环境保护的目的。本案某矿业公司只是暂时停止了生产行为，其"三同时"工作严重滞后、环保设施未建成等违法情形并未实际消除，随时可能恢复违法生产。由于某矿业公司先前的污染行为，导致相关区域土壤中部分生态指标超过生态基线，因当地降水量大，又地处喀斯特地貌山区，裂隙和溶洞较多，暗河纵横，而其中的暗河水源正是千丈岩水库的聚水来源，污染风险明显存在。考虑到某矿业公司的违法情形尚未消除、项目所处区域地质地理条件复杂特殊，在不能确保恢复生产不会再次造成环境污染的前提下，应当禁止其恢复生产，才能有效避免当地生态环境再次遭受污染破坏，亦可避免在今后发现某矿业公司重新恢复违法生产后需另行诉讼的风险，减轻当事人诉累、节约司法资源。故某矿业公司虽在起诉之前已停止生产，仍应判令其对千丈岩水库饮用水源停止侵害。

此外，千丈岩水库开始建设于2008年，而某矿业公司项目的环境影响评价工作开展于2010年7月，并于2011年5月16日才取得当地环境行政主管部门的批复。《中华人民共和国环境影响评价法》第二十三条规定："建设项目可能造成跨行政区域的不良环境影响，有关环境保护行政主管部门对该项目的环境影响评价结论有争议的，其环境影响评价文件由共同的上一级环境保护行政主管部门审批"。考虑到该项目的性质、与水库之间的相对位置及当地特殊的地质地理条件，本应在当时项目的环境影响评价中着重考虑对千丈岩水库的影响，但由于两者分处不同省级行政区域，导致当时的环境影响评价并未涉及千丈岩水库，可见该次环境影响评价是不全面且有着明显不足的。由于新增加了千丈岩水库这一需要重点考量的环境保护目标，导致原有的环境影响评价依据发生变化，在已发生重大突发环境事件的现实情况下，涉案项目在防治污染、防止生态破坏的措施方面显然也需要作出重大变动。根据《中华人民共和国环境影响评价法》第二十四条第一款"建设项目的环境影响评价文件经批准后，建设项目的性质、规模、地点、采用的生产工艺或者防治污染、防止生态破坏的措施发生重大变动的，建设单位应当重新报批建设项目的环境影响评价文件"及《中华人民共和国水污染防治法》第十七条第三款"建设项目的水污染防治设施，应当与主体工程同时设计、同时施工、同时投入使用。水污染防治设施应当经过环境保护主管部门验收，验收不合格的，该建设项目不得投入生产或者使用"的规定，鉴于千丈岩水库的重要性、作为一级饮用水水源保护区的环境敏感性及涉案项目对水库潜在的巨大污染风险，在应当作为重点环境保护目标纳入建设项目环境影响评价而未能纳入且客观上已经造成重大突发环境事件的情况下，考虑到原有的环境影响评价依据已经发生变化，出于对重点环境保护目标的保护及公共利益的维护，某矿业公司应在考虑对千丈岩水库环境影响的基础上重新对项目进行环境影响评价并履行法定审批手续，未经批复和环境保护设施未经验收，不得生产。

13. 江苏省徐州市人民检察院诉苏州某工艺品有限公司等环境民事公益诉讼案

（最高人民法院审判委员会讨论通过 2019年12月26日发布，指导案例135号）

关键词 民事/环境民事公益诉讼/环境信息/不利推定

裁判要点

在环境民事公益诉讼中，原告有证据证明被告产生危险废物并实施了污染物处置行为，被告拒不提供其处置污染物情况等环境信息，导致无法查明污染物去向的，人民法院可以推定原告主张的环境污染事实成立。

相关法条

《中华人民共和国固体废物污染环境防治法》第55条、第57条、第59条

基本案情

2015年5、6月份，苏州某工艺品有限公司（以下简称某公司）将其工业生产活动中产生的83桶硫酸废液，以每桶1300-3600元不等的价格，交由黄某峰处置。黄某峰将上述硫酸废液运至苏州市区其租用的场院内，后以每桶2000元的价格委托何某义处置，何某义又以每桶1000元的价格委托王某义处置。王某义到物流园马路边等处随机联系外地牌号货车车主或司机，分多次将上述83桶硫酸废液直接从黄某峰存放处运出，要求他们带出苏州后随意处置，共支出运费43000元。其中，魏某东将15桶硫酸废液从苏州运至沛县经济开发区后，在农地里倾倒3桶，余下12桶被丢弃在某工地上。除以上15桶之外，其余68桶硫酸废液王某义无法说明去向。2015年12月，沛县环保部门巡查时发现12桶硫酸废液。经鉴定，确定该硫酸废液是危险废物。2016年10月，某公司将12桶硫酸废液合法处置，支付费用116740.08元。

2017年8月2日，江苏省沛县人民检察院对某公司、江某鸣、黄某峰、何某义、王某义、魏某东等向徐州铁路运输法院提起公诉，该案经江苏省徐州市中级人民法院二审后，终审判决认定某公司、江某鸣、黄某峰、何某义、王某义、魏某东等构成污染环境罪。

江苏省徐州市人民检察院在履行职责中发现以上破坏生态环境的行为后，依法公告了准

备提起本案诉讼的相关情况，公告期内未有法律规定的机关和有关组织提起诉讼。2018年5月，江苏省徐州市人民检察院向江苏省徐州市中级人民法院提起本案诉讼，请求判令某公司、黄某峰、何某义、王某义、魏某东连带赔偿倾倒3桶硫酸废液和非法处置68桶硫酸废液造成的生态环境修复费用，并支付其为本案支付的专家辅助人咨询费、公告费，要求五被告共同在省级媒体上公开赔礼道歉。

裁判结果

江苏省徐州市中级人民法院于2018年9月28日作出（2018）苏03民初256号民事判决：一、苏州某工艺品有限公司、黄某峰、何某义、王某义、魏某东于判决生效后三十日内，连带赔偿因倾倒3桶硫酸废液所产生的生态环境修复费用204415元，支付至徐州市环境保护公益金专项资金账户；二、苏州某工艺品有限公司、黄某峰、何某义、王某义于判决生效后三十日内，连带赔偿因非法处置68桶硫酸废液所产生的生态环境修复费用4630852元，支付至徐州市环境保护公益金专项资金账户；三、苏州某工艺品有限公司、黄某峰、何某义、王某义、魏某东于判决生效后三十日内连带支付江苏省徐州市人民检察院为本案支付的合理费用3800元；四、苏州某工艺品有限公司、黄某峰、何某义、王某义、魏某东于判决生效后三十日内共同在省级媒体上就非法处置硫酸废液行为公开赔礼道歉。一审宣判后，各当事人均未上诉，判决已发生法律效力。

裁判理由

法院生效裁判认为：

一、关于在沛县经济开发区倾倒3桶硫酸废液造成的生态环境损害，五被告应否承担连带赔偿责任及赔偿数额如何确定问题

《中华人民共和国固体废物污染环境防治法》（以下简称固体废物法）第五十五条规定："产生危险废物的单位，必须按照国家有关规定处置危险废物，不得擅自倾倒、堆放"。第五十七条规定："从事收集、贮存、处置危险废物经营活动的单位，必须向县级以上人民政府环境保护行政主管部门申请领取经营许可证……禁止无经营许可证或者不按照经营许可证规定从事危险废物收集、贮存、利用、处置的经营活动"。本案中，某公司明知黄某峰无危险废物经营许可证，仍将危险废物硫酸废液交由其处置；黄某峰、何某义、王某义、魏某东明知自己无危险废物经营许可证，仍接收某公司的硫酸废液并非法处置。某公司与黄某峰、何某义、王某义、魏某东分别实施违法行为，层层获取非法利益，最终导致危险废物被非法处置，对此造成的生态环境损害，应当承担赔偿责任。五被告的行为均系生态环境遭受损害的必要条件，构成共同侵权，应当在各自参与非法处置危险废物的数量范围内承担连带责任。

本案中，倾倒3桶硫酸废液污染土壤的事实客观存在，但污染发生至今长达三年有余，且倾倒地已进行工业建设，目前已无法将受损的土壤完全恢复。根据《环境损害鉴定评估推荐方法（第Ⅱ版）》和原环境保护部《关于虚拟治理成本法适用情形与计算方法的说明》（以下简称《虚拟治理成本法说明》），对倾倒3桶硫酸废液所产生的生态环境修复费用，可以适用"虚拟治理成本法"予以确定，其计算公式为：污染物排放量×污染物单位治理成本×受损害环境敏感系数。公益诉讼起诉人委托的技术专家提出的倾倒3桶硫酸废液所致生态环境修复费用为204415元（4.28×6822.92×7）的意见，理据充分，应予采纳。该项生态环境损害系某公司、黄某峰、何某义、王某义、魏某东五被告的共同违法行为所致，五被告应连带承担204415元的赔偿责任。

二、关于五被告应否就其余68桶硫酸废液承担生态环境损害赔偿责任，赔偿数额如何确定问题

根据固体废物法等法律法规，我国实行危险废物转移联单制度，申报登记危险废物的流

向、处置情况等,是危险废物产生单位的法定义务;如实记载危险废物的来源、去向、处置情况等,是危险废物经营单位的法定义务;产生、收集、贮存、运输、利用、处置危险废物的单位和个人,均应设置危险废物识别标志,均有采取措施防止危险废物污染环境的法定义务。本案中,某公司对硫酸废液未履行申报登记义务,未依法申请领取危险废物转移联单,黄某峰、何某义、王某义三被告非法从事危险废物经营活动,没有记录硫酸废液的流向及处置情况等,某公司、黄某峰、何某义、王某义四被告逃避国家监管,非法转移危险废物,不能说明68桶硫酸废液的处置情况,没有采取措施防止硫酸废液污染环境,且68桶硫酸废液均没有设置危险废物识别标志,而容器上又留有出水口,即使运出苏州后被整体丢弃,也存在液体流出污染环境甚至危害人身财产安全的极大风险。因此,根据《最高人民法院关于审理环境民事公益诉讼案件适用法律若干问题的解释》第十三条"原告请求被告提供其排放的主要污染物名称、排放方式、排放浓度和总量、超标排放情况以及防治污染设施的建设和运行情况等环境信息,法律、法规、规章规定被告应当持有或者有证据证明被告持有而拒不提供,如果原告主张相关事实不利于被告的,人民法院可以推定该主张成立"之规定,本案应当推定其余68桶硫酸废液被非法处置并污染了环境的事实成立。

关于该项损害的赔偿数额。根据《虚拟治理成本法说明》,该项损害的具体情况不明确,其产生的生态环境修复费用,也可以适用"虚拟治理成本法"予以确定。如前所述,68桶硫酸废液的重量仍应以每桶1.426吨计算,共计96.96吨;单位治理成本仍应确定为6822.92元。关于受损害环境敏感系数。本案非法处置68桶硫酸废液实际损害的环境介质及环境功能区类别不明,可能损害的环境介质包括土壤、地表水或地下水中的一种或多种。而不同的环境介质、不同的环境功能区类别,其所对应的环境功能区敏感系数不同,存在2-11等多种可能。公益诉讼起诉人主张适用的系数7,处于环境敏感系数的中位,对应Ⅱ类地表水、Ⅱ类土壤、Ⅲ类地下水,而且本案中已经查明的3桶硫酸废液实际污染的环境介质即为Ⅱ类土壤。同时,四被告也未能举证证明68桶硫酸废液实际污染了敏感系数更低的环境介质。因此,公益诉讼起诉人的主张具有合理性,同时体现了对逃避国家监管、非法转移处置危险废物违法行为的适度惩罚,应予采纳。综上,公益诉讼起诉人主张非法处置68桶硫酸废液产生的生态环境修复费用为4630852元(96.96×6822.92×7),应予支持。同时,如果今后查明68桶硫酸废液实际污染了敏感系数更高的环境介质,以上修复费用尚不足以弥补生态环境损害的,法律规定的机关和有关组织仍可以就新发现的事实向被告另行主张。该项生态环境损害某公司、黄某峰、何某义、王某义四被告的共同违法行为所致,四被告应连带承担4630852元的赔偿责任。

综上所述,生态文明建设是关系中华民族永续发展的根本大计,生态环境没有替代品,保护生态环境人人有责。产生、收集、贮存、运输、利用、处置危险废物的单位和个人,必须严格履行法律义务,切实采取措施防止危险废物对环境的污染。被告某公司、黄某峰、何某义、王某义、魏某东没有履行法律义务,逃避国家监管,非法转移处置危险废物,任由危险废物污染环境,对此造成的生态环境损害,应当依法承担侵权责任。

14. 吉林省白山市人民检察院诉白山市江源区卫生和计划生育局、白山市江源区中医院环境公益诉讼案

(最高人民法院审判委员会讨论通过 2019年12月26日发布,指导案例136号)

关键词 行政/环境行政公益诉讼/环境民事公益诉讼/分别立案/一并审理

裁判要点

人民法院在审理人民检察院提起的环境行政公益诉讼案件时，对人民检察院就同一污染环境行为提起的环境民事公益诉讼，可以参照行政诉讼法及其司法解释规定，采取分别立案、一并审理、分别判决的方式处理。

相关法条

《中华人民共和国行政诉讼法》第 61 条

基本案情

白山市江源区中医院新建综合楼时，未建设符合环保要求的污水处理设施即投入使用。吉林省白山市人民检察院发现该线索后，进行了调查。调查发现白山市江源区中医院通过渗井、渗坑排放医疗污水。经对其排放的医疗污水及渗井周边土壤取样检验，化学需氧量、五日生化需氧量、悬浮物、总余氯等均超过国家标准。还发现白山市江源区卫生和计划生育局在白山市江源区中医院未提交环评合格报告的情况下，对其《医疗机构职业许可证》校验为合格，且对其违法排放医疗污水的行为未及时制止，存在违法行为。检察机关在履行了提起公益诉讼的前置程序后，诉至法院，请求：1. 确认被告白山市江源区卫生和计划生育局于 2015 年 5 月 18 日为第三人白山市江源区中医院校验《医疗机构执业许可证》的行为违法；2. 判令白山市江源区卫生和计划生育局履行法定监管职责，责令白山市江源区卫生和计划生育局限期对白山市江源区中医院的医疗污水净化处理设施进行整改；3. 判令白山市江源区中医院立即停止违法排放医疗污水。

裁判结果

白山市中级人民法院于 2016 年 7 月 15 日以（2016）吉 06 行初 4 号行政判决，确认被告白山市江源区卫生和计划生育局于 2015 年 5 月 18 日对第三人白山市江源区中医院《医疗机构执业许可证》校验合格的行政行为违法；责令被告白山市江源区卫生和计划生育局履行监管职责，监督第三人白山市江源区中医院在三个月内完成医疗污水处理设施的整改。同日，白山市中级人民法院作出（2016）吉 06 民初 19 号民事判决，判令被告白山市江源区中医院立即停止违法排放医疗污水。一审宣判后，各方均未上诉，判决已经发生法律效力。

裁判理由

法院生效裁判认为，根据国务院《医疗机构管理条例》第五条及第四十条的规定，白山市江源区卫生和计划生育局对辖区内医疗机构具有监督管理的法定职责。《吉林省医疗机构审批管理办法（试行）》第四十四条规定，医疗机构申请校验时应提交校验申请、执业登记项目变更情况、接受整改情况、环评合格报告等材料。白山市江源区卫生和计划生育局在白山市江源区中医院未提交环评合格报告的情况下，对其《医疗机构职业许可证》校验为合格，违反上述规定，该校验行为违法。白山市江源区中医院违法排放医疗污水，导致周边地下水及土壤存在重大污染风险。白山市江源区卫生和计划生育局作为卫生行政主管部门，未及时制止，其怠于履行监管职责的行为违法。白山市江源区中医院通过渗井、渗坑违法排放医疗污水，且污水处理设施建设完工及环评验收需要一定的时间，故白山市江源区卫生和计划生育局应当继续履行监管职责，督促白山市江源区中医院污水处理工程及时完工，达到环评要求并投入使用，符合《吉林省医疗机构审批管理办法（试行）》第四十四条规定的校验医疗机构执业许可证的条件。

《中华人民共和国侵权责任法》第六十五条、第六十六条规定，因污染环境造成损害的，污染者应当承担侵权责任。因污染环境发生纠纷,污染者应当就法律规定的不承担责任或者减轻责任的情形及其行为与损害之间不存在因果关系承担举证责任。本案中,根据公益诉讼人的举证和查明的相关事实,可以确定白山市江源区中医院未安装符合环保要求的污水处理设备,通过渗井、渗坑实施了排放医疗污水的行为。从检测机构的检测结果及检测意见可知,其排放的医疗污水,对附近地下水及周边土壤存在重大环境污染风险。白山市江源区中医院虽辩称其未建设符合环保要求的排污设备系因政府对公办医院投入建设资金不足所致,但该理由不能否定其客观上实施了排污行为,产生了周边地下水及土壤存在重大环境污染风险的损害结果,以及排污行为与损害结果存在因果关系的基本事实。且环境污染具有不可逆的特点,故作出立即停止违法排放医疗污水的判决。

15. 云南省剑川县人民检察院诉剑川县森林公安局怠于履行法定职责环境行政公益诉讼案

(最高人民法院审判委员会讨论通过 2019年12月26日发布,指导案例137号)

关键词 行政/环境行政公益诉讼/怠于履行法定职责/审查标准

裁判要点

环境行政公益诉讼中,人民法院应当以相对人的违法行为是否得到有效制止,行政机关是否充分、及时、有效采取法定监管措施,以及国家利益或者社会公共利益是否得到有效保护,作为审查行政机关是否履行法定职责的标准。

相关法条

1. 《中华人民共和国森林法》第13条、第20条
2. 《中华人民共和国森林法实施条例》第43条
3. 《中华人民共和国行政诉讼法》第70条、第74条

基本案情

2013年1月,剑川县居民王某全受玉鑫公司的委托在国有林区开挖公路,被剑川县红旗林业局护林人员发现并制止,剑川县林业局接报后交剑川县森林公安局进行查处。剑川县森林公安局于2013年2月20日向王某全送达了林业行政处罚听证权利告知书,并于同年2月27日向王某全送达了剑川县林业局剑林罚字(2013)第(288)号林业行政处罚决定书。行政处罚决定书载明:玉鑫公司在未取得合法的林地征占用手续的情况下,委托王某全于2013年1月13日至19日期间,在13林班21、22小班之间用挖掘机开挖公路长度为494.8米、平均宽度为4.5米、面积为2226.6平方米,共计3.34亩。根据《中华人民共和国森林法实施条例》第四十三条第一款规定,决定对王某全及玉鑫公司给予如下行政处罚:1.责令限期恢复原状;2.处非法改变用途林地每平方米10元的罚款,即22266.00元。2013年3月29日玉鑫公司交纳了罚款后,剑川县森林公安局即对该案予以结案。其后直到2016年11月9日,剑川县森林公安局没有督促玉鑫公司和王某全履行"限期恢复原状"的行政义务,所破坏的森林植被至今没有得到恢复。

2016年11月9日,剑川县人民检察院向剑川县森林公安局发出检察建议,建议依法履行职责,认真落实行政处罚决定,采取有效措施,恢复森林植被。2016年12月8日,剑川县森

林公安局回复称自接到《检察建议书》后，即刻进行认真研究，采取了积极的措施，并派民警到王某全家对剑林罚书字（2013）第（288）号处罚决定第一项责令限期恢复原状进行催告，鉴于王某全死亡，执行终止。对玉鑫公司，剑川县森林公安局没有向其发出催告书。

另查明，剑川县森林公安局为剑川县林业局所属的正科级机构，2013年年初，剑川县林业局向其授权委托办理本县境内的所有涉及林业、林地处罚的林政处罚案件。2013年9月27日，云南省人民政府《关于云南省林业部门相对集中林业行政处罚权工作方案的批复》，授权各级森林公安机关在全省范围内开展相对集中林业行政处罚权工作，同年11月20日，经云南省人民政府授权，云南省人民政府法制办公室对森林公安机关行政执法主体资格单位及执法权限进行了公告，剑川县森林公安局也是具有行政执法主体资格和执法权限的单位之一，同年12月11日，云南省林业厅发出通知，决定自2014年1月1日起，各级森林公安机关依法行使省政府批准的62项林业行政处罚权和11项行政强制权。

裁判结果

云南省剑川县人民法院于2017年6月19日作出（2017）云2931行初1号行政判决：一、确认被告剑川县森林公安局怠于履行剑林罚书字（2013）第（288）号处罚决定第一项内容的行为违法；二、责令被告剑川县森林公安局继续履行法定职责。宣判后，当事人服判息诉，均未提起上诉，判决已发生法律效力，剑川县森林公安局也积极履行了判决。

裁判理由

法院生效裁判认为，公益诉讼人提起本案诉讼符合最高人民法院《人民法院审理人民检察院提起公益诉讼试点工作实施办法》及最高人民检察院《人民检察院提起公益诉讼试点工作实施办法》规定的行政公益诉讼受案范围，符合起诉条件。《中华人民共和国行政诉讼法》第二十六条第六款规定："行政机关被撤销或者职权变更的，继续行使其职权的行政机关是被告"，2013年9月27日，云南省人民政府《关于云南省林业部门相对集中林业行政处罚权工作方案的批复》授权各级森林公安机关相对集中行使林业行政部门的部分行政处罚权，因此，根据规定剑川县森林公安局行使原来由剑川县林业局行使的林业行政处罚权，是适格的被告主体。本案中，剑川县森林公安局在查明玉鑫公司及王某全擅自改变林地的事实后，以剑川县林业局名义作出对玉鑫公司和王某全责令限期恢复原状和罚款22266.00元的行政处罚决定符合法律规定，但在玉鑫公司缴纳罚款后三年多时间里没有督促玉鑫公司和王某全对破坏的林地恢复原状，也没有代为履行，致使玉鑫公司和王某全擅自改变的林地至今没有恢复原状，且未提供证据证明有相关合法、合理的事由，其行为显然不当，是怠于履行法定职责的行为。行政处罚决定没有执行完毕，剑川县森林公安局依法应该继续履行法定职责，采取有效措施，督促行政相对人限期恢复被改变林地的原状。

16. 陈某龙诉成都市成华区环境保护局环境行政处罚案

（最高人民法院审判委员会讨论通过 2019年12月26日发布，指导案例138号）

关键词　行政/行政处罚/环境保护/私设暗管/逃避监管

裁判要点

企业事业单位和其他生产经营者通过私设暗管等逃避监管的方式排放水污染物的，依法应当予以行政处罚；污染者以其排放的水污染物达标、没有对环境造成损害为由，主张不应受到行政处罚的，人民法院不予支持。

相关法条

《中华人民共和国水污染防治法》（2017年修正）第39条、第83条（本案适用的是2008年修正的《中华人民共和国水污染防治法》第22条第2款、第75条第2款）

基本案情

陈某龙系个体工商户龙泉驿区大面街道办德龙加工厂业主，自2011年3月开始加工生产钢化玻璃。2012年11月2日，成都市成华区环境保护局（以下简称成华区环保局）在德龙加工厂位于成都市成华区保和街道办事处天鹅社区一组B-10号的厂房检查时，发现该厂涉嫌私自设置暗管偷排污水。成华区环保局经立案调查后，依照相关法定程序，于2012年12月11日作出成华环保罚字〔2012〕1130-01号行政处罚决定，认定陈某龙的行为违反《中华人民共和国水污染防治法》（以下简称水污染防治法）第二十二条第二款规定，遂根据水污染防治法第七十五条第二款规定，作出责令立即拆除暗管，并处罚款10万元的处罚决定。陈某龙不服，遂诉至法院，请求撤销该处罚决定。

裁判结果

2014年5月21日，成都市成华区人民法院作出（2014）成华行初字第29号行政判决书，判决：驳回原告陈某龙的诉讼请求。陈某龙不服，向成都市中级人民法院提起上诉。2014年8月22日，成都市中级人民法院作出（2014）成行终字第345号行政判决书，判决：驳回原告陈某龙的诉讼请求。2014年10月21日，陈某龙向成都市中级人民法院申请对本案进行再审，该院作出（2014）成行监字第131号裁定书，裁定不予受理陈某龙的再审申请。

裁判理由

法院生效裁判认为，德龙加工厂工商登记注册地虽然在成都市龙泉驿区，但其生产加工形成环境违法事实的具体地点在成都市成华区，根据《中华人民共和国行政处罚法》第二十条、《环境行政处罚办法》第十七条的规定，成华区环保局具有作出被诉处罚决定的行政职权；虽然成都市成华区环境监测站于2012年5月22日出具的《检测报告》，认为德龙加工厂排放的废水符合排放污水的相关标准，但德龙加工厂私设暗管排放的仍旧属于污水，违反了水污染防治法第二十二条第二款的规定；德龙加工厂曾因实施"未办理环评手续、环保设施未验收即投入生产"的违法行为受到过行政处罚，本案违法行为系二次违法行为，成华区环保局在水污染防治法第七十五条第二款所规定的幅度内，综合考虑德龙加工厂系二次违法等事实，对德龙加工厂作出罚款10万元的行政处罚并无不妥。

17. 上海鑫某山建材开发有限公司诉上海市金山区环境保护局环境行政处罚案

（最高人民法院审判委员会讨论通过 2019年12月26日发布，指导案例139号）

关键词 行政/行政处罚/大气污染防治/固体废物污染环境防治/法律适用/超过排放标准

裁判要点

企业事业单位和其他生产经营者堆放、处理固体废物产生的臭气浓度超过大气污染物排放标准，环境保护主管部门适用处罚较重的《中华人民共和国大气污染防治法》对其进行处罚，企业事业单位和其他生产经营者主张应当适用《中华人民共和国固体废物污染环境防治法》对其进行处罚的，人民法院不予支持。

相关法条

1. 《中华人民共和国环境保护法》第 10 条
2. 《中华人民共和国大气污染防治法》第 18 条、第 99 条
3. 《中华人民共和国固体废物污染环境防治法》第 68 条

基本案情

原告上海鑫某山建材开发有限公司（以下简称鑫某山公司）不服上海市金山区环境保护局（以下简称金山环保局）行政处罚提起行政诉讼，诉称：金山环保局以其厂区堆放污泥的臭气浓度超标适用《中华人民共和国大气污染防治法》（以下简称大气污染防治法）进行处罚不当，应当适用《中华人民共和国固体废物污染环境防治法》（以下简称固体废物污染环境防治法）处罚，请求予以撤销。

法院经审理查明：因群众举报，2016 年 8 月 17 日，被告金山环保局执法人员前往鑫某山公司进行检查，并由金山环境监测站工作人员对该公司厂界臭气和废气排放口进行气体采样。同月 26 日，金山环境监测站出具了编号为 XF26-2016 的《测试报告》，该报告中的《监测报告》显示，依据《恶臭污染物排放标准》（GB14554—93）规定，臭气浓度厂界标准值二级为 20，经对原告厂界四个监测点位各采集三次样品进行检测，3#监测点位臭气浓度一次性最大值为 25。2016 年 9 月 5 日，被告收到前述《测试报告》，遂于当日进行立案。经调查，被告于 2016 年 11 月 9 日制作了金环保改字〔2016〕第 224 号《责令改正通知书》及《行政处罚听证告知书》，并向原告进行了送达。应原告要求，被告于 2016 年 11 月 23 日组织了听证。2016 年 12 月 2 日，被告作出第 2020160224 号《行政处罚决定书》，认定 2016 年 8 月 17 日，被告执法人员对原告无组织排放恶臭污染物进行检查、监测，在原告厂界采样后，经金山环境监测站检测，3#监测点臭气浓度一次性最大值为 25，超出《恶臭污染物排放标准》（GB14554—93）规定的排放限值 20，该行为违反了大气污染防治法第十八条的规定，依据大气污染防治法第九十九条第二项的规定，决定对原告罚款 25 万元。

另查明，2009 年 11 月 13 日，被告审批通过了原告上报的《多规格环保型淤泥烧结多孔砖技术改造项目环境影响报告表》，2012 年 12 月 5 日前述技术改造项目通过被告竣工验收。同时，2015 年以来，原告被群众投诉数十起，反映该公司排放刺激性臭气等环境问题。2015 年 9 月 9 日，因原告同年 7 月 20 日厂界两采样点臭气浓度最大测定值超标，被告对该公司作出金环保改字〔2015〕第 479 号《责令改正通知书》，并于同年 9 月 18 日作出第 2020150479 号《行政处罚决定书》，决定对原告罚款 35,000 元。

裁判结果

上海市金山区人民法院于 2017 年 3 月 27 日作出（2017）沪 0116 行初 3 号行政判决：驳回原告上海鑫某山建材开发有限公司的诉讼请求。宣判后，当事人服判息诉，均未提起上诉，判决已发生法律效力。

裁判理由

法院生效裁判认为,本案核心争议焦点在于被告适用大气污染防治法对原告涉案行为进行处罚是否正确。其中涉及固体废物污染环境防治法第六十八条第一款第七项、第二款及大气污染防治法第九十九条第二项之间的选择适用问题。前者规定,未采取相应防范措施,造成工业固体废物扬散、流失、渗漏或者造成其他环境污染的,处一万元以上十万元以下的罚款;后者规定,超过大气污染物排放标准或者超过重点大气污染物排放总量控制指标排放大气污染物的,由县级以上人民政府环境保护主管部门责令改正或者限制生产、停产整治,并处十万元以上一百万元以下的罚款;情节严重的,报经有批准权的人民政府批准,责令停业、关闭。前者规制的是未采取防范措施造成工业固体废物污染环境的行为,后者规制的是超标排放大气污染物的行为;前者有未采取防范措施的行为并具备一定环境污染后果即可构成,后者排污单位排放大气污染物必须超过排放标准或者重点大气污染物排放总量控制指标才可构成。本案并无证据可证实臭气是否来源于任何工业固体废物,且被告接到群众有关原告排放臭气的投诉后进行执法检查,检查、监测对象是原告排放大气污染物的情况,适用对象方面与大气污染防治法更为匹配;《监测报告》显示臭气浓度超过大气污染物排放标准,行为后果方面适用大气污染防治法第九十九条第二项规定更为准确,故被诉行政处罚决定适用法律并无不当。

18. 张某明、毛某明、张某故意损毁名胜古迹案

(最高人民法院审判委员会讨论通过 2020年12月29日发布,指导案例147号)

关键词 刑事/故意损毁名胜古迹罪/国家保护的名胜古迹/情节严重/专家意见

裁判要点

1. 风景名胜区的核心景区属于刑法第三百二十四条第二款规定的"国家保护的名胜古迹"。对核心景区内的世界自然遗产实施打岩钉等破坏活动,严重破坏自然遗产的自然性、原始性、完整性和稳定性,综合考虑有关地质遗迹的特点、损坏程度等,可以认定为故意损毁国家保护的名胜古迹"情节严重"。

2. 对刑事案件中的专门性问题需要鉴定,但没有鉴定机构的,可以指派、聘请有专门知识的人就案件的专门性问题出具报告,相关报告在刑事诉讼中可以作为证据使用。

相关法条

《中华人民共和国刑法》第324条

基本案情

2017年4月份左右,被告人张某明、毛某明、张某三人通过微信联系,约定前往三清山风景名胜区攀爬"巨蟒出山"岩柱体(又称巨蟒峰)。2017年4月15日凌晨4时左右,张某明、毛某明、张某三人携带电钻、岩钉(即膨胀螺栓,不锈钢材质)、铁锤、绳索等工具到达巨蟒峰底部。被告人张某明首先攀爬,毛某明、张某在下面拉住绳索保护张某明的安全。在攀爬过程中,张某明在有危险的地方打岩钉,使用电钻在巨蟒峰岩体上钻孔,再用铁锤将岩钉打入孔内,用扳手拧紧,然后在岩钉上布绳索。张某明通过这种方式于早上6时49分左右

攀爬至巨蟒峰顶部。毛某明一直跟在张某明后面为张某明拉绳索做保护，并沿着张某明布好的绳索于早上7时左右攀爬到巨蟒峰顶部。在巨蟒峰顶部，张某明将多余的工具给毛某明，毛某明顺着绳索下降，将多余的工具带回宾馆，随后又返回巨蟒峰，攀爬至巨蟒峰10多米处，被三清山管委会工作人员发现后劝下并被民警控制。在张某明、毛某明攀爬开始时，张某为张某明拉绳索做保护，之后张某回宾馆拿无人机，再返回巨蟒峰，沿着张某明布好的绳索于早上7时30分左右攀爬至巨蟒峰顶部，在顶部使用无人机进行拍摄。在工作人员劝说下，张某、张某明先后于上午9时左右、9时40分左右下到巨蟒峰底部并被民警控制。经现场勘查，张某明在巨蟒峰上打入岩钉26个。经专家论证，三被告人的行为对巨蟒峰地质遗迹点造成了严重损毁。

裁判结果

江西省上饶市中级人民法院于2019年12月26日作出（2018）赣11刑初34号刑事判决：一、被告人张某明犯故意损毁名胜古迹罪，判处有期徒刑一年，并处罚金人民币十万元。二、被告人毛某明犯故意损毁名胜古迹罪，判处有期徒刑六个月，缓刑一年，并处罚金人民币五万元。三、被告人张某犯故意损毁名胜古迹罪，免予刑事处罚。四、对扣押在案的犯罪工具手机四部、无人机一台、对讲机二台、攀岩绳、铁锤、电钻、岩钉等予以没收。宣判后，张某明提出上诉。江西省高级人民法院于2020年5月18日作出（2020）赣刑终44号刑事裁定，驳回被告人张某明的上诉，维持原判。

裁判理由

法院生效裁判认为，本案焦点问题主要为：

一、关于本案的证据采信问题

本案中，三被告人打入26个岩钉的行为对巨蟒峰造成严重损毁的程度，目前全国没有法定司法鉴定机构可以进行鉴定，但是否构成严重损毁又是被告人是否构成犯罪的关键。根据《最高人民法院关于适用〈中华人民共和国刑事诉讼法〉的解释》第八十七条规定："对案件中的专门性问题需要鉴定，但没有法定司法鉴定机构，或者法律、司法解释规定可以进行检验的，可以指派、聘请有专门知识的人进行检验，检验报告可以作为定罪量刑的参考。……经人民法院通知，检验人拒不出庭作证的，检验报告不得作为定罪量刑的参考。"故对打入26个岩钉的行为是否对巨蟒峰造成严重损毁的这一事实，依法聘请有专门知识的人进行检验合情合理合法。本案中的四名地学专家，都长期从事地学领域的研究，都具有地学领域的专业知识，在地学领域发表过大量论文或专著，或主持过地学方面的重大科研课题，具有对巨蟒峰受损情况这一地学领域的专门问题进行评价的能力。四名专家均属于"有专门知识的人"。四名专家出具专家意见系接受侦查机关的有权委托，依据自己的专业知识和现场实地勘查、证据查验，经充分讨论、分析，从专业的角度对打岩钉造成巨蟒峰的损毁情况给出了明确的专业意见，并共同签名。且经法院通知，四名专家中的两名专家以检验人的身份出庭，对"专家意见"的形成过程进行了详细的说明，并接受了控、辩双方及审判人员的质询。"专家意见"结论明确，程序合法，具有可信性。综上，本案中的"专家意见"从主体到程序均符合法定要求，从证据角度而言，"专家意见"完全符合刑事诉讼法第一百九十七条的规定，以及《最高人民法院关于适用〈中华人民共和国刑事诉讼法〉的解释》第八十七条关于有专门知识的人出具检验报告的规定，可以作为定罪量刑的参考。

二、关于本案的损害结果问题

三清山于1988年经国务院批准列为国家重点风景名胜区，2008年被列入世界自然遗产名录，2012年被列入世界地质公园名录。巨蟒峰作为三清山核心标志性景观独一无二、弥足珍贵，其不仅是不可再生的珍稀自然资源型资产，也是可持续利用的自然资产，对于全人类而言具有重大科学价值、美学价值和经济价值。巨蟒峰是经由长期自然风化和重力崩解作用形成的巨型花岗岩体石柱,垂直高度128米,最细处直径仅7米。本案中,侦查机关依法聘请的四名专家经过现场勘查、证据查验、科学分析,对巨蟒峰地质遗迹点的价值、成因、结构特点及三被告人的行为给巨蟒峰柱体造成的损毁情况给出了"专家意见"。四名专家从地学专业角度,认为被告人的打岩钉攀爬行为对世界自然遗产的核心景观巨蟒峰造成了永久性的损害,破坏了自然遗产的基本属性即自然性、原始性、完整性,特别是在巨蟒峰柱体的脆弱段打入至少4个岩钉,加重了巨蟒峰柱体结构的脆弱性,即对巨蟒峰的稳定性产生了破坏,26个岩钉会直接诱发和加重物理、化学、生物风化,形成新的裂隙,加快花岗岩柱体的侵蚀进程,甚至造成崩解。根据《最高人民法院最高人民检察院关于办理妨害文物管理等刑事案件适用法律若干问题的解释》第四条第二款第一项规定,结合"专家意见",应当认定三被告人的行为造成了名胜古迹"严重损毁",已触犯刑法第三百二十四条第二款的规定,构成故意损毁名胜古迹罪。

风景名胜区的核心景区是受我国刑法保护的名胜古迹。三清山风景名胜区列入世界自然遗产、世界地质公园名录,巨蟒峰地质遗迹点是其珍贵的标志性景观和最核心的部分,既是不可再生的珍稀自然资源性资产,也是可持续利用的自然资产,具有重大科学价值、美学价值和经济价值。被告人张某明、毛某明、张某违反社会管理秩序,采用破坏性攀爬方式攀爬巨蟒峰,在巨蟒峰花岗岩柱体上钻孔打入26个岩钉,对巨蟒峰造成严重损毁,情节严重,其行为已构成故意损毁名胜古迹罪,应依法惩处。本案对三被告人的入刑,不仅是对其所实施行为的否定评价,更是警示世人不得破坏国家保护的名胜古迹,从而引导社会公众树立正确的生态文明观,珍惜和善待人类赖以生存和发展的自然资源和生态环境。一审法院根据三被告人在共同犯罪中的地位、作用及量刑情节所判处的刑罚并无不当。张某明及其辩护人请求改判无罪等上诉意见不能成立,不予采纳。原审判决认定三被告人犯罪事实清楚,证据确实、充分,定罪准确,对三被告人的量刑适当,审判程序合法。

19. 秦某学滥伐林木刑事附带民事公益诉讼案

(最高人民法院审判委员会讨论通过 2021年12月1日发布,指导案例172号)

关键词 刑事/滥伐林木罪/生态修复/补植复绿/专家意见/保证金

裁判要点

1. 人民法院确定被告人森林生态环境修复义务时,可以参考专家意见及林业规划设计单位、自然保护区主管部门等出具的专业意见,明确履行修复义务的树种、树龄、地点、数量、存活率及完成时间等具体要求。

2. 被告人自愿交纳保证金作为履行生态环境修复义务担保的,人民法院可以将该情形作为从轻量刑情节。

相关法条

《中华人民共和国民法典》第179条(本案适用的是自2010年7月1日起实施的《中华人民共和国侵权责任法》第15条)

《中华人民共和国森林法》第56条、第57条、第76条(本案适用的是2009年8月27日修正的《中华人民共和国森林法》第32条、第39条)

基本案情

湖南省保靖县人民检察院指控被告人秦某学犯滥伐林木罪向保靖县人民法院提起公诉，在诉讼过程中，保靖县人民检察院以社会公共利益受到损害为由，又向保靖县人民法院提起附带民事公益诉讼。

保靖县人民检察院认为，应当以滥伐林木罪追究被告人秦某学刑事责任。同时，被告人行为严重破坏了生态环境，致使社会公共利益遭受到损害，根据侵权责任法的相关规定，应当补植复绿，向公众赔礼道歉。被告人秦某学对公诉机关的指控无异议。但辩称，其是林木的实际经营者和所有权人，且积极交纳补植复绿的保证金，请求从轻判处。

保靖县人民法院经审理查明，湖南省保靖县以1958年成立的保靖县国营白云山林场为核心，于1998年成立白云山县级自然保护区。后该保护区于2005年评定为白云山省级自然保护区，并完成了公益林区划界定；又于2013年评定为湖南白云山国家级自然保护区。其间，被告人秦某学于1998年承包了位于该县毛沟镇卧当村白云山自然保护区核心区内"土地坳"（地名）的山林，次年起开始有计划地植造杉木林，该林地位于公益林范围内，属于公益林地。2016年9月至2017年1月，秦某学在没有办理《林木采伐许可证》情况下，违反森林法，擅自采伐其承包该林地上的杉木林并销售，所采伐区域位于该保护区核心区域内面积为117.5亩，核心区外面积为15.46亩。经鉴定，秦某学共砍伐林木1010株，林木蓄积为153.3675立方米。后保靖县林业勘测规划设计队出具补植补造作业设计说明证明，该受损公益林补植复绿的人工苗等费用为人民币66025元。

人民法院审理期间，保靖县林业勘测规划设计队及保靖县林业局、白云山国家级自然保护区又对该受损公益林补植复绿提出了具体建议和专业要求。秦某学预交补植复绿保证金66025元，保证履行补植复绿义务。

裁判结果

湖南省保靖县人民法院于2018年8月3日作出（2018）湘3125刑初5号刑事附带民事判决，认定被告人秦某学犯滥伐林木罪，判处有期徒刑三年，缓刑四年，并处罚金人民币1万元，并于判决生效后两年内在湖南白云山国家级自然保护区内"土地坳"栽植一年生杉树苗5050株，存活率达到90%以上。宣判后，没有上诉、抗诉，一审判决已发生法律效力。被告人依照判决，在原砍伐林地等处栽植一年生杉树苗5050株，且存活率达到100%。

裁判理由

法院生效裁判认为：被告人秦某学违反森林法规定，未经林业主管部门许可，无证滥伐白云山国家级自然保护区核心区内的公益林，数量巨大，构成滥伐林木罪。辩护人提出的被告人系初犯、认罪，积极交纳补植补绿的保证金66025元到法院的执行账户，有悔罪表现，应当从轻判处的辩护意见，予以采信。白云山国家级自然保护区位于中国十七个生物多样性关键地区之一的武陵山区及酉水流域，是云贵高原、四川盆地至雪峰山区、湘中丘陵之间动植物资源自然流动通道的重要节点，是长江流域洞庭湖支流沅江的重要水源涵养区，其森林资源具有保持水土、维护生物多样性等多方面重要作用。被告人所承包、栽植并管理的树木，已经成为白云山国家级自然保护区森林资源的不可分割的有机组成部分。被告人无证滥伐该树木且数量巨大，其行为严重破坏了白云山国家级自然保护区生态环境，危及生物多样性保护，使社会公共利益遭受到严重损害，性质上属于一种侵权行为。附带民事公益诉讼不是传统意义上的民事诉讼，公益诉讼起诉人也不是一般意义上的受害人。公益诉讼起诉人要求被告人承担恢复原状法律责任的诉讼请求，于法有据，予以支持。根据保靖县林业勘测规划设计队出具的"土地坳"补植补造作业设计说明以及白云山自然保护区管理局、保靖县林业局等部门专家提供的专业资料和建议,参照森林法第三十九条第二款规定,对公益诉讼起诉人提出的被告人应补种树木的诉讼请求,应认为有科学、合理的根据和法律依据,予以支持。辩护人提出被告人作为林地承包者的经营权利也应当依法保护的意见,有其合理之处,在具体确定被告人法律责任时予以考虑。遂作出上述判决。

20. 北京市朝阳区自然之友环境研究所诉中国水电顾问集团新某开发有限公司、中国电建集团昆明某勘测设计研究院有限公司生态环境保护民事公益诉讼案

(最高人民法院审判委员会讨论通过 2021年12月1日发布,指导案例173号)

关键词 民事/生态环境保护民事公益诉讼/损害社会公共利益/重大风险/濒危野生动植物

裁判要点

人民法院审理环境民事公益诉讼案件,应当贯彻保护优先、预防为主原则。原告提供证据证明项目建设将对濒危野生动植物栖息地及生态系统造成毁灭性、不可逆转的损害后果,人民法院应当从被保护对象的独有价值、损害结果发生的可能性、损害后果的严重性及不可逆性等方面,综合判断被告的行为是否具有《最高人民法院关于审理环境民事公益诉讼案件适用法律若干问题的解释》第一条规定的"损害社会公共利益重大风险"。

相关法条

《中华人民共和国环境保护法》(2014年4月24日修订)第5条

基本案情

戛洒江一级水电站工程由中国水电顾问集团新某开发有限公司(以下简称新某公司)开发建设,中国电建集团昆明某勘测设计研究院有限公司(以下简称昆明某设计院)是该工程总承包方及受托编制《云南省红河(元江)干流戛洒江一级水电站环境影响报告书》(以下简称《环境影响报告书》)的技术单位。戛洒江一级水电站坝址位于云南省新平县境内,下游距新平县水塘镇约6.5千米,电站采用堤坝式开发,坝型为混凝土面板堆石坝,最大坝高175.5米,水库正常蓄水位675米,淹没区域涉及红河上游的戛洒江、石羊江及支流绿汁江、小江河。水库淹没影响和建设征地涉及新平县和双柏县8个乡(镇)。戛洒江一级水电站项目建设自2011年至2014年分别取得了国家发展改革委、原国土资源部、生态环境部等多个相关主管部门关于用地、环评、建设等批复和同意。2017年7月21日,生态环境部办公厅向新某公司发出《关于责成开展云南省红河(元江)干流戛洒江一级水电站环境影响后评价的函》(以下简称《责成后评价函》),责成新某公司就该项目建设开展环境影响后评价,采取改进措施,并报生态环境部备案。后评价工作完成前,不得蓄水发电。2017年8月至今,新某公司主动停止对戛洒江一级水电站建设项目的施工。按工程进度,戛洒江一级水电站建设项目现已完成"三通一平"工程并修建了导流洞。

绿孔雀为典型热带、亚热带林栖鸟类,主要在河谷地带的常绿阔叶林、落叶阔叶林及针阔混合林中活动,杂食类,为稀有种类,属国家一级保护动物,在中国濒危动物红皮书中列

为"濒危"物种。就绿孔雀相关问题，昆明市中级人民法院发函云南省林业和草原局，2019年4月4日云南省林业和草原局进行了函复。此后，昆明市中级人民法院又向该局调取了其编制的《元江中上游绿孔雀种群现状调查报告》，该报告载明戛洒江一级水电站建成后，蓄水水库将淹没海拔 680 米以下河谷地区，将对绿孔雀目前利用的沙浴地、河滩求偶场等适宜栖息地产生较大影响。同时，由于戛洒江一级水电站的建设，淹没区公路将改造重修，也会破坏绿孔雀等野生动物适宜栖息地。对暂停建设的戛洒江一级水电站，应评估停建影响，保护和恢复绿孔雀栖息地措施等。2018年6月29日，云南省人民政府下发《云南省人民政府关于发布云南省生态保护红线的通知》，对外发布《云南省生态保护红线》。根据《云南省生态保护红线》附件1《云南省生态保护红线分布图》所示，戛洒江一级水电站淹没区大部分被划入红河（元江）干热河谷及山原水土保持生态保护红线范围，在该区域内，绿孔雀为其中一种重点保护物种。

陈氏苏铁为国家一级保护植物。2015年后被列入《云南省生物物种红色名录（2017版）》，为极危物种。原告北京市朝阳区自然之友环境研究所（以下简称自然之友研究所）提交了其在绿汁江、石羊江河谷等戛洒江一级水电站淹没区拍摄到的陈氏苏铁照片。证人刘某（中国科学院助理研究员）出庭作证，陈氏苏铁仅在我国红河流域分布。按照世界自然保护联盟的评价标准，陈氏苏铁应为濒危。

自然之友研究所向昆明市中级人民法院起诉，请求人民法院判令新某公司及昆明某设计院共同消除戛洒江一级水电站建设对绿孔雀、陈氏苏铁等珍稀濒危野生动植物以及热带季雨林和热带雨林侵害危险，立即停止水电站建设，不得截留蓄水，不得对该水电站淹没区内植被进行砍伐。

裁判结果

云南省昆明市中级人民法院于 2020 年 3 月 16 日作出（2017）云 01 民初 2299 号民事判决：一、新某公司立即停止基于现有环境影响评价下的戛洒江一级水电站建设项目，不得截流蓄水，不得对该水电站淹没区内植被进行砍伐。对戛洒江一级水电站的后续处理，待新某公司按生态环境部要求完成环境影响后评价，采取改进措施并报生态环境部备案后，由相关行政主管部门视具体情况依法作出决定；二、由新某公司于本判决生效后三十日内向自然之友研究所支付因诉讼发生的合理费用 8 万元；三、驳回自然之友研究所的其他诉讼请求。宣判后，自然之友研究所以戛洒江一级水电站应当永久性停建为由，新某公司以水电站已经停建且划入生态红线，应当驳回自然之友研究所诉讼请求为由，分别提起上诉。云南省高级人民法院于 2020 年 12 月 22 日作出（2020）云民终 824 号民事判决：驳回上诉，维持原判。

裁判理由

法院生效裁判认为：本案符合《最高人民法院关于审理环境民事公益诉讼案件适用法律若干问题的解释》第一条"对已经损害社会公共利益或者具有损害社会公共利益重大风险的污染环境、破坏生态的行为提起诉讼"规定中"具有损害社会公共利益重大风险"的法定情形，属于预防性环境公益诉讼。预防性环境公益诉讼突破了"无损害即无救济"的诉讼救济理念，是环境保护法"保护优先，预防为主"原则在环境司法中的具体落实与体现。预防性环境公益诉讼的核心要素是具有重大风险，重大风险是指对"环境"可能造成重大损害危险的一系列行为。本案中，自然之友研究所已举证证明戛洒江一级水电站如果继续建设，则案涉工程淹没区势必导致国家一级保护动物绿孔雀的栖息地及国家一级保护植物陈氏苏铁的生境被淹没，生物生境面临重大风险的可能性毋庸置疑。此外，从损害后果的严重性来看，戛洒江一级水电站下游淹没区动植物种类丰富，生物多样性价值及遗传资源价值可观，该区域不仅是绿孔雀及陈氏苏铁等珍稀物种赖以生存的栖息地，也是各类生物与大面积原始雨林、热带雨林片段共同构成的一个完整生态系统,若水电站继续建设所产生的损害将是可以直观估计预测且不可逆转的。而针对该现实上的重大风险,新某公司并未就其不存在的主张加以有效证实,而仅以《环境影响报告书》加以反驳,缺乏足够证明力。因此,结合生态环境部责成新某公司对项目开展后评价工作的情况及戛洒江一级水电站未对绿孔雀采取任何保护措施等事实,可以认定戛洒江一级水电站继续建设将对绿孔雀栖息地、陈氏苏铁生境以及整个生态系统生物多样性和生物安全构成重大风险。

根据环境影响评价法第二十七条"在项目建设、运行过程中产生不符合经审批的环境影响评价文件的情形的,建设单位应当组织环境影响后评价,采取改进措施,并报原环境影响评价文件审批部门和建设项目审批部门备案;原环境影响评价文件审批部门也可以责成建设单位进行环境影响后评价,采取改进措施"的规定,2017年7月21日,生态环境部办公厅针对本案建设项目,向新某公司发出《责成后评价函》,责成新某公司就该项目建设开展环境影响后评价,采取改进措施,并报生态环境部备案,后评价完成前不得蓄水发电符合上述法律规定。目前,案涉电站已经处于停建状态,新某公司业已向其上级主管单位申请停建案涉项目并获批复同意,绿孔雀生态栖息地存在的重大风险已经得到了有效的控制。在新某公司对案涉项目申请停建但未向相关行政部门备案并通过审批的情况下,鉴于生态环境部已经责成新某公司开展环境影响后评价,且对于尚不明确的事实状态的重大风险程度,案涉水电站是否继续建设等一系列问题,也需经环境主管部门审批备案决定后,才能确定案涉项目今后能否继续建设或是永久性停建,因此,案涉项目应在新某公司作出环境影响后评价后由行政主管机关视具体情况依法作出决定。

21. 中国生物多样性保护与绿色发展基金会诉雅砻江流域某水电开发有限公司生态环境保护民事公益诉讼案

(最高人民法院审判委员会讨论通过 2021年12月1日发布,指导案例174号)

关键词 民事/生态环境保护民事公益诉讼/潜在风险/预防性措施/濒危野生植物

裁判要点

人民法院审理环境民事公益诉讼案件,应当贯彻绿色发展理念和风险预防原则,根据现有证据和科学技术认为项目建成后可能对案涉地濒危野生植物生存环境造成破坏,存在影响其生存的潜在风险,从而损害生态环境公共利益的,可以判决被告采取预防性措施,将对濒危野生植物生存的影响纳入建设项目的环境影响评价,促进环境保护和经济发展的协调。

相关法条

《中华人民共和国环境保护法》(2014年4月24日修订)第5条

基本案情

雅砻江上的牙根梯级水电站由雅砻江流域某水电开发有限公司(以下简称某公司)负责建设和管理,现处于项目预可研阶段,水电站及其辅助工程(公路等)尚未开工建设。

2013年9月2日发布的中国生物多样性红色名录中五小叶槭被评定为"极危"。2016年2月9日,五小叶槭列入《四川省重点保护植物名录》。2018年8月10日,世界自然保护联盟在其红色名录中将五小叶槭评估为"极度濒危"。当时我国《国家重点保护野生植物名录》

中无五小叶槭。2016年9月26日,四川省质量技术监督局发布《五小叶槭播种育苗技术规程》。案涉五小叶槭种群位于四川省雅江县麻郎措乡沃洛希村,当地林业部门已在就近的通乡公路堡坎上设立保护牌。

2006年6月,中国水电顾问集团成都勘测设计研究院(以下简称成勘院)完成《四川省雅砻江中游(两河口至卡拉河段)水电规划报告》,报告中将牙根梯级水电站列入规划,该规划报告于2006年8月通过了水电水利规划设计总院会同四川省发展改革委组织的审查。2008年12月,四川省人民政府以川府函〔2008〕368号文批复同意该规划。2010年3月,成勘院根据牙根梯级水库淹没区最新情况将原规划的牙根梯级调整为牙根一级(正常蓄水位2602m)、牙根二级(正常蓄水位2560m)两级开发,形成《四川省雅砻江两河口至牙根河段水电开发方案研究报告》,该报告于2010年8月经水电水利规划设计总院会同四川省发展改革委审查通过。

2013年1月6日、4月13日国家发展改革委办公厅批复:同意牙根二级水电站、牙根一级水电站开展前期工作。由某公司负责建设和管理,按照项目核准的有关规定,组织开展水电站的各项前期工作。待有关前期工作落实、具备核准条件后,再分别将牙根梯级水电站项目申请报告上报我委。对项目建设的意见,以我委对项目申请报告的核准意见为准。未经核准不得开工建设。

中国生物多样性保护与绿色发展基金会(以下简称绿发会)认为,雅江县麻郎措乡沃洛希村附近的五小叶槭种群是当今世界上残存最大的五小叶槭种群,是唯一还有自然繁衍能力的种群。牙根梯级水电站即将修建,根据五小叶槭雅江种群的分布区海拔高度和水电站水位高度对比数值,牙根梯级水电站以及配套的公路建设将直接威胁到五小叶槭的生存,对社会公共利益构成直接威胁,绿发会遂提起本案预防性公益诉讼。

裁判结果

四川省甘孜藏族自治州中级人民法院于2020年12月17日作出(2015)甘民初字第45号民事判决:一、被告某公司应当将五小叶槭的生存作为牙根梯级水电站项目可研阶段环境评价工作的重要内容,环境影响报告书经环境保护行政主管部门审批通过后,才能继续开展下一步的工作;二、原告绿发会为本案诉讼产生的必要费用4万元、合理的律师费1万元,合计5万元,上述款项在本院其他环境民事公益诉讼案件中判决被告承担的生态环境修复费用、生态环境受到损害至恢复原状期间服务功能损失费用等费用(环境公益诉讼资金)中支付(待本院有其他环境公益诉讼资金后执行);三、驳回原告绿发会的其他诉讼请求。一审宣判后当事人未上诉,判决已发生法律效力。

裁判理由

法院生效裁判认为:我国是联合国《生物多样性公约》缔约国,应该遵守其约定。《生物多样性公约》中规定,我们在注意到生物多样性遭受严重减少或损失的威胁时,不应以缺乏充分的科学定论为理由,而推迟采取旨在避免或尽量减轻此种威胁的措施;各国有责任保护它自己的生物多样性并以可持久的方式使用它自己的生物资源;每一缔约国应尽可能并酌情采取适当程序,要求就其可能对生物多样性产生严重不利影响的拟议项目进行环境影响评估,以期避免或尽量减轻这种影响。因此,我国有保护生物多样性的义务。同时,《生物多样性公约》规定,认识到经济和社会发展以及根除贫困是发展中国家第一和压倒一切的优先事务。按照《中华人民共和国节约能源法》第四条"节约资源是我国的基本国策。国家实施节约与开发并举、把节约放在首位的能源发展战略"的规定和《中华人民共和国可再生能源法》第二条第一款"本法所称可再生能源,是指风能、太阳能、水能、生物质能、地热能、海洋能等非化石能源"的规定,可再生能源是我国重要的能源资源,在满足能源要求,改善能源结构,减少环境污染,促进经济发展等方面具有重要作用。而水能资源是最具规模开发效益、技术最成熟的可再生能源。因此开发建设水电站,将水能资源优势转化为经济优势,在国家有关部门的监管下,利用丰富的水能资源,合理开发水电符合我国国情。但是,我国水能资源蕴藏丰富的地区,往往也是自然环境良好、生态功能重要、生物物种丰富和地质条件脆弱的地区。根据《中华人民共和国环境保护法》《最高人民法院关于审理环境民事公益诉讼案件适用法律若干问题的解释》的相关规定,环境保护是我国的基本国策,并且环境保护应当坚持保护优先、预防为主的原则。预防原则要求在环境资源利用行为实施之前和实施之中,采取政治、法律、经济和行政等手段,防止环境利用行为导致环境污染或者生态破坏现象发生。它包括两层含义:一是运用已有的知识和经验,对开发和利用环境行为带来的可能的环境危害采取措施以避免危害的发生;二是在科学技术水平不确定的条件下,基于现实的科学知识评价风险,即对开发和利用环境的行为可能带来的尚未明确或者无法具体确定的环境危害进行事前预测、分析和评价,以促使开发决策避免可能造成的环境危害及其风险出现。因此,环境保护与经济发展的关系并不是完全对立的,而是相辅相成的,正确处理好保护与发展的关系,将生态优先的原则贯穿到水电规划开发的全过程,二者可以相互促进,达到经济和环境的协调发展。利用环境资源的行为如果造成环境污染、生态资源破坏,往往具有不可逆性,被污染的环境、被破坏的生态资源很多时候难以恢复,单纯事后的经济补偿不足以弥补对生态环境造成的损失,故对环境污染、生态破坏行为应注重防范于未然,才能真正实现环境保护的目的。

具体到本案中,鉴于五小叶槭在生物多样性红色名录中的等级及案涉牙根梯级水电站建成后可能存在对案涉地五小叶槭原生存环境造成破坏、影响其生存的潜在风险,可能损害社会公共利益。根据我国水电项目核准流程的规定,水电项目分为项目规划、项目预可研、项目可研、项目核准四个阶段,考虑到案涉牙根梯级水电站现处在项目预可研阶段,因此责令被告在项目可研阶段,加强对案涉五小叶槭的环境影响评价并履行法定审批手续后才能进行下一步的工作,尽可能避免出现危及野生五小叶槭生存的风险是必要和合理的。故绿发会作为符合条件的社会组织在牙根梯级水电站建设可能存在损害环境公共利益重大风险的情况下,提出"依法判令被告立即采取适当措施,确保不因雅砻江水电梯级开发计划的实施而破坏珍贵濒危野生植物五小叶槭的生存"的诉讼请求,于法有据,人民法院予以支持。

鉴于案涉水电站尚未开工建设,故绿发会提出"依法判令被告在采取的措施不足以消除对五小叶槭的生存威胁之前,暂停牙根梯级水电站及其辅助设施(含配套道路)的一切建设工程"的诉讼请求,无事实基础,人民法院不予支持。

22. 江苏省泰州市人民检察院诉王某朋等 59人生态破坏民事公益诉讼案

(最高人民法院审判委员会讨论通过 2021年12月1日发布,指导案例175号)

关键词 民事/生态破坏民事公益诉讼/非法捕捞/共同侵权/生态资源损害赔偿

裁判要点

1. 当收购者明知其所收购的鱼苗系非法捕捞所得,仍与非法捕捞者建立固定买卖关系,形成完整利益链条,共同损害生态资源的,收购者应当与捕捞者对共同实施侵权行为造成的生态资源损失承担连带赔偿责任。

2. 侵权人使用禁用网具非法捕捞，在造成其捕捞的特定鱼类资源损失的同时，也破坏了相应区域其他水生生物资源，严重损害生物多样性，应当承担包括特定鱼类资源损失和其他水生生物资源损失在内的生态资源损失赔偿责任。当生态资源损失难以确定时，人民法院应当结合生态破坏的范围和程度、资源的稀缺性、恢复所需费用等因素，充分考量非法行为的方式破坏性、时间敏感性、地点特殊性等特点，并参考专家意见，综合作出判断。

相关法条

《中华人民共和国民法典》第1168条（本案适用的是自2010年7月1日起实施的《中华人民共和国侵权责任法》第8条）

《中华人民共和国环境保护法》（2014年4月24日修订）第64条

基本案情

长江鳗鱼苗是具有重要经济价值且禁止捕捞的水生动物苗种。2018年上半年，董某山等38人单独或共同在长江干流水域使用禁用渔具非法捕捞长江鳗鱼苗并出售谋利。王某朋等13人明知长江鳗鱼苗系非法捕捞所得，单独收购或者通过签订合伙协议、共同出资等方式建立收购鳗鱼苗的合伙组织，共同出资收购并统一对外出售，向高某初等7人以及董某山等38人非法贩卖或捕捞人员收购鳗鱼苗116999条。秦某兵在明知王某朋等人向其出售的鳗鱼苗系在长江中非法捕捞所得的情况下，仍多次向王某朋等人收购鳗鱼苗40263条。

王某朋等人非法捕捞水产品罪、掩饰、隐瞒犯罪所得罪已经另案刑事生效判决予以认定。2019年7月15日，公益诉讼起诉人江苏省泰州市人民检察院以王某朋等59人实施非法捕捞、贩卖、收购长江鳗鱼苗行为，破坏长江生态资源，损害社会公共利益为由提起民事公益诉讼。

裁判结果

江苏省南京市中级人民法院于2019年10月24日作出（2019）苏01民初2005号民事判决：一、王某朋等13名非法收购者对其非法买卖鳗鱼苗所造成的生态资源损失连带赔偿人民币8589168元；二、其他收购者、捕捞者根据其参与非法买卖或捕捞的鳗鱼苗数量，承担相应赔偿责任或与直接收购者承担连带赔偿责任。王某朋等11名被告提出上诉，江苏省高级人民法院于2019年12月31日作出（2019）苏民终1734号民事判决：驳回上诉，维持原判。

裁判理由

法院生效裁判认为：一、非法捕捞造成生态资源严重破坏，当销售是非法捕捞的唯一目的，且收购者与非法捕捞者形成了固定的买卖关系时，收购行为诱发了非法捕捞，共同损害了生态资源，收购者应当与捕捞者对共同实施的生态破坏行为造成的生态资源损失承担连带赔偿责任。

鳗鱼苗于2014年被世界自然保护联盟列为濒危物种，也属于江苏省重点保护鱼类。鳗鱼苗特征明显，无法直接食用，针对这一特定物种，没有大规模的收购，捕捞行为毫无价值。收购是非法捕捞鳗鱼苗实现获利的唯一渠道，缺乏收购行为，非法捕捞难以实现经济价值，也就不可能持续反复地实施，巨大的市场需求系引发非法捕捞和层层收购行为的主要原因。案涉收购鳗鱼苗行为具有日常性、经常性，在收购行为中形成高度组织化，每一个捕捞者和收购者对于自身在利益链条中所处的位置、作用以及通过非法捕捞、出售收购、加价出售、养殖出售不同方式获取利益的目的均有明确的认知。捕捞者使用网目极小的张网方式捕捞鳗鱼苗，收购者对于鳗鱼苗的体态特征充分了解，意味着其明知捕捞体态如此细小的鳗鱼苗必然使用有别于对自然生态中其他鱼类的捕捞方式，非法捕捞者于长江水生生物资源繁衍生殖的重要时段，尤其是禁渔期内，在长江干流水域采用"绝户网"大规模、多次非法捕捞长江鳗鱼苗,必将造成长江生态资源损失和生物多样性破坏,收购者与捕捞者存在放任长江鳗鱼资源及其他生态资源损害结果出现的故意。非法捕捞与收购已经形成了固定买卖关系和完整利益链条。这一链条中,相邻环节均从非法捕捞行为中获得利益,具有高度协同性,行为与长江生态资源损害结果之间具有法律上的因果关系,共同导致生态资源损害。预防非法捕捞行为,应从源头上彻底切断利益链条,让非法收购、贩卖鳗鱼苗的共同侵权者付出经济代价,与非法捕捞者在各自所涉的生态资源损失范围内对长江生态资源损害后果承担连带赔偿责任。

二、生态资源损失在无法准确统计时,应结合生态破坏的范围和程度、资源的稀缺性等因素,充分考量非法行为的方式破坏性、时间敏感性和地点特殊性,并参考专家意见,酌情作出判断。

综合考虑非法捕捞鳗鱼苗方式系采用网目极小的张网进行捕捞,加之捕捞时间的敏感性、捕捞频率的高强度性、捕捞地点的特殊性,不仅对鳗鱼种群的稳定造成严重威胁,还必然会造成对其他渔业生物的损害,进而破坏了长江生物资源的多样性,给长江生态资源带来极大的损害。依照《最高人民法院关于审理环境民事公益诉讼案件适用法律若干问题的解释》第二十三条的规定,综合考量非法捕捞鳗鱼苗对生态资源造成的实际损害,酌定以鳗鱼资源损失价值的2.5倍确定生态资源损失。主要依据有两点:

一是案涉非法捕捞鳗鱼苗方式的破坏性。捕捞者系采用网目极小的张网捕捞鳗鱼苗,所使用张网的网目尺寸违反了《农业部关于长江干流实施捕捞准用渔具和过渡渔具最小网目尺寸制度的通告》中不小于3毫米的规定,属于禁用网具。捕捞时必将对包括其他小型鱼类在内的水生物种造成误捕,严重破坏相应区域水生生物资源。案涉鳗鱼苗数量达116999条,捕捞次数多、捕捞网具多、捕捞区域大,必将对长江生态资源产生较大危害。

二是案涉非法捕捞鳗鱼苗的时间敏感性和地点特殊性。案涉的捕捞、收购行为主要发生于长江禁渔期,该时期系包括鳗鱼资源在内的长江水生生物资源繁衍生殖的重要时段。捕捞地点位于长江干流水域,系日本鳗鲡洄游通道,在洄游通道中对幼苗进行捕捞,使其脱离自然水体后贩卖,不仅妨碍鳗鲡种群繁衍,且同时误捕其他渔获物,会导致其他水生生物减少,导致其他鱼类饵料不足,进而造成长江水域食物链相邻环节的破坏,进一步造成生物多样性损害。

考虑到生态资源的保护与被告生存发展权利之间的平衡,在确定生态损害赔偿责任款项时可以考虑被告退缴违法所得的情况,以及在被告确无履行能力的情况下,可以考虑采用劳务代偿的方式,如参加保护长江生态环境等公益性质的活动或者配合参与长江沿岸河道管理、加固、垃圾清理等方面的工作,折抵一定赔偿数额。

23. 湖南省益阳市人民检察院诉夏某安等 15 人生态破坏民事公益诉讼案

(最高人民法院审判委员会讨论通过 2021年12月1日发布,指导案例176号)

关键词 民事/生态破坏民事公益诉讼/生态环境修复/损害担责/全面赔偿/非法采砂

裁判要点

人民法院审理环境民事公益诉讼案件,应当贯彻损害担责、全面赔偿原则,对于破坏生态违法犯罪行为不仅要依法追究刑事责任,还要依法追究生态环境损害民事责任。认定非法采砂行为所导致的生态环境损害范围和损失时,应当根据水环境质量、河床结构、水源涵养、水生生物资源等方面的受损情况进行全面评估、合理认定。

相关法条

《中华人民共和国环境保护法》（2014 年 4 月 24 日修订）第 64 条

基本案情

2016 年 6 月至 11 月，夏某安等人为牟取非法利益，分别驾驶九江采 158 号、湘沅江采 1168 号、江苏籍 999 号等采砂船至洞庭湖下塞湖区域非规划区非法采砂，非法获利 2243.333 万元。夏某安等人的非法采砂行为构成非法采矿罪，被相关刑事生效判决予以认定。2019 年 7 月，湖南省益阳市人民检察院提起民事公益诉讼，请求判令夏某安等人对其非法采砂行为所造成的生态环境损害承担连带赔偿责任，并赔礼道歉。经湖南省环境保护科学研究院生态环境损害司法鉴定中心鉴定，夏某安等 15 人非法采砂行为对非法采砂区域的生态环境造成的影响分为水环境质量受损、河床结构受损、水源涵养受损和水生生物资源受损，所造成生态环境影响的空间范围共计约 9.9 万平方米，其中造成的水生生物资源损失为 2.653 万元，修复水生生物资源受损和河床结构与水源涵养受损所需的费用分别为 7.969 万元和 865.61 万元，合计 873.579 万元。

裁判结果

湖南省益阳市中级人民法院于 2020 年 6 月 8 日作出（2019）湘 09 民初 94 号民事判决：一、夏某安等 15 人私自开采国家矿产资源，其非法采砂行为严重破坏了采砂区域的生态环境，判决被告夏某安对非法采砂造成的采砂水域河床原始结构、水源涵养量修复费用 865.61 万元、水生生物资源修复费用 7.969 万元，共计 873.579 万元生态环境修复费用承担赔偿责任；二、其他 14 名被告依据其具体侵权行为分别在 824 万元至 3.8 万元不等范围内承担连带责任；三、夏某安等 15 人就非法采矿行为在国家级媒体公开赔礼道歉。被告王德贵提出上诉，湖南省高级人民法院于 2020 年 12 月 29 日作出（2020）湘民终 1862 号民事判决：驳回上诉，维持原判。

裁判理由

法院生效裁判认为：根据我国相关矿产资源法律法规的规定，开采矿产资源必须依法申请许可证，取得采矿权。夏某安等 15 人在下塞湖区域挖取的砂石系国家矿产资源。根据沅江市砂石资源开采管理领导小组办公室证明、益阳市水务局《情况说明》、湘阴县河道砂石综合执法局证明、岳阳市河道砂石服务中心证明，并结合另案生效判决认定的事实及各被告当庭陈述，可证明被告未依法获得许可，私自开采国家矿产资源，应认定为非法采砂。

非法采砂行为不仅造成国家资源损失，还对生态环境造成损害，致使国家利益和社会公共利益遭受损失。矿产资源兼具经济属性和生态属性，不能仅重视矿产资源的经济价值保护，而忽视矿产资源生态价值救济。非法采砂违法犯罪行为不仅需要依法承担刑事责任，还要依法承担生态环境损害赔偿民事责任。应当按照谁污染谁治理、谁破坏谁担责的原则，依法追究非法采砂行为人的刑事、民事法律责任。

本案中，夏某安等 15 人的非法采砂生态破坏行为，导致了洞庭湖生态系统的损害，具体包括丰富的鱼类、虾蟹类和螺蚌等软体动物生物资源的损失，并严重威胁洞庭湖河床的稳定性及防洪安全，破坏水生生物资源繁衍生存环境。为确保生态环境损害数额认定的科学性、全面性和合理性，人民法院委托具备资格的机构进行司法鉴定，通过对生态环境损害鉴定意见的司法审查，合理确定生态破坏行为所导致生态环境损害的赔偿数额。本案中，人民法院指导鉴定专家按照全面赔偿原则，对非法采砂行为所导致的采砂区域河床、水源涵养、生物栖息地、鱼虾生物资源、水环境质量等遭受的破坏进行全方位的鉴定，根据抽取砂土总量、膨胀系数、水中松散沙土的密度、含水比例，以及洞庭湖平均鱼类资源产量等指标量化了各类损失程度。被告虽主张公共利益受损与其无关联，但本案各被告当庭陈述均认可实施了采砂行为，根据另案生效判决认定的事实及审理查明的事实，各被告实施的采砂行为非法，且鉴定意见书明确了采砂行为造成生态环境受损，故认定被告的采砂行为破坏了生态环境资源。各被告未提交反驳证据推翻案涉鉴定意见，经审查，对鉴定意见载明的各项损失及修复费用予以确认。

根据《中华人民共和国环境保护法》第六十四条规定，因污染环境和破坏生态造成损害的，应当依照《中华人民共和国侵权责任法》的有关规定承担侵权责任。《中华人民共和国侵权责任法》第八条规定，二人以上共同实施侵权行为，造成他人损害的，应当承担连带责任。《最高人民法院关于审理环境民事公益诉讼案件适用法律若干问题的解释》第二十条第二款规定，人民法院可以在判决被告修复生态环境的同时，确定被告不履行修复义务时应承担的生态环境修复费用；也可以直接判决被告承担生态环境修复费用。根据审理查明的事实并依据上述法律规定，夏某安等15人在各自参与非法采砂数量范围内构成共同侵权，应在各自参与非法采砂数量范围内承担连带赔偿生态环境修复费用的民事责任。

24. 海南临高某海船务有限公司诉三沙市渔政支队行政处罚案

（最高人民法院审判委员会讨论通过　2021年12月1日发布，指导案例177号）

关键词　行政/行政处罚/《濒危野生动植物种国际贸易公约》/非法运输/珍贵、濒危水生野生动物及其制品/珊瑚、砗磲

裁判要点

我国为《濒危野生动植物种国际贸易公约》缔约国，对于列入该公约附录一、附录二中的珊瑚、砗磲的所有种，无论活体、死体，还是相关制品，均应依法给予保护。行为人非法运输该公约附录一、附录二中的珊瑚、砗磲，行政机关依照野生动物保护法等有关规定作出行政处罚的，人民法院应予支持。

相关法条

《中华人民共和国野生动物保护法》（2018年10月26日修订）第33条（本案适用的是2009年8月27日修订的《中华人民共和国野生动物保护法》第23条）

《中华人民共和国水生野生动物保护实施条例》（2013年12月7日修订）第2条、第20条、第28条、第48条

基本案情

砗磲是一种主要生活在热带海域的珍贵贝类，在我国及世界范围内均为重点保护的水生野生动物。砗磲全部9个种均为《濒危野生动植物种国际贸易公约》附录二物种，其中的大砗磲（又名库氏砗磲）为国家一级保护动物。2014年8月21日，海南省公安边防总队海警第三支队在三沙海域开展巡逻管控过程中，发现原告海南临高某海船务有限公司（以下简称某海公司）所属的"椰丰616"号船违法装载大量砗磲贝壳，遂将其查获，并将该案交由三沙

市综合执法局先行查处。后因该案属于被告三沙市渔政支队的职权范围，三沙市综合执法局将该案转交被告具体办理。经查实，原告未持有《水生野生动物特许运输许可证》，涉案船舶共装载砗磲贝壳 250 吨，经专业机构鉴定和评估，该 250 吨砗磲贝壳中 98% 为大砗磲，属国家一级保护动物，2% 为砗蚝（属于砗磲科），属《濒危野生动植物种国际贸易公约》附录二物种，涉案砗磲贝壳总价值为 373500 元。据此，被告作出琼三沙渔政罚字〔2018〕01 号行政处罚决定书，以原告的"椰丰 616"号船未持有《水生野生动物特许运输许可证》擅自运输砗磲贝壳的行为违反《中华人民共和国野生动物保护法》等法律规定，对原告处以没收砗磲贝壳 250 吨及按照实物价值 3 倍罚款人民币 1120500 元的行政处罚。原告不服，向海口海事法院提起行政诉讼，请求撤销该行政处罚决定。

裁判结果

海口海事法院于 2018 年 11 月 30 日作出（2018）琼 72 行初 14 号行政判决，认为三沙市渔政支队作出的行政处罚决定事实清楚，证据确凿，适用法律、法规正确，符合法定程序，判决驳回原告某海公司的诉讼请求。判决后，某海公司提出上诉，海南省高级人民法院于 2019 年 4 月 10 日作出（2019）琼行终 125 号行政判决：驳回上诉，维持原判。

裁判理由

法院生效裁判认为：一、我国作为《濒危野生动植物种国际贸易公约》缔约国，应当严格、全面履行公约义务，对已列入该公约附录一、附录二中的珊瑚、砗磲的所有种，无论活体、死体，还是相关制品，均应依法给予保护。砗磲属受保护的珍贵、濒危水生野生动物，砗磲贝壳为受我国法律保护的水生野生动物产品。根据《最高人民法院关于审理发生在我国管辖海域相关案件若干问题的规定（二）》第七条第三款及《中华人民共和国水生野生动物保护实施条例》第二条的规定，列入《国家重点保护野生动物名录》中国家一、二级保护的，以及列入《濒危野生动植物种国际贸易公约》附录一、附录二中所有水生野生动物物种，无论属于活体、死体，还是相关制品（水生野生动物的任何部分及其衍生品），均受到法律保护。案涉大砗磲属《国家重点保护野生动物名录》中的国家一级保护动物，砗蚝属《濒危野生动植物种国际贸易公约》附录二物种，二者均受法律保护。某海公司运输行为的客体虽然是砗磲贝壳，但作为双壳纲动物，砗磲的贝壳属于其作为动物的一部分，因此，应当将砗磲贝壳认定为《中华人民共和国水生野生动物保护实施条例》第二条规定应受保护的水生野生动物产品；某海公司关于其运输的砗磲为死体，不违反法律、行政法规的抗辩不能成立。

二、非法开发利用野生动物资源"产业链"中所涉及的非法采捕、收购、运输、加工、销售珍贵、濒危野生动物及其制品等行为均构成违法并需承担相应的法律责任。非法运输珍贵、濒危野生动物及其产品的行为是非法开发利用野生动物资源"产业链"的重要一环，应承担相应的法律后果和责任。根据案发时生效的《中华人民共和国野生动物保护法》（2009 年 8 月 27 日修订）第二十三条、《中华人民共和国水生野生动物保护实施条例》第二十条及《中华人民共和国水生野生动物利用特许办法》第二十九条的规定，运输、携带国家重点保护野生动物或者其产品出县境的，必须经省、自治区、直辖市政府野生动物行政主管部门或者其授权的单位批准并取得相应许可证明。本案中，某海公司未经批准并取得相关许可证明，就将案涉砗磲贝壳从三沙市向海南岛运输，已构成违法，故三沙市渔政支队对其处以罚款具有法律、行政法规依据。

25. 北海市某海洋科技有限公司诉
北海市海洋与渔业局行政处罚案

（最高人民法院审判委员会讨论通过 2021年12月1日发布，指导案例178号）

关键词 行政/行政处罚/非法围海、填海/海岸线保护/海洋生态环境/共同违法认定/从轻或者减轻行政处罚

裁判要点

1. 行为人未依法取得海域使用权，在海岸线向海一侧以平整场地及围堰护岸等方式，实施筑堤围割海域，将海域填成土地并形成有效岸线，改变海域自然属性的用海活动可以认定为构成非法围海、填海。

2. 同一海域内，行为人在无共同违法意思联络的情形下，先后各自以其独立的行为进行围海、填海，并造成不同损害后果的，不属于共同违法的情形。行政机关认定各行为人的上述行为已构成独立的行政违法行为，并对各行为人进行相互独立的行政处罚，人民法院应予支持。对于同一海域内先后存在两个以上相互独立的非法围海、填海行为，行为人应各自承担相应的行政法律责任，在后的违法行为不因在先的违法行为适用从轻或者减轻行政处罚的有关规定。

相关法条

《中华人民共和国行政处罚法》（2021年1月22日修订）第32条（本案适用的是2017年9月1日修订的《中华人民共和国行政处罚法》第27条）

《中华人民共和国海域使用管理法》第42条

基本案情

北海市某海洋科技有限公司（以下简称某公司）诉称：其未实施围海、填海行为，实施该行为的主体是北海市渔沣海水养殖有限公司（以下简称渔沣公司）。即使认定其存在非法围海、填海行为，因其与渔沣公司在同一海域内实施了占用海域行为，应由所有实施违法行为的主体共同承担责任，对其从轻或减轻处罚。北海市海洋与渔业局（以下简称海洋渔业局）以某公司非法占用并实施围海、填海0.38公顷海域，作出缴纳海域使用金十五倍罚款的行政处罚，缺乏事实和法律依据，属于从重处罚，请求撤销该行政处罚决定。

海洋渔业局辩称：现场调查笔录及照片等证据证实某公司实施了围海造地的行为，其分别对某公司和渔沣公司的违法行为进行了查处，确定某公司缴纳罚款数额符合法律规定。

法院经审理查明：2013年6月1日，渔沣公司与北海市铁山港区兴港镇石头埠村小组签订《农村土地租赁合同》，约定石头埠村小组将位于石头埠村海边的空地租给渔沣公司管理使用，该地块位于石头埠村海边左邻避风港右靠北林码头，与海堤公路平齐，沿街边100米，沿海上进深145米，共21.78亩，作为海产品冷冻场地。合同涉及租用的海边空地实际位置在海岸线之外。同年7至9月间，渔沣公司雇请他人抽取海沙填到涉案海域，形成沙堆。2016年5月12日，某公司与渔沣公司签订《土地承包合同转让协议》，某公司取得渔沣公司在原合同中的权利。同年7月至9月间，某公司在未依法取得海域使用权的情况下，对其租赁的海

边空地（实为海滩涂）利用机械和车辆从外运来泥土、建筑废料进行场地平整，建设临时码头，形成陆域，准备建设冷冻厂。

2017年10月，海洋渔业局对该围海、填海施工行为进行立案查处，测定某公司填占海域面积为0.38公顷。经听取某公司陈述申辩意见，召开听证会，并经两次会审，海洋渔业局作出北海渔处罚〔2017〕09号行政处罚决定书，对某公司作出行政处罚：责令退还非法占用海域，恢复海域原状，并处非法占用海域期间内该海域面积应缴纳海域使用金十五倍计人民币256.77万元的罚款。某公司不服，提起行政诉讼，请求撤销该行政处罚决定。

裁判结果

北海海事法院于2018年9月17日作出（2018）桂72行初2号行政判决，驳回原告某公司的诉讼请求。宣判后，某公司提出上诉。广西壮族自治区高级人民法院于2019年6月26日作出（2018）桂行终1163号行政判决：驳回上诉，维持原判。

裁判理由

法院生效裁判认为：某公司占用的海边空地在海岸线（天然岸线）之外向海一侧，实为海滩涂。某公司使用自有铲车、勾机等机械，从外运来泥土和建筑废料对渔沣公司吹填形成的沙堆进行平整、充实，形成临时码头，并在临时码头西南面新填了部分海域，建造了临时码头北面靠海一侧的沙袋围堰和护岸设施。上述平整填充场地以及围堰护岸等行为，导致海域自然属性改变，形成有效岸线，属于围海、填海行为。某公司未取得案涉0.38公顷海域的合法使用权，在该区域内进行围海、填海，构成非法围海、填海。

渔沣公司与某公司均在案涉海域进行了一定的围海、填海活动，但二者的违法行为具有可分性和独立性，并非共同违法行为。首先，渔沣公司与某公司既无共同违法的意思联络，亦非共同实施违法行为。从时间上分析，渔沣公司系于2013年7月至9月间雇请他人抽取海沙填到涉案海域，形成沙堆。而某公司系于2016年5月12日通过签订转让协议的方式取得渔沣公司在原合同中的权利，并于2016年7月至9月期间对涉案海域进行场地平整，建设临时码头，形成陆域。二者进行围海、填海活动的时间间隔较远，相互独立，并无彼此配合的情形。其次，渔沣公司与某公司的违法性质不同。渔沣公司仅是抽取海沙填入涉案海域，形成沙堆，其行为违法程度较轻。而某公司已对涉案海域进行了围堰和场地平整，并建设临时码头，形成了陆域，其行为违法情节更严重，性质更为恶劣。再次，渔沣公司与某公司的行为所造成的损害后果不同。渔沣公司的行为尚未完全改变涉案海域的海洋环境，而某公司对涉案海域进行围堰及场地平整，设立临时码头，形成陆域，其行为已完全改变了涉案海域的海洋生态环境，构成了非法围海、填海，损害后果更为严重。海洋渔业局认定某公司与渔沣公司的违法行为相互独立并分别立案查处，有事实及法律依据，并无不当。某公司主张海洋渔业局存在选择性执法，以及渔沣公司应当与其共同承担责任的抗辩意见不能成立。

某公司被查处后并未主动采取措施减轻或消除其围海、填海造地的危害后果，不存在从轻或减轻处罚的情形，故某公司主张从轻或减轻行政处罚，缺乏法律依据。某公司平整和围填涉案海域，占填海域面积为0.38公顷，其行为改变了该海域的自然属性，形成陆域，对近海生态造成不利的影响。海洋渔业局依据海域使用管理法第四十二条规定的"处非法占用海域期间内该海域面积应缴纳的海域使用金十倍以上二十倍以下的罚款"，决定按十五倍处罚，未违反行政处罚法关于行政处罚适用的相关规定，符合中国海监总队《关于进一步规范海洋行政处罚裁量权行使的若干意见》对于行政处罚幅度中的一般处罚，并非从重处罚，作出罚款人民币256.77万元的处罚决定，认定事实清楚，适用法律并无不当。

26. 刘某桂非法采矿刑事附带民事公益诉讼案

（最高人民法院审判委员会讨论通过
2023年10月20日发布，指导性案例212号）

关键词　刑事/刑事附带民事公益诉讼/非法采矿/非法采砂/跨行政区划集中管辖/生态环境损害赔偿

裁判要点

1. 跨行政区划的非法采砂刑事案件，可以由非法开采行为实施地、矿产品运输始发地、途经地、目的地等与犯罪行为相关的人民法院管辖。

2. 对于采售一体的非法采砂共同犯罪，应当按照有利于查明犯罪事实、便于生态环境修复的原则，确定管辖法院。该共同犯罪中一人犯罪或一环节犯罪属于管辖法院审理的，则该采售一体非法采砂刑事案件均可由该法院审理。

3. 非法采砂造成流域生态环境损害，检察机关在刑事案件中提起附带民事公益诉讼，请求被告人承担生态环境修复责任、赔偿损失和有关费用的，人民法院依法予以支持。

相关法条

1. 《中华人民共和国长江保护法》第28条、第93条
2. 《中华人民共和国刑事诉讼法》第25条
3. 《最高人民法院关于适用〈中华人民共和国刑事诉讼法〉的解释》第2条

基本案情

2021年9月5日，被告人刘某桂（住湖北省武穴市）将其所有的鄂银河518号运力船租赁给另案被告人刘某（已判刑，住江西省九江市浔阳区），后二人商定共同在长江盗采江砂。采砂前，刘某与另案被告人何某东（已判刑，住江西省九江市柴桑区）事前通谋，由何某东低价收购刘某盗采的江砂。

2021年9月10日至9月26日期间，被告人刘某桂三次伙同另案被告人刘某、熊某、杨某（均已判刑）在位于湖北省的长江黄梅段横河口水域盗采江砂约4500吨，后运至江西省九江市柴桑区某码头出售给何某东，后何某东在江砂中掺杂机制砂后对外出售。采砂期间，熊某明知上述情况，仍为刘某提供驾驶车辆等帮助，一起参与盗采江砂活动，并从中获取非法利益约15000元。杨某受刘某雇请在鄂银河518号运力船上负责监督卸砂，获取非法利益约3000余元。

2021年9月30日零时许，长江航运公安局水上分局九江派出所接群众举报后，在长江黄梅段横河口水域将正在进行盗采作业的鄂银河518号运力船查获。经过磅称重，鄂银河518号运力船装有盗采江砂1443.09吨。根据《湖北省人民政府关于加强河道采砂管理的通告》规定，湖北省长江中游干流段禁采期定为6月1日至9月30日以及相应河段河道水位超警戒水位时。本案非法采砂的作案地点长江黄梅段横河口水域位于长江中游干流湖北省新州水域。

经江西省九江市发展和改革委员会认定，盗采的江砂市场交易价为80元/吨。被告人刘某桂与刘某、熊某、何某东、杨某非法采砂5943.09吨，价值475447.2元。经鉴定，刘某桂、

刘某等人非法盗采长江江砂行为对非法采砂区域的生态环境造成的影响分为水环境质量受损、河床结构受损、水源涵养受损和水生生物资源受损。其中，造成的长江生态服务功能损失 35823.41 元，长江生态环境损害所需修复费用 26767.48 元，共计 62590.89 元。

另查明，刘某、熊某、何某东、杨某因非法采矿罪已被江西省瑞昌市人民法院先行判决。被告人刘某桂于 2022 年 6 月 8 日被抓获归案。

九江市中级人民法院指定江西省瑞昌市人民法院审理本案。经江西省瑞昌市人民检察院依法公告，公告期满未有法律规定的机关和有关组织提起民事公益诉讼。瑞昌市人民检察院遂依法向瑞昌市人民法院提起刑事附带民事公益诉讼。

裁判结果

江西省瑞昌市人民法院于 2022 年 12 月 22 日以（2022）赣 0481 刑初 304 号刑事附带民事判决，认定被告人刘某桂犯非法采矿罪，判处有期徒刑三年，并处罚金人民币 110000 元；责令被告人刘某桂在判决生效十日内与刘某、熊某、何某东等人共同退赔国家矿产资源损失 135000 元（已扣除其他被告人赔偿的金额）；被告人刘某桂已退赔的国家矿产资源损失 50000 元上缴国库；附带民事公益诉讼被告刘某桂在判决生效后十日内与刘某、熊某、杨某、何某东连带赔偿因非法采砂造成的长江生态服务功能损失 35823.41 元、长江生态环境损害修复费用 26767.48 元，共计 62590.89 元；附带民事公益诉讼被告刘某桂在判决生效后十日内在九江市市级新闻媒体上刊登公告，向社会公众赔礼道歉。宣判后，没有上诉、抗诉，判决已发生法律效力。

裁判理由

法院生效裁判认为，被告人刘某桂与刘某等人违反矿产资源法规定，未取得采矿许可证，经事先通谋，共同在长江河道禁采期内非法盗采江砂，价值 475447.2 元，情节特别严重，应当以非法采矿罪追究其刑事责任，且属共同犯罪。公诉机关指控的罪名成立。

关于管辖权问题，经查，被告人刘某桂犯罪行为实施地及其居住地均不在江西省九江市，但共同犯罪中同案犯的行为发生在九江市辖区范围内，且同案犯已先行被江西省瑞昌市人民法院判决。共同犯罪中一人犯罪行为或一环节犯罪属于管辖法院审理的，则该构成共同犯罪的采售一体采砂刑事案件均可由该法院审理。考虑到实践中非法采砂行为的系统破坏性，基于有利于查明犯罪事实、便于生态环境修复的原则，九江市中级人民法院指定本案由瑞昌市人民法院审理，符合法律规定。

被告人刘某桂直接安排实施采砂行为，在共同犯罪中起主要作用。刘某桂在庭审中如实供述了其犯罪事实，具有坦白情节，依法可以从轻处罚。但其曾因非法采矿受过刑事处罚，现又犯非法采矿罪，酌情从重处罚。刘某桂部分退赔国家矿产资源损失，酌情从轻处罚。刘某桂等人在长江非法盗采江砂的犯罪行为，造成国家矿产资源损失，应共同予以退赔。除去同案犯已退赔金额及刘某桂已退赔金额，刘某桂还需退赔矿产资源损失 135000 元。

同时，非法采矿行为还破坏了长江水域生态环境，损害了社会公共利益，应承担相应的民事侵权责任。绿水青山就是金山银山，长江流域经济社会发展，应当坚持生态优先、绿色发展，共抓大保护、不搞大开发的原则。附带民事公益诉讼被告刘某桂应与另案被告刘某、熊某、何某东、杨某等人共同承担非法采矿造成的生态功能损失、生态修复费用，并负连带赔偿责任。附带民事公益诉讼起诉人要求上述被告赔偿相关长江生态服务功能损失、生态修复费用的诉请，符合法律规定，予以支持。关于附带民事公益诉讼起诉人要求上述被告在九江市级新闻媒体上向社会公开赔礼道歉的诉请，符合法律规定，予以支持。

27. 黄某辉、陈某等8人
非法捕捞水产品刑事附带民事公益诉讼案

(最高人民法院审判委员会讨论通过 2023年10月20日发布，指导案例213号)

关键词 刑事/刑事附带民事公益诉讼/非法捕捞水产品/生态环境修复/从轻处罚/增殖放流

裁判要点

1. 破坏环境资源刑事案件中，附带民事公益诉讼被告具有认罪认罚、主动修复受损生态环境等情节的，可以依法从轻处罚。

2. 人民法院判决生态环境侵权人采取增殖放流方式恢复水生生物资源、修复水域生态环境的，应当遵循自然规律，遵守水生生物增殖放流管理规定，根据专业修复意见合理确定放流水域、物种、规格、种群结构、时间、方式等，并可以由渔业行政主管部门协助监督执行。

相关法条

1. 《中华人民共和国长江保护法》第53条、第93条
2. 《中华人民共和国刑法》第340条
3. 《中华人民共和国民法典》第1234条
4. 《最高人民法院、最高人民检察院关于检察公益诉讼案件适用法律若干问题的解释》第20条

基本案情

2020年9月，被告人黄某辉、陈某共谋后决定在长江流域重点水域禁捕区湖南省岳阳市东洞庭湖江豚自然保护区实验区和东洞庭湖鲌、鲫、黄颡国家级水产种质资源保护区捕鱼。两人先后邀请被告人李某忠、唐某崇、艾某云、丁某德、吴某峰（另案处理）、谢某兵以及丁某勇，在湖南省岳阳县东洞庭湖壕坝水域使用丝网、自制电网等工具捕鱼，其中黄某辉负责在岸上安排人员运送捕获的渔获物并予以销售，陈某、李某忠、唐某崇、艾某云、丁某德负责驾船下湖捕鱼，吴某峰、谢某兵、丁某勇负责使用三轮车运送捕获的渔获物。自2020年10月底至2021年4月13日，八被告人先后参与非法捕捞三、四十次，捕获渔获物一万余斤，非法获利十万元。

2021年8月20日，岳阳县人民检察院委托鉴定机构对八被告人非法捕捞水产品行为造成渔业生态资源、渔业资源造成的损害进行评估。鉴定机构于2021年10月21日作出《关于黄某辉等人在禁渔期非法捕捞导致的生态损失评估报告》，评估意见为：涉案非法捕捞行为中2000公斤为电捕渔获，3000公斤为网捕渔获。电捕造成鱼类损失约8000公斤，结合网捕共计11000公斤，间接减少5000000尾鱼种的补充；建议通过以补偿性鱼类放流的方式对破坏的鱼类资源进行生态修复。岳阳县价格认证中心认定，本案渔类资源损失价值为211000元，建议向东洞庭湖水域放流草、鲤鱼等鱼苗的方式对渔业资源和水域生态环境进行修复。

岳阳县人民检察院于2021年7月30日依法履行公告程序，公告期内无法律规定的机关和有关组织反馈情况或提起诉讼，该院遂以被告人黄某辉、陈某、唐某崇、艾某云、丁某德、

李某忠、谢某兵、丁某勇八人涉嫌犯非法捕捞水产品罪向岳阳县人民法院提起公诉,并以其行为破坏长江流域渔业生态资源,影响自然保护区内各类水生动物的种群繁衍,损害社会公共利益为由,向岳阳县人民法院提起刑事附带民事公益诉讼,请求判令上述八被告在市级新闻媒体上赔礼道歉;判令上述八被告按照生态损失评估报告提出的生态修复建议确定的放流种类、规格和数量、以及物价鉴定意见,在各自参与非法捕捞渔获物范围内共同购置相应价值的成鱼和苗种,在洞庭湖水域进行放流,修复渔业资源与环境。被告逾期不履行生态修复义务时,应按照放流种类和数量对应的鱼类市场价格连带承担相应渔业资源和生态修复费用211000元;判令上述被告连带承担本案的生态评估费用3000元。

被告人黄某辉、陈某、唐某崇、艾某云、丁某德、李某忠、谢某兵、丁某勇对公诉机关指控的罪名及犯罪事实均无异议,自愿认罪;同时对刑事附带民事公益诉讼起诉人提出的诉讼请求和事实理由予以认可,并对向东洞庭湖投放规定品种内价值211000元成鱼或鱼苗的方式对渔业资源和水域生态环境进行修复的建议亦无异议,表示愿意承担修复生态环境的责任。

裁判结果

在案件审理过程中,岳阳县人民法院组织附带民事公益诉讼起诉人和附带民事公益诉讼被告人黄某辉、陈某、唐某崇、艾某云、丁某德、李某忠、谢某兵、丁某勇调解,双方自愿达成了如下协议:1. 由被告人黄某辉、陈某、唐某崇、艾某云、丁某德、李某忠、谢某兵、丁某勇按照生态损失评估报告提出的生态修复建议确定的放流种类、规格和数量以及物价鉴定意见,在各自参与非法捕捞渔获物范围内共同购置符合增殖放流规定的成鱼或鱼苗(具体鱼种以渔政管理部门要求的标准为准),在洞庭湖水域进行放流,修复渔业资源与环境;2. 由八被告人共同承担本案的生态评估费用3000元,直接缴纳给湖南省岳阳县人民检察院;3. 八被告人在市级新闻媒体上赔礼道歉。

调解达成后,湖南省岳阳县人民法院将调解协议内容依法公告,社会公众未提出异议,30日公告期满后,湖南省岳阳县人民法院经审查认为调解协议的内容不违反社会公共利益,出具了(2021)湘0621刑初244号刑事附带民事调解书,将调解书送达给八被告人及岳阳县人民检察院,并向社会公开。2021年12月21日,在岳阳县东洞庭湖渔政监察执法局监督执行下,根据专业评估意见,被告人李某忠、谢某兵、丁某勇及其他被告人家属在东洞庭湖鹿角码头投放3-5厘米鱼苗446万尾,其中鲢鱼150万尾,鳙鱼150万尾,草鱼100万尾,青鱼46万尾,符合增殖放流的规定。

刑事附带民事调解书执行完毕后,岳阳县人民法院于2022年1月13日以(2021)湘0621刑初244号刑事附带民事判决,认定被告人黄某辉犯非法捕捞水产品罪,判处有期徒刑一年一个月;被告人陈某犯非法捕捞水产品罪,判处有期徒刑一年一个月;被告人唐某崇犯非法捕捞水产品罪,判处有期徒刑一年;被告人艾某云犯非法捕捞水产品罪,判处有期徒刑十一个月;被告人丁某德犯非法捕捞水产品罪,判处有期徒刑九个月;被告人李某忠犯非法捕捞水产品罪,判处拘役三个月,缓刑四个月;被告人谢某兵犯非法捕捞水产品罪,判处拘役三个月,缓刑四个月;被告人丁某勇犯非法捕捞水产品罪,判处拘役三个月,缓刑四个月;对被告人黄某辉、陈某、唐某崇、艾某云、丁某德、李某忠、谢某兵、丁某勇的非法获利十万元予以追缴,上缴国库,等等。

裁判理由

法院生效刑事附带民事调解书认为,被告人黄某辉、陈某、唐某崇、艾某云、丁某德、李某忠、谢某兵、丁某勇非法捕捞水产品的行为破坏了生态环境,损害了社会公共利益,应当承担赔偿责任。附带民事公益诉讼起诉人和附带民事公益诉讼被告人黄某辉、陈某、唐某崇、艾某云、丁某德、李某忠、谢某兵、丁某勇达成的调解协议不违反社会公共利益,人民法院予以确认并出具调解书。

法院生效刑事附带民事判决认为，被告人黄某辉、陈某、唐某崇、艾某云、丁某德、李某忠、谢某兵、丁某勇为谋取非法利益，在禁捕期，使用禁用工具、方法捕捞水产品，情节严重，触犯了《中华人民共和国刑法》第三百四十条之规定，犯罪事实清楚，证据确实、充分，应当分别以非法捕捞水产品罪追究其刑事责任。

在非法捕捞水产品罪的共同犯罪中，被告人黄某辉、陈某、唐某崇、艾某云、丁某德、李某忠起主要作用，系主犯，谢某兵、丁某勇起次要作用，系从犯，应当从轻处罚。八被告人如实供述犯罪事实，属于坦白，可从轻处罚；八被告人自愿认罪认罚，依法从宽处理；八被告人按照法院生效调解书内容积极主动购置成鱼或鱼苗在洞庭湖水域放流，主动履行修复渔业资源和生态的责任，可酌情从轻处罚。被告人李某忠、谢某兵、丁某勇犯罪情节较轻，且有悔罪表现，结合司法行政部门社区矫正调查评估报告意见，被告人李某忠、谢某兵、丁某勇没有再犯罪的危险，判处缓刑对居住的社区没有重大不良影响，依法可以宣告缓刑。公诉机关针对八被告人参与网捕、电捕和运输的次数，结合捕捞数量及参与度，分别提出的量刑建议恰当，法院依法予以采信。八被告人的非法捕捞行为破坏生态环境，损害社会公共利益，应当承担相应的民事责任，刑事附带民事公益诉讼起诉人的诉讼请求，符合法律规定，依法予以支持，对诉讼过程中就刑事附带民事达成调解已依法予以确认。

28. 上海某某港实业有限公司破产清算转破产重整案

（最高人民法院审判委员会讨论通过 2023年10月20日发布，指导案例214号）

关键词 民事/申请破产清算/申请破产重整/污染治理/共益债务

裁判要点

1. 人民法院审理涉流域港口码头经营企业破产重整案件，应当将环境污染治理作为实现重整价值的重要考量因素，及时消除影响码头经营许可资质存续的环境污染状态。

2. 港口码头经营企业对相关基础设施建设、维护缺失造成环境污染，不及时治理将影响其破产重整价值的，应当由管理人依法进行治理。管理人请求将相关环境治理费用作为共益债务由债务人财产随时清偿的，人民法院依法应予支持。

相关法条

1. 《中华人民共和国长江保护法》第73条
2. 《中华人民共和国企业破产法》第42条、第43条

基本案情

上海某某港实业有限公司（以下简称上海某港）于1993年9月设立，主营业务为码头租赁及仓储、装卸服务等。所处位置毗邻长江口，东与上海市外高桥港区、保税区相接，西临黄浦江。2019年11月，经债权人申请，上海市第三中级人民法院裁定受理上海某港公司破产清算案。经管理人调查发现，码头承租方经营管理混乱、设施设备陈旧老化，存在重大环境污染隐患。审理期间，环保、交管部门联合下达整改通知，要求对码头污水及扬尘处理设施进行限期整改，否则上海某港公司名下营运许可资质将被吊销。

上海某港公司名下拥有岸线使用许可证、港口经营许可证等无形资产，并拥有150米岸

线长度,码头前沿控制线水深 2≤水深<5 米,年货物吞吐量约 200 万吨,为保住上海某港公司营运价值,维护全体债权人利益,法院依申请裁定转入重整程序。

在法院指导下,管理人一方面与环保、交管部门紧急沟通协调,了解具体环保整改要求,另一方面迅速委托第三方进行施工整改,对污水沉砂池、水沟、地坪等设施设备进行施工扩建,确保地面雨水、喷洒水等统一汇集至污水沉砂池,经沉降处理后循环用于港内喷洒,大幅提高港口污水回用率,有效避免污水直排入江。另外加装围墙、增加砂石料围挡遮盖及装车喷水装置,有效管控码头扬尘,防止周边区域大气污染物超标。在接管财产难以支付相关施工、审价费用情况下,由管理人协调第三方先行垫付 587068 元,待重整资金到位后依据《最高人民法院关于适用〈中华人民共和国企业破产法〉若干问题的规定(三)》第二条的规定,按共益债务予以清偿,部分费用以租金抵扣方式协调租户随时整治并支付。

同时,依据《最高人民法院关于适用〈中华人民共和国企业破产法〉若干问题的规定(三)》第十五条第一款的规定,在债权人会议中以专项议案方式充分披露码头经营中的环境问题,说明修复整治费用及其处理方式,并经债权人会议表决同意。以有效地解决环保整改费用不足问题,提高了环境整治效率,确保码头绿色环保运营。在招募投资人过程中,除关注投资人本身资金实力与企业背景外,还关注投资人在码头绿色经营上的意愿和能力。经两轮市场化公开招募,引入投资人投入资金 8700 余万元,并着重将码头后续环保经营方案纳入重整计划草案。重整后企业将从设施设备改造升级、码头规范智能管理及环保绿色经营三个维度提升码头经营能力,做好外高桥保税区、港区配套服务。经债权人会议表决,出资人组在穷尽送达方式并公告后仍逾期未表决,担保债权组、税务债权组及普通债权组均表决通过了重整计划草案。管理人请求法院裁定批准上海某港公司重整计划草案。

裁判结果

上海市第三中级人民法院于 2022 年 8 月 10 日作出(2019)沪 03 破 320 号之六民事裁定:一、批准修订后的《上海某某港实业有限公司重整计划(草案)》;二、终止上海某港公司重整程序。重整计划执行过程中,在法院、管理人协助下,企业顺利解决营业执照到期及港口经营许可证超期问题。

裁判理由

法院生效裁判认为,对重整计划草案的审查批准,要尊重债权人会议意思自治和坚持合法性审查原则,同时也要考虑其能否在利益平衡基础上实现社会价值最大化。本案中,普通债权组清偿率较模拟清算下零清偿有了提高,在上海某港公司已严重资不抵债情况下,重整计划对出资人组权益调整为零的方案公平合理,草案中的经营方案具有可行性,可有效地延续上海某港公司的经营价值,有助于恢复上海某港公司的经营能力。破产管理人的申请,符合法律规定,并有利于实现企业可持续发展和生态环境保护的双重效果,应予准许。人民法院应充分发挥破产审判职能,将绿色发展理念融入重整司法全过程,从环境问题的修复治理、费用安排、重整计划的制定及执行等方面探索建立灵活高效的工作机制,使重整成为助推困境企业绿色低碳转型的有效路径。具体如下:

(一)关于重整企业环境污染治理责任及费用性质。依据《中华人民共和国环境保护法》《中华人民共和国港口法》等相关法律规定,以及"谁污染,谁治理"的原则,企业的环境污染治理责任应延续至其破产受理后。港口码头重整企业对相关基础设施的建设、维护缺失造成环境污染的,应由其作为环境治理责任主体进行整治。管理人作为破产事务的执行者,应负责实施具体的整治行为。该行为使得债务人企业经营资质得以保留,经营价值得以维系,提升了全体债权人的清偿利益。因整治所产生的费用,系为全体债权人利益而产生的费用,管理人请求按照《最高人民法院关于适用〈中华人民共和国企业破产法〉若干问题的规定

（三）》第二条的规定认定为共益债务的，人民法院应予支持。

（二）关于重整期间环境污染治理路径。本案所涉码头污染主要集中于水体、大气污染两方面，在法院指导下，管理人依法协同推进环境污染治理与重整程序：一是府院协调。由法院、管理人走访属地街镇、环境监管部门，充分了解所涉码头岸线环保责任要求及后续规划前景。经沟通协调后，相关部门延长整改期限，为环境污染整治争取了时间。二是先行治理。整改通知下达时，管理人未能接管到应收租金及其他资金。为在短时间内完成各项环境污染治理措施，保住企业经营资质，由管理人沟通码头承租企业先行委托第三方专业机构对标整改。通过对污水沉砂池及附属设施的扩建完善，解决雨水及场地污水未经处理渗漏进入环境水体现象，并提高污水回用率；通过加装降尘降噪设备，降低大气粉尘污染，确保空气质量达标，提升长江口岸流域生态环境质量。三是费用落实。主要费用由承租企业先行垫付，待重整资金到位后以共益债务清偿，解决整治资金难问题。四是信息披露。充分尊重债权人知情权、参与权、监督权，依据《最高人民法院关于适用〈中华人民共和国企业破产法〉若干问题的规定（三）》第十五条第一款规定，将环境污染整治事项作为重大财产处分行为进行专项表决，并在重整计划草案中披露环境污染治理经过及费用承担，争取债权人支持配合重整工作。

（三）关于环境污染治理与重整价值维护的关系。本案环境污染治理与企业重整价值密切相关，是决定企业能否实现其重整价值的关键因素。一旦企业违反相关环境污染防治法律法规，面临被剥夺行政许可资质的处罚时，将导致其重整价值丧失，故在港口码头企业破产重整案件审理过程中，应注重将环境污染治理和企业重整价值维护有机结合，及时消除影响码头经营许可资质存续的环境污染状态，将环境污染治理作为实现重整价值的重要考量因素。

（四）关于重整计划的制定、批准及执行。制定重整计划时，应体现绿色发展原则，引导投资人将环保经营方案和环保承诺事项写入计划，注重企业未来能否践行环境责任并促进经济、社会和环境协调发展。对重整计划草案进行审查批准时，应综合考虑企业清算价值、程序合法性等法律因素，以及企业可持续发展、生态环境保护等社会因素。重整计划执行中，应协调解决企业继续经营障碍。通过探索破产审判与生态环境司法保护协同推进的新机制，实现长江流域减污降碳码头治理和企业绿色低碳转型，促进生态环境保护、企业重生、债权人利益最大化的有机统一。

29. 昆明闽某纸业有限责任公司等污染环境刑事附带民事公益诉讼案

（最高人民法院审判委员会讨论通过　2023年10月20日发布，指导案例215号）

关键词　刑事/刑事附带民事公益诉讼/环境污染/单位犯罪/环境侵权债务/公司法人人格否认/股东连带责任

裁判要点

公司股东滥用公司法人独立地位、股东有限责任，导致公司不能履行其应当承担的生态环境损害修复、赔偿义务，国家规定的机关或者法律规定的组织请求股东对此依照《中华人民共和国公司法》第二十条的规定承担连带责任的，人民法院依法应当予以支持。

相关法条

1.《中华人民共和国长江保护法》第93条

2. 《中华人民共和国民法典》第 83 条、第 1235 条
3. 《中华人民共和国公司法》第 20 条

基本案情

被告单位昆明闽某纸业有限公司（以下简称闽某公司）于 2005 年 11 月 16 日成立，公司注册资本 100 万元。黄某海持股 80%，黄某芬持股 10%，黄某龙持股 10%。李某城系闽某公司后勤厂长。闽某公司自成立起即在长江流域金沙江支流螳螂川河道一侧埋设暗管，接至公司生产车间的排污管道，用于排放生产废水。经鉴定，闽某公司偷排废水期间，螳螂川河道内水质指标超基线水平 13.0 倍-239.1 倍，上述行为对螳螂川地表水环境造成污染，共计减少废水污染治理设施运行支出 3009662 元，以虚拟治理成本法计算，造成环境污染损害数额为 10815021 元，并对螳螂川河道下游金沙江生态流域功能造成一定影响。

闽某公司生产经营活动造成生态环境损害的同时，其股东黄某海、黄某芬、黄某龙还存在如下行为：1. 股东个人银行卡收公司应收资金共计 124642613.1 元，不作财务记载。2. 将属于公司财产的 9 套房产（市值 8920611 元）记载于股东及股东配偶名下，由股东无偿占有。3. 公司账簿与股东账簿不分，公司财产与股东财产、股东自身收益与公司盈利难以区分。闽某公司自案发后已全面停产，对公账户可用余额仅为 18261.05 元。

云南省昆明市西山区人民检察院于 2021 年 4 月 12 日公告了本案相关情况，公告期内未有法律规定的机关和有关组织提起民事公益诉讼。昆明市西山区人民检察院遂就上述行为对闽某公司、黄某海、李某城等提起公诉，并对该公司及其股东黄某海、黄某芬、黄某龙等人提起刑事附带民事公益诉讼，请求否认闽某公司独立地位，由股东黄某海、黄某芬、黄某龙对闽某公司生态环境损害赔偿承担连带责任。

裁判结果

云南省昆明市西山区人民法院于 2022 年 6 月 30 日以（2021）云 0112 刑初 752 号刑事附带民事公益诉讼判决，认定被告单位昆明闽某纸业有限公司犯污染环境罪，判处罚金人民币 2000000 元；被告人黄某海犯污染环境罪，判处有期徒刑三年六个月，并处罚金人民币 500000 元；被告人李某城犯污染环境罪，判处有期徒刑三年六个月，并处罚金人民币 500000 元；被告单位昆明闽某纸业有限公司在判决生效后十日内承担生态环境损害赔偿人民币 10815021 元，以上费用付至昆明市环境公益诉讼救济专项资金账户用于生态环境修复；附带民事公益诉讼被告昆明闽某纸业有限公司在判决生效后十日内支付昆明市西山区人民检察院鉴定检测费用合计人民币 129500 元。附带民事公益诉讼被告人黄某海、黄某芬、黄某龙对被告昆明闽某纸业有限公司负担的生态环境损害赔偿和鉴定检测费用承担连带责任。

宣判后，没有上诉、抗诉，一审判决已发生法律效力。案件进入执行程序，目前可供执行财产价值已覆盖执行标的。

裁判理由

法院生效裁判认为：企业在生产经营过程中，应当承担合理利用资源、采取措施防治污染、履行保护环境的社会责任。被告单位闽某公司无视企业环境保护社会责任，违反国家法律规定，在无排污许可的前提下，未对生产废水进行有效处理并通过暗管直接排放，严重污染环境，符合《中华人民共和国刑法》第三百三十八条之规定，构成污染环境罪。被告人黄某海、李某城作为被告单位闽某公司直接负责的主管人员和直接责任人员，在单位犯罪中作用相当，亦应以污染环境罪追究其刑事责任。闽某公司擅自通过暗管将生产废水直接排入河道，造成高达 10815021 元的生态环境损害，并对下游金沙江生态流域功能也造成一定影响，其行为构成对环境公共利益的严重损害，不仅需要依法承担刑事责任，还应承担生态环境损

害赔偿民事责任。

附带民事公益诉讼被告闽某公司在追求经济效益的同时，漠视对环境保护的义务，致使公司生产经营活动对环境公共利益造成严重损害后果，闽某公司承担的赔偿损失和鉴定检测费用属于公司环境侵权债务。

由于闽某公司自成立伊始即与股东黄某海、黄某芬、黄某龙之间存在大量、频繁的资金往来，且三人均有对公司财产的无偿占有，与闽某公司已构成人格高度混同，可以认定属《中华人民共和国公司法》第二十条第三款规定的股东滥用公司法人独立地位和股东有限责任的行为。现闽某公司所应负担的环境侵权债务合计 10944521 元，远高于闽某公司注册资本 1000000 元，且闽某公司自案发后已全面停产，对公账户可用余额仅为 18261.05 元。上述事实表明黄某海、黄某芬、黄某龙与闽某公司的高度人格混同已使闽某公司失去清偿其环境侵权债务的能力，闽某公司难以履行其应当承担的生态环境损害赔偿义务，符合《中华人民共和国公司法》第二十条第三款规定的股东承担连带责任之要件，黄某海、黄某芬、黄某龙应对闽某公司的环境侵权债务承担连带责任。

30. 睢宁县人民检察院诉睢宁县环境保护局不履行环境保护监管职责案

（最高人民法院审判委员会讨论通过 2023 年 10 月 20 日发布，指导案例 216 号）

关键词 行政/行政公益诉讼/环境保护监管职责/不履责/代处置

裁判要点

危险废物污染环境且污染者不能处置的，危险废物所在地的生态环境主管部门应履行组织代为处置的法定职责，处置费用依法由污染者承担。生态环境主管部门以危险废物的来源或产生单位不在其辖区范围内为由进行不履责抗辩的，人民法院不予支持。

相关法条

1. 《中华人民共和国环境保护法》第 10 条
2. 《中华人民共和国固体废物污染环境防治法》（2016 年修正）第 10 条、第 55 条
3. 《中华人民共和国固体废物污染环境防治法》（2020 年修正）第 9 条第 2 款、第 113 条

基本案情

危险废物污染环境且污染者不能处置的，危险废物所在地的生态环境主管部门应履行组织代为处置的法定职责，处置费用依法由污染者承担。生态环境主管部门以危险废物的来源或产生单位不在其辖区范围内为由进行不履责抗辩的，人民法院不予支持。

基本案情

2017 年 9、10 月份，冯某康等人将从浙江省舟山市嘉达清舱有限公司等处非法收购的危险废物船舶清舱油泥委托他人运至江苏省睢宁县岚山镇陈集村一砖瓦厂内非法倾倒。案发后，睢宁县环境保护局将清理出的油泥及油泥污染物 130 余吨转运至一停车场内。2018 年 7 月，徐州铁路运输检察院就被告冯某康等人犯污染环境罪一案向徐州铁路运输法院提起公诉，并于同年 11 月提起刑事附带民事公益诉讼。徐州铁路运输法院发现涉案油泥被长期不规范贮

存，为避免二次污染，要求睢宁县环境保护局及时对涉案油泥组织代为处置。因睢宁县环境保护局迟迟未对涉案油泥进行代处置，且已有部分油泥渗漏对周边环境造成二次污染，睢宁县人民检察院于 2019 年 5 月 27 日向睢宁县环境保护局发出检察建议，要求其依法履行环境保护监管职责，对涉案油泥进行依法规范贮存并及时移交有危废处置资质单位依法进行处置。睢宁县环境保护局于 2019 年 7 月 2 日作出回复，认为涉案油泥的产生单位非在其辖区，其没有代为处置的法定职责，涉案油泥应由产废单位所在地环境保护主管部门进行代处置。

睢宁县人民检察院于 2019 年 7 月 19 日以睢宁县环境保护局不履行环境保护监管职责为由提起行政公益诉讼，请求确认睢宁县环境保护局对涉案危险废物的贮存不履行监管职责的行为违法，并责令其将涉案危险废物尽快移交有危废处置资质单位依法处置。案件审理期间，睢宁县环境保护局于 2019 年 10 月将涉案油泥及其污染物交由有资质单位进行依法处置。睢宁县人民检察院经审查认为睢宁县环境保护局已经履行涉案危废代处置职责，遂申请将原诉讼请求变更为确认睢宁县环境保护局对涉案危险废物的贮存不履行监管职责的行为违法。

裁判结果

徐州铁路运输法院于 2019 年 11 月 15 日作出（2019）苏 8601 行初 1207 号行政判决：确认睢宁县环境保护局对涉案危险废物的贮存未全面及时履行环境保护行政监管职责的行为违法。宣判后，双方当事人均未提起上诉，判决已发生法律效力。

裁判理由

法院生效判决认为：

一、睢宁县环境保护局对涉案危险废物的贮存、处置具有法定监督管理职责。《中华人民共和国环境保护法》第十条第一款规定，县级以上地方人民政府环境保护主管部门，对本行政区域环境保护工作实施统一监督管理；《中华人民共和国固体废物污染环境防治法》（2016 年修正）第十条第二款规定，县级以上人民政府环境保护主管部门对本行政区域内固体废物污染环境的防治工作实施统一监督管理；该法第十七条第一款、第五十二条、第五十五条均对环境保护主管部门对危险废物贮存和处置所负有的监管职责进行了具体规定。

涉案危险废物在睢宁县环境保护局行政辖区范围内，故其对该危险废物负有依法贮存和及时代为处置的法定职责。危险废物一般具有腐蚀性、毒性、感染性等危害特性，对生态环境和人民群众生命财产安全具有极大威胁，贮存和处置不当将造成不可估量的危害后果。《中华人民共和国固体废物污染环境防治法》（2016 年修正）第五十五条之所以规定产生危险废物的单位逾期不处置危险废物或者处置危险废物不符合国家有关规定的，由环境保护行政主管部门指定单位按照国家有关规定代为处置，目的在于及时消除危险废物污染风险，预防因污染扩散造成新的损害，从而有效保护生态环境和人民群众生命健康安全。本案中，冯某康等人因涉嫌刑事犯罪被公安机关采取强制措施，客观上不具备处置涉案危险废物的实际条件，危险废物所在地生态环境主管部门理应履行属地环境保护监管职责，及时组织对涉案危险废物进行代处置，该监管职责并不应因危险废物的来源和产生单位不在其行政辖区而免除。

二、睢宁县环境保护局未依法履行涉案环境保护监管职责。第一，睢宁县环境保护局在明知涉案油泥系具有毒性、易燃性危险废物需依法规范贮存并及时处置的情况下，对涉案油泥未依法寻找符合规定的场所进行规范贮存；涉案油泥贮存过程中未采取任何防流失、防渗漏等污染防治措施；涉案油泥的包装物及存放场所亦未依法设置相关危废识别、警示标志；涉案油泥贮存期间未进行有效的日常管护，在存放容器出现破损以致油泥出现流淌、渗漏已造成二次污染的情况下，亦未及时采取污染防治应急处理措施，上述情形均违反《中华人民共和国环境保护法》、《中华人民共和国固体废物污染环境防治法》的相关规定，明显存在行政监管缺失。第二，被告作为环境保护行政主管机关，明知涉案危险废物的特性及二次污染的危害，应当对涉案危险废物及时妥善处置，做好污染风险管控，使社会公共利益免受侵害。但其未依法积极履职作为，在涉案油泥存在滴落、流淌、渗漏已造成新的环境污染后果，且经审判机关多次风险提示、检察机关发出检察建议后，仍未对涉案油泥进行规范贮存并及时组织代处置，放任污染后果持续扩大，导致社会公共利益长期处于受侵害状态，应确认其不履行法定职责行为违法。诉讼期间，睢宁县环境保护局履行了对涉案油泥的代处置职责，睢宁县人民检察院申请撤回涉及危险废物处置的有关诉求，人民法院依法对睢宁县环境保护局之前的不履职行为确认违法。